GESTÃO
DE NOVOS
PRODUTOS

C899g   Crawford, Merle.
              Gestão de novos produtos / Merle Crawford, Anthony Di Benedetto ; tradução: Beth Honorato ; revisão técnica: Altair Flamarion Klippel. – 11. ed. – Porto Alegre : AMGH, 2016.
              xxi, 586 p. : il. ; 25 cm.

            ISBN 978-85-8055-541-7

              1. Administração – Gestão de produtos. I. Título. II. Di Benedetto, Anthony.

                                                        CDU 005.936.43

Catalogação na publicação: Poliana Sanchez de Araujo – CRB 10/2094

Merle Crawford
Universidade de Michigan

Anthony Di Benedetto
Universidade Temple

GESTÃO DE NOVOS PRODUTOS

11ª Edição

Tradução:
Beth Honorato

Revisão técnica:
Altair Flamarion Klippel
Doutor em Engenharia pelo PPGEM/UFRGS
Sócio-Consultor da Produttare Consultores Associados

AMGH Editora Ltda.
2016

Obra originalmente publicada sob o título *New Products Management*, 11th edition
ISBN 978-0-07-802904-2 / 0-07-802904-X

Edição original © 2015, McGraw-Hill Global Education Holdings, LLC. Tradução para língua portuguesa © 2016, AMGH Editora Ltda., uma empresa do Grupo A Educação S.A. Todos os direitos reservados.

Gerente editorial: *Arysinha Jacques Affonso*

Colaboraram nesta edição:

Editora: *Mariana Belloli*

Assistente editorial: *Camila Piccinini*

Capa: *Maurício Pamplona*

Editoração eletrônica: *Techbooks*

Reservados todos os direitos de publicação, em língua portuguesa, à
AMGH EDITORA LTDA., uma parceria entre GRUPO A EDUCAÇÃO S.A. e McGRAW-HILL EDUCATION
Av. Jerônimo de Ornelas, 670 – Santana
90040-340 – Porto Alegre – RS
Fone: (51) 3027-7000   Fax: (51) 3027-7070

Unidade São Paulo
Av. Embaixador Macedo Soares, 10.735 – Pavilhão 5 – Cond. Espace Center
Vila Anastácio – 05095-035 – São Paulo – SP
Fone: (11) 3665-1100   Fax: (11) 3667-1333

SAC 0800 703-3444 – www.grupoa.com.br

É proibida a duplicação ou reprodução deste volume, no todo ou em parte, sob quaisquer formas ou por quaisquer meios (eletrônico, mecânico, gravação, fotocópia, distribuição na Web e outros), sem permissão expressa da Editora.

IMPRESSO NO BRASIL
PRINTED IN BRAZIL

Os autores

Merle Crawford foi professor de marketing (emérito) na Universidade de Michigan, onde lecionou de 1965 até sua aposentadoria, em 1992. Antes de sua nomeação na Universidade de Michigan, trabalhou como diretor de marketing na Mead Johnson & Company. Foi um dos membros originais da Associação de Desenvolvimento e Gestão de Produtos desde sua fundação em 1976, ocupou o cargo de presidente-fundador de 1977 a 1978 e um assento no conselho de administração até 1994. Foi o autor das cinco primeiras edições deste livro pioneiro, publicado pela primeira vez em 1983 e até hoje utilizado por gestores, executivos e estudantes de administração e marketing.

Anthony Di Benedetto é professor de marketing e gestão de cadeia de suprimentos e pesquisador sênior na cátedra Washburn da Universidade Temple, Filadélfia, Pensilvânia; também é professor de marketing de empreendimento de alta tecnologia na Universidade Tecnológica de Eindhoven, Holanda. Atuou como professor convidado no mundo inteiro, com preleções sobre desenvolvimento e gestão de produtos. Foi indicado como um dos 50 maiores pesquisadores do mundo em Gestão de Inovação e Tecnologia pela Associação Internacional de Gestão de Tecnologia. Foi editor-chefe do *Journal of Product Innovation Management* durante nove anos.

In memoriam
Dr. C. Merle Crawford (1924–2012)
PROFESSOR, UNIVERSIDADE DE MICHIGAN

Merle Crawford criou este livro-texto pioneiro e foi seu único autor nas cinco primeiras edições, publicadas em 1983, 1987, 1991, 1994 e 1997. A partir da sexta edição, ele convidou C. Anthony Di Benedetto para se juntar a ele como coautor. A frequência de publicação das edições aumentou à medida que a necessidade de desenvolver habilidades em gestão de novos produtos foi reconhecida; com ela, este livro tornou-se uma base para essa profissão emergente, despertando o interesse tanto de gestores quanto de estudantes da área. Merle juntou-se à Universidade de Michigan como professor adjunto de marketing em 1965, depois de ser promovido a diretor de marketing na Mead Johnson & Company e desempenhar outros cargos nessa empresa durante uma década. Ele se aposentou na Universidade de Michigan em 1992, utilizando seu último ano como licença sabática. A combinação de seu trabalho no setor e na universidade lhe deu uma visão exclusiva e valiosa, que, no final, tornou-o a principal força na criação da Associação de Desenvolvimento e Gestão de Produtos (Product Development & Management Association – PDMA) em 1976. Em poucas palavras, Merle sentiu que os pesquisadores acadêmicos podiam realizar um trabalho melhor abordando os desafios enfrentados por gestores proeminentes, e que esses gestores proeminentes se beneficiariam do diálogo com acadêmicos proeminentes. Merle desempenhou várias funções na PDMA. Começou como presidente-fundador, ocupando esse cargo durante dois anos (1977 e 1978), nos quais cumpriu também a função de secretário-tesoureiro, recebendo mensalidades e publicando boletins ocasionais. Ele administrou a associação a partir de seu escritório na universidade como voluntário no corpo de fundadores da PDMA até 1984 e ocupou também vários outros cargos, como vice-presidente de pesquisa (1984 e 1985), vice-presidente de publicações (1989) e diretor em sete dos oito anos subsequentes (1987–1988 e 1990–1994). Durante esse tempo, várias outras pessoas se juntaram a Merle, muitas delas recrutadas por ele mesmo, para ajudar a PDMA a se transformar na principal associação mundial de profissionais de desenvolvimento de novos produtos, reunindo mais de 1.700 associados por volta do final de seu último mandato como diretor.

Merle trabalhou para criar o primeiro programa de desenvolvimento de executivos com programação regular em gestão de novos produtos oferecido por uma universidade nos Estados Unidos, recrutando colegas da PDMA, da Universidade de Michigan e de outras universidades para se juntarem ao corpo docente independente desse programa. O curso começou como um programa de três dias, oferecido trimestralmente, no princípio de 1979. Em virtude de sua popularidade, em pouco tempo transformou-se em um programa de cinco dias, mantendo-se assim por mais de 20 anos. Esse curso, bem como o crescimento subsequente da PDMA, incentivou Merle a escrever a primeira edição deste livro, publicada em 1983. O livro era utilizado pelos gestores e executivos que frequentavam o curso, o que tornou esse programa um laboratório vivo para ampliar as ideias que Merle incluiu em suas páginas. As pesquisas de Merle documentavam taxas de insucesso reais de novos produtos após o lançamento referentes a 1979, ajudando a demolir o mito resistente de que "a maioria dos novos produtos fracassa". Ele aprimorou seu conceito original de termo de inovação de produto (*product innovation charter* – PIC), por meio de discussões com os participantes do programa e colegas, e criou modelos concisos para declarações de conceito de produto e sua representação original de protocolo de produto. Esses instrumentos foram expostos como ferramentas totalmente definidas em seu livro e tornaram-se capacidades fundamentais para os profissionais do presente. Merle continuou aprimorando essas ferramentas em edições subsequentes do livro. Outra contribuição permanente de Merle para a nossa profissão foi o desenvolvimento de um abrangente glossário de termos de novos produtos, publicado pela primeira vez na terceira edição deste livro, que continua sendo a base para o glossário hoje apresentado em três idiomas no *site* da PDMA.

A PDMA prestou homenagens ao seu papel de fundador e defensor da inovação com a criação da condecoração Crawford Fellows of Innovation, designando Merle como o primeiro *fellow* em 1991. Essa condecoração continua sendo uma homenagem extremamente especial, e quatro membros foram indicados subsequentemente para recebê-la.

Merle tinha talento para construir pontes de conexão entre profissionais de novos produtos que provavelmente haviam partido de diferentes formações e chegado a essa categoria profissional. Na introdução da primeira edição deste livro, ele escreveu: "[...] o processo de novos produtos é *ao mesmo tempo arte e ciência*. Esse processo requer criatividade e comprometimento emocional, mas também oferece excelentes possibilidades e recompensas e uma análise sofisticada. Ambos os aspectos do processo de novos produtos são enfatizados aqui". Essas palavras foram convincentes e assentaram a base para o crescimento que nossa categoria profissional desfruta atualmente. Talvez uma coisa o teria desapontado. Ele definiu *novos produtos* inclusivamente, abarcando bens tangíveis e serviços intangíveis. Hoje, a prática geral separa essas formas, restringindo a palavra *produto* a bens tangíveis e distinguindo-a de *serviços*. Contudo, ele poderia achar graça do paradoxo de que a maioria de nós acaba constatando que existem muito poucos produtos tangíveis que não tenham um importante componente de serviço intangível (como suporte ao cliente) e serviços intangíveis que não tenham nenhum tipo de elemento tangível, seja assumindo a configuração de um local físico, de um *site* acessível ou dos elementos de apoio de forma e tecnologia que ajudam a estruturar sua entrega bem-sucedida.

Merle faleceu em 11 de novembro de 2012. Ele foi amigo e defensor da inovação. Devemos a ele imensa gratidão.

Thomas P. Hustad

Prefácio

O tema de novos produtos sempre foi do interesse tanto de acadêmicos quanto de profissionais do mercado de trabalho, e a formação estruturada em nível universitário sobre o tema de gestão de novos produtos remonta à década de 1950. Por volta da década de 1990, a disciplina de gestão de novos produtos havia se expandido. A Associação de Desenvolvimento e Gestão de Produtos (PDMA) floresceu, totalizando quase 3.000 membros em 50 países ao redor do mundo, e existem hoje mais de 20 escritórios locais só nos Estados Unidos, mais afiliados internacionais em dezenas de países. Mais de 300 faculdades oferecem cursos sobre o tema de novos produtos, e o periódico dessa área, *Journal of Product Innovation Management*, tem um histórico de 30 anos de publicação. O cargo de diretor, gestor ou gerente de novos produtos está se tornando bem mais comum e está oferecendo muito mais oportunidade para cargos mais iniciantes do que 15 ou 20 anos atrás; além disso, estamos observando o surgimento de cargos superiores para o desenvolvimento de carreira. Hoje, a PDMA oferece certificação profissional (New Product Development Professional – NPDP), reconhece as melhores empresas de desenvolvimento de produtos (com seu prêmio Outstanding Corporate Innovator – Inovador Corporativo de Destaque) e conseguiu realizar o que outros não conseguiram em várias áreas, isto é, fundir o pensamento e a atividade de professores e profissionais do mercado. Informações sobre a PDMA podem ser encontradas em www.pdma.org.

VISÃO DESTE LIVRO SOBRE A ÁREA DE GESTÃO DE NOVOS PRODUTOS

Esse crescimento significa que ainda adotamos uma variedade de abordagens sobre o ensino do tema de novos produtos – de marketing, técnica, de criação, de *design* etc. Este livro apresenta a abordagem de gestão sob a perspectiva de marketing. Em toda organização (industrial, varejista, governamental, religiosa, e em qualquer outro tipo de instituição), há uma pessoa ou um grupo de pessoas que, consciente ou inconscientemente, são incumbidas de introduzir novos bens e serviços no mercado. Atualmente, há cada vez mais gestores de novos produtos ou gerentes de projeto ou líderes de equipe. Essas pessoas conduzem grupos de pessoas multifuncionais, assumindo a perspectiva de um gerente geral, e atuam como uma empresa dentro de uma empresa. Elas precisam lidar com a atividade de forma geral – estratégia, organização, geração de conceitos, avaliação, desenvolvimento técnico, marketing etc. O trabalho delas só termina quando o novo produto concretiza as metas atribuídas à equipe – geralmente, isso envolve alguma forma de venda ou lucro e certamente significa que a atividade não termina quando o novo produto é colocado na área de remessa.

Tentamos evitar uma miopia funcional, e hoje é raro ouvir que "O marketing diz a todos o que fazer" ou que "O P&D conduz nossa atividade de novos produtos". Quando um especialista funcional é indicado para a liderança de uma equipe de novos produtos, ele precisa saber qual é o ponto de vista do gerente geral, mas normalmente essa pessoa tem de ser bem-sucedida como membro funcional de uma equipe de novos produtos para só então ter oportunidade de ser líder de equipe. O pessoal de marketing, trabalhando como membro de uma equipe ou líder de equipe, precisa do tipo de informação que se encontra neste livro.

ALGUMAS CONVICÇÕES BÁSICAS QUE ORIENTAM A REDAÇÃO DESTE LIVRO

As pessoas que utilizaram as dez primeiras edições deste livro conhecem seus pontos de vista exclusivos sobre o tema. Mas para os novatos, e obviamente todos os alunos são novatos, estes alguns deles.

1. A inovação de produtos é uma atividade isolada em uma organização. Ela contém partes (estratégias, equipes, planos etc.), mas todas elas são apenas partes. Qualquer atividade conduzida como partes separadas perde a força do todo.

2. Essa área, por ser ainda muito nova, não tem uma linguagem sistemática. Isso se torna uma grande dificuldade para os estudantes, que estão acostumados a estudar assuntos em que um termo tem um significado e exclusivamente esse significado. Empregamos todos os termos relacionados aos produtos de uma maneira consistente ao longo deste livro e recomendamos que os estudantes os utilizem. É óbvio que os termos vêm e voltam; alguns sobrevivem e outros não.

   Em vista desse problema terminológico, nessa área de crescimento florescente, todo termo que pode exigir uma definição foi marcado em negrito na primeira vez em que foi empregado e o índice final conduz o leitor à seção em que ele se encontra. Não incluímos um glossário, mas o *site* da Associação de Desenvolvimento e Gestão de Produtos – PDMA (em inglês) disponibiliza um glossário bastante útil.

3. As ideias aprendidas que não são aplicadas permanecem na memória apenas temporariamente. Para que se torne seu, um conceito precisa ser aplicado, em grande ou pequeno estilo. Por isso, este livro é salpicado com aplicações, breves estudos de caso e outras oportunidades para utilização dos conceitos estudados. Os projetos são sugeridos no Manual do Professor. Há vários exemplos do mundo empresarial e referências atualizadas sobre todos os assuntos em voga.

4. Por mais que gostemos deles e tenhamos tentado diligentemente encontrá-los, acreditamos que não exista nenhum conjunto de procedimentos padrão para os inovadores de produtos, nem conjuntos específicos para os produtores de bens de consumo embalados, bens de consumo duráveis, produtos industriais, serviços etc. Do mesmo modo que um plano de marketing, para toda situação específica existe um plano mais adequado. O gestor precisa examinar a situação e então compilar um conjunto de ferramentas e outras operações apropriadas a essa situação. As grandes empresas costumam utilizar várias abordagens, e não apenas uma.

5. Além disso, existe o efeito halo, que é um problema na área de novos produtos. O efeito halo evidencia-se na seguinte frase: "Certamente isso será bom para nós – a Apple faz isso, a GE faz isso, a Honda faz isso". Essas empresas são excelentes, mas o motivo de elas serem competentes é que elas investem muito tempo e dinheiro para estudar e aprender com os outros. Elas têm amplos programas de treinamento em inovação de produtos e recorrem a todo especialista que entra em cena com uma boa ideia de gestão de novos produtos. Essas empresas presumem que tudo o que elas fazem está errado e pode ser melhorado. Você também deveria proceder assim. É isso o que este livro faz. As menções às ações dessas empresas são apenas exemplos, e não recomendações. Essas empresas proeminentes têm várias divisões e centenas de novos produtos são desenvolvidos concomitantemente. Os gestores não conseguem saber o que os outros gestores estão fazendo, nem se importam com isso no sentido do que deve ou não ser feito. Como o propósito de todo grupo é otimizar sua situação, ele olha ao redor, observa o que os outros estão fazendo em situações comparáveis (dentro e fora da empresa) e escolhem cuidadosamente a situação

adequada. Como existem generalizações (por exemplo, deve haver alguma forma de estratégia), elas se evidenciarão à medida que você avançar. Contudo, a estratégia em si, e exatamente como se deve determiná-la, depende da situação.

6. Um exemplo reside na resistência ao ponto de vista de que a estratégia de novos produtos baseia-se tanto em tecnologia quanto no mercado. Essa alternativa vem sendo defendida há vários anos. Mas a maioria das empresas procura se aperfeiçoar em ambos. Obviamente, em conformidade com a questão anterior, as empresas se apoiarão em uma coisa ou outra se a situação parecer adequada – o programa de plataforma da DuPont para encontrar aplicações para o tecido super-resistente Kevlar ou as empresas de componentes de automóveis que se apoiam na engenharia de desenvolvimento de processos para atender melhor às necessidades dos fabricantes de equipamento originais. Mesmo assim, a DuPont se esforça para aprimorar essa tecnologia e as empresas de componentes estão desenvolvendo suas próprias operações de pesquisa e desenvolvimento.

7. Acreditamos que os alunos devam ser desafiados a pensar a respeito dos conceitos que lhes foram introduzidos. Este livro apresenta ocasionalmente algumas listas de questões, mas essas listas são apenas um recurso para fazer pensar. O ponto de vista anterior de que a melhor abordagem é situacional baseia-se na necessidade de analisar, considerar, discutir e aplicar. A grande variedade de abordagens utilizadas pelos empresários não é prova de ignorância, mas de reflexão. Com relação à maioria das questões que enfrentamos atualmente, vários são os pontos de vistas que as pessoas inteligentes podem assumir. O mesmo ocorre com as decisões – elas não são necessariamente certas ou erradas no momento em que são tomadas. Na verdade, o gestor que toma uma decisão tem de se esforçar para fazer essa decisão se revelar correta. A qualidade do trabalho é mais importante do que a qualidade da decisão. Um exemplo desse fenômeno é a tristeza que sentimos quando um gestor afirma: "Estamos à procura de uma ideia que seja verdadeiramente excelente". Os gestores de inovação de produtos fazem as ideias se tornarem excelentes – elas não nascem assim.

8. Concluindo, tentamos introduzir mais claramente a visão de que duas coisas são desenvolvidas ao mesmo tempo – o produto e o plano de marketing. Há dois processos de desenvolvimento ocorrendo em sincronia. A estratégia de marketing tem início logo no princípio, depois prossegue lado a lado com o trabalho técnico e então o transcende.

MUDANÇAS NA 11ª EDIÇÃO

Os leitores anteriores de *Gestão de Novos Produtos* perceberão mudanças importantes nesta edição. Embora haja mudanças em praticamente todos os capítulos, algumas das mudanças mais substanciais são as seguintes:

1. Fizemos adendos e atualizações importantes nos estudos de caso para oferecer exemplos mais amplos e mais atuais. Eliminamos vários estudos de caso da edição anterior, redigimos novos casos e atualizamos inteiramente vários outros. Os novos estudos de caso nesta edição incluem: estratégia corporativa na LEGO (Capítulo 2), inovação aberta na Pillsbury (Capítulo 4), posicionamento e concorrência no setor de *smartphones* (Capítulos 6, 9 e 16), reviravolta na Domino's Pizza (Capítulo 9), desenvolvimento de protocolo de produto na Fisher & Paykel (Capítulo 12), desenvolvimento de produtos e negócios na DuPont (Capítulo 12), cultura corporativa na Provo Craft (Capítulo 14) e o desenvolvimento do Ford Fusion (Capítulo 14). Atualizações substanciais também

foram feitas nos seguintes estudos de caso: Rubbermaid (Capítulo 7), WiLife (A) e (B), hoje registrada como Logitech (Capítulos 10 e 12) e Gillette (Capítulo 13). Além disso, mantivemos o estudo de caso do Palm Pilot (Capítulo 13); embora esse estudo descreva um produto antigo, ele continua sendo um grande exemplo sobre como reagir aos desafios da concorrência e às necessidades dos clientes por meio da excelência em *design*, e por isso constitui um ótimo ponto de partida para discussão. Como sempre, nosso propósito é oferecer um conjunto misto de estudos de caso de produtos de alta tecnologia e de produtos de consumo e serviços.

2. Além disso, sempre que possível atualizamos consideravelmente os exemplos ao longo do livro. Tentamos utilizar também exemplos esclarecedores que encontrassem ressonância entre os estudantes do presente. Por exemplo, utilizamos o Hapifork (um garfo que monitora a velocidade com que a pessoa come e oferece benefícios à saúde) para mostrar de que maneira é possível dar forma a um conceito e como fazer *trade-offs* e tomar decisões ao desenvolver o protocolo de um produto. (Além disso, ao colocar esse estudo de caso à prova na sala de aula, ele parece estimular uma discussão sobre se as afirmações feitas pelo fabricante são verossímeis, o que o torna um bom exemplo de "reação perceptiva pré-uso" no teste de produtos.) Obviamente, acolhemos favoravelmente comentários e sugestões dos leitores para melhorias.

3. Continua havendo muitas pesquisas inéditas na área de novos produtos e temos de estar a par de todos esses temas. O mais novo Estudo de Avaliação de Desempenho Comparativo (Comparative Performance Assessment Study – CPAS), publicado pela PDMA, foi disponibilizado um pouco antes da revisão desta edição e forneceu várias estatísticas novas que refletiam o estado da arte no desenvolvimento de produtos. Os leitores perceberão também um escopo novo ou mais abrangente de temas como inovadores em série, desenvolvimento espiral, gestão de portfólio, voz do cliente, inovação aberta, *kits* de ferramentas de usuário, mídias sociais, terceirização coletiva ou em massa, análise conjunta, inovação orientada pelo *design*, previsão de produto, teste de conceito, planejamento de lançamento, gestão pós-lançamento, desenvolvimento de produtos para mercados emergentes e *design* sustentável, entre outros.

4. Continuamos citando *sites* de interesse ao longo do livro, da Associação de Desenvolvimento e Gestão de Produtos e da Comissão de Segurança de Produtos de Consumo a *sites* que falam sobre produtos malsucedidos ou *designs* ruins. Além disso, acrescentamos vários outros. Em vez de uma lista de *sites*, optamos por inserir cada referência em um contexto adequado dentro do livro.

Como recebemos um *feedback* positivo dos leitores da última edição, não alteramos o formato básico de 20 capítulos. Ainda utilizamos modelos analíticos para integrar as etapas do processo de novos produtos. Como nas edições anteriores, o mapeamento perceptual é introduzido logo no início do processo de novos produtos, durante a geração de conceitos, mas seus resultados podem orientar a escolha de atributos na atividade de análise conjunta e posteriormente podem ser utilizados na segmentação por benefício e no posicionamento do produto. Os resultados da análise conjunta podem ser utilizados na geração ou na avaliação de conceitos e apresentar um conjunto de atributos desejados pelos clientes para o desenvolvimento da casa da qualidade. A sequência de três estudos de caso sobre *smartphones* no final do capítulo mostra de que forma os modelos analíticos amarram o processo de novos produtos. Como nas edições anteriores, muitos outros conceitos – termo de inovação de produto, modelos A-T-A-R, técnicas de avaliação, a natureza multifuncional da gestão de novos produtos – são também utilizados para integrar horizontalmente os assuntos ao longo do livro.

Como este livro adota um ponto de vista gerencial e está amplamente atualizado, ele é de grande valia para o profissional da gestão de novos produtos. Ele foi utilizado em vários programas de formação de executivos. Grande esforço foi empreendido para apresentar as "melhores práticas" do setor e oferecer referências em nota de rodapé de publicações dessa área.

Desde a primeira edição, não há uma lista de perguntas no final dos capítulos. Na verdade, com base primordialmente em nossas várias conversas com os alunos, selecionamos as perguntas e os comentários que eles haviam recebido de gerentes de negócios sobre seus retornos imediatos. Esses comentários são incorporados em uma conversa com o presidente de um conglomerado de empresas. A explicação sobre como utilizá-los é dada no final do Capítulo 1.

Como sempre, esforçamo-nos para tornar este livro cada vez mais relevante para seus leitores e usuários. Para nós, a revisão de um texto é um "novo produto" e, portanto, uma oportunidade para nos voltarmos cada vez mais para os nossos clientes. Nossos colegas acadêmicos fizeram várias sugestões, com base em suas experiências com as edições anteriores, e foram responsáveis em grande medida pelas mudanças que você observará nesta edição. Somos gratos a todos os revisores que ofereceram amplos comentários e sugestões extremamente úteis à revisão desta edição, bem como aos professores e alunos que nos contataram para fazer sugestões e corrigir erros.

Estamos muito entusiasmados com as mudanças nesta nova edição e esperamos sinceramente que elas atendam às suas necessidades.

RECURSOS *ON-LINE*

Estudantes e profissionais encontrarão exercícios, casos e planilhas (em inglês) no site do Grupo A. Acesse **www.grupoa.com.br**, cadastre-se gratuitamente, encontre a página do livro por meio do campo de busca e clique no link Conteúdo Online para fazer o download do material.

Professores encontrarão material complementar exclusivo (em inglês) no site do Grupo A. Acesse **www.grupoa.com.br**, cadastre-se gratuitamente como professor, encontre a página do livro por meio do campo de busca e clique no link Material para o Professor. O material disponível inclui apresentações em PowerPoint®, testes, exercícios e soluções dos exercícios.

O site da edição em inglês deste livro oferece uma ampla gama de recursos para estudantes, professores e profissionais – alguns de acesso livre, outros de acesso restrito. Caso tenha interesse em explorar esses recursos, acesse **www.mhhe.com/crawford11e**. Como toda fonte baseada na Web, esse endereço eletrônico e o conteúdo lá disponível estão sujeitos a serem retirados da Web a qualquer momento. A gestão desse conteúdo é feita exclusivamente pelos autores e pela editora original, logo, o Grupo A não se responsabiliza pela disponibilização do conteúdo caso o site do livro deixe de existir.

DEDICATÓRIA

Esta edição é dedicada a Merle Crawford (1924–2012), professor emérito da Universidade de Michigan, autor único de cinco edições deste livro, cofundador da Associação de Desenvolvimento e Gestão de Produtos (PDMA) e influente pesquisador e consultor de marketing em desenvolvimento de novos produtos. O prêmio mais elevado concedido pela PDMA, em reconhecimento a uma vida inteira de realizações e contribuições para a área de desenvolvimento de produtos, é o Crawford Fellow. Merle Crawford, além de ter inspirado esse prêmio de prestígio, foi o primeiro a recebê-lo. O nome desse prêmio em sua homenagem expressa com clareza o grande respeito e estima conferidos ao professor Crawford por seus colegas na PDMA. Com esta dedicatória, gostaria também de expressar pessoalmente meus agradecimentos pela oportunidade de ser seu parceiro na redação deste livro.

A.D.B.

Sumário

PARTE I
Visão geral e identificação/seleção de oportunidades   1

CAPÍTULO 1
Elementos estratégicos do desenvolvimento de produtos   3

Informações preliminares   3
A importância dos novos produtos   4
Globalização e desenvolvimento de novos produtos   7
O que há de diferente no desenvolvimento de produtos   9
O que é um novo produto e o que o leva ao sucesso?   12
Essa área de atividade tem um vocabulário exclusivo?   14
O campo de novos produtos oferece oportunidades de carreira?   15
Elementos estratégicos do desenvolvimento de produtos   16
O processo básico de novos produtos   17
Os outros elementos estratégicos   20
Desenvolvimento de produtos na prática   21
Resumo   22
Aplicações   22

CAPÍTULO 2
Processo de novos produtos   23

Informações preliminares   23
A saga dos cosméticos da Procter & Gamble   23
  Termo de inovação de produto (PIC)   24
  Processo de novos produtos   25
  Portfólio de novos produtos   25
  Apoio aos elementos estratégicos: equipe de gestão eficaz   26
  O que ocorreu nessa saga?   26
As fases do processo de novos produtos   27
  Fase 1: Identificação e seleção de oportunidades   28
  Fase 2: geração de conceitos   29
  Fase 3: avaliação de conceitos/projetos   29
  Fase 4: desenvolvimento   30
  Fase 5: lançamento   31
Atividades de avaliação ao longo do processo de novos produtos   32
Acelerando o tempo de colocação do produto no mercado   35
  Riscos e diretrizes na aceleração do tempo até o mercado   38
E quanto a novos serviços?   41
Produtos novos para o mundo   44
O papel do inovador em série   46
Desenvolvimento espiral e função dos protótipos   48
Considerações finais sobre processo de novos produtos   49
Resumo   50
Aplicações   51
ESTUDO DE CASO   LEGO   51
ESTUDO DE CASO   Tastykake Sensables   53
ESTUDO DE CASO   Bomba cardíaca Levacor   55

CAPÍTULO 3
Identificação e seleção de oportunidades: planejamento estratégico de novos produtos   58

Informações preliminares   58
Uma estratégia de produto para uma "empresa dentro de uma empresa"   58
Inputs para a estratégia de novos produtos e identificação de oportunidades   59
  Planejamento de plataforma de produto   59
  Identificação de oportunidades   64
  Planejamento estratégico não corporativo   66
  Fontes diversas   68
Termo de inovação de produto   68
  Por que ter um PIC?   70
As seções do PIC   72
  Seção fundamento do PIC   72
  Seção arena (área de focalização) do PIC   72

Seção metas e objetivos do PIC 75
Seção diretrizes especiais do PIC 75
Como preparar um termo de inovação de produto 78
Análise de portfólio de produtos: adequação da estratégia de novos produtos 80
Resumo 85
Aplicações 85
ESTUDO DE CASO Estratégia de novos produtos na Kellogg 86
ESTUDO DE CASO Element, da Honda 88

PARTE II
Geração de conceitos 93

CAPÍTULO 4
Criatividade e conceito de produto 95

Informações preliminares 95
Preparação 95
Termo de inovação de produto 95
Encontrando as pessoas certas 95
Papel da administração na criatividade 97
Atividades para estimular a criatividade 99
Recompensas especiais 101
Eliminação de obstáculos 101
Conceito de produto 102
Exemplo de um café projetado 105
A declaração de conceito 106
Duas abordagens básicas 108
Importantes fontes de ideias prontas de novos produtos 109
Kit de ferramentas de usuário 109
Terceirização coletiva ou em massa 112
Usuários pioneiros 113
Inovação aberta 116
Resumo 121
Aplicações 121
ESTUDO DE CASO Sanduíches Grands! Biscuit da Pillsbury 122
ESTUDO DE CASO CarpetFlick da P&G 123
ESTUDO DE CASO Aquafresh White Trays 125

CAPÍTULO 5
Encontrando e resolvendo os problemas dos clientes 128

Informações preliminares 128
O sistema geral de geração interna de conceitos 128
Coletando os problemas 129
Registros internos 129
Inputs diretos dos departamentos técnico e de marketing 130
Análise de problemas 131
Análise de cenário 139
Solucionando os problemas 143
Criatividade em grupo 143
Brainstorming 143
Brainstorming eletrônico e técnicas de criatividade assistida por computador 144
Comunidades on-line 145
Painel de disciplinas 147
Técnicas de geração de conceitos na prática 147
Resumo 148
Aplicações 148
ESTUDO DE CASO Refeições IQ, da Campbell 149
ESTUDO DE CASO Obtendo respeito organizacional 150

CAPÍTULO 6
Técnicas analíticas de atributo: introdução ao mapeamento perceptual 152

Informações preliminares 152
Compreendendo por que os clientes compram produtos 152
Produtos são grupos de atributos 152
Analisando os atributos de produto para geração e avaliação de conceitos 153
Análise de lacunas 154
Mapas de lacunas determinantes 155
Mapas de lacunas perceptivas baseados na classificação de atributos 156
Mapas de lacunas perceptivas baseados em similaridades gerais 162
Comentários sobre a análise de lacunas 165
Resumo 166
Aplicações 166
ESTUDO DE CASO Comparando *smartphones* (A) 167

CAPÍTULO 7
Abordagens analíticas de atributo: análise de *trade-off* e técnicas qualitativas 169

Informações preliminares 169
Análise de *trade-off* 169
Utilizando a análise de trade-off *para gerar conceitos* 170

Aplicação da análise conjunta 171
O método conjunto é o correto? 174
Alternativas para a análise conjunta de perfil completo 175
Modificações recentes na análise conjunta 176
Protótipos virtuais no teste de conceito 177
Técnicas qualitativas 178
  Análise dimensional 178
  Checklists 179
  Análise de relações 180
  Sobre as dimensões utilizadas na análise de relações 180
  Matriz bidimensional 181
  Matriz morfológica ou multidimensional 183
Analogia 184
Resumo 185
Aplicações 185
ESTUDO DE CASO Rubbermaid 186

PARTE III
Avaliação de conceitos/projetos 189

CAPÍTULO 8
O sistema de avaliação de conceitos 191

Informações preliminares 191
O que está ocorrendo no processo de novos produtos? 191
  Sistema de avaliação do processo básico de novos produtos 192
  Considerações sobre a linha de produtos na avaliação de conceitos 195
A curva de gastos cumulativos 196
  Matriz de riscos/compensações 197
  A curva de declínio 198
Sistema de planejamento e avaliação 199
  Tudo é experimental 199
  Buracos 200
  A dimensão de pessoal 201
  Substitutos 202
O modelo A-T-A-R 203
  Onde obtemos os números do modelo A-T-A-R? 207
  Outras aplicações do modelo A-T-A-R 207
Resumo 207
Aplicações 208
ESTUDO DE CASO Chipotle Mexican Grill 208
ESTUDO DE CASO Concept Development Corporation 210

CAPÍTULO 9
Teste de conceito 212

Informações preliminares 212
A importância das avaliações iniciais 212
Termo de inovação de produto 213
Análise de mercado 213
Reação inicial 214
Teste e desenvolvimento de conceitos 215
  O que constitui um conceito de novo produto? 217
  Os propósitos do teste de conceito 217
Considerações na pesquisa sobre teste de conceito 219
  Preparação da declaração de conceito 219
  Definição do grupo de respondentes 223
  Escolha da situação de resposta 224
  Preparação de uma sequência de entrevistas 225
  Variações 226
Analisando resultados de pesquisa 226
  Identificando segmentos por benefício 226
  Mapas de espaço conjunto 228
  Regressão de preferências 230
Análise conjunta no teste de conceitos 231
Pesquisa de mercado para respaldar o teste de conceito 233
Conclusões 236
Resumo 236
Aplicações 237
ESTUDO DE CASO Domino's 238
ESTUDO DE CASO Comparando *smartphones* (B) 240

CAPÍTULO 10
A triagem completa 241

Informações preliminares 241
Propósito da triagem completa 241
Modelo de classificação 244
  Introdução aos modelos de classificação 244
  Procedimento de triagem 245
  Planilha de perfil 250
Modelo de triagem com base no Projeto NewProd 251
O processo de hierarquia analítica 253
Aspectos especiais 256
Resumo 257
Aplicações 257
ESTUDO DE CASO Logitech (A) 258

CAPÍTULO 11
Previsão de vendas e análise financeira   260

Informações preliminares   260
Previsão de vendas de novos produtos   260
Previsão de vendas por meio de métodos tradicionais   262
Previsão de vendas com base em intenções de compra   264
Previsão de vendas por meio do modelo A-T-A-R   265
Técnicas de previsão de difusão do produto   267
Observações sobre modelos de previsão   269
Problemas com a previsão de vendas   270
   Resumo dos problemas   271
Medidas para os gestores lidarem com esses problemas   271
   Aprimorar o processo de novos produto atualmente em uso   272
   Utilizar o conceito de ciclo de vida da análise financeira   272
   Diminuir a dependência para com previsões ruins   273
Retorno para o PIC   278
Resumo   281
Aplicações   281
ESTUDO DE CASO   Bay City Electronics   282

CAPÍTULO 12
Protocolo do produto   289

Informações preliminares   289
O protocolo do produto   290
Objetivos do protocolo   292
Conteúdos específicos do protocolo   294
   Mercado-alvo   294
   Posicionamento   296
   Atributos do produto   296
   Comparações com a concorrência e dimensões da ampliação   299
   Outros componentes do protocolo do produto   299
Protocolo e voz do cliente   300
   Ouvindo a voz do cliente   300
Protocolo e desdobramento da função qualidade (QFD)   303
   QFD e casa da qualidade   303
   Resultados da QFD   307
Algumas advertências sobre a dificuldade do processo de protocolo   309
Resumo   310
Aplicações   310

ESTUDO DE CASO   Fisher & Paykel   311
ESTUDO DE CASO   DuPont   313
ESTUDO DE CASO   Logitech (B)   315

PARTE IV
Desenvolvimento   317

CAPÍTULO 13
Design   321

Informações preliminares   321
O que é *design*?   321
Inovação orientada pelo *design*   322
O papel do *design* no processo de novos produtos   323
   Contribuição do design *para as metas de novos produtos*   323
Arquitetura de produto   329
   Um processo para a arquitetura de produto   329
   Arquitetura de produto e plataformas de produto   331
Design industrial e *designer* industrial   331
Desenvolvimento de protótipos   332
Gerenciando interfaces no processo de *design*   334
Melhorando as interfaces no processo de *design*   337
Desenho auxiliado por computador e *design* para manufaturabilidade   338
Melhoria contínua em *design*   341
Resumo   341
Aplicações   341
ESTUDO DE CASO   Mini   342
ESTUDO DE CASO   Palm Pilot   343
ESTUDO DE CASO   Mach3 e Fusion da Gillette   346

CAPÍTULO 14
Gestão da equipe de desenvolvimento   349

Informações preliminares   349
O que constitui uma equipe?   349
Estruturando a equipe   350
   Um outro olhar sobre projetização   353
Construindo uma equipe   354
   Implantando uma cultura de colaboração   354
   Atribuição e envolvimento da equipe   355
   Escolhendo um líder   356
   Selecionando os membros da equipe   357
   Funções e participantes   358
   Construção de redes   361
   Treinamento de equipes   361

Gerenciando a equipe   362
  Gestão de interface transfuncional   362
  Superando as barreiras à orientação para o mercado   365
  Gestão contínua da equipe   366
  Remuneração e motivação da equipe   366
  Encerramento da equipe   368
Equipes virtuais   368
Gerenciando equipes dispersas globalmente   370
Resumo   374
Aplicações   374
ESTUDO DE CASO   Provo Craft   375
ESTUDO DE CASO   Ford Fusion   376

CAPÍTULO 15
Teste de uso do produto   379

Informações preliminares   379
O papel do marketing durante o desenvolvimento   379
  O marketing está envolvido desde o início do processo   379
  Intensificação do marketing ou fase do "Acho que já chegamos lá"   381
Por que utilizar teste de uso do produto?   381
O teste de uso do produto é realmente necessário?   382
  Esses argumentos estão corretos?   382
Conhecimento obtido com o teste de uso do produto   385
  Reações perceptivas pré-uso   385
  Experiências de uso iniciais   385
  Testa alfa e beta   386
  Teste gama   388
  Informações de diagnóstico   389
Decisões no teste de uso do produto   389
  Quem deve integrar o grupo de usuários?   389
  Como devemos entrar em contato com o grupo de usuários?   390
  Devemos divulgar nossa identidade?   391
  Que nível de explicação deve-se oferecer?   391
  Que nível de controle sobre o uso do produto deve haver?   391
  Como o teste deve ser conduzido?   392
  Durante que período o teste deve ser conduzido?   393
  Qual deve ser a fonte do produto que está sendo testado?   394
  Qual deve ser a forma do produto que está sendo testado?   394
  Como devemos registrar as reações dos respondentes?   395
  Como devemos interpretar os números que obtemos?   396
  Quem deve realizar o teste de uso do produto?   396
Problemas especiais   397
  Não mude os dados apenas porque eles evidenciaram o contrário   397
  Fique alerta a condições estranhas   397
  E se tivéssemos de prosseguir sem um bom teste de uso?   397
Resumo   397
Aplicações   398
ESTUDO DE CASO   Teste de uso de novos produtos de consumo não duráveis   399

PARTE V
Lançamento   401

CAPÍTULO 16
Planejamento estratégico de lançamento   404

Informações preliminares   404
Pressupostos estratégicos   405
Revisitando as metas estratégicas   406
Decisões sobre plataforma estratégica   407
  Tipo procurado de demanda   407
  Continuidade   408
  Agressividade   409
  Vantagem competitiva   409
  Substituição de linha de produtos   409
  Relação com a concorrência   411
  Escopo de entrada no mercado   411
  Imagem   411
Decisão sobre o mercado-alvo   411
  Alternativas para segmentar um mercado   412
  A segmentação pode utilizar também a difusão da inovação   416
Posicionamento do produto   418
Criando um valor inigualável para o segmento-alvo escolhido   420
Branding e gestão de marcas   422
  Marcas comerciais e registro   422
  O que constitui um bom nome de marca?   424
  Gerenciando o brand equity   426
  Estratégias de brand equity e branding   430
  Branding e posicionamento globais: padronizar ou adaptar?   431
  Liderança de marca global   432

Embalagem   433
  A função da embalagem   433
  A decisão sobre embalagem   433
Resumo   434
Aplicações   435
ESTUDO DE CASO   Wii   435
ESTUDO DE CASO   Iridium   437
ESTUDO DE CASO   Comparando *smartphones* (C)   438

CAPÍTULO 17
Implementação do plano estratégico   439

Informações preliminares   439
O ciclo de lançamento   439
  Pré-lançamento e pré-divulgação   439
  Divulgação, cabeça de ponte e crescimento inicial   442
Lançamento enxuto e *timing* de lançamento   443
Táticas de lançamento   445
  O plano de comunicação   445
  Declaração da estratégia de criação   447
  Venda pessoal   447
Alianças   448
Exigências do A-T-A-R   449
  Consciência   449
  Armazenamento e disponibilidade   450
  Experimentação   452
  Compra repetida   455
Resumo   456
Aplicações   456
ESTUDO DE CASO   Hulu   457
ESTUDO DE CASO   Dodge Nitro   459

CAPÍTULO 18
Teste de mercado   462

Informações preliminares   462
A decisão sobre o teste de mercado   462
  Quando a decisão é tomada?   463
  Essa decisão é fácil de tomar?   463
  O teste de mercado precisa ter força e poder   464
  Os fatores para decidir realizar ou não testes de mercado   466
Métodos de teste de mercado   468
  Pseudovenda   468
  Venda controlada   468
  Venda completa   469

Métodos de pseudovenda   469
  Venda especulativa   470
  Mercado de teste simulado   471
Métodos de venda controlada   474
  Venda informal   474
  Marketing direto   475
  Minimercados   475
  Teste de mercado por escâner   477
Métodos de venda completa   479
  Marketing experimental   479
  O lançamento   482
Resumo das metodologias de teste de mercado   487
Resumo   487
Aplicações   488
ESTUDO DE CASO   PepsiCo – Pepsi-Kona e Pepsi One   488

CAPÍTULO 19
Gestão de lançamento   491

Informações preliminares   491
O que queremos dizer com gestão de lançamento   491
O sistema de gestão de lançamento   492
  Primeira etapa: identificação de possíveis problemas   493
  Segunda etapa: escolha dos eventos de controle   497
  Terceira etapa: desenvolvimento de planos de contingência   498
  Quarta etapa: desenvolvimento do sistema de monitoramento   499
Medidas de inovação eficazes   502
Um exemplo de plano de gestão de lançamento   504
Gestão de lançamento e geração de conhecimento   506
Produtos malsucedidos   507
Resumo   510
Aplicações   510
ESTUDO DE CASO   Levitra   511

CAPÍTULO 20
Problemas de políticas públicas   513

Informações preliminares   513
Uma visão mais abrangente: um ciclo de preocupações   513
  Fase I: Incitamento   514
  Fase II: Apoio a processos judiciais   514
  Fase III: A arena política   515
  Fase IV: Ajuste regulamentar   515

Atitudes de negócio quanto a questões relacionadas aos produtos   516
Áreas problemáticas atuais   516
Responsabilidade pelos produtos   516
- *Tipologia de fontes de danos   518*
- *As quatro bases legais da responsabilidade pelos produtos   519*
- *Outra legislação   521*

Planejamento do *recall* de um produto   522
- *Antes do recall   522*
- *Durante o recall   522*
- *Após o recall   522*

Tentativas de padronização e esclarecimento   523
Necessidades ambientais   523
Pirataria de produtos   526
Produtos respeitáveis   526
Moralidade   528
Desenvolvendo produtos para mercados emergentes   528
Ética pessoal   530
Questões residuais subjacentes   531
O que os gestores de novos produtos estão fazendo com relação a tudo isso?   532
- *Estratégia e política   532*
- *Sistemas de controle   532*
- *Teste de produto   532*
- *Marketing e teste de mercado   532*
- *Instrução aos clientes e assuntos externos   533*

Resumo   533
Aplicações   534

ESTUDO DE CASO   Clorox Green Works   535
ESTUDO DE CASO   Veículos híbridos ou a hidrogênio na General Motors?   537
ESTUDO DE CASO   Product (RED)   539

APÊNDICE A
Fontes de ideias já geradas   541

APÊNDICE B
Outras técnicas de geração de conceitos   547

APÊNDICE C
O plano de marketing   557

APÊNDICE D
Diretrizes para a avaliação de um programa de novos produtos   563

ÍNDICE   567

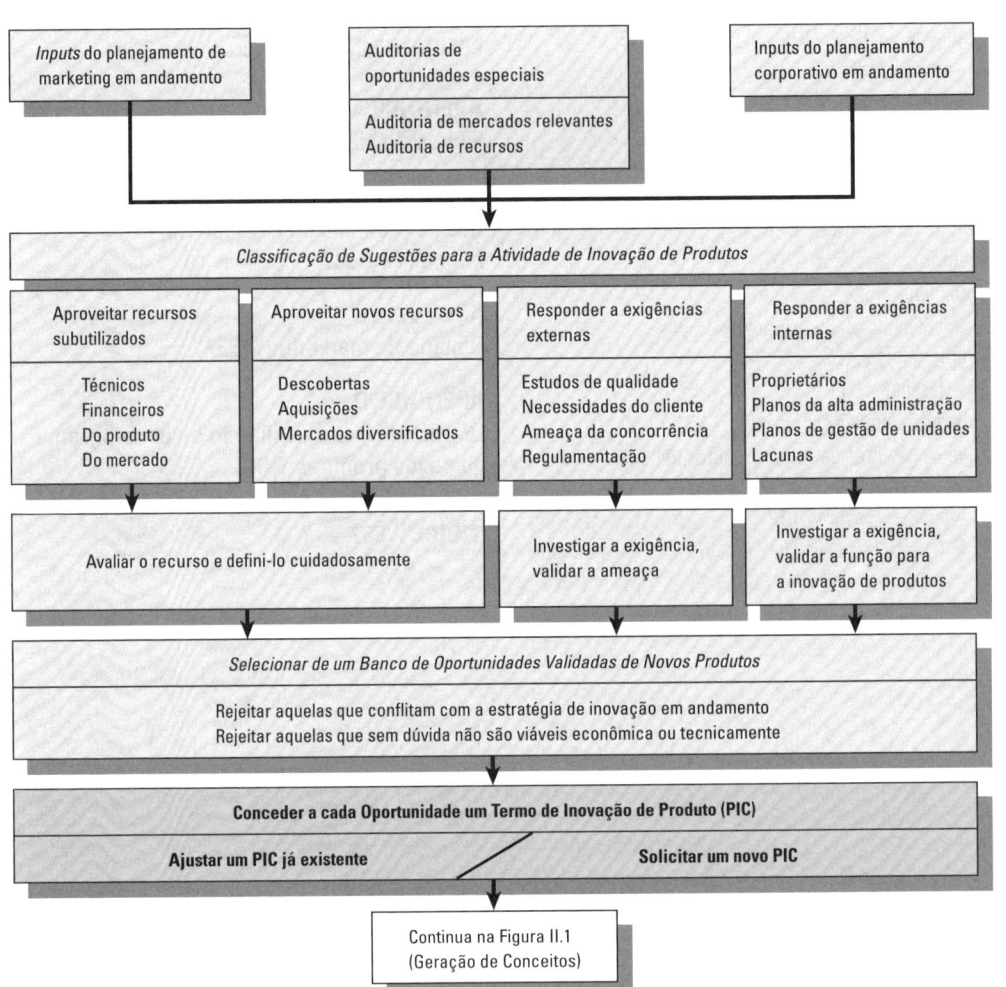

FIGURA I.1 Identificação e seleção de oportunidades.

PARTE I
Visão geral e identificação/seleção de oportunidades

Este livro é dividido em partes. São elas: (1) Visão Geral e Identificação/Seleção de Oportunidades, (2) Geração de Conceitos, (3) Avaliação de Conceitos/Projetos, (4) Desenvolvimento e (5) Lançamento. Elas seguem o fluxo geral do processo de novos produtos, que apresentaremos na Figura 1.5 do Capítulo 1. Entretanto, posteriormente veremos que as fases não são etapas sequenciais compartimentadas. Elas são bastante fluentes e se sobrepõem.

No início de cada parte há uma breve introdução (indicada com algarismo romano) e uma figura (consulte a Figura I.1). A introdução descreve resumidamente quais aspectos do processo de novos produtos serão cobertos nos respectivos capítulos. A figura apresenta informações detalhadas sobre o que ocorre naquela fase do processo de novos produtos e mostra que fases entram imediatamente antes e depois. Por exemplo, a Figura I.1 detalha o processo de identificação e seleção de oportunidades, finalizando com o termo de inovação de produto (*product innovation charter* – PIC), um tema fundamental do Capítulo 3. Desse modo, as figuras das cinco partes (Figuras I.1, II.1, III.1, IV.1 e V.1) na verdade constituem um único processo longo e detalhado de novos produtos, cuja essência é apresentada brevemente na Figura 1.5.

Antes de entrarmos na identificação e seleção de oportunidades, iniciamos a Parte I com dois capítulos introdutórios. O primeiro apresenta os três *elementos estratégicos do desenvolvimento de produtos:* o processo de novos produtos, o termo de inovação de produto e o portfólio de produtos. Ele apresenta o primeiro deles, o processo de novos produtos, de uma forma relativamente simplificada, como uma espécie de introdução ao restante do livro. Além disso, o Capítulo 1 tenta responder as perguntas mais frequentes a respeito desse processo e ajuda a definir alguns dos conceitos aos quais retornaremos ao longo do texto (por exemplo, o que é exatamente um novo produto, quantos produtos novos de fato são bem-sucedidos e como as empresas alcançam a globalização no desenvolvimento de produtos). O Capítulo 2 aprofunda ainda mais o processo de novos produtos. Além disso, introduz os conceitos fundamentais de inovação radical, desenvolvimento de novos serviços e velocidade de colocação no mercado, mostrando como cada um deles pode afetar o processo de novos produtos tal como é apresentado no capítulo.

O Capítulo 3 completa a parte introdutória deste livro, apresentando o segundo e o terceiro elemento estratégico. Primeiro apresentamos a identificação e a seleção de oportunidades, que aborda o planejamento estratégico, que, por sua vez, encontra-se exatamente na base da atividade de desenvolvimento de novos produtos que orienta a equipe de novos produtos, do mesmo modo que uma estratégia corporativa ou de uma unidade estratégica de negócios (UEN) orienta a unidade como um todo. A Figura I.1 mostra o modelo de fluxo que descreve o processo de identificação de oportunidades. Subsequentemente, o Capítulo 3 aborda o termo de inovação de produto (PIC). O PIC pode ser considerado uma declaração de estratégia que orienta a equipe de desenvolvimento de novos produtos: a arena na qual essa equipe atuará e em que se encontram suas metas e objetivos e outros fatores. A última parte do Capítulo 3 examina o portfólio de produtos. Ideias inovadoras que podem ser convertidas em oportunidades de novos produtos de grande potencial podem vir de várias fontes; contudo, independentemente de como se chega à ideia de um novo produto, sua adequação às estratégias de inovação da empresa precisa ser avaliada. Esta é uma das questões do portfólio: ao avaliar qualquer novo produto possível, a empresa precisa considerar sua viabilidade técnica (podemos produzi-lo?) e a viabilidade de mercado (os clientes o comprarão?). A maioria das empresas considera vários outros critérios, tanto financeiros quanto estratégicos, nessa etapa fundamental.

Como mostra a Figura I.1, depois de determinar o PIC, a etapa seguinte é gerar conceitos de produto. Esse tópico será abordado na Parte II do livro.

CAPÍTULO 1
Elementos estratégicos do desenvolvimento de produtos

INFORMAÇÕES PRELIMINARES

Quando nos referimos a novos produtos, as pessoas logo pensam em tecnologia – iPod, iPhone, YouTube, realidades virtuais, fibra óptica etc. Contudo, os novos produtos são em sua maioria bem mais simples – refrigerantes cola com baixo teor de carboidrato, novos filmes, novos astros e estrelas da música, *fast-foods* e novos sabores de *frozen yogurt*. A variedade de novos produtos abarca desde o que há de mais avançado em tecnologia à última versão da caneta esferográfica. Os novos produtos podem ser bens tangíveis ou serviços. Eles podem se destinar ao mercado de consumo, ao mercado entre empresas (*business to business*) ou a ambos.

Como você escolheu examinar como os novos produtos são desenvolvidos e gerenciados, seria apropriado dizer que eles procedem de um processo sistemático, gerenciado por pessoas experientes e bastante versadas em inovação de produtos. Alguns sim, mas outros não. Há alguns anos, Art Fry ganhou fama com a ideia que se transformou nos adesivos Post-it, nascida porque as papeletas que marcavam as páginas de seu hinário não paravam de cair. Ele teve dificuldade para persuadir o pessoal da 3M de que a ideia merecia ser comercializada, embora não tenha demorado muito para que se tornasse o segundo artigo de escritório em maior volume de vendas no setor de material de escritório! Ou pense em James Dyson, *designer* industrial formado que estava insatisfeito com o desempenho dos aspiradores de pó disponíveis no mercado e resolveu criar um melhor. Após cinco anos e cerca de 5.000 protótipos, ele criou o aspirador Dual Cyclone, que dispensa o uso de sacos. Ao longo dos oito anos seguintes, ele não conseguiu atrair o interesse de fabricantes de aspiradores de pó nem de investidores pelo novo produto, e ouvia com frequência que, como era *designer*, certamente não entendia nada de fabricação nem de marketing! Em 1985, à beira da falência, Dyson encontrou um investidor japonês interessado e, em 1993, estabeleceu a Dyson Appliances no Reino Unido (seu país de origem). Desde essa época, a Dyson Appliances já vendeu mais de US$ 2 bilhões em aspiradores ao redor do mundo.[1]

Diante disso, talvez você esteja confuso com a incerteza com a qual se deparou neste livro. Se sim, bem-vindo ao terreno da exploração criativa. A atividade que estudamos neste livro algumas vezes é chamada de **gestão de inovação de produtos**; alguns a chamam de **planejamento de produtos** e outros (com uma perspectiva bastante enviesada) a chamam de *pesquisa & desenvolvimento* (P&D) ou *marketing*. Neste livro, utilizamos o termo mais descritivo que temos – **gestão de novos produtos** – e adotamos o ponto de vista do gerente de marketing; isto é, estamos principalmente preocupados com a função específica do marketing no âmbito geral dessa atividade.

---

[1] Anônimo, "Dyson Fills a Vacuum", *Issue,* 8(1), 2003.

A IMPORTÂNCIA DOS NOVOS PRODUTOS

Novos produtos são um *grande negócio*. Mais de US$ 100 bilhões são gastos anualmente apenas na fase de desenvolvimento técnico. Vários milhares de novos produtos são comercializados todos os anos, talvez milhões, se considerarmos cada novo *site* como um novo produto. Centenas de milhares de pessoas ganham a vida fabricando e comercializando novos produtos. Inúmeros gestores se dão conta de que a *inovação radical* é fundamental para o crescimento futuro e até mesmo para a sobrevivência da empresa. Aqui, definimos inovação radical como a inovação que substitui ou torna obsoleto um produto atual e/ou cria categorias de produto totalmente novas.[2] O Instituto de Pesquisa Industrial identificou a "inovação crescente" e o "crescimento dos negócios por meio da inovação" como os principais desafios enfrentados pelos líderes tecnológicos, e o famoso autor de negócios Gary Hamel descreveu a criação de inovações radicais como "a questão empresarial mais importante de nossos tempos".[3]

O motivo pelo qual as empresas investem tanto em novos produtos é que eles *oferecem a resposta para a maioria dos grandes problemas das empresas*. Os concorrentes são mais prejudiciais (1) quando há tão pouca diferenciação no produto que a redução de preços acaba com a margem de lucro de todas as partes ou (2) quando eles têm um novo produto desejável que nós não temos. A verdade é a seguinte: *um novo produto bem-sucedido é melhor para uma empresa do que qualquer outra coisa*. O verdadeiro motivo de existência de uma empresa é o valor que suas atividades oferecem aos outros e pelo qual eles pagam. E em um mundo competitivo, isso significa que o que oferecemos – seja um bem físico ou um serviço – necessita ser superior ao que alguém mais oferece, ao menos em parte do tempo. Isso vale para todas as organizações, incluindo hospitais, igrejas, faculdades e até partidos políticos. Observe os vencedores nesses âmbitos e pergunte a si mesmo quais são populares e estão crescendo.

Outro motivo para a investigação sobre novos produtos é que *o processo de novos produtos é excessivamente difícil*. Um único produto exige o envolvimento de centenas de indivíduos, mas todos são de departamentos diferentes (vendas, engenharia, fabricação etc.), nos quais provavelmente eles têm uma agenda própria. Quando um produto fracassa desastrosamente, com frequência gera grande publicidade, principalmente para o constrangimento de quem o produz: tome como exemplo a New Coke (a "nova Coca-Cola"), os primeiros cigarros sem fumaça, os filmes *Gigli* e *Mulher-Gato* ou inúmeros outros casos. Talvez, por esse motivo, pensemos que as taxas de insucesso são superiores ao que realmente são. Obviamente, existem produtos novos que de fato fracassam, mas a uma taxa de 40%, e não à taxa de 90% que em geral você ouve, e essa porcentagem vale para produtos e serviços. As melhores empresas de desenvolvimento de produtos podem melhorar ainda mais suas possibilidades: elas precisam apenas de quatro ideias para gerar um produto de sucesso, em comparação a mais de nove ideias no caso de outras

---

[2] M. Rice, R. Liefer & G. O'Connor, "Assessing Transition Readiness for Radical Innovations", *Research-Technology Management*, 45(6), 2002, pp. 50–56; e Gina O'Connor, Joanne Hyland & Mark P. Rice, "Bringing Radical and Other Innovations Successfully to Market: Bridging the Transition from R&D to Operations", in *The PDMA Toolbook 2 for New Product Development*, ed. P. Belliveau, A. Griffin & S. M. Somermeyer (Hoboken, NJ: Wiley, 2004), pp. 33–70.

[3] Relatórios anuais de 2001/2002 do Instituto de Pesquisa Industrial, Washington, DC; e Gary Hamel, "Innovation Now! (It's the Only Way to Win Today)", *Fast Company*, December 2002, pp. 114–124.

empresas. Isso ocorre provavelmente porque as melhores empresas são mais competentes para eliminar as ideias ruins rapidamente.[4] E depois de vários anos de pesquisa, conhecemos vários dos motivos mais importantes pelos quais os produtos fracassam. A empresa não conhece o cliente, ou destina recursos insuficientes para pesquisa e desenvolvimento, ou não realiza o trabalho necessário antes de iniciar o desenvolvimento (o que algumas vezes é chamado de *abordagem preparar–atirar–mirar*), ou não presta atenção suficiente à qualidade, ou não conta com o apoio da alta gerência ou então persegue um alvo móvel (examinaremos algumas questões sobre alvo móvel, como especificações variáveis e ampliação gradativa do escopo, no Capítulo 3).[5]

O objetivo na maior parte das empresas não é necessariamente diminuir as taxas de insucesso para zero. Ter uma taxa de insucesso tão baixa pode significar que a empresa está se comportando com excesso de cautela com inovações desenvolvidas internamente, com recursos próprios, e não tendo a chance de realizar avanços revolucionários (arriscados). A definição de "muito baixa" depende provavelmente do setor e do quanto o desenvolvimento de um produto é inerentemente arriscado. A meta aqui é minimizar os prejuízos monetários decorrentes dos insucessos (e não levar a empresa à falência!) e aprender com eles. Independentemente da taxa de insucesso real que você encontrar, a quantia em jogo e o risco de fracasso são altos no desenvolvimento de novos produtos (DNP).

As taxas de sucesso mantiveram-se notadamente uniformes ao longo dos anos. O Estudo de Avaliação de Desempenho Comparativo (Comparative Performance Assessment Study – CPAS) é realizado periodicamente pela Associação de Desenvolvimento e Gestão de Produtos (Product Development & Management Association – PDMA), e o mais recente é de 2012.[6] Nesses estudos, em cada 100 ideias, um pouco menos de 70 passam da triagem inicial; menos de 50 passam na avaliação e teste de conceito e passam para a fase de desenvolvimento; um pouco menos de 30 passam da fase de desenvolvimento; em torno de 30 são submetidas a teste; cerca de 25 delas são comercializadas; e em torno de 15 são consideradas um sucesso (aproximadamente 60% daquelas que foram comercializadas). Curiosamente, a taxa percentual de sucesso não varia muito de uma categoria para outra. A taxa percentual de sucesso varia de 51% (produtos de consumo comprados com frequência) a 65% (saúde). Se dividirmos a amostra do CPAS em dois grupos, "Melhores" (25% das empresas de mais alto desempenho) e "Restantes", um padrão levemente diferente se evidencia: em 2012, as melhores empresas conseguiram uma taxa de sucesso superior a 80%, enquanto a taxa de sucesso das empresas restantes

---

[4] Marjorie Adams, *Competitive Performance Assessment (CPAS) Study Results*, PDMA Foundation, 2004; e Stephen K. Markham & Hyunjung Lee, "Product Development and Management Association's 2012 Comparative Performance Assessment Study", *Journal of Product Innovation Management*, 30(3), 2013, pp. 408–429. A taxa de sucesso manteve-se constante em 60% dos produtos comercializados desde o CPAS de 1995; o estudo de 2012 indica que as taxas de sucesso são levemente inferiores na Europa e na Ásia.

[5] Robert Cooper, *Winning at New Products: Accelerating the Process from Idea to Launch*, 3rd ed. (New York: Perseus Books, 2001).

[6] Os resultados do CPAS de 2003 são encontrados em Doug Boike & Marjorie Adams, "PDMA Foundation CPAS Study Reveals New Trends–While the 'Best-Rest' Gap in NPD Widens", *Visions*, 28(3), July 2004, pp. 26–29; e Gloria Barczak, Abbie Griffin & Kenneth B. Kahn, "Perspective: Trends and Drivers of Success in NPD Practices: Results of the 2003 PDMA Best Practices Study", *Journal of Product Innovation Management*, 26(1), January 2009, pp. 3–23. Os resultados de 2012 estão resumidos em Markham & Lee (2012), *op. cit.*

FIGURA 1.1 As melhores empresas obtêm resultados superiores no DNP.

	Melhores (25% das empresas superiores)	Restantes (75% das empresas inferiores)
Porcentagem de sucessos	82,2	52,9
Porcentagem de vendas de novos produtos	47,9	25,4
Porcentagem de lucro de novos produtos	48,5	25,0
Número de ideias por novo produto bem-sucedido	4,5	11,4

Fonte: Adaptado de Stephen K. Markham & Hyunjung Lee, "Product Development and Management Association's 2012 Comparative Performance Assessment Study", *Journal of Product Innovation Management*, 30(3), 2013, pp. 408–429.

foi bem inferior – em torno de 50%. Desse modo, as melhores têm maior sucesso com o desenvolvimento de novos produtos![7]

A Figura 1.1 mostra que as melhores empresas, além de terem uma taxa percentual de sucesso mais alta, obtêm quase duas vezes mais vendas e lucros dos novos produtos (definidos como de cinco anos ou mais jovens) dos que as restantes. As empresas melhores são também mais eficientes no desenvolvimento de produtos de sucesso: elas precisam de 4,5 ideias para gerar um sucesso, enquanto as empresas restantes exigem quase três vezes mais ideias por sucesso. Além disso, o custo de desenvolvimento por projeto bem-sucedido nas empresas melhores é aproximadamente metade do custo por projeto bem-sucedido nas restantes.[8]

O CPAS de 2012 revela igualmente que, em comparação com as restantes, as empresas melhores em desenvolvimento de produtos gerenciam o processo de novos produtos de um modo diferente. Em suma, as melhores são mais competentes para implementar vários dos conceitos e princípios do processo de novos produtos que discutimos nos capítulos subsequentes deste livro. Em relação às restantes, as melhores:

- São mais propensas a utilizar ferramentas de pesquisa de mercado, como sessões de criatividade (que examinamos no Capítulo 5), análise de *trade-off* (Capítulo 7), testes de conceito (Capítulo 9), voz do cliente (Capítulo 12), teste alfa e beta (Capítulo 15) e mercados de teste (Capítulo 18).
- São mais propensas a ter estratégias de mercado global e operacionais (Capítulos 3 e 14).
- Utilizam mais a análise de portfólio para seleção de produtos (Capítulo 3).
- Tendem a usar mais mídias sociais e comunidades *on-line* para coletar informações (Capítulo 5).
- Empregam processos formais para selecionar os conceitos a serem desenvolvidos (Capítulo 10).
- São mais eficientes na utilização de ferramentas de apoio à equipe e incentivos à equipe (Capítulo 14).[9]

---

[7] As "melhores" são definidas no CPAS como aquelas que se encontram entre as 25% superiores em seu setor e acima da média com relação tanto ao sucesso do programa quanto ao sucesso de vendas e de lucro do desenvolvimento de novos produtos.

[8] Stephen K. Markham & Hyunjung Lee, *op. cit.*

[9] Stephen K. Markham & Hyunjung Lee, *op. cit.*

Em suma, os conceitos de gestão de novos produtos, da forma como são apresentados ao longo deste livro, são utilizados amplamente, e bem, pelas melhores empresas inovadoras, que obtêm resultados superiores de seus novos produtos!

GLOBALIZAÇÃO E DESENVOLVIMENTO DE NOVOS PRODUTOS

Como todos os aspectos dos negócios modernos, o desenvolvimento de produtos tornou-se mais desafiador em virtude da maior **globalização**. Mais do que nunca, as empresas estão vendo o desenvolvimento de novos produtos como um processo global a fim de aproveitar oportunidades mundiais e aumentar a eficiência e eficácia da inovação. De acordo com um estudo de 2007, de consultores da Booz & Company, as principais empresas globais em termos de gastos com P&D aplicaram 55% desses gastos no exterior. Entre 80% das principais empresas de P&D americanas, US$ 80,1 bilhões de um total de US$ 146 bilhões foram gastos no exterior e porcentagens semelhantes foram encontradas com relação a empresas de P&D europeias e japonesas.[10] O estudo da Booz & Company mostrou também que as empresas com porcentagens superiores de gastos em P&D aplicados no exterior saíram-se melhor do que a média em várias medidas importantes de desempenho, como retorno sobre o investimento e retorno total para o acionista.

Esse estudo constatou que as empresas têm diversos motivos para aumentar suas iniciativas de P&D globais. Em vários países, os engenheiros de P&D recebem menos do que nos Estados Unidos, na Europa Ocidental ou no Japão –, mas a discrepância salarial está diminuindo, especialmente para os engenheiros e cientistas mais qualificados. Hoje, muitas empresas consideram o exterior não apenas para ter acesso a uma força de trabalho mais barata, mas para acessar os talentos que residem nesses mercados e as ideias geradas por esse pessoal qualificado. Mercados imensos como a Índia e a China são fontes óbvias de engenheiros talentosos e existem algumas evidências de especialização: a Índia ostenta pontos fortes em engenharia automotiva; a China, em eletrônicos.

Outro motivo para a maior globalização de P&D é a globalização crescente das próprias empresas inovadoras. Por exemplo, quando as montadoras de automóveis procuram penetrar em novos mercados como China ou Índia, faz sentido realizar maior parte de suas atividades de *design* próximo ou nesses próprios mercados do que em sua matriz em Michigan ou na Baviera. Além disso, as empresas estão enfrentando uma pressão crescente para reduzir o tempo de desenvolvimento de produtos ou podem estar competindo em ambientes de mercado cada vez mais turbulentos. Esses fatores levam as empresas a alavancar todos os recursos globais que elas têm à disposição para o desenvolvimento de produtos.[11]

Muitas empresas multinacionais procuram alavancar suas capacidades de desenvolvimento de produtos entre suas subsidiárias e ganhar vantagem competiti-

---

[10] Para examinar um resumo das descobertas da Booz & Company, consulte Barry Jaruzelski & Kevin Dehoff, "'Beyond Borders: The Global Innovation 1000' Study Reveals a Global Shift in R&D Spending", *Visions*, 33(3), October 2009, pp. 27–30.

[11] Elko J. Kleinschmidt, Ulrike de Brentani & Sören Salomo, "Performance of Global New Product Development Programs: A Resource-Based View", *Journal of Product Innovation Management*, 24(5), September 2007, pp. 419–441; consulte um resumo em K. Sivakumar, "Global Product Development", in Jagdish N. Sheth & Naresh K. Malhotra, *Wiley International Encyclopedia of Marketing*, Volume 5, Product Innovation and Management (West Sussex, UK: John Wiley, 2011), pp. 68–74.

va por meio da formação de *equipes globais de novos produtos*.[12] Uma grande empresa pode ter capacidades de P&D em sua subsidiária alemã, sua divisão de fábrica na Ásia e também fornecedores em outro lugar. Entretanto, a presença global de uma empresa não é uma garantia de que ela saberá automaticamente como gerenciar de modo eficaz suas operações globais. Coordenar e conduzir assertivamente as iniciativas em vários países para desenvolver e lançar novos produtos de sucesso é um desafio e tanto. Há várias decisões a tomar que afetam a eficácia do desenvolvimento global de produtos: grau de autonomia que as subsidiárias devem ter, como elas devem ser recompensadas, que condições de trabalho devem ser impostas para que o trabalho em equipe nas e entre as subsidiárias seja encorajado etc. Existe também a possibilidade de terceirizar parte dos recursos necessários para os novos produtos – por exemplo, por meio de alianças estratégicas com parceiros globais. De modo semelhante, a rede global de fornecedores e distribuidores precisa ser gerenciada e coordenada para melhorar o desenvolvimento global de produtos, bem como o lançamento global. Selecionar a melhor estrutura organizacional para a equipe global de produtos é mais difícil do que se somente uma cultura estiver envolvida, visto que tanto as diferenças entre os indivíduos da equipe quanto as barreiras linguísticas e as diferenças culturais nacionais devem ser levadas em conta. No momento do lançamento, surge um número ainda maior de decisões: o produto deve ser posicionado da mesma forma no mundo inteiro ou as decisões sobre posicionamento, *branding* (atribuição de marca) ou embalagem devem ser localizadas? Muitas empresas reagem a esses desafios com processo formais bem definidos, enquanto outras deixam o processo de novos produtos relativamente desestruturado e adaptável ao produto ou a considerações ambientais.

A melhor pesquisa disponível sobre esse tema constata que as empresas com *cultura de inovação global* têm os programas globais de novos produtos mais eficazes.[13] Ter uma cultura de inovação global significa que a empresa é aberta a mercados globais, é atenta a diferenças nas necessidades e preferências dos clientes e respeita diferentes ambientes nacionais no âmbito cultural e de negócios. As empresas com uma cultura corporativa como essa são capazes de reconhecer as habilidades, as ideias e os recursos especializados que elas têm em diferentes subsidiárias ao redor do mundo. Na verdade, nessas empresas todas as operações e estratégias (não apenas o desenvolvimento de novos produtos) são definidas com relação às realidades do mercado internacional. A empresa que tem uma cultura de inovação global sabe integrar melhor seu conhecimento global, consegue gerenciar melhor suas atividades de P&D associadas com o processo de novos produtos e tem vantagem na implementação de lançamentos globais.[14] Todos esses fatores contribuem para um melhor desempenho em novos produtos em nível global. Ao longo deste livro, você verá exemplos de empresas que praticam a inovação globalmente, e isso envolve a gestão de equipes globais virtuais e altamente diversificadas de desenvolvimento de produtos – uma tarefa nada fácil! A Figura 1.2

---

[12] Algumas boas referências são: Roger J. Calantone & David A. Griffith, "From the Special Issue Editors: Challenges and Opportunities in the Field of Global Product Launch", *Journal of Product Innovation Management*, 24(5), September 2007, pp. 414–418; e Ram Mudambi, Susan Mudambi & Pietro Navarra, "Global Innovation in MNCs: The Effects of Subsidiary Self-Determination and Teamwork", *Journal of Product Innovation Management*, 24(5), September 2007, pp. 442–455.

[13] Elko J. Kleinschmidt, Ulrike de Brentani & Sören Salomo, *op. cit.*

[14] Roger J. Calantone, S. T. Cavusgil, J. B. Schmidt & G.-C. Shin, "Internationalization and the Dynamics of Product Adaptation: An Empirical Investigation", *Journal of Product Innovation Management*, 22(2), March 2004, pp. 185–198.

FIGURA 1.2 Desenvolvimento de produtos como um processo global.

Procter & Gamble: De acordo com o *site* da P&G, seus produtos são desenvolvidos como projetos de P&D globais. A P&G tem ao todo 22 centros de pesquisa em 13 países dos quais ela extrai seu *know-how*. Um bom exemplo de produto global é o esfregão Swiffer. A P&G utilizou seus centros de pesquisa nos Estados Unidos e na França para realizar pesquisa de mercado e testes em apoio a esse novo produto.

Apple: No desenvolvimento do iPod, a Apple trabalhou com dez empresas diferentes e fornecedores independentes ao redor do mundo e desenvolveu o *design* e a definição de exigências do cliente nos Estados Unidos e no Japão.

Ikea: A varejista de móveis sueca sabe que seu mercado-alvo (trabalhadores da classe média) transpõe fronteiras internacionais e intercontinentais e, por isso, atua globalmente e de uma maneira funcional e enxuta. A empresa identifica uma necessidade não satisfeita do cliente (digamos, determinado estilo de mesa em um nível de preço específico), contrata *designers* internos e terceirizados para concorrer ao melhor *design* e, na sequência, seus parceiros fabris ao redor do mundo disputam pelos direitos de fabricar os móveis. Uma excelente logística global completa o valor oferecido aos clientes.

Bungie Studios: Essa *boutique de software*, atualmente da Microsoft, desenvolveu a série de *softwares* de jogo MS Halo nos Estados Unidos, mas testou o produto na Europa e na Ásia. Como os clientes da Ikea no exemplo anterior, os jogadores são muito parecidos ao redor do mundo.

Fonte: Loida Rosario, "Borderless Innovation™: The Impact of Globalization on NPD Planning in Three Industries", *Visions*, June 2006.

apresenta alguns exemplos de empresa que leva muito a sério o aspecto global do desenvolvimento de produtos.

Hoje as equipes globais de novos produtos fazem parte da vida de muitas empresas, e veremos mais a respeito dos desafios que essas equipes enfrentam no Capítulo 14. Lá, enfatizaremos as questões defrontadas pela equipe global de desenvolvimento de novos produtos e como as empresas superam esses obstáculos para tirar proveito do conhecimento sobre produto existente em vários cantos do mundo. Abordamos algumas questões relacionadas a decisões sobre posicionamento e *branding* no Capítulo 16.

O QUE HÁ DE DIFERENTE NO DESENVOLVIMENTO DE PRODUTOS

É provável que esse curso seja ministrado na faculdade de administração e negócios da universidade que você estuda, no departamento de marketing. Ou talvez ele faça parte do curso de engenharia ou de um programa de especialização em gestão de inovação tecnológica. Em qualquer caso, este é um bom momento para mencionar um princípio subjacente do desenvolvimento de produtos: ele consiste em um trabalho de equipe. Em teoria, a *equipe de novos produtos* é multifuncional e integra pessoas de departamentos como marketing, P&D, engenharia, manufatura, produção e *design* e também outras áreas funcionais. Diferentemente de outros cursos que talvez você esteja fazendo, dedicamos grande parte deste texto a *como você interage com pessoas de outros campos de estudo*: examinamos como os membros da equipe trabalham em conjunto, como eles melhoram a comunicação, o que eles precisam conseguir quando estão trabalhando juntos etc. Portanto, seja qual for sua formação e qual for sua área de estudo, lembre-se de que, no desenvolvimento de produtos, você passará grande parte do tempo coordenando e trabalhando intimamente com pessoas de outras áreas. O desenvolvimento de produtos é, acima de tudo, um esforço conjunto.

Como a contribuição de todos os membros de uma equipe de novos produtos para o desenvolvimento de produtos é importante, devemos estar atentos e tentar evitar pontos de vista funcionais estreitos. Os profissionais de marketing precisam aprender a trabalhar com cientistas, engenheiros, advogados, gerentes de produção etc. Podemos proceder do marketing, e com frequência retornaremos para lá quando o projeto estiver finalizado, mas nesse ínterim somos todos *pessoas de novos produtos*, trabalhando com todas as funções sem tender para nenhuma delas. Um profissional de marketing talvez não aprecie a minúcia de um cientista de pesquisa. E esse cientista talvez não aprecie o entusiasmo do profissional de marketing, que às vezes conduz ao que o cientista considera uma conclusão precipitada e não comprovada. Agora é um bom momento para pensar como um gerente geral.

Esta área de estudo requer uma *sólida contribuição criativa*. Não criamos apenas novos conceitos de produto; em muitas empresas, isso é fácil. A parte difícil é saber *como desenvolvê-los e promovê-los melhor* – divisar um método de teste de conceitos que funcione, selecionar uma ideia totalmente nova com a qual a empresa nunca se deparou e descobrir como integrar eficazmente os engenheiros em um estande de feira comercial, como posicionar um produto que cria uma categoria própria e nova, como produzi-lo com os equipamentos existentes, como nomeá-lo de uma forma que transmita informações e não seja confusa etc. Nenhuma resposta será encontrada no final deste livro. Nunca saberemos se qualquer uma das decisões foi ou não correta, mas apenas se o conjunto funcionou.

Ser criativo significa *viajar por estradas sem sinalização*. A maioria de nossas decisões é tomada com base em fatos inteiramente inadequados. Isso não quer dizer que não sabemos de que fatos precisamos ou como obter boas estimativas desses fatos – normalmente sabemos. Mas nunca há tempo e dinheiro suficientes. Pior de tudo, *o que parece ser um fato em janeiro talvez não seja um fato em junho, quando de fato introduzimos um novo produto*. Por esse motivo, com frequência fazemos coisas que deixam outras pessoas nervosas. Por exemplo, utilizamos **heurísticas** – regras práticas que as empresas descobriram que funcionam para elas: "Em itens como esse, cerca de 30% das pessoas que ouvem falar de uma nova marca a experimentam" ou "Quando o engenheiro de produtos do P&D discorda do engenheiro de processos da divisão de fábrica, é melhor concordar com o segundo". Algumas vezes, as heurísticas nos deixam de mãos abanando; mas, sem elas, os projetos não avançam suficientemente rápido. Outra técnica é utilizar a *simples intuição:* um palpite ou um pressentimento. Isso explica por que o desejo da maioria dos gestores é de que o pessoal de novos produtos primeiro passe algum tempo trabalhando com operações em andamento antes de mudar para o trabalho com novos produtos.

Isso indica outra diferença fundamental entre este curso e vários outros. Este curso está relacionado às atividades de *pessoas que trabalham sob intensa pressão*, que tomam decisões difíceis em circunstâncias insuportáveis. Considere um exemplo hoje clássico: um grupo de 15 pessoas enviado pela IBM de Armonk a Boca Raton no alvorecer da era do computador pessoal, em 1980. Eles tinham um ano para criar e comercializar um novo produto, que, por fim, ficou conhecido como IBM PC. Literalmente bilhões de dólares estavam em jogo – a diferença entre tornar-se um participante de peso em um novo mercado ou dormir no ponto completamente. Quase todos os dias alguém daquela equipe tinha de tomar uma decisão que podia acabar com o espetáculo. Ao estudar como a estratégia orienta as equipes ao longo de um projeto, ou como as empresas condensam seu teste de mercado em lançamentos regionais simultâneos, lembre-se dessa pressão. Você pode igualmente estar fazendo um curso sobre inovação em fabricação ou operações e estar se perguntando em que a inovação de *processos* difere da inovação de *produtos*. O termo *inovação de processos* normalmen-

FIGURA 1.3 Nem todos os novos produtos são planejados.

Um engenheiro da Raytheon que estava trabalhando em um radar experimental percebeu que a barra de chocolate no bolso de sua camisa havia derretido. Ele então experimentou "cozinhar" um pouco de pipoca. A empresa desenvolveu o primeiro micro-ondas comercial.

Um químico da G. D. Searle molhou o dedo na boca para virar a página de um livro e sentiu um gosto adocicado. Lembrando-se de que havia deixado respingar um líquido experimental, pesquisou mais a fundo e produziu o aspartame (NutraSweet).

Uma pesquisadora da 3M derrubou uma proveta contendo um composto industrial e algum tempo depois percebeu que seu tênis manteve-se limpo nas partes em que o líquido havia respingado. Disso resultou o protetor de tecidos ScotchGard.

Um químico da DuPont estava intrigado com uma substância de refrigeração experimental que não se dissolvia em solventes convencionais nem reagia a temperaturas extremas. Diante disso a empresa procurou identificar o que posteriormente se tornou o Teflon.

Outro cientista não conseguia fazer o plástico se misturar uniformemente quando fundido em peças automotivas. Indignado, colocou um chumaço de palha de aço em um dos lotes antes de ir embora à noite. Posteriormente, percebeu que as fibras de aço haviam conduzido rapidamente o calor para fora do líquido, resfriando-o uniformemente e misturando-o melhor. A Bendix fez várias coisas com esse novo material – a lona de freio é um exemplo.

Outros? Gore-Tex, dinamite, trigo inflado, Dextro-Maltose, LSD, penicilina, Dramamine, raio X, pulsares e muitos outros. Em todos os casos, uma mente preparada.

Fontes: Estudos de caso da DuPont e Bendix, *The Innovators* (New York: Dow Jones, 1968); estudos de caso da Raytheon, Searle e 3M, Kenneth Labrich, "The Innovators", *Fortune*, June 6, 1988, p. 56.

te se aplica a funções, particularmente de fabricação ou processo de distribuição, e todo novo produto beneficia-se desse tipo de inovação. O termo *inovação de produtos* aplica-se à operação total pela qual um novo produto é criado e comercializado e envolve inovação em todos os processos funcionais.

A última diferença que vale a pena ressaltar aqui reside na *aplicação*. Algumas vezes o processo de um novo produto é acidental ou **serendipitoso** – obtido por serendipidade (consulte a Figura 1.3). Porém, lembre-se do antigo ditado de que o acaso favorece a mente preparada. Pelo menos duas dezenas de cientistas haviam observado que os fungos destruíam suas colônias de bactérias antes de Alexander Fleming ter investigado o fenômeno e descoberto a penicilina. Mais recentemente, pesquisadores da Pfizer perceberam que vários dos homens que participavam de um estudo de teste de um novo medicamento contra angina relatavam que o medicamento era ineficaz para tratar a angina, mas produzia outro efeito inesperado sobre o corpo. Em pouco tempo a Pfizer já estava comercializando o Viagra, um de seus produtos mais importantes nos últimos anos e que evidencia um potencial de crescimento de mercado suficiente para ter atraído vários concorrentes.[15] Portanto, precisamos praticar. Não é possível aprender a desenvolver um novo conceito de produto lendo sobre análise de atributos ou análise de lacunas. Você precisa *realizá-las*. O mesmo é válido para o teste de uso do produto, posicionamento, planejamento de contingência e muitos outros fatores. No final de todos os capítulos, você tem oportunidade de pensar a respeito do conteúdo do capítulo no contexto do mercado.

---

[15] Jenny Darroch & Morgan P. Miles, "Sources of Innovation", in V. K. Narayanan & Gina C. O'Connor (eds.), *Encyclopedia of Technology & Innovation Management* (Chichester, UK: John Wiley, 2010), Chapter 14

O QUE É UM NOVO PRODUTO E O QUE O LEVA AO SUCESSO?

O termo **novo produto** pode significar diferentes coisas para diferentes pessoas. A Figura 1.4 mostra que os novos produtos podem incluir produtos **novos para o mundo** (algumas vezes chamados de **realmente novos**), bem como pequenos reposicionamentos e reduções de custo. A lista da Figura 1.4 pode abranger coisas que você excluiria. Por exemplo, podemos ter um novo item apenas reposicionando um antigo (dizendo aos clientes que é outra coisa)? A Arm & Hammer fez isso várias vezes, produzindo um novo desodorizador de geladeira, um novo desodorizador de carpetes, um novo desinfetante de ralo etc., tudo em um mesmo pacote de bicarbonato, até mesmo sob a mesma marca. Isso pode ser considerado unicamente como um novo uso, mas a empresa ainda assim passou por um processo de descoberta e desenvolvimento. E um novo uso (particularmente em empresas industriais) pode ocorrer em uma divisão completamente distinta. A DuPont, por exemplo, usa fibras básicas de várias formas diferentes, do mercado técnico ao de consumo. As empresas financeiras utilizam seus bancos de dados comuns para diferentes mercados. De modo semelhante, as marcas há muito tempo são utilizadas como plataforma para lançar extensões de linha. O sabonete Dove, por exemplo, foi ampliado para mais de uma dezena de sabonetes em barra e para quase o mesmo número de sabonetes líquidos.[16]

FIGURA 1.4 O que constitui um novo produto?

Os novos produtos podem ser categorizados considerando-se o quanto eles de fato são novos para o mundo ou para a empresa. Um conjunto comum de categorias é o seguinte:

1. **Produtos novos para o mundo ou produtos realmente novos.** Esses produtos são invenções que criam um mercado totalmente novo. Exemplos: Câmera Polaroid, iPod e iPad, impressora a *laser* da Hewlett-Packard, patins da marca Rollerblade, Febreze e Dryel da P&G.

2. **Produtos novos para a empresa ou novas linhas de produtos.** Produtos que introduzem a empresa em uma nova categoria para ela. Os produtos não são novos para o mundo, mas o são para a empresa. Exemplos: Primeiro xampu ou café da P&G, presentes Hallmark, cartão de crédito universal da AT&T, impressora a *laser* da Canon.

3. **Adições às linhas de produtos existentes.** São marcas "flanqueadoras" ou extensões de linha desenvolvidas para completar a linha de produtos oferecida aos mercados atuais da empresa. Exemplos: Sabão líquido Tide da P&G, Bud Light, extensões de linha do Special K (vitaminas, barras de cereais e cristalizados).

4. **Melhorias e alterações em produtos existentes.** O produtos atuais são aperfeiçoados. Exemplos: O sabonete Ivory e o sabão em pó Tide da P&G foram alterados inúmeras vezes ao longo de sua existência; existe um sem-número de outros exemplos.

5. **Reposicionamentos.** Produtos que são redirecionados para um novo uso ou uma nova aplicação. Exemplo: O bicarbonato de sódio Arm & Hammer foi reposicionado como desodorizador de ralo ou geladeira; a aspirina foi reposicionada como proteção contra ataques cardíacos. Incluem também produtos redirecionados para novos usuários ou novos mercados-alvo; há alguns anos, o cigarro Marlboro, antes dirigido a mulheres, foi reposicionado para homens.

6. **Reduções de custo.** Novos produtos que simplesmente substituem os existentes em uma linha, oferecendo um desempenho semelhante ao cliente, mas por um custo inferior. Pode estar mais relacionado a um "novo produto" em termos de *design* ou produção do que de marketing.

Fontes: Esse esquema de categorização foi originalmente apresentado em Booz, Allen & Hamilton Inc., *New Product Management for the 1980s* (New York: Booz, Allen & Hamilton Inc., 1982) e hoje é padrão no desenvolvimento de novos produtos. Alguns exemplos são extraídos de Robert G. Cooper, *Winning at New Products: Accelerating the Process from Idea to Launch*, 3rd ed. (Cambridge, MA: Perseus Publications, 2001).

---

[16] Deborah L. Vence, "Just a Variation on a Theme", *Marketing News*, February 2007, pp.18–20.

Todas as categorias na Figura 1.4 são consideradas novos produtos, mas vemos com clareza que os riscos e incertezas diferem e as categorias precisam ser gerenciadas de maneira distinta. Geralmente, se um produto é novo para o mundo ou novo para a empresa (as duas primeiras categorias), os riscos e incertezas enfrentados pela empresa são maiores, porque estão associados com os custos de desenvolvimento e lançamento. Por exemplo, custa mais para a Gillette lançar novos sistemas de barbear (o Fusion) do que aprimorar o sistema anterior Mach3 (desenvolvendo a versão para mulheres, chamada Venus, que usou a mesma tecnologia de lâmina). Um comprometimento maior de recursos humanos e financeiros frequentemente é necessário para introduzir com sucesso os produtos novos mais inovadores no mercado.

Observe também que nem todas as categorias de novos produtos na Figura 1.4 são necessariamente inovações. As extensões de linha, como os sabonetes em barra Dove mencionados anteriormente, ou os novos sabores do biscoito Oreo, podem ter resultado do desejo da empresa de aumentar o espaço de exposição e o espaço de prateleira. Como ressaltou Bob Golden, da Technomic, empresa de consultoria do setor de alimentos, "Muitas dessas empresas [que lançaram extensões de linha] estão canibalizando as marcas existentes a fim de estimular a categoria [de produto]". Não se deve confundir extensão de linha com uma inovação "verdadeira" – a administração precisa reconhecer que a inovação verdadeira que oferece maior valor aos clientes é o lugar em que a vantagem competitiva provavelmente se encontra.[17]

Os *produtos novos para o mundo* revolucionam as categorias de produto existentes e definem categorias totalmente novas. Eles são mais propensos a exigir que o consumidor aprenda e/ou a incorporar uma tecnologia extremamente nova. Os computadores de mesa com programa de processamento de texto definiram uma nova categoria de produto que tornou as máquinas de escrever elétricas e manuais praticamente obsoletas, e aqueles para os quais a datilografia era um meio de vida foram obrigados a aprender. As impressoras Hewlett-Packard LaserJet fizeram quase a mesma coisa na categoria de impressoras. O lançamento de CDs exigiu diferenças maiores no varejo com relação ao *layout* das lojas e à distribuição de componentes relacionados (como os aparelhos de CD). Outros exemplos familiares, como os carros híbridos, o iPod e até mesmo o relógio Swatch, evidenciam o uso de novas tecnologias em produtos novos para o mundo. Os fabricantes tiveram de superar os riscos percebidos, a incompatibilidade percebida com a experiência anterior ou outras barreiras à adoção dos clientes (mais sobre esse assunto no Capítulo 16).

Obviamente, o lançamento de produtos novos para o mundo significa risco – e o estímulo para assumir riscos precisa permear toda a empresa e deve partir dos níveis mais altos da administração. Em empresas altamente inovadoras como Intel e Gillette (a última agora é uma divisão da Procter & Gamble), a alta administração pode até abandonar a utilização de estimativas de lucro trimestrais para manter as unidades de negócios centradas na inovação e em outras metas estratégicas de longo prazo.[18]

A categoria de **nova linha de produtos** na Figura 1.4 traz à tona a questão do produto de imitação, exatamente uma "cópia". Se uma empresa introduzir uma marca de cerveja *light* que é nova para ela, mas idêntica às já existentes no mercado, ela seria um novo produto? Sim, ela é nova para a empresa e exige o processo desse novo produto. A Canon não foi a primeira fabricante de impressoras a *laser*, a Coca-Cola

---

[17] Deborah L. Vence, *op. cit.*; a citação de Bob Golden é extraída de Karen Heller, "It's in the Snack Aisle, But Is It Food?", *Philadelphia Inquirier,* March 14, 2007, pp. E1, E4.

[18] Thomas D. Kuczmarski, "What Is Innovation? And Why Aren't Companies Doing More of It?", *Journal of Consumer Marketing,* 20(6), 2003, pp. 536–541.

não foi a primeira engarrafadora de suco de laranja e a P&G não foi a primeira concorrente no setor de café. Entretanto, esses eram produtos novos para as empresas, gerencialmente falando, e foram gerenciados como tais por elas.

A Figura 1.4 mostra que os novos produtos podem ser considerados adições às linhas de produtos existentes ou melhorias e alterações em produtos existentes. Muitas extensões de linha completam ou se agregam extremamente bem às linhas de produtos existentes: sabão líquido Tide, Bud Light, barras de cereais e batidas Special K). No entanto, estudos indicam que as categorias de novos produtos mais inovadoras são responsáveis por muito mais sucessos. Em um estudo, as duas categorias mais inovadoras respondiam por 30% dos novos produtos lançados, mas em torno de 60% dos produtos mais bem-sucedidos. (Obviamente, essas porcentagens variarão de acordo com o setor: os produtos de alta tecnologia produzirão proporcionalmente mais produtos altamente inovadores.) Na verdade, uma curva em forma de U foi identificada entre a originalidade e sucesso: as categorias de novos produtos mais inovadoras e as menos inovadoras (reposicionamento e reduções de custo) superaram o desempenho as categorias intermediárias com relação ao cumprimento de critérios financeiros, retorno sobre o investimento e participação de mercado resultante![19] Isso porque os novos produtos na "área do meio" são novos o suficiente para realmente estimular os novos clientes, embora diferentes o bastante dos produtos existentes cuja sinergia é menor. Os resultados indicam que muitas empresas estão reconsiderando a importância e a possível contribuição de novos produtos inovadores ao tomarem decisões relativas à seleção de projetos. No Capítulo 3, examinaremos a construção de um portfólio estratégico de produtos que se esforça para encontrar um equilíbrio entre as categorias de inovação.

Como já vimos que até mesmo entre as melhores empresas existem alguns produtos malsucedidos, e este livro é totalmente dedicado ao desenvolvimento de novos produtos de sucesso, não é possível haver uma resposta fácil à pergunta "O que leva os novos produtos ao sucesso?". Não obstante, vários estudos no decorrer dos anos a respeito dessa questão geraram uma resposta coerente: o principal motivo do sucesso é um *produto único superior*. Além disso, algumas das causas comuns de insucesso são: "o produto não atendia a nenhuma necessidade" e "havia uma necessidade, mas o novo produto não atendeu a essa necessidade". Em outras palavras, o produto não era nem único nem superior.[20] Ele não oferecia ao usuário **valor agregado** suficiente em relação ao custo de compra e ao uso. Valor agregado é um conceito fundamental que você deve manter em mente ao seguir o processo de novos produtos.

ESSA ÁREA DE ATIVIDADE TEM UM VOCABULÁRIO EXCLUSIVO?

Sim, tem, por dois motivos. Primeiro, é uma *área em expansão* que está assumindo novas incumbências e as realizando de uma nova maneira. Segundo, é uma *área*

---

[19] Elko J. Kleinschmidt & Robert G. Cooper, "The Impact of Product Innovativeness on Performance", *Journal of Product Innovation Management*, 8(4), December 1991, pp. 240–251; consulte também Abbie Griffin, *Drivers of NPD Success: The 1997 PDMA Report* (Chicago: Product Development & Management Association, 1997).

[20] Discussões sobre o sucesso e fracasso dos produtos podem ser encontradas em R. G. Cooper, "New Products: What Separates the Winners from the Losers?", in M. D. Rosenau, A. Griffin, G. Castellion & N. Anscheutz (eds.), *The PDMA Handbook of New Product Development* (New York: John Wiley, 1996), pp. 3–18; e R.G. Cooper, "The Impact of Product Innovativeness on Performance", *Journal of Product Innovation Management*, 16(2), April 1999, pp. 115–133.

diversificada (*melting pot field*), na linguagem dos cientistas, que reúne advogados, pessoal de marketing, contadores, pessoal de produção, estrategistas corporativos e muitos outros. Como várias dessas pessoas conversam a respeito de um mesmo evento, mas empregando termos diferentes, há uma profusão de problemas de comunicação.

Por exemplo, algumas vezes os termos **invenção** e **inovação** se confundem. Para os gestores, invenção refere-se à dimensão de singularidade – a forma, formulação e função de alguma coisa. Geralmente ela é patenteável. Inovação refere-se ao processo geral pelo qual uma invenção é transformada em um produto comercial que pode ser vendido lucrativamente. A invenção pode dar certo, mas apenas em alguns momentos. Temos bem mais invenções do que inovações. De modo semelhante, uma pessoa comum pode pensar que uma ideia de produto, um conceito de produto, um protótipo de produto e talvez até um produto são todos sobre a mesma coisa. Como você verá nas páginas deste livro, temos definições específicas e distintas para cada um desses termos e elas não são intercambiáveis.

O problema é ainda pior de um ponto de vista global. Tome como exemplo o termo *design*. Na atividade de novos produtos da América do Norte, *design* significa essencialmente *design* industrial ou *design* (projeto) de engenharia (pré-fabricação); entretanto, na Europa, *design* significa a função de criação técnica total das especificações iniciais até a área de embarque. Para algumas pessoas de *design*, esse termo significa a função total de inovação de produtos.

Quando em dúvida, um glossário completo de termos de novos produtos é publicado *on-line* pela Associação de Desenvolvimento e Gestão de Produtos (**www.pdma.org**; siga o clique no *link* para o glossário).

O CAMPO DE NOVOS PRODUTOS OFERECE OPORTUNIDADES DE CARREIRA?

Sim, embora não muitas sejam cargos iniciais para pessoas que acabaram de sair da faculdade. Geralmente, os altos executivos desejam que o pessoal de novos produtos conheça o setor em questão (o conhecimento sobre o cliente mencionado anteriormente) e as várias operações da empresa (aquela atividade multidimensional de orquestração já mencionada). Portanto, os gestores de novos produtos são em sua maioria designados à atividade de novos produtos quando já ocupam algum cargo em um departamento funcional. Por exemplo, um cientista acha o trabalho com o pessoal de marketing e fabricação interessante, um pesquisador de mercado especializa-se em segmentação por benefício ou um vendedor ganha reputação por propor bons conceitos de novos produtos. Todas essas pessoas são candidatas a trabalhar em tempo integral com novos produtos.

Os cargos específicos nessa área são três. Primeiro, é o de **representante funcional** em uma equipe, que algumas vezes trabalha em tempo integral, mas mais frequentemente meio período. Um exemplo é o pesquisador de marketing ou programador de produção. Essas pessoas podem ser representantes em várias equipes ou em apenas uma. O segundo cargo é de **gerente de projeto** ou **líder de equipe**. Esse cargo envolve a liderança de uma equipe de pessoas que representam as funções que serão necessárias. O terceiro cargo é de **gestor de processo de novos produtos**, cuja responsabilidade é ajudar os gerentes de projeto a desenvolver e usar bons processos de novos produtos.

Algumas das dicas de carreira que ouvimos são:

1. Seja multifuncional e não provinciano em termos funcionais. Ganhe experiência em mais de uma função (marketing, fabricação etc).

2. Disponha-se a assumir riscos e a fazer o que for necessário para introduzir um produto no mercado, como enfrentar a fúria dos colegas de trabalho.
3. Pense como um gerente geral. Os cientistas e gerentes de vendas podem liderar equipes de novos produtos, mas precisam deixar de ser cientistas e gerentes de vendas.
4. Seja ao mesmo tempo otimista e realista, ofensivo e colaborador, líder e seguidor.
5. Desenvolva suas habilidades criativas tanto para conceitos de novos produtos quanto para novas formas de fazer as coisas.
6. Sinta-se tranquilo em situações de caos e confusão. Aprenda a trabalhar com depressivos, eufóricos e pessoas que não têm absolutamente nenhuma emoção.

Felizmente, esses gestores existem – e o número deles é crescente. Esperamos que você se torne um deles.

ELEMENTOS ESTRATÉGICOS DO DESENVOLVIMENTO DE PRODUTOS

Cobrimos grande parte do conteúdo de desenvolvimento de produtos neste livro, da identificação de oportunidades ao lançamento e pós-lançamento. Subjacente a tudo isso há três **elementos estratégicos**, que serão o principal foco neste livro. Esses elementos estratégicos oferecem uma estrutura para orientar a administração ao longo do desenvolvimento de produtos e ajudam-na a se concentrar no que é mais importante. Os principais consultores de desenvolvimento de produtos, como Robert Cooper, do Instituto de Desenvolvimento de Produtos, recomendam uma estrutura desse tipo para empresas de todos os portes com o objetivo de ajudar a orientar o desenvolvimento de produtos.[21] Um ponto fundamental neste sentido é que *os três elementos estratégicos devem estar em vigor* e todos estão em harmonia entre si e apoiam uns aos outros. Os três elementos são **processo de novos produtos**, **termo de inovação de produto** e um **portfólio de produtos** bem gerenciado.

O *processo de novos produtos* é o procedimento que conduz a ideia de um novo produto pela avaliação do conceito, desenvolvimento, lançamento e pós-lançamento do produto. Normalmente, esse procedimento é retratado como um processo cíclico com etapas de avaliação entre as fases, mas você verá nos capítulos seguintes que raramente ele é tão direto. O *termo de inovação de produto* é essencialmente uma estratégia para um novo produto. Ele assegura que a equipe de novos produtos desenvolva produtos coerentes com os objetivos e estratégias da empresa e aborde as oportunidades de mercado. A *gestão de portfólio de produtos* ajuda a empresa a avaliar quais novos produtos podem ser as melhores adições à linha de produtos existente, com base em objetivos tanto financeiros quanto estratégicos. Neste capítulo, introduzimos o primeiro elemento estratégico, o processo de novos produtos, porque ele funciona como uma estrutura para todo o restante deste livro, e o examinamos mais detalhadamente no Capítulo 2. No Capítulo 3, analisamos os dois últimos elementos estratégicos, o termo de inovação de produto e a gestão de portfólio de produtos.

---

[21] Roger J. Calantone, S. T. Cavusgil, J. B. Schmidt & G.-C. Shin, "Internationalization and the Dynamics of Product Adaptation: An Empirical Investigation", *Journal of Product Innovation Management*, 22(2), March 2004, pp. 185–198.

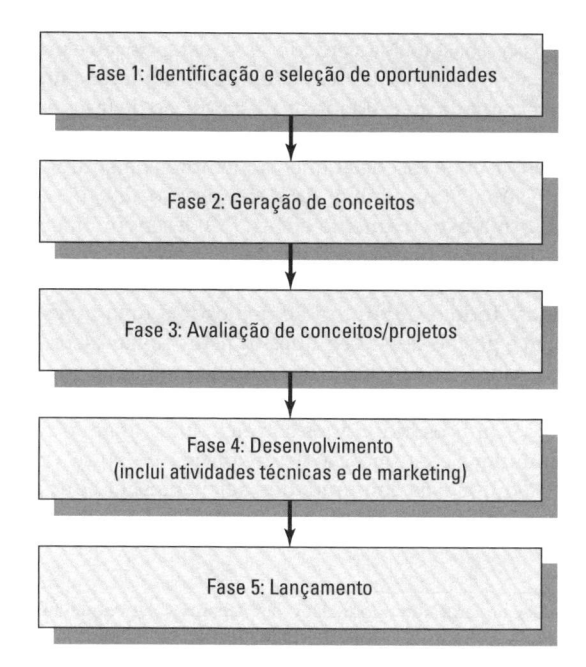

O PROCESSO BÁSICO DE NOVOS PRODUTOS

A Figura 1.5 mostra um processo de novos produtos simples descrito em fases e atividades. Pesquisas demonstram que cerca de 70% das empresas utilizam algum tipo de processo de novos produtos formal, transfuncional e distribuído em fases e em torno de 47% utilizam critérios de avaliação claramente definidos após cada fase. Pelo menos 40% das empresas designam um gestor de processo cuja função é gerenciar o processo de novos produtos em fases.[22] Esse processo certamente está bem estabelecido entre as empresas envolvidas com o desenvolvimento de novos produtos.

A ideia por trás do processo de novos produtos é que as fases representam as *atividades* que são conduzidas pela equipe de novos produtos; entre as fases há *atividades de avaliação* ou pontos de decisão.[23] São nesses pontos que as difíceis decisões de prosseguir/não prosseguir precisam ser tomadas (isto é, analisar se o projeto parece promissor o suficiente para passar para a fase seguinte). Ao longo deste livro, examinaremos os tipos de teste (como testes de conceito, testes de uso de produto e testes de mercado) que são utilizados para coletar informações para a avaliação do projeto ao longo de todo o processo.

O objetivo do processo de novos produtos é diminuir a quantidade de riscos e incertezas da fase de geração de ideias ao lançamento. Há avaliações periódicas ao

```
Fase 1: Identificação e seleção de oportunidades
              ↓
Fase 2: Geração de conceitos
              ↓
Fase 3: Avaliação de conceitos/projetos
              ↓
Fase 4: Desenvolvimento
(inclui atividades técnicas e de marketing)
              ↓
Fase 5: Lançamento
```

FIGURA 1.5 O processo básico de novos produtos.

---

[22] Markham & Lee (2012), *op. cit.*; Robert G. Cooper, Scott G. Edgett & Elko J. Kleinschmidt, *Improving New Product Development Performance and Practices: Benchmarking Study* (Houston, TX: American Productivity and Quality Center, 2002); Marjorie Adams (2004), *op. cit.*, e Kenneth B. Kahn, Gloria Barczak & Roberta Moss (2002), *op. cit.*

[23] Robert G. Cooper, *Winning at New Products: Accelerating the Process from Idea to Launch*, 3rd ed. (Cambridge, MA: Perseus Publishing, 2001).

longo de todo o processo. Uma empresa pode ter acesso a centenas de ideias; as mais fracas são eliminadas imediatamente e as melhores são aperfeiçoadas e transformadas em conceitos. Em uma fase posterior do processo, apenas os melhores conceitos são aprovados e passados adiante para a fase de desenvolvimento. O produto é aprimorado continuamente durante a fase de desenvolvimento e pode ainda ser interrompido antes da fase de lançamento se os resultados de teste de uso não forem positivos. No momento em que o produto é lançado, sua probabilidade de dar certo é bem maior (lembre-se da taxa de sucesso de cerca de 60% entre várias categorias de produto citada anteriormente). Diminuir a quantidade de incertezas é importante porque cada fase adicional significa maior investimento financeiro (talvez bem mais alto), sem falar do maior comprometimento de recursos humanos. Empresas que utilizam o processo de novos produtos relataram melhorias no trabalho em equipe, menor retrabalho, maiores taxas de sucesso em novos produtos, identificação precoce de falhas, lançamento aprimorado e tempos de ciclo 30% menores.[24] Entretanto, isso não quer dizer que todas as empresas implementam bem esse processo. Outros estudos mostram que várias empresas que alegam ter um processo de novos produtos o concebeu ou o implementou insatisfatoriamente; desse modo, há uma grande margem para melhorias.[25]

É necessário observar que o sequenciamento perfeito e linear das fases na Figura 1.5 simplesmente não é típico. A realidade é que as atividades não são sequenciais; elas são coincidentes. Isso não implica que uma fase deve ser concluída para que o trabalho na fase seguinte seja iniciado, como em uma corrida de revezamento em que se passa o bastão. Na verdade, essa justaposição é incentivada. Há muita pressão para que as empresas **acelerem o tempo de colocação no mercado** dos novos produtos, e determinada quantidade de justaposição de fases é um instrumento importante para agilizar a colocação de novos produtos no mercado. Obviamente, para fazer isso da forma correta é essencial que os membros da equipe, provenientes de diferentes áreas funcionais (marketing, P&D, fabricação, *design*, engenharia), comuniquem-se de uma forma extremamente eficaz.[26] O desenvolvimento de produtos é verdadeiramente **multifuncional**, caso em que todas as funções (e, cada vez mais, também o cliente) trabalham juntas em uma **equipe transfuncional** para concluir as atividades requeridas. Todo o Capítulo 14 é dedicado a uma investigação aprofundada da organização e gestão dessas equipes transfuncionais. Contudo, embora falemos sobre equipes posteriormente neste livro, tenha em mente que a equipe tem de se envolver o mais cedo possível com o processo de novos produtos. É responsabilidade do líder da equipe reunir os indivíduos corretos que tenham o conjunto correto de habilidades e estimular a comunicação dentro da equipe, entre a equipe e a alta administração e entre a equipe e as comunidades de clientes. O líder de equipe eficaz sabe como lidar com conflitos de poder e igualmente com complexidades técnicas.[27]

---

[24] Robert G. Cooper, "New Products: What Separates the Winners From the Losers and What Drives Success", in K. B. Kahn, S. E. Kay, R. J. Slotegraaf & S. Uban (Eds.), *The PDMA Handbook of New Product Development* (Hoboken, NJ: Wiley, 2013), Ch. 1, pp. 3–34.

[25] Robert G. Cooper, Scott J. Edgett & Elko J. Kleinschmidt, *Best Practices in Product Innovation: What Distinguishes the Top Performers*, Product Development Institute, 2003; Robert G. Cooper, "Perspective: The Stage-Gate® Idea-to-Launch Process—Update, What's New, and NexGen Systems", *Journal of Product Innovation Management*, 25(3), May 2008, pp. 213–232.

[26] Preston G. Smith & D. G. Reinertsen, *Developing Products in Half the Time* (New York: Van Nostrand Reinhold, 1991).

[27] Hans J. Thamhain, "Managing Product Development Project Teams", in Kenneth B. Kahn, George Castellion & Abbie Griffin (eds.), *The PDMA Handbook of New Product Development* (New York: John Wiley & Sons, 2005), pp. 127–143.

Outro meio pelo qual as empresas têm conseguido evitar atrasos e acelerar o tempo de colocação no mercado é a otimização das atividades de avaliação. Na Johnson & Johnson, a preparação para uma atividade de avaliação pode ter incluído a preparação de um documento de análise de 30 a 90 páginas. Ela foi reduzida para uma apresentação padronizada, com um resumo de uma página e vários *slides* – suficientes para informar a alta administração sobre os riscos e comprometimentos que estão sendo escolhidos. Segundo consta, economizou-se um tempo de preparação de semanas com esse novo formato.[28]

Além disso, devemos esclarecer algo sobre as atividades de avaliação que ocorrem após cada fase do processo de novos produtos. A Figura 1.5 deixa implícito que toda fase é sempre seguida de uma decisão de prosseguir/não prosseguir. Embora isso com frequência ocorra, pode ser uma simplificação exagerada. Se ainda estiverem faltando algumas informações fundamentais ou se não for possível obtê-las, existe uma terceira opção, que chamamos de "em decisão". Isso significa que o projeto será tocado para a frente (um "prosseguir" condicional, se preferir), mas as informações ausentes deverão ser coletadas e o projeto ainda poderá ser interrompido em uma fase posterior. A atividade de avaliação que inclui decisões de prosseguir condicionais algumas vezes é chamada de **fase condicional** (*fuzzy gates*). Por exemplo, um produto alimentício embalado pode se sair razoavelmente bem em um teste de conceito, mas a administração pode sentir que não há de fato uma leitura do mercado sem a realização de algum teste de uso (deixar o cliente realmente experimentar o produto). "Em decisão" significa que o produto recebe aprovação para prosseguir para a fase de desenvolvimento, mas o teste de uso tem de gerar resultados positivos, pois do contrário o projeto será interrompido em algum momento. Desse modo, as fases condicionais aceleram o processo porque não se desperdiça tempo na obtenção de informações completas antes que se tome a decisão. Elas são relativamente incomuns; no CPAS, cerca de 50% dos projetos foram tocados para a frente com algumas decisões condicionais ao longo do caminho. No entanto, a equipe deve realmente tomar uma decisão firme assim que as informações necessárias forem obtidas; em outras palavras, as fases condicionais ainda assim têm "força e poder". Um problema correlato ocorre quando as equipes na verdade tomam uma decisão integral de "prosseguir", mas não conseguem alocar nenhum recurso ao projeto. Isso é chamado de "vala comum" (*hollow gate*) e o resultado disso é o excesso de projetos em andamento e, inevitavelmente, orçamentos estourados e lançamentos atrasados. De modo semelhante, um projeto ruim talvez nunca seja avaliado criticamente porque ele é o projeto de estimação do diretor executivo ou porque interesses pessoais ou políticos ocultos estão influenciando a tomada de decisão. Fases condicionais sem força e poder, *hollow gates*, tratamento especial para os executivos ou interesses ocultos podem impedir a eficácia do processo de novos produtos, mas todos esses fatores são identificáveis e evitáveis.[29]

Outro fato é que o processo de novos produtos pode parecer bastante distinto para os **produtos revolucionários** novos para o mundo (mais sobre esse assunto no Capítulo 2), em comparação com **novos produtos** mais **incrementais**. Uma empresa como a P&G pode utilizar um processo simplificado para um projeto de baixo risco (como um novo sabão líquido) no qual algumas fases e atividades de avaliação são associadas ou podem ser omitidas. Segundo o CPAS, somente 40% dos projetos radicais têm fases que se justapõem ou são ignoradas, enquanto em relação aos novos

---

[28] Robert G. Cooper, "What Leading Companies Are Doing to Reinvent Their NPD Processes", *Visions*, 32(3), September 2008, pp. 6–10.

[29] Para mais informações sobre todas essas áreas problemáticas, consulte Cooper (2008), *op. cit.*

produtos incrementais em torno de 59% têm fases justapostas ou passam totalmente por cima de algumas fases. Com respeito a um produto novo para o mundo, como o Febreze ou Dryel, a P&G enfrenta riscos maiores e despesas mais altas e, nesse caso, um processo de novos produtos completo em todos os detalhes provavelmente será seguido. Por isso, é favorável imaginar o processo da Figura 1.5 como um parâmetro ou estrutura, mas reconhecer que o processo de novos produtos é realmente muito flexível. Na verdade, essas características (fases justapostas, fases condicionais e flexibilidade) são traços do que é chamado de **processo de novos produtos de terceira geração**, que é a forma como a maioria das empresas interpreta o processo retratado na Figura 1.5.[30]

Há outro fator significativo na Figura 1.5. As fases não se referem a funções ou departamentos. As pessoas técnicas podem *conduzir* a parte técnica do desenvolvimento, mas outras áreas participam, algumas muito ativamente, como pesquisa de mercado, vendas, *design* etc. O lançamento parece uma atividade de marketing, mas grande parte do marketing ocorre durante as fases preliminares. Analisamos em detalhes o que chamamos de "intensificação do marketing" no Capítulo 15. Além disso, durante o lançamento o pessoal de fabricação está ocupado com a estruturação da capacidade de produção. O pessoal do jurídico está registrando as marcas e o pessoal de laboratório está realizando testes com base nos resultados iniciais do produto. É claro que o processo de novos produtos é uma função para uma equipe bem organizada, eficiente e transfuncional.

Além disso, empresas diferentes agrupam as atividades de novos produtos de maneira diferente. Certamente não existe um consenso sobre o número exato de etapas. Isso não é motivo para preocupação. Em vez de imaginar o processo com algum número de fases, procure uma visão mais ampla de um processo extenso, evolutivo e de propósito geral, que dividimos em cinco fases em parte para favorecer a apresentação da história sobre as atividades de novos produtos. Empresas diferentes somente dividem o mesmo processo subjacente de modo diferente.

Analisamos mais profundamente o processo de novos produtos no Capítulo 2.

OS OUTROS ELEMENTOS ESTRATÉGICOS

O processo retratado na Figura 1.5 é parte da estratégia de novo produto de uma empresa, mas deixa algumas perguntas sem resposta. Primeiro, qual é a estratégia subjacente da empresa para novos produtos? Que oportunidades de mercado e/ou tecnológicas a empresa está procurando explorar? Em que arena estratégica a empresa concorrerá? Quão inovadora a administração deseja ser? Sem uma estratégia de novos produtos, a empresa abordará o desenvolvimento de novos produtos de uma maneira desfocada. Sem um limite claro quanto a quais oportunidades de mercado ou tecnológicas serão perseguidas, *qualquer* ideia pareceria correta, o que poderia conduzir a empresa a um número excessivo de produtos subfinanciados. Chamamos a estratégia de novos produtos de **termo de inovação de produto** (*product innovation charter* – **PIC**). O PIC é desenvolvido pela alta administração e oferece orientação para todas as áreas funcionais envolvidas na inovação. Ele define um escopo de atividade para o desenvolvimento de novos produtos, ajudando a respectiva equipe a identificar quais oportunidades estão dentro dos limites e

---

[30] Consulte Robert G. Cooper, "Perspective: Third-Generation New Product Processes", *Journal of Product Innovation Management*, 11(1), 1994, pp. 3–14; consulte também Cooper (2008), *op. cit.*; também Robert Cooper, "Effective Gating", *Marketing Management*, 18(2), 2009, pp. 12–17.

onde ela deve concentrar suas iniciativas. Dessa forma, talvez menos projetos sejam empreendidos, mas geralmente eles terão um valor superior para a empresa. E as vantagens de estabelecer um PIC são nítidas: Na pesquisa de Robert Cooper, as empresas com uma definição de produto consistente tinham 85% de probabilidade de sucesso e em média uma participação de mercado de 37%, enquanto aquelas com uma definição de produto frágil evidenciou uma probabilidade de sucesso de 26% e uma participação de mercado de 23%.[31]

Além disso, muitos conceitos de novos produtos podem parecer tecnicamente viáveis e comercializáveis. Antes de comprometer os escassos recursos financeiros e humanos, a alta administração deve também considerar se o novo produto, se desenvolvido, seria adequado à estratégia geral de negócios da empresa: se ele contribui estrategicamente para os produtos que já são oferecidos ou se ele desequilibra a linha de produtos da empresa. Essa é uma questão de gestão de portfólio de produtos. Embora quase toda empresa considere critérios financeiros como receitas de vendas esperadas ou lucros ao aprovar o projeto de desenvolvimento de um novo produto, as empresas de melhor desempenho equilibram os critérios financeiros com as considerações estratégicas, de modo que seus objetivos de longo prazo sejam atendidos e haja um fluxo confiável de novos produtos no futuro.[32]

O termo de inovação de produto, a gestão de portfólio de produtos e assuntos relacionados são abordados mais detalhadamente no Capítulo 3.

DESENVOLVIMENTO DE PRODUTOS NA PRÁTICA

Para examinar as iniciativas em andamento dos melhores desenvolvedores de produto no mercado, visite o *site* da Associação de Desenvolvimento e Gestão de Produtos (PDM), em **www.pdma.org**. Entre outras coisas, a PDMA patrocina o prêmio Outstanding Corporate Innovator (Inovador Corporativo de Destaque). Esse prêmio não se destina a um único grande produto, mas a um programa prolongado de novos produtos de sucesso ao longo de pelo menos cinco anos. E os vencedores têm de relatar aos participantes na conferência anual da associação como eles conseguiram isso. Tal como ressaltamos antes, a inovação pode ser difícil – e os gestores das melhores empresas inovadoras servem de professor nas sessões da conferência. Na maioria desses casos, é possível depreender o sistema dessas empresas diretamente deste livro. Entre os vencedores estão Corning, Royal DSM, Merck, Hewlett-Packard, Dow Chemical, MSaytag, Bausch & Lomb, Harley-Davidson e muitas outras empresas (a lista completa encontra-se no *site* da PDMA). O *site* da PDMA Web oferece também *links* para seu periódico acadêmico, o *Journal of Product Innovation Management*, e seu boletim informativo direcionado aos profissionais da área, *Visions*, bem como o glossário mencionado anteriormente. Ao longo deste curso, é aconselhável buscar nessas publicações os artigos mais recentes e atuais a respeito de aspectos do desenvolvimento de novos produtos e da inovação, bem como os assuntos em voga entre os profissionais de desenvolvimento de novos produtos.

---

[31] Robert Cooper, *Winning at New Products: Accelerating the Process from Idea to Launch*, 2nd ed. (Reading, MA: Addison-Wesley, 1993).

[32] Gary E. Blau, Joseph F. Pekny, Vishal A. Varma & Paul R. Bunch, "Managing a Portfolio of Interdependent New Product Candidates in the Pharmaceutical Industry", *Journal of Product Innovation Management*, 21(4), July 2004, pp. 227–245.

RESUMO

Este capítulo apresentou a área geral de gestão de novos produtos. Você obteve informações sobre como essa atividade é (ou deveria ser) percebida em todas as organizações, não apenas empresariais e comerciais. Você viu em que sentido essa área de estudo está relacionada com outras e o que constitui de fato um novo produto; viu também que são considerados tanto serviços quanto produtos comerciais, não apenas misturas para bolo, celulares e carros. Você tomou conhecimento da posição em que essa área se encontra atualmente, das particularidades de nossa atividade, de nossos problemas com vocabulário e das possibilidades de carreira. O Capítulo 2 nos leva diretamente ao processo de novos produtos.

APLICAÇÕES

No final de cada capítulo encontram-se algumas perguntas que surgiram (ou poderiam ter) vez ou outra em uma entrevista de emprego. O candidato era um aluno que havia feito um curso de gestão de novos produtos e o entrevistador era uma pessoa de alto posto na empresa (aqui retratado como presidente). As perguntas vinham naturalmente durante a discussão, e elas são difíceis. Normalmente o executivo não tinha tanto a intenção de que elas fossem respondidas, mas discutidas. Algumas vezes o executivo só fazia um comentário e depois uma pausa para ver a reação do candidato. As perguntas ou os comentários estão todos relacionados a algo abordado no capítulo.

Imagine que você é a pessoa que está sendo entrevistada. Você não tem a opção de se esquivar da pergunta ou dizer "Na verdade, não sei". Se de fato você não souber volte na leitura para ver o que você perdeu. É também uma boa ideia trocar respostas com outro aluno do curso, visto que a maioria das aplicações envolve opiniões ou interpretações, e não uma recitação de fatos.

1. "Quando você estava falando há pouco sobre assumir riscos, fiquei em dúvida sobre o dinheiro de quem você estava falando. Um colega que conheci na Califórnia sustenta que todos os membros da equipe de novos produtos investem seu próprio dinheiro (e o dele) nos respectivos projetos. Cinquenta mil dólares não é incomum. Nesse sistema, aposto que você tentaria *evitar* riscos, em vez de tentar *encontrá-los*."

2. "O engraçado, contudo, é que não me frustra quando ouço que a estratégia de um gerente geral é imitar outras empresas. Entretanto, sei que algumas empresas podem utilizar razoavelmente a imitação, mas nenhuma de minhas divisões deveria. Deveriam?"

3. "Gostaria de garantir que o máximo de pessoas apoie a inovação em nossa empresa, mas sei que algumas delas simplesmente não conseguem reagir de maneira positiva à inovação proposta, independentemente do quanto precisemos dela. Diga-me, como você acha que eu deveria proceder para identificar as pessoas mais reativas e o que deveria fazer quando descobrisse quem elas são?"

CAPÍTULO 2
Processo de novos produtos

INFORMAÇÕES PRELIMINARES

O Capítulo 1 apresentou uma visão sobre o *processo geral de novos produtos* – as fases e as atividades de avaliação que, se bem executadas, produzirão continuamente os novos produtos do quais a organização necessita. Esse processo foi apresentado na Figura 1.5, que funciona como estrutura para o restante deste livro. Como ressaltado na introdução à Parte I, as cinco figuras que apresentam cada parte deste livro (Figura I.1, II.1 e assim por diante) são, na verdade, os cinco quadros da Figura 1.5, mas ampliados para mostrar mais detalhes sobre o que ocorre em cada fase do processo. Neste capítulo, examinamos mais a fundo as fases do modelo de processo de novos produtos da Figura 1.5, mostrando quais atividades são necessárias em cada fase e quem é responsável pelo quê. Em seguida, investigamos várias questões importantes para os gestores de produto: como o processo de novos produtos pode ser acelerado (sem sacrificar a qualidade do produto ou estourar o orçamento), como o processo teria de ser adaptado para o desenvolvimento de novos serviços, como se desenvolvem inovações revolucionárias e como os recursos e habilidades dos parceiros externos podem ser alavancados para melhorar o processo.

Começamos com o relato de uma breve história sobre o desenvolvimento de um novo produto para mostrar algumas das principais atividades do processo de novos produtos na prática. Isso nos conduzirá a uma discussão mais aprofundada sobre o processo de novos produtos e seus aspectos gerenciais. Mais especificamente, essa história mostra de forma clara como o processo de novos produtos está entrelaçado com os outros elementos estratégicos introduzidos no Capítulo 1, isto é, o termo de inovação de produto e o portfólio de novos produtos. Além disso, ela apresenta a ideia da equipe transfuncional e a importância de uma gestão de equipe eficaz para a implementação do processo de novos produtos.

A SAGA DOS COSMÉTICOS DA PROCTER & GAMBLE[1]

Em 1989, a proeminente fabricante de produtos de consumo americana Procter & Gamble estabeleceu-se no segmento de cosméticos ao adquirir duas marcas de cosméticos de destaque, Cover Girl e Clarion. Em 1991, a P&G adquiriu também a Max Factor. A empresa estabeleceu uma nova unidade estratégica de negócios (UEN) de cosméticos e tentou desenvolver e lançar novos produtos utilizando os procedimentos que já dominava nas linhas de sabão líquido, alimentos e outros produtos embalados. Entretanto, em meados da década de 1990, a alta administração da P&G reavaliou suas opções para a sua UEN de cosméticos. Alguns novos produtos haviam se saído mal, a Clarion foi vendida e alguns gestores estavam até se perguntando se a P&G deveria abandonar para sempre o segmento de cosméticos.

---

[1] A saga da P&G é extraída de Robert G. Cooper & Michael S. Mills, "Succeeding at New Product Development the P&G Way: A Key Element Is Using the 'Innovation Diamond'", *Visions*, 29(4), October 2005, pp. 9–13.

A P&G, uma das principais desenvolvedoras de produtos do mundo, certamente tinha consciência da importância de longo prazo dos novos produtos para os resultados financeiros da empresa. O diretor executivo da P&G, G. Lafley, afirmou que "a inovação é um pré-requisito para o crescimento constante. Nenhum outro caminho para o crescimento lucrativo pode ser mantido ao longo do tempo. Sem inovação contínua, os mercados ficam paralisados, os produtos tornam-se *commodities* e as margens de lucro encolhem". A alta administração achava que não era o momento de abandonar os cosméticos; em vez disso, o desafio foi recuperar o desenvolvimento de novos produtos na UEN em questão. Com esse comprometimento consistente e do mais alto nível para com os novos produtos dentro da empresa, o desafio da UEN de cosméticos era claro: corrigir o processo para que os novos produtos se tornassem uma parte vital e de sustentação de seus negócios a longo prazo.

A direção da UEN de cosméticos sabia quais eram seus pontos fracos em novos produtos. Na época, havia poucas evidências de uma estratégia clara de desenvolvimento de produtos nessa unidade. Havia iniciativas de produto em todos os lugares e muitas categorias de produto diferentes e vários segmentos de clientes eram visados. Em resumo, a UEN não tinha um foco em desenvolvimento de produtos.

No espaço de alguns anos, a UEN de cosméticos da P&G já havia arquitetado uma virada total ao adotar e implementar os três elementos estratégicos introduzidos no Capítulo 1. Obviamente, isso não foi tão simples; a alta administração foi obrigada a perceber os novos produtos como a força vital da UEN e um componente fundamental de seu sucesso. Ela teve de financiar adequadamente os novos produtos e designar as pessoas certas às respectivas atividades. Entretanto, a virada ocorrida na UEN de cosméticos é praticamente um estudo de caso para um livro sobre a importância dos elementos estratégicos. Esse caso mostra claramente que um ou dois dos elementos estratégicos sozinhos não serão suficientes. Todos foram postos em prática e todos se complementaram e apoiaram mutuamente. Examinemos cada um deles.

Termo de inovação de produto (PIC)

O ponto de partida para a virada era um termo de inovação de produto (*product innovation charter* – PIC) claro, o qual se inicia com uma avaliação situacional honesta e a identificação de oportunidades. Na época, a UEN de cosméticos estava tentando desenvolver produtos para todo o corpo e estava tendo dificuldade para cavar uma posição competitiva. A avaliação situacional mostrou que havia um mercado de consumo mal atendido, que desejava produtos de qualidade apenas para uso facial (hidratante facial, produtos para olhos ou lábios etc.). Além disso, foi identificado um problema na cadeia de suprimentos, que havia ficado descoordenada. Como a produção e as remessas não estavam sincronizadas com as flutuações na demanda do mercado, consequentemente os produtos passavam um tempo muito longo na rede de suprimentos. Alguns novos produtos já estavam praticamente obsoletos (não mais tão competitivos) no momento em que eram lançados! A administração constatou que a cadeia de suprimentos precisava de um controle melhor, de tal forma que as previsões de demanda determinassem a produção e as programações de remessa. Se conseguissem melhorar a cadeia de suprimentos, menos lançamentos ficariam atrasados e os novos produtos seriam mais competitivos no momento do lançamento. Embora você vá obter mais informações sobre o PIC no Capítulo 3, é importante saber que se trata de um método sistemático para os gestores desenvolverem estratégias de novos produtos que levem em conta as metas de suas iniciativas de inovação de produto e até que ponto essas iniciativas enquadram-se à estratégia geral de negócios. Ele requer a identificação de um foco estratégico (quais mercados e quais tecnologias serão visados). Nesse caso, o mercado foi definido com relação a produtos faciais. Em essência, isso se tornou uma declaração da arena estratégica ou do campo de batalha no qual a UEN de cosméticos competiria. Qualquer oportunidade de novo produto que não ajudasse nitidamente a unidade de cosméticos a concretizar seus objetivos nessa arena não seria mais perseguida.

Processo de novos produtos

Um segundo elemento estratégico é o processo de novos produtos, que é o caminho que o novo produto percorre desde a ideia até o momento do lançamento e além. A UEN de cosméticos da P&G não tinha um processo eficaz de novos produtos em vigor e, por esse motivo, o desenvolvimento de produtos com frequência prosseguia sem *inputs* claros dos clientes logo no início do processo. A unidade de cosméticos implementou um processo de novos produtos muito semelhante ao processo de cinco fases introduzido no Capítulo 1, que garantia que as equipes de projeto fossem definidas no início do processo, que a pesquisa de mercado fosse realizada logo no começo e que as percepções dos consumidores fossem de fato utilizadas no desenvolvimento de conceitos de novos produtos. (Um termo que você verá nos capítulos subsequentes é *voz do cliente* ou VOC [*voice of the customer*]. Pense novamente nesse exemplo e considere como a VOC foi utilizada para impulsionar o desenvolvimento de produtos na UEN de cosméticos.) Observe aqui que ter um processo de novos produtos e de fato implementá-lo corretamente são duas coisas diferentes. A unidade fez seu novo processo funcionar instituindo etapas de avaliação vigorosas entre as fases. Em cada fase, a equipe de projeto utilizava um conjunto de melhores práticas como parâmetro para avaliar o produto, bem como objetivos finais ou expectativas. Além disso, as avaliações tinham dois passos, compreendendo tanto uma recomendação da equipe quanto uma decisão da alta administração. No passado, as avaliações não eram realizadas cuidadosamente e, por isso, costumava-se permitir que muitas ideias ruins fossem aprovadas.

Portfólio de novos produtos

Além de um processo de novos produtos de bom funcionamento, é também necessário haver uma garantia de que a empresa está desenvolvendo os produtos certos com relação ao seu portfólio de produtos. A UEN de cosméticos da P&G estabeleceu um plano para gerenciar seu portfólio de produtos e sistematicamente acrescentar novos produtos a esse portfólio. Em vista da natureza dos produtos que a unidade estava fabricando, era importante os novos lançamentos criarem burburinho e entusiasmo no mercado – por esse motivo, um excelente *timing* de lançamento era fundamental. A unidade acrescentou estrategicamente novos produtos ao portfólio existente, em relação tanto à seleção de produtos quanto ao *timing* de lançamento. Por exemplo, uma nova maquiagem para os olhos não seria lançada no mercado se ainda houvesse produtos muito semelhantes no portfólio ou se um produto similar tivesse acabado de ser lançado. A direção da UEN falou sobre estabelecer um "ritmo de iniciativa" para seus produtos: Os novos produtos passariam pelo funil (*pipeline*) de desenvolvimento de tal forma que ficassem prontos para o lançamento no melhor momento. Veremos mais a respeito de gestão de portfólio no Capítulo 3.

Apoio aos elementos estratégicos: equipe de gestão eficaz

Por fim, a gestão da equipe de novos produtos na UEN de cosméticos tornou-se excelente. Primeiro e acima de tudo, a alta direção da UEN estava empenhada em promover uma virada no desenvolvimento de novos produtos e em implementar apropriadamente o processo de novos produtos. Seguramente a alta administração da P&G, como o diretor executivo A. G. Lafley, também estava na retaguarda, a julgar pelo seu comentário anterior. A administração de cosméticos assegurou que uma cultura inovadora positiva estivesse em vigor dentro da UEN, uma cultura na qual os funcionários trabalhassem eficazmente em equipes transfuncionais com autonomia e poder de decisão. Uma medida importante, implantada na unidade de cosméticos e em outras UENs, foi criar gestores de iniciativas de sucesso (*initiative success managers* – ISMs), que se reportavam à alta direção da UEN. Esses ISMs conduziam reuniões de desenvolvimento de estratégias, gerenciavam reuniões de avaliação de novos produtos, participavam do planejamento de recursos, treinavam funcionários e (importante) compartilhavam o que haviam aprendido com os ISMs que trabalhavam em outras unidades de negócios, para que seu conhecimento especializado se disseminasse rapidamente por toda a empresa. Um sólido conjunto de medidas também foi implantado, para que o desempenho de cada equipe de desenvolvimento pudesse ser avaliado honestamente a cada seis ou doze meses com base em indicadores fundamentais instituídos pela direção da UEN. Tal como em outras UENs da P&G, grande ênfase foi dada à identificação dos melhores líderes de equipe, que podiam vir de qualquer área funcional (marketing, engenharia, P&D ou outro lugar) e eram recompensados com base em seu desempenho em relação aos indicadores implantados. Mais informações sobre equipes transfuncionais e outras questões organizacionais serão apresentadas no Capítulo 14.

O que ocorreu nessa saga?

Acabamos de ler a respeito de vários anos de atividade de desenvolvimento de produtos, despendendo para tanto apenas alguns minutos. Essa saga começou com uma operação existente que estava enfrentando uma situação difícil. Ela mostra como os gestores envolvidos utilizaram eficazmente os elementos estratégicos. Vimos também como foi importante obter o apoio da alta administração nesse processo – nesse caso, o próprio diretor executivo.

Essa situação é típica porque o processo de novos produtos *nem sempre começa com uma ideia de produto*. É folclore essa questão de que alguém em algum lugar acorda no meio da noite com um grande *insight*. Isso pode ocorrer, mas os programas de novos produtos bem-sucedidos não se baseiam nessas vãs esperanças. Como a saga demonstra, o processo normalmente começa com o que poderia ser considerado uma estratégia. Com o apoio da alta administração e a boa execução de todos os elementos estratégicos, a P&G conseguiu dar uma virada na frágil UEN de cosméticos.

Observe ainda que o desenvolvimento não ocorre por trás das portas fechadas do laboratório de pesquisa. A equipe transfuncional inclui pessoas de vários departamentos, não apenas engenheiros de produtos ou pessoal de P&D. Além disso, o marketing não se inicia quando o problema é resolvido. Seu envolvimento ocorre logo no início do processo – nessa saga, o marketing forneceu informações fundamentais para o desenvolvimento do PIC.

Concluindo, o processo não finaliza quando o produto é lançado. Ele termina quando o novo produto tem *sucesso*, normalmente após algumas correções a bordo. A P&G monitora as vendas, o lucros e a participação de mercado de seus novos produtos e toma medidas corretivas se as metas temporárias não forem atingidas.

A seção seguinte examina mais a fundo as fases do processo de novos produtos, introduzida no Capítulo 1.

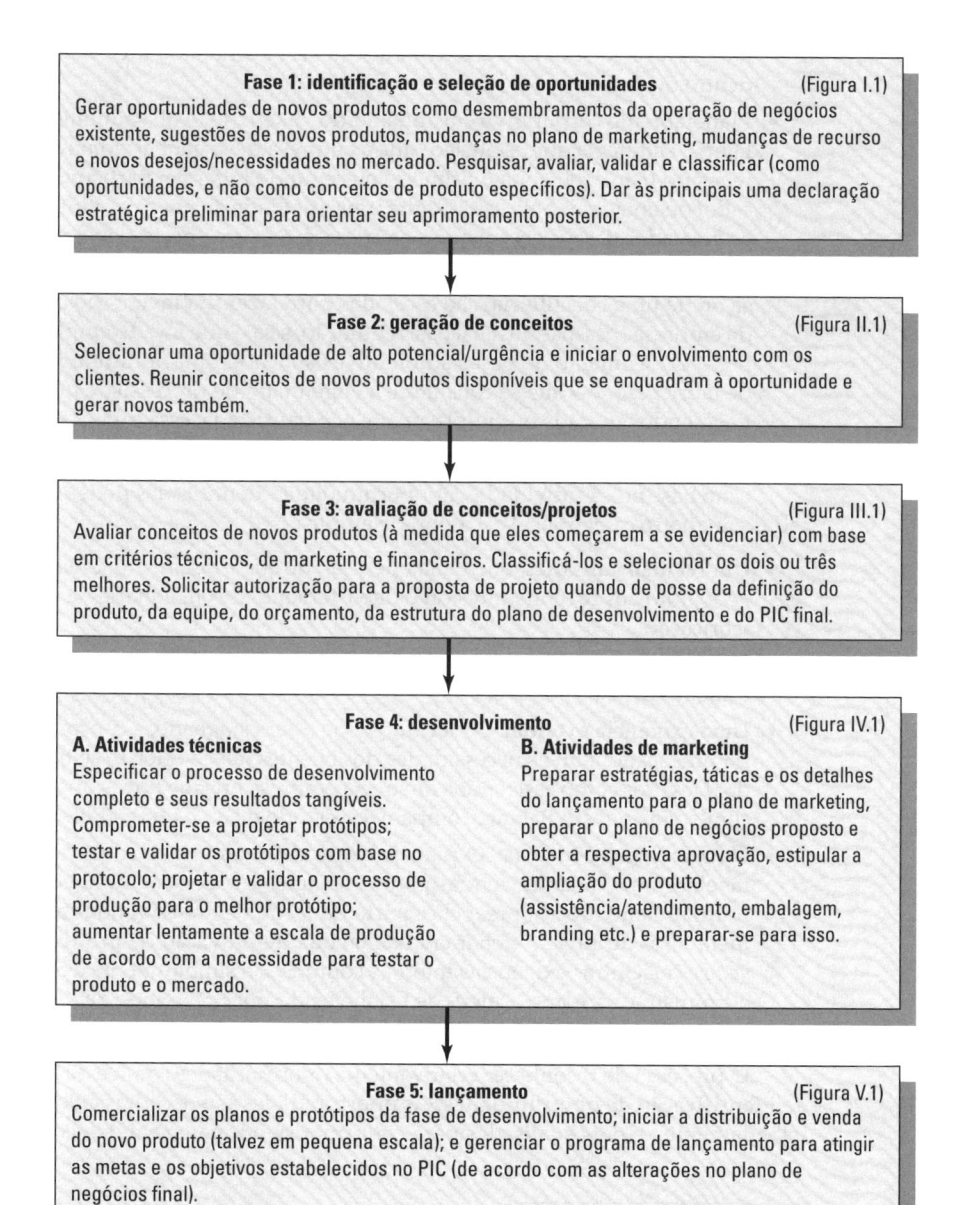

AS FASES DO PROCESSO DE NOVOS PRODUTOS

A Figura 2.1 mostra um versão mais detalhada do **processo de novos produtos**. Vejamos cada uma das fases individualmente para compreender os princípios básicos.

Fase 1: identificação e seleção de oportunidades (Figura I.1)

Gerar oportunidades de novos produtos como desmembramentos da operação de negócios existente, sugestões de novos produtos, mudanças no plano de marketing, mudanças de recurso e novos desejos/necessidades no mercado. Pesquisar, avaliar, validar e classificar (como oportunidades, e não como conceitos de produto específicos). Dar às principais uma declaração estratégica preliminar para orientar seu aprimoramento posterior.

↓

Fase 2: geração de conceitos (Figura II.1)

Selecionar uma oportunidade de alto potencial/urgência e iniciar o envolvimento com os clientes. Reunir conceitos de novos produtos disponíveis que se enquadram à oportunidade e gerar novos também.

↓

Fase 3: avaliação de conceitos/projetos (Figura III.1)

Avaliar conceitos de novos produtos (à medida que eles começarem a se evidenciar) com base em critérios técnicos, de marketing e financeiros. Classificá-los e selecionar os dois ou três melhores. Solicitar autorização para a proposta de projeto quando de posse da definição do produto, da equipe, do orçamento, da estrutura do plano de desenvolvimento e do PIC final.

↓

Fase 4: desenvolvimento (Figura IV.1)

A. Atividades técnicas
Especificar o processo de desenvolvimento completo e seus resultados tangíveis. Comprometer-se a projetar protótipos; testar e validar os protótipos com base no protocolo; projetar e validar o processo de produção para o melhor protótipo; aumentar lentamente a escala de produção de acordo com a necessidade para testar o produto e o mercado.

B. Atividades de marketing
Preparar estratégias, táticas e os detalhes do lançamento para o plano de marketing, preparar o plano de negócios proposto e obter a respectiva aprovação, estipular a ampliação do produto (assistência/atendimento, embalagem, branding etc.) e preparar-se para isso.

↓

Fase 5: lançamento (Figura V.1)

Comercializar os planos e protótipos da fase de desenvolvimento; iniciar a distribuição e venda do novo produto (talvez em pequena escala); e gerenciar o programa de lançamento para atingir as metas e os objetivos estabelecidos no PIC (de acordo com as alterações no plano de negócios final).

FIGURA 2.1 As fases do processo de novos produtos.

Fase 1: Identificação e seleção de oportunidades

A primeira fase é estratégica por natureza; a conclusão bem-sucedida dessa fase gera orientação estratégica para a equipe de novos produtos, o que norteia a geração de ideias e todas as fases remanescentes no processo de novos produtos.

Ao menos três fluxos principais de atividades suprem o planejamento estratégico de novos produtos. Os resultados são os seguintes:

- **Planejamento de marketing em andamento.** Exemplo: O plano de marketing anual para uma linha de CD-ROM exige uma extensão de linha para enfrentar a invasão de um novo concorrente que está vendendo predominantemente dentro do preço.
- **Planejamento corporativo em andamento.** Exemplo: A alta administração adota uma estratégia que estabelece que a empresa deve ganhar domínio sobre um mercado (isto é, obtenha o primeiro ou segundo lugar em participação de mercado) ou então sair dele. Isso exigirá uma atividade de novos produtos em todos os mercados desejáveis em que a empresa detém uma posição insignificante.
- **Análise de oportunidades especiais.** Uma ou mais pessoas (na própria empresa ou de uma consultoria) são escaladas para fazer um inventário dos recursos da empresa (pessoas, instalações, reputação, seja o que for). Exemplo: Uma empresa do segmento de peças automotivas solicitou uma auditoria na operação de fabricação. Ao que se constatou, a engenharia de processo de fabricação estava sendo ignorada ou simplesmente não valorizada; essa capacitação poderia servir de base para um novo programa de novos produtos.

Com base nessas atividades, as oportunidades identificadas podem ser classificadas em quatro categorias. Veja alguns exemplos:

- **Um recurso subutilizado:** Uma operação de engarrafamento, uma ótima imagem junto aos revendedores ou o departamento de engenharia de processo de fabricação.
- **Um novo recurso:** Descoberta da resina Surlyn pela DuPont, um material com centenas de usos possíveis.
- **Uma exigência externa:** O mercado pode estar estagnado, a concorrência pode ser ameaçadora ou as necessidades dos clientes talvez estejam se transformando. Desafios como esse farão com que a empresa busque novas oportunidades, como o fez a Tasty Baking Company no estudo de caso no final deste capítulo.
- **Uma exigência interna:** O planejamento de longo prazo com frequência estabelece uma meta de vendas para cinco anos e o pessoal de novos produtos normalmente precisa preencher parte da lacuna entre as vendas atuais e essa meta. Essa atribuição é chamada de **lacuna de inovação de produto** (e/ou de *aquisição*). Outras exigências internas comuns são simplesmente desejos da alta administração, como a meta de estabelecida por Steve Jobs de "reinventar o telefone" com o projeto do iPhone.[2]

O processo de reconhecer criativamente oportunidades como essas é chamado de **identificação de oportunidades**. As oportunidades são descritas cuidadosa e detalhadamente, depois analisadas para confirmar se um potencial de vendas de fato

---

[2] Henry Robben, "Opportunity Identification", in Jagdish N. Sheth & Naresh K. Malhotra, *Wiley International Encyclopedia of Marketing*, Volume 5, Product Innovation and Management (West Sussex, UK: John Wiley, 2011), p. 153.

existe. Lembre-se de que uma das primeiras coisas que a unidade de cosméticos da P&G fez foi reconhecer que o processo de novos produtos para cosméticos poderia ser corrigido e que o desenvolvimento de novos produtos para essa categoria poderia ser uma direção de negócios viável. As oportunidades podem estar em todas as partes e empresas como a Corning, que têm "caçadores de oportunidades" e "caçadores de tecnologias" que trabalham com redes de tecnólogos e empresários para encontrar oportunidades promissoras.[3]

Obviamente, nenhuma empresa deseja explorar *todas* as oportunidades; algumas são melhores do que outras. Algumas podem não se enquadrar às capacitações da empresa, outras são muito arriscadas e algumas exigem mais dinheiro do que a empresa tem. Desse modo, a maioria das empresas tem **estratégias em andamento** que abrangem a inovação de produtos. Por exemplo, a Waterford tinha a estratégia de que nenhum novo produto poderia comprometer a excelente imagem da empresa. A Gillette e a Sony normalmente escolhem estratégias de inovação de ponta.

Assim que uma oportunidade é aprovada, os gestores recorrem a várias técnicas para orientar o pessoal de novos produtos sobre como explorá-la. Isso é o que chamaremos de **termo de inovação de produto** (*product innovation charter* – **PIC**), que será explicado no Capítulo 3.

Fase 2: geração de conceitos

Em alguns casos, a identificação de uma única oportunidade explicita o que é desejado (por exemplo, a oportunidade de acrescentar um desodorante de tamanho pequeno para viajantes). Entretanto, na maioria das vezes isso não fica tão claro e, por isso, um imenso conjunto de ferramentas de ideação foi desenvolvido. A criação de ideias de novos produtos, normalmente chamada de **conceitos de produto** pelo pessoal de novos produtos, parece divertida, mas é um trabalho difícil e algumas vezes frustrante.

A ideação mais frutífera requer a identificação dos problemas que as empresas ou as empresas têm e a proposição de soluções para esses problemas. Por exemplo, se a oportunidade estiver focada em "pessoas que mudam com a família para lugares distantes", a primeira etapa da ideação é investigar essas pessoas e identificar quais problemas elas enfrentam. Trata-se da abordagem de **identificação e solução de problemas**.

Enquanto essa ideação baseada em um problema ocorre, ideias espontâneas afluem por meio do telefone, de correspondências e de *e-mails* de clientes, potenciais ou anteriores, funcionários (especialmente de vendas, técnicos e operacionais) e de toda e qualquer outra fonte imaginável. Essas ideias são analisadas brevemente por quem quer que as receba para ver se elas são mesmo relevantes para a empresa e suas estratégias. Em seguida, elas são inseridas em um banco de dados (*pool*) com as ideias provenientes das atividades de solução de problemas.

A geração de conceitos é abordada na Parte II, do Capítulo 4 ao 7.

Fase 3: avaliação de conceitos/projetos

Antes de iniciar o trabalho de desenvolvimento das novas ideias, é necessário avaliá-las, filtrá-las e ordená-las. Essa atividade, algumas vezes chamada de **triagem** ou **avaliação pré-técnica**, varia imensamente. Mas a maior parte das empresas geralmente segue uma sequência que vai desde análises rápidas a fluxos de caixa descontados completos e um valor presente líquido. Essa análise rápida é necessária porque o fluxo de conceitos de novos produtos é grande e pode atingir facilmente milhares em várias empresas.

---

[3] Jacquelin Cooper, "How Industry Leaders Find, Evaluate and Choose the Most Promising Open Innovation Opportunities", *Visions*, 36(1), 2012, pp. 20–23.

Mas o que ocorre em seguida é o primeiro tipo de avaliação formal. Dependendo da ideia, pode ser uma triagem de usuários finais ou uma triagem técnica ou ambas. Esse trabalho pode ser extenso e difícil ou pode exigir apenas alguns telefonemas ou *e-mails*. No exemplo da unidade de cosméticos da P&G, alguns dos novos produtos propostos talvez tenham sido originados pelo pessoal técnico; um **teste de conceito** deveria então ser aplicado para ver a opinião dos consumidores em potencial a respeito. Por fim, todos esses pontos de vista são reunidos no que normalmente é chamado de **triagem completa**. Algum modelo de classificação é utilizado e o resultado é a decisão sobre empreender o desenvolvimento ou desistir.

Se a decisão for avançar, a avaliação transforma-se em uma **avaliação de projeto**, na qual não avaliamos mais a ideia, mas o plano para explorar e aproveitar a ideia em questão. Isso requer a preparação de uma declaração a respeito do que é desejado em relação ao novo produto. As empresas que utilizam o **desdobramento da função qualidade** (*quality function deployment* – **QFD**) – um método de gestão e controle de projetos que será examinado no Capítulo 12 – veem essa declaração como a primeira lista de necessidades dos clientes. Um termo genérico mais comum é **descrição do produto** ou **definição do produto**. Neste livro, chamaremos essa declaração de **protocolo do produto**. Aqui, protocolo significa um tipo de acordo, e é importante que haja um acordo entre os vários grupos *antes* de iniciar um amplo trabalho técnico. O protocolo deve ser, na medida do possível, *benefícios* que o novo produto deve gerar, e não os atributos que ele deverá ter.

A falta de informações concretas de boa qualidade complica avaliação pré-técnica como um todo. Na verdade, as três primeiras fases (planejamento estratégico, geração de conceitos e, particularmente, avaliação de conceitos/projetos) compreendem o que é popularmente chamado de *fuzzy front end* ou linha de frente difusa ou imprecisa (do processo de novos produtos). No final do projeto, grande parte da imprecisão terá sido eliminada. Contudo, nesse ínterim, seguimos adiante com maior ousadia do que os dados permitem.[4] As várias atividades da avaliação pré-técnica são abordadas na Parte III, do Capítulo 8 ao 12.

Fase 4: desenvolvimento

Essa é a fase durante a qual o produto ou serviço adquire uma forma final – um bem tangível ou uma sequência específica de recursos e atividades que realizarão um serviço intangível. É também a fase durante a qual o **plano de marketing** é esboçado e gradativamente detalhado. O método empresarial varia imensamente, mas com frequência encontramos os elementos a seguir.

Preparação de recursos

Uma etapa normalmente ignorada pelos gestores de novos produtos é chamada de **preparação de recursos**. Para as melhorias de produto e algumas extensões de linha, tudo bem, porque a empresa já está funcionando de um modo adequado aos seus produtos desenvolvidos internamente e com recursos próprios. A cultura é adequada, os dados sobre o mercado são mais confiáveis e os gestores existentes estão preparados para realizar o trabalho. Contudo, um termo de inovação específico pode sair do território familiar, impondo problemas de adequação. Se a empresa desejar

---

[4] O *fuzzy front end* tem sido tema de ampla pesquisa nos últimos anos. Um bom recurso é Peter A. Koen, Greg A. Ajamian, Scott Boyce, Allen Clamen, Eden Fisher, Stavros Fountoulakis, Albert Johnson, Pushpinder Puri & Rebecca Seibert, "Fuzzy Front End: Effective Methods, Tools, and Techniques", in P. Belliveau, A. Griffin, & S. M. Somermeyer, *The PDMA Toolbook for New Product Development* (New York: John Wiley, 2002), Ch. 1.

produtos novos para o mundo (mais sobre esse assunto será abordado ainda neste capítulo), a equipe precisará ser preparada adequadamente: talvez ela precise de treinamento especial, novos sistemas de recompensa, revisões na empresa do sistema usual de avaliação de projeto e permissões especiais.

O principal corpo de iniciativas

Em seguida, tem lugar o que todas as etapas anteriores iniciaram e prepararam – o desenvolvimento real não de uma única coisa, mas de três – o produto ou serviço em si, o respectivo plano de marketing e o plano de negócios (ou financeiro) que será exigido pela aprovação final. O fluxo do produto (ou conceito) envolve *design* industrial e trabalho de laboratório/fábrica (produtos) ou *design* de sistemas (serviços), **protótipos**, especificações de produto etc. Ele culmina em um produto que os desenvolvedores esperam que esteja finalizado: produzido, testado e com o custo total calculado.

Enquanto os desenvolvedores técnicos estão no trabalho, os planejadores de marketing realizam sondagens de mercado periódicas (para acompanhar as mudanças que estão ocorrendo lá fora) e tomam decisões de marketing o mais cedo possível – primeiramente estratégicas e, depois, táticas. As decisões de marketing estão completamente entrelaçadas com as técnicas e envolvem *design* de embalagem, escolha de um nome para a marca e orçamentos de marketing provisórios. Uma decepção técnica mais à frente pode inutilizar o *design* inicial, o nome ou seja lá o que for. Contudo, temos de pagar esse preço; não podemos esperar que cada etapa se mostre convincente para passarmos para a seguinte.

A avaliação de conceito continua ao longo do processo; avaliamos o conceito suficientemente bem para possibilitar o trabalho de desenvolvimento (já discutido), mas precisamos continuar avaliando os *resultados* técnicos e de planejamento de marketing. Avaliamos principalmente os protótipos, para ter certeza de que a tecnologia que está sendo desenvolvida atende às necessidades e aos desejos dos clientes de uma maneira que agrega valor para eles e ao mesmo tempo é lucrativa comercialmente.[5] No momento em que essa fase acalma, nosso desejo é ter certeza de que o novo produto de fato soluciona os problemas iniciais.

Análise abrangente de negócios

Quando o produto é real e os clientes gostam dele, algumas empresas realizam uma abrangente **análise de negócios** antes de passar para o lançamento. A análise financeira ainda não está firme, mas é suficientemente boa para assegurar para a administração que o projeto em questão valerá a pena. As finanças serão gradativamente contraídas durante a fase de lançamento e o momento em que o ponto real de prosseguir/não prosseguir é atingido varia de acordo com a natureza do setor. A aprovação para um novo produto alimentício pode ser aguardada até um pouco antes da assinatura de contratos de propaganda na TV, mas uma nova substância química que requer uma nova instalação fabril precisa de uma decisão de prosseguir bem anterior, e o setor farmacêutico na verdade toma a decisão de prosseguir quando empreende uma iniciativa de P&D de 10 anos e US$ 50 milhões. A fase de desenvolvimento é abordada na Parte IV, do Capítulo 13 ao 15.

Fase 5: lançamento

Tradicionalmente, o termo **lançamento**, ou *comercialização*, refere-se ao momento ou àquela decisão em que a empresa resolve comercializar um produto (o prosseguir da

---

[5] Edward U. Bond, III & Mark B. Houston, "Barriers to Matching New Technologies and Market Opportunities in Established Firms", *Journal of Product Innovation Management*, 20(2), March 2003, pp. 120–135.

decisão prosseguir/não prosseguir). Associamos essa decisão com a construção de fábricas ou a autorização de agências para que prossigam com campanhas de propaganda de vários milhões de dólares.

Entretanto, o lançamento é mais complexo do que isso. O lançamento não se resume a um momento único e específico, a "noite de estreia", por assim dizer. Na verdade, as equipes de produto concebem o lançamento como uma *fase*, que abrange as últimas semanas ou os últimos meses antes e depois do lançamento em si do produto. Durante a fase de lançamento, a equipe de produto tem uma vida extremamente ativa e agitada (ou vive sob intensa pressão). A fabricação está aumentando gradativamente a escala de produção. Os planejadores de marketing, que deram uma boa examinada no que seria seu mercado-alvo definitivo logo quando a oportunidade foi identificada, agora estão imersos nas centenas de detalhes táticos do lançamento. A etapa crítica (quando a empresa a empreende) é o **teste de mercado**, um ensaio geral para o lançamento, e os gestores esperam que qualquer problema descoberto possa ser corrigido entre o ensaio geral e a noite de estreia. Se não, a estreia tem de ser adiada. Em vista das pressões envolvidas, os gestores precisam propor várias alternativas para realizar rapidamente testes de mercado confiáveis, para complementar o **teste de mercado** conhecido, que pode ser excessivamente demorado e caro. Examinaremos várias técnicas de teste de mercado no Capítulo 18.

Cedo ou tarde, as atividades de preparação resultam na divulgação pública do novo produto e em propaganda, visitas de vendas e outras táticas promocionais. A divulgação, com frequência, é chamada de *lançamento*. Atualmente, a maior parte das empresas realiza o lançamento de forma gradativa, ao longo de um período de pelo menos várias semanas, porque é necessário arregimentar fornecedores, treinar equipes de vendas, estocar e treinar distribuidores e instruir um amplo grupo de pessoas de apoio no mercado (colunistas, cientistas, pessoal do governo e outras).

O que com frequência é negligenciado nesse ponto é a atividade de planejamento da **gestão de lançamento**. No momento em que uma espaçonave é lançada, já existe um plano de rastreamento cuidadosamente preparado. O centro de controle espacial implementa o plano de rastreamento e procura identificar qualquer pane que aflore durante o lançamento, com a expectativa de que ela tenha sido prevista e já exista uma solução a bordo pronta para ser aplicada. Os gestores de novos produtos com frequência fazem a mesma coisa, algumas vezes formalmente, mas em geral *muito* informalmente.

A fase de lançamento é abordada na Parte V, do Capítulo 16 ao 20.

ATIVIDADES DE AVALIAÇÃO AO LONGO DO PROCESSO DE NOVOS PRODUTOS

A Figura 2.2 mostra as atividades de avaliação confrontadas no processo de novos produtos. Tal como é mostrado, perguntas de diferentes tipos precisam ser levantadas após diferentes fases. Por exemplo, assim que os conceitos são gerados, eles são submetidos individualmente a uma análise inicial: o conceito é bom e vale a pena ser aprimorado? Na fase de avaliação de conceito, é necessário realizar uma triagem cuidadosa, porque os conceitos que passam nessa fase são transferidos para o desenvolvimento e começam a incorrer em custos significativos. No desenvolvimento, as perguntas relevantes são "Já chegamos lá?" e "Se não, devemos continuar tentando?". Essas perguntas são respondidas mais adequadamente por meio de relatórios de andamento. Finalmente, no lançamento, as principais perguntas dizem respeito a se o produto deve ser lançado e, posteriormente, qual foi seu desempenho em relação à expectativa. Retomamos a discussão da Figura 2.2 em outro momento, no Capítulo 8, quando investigamos mais a fundo que técnicas de avaliação são as mais úteis em cada ponto do processo de novos produtos.

Fase do processo de novos produtos — Atividade de avaliação

- **Identificação e seleção de oportunidades** → **Direção**: Para onde devemos olhar?
- **Geração de conceitos** → **Análise inicial**: A ideia merece ser selecionada?
- **Avaliação de conceitos/projetos** → **Triagem completa**: Devemos tentar desenvolvê-la?
- **Desenvolvimento** → **Relatórios de andamento**: Chegamos a desenvolvê-la? Se não, devemos continuar tentando?
- **Lançamento** → **Teste de mercado**: Devemos comercializá-la? Se sim, como?
- **A posteriori**

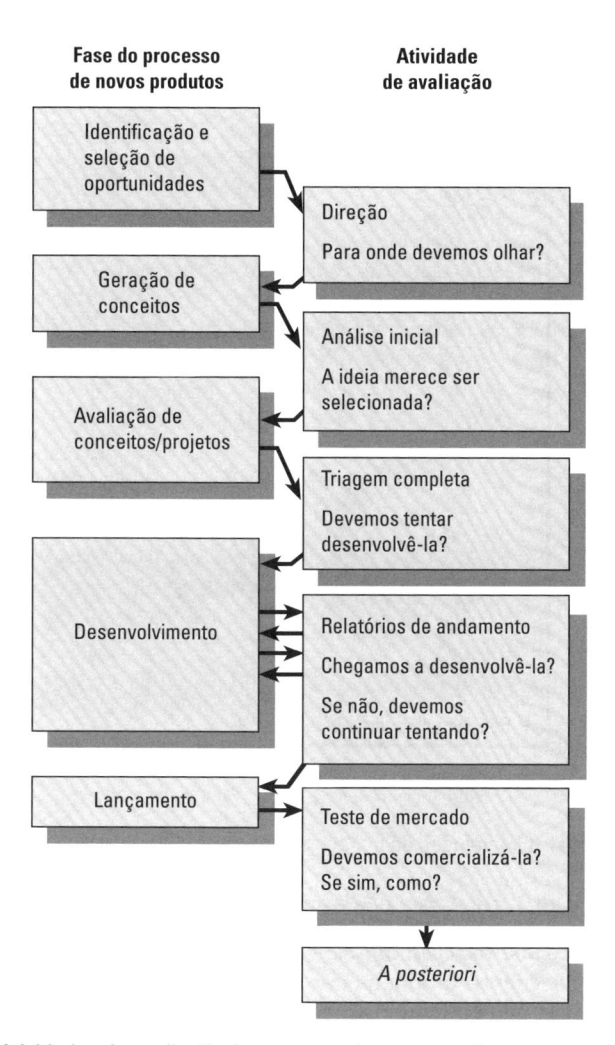

FIGURA 2.2 Atividades de avaliação do processo de novos produtos.

A essa altura, você já deve ter percebido que o processo de novos produtos basicamente transforma uma oportunidade (o início real) em um fluxo de lucros (o final real). Ele começa com algo que não é um produto (a oportunidade) e termina com algo que não é um produto (o lucro). O produto origina-se de uma situação e transforma-se em um fim.

Desse modo, o que temos é um **produto em evolução**, ou melhor, um conceito em evolução que, no final, se for bem-sucedido, torna-se um novo produto. Até mesmo a divulgação de um novo produto somente anuncia ao mundo um conceito, com esperança de sucesso, mas, na verdade, apenas em forma temporária. Forças estão a postos para ver que correções precisam ser feitas, até mesmo a essa altura, se o produto estiver fora dos trilhos.

Essa evolução está associada às fases do processo de novos produtos (consulte a Figura 2.3). Estas são as fases do processo, utilizando como exemplo um novo leite desnatado:

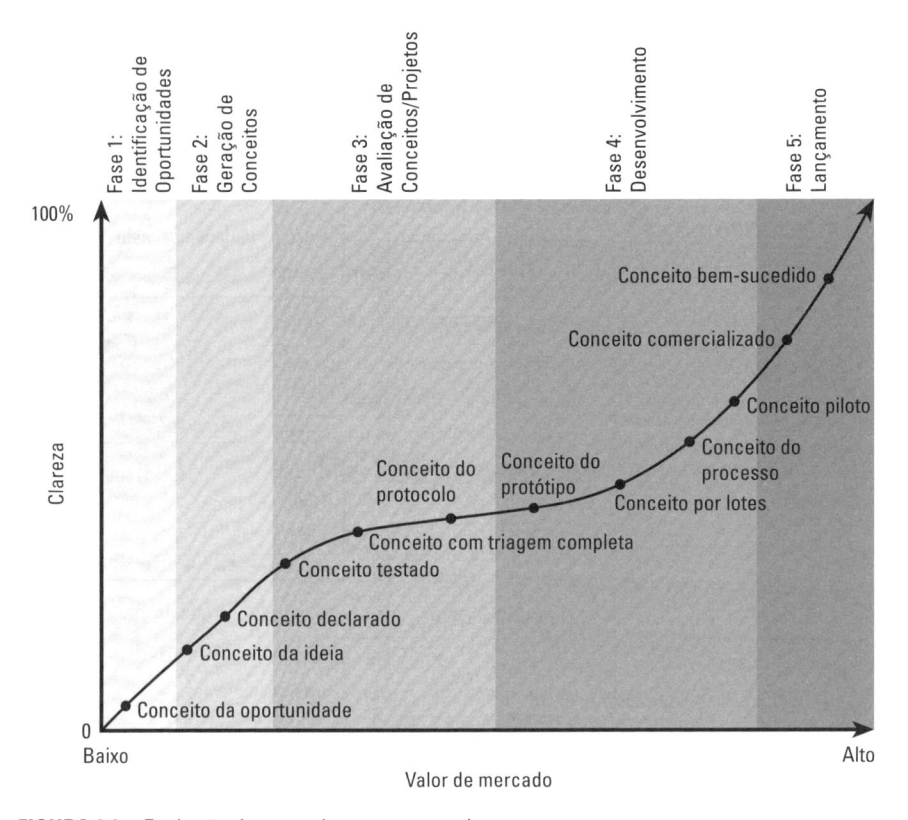

FIGURA 2.3 Evolução do conceito ao novo produto.

Fase 1: identificação de oportunidades

- *Conceito da oportunidade* – capacidade ou recurso da empresa ou um problema de cliente. (Suponha que os consumidores de leite desnatado nos digam que eles não gostam do aspecto aguado de sua bebida favorita.)

Fase 2: geração de conceitos

- *Conceito da ideia* – a primeira aparição de uma ideia. ("Talvez pudéssemos mudar a cor...".)
- *Conceito declarado* – uma fórmula ou uma tecnologia, mais uma declaração clara de benefício. (Consulte o Capítulo 4.) (O método patenteado de nossa empresa para decompor glóbulos proteicos pode tornar o líquido mais denso; ênfase em *pode*, por enquanto.)

Fase 3: avaliação de conceitos/projetos

- *Conceito testado* – o conceito passou por um teste junto a usuários finais; a necessidade está confirmada. (Os consumidores afirmam que gostariam muito de ter um leite desse tipo e o método para produzi-lo parece bom.)
- *Conceito com triagem completa* – o conceito passou no teste de adequação com a situação da empresa.
- *Conceito do protocolo* – definição do produto que inclui o usuário pretendido (segmento de mercado), o problema percebido, os benefícios que um leite me-

nos aguado poderia ter, mais qualquer atributo obrigatório. (Nosso novo produto deve ter um sabor tão bom ou melhor do que o do leite desnatado já existente e deve oferecer exatamente os mesmos valores nutricionais.)

Fase 4: desenvolvimento
- *Conceito do protótipo* – procedimento experimental do produto ou sistema físico que inclui atributos e benefícios. (Uma pequena provisão de leite desnatado bem encorpado, pronto para consumo, embora ainda não produzido em quantidade.)
- *Conceito por lotes* – primeiro teste completo de adequação com a fabricação; pode ser fabricado. As especificações são declaradas por escrito, dizendo exatamente o que o produto deve ser, incluindo recursos, características e padrões. (Ingredientes do leite desnatado: fonte de vitamina A, teor de gordura, teor de fibras etc.)
- *Conceito do processo* – o processo de fabricação total está completo.
- *Conceito piloto* – uma provisão do novo produto, produzido em quantidade em uma linha de produção piloto, suficiente para o teste de campo junto aos usuários finais.

Fase 5: lançamento
- *Conceito comercializado* – produção em maior escala do processo do piloto – o leite que é de fato comercializado, tanto para um teste de mercado quanto para o lançamento em larga escala.
- *Conceito bem-sucedido (isto é, novo produto)* – as metas estabelecidas no início do projeto são atingidas. (O novo leite encorpado atingiu 24% do mercado, é muito lucrativo e os concorrentes já estão negociando licenças para a nossa tecnologia.)

A ideia de que um novo produto surge de repente do P&D – como um pintinho que sai do ovo – é simplesmente incorreta. Na verdade, ao longo deste livro examinaremos como as técnicas analíticas são aplicadas no processo de novos produtos como um todo, desde a geração de ideias iniciais, avaliação de conceitos e triagem ao posicionamento, teste de mercado e gestão do lançamento.

ACELERANDO O TEMPO DE COLOCAÇÃO DO PRODUTO NO MERCADO

Uma das metas de gestão mais discutidas atualmente em desenvolvimento de produtos é o **desenvolvimento acelerado de produtos** (*accelerated product development – APD*) ou aceleração do tempo de colocação do produto no mercado. A aceleração do tempo até o mercado oferece vários benefícios para a empresa. O produto ficará no mercado por um período mais longo antes se tornar obsoleto, ele pode atrair os clientes no início e possivelmente bloquear os concorrentes com produtos semelhantes que chegam ao mercado em um momento posterior ou pode ajudar a construir ou respaldar a reputação da empresa. A empresa que implementa os elementos estratégicos delineados no Capítulo 1 – o termo de inovação de produto, o processo de novos produtos e a gestão de portfólio – obtém vantagens com a redução do tempo de ciclo. O consultor de novos produtos Robert Cooper identifica cinco método para acelerar o tempo até o mercado, alguns dos quais já mencionados anteriormente:

- Um termo de inovação de produto bem definido – executar o trabalho de identificação de oportunidades e ter uma definição clara do produto – gera especificações de *design* de produto mais adequadas e diminui a perda de tempo em virtude do "retrabalho" (retornar a fases anteriores do processo para corrigir erros).

- Um processo de novos produtos de terceira geração que permite fases justapostas ou *processamento paralelo* aumenta a quantidade de atividades concluídas em um menor espaço de tempo; a otimização das atividades de avaliação diminui o tempo desperdiçado na avaliação.
- Um método de gestão de portfólio minimiza a probabilidade de que os recursos humanos e financeiros da empresa sejam distribuídos entre uma quantidade excessiva de projetos; uma melhor seleção de projetos enfoca os recursos escassos da empresa e, desse modo, eles são usados mais eficientemente.
- A ênfase sobre a qualidade em todas as fases complementa o PIC; seguindo o ditado "faça certo na primeira vez", a empresa evita reciclagem desnecessária.
- Uma *equipe transfuncional* com autonomia e poder de decisão, com indivíduos do marketing, P&D, fabricação e outras áreas, que trabalha no projeto desde as fases iniciais, contribui para o processamento paralelo e elimina o desenvolvimento de produtos "sobrepostos" ou em sequência (por exemplo, o marketing ou a produção não começa a participar enquanto o produto não sair do desenvolvimento técnico do produto).[6]

Observe que os três primeiros métodos são os três elementos estratégicos, ao passo que os dois últimos (ênfase sobre a qualidade e equipes de produto multifuncionais) são método que ajudam a empresa a implementar os elementos estratégicos.

Existe uma profusão de evidências de que essas técnicas contribuem imensamente para aumentar a velocidade de colocação no mercado. O desenvolvimento de *software* com frequência é marcado por "períodos de intensa pressão" (*crunch time*) em virtude da aproximação dos prazos finais e muitas empresas nesse setor recorrem a equipes transfuncionais pequenas e coesas para cumprir as metas de tempo e, ao mesmo tempo, não sacrificar a qualidade.[7] O processamento paralelo é comum no setor de automóveis: o sistema de direção de um carro pode estar 70% ou 80% projetado (mas não 100%) antes de o trabalho de *design* da carroceria ser iniciado. Em seguida, um protótipo inicial (mas não o carro final) pode ser montado e preparado para um *test-drive* controlado. A utilização do processamento paralelo pelas montadoras de automóveis japonesas foi um fator importante para a sua emergência no mercado mundial.[8] A Figura 2.4 mostra várias técnicas que foram defendidas para reduzir os tempos de ciclo.

Observe que a *medida de tempo de ciclo*, isto é, a forma pela qual a administração mede a velocidade de colocação no mercado (ou, com frequência, *tempo até o mercado*), normalmente é "conduzir a ideia mais rapidamente para a área de embarque". Isso pressupõe que já foram obtidos avanços técnicos – o P de P&D foi concluído bem-sucedidamente. Contudo, do ponto de vista de desenvolvimento técnico, o sucesso da velocidade de colocação no mercado envolve não apenas o tempo até a área de embarque, mas também a *velocidade técnica pós-remessa:* por exemplo, os ser-

---

[6] Robert G. Cooper, *Winning at New Products: Accelerating the Process from Idea to Launch,* 2nd ed. (Reading, MA: Addison-Wesley, 1993), p. 210.

[7] B. J. Zirger & Janet L. Hartley, "The Effect of Acceleration Techniques on Product Development Time", *IEEE Transactions on Engineering Management,* May 1996, pp. 143–152, examinam equipes transfuncionais em empresas eletrônicas; e Alfredo M. Choperena, "Fast Cycle Time: Driver of Innovation and Quality", *Research-Technology Management,* May–June 1996, pp. 36–40, examina o desenvolvimento de um sistema de diagnóstico de imunoensaio. Ambos encontraram evidências de que as equipes impulsionam a velocidade de colocação no mercado sem sacrificar a qualidade.

[8] K. B. Clark & T. Fujimoto, *Product Development Performance: Strategy, Organization, and Management in the World Auto Industry* (Boston, MA: Harvard Business School Press, 1991).

FIGURA 2.4 Técnicas para ter velocidade em um projeto de novo produto.

Fase de organização

1. Utilizar equipes transfuncionais exclusivas.
2. Utilizar pequenos grupos e outras técnicas para minimizar a burocracia.
3. Dar autonomia à equipe, motivá-la por meio de incentivos e recompensas e protegê-la.
4. Eliminar terrenos e territórios.
5. Garantir que os departamentos de apoio estejam preparados para o momento em que forem solicitados.
6. Desenvolver uma liderança de equipe eficaz.
7. Estimular a aprendizagem organizacional; transferir conhecimentos de um projeto para outro.

Intensificação do comprometimento com recursos

1. Integrar fornecedores; diminuir o número se necessário.
2. Integrar outros recursos tecnológicos.
3. Integrar revendedores; diminuir o número se necessário.
4. Envolver os usuários logo no início; captar a voz do cliente.
5. Utilizar engenharia simultânea ou coordenada.
6. Envolver os fornecedores por meio de alianças, empreendimentos etc; desenvolver relações de longo prazo com eles.

***Design* para aumentar a velocidade de colocação no mercado**

1. Utilizar desenho auxiliado por computador e outras formas de prototipação rápida.
2. Utilizar fabricação auxiliada por computador, reduzir o número de peças, considerar o processo de fabricação.
3. Usar componentes entre as famílias de produtos.
4. Tornar o produto fácil de testar.
5. Desenvolver as qualidades que conduzem à experimentação rápida e geram, inclusive, vantagem relativa.
6. Utilizar métodos eficazes de *design*; minimizar mudanças de *design* onerosas posteriormente no processo de novos produtos.

Preparação para um rápido processo de fabricação

1. Simplificar a documentação.
2. Utilizar planos de processo padronizados.
3. Utilizar fabricação auxiliada por computador.
4. Procurar entregas *just-in-time* de matérias-primas e componentes (fabricação flexível).
5. Integrar o teste de uso de produto e iniciá-lo logo no começo.

Preparação para um marketing rápido

1. Utilizar lançamentos em vez de mercados de teste.
2. Semear a reputação da empresa antes do marketing.
3. Gastar o que for necessário para obter consciência de mercado imediata.
4. Facilitar o máximo possível a compra experimental.
5. Implementar a capacidade de atendimento ao cliente antecipadamente e testá-la.

Fontes: Compilado de várias fontes, mas uma boa visão geral desses assuntos pode ser encontrada em Pinar Cankurtaran, Fred Langerak & Abbie Griffin, "Consequences of New Product Development Speed: A Meta-Analysis", *Journal of Product Innovation Management*, 30(3), 2013, pp. 465–486.

viços corporativos (jurídicos e ambientais, digamos) estão funcionando? Além disso, se alguém usar a medida de "tempo até o sucesso", em vez de "tempo até a área de remessa", o marketing terá uma função bem mais ampla a desempenhar para acelerar o tempo de ciclo. O marketing pode se esforçar para aumentar a *velocidade pré-mercado* (isto é, pré-testar o plano de marketing mais rapidamente ou se inteirar a respeito do alcance de campo por meio da formação de alianças) e também a *velocidade pós-mercado* (isto é, acelerar o resgate de cupons ou introduzir representantes de vendas em campo mais rapidamente).

Agora temos ouvido igualmente sobre a importância de ser o **primeiro em participação na mente**, em vez de ser o primeiro no mercado. A empresa com participação na mente em determinada categoria de produto é aquela que o público-alvo associa com a categoria de produto e é vista como padrão de comparação pelos concorrentes (como os microprocessadores da Intel ou as impressoras a *laser* da Hewlett-Packard). As empresas que lutam por participação na mente pensam não apenas na velocidade de desenvolvimento ou lançamento de um produto específico, mas em criar uma posição predominante na mente do cliente.[9]

Por fim, o papel da *alta administração* no sentido de acelerar a colocação de produtos no mercado não pode ser ignorado. Não é suficiente a alta administração simplesmente dizer "Os tempos de ciclo devem ser reduzidos em 50% a partir de agora!". Os funcionários sem dúvida não interpretarão essas declarações gerais como uma ordem levemente disfarçada para trabalhar duas vezes mais com afinco. Recursos reais precisam estar comprometidos com um programa de redução de tempo de ciclo. Um especialista em redução de tempo de ciclo, Preston Smith, relata que muitas empresas esperam que o processo seja rápido e fácil. Algumas vezes os executivos solicitam um programa de treinamento de um ou dois dias em redução de tempo de ciclo, acreditando que se trata de um treinamento adequado. A ideia não é ignorar as etapas críticas no processo de novos produtos, mas passar pelo processo mais rapidamente sem sacrificar a qualidade.

A alta administração também terá consciência da importância das alianças estratégicas para obter assistência e recursos técnicos e de marketing. As alianças podem ser anteriores (*upstream*) para fornecedores e posteriores (*downstream*) para revendedores e clientes e até paralelas para os concorrentes. A Apple, por exemplo, recorreu à assistência da Sony para acelerar o desenvolvimento do computador PowerBook.[10]

Riscos e diretrizes na aceleração do tempo até o mercado

Há muitas vantagens na aceleração do tempo de colocação no mercado, especialmente pelo fato de que o produto que é lançado primeiro permanece no mercado durante um período mais longo antes de ficar obsoleto. Um atraso no lançamento – digamos, de seis meses – significa seis meses a menos de lucro e pode oferecer a um concorrente a possibilidade de ser o primeiro no mercado e estabelecer uma reputação positiva.

Não obstante, há muitos custos envolvidos nessa velocidade, custos que não são evidentes e que algumas vezes podem ser desastrosos. Uma empresa que está

---

[9] Denis Lambert & Stanley F. Slater, "First, Fast, and On-Time: The Path to Success. Or Is It?", *Journal of Product Innovation Management,* 16(5), September 1999, pp. 427–438.

[10] Para obter um exemplo da Apple, consulte Douglas W. LaBahn, Abdul Ali & Robert Krapfel, "New Product Development Cycle Time: The Influence of Project and Process Functions in Small Manufacturing Companies", *Journal of Business Research,* June 1996, pp. 179–188.

enfrentando maior intensidade competitiva, rápidas mudanças tecnológicas e rápidas transformações demográficas no mercado pode ser persuadida a se concentrar apenas em projetos de produto fáceis e incrementais ou a cortar etapas críticas no processo de novos produtos a fim de reduzir o tempo de ciclo. Poupar esforços no desenvolvimento de produtos técnicos pode resultar em sacrifícios da qualidade e, por conseguinte, em clientes e distribuidores aborrecidos. Ao acelerar as etapas iniciais, a empresa pode concluir em uma fase posterior do processo que a qualidade do produto é inadequada, e isso atrasa o lançamento, enfurece ainda mais os revendedores e incentiva os clientes a migrar para a concorrência. De outro modo, apressar-se na intensificação do marketing pode gerar uma atenção inadequada para atividades de marketing fundamentais na preparação do produto para lançamento. Nesses casos, a empresa vence a batalha em velocidade de colocação no mercado, mas perde a guerra.

A tentação de ir rápido demais precisa ser detida para que a empresa não lide erradamente com uma oportunidade nova para o mundo, perca informações fundamentais sobre os clientes ou desenvolva um produto tecnologicamente inferior.[11] Uma forma mais adequada de lidar com um ambiente de alta turbulência é manter o desenvolvimento de produtos o mais flexível possível: Só consolide o conceito do produto no último momento possível, mas permita que fases posteriores do processo de novos produtos transcorram simultaneamente ao desenvolvimento do conceito.[12] Esse é o princípio da *postergação*, assunto que revisitaremos em nossa discussão sobre a fase de lançamento no Capítulo 17.

Outra preocupação análoga é que a aceleração do tempo até o mercado pode introduzir o produto muito cedo, quando ainda existem defeitos. Em algumas situações, em que existem altos custos de oportunidade e riscos de desenvolvimento relativamente baixos (por exemplo, um novo computador pessoal), seria melhor acelerar o tempo de ciclo. Entretanto, quando a Boeing desenvolve e lança uma nova aeronave, existem custos de oportunidade relativamente baixos (concorrentes menos diretos), mas riscos de desenvolvimento bem mais altos. Nesse caso, a meta mais apropriada é obter um produto "100% correto".[13] Outro risco de enfatizar exclusivamente a velocidade de colocação no mercado é que a administração pode ser persuadida a se concentrar em inovações rápidas e desenvolvidas internamente e com recursos próprios à custa de produtos realmente novos, gerando desse modo um desequilíbrio estratégico nas iniciativas de desenvolvimento de novos produtos.[14]

---

[11] Christer Karlsson & Pär Åhlström, "Technological Level and Product Development Cycle Time", *Journal of Product Innovation Management*, 16(4), July 1999, pp. 352–362; R. G. Cooper & S. J. Edgett, "The Dark Side of Time and Time Metrics in Product Innovation", *Visions*, April–May 2002, pp. 14–16; consulte também C. Merle Crawford, "The Hidden Cost of Accelerated Product Development", *Journal of Product Innovation Management*, 9(3), September 1992, pp. 188–199; e Abdul Ali, Robert Krapfel Jr., & Douglas LaBahn, "Product Innovativeness and Entry Strategy: Impact on Cycle Time and Break-Even Time", *Journal of Product Innovation Management*, 12(1), January 1995, pp. 54–69.

[12] Marco Iansiti, "Shooting the Rapids: Managing Product Development in Turbulent Environments", *California Management Review*, Fall 1995, pp. 37–58. Roger J. Calantone, Jeffrey B. Schmidt & C. Anthony Di Benedetto, "New Product Activities and Performance: The Moderating Role of Environmental Hostility", *Journal of Product Innovation Management*, 14(3), May 1997, pp. 179–189, examinaram especificamente ambientes altamente hostis.

[13] E. G. Krubasik, "Customize Your Product Development", *Harvard Business Review*, 66, November–December 1988, pp. 46–52.

[14] C. Merle Crawford, *op. cit.*

FIGURA 2.5 Outros fatores na aceleração do tempo de ciclo.

> **Fazer certo na primeira vez.** Um pequeno incremento de tempo nas fases iniciais pode economizar muitas vezes esse tempo posteriormente apenas em retrabalho.
>
> **Procurar várias balas de platina em vez de uma única bala de prata (solução milagrosa).** Isso significa examinar cada etapa, cada ação, cada reunião; de grão em grão, a galinha enche o papo.
>
> **Treinar todas as pessoas envolvidas.** As pessoas que não conhecem seu próprio trabalho, às quais são designados trabalhos sem o desenvolvimento de habilidades apropriadas, não saberão como acelerar as coisas.
>
> **Comunicar-se.** Muitos atrasos podem ter origem em alguém, em algum lugar, à espera de uma informação. O *e-mail* e a internet tornaram a colaboração bem mais fácil e rápida e agilizou a comunicação.
>
> **Ser flexível.** Procurar máquinas que possam realizar vários trabalhos, pessoas que possam mudar de uma atividade para outra, fornecedores de prontidão etc. Atitudes também: um novo produto pode exigir que se encontre um *designer* de mente mais aberta.
>
> **Tomar decisões rapidamente.** Os gestores sabem que algumas vezes as pessoas são responsabilizadas por coisas que elas *fazem* e não por coisas que elas *não fazem*. Treiná-las novamente a tomar decisões assim que razoavelmente possível e gerenciá-las de uma maneira que não destrua sua boa vontade é uma etapa fundamental para um rápido projeto.
>
> **Fazer cortes com sabedoria.** Existe um costume burocrático comum de cumprir um corte de orçamento de 10% cortando todos os seus componentes em 10%. Um método melhor é utilizar uma redução talvez de 50% em etapas não críticas e de 0% nas fundamentais. Tudo é arriscado, mas por que não assumir riscos em coisas que são mais toleráveis?

Alguns outros fatores na aceleração do tempo de ciclo podem ser resumidos como na Figura 2.5.

A P&G conseguiu reduzir em 80% o tempo de desenvolvimento de um produto farmacêutico, e ao mesmo tempo melhorou a qualidade em mais de 60%, utilizando várias das técnicas descritas anteriormente. O pessoal de novos produtos documentou cuidadosamente todas as atividades de trabalho envolvidas no desenvolvimento do produto e estabeleceu metas agressivas para redução do tempo – "Essa atividade deve tomar 50% do tempo que ela toma atualmente" (metas mais modestas poderiam ser atingidas com facilidade simplesmente por meio de pequenas melhorias). Metas estendidas foram estabelecidas: para obter uma redução de 75%, podia-se estabelecer uma meta de redução de 50% no primeiro ano e uma redução adicional de 50% no segundo ano. Além disso, o pessoal praticava várias das técnicas descritas neste e no capítulo anterior: motivação da equipe por meio do estabelecimento de metas claras, autonomia e poder de decisão e mecanismos de recompensa, comprometimento da alta administração.[15]

No Capítulo 16, veremos outras medidas que podem ser utilizadas para complementar a velocidade de colocação no mercado, como a *medida caixa a caixa*. Por meio dessa ferramenta, a empresa medirá não apenas a velocidade com que o produto é lançado, mas também o tempo que ele leva para atingir o ponto de equilíbrio. Utilizar medidas como essa ajuda a empresa a gerenciar a fase de lançamento *como um todo*, e não apenas o momento do lançamento.

---

[15] R. W. Boggs, Linda M. Bayuk & David A. McCamey, "Speeding Development Cycles", *Research-Technology Management*, September–October 1999, pp. 33–38.

E QUANTO A NOVOS SERVIÇOS?

Antes de deixarmos o processo de novos produtos, consideremos os produtos que parecem não ter um componente técnico em seu desenvolvimento – **serviços**. Os serviços e produtos com frequência são ordenados em uma escala de (1) somente serviço, (2) principalmente serviço e parcialmente produto, (3) principalmente produto e parcialmente serviço e (4) somente produto. Os exemplos na mesma ordem são aconselhamento, apólice de seguro, automóvel e barra de chocolate. Somente na primeira categoria o fornecedor do produto não tem nada tangível em que se possa aplicar P&D e há pouquíssimos desse tipo. Mesmo nas categorias de somente produto ou principalmente produto, existem itens de apoio tangíveis, como anúncios, garantias, diretrizes e instruções, o que necessita de projeto e produção. A título de exemplo de uma mistura de produto/serviço, considere um *smartphone*. O telefone em si é tangível, mas ele oferece serviços: comunicação, bem como entretenimento (música, jogos), informações (mapas) e outros aplicativos/aplicações.

A criação de produtos de serviço tende a espelhar os sistemas utilizados para produtos. Todos os elementos estratégicos são condizentes (o termo de inovação de produto, o processo de novos produtos e o portfólio equilibrado). Talvez os conceitos precisem ser aplicados criativamente, mas ainda assim os paralelos permanecem. Aliás, um estudo sobre novos serviços bem-sucedidos descobriu que eles tendem a vir de empresas que utilizaram um processo de desenvolvimento de novos produtos sistemático e abrangente com fases claramente definidas e avaliações e análises regulares. Na verdade, de acordo com o CPAS mais recente, o processo de novos serviços é bastante semelhante ao processo de novos produtos que apresentamos neste capítulo, com apenas algumas diferenças essenciais. Embora as fases básicas na Figura 2.1 se apliquem, em média os novos serviços exigem um tempo de desenvolvimento consideravelmente menor, e isso vale para inovações radicais e incrementais em serviços. Por exemplo, um produto tangível radicalmente novo em média pode exigir mais de 122 semanas em desenvolvimento, enquanto um serviço radicalmente novo poderia ser concluído em 55 semanas. Contudo, em outras medidas, os serviços evidenciam pouca diferença em relação aos produtos tangíveis.[16]

O processo de novos produtos precisa de certo refinamento para ser útil para o desenvolvimento de serviços, principalmente em virtude de diferenças fundamentais entre serviços e produtos manufaturados.[17] Os serviços são individualizados para clientes específicos. Enquanto os produtos são produzidos em massa, os serviços são oferecidos por meio da interação entre fornecedor e cliente, e os fornecedores de serviços mais bem-sucedidos são aqueles que conseguem oferecer uma experiência "personalizada" para cada cliente. Os serviços, diferentemente dos produtos, são também intangíveis, o que significa que um componente fundamental do serviço é na verdade a experiência de receber o serviço. Por esse motivo, a interação humana entre o fornecedor de serviços e o cliente é de extrema importância; os fornecedores de serviços precisam se esforçar para satisfazer as expectativas dos clientes e passar uma impressão positiva. Além disso, os serviços são avaliados instantânea e conti-

---

[16] Stephen K. Markham & Thomas Hollmann, "The Difference Between Goods and Services Development: A PDMA CPAS Research Study", in K. B. Kahn, S. E. Kay, R. J. Slotegraaf & S. Uban (Eds.), *The PDMA Handbook of New Product Development* (Hoboken, NJ: John Wiley, 2013), Ch. 25, p. 408.

[17] Os parágrafos subsequentes e o exemplo da JetBlue foram extraídos de Thomas D. Kuczmarski & Zachary T. Johnston, "New Service Development", in Kenneth B. Kahn, George Castellion & Abbie Griffin (eds.), *The PDMA Handbook of New Product Development* (New York: John Wiley, 2005), pp. 92–107.

nuamente pelos clientes em toda interação com o respectivo fornecedor. Desse modo, o fornecedor de serviços precisa obter um *feedback* do cliente e tomar providências com rapidez para melhorar continuamente o desempenho. Por fim, os serviços são avaliados com frequência pelos clientes como a soma de suas partes. Uma família que rememora uma viagem a um parque temático considera a facilidade de traslado do aeroporto, a conveniência de estacionamento, a quantidade e o valor de entretenimento dos passeios e de outras atividades, a limpeza do parque e a cordialidade dos funcionários ao formar uma opinião geral sobre sua experiência. Um desempenho ruim em qualquer desses fatores resulta em uma avaliação inferior da viagem como um todo. Essas diferenças fundamentais entre serviços e produtos apresentam desafios ao fornecedor de serviços, mas o mesmo processo básico de novos produtos ainda assim pode ser utilizado.

Pense em como a JetBlue foi bem-sucedida em um mercado de viagens aéreas extremamente competitivo por meio do desenvolvimento de serviços. Em vez de se concentrar em corte de custos, como vários de seus concorrentes fizeram, a JetBlue esforçou-se para proporcionar uma experiência personalizada, oferecendo aos viajantes televisão gratuita, uma tripulação mais cordial, poltronas confortáveis e um *site* simples, mas útil. Além disso, a JetBlue é uma das primeiras no que tange à adoção de medidas de segurança, como a tecnologia de voo "cabine de comando sem papel" e câmeras de segurança na cabine de passageiros. Essas medidas de segurança, importantes para os viajantes aéreos do presente, ajudam a diferenciar a JetBlue de seus concorrentes. A JetBlue obtém também opiniões (boas e ruins) dos clientes em toda parte da experiência de serviço: quando o cliente está no *site* da empresa, no balcão de passagens ou no próprio voo, a JetBlue se esforça para obter informações sobre sua satisfação para que assim possa destinar melhorias a qualquer área e aumentar o nível geral de satisfação do cliente com a empresa. O objetivo norteador na JetBlue, de acordo com seu fundador e diretor executivo, David Neeleman, era "trazer de volta a humanidade às viagens aéreas". Esse é sem dúvida um fornecedor de serviços que tem consciência da importância da interação com o cliente!

Em vista da importância da interação com o cliente para o sucesso de um serviço, não é nem um pouco de surpreender que obter a participação do cliente logo no início é essencial para o sucesso do desenvolvimento de novos serviços. O pessoal que executa o serviço – a equipe que de fato lida com os clientes, obtém seu *feedback* e processa suas reclamações – está em melhor posição para identificar as necessidades não atendidas dos clientes e, portanto, sua participação é fundamental na fase de geração de conceitos. Envolvê-los logo no início do processo de novos produtos aumenta sua motivação e entusiasmo pelo novo serviço, o que gera maior interesse no fornecimento do serviço e clientes mais satisfeitos. À medida que o serviço avança pela fase de desenvolvimento, os melhores conceitos de protótipo podem ser apresentados aos clientes e testados quase da mesma maneira com os testes de uso de produtos delineados anteriormente. Infelizmente, o teste de protótipo nem sempre é bem realizado pelos fornecedores de serviços. Como os serviços são por definição não patenteáveis e em geral podem ser facilmente reproduzidos pelos concorrentes, é importante garantir que o serviço foi "refinado" o máximo possível antes do lançamento para que os clientes fiquem extremamente satisfeitos com o que é oferecido. Um teste de protótipo seria uma oportunidade ideal para realizar esse tipo de ajuste.

Concluindo, a fase de lançamento de um serviço pode ser particularmente desafiadora. Antes de mais nada, os serviços necessitam de monitoramento contínuo para confirmar se as necessidades dos clientes estão sendo atendidas eficazmente; é por isso que os melhores fornecedores de serviços (pense em restaurantes, hotéis e hospitais) procuram o *feedback* constante dos clientes. Além disso, o lançamento bem-sucedido de um novo serviço depende em grande parte do treinamento do pessoal que executa o serviço. Os funcionários da Coca-Cola, por exemplo, raramente interagem com o consumidor final; em contraposição, serviços de todos os tipos são fornecidos pelo pessoal de uma empresa (caixa de banco, recepcionista de hotel, cabeleireiro, consultor financeiro). Um excelente treinamento do pessoal de serviço é um componente essencial de qualquer programa de retenção de clientes da empresa. O programa de treinamento incluirá instruções sobre a importância estratégica para a empresa de um excelente atendimento, bem como lições sobre a gestão de crises e solução de problemas, além treinamento básico em atendimento.

A FedEx é um dos principais exemplos de fornecedor de serviços que se distingue no desenvolvimento de novos serviços.[18] A empresa posiciona a experiência do cliente no centro de seu processo de novos produtos. Os clientes são envolvidos como coinovadores no início do processo de novos produtos; isso ajuda a FedEx a identificar suas necessidades prematuramente. A FedEx criou conselhos de mercado compostos de executivos, pessoal de vendas e marketing e até advogados corporativos para visitar clientes e aprender com eles. Eles complementam essas atividades com estudos etnográficos (como as técnicas de observação que serão discutidas no Capítulo 5) para captar a essência das necessidades emergentes dos clientes. Um exemplo clássico disso foi a constatação da FedEx de que a experiência do cliente seria intensificada se a empresa oferecesse maior acesso e mais serviços digitais. A solução foi a aquisição em 2004 da Kinko's (hoje FedEx Office), que imediatamente aumentou o número de pontos de remessa e, ao mesmo tempo, ampliou as ofertas de serviços para incluir fotocópias, *fax*, encadernação e impressão. Como as necessidades dos clientes evoluíram (em particular as dos clientes que possuem pequenas empresas), a FedEx foi capaz de crescer com elas e acompanhá-las.

Um fator fundamental para o sucesso de novos produtos da FedEx foi o estabelecimento da equipe de gestão de portfólio (*portfolio management team* – PMT), um grupo de altos executivos que dirigem unidades de negócios e áreas funcionais. A PMT é responsável por desenvolver direcionamento estratégico, conduzir as atividades de avaliação no processo de novos produtos e manter um portfólio equilibrado de projetos. A FedEx constatou que os princípios declarados no Capítulo 1 são eficazes: seguindo um processo de novos produtos distribuído em fases, o risco é gerenciado de modo que se abrande ao longo do tempo e de fato esteja reduzido no momento em as fases onerosas de desenvolvimento e lançamento forem atingidas e existe um alto grau de confiança de que o serviço recém-lançado será bem-sucedido e oferecerá o retorno esperado sobre o investimento. Por seu excelente programa de desenvolvimento de serviços, a FedEx ganhou em 2007 o prêmio Outstanding Corporate Innovator (Inovador Corporativo de Destaque), da PDMA.

Os fornecedores de serviços podem se sair muito bem com opções criativas de novos serviços que ofereçam vantagens competitivas. Ao perceber a ampla variedade de idiomas falados em sua base de clientes, a Walgreen's instituiu o serviço Dial-A-Pharmacist, que possibilitou que as pessoas que não falam inglês acessassem farmacêuticos que falavam sua língua por meio de telefones dentro da loja. Esse serviço, que recebe cerca de 1.000 chamadas por mês, diminuiu o erro dos pacientes e aumentou a satisfação dos clientes. Como o principal benefício de um serviço não é tangível, com frequência a meta é melhorar a experiência geral do cliente, o que a Netflix fez quando iniciou seu serviço de DVD. Os clientes apreciaram a facili-

---

[18] O exemplo da FedEx foi extraído de Donald Comer, "How FedEx Uses Insight and Invention to Innovate", *Visions,* 31(4), December 2007, pp. 12–14.

dade de uso do *site* e a conveniência do envio pelo correio. Concluindo, o Kindle, da Amazon, teve sucesso em um ponto em que outros dispositivos de leitura não tiveram, porque os usuários não compram apenas o leitor – eles compram o serviço completo, e é aí que o Kindle se distingue. Ele oferece a maior seleção de livros, um *site* fácil de usar e sincronização sem fio para o computador do usuário ou outros dispositivos.[19]

PRODUTOS NOVOS PARA O MUNDO

O termo novos produtos pode se referir a produtos novos para o mundo, extensões de produtos desenvolvidos internamente ou com recursos próprios ou praticamente qualquer coisa entre os extremos. Contudo, o processo distribuído em fases visto na Figura 2.1 talvez não funcione tão bem com os produtos novos para o mundo. Pesquisas confirmam que as empresas que lançam produtos novos para o mundo incorrem em uma taxa de sobrevivência de longo prazo significativamente inferior à daquelas que entram no mercado posteriormente. Mas a taxa de sobrevivência inferior de um produto novo para o mundo é compensada por lucros mais altos, visto que o mercado para um produto desse tipo normalmente é mais amplo e pode oferecer margens de lucro superiores.[20] Os gestores são instigados a assumir riscos calculados em produtos novos para o mundo, animados pelo sucesso fenomenal de produtos como fibra óptica da Corning, tomógrafo computadorizado da General Electric, iPhone da Apple e vários outros.[21]

Parte do motivo da taxa de insucesso superior dos produtos novos para o mundo é que eles são difíceis de gerenciar. Quase que por definição, os produtos novos para o mundo, de modo semelhante aos primeiros celulares ou os primeiros computadores pessoais, exigem descontinuidades (algumas vezes várias delas) para terem sucesso. Pense na introdução do computador pessoal. Houve descontinuidades na tecnologia que contribuíram para a sua rápida adoção (as empresas de computador, como algumas novas *start-ups*, em essência tinham de projetar um computador totalmente novo), no mercado (indivíduos e pequenas empresas começaram a comprar computadores, e não apenas as grandes empresas), no âmbito organizacional (os computadores pessoais eram vendidos em lojas de eletrônicos e lojas de departamentos, não por meio de uma equipe de vendas profissional) e na esfera social (milhões de pessoas perceberam o quanto elas necessitavam de um computador).[22] Pesquisas bem mais recentes têm como alvo compreender os processos de gestão que são mais apropriados para ambientes de alta incerteza e alta ambiguidade.[23]

Embora ainda tenhamos um longo percurso pela frente, um bom ponto de partida é o reconhecimento de que os produtos novos para o mundo precisam ser

---

[19] As características e os exemplos são extraídos de Thomas D. Kuczmarski & Rishu Mandolia, "Service Development", in K. B. Kahn, S. E. Kay, R. J. Slotegraaf & S. Uban (Eds.), *The PDMA Handbook of New Product Development* (Hoboken, NJ: John Wiley, 2013), Ch. 3, pp. 52–54.

[20] Sungwook Min, Manohar U. Kalwani & William T. Robinson, "Market Pioneer and Early Follower Survival Risks: A Contingency Analysis of Really New Versus Incrementally New Product-Markets", *Journal of Marketing*, 70(1), 2006, pp. 15–33.

[21] Grande parte desta seção é extraída de Gina C. O'Connor, Richard Liefer, Albert S. Paulson & Lois S. Peters, *Grabbing Lightning: Building a Capability for Breakthrough Innovation* (San Francisco, CA: Jossey--Bass, 2008).

[22] Rosanna Garcia, "Types of Innovation", in V. K. Narayanan & Gina C. O'Connor (eds.), *Encyclopedia of Technology & Innovation Management* (Chichester, UK: John Wiley, 2010), Chapter 13.

[23] Uma boa referência é O'Connor *et al.*, *op. cit.*

cultivados. Muitas oportunidades de negócio podem se revelar e algumas talvez sejam promissoras, mas todas têm resultados incertos. Por meio da experimentação no mercado, é possível avaliar as oportunidades e até identificar novas. A meta é considerar a inovação, junto com as oportunidades de negócio identificadas, e desenvolver com base nisso um novo modelo de negócio que ofereça alto valor para o cliente e no final das contas seja também lucrativo para a empresa. Essa proposição pode ser cara e certamente a administração não precisa se preparar para uma tomada de decisão instantânea, mas uma investigação prévia é necessária em virtude das incertezas em questão. Esse processo parece um laboratório de negócios e algumas vezes é chamado de período de *incubação*.[24] Tal como a proeminente pesquisadora Gina O'Connor afirma, "As empresas não percebem que as tecnologias revolucionárias não geram negócios revolucionários sem que haja um enorme investimento que transcende amplamente a tecnologia em si, exigindo uma série de experimentações em várias frentes".

Para uma incubação correta, as falhas devem ser toleradas, mas ao mesmo tempo deve-se aprender com os erros para que a empresa continue avançando em direção a um lançamento bem-sucedido. De acordo com Marissa Mayer, anteriormente com o Google e hoje presidente e diretora executiva do Yahoo!, a taxa de insucesso de produtos inovadores do Google é superior a 60%, mas esse é o custo do desenvolvimento de tecnologia de ponta.[25] É necessário ressaltar que incubação não é a mesma coisa que desenvolvimento de negócios (encontrar novos clientes ou comandar aquisições). O desenvolvimento de negócios com frequência é realizado ao longo de um horizonte de um ou dois anos e pode ser feito totalmente pelo pessoal de marketing ou da administração. Em virtude de seu foco sobre o desenvolvimento de modelos de negócio para uma inovação radical (em um ambiente incerto), o horizonte de tempo de uma incubação pode ser três a cinco anos e normalmente requer desenvolvimento técnico, bem como interação com o cliente e o mercado.

A inovação radical exige um método de planejamento que reconheça as incógnitas e incertezas em questão. Esse método, chamado de *planejamento orientado à descoberta*,[26] requer que os gestores façam pressuposições sobre o futuro a fim de desenvolver suas previsões e alvos, reconhecendo que essas pressuposições podem estar completamente erradas. À medida que mais informações se tornam disponíveis, os alvos são repensados, as previsões ajustadas e o plano evolui. Esse método é diferente daquele que é visto com maior frequência em mercados menos incertos, em que os resultados passados podem ser usados para desenvolver prognósticos previsíveis do futuro. Um princípio básico no planejamento orientado à descoberta é a *demonstração de resultados reversa*, que começa dos resultados finais (lucros exibidos) e retrocede aos níveis exigidos de receitas e custos. A empresa deve também seguir uma orientação de investimento em opções reais.[27] Ela pode fazer investimentos de teste de baixo custo para coletar informações sobre a tecnologia e seu potencial de mercado. O investimento de teste pode ser imaginado como a compra de uma opção para dar continuidade ao desenvolvimento de uma inovação revolucionária. Se esse pequeno investimento indicar que existe grande

---

[24] O'Connor *et al.*, Capítulo 4; a citação é da p. 82.

[25] P. Sellers, "The Net's Next Phase", *Fortune*, November 13, 2006, pp. 71–72.

[26] Rita Gunter McGrath & Ian C. MacMillan, "Discovery-Driven Planning," *Harvard Business Review*, July–August 1995, pp. 44–54.

[27] Ian C. MacMillan, Alexander B. van Putten, Rita Gunther McGrath & James D. Thompson, "Using Real Options Discipline for Highly Uncertain Technology Investments", *ResearchTechnology Management*, January–February 2006, pp. 29–37.

potencial de lucro, os projetos prosseguirão para a fase seguinte; do contrário, serão interrompidos.

Deve haver uma clara correlação entre a inovação radical e a visão estratégica da empresa enunciada pela alta administração.[28] Sem o estímulo da alta administração, as unidades de negócios envolvidas no desenvolvimento de produtos costumam se concentrar em melhorias de eficiência operacional e, desse modo, resistem a aceitar projetos de produtos radicalmente novos em virtude do envolvimento do pessoal de novos produtos com o planejamento estratégico corporativo, quando o ambiente é muito variável e turbulento.[29] Para que os projetos de inovação radical promissores avancem, a alta administração de algumas empresas estabelece uma equipe de *gestão de transição*, cuja responsabilidade é mover um projeto de inovação em P&D para o *status* de negócio operacional. A equipe de transição recebe financiamento apropriado e também apoio e supervisão da alta administração.[30]

Obviamente, com um produto novo para o mundo, é particularmente importante que a **voz do cliente** (*voice of the customer* – **VOC**) seja ouvida o mais cedo possível, de preferência no início do processo. Uma questão fundamental nesse sentido é identificar os clientes corretos para isso: por exemplo, seria sensato um fabricante de equipamentos médicos que está desenvolvendo um aparelho de diagnóstico de última geração formar uma parceria com hospitais de pesquisa proeminentes para determinar quais atributos de desempenho necessitam ser integrados. Os pesquisadores desses hospitais, tendo constatado que os produtos disponíveis são insatisfatórios, talvez já tenham desenvolvido internamente protótipos próprios de funcionamento simples. Que melhor orientação esse fabricante de equipamentos poderia obter? Identificar e trabalhar com esses clientes é fundamental para a **análise de usuários pioneiros**, que será examinada mais a fundo no Capítulo 5; falaremos mais formalmente sobre a voz do cliente no Capítulo 12.

O PAPEL DO INOVADOR EM SÉRIE

A pesquisa mais recente sobre processo de novos produtos indica que alguma reconsideração a respeito do processo tradicional é necessária para que a empresa seja sistematicamente bem-sucedida na comercialização de produtos novos para o mundo. Embora muitas empresas sejam capazes de lançar inovações radicais bem-sucedidamente, poucas parecem capazes de fazê-lo repetidamente no decorrer um longo período. Aquelas que são (Apple, Procter & Gamble, Caterpillar e Intel vêm à mente) têm algo em comum: **inovadores em série**.[31] Geralmente são funcionários técnicos de nível intermediário que pensam e trabalham diferenciadamente e seguem um processo de novos produtos próprio. Na verdade, um desafio para a alta administração

---

[28] Uma boa referência geral sobre produtos radicalmente novos é Gary S. Lynn & Richard R. Reilly, *Blockbusters: The Five Keys to Developing Great New Products* (New York: HarperCollins, 2002). Um artigo influente sobre esse assunto encontra-se em Erwin Danneels, "Disruptive Technology Reconsidered: A Critique and Research Agenda", *Journal of Product Innovation Management*, 21(4), July 2004, pp. 246–258.

[29] Roger Calantone, Rosanna Garcia & Cornelia Dröge, "The Effects of Environmental Turbulence on New Product Development Strategy Planning", *Journal of Product Innovation Management*, 20(2), March 2003, pp. 90–103.

[30] Gina O'Connor, Joanne Hyland & Mark P. Rice, "Bringing Radical and Other Major Innovations Successfully to Market: Bridging the Transition from R&D to Operations", in P. Belliveau, Griffin & S. M. Somermeyer (eds.), *The PDMA Toolbook 2 for New Product Development* (New York: John Wiley, 2004).

[31] Abbie Griffin, Raymond L. Price & Bruce A. Vojak, *Serial Innovators: How Individuals Create and Deliver Breakthrough Innovations in Mature Firms* (Stanford: Stanford Unversity Press, 2012).

é ser capaz de identificar inovadores em série (não existem muitos; estima-se que seja 1 por 100 funcionários técnicos ou mesmo 1 por 500) e, ao identificá-los, conseguir gerenciá-los e recompensá-los de maneira apropriada.

O problema que várias empresas enfrentam com a inovação radical é que a inovação voltada para a tecnologia pode ser muito estimulante do ponto de vista técnico, mas na verdade não soluciona um problema do cliente e, desse modo, não ter nenhuma aplicação que possa ser introduzida no mercado. (No Capítulo 3, veremos como o termo de inovação de produto é elaborado para evitar esse problema, garantindo que haja uma dimensão de mercado que corresponda com a tecnologia.) Em outros casos, uma boa tecnologia pode não ter um defensor de produto interno que assegure sua entrada no processo de desenvolvimento (veja a discussão sobre defensores de produto no Capítulo 14). O motivo de os inovadores em série serem tão bons em inovações revolucionárias é que eles sabem preencher a lacuna entre tecnologia e mercado. Eles fazem isso de uma maneira iterativa. Geralmente, eles primeiro identificam e compreendem totalmente um problema do cliente e, depois, descobrem possíveis soluções técnicas para esses problemas. Eles oscilam entre a necessidade do cliente e a solução tecnológica. À medida que o tempo passa e os inovadores em série descobrem mais a respeito de possíveis soluções para os clientes, eles buscam também informações sobre o mercado: existe uma demanda de mercado suficientemente ampla para justificar a introdução dessa tecnologia no mercado?

O "processo" seguido pelos inovadores em série plausivelmente não é nem um pouco um processo, visto que isso implica uma sequência de etapas e uma ordem fixa. Várias atividades precisam ser executadas, mas não existe nenhuma ordem específica e muito retrabalho e reconsideração são necessários e esperados. Algumas dessas etapas são:

- Identificar um problema importante para os clientes, verificar o tamanho do mercado em potencial e o fluxo de receitas.
- Compreender o problema, incluindo tecnologia, soluções atualmente disponíveis, concorrência e exigências dos clientes.
- Determinar se o problema é interessante para um número suficiente de clientes dispostos a pagar por isso e também se é interessante para a empresa em termo de adequação com a estratégia de produto.
- Inventar uma solução para o problema e examinar a conferir a aceitação do cliente por meio de um protótipo.
- Garantir que o produto vá para a fase de desenvolvimento e depois trabalhar para que o produto ganhe aceitação no mercado.[32]

Há uma boa margem aqui para retrabalhar: se os clientes não aceitarem o protótipo, talvez seja necessário um trabalho adicional para compreender melhor o problema ou mesmo repensar se o problema certo está sendo resolvido.

É claro que os inovadores em série são diferentes de outros profissionais de tecnologia. Eles têm um conhecimento mais aprofundado dos clientes, da estratégia de produto da empresa e dos processos políticos e podem atuar como defensor do produto. Eles se preocupam não apenas em solucionar os problemas dos clientes, mas em compreender a situação tão bem, de tantos pontos de vista diferentes, que acabam encontrando a solução ideal para o problema em questão. Eles podem lidar com uma descoberta, uma invenção e um lançamento e, portanto, são extremamente

---

[32] Griffin, Price & Vojak, *op. cit.*

valiosos para a empresa, e possibilitam que a empresa sempre tenha sucesso com produtos radicalmente novos.

Então como uma empresa pode recrutar inovadores em série ou reconhecê-los entre seus funcionários? A pesquisadora de novos produtos Abbie Griffin propõe que existem cinco características inatas nos inovadores em série que devem ser procuradas:

- Raciocínio sistêmico (conseguem enxergar formas de conectar informações desconexas).
- Alta criatividade (embora, curiosamente, não excessivamente alta!).
- Curiosidade em várias áreas de interesse.
- Uma aptidão para a intuição fundamentada em *know-how*.
- Um desejo sincero de solucionar os problemas dos clientes.[33]

DESENVOLVIMENTO ESPIRAL E FUNÇÃO DOS PROTÓTIPOS

No caso da inovação radical de produtos, um processo fluente e ágil de novos produtos deve gerar resultados mais inovadores. Se a forma final do produto de fato não for conhecida, talvez seja sensato a empresa experimentar vários protótipos em rápida sucessão – isto é, deve mostrar um protótipo aos clientes, obter *feedback* e experimentar outro protótipo e prosseguir dessa maneira até identificar uma forma aceitável. O termo **desenvolvimento espiral** algumas vezes é empregado para descrever esse processo; esse nome refere-se às várias iterações entre empresa e cliente. O desenvolvimento espiral pode ser descrito como um processo de "desenvolvimento--teste-*feedback*-revisão":

- Uma versão inicial não operacional do produto, chamada **protótipo focalizado**, é desenvolvida (poderia ser um novo celular feito de madeira ou espuma ou talvez um protótipo não operacional de plástico que parece real mas não tem fios).
- O protótipo é testado com os clientes, que se expressam a respeito do que gostaram ou não gostaram, de suas intenções de compra etc.
- Obtém-se um *feedback* do cliente a respeito do que precisa ser alterado.
- Com base nesse *feedback*, o protótipo seguinte é preparado e o ciclo continua.[34]

Observe que, em essência, o processo de desenvolvimento espiral permite que as fases do processo de novos produtos sejam executadas sem sequência. Os protótipos iniciais são construídos até mesmo antes de se determinarem as especificações do cliente!

No início de 1994, os primeiros protótipos da Iomega desenvolvidos internamente para o Zip Drive (um *drive plug-in* para *notebook* por meio do qual o usuário pode acessar unidades de disco com amplo espaço de armazenamento denominadas discos zip) eram um estojo cinza de aparência simples com tampa *flip-up* (bem semelhantes a vários aparelhos de CD); os primeiros grupos focais não gostaram do carregamento na parte superior e queriam algo "peculiar, portátil e potente". Vários dias depois, o P&D chegou ao *design* de carregamento frontal (bem parecido com uma unidade de disco flexível); enfim, mais de 50 protótipos foram desenvolvidos para

---

[33] Griffin, Price & Vojak, *op. cit.*

[34] Robert G. Cooper, "New Products: What Separates the Winners from the Losers and What Drives Success", in K. B. Kahn, S. E. Kay, R. J. Slotegraaf & S. Uban (Eds.), *The PDMA Handbook of New Product Development* (Hoboken, NJ: Wiley, 2013), Ch. 1, p. 14.

testar várias ideias diferentes e só então selecionar uma. Por fim, o Zip Drive comercializado pela Iomega apresentou o mecanismo hoje familiar de carregamento frontal e de fato era peculiar (uma atraente cobertura de plástico azul), portátil (pequeno o suficiente para caber em uma pasta) e potente (capaz de armazenar 100 megabytes de dados).[35]

O processo de desenvolvimento espiral empregado pela Iomega algumas vezes é chamado de **sondagem e aprendizagem**: por meio da interação com os clientes, os *designers* são inspirados a sondar, experimentar e improvisar e, por esse motivo, são capazes de bolar bem-sucedidamente um produto novo para o mundo. Outro termo às vezes empregado para descrever esse processo iterativo é **improvisação** (*lickety stick*): a equipe de desenvolvimento constrói protótipos com base em dezenas de novas ideias de produtos diferentes ("*lickety*" – rápida sucessão) e em algum momento escolhe um protótipo do qual os clientes gostam ("*stick*" – algo que "pega" e se torna popular).[36] Como Mike Santori da National Instruments afirmou, a meta nessa etapa inicial não é descobrir como cortar custos, mas examinar qual funcionalidade os clientes estão procurando. Implementar vários protótipos rapidamente e eficientemente "lhe dá flexibilidade para experimentar diferentes ideias e públicos".[37]

A história do tomógrafo computadorizado (TC) da General Electric mostra o desenvolvimento de um produto novo para o mundo que contou com grande assistência da voz do cliente. O instrumento original foi desenvolvido como um tomógrafo cerebral; as versões posteriores incluíram um tomógrafo do tórax e um tomógrafo do corpo inteiro. Em todos os casos, os médicos disseram que o produto não funcionava apropriadamente. Na quarta tentativa, a GE desenvolveu o tomógrafo de corpo inteiro 8800, que teve imenso sucesso quando lançado, obtendo com o tempo 68% de participação de mercado. A GE simplesmente não criou uma solução procurando por um problema – isso dá a entender que não se tem nenhuma estratégia. A GE tinha uma estratégia: desenvolver uma tecnologia de tomografia revolucionária para aplicações de diagnóstico médico e aprender com os testes iniciais especificamente quais aplicações seriam mais valiosas para seus clientes médicos.[38]

CONSIDERAÇÕES FINAIS SOBRE PROCESSO DE NOVOS PRODUTOS

Tal como discutido no Capítulo 1, muitas empresas utilizam um processo de novos produtos muito semelhante ao mostrado neste capítulo (embora, é claro, os detalhes variem) e os estudos CPAS demonstraram sistematicamente que a maioria das melhores empresas implementa processos de novos produtos e, por esse motivo, desfruta de maior sucesso com novos produtos.[39]

Alguns acontecimentos empolgantes estão sendo percebidos no setor de automóveis. Em um levantamento recente, quase metade dos engenheiros automotivos

---

[35] Sobre a história da Iomega, consulte Gary S. Lynn & Richard R. Reilly, *Blockbusters, op. cit.*

[36] O termo "*lickety stick*" foi cunhado por Gary S. Lynn & Richard R. Reilly em *Blockbusters, op. cit.*

[37] Citado em Heidi Bertels, "The 7th Annual Front End of Innovation Conference Adopts a New Format and Content", *Visions*, 33(3), October 2009, pp. 34–37.

[38] Gary S. Lynn, Mario Mazzuca, Joseph G. Morone & Albert S. Paulson, "Learning Is the Critical Success Factor in Developing Truly New Products", *Research-Technology Management*, May–June 1998, pp. 45–51.

[39] Stephen K. Markham & Hyunjung Lee, "Product Development and Management Association's 2012 Comparative Performance Assessment Study", *Journal of Product Innovation Management*, 30(3), 2013, pp. 408–429.

afirmou que a empresa em que trabalhavam utilizava um processo de novos produtos tradicional, enquanto um terço utilizava um processo modificado, o qual lhes permite melhorar a eficiência sem sacrificar a originalidade do produto.[40] A utilização de um processo modificado possibilitou uma redução de 50% no tempo até o mercado e ao mesmo tempo que a qualidade e originalidade do novo produto fossem mantidas.

O papel da alta administração não pode ser negligenciado, em particular no caso de produtos radicalmente novos. Em um encontro da PDMA, Al Lopez, ex-vice-presidente de P&D da ExxonMobil, mencionou vários produtos radicalmente novos de sua empresa, como aço de alta resistência para oleodutos, processos de combustível com baixo teor de enxofre, catalisadores aprimorados etc. A alta administração apoia o P&D produtivo de várias maneiras: reconhecendo e desenvolvendo as competências e capacidades técnicas essenciais da empresa, estimulando o fluxo de conhecimentos (tanto interno quanto externo) em toda a empresa, desenvolvendo processos de trabalho eficazes e otimizados, interligando claramente a pesquisa básica e a aplicada e assegurando um ambiente de trabalho estimulante no qual a aprendizagem e realização são recompensadas.[41]

Por fim alguém poderia perguntar se uma empresa pode ser ambidestra – isto é, ser excelente tanto em inovações novas para o mundo quanto em inovações incrementais. Barreiras à ambidestria sem dúvida existem: temores de diluição da marca, conflito de canal de distribuição ou até mesmo a cultura "sempre fizemos dessa forma". Além disso, há também a questão de alocação de recursos: investir no desenvolvimento de competências que resultam em produtos radicalmente novos pode significar impedir que esses recursos aprimorem as competências que já dominam. Essas são algumas das preocupações fundamentais dos gestores em empresas altamente inovadoras; para evitar problemas desse tipo, com frequência um empreendimento extremamente "projetizado" é desmembrado e transformado em uma unidade organizacional distinta para que se busque a inovação radical[42] (mais sobre esse assunto no Capítulo 14).

RESUMO

Neste capítulo, analisamos o sistema de fases e atividades utilizado no processo de desenvolvimento e marketing de novos produtos. Examinamos uma versão simplista desse processo, com base naquele que é empregado pela divisão de cosméticos da P&G, e mostramos como ele interagiu com o portfólio de produtos e o PIC da P&G. Em seguida, passamos pelo processo básico, fase por fase. Cuidado: não pense que esse processo de novos produtos ou qualquer outro é imutável. Ele é um guia e um integrador, não uma camisa de força.

Agora passamos para o Capítulo 3, no qual discutiremos dois outros elementos estratégicos: o termo de inovação de produto e a gestão de portfólio de novos produtos. O Capítulo 3 introduz a primeira das cinco fases principais do processo – identificação e seleção de oportunidades. Essa fase incluirá várias formas de estratégia para orientar a avaliação das oportunidades disponíveis. Com isso nos prepararemos para começar a investigar a geração de conceitos.

---

[40] John E. Ettlie & Jorg M. Eisenbach, "Modified Stage-Gate® Regimes in New Product Development", *Journal of Product Innovation Management*, 24(1), January 2007, pp. 20–33.

[41] Para obter mais informações, consulte Peter Koen, "Tools and Techniques for Managing the Front End of Innovation: Highlights from the May 2003 Cambridge Conference", *Visions*, October 2003.

[42] Erwin Danneels, "From the Guest Editor: Dialogue on the Effects of Disruptive Technology on Firms and Industries", *Journal of Product Innovation Management*, 23(1), January 2006, pp. 2–4.

APLICAÇÕES

1. "Tenho de fazer uma palestra em Dallas no mês que vem. Ela faz parte de uma conferência que a Universidade Metodista do Sul está realizando sobre o tema geral de identificação de oportunidades (IO). Eles querem que eu explique por que a IO algumas vezes é mais importante do que o *brainstorming* e outras técnicas de geração de conceitos. Ao que me parece não é. O que você acha?"

2. "Trabalho para uma empresa de serviços financeiros. Empregamos o desenvolvimento de novos produtos o tempo todo e grande parte é da variedade incremental. Quer dizer, unimos o acesso a cartão de crédito a uma caderneta de poupança, unimos a caderneta de poupança a uma conta do mercado monetário, acrescentamos uma opção de investimento em conta de aposentadoria individual, coisas desse tipo. Explique em que sentido o processo de novos produtos é relevante em um setor e para a minha empresa. Parece que ele é mais adequado para produtos físicos. Isso não é de certa forma enganoso?"

3. "Estamos cada vez mais comprometidos com produtos realmente novos – para nós, eles representam o futuro de nossa empresa. Você pode me explicar novamente o que o processo de novos produtos representa para essa empresa? Não estou de fato convencido de que o processo que você delineou seja aplicável para ela. Ao que parece ele vai gerar novos produtos de uma forma mais incremental do que ideias novas e arrojadas."

ESTUDO DE CASO   LEGO[43]

O Grupo LEGO, fabricante daqueles blocos de plásticos tão populares entre as crianças no mundo inteiro, foi fundado em 1932 por Ole Kirk Christiansen, na Dinamarca. O nome LEGO é a contração de duas palavras, "*leg*" e "*godt*" ou "brinque bem", em dinamarquês, mas quase que por coincidência significa também "eu monto" ou "eu junto", em latim, e não é possível imaginar um nome mais apropriado para esses pequenos blocos de encaixe. Em seus primeiros anos de existência, a LEGO fabricava brinquedos de madeira, mas, em 1947, Christiansen comprou uma máquina de moldagem de injeção de plástico e, em 1958, a empresa estava fabricando seus conhecidos blocos de plásticos. De 1958 a 1978, as vendas cresceram em ritmo constante para cerca de US$ 180 milhões, mundialmente. Em 1978, a LEGO introduziu os temas Castle, Space e Fabuland e o sistema de montagem Technic. Sustentadas por essas e outras inovações de produto, as vendas realmente decolaram, dobrando a cada cinco anos até 1993.

Ao enfrentar um arrefecimento nas vendas no início da década de 1990, a LEGO iniciou as extensões de linha de produtos, triplicando o número de unidades de manutenção de estoque (*stock-keeping units* – SKUs), mas isso apenas canibalizou os produtos existentes. As vendas gerais da empresa mantiveram-se inalteradas, e as iniciativas de desenvolvimento de produtos corroeram os lucros da LEGO. Em 1998, a LEGO perdeu dinheiro (primeiro, uma empresa) e dispensou 1.000 trabalhadores.

Pesquisas junto aos clientes e ao setor indicaram vários motivos para o declínio nas vendas e nos lucros. Na geração anterior, as crianças costumavam brincar com LEGO até o momento em que atingiam 10 ou 11 anos de idade; no final da década de 1990, elas estavam perdendo o interesse mais cedo. Além disso, muitas crianças,

---

[43] Esse estudo de caso foi adaptado de David Robertson, "Innovation at Lego", *Visions*, 35(3), 2011, pp. 10–17; Anônimo, "So What Did Lego Do Anyway", *Visions*, 36(1), 2012, pp. 24–25, e *Innovation at the LEGO Group*, International Institute for Management Development, Case IMD-380, 2008.

incluindo as bem pequenas, estavam começando a usar *videogames* e jogos eletrônicos e preferiam esses jogos aos blocos de montagem. Não era provável que essas tendências de consumo mudassem tão cedo. Também estavam ocorrendo mudanças no setor. A maioria dos concorrentes estava fabricando na China, ao passo que a LEGO ainda produzia os blocos em locais mais caros da Europa. O poder do canal de distribuição no setor de brinquedos e jogos havia saído das mãos dos fabricantes e passado para grandes varejistas como a Toys 'R' Us. A patente da LEGO sobre os blocos de plástico também estava para expirar, deixando a LEGO verdadeiramente em uma situação "mudar ou morrer".

Em 2000, a LEGO desenvolveu uma nova declaração de missão: "Tornar-se a marca mais sólida do mundo entre famílias e crianças até 2005". Essa declaração de missão tinha por objetivo incrementar a inovação em toda a empresa. Para perseguir a missão e impulsionar o processo de inovação, a LEGO seguiu a sabedoria dos melhores consultores e acadêmicos de administração e negócios. Algumas das atividades mais notáveis foram as seguintes:

- A LEGO contratou profissionais de criação internacionais, da Itália ao Japão e aos Estados Unidos, para seu centro de novos produtos, "Concept Lab", a fim de aumentar a diversidade e estimular a criatividade.
- A LEGO criou um amplo espectro de inovações, como os parques de diversões LEGOLAND e centros educacionais, e também abriu lojas de varejo LEGO.
- A LEGO adotou a inovação aberta pela primeira vez, formando uma parceria com produtores de cinema para desenvolver seus conjuntos Guerra nas Estrelas e Harry Potter, além dos brinquedos Steven Spielberg Movie-Maker.
- Novos brinquedos eletrônicos foram acrescentados, como Galidor, Bionicle e Mindstorms. O Galidor interagia com um programa de TV com o mesmo nome e o Bionicle foi correlacionado com um filme. Uma linha Explore de brinquedos eletrônicos também foi desenvolvida para crianças pequenas.
- A LEGO lançou o Digital Designer, com o qual as crianças podiam usar blocos LEGO virtuais para criar montagens pelo computador.
- A inovação foi valorizada e recompensada, e as ideias continuaram fluindo.

Infelizmente, nada funcionou. Em 2003, a LEGO havia perdido cerca de US$ 300 milhões e estava praticamente à beira da falência. Havia grande probabilidade de a empresa ser vendida no prazo de um ano.

A grande virada para salvar a empresa começou de fato em 2003. A LEGO vendeu a maioria dos parques LEGOLAND e o prédio da matriz. A produção de blocos foi terceirizada em locais mais baratos (México e República Tcheca). O número de SKUs foi cortado pela metade, porque vários eram supérfluos (por exemplo, em determinado momento havia sete linhas diferentes de público LEGO, todos com um perfil quase igual). Em um ano, a LEGO havia levantado dinheiro suficiente para evitar a falência, mas nesse momento um plano de longo prazo era essencial. Esse plano girou em torno de inovação. Ou melhor, de como a LEGO definia e gerenciava a inovação.

A empresa parecia ter implementado todas as estratégias corretas: fomentação da criatividade, inovação aberta, busca de oportunidades de inovação diruptiva e construção de uma cultura de inovação. Todas essas atividades eram investimentos no "motor" de inovação. Com o poder desse motor, a LEGO tinha capacidade para um rápido desenvolvimento de novos produtos. Entretanto, isso não era uma garantia de sucesso para os novos produtos. O Concept Lab era responsável por desenvolver novos produtos e não era responsabilizado se seus produtos não fossem muito inovadores ou muito bons (por isso a adição de uma sétima linha de público LEGO a uma linha de produtos já suficientemente ampla).

De acordo com o professor David Robertson, da Wharton School, o que faltava era um sistema de orientação: "Como um carro-foguete sem volante, o motor de inovação da LEGO havia lançado a empresa em uma trajetória em alta velocidade, sem que tivesse capacidade para manobrar as curvas adiante. E assim como esse carro, o fim de um percurso como esse está fadado a ser um desastre". Sem dúvida, houve sucessos, como o extremamente popular Mindstorms, com o qual a LEGO podia se erguer. Mas, para melhorar consideravelmente a taxa de sucesso, a LEGO precisaria instituir um sistema de orientação eficaz, o qual, de acordo com Robertson, teria de oferecer respostas a três perguntas: onde você está agora, aonde você deseja ir e como você chegará lá?

O que você recomendaria à LEGO a fim de que a empresa institua esse sistema de orientação? Em sua opinião, quais são os pontos fortes nos quais a LEGO poderia se fundamentar e onde existe espaço para melhoria? Como a LEGO poderia utilizar alguns dos conceitos apresentados neste capítulo para se colocar nos trilhos novamente e instituir um plano de longo prazo direcionado ao sucesso que gire em torno da inovação?

ESTUDO DE CASO   Tastykake Sensables[44]

Há várias gerações a Tastykake é uma das marcas de *snacks* mais populares na Filadélfia e cercanias. A Tasty Baking Co. local, fundada há 90 anos, produz diariamente em torno de 5 milhões de bolinhos, tortas, biscoitos e *doughnuts*. As vendas, entretanto, ficaram estagnadas nos últimos anos. O melhor ano de vendas foi 2001, quando a Tasty Baking atingiu US$166 milhões em vendas, com um lucro líquido de US$ 6 milhões. A essa época, o novo diretor executivo, Charles Pizzi, anunciou aos acionistas que, em 2004, uma extensão de linha inovadora seria lançada. Embora essa medida não fosse a única ação da empresa concebida para impulsionar o desempenho, essa nova linha certamente seria um passo importante.

No setor de *snacks*, a década anterior havia testemunhado uma tendência importante para produtos mais saudáveis. Desde o início da década de 1990, os bolos e biscoitos com baixo teor de gordura da Nabisco SnackWell eram um exemplo notável. Até mesmo a marca Tastykake tinha alguns produtos com baixo teor de gordura nessa época. No final da década de 1990, uma tendência mais recente para produtos voltados para uma dieta saudável e com baixo teor de carboidrato estava surgindo em virtude da popularidade da dieta de Atkins, de baixo teor de carboidrato. Em 2003, dezenas de empresas de alimentos haviam introduzido em torno de 600 produtos com baixo teor de carboidrato nas prateleiras das lojas e a tendência para produtos saudáveis e com baixo teor de carboidrato não mostrava nenhum sinal de arrefecimento. Parecia lógico para todas as pessoas envolvidas que a nova linha da Tasty Baking seria uma versão de Tastykakes com baixo teor de carboidrato. Tal como ressaltado por Vince Melchiorre, diretor executivo de marketing, "Era uma onda, e queríamos entrar nela". Se bem-sucedida, a Tastykake com baixo teor de carboidrato poderia ser a primeira de várias novas linhas dirigidas a uma variedade de preocupações com a saúde.

Karen Schutz tinha reunido em torno de 20 anos de experiência em marketing na Campbell Soup antes de se tornar gerente de marketing da Tastykake. Em janeiro

---

[44] Esse estudo de caso baseou-se em Marian Uhlman, "A Trimmer Tastykake", *The Philadelphia Inquirer*, May 16, 2004, pp. E1, E8; e Marian Uhlman, "Low-Cal Strategy to Fatten Profit", *The Philadelphia Inquirer*, August 10, 2004, pp. E1, E12.

de 2004, ela foi incumbida de tornar a Tastykake com baixo teor de carboidrato uma realidade. O prazo era curto: o produto tinha de ser lançado no outono. Com base em sua estada na Campbell, Schutz estava ciente do desafio. Um novo produto de consumo embalado desse tipo podia exigir de 1 a 18 meses para formulação, avaliação do tempo de validade nas prateleiras e planejamento de propaganda. Outra restrição era que a nova linha teria de ser produzida com os mesmos equipamentos e pessoal.

Em meados de janeiro, John Sawicki, gerente de pesquisa da Tasty Baking, obteve o primeiro lote de teste de biscoitos e *doughnuts* com baixo teor de carboidrato de um fornecedor de ingredientes e providenciou uma degustação privada para os gerentes da Tasty Baking, incluindo Schutz, na matriz da empresa. Schutz e seus colegas gostaram do sabor (ela temia que seu *doughnut* tivesse um sabor semelhante ao de "comida de *hamster*") e concordou que a mistura desse fornecedor era um bom ponto de partida. Nessa época, foi escolhido um codinome para o projeto de baixo teor de carboidrato ainda secreto: Greta (de "Greta Garbo").

Sawicki e sua equipe começaram a desenvolver um biscoito de chocolate com baixo teor de carboidrato em 27 de janeiro de 2004. Um álcool de açúcar denominado maltitol seria o açúcar substituto e parte da farinha de trigo na mistura seria substituída por maisena modificada. Entretanto, Melchiorre perguntou à Schutz se seria possível fabricar o Greta sem açúcar. Segundo ele, "Precisava abordar a questão das pessoas que cresceram comendo Tastykakes e não podem mais fazê-lo. Era bom para os negócios e bom para eles". Schutz sabia que isso seria difícil, visto que há açúcar no leite, nas frutas silvestres e em outros ingredientes. Ela enviou um *e-mail* a Sawicki para ver se era viável. A resposta de Sawicki: "Talvez. Isso provavelmente depende do produto. Devemos nos direcionar para isso?".

Em breve as coisas começariam a ficar animadas para Schutz e Sawicki. Em fevereiro, a alta administração reprogramou o lançamento do Greta para o final de junho – três meses antes do previsto. Contudo, os resultados de pesquisa iniciais eram promissores do ponto de vista de baixo teor de carboidrato. Os primeiros lotes do biscoito de chocolate em barra com baixo teor de carboidrato continham apenas sete carboidratos líquidos (estatística utilizada por quem prescreve dietas com baixo teor de carboidrato), comparáveis aos biscoitos Atkins com baixo teor de carboidrato. Sawicki submeteu esses lotes, bem como biscoitos de chocolate e *muffins* de mirtilo, a um teste de degustação com Schutz e seus colegas de trabalho. Eles gostaram do sabor, mas outros detalhes, como formato do produto e coberturas, ainda tinham de ser decididos. Schutz lembrou a equipe de que "as pessoas comem com os olhos", enfatizando que os produtos tinham de boa aparência.

Além disso, ela ressaltou que a apresentação prévia dos biscoitos, *muffins* e *doughnuts* com baixo teor de carboidrato estava programada para ocorrer na reunião de diretoria de 10 de março. Visto que a mistura do *doughnut* ainda não estava pronta, o mirtilo afundava nos *muffins* e os biscoitos em barra precisavam de cobertura, isso seria difícil. De alguma maneira Sawicki organizou tudo isso para a reunião, até mesmo dispondo os *snacks* em bandejas, e a diretoria agradeceu à Schutz e à equipe do Greta por ter chegado tão longe tão depressa.

Mais tarde, naquele mesmo dia, Schutz estava conversando com um fornecedor, que por acaso mencionou que ele não podia ingerir produtos com maltitol porque lhe provocava efeitos colaterais no intestino delgado. Ao que se revelou, algumas pessoas são mais sensíveis ao maltitol. Ela falou com Melchiorre na manhã seguinte. Ele não precisava de nenhuma prova de que os níveis de maltitol tinham de ser reduzidos: ele sentia o mesmo mal-estar. Além disso, dois dias após a reunião de diretoria, o Food and Drug Administration (FDA), órgão que regula alimentos e medicamentos nos Estados Unidos, anunciou que começaria a monitorar o uso de expressões como "sem carboidrato" ou "carboidrato reduzido" nos rótulos dos produtos; as empresas infratoras enfrentariam sanções.

Schutz e Sawicki raciocinaram rapidamente para solucionar esses problemas. Um novo biscoito com polidextrose e glicerol (álcool de açúcar com menos efeitos colaterais do que o maltitol) estava sendo preparado. O tamanho das porções também foi reduzido. Para evitar a teia regulamentar de baixo teor de carboidrato do FDA, Schutz decidiu posicionar o Greta como um produto sem açúcar, utilizando baixo teor de carboidrato como segundo atributo. O produto também estava para receber um nome: "Sensables" evocava moderação na dieta e possivelmente poderia ser reutilizado em outros *snacks* com diferentes benefícios para a saúde.

Em 12 de maio, a linha Sensables foi apresentada aos gerentes de vendas distritais da Tasty Baking. A equipe não conseguiu resolver o problema dos *muffins* de mirtilo (alto teor de açúcar nos mirtilos) e os substituiu por bolos de laranja e chocolate (Chip Finger Cakes). O restante da linha compreendia *doughnuts* simples e de chocolate e biscoitos de chocolate comuns e biscoitos em barra com gotas de chocolate. Schutz e sua equipe haviam experimentado a linha reformulada, sem nenhum efeito colateral intestinal. Em sua apresentação, Schutz enfatizou a mensagem da Sensables – sem açúcar, baixo teor de carboidrato e controle por porção – e anunciou que o produto chegaria às prateleira em 15 de julho. No final de sua apresentação, ocorreu algo que é raro em uma reunião com gerentes de vendas distritais: ela recebeu uma ovação em pé. Jim Roche, um gerente de vendas distrital da Pensilvânia, afirmou: "É um vencedor".[45]

Depois que a Sensables foi introduzida pela equipe de vendas, foi realizado um teste de degustação junto aos consumidores. De acordo com Schutz, alguns dos produtos foram moderadamente "ajustados": os bolos com gotas de chocolate e os biscoitos em barra de chocolate receberam mais gotas e nos bolos de laranja o aroma de laranja foi intensificado. O *doughnut* de chocolate foi descontinuado, porque os clientes não gostaram do gosto e da aparência. O teste com os consumidores atrasou o lançamento em algumas semanas. Assim que os ajustes finais foram feitos na linha de produtos, a Sensables foi lançada na Filadélfia e nas cercanias em 10 de agosto de 2004. O lançamento recebeu cobertura nos jornais da área de Filadélfia e em rádios de notícias.

Até que ponto o processo da linha Sensables se compara com o processo de novos produtos apresentado neste capítulo? Você questionaria alguma coisa no que a marca Tastykake fez? Você acha que a linha Sensables será bem-sucedida? Por que ou por que não?

ESTUDO DE CASO   Bomba cardíaca Levacor[46]

Desde 1982, quando o primeiro coração artificial (o Jarvik 7) foi implantado no tórax de Barney Clark, uma busca importante das empresas de equipamentos médicos tem sido melhorar o bem-estar dos pacientes com insuficiência cardíaca. O objetivo para o paciente é uma vida independente. Dr. Clark precisava estar ligado a um grande aparelho externo que acionava seu coração mecânico, que conseguiu prolongar sua vida em 112 dias.

---

[45] Nem todo mundo se convenceu. Um crítico de comida local experimentou e não ficou impressionado, opinando que os entusiastas reais dos produtos da marca Tastykake não considerariam a linha Sensables um substituto aceitável.

[46] Esse estudo de caso baseou-se em informações contidas em Reena Jana, "A Smaller, Sleeker Heart Pump", businessweek.com, January 16, 2007.

Hoje, obviamente, a meta é tornar os aparelhos o mais delgados possível, de modo que eles possam ser implantados no corpo e permitir essencialmente que o paciente leve uma vida normal. Tendo em vista os *smartphones* ultrafinos e outros produtos semelhantes já disponíveis aos consumidores, os engenheiros de equipamentos médicos estão ávidos por usar tecnologias similares para desenvolver aparelhos delgados que ajudem no funcionamento do coração.

De acordo com a Associação Americana do Coração, cerca de 80 milhões de adultos nos Estados Unidos têm doença cardiovascular de um ou outro tipo e em torno de 5 milhões sofrem de insuficiência cardíaca. Ao examinar a demanda por aparelhos médicos que auxiliam o coração, o mercado de *baby boomers* mais velhos não pode ser ignorado. Esse grupo etário ativo "deseja viver, e procura uma vida plena e próspera [...] agora que temos consumidores médicos, um mercado que não existia há 20 anos", ressalta o *designer* Allan Cameron. Esse público-alvo certamente seria receptivo a um aparelho que lhe permitisse liberdade e independência duradouras, mesmo em caso de acometimento de uma doença cardíaca séria. Na verdade, o setor de bombas cardíacas é lucrativo e crescente. Em 2005, a principal fabricante de bombas cardíacas, a Thoratec, registrou um volume de vendas anuais de US$ 201 milhões para o HeartMate XVE. Segundo os analistas, esse mercado não fará outra coisa senão crescer, particularmente depois que o Medicare anunciou que ampliará o número de hospitais que têm autorização para fazer implantes de bombas cardíacas.

Iniciativas recentes foram empreendidas para desenvolver bombas cardíacas implantáveis que ajudem o coração do paciente, em vez de aparelhos mecânicos que na verdade substituem o coração. Uma das mais promissoras é a Levacor, que estava sendo desenvolvida no final de 2006 na WorldHeart, em Oakland, Califórnia. Nessa época, a Levacor foi submetida a testes de viabilidade na Europa durante alguns meses; os testes clínicos nos Estados Unidos (e por fim pela aprovação do FDA) ainda estavam longe de ocorrer. O recurso que mais distingue a Levacor é que ela usa a tecnologia de rotor magneticamente levitado para acionar a bomba.

A história da Levacor começa no início da década de 1990s em uma empresa chamada Medquest (desde então adquirida pela WorldHeart). Pratap Khanwilkar e sua equipe na Medquest estavam estudando as bombas cardíacas da época e identificaram vários problemas associados com seu uso. O tamanho das bombas restringe sua utilidade: uma bomba que se encaixa no corpo de um homem de porte grande pode não ser compatível para um adulto de porte pequeno, um adolescente ou uma criança. Havia também o problema de longevidade. As bombas cardíacas precisavam ser substituídas com muita frequência, expondo o paciente a riscos e ao estresse de cirurgias repetidas; isso seria preocupante particularmente no caso de um paciente muito jovem que já dependesse da bomba há várias décadas. Um termo empregado na comunidade médica em referência a um implante que nunca precisará ser substituído é "terapia de destino". Outra preocupação é o funcionamento real da bomba: ela deve ser suficientemente moderada para não romper os glóbulos, provocar o mínimo de vibração possível e não exigir muita energia para funcionar.

A equipe da Medquest optou pela tecnologia de levitação magnética como possível solução. Na levitação magnética, um rotor é suspenso com o equilíbrio dos campos magnéticos para que se mova sem tocar outras partes: ele literalmente levita. Como nada toca no rotor, não há fricção nem acúmulo de calor e igualmente nenhuma corrosão devida a desgaste, resultando em vida mais longa. Essa tecnologia foi utilizada por algum tempo em projetos de larga escala, como turbinas de energia, mas nunca havia sido experimentada em uma aplicação comercial tão pequena e certamente nunca em um aparelho cardíaco.

Junto com uma empresa de engenharia, a LaunchPoint Technologies, a Medquest desenvolveu um pequeno sistema de levitação magnética patenteado que podia funcionar para bombear sangue do coração para o restante do corpo. O fato de o rotor ficar "suspenso no ar" tinha uma vantagem que a distinguia na utilização de bombas cardíacas: como havia menor obstrução no fluxo sanguíneo, a formação de coágulos de risco para a vida era improvável. A equipe de desenvolvimento projetou uma versão tridimensional da bomba por meio de um *software* de desenho auxiliado por computador (*computer-aided design* – CAD), que também foi usado para fazer um protótipo de plástico transparente em tamanho real utilizando a tecnologia de prototipação rápida. Usando um substituto para o sangue, a equipe conseguiu examinar o fluxo do líquido pelo protótipo.

No início de 2006, um protótipo funcional feito de liga metálica de titânio já estava disponível, mais ou menos do mesmo tamanho de um disco de hóquei e com um quarto do tamanho do modelo anterior da WorldHeart (que não utilizava a tecnologia de levitação magnética). O aparelho oferecia plena mobilidade: a bomba em si é implantada no abdômen do paciente e o aparelho externo – uma pequena bateria e um controlador – é preso ao seu corpo. O primeiro paciente, um grego de 67 anos de idade, estava suficientemente bem 50 dias após o implante para subir escadas sozinho e não demorou muito para receber alta do hospital para viver uma vida normal em casa. Nessa época, a WorldHeart e LaunchPoint estavam trabalhando também em um aparelho ainda menor projetado para bebês.

No início de 2007, ainda não estava claro se as bombas cardíacas de levitação magnética seriam o padrão de longo prazo do setor; entretanto, Khanwilkar (a essa altura vice-presidente de sistemas rotativos e desenvolvimento de negócios da WorldHeart) estava otimista.

Com base na descrição desse estudo de caso, discorra sobre o processo de novos produtos aparentemente em andamento na WorldHeart, em comparação com o delineado neste capítulo. Até que ponto ele é semelhante ou diferente? Obviamente, a fase de lançamento ainda estava muito longe de ocorrer na época em que esse caso se deu. Quais são as áreas problemáticas que a empresa pode enfrentar no momento do lançamento? Que incertezas ainda existiam no momento em que esse estudo foi realizado? O que a empresa poderia fazer agora para gerenciar essas incertezas?

CAPÍTULO 3
Identificação e seleção de oportunidades: planejamento estratégico de novos produtos

INFORMAÇÕES PRELIMINARES

O Capítulo 1 apresentou os elementos estratégicos do desenvolvimento de novos produtos e o primeiro desses elementos, o processo de novos produtos. O Capítulo examinou mais a fundo esse processo, mostrando-nos as fases iniciais com a geração de oportunidades e finalizando com o lançamento de um novo produto. O Capítulo 3 detalha a primeira fase do processo, a análise de oportunidades e o planejamento estratégico. É nesse contexto que apresentamos os dois elementos estratégicos restantes – o termo de inovação de produto (PIC) e a gestão de portfólio de produtos –, visto que ambos são componentes essenciais dessa primeira fase.

Investigaremos em detalhe o processo mostrado na Figura I.1, na introdução da Parte I. A primeira parte deste capítulo discute a importância do planejamento estratégico de produtos, concentrando-se no papel das plataformas de produto e também no processo de identificação de oportunidades. Isso nos levará à segunda parte do capítulo, o desenvolvimento do PIC. O PIC é basicamente a estratégia de novos produtos da equipe de produto e pode ser visto como uma base para a gestão de novos produtos que funciona como uma rédea flexível para a integração de todas as pessoas e de todos os recursos usados na geração de novos produtos. Examinamos o que uma equipe necessita em sua declaração de estratégia e depois em que lugar seus *inputs* se originam – isto é, na estratégia corporativa, na estratégia de plataforma e nas influências de diversas outras fontes. Investigamos os componentes do PIC – seus direcionamentos, seus objetivos e metas e suas regras de procedimento. A parte final deste capítulo apresenta a estratégia de portfólio de novos produtos: a importância estratégica de ter uma estratégia de portfólio, quais são os componentes de um portfólio de produtos e como algumas das empresas mais proeminentes desenvolvem seus portfólios.

UMA ESTRATÉGIA DE PRODUTO PARA UMA "EMPRESA DENTRO DE UMA EMPRESA"

O grupo de pessoas que lidera o desenvolvimento de um novo produto funciona como *uma empresa dentro de uma empresa*. Os indivíduos desse grupo podem estar flexivelmente unidos em um comitê ou podem ser gestores totalmente dedicados (em tempo integral) que foram enviados a um *skunkworks* em algum lugar para lidar com uma missão difícil. Independentemente de sua forma exata, esse grupo representa todas as funções necessárias. Eles são dirigidos por um líder de grupo, um gestor de equipe ou um gerente de projeto. Como grupo, eles fazem essencialmente tudo o que a empresa como um todo faria: desenvolvem e alocam um orçamento, realizam a análise financeira e projeções, atribuem tarefas e responsabilidades etc.

Para essas pessoas, a estratégia de novos produtos cumpre várias funções. Traça a direção do grupo – a que lugar deve ir e a que lugar *não* deve ir. Também informa o grupo a respeito de seus objetivos e metas e oferece algumas regras de procedimento. Como o pesquisador de novos produtos Peter Koen afirmou, os gestores das melhores empresas em inovação de produtos perguntam "Em que caixa de areia devo brincar?" antes de pensar em produtos específicos – quase da mesma forma que os capitalistas de risco bem-sucedidos, que perguntam primeiro em quais áreas de mercado eles devem procurar novos negócios.[1] Primeiramente investigamos os *inputs* para essa estratégia de novos produtos – que mais adiante definirão o **termo de inovação de produto** (*product innovation charter* – **PIC**) – e em seguida detalhamos os componentes do PIC e examinamos as formas pelas quais ele pode ser elaborado.

INPUTS PARA A ESTRATÉGIA DE NOVOS PRODUTOS E IDENTIFICAÇÃO DE OPORTUNIDADES

Os líderes corporativos fazem várias declarações de estratégia. A Figura 3.1 mostra uma lista de declarações desse tipo e você pode examinar o grau de importância que elas teriam para uma equipe de novos produtos. Declarações de alto nível como essas orientam toda a empresa e fazem parte do que algumas vezes é chamado de **declaração de missão**. Um exame explícito do papel dos novos produtos na organização está consistentemente relacionado com o sucesso. Na pesquisa de Robert Cooper, 59% dos gestores das empresas de mais alto desempenho relataram que os novos produtos são um componente essencial das metas de negócio estabelecidas, ao passo que apenas 3% das empresas de mais baixo desempenho seguem essa linha.[2]

Planejamento de plataforma de produto

Define-se **plataforma de produto** como um conjunto de sistemas e interfaces que formam uma estrutura em comum. É com base nessa estrutura em comum que uma família ou série de produtos pode ser desenvolvida eficazmente. Em poucas palavras, uma plataforma de produto pode ser imaginada como uma base para todos os projetos de produto individuais dentro de uma família de produtos.[3]

Em vários setores, a estratégia corporativa afeta as plataformas de produto e também projetos de produto específicos. A estratégia de plataforma de produto terá influência sobre todos os projetos relacionados à plataforma comum. Por isso, uma equipe de novos produtos tem algumas estratégias corporativas, algumas de plataforma e de outras partes da empresa e algumas desenvolvidas por ela mesma. O PIC (definido, nesses casos, em nível de projeto de produto) conterá exigências corporativas e igualmente exigências em nível de plataforma de produto.

---

[1] Peter Koen, "Tools and Techniques for Managing the Front End of Innovation: Highlights from the May 2003 Cambridge Conference", *Visions,* October 2003.

[2] Robert G. Cooper, *Product Leadership: Pathways to Profitable Innovation,* 2nd ed. (New York: Basic Books, 2005).

[3] A definição formal é de Moreno Muffatto & Marco Roveda, "Developing Product Platforms: Analysis of the Development Process", *Technovation,* 20, 2000, pp. 617–630; para obter mais informações, consulte também Johannes Halman, Adrian Hofer & Wim van Vuuren, "Platform-Driven Development of Product Families: Linking Theory with Practice", *Journal of Product Innovation Management,* 20, 2003, pp. 149–162. Para examinar uma boa discussão sobre o procedimento de plataforma descendente, consulte Timothy Simpson, "Product Plaform Design and Customization: Status and Promise", *AI EDAM,* 18(1), pp. 3–20.

FIGURA 3.1 Pontos fortes corporativos.

A seguir encontram-se exemplos de pontos fortes corporativos reais que a administração solicitou que fossem utilizados para diferenciar os novos produtos da empresa. Muitos outros são abordados neste capítulo. Esses termos podem ser empregados para concluir a seguinte frase: *Nesta empresa, os novos produtos:*

Tecnologias

Herman Miller: Utilizarão nossos *designers* de móveis mais qualificados.
Braun: Usarão sempre um *design* inovador.
Otis Elevator: Serão desenvolvidos com novos níveis de serviço como um dos principais benefícios.
Coca-Cola: Ganharão valor por serem engarrafados em nosso sistema de engarrafamento.
White Consolidated: Serão fabricados em nossas linhas de montagem.

Mercados

Gerber: Serão destinados a bebês e apenas a bebês.
Nike: Serão para todos os esportes e não apenas calçados.
IBM: Serão para todas as pessoas que usam computador, e não apenas para os aficionados por tecnologia.
Budd: Serão criados especialmente para atender às necessidades dos engenheiros da Ford.

Diretrizes

Lexus: Oferecerão um valor genuíno.
Polaroid: Serão quase impossíveis de criar.
Cooper: Nunca serão pioneiros no mercado.
Bausch & Lomb: Utilizarão apenas P&D interno.
Sealed Air: Oferecerão maior proteção com menos matéria-prima.
Argo: Copiarão a Deere, por um preço mais baixo.

O termo *plataforma* começou a ser empregado originalmente no setor de automóveis, mas hoje uma plataforma pode ser uma tecnologia, um *design*, um subsistema – qualquer coisa que possa ser compartilhada por uma ou mais famílias de produtos. Em virtude de rápidas turbulências no mercado e da grande variedade de produtos que os clientes demandam, várias empresas constataram que não é eficiente desenvolver um único produto. O desenvolvimento de uma plataforma de automóvel pode chegar a custar US$ 3 bilhões, por exemplo, e por isso as montadoras procuram alternativas que lhes permitam distribuir esses custos entre diversos modelos.

Faz sentido as montadoras e outros fabricantes pensarem em termos de famílias de produtos que revelam semelhanças nos processos de *design*, desenvolvimento ou produção. Entre vários outros, considere os seguintes exemplos.

- A Honda usou a mesma combinação de motor e transmissão/diferencial em vários veículos, como o Civic, o Accord e os utilitários esportivos CR-V, não obstante as diferenças de formato e tamanho desses carros.
- Com a plataforma do Camry, da Toyota dos Estados Unidos, foram desenvolvidos pelo menos cinco carros diferentes fabricados nos Estados Unidos.
- A Boeing fabrica aeronaves de passageiros, de carga, de curta distância e de longa distância com o mesmo *design*, e muitas têm componentes em comum.

- A Intel desenvolve uma geração de microprocessadores (plataforma), depois se concentra no desenvolvimento de produtos derivados como o MMX ou a tecnologia de duplicação de velocidade.[4]

Essas empresas estão utilizando **modularização**, isto é, decompondo sistemas complexos em subsistemas ou módulos. Um carro, por exemplo, pode ser decomposto em combinação de motor e transmissão/diferencial, interior, chassi, painel etc.[5] Nesses exemplos, a Honda e a Toyota associam esses subsistemas em **produtos modulares** para serem montados na mesma plataforma. O procedimento pelo qual esses subsistemas são associados em produtos modulares está relacionado à arquitetura do produto, que revisitaremos no Capítulo 13.

As plataformas podem ser usadas também para obter vantagem competitiva globalmente. As empresas que adotam uma abordagem multinacional aos novos produtos em média se saem melhor do que aquelas que desenvolvem produtos apenas para o mercado doméstico.[6] Existem várias estratégias para vender produtos internacionalmente. Se as necessidades dos clientes não forem tão diferentes, uma alternativa é vender um produto global (um produto vendido no mundo inteiro, como as lâminas da Gillette ou as câmeras da Canon). Quando os clientes têm preferências diferentes, as empresas costumam recorrer a uma estratégia de plataforma. Isso gera benefícios como padronização e economias de escala, além de ao mesmo tempo possibilitar adaptações às necessidades de um mercado específico. Uma empresa pode oferecer um produto "glocal" (uma plataforma, mas diversas variantes de um produto adaptadas a necessidades locais; uma única plataforma Ford pode ser usada para fabricar carros com câmbio manual na Europa, mas transmissão automática e ar-condicionado padrão na América do Norte) ou vários produtos glocais (a Volkswagen vende alguns tipos de carro na Europa e América do Norte e linhas diferentes nos mercados asiáticos).[7] A título de exemplo, considere:

- Com um conjunto comum de ingredientes, a P&G desenvolveu o sabões líquidos Ariel, Tide e Cheer para os mercados europeu, americano e japonês, respectivamente.
- A plataforma World Car, da Honda, é usada para fabricar o Accord para os mercados norte-americano, europeu e japonês, cada um levemente diferente em tamanho, de acordo com as preferências do mercado. Além disso, a Honda fabrica *minivans*, utilitários esportivos e carros de luxo Acura com base na mesma plataforma.

---

[4] Definição de William L. Moore, Jordan J. Louviere & Rohit Verma, "Using Conjoint Analysis to Help Design Product Platforms", *Journal of Product Innovation Management*, 16(1), January 1999, pp. 27–39. Exemplos de Tucker J. Marion, "Product Modularity", in Jagdish N. Sheth & Naresh K. Malhotra, *Wiley International Encyclopedia of Marketing*, Volume 5, Product Innovation and Management (West Sussex, UK: John Wiley, 2011), p. 194; Tamar Krichevsky, "Leveraging and Managing Platforms", *Visions*, 24(1), January 2000, pp. 12–13; e Marc H. Meyer & Arthur DeTore, "Perspective: Creating a Platform-Based Approach for Developing New Services", *Journal of Product Innovation Management*, 18(3), May 2001, pp. 188–204.

[5] Tucker J. Marion, *op. cit.*, p. 194.

[6] U. De Brentani, E. Kleinschmidt & S. Salomo, "Success in Global New Product Development: Impact of Strategy and the Behavioral Environment of the Firm", *Journal of Product Innovation Management*, 27(2), 2010, pp. 143–160; consulte Robert G. Cooper, *op. cit.*, p. 15.

[7] Robert G. Cooper, *op. cit.*, p. 15.

A escolha correta depende da situação, obviamente, mas ela deve ser orientada por um teste de conceito e teste de produto em cada mercado internacional; não é uma aposta segura testar o produto somente no mercado doméstico e depois esperar pelo melhor em nível internacional. Também faz sentido ter equipes de produto globais com representantes de vários países.[8]

Muitas empresas relatam resultados promissores. A Black & Decker redefiniu seus grupos de ferramentas elétricas em famílias de produtos, possibilitando o compartilhamento de componentes. Por exemplo, enquanto antes eram usados 120 motores diferentes nas ferramentas elétricas para o consumidor final, agora é usado um único motor universal. A ênfase sobre plataformas diminuiu os custos em 50% e ajudou a Black & Decker a obter a maior participação de mercado nessa categoria. A IBM usou um conjunto de subcomponentes para todos os produtos ThinkPad, cortando pela metade tanto o número de peças necessárias quanto os custos básicos de fabricação.[9]

Os exemplos mostram duas maneiras diferentes de as plataformas evoluírem. No exemplo da Black & Decker, o procedimento foi *ascendente* (*buttom-up*): a empresa encontrou uma maneira de consolidar os componentes dentro de uma família existente de produtos para obter economias de escala. Mas os exemplos da Sony e da Honda mostram um procedimento *descendente* (*top-down*): a plataforma foi projetada desde o início para se tornar a base de uma família de produtos, possivelmente ao longo de vários anos no futuro. Pode ser necessário convencer os gestores a se comprometer com o desenvolvimento de uma plataforma descendente, em vez de com o desenvolvimento de um único produto, visto que com certeza isso será mais caro e demorado. Contudo, os benefícios são a eficiência de custo e de tempo que será obtida com os futuros produtos fabricados com a mesma plataforma e a maior vantagem competitiva no futuro. (Na verdade, assim que a Black & Decker converteu-se com êxito ao *design* baseado em plataforma, ela conseguiu gerar até mais produtos ao "reutilizar" sua plataformas: a empresa transformou o *design* de produtos em um tipo de procedimento descendente.[10])

As plataformas são uma possibilidade tanto nos setores de serviços quanto para produtos manufaturados. Com uma única plataforma para serviços de saúde, um fornecedor ofereceu vários produtos derivados de seguro: seguro próprio, seguro em grupo e seguro com cobertura extra.[11]

Existe um *trade-off* nesse caso: os clientes (ou segmentos) desejam produtos distintos, ao passo que os produtos comuns são os que geram os maiores ganhos em eficiência de custo.[12] Para encontrar o melhor equilíbrio, o fabricante precisa determinar o nível de semelhança a ser obtido (isto é, quais *designs* ou processos deve padronizar e quais deve adaptar). Suponhamos que uma equipe de produto esteja projetando o painel de uma nova linha de carros. Os atributos desejados em um painel depen-

---

[8] U. De Brentani, E. Kleinschmidt & S. Salomo, *op. cit.*

[9] Os setores e exemplos identificados são de Niklas Sundgren, "Introducing Interface Management in New Product Family Development", *Journal of Product Innovation Management*, 16(1), January 1999, pp. 40–51; Krichevsky, *op. cit.*; e Meyer & DeTore, *op. cit.*

[10] Marc Meyer & Alvin Lehnerd, *The Power of Product Platforms* (New York: Free Press, 1997).

[11] James Walter, "Managing Services Platforms: The Managed Comp Experience", apresentação na Conferência Internacional da Associação de Desenvolvimento e Gestão de Produtos de 1999, Marco Island, FL.

[12] Tal como as montadoras de automóveis americanas constataram na década de 1980, talvez tivesse sido mais eficiente em termos de custo para os compactos e sedãs de luxo terem compartilhado peças e características de *design*, mas os clientes reclamaram de que os carros pareciam muito semelhantes.

dem do tipo de carro que está sendo projetado. O comprador de um cupê esportivo provavelmente gostaria de um painel semelhante ao de um conversível, enquanto o comprador de um sedã para família preferiria uma aparência mais funcional. Assim que os principais atributos são identificados, a equipe considera os componentes do painel – sistema de aquecimento e refrigeração, elétrica, sistema de direção, rádio, isolamento etc. – e determina em lugar se é possível encontrar semelhanças. Possivelmente o projeto elétrico e o projeto do rádio poderiam ser compartilhados, assim como algumas peças do sistema de aquecimento e refrigeração (somente as pontas dos tubos de ar condicionado talvez precisassem ser adaptadas). Para obter as diferenças desejadas entre os dois tipos de carro, os sistemas de direção precisam ser completamente diferentes, assim como o sistema de isolamento: seria uma boa ideia projetar o isolamento do carro esportivo de modo que ele deixe entrar mais ruídos da estrada![13]

O planejamento de plataformas de produto é sem dúvida um trabalho difícil. Uma excelente comunicação transfuncional e um sério envolvimento e apoio da alta administração são essenciais para garantir que todos concordem com relação à arquitetura da plataforma e à forma como deve ser adaptada às necessidades dos segmentos de mercado.[14] É também evidente que as empresas podem ter filosofias bastante distintas quanto ao planejamento de plataforma. No setor de automóveis, por exemplo, a Volkswagen pode ter uma única plataforma básica para seu modelo de preço mais baixo, Skoda Oktavia, e seu carro esportivo Audi TT. A BMW continua desenvolvendo cada modelo individualmente, por acreditar que o uso em comum de uma plataforma prejudicaria o apelo de seus carros.[15] A Ford estabeleceu uma plataforma comum para a produção de carros Ford, Mazda e Volvo de pequeno porte. Por meio de sua aliança estratégica com a Suzuki, a GM ganha acesso a plataformas de carro de pequeno porte e também a uma experiência de fabricação de baixo custo; a Suzuki ganha acesso ao baixo custo de terceirização global da GM de peças de carro e ao seu conhecimento sobre sistemas de energia alternativos.[16]

As **plataformas de marca** também podem ser estrategicamente importantes e amplamente utilizadas. Como as marcas podem ser um ativo de bilhões de dólares, muitas plataformas de marca são dirigidas pessoalmente por diretores executivos. As marcas podem funcionar como rampa de lançamento para muitos produtos, todos tendo em comum a marca e qualquer estratégia que se aplique à marca. Lembre-se de como a Kellogg's usou o nome da empresa como uma plataforma de marca e ampliou a linha Special K para uma variedade completa de produtos relacionados a dietas. Entretanto, observe que qualquer equipe que usa uma marca de plataforma deve se conformar com a estratégia dessa marca; no caso das taças Waterford, todos os produtos tinham de ter qualidade superior, sem exceção.[17]

---

[13] David Robertson & Karl Ulrich, "Planning for Product Platforms", *Sloan Management Review,* 39(4), Summer 1998, pp. 19–32.

[14] Mohan V. Tatikonda, "An Empirical Study of Platform and Derivative Product Development Projects", *Journal of Product Innovation Management,* 16(1), January 1999, pp. 3–26.

[15] Thomas Osegowitsch, "The Art and Science of Synergy: The Case of the Auto Industry", *Business Horizons,* March–April 2001, pp. 17–23.

[16] Larry J. Howell & Jamie C. Hsu, "Globalization within the Auto Industry", *Research- Technology Management,* 45(4), July–August 2002, pp. 43–49.

[17] Orientações sobre o uso de plataformas de marca para inovação de produtos podem ser encontradas em Dennis A. Pitts & Lea Prevel Katsanis, "Understanding Brand Equity for Successful Brand Extension", *Journal of Consumer Marketing,* 12(4), 1995, pp. 51–64. Para uma discussão sobre benefícios e problemas no planejamento de plataforma, consulte David Robertson & Karl Ulrich, "Planning for Product Platforms", *Sloan Management Review,* Summer 1998, pp. 19–32.

O *valor* de uma marca estabelecida é chamado de **brand equity**. Uma pesquisa de mercado pode avaliar o valor de qualquer marca para qualquer mercado (por exemplo, a marca Duracell, se colocada em uma linha de baterias industriais de grande porte). As medidas na verdade informam a magnitude de promoção e integridade gratuitas que o *brand equity* oferece a um novo item que a utiliza. Avaliar esse valor com precisão pode ser difícil; além disso, um conceito de produto ruim não terá sucesso somente em virtude de uma boa marca e na verdade pode até prejudicar o valor da marca. Retornaremos ao tema de gestão de *brand equity* no Capítulo 16.

Outra plataforma comum é a **plataforma de categoria**, tanto de tipo de produto quanto de cliente. Hoje, a maior parte das iniciativas de marketing é conduzida em nível de grupo por categoria – um plano geral para misturas de bolo, para ferramentas faça você mesmo ou cursos de finanças em uma faculdade. Por exemplo, a DuPont tem plataformas de acabamento especiais para realizar negócios com o setor de automóveis, o setor marítimo e o setor de móveis, entre outros. Qualquer mudança estratégica em uma dessas áreas influencia todos os novos produtos desenvolvidos sob essa estrutura. Curiosamente, embora a Intel tenha seus microprocessadores como plataformas estratégicas corporativas (lembra-se do "Intel inside"?), eles não são plataformas de *novos produtos* porque cada um é um produto, e não um grupo de produtos. Clientes como a Gateway terão o *chip* mais recente da Intel como plataforma para uma linha de produtos que usam esse *chip*.

Em suma, qualquer equipe de novos produtos que pretenda desenvolver um termo próprio de inovação de produto para aprovação da administração deve examinar ao redor e procurar todas as bagagens que provêm de estratégias corporativas e de plataforma. A maioria das equipes gostaria de ter tanta sorte quanto as equipes na Calvin Klein Cosmetics, em que o diretor executivo estabeleceu a regra de que "não haverá nenhuma regra" – ele acha que isso possibilitou os primeiros (e bem-sucedidos) perfumes unissex.

Identificação de oportunidades

Muitas empresas têm pessoas que trabalham em tempo integral à procura de novas oportunidades. Elas basicamente fazem uma auditoria na empresa e em qualquer ambiente relevante para ela. Na empresa como um todo, enquanto as pessoas estão realizando seu trabalho elas descobrem novas oportunidades – um vendedor toma conhecimento de que um cliente está entrando em um novo mercado, um cientista descobre uma atividade inesperada em um composto, um vice-presidente financeiro percebe uma queda na taxa preferencial, um diretor recomenda que examinemos com maior cuidado o que a Agência de Proteção Ambiental está fazendo. Uma nova regulamentação, por exemplo, pode restringir o uso de sintéticos derivados de petróleo e um diretor executivo talvez queira que todas as divisões procurem novos produtos que tirem proveito dessa mudança regulamentar.

Como mostrado na Figura I.1, as novas oportunidades podem vir de várias e diferentes fontes: recursos subutilizados ou novos, exigências que estão vindo de fora da empresa (*e.g.*, novas restrições regulamentares) ou exigências internas (*e.g.*, da nova liderança corporativa). A Figura 3.2 indica vários métodos por meio dos quais as empresas podem identificar oportunidades de crescimento em novos mercados quando os existentes tornam-se menos desejáveis.

Muitos futuristas defendem o estudo de tendências emergentes na sociedade para a dedução de oportunidades. Uma equipe de especialistas da empresa de consultoria Social Technologies identificou seis tendências modernas importantes e provocativas. São elas:

FIGURA 3.2 Identificando "mercados virgens".

1. Encontrar outro local ou espaço. Assim que o McDonald's adquiriu as melhores localizações para seus tradicionais restaurantes *fast-food*, continuou sua expansão nos Estados Unidos abrindo lojas dentro do Walmart, em estádios esportivos e em outros lugares. A Starbucks complementou as vendas das cafeterias vendendo grãos de café e sorvetes próprios em supermercados.
2. Alavancar os pontos fortes da empresa em um novo centro de atividades. Recentemente, a Nike entrou no golfe e no hóquei e a Honeywell está examinando oportunidades nos cassinos.
3. Identificar uma necessidade em rápido crescimento e adaptar os produtos a essa necessidade. A Hewlett--Packard perseguiu a necessidade de "soluções de informação completas" que a levou a desenvolver produtos de computação e comunicação para a Copa do Mundo e outros eventos esportivos.
4. Encontrar um setor "novo para a empresa". A P&G em produtos farmacêuticos, a GE em teledifusão (NBC), a Disney em cruzeiros, a Rubbermaid em produtos de jardinagem – por meio de alianças, aquisições ou desenvolvimento interno.

Recomendações para sondar essas oportunidades:

1. Procurar tendências emergentes: a maior globalização do fluxo de cargas significou mais oportunidades globais para a FedEx.
2. Encontrar mercados marginais que estão se tornando predominantes: café *gourmet*, esportes radicais e teste doméstico de monóxido de carbono são exemplos recentes que resultaram em oportunidades para várias empresas.
3. Encontrar gargalos no fluxo do comércio e procurar eliminá-los. A necessidade de um melhor acesso aos prontuários de pacientes hospitalares levou a 3M a desenvolver a empresa Health Information Systems.
4. Procurar "efeitos em cascata" nas oportunidades de negócio. A tendência à "urgência" resultou em produtos como operações bancárias eletrônicas e lojas de alimentos 24 horas. As preocupações com a saúde abriram oportunidades em produtos para a boa forma, vitaminas, seminários etc.

Fonte: Allen J. Magrath, "Envisioning Greenfield Markets". *Across the Board*, May 1998, pp. 26–30. Reimpresso com permissão.

Vida just-in-time: As pessoas gostam de tomar decisões no calor do momento, com base em informações em tempo real.

Consumidores sensoriais: hoje as pessoas conseguem sentir e perceber seu ambiente melhor do que nunca; o que poderia ser "informações em demasia" para algumas pode ser informações essenciais para outras.

Self transparente: os gestores de produtos nunca antes tiveram tantas informações disponíveis sobre os consumidores.

Busca de "suficiência" ("enoughness"): os consumidores estão cada vez mais adotando estilos de vida mais simples, caracterizados por uma menor quantidade de bens materiais e uma preocupação crescente com a qualidade de vida.

Virtual transformado em real: como mais pessoas estão se acostumando com os espaços virtuais, a fronteira entre esses espaços e o mundo real se tornará cada vez mais tênue.

Criação colaborativa: Com o crescimento do comércio eletrônico e das comunidades *on-line*, os clientes têm maior facilidade para se comunicar, cooperar e compartilhar informações entre si.[18]

---

[18] Andy Hines, Josh Calder & Don Abraham, "Six Catalysts Shaping the Future of Product Development", *Visions*, 33(3), October 2009, pp. 20–23.

FIGURA 3.3 Oportunidades de produto com base em seis tendências sociais.

Tendência	Oportunidades de produto relacionadas
Tendência 1: Vida *just-in-time*	PhillyCarShare ou Zipcar: sistemas de compartilhamento com locações por hora. Twitter ou serviços correlatos que possibilitam atualizações instantâneas a respeito dos amigos. Serviços de monitoramento de pessoas em tempo real como o Loopt.
Tendência 2: Consumidores sensoriais	*Kits* de exame doméstico de colesterol, alérgenos etc. Tecnologia que possibilita que os pais monitorem os filhos dia e noite. Consumidores que participam de redes de sensoriamento ambiental.
Tendência 3: *Self* transparente	O GyPSii exibe o paradeiro dos amigos. Serviços que geram dados pessoais como contas bancárias. 23andme, teste doméstico de DNA (Invenção do Ano da *Time* em 2009).
Tendência 4: Busca de "suficiência"	Produtos que atendem a preocupações ambientais. Produtos "*slow-food*" (comida lenta) e "*slow-life*" (vida calma) análogos. Produtos que apoiam atividades nas horas de lazer.
Tendência 5: Virtual transformado em real	Produtos e serviços relacionados a economias virtuais. *Sites* que oferecem avatares para socialização e interpretação em cidades virtuais. Clubes noturnos virtuais e atividades semelhantes.
Tendência 6: Criação colaborativa	Os aplicativos para iPhone totalizam dezenas de milhares e ainda estão crescendo. A LEGO tem uma fábrica *on-line* para os visitantes montarem seus próprios brinquedos LEGO. NikeID para calçados personalizados e outros "configuradores" de produtos semelhantes.

Fonte: Andy Hines, Josh Calder & Don Abraham, "Six Catalysts Shaping the Future of Product Development", *Visions*, 33(3), October 2009, pp. 20–23.

Todas essas tendências indicam oportunidades possíveis para o desenvolvimento de novos produtos, como mostrado na Figura 3.3. A título de exemplo, a Tremont Electric desenvolveu o nPower PEG – "Personal Energy Generator" (gerador de energia pessoal) –, que permite ao usuário colocar um telefone ou outro dispositivo eletrônico para carregar simplesmente o conectando e colocando no bolso – o dispositivo é carregado com a energia cinética gerada quando ele caminha ou corre. Os desenvolvedores de produtos na Tremont talvez estivessem pensando na tendência de "vida *just-in-time*". Se alguém estiver viajando ou acampando ou meramente tiver se esquecido de carregar o telefone na noite anterior, esse produto pode ajudar essa pessoa a usar o telefone rapidamente sem ter de esperar até encontrar uma tomada para recarregá-lo. Além disso, ele agrega o benefício de economia de custo e igualmente uma opção de carregamento favorável ao meio ambiente.[19]

Não há dúvida de que não existe fim para essas oportunidades e que cada uma delas pode revelar outras oportunidades para novos produtos. Infelizmente, toda oportunidade exige tempo e dinheiro para ser investigada e, por isso, não exploramos tanto quanto gostaríamos.

Planejamento estratégico não corporativo

Embora o principal impulso do planejamento estratégico ocorra do topo para a base (isto é, desenvolvimento da estratégia corporativa e de plataforma), grande

---
[19] O *site* do carregador da Tremont Electric é www.nPowerPEG.com.

Risco		Mudança em operações ou estilo de marketing		
		Nenhuma	Alguma	Grande
Mudança no uso/ estilo de uso	Nenhuma	Baixo	Baixo	Médio
	Alguma	Baixo	Médio	Alto
	Grande	Médio	Alto	Grave

Aplicação: Essa matriz já recebeu vários nomes: produto/mercado, tecnologia/aplicação e mercado-inovação/empresa-inovação. Em todos os casos, a questão é o risco de inovação. O risco no lado do usuário é tão preocupante para nós quanto o risco dentro da empresa. Todo novo produto pode ser posicionado em algum lugar desse diagrama e essa posição será importante se ele for aceito como projeto. A escolha de uma seção como preferência em relação às demais é uma questão de estratégia.

FIGURA 3.4   Grau de inovatividade em função do risco estratégico.

parte dele provém dos chefes de departamento (**silos** ou chaminés) na empresa – marketing, técnico, fabricação e financeiro – e do planejamento de fornecedores, clientes etc. Esses grupos com frequência têm poder para influenciar na atividade de novos produtos. Por exemplo, a fabricação de papel é realizada em máquinas grandes e caras; normalmente as estratégias dessas empresas têm uma afirmação: "Todos os novos produtos, se relacionados ao papel, devem ser fabricados em nossas linhas atuais". As condições financeiras podem justificar restrições como "nenhum novo produto que exija mais de US$ 3 milhões em investimentos de capital". Os fornecedores de matéria-prima (*e.g.*, substâncias químicas ou metais) costumam exigir que as empresas (normalmente das menores) comprem e usem o que eles fabricam. Contudo, os *inputs* funcionais mais importantes podem vir da área técnica, particularmente em condições de avanço tecnológico ou de oferta, ou de marketing, na qual o planejamento contínuo utiliza técnicas concebidas para oferecer um foco de mercado mais acentuado e novos posicionamentos. Por exemplo, examine a Figura 3.4. Ela mostra uma variação na matriz produto/mercado. As células mostram variações no *risco de inovação* à medida que a empresa introduz novos tipos de produto ou tecnologia (mudança no estilo operacional, na parte superior) ou comercializa produtos que exigem mudanças na forma como as pessoas os compram ou usam (estilo de uso, no lado esquerdo). Uma simples mudança de sabor (melhoria de produto) provavelmente envolveria pouco ou nenhum risco, mas a substituição de uma linha de computadores para interações face a face na área de medicina (**diversificação** para uma empresa de serviços de computação) envolveria um risco grave para o produtor do serviço (grande mudança tanto em tecnologia quanto no estilo de uso).

Fontes diversas

Diferentemente da abordagem de pressão vertical corporação-plataforma e da abordagem de pressão funcional horizontal, alguns *inputs* podem partir do nível inferior da atividade e exercer uma influência ascendente, como quando um novo produto é tão bem-sucedido que impele a estratégia corporativa a mudar. Por exemplo, uma empresa farmacêutica ética uma vez comercializou involuntariamente um novo produto alimentício exclusivo de grande sucesso, o que resultou na criação de uma nova divisão (para separar a atividade de propaganda do restante da empresa) e em novas estratégias para otimizar essa oportunidade. Algumas vezes, uma reestruturação lenta e gradual da prática comercial pode influenciar as estratégias de novos produtos sem ninguém perceber. Por exemplo, os gestores de produtos de serviço com frequência acrescentam um componente tangível (a FedEx e UPS oferecem material de embalagem da marca e até exigem que os motoristas pareçam bem cuidados e alinhados), enquanto os gestores de produtos tangíveis podem acrescentar ou enfatizar um componente de serviço (como um programa de garantia de automóvel).

TERMO DE INOVAÇÃO DE PRODUTO

Todos os *inputs* anteriormente mencionados (missão corporativa, planejamento de plataforma, adequação estratégica etc.) são provavelmente utilizados no desenvolvimento da estratégia de novo produto de uma empresa. Em virtude da importância dessa etapa, no sentido de determinar tudo o que vem posteriormente no desenvolvimento de produtos, defendemos um nome especial para essa estratégia: **termo de inovação de produto** (**PIC**). Normalmente, o PIC é um documento preparado pela alta administração com o objetivo de oferecer orientações para as unidades de negócios sobre a função da inovação.[20] O termo PIC nos lembra de que a estratégia é para *produtos*, e não para processos e outras atividades, é para *inovação* e que é de fato uma *diretriz* (um documento que apresenta as condições sobre as quais uma organização funcionará). O PIC pode ser imaginado como um tipo de declaração de missão, mas aplicado em um nível mais micro da empresa e adaptado para as atividades de novos produtos.[21] Ele admite delegação, permite financiamento e prescreve atribuições aos recursos humanos, tudo dentro de um escopo de atividade escolhido em comum acordo. Para as equipes de novos produtos avançarem em águas desconhecidas, essa diretriz é inestimável.[22]

A maioria das empresas tem um PIC, ainda que talvez ele não seja chamado por esse nome. Na verdade, algumas empresas afirmam não ter nenhuma estratégia e em seguida acabam descrevendo métodos de gestão de projetos que são claramente estratégicos![23] Em um estudo empírico dos gestores membros da Associação de Desenvolvimento e Gestão de Produtos (Product Development Management Association – PDMA), cerca de três quartos das empresas investigadas tinham al-

---

[20] Erika B. Seamon, "Achieving Growth Through an Innovative Culture", in P. Belliveau, A. Griffin & S. M. Somermeyer, *PDMA Toolbook 2 for New Product Development* (New York: John Wiley, 2004), Ch. 1.

[21] Christopher K. Bart, "Product Innovation Charters: Mission Statements for New Products", *R&D Management*, 32(1), 2002, pp. 23–34.

[22] Consulte Robert G. Cooper & Elko J. Kleinschmidt, "Winning Businesses in Product Development: The Critical Success Factors", *Research-Technology Management*, July–August 1996, pp. 18–29. Um exemplo na Kodak é apresentado em Diana Laitner, "Deep Needs and the Fuzzy Front End", *Visions*, July 1997, pp. 6–9.

[23] Albert L. Page, "Product Strategy for Product Development", *Visions*, July 1997, pp. 15–16.

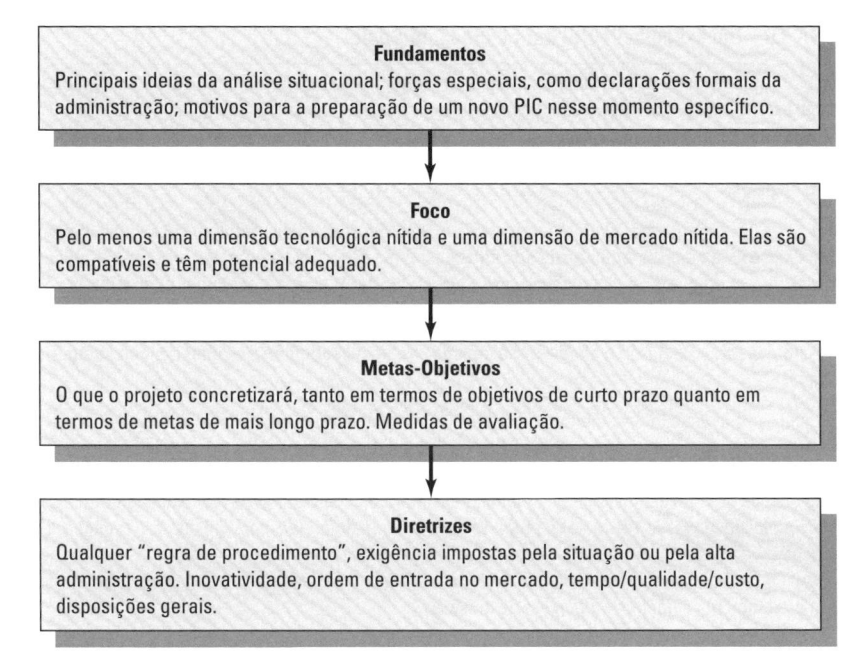

Fundamentos
Principais ideias da análise situacional; forças especiais, como declarações formais da administração; motivos para a preparação de um novo PIC nesse momento específico.

Foco
Pelo menos uma dimensão tecnológica nítida e uma dimensão de mercado nítida. Elas são compatíveis e têm potencial adequado.

Metas-Objetivos
O que o projeto concretizará, tanto em termos de objetivos de curto prazo quanto em termos de metas de mais longo prazo. Medidas de avaliação.

Diretrizes
Qualquer "regra de procedimento", exigência impostas pela situação ou pela alta administração. Inovatividade, ordem de entrada no mercado, tempo/qualidade/custo, disposições gerais.

FIGURA 3.5 Termo de inovação de produto.

gum tipo de política de novos produtos (isto é, ao menos um PIC parcial), enquanto 29% relatou ter um PIC formal por escrito.[24] Um estudo mais recente junto a altos executivos constatou que as taxas de inovação são consideravelmente superiores em casos em que o PIC tem conteúdos detalhados e específicos e em que há uma satisfação geral com o processo de novos produtos dentro da empresa. Quanto mais específica a apresentação da missão corporativa no PIC, e quanto mais nitidamente as direções estratégicas da alta administração forem explicitadas, melhor será o desempenho dos novos produtos desenvolvidos pela empresa.[25] A importância do PIC é claramente mostrada no Estudo de Avaliação de Desempenho Comparativo (Comparative Performance Assessment Study – CPAS) introduzido no Capítulo 1. Nesse estudo, 86% das "melhores" empresas tinham um PIC, em contraposição a somente 69% para as "restantes".[26]

Os componentes do PIC são apresentados na Figura 3.5. No estudo da PDMA, bem mais de 80% das empresas haviam formalizado pelo menos alguns desses componentes. Para garantir que o PIC seja eficaz, ele precisa ser posto em funcionamento logo no início pela alta administração, que, por sua vez, deve manter-se envolvida e não delegar essa implementação.[27] Um exemplo ilustrativo de como deve ter sido o PIC do iPad da Apple é mostrado na Figura 3.6.

---

[24] Bart, *op. cit.*

[25] Chris Bart & Ashish Pujari, "The Performance Impact of Content and Process in Product Innovation Charters", *Journal of Product Innovation Management,* 24(1), January 2007, pp. 3–19.

[26] Gloria Barczak, Abbie Griffin & Kenneth B. Kahn, "Perspective: Trends and Drivers of Success in NPD Practices: Results of the 2003 PDMA Best Practices Study", *Journal of Product Innovation Management,* 26(1), January 2009, pp. 3–23.

[27] Seamon, *op. cit.*

FIGURA 3.6 Um exemplo de PIC para o iPad[1], da Apple.

Foco: Os pontos fortes da tecnologia da Apple abrangem sistema operacional, *hardware*, aplicativos e serviços da empresa. Além disso, a Apple tem pontos fortes em *design* e desenvolvimento de produtos por meio dos quais ela consegue oferecer produtos que são intuitivos, simples e divertidos de usar. Com relação ao marketing, o cliente deseja os produtos mais originais que estão na "vanguarda" e oferecem integração perfeita, alto desempenho e facilidade de uso.

Metas: Os novos produtos revolucionários devem também servir de plataforma para uma linha de produtos no futuro. Essa é uma necessidade devida aos altos custos de desenvolvimento dos produtos "realmente novos" da Apple. Os novos produtos devem igualmente se tornar "porta-bandeira", estabelecendo uma posição de liderança no respectivo mercado.

Diretrizes especiais: A Apple almeja ser a melhor, não necessariamente a primeira, nas categorias de novos produtos.

É possível ver que esse PIC resultaria no desenvolvimento do iPad. Grande parte da tecnologia necessária havia sido desenvolvida previamente para Mac, iPod ou iPhone. O produto em si seria o primeiro *tablet* da Apple, que foi um novo produto revolucionário e considerado por vários como "a próxima grande sensação" em computadores. Alguns céticos ficaram menos impressionados, ressaltando que lhe faltava uma "aplicação revolucionária", mas o iPad foi desenvolvido para ser o primeiro de uma linha de *tablets* com um número crescente de recursos e aplicações. Na época do lançamento, nenhum *tablet* havia de fato estabelecido uma posição predominante nesse setor. Ao que parece, a meta da Apple é transformar o iPad no porta-bandeira dos *tablets*, quase como o iPod se tornou praticamente sinônimo de *players* de música.

[1] Esse PIC é apenas especulativo e seu propósito é exemplificar, embora seja realista e tenha sido extraído de matérias publicadas na época do lançamento do iPad. Algumas delas são: Relatório anual de 2009 da Apple; Scott Steinberg, "Apple iPad Impressions: The Skeptic's Take", *digitaltrends.com*, January 27, 2010; Reena Jana, "Apple iPad Product Development Approach", *blog* que aparece no site da *Harvard Business Review*, hbr.org, January 27, 2010.

Ampliaremos a discussão sobre o PIC em breve, mas primeiramente examinemos os vários *inputs* que ajudam os gestores a tomar decisões estratégicas.

As declarações de estratégia assumem quase tantas formas quanto o número de empresas que as preparam, mas elas tendem a girar em torno da estrutura apresentada na Figura 3.5. Elas podem ser para uma *empresa inteira* (se muito diminuta ou concebida de uma maneira muito estreita) ou para uma *plataforma permanente* de atividade dentro de uma empresa maior (por exemplo, marca de ferramentas Black & Decker) ou para um *projeto específico* (por exemplo, a mais nova impressora a *laser* da Hewlett-Packard). Geralmente o PIC aborda uma oportunidade (o foco), e não o produto ou os produtos específicos que o grupo ainda criará. A Oscar Mayer começou a desenvolver sua "grande salsicha" e posteriormente descobriu que precisava de Big & Juicy em seis diferentes sabores para as regiões dos Estados Unidos. Obviamente, quando os produtos são muito complexos (uma nova plataforma de automóvel, um serviço expresso aéreo para o mercado asiático ou um novo plano de saúde para a nação), um único produto é o máximo que uma equipe consegue gerenciar.

O PIC deve ser redigido, mas por diversos motivos normalmente ele não é, e deve ser repassado a todos participantes, mas com frequência também não é. Isso é lastimável porque uma estratégia secreta e apenas mental não terá muita serventia para uma equipe de 30 pessoas.

Por que ter um PIC?

Lembre-se do comentário de Peter Koen sobre "caixa de areia" mencionado anteriormente. Já vimos em quantos lugares diferentes podemos encontrar oportunidades para o desenvolvimento de novos produtos. Sem uma estratégia, é fácil perder o foco e despender tempo e recursos na perseguição de oportunidades erradas. O PIC dá a direção, ou as direções, na qual a equipe deve se concentrar no desenvolvimento de novos produtos – em outras palavras, ele define em qual caixa de areia a equipe se encontra ou deseja estar e igualmente onde ela não deseja estar. Sem colocar as tábuas que definem o tamanho e a forma da caixa de areia (metaforicamente falando), *qualquer* oportunidade poderia parecer boa!

Pense em uma equipe que está desenvolvendo uma pequena impressora portátil para computador. Um dos membros está pensando em utilizar uma nova tecnologia de bateria, enquanto outro membro está concentrado nos clientes em potencial que por acaso trabalham em ambientes em que há tomadas disponíveis. O pessoal de pesquisa de marketing pretende pré-testar amplamente o produto, enquanto os engenheiros de fabricação presumem que o tempo é decisivo e estão projetando a capacidade de produção final desde o início. Um fornecedor escolhido para prover o mecanismo de tração tem de entrar em contato com o líder da equipe todos os dias porque a equipe não determinou exatamente quais funções a impressora terá nem o usuário-alvo. E a equipe está sendo orientada por solicitações do departamento de vendas, que no momento está ligando para empresas menores, embora na verdade se considere que o maior potencial esteja em grandes empresas e governos. A equipe não desenvolveu uma estratégia.

A orientação da equipe, exatamente como a orientação corporativa ou a orientação das unidades estratégicas de negócios (UENs), em parte provém em forma de estratégia. Seu propósito é *focalizar e integrar as iniciativas da equipe e permitir a delegação*. A Bausch & Lomb praticamente perdeu sua posição no mercado quando seus gestores ficaram por muito tempo concentrados em melhorar produtos antigos e, por isso, quase deixaram passar novos produtos como as lentes de contato de uso prolongado. Forçados a rever a estratégia da empresa, descobriram muito mais oportunidades e começaram a aproveitá-las (*e.g.*, lentes de contato descartáveis).

Na falta de uma iniciativa focalizada e integrada, as equipes de novos produtos são propensas a enfrentar problemas análogos, como *ampliação gradativa de escopo* e *especificações de produto variáveis*.[28] Esses dois problemas podem ocorrer se a "caixa de areia" não estiver definida ou tiver sido definida deficientemente ou vagamente. A ampliação gradativa de escopo refere-se a uma mudança constante na definição de um projeto: o propósito do projeto é desenvolver um produto para um cliente específico, um grande número de usuários ou uma plataforma para toda uma nova linha de produtos? As *especificações de produto variáveis* referem-se a exigências quanto ao produto ou a um nível de desempenho desejado à medida que o produto avança pela fase de desenvolvimento. Em qualquer caso, a equipe de produto está perseguindo um alvo ilusório (Robert Cooper chamaria isso de "trave móvel"), desperdiçando inevitavelmente tempo e recursos. Um PIC bem definido, elaborado para abranger todo o processo de novos produtos, ajuda a minimizar esses problemas onerosos e morosos. Há até mesmo um valor a ser obtido no próprio processo de trabalhar em conjunto e formular um PIC. Um bom processo estimula um alto nível de comprometimento dos participantes, consenso acerca de metas e objetivos e concordância sobre o modo como as metas serão concretizadas. Aliás, em um estudo empírico recente, as empresas mais inovadoras na amostra eram aquelas que tinham um PIC claro e também um processo satisfatório para o desenvolvimento do PIC.[29] Essa constatação complementa um es-

---

[28] Para obter mais informações sobre ampliação gradativa de escopo, consulte Robert G. Cooper, "What Separates the Winners from the Losers and What Drives Success", in Kenneth B. Kahn, George Castellion, and Abbie Griffin, *The PDMA Handbook of New Product Development*, 2nd ed. (Hoboken, NJ: John Wiley & Sons, 2005).

[29] Chris Bart & Ashish Pujari, "The Performance Impact of Content and Process in Product Innovation Charters", *Journal of Product Innovation Management*, 24(1), January 2007, pp. 3–19.

tudo anterior, no qual se constata que 70% das empresas de mais alto desempenho e apenas 51% das empresas de baixo desempenho tinham um PIC específico.[30]

AS SEÇÕES DO PIC

O PIC é um plano para as iniciativas da empresa em desenvolvimento de novos produtos. Ele esclarece as metas e oferece uma linguagem comum para todo o pessoal envolvido com novos produtos. As funções de todos os participantes ao longo do processo de novos produtos são claramente especificadas. Um PIC eficaz informa os membros da equipe de produto exatamente como suas iniciativas se enquadram ao quadro corporativo mais amplo.[31]

Seção fundamento do PIC

Essa seção do PIC responde a pergunta: "Afinal de contas, por que desenvolvemos essa estratégia?". Se necessário, ela recapitula a análise que está por trás dele.

Seção arena (área de focalização) do PIC

Nos mercados competitivos da atualidade, é preciso foco para liberar o poder de inovação necessário. Do mesmo modo que o *laser* pode transformar uma luz inofensiva em um raio mortal, um compromisso para com, por exemplo, uma empresa de entrega de *pizzas* ou o processo de construção de um *site* pode também transformar recursos escassos em um forte impulso competitivo. Como um desenvolvedor afirmou, "Gostamos de jogar em campos que pendem para a nossa direção".

Nos últimos anos, temos ouvido muito a respeito de **competências essenciais**. Elas são um excelente ponto para começar a buscar as definições da arena do PIC. Os profissionais de marketing estreitam o foco por meio do direcionamento e da segmentação. O pessoal técnico, com muita frequência restringido por fatores como tempo, instalações limitadas e dinheiro, ainda não aprecia outro mecanismo de focalização. Mas a ideia de uma arena de novos produtos, ou área de focalização, está florescendo. O foco geralmente é obtido por meio de quatro pontos fortes (forças) ou capacidades de alavancagem: *tecnologia* (como a tecnologia de processamento de papel da Kimberly-Clark), *experiência do produto* (a Stroh's optou por focalizar o ramo de cervejas), *lealdade* ou *franquia do cliente* (o domínio da Stanley Tools sobre os marceneiros) e *experiência de uso final* (divisão internacional do Chase Manhattan). **Licenciamento** ou **aquisição** para adquirir tecnologias ou forças de mercado também são um alvo legítimo a ser incluído nas estratégias. Enquanto planejava o *Episódio 1*, o autor original de *Guerra nas Estrelas*, George Lucas, abriu propostas para os fabricantes de brinquedos a fim de oferecer licenças. Algumas chegaram perto de US$ 1 bilhão.[32]

Apoiar-se apenas em tecnologia é arriscado, porque ninguém sabe se um produto baseado em tecnologia é algo que os clientes desejam (os filmes instantâneos Polavision da Polaroid ou o telefone por satélite Iridium são exemplos de novos produtos baseados em tecnologia que não pegaram). De modo semelhante, permitir que os desejos declarados dos clientes determinem a inovação de produtos não tende a

---

[30] Abbie Griffin, "PDMA Research on New Product Development Practices: Updating Trends and Benchmarking Best Practices", *Journal of Product Innovation Management*, 14(6), November 1997, pp. 429–458.

[31] Roger J. Calantone, S. K. Vickery & Cornelia Dröge, "A Business Performance and Strategic New Product Development Activities: An Empirical Investigation", *Journal of Product Innovation Management*, 12(3), May 1995, pp. 214–223.

[32] Lisa Bannon & Joseph Pereira, "Toy Makers Offer the Moon for New 'Star Wars' Licenses", *The Wall Street Journal*, August 19, 1997, p. B1.

funcionar bem, exceto em um mercado com enormes necessidades não atendidas e concorrentes com reação muito lenta. Um artigo recente revelou como dois fabricantes de computadores pessoais diferiam com relação aos direcionamentos. Um deles, a Fujitsu, apostou em tecnologia e perdeu, enquanto a NEC apostou em necessidades do cliente e venceu.[33] Apostas como essa são muito caras hoje em dia. Por isso, as gigantes de produtos de consumo Frito-Lay e P&G têm importantes instalações de pesquisas laboratoriais e a Hewlett-Packard, voltada para a tecnologia, anunciou que deseja um sólido comprometimento de mercado por trás de todo programa de novos produtos. Essas empresas constataram que a melhor opção é uma estratégia equilibrada ou uma estratégia de **duplo direcionamento**. Vejamos os direcionamentos tecnológicos e os direcionamentos de mercado separadamente para em seguida examinarmos sua importância quando considerados em conjunto.

Direcionamentos tecnológicos

Os pontos fortes tecnológicos mais comuns estão nos *laboratórios*. A Corning costumava dizer que desenvolveria aqueles produtos – e somente aqueles produtos – que aproveitassem a fabulosa tecnologia de vidro da empresa. Em vista da concorrência global do presente, é mais difícil para a Corning (e outras empresas) manter uma posição superior em uma tecnologia com definição tão ampla.

Muitas vezes, a empresa constata que tem uma valiosa tecnologia *não* laboratorial. A Avon tem uma eficiente tecnologia de movimentação de pequenos pedidos. Outras tecnologias operacionais incluem sistemas de engarrafamento distribuído de refrigerantes e as eficientes linhas de produção de utensílios elétricos da White Consolidated. As grandes empresas de consultoria de negócios desenvolveram novos serviços em torno das capacidades de análise e interpretação de informações financeiras. Para uma empresa com habilidades técnicas superiores, a aplicação da ideia de direcionamento duplo significa transformar especificações técnicas em atributos de produto que satisfazem as necessidades do mercado. Pense em uma empresa que fabrica semicondutores e desenvolveu a capacidade de produzir semicondutores menores altamente eficientes e extremamente resistentes (especificações técnicas). Essas especificações por si sós têm pouco significado para os clientes ou usuários finais, mas elas de fato oferecem capacidades e atributos, como maior vida útil da bateria, menor temperatura operacional ou menores custos de fabricação ou manutenção, que poderiam ser benefícios úteis para os clientes. A empresa precisará pensar primeiro em quais produtos poderiam ser desenvolvidos com a tecnologia básica, como um *chip* para uso em *smartphones*, *notebooks* ou motores elétricos. Diante disso, que segmentos de mercado específicos ficariam interessados por esses produtos? Nesse caso, a empresa precisaria compatibilizar esses produtos, oferecendo esses atributos e benefícios, com necessidades de mercado não atendidas. Os usuários de *smartphone* ou *notebook* que necessitam de uma bateria com tempo de vida mais longo e confiável – possivelmente – ou usuários de motores elétricos que necessitam de unidades mais leves e mais baratas que funcionem em temperaturas mais baixas. Esse procedimento de transformação de especificações técnicas em atributos e benefícios de produto e em necessidades de mercado algumas vezes é chamado de **interligação T-P-M** (*technical specifications; product features and benefits; market needs*).[34]

Ainda mais difíceis de ver são as tecnologias em marketing. Por exemplo, algumas empresas de produtos embalados consideram o departamento de gestão de

---

[33] David T. Methé, Ryoko Toyama & Junichiro Miyabe, "Product Development Strategy and Organizational Learning", *Journal of Product Innovation Management,* 14(5), September 1997, pp. 323–336.

[34] Stephen K. Markham & Angus I. Kingon, "Turning Technical Advantage into Product Advantage", in P. Belliveau, A. Griffin & S. M. Somermeyer, *The PDMA Toolbook 2 for New Product Development* (New York: John Wiley, 2004).

produtos como tecnologia. Outros exemplos incluem sistemas de distribuição física, atendimento técnico ao cliente ou departamentos de criação de propaganda.

Direcionamentos de mercado

A outra metade da estratégia de direcionamento duplo procede também de duas fontes do mercado: *grupo de clientes* e *uso final*. As melhores ideias de novos produtos baseiam-se nos problemas dos clientes, e esses problemas são o cerne do processo de geração de conceitos descrito no Capítulo 4.

A Hoover Company certa vez estabeleceu como estratégia desenvolver novos aspiradores para pessoas que já tivessem um – o conceito de casa com dois aspiradores. (Hoje, a empresa deve estar trabalhando na ideia de casa com cinco aspiradores!) Outras empresas apoiaram-se em dimensões demográficas para ter foco – por exemplo, casais jovens no caso da Toro e bancos e escritórios de advocacia no caso da Olivetti. Citando exemplos de dimensões abstratas, a Hallmark notoriamente se concentra em "pessoas que se importam o suficiente para enviar o melhor". A Welch Allyn, fabricante de aparelhos médicos de alta tecnologia que são usados em consultórios médicos e hospitais, certa vez disse, não em tom de brincadeira: se você tem uma cavidade, gostaríamos de examiná-la; se você não tem mas precisa de uma, a faremos. A última parte desse foco estratégico viabilizou o desenvolvimento do aparelho para realizar a remoção não invasiva da vesícula biliar.

As empresas que produzem serviços veem o foco sobre o cliente com tranquilidade, visto que várias de suas operações envolvem o cliente como um **coprodutor** real do serviço. A lógica desse esquema levou várias empresas de serviços, em todos os setores, a envolver o cliente como um parceiro integrado no processo de desenvolvimento de novos produtos.

Ocasionalmente, uma empresa pode se concentrar em um único cliente – por exemplo, uma empresa de peças automotivas pode desenvolver novos itens para a Ford ou General Motors. Uma variação desse foco sobre um único cliente é a **customização em massa** – em que oferecemos a todos os clientes um produto de sua escolha. A Courtyard, da Marriott, por exemplo, fez isso com sucesso no segmento de hotéis de beira de estrada. Veremos mais sobre a customização em massa em capítulos subsequentes.

A segunda forma de focalizar o mercado é concentrar-se em um *uso final* específico, como esportes ou esqui. Por exemplo, o foco sobre os esquiadores ou a prática de esqui ofereceria novos equipamentos, mas a prática de esqui levaria também a novos alojamentos, novas rampas, novos pacotes de viagem e serviços para os proprietários de alojamento (que talvez nem sejam esquiadores). As empresas industriais recorrem muito ao uso final. Você poderia perguntar: mas como sabemos quando focalizar o cliente e quando focalizar o uso final? A resposta repousa na análise de oportunidades, que é realizada mais no início – você investigou os mercados, as pessoas que se encontram neles e as atividades nas quais elas se envolvem. Você escolheu uma oportunidade específica porque julgou que as respectivas necessidades condizem com as capacidades da empresa.

Uma variação nos direcionamentos de mercado é o *distribuidor* – quando um produtor desenvolve novos produtos para atender às necessidades ou tirar proveito da franquia dos revendedores. A linha de presentes pequenos da Hallmark, por exemplo, foi originalmente desenvolvida para ajudar os franqueados de suas lojas de cartões a aumentar o lucro.

Combinações: direcionamento duplo

Agora, a junção de um direcionamento técnico com um direcionamento de mercado produz um foco claro e preciso da arena. A University Microfilms International

(UMI) estava utilizando a *tecnologia de microfilmagem* e *o mercado educacional* como seu sustentáculo original, mas posteriormente acrescentou *fotocopiadoras* para escolas e leitores de microfilme para *escritórios de advocacia*. A Penn Racquet Sports mudou de espécie de mercado, colocando sua *tecnologia de bola de tênis* para funcionar em uma linha de bolas de brinquedo para cães.[35] A Toro desfrutou de anos de sucesso com uma série de direcionamentos duplos, um dos quais é a *tecnologia por satélite global* e *superintendentes de campos de golfe*.[36]

A Signode Corporation criou uma série de sete operações de risco em novos produtos e pediu a cada grupo para escolher uma tecnologia da empresa e uma oportunidade de mercado que correspondesse com esse ponto forte da empresa. A primeira equipe escolheu *extrusão de plásticos* (da principal atividade da Signode de fabricação de fitas de materiais metálicos) e *fabricação de alimentos*. O primeiro novo produto dessa equipe foram bandejas de plástico para alimentos embalados que vão direto ao forno de micro-ondas.

Seção metas e objetivos do PIC

Qualquer pessoa que trabalhe com inovação de produtos deve conhecer o propósito, porque o trabalho pode assumir várias formas se o propósito mudar. O PIC emprega a definição padrão de que **metas** são direções gerais de movimento de mais longo alcance, ao passo que **objetivos** são medidas de realização específicas de curto prazo. Por isso, o alvo de um PIC poderia ser predominância de mercado (meta) e 25% de participação de mercado no primeiro ano (objetivo).

Tanto as metas quanto os objetivos são de três tipos: (1) *lucro*, declarado de uma ou mais entre as formas pelas quais pode ser declarado; (2) *crescimento*, em geral controlado, embora ocasionalmente o PIC seja utilizado de uma maneira defensiva para ajudar a empresa a conter ou retardar uma tendência de declínio; e (3) *status no mercado*, normalmente maior participação de mercado É comum a alta administração insistir para que as equipes de novos produtos que estão entrando em novos mercado planejem dominá-los. Contudo, a American Regitel Corporation, que comercializa máquinas de ponto de venda, planejava se tornar a número três em seus mercados, embora a política geral da empresa controladora fosse tornar-se a número um. Houve muitas críticas a respeito da participação de mercado ser uma meta de novo produto, mas a participação continua sendo um objetivo comum. Empresas como Wendy's, Burger King, Dunkin' Donuts e Starbucks introduziram cardápios de café da manhã nos últimos anos a fim de conquistar uma parcela maior do amplo mercado de café da manhã que tem sido dominado pelo McDonald's.[37]

Seção diretrizes especiais do PIC

Até o momento preenchemos três seções da estrutura do PIC. Identificamos a arena ou foco da equipe e sabemos o que ela deve realizar a respeito. Entretanto, pesquisas demonstram que quase toda estratégia de novo produto tem uma quarta seção – al-

---

[35] Dennis Berman, "Now, Tennis Balls Are Chasing the Dogs", *BusinessWeek,* July 13, 1998, p. 138.

[36] Richard Gibson, "Toro Charges into Greener Fields with New Products", *The Wall Street Journal,* June 22, 1997, p. B4. Esse artigo apresenta muitos detalhes sobre uma aplicação bastante sofisticada do sistema de direcionamento duplo na definição de uma arena.

[37] Para obter mais informações sobre metas e objetivos utilizados por setor, consulte Abbie Griffin & Albert L. Page, "PDMA Success Measurement Project: Recommended Measures for Product Development Success and Failure", *Journal of Product Innovation Management,* 13(6), November 1996, pp. 169–195. Para examinar os acontecimentos no setor de *fast-food*, consulte Bruce Horovitz, "Fast-Food Rivals Suit Up for Breakfast War", *USA Today,* February 20, 2007.

gumas diretrizes ou regras de procedimento. Elas podem ser impostas pela administração ou resultar do pensamento consensual dos membros da equipe. Certamente elas são estratégicas. Não temos nenhuma pesquisa que mostre o que essas diretrizes *devem* ser, mas temos várias pesquisas que demonstram o que as empresas inserem nessa seção, certo ou errado.

Grau de inovatividade

Quão **inovador** a administração deseja que um grupo específico seja? As opções variam de primeiro no mercado (seja uma fibra sintética ou um disco voador de brinquedo) a uma imitação exata.

Primeiro no mercado é uma estratégia arriscada. Ela leva vários outros nomes, como *pioneirismo*. Existem três formas de realizar isso – a primeira delas é *avançar no estado da arte*. As empresas farmacêuticas utilizam esse caminho na maioria das vezes. Outros produtos que se originaram desses programas incluem: memória bolha, marca-passo, discos compactos e televisão. Contudo, a maior parte dos produtos pioneiros (primeiro no mercado) não ampliou o estado da arte; em vez disso, eles ajustam a tecnologia de uma nova forma. A segunda forma, algumas vezes chamada de **criatividade alavancada**, constitui a categoria mais comum de primeiro no mercado. Por exemplo, os pesquisadores da DuPont descobriram as propriedades especiais (como durabilidade ou resistência a óleo e graxa) de materiais sintéticos como Surlyn e Kevlar, e depois imaginaram aplicações criativas para chegar a novos produtos. A resistência da Surlyn à graxa resultou em sua aplicação no setor de embalagem de carne. A terceira forma de ser pioneiro é a **engenharia de aplicações**, na qual a tecnologia talvez não se altere nem um pouco, mas o uso é totalmente novo. A Loctite fez isso dezenas de vezes, por exemplo, usando cola para substituir o fixador de metais em produtos eletrônicos e automotivos.

Bem mais comum do que o pioneirismo é a estratégia de desenvolvimento de um **produto adaptável**. Ser adaptável significa pegar um produto próprio ou um produto concorrente e melhorá-lo de alguma maneira. A melhoria pode ser técnica (uma unidade de CD para um PC) ou não técnica (uma tela para PC de 17 polegadas). Ela pode ser útil ou trivial. A adaptação é particularmente popular quando a empresa precisa rapidamente de dinheiro vivo.

Alguns adaptadores procuram praticamente qualquer mudança que possa ser utilizada em propaganda. Outros adotam o que é chamado de *segundo, porém melhor*; a melhoria deve ser importante e o adepto pretende dominar o mercado, se possível. A Maytag seguiu essa estratégia durante muitos anos. A Harris Corporation, entretanto, entrou em mercados em que outros haviam sido pioneiros e utilizou seu excelente *know-how* técnico para criar um nicho com um produto levemente aprimorado. O presidente da Harris afirmou que a empresa tentou ser forte em tecnologia e introduzir um produto oportunamente.

A adaptação sozinha é arriscada. O pioneiro normalmente obtém uma vantagem permanente; se todos os demais fatores permanecerem iguais, o primeiro produto em um novo mercado ganha uma participação de mercado média de cerca de 30%. A segunda empresa pode dominar o mercado e triunfar na categoria se sua adaptação for claramente superior. Com frequência, depois de uma entrada bem-sucedida, a empresa que entra primeiro no mercado introduz extensões de adaptação menos inovadoras ou até imitações diretas, abrindo um breve período de oportunidades para os concorrentes. O terceiro nível de inovatividade é a **imitação ou emulação**. Empresas como Cooper Tire & Rubber, Matsushita e White Consolidated (aparelhos elétricos) deliberadamente aguardam para ver surgir vencedores dentre os pioneiros e adotantes iniciais. A imitação também tem seus riscos: uma empresa não pode esperar por muito tempo para entrar no mercado, depois que as empresas pioneiras já têm uma base de clientes leais e laços com as redes de suprimentos e os canais de distribuição. Além disso, uma empresa estabelecida pode levar um inovador aos tribunais em virtude de uma suposta violação de patente, marca registrada ou direito autoral; voltaremos à proteção de marca registrada no Capítulo 16.[38]

Timing

Essa categoria de variação de diretrizes tem quatro opções: primeiro, segundo imediato (rápido), mais lento e tardio. A decisão de ser o *primeiro* é pioneirismo, que acabamos de analisar. O *segundo imediato* ou *rápido* tenta conquistar uma boa segunda posição em participação de mercado, talvez não fazendo nenhuma melhoria significativa ou apenas o suficiente para se promover. Essa estratégia exige grande esforço porque uma empresa nessa posição tem de tomar a decisão de entrar no mercado *antes de o inovador ter sucesso ou mesmo entrar no mercado*. Isso transforma o segundo imediato em um prognosticador – quão bem-sucedido o inovador será? Aguardar significa correr o risco de permitir que o segundo lugar seja ocupado por concorrentes agressivos. Lutar por uma entrada *mais lenta* é mais seguro no sentido de que uma empresa conhece o resultado das iniciativas de um pioneiro e tem tempo para realizar uma adaptação mais significativa. Contudo, as boas oportunidades de mercado podem ser aproveitadas pelos segundos imediatos. A última opção de *timing*, a entrada *tardia*, normalmente é uma entrada em termos de preço vinculada a habilidades de fabricação.

Diretrizes variadas

Inúmeras diretrizes especializadas podem ser encontradas nos termos de inovação de produto. Algumas são surpreendentes. A Hewlett-Packard não sabia o que fazer com sua nova fotografia digital para uso em impressoras e escâneres. Entretanto, foram necessários argumentos contundentes para o pessoal técnico persuadir a divisão de impressoras da HP de que ela deveria tentar competir com a Kodak. Durante anos uma diretriz verbal impediu que isso ocorresse.[39]

Algumas empresas reconhecem seus pontos fracos. Por exemplo, uma grande empresa de máquinas de mineração instruiu os inovadores de produto de que deveriam conceber produtos que *não* exigissem um marketing intenso; a empresa não dispunha disso e não queria investir para obtê-lo. Segundo uma empresa farmacêutica, "É necessário ser patenteável". De acordo com uma pequena empresa de computadores, todos os novos produtos precisam fazer parte de um sistema, enquanto outra empresa de computadores ainda menor afirmou: "Nada que precise fazer parte de um sistema!". Uma empresa de produtos alimentícios declarou: "Não coloque em uma lata o que a Frito-Lay possa colocar em um saco". Outra diretriz variada é a **integridade do produto**, que significa que todos os aspectos do produto são internamente compatíveis. Um exemplo: a Honda foi muito bem-sucedida ao usar o novo sistema de direção de quatro rodas porque colocou a inovação em um cupê de duas portas com imagem esportiva, ao passo que a Mazda errou quando o colocou em um *hatch* de cinco portas cujo posicionamento era segurança e durabilidade.

---

[38] Para ver uma discussão sobre benefícios e riscos, consulte M. B. Lieberman & D. B. Montgomery, "First-Mover (Dis)advantages: Retrospective and Link with the Resource-Based View", *Strategic Management Journal,* 19(12), 1998, pp. 1111–1125. Informações sobre vários concorrentes posteriores que ultrapassaram os pioneiros podem ser encontradas em Steven P. Schnaars, *Managing Imitation Strategies* (New York: Free Press, 1994).

[39] Eric Nee, "What Have You Invented for Me Lately?", *Forbes,* July 28, 1997, pp. 76–82.

COMO PREPARAR UM TERMO DE INOVAÇÃO DE PRODUTO

O processo para desenvolver um PIC repousa em seu conteúdo. *Primeiro*, sempre procuramos oportunidades, dentro e fora da empresa. Toda estratégia pode ser remontada a um ponto forte da empresa em questão. Nenhuma empresa consegue ser forte em tudo. *Segundo*, precisamos avaliá-las, classificá-las e medi-las. *Terceiro*, simplesmente começamos a preencher a estrutura do PIC – foco, metas e diretrizes. Normalmente nunca faltam sugestões para todas as seções – à semelhança de qualquer análise situacional de marketing.

Considere primeiramente a etapa de identificação de oportunidades. Pode parecer difícil encontrar opções possivelmente lucrativas em tecnologias ou mercados, mas estamos cercados por elas. A Figura 3.7 mostra uma lista parcial. Todas funcionaram como ponto de partida para a atribuição de uma equipe de novos produtos pelo menos uma vez.

A segunda etapa, avaliação e classificação de oportunidades, é extremamente difícil. Na verdade, uma das habilidades criativas mais valiosas em inovação de produtos é a capacidade de olhar para um prédio, uma operação, uma pessoa ou um departamento e visualizar como ele/ela poderia ser utilizado(a) de uma nova maneira. Essa habilidade pode ser desenvolvida e deve ser exercitada. Além de não existir nenhuma ferramenta quantitativa pronta para mensurar o poder do departamento de química farmacêutica de um pequeno fabricante de medicamentos, por exemplo, existem políticas, porque há pessoas envolvidas. E, infelizmente, é bem mais fácil enxergar o potencial de uma tecnologia ou de um mercado *a posteriori*. Tome como exemplo o Amazon.com. Milhares de pessoas referiram-se à ideia de vender livros pela internet como muito óbvia, mas onde elas estavam quando as ações da Amazon. com estavam sendo vendidas por US$ 10 cada?

Para superar essas controvérsias e chegar a um PIC mutuamente satisfatório, uma empresa precisa realizar uma avaliação honesta de si mesma, de suas metas, de seus pontos fortes, de seus clientes etc. A Figura 3.8 mostra o procedimento seguido

FIGURA 3.7 Oportunidades de mercado e tecnológicas.

Oportunidade de mercado	Oportunidades tecnológicas
Usuário (categoria)	Tipo de produto
Usuário (para o nosso produto)	Produto específico
Cliente (consumidor)	Embalagem primária
Influenciador	Embalagem secundária
Usuário em potencial	Processo de *design*
Não usuário	Processo de produto
Conjunto demográfico	Processo de distribuição
Conjunto psicográfico	Processo de embalagem
Conjunto geográfico	Patente
Varejista	Ciência
Atacadista	Matéria-prima
Revendedor	Indivíduo
Uso	Sistema de gestão
Aplicação	Sistema de informação
Atividade	Habilidade analítica
Franquia	Sistema especialista
Local	Controle de projeto
Concorrente	Obtenção de qualidade
Agência regulatória	*Design* de projeto

FIGURA 3.8 Desenvolvimento do PIC para o Creative Problem Solving Group – Buffalo*.

Quem somos e o que fazemos?
• Fornecemos serviços e recursos profissionais que ajudam as pessoas a
  • Despertar o potencial criativo
  • Conduzir mudanças criativas
  • Obter resultados criativos
 	
Quem são nossos clientes?
• Profissionais de recursos humanos
• Dirigentes de unidades de negócios e linhas
• Altos executivos
• Pesquisadores (em potencial)
• Professores (em potencial)
• Profissionais de novos produtos
 	
Quais são as características demográficas deles?
• Europa Ocidental e América do Norte
• Nações industrializadas globais
• Profissionais de organizações (com fins lucrativos, sem fins lucrativos, governamentais)
 	
Quais são os traços comportamentais deles?
• Trabalham com a mente
• Têm interesse em pesquisa
• São pessoalmente comprometidos
• São inteligentes
• São íntegros e honestos
• Têm disposição para colaborar e formar parcerias
	Que tecnologia/competência essencial alavancamos?
	• Conhecimento sobre solução criativa de problemas, liderança etc.
	• Conhecimento sobre programas de cursos de *design*
	• Conhecimento de técnicas de avaliação
	• Interface humana e alto contato humano
	
	Quais são nossas expectativas de crescimento?
	• 40% por ano
	
	Qual é nosso plano de marketing?
	• Buscar um novo nível de distribuição
	
	O que queremos alcançar?
	• Preencher lacunas na linha existente
	• Manter ou melhorar a imagem no mercado
	• Introduzir os produtos existentes em novos mercados
	• Realçar a marca
	
	Que magnitude de risco estamos dispostos a assumir?
	• Lutar pela integração e síntese com as operações atuais
	
	Para que momento devemos marcar nossa entrada no mercado?
	• O mais breve possível
	
	Qualquer outro fator importante a ser considerado?
	• Prestar atenção às patentes

Com base na sessão de perguntas e respostas acima, o PIC a seguir foi desenvolvido:

O Creative Problem Solving Group – Buffalo fornece serviços e recursos profissionais que ajudam as pessoas a despertar seu potencial criativo, conduzir mudanças criativas e obter resultados criativos. Esses serviços e recursos são usados em cursos de treinamento, programas de aprendizagem e em consultoria relacionada a criatividade e mudanças. Nossos clientes são profissionais adultos de organizações que têm interesse em estimular a mudança e aumentar a criatividade. Esses clientes estão localizados principalmente na Europa Ocidental e na América do Norte e cada vez mais em nações industrializadas ao redor do mundo. Os clientes e associados existentes e em potencial serão os principais canais de distribuição.

Almejamos crescer pelo menos 40% por ano ampliando nossas iniciativas e aumentando o que oferecemos aos associados. Os novos produtos preencherão lacunas em nossa linha atual e também melhorarão a imagem e identidade de nossa marca.

Por meio da alavancagem de nossa marca e reputação, introduziremos os produtos existentes em novos mercados. Integração e síntese são nossa principal abordagem, e lançaremos produtos em novos mercados assim que eles forem validados. Os novos produtos serão protegidos tanto quanto possível por direito autoral, patente, segredo de fabricação e marca registrada.

*Os autores agradecem a Len Kistner por fornecer este exemplo detalhado de desenvolvimento do PIC.

por uma empresa real, o Creative Problem Solving Group – Buffalo, no desenvolvimento de seu PIC. Essa figura apresenta um conjunto de perguntas de avaliação, bem como algumas das respostas fornecidas pelos gestores da empresa em um *workshop* sobre PIC. O PIC que foi por fim desenvolvido é mostrado no final da figura.

No final deste capítulo há dois estudos de caso envolvendo a Kellogg e Honda. Em cada um, seu objetivo é apresentar por escrito *como o PIC teria sido*. Essa tarefa demonstrará algumas das dificuldades sobre as quais falamos, porque você terá de reproduzir o conhecimento e o processo dessas duas empresas.

ANÁLISE DE PORTFÓLIO DE PRODUTOS: ADEQUAÇÃO DA ESTRATÉGIA DE NOVOS PRODUTOS

Depois que o gestor de novos produtos já redigiu um PIC, *está tudo pronto?* De forma alguma. A alta administração precisa aprová-lo. Mais importante, o produto recém-exposto no termo de inovação deve se enquadrar à estratégia geral de negócios da empresa. Ele deve propiciar um equilíbrio apropriado a outros produtos que já são oferecidos antes que qualquer recurso financeiro escasso seja alocado a ele. Muitas empresas utilizam a abordagem de portfólio de produtos, na qual a administração aloca P&D e outros recursos escassos a várias categorias definidas pelas dimensões estratégica e financeira.[40]

Como ressaltado no Capítulo 1, praticamente todas as empresas fundamentam-se em critérios financeiros para selecionar quais produtos devem acrescentar ao portfólio. Entretanto, as empresas de melhor desempenho também incluem critérios estratégicos em suas avaliações. Isso pode ser complicado: a equipe de produto pode utilizar critérios contábeis convencionais na avaliação financeira, como retorno sobre o investimento, período de retorno ou valor presente líquido. No entanto, não existe uma única forma correta de realizar a avaliação estratégica, que dependerá do que é priorizado no PIC da empresa. Embora não seja de forma alguma uma lista exaustiva, alguns critérios estratégicos comuns são:

- Metas estratégicas (proteger a base atual de produtos *versus* ampliar a base).
- Tipos de projeto (contrabalançar pesquisa básica, melhorias de processo e projetos de manutenção).
- Projetos de curto prazo *versus* de longo prazo.
- Projetos de alto risco *versus* de baixo risco.
- Familiaridade com o mercado (mercados existentes, ampliação dos atuais ou totalmente novos).
- Familiaridade com a tecnologia (plataformas existentes, ampliação das atuais ou totalmente novas).
- Mercados geográficos (contrabalançar as vendas e os lucros na América do Norte, na Europa e na Ásia).

Os exemplos subsequentes mostram uma ampla variedade de possibilidades de critérios estratégicos. O gasto atual com cada uma dessas categorias é avaliado e

---

[40] Para examinar discussões sobre a abordagem de portfólio, consulte Robert G. Cooper, Scott J. Edgett & Elko J. Kleinschmidt, *Portfolio Management for New Products* (Hamilton, Ontario: McMaster University, 1997), pp. 59–69; e Robert G. Cooper, Scott J. Edgett & Elko J. Kleinschmidt, "Portfolio Management: Fundamental to New Product Success", in P. Belliveau, A. Griffin & Somermeyer (eds.), *The PDMA Toolbook for New Product Development* (New York: John Wiley, 2002), pp. 331–364.

comparado com o gasto desejado (que pode ser expresso como valor monetário ou porcentagem) e são feitos ajustes. Desse modo, uma empresa não alocaria recursos financeiros a mais outro projeto de produto desenvolvido internamente com recursos próprios e de baixo valor quando o mais aconselhável do ponto de vista estratégico seria assumir um projeto mais arriscado e com potencial de retorno mais alto.

Independentemente dos critérios que forem utilizados, os objetivos do desenvolvimento de um portfólio de produtos permanecem os mesmos:[41]

- Alinhamento estratégico: mais importante do que tudo, o portfólio garante que o *mix* de produtos reflita o PIC. Todos os novos projetos devem estar "dentro da estratégia" (eles apoiam a estratégia de inovação da empresa e/ou são fundamentais para a estratégia).
- Avaliação do valor do portfólio: os projetos devem ser escolhidos de modo que o valor comercial dos produtos no funil (*pipeline*) seja maximizado. Medidas conhecidas, como valor presente líquido ou retorno sobre o investimento, podem ser utilizadas.
- Equilíbrio entre projetos: o portfólio deve facilitar a escolha de projetos que complementem a linha de produtos existente; por exemplo, muitos projetos de alto risco podem ser contrabalançados com alguns menos arriscados. Deve haver um *mix* apropriado de produtos novos para o mundo, melhorias e alterações, inovações para redução de custo etc.
- Número de projetos: é necessário considerar também o número de projetos no funil, visto que o comprometimento de recursos para com um número exagerado de projetos inevitavelmente resulta em financiamento insuficiente e paralisia. Os recursos que o portfólio requer devem estar em equilíbrio com a quantidade de recursos disponíveis.

Gerenciar um portfólio estratégico de produtos com o objetivo de manter um fluxo confiável e contínuo de produtos é uma realidade na maioria dos setores. Tome como exemplo o setor farmacêutico, agroquímico ou outro setor altamente regulamentado. Os gestores de produtos enfrentam desafios inacreditavelmente difíceis: baixa probabilidade de sucesso, altos custos de desenvolvimento e regulamentares, poucos recursos financeiros e humanos e até a imensa dificuldade de propor uma boa ideia para um novo produto! Acrescente-se a isso a necessidade de coincidir o momento dos lançamentos com a demanda de mercado, e é fácil ver por que os gestores nesses setores recorrem a modelos de decisão complexos para ajudá-los a gerenciar seus portfólios de produtos.[42]

Uma UEN da Exxon Chemical emprega a abordagem de portfólio estratégico para alocação de recursos financeiros, utilizando duas dimensões: nível de novidade no produto e nível de novidade no mercado (consulte a Figura 3.9). Nessa figura, as porcentagens representam alocações de recursos. Quando as alocações atuais à melhoria de produtos existentes – por exemplo – ultrapassam em muito o valor desejado de 35%, a probabilidade de outro projeto de produto desse tipo receber recursos

---

[41] Scott Edgett, "Portfolio Management for Product Innovation", in K. B. Kahn, S. E. Kay, R. J. Slotegraaf e S. Uban (Eds.), *The PDMA Handbook of New Product Development* (Hoboken, NJ: Wiley, 2013), Ch. 9, p. 156.

[42] Gary E. Blau, Joseph F. Pekny, Vishal A. Varma & Paul R. Bunch, "Managing a Portfolio of Interdependent New Product Candidates in the Pharmaceutical Industry", *Journal of Product Innovation Management*, 21(4), July 2004, pp. 227–245.

	Baixo Nível de Novidade no Mercado	Alto Nível de Novidade no Mercado
Baixo Nível de Novidade no Produto	Melhorias em Produtos Existentes (35%)	Adições às Linhas de Produtos Existentes (20%)
Nível Médio de Novidade no Produto	Reduções de Custo (20%)	Novas Linhas de Produtos (15%)
Alto Nível de Novidade no Produto	Reposicionamento (6%)	Produtos Novos para o Mundo (4%)

FIGURA 3.9 Modelo de portfólio estratégico para uma UEN na Exxon Chemical.

Fonte: Adaptado de Robert G. Cooper, Scott J. Edgett & Elko J. Kleinschmidt, *Portfolio Management for New Products* (Hamilton, Ontario: McMaster University), 1997, p. 63. Reimpresso com permissão.

financeiros é menor. Nesse caso, a UEN investiria em um projeto com um nível de novidade em produto e/ou mercado superior. Tanto a Eastman Chemical quanto a Dow Corning estão entre as empresas que utilizam dimensões semelhantes de nível de novidade em tecnologia e mercado para definir suas categorias estratégicas.[43] Outro exemplo é a Allied Signal, que tem três categorias estratégicas – projetos de plataforma, novos produtos e projetos modestos – e mantém um portfólio dentro de cada categoria.[44] A Procter & Gamble utiliza um processo de novos produtos distribuído em fases bem semelhante ao que foi visto no Capítulo 2 em conjunto com um portfólio que inclui todas as iniciativas de novos produtos para garantir o equilíbrio exato e o *mix* certo de produtos. Esse método de portfólio permite que a P&G construa um funil de novos produtos para cada uma de suas linhas de produtos (face, lábios, olhos etc.) para serem lançados ou aprimorados nos momentos mais apropriados. Entre seus recentes produtos de sucesso estão o antiácido Prilosec OTC e a pasta de branqueamento Crest Whitestrips Premium.[45]

A alta administração também pode analisar o equilíbrio estratégico utilizando um diagrama de portfólio. Embora seja possível recorrer a uma ampla variedade de dimensões para construir um diagrama, o exemplo na Figura 3.10 (semelhante ao utilizado pela divisão da Hewlett-Packard) utiliza *grau de mudança no produto* e *grau de mudança no processo*. Mudanças incrementais em ambas as dimensões geram produtos melhorados; mudanças muito importantes na dimensão de produto geram produtos revolucionários (ou realmente novos). Os produtos de última geração e as plataformas de novos produtos também são representadas no diagrama. Muitos produtos em qualquer área do diagrama representam um desequilíbrio que teria de ser corrigido.[46]

---

[43] Os exemplos são do livro de Cooper *et al.*, pp. 62–63.

[44] Robert G. Cooper, Scott J. Edgett & Elko J. Kleinschmidt, "New Products, New Solutions: Making Portfolio Management More Effective", *Research-Technology Management*, March–April 2000, pp. 18–33.

[45] Robert G. Cooper & Michael S. Mills, "Succeeding at New Product Development the P&G Way: A Key Element Is Using the Innovation Diamond", *Visions*, October 2005, pp. 9–13.

[46] Randall L. Englund & Robert J. Graham, "From Experience: Linking Projects to Strategy", *Journal of Product Innovation Management*, 16(1), January 1999, pp. 52–64.

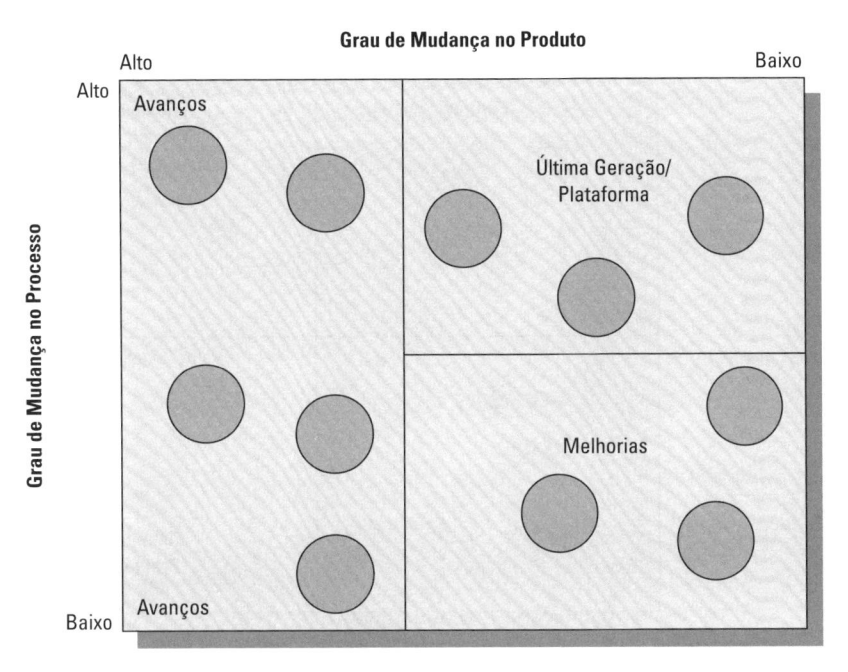

FIGURA 3.10 Exemplo de diagrama de portfólio.

Fonte: Adaptado de um diagrama de portfólio real por uma divisão da Hewlett-Packard, tal como relatado em Randall L. Englund & Robert J. Graham, "From Experience: Linking Projects to Strategy", *Journal of Product Innovation Management* 16, no. 1, January 1999, pp. 52–64.

Outro formato é apresentado na Figura 3.11, que é um modelo de avaliação de portfólio proposto pelo Strategic Decision Group (SDG).[47] Esse método utiliza o valor comercial esperado (ou VCE, mensurado como o valor presente líquido do fluxo de lucros futuros) e a probabilidade de sucesso técnico para construir a grade apresentada na Figura 3.11. Como mostrado nessa grade, quatro categorias se evidenciam. *Ostras* e *pérolas* são projetos com alto VCE. A projeção é de que as pérola têm também grande sucesso técnico e, por isso, são altamente desejáveis. Prevê-se no momento que as ostras têm menor probabilidade de sucesso técnico, mas que provavelmente são muito lucrativas; com investimento adicional, a empresa pode "cultivar" algumas delas e transformá-las em pérolas. No outro lado da grade estão os projetos com VCE mais baixo. Os projetos *pão com manteiga* têm baixo risco, mas alto VCE, e em geral incluem projetos incrementalmente novos como extensões e modificações de produto. Os *elefantes brancos* têm baixo VCE e baixa probabilidade de sucesso e devem ser evitados. Esse modelo de portfólio enfatiza o equilíbrio entre as três categorias desejáveis. Do mesmo modo que em outros modelos de portfólio, o modelo do Strategic Decision Group alerta a empresa se ela estiver investindo muito intensamente em projetos pão com manteiga ou se ela assumiu muitos projetos ostra arriscados.

---

[47] Consulte Robert G. Cooper, *Winning at New Products: Accelerating the Process from Idea to Launch*, 2nd ed. (Reading, MA: Addison-Wesley, 1993), pp. 184–185.

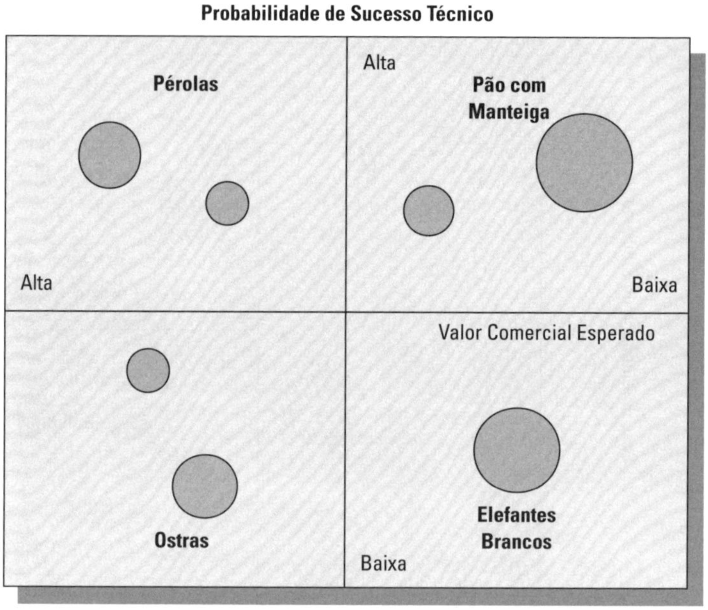

Probabilidade de Sucesso Técnico

(Quadrante superior esquerdo: Pérolas — Alta; Quadrante superior direito: Pão com Manteiga — Baixa; Alta)

Valor Comercial Esperado

(Quadrante inferior esquerdo: Ostras; Quadrante inferior direito: Elefantes Brancos; Baixa)

FIGURA 3.11 Modelo de avaliação de portfólio do Strategic Decision Group.

Por fim, um modelo de portfólio estratégico de vários objetivos, recomendado pelo especialista em portfólio de produtos Scott Edgett, é apresentado na Figura 3.12. Esse modelo é uma espécie de ampliação do modelo da Figura 3.9 porque inclui objetivos adicionais para serem considerados na seleção de projetos. Na Figura 3.12, uma UEN hipotética alocará em torno de 18% de seus recursos a projetos diruptivos: eles devem corresponder a cerca de 10% de todos os projetos e gerar 22% de vendas incrementais. Ou seja, os projetos diruptivos serão em média um pouco mais caros, mas terão também ganhos acima da média em termos de vendas. As porcentagens são interpretadas do mesmo modo que na Figura 3.9 – elas são alvos que a UEN deve considerar ao tomar decisões de seleção de projetos –, e se o número de projetos diruptivos no funil cair abaixo de 10%, eles deverão ser priorizados.

A persistência na aplicação de técnicas de portfólio é recompensada: muitas empresas relatam que suas iniciativas de portfólio são implementadas vagamente, o

FIGURA 3.12 Portfólio de tipos de produto.

	INOVAÇÃO DIRUPTIVA (Nova para o mundo ou nova para a empresa)	APRIMORAMENTO TECNOLÓGICO (Última Geração)	EXTENSÃO DE LINHA DE PRODUTOS (Adições a linhas de produtos)	INOVAÇÃO INCREMENTAL (Melhorias em produtos existentes)
Número de projetos	10%	12%	32%	46%
Alocação de recursos	18%	22%	25%	35%
Vendas incrementais	22%	40%	15%	23%

Fonte: Adaptado de Scott Edgett, "Portfolio Management for Product Innovation", in K. B. Kahn, S. E. Kay, R. J. Slotegraaf e S. Uban (Eds.), *The PDMA Handbook of New Product Development* (Hoboken, NJ: John Wiley), 2013, Ch. 9, p. 162.

que resulta em uma preferência não saudável por projetos incrementais e uma alocação de recursos ineficiente.[48]

RESUMO

O Capítulo 3 abordou a etapa mais importante e mais difícil do processo completo de novos produtos: o desenvolvimento de uma estratégia confiável para orientar uma empresa dentro de uma empresa – o subconjunto de pessoas e recursos cuja responsabilidade é buscar novos produtos. A estratégia transforma esse grupo em uma empresa em miniatura, um microcosmo do todo. Examinamos o que essa orientação estratégica seria – uma estrutura que aqui é chamada de termo de inovação de projeto. Em seguida, investigamos as oportunidades e exigências que geram esses termos e como esses termos podem variar. Este capítulo termina com uma análise sobre algumas questões importantes que normalmente surgem quando se discute a respeito da estratégia de novos produtos.

Podemos agora começar a estudar a geração de conceitos – tema dos quatro capítulos da Parte II.

APLICAÇÕES

1. "Receio que não consigo acompanhar muito bem seu raciocínio com relação a essa questão de nível de inovatividade – ser pioneiro, adaptador, segundo imediato etc. Parece que sempre temos de propor algo novo porque do contrário simplesmente não vende. Acredito que tenhamos concordado a respeito disso anteriormente, quando discutimos o conceito de que os vencedores comercializam produtos excepcionais e de qualidade superior. Além disso, se você consegue alguma coisa nova, por que algum dia haveria de querer ser senão o primeiro a comercializá-la? Dessa forma você perde exclusividade. Parece que você pegou um método simples e o tornou complexo."

2. "Em algum ponto do processo, o P&D torna-se a ponta mais fraca da corda. Ora, eu tenho conhecimento sobre os argumentos da estratégia, mas de fato acredito que o P&D merece um tratamento melhor do que simplesmente ser instruído a fazer isso ou a aquilo. Algumas das pessoas mais competentes estão no P&D – nossa divisão de eletrônicos tem alguns dos melhores técnicos de *fax* do mundo. Se estivesse fazendo isso, acho que antes de tudo pediria ao P&D para preparar o primeiro esboço do PIC, pelo menos das áreas do PIC que dizem respeito a eles, e depois incluiria no processo outras áreas, como a fabricação. Depois que todos os departamentos internos tivessem definido apropriadamente sua visão, pediria ao marketing para conciliar o PIC com o mercado. Do contrário, estaríamos invertendo os valores no que diz respeito à atividade de novos produtos."

3. "Outro dia percebi onde é que os produtores de cinema (os grandes e também os pequenos) estão obtendo lucro com filmes de baixo orçamento. Parece que o alvo deles são segmentos de mercado reduzidos, mas amplamente acessíveis (por exemplo, crianças pequenas), e eles utilizam tecnologias cinematográficas convencionais, porém usam apenas o que eles chamam de atores e diretores

---

[48] Robert G. Cooper, Scott J. Edgett & Elko J. Kleinschmidt, *Improving New Product Develop- ment Performance and Practices, Benchmarking Study* (Houston, TX: American Productivity and Quality Center, 2002).

emergentes (quer dizer, baratos no momento). Eles se esforçam muito para atrair o interesse de seu principal grupo-alvo e são sinceros quando falam de baixo orçamento. Percebi também que vários deles estão tentando sair rapidamente do básico quando conseguem um sucesso e se dirigindo a crianças pequenas, crianças maiores etc. Eles acham que essa abordagem gera o melhor retorno sobre o investimento, ainda que com isso eles percam a oportunidade de um eventual campeão de bilheteria. Alguns desses filmes especiais de baixo orçamento incluem *American Pie*, *Quem vai ficar com Mary* e *Afinado no Amor*. Esse último procurou atrair homens jovens e adultos, mas eles acrescentaram uma trama de amor com Drew Barrymore que atraiu também as mulheres. Agora você consegue encaixar tudo isso em uma estrutura que poderia ser o PIC desses filmes? Quais são os pontos negativos dessa abordagem?"[49]

ESTUDO DE CASO   Estratégia de novos produtos na Kellogg[50]

A Kellogg Company, de Battle Creek, Michigan, produz cereais desde 1906. Com vendas anuais declaradas na casa dos US$ 9 bilhões, a Kellogg é uma proeminente fabricante de cereais e comidas de conveniência (biscoitos, bolachas, folhados assados, *waffles* congelados etc.). Além dos conhecidos cereais Kellogg's, as marcas da empresa incluem Keebler (adquirida pela Kellogg em 2001), Kashi (adquirida em 2000), Pop-Tarts, Eggo, Famous Amos e Morningstar Farms. A propaganda da Kellogg há muito tempo apresenta personagens animados como porta-voz, como Tony, o Tigre, Toucan Sam e Snap, Crackle e Pop – os duendes do cereal Rice Krispies. A Kellogg fabrica em 19 países e tem presença nas prateleiras dos supermercados de mais de 150 países. Muitas marcas da Kellogg são particularmente populares na Europa, onde os flocos de milho com cobertura sabor amendoim e chocolate coexistem nas prateleiras dos supermercados com a fórmula original.

A Kellogg, há muito tempo a principal fabricante de cereais, foi ultrapassada pela General Mills em 1999. Muitos fatores parecem ter contribuído para a perda de participação de mercado da Kellogg no segmento de cereais (de mais de 40% para cerca de 31%): poucas introduções de novos produtos bem-sucedidos, preços altos e cortes nos orçamentos de propaganda. Entretanto, seus principais concorrentes estavam pensando em novas formas de competir: a General Mills lançou com êxito extensões de linha como a Honey Nut Cheerios; a Post concentrou-se no mercado adulto; e a Quaker cortou os preços ao mudar para a embalagem de saco.

O diretor executivo da Kellogg, Carlos Gutierrez, que assumiu em 1999 (e posteriormente se tornou secretário de Comércio dos Estados Unidos), planejava fazer a Kellogg repensar sua estratégia corporativa para reagir aos desafios da concorrência. Sob sua liderança, a Kellogg procurou enfatizar mais os petiscos sem ao mesmo tempo ignorar seus produtos básicos – os cereais. Ela está construindo sua tradicional atividade de cereais por meio de propaganda e promoções intensas (como os sorteios do Special K que ofereceram aos participantes a oportunidade de conhecer a modelo

---

[49] Essa aplicação é extraída de Bruce Orwall, "Hollywood's Champs: Cheap Little Flicks", *The Wall Street Journal*, November 11, 1998, p. B1.

[50] Esse estudo de caso baseia-se em Keith Naughton, "Crunch Time at Kellogg", *Newsweek*, February 14, 2000, pp. 52–53; Stephanie Thompson, "Kellogg Has Megabrand Ambitions for Special K", *Advertising Age*, November 6, 2006; Anônimo, "Adwatch: Kellogg's Special K—Drop a Jeans Size", *Marketing*, February 1, 2006, p. 21; Anônimo, "Special K Seals David Lloyd Tie", *Marketing*, July 5, 2006, p. 6; Lawrence C. Strauss, "Barron's Insight: Kellogg Seems Underrated", *Wall Street Journal*, January 8, 2006, p. 2; e em informações disponíveis em www.kellogg.com. Agradecimentos especiais a Geoff Lantos, que forneceu conteúdo adicional para atualizar esse estudo de caso.

Cindy Crawford). Ao mesmo tempo, entretanto, a empresa está alavancando seus produtos conhecidos no segmento de cereais e petiscos para aumentar sua presença no setor. Novos petiscos estão sendo desmembrados de marcas de cereais familiares (Snack 'Ums são Froot Loops de tamanho grande oferecidos em latas pequenas) e novos sabores de petiscos conhecidos estão sempre sendo experimentados (como o doce de manteiga Rice Krispies Treats e S'Mores Nutri-Grain Bars). A aquisição da Keebler em 2001 também aumentou rapidamente o portfólio de petiscos da Kellogg. Gutierrez previu que em breve os cereais responderiam por menos da metade dos negócios da Kellogg, visto que a empresa busca cada vez mais o mercado de comidas de conveniência com produtos como o Nutri-Grain Bars. Como Gutierrez afirmou, "As pessoas beliscam – é nessa direção que o mundo está se movendo".

Por volta do final de 1999, as linhas de petiscos da Kellogg já estavam evidenciando aumentos consideráveis em vendas e lucros. As iniciativas de desenvolvimento de novos produtos na Kellogg concentraram-se em novos petiscos, e vários foram extensões de linha dos petiscos familiares da empresa. Entre os produtos testados estavam o Rice Krispies Treats sabor *kimchi* e alga (ambos direcionados a mercados externos, embora nenhum deles lançados no final). Outra foi o Krave, barra de cereais destinada a lanches no meio do dia. O Krave seria apoiado com uma verba de propaganda de US$ 2 a US$ 3 milhões; na embalagem, o "K" de Krave foi escrito como o conhecido K em vermelho da Kellogg's. O Snack 'Ums (veja acima) saiu-se bem. Ao mesmo tempo, marcas de cereais importantes como a Special K estão sendo apoiadas por orçamentos significativos de propaganda e promoção de vendas: certa vez, a Kellogg colocou Beanie Babies, uma linha de bichinhos de pelúcia bastante popular nos Estados Unidos, em suas caixas de cereais.

Em 2002, a empresa reconquistou a posição de liderança, em grande parte em virtude do sucesso de seus novos produtos e de seus sensatos investimentos em marketing. Em 2003, outros biscoitos novos foram lançados: E. L. Fudge Butterfingers e variedades de S'Mores. Em conformidade com a estratégia de extensão de linha, novos cereais foram incluídos, como Special K Red Berries e Special K Vanilla Almond, bem como Maple Brown Sugar Frosted Mini Wheats, Smart Start e Tony's Cinnamon Crunchers. Em 2004, foram lançados o Frosted Flakes e Froot Loops com baixo teor de açúcar, assim como o Fruit Twistables (um petisco). Além disso, recentemente a Kellogg entrou em grande estilo no segmento de licenciamento com itens de Bob Esponja Calça Quadrada, como Pop-Tarts, *waffles* Eggo e Cheez-Its. Em 2006, a Kellogg estava enfocando o Special K como uma "megamarca", sob a qual lançou vários novos petiscos (Snack Bites, K2O Protein Water e Protein Bars), bem como cereais Special K com sabor de fruta e iogurte. Esses lançamentos estavam vinculados a promoções agressivas direcionadas ao círculo de pessoas preocupadas com a contagem de calorias. Durante 2006, a empresa patrocinou a campanha de propaganda "Drop a Jeans Size" ("Diminua um Número da Calça Jeans"), veiculou uma promoção conjunta com as academias David Lloyd na Grã-Bretanha, apoiou um *site* especial de "*get fit*" (fique em forma) e ofereceu os relógios Special K Personal Trainer. Percebendo a obsessão por alimentação saudável na América do Norte e em outros lugares, a Kellogg também associou a promoção do All-Bran à melhor digestão.

Em vista do que você conhece a respeito do setor de cereais e das informações apresentadas aqui, escolha um dos produtos ou uma das linhas de produtos comercializadas pela Kellogg (pode ser uma marca mais antiga ou um lançamento recente) e tente redigir um PIC para 1999, em torno da época da posse de Gutierrez no cargo de diretor executivo. Siga o formato da Figura 3.5. Lembre-se de preencher todos os componentes do PIC e inclua na seção fundamento de seu PIC quais planos estratégicos de nível superior provavelmente estavam em vigor. Explique também como o

PIC da Kellogg aparentemente evoluiu de 1999 a 2006. Outro desafio: tente imaginar futuros produtos e/ou linhas de produtos que seriam coerentes com seu PIC e poderiam ser direções atraentes para o desenvolvimento de novos produtos da Kellogg.

ESTUDO DE CASO   Element, da Honda[51]

A Honda, como a maioria das montadoras de automóveis, é especialista no uso de plataformas de produto. Este estudo de caso apresenta todas as fases do processo de novos produtos, ressaltando como a Honda utilizou seu *know-how* em plataformas de produto para desenvolver uma nova caminhonete leve e com uma boa relação custo-benefício, o SUV Element, altamente atraente para o segmento de mercado almejado.

O desenvolvimento do Element começou em 1998 com uma ideia para um novo tipo de caminhonete leve. Na época, a Honda já estava produzindo várias linhas de caminhonetes leves e utilitários esportivos (SUVs), como o CR-V, o SUV Pilot e a *minivan* Odyssey. Também nessa época, uma nova equipe transfuncional foi encarregada de desenvolver uma nova caminhonete leve para acrescentar à sua linha, direcionada a um segmento diferente de clientes e a outra situação de uso. O alvo era particularmente homens da geração Y (com idade entre 19 e 29) que comprariam seu primeiro carro. A geração Y era um mercado potencialmente lucrativo: era um segmento considerável, quase tão grande quando o *"baby boom"* (indivíduos nascidos entre 1946 e 1964). Além disso, 52% dos que estavam comprando seu primeiro carro estavam nesse grupo demográfico. No modelo de negócio original, foi previsto que as vendas do Element atingiriam 50.000 unidades no primeiro ano. Esse número baseava-se em uma comparação com as vendas do CR-V, que haviam alcançado cerca de 100.000 unidades por ano na América do Norte.

Os vendedores veteranos da Honda reconheceram que vários dos carros e caminhonetes leves da empresa eram populares entre mulheres jovens ou famílias, mas nem um pouco atraentes para homens jovens. A Honda sabia também que diversos concorrentes tinham SUVs na faixa de preço de US$ 20.000 que eram atraentes para esse segmento. Obter lealdade em uma idade jovem sempre foi uma estratégia para as montadoras de automóveis, visto que elas esperam que os clientes mudem para carros mais caros ou luxuosos na linha em questão quando ficarem mais ricos. Por exemplo, o proprietário de um Element pode substituí-lo por um Accord, e depois um Odyssey, com o passar do tempo. A Honda sem dúvida estava utilizando dados demográficos como fundamento de segmentação e identificando um segmento com alto potencial de crescimento.

A responsabilidade original da equipe de produto era desenvolver um *design* novo e irresistível aos quais os usuários-alvo ficassem suscetíveis, ao mesmo tempo mantendo o preço de varejo acessível. Desse modo, a primeira tarefa era tentar compreender os valores e crenças essenciais desse segmento desconhecido. Foi conduzida uma pesquisa etnográfica "mosca na parede" (*fly on the wall*) na X Games, que apresenta competições em eventos radicais como esqui acrobático, *snowboarding* e *motocross* na lama. Os pesquisadores utilizaram câmeras para observar os participantes e espectadores do X Games durante e depois das competições. Uma análise posterior dos vídeos ofereceu uma visão clara dos jovens do sexo masculino no mercado-alvo: eles exibem uma forte identificação de grupo, apoiam causas sociais e ambientais, são instruídos e tendem a ser menos direcionados à carreira do que segmentos mais velhos. Essas observações ofereceram dicas para os *designers* da Honda sobre os atri-

---

[51] Esse estudo de caso é extraído de Marc H. Meyer, "Perspective: How Honda Innovates", *Journal of Product Innovation Management*, 25(3), May 2008, pp. 261–271.

butos que seria necessário desenvolver para atrair esse alvo. Por exemplo, usuários típicos desse grupo etário precisariam de um veículo que oferecesse flexibilidade: deveria ter espaço para transportar facilmente equipamentos esportivos, móveis de quarto ou muitos amigos e até servir de dormitório em viagens de fim de semana.

Os planejadores de produto reconheceram que as caminhonetes leves já existentes na linha tinham uma declaração de posicionamento bem definida. O CR-V era para indivíduos solteiros e ativos ou famílias pequenas; o Pilot para famílias maiores; e o Odyssey era mais atraente para famílias mais acomodadas. O Element poderia preencher uma lacuna no mapa de posicionamento: uma caminhonete leve para homens solteiros com um estilo de vida não convencional.

Os *designers* constataram que teriam de criar flexibilidade no *design* do Element. O Element precisaria ter uma aparência exclusiva e também oferecer uma experiência de dirigir divertida. Foram identificados ao todo quatro temas para o Element: adaptabilidade/modularidade, autenticidade, funcionalidade e atitude/expressão. Eles foram adicionados ao três temas de *design* que determinam o desenvolvimento de todos os carros da Honda – desempenho, segurança e valor – para chegar aos sete temas de *design* que orientaram os *designers* e engenheiros que estavam trabalhando no Element.

Diversas atividades foram então conduzidas simultaneamente. Os *designers* esboçaram várias novas versões de uma aparência exterior nova e arrojada. Nesse ínterim, os engenheiros trabalharam na adaptabilidade, concentrando-se em poltronas reclináveis que oferecessem espaço suficiente para volumes ou para dormir quando reclinadas. As portas laterais foram fixadas de uma maneira que facilitasse a entrada e saída e a porta traseira foi também redefinida para o formato de "concha de marisco" para melhorar o acesso. Um teto solar removível possibilitaria que o usuário carregasse verticalmente uma peça de móvel alta, com a parte superior da peça para fora. Munidos de esboços do que haviam adiantado até então, os membros da equipe (engenheiros e profissionais de marketing) visitaram várias universidades e encontraram-se com estudantes do sexo masculino nas repúblicas. Depois de obter um *feedback*, fizeram ajustes e conseguiram realizar várias melhorias "de imediato".

Para obter o apoio da alta administração para o Element, a equipe de produto convidou executivos da Honda para a San Onofre Surf Beach na Califórnia, junto com vários estudantes universitários da geração Y, para uma viagem de acampamento de fim de semana. O grupo discutiu sobre o estilo de vida da geração Y e também sobre assuntos de carro. A equipe sentiu que a alta administração apoiaria o projeto se eles "experimentassem a vida" do usuário-alvo. Funcionou. Os altos executivos ficaram convencidos do valor do Element para a linha de automóveis da Honda e o projeto obteve aprovação. Foi escolhida uma data de lançamento para o final de 2003.

Assim que o projeto foi aprovado, os *designers* atualizaram seus esboços, foram construídos modelos com tamanho de um quarto em argila e no devido tempo protótipos no tamanho real foram criados e submetidos aos altos executivos para aprovação. Na época, foi escolhido um grupo de usuários com 30 homens na idade do grupo etário pretendido. Todos eles moravam próximo do Centro de Design da Honda, em Torrance, Califórnia. Além disso, eles reavaliaram os esboços e os protótipos e gradualmente um *design* que esse grupo achou realmente interessante foi finalizado.

Foi aí que a experiência de plataforma da Honda entrou em ação. O desenvolvimento de um novo carro normalmente é dividido em subsistemas. No caso do Element, foram utilizados quatro subsistemas: exterior, interior, suspensão e transmissão. Para cada um, foi criada uma estratégia de *design* e o trabalho foi levado adiante com reavaliações periódicas da alta administração. O subsistema exterior compreendia a estrutura, para-choques, para-brisa, teto solar, porta traseira etc. Muitos desses componentes foram projetados especificamente para o segmento-alvo do Element, como as portas laterais especiais e a porta traseira em forma de concha. Os painéis exteriores também foram projetados para ter durabilidade extra. Em resumo, a parte externa do Element era tão diferente em relação à de outros automóveis da Honda que foi necessário projetá-la de uma forma exclusiva, a partir do zero. De modo semelhante, o *design* era especial. O princípio determinante por trás do *design* do interior do Element era flexibilidade no armazenamento de volumes. As poltronas poderiam ser reconfiguradas facilmente em várias posições distintas ou totalmente removidas. Como também se previa a possibilidade de entrada de areia ou barro na parte traseira, a facilidade de limpeza era uma necessidade. O assoalho foi revestido com uretano e as conexões eletrônicas foram colocadas abaixo do assoalho ou em protetores à prova d'água. Foi até usado um tecido à prova d'água nos bancos.

Entretanto, havia pouca necessidade de desenvolver uma suspensão totalmente exclusiva para o Element. A experiência tinha de oferecer maneabilidade, descontração e diversão, e a suspensão atual do CR-V não teria oferecido os benefícios desejados. Para resolver o problema, os engenheiros da Honda associaram o chassi básico do CR-V com a caixa de engrenagem de direção usada no CR-V, MDX e Pilot, deixando o Element mais largo e mais próximo do chão, e colocaram pneus mais largos. Finalmente, no sistema de transmissão eles usaram o motor existente de 2,4 litros, VTEC (*variable valve timing and emissions control* – controle variável de emissões e *timing* de válvulas), especificamente adaptado para o Element para oferecer 160 cavalos de potência a 5.500 RPM – uma potência e tanto para o cliente-alvo. Além disso, esse motor fazia 11 quilômetros por litro (avaliação em autoestrada) e atendia a todos padrões de emissão da Califórnia. Como o sistema de transmissão era responsável por 20% a 30% do custo das mercadorias de cada carro, a Honda sempre investiu em excelentes sistemas de transmissão; equipes de produto como a do Element na verdade não têm autorização para projetar novos sistemas de transmissão, mas efetivamente devem trabalhar com o Power Train Group central da Honda. Esse mesmo motor foi usado no CR-V e Acura RSX de 2002, bem como no Accord de 2003. Com o Element, quatro diferentes produtos eram atendidos pelo mesmo motor, e quaisquer avanços feitos pelo Power Train Group beneficiam todos eles.

No verão de 2003, as primeiras operações de fabricação começaram e versões iniciais do Element foram enviadas às concessionárias. O marketing trabalhou na finalização da marca; "Element" foi o favorito do painel de usuários e também em pesquisas junto a consumidores em potencial. As mensagens tinham de ser cuidadosamente escolhidas, tendo em vista a notória aversão da geração Y pela propaganda tradicional. A Honda escolheu uma abordagem mais popular, criando burburinho em grupos de entusiastas de automóveis, feiras de automóveis e faculdades. Além disso, a Honda patrocinou eventos de surfe e caravanas em universidades, algo extremamente incomum para uma montadora de automóveis. Uma propaganda televisiva mais tradicional utilizou um tema de estilo de vida, mostrando grupos de jovens amigos da geração Y indo à praia ou a uma festa.

A trabalho árduo da equipe de produto valeu a pena. O Element foi eleito o SUV do ano 2003 pela *Automobile Magazine* na modalidade de pequeno porte e as vendas foram boas – as vendas de 2004 alcançaram 75.000 carros, consideravelmente acima da previsão. A maior surpresa foi que o Element demonstrou-se benquisto entre todos os grupos etários: 40% dos proprietários do Element encontravam-se na metade ou no final dos 30 e muitos *baby boomers* também compraram o Element. Contudo, os proprietários eram em sua maioria (se não totalmente) homens e tinham um estilo de vida mais ativo do que os proprietários usuais do Civic. Os proprietários mais velhos pareciam gostar do fato de o Element ser nitidamente um carro para jovens.

      Comente os fatores responsáveis pelo sucesso do Element. Inclua a estratégia de plataforma da Honda e igualmente quaisquer outros aspectos que você considere relevante. Em sua resposta, tente também imaginar como deve ter sido o PIC do Element. Quais benefícios tangíveis resultaram do fato de a Honda ter ouvido a voz dos clientes? O que poderia ser aprendido com este estudo de caso por empresas de setores diferentes do setor de fabricação de automóveis?

```
┌─────────────────────────────────┐
│ Continuação da Figura I.1       │
│ (Identificação de oportunidades)│
└─────────────────────────────────┘
                │
                ▼
╔═══════════════════════════════════════════════════════════════╗
║              *Preparação para a Geração de Ideias*            ║
╟───────────────────────────────────────────────────────────────╢
║  Constituir uma equipe ou núcleo para a geração de ideias e   ║
║  etapas de triagem                                            ║
║  Treinar ou preparar a equipe de geração de ideias            ║
╚═══════════════════════════════════════════════════════════════╝
                │
                ▼
╔═══════════════════════════════════════════════════════════════╗
║                    *Identificação de Problemas*               ║
╟───────────────────────────────────────────────────────────────╢
║  Análise em profundidade de mercados, principalmente por      ║
║  meio de alguma forma de análise de problemas ou análise      ║
║  de cenário                                                   ║
╚═══════════════════════════════════════════════════════════════╝
                │
                ▼
        ┌──────────────────────┐
        │ *Solucionar o Problema* │
        └──────────────────────┘
```

Tecnologia	A equipe		Uso final
Procurar possíveis soluções. Talvez tenha sido descoberta uma nova tecnologia	Solução analítica de problemas	Solução de problemas inesperados	Oferecer possíveis soluções. Talvez tenha um protótipo funcional

Coletar conceitos de outras pessoas na organização		Coletar conceitos fora da organização

Acervo de conceitos de novos produtos, de ideias vagas a protótipos funcionais

↓

Continua na Figura III.1
(Avaliação de conceitos/projetos)

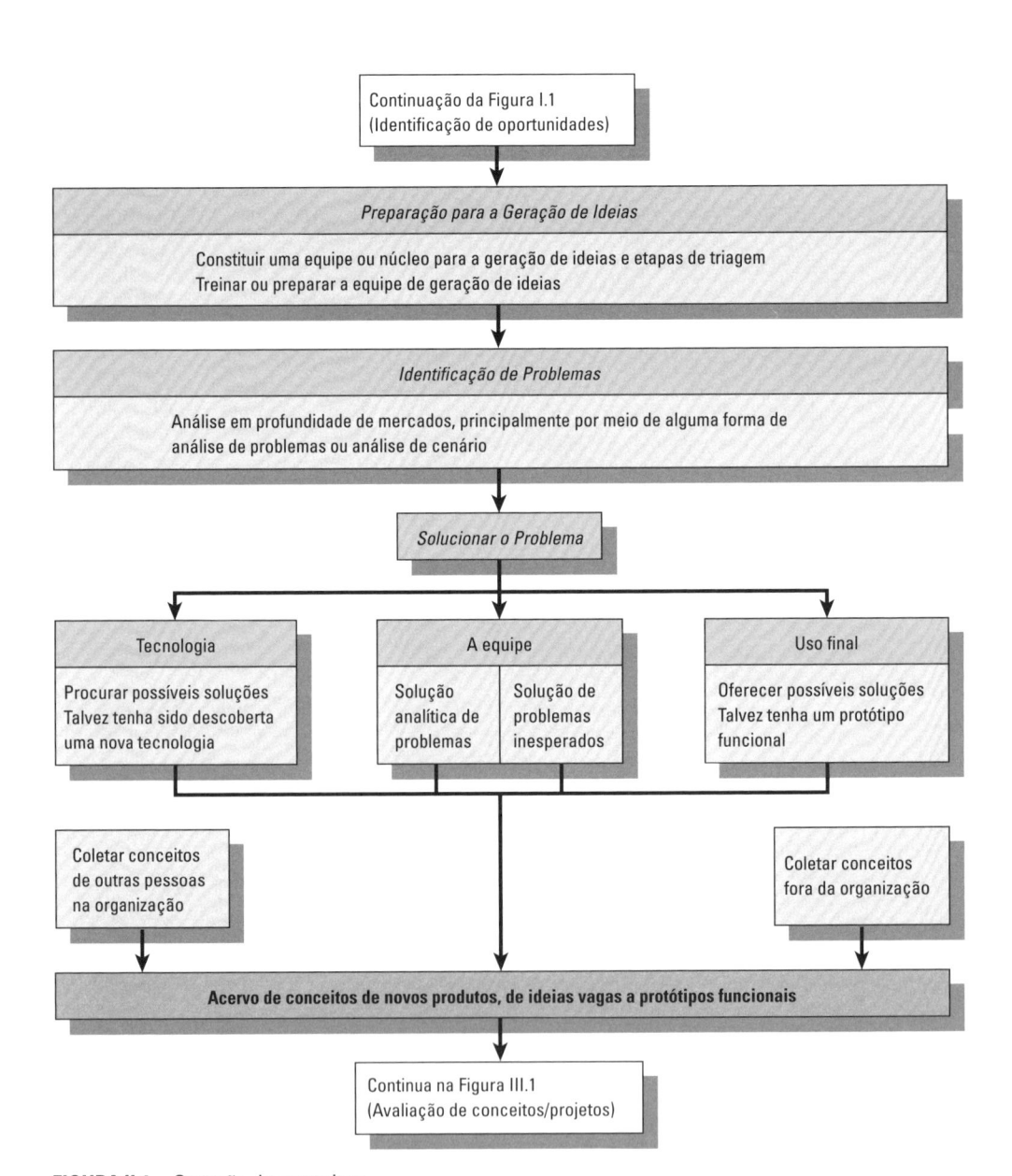

FIGURA II.1 Geração de conceitos.

PARTE II
Geração de conceitos

Nos Capítulos 1 e 2, vimos o processo geral de novos produtos e aprendemos que a primeira fase resume-se totalmente ao planejamento estratégico – o fundamento lógico é que é necessário procurar novos produtos que sejam melhores para a empresa em questão.

A geração de ideias ocorre constantemente. Em toda organização, muitos funcionários propõem possibilidades de novos produtos, e o ato de criatividade nunca poderia ficar confinado a um diagrama. Mas existem padrões comuns, e nós os gerenciamos.

Examine a Figura II.1. Começando pela parte superior, vemos "Preparação para a geração de ideias", assunto do Capítulo 4. Obviamente, as pessoas internas e externas à empresa não reprimem a geração de ideias até o momento da "preparação", mas a criatividade gerenciada é muito mais bem-sucedida quando destinamos grande parte dessa tarefa a pessoas com sólidas habilidades criativas. Por isso, já no início, precisamos nos concentrar em problemas e necessidades. Desse modo, de uma ou de outra forma, tentamos identificar um ou mais problemas específicos que a criatividade pode focalizar. O processo de identificação de problemas e descoberta de meios criativos para solucioná-los é o tema do Capítulo 5. A maioria do que é abordado no restante da Parte II faz exatamente isso, mas ainda há muita geração autônoma de ideias em processo.

Essa atividade ocorre em cinco áreas, como mostrado na figura. À esquerda, a maior parte das empresas tem uma operação tecnológica (P&D ou engenharia) na qual tecnologias completamente novas são procuradas. Além disso, o pessoal técnico se encontra a postos para ajudar a solucionar os problemas identificados anteriormente. À direita, os usuários finais (aliás, todas as partes interessadas no mercado) também participam da geração autônoma de ideias e alguns deles na verdade projetam seus próprios produtos, produzem protótipos e os colocam para funcionar. Por exemplo, um dentista ou técnico em radiologia podem muito bem idealizar algum aparelho dessa forma. Eles podem ainda estar preparados para nos ajudar a solucionar os problemas que identificamos.

Nesse ínterim, na parte central do diagrama, a equipe ou grupo interno de pessoas que estão trabalhando nesse projeto realizam seu próprio processo de solução de problemas. E eles se envolvem com outras atividades (Capítulos 6 e 7) que geram produtos "inesperados". Esses produtos, obviamente, não estão direcionados a um problema, e por isso é necessário descobrir se alguém tem um problema compatível com essa solução. Enquanto tudo isso ocorre, pessoas de todas as partes nos relatam suas ideias: funcionários da organização como um todo, a família desses funcionários e até pessoas completamente estranhas. Elas se encontram nas partes esquerda e direita da figura e na parte inferior. A consequência é um banco (*pool*) de ideias, e o preenchimento desse acervo é abordado nos Capítulos 4 a 7. Retomaremos a questão da avaliação e aprimoramento desses conceitos na Parte III deste livro.

O tema de geração de ideias é extremamente abrangente e existem centenas de métodos. Os melhores são apresentados aqui e um conjunto de outros frequentemente utilizados são mostrados no Apêndice B. O que funciona para uma *pizza* não funcionaria para um sensor de fibra óptica. E como nada no mundo da criatividade presta-se muito bem à pesquisa, o que a maioria das empresas faz é o que as satisfaz.

CAPÍTULO 4
Criatividade e conceito de produto

INFORMAÇÕES PRELIMINARES

Este capítulo nos conduz a vários assuntos. Primeiro, a responsabilidade dos gestores é preparar a empresa para a geração de ideias – a primeira etapa na Figura II.1.[1] Isso significa reunir as pessoas corretas, inseri-las no ambiente correto e geralmente prepará-las para o processo de geração de ideias. Segundo, o pessoal de criação precisa saber o que está sendo procurado – isto é, o que é um conceito e como normalmente ele é encontrado e identificado? Terceiro, um sistema específico de geração ativa (e não reativa) de conceitos é explorado – por exemplo, abordagens que parecem funcionar. Uma parte desse sistema – utilizar funcionários e não funcionários na busca de ideias prontas – será discutida neste capítulo e as outras se seguirão nos Capítulos 5, 6 e 7.

PREPARAÇÃO

Muitas pessoas imaginam que a inovação de produtos começa com uma nova ideia de produto. Mas o Capítulo 3 mostrou que é bem mais adequado escolher um campo de jogo e algumas regras (ter uma estratégia) antes do início do jogo.

Termo de inovação de produto

Pense nestes itens de um termo de inovação de produto (*product innovation charter* – PIC) hipotético (Capítulo 3) considerando uma empresa que fabrica banheiras:

- Nossos conceitos de novos produtos devem ser úteis para pessoas mais velhas e para pessoas com deficiência física.
- Os novos produtos provenientes desses conceitos devem utilizar as sólidas capacidades de *design* da empresa, bem como o cobre.

Supondo que o trabalho do PIC tenha sido bem feito, qualquer pessoa que estivesse tentando propor novas ideias de banheira para essa empresa deveria conhecer o plano do jogo, pois do contrário as várias ideias criadas simplesmente seriam erradas. Em um caso como esse, ter uma estratégia ajuda.

Encontrando as pessoas certas

A criatividade foi definida por Craig Wynett, um alto gerente da P&G, como "atividade diária de realizar correlações não óbvias". Empresas como a P&G que são conhecidas por seus inovadores programas de produto são também conhecidas por ter um quadro de pessoas altamente criativas – aquelas que criam ideias originais que têm alto grau de utilidade. Uma pessoa extremamente criativa foi Harry Coover, que descobriu a supercola (adesivos cianoacrilatos). Ele estava trabalhando em plásticos para moldar miras de precisão para armas. Coover percebeu que o plástico com o qual estava trabalhando grudava em tudo e estragava o refratômetro que estava uti-

---
[1] Anônimo, "Inspiring Innovation", *Harvard Business Review,* August 2002, pp. 39–49.

lizando em sua pesquisa. Ele foi também o primeiro a ter a ideia de que as supercolas poderiam ser usadas pelos médicos como adesivo de tecidos humanos.[2] O exemplo de Harry Coover demonstra que a originalidade e a utilidade são características fundamentais das ideias criativas.

A maioria das pessoas pensa reprodutivamente – soluciona problemas de uma maneira que já funcionou para nós no passado. Os gênios criativos pensam produtivamente, reconsiderando a maneira de visualizar o problema. O físico Richard Feynman, ganhador do Prêmio Nobel, chamou esse processo de "inventar novas formas de pensar". Por exemplo, qual é metade de 13? A maioria diria 6,5. Contudo, redefinindo o problema, podemos identificar outras soluções.

- A metade de *"thirteen"* (treze) é *"thir"*.
- A metade de "1-3" é "1".
- O número XIII cortado horizontalmente na metade transforma-se em VIII.

Você consegue pensar em outras opções? O fundamental aqui é continuar examinando, mesmo depois de ter encontrado uma solução![3] Várias estratégias de raciocínio parecem comuns para os gênios criativos de todas as esferas da vida (consulte a Figura 4.1).

Um estereótipo habitual é que as pessoas criativas são excêntricas. Embora isso nem sempre seja verdade, os indivíduos criativos de fato se anunciam como uma pessoa que deixa uma trilha de realizações criativas ao longo da vida. Eles são criativos quando criança e nunca deixam de ser criativos. Esse é o fator preponderante para nós, visto que as pessoas criativas consideradas para ocupar um posto em uma equipe de novos produtos podem ser avaliadas com base em seu passado. As pessoas que não têm uma trilha de vida normalmente atribuem a culpa a ambientes não familiares, chefes avassaladores, poucas oportunidades etc.

A criatividade pode ser medida por meio do Índice de criatividade padrão MBTI® (Myers-Briggs Type Indicator). Esse índice baseia-se no instrumento de avaliação de personalidade (indicador de tipos) MBTI, utilizado para avaliar os indivíduos em quatro escalas de personalidade (intuitivo-sensorial, perceptivo-julgador, extrovertido-introvertido e pensativo-sentimental). O Índice de Criatividade MBTI utiliza classificações de personalidade para avaliar a criatividade de uma pessoa: os indivíduos criativos tendem a ser mais intuitivos, perceptivos, extrovertidos e pensativos do que outros indivíduos.[4] Estudos mais recentes sobre o pessoal de desenvolvimento de novos produtos descobriram que as pessoas com alta classificação no Índice de Criatividade MBTI realizaram mais projetos de novos produtos e identificaram oportunidades de novos produtos que eram mais lucrativas do que aquelas identificadas por outro pessoal.[5] Isso indica que escolher as pessoas certas e envolvê-

---

[2] Harry W. Coover, "Discovery of Superglue Shows Power of Pursuing the Unexplained", *Research-Technology Management*, September–October 2000, pp. 36–39.

[3] Michael Michalko, "Thinking Like a Genius", *The Futurist*, May 1998, pp. 21–25. Com relação a dezenas de problemas desse tipo, experimente thinks.com/brainteasers. Boa sorte para encontrar soluções criativas!

[4] Avril Thorne & Harrison Gough, *Portraits of Type: An MBTI Research Compendium* (Palo Alto, CA: Consulting Psychologists Press, 1991).

[5] Greg Stevens, James Burley & Richard Divine, "Creativity—Business Discipline—Higher Profits Faster from New Product Development", *Journal of Product Innovation Management*, 16(5), September 1999, pp. 455–468; e Greg Stevens & James Burley, "Piloting the Rocket of Radical Innovation", *Research-Technology Management*, 46(3), March–April 2003, pp. 16–25.

FIGURA 4.1 Estratégias de raciocínio de gênio.

1. Os gênios descobrem diferentes formas de examinar um problema. Einstein, por exemplo, e da Vinci, tinham a fama de examinar seus problemas sob diversas perspectivas.
2. Os gênios tornam suas ideias visíveis. Os famosos esboços de Leonardo da Vinci e o diagrama dos planetas de Galileu possibilitaram que eles expusessem visivelmente as informações, em lugar de se apoiar estritamente em análise matemática.
3. Os gênios produzem. Thomas Edison tinha a cota de uma invenção a cada dez dias. Mozart foi um dos compositores mais inventivos durante seu breve período de vida.
4. Os gênios fazem associações originais. Einstein descobriu a relação entre energia, massa e velocidade da luz (a equação $E = mc^2$).
5. Os gênios forçam relações. Eles conseguem fazer correlações que outros não conseguem. O cientista August Kekulé sonhou com uma cobra engolindo o próprio rabo, indicando-lhe imediatamente que o formato da molécula que ele estava estudando (benzeno) era circular.
6. Os gênios pensam em opostos. Isso normalmente revela um novo ponto de vista. O físico Neils Bohr concebia a luz tanto como uma onda quanto como uma partícula.
7. Os gênios pensam metaforicamente. Bell imaginou uma membrana movendo o aço e em sua semelhança com a estrutura do ouvido; isso ocasionou o desenvolvimento do telefone.
8. Os gênios se preparam para o acaso. Fleming não foi o primeiro a ver a formação de fungos em uma cultura de bactérias, mas foi o primeiro a investigar os fungos, o que acabou resultando na descoberta da penicilina.

Fonte: De Michael Michalko, "Thinking Like a Genius", *The Futurist*, May 1998, pp. 21–25. Originalmente publicado em *The Futurist*. Utilizado com permissão da World Future Society, 7910 Woodmont Avenue, Suite 450, Bethesda, Maryland 20814 USA. Telefone: 01-656-8274; www.wfs.org.

-las no processo de novos produtos nas fases mais iniciais pode ser tão importante quanto o processo em si.

Papel da administração na criatividade

Certamente, a administração tem um papel no sentido de extrair o melhor das "pessoas de ideias". Algumas empresas, como a General Electric, parecem abraçar verdadeiramente as novas ideias, tratando-as como iniciativas corporativas, organizando sessões de aprendizagem e, mais importante, mantendo-se fiéis a elas – em vez de passar para a "próxima grande sensação". Essa ênfase sobre a inovação em negócios permite que a GE ganhe vantagem sobre os concorrentes que se concentram somente nos resultados financeiros.[6] Um trabalho recente sobre geração de ideias em grandes organizações indica que os altos executivos devem manter o controle sobre os projetos inovadores e ao mesmo tempo permitir que os funcionários realizem a maior parte possível desse trabalho. Em suma, a alta administração deve manter-se envolvida; e os participantes que contribuíram para o *design* da inovação ficarão mais propensos a abraçá-la.[7]

O pessoal de criação pode se beneficiar do treinamento. Programas de treinamento que variam desde cursos introdutórios de *brainstorming* tradicional a sessões elaboradas que incluem jogos e brincadeiras rudes. Óbvio, mas com frequência igno-

---

[6] Thomas H. Davenport, Laurence Prusak & H. James Wilson, *What's the Big Idea? Creating and Capitalizing on the Best Management Thinking* (Cambridge, MA: Harvard Business School Press, 2003).

[7] Davenport *et al.*, 2003, p. 171.

FIGURA 4.2 Obstáculos à geração de ideias.

Consenso acrítico (*groupthink*): Pensamos que estamos sendo criativos, quando na realidade estamos apenas propondo ideias que nosso grupo considerará aceitável. Lembre-se de que não estamos tentando revelar o que é "senso comum", mas ideias realmente originais.

Erro de segmentação: Sempre voltamos aos mesmos alvos demográficos básicos (por exemplo, os segmentos de mercado abaixo de 35 ou acima de 50). Excelentes oportunidades de novos produtos podem ser perdidas em consequência disso.

Conhecimento insuficiente sobre o cliente: Não obstante o dinheiro gasto em pesquisa de mercado pelas principais empresas, a realidade é que pouco se conhece sobre os clientes potenciais. Investimentos generosos em pesquisa não garantem que ela tenha sido bem feita.

Complexidade: Nas organizações, o pessoal de criação e igualmente a alta administração com frequência pensam que, quanto mais complexa a ideia, melhor ela é (ou mais inteligente e mais fácil de promover ela parece ser). Entretanto, a complexidade é um dos principais obstáculos à adoção de um novo produto (consulte a discussão a respeito no Capítulo 8).

Falta de empatia: Esses mesmos gestores são também indivíduos instruídos e de alta renda acostumados a um estilo de vida sofisticado. Eles simplesmente podem não conhecer o cliente "típico" ao qual estão tentando vender.

Muitos caciques: Uma equipe de novos produtos pequena funciona bem, mas as grandes empresas são particularmente propensas à disputa interna por poder e influência. Essa não é um atmosfera saudável para um novo produto nas fases iniciais de desenvolvimento.

Fonte: Jerry W. Thomas, "In Tough Times, 'Hyper-Creatives' Provide an Advantage", *Visions*, 33(3), October 2009, 24–26.

rado, é o treinamento em produtos, mercados, concorrentes, tecnologias utilizadas etc. da empresa.

As ideias recém-geradas são extremamente frágeis, praticamente o oposto dos conceitos sólidos e quase imbatíveis que já transpuseram 80% do processo. A essa altura, várias já ganharam um ou mais donos influentes. Por isso, se dificultarmos as coisas para essas pessoas, não demonstrarmos nenhum apreço por suas ideias, não oferecermos nenhum estímulo específico, elas simplesmente deixarão as ideias para lá, prometendo "não desperdiçar suas 'preciosidades geniais' com aqueles idiotas". A Figura 4.2 mostra os tipos de obstáculo que existem dentro das empresas e que as impedem de gerar novas ideias criativas: não conhecer os clientes, não ser empático com as necessidades dos clientes, preferir ideias com as quais todos concordam, e não aquelas de fato criativas, etc.

John Cleese, antigamente do Monty Python, agora é consultor de treinamento. Ele brinca: "Sem mais erros, e você estará acabado!". Isso desperta uma sensação de entusiasmo no pessoal de criação, e não há nada como o entusiasmo para manter a seiva da inovação fluindo. Michael Dell, diretor executivo da Dell Computers, afirma que é importante manter seus funcionários sem receio de fracassar, visto que ele acredita que a inovação tem a ver com aprender com o fracasso.[8]

Por isso, a alta administração das empresas têm dois focos de atividades, um concebido para estimular a atividade de criação e outro para eliminar os obstáculos que a cerceiam.

---

[8] "Inspiring Innovation", *op. cit.*

Atividades para estimular a criatividade

Os gestores atuais reconhecem que os inovadores tendem a ser diferentes e precisam de tratamento especial. "Transigente" é a palavra. Não se pode permitir que os inovadores violem as regras à vontade, mas é bom reconhecer a individualidade, ser tolerante com algumas aberrações e apoiar em situações de estresse. Além disso, a administração deve dar aos inovadores liberdade para se associar com outras pessoas em posições semelhantes. Essa liberdade se estende a todas as áreas funcionais e também ao âmbito externo da empresa – sem celas trancadas. A administração deve ainda permitir que os inovadores ajudem no desenvolvimento de determinados projetos, embora com frequência isso seja difícil. As atribuições de cargo devem ser desafiadoras. Não falta confiança às pessoas de criação e, na verdade, normalmente elas consideram suas atribuições atuais uma perda de tempo. Isso significa que *elas* determinarão se uma atribuição vale a pena – ninguém pode lhes dizer isso. Algumas empresas criam deliberadamente equipes concorrentes para que disputem um prazo final. A administração da Bell & Howell certa vez divulgou uma notícia falsa sobre um avanço iminente da concorrência para acelerar um grupo científico. Uma técnica mais comum é o tempo livre. A empresa Google, por exemplo, oferece a seus pesquisadores 20% de tempo livre para que trabalhem em qualquer projeto criativo que desejarem. O serviço Gmail do Google foi um dos produtos inovadores que surgiu de um projeto desenvolvido no tempo livre. Outro foi o Post-It; a 3M há muito tempo acredita no tempo livre para seus funcionários.[9] O tempo flexível é uma ferramenta semelhante, mas para o pessoal de criação isso significa deixá-los levar trabalho para casa ou ficar em sua área de trabalho e trabalhar a noite inteira se desejado. Transferir o pessoal de criação também ajuda. As pessoas de criação gostam de novidade e ocasionalmente precisam mudar de situação.

Por isso, obviamente, vemos uma ampla variedade de técnicas exclusivas desenvolvidas por empresas específicas, em particular por aquelas famosas por seus êxitos criativos. A Texas Instruments (TI), por exemplo, tinha um programa chamado IDEA (*identify, develop, expose, action* – identificar, desenvolver, expor e ação). Sessenta representantes do IDEA em toda a TI podiam distribuir recursos financeiros (sem aprovação superior) para projetos propostos pelos funcionários que não tinham influência suficiente para obtê-los por meio dos canais normais. O Speak & Spell foi um resultado notável. A 3M também concede subvenções de criação de até US$ 30.000 para financiar novos projetos inovadores que não se enquadram na estrutura da empresa. O sistema SX-70 da Polaroid também começou dessa forma: o projeto na verdade era um "experimento especial de número 70", desenvolvido fora da estrutura normal da Polaroid. A Sony e a Toshiba concedem às equipes uma verba de projeto de seis meses para conduzir o conceito de um novo produto em todo o processo de desenvolvimento até sua introdução em pequena escala no mercado. Esse investimento não apenas oferece recursos de desenvolvimento à equipe, mas também possibilita que a empresa estabeleça um padrão de tecnologia e identifique os adotantes iniciais no mercado.[10]

A 3M Company tem um longo histórico de inovação e, portanto, não é de surpreender que o presidente tenha dito certa vez: "De fato, presumimos que os erros são um componente normal da administração de um negócio, mas esperamos que

---

[9] Ray Boyer & Rishu Mandolia, "Has the Recession Changed Innovation? Varied Perspectives from Those on the Front Lines of NPD", *Visions*, 34(1), 2010, pp. 6–7.

[10] Karen Anne Zien & Sheldon A. Buckler, "From Experience: Dreams to Market: Crafting a Culture of Innovation", *Journal of Product Innovation Management*, 14(4), 1997, pp. 274–287.

nossos erros tenham originalidade".[11] Uma empresa de *design* de produtos extremamente criativa, a IDEO, de Palo Alto, Califórnia, toma várias medidas específicas para criar uma cultura de criatividade e inovação. Essa empresa procura indivíduos que adoram *design* de produtos, abre escritórios em cidades como Chicago, San Francisco, Boston e Tóquio que atraem pessoas criativas e permite que os funcionários troquem de posição e local frequentemente. Para gerar ideias, os *designers* da IDEO desmontam os objetos e podem visitar lugares como cemitérios de aviões ou a Galeria da Fama da Barbie. Eles reúnem componentes e peças variadas de produtos em suas Tech Boxes e indexam todas elas na intranet da empresa. Os curadores das Tech Boxes realizam teleconferências semanalmente.[12]

As empresas criativas normalmente utilizam um banco de dados ou "banco de ideias" para armazenar e documentar ideias de projetos anteriores de novos produtos que foram abandonados para reutilizá-las em outro momento. Essas ideias podem vir de resultados de pesquisa de mercado ou de teste de mercado, auditorias de projeto, planos de *design*, anotações de engenharia e de outras partes. Para ajudar a transferir informações, os gestores que trabalharam no projeto anterior podem ser designados ao projeto em que a ideia possivelmente será reutilizada.[13] A Guinness Breweries, por exemplo, examina periodicamente seu banco de ideias, considerando-o um componente importante da fase de geração de conceitos de seu processo de novos produtos. A Oce, fabricante de periféricos de computador, chama esse banco de dados de "refrigerador de ideias".[14] Em geral, as operações criativas devem ocorrer em áreas propícias à troca de ideias; a disposição dos escritórios deve possibilitar que as pessoas se sintam à vontade; e deve-se ter o mínimo de dispersão possível. Os escritórios da fábrica de *start-ups* de internet Idealab!, e também a IDEO, são projetados para que os funcionários possam ouvir os problemas uns dos outros e interagir o máximo possível.[15]

Essas empresas estimulam ativamente a criatividade entre seus funcionários e obtêm os resultados desejados. A Design Continuum, por exemplo, precisava projetar uma nova lavagem pulsada (um produto que limpa ferimentos com solução salina); pistolas de água movidas a pilha foram a inspiração. Essa empresa criou também um novo *design* de torneira de cozinha depois de pensar sobre as válvulas usadas em brinquedos, carros e produtos médicos. Antes disso, a Design Continuum foi responsável pelo tênis Reebok Pump, utilizando ideias de talas infláveis, sacos intravenosos e válvulas de diagnóstico.[16]

Outra empresa extremamente criativa, a Qualcomm, utiliza uma técnica de *motor de inovação* para ideias. Os altos executivos escolhem cuidadosamente os funcionários que demonstram ser muito criativos e inovadores e formam vários grupos de 12. Cada indivíduo recebe uma incumbência, que é preparar seis ideias que eles acham

---

[11] L. W. Lehr, "The Role of Top Management", *Research Management*, November 1979, pp. 23–25.

[12] Andrew Hargadon & Robert L. Sutton, "Building an Innovation Factory", *Harvard Business Review*, May–June 2000, pp. 157–166.

[13] Sarah J. Marsh & Gregory N. Stock, "Building Dynamic Capabilities in New Product Development through Intertemporal Integration", *Journal of Product Innovation Management*, 20(2), March 2003, pp. 136–148.

[14] Robert G. Cooper, Scott J. Edgett & Elko J. Kleinschmidt, "Optimizing the Stage-Gate System: What Best-Practices Companies Do—I", *Research-Technology Management*, September–October 2002, pp. 21–27; Tekla S. Perry, "Designing a Culture for Creativity", *Research-Technology Management*, March–April 1995, pp. 14–17; e Zien & Buckler, *op. cit.*

[15] Hargadon & Sutton, *op. cit.*

[16] Hargadon & Sutton, *op. cit.*

que a Qualcomm deve desenvolver. Os grupos são encaminhados a sessões de *brainstorming* fora da empresa, nas quais discutem e ampliam as ideias levadas por cada indivíduo, com o objetivo de identificar novas grandes ideias (e não novos produtos incrementais). Todo membro recebe uma alocação do "Qualcomm Bucks", que eles podem investir no que imaginam ser a melhor nova ideia. Esse procedimento pode gerar 12 novas boas ideias, que são então reduzidas a quatro em rodadas sucessivas. A Qualcomm pode transformar essas quatro ideias *"big-bang"* em produtos no prazo de três meses. Uma das ideias *big-bang* mais importantes: Flo TV, um serviço por meio do qual os proprietários de iPhone e aparelhos semelhantes podem assistir à TV, por uma mensalidade modesta, sem experimentar a péssima qualidade de vídeo e os demorados *downloads* normalmente encontrados nesse tipo de serviço.[17]

Recompensas especiais

Não há dúvida sobre a importância de reconhecer um êxito criativo. Mas as pessoas de criação normalmente não se impressionam com recompensas em *grupo*. Elas acreditam que as contribuições em grupo nunca são equivalentes, especialmente se o grupo for de funcionários da empresa, por vários dos quais os criativos têm grande desdém. Isso é injusto; grande parte da criatividade bem-sucedida atualmente ocorre em grupos, e hoje sabemos mais a respeito de como fazer com que as opiniões em grupo funcionem. Mas os criativos de fato gostam de louvores pessoais – de preferência imediatamente. O famoso Thomas Watson, da IBM, normalmente levava dinheiro extra no bolso para que assim pudesse recompensar as pessoas com boas ideias quando as ouvissem. A Campbell Soup tem o Prêmio Presidencial de Excelência. Muitas empresas oferecem jantares anuais para reconhecer os funcionários que obtiveram patentes durante o ano. Na IDEO, não existem organogramas nem cargos: festas e troféus, em vez de promoções de cargo, são as recompensas por um trabalhado bem feito. Em um dos sistemas de recompensa mais excepcionais, a Toyota e a Honda possibilitam que seus líderes acompanhem o lançamento do produto e assumam sua gestão permanente.[18]

Eliminação de obstáculos

Como é possível ver na Figura 4.2, algumas organizações criam obstáculos, talvez involuntariamente, que reprimem a criatividade na geração de conceitos de novos produtos. Os gestores dirão que o conceito "simplesmente não funciona" ou que "é contrário à política" ou "aqui as coisas não são feitas dessa forma". Essas afirmações normalmente são bem intencionadas e podem ser afirmações precisas de *status quo*. Contudo, elas são extremamente desanimadoras para as ideias frágeis e somente o esforço consciente dos gestores pode ajudar a afugentá-las.

Algumas organizações utilizam uma técnica chamada de **resposta pormenorizada**. Todos os treinandos devem praticá-la pessoalmente. Quando surge uma ideia, os ouvintes precisam primeiro citar todas as suas vantagens. Depois eles podem abordar os pontos negativos, mas somente de uma maneira positiva. A linguagem recomendada para apresentar os pontos negativos é "Tudo bem. Vamos ver agora qual seria a melhor forma de superar tal e tal problema". Observe que esse comentário construtivo presume que o problema pode ser superado e o ouvinte se oferece para ajudar. Para estimular a criatividade, algumas empresas incentivam deliberadamente o conflito pondo determinados funcionários na mesma equipe –

---

[17] O exemplo da Flo TV é documentado cm base em vários artigos novos no *site* da, qualcomm.com.

[18] Essas ideias e muitas outras são discutidas em Tekla Perry, "Designing a Culture for Creativity", *op. cit.*

FIGURA 4.3 Barreiras à criatividade da empresa.

- *Diversidade transfuncional.* Uma equipe diversa significa uma ampla variedade de pontos de vista e maior estímulo à criação, mas também pode gerar dificuldades com respeito à resolução de problemas e sobrecarga de informações.
- *Lealdade às áreas funcionais.* Os membros da equipe precisam ter a sensação de pertencer e sentir que eles têm parte no sucesso da equipe. Sem isso, eles serão leais à sua área funcional, e não à equipe.
- *Coesão social.* Talvez até certo ponto inesperadamente, se os laços interpessoais entre os membros da equipe forem muito fortes, um debate sincero pode ser substituído por um acordo amigável e gerar ideias menos inovadoras.
- *O papel da alta administração.* Se a alta administração enfatizar a melhoria contínua, a equipe pode se prender a estratégias de desenvolvimento de produtos familiares e realizar apenas mudanças incrementais. A alta administração deve estimular a equipe a ser ousada e experimentar ideias mais originais.

Fonte: Reimpressa com permissão da *Harvard Business Review*. Quadro extraído de Rajesh Sethi, Daniel C. Smith & Whan Park, "How to Kill a Team's Creativity", August 2002. Copyright © 2002 Harvard Business School Publishing Corporation. Todos os direitos reservados.

por exemplo, um criativo excêntrico e uma pessoa prática. Essa técnica às vezes é chamada de *abrasão criativa*.[19]

O fator preponderante aqui é que os gestores precisam estar cientes das barreiras à criatividade do grupo. As equipes de novos produtos são, por definição, transfuncionais, o que significa uma variedade maior de pontos de vista, mas também possíveis dificuldades para chegar a uma solução aceitável para todos. Além disso, se os membros da equipe tiverem fortes laços interpessoais, a abrasão criativa pode não ocorrer: os membros podem simplesmente chegar a acordos amigáveis. A Figura 4.3 descreve esses e outros obstáculos a serem superados para estimular a criatividade do grupo.

CONCEITO DE PRODUTO

Admitindo que as pessoas sejam criativas e entusiasmadas, o que exatamente desejamos que elas produzam? O que é essa coisa chamada conceito? Em que ele difere de um novo produto? Quando ele se evidencia?

Vamos começar pelo fim, o marketing bem-sucedido de um novo produto, e retroceder. Um novo produto de fato ganha existência quando é *bem-sucedido* – isto é, atende às metas/objetivos atribuídos ao projeto no PIC.

Quando lançado, o produto ainda se encontra em uma forma experimental, porque é bem provável que haja necessidade de mudanças para que ele tenha sucesso. Por isso, afirmamos que ele ainda é um conceito, uma ideia ainda não consumada.

Antes de o trabalho técnico chegar ao fim, o produto é muito mais um conceito. Para compreender essa questão e ver como ela está relacionada ao processo de geração de ideias, precisamos examinar os três *inputs* requeridos pelo processo de criação.

- **Forma:** Trata-se do que é criado fisicamente ou, no caso de um serviço, da sequência das etapas ao longo das quais o serviço será criado. Desse modo, com relação a uma nova liga metálica de aço, forma é a barra ou haste real do material. Em um novo serviço de telefonia móvel, abrange *hardware*, *software*, pessoas, procedimentos etc., por meio dos quais as chamadas são feitas e recebidas.

---
[19] James Krohe Jr., "Managing Creativity", *Across the Board*, September 1996, pp. 16–22. 19

- **Tecnologia:** Essa é a fonte por meio da qual a forma é obtida. Desse modo, no caso da liga metálica de aço, inclui, entre outras coisas, o aço e outras substâncias químicas usadas para a liga, a ciência da metalurgia, máquinas de conformação de metal, máquinas de corte etc. Em inovação de produtos, define-se tecnologia como o poder para realizar um trabalho, como você deve se recordar do Capítulo 3. Na maioria dos casos existe uma tecnologia bem definida que é a base na inovação, aquela que serviu de dimensão técnica da área de focalização. Algumas vezes existem duas.

- **Necessidade/benefício:** O produto terá valor apenas se oferecer algum benefício que o cliente considera necessário ou desejável.

Reunimos esses três elementos da seguinte forma: *a tecnologia nos permite desenvolver uma forma que oferece um benefício.* Na falta de qualquer um desses três fatores, não pode haver inovação de produto, a menos que alguém compre um produto pronto e o revenda sem mudar. Mesmo assim, haveria alguma mudança na dimensão de serviço – onde ele é vendido, como é feita sua manutenção etc. Até mesmo os fabricantes de clones agregam valor, ao menos no que se refere ao preço; chegamos até a ouvir os entusiastas de computador dizerem algo do tipo: "A XYZ fabrica clones melhores do que a PDQ!".

Curiosamente, o processo de inovação pode começar com qualquer uma das três dimensões e variar no que vem em segundo lugar (consulte a Figura 4.4). Aqui estão os principais caminhos (que mostraremos com o exemplo de um café projetado ainda neste capítulo):

> O cliente tem uma NECESSIDADE, que uma empresa então decifra. Ela recorre à sua TECNOLOGIA para produzir uma FORMA que é então vendida ao cliente. Uma empresa tem uma TECNOLOGIA que ela compatibiliza com determinado grupo de mercado e então descobre uma NECESSIDADE desse grupo, que é então atendida por uma FORMA específica de produto.
> Uma empresa idealiza uma FORMA de produto, que é então criada por meio de uma TECNOLOGIA e depois oferecida aos clientes para ver se existe algum BENEFÍCIO.

Qualquer um dos três pode iniciar o processo e em cada caso um dos dois outros pode vir em segundo lugar. Agora você pode perguntar: qual a diferença? A diferença na maioria das vezes encontra-se no sucesso e insucesso. Colocar o benefício em último lugar é muito arriscado, visto que se trataria de uma solução tentando encontrar um problema. A DuPont, por exemplo, investiu vários anos para encontrar aplicações em que o Kevlar pudesse gerar um benefício lucrativo.

A experiência da Apple com o assistente digital pessoal Newton Message Pad mostra o risco que as empresas assumem quando elas colocam os benefícios por último. A tecnologia desenvolvida pelo departamento de P&D da Apple permitiu que o usuário inserisse dados escritos à mão, eliminando o teclado. Com base nessa tecnologia, foi concebida uma forma: um *notepad* digitalizado para ser usado com caneta e projetado para registrar e processar ideias e dados. Entretanto, a Apple não fez uma investigação junto aos clientes para ver se essa forma de fato satisfazia suas necessidades ou abordava algum problema dos clientes. Aparentemente, os clientes estavam satisfeitos com as formas consagradas de registrar ideias e dados: caneta e papel, notas adesivas, agendas em papel e agenda eletrônica de endereços. O fato de seu preço de varejo ter sido US$ 800 e de o reconhecimento da escrita manual não funcionar perfeitamente também não contribuiu para o processo do Newton. O Newton nunca teve boa saída.[20]

---

[20] Abbie Griffin, "Obtaining Customer Needs for Product Development", in *The PDMA Handbook of New Product Development,* M. Rosenau, A. Griffin, G. Castellion & N. Anscheutz, eds. (New York: John Wiley, 1996), pp. 153–166.

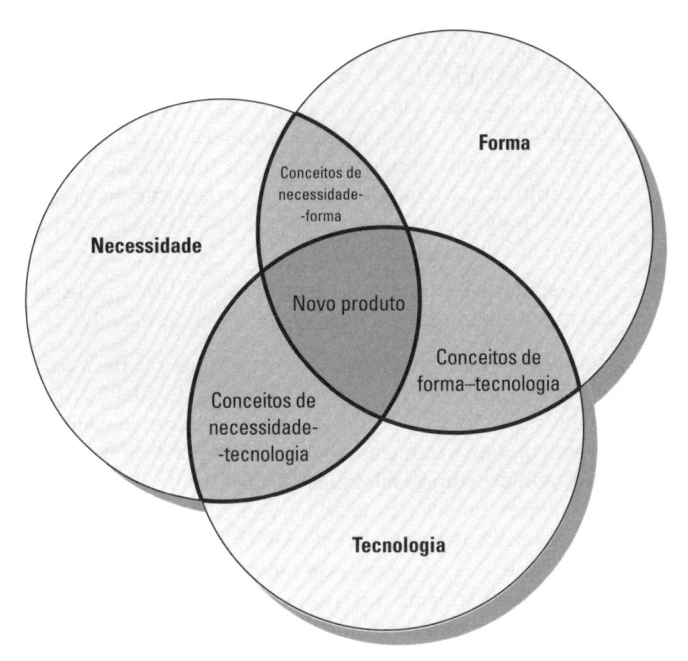

Conceito: " Uma forma bem melhor de atender às necessidade de aprendizagem dos usuários de computador é utilizar sistemas *on-line* por meio de modem para possibilitar que eles assistam a vídeos de treinamento dos principais pacotes de *software*." (Isso tem uma necessidade/benefício bem definidos e estipula as várias tecnologias que serão utilizadas; mas ainda é necessário descobrir exatamente como esse serviço funcionará.)

Outra forma de enunciar esse conceito seria: " A empresa XYZ tem uma rede nacional de telecomunicações em pleno funcionamento e também possui uma cadeia de videolocadoras. Com certeza existe algum jeito de utilizarmos esses recursos para ajudar a atender às necessidades de treinamento de usuários de computador domésticos." Novamente, isso evidencia a necessidade do mercado e as tecnologias; ainda falta o método/processo, que é o equivalente de forma de produto em serviços. (Observe como um conceito de novo produto pode se assemelhar à área de focalização de um termo de inovação de produto.)

Aqui foram apresentadas duas declarações que podem parecer conceitos de novos produtos, mas evidentemente não são. Em ambos os casos, para serem conceitos elaborados, outra peça do quebra-cabeça precisa ser adicionada.

"Vamos criar um novo meio para solucionar as necessidades de treinamento/instrução domiciliares dos usuários de computador pessoal." (Existe uma necessidade, mas nenhuma forma nem tecnologia. Apenas um desejo, como a cura do câncer.)

"Acho que devemos desenvolver uma linha de vídeos educativos." (Não temos uma necessidade ou um benefício específico para o mercado nem uma forma – apenas uma tecnologia.)

FIGURA 4.4   O conceito de novos produtos.

Portanto, sempre colocamos o benefício em primeiro lugar. A propósito, até os cientistas voltados para a tecnologia colocam o benefício em primeiro lugar na maioria dos casos porque eles têm alguma ideia da necessidade que os está conduzindo em suas iniciativas. Por exemplo, um químico farmacêutico que está procurando um novo composto para diminuir a pressão arterial sabe o quanto esse problema é difundido. Dado o benefício, as preferências variam. Algumas pessoas gostam de visualizar que tipo de produto finalizado poderia atender à necessidade e depois projetar a forma. Outras gostam de apresentar o(s) benefício(s) ao pessoal técnico e deixá-lo utilizar as tecnologias disponíveis sem impor restrições com relação à forma. Este livro segue esse último procedimento. Admitindo que na prática existam todas as versões e que ninguém jogaria uma ideia fora apenas porque ela surgiu da maneira errada, a verdade é que estamos falando de administração. Se o desejo for conceber o melhor meio de empreender a inovação de produtos, em geral a melhor maneira é ter primeiro o benefício, depois a tecnologia e então a forma finalizada.

Tome como exemplo as escovas de vaso sanitário. As escovas de vaso sanitário antiquadas cumprem sua função, mas podemos imaginar uma pessoa (um cliente zeloso, talvez, ou um pesquisador químico de uma empresa de sabão líquido) tendo a ideia de que uma nova escova aprimorada que, de alguma forma, facilita a limpeza de vasos sanitários seria um sucesso de venda. Observe que dissemos "ideia" aqui, e não "conceito", visto que até o momento só temos uma necessidade: uma nova escova que ofereça conveniência. O que isso significa? Um cabo mais longo? Cerdas descartáveis? Provavelmente não. Que tal uma escova que contém sabão líquido, que é recarregável e pode ser facilmente fixado à escova? Agora temos algo que se assemelha a um conceito de produto básico, visto que temos uma necessidade (uma escova conveniente) baseada no uso de uma tecnologia (sabão líquido adequado para a lavagem de vasos sanitários). Aparentemente, pelo menos três empresas chegaram a esse conceito quase na mesma época há alguns anos. Contudo, essas empresas desenvolveram e lançaram produtos cuja forma é diferente. A Reckitt Benckiser produziu a Lysol Ready Brush: um frasco aerossol com sabão líquido é anexado à escova. O frasco é reposto quando vazio; a escova não é descartável. O produto lançado pela SC Johnson é a Scrubbing Bubbles Fresh Brush: nesse caso, um refil – uma cabeça com esponja retangular ou com cerdas de feltro – contendo o sabão Scrubbing Bubbles é anexado à ponta da escova. A Clorox Toilet Wand é muito parecida com a Fresh Brush, mas tem apenas uma opção de refil, uma esponja redonda. Pense nisso como uma espécie de processo de tradução: em todos os casos, a ideia foi transformada em um conceito, mas o conceito foi traduzido de três formas diferentes, resultando em três produtos distintos (que oferecem quase o mesmo benefícios aos clientes). Qual deles se saiu melhor no mercado? Provavelmente o que oferece o melhor benefício aos clientes.

O Capítulo 5 abordará como procuramos os clientes e descobrimos quais são seus problemas. No Capítulo 12, falaremos sobre uma forma de descrição de produto (chamada de protocolo) que é redigida antes da realização do desenvolvimento técnico; essa descrição é primordialmente de benefícios. As propriedades (forma) são inseridas somente se parecerem absolutamente essenciais (*e.g.*, exigidas por lei).

Coloquemos tudo isso em um exemplo simples e talvez as questões fiquem mais claras.

Exemplo de um café projetado

Algum tempo atrás o café era simplesmente café. Íamos a um restaurante favorito, a uma lanchonete ou a um *trailer* de lanche pela manhã ou no horário do almoço e pedíamos um café "normal" e barato. Normalmente, o café vendido na América do Norte continha uma mistura de grãos mais baratos e fim de papo. Com o surgimento da Starbucks e de concorrentes, a cultura de tomar café na América do Norte mudou abruptamente. Cafeterias sofisticadas, baseadas no modelo italiano, surgiram em todos cantos, e a popularidade do café expresso italiano disparou. As misturas feitas com expresso, como os *cappuccinos* e *lattes* (com leite vaporizado), com frequência vendidos por três a quatro vezes o preço de um café normal, tornaram-se um sucesso de venda do dia para a noite. Suponhamos que trabalhássemos em uma importante empresa de torrefação de café mais ou menos nessa época. Imaginemos também que três pessoas diferentes entrassem no departamento de novos produtos em uma semana qualquer, em momentos diferentes, cada uma com uma ideia para um novo produto. Nenhuma delas sabia o que as outras haviam feito isso.

Uma delas disse: "Nosso último relatório de satisfação do cliente divulgou que os clientes gostariam de um café expresso descafeinado com o mesmo gosto do expresso normal e que tenha o mesmo sabor de um *cappuccino*. Nenhum café descafeinado atual oferece esse *benefício*". A segunda pessoa, gestor de produtos, disse: "Estava pensando na semana passada em três de nossos cafés e sobre nossos concorrentes e percebi que os cafés têm mais ou menos a mesma cor e espessura. Eu me pergunto se poderíamos produzir em massa um expresso mais escuro que na verdade fica mais espesso quando decanta, algo semelhante ao café turco" (*forma*). A terceira pessoa era um cientista que havia acabado de voltar de um fórum técnico e disse: "Ouvi uma discussão sobre um novo processo de extração química que pode isolar e separar as substâncias químicas dos alimentos de maneira barata e eficiente; talvez esse processo pudesse ser aplicado para extrair a cafeína do café" (*tecnologia*).

Essas três pessoas tinham uma ideia embrionária, mas como conceito todas as sugestões na verdade não tinham muita utilidade. A primeira pessoa tinha algo do nível da cura do câncer – um benefício, mas nenhum meio de oferecê-lo. O gestor de produtos não fazia nenhuma ideia sobre se os consumidores apreciariam o café mais escuro e espesso ou sobre como ele poderia ser feito. O cientista não sabia se a tecnologia funcionaria com o café ou mesmo se os consumidores queriam uma mudança.

Teríamos um conceito de novo produto se a primeira pessoa se encontrasse com a segunda ou a terceira. Se fosse com a segunda, elas solicitariam uma tecnologia ao laboratório que pudesse produzir a forma e o benefício procurados. Se fosse com a terceira, elas realizariam um trabalho de laboratório para encontrar a forma exata da nova tecnologia (por exemplo, deve-se extrair toda a cafeína ou apenas parte dela; se mais escuro ou mais espesso em aparência, quão mais escuro ou mais espesso). O que poderia resumir melhor a questão de que um conceito evolui de sua criação até sua transformação em um novo produto é o que foi dito por um gestor: "Não perca tempo tentando encontrar uma *excelente* ideia para um novo produto; é nossa responsabilidade apanhar uma ideia até certo ponto comum e *transformá-la* em um novo produto bem-sucedido".

A declaração de conceito

Ideias, conceitos, novos produtos etc. são termos de uso comum. Contudo, em todas as disciplinas, precisamos esclarecê-los para compreendê-los. Os livros médicos fazem uma clara distinção entre resfriado comum, sinusite, infecção respiratória superior etc., ainda que nós, pacientes, não nos importemos com isso.

A Figura 4.4 mostrou que dois dos três fatores (forma, benefício, tecnologia) podem se associar para transformar um conceito em um possível produto. Os três juntos produzem um novo produto que pode ou não ser bem-sucedido. Com frequência, existe pouca diferença. Por exemplo, os inventores normalmente visitam empresas com um protótipo em mãos. Trata-se de um conceito praticamente finalizado – ele tem forma, baseia-se em uma tecnologia e com certeza o inventor sabe que benefício ele oferece. Obviamente, as empresas sabem por experiência que o inventor costuma superestimar o benefício; a tecnologia terá inconvenientes que impossibilitam que elas seja utilizada em uma fábrica; e a forma é muito experimental e estruturada principalmente com ferramentas e no espaço de uma oficina rudimentar.

No outro extremo, a ideia em si de um novo produto pode ser tão incompleta que nada pode ser feito com ela no estado em que ela se encontra. Por exemplo, o cientista que estava voltando do fórum técnico tinha apenas uma possibilidade – nada que tivesse valor para alguém na empresa de torrefação de café.

Assim que um conceito surge, com duas das três dimensões (tecnologia, forma, benefício), precisamos filtrá-lo antes de passarmos para o desenvolvimento. Essa parte do processo é apresentada no Capítulo 9, e requer o que chamamos de **declaração de conceito de produto**. O pessoal técnico e os clientes alvo precisam nos dizer se o conceito merece ser desenvolvido. A avaliação da declaração de conceito por parte deles possibilita isso, *se* o conceito lhes disser o que eles precisam saber para dar esse parecer. Normalmente, a declaração de conceito conseguirá fazer isso se tiver dois dos três fundamentos básicos (tecnologia, forma, benefício). Se lhe perguntassem "Até que ponto você gostaria de um sorvete totalmente sem caloria?", na verdade você não conseguiria responder. Provavelmente você já teria se perguntado sobre o gosto que ele teria, do que ele seria feito e qual seria o atrativo disso. Para realizar o teste de conceito, precisamos de uma declaração de conceito que atenda a essas necessidades de informação. E se você quisesse desenvolver um garfo que pudesse ajudar as pessoas a comer mais devagar, reduzisse os problemas digestivos, minimizasse o refluxo gástrico e (mais importante) ajudasse as pessoas a perder peso? O que temos a essa altura é um conceito, obviamente, visto que temos a forma (um garfo) e um benefício para o cliente (perda de peso e outros resultados positivos para a saúde). Agora, se os clientes tiverem interesse por esse conceito, a empresa pode acrescentar o componente tecnológico: o pessoal de P&D pode desenvolver as especificações técnicas e iniciar o desenvolvimento dos protótipos. Nesse caso, seria necessário desenvolver um *software* para monitorar os hábitos alimentares da pessoa (bem como outras medidas, como tempo dedicado a exercícios e tempo de sono) e igualmente uma luz que pisca quando a pessoa come muito rápido. O lado técnico tende a ser desafiador e possivelmente caro e, por isso, é bom saber já nessa etapa inicial se o conceito é ou não propenso a se tornar popular para que não se desperdicem tempo e dinheiro.[21]

Desse modo, um conceito é *uma expressão verbal e/ou prototípica que informa o que será mudado e o que o cliente provavelmente terá a ganhar (e perder)*. Logo no início, as informações são bastante incompletas, mas quando comercializado o conceito estará (assim esperamos) completo. Tudo o que não significa ganho e perda para o consumidor alvo ainda é apenas uma ideia que precisa ser trabalhada.

Uma demonstração interessante da fonte de conceitos de três facetas ocorreu quando perguntaram a Eddy Goldfarb, famoso inventor de brinquedos, qual era seu método. Ele respondeu: "Observe com o que seu filho brinca e tente identificar o que está faltando". Ele disse também que gosta de procurar novos processos e matérias-primas e "lacunas – quer dizer, a ausência de determinado item no mercado". Essas declarações citam benefício, tecnologia e forma, exatamente nessa ordem.[22]

A importância dessas três dimensões varia de acordo com o setor. Na maioria dos setores, uma das três normalmente não necessita de atenção em virtude do conhecimento geral dentro do setor. O pessoal de novos produtos farmacêuticos não necessita investigar a conveniência da interrupção do acúmulo de fluidos corporais nem da eliminação de câncer. Além disso, existe *know-how* farmacêutico disponível para fabricar praticamente qualquer novo medicamento, de modo que a tecnologia é a única dimensão desconhecida e, portanto, o foco de atenção. Entretanto, as principais empresas de alimentos presumem que uma cozinha e uma fábrica conseguem

---

[21] Esse produto existe e é vendido com sucesso. Trata-se do Hapifork, fabricado pela Hapilabs (visite www.hapifork.com para obter detalhes).

[22] Fran Carpentier, "Can You Invent a Toy?", *Parade*, December 1981, pp. 14–15.

montar qualquer coisa que o cliente deseje, de modo que o benefício (averiguado por meio de testes de degustação, por exemplo) torna-se a variável prioritária. No setor de automóveis, os respectivos fabricantes dominam tanto o processo de novos produtos que os fornecedores de componentes são informados a respeito do benefício desejado e depois trabalham com a tecnologia ou a forma para chegar à inovação.

Nessas três diferentes situações setoriais, uma conversa com o pessoal de novos produtos indica rapidamente a abordagem crítica de inovação para a *respectiva* empresa ou setor. E as distinções não são discutíveis – elas propõem a direção para o processo de estímulo de ideias. Contudo, as três dimensões são necessárias. Se um projeto for cancelado, talvez a falha seja do departamento encarregado da tarefa fácil. Por exemplo, a pesquisa de marketing de um fabricante de televisores pode mostrar que os consumidores desejam um aparelho de televisão que eleve o volume quando o ruído no ambiente aumenta e reduza o volume quando o ruído diminui. Essa pesquisa gera a ideia para um novo produto e, portanto, o processo seria de demanda induzida. Entretanto, na realidade, o lado técnico do negócio fica com a tarefa mais difícil.

DUAS ABORDAGENS BÁSICAS

Agora, de posse de algum acordo a respeito da linguagem, podemos voltar à pergunta original: o que devemos empreender para gerar conceitos de novos produtos? O diagrama apresentado na figura do início da Parte II mostrou cinco caminhos – tecnologia, usuário final, equipe, outras pessoas internas e outras pessoas externas. Dois deles envolvem o recebimento de ideias de produto criadas por outras pessoas e três envolvem um processo gerenciado e trabalhado pela equipe. Essa distinção é que faz diferença do ponto de vista gerencial e será a que utilizaremos neste livro: ideias prontas *versus* ideias próprias. Neste momento falaremos sobre a fonte de ideias prontas e nos Capítulos 5 a 7 sobre ideias próprias.

Obviamente, a maioria das empresas utiliza tanto ideias prontas quanto sob medida. Contudo, em todo setor todos sabem quem tem uma média melhor de retornos. Por exemplo, os fabricantes de alimentos normalmente nem leem as sugestões de novos produtos enviadas pelos consumidores. Eles têm conceitos próprios mais do que suficientes; as sugestões dos consumidores são muito repetitivas ou ideias já antigas; e o simples ato de apenas bater os olhos em centenas de milhares de ideias a cada ano seria quase impossível.

Entretanto, em alguns outros setores (*e.g.*, brinquedos e ferramentas) os inventores prosperam. Há até feiras de inventores, às quais eles são convidados para expor suas invenções. A Haystack Toys Inc. promove periodicamente a Great American Toy Hunt, convidando inventores de brinquedos de todos os cantos dos Estados Unidos para apresentar seus protótipos de produto. Cada inventor tem 15 minutos para apresentar seu produto perante os jurados da Haystack. Em torno de 100 chegam à rodada de avaliação final e, entre os 100, a Haystack escolhe no máximo 10 para desenvolvimento e comercialização. Dan Lauer, cofundador da Haystack, acredita que as maiores empresas de brinquedos ignoram as ideias melhores e mais inovadoras de brinquedo, preferindo ampliar marcas mais consagradas (como Barbie) ou obter direitos de licenciamento no cinema. Na verdade, a maioria dos grandes fabricantes de brinquedos em geral recusa as ideias que passam por suas portas independentemente de seu provável valor. Lauer conta sobre suas experiências ao tentar vender uma de suas ideias de brinquedo (brinquedos de banheira novos e divertidos) às grandes empresas: "Tive de criar uma empresa para fabricar o que queria".[23]

---
[23] Samuel Fromartz, "Creation Theory", *Inc.*, March 2000, pp. 86–103.

Alguns fabricantes promovem concurso de ideias para funcionários e clientes. No setor de alimentos, a Pillsbury realiza o Bake-Off Contest para coletar milhares de novas receitas que possam ter serventia para a empresa. Alan Klingerman, diretor da AkPharma Inc., tem o dom de idealizar produtos que oferecem alívio às pessoas, e já desenvolveu o Lactaid (leite com menor teor de lactose) e o remédio contra gases Beano, cujo sucesso ele atribui em parte à sonoridade engraçada do nome. Tanto o Lactaid quando o Beano com o tempo foram vendidos a grandes empresas farmacêuticas. Ambos resultaram no desmembramento de pelo menos um produto: Cat-Sip (leite com menor teor de lactose para gatos) e CurTail (um tipo de Beano para cães). Klingerman afirma manter as gavetas de arquivo repletas do que ele chama de "ideias e bugigangas".[24]

Uma coisa que sabemos com certeza é que a geração de conceitos deve ser um processo *ativo*, e não *reativo*. Esse não é o momento de pensar como o técnico da Maytag, que fica esperando algo acontecer.

IMPORTANTES FONTES DE IDEIAS PRONTAS DE NOVOS PRODUTOS

O Apêndice A relaciona e descreve as fontes mais comuns de ideias que já foram criadas. A experiência na área de inovação de produtos reza que 40% a 50% das ideias de novos produtos são prontas e provêm de uma ampla variedade de fontes (consulte a Figura 4.5). Muitas empresas estão recorrendo a métodos formais para aproveitar ideias de clientes e grupos interessados externos, como os fornecedores. *Kit de ferramentas de usuário, terceirização coletiva ou em massa* e *análise de usuários pioneiros* são métodos valiosos para descobrir e obter ideias de clientes; muitas empresas adotaram a estrutura de *inovação aberta* para obter ideias de inúmeros parceiros externos. Examinemos cada um desses métodos.

Kit de ferramentas de usuário

Algumas empresas estão recorrendo a **kits de ferramentas de usuário**, um método que até certo ponto transfere formalmente a atividade de inovação aos próprios usuários.[25] Um *kit* é um conjunto de ferramentas de *design* fácil de usar por meio do qual os clientes, com o conhecimento sobre suas próprias necessidades, personalizam um produto de acordo com o que seria mais adequado a eles. O produto desenvolvido pelo cliente pode então ser enviado para fabricação ou produção. Quase todo mundo tem familiaridade com os **configuradores de produto**, que são um tipo simples de *kit* de ferramentas de usuário. Você pode "montar" seu próprio carro no www.fiat500.com ou seu próprio *notebook* no www.dell.com, ou definir seu próprio tênis de corrida no www.nikeid.com. Esses configuradores permitem que o usuário misture e combine diferentes componentes (com referência a um carro, isso poderia ser o tamanho do motor, cores internas e externas, calotas, sistema de áudio etc.) e veja qual seria o preço de varejo. A Nike até possibilita que o usuário selecione uma mensagem para ser impressa na lateral ou na língua do tênis (embora, não surpreendentemente, o usuário não tenha permissão para usar "Compre Adidas"). Em essência, essas empresas estão praticando a **customização em massa**, pelo menos até certo ponto, na qual o usuário é um "segmento de um". A página *web* da Fiat certa vez ostentou que havia mais de 500.000 combinações diferentes, praticamente garantindo que o pedido

---

[24] Robert Zausner, "An Inside Job", *Philadelphia Inquirer Magazine*, February 25, 2001, pp. 16–25.

[25] Eric von Hippel, "Toolkits for User Innovation", in P. Belliveau, A. Griffin & S. M. Somermeyer, *The PDMA Toolbook 2 for New Product Development* (New York: John Wiley, 2004). March 2000, pp. 86–103.

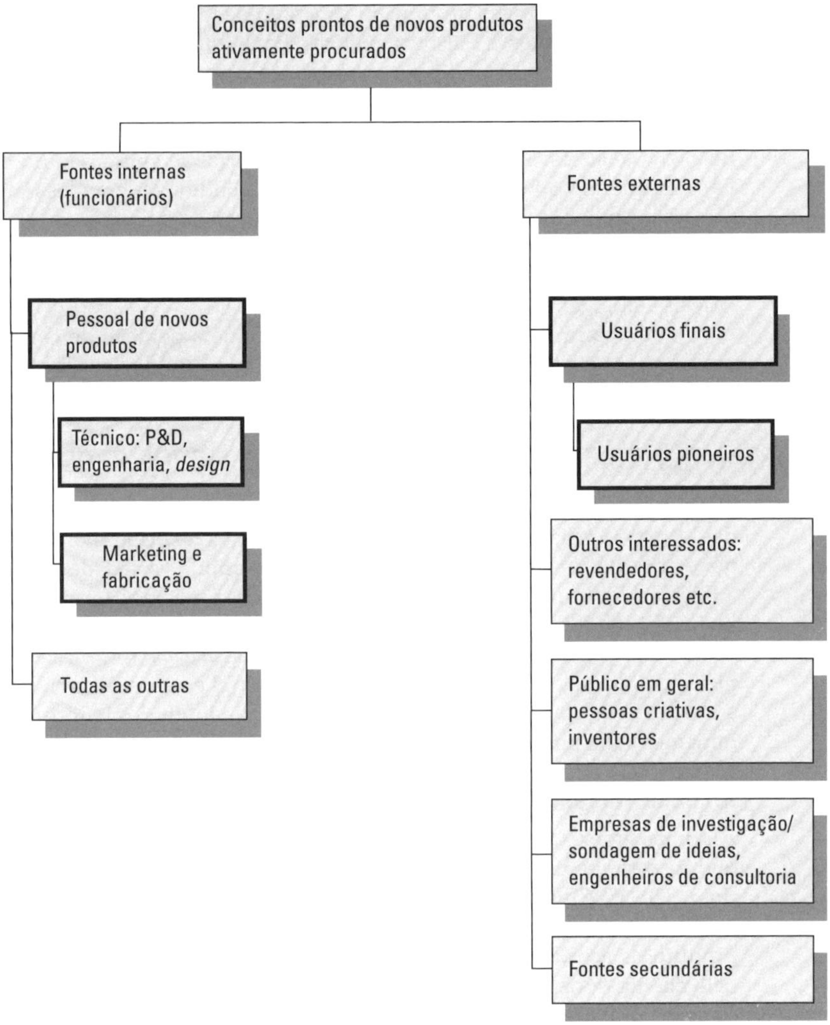

```
                    ┌─────────────────────────────────┐
                    │  Conceitos prontos de novos     │
                    │  produtos ativamente procurados │
                    └─────────────────────────────────┘
                           │                │
          ┌────────────────┘                └────────────────┐
┌─────────────────────┐                          ┌─────────────────────┐
│  Fontes internas    │                          │  Fontes externas    │
│  (funcionários)     │                          │                     │
└─────────────────────┘                          └─────────────────────┘
```

- **Fontes internas (funcionários)**
  - Pessoal de novos produtos
    - Técnico: P&D, engenharia, *design*
    - Marketing e fabricação
  - Todas as outras

- **Fontes externas**
  - Usuários finais
    - Usuários pioneiros
  - Outros interessados: revendedores, fornecedores etc.
  - Público em geral: pessoas criativas, inventores
  - Empresas de investigação/sondagem de ideias, engenheiros de consultoria
  - Fontes secundárias

FIGURA 4.5 Fontes de conceitos prontos de novos produtos.

de um novo carro seria diferente de qualquer outro. (A franquia de cereal Cereality afirma ter um "zilhão" de combinações de cereais e coberturas em seu site, www.cereality.com.) A Coca-Cola tem centenas de máquinas de refrigerantes com vários sabores para que os clientes possam misturá-los e experimentar novas combinações. Isso não é apenas uma forma de customização em massa (os clientes podem escolher combinações de sabor exclusivas). Na verdade, a Coca-Cola monitora as escolhas dos clientes, observa quais combinações parecem populares e obtém ideias para futuros novos produtos.[26]

---

[26] Gary R. Schirr, "User Research for Product Innovation: Qualitative Methods", in K. B. Kahn, S. E. Kay, R. J. Slotegraaf & S. Uban (Eds.), *The PDMA Handbook of New Product* Development, Hoboken, NJ: Wiley, 2013, Ch. 14, pp. 239–240.

FIGURA 4.6 Dois exemplos de kit de ferramentas para a inovação de usuário*.

International Flavors and Fragrances (IFF)

Essa empresa fabrica sabores especiais que são adicionados em alimentos processados. Normalmente, o cliente costuma fazer um pedido, como "sabor de carne para adicionar em um molho de soja", e a IFF começa a trabalhar. Uma amostra pode ser enviada ao cliente no prazo de uma semana. O problema é que a empresa do cliente pode não ficar totalmente satisfeita e ter dificuldade para definir exatamente o que deseja (*e.g.*, "deixe-o 'mais robusto'"). Várias iterações podem ser necessárias entre a IFF e o cliente para que esse último fique satisfeito. Isso é problemático em particular para a IFF, visto que os clientes em geral esperam obter exatamente o que desejam logo de cara.

Para reagir a esse problema, a IFF criou um *kit* de ferramentas de usuário baseado na internet que oferece um imenso banco de dados de perfis de sabor e também regras de desenvolvimento utilizadas para combinar ou modificar esses perfis. Obviamente, as fórmulas químicas reais não são fornecidas no *kit* de ferramentas, para proteger a propriedade intelectual da IFF. A empresa do cliente agora pode montar seu próprio sabor e enviá-lo diretamente para uma máquina que produz uma amostra em alguns minutos. O cliente pode fazer ajustes facilmente, utilizando uma interface de usuário de fácil compreensão exibida na tela do computador, até obter o sabor desejado.

Divisão Telecom Enclosure da 3M

Essa divisão da 3M fabrica gabinetes para empresas de telecomunicações como a Verizon, usados na montagem de equipamentos externos. No passado, a empresa de telecomunicações cliente costumava enviar à 3M o equipamento que seria instalado em um gabinete personalizado e a 3M projetava o gabinete apropriado usando um programa de CAD. O cliente então examinava o projeto e podia a essa altura repensar o equipamento desejado ou algum outro componente da especificação. Tal como no exemplo anterior, inúmeras iterações podem ocorrer.

A solução da 3M foi oferecer ao cliente uma versão simples e fácil de usar de seu próprio programa de CAD. (Do mesmo modo que no primeiro exemplo, os direitos de propriedade intelectual são protegidos porque são fornecidas aos clientes apenas as partes de interface de usuário do programa.) O cliente dá informações e outras especificações sobre o equipamento desejado e o programa faz o resto. Ele pode fazer qualquer ajuste que for necessário até ficar satisfeito e depois enviar o *design* completo à 3M, que então pode iniciar imediatamente sua produção.

* Esses exemplos são extraídos de Eric von Hippel, "Toolkits for User Innovation", in P. Belliveau, A. Griffin, and S.M. Somermeyer, *The PDMA Toolbook 2 for New Product Development*, John Wiley & Sons, Inc., 2004.

Os *kits* de ferramentas de usuário não servem apenas para obter ideias do consumidor final. A Figura 4.6 mostra como duas empresas usam esses *kits* em um ambiente *business to business*: a International Flavors and Fragrances oferece um *kit* de ferramentas de usuário baseado na internet para a montagem de sabores especiais para alimentos processados; a divisão Telecom Enclosure, da 3M, oferece aos clientes um programa de desenho auxiliado por computador (*computer-aided design* – CAD) que permite que eles montem seu próprio gabinete de telecomunicações, que é então retrabalhado com a assistência da 3M até o momento em que um *design* ideal é obtido.

Os consumidores gostam de poder desenvolver ou montar seus próprios produtos e serviços? E eles estão dispostos a pagar um preço moderadamente mais alto para isso? Parece que a resposta é sim, desde que o *kit* de ferramentas seja prazeroso de usar e fácil de aprender, como é o caso da maioria dos configuradores de produtos de consumo. O pesquisador de produtos Nik Franke e seus colegas descobriram que os clientes estavam dispostos a pagar mais por relógios desenvolvidos pelo usuário (não necessariamente aqueles com os melhores *designs*) do que por relógios comparáveis já disponíveis no mercado, porque eles são mais adequados às preferências exclusivas do cliente. Outro estudo de Franke, sobre lenços de pescoço desenvolvidos pelo usuário, mostrou que a disposição para pagar era maior quando os clientes de fato gostavam de usar o configurador. Além disso, quando mais os clientes acreditavam que o *design* do lenço era um sucesso, maior era a sua sensação de realização.[27] Contudo, esses itens são todos produtos de consumo simples; normalmente, a customização de produtos *business to business* com *kits* de ferramentas de usuário é mais difícil para o usuário. Aprender a usar o *kit* de sabor citado na Figura 4.6, por exemplo, é um trabalho árduo e, se não for proporcionado um treinamento apropriado, essa sensação positiva de realização (e maior disposição para pagar) pode ser substituída por sentimentos negativos do tipo "muito estressante" ou "muito difícil". Ainda não temos todas as respostas, mas os fabricantes de produtos industriais podem aprender com os exemplos de produto de consumo mostrados aqui.

Terceirização coletiva ou em massa

Recentemente, muitas empresas começaram a atuar *on-line* para obter de seus clientes ideias de produto: esse tipo de solicitação aberta de ideias é conhecido como **terceirização em massa** ou **coletiva** (*crowdsourcing*).[28] A iniciativa Idea Storm da Dell estimulou os clientes a enviar pela internet ideias para novos produtos e melhorias para os produtos existentes. Mais de 10.000 ideias foram obtidas de fontes ao redor do mundo.[29] Foi divulgado que a Apple utilizou terceirização em massa para gerar ideias para o iPad. A Apple monitorou *blogs* de avaliação e de clientes, e também obteve dados de voz do consumidor, para entender as necessidades mais prementes dos usuários em potencial, não apenas do *tablet* iPad em si, mas de dispositivos relacionados, como o iPhone.[30]

Um exemplo clássico de terceirização em massa é o do Threadless, que convida os usuários a enviar *designs* de camiseta ao seu *site*, www.threadless.com, e os incentiva a votar nos *designs* favoritos, os quais a empresa depois fabrica e vende. Como a consciência sobre novos *designs* ocorre totalmente no *site*, a comunidade *on-line* também tem um importante papel no marketing das camisetas. Outro exemplo de terceirização em massa é o da empresa holandesa de informações sobre viagens 9292, que enxergou a oportunidade de desenvolver um novo aplicativo para coordenar os horários de transporte público. A empresa decidiu alavancar a comunidade de desenvolvimento de aplicativos (muitos integrantes eram estudantes universitários que já estavam desenvolvendo sua versão semilegal desse aplicativo). Isso foi visto como um passo importante para uma empresa que até então havia realizado todos os desenvolvimentos internamente. Em 2009, a empresa promoveu um concurso entre os estudantes universitários para ver quem conseguiria desenvolver o melhor aplicativo, em qualquer plataforma, para transporte público. Os vencedores receberiam uma modesta recompensa em dinheiro, mas também seriam considerados para futuros trabalhos. O desenvolvedor vencedor, um universitário, recebeu uma cota das

---

[27] O exemplo do relógio é extraído de N. Franke & F. Piller, "Value Creation by Toolkits for User Innovation and Design: The Case of the Watch Market", *Journal of Product Innovation Management*, 21(6), 2004, pp. 401–415; o exemplo do lenço de pescoço é extraído de N. Franke & M. Schreier, "Why Customers Value Self-Designed Products: The Importance of Process Effort and Enjoyment", *Journal of Product Innovation Management*, 27(7), 2010, pp. 1.020–1.031.

[28] Uma fonte de terceirização coletiva ou em massa encontra-se em Gary P. Pisano & Roberto Verganti, "Which Kind of Collaboration Is Right for You?", *Harvard Business Review*, 86(12), pp. 78–86.

[29] Visite ideastorm.com.

[30] Reena Jana, "Apple iPad Product Development Approach", *blog* The Conversation, *Harvard Business Review*, January 27, 2010.

receitas e um emprego de meio período na 9292 em troca do direito de uso do novo aplicativo e de promovê-lo como um produto da 9292[31]

A terceirização em massa também ocorre em mercados *business to business*. A Innocentive oferece terceirização em massa no âmbito técnico para grandes empresas farmacêuticas, como a Eli Lilly, bem como para várias empresas de produtos de consumo. Ela oferece uma gratificação para o especialista técnico que consegue identificar a melhor solução. A Netflix experimentou a rota da terceirização em massa ao promover um concurso quando precisou de um algoritmo mais adequado para selecionar recomendações de filme com base em comportamentos anteriores dos espectadores.[32] Examinaremos mais a fundo a utilização de comunidades *on-line* para gerar ideias no capítulo seguinte.

Observe que os *kits* de ferramentas de usuário e a terceirização em massa são mais propensas a gerar melhorias de produto modestas, em vez de produtos novos para o mundo. Além disso, o usuário típico é menos propenso a propor ideias que são facilmente transformadas em produtos reais: Os profissionais de desenvolvimento de produtos (ou os usuários mais experientes) terão uma visão mais realista do que é e do que não é viável.[33] O papel do usuário final depende igualmente do setor. Por exemplo, os fabricantes de instrumentos científicos e equipamentos de processo fabril relatam que a *maioria* de seus produtos de sucesso proveio originalmente dos clientes. Em outros setores, como o de polímeros de engenharia e aditivos químicos para plásticos, a contribuição dos clientes pode ser menor.

Usuários pioneiros

Muitas empresas procuram estimular ideias de novos produtos em seus **usuários pioneiros**, isto é, os clientes associados com uma tendência atual significativa (por exemplo, fibra óptica nas telecomunicações).[34] Os usuários pioneiros empresariais (ou individuais) têm várias características em comum: estão à frente da tendência, conhecem melhor os problemas enfrentados e esperam beneficiar-se significativamente das soluções para esses problemas.[35] Embora em geral sejam razoavelmente fáceis de encontrar, podem ser também forasteiros ou membros não estabelecidos do ramo. E se de fato forem líderes, talvez achem que já solucionaram os próprios problemas. Entretanto, em uma tendência *em evolução*, suas soluções podem não se sustentar; os desenvolvedores de produtos podem trabalhar com eles para antever seus problemas subsequentes.

---

[31] Gert Staal, "'Crowdsourcing' is Used by Dutch Internet Company 9292 to Create a New Travel Application", *Visions*, 34(2), 2010, pp. 25–27.

[32] Os exemplos do Threadless, da Innocentive e da Netflix são extraídos de Gary R. Schirr, "User Research for Product Innovation: Qualitative Methods", *op. cit.*, p. 237.

[33] Per Kristensson, Anders Gustafsson & Trevor Archer, "Harnessing the Creative Potential among Users", *Journal of Product Innovation Management*, 21(1), January 2004, pp. 4–14. Para examinar uma excelente fonte sobre a importância de estabelecer um diálogo com os clientes, consulte C. K. Prahalad & Venkat Ramaswamy, *The Future of Competition: Co-Creating Unique Value with Customers* (Cambridge, MA: Harvard Business School, 2004).

[34] Os melhores resumos referentes à análise de usuários pioneiros são de Eric von Hippel, *The Sources of Innovation* (New York: Oxford University Press, 1988); e Lee Meadows, "Lead User Research and Trend Mapping", in P. Belliveau, A. Griffin & S. M. Somermeyer, eds., *The PDMA Toolbook for New Product Development* (New York: John Wiley, 2002), pp. 243–265.

[35] Veja a discussão em Nikolaus Franke, "Lead Users", in Jagdish N. Sheth & Naresh K. Malhotra, *Wiley International Encyclopedia of Marketing*, Volume 5, Product Innovation and Management (West Sussex, UK: John Wiley, 2011), p. 118.

Os usuários pioneiros são particularmente úteis para oferecer ideias de novos produtos porque seu trabalho é do tipo "encontrar e solucionar problemas", um método enfatizado no capítulo seguinte. Por exemplo, suponha que sua empresa fabrique pranchas de *snowboarding* para serem usadas por atletas radicais em competições como o X Games. Embora sempre haja melhorias em equipamentos de esportes consagrados como futebol americano ou golfe, há muito mais incertezas no desenvolvimento de produto como pranchas de *snowboarding* de alto desempenho. Ainda hoje os melhores atletas estão criando novos lances e superando os limites do esporte. Portanto, como deve ser sua próxima geração de pranchas de *snowboarding*? Mais curtas? Mais longas? Mais leves? Mais pesadas? Mais largas? Mais aerodinâmicas? Mais flexíveis? De que forma você saberia e a quem você deveria perguntar? São exatamente esses atletas proeminentes que saberiam – eles são seus usuários pioneiros. Eles provavelmente pouco se importam com a aparência da prancha, visto que estão mais preocupados em melhorar um desempenho já de alto nível. Associando-se com esses atletas, sua empresa conseguiria desenvolver pranchas de *snowboarding* radicalmente novas que atendem a necessidades que surgem rapidamente. Mais do que isso, esses mesmos atletas são também mais rápidos para adotar novos produtos do que os usuários comuns e, portanto, são também influentes para acelerar a adoção de um novo produto no mercado.[36] Com relação a uma regra geral sobre seleção de usuários pioneiros, um estudo sobre esse tema descobriu duas características de usuários pioneiros que são mais propensos a propor inovações comercialmente atraentes: altos benefícios esperados e estar "adiante da tendência".[37]

Independentemente de a empresa recorrer a usuários finais típicos ou usuários pioneiros, um princípio importante é pedir para que os clientes falem sobre *resultados* – isto é, o que eles gostariam que um produto ou serviço *fizesse por eles*. Com muita frequência, os desenvolvedores de produtos perguntam aos clientes quais melhorias eles *desejam*. Observe a diferença: os clientes afirmavam que desejavam *fast-food* com baixo teor de gordura, sopa enlatada com baixo teor de sal e cigarros sem nicotina, mas não os compravam! Um especialista de produtos, Anthony Ulwick, propôs que os desenvolvedores de produto sejam "informados" pelos clientes. Ulwick ressalta que a Kawasaki, procurando melhorar seu Jet Ski original, perguntou aos clientes atuais do Jet Ski o que eles desejavam. A maioria sugeriu que fosse acrescentado um estofamento ou alguns outros componentes para torná-lo mais confortável para andar em pé. Nenhum deles sugeriu um assento, o que obviamente oferece o resultado desejado (maior conforto). Na época em que a Kawasaki colocou assento em seu Jet Ski, outros concorrentes já haviam feito isso, reduzindo uma empresa outrora líder a um concorrente "imitador". Contraditório, visto que a Kawasaki poderia ter olhado para as motocicletas que produzia e ter tido a ideia do assento![38] Para obter outro exemplo, consulte a Figura 4.7.

Após o desalentador lançamento do Vista, um sistema operacional considerado não favorável ao usuário, a meta da Microsoft com o sistema operacional Windows 7 era "tornar seu PC mais simples". Engenheiros de *software*, trabalhando com usuários típicos e também empresas parceiras, procuraram tornar o novo sistema

---

[36] Martin Schreier & Reinhard Prügl, "Extending Lead-User Theory: Antecedents and Consequences of Consumers' Lead Userness", *Journal of Product Innovation Management*, 25(4), 2008, pp. 331–346.

[37] Nikolaus Franke, Eric von Hippel & Martin Schreier, "Finding Commercially Attractive User Innovations: A Test of Lead-User Theory", *Journal of Product Innovation Management*, 23(4), July 2006, pp. 301–315.

[38] Anthony W. Ulwick, "Turn Customer Input into Innovation", *Harvard Business Review*, January–February 2002, pp. 91–98.

FIGURA 4.7 Como a Cordis Corporation transformou as opiniões dos clientes sobre resultados desejados em inovação.

A Cordis Corporation era uma fabricante de equipamentos médicos da Flórida que estava procurando melhorar os balões de angioplastia. A empresa realizou uma série de entrevistas com cardiologistas, enfermeiros, administradores hospitalares e outros profissionais de saúde para definir os resultados que eles desejavam em um produto para angioplastia aprimorado antes, durante e após uma cirugia. Os clientes entrevistados concordaram que um resultado importante era "minimizar a recorrência de entupimentos". Os resultados declarados resultaram no desenvolvimento da angioplastia com *stent*, que se tornou na época o equipamento médico de mais rápido crescimento da história, gerando em torno de US$ 1 bilhão em receitas em seu primeiro ano. Outros resultados gerados indicaram possíveis segmentos de mercado: alguns médicos valorizavam muito a "precisão de colocação do aparelho", enquanto outros desejavam "velocidade na conclusão do procedimento".

Fonte: Anthony W. Ulwick, "Turn Customer Input into Innovation", *Harvard Business Review*, January–February 2002, pp. 91–98.

operacional mais simples e melhor do que os anteriores, oferecendo acesso rápido aos programas, maior compatibilidade, melhor transmissão (*streaming*) remota e várias outras vantagens. Durante o desenvolvimento, o Windows 7 foi amplamente testado em beta com usuários em potencial (tema que examinaremos no Capítulo 15). Muitas novas ideias obtidas de usuários típicos foram incorporadas no produto finalizado. Para enfatizar que eles estavam ouvindo seus clientes, a propaganda do Windows 7 apresentou usuários típicos de computador afirmando: "Eu sou um PC e o Windows 7 foi ideia minha".[39]

Uma maneira de determinar se um setor particular pode se beneficiar do trabalho direto com usuários para reunir conceitos é perguntar se os clientes são experimentadores. Por exemplo, os dentistas são; também o são os técnicos de medicina e os fazendeiros. Em alguns desses setores, os participantes não têm apenas boas ideias, mas também protótipos, e podem ter empreendido uma forma de fabricação ao montar protótipos para os amigos. Na verdade, algumas pesquisas indicam que é particularmente importante recorrer a usuários finais com uma ampla diversidade de pontos de vista e experiências a fim de identificar ideias de produto altamente inovadoras.[40]

Segundo consta, a Chrysler teve a ideia de colocar porta-copos de 950 ml em sua caminhonete Ram ao observar que muitos motoristas de picape haviam instalado porta-copos maiores por conta própria. Às vezes, observando o cliente é possível identificar o problema, ficando a cargo da empresa a descoberta de uma solução. Um engenheiro da Chrysler percebeu que sua mulher passava trabalho para colocar uma cadeira de criança na *minivan* da família. Ele teve a ideia de integrar cadeiras no sistema de assento da *van*; a Chrysler acrescentou esse recurso, o que se revelou extremamente popular. Ser um cliente dos produtos de seus concorrentes e também dos seus pode igualmente oferecer *insights* sobre problemas e necessidades do cliente. Uma empresa que fabrica sistemas de escâner para caixas de pagamento põe seus funcionários para trabalhar como atendentes de caixa durante alguns dias por ano para ter uma percepção do produto em uso e do tipo de problema que pode aflorar. A GM requer que seus funcionários aluguem carros da GM quando estão a trabalho – e

---

[39] Fonte: Centro de Notícias da Microsoft (Microsoft News Center), www.microsoft.com, Oct. 9, 2009; página do Windows 7 em en.wikipedia.org; e outras fontes públicas.

[40] Joseph M. Bonner & Orville C. Walker, Jr., "Selecting Influential Business-to-Business Customers in New Product Development: Relational Embeddedness and Knowledge Heterogeneity Considerations", *Journal of Product Innovation Management*, 21(3), May 2004, pp. 155–169.

desse modo perde a oportunidade de comparar seus carros com os da concorrência em uma situação de uso real.[41]

Hoje, muitas empresas obtêm opiniões dos usuários finais para ideias de novos produtos envolvendo-os efetivamente em suas equipes de novos produtos desde as primeiras fases desse processo (consulte o Capítulo 14). Isso evidencia diretamente suas necessidades e problemas. No entanto, sempre haverá empresas que não esperam que lhes peçam – elas vão em frente e fazem protótipos de suas ideias. Um novo exemplo disso atualmente é a área de tecnologia da informação, em particular de computadores e telecomunicações, em que os usuários finais tornaram-se muito sofisticados.

Inovação aberta[42]

Um dos acontecimentos mais estimulantes no desenvolvimento de novos produtos é a adoção do modelo de *inovação aberta* por várias empresas. Define-se inovação aberta como "o processo que uma empresa emprega para procurar externamente por [...] pesquisas, inovações, novas tecnologias e produtos".[43] O primeiro defensor da inovação aberta foi Henry Chesbrough, que a considerava um novo paradigma para a inovação em que a empresa assume o compromisso estratégico de usar o conhecimento no ambiente externo para melhorar o desempenho da inovação. Na verdade, a inovação aberta foi descrita como o modelo predominante de inovação para o século XXI.[44]

Durante anos as empresas procuraram adquirir externamente as tecnologias que lhes faltavam, mas de acordo com a necessidade. A terceirização é comum, por exemplo, no setor farmacêutico, no qual empresas proeminentes como Eli Lilly e GlaxoSmithKline terceirizam uma parte considerável da pesquisa de novos produtos em virtude dos custos enormes requeridos pela descoberta, desenvolvimento, aprovação regulamentar e lançamento de um novo medicamento.[45] Com a política de inovação aberta, as empresas partem do princípio de que grande parte, se não a maior parte, do conhecimento que elas poderiam usar reside fora da empresa (isto é, "nem todas as pessoas inteligentes trabalham para nós"). Elas sistemática e intencionalmente começam a adquirir conhecimentos de recursos externos para complementar seus recursos internos e acelerar a inovação. Acessar esse *pool* inovador é fundamental, ainda mais quando a concorrência global se aquece. O resultado, em última análise, é um melhor valor conjunto para todos os parceiros. E a inovação aberta não para nos ganhos de conhecimento. Inevitavelmente, a empresa terá investido em inovações que no final das contas não usa: ela pode não se enquadrar mais em seu modelo de negócio, por exemplo. Com uma política de inovação aberta, a

---

[41] Os exemplos desse parágrafo são extraídos de A. Griffin, "Obtaining Customer Needs for Product Development", *op. cit.*

[42] Grande parte desta seção foi extraída de Henry Chesbrough, *Open Innovation: The New Imperative for Creating and Profiting from Technology* (Boston, MA: Harvard Business School Press, 2003); Henry Chesbrough, "Why Companies Should Have Open Business Models", *Sloan Management Review*, 48(2), Winter 2007; e Henry Chesbrough & Melissa M. Appleyard, "Open Innovation and Strategy", *California Management Review*, 50(1), Fall 2007.

[43] R. M. (Skip) Davis, "How to Make Open Innovation Work in Your Company", *Visions*, January 2006, pp. 10–13.

[44] Larry Huston & Nabil Sakkab, "Connect and Develop: Inside Procter & Gamble's New Model for Innovation", *Harvard Business Review*, March 2006, pp. 58–66.

[45] Roger J. Calantone & Michael A. Stanko, "Drivers of Outsourced Innovation: An Exploratory Study", *Journal of Product Innovation Management*, 24(3), pp. 230–241.

empresa poderia desmembrar sua inovação (vendê-la diretamente a um comprador interessado), oferecê-la sob licença, formar uma *joint venture* com um parceiro ou então extrair lucro dela.[46]

Inovação aberta não significa que a empresa terceiriza seu P&D. Na verdade, a meta da empresa é transcender seus parceiros de pesquisa familiares e acessar o P&D realizado globalmente, para que assim complemente o *know-how* que ela desenvolve internamente. Ao formar uma parceria com uma empresa externa, a empresa inovadora alavanca e apoia seu *próprio* P&D e a equipe de desenvolvimento de produtos. De certo modo, a propriedade intelectual (PI) na inovação aberta é como os elementos básicos que possibilitam que uma empresa construa e leve a efeito seu modelo de negócio. Uma empresa pode adquirir PI de um parceiro se isso contribuir para seu modelo de negócio e pode lucrar com um elemento básico não utilizado da PI se outra empresa tiver aplicação para isso. Afora essas vantagens óbvias da alavancagem, a empresa beneficia-se de outras formas: ela tem um banco mais amplo de ideias inovadoras do qual pode se valer; ela acelera o processo de novos produtos ao se associar com parceiros que têm a tecnologia necessária; e ela obtém acesso à PI de seu parceiro com um nível de risco menor.

Um fator fundamental para fazer a inovação aberta funcionar é escolher o melhor ou os melhores parceiros. Alguns pesquisadores propuseram que a empresa inovadora avalie prováveis parceiros com relação às suas características tecnológicas, estratégicas e relacionais. Um alto nível de confiança entre os parceiros é também fundamental para o sucesso.[47]

A inovação aberta é vista como um contraponto valioso para os modelos tradicionais de inovação fechada. O modelo de inovação fechada possibilita que as contribuições venham de fontes internas (*inputs* do marketing ou planejamento estratégico) e igualmente de fontes externas (por exemplo, *inputs* dos clientes ou informações sobre o mercado). Na inovação aberta, as empresas que estão na linha de frente difusa (*fuzzy front end*) da inovação de produtos agora não estão mais buscando externamente apenas *inputs* como necessidades não atendidas ou problemas não solucionados. Hoje, inventores, *start-ups* ou tecnologias (por exemplo, laboratórios independentes, governamentais ou industriais) estão todos sendo procurados ativamente como possíveis parceiros de *joint venture* ou como base para a alavancagem das capacidades internas de desenvolvimento de produtos. Uma empresa estabelecida com produtos comercializados pode também se beneficiar da inovação aberta acessando tecnologias que lhe permitam progredir mais facilmente por meio da geração de produtos emergentes.

Embora a inovação aberta possa ter se originado em setores de alta tecnologia, ela está sendo crescentemente utilizada em ambientes menos tecnológicos. Na verdade, dois dos proponentes mais notáveis da inovação aberta são Procter & Gamble e Kimberly-Clark.[48] Em 2000, a P&G estava atravessando um período difícil: as inovações de sucesso estavam escassas e os preços das ações estavam baixos. O diretor executivo que estava assumindo na época, A. G. Lafley, sentiu que o problema era o mo-

---

[46] Michael Docherty, "Primer on 'Open Innovation,' Principles, and Practice", *Visions*, April 2006, pp. 13–17.

[47] Zeynep Emden, Roger J. Calantone & Cornelia Dröge, "Collaborating for New Product Development: Selecting the Partner with Maximum Potential to Create Value", *Journal of Product Innovation Management*, 22(4), July 2006, pp. 330–341.

[48] O exemplo da P&G é extraído de www.pgconnectdevelop.com, e o exemplo da Kimberly-Clark é extraído de Patrick Clusman & Amy Achter, "How Kimberly-Clark Uses Open Innovation to Enhance NPD Success: Interview with Cheryl Perkins", *Visions*, 30(4), September 2006, pp. 10–11.

FIGURA 4.8 Inovação aberta na prática: duas histórias de sucesso.

A Clorox e a Procter & Gamble podem ser concorrentes ferozes na área de produtos de limpeza, mas são também parceiros em inovação aberta em outro âmbito. A P&G tinha a propriedade intelectual para a tecnologia de plásticos, particularmente do filme plástico resistente, que é a tecnologia usada em dois produtos da Clorox: Glad Press'n Seal e também os sacos de lixo plásticos Glad ForceFlex. Além disso, a P&G forneceu seu *know-how* em marketing global, enquanto a Clorox contribuiu com o *brand equity* da Glad, seu *know-how* em P&D de plásticos e resinas e sua estrutura organizacional adequada para a comercialização de filmes plásticos. Em virtude dessa parceria em inovação aberta e a contribuição fundamental da P&G para a tecnologia de plásticos, as vendas dos produtos Glad dobraram em quatro anos e a Glad tornou-se a segunda marca de bilhões de dólares da Clorox.

A Kraft Foods procurou parceiros em inovação aberta para o seu planejado Tassimo Beverage System. Embora a empresa tivesse *know-how* em alimentos, fornecedores e canal de distribuição, ela precisava de assistência no desenvolvimento e na fabricação dessa máquina de café. Diferentes fabricantes de eletrodomésticos foram avaliados quanto às capacidades de fabricação e P&D e à competência nessa categoria de produto e igualmente quanto à compatibilidade com o valor da marca, adequação cultural e compatibilidade das estratégias de negócios. A empresa procurava particularmente um fabricante que tivesse as mesmas atitudes da Kraft com relação à qualidade, conveniência e responsabilidade. No final, a Kraft escolheu o Bosch & Siemens Home Appliance Group.

Fonte: Jacquelin Cooper, "How Industry Leaders Find, Evaluate and Choose the Most Promising Open Innovation Opportunities", *Visions*, 36(1), 2012, pp. 20–23.

delo de inovação fechada da P&G. Ele instituiu um modelo de inovação aberta hoje famoso conhecido como Conectar e Desenvolver, no qual no mínimo 50% das novas iniciativas tinham de incluir pelo menos um parceiro externo. Os resultados logo se evidenciaram: a P&G trabalhou com um parceiro francês envolvido com o P&D de tratamento de feridas para desenvolver em conjunto o Olay Regenerist, um creme antirrugas. O Pringles Stix originou-se com uma inovação de uma empresa parceira japonesa. A P&G licencia a marca registrada Mr. Clean para empresas parceiras que fabricam luvas de limpeza, esfregões e *kits* de limpeza de carro. Para examinar duas histórias detalhadas de inovação aberta, consulte a Figura 4.8.

O Conectar e Desenvolver da P&G resultou em mais de 1.000 acordos ativos entre a P&G e parceiros externos. A Kimberly-Clark integra universidades, *start-ups* empreendedoras, empresas de serviços de saúde e fabricantes de produtos embalados entre seus parceiros em inovação aberta. Aliás, o Conectar e Desenvolver (e iniciativas semelhantes na Shell, Kraft e em outros lugares) é um híbrido de terceirização em massa e análise de usuários de ponta: consumidores, inventores e empreendedores são convidados a entrar *on-line* e enviar novas ideias para apreciação.[49]

Ao formar um relacionamento com um novo parceiro, a Kimberly-Clark primeiro considera cuidadosamente a adequação estratégica, visão, missão e cultura do parceiro para ter certeza de que está escolhendo o melhor parceiro para a situação em questão. A Kimberly-Clark também gerencia um fundo de capital de risco para ter a opção de obter uma participação acionária junto a seu parceiro. Entre as ideias geradas na Kimberly-Clark por meio da inovação aberta estão: uma amostra grátis de sensores UV, produzidos pela SunHealth Solutions e colocados nas embalagens da Huggies Little Swimmers® Swimpants para que os pais possam monitorar a exposição dos filhos à radiação ultravioleta B.

---

[49] Jacquelin Cooper, "How Industry Leaders Find, Evaluate and Choose the Most Promising Open Innovation Opportunities", *Visions*, 36(1), 2012, pp. 20–23.

Outra aplicação da inovação aberta é observada no setor farmacêutico. A Merck, por exemplo, instituiu o Merck Gene Index, no qual a Merck financiou pesquisas acadêmicas sobre marcadores (*markers*) genéticos. Esses marcadores se demonstrariam valiosos para o desenvolvimento farmacêutico posterior. A Merck publicou esses marcadores no Gene Index, acessível a qualquer pesquisador interessado. Por que a Merck colocaria os resultados de sua iniciativa de pesquisa altamente financiada em domínio público? O motivo foi estratégico: embora a Merck tenha perdido exclusividade na detenção dos marcadores, a empresa também impediu as pequenas *start-ups* de biotecnologia de patentear os marcadores. Se uma pequena empresa patenteasse um marcador, isso impediria que Merck o desenvolvesse e transformasse em novos medicamentos comercializáveis. Por meio da criação de uma fonte aberta de *inputs* (os marcadores), a Merck esperava obter valor posteriormente nos compostos derivados dos marcadores.

A fabricante dinamarquesa de brinquedos LEGO implementou um sistema de inovação aberta para gerar ideias junto aos clientes. A administração da empresa havia identificado um novo sistema robótico de blocos de montagem como um novo produto de grande potencial. Apoiando-se em seu alto *brand equity* e na alta reputação de confiabilidade e qualidade associada com seu nome, a LEGO conseguiu identificar e atrair usuários pioneiros instruídos e lhes oferecer a oportunidade de desempenhar o papel de cocriadores do novo produto robótico por algo um pouco superior ao custo de lhes fornecer as versões iniciais do produto. A LEGO utilizou meios baratos mas eficazes de manter contato com sua comunidade de usuários pioneiros – um fórum fechado na *web*, *sites* e *blogs* nos quais os participantes podiam compartilhar e aprimorar ideias e inclusive as comprar. Além disso, a empresa convidou os participantes para um *tour* nas instalações de produção reais, o que elevou o nível de entusiasmo e estimulou um boca a boca extremamente positivo. O resultado: uma comunidade sólida e altamente envolvida que ajudou a LEGO a tornar seu sistema robótico em seu produto mais bem-sucedido até então.[50]

A Nike criou colaborativamente o Nike+ com clientes, com a participação da Apple em uma estrutura de inovação aberta. O Nike+ permite que o corredor monitore desempenho, estabeleça objetivos e metas de treinamento físico e desafie outros corredores por meio do *know-how* ganho da Apple como parceiro em inovação aberta. Alguns corredores que usam o Nike+ também atuam como usuários pioneiros ao aprender a monitorar suas corridas no Google Maps; por isso, a Nike acrescentou rastreamento por mapa ao Nike+. A Nike alega ter conquistado um aumento de 10 pontos na participação de mercado de tênis de corrida, o equivalente a mais de US$ 500 milhões.[51]

Uma interessante abordagem de inovação aberta é adotada pela empresa holandesa Philips, que criou uma instalação especializada em Cingapura conhecida como InnoHub.[52] Essa instalação oferece vários ambientes realistas, simulando um apartamento, uma loja de moda e uma ala de hospital, bem como áreas de escritório e de oficina. Nesses ambientes, usuários finais, desenvolvedores de produtos e outros parceiros trabalham juntos para desenvolver novas ideias para inovações revolucionárias. A título de exemplo, uma tela espelhada na loja de moda desencadeou duas ideias: os clientes assistindo a videoclipes de produtos em casa via internet e depois fazendo o pedido *on-line*; ou enviando imagens de si mesmos aos amigos, vestidos

---

[50] Jennifer Dominiquini, "Dispelling the Myths About Product Innovation", em www.prophet.com (May 28, 2009).

[51] Mark Deck, "Co-Creation: A Big Idea with Major Implications", *Visions*, 35(2), 2011, pp. 32–35.

[52] Elke den Ouden, Darren Ee & Nicky Goh, "The Philips InnoHub–Generating Breakthrough Innovation in an Open Innovation Setting", *Visions*, Vol. 32, No. 1, March 2008, pp. 20–21.

FIGURA 4.9 Vantagens e riscos da inovação aberta.

- A importação de novas ideias multiplica os elementos básicos da inovação – ideias e *know-how*, o que resulta em um total mais alto de vendas geradas por novos produtos.
- A exportação de ideias eleva o caixa (a IBM obtém em torno de US$ 2 bilhões por ano em *royalties* de patente) e melhora a retenção de funcionários, visto que os criativos sabem que as boas ideias serão exportadas, em vez de enterradas.
- A exportação sinaliza o verdadeiro valor de uma inovação. A Eli Lilly oferece licenças farmacêuticas, mas quando não há interesse externo isso indica que o valor do novo medicamento é percebido como baixo.
- A exportação evidencia a atividade principal: a Boeing é fiel ao *design* e à integração de sistemas e com frequência encontra parceiros para fabricação.
- Risco: o negócio não é estruturado de uma maneira que capte o valor financeiro de sua inovação – pergunte à Xerox!
- Segredos patenteados podem acabar ficando nas mãos de um parceiro, ainda que inadvertidamente.
- O furto de tecnologia, ou a caça furtiva de pesquisadores proeminentes, é uma preocupação.

Fonte: Darrell Rigby & Chris Zook (2002), "Open-Market Innovation", *Harvard Business Review*, 80(10), 2002, pp. 80–89; e Mariann Jelinek, "Open Innovation", in V. K. Narayanan & Gina C. O'Connor (eds.), *Encyclopedia of Technology & Innovation Management*, Chichester, UK: John Wiley, 2010, Chapter 18.

em diferentes trajes, por meio de mensagem multimídia. Em seus primeiros quatro anos, mais de 4.000 pessoas envolvidas com inovação visitaram o InnoHub; os visitantes interagem espontaneamente com os conceitos que eles veem e com frequência geram ainda mais ideias.

Concluindo, outra forma de inovação é o sistema completamente *on-line*. Um deles é o InnoCreative, que se autodefine em seu *site* como uma comunidade *web* que existe para compatibilizar cientistas com os desafios de pesquisa das empresas globais.[53]

Uma das questões complexas que uma empresa precisa gerenciar em uma política de inovação aberta é a proteção de propriedade intelectual. Sem uma seleção cuidadosa de seus parceiros, a empresa se abre à possibilidade de sua propriedade intelectual ser acidentalmente descoberta por um parceiro ou, pior, deliberadamente usada de forma ilegal ou passada para os concorrentes. Consultores de produtos proeminentes afirmam que cabe à empresa realizar logo no início uma investigação prévia de parceiros em perspectiva e garantir que todas as legalidades sejam processadas corretamente, como cartas de intenção, memorandos de entendimento e contratos detalhados.[54] Alguns riscos e vantagens gerais da inovação aberta são apresentado na Figura 4.9.

Empresas como P&G e Kimberly-Clark que se comprometeram com a inovação aberta ajustaram seus novo processo de novos produtos de modo correspondente. Em suma, o processo de novos produtos deve ser capaz de incorporar ideias, propriedade intelectual, tecnologias e/ou produtos comercializados que foram desenvolvidos externamente. Para conseguir isso, as mudanças no processo de novos produtos podem ser feitas em qualquer ou em todas as fases. Nas fases de geração e avaliação de conceitos, essas empresas procuram ativamente inventores, novas *start-ups*, empresas empreendedoras e outros possíveis parceiros em inovação aberta e avaliam o

---

[53] Visite www.innocentive.com; consulte também uma descrição em Mariann Jelinek, "Open Innovation", in V. K. Narayanan & Gina C. O'Connor (eds.), *Encyclopedia of Technology & Innovation Management* (Chichester, UK: John Wiley, 2010), Chapter 18.

[54] Robert Cooper, "What Leading Companies Are Doing to Reinvent Their NPD Processes", *Visions*, Vol. 32, No. 3, September 2008, pp. 6–10.

provável valor de um processo conjunto de desenvolvimento de produtos. Durante a fase de desenvolvimento, as empresas talvez procurem a assistência técnica de cientistas e outros indivíduos externos à empresa ou talvez procurem adquirir inovações ou propriedade intelectual desenvolvidas externamente que possam fazer o projeto avançar. Como seria de esperar, essa também é uma oportunidade para a empresa encontrar um licenciado para uma propriedade intelectual que não esteja sendo utilizada no momento. Por fim, na época do lançamento ou da comercialização, as empresas podem procurar vender ou licenciar produtos recém-comercializados se isso oferecer um bom valor ou podem adquirir produtos já lançados em outro lugar para obter potencial de crescimento imediato.[55]

RESUMO

O Capítulo 4 introduziu a geração de conceitos para novos produtos. Primeiro, ressaltamos que a administração tem a missão de preparar uma organização para a geração de conceitos. Isso envolve empregar a orientação estratégica do termo de inovação de produto, encontrar e treinar pessoas criativas e então criar um ambiente para elas trabalharem no qual possam se sentir motivadas para produzir.

Em seguida foi feita uma análise do conceito em si, sobre o que ele é, o que não é e como surge. O conceito é desenvolvido em torno das dimensões de tecnologia, forma e benefício e é testado com relação a se ele consegue transmitir para o consumidor alvo a essência do produto proposto e a se ele parece útil.

Depois de ressaltar que existem duas amplas categorias de abordagem para obter bons novos conceitos, investigamos aquela que requer a busca de conceitos prontos. Muitas empresas fazem uso intenso dessa abordagem e todas provavelmente a utilizam ao menos um pouco. Obviamente, existem problemas legais nesse caso e este capítulo terminou com a delineação dos passos que devem ser seguidos para lidar com ideias de usuários finais, usuários de ponta, funcionários fora no círculo de novos produtos etc.

Isso nos prepara para examinar o método mais difícil, mas de longe o melhor, para criar conceitos de novos produtos: geração de ideias baseada em problemas. Esse é o tema do Capítulo 5.

APLICAÇÕES

1. "Grande parte de nosso pessoal tenta obter boas ideias de novos produtos de pessoas externas, mas toma cuidado para se manter dentro da legalidade. Mas estou aqui pensando sobre algo com que me deparei em uma viagem à Austrália no último outono. Conheci o que o pessoal de nossa empresa de lá chamou de agente de espionagem profissional. Esse agente utiliza uma rede de comissários de bordo para colher alguns rumores ouvidos por acaso na primeira classe dos voos internacionais e vende essas informações, ganhando mais de um milhão de dólares por ano! Gostaria de saber que sugestões devo colocar em um memorando para os funcionários a fim de minimizar a probabilidade de nossas principais informações sobre novos produtos não serem furtadas por concorrentes."

2. "É difícil lidar com os inventores internos. Neste momento temos uma PhD em física, uma pessoa de fato notável, muito inteligente e extremamente criativa.

---

[55] Robert G. Cooper, "Perspective: The Stage-Gate® Idea-to-Launch Process–Update, What's New, and NexGen Systems", *Journal of Product Innovation Management*, 25(3), May 2008, pp. 213–232.

Desde que ela entrou na empresa há quatro anos, ela teve no mínimo 11 ideias que foram introduzidas no mercado. Mas ela acha que não a recompensamos apropriadamente, ainda que tenha um bom salário, divida uma bonificação anual com todas as outras pessoas do departamento de pesquisa e até tenha obtido uma bonificação especial de US$ 5.000 no ano passado. Para dizer a verdade, acho que ela nos deixará se eu não encontrar alguma forma de ela ter uma participação acionária em algumas de suas ideias. O que você acha do argumento dela e como eu deveria providenciar algo se assim eu quisesse?"

3. "Nesses dias de intensa geração de ideias, realmente fiquei surpreso quando li que um homem chamado Reuben Ware, restaurador de estofados de móveis aposentado de Savannah, Geórgia, teve de reativar um negócio bem-sucedido que ele havia encerrado – produção e venda de uma fórmula especial de xampu para carpete. Parece que ele havia inventado uma fórmula que removia praticamente qualquer coisa (sangue, batom, manchas de urina de cachorro, tudo) de carpetes, roupas sujas ou mesmo do para-brisa. Ele vendeu o produto durante algum tempo e depois desistiu. Como as pessoas clamavam pelo produto, a loja de departamentos Rich's o bancou para obter mais produtos. Ele afirma que escolheu Aunt Grace's como nome do produto porque estava pagando o advogado de marca registrada por hora e acabou aceitando o primeiro nome aprovado. Quando as pessoas lhe perguntam sobre o fato de não ser químico, ele responde: 'Por acaso Edison era eletricista?'. Sem brincadeira, em uma época de laboratórios de P&D caríssimos, como é que alguém lá fora cria uma fórmula que parece ser melhor do que qualquer coisa que o setor consegue fabricar? E depois de comercializar pela primeira vez sua fórmula em 1965, como é que ele conseguiu manter sua liderança?"

ESTUDO DE CASO Sanduíches Grands! Biscuit da Pillsbury[56]

A General Mills é uma da maiores e mais reconhecidas empresas de alimentos do mundo. Suas vendas líquidas globais em 2012 totalizaram US$ 16,7 bilhões. O segmento de negócios de varejo nos Estados Unidos compreende sete divisões, responsáveis por marcas familiares como Cheerios, Yoplait, Betty Crocker e Pillsbury. Além disso, a empresa tem um segmento de negócios internacionais, bem como o Bakeries & Foodservice.

Jeff Bellairs, diretor da Worldwide Innovation Network da General Mills, afirma: "Quando examinamos particularmente a inovação aberta, acredito que um tipo de personalidade torna-se decisivamente importante para o processo de inovação: a de um conector ou de um 'inovador conectado'". Ele define um inovador conectado como uma pessoa que desenvolve relacionamentos e encontra soluções facilmente, seja com a pessoa que se encontra ao lado, um veterano dentro da empresa ou um parceiro externo que tem o *know-how* necessário. O inovador conectado é também habilidoso para assumir um desafio ou visão inicial e chegar a um resultado geral. Nos últimos anos, as equipes de novos produtos da General Mills desenvolveram vários novos produtos alimentícios em conjunto com parceiros em inovação aberta, como Yoplait Smoothies, Fiber One 90-Calorie Brownies e Pillsbury Grands! Biscuit Sandwiches. A General Mills procura novos parceiros em inovação aberta por meio da plataforma de inovação aberta G-WIN e, ao mesmo tempo, também reavalia relacionamentos passados para encontrar um possível parceiro com as habilidades requeridas para um novo projeto.

---

[56] Esse estudo de caso foi adaptado de Jeff Bellairs, "DNA of a Connected Innovator", Visions, 37(1), 2013, pp. 6–9.

O desenvolvimento e o lançamento do produto Grands! Biscuit Sandwiches pode ser utilizado como exemplo ilustrativo de inovação aberta na prática, na General Mills. O Grands! era um conceito para um novo pão quente para o café da manhã que seria rápido e fácil de preparar, e a equipe de novos produtos encarregada começou a trabalhar de fato em junho de 2010. Embora a divisão Pillsbury da General Mills tivesse capacidade para desenvolver todo o produto internamente, havia determinados fatores que o tornavam particularmente adequado para uma parceira em inovação aberta. Primeiro, as instalações de panificação da General Mills não tinham capacidade extra suficiente para acrescentar um novo produto sem que houvesse uma grande ruptura. Segundo, as coberturas do pão seriam uma parte importante do produto, e a General Mills constatou que o desenvolvimento interno desse *know--how* seria muito demorado e caro. Além disso, como esse seria o primeiro produto alimentício congelado da General Mills para café da manhã, a administração o considerou um empreendimento possivelmente arriscado se fabricado internamente. Ficou resolvido que a empresa procuraria um parceiro com o *know-how* necessário em panificação e em particular para iniciar rapidamente o trabalho com as coberturas.

A Better Baked Foods, uma empresa de panificação da Pensilvânia, era parceira da General Mills em alguns projetos anteriores, particularmente uma nova *pizza* que seria lançada sob a marca Totino. Embora o projeto da Totino nunca tenha sido lançado, a General Mills manteve o relacionamento com a Better Baked Foods e combinou que buscaria oportunidades de desenvolvimento conjunto no futuro. O cientista de pesquisa Peeyush Maheshwari estava trabalhando para a marca Totino na época, mas desde então havia mudado para a divisão Pillsbury. Em virtude de sua experiência anterior na parceria com a Better Baked Foods, ele imediatamente pensou nessa empresa como um parceiro adequado para a equipe de novos produtos da Pillsbury que estava trabalhando no projeto do Grands!. A Better Baked Foods foi procurada pela equipe do Grands! em setembro de 2010 e estaria disponível para iniciar o projeto em dez dias. A Better Baked Foods tinha capacidades técnicas que complementavam perfeitamente o *know-how* interno da General Mills e por fim os novos sanduíches foram introduzidos com sucesso no mercado dentro de um prazo final agressivo e sem gastos excessivos com o desenvolvimento do novo produto.

Qual foi o papel do inovador conectado no caso do Grands! Biscuit Sandwiches? Em sua opinião, em termos gerais qual deve ser o papel do inovador conectado em uma inovação aberta? Em que sentido esse papel mudaria em um setor diferente – por exemplo produtos *business to business* (B2B), serviços médicos ou automóveis? Jeff Bellairs afirma que um dos traços pessoais mais importantes de um inovador conectado é a perseverança. Ao buscar uma solução viável para um difícil problema de produto, o inovador conectado inevitavelmente ouvirá várias vezes "já experimentamos isso antes", mas ele não pode entregar os pontos. Que outros traços pessoais você acha que seriam fundamentais para os inovadores conectados e, entre esses traços, quais são os dois ou três mais importantes?

ESTUDO DE CASO CarpetFlick da P&G[57]

Em 1999, a Procter & Gamble lançou o Swiffer, limpador de chão com tecido descartável que se encaixa em uma estrutura retangular. O tecido na verdade absorvia a poeira e por isso era uma grande melhoria em relação aos limpadores e vassouras

---

[57] As informações para esse estudo de caso foram obtidas de Sarah Lacy, "How P&G Conquered Carpet", *BusinessWeek Online*, businessweek.com, September 23, 2005; de Beth Belton (ed.), "Lafley on P&G's Gadget 'Evolution'", *BusinessWeek Online,* businessweek.com, January 28, 2005; e de outras fontes públicas.

usuais. Contudo, uma coisa que o Swiffer não fazia era limpar pisos acarpetados. Como em torno de três quartos dos pisos nos domicílios americanos são acarpetados, isso representava um desafio excepcional e uma oportunidade para a P&G. No final de 2003, a empresa decidiu fazer algo em relação a isso e estabeleceu a data-limite de lançamento para meados de 2005.

A P&G tinha uma relação de longa data com a IDEO, a empresa de consultoria em *design* de Palo Alto, Califórnia. Ao longo dos anos, a IDEO havia trabalhado em vários projetos "esporádicos" com P&G, como a redefinição de um tubo de pasta dental. Nos últimos tempos, as duas empresas haviam se aproximado mais com a intenção de trabalhar em conjunto em produtos inovadores. Em 2003, esse trabalho colaborativo já evidenciava um histórico promissor: Pringles Prints (batatas *chips* com perguntas sobre trivialidades dentro da embalagem) e Mr. Clean Magic Reach (vassoura mágica para limpeza de banheiro com esfregão removível). Embora merecidamente bem-sucedidos, esses produtos na verdade não ingressaram em nenhum novo mercado. A P&G estava recorrendo à IDEO para ajudá-la no *design* de um novo produto Swiffer para uso em carpetes, o qual seria o projeto conjunto mais ambicioso até então, mas que prometia abrir um mercado totalmente novo para a P&G.

O químico da P&G designado para o projeto foi Bob Godfroid, e seu primeiro dia na matriz da IDEO foi no mínimo interessante. Para começar, a IDEO visitou domicílios, fez perguntas aos proprietários a respeito dos limpadores existentes e tirou fotos. Eles descobriram que havia uma necessidade real de um sistema de limpeza eficaz que não fizesse muito barulho e conseguisse recolher praticamente tudo. Então, em novembro de 2003, a IDEO resolveu "mergulhar fundo". Cerca de 15 *designers* da IDEO visitaram uma loja de artigos domésticos e ferramentas em geral e compraram itens aleatórios de todos os tipos que ainda que remotamente pudessem ser convenientes para a limpeza de carpetes. Em seguida, estenderam vários carpetes em uma dependência da empresa e colocaram sobre eles toda espécie de sujeita possível. Quando Bob entrou, percebeu que um *designer* tentava sugar a sujeira com uma pistola de sucção, enquanto vários outros giravam bolas de massinha Play-Doh em torno da sujeira para tentar recolhê-la. Segundo ele, "parecia que uma bomba havia explodido..." na sala. "Não sei se vamos sair daqui com outra coisa senão um punhado de fotos de uma sala destroçada".

Na manhã do segundo dia, Bob pegou uma paleta de rodo e o esfregou em um carpete sujo. Para sua surpresa, a sujeira e as partículas de confete de papel ficaram suspensas no ar, como se fossem Tiddly-Winks. Ele experimentou passar a paleta em um ângulo diferente, e as partículas subiram mais alto. Alguém teve a ideia de colocar um balão suspenso em cima, que então recolheu as partículas de papel com eletricidade estática. Sem demora, Bob e Mike Strasser, da IDEO, montaram um protótipo – na verdade, uma caixa bastante simples, com uma fenda na parte inferior para imitar a ação de uma paleta de rodo –, que chamaram imediatamente de Shagilator. No final do período de dois dias, a IDEO já tinha vários protótipos rudimentares, mas funcionais, que usavam sucção, cola ou raspagem para fazer a sujeira subir, e o Shagilator foi avaliado como o melhor. Bob retornou ao escritório central da P&G em Ohio e demonstrou o Shagilator a Gilbert Cloyd, diretor executivo de tecnologia da P&G, espalhando Froot Loops triturados pelo carpete e removendo-os com sucesso em seguida. Impressionado, Cloyd assinou um cheque de várias centenas de milhares de dólares como verba-semente para manter o projeto andando.

A forma de "mergulhar fundo" da IDEO lembrava a abordagem *lickety stick* ou de improvisação (consulte a discussão a respeito no Capítulo 3), com a exceção de que eram os *designers* e engenheiros da empresa, e não os clientes, que estavam experimentando e avaliando os protótipos rudimentares. Os funcionários da

IDEO estavam experimentando variações de todos os tipos na ideia da caixa com fenda. Pensando detidamente na P&G, alguém até chegou a fazer um Shagilator com uma lata de Pringles, triturando e espalhando as batatas e depois fazendo a lata "sugá-las" de volta! No início de 2004, uma versão mais aprimorada do Shagilator foi projetada. A IDEO experimentou dar um novo toque, uma paleta descartável que podia ser ejetada da caixa, mas acabou a rejeitando em virtude dos custos de fabricação.

No final de setembro de 2004, o *design* foi definido e o protótipo foi testado experimentalmente em 350 domicílios. Os domicílios testados perceberam um inconveniente – a vassoura mágica não conseguia recolher fios de cabelo nem fiapos. A P&G estava planejando o lançamento para agosto de 2005, mas relutava em prosseguir sem resolver o problema dos fios de cabelo e dos fiapos. Os funcionários da IDEO "mergulharam fundo" novamente, comprando rolos de limpeza de fiapos, esponjas de aço Brillo, cola e tudo o mais que conseguiram encontrar. Os engenheiros de laboratório da P&G fizeram o mesmo. Os engenheiros da P&G imaginaram que o papel adesivo poderia ser a saída, mas o papel sempre grudava no carpete. Por fim, um deles experimentou colar um pauzinho no centro do papel adesivo (para impedir que o papel tocasse no carpete). Essa solução funcionou: o papel ficava alto o bastante para não se prender ao carpete, mas suficientemente baixo para recolher fios de cabelo e fiapos.

Alguns ajustes adicionais foram feitos. A cor foi mudada do "Swiffer verde" para um novo laranja-claro, a fim de enfatizar que o produto se destinava à limpeza de uma superfície totalmente diferente. Um nome mais apropriado foi escolhido – CarpetFlick. O produto foi enviado primeiro para a Europa e depois para outras partes do mundo no final de julho de 2005, exatamente no prazo.

Qual foi a contribuição da IDEO no desenvolvimento do CarpetFlick? O que havia de incomum nisso e de que maneira inusitada a P&G ganhou com essa contribuição? De que outra forma a P&G poderia ter gerado um ou mais conceitos para responder a essa oportunidade de mercado? Suponha que você seja procurado como consultor de criatividade para ajudar a aprimorar esse produto. Como seria possível gerar outros conceitos de novos produtos que satisfizessem mais os desejos da P&G?

ESTUDO DE CASO Aquafresh White Trays[58]

Este estudo de caso detalha como a GlaxoSmithKline (GSK) iniciou um relacionamento de inovação aberta com um pequeno fabricante, Oratech LLC, para entrar no mercado de clareamento dental com o Aquafresh White Trays. De certo modo, essa parceria parece ser um par perfeito, um exemplo de inovação aberta na prática para um livro-texto. A GSK percebeu o rápido crescimento dos produtos de clareamento dental e era experiente em marketing, vendas e distribuição de produtos. Igualmente consciente do potencial nessa categoria, a Oratech já havia desenvolvido o produto, possuía as patentes e poderia cuidar da fabricação. Mas o percurso não foi tão tranquilo quanto se esperava.

O primeiro produto bem-sucedido de clareamento dental foi o Crest Whitestrips, da P&G, lançado em 2001 e seguido por vários concorrentes. Embora o mercado evidenciasse grande interesse por esses produtos, havia reclamações frequentes entre os clientes. Mais notadamente, os clientes achavam que os primeiros produtos eram

---

[58] Esse estudo de caso é extraído de Scot Andersen, Kevin Foley & Lee Shorter, "A Story of What Happens When Opposites Attract—Hint: It's Something to Smile About", *Visions*, 31(4), December 2007, pp. 16–17.

difíceis de usar, tinham gosto ruim e faziam sujeira. Para a GSK, isso indicava uma oportunidade de mercado baseada em um melhor valor para o cliente. Melhorando as propriedades do clareamento dental e, ao mesmo tempo, oferecendo um produto mais saboroso e fácil de usar, a GSK poderia aumentar a participação nesse mercado. A GSK já se encontrava no segmento de cuidados bucais com a linha de creme dental Aquafresh; a administração da empresa sentia que somente um produto que oferecesse um valor superior ao cliente mereceria carregar o nome Aquafresh. Além disso, a empresa reconhecia que a alternativa mais eficiente para entrar nesse mercado era uma parceria com uma empresa que tivesse o *know-how* tecnológico necessário.

A Oratech, pequena fabricante de marcas próprias, já estava fabricando moldeiras de clareamento e vendendo a dentistas e outros profissionais. Ela também reconhecia um potencial de crescimento no mercado de consumo, mas precisava de um parceiro que tivesse as habilidades de marketing requeridas e *brand equity*. A Oratech identificou um pequeno número de possíveis parceiros e logo escolheu a GSK em virtude de suas capacidades de marketing e P&D, além de sua competência para trabalhar com agências regulatórias.

Alguns problemas surgiram no início, em decorrência de diferenças na cultura corporativa. A princípio, a Oratech ficou surpresa com a complexidade dos padrões de desenvolvimento e regulamentares, que eram quase instintivos para uma imensa corporação global como a GSK. Talvez o mais inesperado tenha sido que os processos de novos produtos utilizados por ambas as empresas também eram um tanto diferentes. A versão do processo da Oratech era um pouco mais simples e até certo ponto mais otimizado, típico de um fabricante de menor porte.

A parceria deu certo, exigindo apenas 18 meses para concluir o novo produto para o lançamento. A GSK enfrentou alguns desafios no desenvolvimento, que exigiram que a empresa tomasse algumas decisões comuns na fase final do desenvolvimento de produtos: sacrificamos a qualidade ou retardamos o tempo de introdução no mercado? Não obstante esse pequeno contratempo, na verdade em nenhum momento houve dúvida na GSK: o compromisso de oferecer o produto de melhor qualidade ao consumidor sob a marca Aquafresh era prioridade número um. Os gestores da Oratech ficaram bastante impressionados com a seriedade com que esse compromisso era encarado pela GSK, que procurou consultores para tentar corrigir os problemas de desenvolvimento e não retardar muito o tempo de desenvolvimento. Segundo Scot Andersen, vice-presidente de marketing e vendas da Oratech, o "nível de sofisticação com o qual a GSK trata suas próprias marcas resultou em melhorias em nossos próprios processos".

O Aquafresh White Trays foi lançado no início de 2007, superando todas as previsões de vendas e tornando-se o principal concorrente na categoria de clareamento dental. Os executivos de ambas as empresas concordaram que um fator primordial para o sucesso foi a comunicação aberta ao longo do processo de desenvolvimento do novo produto. Como se revelou, quando um parceiro se deparava com um problema de fabricação, o outro era capaz de encontrar uma solução. Um bom exemplo disso foi o processo de fabricação das próprias moldeiras. A GSK preferia a moldagem individual das moldeiras, mas sabia que isso aumentaria o tempo e os custos de produção; a alternativa foi moldá-las a vácuo e cortá-las, o que gerou imperfeições nas extremidades. Com seu *know-how* técnico e de fabricação, a Oratech descobriu uma forma de aparar as extremidades e gerar um produto acabado desejável. A Oratech, por sua vez, ficou muito surpresa ao ver como os funcionários da GSK se demonstraram acessíveis (e até mesmo a alta administração) ao longo do processo de desenvolvimento do novo produto; ela não esperava um relacionamento tão estreito assim tendo em vista o porte da GSK.

O que é responsável pelo sucesso de mercado do produto Aquafresh? Lembre-se: por maior e mais instruída e bem informada que a GSK seja, tanto a P&G quanto a Colgate já tinham produtos semelhantes e ambas poderiam defender-se facilmente do lançamento competitivo do Aquafresh. Em termos mais gerais, o que pode ser aprendido da perspectiva da GSK e também da perspectiva da Oratech com relação ao trabalho de inovação aberta?

CAPÍTULO 5
Encontrando e resolvendo os problemas dos clientes

INFORMAÇÕES PRELIMINARES

O Capítulo 5 será dedicado ao sistema de geração de conceitos mais produtivo que conhecemos – a abordagem que procura encontrar e resolver os problemas dos clientes. Parece óbvio e fácil: pergunte aos clientes quais são seus problemas e procure um cientista para formular uma solução! Mas nem sempre é simples assim.

Obter o envolvimento dos clientes normalmente é difícil. Descobrir quais são seus problemas mais complexos é ainda mais difícil, em parte porque com frequência eles não conhecem muito bem seus problemas. Vários departamentos de uma empresa podem estar envolvidos, não apenas o técnico. É desejável recapitular a Figura II.1, na introdução da Parte II, que retrata brevemente a abordagem baseada em problemas destinada à geração de conceitos e ver como a ideação que segue essa abordagem enquadra-se em outros métodos para coletar conceitos de novos produtos.

Contudo, pergunte aos gestores, e verá que eles adoram identificar os problemas dos clientes e descobrir a melhor maneira de solucioná-los – para eles, essa é uma atividade prazerosa e estimulante! Pense nas empresas de brinquedos. As mais inovadoras reconhecem que não é possível simplesmente perguntar às crianças quais problemas elas enfrentam com os brinquedos existentes. Porém, se observá-las brincando em um recinto com uma variedade de brinquedos e examinar o que parece lhes faltar e o que elas fazem diante disso (por exemplo, usar a caixa de um brinquedo como garagem), talvez você descubra alguma coisa!

O SISTEMA GERAL DE GERAÇÃO INTERNA DE CONCEITOS

Cada situação de ideação é diferente e varia de acordo com a urgência, as habilidades da empresa e de seus clientes, o produto, os recursos disponíveis etc. Mas uma abordagem geral, a ideação baseada em problemas, funciona melhor e pode ser modificada para se enquadrar a praticamente qualquer situação. As etapas estão delineadas na Figura 5.1.

O fluxo basicamente parte do estudo da situação e segue em direção ao uso de várias técnicas de identificação de problemas, à triagem dos problemas resultantes e ao desenvolvimento das *declarações de conceito* que entrarão na fase de avaliação. O sistema como um todo baseia-se em um estreito envolvimento com as partes que têm informações para nos ajudar, em especial os grupos interessados (*stakeholders*), que incluem os usuários finais, é óbvio, mas também conselheiros, financistas, consultores, talvez arquitetos, médicos ou outros grupos profissionais, possivelmente revendedores – até mesmo os não usuários atuais sem dúvida têm informações que podem nos ser úteis!

Lembre-se de que no Capítulo 2 afirmamos que o principal motivo do insucesso de um novo produto é a falta de uma necessidade percebida pelo usuário final pretendido. Se o processo de desenvolvimento começar com um problema/

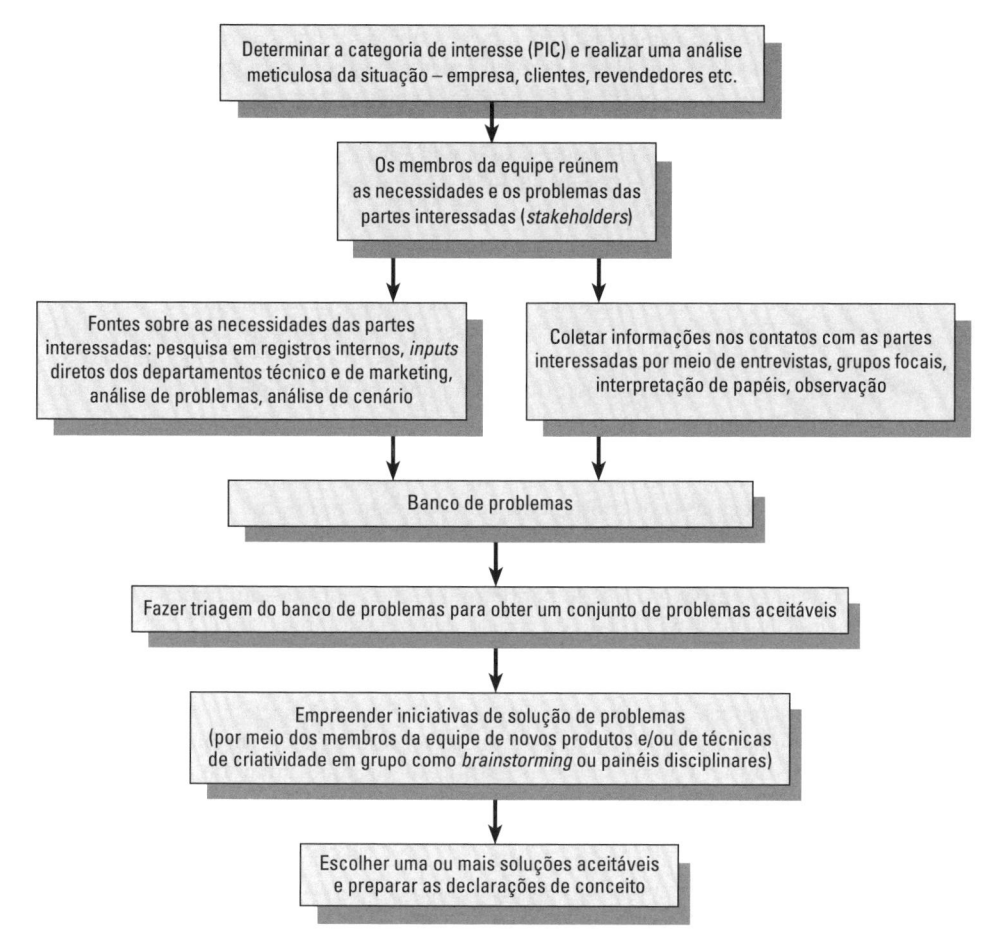

```
┌─────────────────────────────────────────────────┐
│ Determinar a categoria de interesse (PIC) e     │
│ realizar uma análise meticulosa da situação –   │
│ empresa, clientes, revendedores etc.            │
└─────────────────────────────────────────────────┘
                        ↓
┌─────────────────────────────────────────────────┐
│ Os membros da equipe reúnem as necessidades e   │
│ os problemas das partes interessadas            │
│ (stakeholders)                                  │
└─────────────────────────────────────────────────┘
            ↓                         ↓
┌──────────────────────────┐ ┌──────────────────────────┐
│ Fontes sobre as          │ │ Coletar informações nos  │
│ necessidades das partes  │ │ contatos com as partes   │
│ interessadas: pesquisa   │ │ interessadas por meio de │
│ em registros internos,   │ │ entrevistas, grupos      │
│ inputs diretos dos       │ │ focais, interpretação de │
│ departamentos técnico e  │ │ papéis, observação       │
│ de marketing, análise de │ │                          │
│ problemas, análise de    │ │                          │
│ cenário                  │ │                          │
└──────────────────────────┘ └──────────────────────────┘
                        ↓
┌─────────────────────────────────────────────────┐
│              Banco de problemas                 │
└─────────────────────────────────────────────────┘
                        ↓
┌─────────────────────────────────────────────────┐
│ Fazer triagem do banco de problemas para obter  │
│ um conjunto de problemas aceitáveis             │
└─────────────────────────────────────────────────┘
                        ↓
┌─────────────────────────────────────────────────┐
│ Empreender iniciativas de solução de problemas  │
│ (por meio dos membros da equipe de novos        │
│ produtos e/ou de técnicas de criatividade em    │
│ grupo como brainstorming ou painéis             │
│ disciplinares)                                  │
└─────────────────────────────────────────────────┘
                        ↓
┌─────────────────────────────────────────────────┐
│ Escolher uma ou mais soluções aceitáveis        │
│ e preparar as declarações de conceito           │
└─────────────────────────────────────────────────┘
```

FIGURA 5.1 Geração de conceitos baseada em problemas.

necessidade que o usuário final tem e concorda que é importante, teremos respondido a pergunta mais difícil. Felizmente, hoje as organizações estão se aproximando dos grupos interessados. Mas a integração dos interessados é particularmente difícil com relação a *novos produtos* de alta segurança. Por isso tentamos descobrir como fazer isso, do mesmo modo que os gestores de avaliação do índice de satisfação dos clientes fazem.

COLETANDO OS PROBLEMAS

A Figura 5.1 mostra quatro fontes relacionadas aos problemas e necessidades dos grupos interessados: registros internos, *inputs* diretos dos departamentos técnico e de marketing, análise de problemas e análise de cenário. Examinemos cada uma delas.

Registros internos

A fonte mais comum de necessidades e problemas são os contatos habituais da organização com os clientes e outros integrantes do mercado. Relatórios de visitas de vendas diários ou semanais, constatações dos departamentos de atendimento ao cliente ou técnico e dicas dos revendedores são exemplos. Os registros de vendas estão recheados de sugestões e críticas de clientes (e revendedores). Os documentos de garantia mostrarão em que lugar os problemas residem. Além desses contatos habituais, a empresa pode realizar uma pesquisa de marketing formal para coletar informações sobre satisfação dos clientes. Estudos desse tipo são úteis, assim como os registros dos grupos que estão trabalhando com gestão da qualidade total.

Os consumidores industriais e domésticos às vezes interpretam mal e projetam erroneamente no uso dos produtos o que eles estão *procurando*. Um arquivo de reclamações, portanto, torna-se uma técnica projetiva de psicologia. Uma abordagem para lidar com as reclamações dos usuários é o número de chamada gratuita ou *site* para reclamações. Ela ajuda a aliviar as críticas e pode resultar em novos produtos. Os engenheiros ou outros funcionários podem ser posicionados (enviados para trabalhar no local do cliente) para observar os problemas do cliente em primeira mão.

As informações obtidas por meio de contatos habituais com o mercado podem ser associadas proveitosamente com outros métodos, como a técnica de solução de problemas ou pesquisas sobre os clientes. Um estudo do consumidor, encomendado pela SC Johnson Company em 2006, descobriu que um terço dos domicílios pesquisados limpava o *box* do banheiro uma vez por mês ou menos e que um dos principais motivos era o fato de considerarem essa tarefa difícil e demorada. Mais da metade dos respondentes afirmou que esperava até que houvesse resíduos de espuma ou sujeiras visíveis no *box* para só então se dar ao trabalho de limpá-lo! Dois anos depois, outra pesquisa, encomendada pela Associação dos Fabricantes de Sabões em Barra e Líquidos, descobriu que ter um "banheiro brilhante" era uma das tarefas de limpeza doméstica mais gratificantes. Como a maioria das pessoas nessa mesma pesquisa afirmou que não pretendia contratar uma faxineira ou um serviço de limpeza, esse trabalho teria de ser feito por elas mesmas. Ao associar os resultados do estudo interno sobre o consumidor e o estudo da associação do setor, a administração identificou uma imensa necessidade ainda não atendida: um limpador de banheiro que facilitasse o trabalho de limpeza. O resultado foi o Scrubbing Bubbles Automatic Shower Cleaner: afixado ao chuveiro, esse limpador borrifa facilmente uma solução de limpeza em toda a área do *box* ou da banheira pressionando-se um único botão. Esse produto foi uma extensão natural dos famosos limpadores e aerossóis de banheiro da SC Johnson.[1]

Inputs diretos dos departamentos técnico e de marketing

Conhecer os usuários finais e outros interessados é também uma preocupação do pessoal técnico e de marketing.[2] A maioria deles passou algum tempo com clientes e usuários finais, algumas vezes por períodos de vários anos. Os representantes de equipe dessas duas funções devem consultar seus colegas para buscar toda e qualquer evidência de problemas: eles devem tomar a iniciativa nesse sentido porque a maior parte das pessoas está ocupada; tudo fica no "Você me liga, então".

---

[1] De um *press release* da SC Johnson, de 16 de março de 2006.

[2] Uma boa referência sobre a utilização dos funcionários da empresa como fonte de ideias de novos produtos é Christine Gorski & Eric J. Heinekamp, "Capturing Employee Ideas for New Products", in P. Belliveau, A. Griffin & S. Somermeyer (eds.), *The PDMA Toolbook for New Product Development* (New York: John Wiley, 2002), pp. 219–241.

É bom lembrar que o pessoal técnico pode estar em qualquer lugar da empresa, não apenas no departamento de P&D ou engenharia – especialmente em assuntos de fabricação, assistência técnica e regulamentação. A equipe de vendas pode não ser considerada no marketing e, por isso, ser negligenciada algumas vezes.

Os únicos problemas reais na utilização de pessoas internas para relatar problemas com os clientes são (1) toda sugestão normalmente constitui a *percepção* de alguém sobre o que seria o problema do cliente e (2) em geral toda sugestão é acompanhada de uma solução. Na verdade, algumas vezes temos de perguntar o que os clientes de novos produtos estão pedindo e por quê; o porquê é o que desejamos saber naquele momento.

Esses problemas, como o tempo e a dificuldade de realmente coletar memórias, nos levam a depender mais da busca *ativa* de problemas entre as partes interessadas. Ou seja, fazer contato direto com todos os interessados relevantes, perguntando-*lhes* quais são seus problemas e necessidades. Além disso, embora todos os contatos com o mercado e pesquisas em torno da empresa citados anteriormente nos ajudem a compilar problemas que podem ser proveitosos, os métodos de contato direto com o usuário constituem o que em geral queremos dizer com análise de problemas.

Análise de problemas

Parece que a história de todo setor, de toda empresa ou de todo empresário famoso menciona algum momento fundamental em que um bom produto ou serviço soube tirar proveito de um problema que os outros não perceberam ou não valorizaram. Contudo, a análise de problemas é muito mais que uma simples *compilação* de problemas dos usuários. Ainda que o termo *inventário* de problemas às vezes seja empregado para descrever essa categoria de técnicas, fazer o inventário é apenas o começo – a análise é indispensável.

Como o executivo de uma agência de propaganda disse certa vez: Se você perguntar às pessoas o que elas desejam em uma nova casa e também quais os problemas que elas enfrentam em sua casa atual, obterá temas nitidamente diferentes em cada lista. Se você então observar o comportamento subsequente dessas pessoas, perceberá que a lista de problemas é um instrumento de previsão bem mais adequado do que a lista de desejos. Os usuários verbalizam suas vontades com base nos produtos que já existem, ao passo que os problemas não são específicos aos produtos. Desse modo, se você perguntar o que uma pessoa necessita ou deseja que um xampu faça, as respostas serão limpeza do cabelo, facilidade para pentear etc. – respostas essas que refletem promoções recentes sobre os benefícios do produto. Contudo, se você perguntar: "Que problemas seu cabelo apresenta?", as respostas podem abarcar áreas (por exemplo, estilo ou cor) não relacionadas com xampu. Consulte a Figura 5.2 sobre um exemplo do que estamos procurando em uma análise de problemas aplicada a *smartphones*.

Vários *designs* de produto premiados resultaram da utilização da análise de problemas. Em um dos casos, os domicílios pesquisados relataram vários problemas com detectores de fumaça e monóxido de carbono: *designs* desajeitados, muito difíceis de desligar (sem precisar usar escada), alarmes irritantes, instruções insatisfatórias sobre o que fazer em caso de emergência. A Coleman desenvolveu sua linha de monitores Safe Keep para ser agradável esteticamente e acrescentou um "botão de vassoura" para facilitar o alcance. O monitor de monóxido de carbono vem com um porta que se abre para revelar instruções quando ativada (dessa forma eliminando a necessidade de procurar às pressas o manual durante uma emergência). Por ter sido desenvolvida para solucionar problemas reais dos clientes, a linha

FIGURA 5.2 Análise de problemas aplicada ao smartphone.

Apresentamos aqui vários problemas de *smartphone* que vieram à tona em um estudo do consumidor. Veja se você consegue generalizá-los e condensá-los a um número menor de problemas. Em seguida, escolha o problema maior que pareça mais produtivo para o pessoal de novos produtos no segmento de *smartphones*.

Manter o telefone limpo.
Quebra quando deixo cair.
A bateria não se mantém carregada por tempo suficiente.
É difícil navegar na *web*.
A exibição das páginas *web* é muito lenta.
Os "botões" do teclado são muito pequenos e isso dificulta a digitação.
A conexão com a internet é lenta.
É difícil baixar aplicativos.
É difícil encontrar os aplicativos na tela.
Encontrar o telefone no escuro.
Não há opções suficientes de cores e estilos.
A bateria termina quando estou no meio de uma conversa.
Alguém consegue me ouvir "aí"?
As chamadas caem (a linha cai sem nenhum motivo).
Dificuldade para procurar os números.
A voz do outro lado desaparece e volta.
Ouvi falar de riscos para a saúde – eles são verdadeiros?
Não consigo prendê-lo entre a orelha e o ombro.
Cansaço no braço e na orelha.
O toque normalmente é muito alto, mas algumas vezes não consigo ouvi-lo.
É um aparelho muito perturbador.
Não consigo ver a linguagem facial e corporal.
Atrapalhação para fazer chamadas de emergência.
Pessoas que ligam para o número errado no meio da noite.
A chamada não se completa.
Medo do motivo pelo qual seria a chamada.
Evitar "Se você quer falar com vendas, pressione 1" etc.
Saber quando é o melhor momento para telefonar para as pessoas.

Safe Keep se saiu bem em vendas.[3] Em uma aplicação *business to business*, a Cemex (grande empresa mexicana de cimento) realizou uma pesquisa junto aos clientes e descobriu um problema até então velado: os clientes estavam insatisfeitos com as entregas atrasadas de suprimentos no local dos projetos. A Cemex aproveitou a oportunidade e se reposicionou como fornecedora pontual – quase uma "Domino's Pizza" do setor de cimentos![4]

A análise de problemas foi utilizada, ao menos informalmente, por James Dyson no desenvolvimento do aspirador de pó sem saco Dual Cyclone (que você viu no início do Capítulo 1). Os aspiradores existentes eram insatisfatórios em termos de desempenho, maneabilidade e facilidade de descarte da sujeira, e Dyson se dispôs então a criar um aspirador melhor. Nos anos posteriores, Dyson produziu um potente secador de mãos, o Airblade, vendido ao mercado industrial, e por

---

[3] Os exemplos são de Bruce Nussbaum autores colaboradores, "Winners: The Best Product Designs of the Year", *BusinessWeek*, June 2, 1997, pp. 94–111.

[4] Erika B. Seamon, "Achieving Growth through an Innovative Culture", in P. Belliveau, A. Griffin & S. M. Somermeyer (eds.), *The PDMA Toolbook 2 for New Product Development* (New York: John Wiley, 2004).

volta de 2009 adaptou a tecnologia usada no Airblade para criar um ventilador melhor. Como os aspiradores, os ventiladores domésticos comuns durante décadas permaneceram praticamente com o mesmo *design*. A inovação de Dyson foi orientada por uma análise de problemas rápida e meticulosa que identificou vários pontos de melhoria. Como Dyson afirmou, os ventiladores convencionais têm "pás rotativas [que] cortam o fluxo de ar, provocando uma vibração irritante. Eles são difíceis de limpar e as crianças sempre querem enfiar os dedos entre as grades".[5] Poderíamos citar alguns outros problemas: os ventiladores podem tombar e não são eficientes em energia. O Air Multiplier, tal como foi chamado, foi desenvolvido para solucionar vários desses problemas. Não tinha pás, oferecia maior segurança e facilidade de limpeza e produzia um fluxo de ar regular. A tecnologia do Airblade oferecia um resfriamento eficaz e eficiente e o baixo centro de gravidade do aparelho evitava o perigo de que ele tombasse. Ele apresentava componentes funcionais e elementos "bacanas" de *design* associados com os outros produtos de Dyson. Ele foi desenvolvido e lançado com sucesso no final de 2009, por um preço significativamente acima do preço dos ventiladores convencionais (em torno de US$ 300), mas ao alcance dos clientes que apreciam um bom *design* e com um desempenho consideravelmente superior.

Observe que nesse e nos exemplos anteriores, fica a cargo da alta administração incentivar as equipes de novos produtos a transcender seus limites normais quando estão investigando os problemas dos clientes.

Procedimento de análise de problemas

Existem variações na análise de problemas. Mas um procedimento normalmente empregado é o ***brainstorming* reverso**. Nesse procedimento, os participantes geram uma lista dos principais problemas no produto atualmente em uso, depois agrupam e priorizam esses problemas para que o desenvolvimento de produtos possa se concentrar na solução daqueles mais importantes.[6] A abordagem geral é a seguinte:

Primeira Etapa Determine uma *categoria de produto ou atividade* apropriada para investigar. Se o termo de inovação de produto tiver um uso, um usuário ou uma dimensão de categoria de produto na declaração de foco, isso já terá sido feito.

Segunda Etapa Identifique um grupo de *usuários intensos do produto* ou participantes de uma atividade dentro dessa categoria. Os usuários intensos tendem a ter uma melhor percepção dos problemas e representam a maior parte do potencial de vendas na maioria dos mercados. Uma variação é o estudo de *não* usuários para verificar se um problema solucionável está impedindo que eles façam parte do mercado.

Terceira Etapa Reúna com esses usuários intensos ou participantes um conjunto de problemas que estejam associados com a categoria. Analise todo o sistema de uso do produto ou de atividade. Essa é a fase de inventário mencionada anteriormente, mas há muitas outras coisas envolvidas e ela não se resume a apenas pedir aos respondentes para relacionar seus problemas. Um bom método para isso é pedir para os respondentes classificarem (1) os benefícios que eles *desejam* em um conjunto de produtos e (2) os benefícios que eles estão *obtendo*. As diferenças indicam possíveis problemas.

---

[5] Rebecca Smithers, "Latest for the Dyson Touch: The Fan Without Blades", *The Guardian*, October 13, 2009.

[6] Robert G. Cooper, Scott J. Edgett & Elko J. Kleinschmidt, "Optimizing the Stage-Gate Process: What Best-Practice Companies Do—I", *Research-Technology Management*, September–October 2002, pp. 21–27.

FIGURA 5.3 Técnica do incômodo para classificação de problemas.

Esta é uma lista resumida de problemas dos donos de animais de estimação identificados por fabricantes de produtos para *pets*.

	A O problema ocorre frequentemente	B O problema é incômodo	C A × B
Precisa ser alimentado constantemente	98%	21%	0,21
Contrai pulgas	78%	53%	0,41
Perda de pelo	70%	46%	0,32
Faz ruídos	66%	25%	0,17
Nascimento de filhotes não desejados	44%	48%	0,21

Fonte: From Burton H. Marcus & Edward M. Tauber, *Market Analysis and Decision Making*, Little, Brown, 1979, p. 225. Reimpresso com permissão.

As reclamações são comuns e com frequência são consideradas solicitações de novos produtos. No entanto, elas tendem a ser simplesmente resultado de uma *proximidade onisciente*, o que significa que em geral os usuários enfrentam um problema menor e, por isso, ele é o primeiro a ser mencionado. Algumas empresas foram bem-sucedidas ao *observar* consumidores ou empresas de fato usando produtos em determinada categoria; por exemplo, observar os esquiadores enquanto eles descem uma montanha ou funcionários administrativos processando correspondências.

Quarta Etapa *Fazer a triagem e classificar* os problemas de acordo com sua severidade ou importância. Vários métodos podem ser utilizados para isso, mas um método comum é apresentado na Figura 5.3. Ele se vale (1) da extensão do problema e (2) da frequência de sua ocorrência. Esse *índice de incômodo* é então ajustado pela percepção dos usuários de soluções atualmente disponíveis para o problema. Essa etapa identifica problemas que são importantes para o usuário e para o qual o usuário não vê nenhuma solução naquele momento.

Metodologias a serem utilizadas

A estrutura genérica da análise de problemas ainda contém a pergunta sobre como montar uma lista de problemas enfrentados pelos clientes. Muitos métodos foram empregados, mas a tarefa é difícil. O cliente ou usuário em geral não percebe os problemas suficientemente bem para verbalizá-los. E, se os problemas forem conhecidos, o usuário pode não *concordar* em verbalizá-los (por vários motivos, como ficar constrangido). Grande parte da sofisticação nas novas tecnologias foi desenvolvida especificamente para lidar com esses problemas e será discutida no Capítulo 6.

Especialistas Já mencionamos a possibilidade de recorrer a especialistas – utilizando-os como substitutos ou representantes dos usuários finais, com base em sua experiência na categoria em estudo. Esses especialistas podem ser encontrados na equipe de vendas, entre o pessoal de distribuição varejista e atacadista e em profissões que atendem a um setor – arquitetos, médicos, contadores e funcionários de órgãos governamentais e associações de classe. Os especialistas de zoológico primeiro relataram o problema de morte entre os cuidadores de elefantes quando tentavam cortar as unhas desses imensos animais. Hoje, um "abraçador" (*Elephant Hugger*) apanha o elefante, vira-o de lado e o mantém ali enquanto o cuidador corta suas unhas. Posteriormente, o inventor voltou sua atenção para um mecanismo de imobilização de girafas.[7] Outro exemplo é o da Nokia, da Finlândia, cuja equipe de P&D compreende 8.000 cientistas e gestores que coletam informações ambientais sobre comunicações sem fio e identificam os principais desafios. Isso ajudou a Nokia a manter o crescimento nesse mercado por meio da introdução de novos produtos inovadores e bem-sucedidos.[8]

Fontes publicadas Como mencionado anteriormente, as fontes publicadas também costumam ser úteis – pesquisas do setor, estudos anteriores da própria empresa sobre temas relacionados, relatórios governamentais, investigações de críticos sociais, estudos científicos e várias outras.

Contatos com as partes interessadas A terceira, e mais produtiva, é buscar a voz do cliente (*voice of the customer* – VOC) – isto é, investigaremos os usuários domésticos ou clientes comerciais/industriais diretamente, por meio de entrevista, de grupos focais, observação direta ou interpretação de papéis.

- **Entrevista** O método mais comum é, de longe, a entrevista direta e pessoal. Algumas constituem um levantamento científico formal em larga escala. Outras vezes a conversa se dá com os usuários pioneiros, um método de geração de ideias discutido no Capítulo 4; os usuários pioneiros com frequência são os primeiros a perceber um problema, e alguns tomam a iniciativa de endereçá-los por conta própria. Em outras circunstâncias, pode ser uma conversa simples com alguns amigos de um cliente importante em uma feira comercial, porque a declaração de um problema pode vir de uma única pessoa e ainda assim ser muito significativa para nós. As entrevistas por telefone têm se revelado um método rápido e eficaz para obter ideias úteis de novos produtos e ajudar a garantir que o entrevistado pretendido (por exemplo, um profissional liberal ou alto gerente da empresa de um cliente) de fato responda, em lugar de utilizar um substituto de última hora.[9] Como vários usuários finais não pensam muito sobre os produtos que usam e em geral se restringem a aceitá-los como parte da vida, mesmo uma conversa extremamente informal com determinadas pessoas em uma feira comercial ou pelo telefone pode possibilitar a retomada de um pensamento e trazer à mente coisas esquecidas.

- **Grupos focais** O objetivo do **grupo focal** é gerar o tipo de discussão exploratória e de sondagem aprofundada necessário, e *pode ser* fácil e barato formá-lo e utilizá-lo. Contudo, se mal conduzido, isso não passará de uma *ilusão*. Sem dúvida, nesse caso não estamos procurando fatos nem conclusões, apenas problemas genuínos, e o método de grupo focal funciona bem se as pessoas forem estimuladas a falar abertamente sobre coisas que resistem mencionar quando em situações como uma entrevista pessoal. É bem mais fácil uma pessoa falar sobre seus problemas quando outras do grupo já admitiram que também têm problemas.

Entretanto, mesmo em um único grupo focal, os custos são enganosos. Essas sessões podem custar de US$ 3.000 a US$ 10.000 para finalidades normais. Mesmo um encontro de duas horas de duração com 10 pessoas, no valor de US$ 3.000, rende-

---

[7] Laura E. Keeton, "Marketers Debate the Best Way to Trim an Elephant's Toenails", *The Wall Street Journal*, February 25, 1995, p. B1.

[8] Muammer Ozer, "A Survey of New Product Evaluation Models," *Journal of Product Innovation Management*, 16(1), January 1999, pp. 77–94.

[9] Para obter mais informações sobre entrevistas por telefone e entrevistas qualitativas em geral, consulte George Castellion, "Telephoning Your Way to Compelling Value Propositions", in P. Belliveau, A. Griffin & S. Somermeyer (eds.), *The PDMA Toolbook for New Product Development* (New York: John Wiley, 2002), pp. 63–86.

rá 10 minutos de conversa por participante. Como o custo é US$ 300 por participante, isso significa US$ 30 por minuto ou US$ 1.800 por hora! Aliás, o resultado deveria ser extremamente bom.

Embora a técnica de grupo focal seja comum, o resultado nem sempre, é bem-sucedido – talvez nem mesmo regularmente. O grupo focal é uma técnica de **pesquisa qualitativa**. Diferentemente do levantamento tradicional, ele depende de discussões aprofundadas, e não do poder dos números. Uma análise de problemas que se deve solicitar a um grupo focal:

> *Qual é o problema real aqui – isto é, e se essa categoria de produto não existisse? Quais são as atuais atitudes e comportamentos dos membros do grupo focal quanto à categoria de produto?*
>
> *Quais atributos e benefícios os membros do grupo focal desejam no produto? Quais são as insatisfações, os problemas e as necessidades não atendidas?*
>
> *Que mudanças que estão ocorrendo no estilo de vida dos membros são relevantes para a categoria de produto?*[10]

Citando um exemplo típico, a Nissan conduziu grupos focais com crianças americanas entre 8 e 15 anos de idade para obter ideias a respeito do compartimento de bagagem, porta-copos e outras propriedades do *design* de sua *minivan* de grande porte.[11]

Outras sugestões para ajudar a garantir a utilidade das constatações obtidas em um grupo focal é convidar cientistas e altos executivos para as sessões e evitar o que algumas pessoas chamam de *grupos de oração:* os gestores ficam atrás do espelho e oram pelos comentários desejados, em vez de ouvir o que os usuários estão dizendo. Cuide para que os grupos focais sejam suficientemente grandes para proporcionar as interações e a sinergia responsáveis por seu sucesso e não espere que os membros gostem de seus produtos! Os mediadores de grupo focal sabem que não se deve iniciar uma sessão sem quebrar o gelo, mas possibilitar que as pessoas sintam-se confortáveis e se apresentem – uma regra prática é tratar os participantes como se costuma tratar uma pessoa não familiar em uma festa. Os melhores mediadores gostam sinceramente das pessoas e dão abertura e confiança fazendo perguntas para quebrar o gelo e contribuindo com suas experiências e práticas pessoais.[12]

- **Observação** Os métodos de observação estão enraizados em estudos sociológicos. Nesse caso, os clientes (ou não clientes) são observados usando os produtos em seu ambiente. Algumas vezes são utilizadas câmeras de vídeo ou máquinas fotográficas para registrar dados observados. A equipe de novos produtos observa com cuidado os dados para identificar atos, linguagens corporais etc. e tenta reconhecer necessidades e desejos e ideias de novos produtos que possam satisfazê-los.[13]

---

[10] "When Using Qualitative Research to Generate New Product Ideas, Ask These Five Questions", *Marketing News*, May 14, 1982, p. 15.

[11] Norihiko Shirouzu, "Tailoring World's Cars to U.S. Tastes", *The Wall Street Journal*, January 15, 2001, pp. B1, B6.

[12] Joseph Rydholm, "Respondent Collages Help Agency Develop Ads for New Pontiac", *Quick's Marketing Research Review*, March 1995, p. 7; e Tim Huberty, "Sharing Inside Information", *Quick's Marketing Research Review*, March 1995, p. 10.

[13] Dorothy Leonard & Jeffrey F. Rayport, "Spark Innovation through Emphatic Design", *Harvard Business Review*, 75(6), November–December 1997, pp. 102–113. Para examinar como a empresa de *design* IDEO utiliza observação, *brainstorming* e prototipação rápida para identificar e aprimorar conceitos de produto, consulte Bruce Nussbaum, "The Power of Design", *BusinessWeek*, May 17, 2004, pp. 86–94, ou visite o *site* da IDEO, www.ideo.com. (Analisamos as questões de prototipação no Capítulo 13 deste livro.)

No desenvolvimento de um instrumento portátil revolucionário para o setor químico, a Fluke Corporation visitou feiras comercias e fábricas de clientes desse setor e conversou informalmente com os usuários finais (os engenheiros de instrumentos). Essa técnica era conhecida internamente como pesquisa *mosca na parede* (*fly on the wall*) ou *um dia na vida* (*day in the life*).[14] A Nokia enviou equipes de funcionários para nações em desenvolvimento como Uganda para uma estada de 12 dias para compreender melhor como o telefone era usado. Eles constataram que o compartilhamento de telefones é mais comum nessas nações e procuraram tornar os celulares da marca mais adequados ao compartilhamento.[15]

Ao redefinir seu popular utilitário esportivo Explorer, a Ford enviou uma equipe de *designers* a áreas de estacionamento para que observassem como as pessoas usavam o carro. As atribuições dos pesquisadores não são diferentes das funções dos zoologistas que observam os animais em seu hábitat – na verdade, esse era conhecido coloquialmente no âmbito interno como "pesquisa gorila". Entre outras ideias, a pesquisa indicou os meios pelos quais ficaria mais fácil entrar no Explorer.[16] Do mesmo modo, os engenheiros e executivos da Honda visitaram o domicílio de famílias americanas que tinham utilitários esportivos da Ford e perceberam, para sua surpresa, quantos pais colocavam os filhos e os filhos dos vizinhos nas duas primeiras fileira e os cães na terceira. Se a pesquisa tivesse sido conduzida apenas no Japão, os pesquisadores teriam perdido totalmente a oportunidade de ver o amor que os americanos têm pelos cães e, desse modo, teriam projetado um compartimento de passageiros muito pequeno.[17]

Interpretação de papéis   Embora a interpretação de papéis há muito tempo seja utilizada em psicologia para aumentar a criatividade, existem poucas evidências de que tenha tido sucesso na geração de ideias de novos produtos. Presumivelmente, ela seria valiosa em circunstâncias em que os usuários de um produto não pudessem visualizar ou verbalizar suas reações. Além disso, ela seria valiosa quando os consumidores são emocionalmente incapazes ou não estão dispostos a expressar seus pontos de vista – por exemplo, em áreas de higiene pessoal.

Infelizmente, embora os usuários sejam o melhor ponto de partida para a geração de ideias, e a análise de problemas seja amplamente empregada de uma forma ou de outra, a maioria das empresas ainda não tem sistemas organizados para aproveitar essa fonte. Levando em conta que a Levi Strauss obteve a ideia do *jeans* com rebite de aço de um usuário de Nevada em 1873, deve-se perguntar por que não.

Uma alternativa para gerar conceitos baseia-se na **análise de função do produto**. Um produto pode ser expresso com duas ou três palavras – verbo e objeto (por exemplo, o creme dental "limpa os dentes"). A reflexão sobre novas combinações de verbos e objetos pode indicar novas funções para os produtos. Nesse método, centenas desses conceitos de duas ou três palavras podem ser gerados e exibidos no computador para os respondentes, que os classificam com relação ao seu provável interesse. Os conceitos com classificação mais altas são identificados e entrevista em profundidade são conduzidas para investigar mais a fundo sentimentos e ideias. Em uma aplicação no setor de processamento de alimentos, vários

---

[14] Robert G. Cooper, "Perspective: The Invisible Success Factors in Product Innovation", *Journal of Product Innovation Management*, 16(2), March 1999, pp. 115–133; consulte também Cooper, Edgett & Kleinschmidt, *op. cit.*

[15] Anônimo, "Nokia's Design Research for Everyone", www.businessweek.com, March 14, 2007.

[16] Al Haas, "Spying Helps to Improve Explorer", *Philadelphia Inquirer*, December 24, 2000, p. G1.

[17] Norihiko Shirouzu, *op. cit.*

miniconceitos novos surgiram (divertir-se com a comida, tocar a comida), enquanto outros se saíram muito mal (limpar a comida com esponja, vaporizar a comida). Para desenvolver melhor esses conceitos, seria necessário examinar por que esses miniconceitos foram apreciados.[18]

Análise de problemas na prática

Uma necessidade não atendida que perdurou durante anos está relacionada ao ruído do papel quando se desembrulhavam doces no cinema. A personalidade de TV Gene Shalit certa manhã reclamou no ar do estalido do papel de embrulho das barras de chocolates. Um executivo da Hercules Inc. ouviu por acaso o comentário que Shalit havia feito enquanto ia para o trabalho e solicitou ao laboratório um papel de embrulho silencioso para embrulhar doces. O polipropileno ofereceu a resposta, embora não sem a complexa operação de aquecimento e impermeabilização contra água e ar.

A Toyota, a Mitsubishi e outras montadoras de automóveis redefiniram seus utilitários esportivos para adequá-los à demanda do mercado dos Estados Unidos. Essas mudanças com frequência ocorrem depois que se registra um volume de vendas decepcionante das versões de SUV anteriores. A picape T100 da Toyota tinha um volume de vendas desalentador nos Estados Unidos; de acordo com pesquisas do consumidor, o motivo era que essa picape era considerada muito pequena. A Tundra, de grande porte, tem motor V8 e um compartimento de passageiros supostamente grande o suficiente para "um passageiro usar um *sombrero*".[19]

Por fim, a análise de problemas em curso é fundamental para a identificação de problemas recém-surgidos e a melhoria contínua. Tome como exemplo a Domino's Pizza. Décadas atrás, os fundadores da Domino's identificaram uma necessidade não atendida no mercado: um serviço de entrega de *pizzas* rápido e confiável. Na verdade, os clientes de horários avançados da noite estavam satisfeitos com a qualidade média da *pizza*, desde que fosse entregue rapidamente e quente. Gerações de consumidores conheciam a promessa da Domino's: "em 30 minutos ou não precisa pagar". Contudo, em 2009, a concorrência no ramo de *pizza* havia se aquecido; concorrentes de entrega importantes como Papa John's haviam obtido imenso sucesso e até a tradicional cadeia de restaurantes Pizza Hut estava entrando na atividade de entrega. Rápido e quente não eram mais suficientes. Os grupos focais da Domino's constataram que os clientes tinham muitas coisas a dizer a respeito do sabor, em sua maioria coisas negativas. O presidente da empresa, Dan Boyle, resolveu reagir à ameaça incumbindo uma equipe de produto de desenvolver uma *pizza* nova e mais saborosa. Os funcionários de marketing utilizaram grupos focais e outros métodos de pesquisa para ouvir a voz do cliente; os engenheiros de alimentos desenvolveram uma receita totalmente nova para atender às especificações. Mais de doze molhos e discos de *pizza* diferentes foram experimentados, bem como dezenas de tipos de queijo. Não obstante os riscos de uma estratégia tão drástica (e se a empresa fosse mais uma New Coke e os clientes exigissem a volta do antigo produto?), a nova *pizza* era exatamente o que o mercado pedia. Revisitaremos o exemplo da Domino's no Capítulo 7.[20]

---

[18] Jeffrey F. Durgee, Gina Colarelli O'Connor & Robert W. Veryzer, "Using Mini-Concepts to Identify Opportunities for Really New Product Functions", *Journal of Consumer Marketing*, 15(6), 1998, pp. 525–541.

[19] Norihiko Shirouzu, "Tailoring World's Cars to U.S. Tastes", *The Wall Street Journal*, January 15, 2001, pp. B1, B6.

[20] Anônimo, "New Domino's Pizza Recipe Doubles Quarterly Profits", nydailynews.com, March 2, 2010; Domino's Pizza 2009 Financial Results.

Análise de cenário

Até aqui, falamos sobre recorrer ao pessoal técnico e de marketing da empresa para buscar ideias sobre os problemas dos clientes, sobre pesquisar os vários arquivos e os diversos locais de registro de informações em que seja possível encontrar questões relacionadas aos clientes e sobre análise de problemas. A quarta fonte geral de necessidades das partes interessadas mostrada na Figura 5.1 – **análise de cenário** – entra em cena porque o problema ideal que devemos encontrar é aquele que nesse momento os clientes ou usuários finais ainda não sabem que têm. Tal como o astro do hóquei Wayne Gretzky afirmou, "Não vou aonde o disco está. Vou aonde ele estará". Do mesmo modo, precisamos ficar um passo à frente dos clientes por meio da previsão de seus problemas.[21]

Um problema futuro é um bom problema porque a maior parte daqueles que identificamos em entrevistas e grupos focais já foi relatada aos concorrentes e a qualquer outra pessoa disposta a ouvir. Os fornecedores dos produtos e serviços há vários anos tentam aprimorá-los – por exemplo, suportes de partitura frágeis e vapor nos espelhos do banheiro. Temos tempo para solucionar um problema *futuro* e ter a solução pronta para o mercado quando o momento chegar.

Infelizmente, os usuários finais em geral não sabem quais serão seus futuros problemas. E com frequência eles na verdade não se importam, pelo menos no momento presente. Por isso, eles não ajudam muito nas entrevistas. É aí que a análise de cenário torna-se valiosa. Veja como ela funciona.

Se fôssemos descrever a vida em apartamento daqui a 20 anos, provavelmente veríamos muitas janelas e irradiação de luz solar. Se o fabricante de móveis estivesse fazendo essa análise de cenário, um analista poderia imediatamente visualizar problemas como: os moradores de apartamento precisarão de (1) novos tipos de estofado resistentes ao sol e de (2) novos tipos de cadeira que lhes permitam conversar e comer e ao mesmo tempo tomar sol.

O procedimento de análise de cenário é evidente: primeiro, pinte um cenário; segundo, analise seus problemas e necessidades; terceiro, avalie esses problemas: e comece a tentar resolver os problemas mais importantes. O cenário ideal é uma "narrativa estilizada" – isto é, ele deve ser semelhante a uma história: pinta-se um quadro claro da situação futura que contém um "enredo" ou sequência de acontecimentos verossímeis. A retratação de cenários não gera diretamente um conceito de novo produto; é apenas uma fonte de problemas, os quais ainda precisam ser solucionados. Na verdade, normalmente ela é valiosa para a geração de conceitos quando são descritos várias situações futuras. O pessoal de criação pode então optar por se concentrar no cenário mais provável ou possivelmente experimentar uma *estratégia de múltipla cobertura* em que uma estratégia distinta é adotada para cada um dos diversos cenários possíveis. Uma montadora de automóveis poderia desenvolver várias tecnologias diferentes de motor alternativo (híbrido de gás/eletricidade, célula de hidrogênio etc.) em paralelo caso não esteja claro qual delas será predominante no futuro.[22]

Os **cenários** podem assumir diferentes formas. Primeiro, distinguimos entre (1) *ampliar* o presente para ver que aparência ele terá no futuro e (2) *saltar* para o futuro para escolher um período que é então descrito. Obviamente, ambos utilizam tendências atuais até certo ponto, mas o método de salto não é limitado por essas tendências. Por exemplo, um estudo de ampliação poderia ser: atualmente, os proprietários de imóveis residenciais estão mudando de casas individuais para a habitação em condomínios segundo uma taxa anual de 0,9%. Se isso continuar ocorrendo durante 20

---

[21] Mark Henry Sebell, "Staying Ahead of Customers", *U.S. Banker*, October 1997, p. 88.

[22] Para obter mais informações sobre a utilização de cenários, consulte Steven Schnaars & Paschalina (Lilia) Ziamou, "The Essentials of Scenario Writing", *Business Horizons,* July–August 2001, pp. 25–31.

A análise começa na parte superior do diagrama (a condição futura ideal, que é o fim esperado). Seguindo para baixo, cada nível mostra as condições necessárias para o item imediatamente acima. Todas as ramificações da "árvore de relevância" direcionadas para as condições que já existem. Em algum ponto da análise, em uma das ramificações, uma condição que não existe oferece uma oportunidade de inovação de produto a alguém no presente. Nesse diagrama, com apenas algumas das ramificações preenchidas, parece haver uma oportunidade para alguma empresa desenvolver sistemas de diagnóstico melhores e mais baratos para serem usados pelas concessionárias. (O objetivo dessa análise é apenas demonstrativo.)

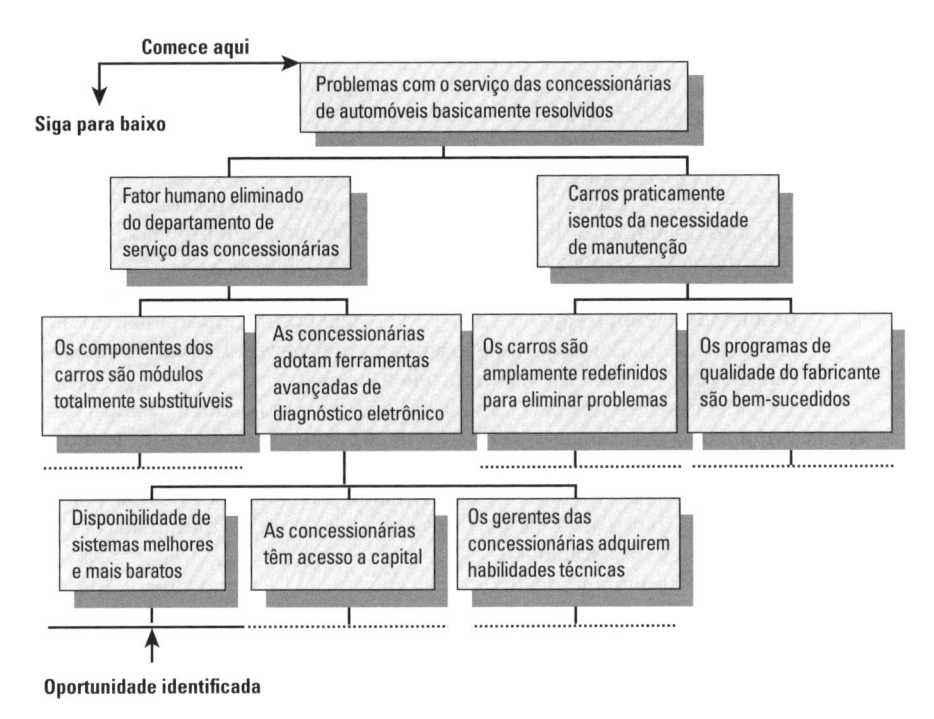

FIGURA 5.4 Modelo de árvore de relevância do cenário de salto dinâmico.

anos, haverá 7 milhões de unidades de condomínio em uso, o que gerará a necessidade de 250.000 unidades de hotéis de beira de estrada nas principais áreas de condomínio para os hóspedes que não podem ficar nas unidades menores com seus anfitriões. Algumas vezes se utiliza o pensamento utópico. Em contraposição, um estudo de salto poderia ser: descrever a vida no ano de 2030 em uma área urbana importante da Alemanha em comparação com a vida em um ambiente semelhante na França.

O **estudo de salto** pode ser *estático* ou *dinâmico*. Nos estudos de salto dinâmico, o foco encontra-se sobre as mudanças que precisam ser realizadas entre o presente e o futuro se o cenário de salto vier a se concretizar – o período intermediário é o foco de importância. Nos saltos estáticos, não há nenhuma preocupação com relação a como chegaremos lá. A Figura 5.4 mostra um período de salto dinâmico no qual um problema com o serviço das concessionárias de automóveis não existe mais. O período entre o presente e o futuro é decomposto para gerar os avanços técnicos prontamente necessários para atingir a condição ideal em questão. Outro exemplo seria um prognosticador profissional que fez várias previsões ousadas sobre tecnologias e os nossos estilos de vida no futuro (consulte a Figura 5.5). Qualquer uma delas poderia ser vista como um cenário de salto em algum momento desse futuro não tão distante: esses

FIGURA 5.5 Visão de futuro de um previsor profissional.

Graham Molitor é um prognosticador profissional que se fundamenta em uma variedade de fontes para desenvolver suas previsões: documentos de recenseamento, estatísticas governamentais, periódicos comerciais e publicações semelhantes, revistas de notícia semanais e seus 40 anos de experiência. Aqui se encontram algumas das tendências e previsões que ele visualiza para o século XXI:

1. Os investimentos em comunicação permitirão que mais pessoas trabalhem em casa; por volta de 2020, as telecomunicações e a videoconferência terão substituído largamente as reuniões de negócio presenciais.
2. O ritmo de crescimento do uso de internet continuará rápido e os americanos gastarão mais em computadores do que em televisores. Os videofones portáteis serão um sucesso comercial em torno de 2025.
3. Avanços na tecnologia médica continuarão a ocorrer: uma tecnologia de clonagem aprimorada estenderá a vida humana, e monitores de saúde computadorizados terão um tamanho apropriado para serem usados no corpo.
4. Questões éticas e sociais relacionadas à saúde e ao estilo de vida continuarão predominantes: alguns exemplos são eutanásia, clonagem, manipulação genética e engenharia biológica.
5. A tradicional "família nuclear" continuará a se tornar coisa do passado; por volta de 2020, o tamanho médio das famílias se reduzirá a 2,35 pessoas.
6. Em 2050, mais de um quarto da população dos Estados Unidos terá mais de 65 anos de idade. Livros gravados e com tamanhos de fonte maiores, bem como carros que podem ser operados por pessoas com destreza reduzida, se tornarão populares.
7. Em 2100, os americanos de descendência europeia serão minoria (isto é, menos de 50% da população). Uma maior imigração estimulará um grau de diversidade e multiculturalismo contínuo.
8. Em um futuro longínquo (2200 a 2500), a biotecnologia e os setores relacionados à ciência da vida substituirão o turismo como principal empregador nos Estados Unidos.
9. O comércio e indústria serão caracterizados por uma maior globalização dos setores de fabricação, maior terceirização de funções intensivas em capital e crescimento do comércio eletrônico.
10. O suprimento de petróleo diminuirá e os preços subirão; por volta de 2050, a demanda por eletricidade se multiplicará por um fator de quatro.

Que novos produtos cada uma dessas previsões evoca? Alguma delas indica alguma mudança no processo de desenvolvimento de novos produtos? Alguma delas parece muito absurda e impossível de acreditar?

Fonte: Graham T. T. Molitor, "Trends and Forecasts for the New Millennium", *The Futurist*, July–August 1998, pp. 53–59. Reimpresso com permissão.

cenários (se não forem muito absurdos) podem sugerir oportunidades para vários novos produtos. (O que eles sugerem a você?)

Outra variante é o estudo sobre **curingas** (*wild cards*) – eventos de alto impacto e de baixa probabilidade (consulte a Figura 5.6 para ver um conjunto de curingas identificados recentemente pelo Instituto Arlington). Em um estudo sobre curingas, avaliam-se as probabilidades de ocorrência dos eventos identificados e investigam-se as ameaças ou as oportunidades de novos produtos que elas sugerem. Embora qualquer um deles possa ser bastante improvável, isso não significa que não se deva desenvolver um plano de contingência, especialmente se um acontecimento puder desencadear uma sequência de eventos capazes de provocar um impacto na inovação. Por exemplo, um desastre natural pode resultar em uma epidemia e desencadear o fechamento de fronteiras, quarentenas e ameaçar o setor de aviação. O segredo aqui é tentar reconhecer os primeiros sinais de advertência dos curingas, visto que normalmente eles existem (talvez fora de nossa área de conhecimento).[23]

---

[23] John L. Petersen, "The 'Wild Cards' in Our Future: Preparing for the Improbable", *The Futurist*, July–August 1997, pp. 43–47.

FIGURA 5.6 Eventos curinga e suas consequências.

Clonagem humana: Suscita questões éticas, bem como a possibilidade de estender a vida humana graças à clonagem de órgãos e tecidos.
Política contra o carbono: O aquecimento global pode levar os governos a impor altas taxas sobre os combustíveis fósseis, mudando a demanda para fontes alternativas de energia. Isso muda a alocação de investimentos em P&D para a energia alternativa, possivelmente permite a emergência de novas nações "ricas em energia" e por fim pode resultar em um ambiente mais limpo para todos.
Surto de altruísmo: Esse é o movimento "atos aleatórios de bondade" – solucionar problemas sociais em vez de deixá-los a cargo do governo. As escolas e outras instituições reviverão em virtude de ações comunitárias e talvez os centros urbanos decadentes possam ser revitalizados.
Fusão a frio: Se um país em desenvolvimento aperfeiçoar a energia livre (natural), se tornará próspero de um dia para outro. Ele obterá outras vantagens ao se tornar um exportador de energia.
Outros curingas identificados no estudo: Guerra civil nos Estados Unidos, revolta nos centros urbanos decadentes, chantagens de *hackers* de computador contra o Federal Reserve. Secessão de um estado ocidental, colapso das Nações Unidas... um quadro nada promissor! Com sorte, nada disso deve acontecer, embora sua possível ocorrência não deva ser ignorada.

Fonte: John I. Petersen, "The 'Wild Cards' in Our Future: Preparing for the Improbable", *The Futurist*, July–August 1997, pp. 43–47. Reimpresso com permissão.

As análises de cenário são bastante instrutivas e geram ótimos *insights*, mas são difíceis de serem bem feitas. Várias diretrizes foram sugeridas para a condução de uma boa análise de cenário:

1. *Conheça o presente.* Os participantes devem conhecer bem a situação atual e sua dinâmica, porque, do contrário, o futuro que eles visualizarem não será realista nem útil para a geração de ideias.
2. *Mantenha a simplicidade.* Os participantes provavelmente terão dificuldade para compreender cenários de fato complexos.
3. *Tenha cuidado ao selecionar os membros do grupo.* Um grupo de seis, com pontos de vista contrastantes ou complementares e experiência anterior, funciona melhor.
4. *Faça uma projeção de oito a dez anos.* Se for muito anticonvencional, os participantes tentarão conjecturar. Se não for extraordinária o suficiente, os respondentes simplesmente prolongarão o que estiver ocorrendo no momento.
5. *Faça uma síntese periódica do andamento.* Isso mantém o grupo no eixo e evita contradições.
6. *Associe os fatores que estão gerando mudanças.* Os cenários não devem ser determinados por um único fator.
7. *Analise a adequação* ou a coerência no final.
8. Assim que você realizar a análise de cenário, *programe-se para utilizá-la várias vezes.* Isso pode ser caro.
9. *Reutilize o grupo.* Quanto mais análises de cenário o grupo fizer, mais apreciarão essa atividade e mais competentes os membros ficarão para fazê-la.[24]

---

[24] Esses pontos são de David Mercer, "Scenarios Made Easy", *Long Range Planning*, August 1995, pp. 81–86; e Audrey Schreifer, "Getting the Most out of Scenarios", *Planning Review*, September–October 1995, pp. 33–35. Consulte também Schnaars & Ziamou, *op. cit.*

SOLUCIONANDO OS PROBLEMAS

Uma vez identificado um problema de usuário, podemos começar a solucioná-lo. Grande parte da solução do problema provavelmente fica a cargo dos membros do grupo de novos produtos que conduziu o trabalho de geração de conceitos até o momento. Eles o fazem instintivamente, desde o instante em que tomam conhecimento de um problema. Não existe uma forma de quantificar ou descrever os métodos que eles empregam, e os métodos são em sua maioria intuitivos. Entretanto, provavelmente é melhor para o grupo tentar solucionar um problema por vez – agarrar-se exageradamente ao mundo real pode ser confuso e favorecer dificuldades de comunicação.

Muitos problemas são passados para as áreas técnicas para que se tente encontrar uma solução de uma maneira mais sistemática. Nesse caso, ciência e intuição reinam, lado a lado. Algumas empresas estabelecem como estratégia que as soluções dos problemas devem vir do P&D ou da engenharia e que a solução em si seja encontrada na aplicação de uma tecnologia específica. Uma linha de ônibus deseja que os problemas de viagem sejam solucionados pelos ônibus e um banco provavelmente quer que os problemas sejam solucionados por meio da contratação de empréstimos. Além do pessoal técnico, os talentos criativos do pessoal de marketing em geral são também utilizados.

Observe que o problema tem de ser cuidadosamente especificado para que se encontre uma solução adequada e criativa. Segundo consta, os desenvolvedores de produto da P&G passaram meses tentando solucionar o problema: "Como podemos fabricar um sabonete com faixas verdes para tirar vendas do Irish Spring?". Foi somente quando eles voltaram a atenção para um novo problema – "Como podemos fabricar um sabonete que conote frescor em sua aparência, forma e cor melhor do que o Irish Spring?" – que o Coast (um sabonete com espirais azuis e brancas e um formato mais oval) foi desenvolvido e teve sucesso no final.[25]

Criatividade em grupo

O pessoal de novos produtos utiliza o procedimento de solução individual de problemas, mas muitos consideram a **criatividade em grupo** mais eficaz. Alguns cientistas protestam veementemente que isso não é verdade, que a sinergia dos grupos é muito superestimada. Em geral os indivíduos conseguem lidar com ideias de fato *novas* e encontrar soluções *radicais* para os problemas mais adequadamente do que os grupos conseguem. Alguns acreditam que um dos motivos de as pequenas empresas serem mais inovadoras do que as grandes é que elas nem sempre utilizam a criatividade em grupo.

Em 1938, o executivo de propaganda Alex Osborn escreveu um livro sobre uma técnica que ele chamou de ***brainstorming***. Todas as técnicas de geração de ideias em grupo desenvolvidas desde essa época são desdobramentos de seu processo e incorporam uma ideia: uma pessoa apresenta uma ideia, outra pessoa reage a ela, uma terceira pessoa reage à reação dessa segunda e assim por diante. Essa sequência de apresentação/reação é que dá significado à criatividade em grupo e as variadas técnicas desenvolvidas simplesmente alteram como as ideias são apresentadas e como as reações ocorrem.

Brainstorming

Como as técnicas de *brainstorming* já existem há muito tempo, elas são amplamente usadas e mal utilizadas. É bom ser capaz de reconhecer um *brainstorming* ruim porque ele simplesmente não funciona. Thomas Kelley, da empresa de *design* IDEO,

---

[25] Peter Wilson, "Simplex Creative Problem Solving", *Creativity and Innovation Management*, 6(3), September 1997, pp. 161–167.

dispôs várias regras mais eficazes para a realização de sessões de *brainstorming*. Algumas delas são: *preste atenção às regras* (procure uma profusão de ideias, adie os julgamentos, nenhuma risadinha abafada é permitida); *numere as ideias* (você consegue chegar a 100 ideias por hora?); *salte e continue* (quando o grupo atinge um patamar de estabilização, o facilitador sugere uma nova direção); e *vá à luta* (como no estudo de caso do CarpetFlick, utilizando bugigangas e quinquilharias para montar modelos e protótipos).[26]

A maior mudança na atividade de solução de problemas ao longo dos últimos 20 anos é a utilização do *brainstorming* associado com outras ferramentas de criatividade. Ainda tentamos evitar o *efeito bazuca* (expor uma ideia e simplesmente alguém a derrubar em seguida), bem como a profusão de folhas de cavalete com centenas de ideias rabiscadas. Em vez disso, almejamos deliberações em grupo que sejam exploratórias, avaliativas mas construtivas, longamente refletidas (em contraposição a sessões de *brainstorming* de 20 minutos) e feitas em relação a soluções específicas que pareçam operacionais. A IDEO utiliza o *brainstorming* associado com o desenvolvimento de protótipos "*lickety stick*" (consulte o Capítulo 2) para acelerar a inovação.[27]

Houve várias tentativas de preservar a ideia básica do *brainstorming*, mas de ajustá-lo de alguma forma para superar os problemas. No *brainsketching*, os participantes esboçam suas ideias em vez de expressá-las por meio de palavras. Algumas evidências indicam que o *brainsketching* ajuda os participantes a tecer mais correlações com as ideias iniciais quando são propostas novas ideias.[28] Outra técnica emergente é chamada de *speedstorming*. Ela é considerada como um formato "todos contra todos", semelhante ao encontro rápido (*speed dating*), em que os participantes formam pares (aleatoriamente ou com algum arranjo em mente – por exemplo, os dois participantes devem ser de áreas funcionais diferentes) e discutem um tema em rodadas de três a cinco minutos. A meta de cada rodada é gerar ideias que possam ser perseguidas pela equipe de novos produtos. Após cada rodada, os parceiros mudam e outra rodada se inicia. Ao final da sessão, inúmeras novas ideias já foram geradas e os participantes já identificaram com quais parceiros eles parecem trabalhar melhor em conjunto. Por esse motivo, os proponentes do *speedstorming* afirmam que essa técnica é particularmente adequada para superar as dificuldades de comunicação típicas das equipes transfuncionais.[29]

Algumas outras técnicas comuns são descritas no Apêndice B.

Brainstorming eletrônico e técnicas de criatividade assistida por computador

Não obstante sua popularidade, o *brainstorming* tem várias desvantagens. Somente uma pessoa pode falar por vez e pode ocorrer ociosidade social (a intensidade média de esforço pode ser inferior em uma situação de grupo). Além disso, alguns indivíduos podem ainda temer críticas por terem tido ideias impopulares. O **brainstorming eletrônico**, um método de *brainstorming* assistido por um **software de sistema de apoio a grupos** (ou *group support system* – **GSS**), supostamente supera essas limitações do *brainstorming* tradicional porque permite que os participantes respondam de forma simultânea e que a resposta seja anônima.

---

[26] Tom Kelley, *The Ten Faces of Innovation* (New York: Currency Books, 2005).

[27] Bruce Nussbaum, *op. cit.*

[28] Remko Van Der Legt, "Brainsketching and How It Differs from Brainstorming", *Creativity and Innovation Management*, 11(1), 2002, pp. 43–54.

[29] Caneel K. Joyce, Kyle E. Jennings, Jonathan Hey, Jeffrey C. Grossman & Thomas Kalil, "Getting Down to Business: Using Speedstorming to Initiate Creative Cross-Disciplinary Collaboration", *Creativity and Innovation Management*, 19(1), 2010, pp. 57–67.

Uma sessão de *brainstorming* assistida por GSS pode ocorrer em um recinto em que haja uma rede de terminais de computador instalada. Os participantes sentam-se nos terminais e respondem às perguntas apresentadas pelo mediador, que opera o *software* GSS. Esse *software* reúne as respostas dos participantes e as projeta em uma grande tela na parte frontal do recinto ou no monitor dos participantes. Ver as respostas estimula ainda mais ideias e incita uma discussão posterior. O GSS também toma nota automática e eletronicamente de todos os procedimentos para que assim nada se perca ou seja transcrito de forma incorreta.[30]

Além disso, não ficamos restritos a um único local. O GSS pode facilitar a atividade em vários locais simultaneamente (por meio de conexões por computador ou videoconferência) e coordenar grupos de centenas de participantes.

Esse *software* está se tornando bem mais popular para mediar reuniões, e existem evidências crescentes de que o *brainstorming* eletrônico supera o desempenho do *brainstorming* tradicional com relação à produtividade e à geração de ideias excepcionais.[31]

Um número crescente de empresas está utilizando programas de computador como o Mindlink, Mindfisher e NamePro para auxiliar suas iniciativas criativas em geração e gestão de ideias e também para auxiliar outras atividades criativas, como geração e seleção de nomes de marca. Embora assumam muitas formas, vários deles funcionam com base em grandes bancos de dados de palavras, frases ou mesmo imagens, estimulando o usuário a *pensar lateralmente* (reunir pensamentos dissociados e depois tentar associá-los com o problema em questão). Esses programas são em sua maioria objetivos e estimulantes.[32] Além disso, muitos podem ser adaptados para aplicação em um ambiente de GSS.

Comunidades *on-line*[33]

As *comunidades on-line* (ou *comunidades virtuais*) revolucionaram a coleta de informações sobre os clientes. Pode-se definir uma comunidade *on-line* como qualquer grupo que interaja utilizando uma forma de comunicação como a rede social *on-line*. Inúmeras empresas, como P&G, Kraft, Dell e Hewlett-Packard, utilizam as comunidades *on-line* como um dos principais componentes de suas iniciativas de voz do cliente e, aliás, em todo o seu processo de novos produtos. Comunidades *on-line* conhecidas, como Facebook, Twitter ou LinkedIn, estão abertas a todos e são amplamente populares. Contudo, existem alternativas, algumas delas bem menos conhecidas. Algumas comunidades *on-line* como o tivocommunity.com são estabelecidas por usuários pioneiros com interesse por um produto ou serviço específico; outras, como o babycenter.com, da Johnson & Johnson, são lançadas pelas empresas. Além disso, provedores de serviços como MarketTools ou Vision Critical obtêm valiosos *insights* dos clientes

---

[30] Uma avaliação de GSS é encontrada em Robert O. Briggs & Gert-Jan De Vreede, "Meetings of the Future: Enhancing Group Collaboration with Group Support Systems", *Creativity and Innovation Management*, 6(3), June 1997, pp. 106–116.

[31] Keng L. Siau, "Group Creativity and Technology", *Journal of Creative Behavior*, Third Quarter 1995, pp. 201–217.

[32] Tony Proctor, "New Developments in Computer Assisted Creative Problem Solving", *Creativity and Innovation Management*, 6(2), June 1997, pp. 94–98; e Mark Turrell, "Technology Spotlight: Unfuzzing the Front-End with Web-Based Idea Management", *Visions*, 27(1), January 2003, pp. 18–21. Para examinar uma crítica a respeito de vários desses programas de computador, consulte Arvind Rangaswamy & Gary L. Lilien, "Software Tools for New Product Development", *Journal of Marketing Research* 34, February 1997, pp. 177–184.

[33] Grande parte dessa seção foi extraída de Claire-Juliette Beale, "How Online Communities Are Changing the NPD Landscape—An Introduction to the Value of This New Tool", *Visions*, 32(4), December 2008, pp. 14–18.

com a formação de *comunidades on-line privadas* de 500 membros ou menos cuidadosamente selecionados. As empresas podem acessar também *painéis on-line exclusivos (proprietary online panels – POPs)*, que costumam ter centenas de milhares de indivíduos que são estatisticamente representativos de um mercado-alvo. Esses painéis podem ser utilizados de inúmeras formas para complementar as comunidades *on-line*. Por exemplo, os POPs podem validar ideias ou *insights* promissores gerados em uma comunidade *on-line* privada.

As empresas podem ter uma série de objetivos ao iniciar uma comunidade *on-line*. Como técnica de VOC, as comunidades *on-line* oferecem uma função de ouvidoria: elas permitem que as empresas obtenham novas ideias dos clientes e *feedback* sobre novos conceitos. Trabalhando com um provedor de serviços como o MarketTools, as empresas podem monitorar comunidades e *blogs* públicos para identificar novas tendências de consumo e oportunidades emergentes. As comunidades *on-line* são também uma alternativa para criar afinidade com os clientes, oferecer suporte ao cliente e construir laços emocionais entre os clientes e a empresa.

A Del Monte Foods (que fabrica várias marcas de comida para animais de estimação, como Kibbles 'n Bits, Milk-Bone, Meow Mix e 9 Lives) fez amplo uso de comunidades *on-line* para compreender melhor as mudanças em seu mercado de consumo, identificando oportunidades logo no princípio e desenvolvendo produtos rapidamente. Em 2006, a empresa uniu forças com o MarketTools e a agência de monitoramento de marcas Umbria para introduzir a iniciativa I Love My Dog (Eu Amo Meu Cachorro). Analisando os dados de milhões de *blogs*, fóruns de usuários e fóruns de discussão, a Del Monte foi capaz de identificar as coisas com as quais os donos de animais de estimação se importam e a respeito das quais escreveram mais. Na verdade, um novo segmento de clientes, de apaixonados por cães (chamado segmento "Dogs Are People, Too" ou "Os Cães Também São Gente"), foi identificado. Em seguida, uma comunidade *on-line* foi criada para estimular soluções inovadoras de consumidores nesse segmento. Uma comunidade de 500 consumidores foi contatada e convidada a entrar em um *site* somente para convidados e protegido por senha que incentivava a interação e o entendimento mútuo entre os participantes. A comunidade gerava e aprimorava ideias para um novo produto para o café da manhã, que foi imediatamente posto em desenvolvimento pela Del Monte. Durante o processo de desenvolvimento, a Del Monte várias vezes entrou em contato com os membros da comunidade, tanto individualmente quanto em grupo. No verão de 2007, o novo produto, Snausage Breakfast Bites, foi lançado. O processo entre a ideia e o lançamento levou apenas seis meses, metade do tempo normal para um produto nessa categoria. Desde então a Del Monte continua em busca de alternativas para tirar proveito das comunidade *on-line*. Em 2008, a empresa firmou uma parceria com o MarketTools, dessa vez para aproveitar a Moms Insight Network e identificar rapidamente donos de gatos. A comunidade de donos de gatos recém-criada, chamada Meow Mixer, é utilizada pela Del Monte para gerar ideias, desenvolver conceitos, distribuir amostras de novos produtos e obter sugestões de embalagem e marketing. Como qualquer outra coisa, as comunidades *on-line* dão trabalho, e a empresa que está procurando instituir uma comunidade *on-line* precisa estar ciente dos inconvenientes.[34] Construir e gerenciar uma comunidade *on-line* exige a contratação de mediadores e facilitadores e pode tomar tempo – uma comunidade de tamanho razoável pode levar um ano para amadurecer.

Além disso, quanto maior o tempo em que a comunidade se encontra em operação, maior a dificuldade para organizar o conteúdo e possibilitar que os participan-

---

[34] Claire-Juliette Beale, "Creating Your Own Online Community—How to Avoid the Pitfalls", *Visions*, 33(1), March 2009, pp. 15–19.

tes se familiarizem com facilidade. Há também questões legais, como privacidade dos membros, confidencialidade dos relatos e propriedade do conteúdo, que precisariam ser consideradas. Normalmente, os participantes devem assinar um acordo de serviço para que a empresa patrocinadora possa evitar problemas mais à frente. Não obstante esses inconvenientes, é provável que as comunidades *on-line* continuem sendo uma fonte fundamental de *inputs* dos clientes ainda por muitos anos.

Painel de disciplinas

Várias das principais empresas de consultoria de novos produtos do presente acreditam que os grupos de criatividade na verdade devem se debruçar sobre um problema, não apenas falar a respeito dele, particularmente em situações que requerem um nível significativo de inovação. A abordagem delas é reunir especialistas de todas as disciplinas relevantes e promover uma discussão sobre o problema como um **painel de disciplinas**. Um painel sobre novos métodos de embalagem de legumes frescos poderia incluir representantes de economia doméstica, física, nutrição, medicina, ecologia, tecnologia de enlatamento, marketing, plásticos, química, biologia, engenharia industrial, botânica e agronomia. Além disso, o painel pode incluir especialistas externos.

Um painel no segmento de xampu estava focado em uma necessidade do consumidor: usar um condicionador capilar que realmente penetrasse nas pontas duplas e agisse sobre elas. Uma pessoa do P&D presente no painel ressaltou que os produtos disponíveis na época já faziam isso! Esse comentário surpreendente resultou em um novo produto que alegou o que os outros haviam desconsiderado e se revelou muito bem-sucedido.

TÉCNICAS DE GERAÇÃO DE CONCEITOS NA PRÁTICA

Este capítulo apresentou várias **técnicas de estimulação da criatividade** que podem ser utilizadas para gerar conceitos; o Apêndice B apresenta várias outras. Ao longo deste capítulo, oferecemos exemplos de empresas que empregaram bem-sucedidamente essas técnicas. Veja alguns exemplos adicionais recentes que evidenciam o uso bem-sucedido de algumas outras técnicas talvez menos comuns.

1. *Uso de acessórios.* A Life Savers Company queria desenvolver novos sabores. A empresa contratou então um consultor, que encheu uma sala com amostras de frutas, variedades de aromas e listas de dezenas de sabores de sorvete. A linha Fruit Juicers da Life Savers originou-se dessa sessão. Os bolos de festa Duncan Hines Pantastic da P&G nasceram em uma sessão de estímulo de ideias em que havia cartões de felicitações entre os acessórios usados.

2. *Interpretação de papéis.* A divisão Polymer Technologies, da Bausch & Lomb, propôs a ideia de amortecer o material aplicado na superfície das lentes formando pares de executivos que interpretavam o papel de globo ocular e lente de contato. Os atores tinham de pensar em alternativas para que as lentes parassem de ferir o globo ocular enquanto interpretavam esses papéis.

3. *Imitação da natureza.* Os bodes comem resíduos e os expelem em forma de pequenas bolinhas. Essa ideia inspirou a Whirlpool no desenvolvimento do compactador Trash Smasher.[35]

---

[35] Bryan Mattimore, "Eureka: How to Invent a New Product", *The Futurist,* March–April 1995, pp. 34–38.

RESUMO

O Capítulo 5 deu início ao nosso estudo sobre várias técnicas específicas que foram desenvolvidas por criadores de conceitos para ajudá-los em seu trabalho. A abordagem mais comum baseia-se no paradigma "encontrar problemas, solucionar problemas", que requer a participação de várias pessoas da empresa, bem como das partes interessadas e de outros indivíduos externos. Em seguida, examinamos as diversas técnicas desenvolvidas para identificar problemas. Algumas delas são (1) *inputs* dos departamentos técnico e de marketing; (2) pesquisa em registros internos de visitas de vendas, reclamações sobre produtos, estudos sobre satisfação do cliente etc.; (3) análise de problemas como forma de envolver os usuários finais e outras partes interessadas; e (4) análise de cenário como forma de tomar conhecimento sobre futuros problemas. Assim que os problemas são descobertos, as iniciativas para solucioná-los podem ser empreendidas; as iniciativas são em sua maioria reflexões e análises individuais, tanto no escritório quanto no laboratório. Um conjunto importante de técnicas utiliza a denominação de criatividade em grupo; ele inclui uma ampla variedade de abordagens, mas elas são em sua grande parte variações do *brainstorming*.

Em seguida abordaremos alguns métodos denominados abordagens analíticas de atributo, criados ao longo dos anos para ajudar os gerentes de marketing a buscar melhorias enquanto aguardam a abordagem de encontrar e solucionar problemas gerar frutos. Essa é a abordagem com a qual damos início à forma, depois vemos se existe uma necessidade e então desenvolvemos a tecnologia necessária.

APLICAÇÕES

1. "Recentemente me encontrei com o presidente de uma universidade na Flórida que anteriormente havia pesquisado a atividade de novos produtos de empresas do Vale do Silício. Ele não ficou impressionado. Disse que os representantes de vendas falavam reiteradamente sobre obter sugestões e dicas dos clientes e enviá-las nos relatórios de visita de vendas, mas nada disso nunca ocorreu. Aparentemente, os altos executivos de vendas e marketing só raramente têm algum contato com os clientes, porém não tiram proveito dos contatos da equipe de vendas. Você tem alguma ideia sobre como eu poderia averiguar se essa situação existe em nossas várias divisões?"

2. "Acredito na análise de problemas – ela é o âmago da questão. Mas tenho certeza de que não gosto dos grupos focais. Participei de dois no ano passado e as pessoas não fizeram outra coisa senão bater papo. E esse bate-papo parecia nunca levar a coisa alguma. Assim que o segundo acabou, questionei a mediadora e ela concordou que houve muitas divagações. Ela continuou falando sobre as preciosas informações que havíamos encontrado – ideias em comum, acredito que ela tenha dito. Agora, honestamente, isso não seria puro absurdo? Entretanto, ela disse que acreditava que os grupos focais seriam particularmente úteis na Europa Oriental, onde as empresas têm muitas necessidades, e que precisamos ter cuidado para selecionar as necessidades mais críticas. Fico pensando comigo mesmo, será que nossa divisão de transporte na Suíça não poderia utilizar grupos focais para ajudá-la a desenvolver novos serviços para as empresas da Europa Oriental?"

3. "Você conhece muito a respeito de *smartphones*, imagino. Você poderia me orientar em uma análise de problemas utilizando o mercado de *smartphones* como exemplo? Estamos entrando no segmento de *smartphones* em nossa divisão de eletrônicos, com a ideia de ter como concorrente direto a Apple e a Samsung, e estou curioso para ver quais problemas você proporia que ainda não tenhamos solucionado."

ESTUDO DE CASO   Refeições IQ, da Campbell[36]

Em 1990, a Campbell Soup era líder inconteste entre os fabricantes de sopa dos Estados Unidos, com uma participação de mercado de mais de 75%. Entretanto, o consumo de sopa estava se estabilizando, e a alta administração estava procurando oportunidades de crescimento em mercados correlatos. Concorrentes como a ConAgra (marca Healthy Choice) e H. J. Heinz (marca Weight Watchers) estavam registrando um volume considerável de vendas e lucros em suas linhas de comida congelada e ressaltando seus benefícios alimentares, e esse parecia um bom lugar para a Campbell começar a gerar ideias de novos produtos.

Na época, o público americano estava começando a ter maior interesse pela relação entre dieta e prevenção de doenças. Parecia que todos os dias eram relevados benefícios para a saúde em um alimento ou outro, fazendo modismos como o farelo de aveia varrerem o país. O departamento de P&D da Campbell logo começou a investigar a relação entre dieta e doenças, concentrando-se em alimentos que pudessem ser usados para prevenir enfermidades como diabetes ou doenças cardiovasculares (inclusive pressão alta). Visto que 58 milhões de americanos têm alguma forma de doença cardiovascular e outros 16 milhões têm diabetes, esse foco parecia muito sensato. Sem demora, a ideia preliminar foi gerada: uma linha de alimentos com benefícios medicinais. Essa ideia preliminar precisava então ser desenvolvida mais a fundo.

O desafio era desenvolver uma linha de alimentos que não apenas desempenhasse um papel na prevenção dessas doenças, mas também fosse aceita e adotada pela população americana. O Dr. R. David C. Macnair, diretor executivo técnico da Campbell, criou um conselho consultivo composto de proeminentes especialistas em nutrição, doenças cardíacas e diabetes, os quais analisariam cientificamente os novos produtos. O diretor executivo da Campbell na época, David W. Johnson, apoiava totalmente a ideia de alimentos com benefícios medicinais, afirmando que ela tinha um "potencial explosivo". Em breve ele também passou a participar das reuniões do comitê consultivo. Segundo Johnson, "Você não ficaria perplexo com a oportunidade de dar um salto espetacular e desenvolver um produto que poderia ajudar a melhorar a saúde e a nutrição do mundo?".

Com o respaldo do diretor executivo da Campbell, o projeto estava em andamento e tinha uma meta clara: transformar em realidade o conceito de refeições saudáveis e ricas em vitaminas e minerais. Para os técnicos de alimentos da Campbell tratava-se de uma tarefa desafiadora – um dos protótipos iniciais dos pãezinhos enriquecidos com fibras "poderia ter sido comercializado como disco de hóquei", de acordo com Macnair. Entretanto, no outono de 1994, cerca de 24 refeições que haviam passado nos primeiros testes de degustação estavam prontas para serem submetidas a teses clínicos a fim de determinar seus benefícios para a saúde. Mais de 500 participantes do estudo comeram as refeições durante 10 semanas, e maioria relatou melhorias na taxa de colesterol, na pressão arterial e nos níveis de açúcar no sangue. Nenhum sentiu efeitos colaterais e vários relataram gostar do sabor. Nesse intervalo, Johnson criou o Centro de Nutrição e Bem-estar da Campbell, com sede em sua matriz em Camden, Nova Jersey, e empregou 30 cientistas nutricionais e dietistas.

Em seguida ocorreu o teste de mercado. A equipe de marketing da Campbell escolheu o nome "Intelligent Quisine" (ou IQ Meals) e uma caixa ou lata azul para a embalagem. De acordo com os planos, os motoristas da UPS entregariam 21 refeições

---

[36] Esse estudo de caso baseia-se amplamente em Vanessa O'Connell, "Food for Thought: How Campbell Saw a Breakthrough Menu Turn into Leftovers", *The Wall Street Journal,* October 6, 1998, pp. A1, A12.

(em especial congeladas, algumas em lata) semanalmente no domicílio dos participantes do teste. Em janeiro de 1997, o produto estava sendo comercializado em Ohio, apoiado por uma campanha de propaganda impressa e um infomercial de 10 minutos concebido para estimular ligações por meio de um número gratuito à linha de informações da Campbell. Além disso, a Campbell contratou representantes de vendas farmacêuticos de meio período para promover o produto IQ Meals para os médicos e entrou em contato com hospitais importantes como o Cleveland Clinic para distribuir as IQ Meals e material promocional. As coisas pareciam estar melhorando!

O primeiro sinal de problema foi no centro de chamadas. Os autores das chamadas ficavam sabendo que o pacote de amostras de uma semana custava US$ 80 e o plano recomendado (10 semanas) custava US$ 700 e desligavam prontamente. Os domicílios com renda fixa acharam o preço particularmente alto. No escritório da Associação Americana do Coração em Columbus, a Campbell patrocinou um almoço para promover os benefícios do produto IQ Meals, mas não conseguiu impressionar vários dos dietistas presentes. Além disso, os analistas de Wall Street tinham também suas dúvidas: Um deles escreveu uma matéria intitulada: "UPS T.V. Dinners Drive Top Line?" ("As refeições semiprontas entregues pela UPS impulsionam o faturamento?").

Não demorou muito para os próprios executivos da Campbell também duvidarem do produto IQ Meals. Consultores foram convocados para avaliar a viabilidade do projeto, e Dale Morrison, chefe da divisão International and Specialty Foods, cortou drasticamente o orçamento do IQ. Em maio de 1997, as vendas no mercado-teste de Ohio estavam deploráveis e outro problema estava surgindo. Aqueles que haviam se mantido fiéis ao programa desde janeiro estavam relatando benefícios para a saúde, mas muitos deles passaram a relatar que estavam se cansando de comer repetidamente as mesmas nove refeições.

O destino do produto IQ Meals foi selado na reformulação corporativa da Campbell em julho de 1997. Johnson, seu maior defensor, renunciou ao cargo de diretor executivo (e tornou-se *chairman* da Campbell). Morrison foi promovido a presidente e diretor executivo, com um plano para ampliar as vendas internacionais e concentrar-se em marcas essenciais. A Swanson, Vlasic e outras marcas da Campbell foram desmembradas – e o marketing e a promoção do IQ foram descontinuados (embora os testes clínicos tenham continuado). Os pesquisadores do Centro de Nutrição e Bem-Estar foram realocados. No outono de 1997, a Campbell anunciou seus planos de vender o produto IQ Meals.

O IQ Meals parecia ser uma clássica ficha clínica. A ideia que foi gerada aparentava ser uma prova infalível no que diz respeito à oportunidade de mercado e às tendências demográficas associadas. A Campbell dava a impressão de ser a empresa perfeita para levá-la a cabo, tendo em vista suas competências essenciais e disposição para expandir-se para áreas em crescimento. A linha até se saiu bem nos testes clínicos e nos testes iniciais junto ao consumidor. Contudo, por algum motivo, alguma coisa se perdeu na interpretação. E, obviamente, não se trata de um incidente isolado. O que deu errado? E o que os desenvolvedores de produtos ou executivos da Campbell poderiam ter feito de diferente? Ou será que esse produto simplesmente já estava condenado desde o princípio?

ESTUDO DE CASO Obtendo respeito organizacional

Neste caso, você e seus colegas de classe desempenham o papel do departamento de marketing de uma empresa envolvida com o desenvolvimento de novos produtos. Sua empresa está se esforçando para instituir o desenvolvimento de produtos em equipe e, nos últimos meses, várias pessoas da equipe de marketing foram realocadas às equipes de produto com pessoal dos departamentos de engenharia, *design* e fabricação. A experiência até o momento não foi positiva para você e seus colegas de marketing. Você sente que o marketing habitualmente é excluído de importantes decisões em equipe e a alta administração parece ter maior simpatia pelos engenheiros quando surgem conflitos dentro da equipe. Você suspeita de que parte do motivo é que a maior parte do pessoal da alta administração em sua empresa tem formação em engenharia e simplesmente compreende melhor os pontos de vista e o estilo de tomada de decisão dos engenheiros. Além disso, você sente que o marketing tem muito a contribuir para o desenvolvimento de produtos. Há um excelente departamento de pesquisa de marketing que pode fornecer um rápido *feedback* sobre o comportamento dos clientes utilizando um equipamento avançado, e a equipe de vendas é a melhor do setor e habitualmente reúne as principais informações de mercado e inteligência. Há várias pessoas criativas e muito competentes na equipe responsáveis por gerar ideias de alto potencial, ideias essas que sua empresa transformou em vários novos produtos de sucesso.

Um de seus colegas de criação no desenvolvimento de produtos sugere a utilização de uma abordagem de geração de ideias baseada em problemas, comumente empregada para gerar ideias de novos produtos, para tentar encontrar um meio de a alta administração respeitar mais o departamento de marketing. Para você, o ideal seria que eles reconhecessem suas habilidades, formação e experiência e valorizassem e utilizassem as informações exclusivas que você é capaz de levar para o processo de novos produtos. Você enuncia sucintamente seu problema da seguinte forma:

"Como podemos transmitir eficazmente o valor e as possíveis contribuições do departamento de marketing para a alta administração de modo que ela nos respeite mais?". Utilizando as técnicas de geração de ideias no Apêndice B (ou quaisquer outras que você preferir), desenvolva soluções criativas para esse problema. Primeiro, proponha pelo menos seis ideias individualmente. Tenha em mente a seguinte regra básica: não existe ideia ruim – quanto mais, melhor. Em seguida, com seu professor atuando como facilitador de grupo, escolha entre essas ideias as quatro ou cinco melhores e, em grupo, discuta e procure melhorá-las. A meta é chegar coletivamente a um ou mais programas claros e bem pensados que você pudesse de fato implementar rapidamente. Outra regra: use a imaginação! Este é um exercício no qual você pode realmente se estender. Embora você possa experimentar qualquer técnica apresentada no Apêndice B, algumas que você pode considerar particularmente úteis são as seguintes:

Análise de cenário: Identifique um conjunto de tendências (modas, lugares badalados para morar/trabalhar, celebridades, novos produtos empolgantes etc.). Pense no que poderia ser revelado por ou associado com qualquer uma delas.

Estímulos criativos: Examine o conjunto de palavras de estímulo oferecido no Apêndice B e selecione aleatoriamente algumas delas. Pergunte a si mesmo se cada uma de suas palavras pode sugerir algo que o ajude a solucionar seu problema. Seja criativo.

Relações forçadas: Esqueça seu problema totalmente por alguns instantes. Escolha uma revista. Vá aleatoriamente para uma página e examine a imagem que se encontra nela. (Se não houver, folheie a revista até encontrar uma.) O que a imagem sugere a você? Tome nota de pelo menos seis ideias que lhe tenham passado pela cabeça. Agora, volte para o seu problema e utilize essas ideias como base para pensar criativamente a respeito de possíveis soluções. Para variar, utilize em vez disso um dicionário, uma enciclopédia ou as Páginas Amarelas e encontre uma palavra aleatória em uma página aleatória.

Use o ridículo: Pense na ideia mais ridícula que puder. Em seguida, pergunte a si mesmo se ela lhe sugere uma nova ideia não tão ridícula.

CAPÍTULO 6
Técnicas analíticas de atributo: introdução ao mapeamento perceptual

INFORMAÇÕES PRELIMINARES

No Capítulo 5, examinamos uma abordagem sobre a geração de conceitos que requer a identificação dos problemas dos usuários e a identificação das respectivas soluções. A abordagem baseada em problemas é muito útil porque os conceitos de produto identificados por essa via são mais propensos a ter valor para o usuário.

Este capítulo introduz um conjunto diferente de técnicas que são comumente utilizadas na fase de solução de problemas (consulte a Figura II.1 no início da Parte II). Todos os envolvidos com a criação e a venda de produtos e serviços podem fazer uso dessas técnicas, inclusive quem nem mesmo sabe que está participando de um processo formal de geração de conceitos. O que essas técnicas fazem é criar pontos de vista sobre um produto diferentes dos usuais – elas podem até dar a impressão de ser praticamente uma mágica, mas são em grande parte deliberadas. Elas podem parecer estritamente fortuitas ou uma sorte quando funcionam, e elas de fato funcionaram muitas vezes – por exemplo, a inserção de uma terceira meia em uma embalagem, tintas de secagem rápida e *smartphones* que pesquisam na internet. Contudo, na verdade elas são muito deliberadas e propositadas, e possibilitam descobertas – revelações fortuitas que ocorrem às pessoas que sabem o que estão procurando. Chamamos essas abordagens de técnicas analíticas de atributo, e elas são o tema dos Capítulos 6 e 7.

COMPREENDENDO POR QUE OS CLIENTES COMPRAM PRODUTOS

Produtos são grupos de atributos

O que é **atributo de produto?** A Figura 6.1 mostra um conjunto deles. Um produto na verdade não é outra coisa senão um conjunto de atributos e qualquer produto (bens ou serviços) pode ser descrito por meio de seus atributos.[1] Os atributos são de três tipos: **propriedades** (em que o produto consiste), **funções** (o que o produto faz e como funciona) e **benefícios** (como o produto satisfaz o usuário). Os benefícios podem ser decompostos em uma variedade quase infinita – usos, usuários, uso com, uso onde e assim por diante. Como a geração de conceitos é uma atividade de criação, tomamos grande liberdade nas definições que a contemplam. O sistema de classificação utilizado neste livro é uma tentativa, e não mais do que isso, de organizá-las para estudo. É importante reconhecer aqui o que faz sentido para nós para definir os atributos de maneira ampla. Um par de tênis pode ser imaginado como um grupo de atributos;

---

[1] Para examinar um ponto de vista útil sobre como conduzir pesquisas sobre identificação dos atributos mais valorizados pelos clientes, consulte Charles Miller & David C. Swaddling, "Focusing NPD Research on Customer-Perceived Value", in P. Belliveau, A. Griffin & S. Somermeyer (eds.), *The PDMA Toolbook for New Product Development* (New York: John Wiley, 2002), pp. 87–114.

FIGURA 6.1 Uma tipologia de atributos.

A. Os atributos de produto (para as nossas finalidades) são de três tipos:

Propriedades   Funções   Benefícios

As **propriedades** podem abranger várias coisas:

   Dimensões   Características estéticas   Componentes
   Ingredientes da fonte   Processo de fabricação   Matéria-prima
   Serviços   Desempenho   Preço
   Estruturas   Marcas registradas   E vários outros

Os **benefícios** podem abranger várias coisas:

   Usos (aplicações)   Prazeres sensoriais   Ganhos econômicos
   Economia (tempo, esforço)   Bem-estar não material   E vários outros

Os benefícios são diretos (*e.g.*, dentes limpos) ou indiretos (*e.g.*, um romance suscitado pela atratividade de um sorriso com dentes brancos).

As **funções** dizem respeito a como os produtos funcionam (*e.g.*, uma caneta que *espirra* tinta no papel). Elas são ilimitadas em termos de variedade, mas não são utilizadas tanto quanto os benefícios e as propriedades.

B. Os métodos de análise de atributos utilizam diferentes atributos:

   A análise dimensional utiliza propriedades
   As *checklists* utilizam todos os atributos
   A análise de *trade-off* também utiliza atributos determinantes
   Vários métodos apresentados no Apêndice B utilizam funções e benefícios

---

uma pessoa pode comprar determinado par porque gosta da aparência do couro (*propriedade*), porque é excelente para caminhar (*função*) ou porque é muito confortável (*benefício*). (E se você discordar da classificação desses atributos como propriedades, funções e benefícios, tudo bem!)

    Uma colher é uma pequena concha rasa (*propriedade*) com um cabo (outra propriedade). A concha da colher *funciona* como recipiente e porta líquidos. Os *benefícios* incluem economia e limpeza no consumo de substâncias líquidas. Obviamente, a colher tem muitas outras propriedades (como formato, material, reflexão e estampagem), sem contar outras funções (ela pode servir para abrir coisas, cutucar, arremessar etc., como os gerentes das cantinas das escolas sabem tão bem) e outros benefícios (como orgulho de possuir, *status* ou uma mesa bem posta).

    Teoricamente, os três tipos básicos de atributo ocorrem em sequência. Uma propriedade permite determinada função, que, por sua vez, resulta em um benefício. Um xampu contém determinadas proteínas (propriedade) que cobrem o cabelo durante a lavagem (função), que deixa o cabelo mais brilhante (benefício).

Analisando os atributos de produto para geração e avaliação de conceitos

As **técnicas analíticas de atributo** nos permitem criar conceitos de novos produtos mudando um ou mais de seus atributos ou acrescentando atributos e avaliar a desejabilidade desses conceitos se o objetivo for transformá-los em produtos. Ou seja, essas técnicas podem ser empregadas na geração de conceitos (que será abordada neste capítulo), mas também na avaliação de conceitos e até em outras fases do processo de novos produtos, como você verá nos capítulos subsequentes. Se fôssemos mudar os atributos atuais de um produto de todas as formas possíveis, ou imaginar vários atributos adicionais que pudessem ser incorporados ao produto, no devido tempo descobriríamos cada uma das mudanças que poderia ocorrer em algum momento nesse produto. Outras técnicas exploram a relação entre um atributo com outro atributo (ou com alguma outra coisa no ambiente), forçando essas relações, sejam elas normais e lógicas ou estranhas e imprevistas. Todas elas podem funcionar, como você verá. E elas foram utilizadas em todas as categorias de produto, de novas linhas de carros da Ford ou Toyota a novos estilos de óculos e marcas de cereais.

As técnicas analíticas de atributo são consideradas mais úteis na cultura ocidental do que na oriental. O pensamento ocidental (em particular europeu e norte-americano) tende amplamente para a reconfiguração das coisas, enquanto o pensamento oriental (asiático) tende a recomeçar de uma nova forma.[2] Os produtos do tipo *commodity* são um dos principais focos porque pequenas reconfigurações podem diferenciar um item em relação aos concorrentes, permitindo que eles tenham um preço superior.

Existe uma variedade de técnicas de **análise de atributos** quantitativas e qualitativas disponíveis. Neste capítulo, investigamos uma técnica quantitativa comum: **análise de lacunas perceptivas**. Depois de uma introdução aos mapas de lacunas determinantes, mostraremos como as técnicas de mapeamento perceptual, como a análise fatorial e o escalonamento multidimensional (*multidimensional scaling* – MDS), podem ser utilizadas para gerar mapas de lacunas perceptivas. Essas técnicas são empregadas com frequência na geração de conceitos e, na verdade, em todo o processo de desenvolvimento de novos produtos, durante o lançamento e até posteriormente. Retornaremos a elas de vez em quando à medida que prosseguirmos pelo processo de novos produtos. O Capítulo 7 examina uma segunda técnica quantitativa comum, a análise conjunta, e várias técnicas qualitativas, como análise dimensional, *checklists*, análise de relações e analogia. Muitas outras técnicas são também apresentadas no Apêndice B.

ANÁLISE DE LACUNAS

A **análise de lacunas** é uma técnica estatística que tem imenso poder em determinadas circunstâncias. Os *mapas de mercado* dessa análise são utilizados para determinar como os diversos produtos são percebidos de acordo com a forma como são posicionados no mapa de mercado. Em um mapa geográfico, a cidade de Nova York está mais próxima de Pittsburgh do que de Los Angeles. Mas em um mapa de *proximidade ao mar*, a cidade de Nova York estaria bem próxima de Los Angeles. Em qualquer mapa, os itens representados tendem a se concentrar aqui e ali, deixando um espaço vazio entre eles. Esses espaços vazios são lacunas, e um mapa que mostra lacunas é chamado, não surpreendentemente, de **mapa de lacunas**.

Vários níveis de sofisticação serão citados, porque muitas empresas preferem utilizar a técnica de uma forma simples, enquanto outras atingiram seu mais alto grau de sucesso com as versões mais complexas. Os mapas de lacunas são feitos de três formas: (1) o componente de *know-how e julgamento gerencial* é utilizado para representar os produtos em um mapa e fazer um **mapa de lacunas determinantes**; (2) um gestor utiliza *classificações de atributo* do cliente para obter dados dos usuários para um **mapa de lacunas perceptivas baseado na classificação de atributos** (CA); e (3) um gestor utiliza *similaridades gerais* para obter dados dos usuários para um **mapa de lacunas perceptivas baseado em similaridades gerais** (SG).

---

[2] Jacquelyn Wonder & Jeffrey Blake, "Creativity East and West: Intuition versus Logic", *Journal of Creative Behavior*, Third Quarter 1992, pp. 172–185.

Mapas de lacunas determinantes

A Figura 6.2 mostra um mapa de *snacks* preparado pelos membros de uma equipe de novos produtos que estava procurando entrar no mercado de *snacks*. Esse mapa é composto de duas dimensões (eles pessoalmente acreditavam que a "crocância" e o valor nutritivo eram importantes para os *snacks*). As escalas estendem-se de alto a baixo em ambos os fatores. Todas as marcas que já se encontravam no mercado foram classificada pelos gestores em cada um dos dois fatores.

Embora a classificação possa parecer arbitrária e sujeita a erros gerenciais, os mapas de lacunas determinantes com frequência são um bom ponto de partida. Lembre-se, a geração de conceitos ocorre *depois* que a estratégia (o termo de inovação de produto – PIC) determinou o mercado ou grupo de usuários no qual se concentrará. Ou a empresa tinha experiência nesse mercado (solidez) ou o mercado foi pesquisado. Cada marca foi então inserida no diagrama (Figura 6.2) de acordo com suas classificações. O resultado foi um mapa de marcas, cada uma em relação às outras, nesses dois fatores. Muitos mapas poderiam ter sido preparados, cada um com um par diferente de atributos. Além disso, eles podem ser tridimensionais. Mas os gestores que fornecem *inputs* para o mapa de lacunas determinantes não são novos nesse setor; eles provavelmente têm pontos de vista e julgamentos valiosos e úteis que podem ser bastante proveitosos para orientar a geração de conceitos. (Obviamente, ainda assim eles podem estar errados. Você discorda de alguma das posições atribuídas na Figura 6.2? Observe com atenção!)

Os atributos utilizados na análise de lacunas normalmente devem ser *diferenciados* e *importantes*. Os consumidores diferenciam os *snacks* com relação à crocância e ao valor nutritivo. E esses atributos são importantes na compra de *snacks*. Os *snacks* diferenciam-se também em seu formato estético, mas em geral isso não é utilizado para diferenciá-los. Mesmo que fosse, a maioria das pessoas provavelmente não acharia esse fator importante.

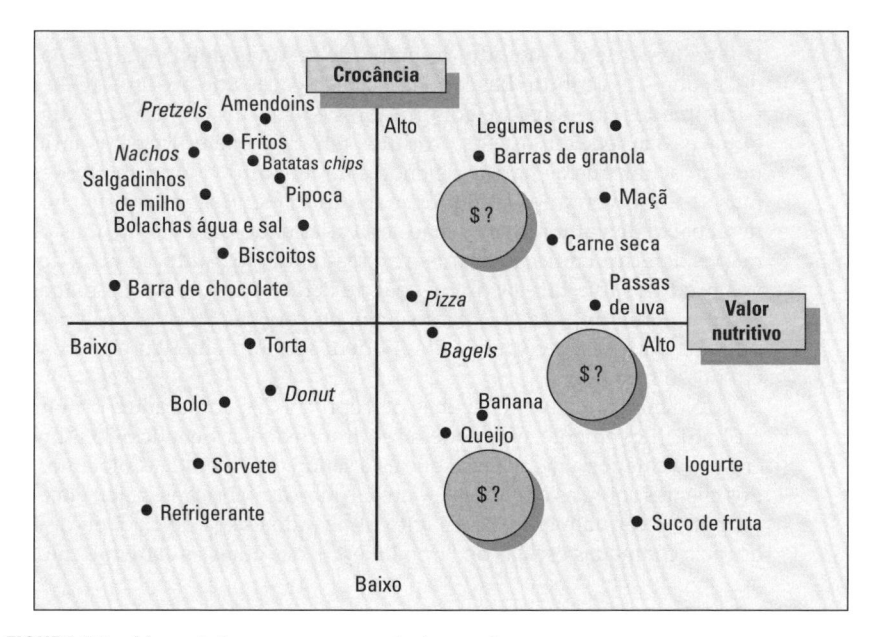

FIGURA 6.2 Mapa de lacunas no mercado de snacks.

Os atributos que diferenciam e ao mesmo tempo são importantes são chamados de **atributos determinantes**, porque ajudam a determinar quais *snacks* são comprados. Em um estudo industrial sobre revestimento (*siding*) de vinil (réguas de PVC para revestimento de fachadas), alguns dos atributos determinantes identificados foram aparência/*status*, manutenção/proteção contra intempéries, aplicação/economia e resistência.[3]

O motivo pelo qual é importante utilizar atributos determinantes na elaboração de mapas é que nosso propósito nesse método é encontrar um ponto nesse mapa em que uma lacuna oferece potencial para um novo item, um que as pessoas considerem diferente e interessante.

Por exemplo, no mapa de *snacks* da Figura 6.2 os círculos marcados com "$?" são lacunas e, portanto, oferecem possibilidades de novos produtos. Observe que, em virtude do grande número de *snacks*, as lacunas são poucas e pequenas – por exemplo, a lacuna entre um nível médio-alto de crocância e um nível médio-alto de valor nutritivo está próximo da barra de granola, maçã, carne seca e bolachas água e sal.

Os mapas de lacunas determinantes são rápidos e têm uma boa relação custo-benefício, mas têm o ponto fraco de ser orientado apenas pelo julgamento gerencial. As percepções dos clientes na verdade podem ser bem diferentes. Além disso, as percepções sobre a marca podem ser mais difíceis para os gestores julgarem corretamente. Na Figura 6.2, poderíamos concordar plenamente que as batatas *chips* têm menor valor nutritivo do que as barras de granola, mas como os clientes percebem as diferentes marcas de barras de granola? Eles de fato pensam que as barras Nature Valley são as mais nutritivas, mais saborosas ou menos calóricas? Que importância tem cada um desses atributos para os clientes quando eles formam preferências? As técnicas que coletam as percepções dos clientes utilizam-nas para desenvolver mapas de lacunas que possam oferecer *insights* importantes (e talvez surpreendentes) ao gestor. Agora examinamos dois tipos de mapa de lacunas perceptivas comumente utilizados.

Mapas de lacunas perceptivas baseados na classificação de atributos

Diferentemente do método de mapa de lacunas determinantes, o mapeamento de lacunas de atributo baseado em classificações de atributo (CA) requer que os participantes do mercado (compradores e usuários do produto) digam quais atributos eles acreditam que os produtos têm. Por exemplo, os usuários do produto podem achar que as barras de chocolate têm alto valor nutritivo – questionável, mas se fosse verdade, qualquer mapa que inserisse barras de chocolate em um nível baixo de valor nutritivo não seria adequado para ver lacunas perceptivas. Os mapas determinantes baseiam-se na realidade do ponto de vista do gestor de novos produtos (ou, talvez, do pessoal de P&D da empresa). Os mapas perceptuais, como o nome implica, baseiam-se nas percepções de realidade do mercado, que podem ou não estar corretas. Eles podem se complementar e ambos têm seu lugar em nosso trabalho.

No mapeamento de lacunas perceptivas CA, começamos com um conjunto de atributos (novamente, eles podem ser propriedades, benefícios ou funções) que descrevem a categoria de produto que está sendo considerada. Coletamos as percepções dos clientes sobre as opções disponíveis (marcas, fabricantes etc.) em cada um desses atributos. Normalmente, isso é feito utilizando escala de 1 a 5 ou de 1 a 7 (com frequência chamadas escalas do "tipo Likert"), nas quais as extremidades são "discorda

---

[3] Steven A. Sinclair & Edward C. Stalling, "Perceptual Mapping: A Tool for Industrial Marketing: A Case Study", *Journal of Business and Industrial Marketing*, Winter/Spring 1990, pp. 55–66.

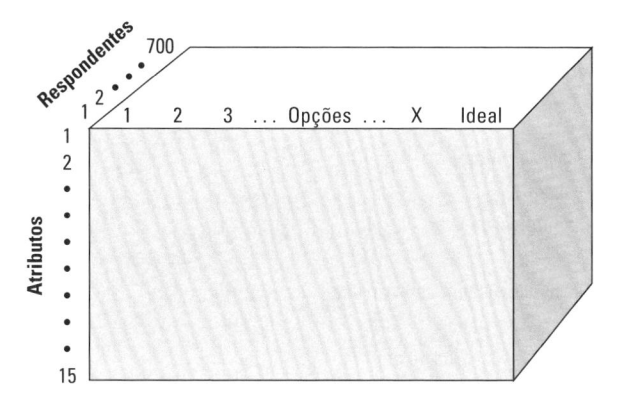

FIGURA 6.3 Um cubo de dados.

plenamente" e "concorda plenamente" com cada afirmação de atributo apresentada. Além disso, perguntamos aos clientes quais atributos são importantes nos produtos que eles compram nessa categoria. Esse procedimento resulta em um enorme **cubo de dados** (Figura 6.3), que, embora tenha um tamanho impressionante, não é tão útil para os gestores. Na Figura 6.3, as percepções sobre as opções disponíveis em cada atributo poderiam aparecer de Marcas 1 até X, enquanto a importância dos atributos seria atribuída na coluna Ideal.

O desafio agora é reduzir o cubo de dados a algo manejável – isto é, um mapa perceptual. A **análise fatorial**, uma técnica estatística disponível em programas de computador, normalmente é utilizada para reduzir um grande número de atributos a um pequeno número de dimensões subjacentes (também chamadas de fatores), que então podem funcionar como os eixos do mapa perceptual. Outras técnicas que estão além do escopo deste livro, como a análise discriminante múltipla, também podem ser utilizadas. A **análise de agrupamento** (que será apresentada em um capítulo posterior) pode ser então utilizada para agrupar respondentes em segmentos de benefício com base em suas preferências.

Suponhamos, por exemplo, que você seja gestor de produtos em uma empresa que fabrica trajes de banho para mulheres. Com base em sua experiência no setor e em seu conhecimento sobre o mercado, você desenvolveu um conjunto de atributos que os clientes utilizam para avaliar e comparar trajes de banho. Você contratou um estudo de pesquisa no qual as respondentes foram solicitadas a identificar todas as marcas de trajes de banho com as quais estavam familiarizadas e a classificar cada um dos atributos nas escalas do tipo Likert de 1 a 5 (consulte a Figura 6.4). Eles foram solicitadas também a indicar a importância que cada um desses atributos tem quando estão decidindo quais marcas de traje de banho devem comprar, utilizando novamente as escalas do tipo Likert de 1 a 5. As classificações médias de cada marca em cada atributo são apresentadas no gráfico de cobra da Figura 6.5.

O **gráfico de cobra** (o nome refere-se ao formato semelhante a uma cobra das linhas que unem os pontos) revela algumas informações úteis. Por exemplo, os respondentes tendem a pensar que a Aqualine é mais confortável de usar e oferece maior facilidade para nadar do que a Sunflare (atributos 3 e 8), enquanto a Sunflare tem *design mais* atraente e tem mais estilo do que a Aqualine (atributos 1 e 2). Contudo, há muita coisa na Figura 6.5, e isso impede que ela tenha alguma utilidade para identificar uma lacuna perceptiva lucrativa, e parece que ainda estamos longe de uma representação pictórica simples como a apresentada na Figura 6.2.

FIGURA 6.4 Questionários sobre percepções de abrituto.

Classifique cada marca com a qual você está familiarizado em cada um dos itens a seguir:	
	Concorda **Discorda**
1. *Design* atraente	1 .. 2 .. 3 .. 4 .. 5
2. Distinta	1 .. 2 .. 3 .. 4 .. 5
3. Confortável de usar	1 .. 2 .. 3 .. 4 .. 5
4. Elegante	1 .. 2 .. 3 .. 4 .. 5
5. Sensação de bem-estar ao usar	1 .. 2 .. 3 .. 4 .. 5
6. É ideal para nadar	1 .. 2 .. 3 .. 4 .. 5
7. Parece uma marca de grife	1 .. 2 .. 3 .. 4 .. 5
8. Facilidade para nadar	1 .. 2 .. 3 .. 4 .. 5
9. Está em voga	1 .. 2 .. 3 .. 4 .. 5
10. Ótima aparência	1 .. 2 .. 3 .. 4 .. 5
11. Confortável para nadar	1 .. 2 .. 3 .. 4 .. 5
12. É uma grife desejável	1 .. 2 .. 3 .. 4 .. 5
13. Oferece a aparência que desejo	1 .. 2 .. 3 .. 4 .. 5
14. Gosto das opções de cor oferecidas	1 .. 2 .. 3 .. 4 .. 5
15. É funcional para nadar	1 .. 2 .. 3 .. 4 .. 5

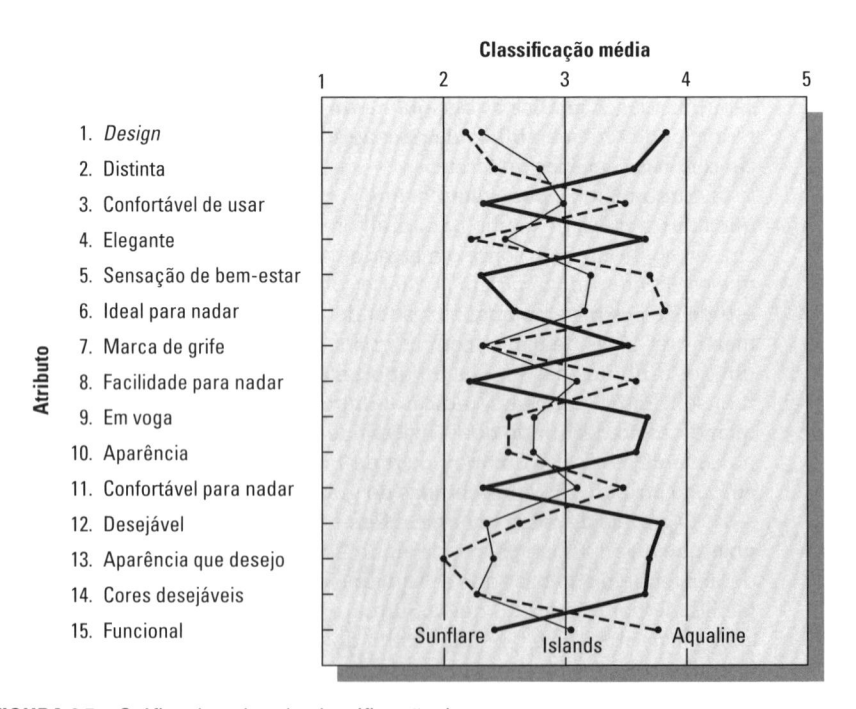

FIGURA 6.5 Gráfico de cobra de classificação de marca.

Um exame mais atento na Figura 6.5 indica que pode haver padrões subjacentes nesses dados. Percebemos, por exemplo, que as opções que têm alta classificação em *"design* atraente" também tendem a ser percebidas como "elegantes", "marcas de grife" e assim por diante. Poderíamos afirmar que esses atributos parecem *coerentes*. Do mesmo modo, outros atributos ("confortável de vestir", "facilidade para nadar" e "confortável para nadar") também parecem coerentes. Pode haver um pequeno número desses fatores ou dimensões subjacentes que explicam a maior parte da variação nas percepções apresentadas na Figura 6.5. Se pudéssemos identificar esses fatores, não precisaríamos mais de todos os atributos: poderíamos apresentar a maior parte do que conhecemos a respeito das percepções dos clientes utilizando somente os fatores. Utilizamos dados de percepção dos clientes em um programa de computador de análise fatorial para identificar esses fatores.

O primeiro desafio que enfrentamos é determinar quantos fatores subjacentes devemos manter no modelo, visto que isso raramente é nítido. Uma regra prática é representar a variância percentual incremental, explicada tal como mostrado na Figura 6.6. Como essa figura evidencia, os fatores 1 e 2 explicam grande parte da variância, mas passar de dois para três fatores não acrescenta muito ao modelo. Isso apresenta alguma evidência de que os dois primeiros fatores devem ser mantidos. Esse procedimento é chamado de **Gráfico *scree plot* e teste de *scree*.** (*Scree* refere-se a um monte de seixos na base de uma montanha. A Figura 6.6 é semelhante a

Fator	Autovalor	Variação percentual explicada
1	6,04	40,3
2	3,34	22,3
3	0,88	5,9
4	0,74	4,9
5	0,62	4,2
6	0,54	3,6
7	0,52	3,5
8	0,44	3,0
9	0,40	2,7

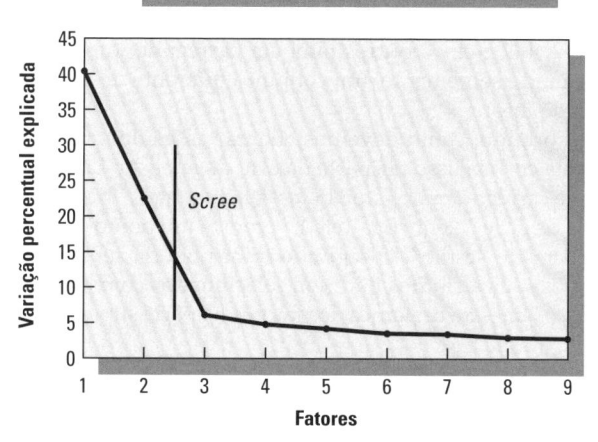

FIGURA 6.6 Gráfico *scree plot* e teste de autovalor.

FIGURA 6.7 Matriz de carga fatorial de dados sobre trajes de banho.

Atributo	Fator 1 "Estilo"	Fator 2 "Conforto"
1. *Design* atraente	**0,796**	0,061
2. Distinta	**0,791**	0,029
3. Confortável de usar	0,108	**0,782**
4. Elegante	**0,803**	0,077
5. Sensação de bem-estar ao usar	0,039	**0,729**
6. É ideal para nadar	0,102	**0,833**
7. Parece uma marca de grife	**0,754**	0,059
8. Fácil para nadar	0,093	**0,793**
9. Em voga	**0,762**	0,123
10. Ótima aparência	**0,758**	0,208
11. Confortável para nadar	0,043	**0,756**
12. É uma grife desejável	**0,807**	0,082
13. Oferece a aparência que desejo	**0,810**	0,055
14. Gosto das opções de cor oferecidas	**0,800**	0,061
15. É funcional para nadar	0,106	**0,798**

uma montanha e o corte é feito no *scree*.) O procedimento de análise fatorial também oferece uma estatística útil (chamada de *autovalor*) para cada fator, que está matematicamente relacionado com a quantidade de variância explicada. Uma segunda regra prática é manter apenas os fatores cujo autovalor é superior a 1. A Figura 6.6 mostra que os dois primeiros autovalores superam esse obstáculo (eles são 6,04 e 3,34, respectivamente). Portanto, tanto o teste de *scree* quanto a regra de autovalor indicam que a solução de dois fatores é satisfatória.

O programa de análise fatorial calcula então a matriz de carga fatorial (ou padrão fatorial), mostrando a correlação do conjunto original de atributos com seus fatores subjacentes. A Figura 6.7 mostra a matriz de carga fatorial rotacionada que foi obtida para os dados sobre trajes de banhos.[4] O atributo 1 (*"design* atraente") sem dúvida tem uma carga bem maior no primeiro fator do que no segundo (as cargas são 0,796 e 0,061, respectivamente; na Figura 6.7, as cargas grandes estão sublinhadas e em negrito por motivo de clareza). Como a tabela demonstra, os atributos 2, 4, 7 e cinco outros também carregam no primeiro fator, além do atributo 1. De modo semelhante, um conjunto diferente de atributos (3, 5, 6 etc.) carrega no segundo fator.

Portanto, como devemos chamar esses dois fatores? Novamente, não existe resposta correta; isso faz parte da arte do analista. Entretanto, se olharmos os atributos que carregaram no fator 1 (*"design* atraente", "distinta", "elegante", "parece uma marca de grife", "em voga" etc.), veremos um ponto em comum. Poderíamos chamar esse fator de "estilo". O segundo fator poderia ser chamado de "conforto" porque todos os seus atributos parecem relacionados com conforto ou facilidade de uso. A Figura 6.7 mostra os nomes dos fatores na parte superior de cada coluna. A propósito,

---

[4] A matriz de carga fatorial da Figura 6.7 foi submetida à rotação varimax. Esse procedimento gira os eixos para ajudar na interpretação dos fatores resultantes ao forçar os dados da coluna a se aproximar de 0 ou 1. Para obter detalhes, consulte Gilbert A. Churchill Jr. & Dawn Iacobucci, *Marketing Research: Methodological Foundations*, 8th ed. (Fort Worth, TX: Dryden, 2002).

FIGURA 6.8 Matriz de coeficientes de pontuação fatorial.

Atributo	Fator 1 "Estilo"	Fator 2 "Conforto"
1. *Design* atraente	0,145	−0,022
2. Distinta	0,146	−0,030
3. Confortável de usar	−0,018	0,213
4. Elegante	0,146	−0,017
5. Sensação de bem-estar ao usar	−0,028	0,201
6. É ideal para nadar	−0,021	0,227
7. Parece uma marca de grife	0,138	−0,020
8. Fácil para nadar	0,131	0,216
9. Em voga	−0,021	−0,003
10. Ótima aparência	0,146	0,021
11. Confortável para nadar	−0,029	0,208
12. É uma grife desejável	0,146	−0,016
13. Oferece a aparência que desejo	0,148	−0,024
14. Gosto das opções de cor oferecidas	0,146	−0,022
15. É funcional para nadar	0,019	0,217

Cálculo da amostra de pontuações fatoriais: Com base no gráfico de cobra, as classificações médias dos atributos da Aqualine de 1 a 15 são 2,15, 2,40, 3,48, ..., 3,77. Multiplique cada uma dessas classificações médias pelo coeficiente correspondente na matriz de coeficientes de pontuação fatorial para obter as pontuações fatoriais da Aqualine. Por exemplo, no Fator 1, a pontuação da Aqualine (2,15 × 0,145) + (2,40 × 0,146) + (3,48 × 20,018) + ··· + (3,77 × −0,019) = 2,48. Do mesmo modo, a pontuação da Aqualine no Fator 2 pode ser calculada como 4,36. Todas as outras pontuações fatoriais da marca são calculadas da mesma forma.

o fato de esses dois fatores serem fáceis de interpretar é outra prova de que a solução de dois fatores é adequada. Vários atributos aparentemente não relacionados algumas vezes podem ser forçados a formar um único fator: isso pode ser um sinal de que foram escolhidos muito poucos fatores.

O programa calcula também a matriz de coeficientes de pontuação fatorial (consulte a Figura 6.8). São pesos de regressão que relacionam as escalas de atributo às pontuações fatoriais. Portanto, como sabemos como cada opção é classificada em cada atributo específico (essa informação encontra-se no gráfico de cobra), podemos utilizar a matriz de coeficientes de pontuação fatorial para calcular como elas teriam sido classificadas em relação aos fatores subjacentes. Essas estimativas, chamadas de *pontuações fatoriais*, podem ser utilizadas para desenhar o mapa perceptual, que aparece na Figura 6.9.

O mapa perceptual mostra que a Aqualine é percebida como a marca mais confortável (a pontuação no fator 2 é 4,36), mas tem baixa classificação em estilo (a pontuação no fator 1 é 2,48). A Sunflare é o traje de banho mais elegante, mas é percebido como o mais desconfortável; a Splash tem uma classifica bem baixa em ambos os fatores; e as outras duas opções ocupam posições intermediárias no espaço perceptivo. Lembre-se de que essas são informações sobre como os *clientes* percebem os produtos; pode ser bastante improvável que a administração acreditasse nisso antes.

Portanto, passamos do confuso gráfico de cobra da Figura 6.5 para o mapa perceptual da Figura 6.9. Sem dúvida, o mapa perceptual não tem *todas* as informações contidas no gráfico de cobra. Mas mantivemos os dois fatores mais importantes (em termos de variância explicada) subjacentes às percepções dos clientes. Desse modo, temos uma representação visual simples que é facilmente utilizada

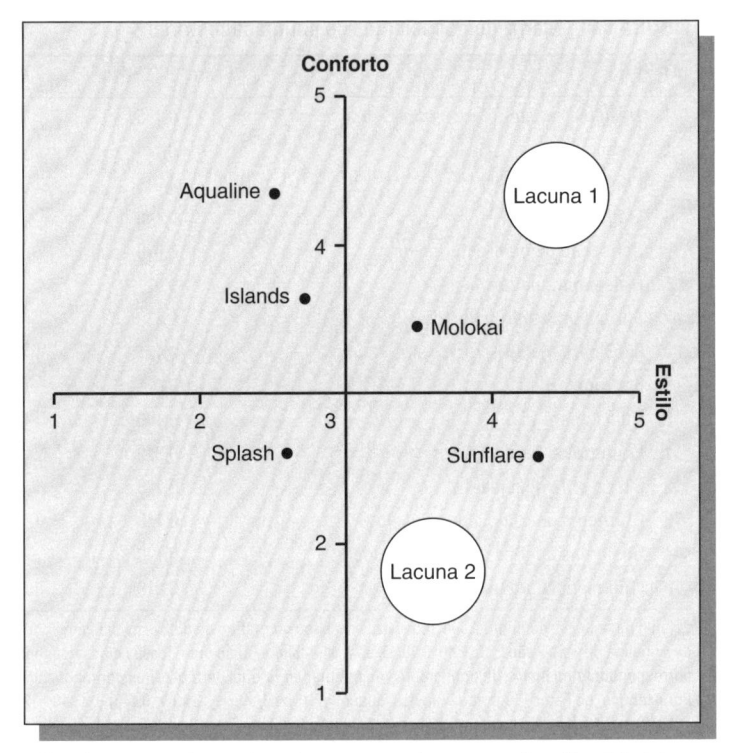

[Figura: Mapa perceptual com eixos Conforto (vertical, 1–5) e Estilo (horizontal, 1–5). Pontos: Aqualine, Islands, Molokai, Splash, Sunflare. Lacuna 1 no quadrante superior direito (alto conforto, alto estilo). Lacuna 2 no quadrante inferior direito.]

Os números ao longo dos eixos representam as pontuações fatoriais.

FIGURA 6.9 Mapa perceptual baseado na classificação de atributos de marcas de trajes de banho.

e compreendida pelos gestores e que contém *a maior parte* das informações com as quais iniciamos.

O mapa perceptual que acabamos de elaborar é semelhante ao mapa de *snacks* da Figura 6.2, e a busca de lacunas pode prosseguir tal como anteriormente. Como o mapa perceptual foi elaborado com percepções reais dos clientes, qualquer lacuna encontrada tende a interessar mais aos usuários em potencial.[5] Por exemplo, o mapa perceptual indica que os clientes consideram alguns trajes de banho confortáveis e outros elegantes, mas nenhum oferece alto conforto e alto estilo (lacuna 1 na Figura 6.9). Parabéns – você acabou de descobrir uma lacuna!

Mapas de lacunas perceptivas baseados em similaridades gerais

Os mapas perceptuais CA receberam críticas logo no início que resultaram em uma variação preferida por alguns inovadores de produto. O problema era que os usuários às vezes tomam decisões de compra utilizando atributos que eles não conseguem identificar. Esses atributos-fantasma não aparecem na lista, não são incluídos nas dimensões do mapa e, em virtude dessa ausência, distorcem a análise. Além disso, alguns usuários têm dificuldade para classificar os atributos, mesmo quando têm consciência

---

[5] Para obter mais informações sobre a utilização de análise fatorial em novos produtos, consulte Uwe Hentschel, "On the Search for New Products", *European Journal of Marketing* 5, 1976, pp. 203–217.

deles, porque simplesmente não conseguem ou porque não estão dispostos a fazê-lo. Em uma situação de grupo focal, alguns participantes podem não querer revelar algo que eles sentem que é socialmente indesejável, por exemplo. Os métodos CA basicamente consideram os produtos como um conjunto de atributos. Para a classificação de atributos ser eficaz, portanto, o conjunto de atributos precisa estar completo. (Se tivéssemos nos esquecido de incluir atributos relacionados ao conforto na análise anterior, nossos resultados teriam sido bastante distintos e extremamente enganosos!) Além disso, de modo geral os clientes devem tomar suas decisões de compra de acordo com esses atributos. Em uma categoria de produto como água-de-colônia, por exemplo, a decisão do cliente pode ser determinada mais pela imagem da marca, estética ou outros atributos que são notadamente difíceis para eles verbalizarem.

A DuPont ofereceu um dos primeiros exemplos do problema de atributo-fantasma. A empresa vendia material para enchimento de travesseiros e queria encontrar o melhor tipo e a melhor forma de enchimento para intensificar suas vendas aos fabricantes de travesseiros. Contudo, os analistas de mercado da DuPont constataram que os consumidores não conseguiam descrever claramente os atributos dos travesseiros e não conseguiam expressar os atributos que eles desejavam nesse produto. Diante disso, a empresa criou diferentes tipos de travesseiro e depois ofereceu aos consumidores três tipos de uma vez, com a seguinte pergunta: "Entre os três, quais são os dois mais semelhantes ou qual deles é menos semelhante aos outros dois?". A pesquisa da DuPont foi bem mais complexa do que essa pergunta leva a crer; entretanto, em essência, nesse momento a empresa já tinha como utilizar um algoritmo de computador para converter as similaridades em um mapa que mostrasse a proximidade dos produtos, *sem saber a priori quais atributos criavam essa proximidade*.

As técnicas baseadas em similaridades gerais não exigem que os clientes classifiquem as opções em atributos individuais. Em vez disso, essas técnicas voltam-se para as similaridades gerais entre pares de marcas. Se houver cinco opções (como no exemplo dos trajes de banho), haverá dez pares possíveis. Existem duas formas de coletar os dados. Os respondentes podem classificar os pares desde os mais semelhantes aos mais diferentes ou classificar os pares em uma escala do tipo Likert de 1 a 9, por exemplo, em que 1 é "muito similar" e 9 é "muito diferente". Se tivéssemos coletado dados de similaridade sobre os trajes de banho, poderíamos ter terminado com classificações médias de similaridade como as mostradas na Figura 6.10. Essa figura demonstra que os clientes tendem a considerar a Sunflare e Molokai como relativamente semelhantes (lembre-se de que as classificações inferiores significam maior similaridade) e a Aqualine e Sunflare como muito diferente.

A etapa seguinte é converter os dados dos clientes (pontuações ou classificações de similaridade, dependendo dos dados que foram coletados) em um mapa perceptual. Em um exemplo bastante simples, se você pensar que a Coca e a Pepsi são muito semelhantes, e ambas são muito diferentes da Dr Pepper, você poderia desenhar facilmente o mapa de suas percepções em uma única linha: posicione a Coca e a Pepsi à

FIGURA 6.10 Matriz de diferenças.

	Aqualine	**Islands**	**Sunflare**	**Molokai**	**Splash**
Aqualine	X	3	9	5	7
Islands		X	8	3	4
Sunflare			X	5	7
Molokai				X	6
Splash					X

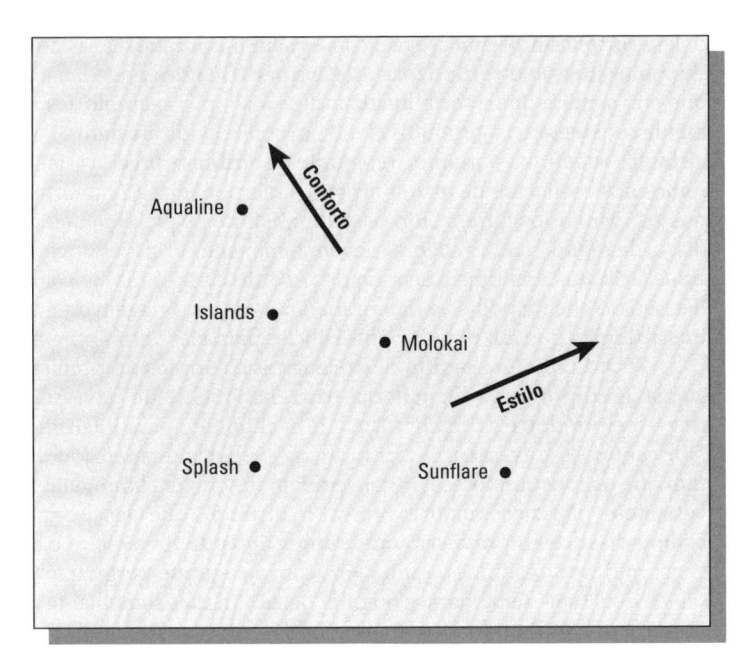

FIGURA 6.11 Mapa perceptual baseado em similaridades gerais de marcas de trajes de banho.

esquerda e a Dr Pepper à direita. Do mesmo modo, poderíamos dar uma olhada nas classificações apresentadas na Figura 6.10, mas essa tarefa seria reconhecidamente difícil. Como alternativa, poderíamos usar um programa de computador como o **escalonamento multidimensional (MDS)** para desenvolver um mapa perceptual com esses dados de similaridade.

O MDS tenta representar as opções em um mapa de modo que as similaridades sejam mais bem preservadas (isto é, os trajes de banho que deveriam estar juntos estão juntos). A Figura 6.11 mostra o mapa perceptual obtido das classificações de similaridade.

O mapa perceptual baseado no MDS parece bastante semelhante ao da Figura 6.9, que foi deduzido da análise fatorial. Na verdade, as posições relativas dos trajes de banho não são assim tão diferentes. Entretanto, existe uma diferença importante: os eixos não são definidos! O MDS oferece apenas as posições relativas; é necessário realizar uma análise subsequente para definir os eixos (pode haver mais de dois) e determinar o significado das posições relativas. O gestor com um bom conhecimento do setor seria capaz de deduzir esses significados examinando os pontos. Por exemplo, como a Aqualine é considerada a marca mais confortável e a Splash e a Sunflare geralmente são vistas como menos confortáveis, a direção norte-sul poderia representar conforto (o norte seria mais confortável). Do mesmo modo, os trajes de banho mais elegantes parecem tender para a direita, indicando que a direção leste-oeste representa estilo.

Alternativamente, os programas de computador podem ser usados para ajudar na denominação dos eixos se tiverem sido obtidas dos respondentes medidas de atributos específicos. Um dos mais comuns é o PROFIT (de PROperty FITting), que enquadra no mapa os vetores que correspondem melhor às posições dos trajes de banho. Por exemplo, se os clientes fossem solicitados a classificar cada marca em con-

FIGURA 6.12 Comparação entre o mapeamento perceptual baseado em classificação de atributos (CA) e similaridades gerais (SG).

Métodos CA	Métodos SG
***Inputs* necessários**	
Classificação em atributos específicos Os atributos devem ser pré-especificados	Classificações de similaridade geral O respondente utiliza seu próprio julgamento sobre similaridade
Procedimentos analíticos comumente usados	
Análise fatorial	Escalonamento multidimensional (MDS)
Resultado gráfico	
Mostra as posições do produto ou da marca nos eixos Os eixos são interpretados como dimensões subjacentes (fatores)	Mostra as posições do produto em relação umas as outras Os eixos são obtidos em uma análise posterior ou devem ser interpretados pelo pesquisador
Onde é usado	
Situações em que os atributos são facilmente expressos ou visualizados	Situações em que talvez o respondente tenha dificuldade para expressar ou visualizar atributos

Fonte: Adaptado de Robert Dolan, *Managing New Product Development Process*, 1st Edition, Copyright © 1993. Reimpresso com permissão da Pearson Education, Inc., Upper Saddle River, New Jersey.

forto e estilo, o PROFIT encaixaria os vetores correspondentes nesses atributos, como mostra a Figura 6.11. Os trajes de banho mais elegantes tendem a estar na direção do vetor de estilo.

A Figura 6.12 compara as vantagens e desvantagens dos métodos de mapeamento perceptual CA e SG. Ambos os métodos podem ser obtidos prontamente em pacotes de *software* comerciais fáceis de usar e gerar resultados detalhados por um custo bastante baixo.

Comentários sobre a análise de lacunas

Todo mapeamento de lacunas é controverso, mas os mapas perceptuais são particularmente controversos. Os dados inseridos provêm totalmente de respostas às perguntas sobre até que ponto as opções diferem. As nuanças e variações são necessariamente ignoradas, assim como as inter-relações e sinergias. As criações que exigem um salto conceitual são omitidas. No início da década de 1900, por exemplo, a análise de lacunas poderia ter resultado na criação de cavalos mais rápidos ou em carroças com rodas mais largas, mas provavelmente não teria sugerido o automóvel.

O aspeto mais problemático é que a análise de lacunas revela lacunas, e não demanda. As lacunas com frequência existem por bons motivos (*e.g.*, purificador de ar com aroma de peixe ou sorvete com sabor de aspirina). O pessoal de novos produtos ainda precisa ir ao mercado para ver se as lacunas que foram reveladas representam coisas que as pessoas desejam.

Retornando à lacuna 1 na Figura 6.9, não sabemos ainda se o mercado deseja um traje de banho extremamente confortável e elegante. Um exame da Figura 6.9 indica também que existe uma lacuna no meio do eixo de estilo – pouco conforto (lacuna 2). Talvez essa seja uma aposta melhor para um novo conceito. Para responder a essa pergunta, precisamos recorrer aos dados de importância, os quais, como você deve se lembrar, foram coletados no mesmo momento em que os dados de percepção.

Daremos continuidade a esse exemplo no Capítulo 9 quando analisarmos as preferências dos clientes e identificarmos os segmentos por benefício.

E como em todo processo de geração de ideias de novos produtos, as pessoas devem evitar ser aprisionadas pelo que é impossível no presente. Por exemplo, durante anos os mapas de lacunas sobre analgésicos evidenciaram uma imenso espaço vazio quando o atributo potência foi emparelhado com suavidade. A parte de potente/suave do mapa sempre ficava vazia e todos sabiam por que – um analgésico de venda livre potente e que não irritasse o estômago ainda não podia ser produzido. Fazia sentido as empresas farmacêuticas realizarem pesquisas para desenvolver analgésicos que tivessem ambos os atributos desejados. Obviamente, o Tylenol Extraforte e posteriormente produtos como o Aleve foram por fim desenvolvidos e preencheram essa lacuna, oferecendo ambos potência e suavidade. Outro exemplo: durante muitos anos as marcas mais populares de sabonete foram posicionadas como desodorantes (como Dial) ou hidratantes (como Dove) e o mapa perceptual (uma marca que oferecia ambos os atributos) existia. Quando novas marcas de sabonete foram lançadas, como a Lever 2000, que ofereciam as propriedades de desodorização e hidratação, elas preencheram essa lacuna com êxito.[6]

RESUMO

Neste capítulo, examinamos a utilização dos mapas de lacunas na identificação de possíveis conceitos de produto. Como ressaltamos, essa técnica será conveniente em fases posteriores do processo de novos produtos, quando começarmos a trabalhar com as preferências dos clientes e o posicionamento (e reposicionamento) de nossos produtos. Examinamos a fundo o mapeamento perceptual baseado em atributos e similaridades gerais, e cada técnica tem vantagens e desvantagens exclusivas.

Existem outras abordagens baseadas em atributo que podemos utilizar na etapa de geração de conceitos. O Capítulo 7 apresentará a análise conjunta (*trade-off*) e várias outras abordagens menos quantitativas, que também podem ser úteis para gerar conceitos de produto possivelmente lucrativos.

APLICAÇÕES

1. "Um método que você disse ter estudado tem grande interesse para mim, por motivos que não vou discutir. É a análise de lacunas, particularmente a ideia de mapas. Várias de nossas melhores divisões produzem e vendem serviços. O método de mapa de lacunas é aplicável a serviços? Seria possível considerar, por exemplo, o mercado de educação superior e elaborar um mapa de produto para esse mercado? Sei que um gestor poderia fazer isso em sua própria mesa, mas, obviamente, não seria tão preciso quanto se tivéssemos todos os dados técnicos etc. Mas você poderia tentar?"

2. "OK, você identificou uma lacuna no mercado de trajes de banho em seu breve exemplo. Alguns clientes gostam de trajes de banho elegantes, outros gostam de trajes confortáveis. Já sabemos disso. Portanto, não é óbvio que é necessário desenvolver um traje de banho ao mesmo tempo elegante e confortável? Que *insights* você obteve na análise de lacunas que você não poderia descobrir por conta própria?"

---

[6] Consulte Robert M. McMath & Thom Forbes, *What Were They Thinking?* (New York: Times Business Books, 1998), pp. 184–185.

3. "Há alguns anos, as pastas de amendoim eram em sua maioria vendidas com base na respectiva qualidade percebida (marcas conhecidas *versus* marcas próprias) e crocância. Não havia muita diferença entre os concorrentes. Mas a Skippy então entrou no mercado, alegando ser mais saudável do que as outras marcas porque usa menos sal. Essa marca nem mesmo se posicionou nos atributos tradicionais em seu mercado. Como seu mapa de lacunas explica isso?"

ESTUDO DE CASO   Comparando *smartphones* (A)[7]

O *smartphone*, ou o celular com capacidade de computação e recursos de conectividade avançados, faz parte da vida diária de um número crescente de pessoas, e não precisa de apresentação aqui. Os primeiros *smartphones* associavam os recursos de um celular com um assistente digital pessoal (como o Palm Pilot), enquanto os modelos posteriores acrescentaram reprodutores de mídia, câmeras digitais e videocâmeras e capacidade de navegação GPS. Hoje, os *smartphones* oferecem tela de toque, navegação na *web*, aplicativos móveis e acesso ao comércio eletrônico, tudo isso acionado por Wi-Fi e banda larga móvel.

Entre as centenas de diferentes modelos de *smartphone* disponíveis no mercado, cinco são comumente relacionados como os mais populares ou mais ricos em recurso. São os modelos top de linha produzidos por cinco fabricantes proeminentes de *smartphones*. Sem seguir nenhuma ordem específica, eles são: Nokia Lumia 920, Sony Xperia ZL, Samsung Galaxy S4, iPhone 5 e HTC One. Todos têm pontos fortes específicos, e comprar o melhor *smartphone* sempre envolve o dilema entre vários recursos e preço.

A tabela a seguir apresenta uma comparação direta de atributos comuns em todos esses telefones: peso, preço, tamanho da tela (medida diagonalmente), densidade de *pixels* (para uma imagem de melhor qualidade), duração da bateria, quantidade de armazenamento e RAM, velocidade da CPU e qualidade das câmeras frontal e traseira (medida em megapixels).

	Nokia Lumia 920	Sony Xperia ZL	Samsung Galaxy S4	iPhone 5	HTC One
Preço (US$)	449	549	579	649	579
Peso (gramas)	185	151	130	112	143
Tela (polegadas)	4,5	5	4,99	4	4,7
Densidade de pixels (pixels/polegadas)	332	441	441	326	468
Duração da bateria (horas)	17	10	14	8	19
Armazenamento interno (GB)	32	16 + 64 GB cartão	16 + 64 GB cartão	16	32
RAM (MB)	1024	2048	2048	1024	2048
Velocidade da CPU (GHz)	1,5	1,5	1,6	1,2	1,7
Câmera frontal (megapixels)	1,3	2	2	1,2	2,1
Câmera traseira (megapixels)	8,7	13	13	8	4

---

[7] Fontes: A definição de *smartphone* é extraída de wikipedia.com; as classificações são de smartphones.findthebest.com. O objetivo desse estudo de caso é oferecer um exemplo simples de mapas de posicionamento e inclui telefones que normalmente são considerados de qualidade superior.

Escolha dois atributos *não relacionados ao preço* que você considera mais importantes na escolha de um *smartphone*. Com base nesses dois atributos, elabore um mapa de posicionamento para esse setor utilizando as informações apresentadas neste estudo de caso. (Alternativamente, você pode experimentar um "mapa por unidade monetária": divida as classificações em cada atributo pelo preço antes de elaborar o mapa. Esse mapa dá uma ideia do quanto você obtém do atributo por unidade monetária gasta e melhora a posição relativa dos produtos com preço mais baixo.) Em seguida, escolha dois outros atributos e faça a mesma coisa (você elaborará dois mapas de posicionamento).

Discuta as posições relativas do iPhone 5 e seus principais concorrentes nos atributos escolhidos. Você acha que o iPhone está bem posicionado com relação aos respectivos concorrentes? Com qual ou quais concorrentes o iPhone deveria se preocupar mais? Por quê? Que informações adicionais você poderia desejar ter a essa altura sobre os concorrentes e/ou sobre o mercado? Que fatores que explicam o sucesso contínuo do iPhone não são considerados em um mapa de posicionamento como esse? Como um concorrente aparentemente "mais fraco" (isto é, cujo posicionamento é superado pelo iPhone) em atributos importantes poderia reduzir consideravelmente a participação de vendas do iPhone?

CAPÍTULO 7
Abordagens analíticas de atributo: análise de *trade-off* e técnicas qualitativas

INFORMAÇÕES PRELIMINARES

O capítulo anterior apresentou técnicas de pesquisa de mercado que são utilizadas com muita frequência para analisar percepções e *trade-offs* e gerar conceitos de produto promissores. Iniciamos este capítulo com outra técnica quantitativa comum: análise de *trade-off* (ou conjunta). Essas técnicas serão abordadas em fases subsequentes do processo de novos produtos e, de certo modo, servem para oferecer continuidade e orientação ao processo (isto é, dados sobre percepções e preferências dos clientes gerados aqui como *input* para a especificação do protocolo).

Em seguida, examinaremos várias abordagens analíticas que são por sua natureza mais qualitativas. Embora menos direcionadas aos números, elas são muito úteis para estimular clientes e gestores a pensar de maneira criativa para gerar conceitos de novos produtos. As abordagens qualitativas e quantitativas complementam-se bem na geração de conceitos e no desenvolvimento. Por exemplo, a análise dimensional ou de relações poderia ser utilizada para ajudar a identificar atributos determinantes para uso subsequente em uma análise de lacunas baseada na classificação de atributos; ou qualquer uma das abordagens qualitativas poderia ajudar a interpretar um mapa perceptual produzido pelos métodos CA (classificação de atributos) ou SG (similaridades gerais).

ANÁLISE DE *TRADE-OFF*

A **análise de *trade-off*** (com frequência chamada de **análise conjunta**) é uma técnica mais comumente utilizada na avaliação de conceitos e, por isso, voltaremos a ela no Capítulo 9; mas ela pode ser empregada para gerar conceitos de alto potencial para avaliação futura e, por esse motivo, é apresentada aqui. Provavelmente você encontrará ambos os termos, embora eles não sejam intercambiáveis. A análise de *trade-off* refere-se à análise do processo por meio do qual os clientes comparam e avaliam marcas com base em seus atributos ou propriedades. A análise conjunta é o nome de uma das ferramentas analíticas mais comumente utilizadas para avaliar *trade-offs* (praticamente do mesmo modo que a análise fatorial é uma ferramenta utilizada para desenvolver mapas perceptuais). Portanto, a análise de *trade-off* é um termo mais amplo. Neste livro, empregaremos "análise conjunta" quando estivermos nos referindo especificamente a essa técnica para avaliar *trade-offs*.

Lembre-se de que depois de encontrar os atributos determinantes (atributos importantes nos quais os produtos disponíveis diferem), a análise de lacunas os representa nos mapas. Ao utilizar a análise conjunta, presumimos que é possível representar um produto como um conjunto ou um pacote de atributos. A análise conjunta reúne todos os atributos determinantes em novos conjuntos e identifica quais atributos seriam mais apreciados ou preferidos pelos clientes. Na verdade, a análise de lacunas baseada na classificação de atributos pode ser utilizada na análise conjunta.

Utilizando a análise de *trade-off* para gerar conceitos

Digamos que o café tenha três atributos determinantes: sabor, concentração e intensidade do aroma. Como a Figura 7.1 mostra, existem vários níveis distintos desses atributos. Se de alguma forma pudéssemos obter separadamente as preferências dos clientes (ou **utilidades**) com relação a cada atributo, poderíamos associar o melhor nível de cada atributo em um produto favorito geral. De acordo com a Figura 7.1, os clientes preferem concentração média, nenhum sabor (adicionado) e aroma normal. A menos que essa combinação específica já existisse no mercado, teríamos nosso conceito de novo produto. Outros conceitos de alto potencial são também sugeridos na figura: por exemplo, um café forte de avelã talvez não seja uma má ideia.

A análise de *trade-off* foi utilizada pela Sunbeam Corporation quando a empresa queria ampliar suas vendas de batedeiras elétricas em vários países ao redor do mundo. A Sunbeam identificou três tipos de atributo – silhueta, propriedades e benefícios. Foram identificados os atributos determinantes para cada aparelho e foi escolhida a variação de cada um. Por exemplo, as silhuetas tinham em torno de dez combinações – achatada *versus* alongada, robusta *versus* estilizada etc.

Os cartões para representar os novos produtos que associavam silhuetas, propriedades e benefícios específicos foram preparados. Consumidores de vários países foram solicitados a classificar os cartões por preferência, seguindo uma ordem descendente (do superior ao inferior). Se uma pessoa quisesse uma silhueta baixa e ro-

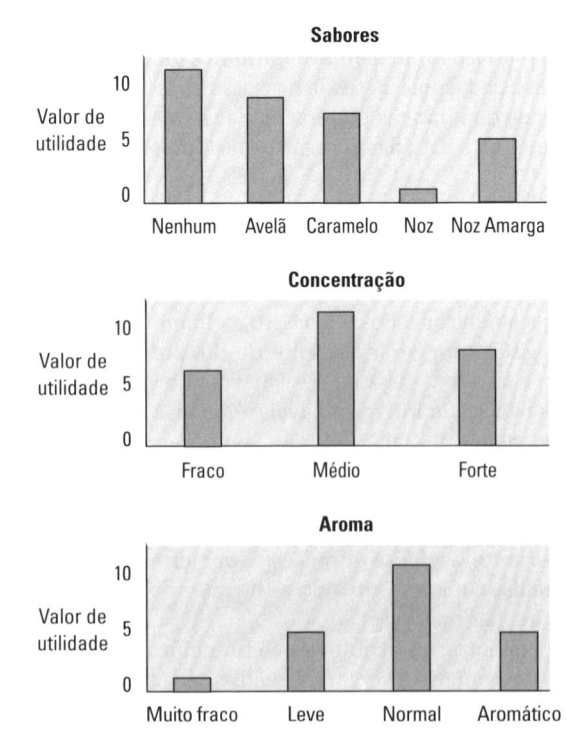

Explicação: As escalas representam um valor estatístico de "utilidade", de 0 a 10. As avaliações são realizadas pelos clientes, em testes de prós e contras (*trade-off*). Eles nos indicam que os consumidores têm maior preferência pelo café sem nenhum sabor, com concentração média e aroma de intensidade normal. Para testar um novo café, experimente fazê-lo com sabor de avelã, forte e aromático. Se essa combinação não puder ser feita com o sabor de avelã, qual seria a melhor combinação seguinte?

FIGURA 7.1 Pontuações fatoriais de utilidade – exemplo do café.

busta, variadas velocidades, motor silencioso e a possibilidade de usar semilíquidos, um cartão provavelmente teria a silhueta, a velocidade e o nível de ruído corretos, mas o aparelho não poderia ser usado para líquidos. Outro poderia ser usado para líquidos e tinha a silhueta e o nível de ruído corretos, mas tinha apenas três velocidades. Para escolher um, o consumidor teria de contrabalançar (analisar o *trade-off*) entre variação de velocidade e possibilidade de uso para líquidos. Com milhares de consumidores seguindo o mesmo procedimento, é possível obter uma boa ideia de cada atributo e iniciar o processo de otimização.

Embora nossos dois primeiros exemplos tenham girado em torno de produtos de consumo, lembre-se de que as técnicas de *trade-off* são muito versáteis e podem ser utilizadas em muitas situações diferentes. Na verdade, como os compradores comerciais tendem a realizar uma análise mais racional sobre as propriedades dos produtos, a análise de *trade-off* tornou-se muito valiosa na inovação de produtos industriais. As aplicações incluem veículos para neve, sistemas de saúde, aeronaves, empilhadeiras, quartos de hotel e *software* de computador, bem como serviços comerciais de todos os tipos.[1] A análise conjunta foi também utilizada pela Marriott Corp. no momento de projetar e desenvolver sua cadeia Courtyard para incorporar os principais desejos e necessidades dos clientes de lazer.

Aplicação da análise conjunta

Para começar, mostramos a *análise conjunta de perfil completo*, isto é, aquela para a qual obtemos informações sobre todos os níveis possíveis de todos os atributos de um produto. Posteriormente, examinaremos alternativas para esse método.

Suponhamos que você estivesse gerenciando uma linha de molhos preparados para uma empresa de alimentos. Você está pensando em ampliar sua linha de produtos e precisa gerar alguns novos conceitos que possam ser avaliados e levados para a fase de desenvolvimento de produtos. Com base em seu conhecimento sobre o mercado e em uma recente pesquisa do consumidor, você constatou que três atributos predominam na mente dos clientes quando eles escolhem uma marca de molho: (1) condimentação (suave, meio picante ou superpicante), (2) cor (verde ou vermelho) e (3) densidade (normal, denso ou superdenso). Podem ser feitos $3 \times 2 \times 3 = 18$ tipos diferentes de molho por meio da associação dos níveis desses atributos de todas as formas possíveis (uma delas é um molho suave, verde e denso).

Para começar, criamos 18 cartões, cada um com uma imagem e/ou descrição verbal de uma das combinações.[2] Cada cliente entrevistado é então solicitado a classificar os cartões de 1 a 18, em que 1 é "mais preferido" e 18 é "menos preferido".[3]

---

[1] Para obter detalhes sobre a utilização da técnica de *trade-off*, consulte Dick R. Wittink & Philippe Cattin, "Commercial Use of Conjoint Analysis: An Update", *Journal of Marketing*, July 1989, pp. 91–96; Dick R. Wittink, Marco Vriens & Wim Burhenne, "Commercial Use of Conjoint Analysis in Europe: Results and Critical Reflections", *International Journal of Research in Marketing*, January 1994, pp. 41–52; e Gary L. Lilien, Arvind Rangaswamy & Timothy Matanovich, "The Age of Marketing Engineering", *Marketing Management*, Spring 1998, pp. 48–50.

[2] Algumas pesquisas indicam que as representações verbais foram uma boa alternativa para facilitar uma avaliação, enquanto as representações pictóricas são boas para melhorar a compreensão dos respondentes com relação aos atributos de *design*. Consulte Marco Vriens, Gerard H. Loosschilder, Edward Rosbergen & Dick R. Wittink, "Verbal versus Realistic Pictorial Representations in Conjoint Analysis with Design Attributes", *Journal of Product Innovation Management*, 15(5), September 1998, pp. 455–467.

[3] Além da classificação, outros tipos de resposta são também coletados. Por exemplo, é possível apresentar dois cartões aos respondentes e lhes pedir para indicar qual deles eles preferem. Diferentes técnicas geram resultados semelhantes. Consulte Gilbert A. Churchill, Jr., *Marketing Research: Methodological Foundations*, 6th ed. (Fort Worth, TX: Dryden, 1995).

Como essa tarefa pode ser difícil, podemos sugerir que o respondente faça três montes de cartões ("gosto", "neutro" e "não gosto"). Os seis ou mais cartões em cada monte podem ser ordenados mais facilmente, em seguida os montes podem ser associados e ajustes finais para realizar a classificação podem ser feitos. As classificações propostas por um dos respondentes são apresentadas na Figura 7.2. (A Figura 7.2 mostra também as classificações estimadas pelo modelo, as quais podem ser ignoradas por enquanto.)

Suponhamos que determinado cliente goste de molho superpicante. Há vários cartões no monte (seis, para ser exato) que retratam o molho superpicante associado a outros atributos. O respondente tenderia a classificar esses cartões favoravelmente (isto é, lhes conceder um número de classificação baixo – quanto mais baixo esse número, mais o conceito é apreciado). Se ele *de fato* gostasse do molho superpicante, poderíamos supor que quase todos os cartões com molho superpicante receberiam um número de classificação baixo – isto é, um padrão se evidenciaria nas classificações. Se o cliente não se importasse com o fato de o molho ser verde ou vermelho, poderíamos supor que não há muita diferença entre os números de classificação atribuídos ao molho vermelho e os atribuídos ao verde – não se evidenciaria nenhum padrão.

A análise conjunta utiliza a análise monotônica de variância (*monotone analysis of variance* – **MONANOVA**), uma técnica de análise de dados para encontrar esses padrões nos dados de classificação. Quer dizer, identificamos o sistema de valor subjacente do cliente: quais atributos são importantes e quais níveis dos atributos importantes são favorecidos. Para fazer isso, utilizamos as classificações a fim de estimar as utilidades (algumas vezes chamadas de *valores parciais*) de cada nível de atributo para cada cliente. O resultado gráfico da análise conjunta dos dados apresentados na Figura 7.2 é mostrado na Figura 7.3(a).

FIGURA 7.2 Classificações de preferência de um respondente.

Densidade	Condimentação	Cor	Classificação de acordo	Classificação real* com o modelo
Normal	Suave	Vermelho	4	4
Normal	Suave	Verde	3	3
Normal	Meio picante	Vermelho	10	10
Normal	Meio picante	Verde	6	8
Normal	Superpicante	Vermelho	15	16
Normal	Superpicante	Verde	16	15
Denso	Suave	Vermelho	2	2
Denso	Suave	Verde	1	1
Denso	Meio picante	Vermelho	8	6
Denso	Meio picante	Verde	5	5
Denso	Superpicante	Vermelho	13	13
Denso	Superpicante	Verde	11	11
Superdenso	Suave	Vermelho	7	7
Superdenso	Suave	Verde	9	9
Superdenso	Meio picante	Vermelho	14	14
Superdenso	Meio picante	Verde	12	12

*1 = Mais preferido, 18 = Menos preferido.

(a) Gráficos

Densidade	Condimentação	Cor
Normal 0,161	Suave 1,667	Vermelho −0,161
Denso 0,913	Meio picante 0,105	Verde 0,161
Superdenso −1,074	Superpicante −1,774	

(b) Importância dos atributos

- Condimentação: 59,8%
- Densidade: 34,6%
- Cor: 5,6%

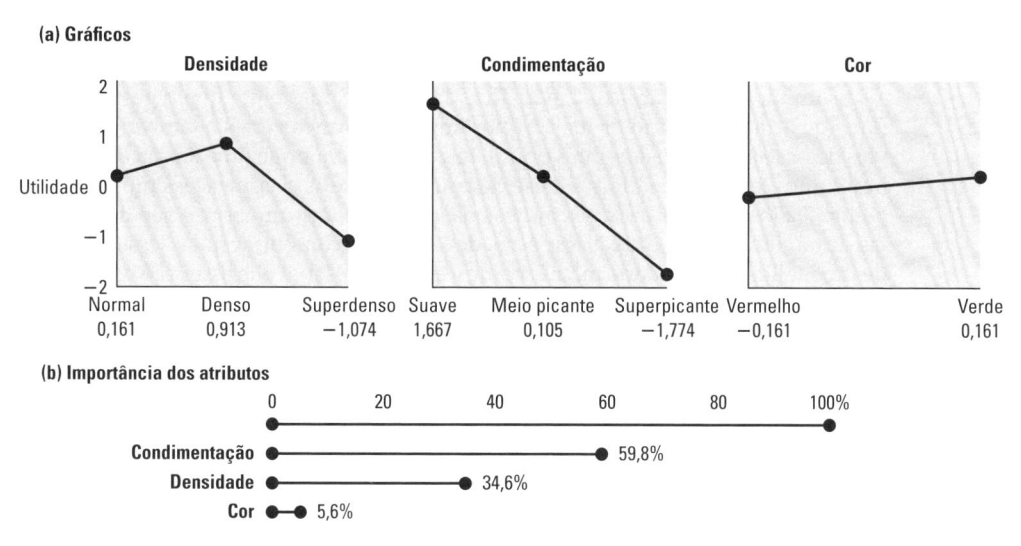

FIGURA 7.3 Resultado da análise conjunta – dados sobre o molho.

Os gráficos da Figura 7.3(a) oferecem uma representação visual das importâncias relativas dos atributos. O maior intervalo nas utilidades evidencia-se na condimentação – as utilidades atribuídas a suave e superpicante são 1,667 e 1,774, gerando um intervalo de 3,44. Portanto, a condimentação é o atributo mais importante para esse indivíduo e influencia o que ele gosta e não gosta nos molhos (utilizando a mesma lógica, a cor é o atributo menos importante). O resultado gráfico também indica quais níveis de cada atributo são preferidos. Como mostrado, o molho suave é favorecido em relação ao meio picante ou superpicante, mantendo-se todos os outros fatores iguais. Esse cliente em particular também prefere molho com densidade média ao molho normal ou superdenso e gosta um pouco mais de molho verde do que de molho vermelho.

A Figura 7.3(b) expressa as importâncias relativas dos atributos como porcentagem.[4] Como pode ser visto, a importância relativa da condimentação para esse indivíduo é de aproximadamente 60%. A densidade também é relativamente importante (em torno de 34,5%), ao passo que, com relação à cor, esse respondente parecia quase indiferente. É necessário lembrar que esses resultados dependem muito dos níveis de fato selecionados para a análise conjunta. Talvez o cliente não ficasse indiferente à cor se as opções fossem vermelho, verde e rosa-choque.

Com que adequação nosso modelo prevê os padrões de escolha desse cliente? Podemos prever a precisão acrescentando as utilidades que compreendem cada uma das 18 opções para obter as estimativas de preferência geral. Por exemplo, a estimativa que obteríamos para um molho superdenso, suave e vermelho seria −1,074 + 1,667 − 0,161 = +0,432. Em seguida, podemos classificar essas preferências de acordo com a previsão do modelo e compará-las com as classificações que o respondente de fato fez. Como mostrado na última coluna da Figura 7.2, as estimativas preveem a ordem

---

[4] Para estimá-los, é necessário examinar os intervalos de utilidade dos três atributos (isto é, a lacuna entre a utilidade mais alta e a mais baixa). Como visto, o intervalo de condimentação é 3,441. Os intervalos de densidade e cor podem ser calculados como 1,987 e 0,322. As soma dos três intervalos gera um total de 5,750 e cada intervalo é dividido por esse valor para a obtenção de sua importância relativa. Para o atributo condimentação, 3,441/5,750 = 59,84%.

de preferência real quase perfeitamente para esse cliente e identificam facilmente as combinações mais favorecidas e menos favorecidas.

Em uma aplicação usual, a análise de *trade-off* possibilita que o gestor identifique quais atributos são os mais importantes em termos gerais e também quais níveis desses atributos são os mais populares. Suponhamos que uma ampla amostra de indivíduos tenha realizado a análise de *trade-off* e que as classificações mostradas na Figura 7.2 fossem classificações médias da amostra como um todo, e não das respostas de um único indivíduo. Nesse caso, devemos nos concentrar no desenvolvimento de um molho de densidade média, verde e suave. (Observe que esses são os níveis de cada atributo com as utilidades mais alta na Figura 7.3(a).)

Obviamente, pode haver segmentos dentro do mercado. Pode ser que cerca da metade do mercado goste de molho suave e metade goste de superpicante. Se examinássemos apenas a média, poderíamos concluir que o meio picante é o melhor, embora na realidade ninguém talvez goste dele! Desse modo, a etapa analítica seguinte é identificar segmentos por benefício com base nas utilidades. Isso será discutido posteriormente, no Capítulo 9.

A atividade de classificação foi relativamente fácil nesse exemplo simples, visto que havia apenas 18 cartões para classificar. E se você tivesse de considerar muitos outros atributos e/ou níveis? Por exemplo, além dos três atributos mencionados anteriormente, você poderia precisar considerar o tipo de embalagem (pote de vidro *versus* de plástico), tamanho do recipiente (300 ml *versus* 500 ml), tipo de ingrediente (orgânicos *versus* não orgânico) e três diferentes nomes de marca possíveis. Isso significa $3 \times 2 \times 3 \times 2 \times 2 \times 2 \times 3 = 432$ cartões diferentes – o equivalente a oito conjuntos de cartas de baralho empilhados, incluindo os curingas. Nenhum respondente, por mais bem intencionado, terá paciência para essa tarefa.

Felizmente, o conjunto completo de cartões não precisa ser classificado. Utilizando um projeto fatorial fracionado, ainda podemos estimar as preferências relativas de todos os possíveis produtos utilizando apenas um pequeno subconjunto de cartões.[5] Com um conjunto reduzido de cartões, a maioria dos respondentes não conseguiria identificar a combinação exata desejada. Por esse motivo, eles precisam escolher a combinação que mais satisfaz seus desejos contrabalançando os atributos mais desejados com aqueles menos desejados. Todos nós fazemos isso quando nossa marca favorita de algum produto não se encontra na loja e temos de encontrar uma marca substituta o mais semelhante possível.

O método conjunto é o correto?[6]

Embora a análise conjunta seja uma técnica amplamente utilizada em pesquisa de novos produtos, ela pode ser usada inapropriadamente se não houver cuidado. Primeiro, é necessário decompor o produto em atributos distintos (como condimentação, densidade e cor, no exemplo de molho). A análise conjunta presume que os clientes associam essas propriedades racionalmente ao avaliar as marcas, e existem casos em que essa pressuposição não é realista. Uma consumidora jovem pode revelar em uma análise conjunta que ela prefere um molho denso, suave e verde, mas que na realidade escolhe uma marca superdensa e picante porque essa é a marca que sua mãe costumava

---

[5] Consulte a discussão em David R. Rink, "An Improved Preference Data Collection Method: Ah, Balanced Incomplete Block Designs", *Journal of the Academy of Marketing Science* 15, Spring 1987, pp. 54–61; consulte também Joel H. Steckel, Wayne S. DeSarbo & Vijay Mahajan, "On the Creation of Acceptable Conjoint Analysis Experimental Designs", *Decision Sciences* 22, Spring 1991, pp. 435–442.

[6] Steve Gaskin, "Navigating the Conjoint Analysis Minefield", *Visions*, 37(1), 2013, pp. 22–25.

comprar. Ou uma pessoa que está pretendendo comprar um carro pode afirmar que gosta de amplo espaço no compartimento de bagagem e motor de alta potência, embora acabe comprando um Smart Car porque o considera simpático e acha que se sentirá bacana nele. Outro problema encontrado em produtos complexos como os carros é que existem centenas ou mesmo milhares de atributos a serem considerados, embora um cliente comum consiga abordar apenas dez deles em um estudo conjunto específico, quando muito. O pesquisador deve ter certeza de que inclui todos os atributos importantes. Por exemplo, se o pesquisador não incluiu "facilidade para estacionar" em uma análise conjunta de carros, a popularidade de um carro minúsculo como o Smart Car pode ter sido subestimada, particularmente entre os habitantes urbanos.

Outras questões simplesmente não podem ser abordadas por uma análise conjunta. A ocasião de compra não está incluída (a jovem consumidora de nosso exemplo pode comprar molho vermelho superdenso e picante para si mesma, mas molho verde suave para os filhos e os convidados); não se considera o comportamento de busca variedade (de vez em quando, ela compra molho vermelho suave de densidade média para experimentar algo diferente); e as decisões tomadas em conjunto podem apresentar dificuldades (o marido pode dar importância ao espaço para esticar as pernas, enquanto a esposa pode dar importância ao espaço do porta-malas, e não se sabe qual deles toma a decisão definitiva ou como eles resolvem as diferenças em suas decisões de compra de um carro).

Algumas outras diretrizes para a análise conjunta seriam as seguintes:

1. É necessário saber quais são os atributos determinantes antes de realizar a análise conjunta. O mapeamento de lacunas baseado na classificação de atributos ou uma das técnicas qualitativas pode ser útil nesse sentido.

2. Os respondentes devem estar suficientemente familiarizados com a categoria de produto e os atributos para conseguir fornecer dados significativos sobre suas preferências ou sua probabilidade de compra. A análise conjunta pode ser menos útil para produtos novos para o mundo.

3. A empresa deve ser capaz de tomar providências em relação aos resultados; em outras palavras, desenvolver de fato um produto que ofereça as combinações dos atributos preferidos na análise conjunta.[7]

Por fim, devemos reiterar que a análise de *trade-off* (conjunta) é comumente utilizada na avaliação de conceitos, e retomaremos a discussão sobre essa técnica no Capítulo 9.

Alternativas para a análise conjunta de perfil completo

Algumas vezes o problema de decisão envolve atributos em demasia e não pode ser facilmente solucionado por meio de uma análise conjunta de perfil completo. Outro ponto fraco da abordagem de perfil completo é que ela não avalia as interações entre os atributos. A título de exemplo de efeito de interação, um cliente pode gostar de molho suave, e também de molho de densidade média, mas *na verdade* pode gostar de molho suave de densidade média muito mais do que você teria imaginado na análise conjunta! Existem adaptações na análise conjunta de perfil completo que podem compensar essas deficiências.[8]

---

[7] Adaptado de Robert J. Dolan, *Managing the New Product Development Process: Cases and Notes* (Reading, MA: Addison-Wesley, 1993), p. 125.

[8] As técnicas e os exemplos são adaptados do *site* da Sawtooth Software, www.sawtoothsoftware.com. A Sawtooth Software é uma das principais fornecedoras de *software* de análise conjunta.

A *análise conjunta adaptativa*, desenvolvida pela Sawtooth Software, mostra somente alguns atributos por vez ao respondente e os adapta ao respondente à medida que o exercício conjunto prossegue. Na técnica adaptativa, o respondente deve responder primeiramente quais atributos são mais importantes e quais níveis são mais apreciados ou desprezados, depois lhe são apresentados pares de opções que focalizam apenas os atributos mais importantes e os níveis que são mais apreciados ou desprezados. Em uma aplicação de *design* de automóvel, se o respondente disser que o número de portas do carro e o país de fabricação são muito importantes, uma pergunta poderia ser se ele prefere um carro de quatro portas fabricado nos Estados Unidos ou um carro de duas portas fabricado no Japão. Após uma série de perguntas, são apresentados ao respondente "conceitos de calibração" – combinações de vários atributos aos quais ele atribui uma probabilidade de compra, que pode ser um número entre 0 e 100. (Exemplo: Em uma escala de 100, em que 100 é "com certeza compraria", qual seria a probabilidade de você comprar um carro vermelho de duas portas de tração traseira fabricado nos Estados Unidos e vendido por US$ 16.000?)

Outra opção algumas vezes utilizada é a *análise conjunta baseada em escolha*, na qual são apresentadas ao respondente várias alternativas de produto e ele deve indicar qual ele preferiria (se nenhum dos produtos, uma resposta possível "nenhuma das alternativas acima"). A título de exemplo, pode-se perguntar ao respondente se preferiria:

- Um carro vermelho de duas portas de tração traseira fabricado nos Estados Unidos e vendido por US$ 16.000.
- Um carro azul de quatro portas de tração dianteira fabricado no Japão e vendido por US$ 18.000.
- Um carro verde de duas portas de tração dianteira e traseira fabricado na Alemanha e vendido por US$ 20.000.
- Nenhuma das alternativas acima.

Esses dois procedimentos minimizam o número de atributos e os níveis aos quais o respondente tem de ser exposto. Observe que existem ainda outras técnicas simples de *trade-off* disponíveis para o desenvolvimento de conceitos que são semelhantes às análises conjuntas descritas anteriormente com relação aos dados necessários, mas não exigem nenhum *software* especializado.[9]

Modificações recentes na análise conjunta

Outras técnicas às vezes são utilizadas para lidar com números grandes de atributos determinantes e níveis. Em um exemplo de seguro patrimonial, analistas tiveram de reestruturar um formulário tradicional de mensuração conjunta denominado SI-MALTO acrescentando *custos* e *economias* a cada uma das funcionalidades de *trade-off* entre os atributos. Em seguida, eles passaram orçamentos aos consumidores para que gastassem nas escolhas que tinham feito; com isso, os analistas puderam identificar um grande número de variáveis relacionadas à *disposição para gastar* dos consumidores. Eles mantiveram o poder conjunto original de atributos de *trade-off* sem ter de utilizar o método de cálculos conjuntos, em que há perda de dados.[10]

---

[9] Para examinar um exemplo minucioso e totalmente elaborado, consulte Nelson Whipple, Thomas Adler & Stephan McCurdy, "Applying Tradeoff Analysis to Get the Most from Customer Needs", in A. Griffin & S. M. Somermeyer, *The PDMA Toolbook 3 for New Product Development* (New York: John Wiley, 2007), Chapter 3.

[10] Peter D. Morton & Crispian Tarrant, "A New Dimension to Financial Product Innovation Research", *Marketing and Research Today,* August 1994, pp. 173–179.

Um trabalho recente examinou algumas das dificuldades práticas e preocupações no teste de conceito. Como o teste de conceito é realizado logo no início do processo de novos produtos, com frequência, antes de haver um protótipo disponível para o cliente experimentar, o respondente consegue conceitualizar suficientemente bem o produto e suas aplicações? Se não, o método ainda assim produz resultados válidos? Um estudo sobre a extensão de linha de um produto simples (um creme dental com bicarbonato de sódio) indicou que os resultados conjuntos obtidos quando apenas se apresentava o conceito do produto aos clientes eram bastante semelhantes aos obtidos quando se permitia que os clientes de fato experimentassem o produto.[11] Portanto, os resultados conjuntos são um indicador inicial válido do sucesso final de um produto, pelo menos para extensões de linha de produtos. Obviamente, a análise conjunta e o mapeamento perceptual, bem como a experimentação do produto, serão fontes valiosas de informações sobre os clientes em uma fase posterior do processo de novos produtos.

No caso de inovações importantes (como uma nova tecnologia de computação ou de telecomunicações), os clientes sem um alto nível de conhecimento na categoria do produto em questão podem não ser capazes de avaliar os benefícios da inovação e os resultados do teste de conceito talvez não prevejam validamente o quanto o produto será bem recebido. Alguns defenderam a utilização apenas de clientes com um nível no mínimo moderado de conhecimento, mesmo no caso de inovações modestas.[12]

Protótipos virtuais no teste de conceito

Também podem ser usados protótipos virtuais no teste de conceito. Podem ser imagens estáticas dos protótipos ou videoclipes que simulam o produto em uso, o que pode ser apresentado aos respondentes pela internet. Certamente, esses protótipos virtuais têm um custo de produção e teste bem menor do o dos protótipos físicos reais, o que possibilita que a empresa teste rapidamente e por um custo reduzido uma ampla variedade de conceitos.[13]

As melhorias na tecnologia de computação e vídeo na **realidade virtual** estão oferecendo aos profissionais de marketing várias formas estimulantes de testar conceitos com os clientes. Um novo método de mensuração, chamado **aceleração da informação** (*information acceleration* – **IA**), foi desenvolvido recentemente e utilizado pela primeira vez pela General Motors para testar novos conceitos de carros elétricos.[14] A propriedade exclusiva do método de aceleração da informação é que os respondentes são apresentados a um ambiente de compra virtual que simula as informações normalmente disponíveis em uma situação de compra real. Por meio de um monitor de vídeo e um reprodutor de videodisco *laser*, o respondente vê anúncios, lê revistas de carro e ouve declarações de vendedores e comentários boca a boca dos clientes. Utilizando a tecnologia de viagem substituta (*surrogate travel*), os clientes

---

[11] John R. Dickinson & Carolyn P. Wilby, "Concept Testing With and Without Product Trial", *Journal of Product Innovation Management*, 14(2), March 1997, pp. 117–125.

[12] Jan P. L. Schoormans, Roland J. Ortt & Cees J. P. M. de Bont, "Enhancing Concept Test Validity by Using Expert Consumers", *Journal of Product Innovation Management*, 12(2), March 1995, pp. 153–162.

[13] Ely Dahan & V. Srinivasan, "The Predictive Power of Internet-Based Product Concept Testing Using Visual Depiction and Animation", *Journal of Product Innovation Management*, 17(2), March 2000, pp. 99–109.

[14] Para obter dados detalhados sobre aceleração da informação, consulte Glen L. Urban, Bruce D. Weinberg & John R. Hauser, "Premarket Forecasting of Really New Products", *Journal of Marketing*, January 1996, pp. 47–60. Consulte também Phillip J. Rosenberger III e Leslie de Chernatony, "Virtual Reality Techniques in NPD Research", *Journal of the Market Research Society*, October 1995, pp. 345–355.

podem passear virtualmente pelo *showroom* de uma concessionária e examinar protótipos de carro gerados por computador.

Embora caro (uma utilização pode custar de US$ 100.000 a US$ 300.000), o método de IA é um complemento possivelmente valioso para os métodos de teste de conceito. Imagens ou descrições simples de conceito talvez não ofereçam informações suficientes aos clientes para possibilitar que eles tomem decisões de compra realistas, particularmente no caso de um produto muito complexo quanto um novo automóvel elétrico. O IA permite que se testem diversas variações virtuais de um mesmo conceito básico, de modo que as preferências possam ser observadas. À medida que a tecnologia de vídeo for aprimorada, o IA se tornará menos caro e outras ampliações serão feitas (por exemplo, o respondente poderá dirigir virtualmente um carro).[15]

TÉCNICAS QUALITATIVAS

Vimos várias técnicas quantitativas que podem ser utilizadas para incorporar *inputs* do cliente na geração de conceitos. Entretanto, tal como ressaltado no início deste capítulo, essas técnicas têm complementos naturais; isto é, um conjunto de técnicas qualitativas, que examinaremos agora.

É tentador ficarmos deslumbrados com os sofisticados resultados gerados pelo escalonamento multidimensional (MDS) ou a análise fatorial, especialmente quando não temos muito familiaridade com eles. Contudo, os gestores devem resistir a essa tentação e não considerar acriticamente esses resultados. As técnicas qualitativas apresentadas são alternativas úteis para contestar as pressuposições (por exemplo, sobre quais atributos são de fato determinantes) por trás das abordagens sofisticadas e, com muita frequência, podem evidenciar os pontos de vista do gestor que de outra forma seriam ignorados. Embora nossa discussão sobre elas seja mais sucinta, de forma alguma elas são menos importantes ou úteis na geração de conceitos.

Análise dimensional

A **análise dimensional** utiliza qualquer ou todas as propriedades, não apenas a mensuração de dimensões (por exemplo, a espacial – comprimento, largura etc.). Ela requer a listagem de *todas* as propriedades físicas de um tipo de produto. A criatividade na geração de conceitos de produto é ativada pela simples listagem de cada uma dessas propriedades, porque pensamos instintivamente em como essa propriedade poderia ser mudada. Raramente se encontra algo que valha a pena em uma análise dimensional se a lista não for longa. É necessário muito esforço para transcender o que é comum e visualizar dimensões que os outros não enxergam.

Algumas das propriedades mais interessantes são aquelas que um produto não *parece* ter. Por exemplo, uma colher pode ser descrita com relação ao cheiro, som, resistência, dobrabilidade etc. Sem dúvida, talvez seja difícil detectar o cheiro, o som (no momento) pode ser zero e a resistência pode ser vista apenas quando forçada por um torno. Mas toda propriedade oferece algo para ser mudado. Que tal uma colher que reproduz notas musicais quando as crianças a levam à boca? Que tal um cabo

---

[15] Segundo consta, a Caterpillar possibilita que seus clientes façam *test-drive* em seus tratores em diferentes condições de direção do veículo utilizando uma técnica de realidade virtual semelhante. Consulte Brian Silverman, "Get 'Em While They're Hot", *Sales and Marketing Management,* February 1997, pp. 47–52.

de colher que pode ser pressionado para reproduzir notas musicais? E colheres com cheiro de rosas?

A listagem de centenas de produtos não é incomum. A Figura 7.4 mostra uma lista bem resumida, mas é provável que ela dê uma ideia do que deve ser feito. Os usuários que conseguiram bons resultados afirmam que apenas citar uma dimensão especial é suficiente para desencadear a geração de ideias e que para acreditar nessa técnica é necessário colocá-la em prática.

Checklists

Das formas iniciais de análise dimensional desdobrou-se em uma das técnicas de geração de ideias mais amplamente utilizada hoje em dia – a *checklist* (lista de verificação). A *checklist* mais propagada foi proposta pelo criador do *brainstorming*:

É possível adaptar?	Algo pode ser substituído?
É possível modificar?	É possível ampliar?
É possível inverter?	É possível diminuir?

FIGURA 7.4 Atributos dimensionais de uma lanterna.

Por meio da análise dimensional, temos aqui 80 dimensões. Havia quase 200 na lista original do analista. Uma mudança em qualquer uma delas pode gerar uma nova lanterna.

Unidade geral:	Número de costuras	**Lâmpada:**
Peso	À prova d'água	Número
Resistência à ferrugem	Diâmetro	Formato
Equilíbrio	Possibilidade de ser lavada	Tamanho
Firmeza ao segurar	Peso do metal	A gás
Resistência a choques	Suscetibilidade de explosão	Intensidade do filamento
Força de cisalhamento	Cheiro	Extensão do tubo
Tolerância a aquecimento	Número de presilhas	Formato do filamento
Material de isolamento	Propensão para problemas	Tamanho do filamento
Pisca-pisca automático	Material selador	Material do filamento
Pisca-pisca manual		Ponto de estilhaçamento
Distância visível	**Lentes:**	Profundidade do filamento
Comprimento	Material	Amperagem
Portabilidade	Opacidade	
Resistência a sujeiras	Cor	**Pilhas/Bateria:**
Tolerância ao frio	Resistência	Número
Flexibilidade	Textura	Tamanho
Cor do isolamento		Tipo de terminal
Translucidez	**Molas:**	Direção
Foco do raio	Número	Capacidade de recarregamento
Tipo de fechamento	Material	
Material do revestimento	Comprimento	**Refletor:**
Flutuação	Resistência	Profundidade
Inflamabilidade	Estilo	Diâmetro
Maleabilidade		Formato
Compressibilidade	**Interruptores:**	Durabilidade
Reflexibilidade	Número	Superfície
Área/cor de superfície	Pressão	Cor
Segurança do fechamento	Ruído	Limite de temperatura
Material do estojo	Tipo	
Cor	Local	

É possível associar com outra coisa qualquer?   É possível reajustar de alguma forma?

Essas oito perguntas são de grande eficácia; elas favorecem a geração de ideias.

Os analistas de produtos comerciais e industriais utilizam propriedades como fonte de energia, matéria-prima, facilidade operacional, subconjuntos e componentes substituíveis. (Consulte a Figura 7.5 para examinar uma lista resumida de perguntas de *checklist* no âmbito industrial.)

As *checklists* produzem uma profusão de possíveis conceitos de novos produtos, a maioria deles sem valor. Grande tempo e esforço podem ser despendidos na seleção dos elementos dessa lista. Outra técnica mais recente para gerar novos conceitos sistematicamente manuseia os atributos do produto existente de uma forma específica. Por exemplo, poder-se-ia fazer com que um atributo se tornasse dependente de outro: Um tapete de banheiro para criança muda de cor quando a água está muito quente. Um atributo poderia ser removido e isso poderia gerar um produto essencialmente diferente: remoção das unidades de disco internas de um computador pessoal resulta em um modelo ultrafino. E assim por diante. Quatro estratégias para gerar novos conceitos criativamente por meio desse procedimento são apresentadas na Figura 7.6.

Análise de relações

Vários dos métodos de geração de conceitos que examinamos até aqui *comparam* coisas: Os mapas perceptuais comparam atributos e a criatividade em grupo é estimulada pela ponderação sobre algo conhecido para chegar a algo desconhecido, por exemplo. Mas as comparações resultam de uma questão mais ampla nesses métodos. Examinaremos agora duas técnicas analíticas de atributo que vão diretamente ao ponto – forçando a justaposição de coisas para uma investigação. Essas duas técnicas são a **matriz bidimensional** e a **matriz morfológica**. Ambas são exemplos de tipos de **análise de relações**, assim chamadas porque exigem que o respondente encontre relações entre dimensões para gerar conceitos de novos produtos.

Sobre as dimensões utilizadas na análise de relações

Lembre-se de que na Figura 6.1 afirmamos que os atributos podem ser *propriedades* (como comprimento), *funções* (como cobertura de proteína para o cabelo) *benefícios* (como economia e saúde). Contudo, outros aspectos dos produtos nem sempre são

FIGURA 7.5 *Checklist* de estimuladores de ideias para produtos industriais.

Podemos mudar as propriedades físicas, térmicas, elétricas, químicas e mecânicas desse material?
Existem alternativas elétricas, eletrônicas, ópticas, hidráulicas ou magnéticas para produzir isso?
Encontrar novos equivalentes para problemas paralelos.
Essa função é realmente necessária?
Podemos construir um novo modelo disso?
Podemos mudar a forma de energia para que isso funcione melhor?
Os componentes padrão podem ser substituídos?
E se a ordem do processo fosse alterada?
Como isso poderia ficar mais compacto?
E se recebesse tratamento térmico, ficasse mais resistente, fosse fundido, curado, congelado, chapeado?
Quem mais poderia utilizar esse operação ou o que ela produz?
Todos os passos foram computadorizados o máximo possível?

FIGURA 7.6 Modelos de criatividade.

Goldenberg e Mazursky apresentam vários "modelos de criatividade" que podem ser utilizados para manusear a base de conhecimento existente codificada nos atributos dos produtos para descobrir novos produtos inovadores. Procedimento: Para começar, identifique os atributos determinantes, depois os manuseie de acordo com os quatro modelos de criatividade. Os modelos são:

1. *Modelo de dependência de atributo:* Encontre uma dependência funcional entre dois atributos variáveis independentes. Essa interação pode sugerir um novo produto criativo. Exemplo: a cor da tinta em uma xícara de café depende do conteúdo e uma mensagem de alerta pode ser revelada se a bebida estiver muito quente.

2. *Modelo de substituição:* Remova um dos componentes do produto e substitua-o por um componente de outro meio. A função do componente removido é executada por outro componente. Exemplo: a antena de um Walkman é substituída por um cabo de fone de ouvido.

3. *Modelo de remoção:* Remova um componente intrínseco e sua função a fim de mudar funcionalmente o produto. Isso pode criar um novo produto para um novo mercado. Por exemplo: a remoção das unidades de disco e CD nos *notebooks* resultou em um PC ultrafino.

4. *Modelo de controle de componentes:* Identifique e crie uma nova correlação entre um componente interno do produto e um componente externo ao produto. Exemplos: Creme dentais com branqueadores ou bronzeadores com hidratantes de pele.

Fonte: De Jacob Goldenberg & David Mazursky, *Creativity in Product Innovation*, Cambridge University Press, 2002.

incluídos como atributos nas definições – por exemplo, diferentes lugares para uso, ocupação dos usuários ou outros itens com os quais os produtos também são usados. As técnicas de análise de relações também os utilizam. Procuramos toda e qualquer dimensão que ajude, e não existe um conjunto fixo de dimensões. Esperamos que os exemplos apresentados neste capítulo indiquem o ponto de vista que você deve adotar na criação das matrizes.

Matriz bidimensional

O formato mais simples para estudar as relações é mostrado na Figura 7.7, que apresenta dois conjuntos de atributos para seguros. São utilizadas apenas listas parciais de duas dimensões (evento segurado contra e pessoa/animal segurado), mas apenas essas duas oferecem 50 células para apreciação. Observe que apenas forçando relações poderíamos *esperar* alcançar uma apólice especial para proteger pais recentes que perdem o filho temporariamente ou para proteger recém-casados dos custos de gastar além da conta na lua de mel. No caso do exemplo do seguro, para analisar os resultados simplesmente começaríamos com 1, pensaríamos a respeito, depois passaríamos para 2 e assim por diante.

Diferentemente da maioria dos métodos examinados até aqui, a análise de relações vai diretamente para a ideia de um novo produto (*e.g.*, sorvete em aerossol). O número de matrizes bidimensionais que podem ser preparadas é praticamente ilimitado. Examine diferentes matrizes até ficar satisfeito com a lista de novas possibilidades encontradas ou chegar à conclusão de que essa técnica "simplesmente não serve para você".

Um tipo de análise de relações levemente distinto utiliza como dimensão a *alavanca de utilidade* do produto (até que ponto o produto afeta a vida do cliente) e o *ciclo de experiência do comprador* (até que ponto o produto afeta o cliente). A alteração de uma ou de ambas essas dimensões pode resultar em novas ideias de produto de sucesso. A Figura 7.8 mostra como várias empresas chegaram a ideias de produto que por fim tiveram sucesso ao "estender" uma ou ambas as dimensões.

FIGURA 7.7 Matriz bidimensional utilizada para novos produtos de seguro.

Evento segurado contra	Pessoa/animal segurado								
	Recém--nascidos	Gênios	Crianças problemáticas	Tios ricos	Cães/Gatos	Pássaros tropicais	Peixe de água salgada	Recém--empregados	Recém--casados	Pais recentes
Ferimentos com fogo	1	2	3	4	5	6	7	8	9	10
Pessoas perdidas	11	12	13	14	15	16	17	18	19	20
Morte natural	21	22	23	24	25	26	27	28	29	30
Ofensa	31	32	33	34	35	36	37	38	39	40
Sequestro	41	42	43	44	45	46	47	48	49	50

Exemplos de conceitos de novos produtos: Uma apólice de seguro que protege os pais se um filho se perder (20) ou que protege recém-casados contra o risco de sequestro enquanto estão em lua de mel (49) ou que protege gênios contra o dano de ser ofendido (32). Os métodos de análise de relações geram absurdos. Porém, tal como os demais, a matriz bidimensional com frequência produz uma surpresa que, após muita reflexão, faz sentido.

FIGURA 7.8 Outra forma de análise dimensional.

W. C. Kim e R. Mauborgne ressaltam que as empresas podem chegar a ideias bem-sucedidas de novos produtos ao considerar duas dimensões fundamentais:

- *Alavanca de utilidade:* Até que ponto o produto afetará a vida do cliente (como simplicidade, prazer/imagem, respeito ao meio ambiente, risco reduzido, conveniência e produtividade).
- *Ciclo de experiência do comprador:* O estágio em que o produto afetará o cliente (compra, entrega, uso, suplementos, manutenção, descarte).

Eles oferecem exemplos de empresas que mudaram uma ou ambas as dimensões, gerando com isso excelentes ideias de novos produtos:

- Os restaurantes *fast-food* típicos servem café mais barato, preocupando-se em oferecer conveniência e produtividade para os clientes no estágio da compra. A Starbucks também se preocupa com o estágio de compra, mas acrescenta a alavanca de utilidade de prazer/imagem com suas modernas cafeterias e bebidas exclusivas.
- Os fabricantes de computador oferecem a utilidade de produtividade no estágio de uso. A inovação da Dell foi oferecer a utilidade de produtividade no estágio da entrega, bem como envio direto.
- A lâmpada fluorescente descartável Alto, da Philips, oferecia a combinação exclusiva da utilidade de respeito ao meio ambiente no estágio de descarte.

Observação: Além da nova combinação de utilidade e estágio do ciclo de experiência, a empresa deve também estabelecer um preço estratégico para melhorar a probabilidade de sucesso.

Fonte: Reimpressa com permissão da *Harvard Business Review*. Quadro extraído de W. C. Kim & R. Kauborgne, "Knowing a Winning Business Idea When You See One", September–October 2000. Copyright © 2000 Harvard Business School Publishing Corporation. Todos os direitos reservados.

Matriz morfológica ou multidimensional

O método seguinte, a matriz morfológica, associa simultaneamente mais de duas dimensões. Essa matriz pode incluir várias dimensões, e essa técnica foi criada há muitos anos, quando um cientista estava tentando promover o desenvolvimento do que se tornou conhecido como motor a jato.[16]

Um exemplo, mostrado na Figura 7.9, está relacionado ao desenvolvimento de uma nova cafeteira. Cinco dimensões foram identificadas e, para ilustrar, três alternativas de cada dimensão foram mostradas. (Em um exemplo real, muitas outras alternativas geralmente são descobertas.)

A tarefa do gestor de novos produtos é associar as combinações desses itens. Uma técnica comum é utilizar um computador para gerar todas as combinações possíveis, que são então examinadas para verificar se há conjuntos interessantes.

Outros analistas utilizam apenas um método mecânico simples – fazem uma correlação entre as linhas. As duas linhas superiores indicam: como uma nova mistura de café, com um elemento diretamente na jarra de café para aquecer a água, à qual se acrescenta café moído com uma colher em um filtro de papel, que então mantém o café aquecido por meio de um isolador térmico? Uma válvula sob a jarra é ativada para servir o café. Não gostou dessa? Há várias outras combinações! Ao percorrer as linhas, o analista troca sistematicamente um item em uma linha por um item em outra linha, e assim por diante. Todas as técnicas analíticas de atributo geram um

---

[16] O cientista utilizou 11 parâmetros (dimensões), e cada um tinha de duas a quatro alternativas; esse conjunto gerou 36.864 combinações (possíveis engenheiros). A propósito, essa matriz gerou também duas combinações que se tornaram os foguetes alemães V-1 e V-2 na Segunda Guerra Mundial. Consulte Fritz Zwicky, *Discovery, Invention, Research: Through the Morphological Approach* (New York: Macmillan, 1969).

FIGURA 7.9 Matriz morfológica para uma nova cafeteira.

Dimensão				
Aquecimento	Acrescentando o café	Passando o café	Mantendo o café quente	Servindo o café
1. Elemento de aquecimento na jarra	1. Com colher	1. Filtro de papel	1. Tecnologia térmica (isolamento)	1. Válvula sob a jarra
2. Chama sob a jarra	2. Com uma cápsula de medida integrada	2. Filtro poroso de cerâmica	2. Unidade de aquecimento na jarra	2. Bomba na tampa da jarra
3. Forno de micro-ondas	3. Suprimento automático	3. Método centrifugador	3. Fonte de calor externa	3. Jatos como do café expresso

Fonte: Adaptado de Stefan Kohn & Rene Niethammer, "Why Patent Data Can Be a Good Source of Comparative 'Technology Intelligence' in New Product Development", *Visions*, January 2004.

ruído do qual as boas ideias devem ser separadas; porém, o que a princípio parece ser ruído simplesmente pode ser uma nova ideia excelente que ninguém teria imaginado facilmente sem a matriz.

Seja como for, a estrutura mostrada na Figura 7.9 deve ser seguida. A criação das colunas foi discutida no início desta seção do capítulo. O número de itens em cada coluna pode ser (1) o conjunto completo, como na pesquisa anterior, ou (2) uma seleção que representa um conjunto completo. Por exemplo, um estudo sobre carrinhos de criança poderia ter uma coluna com o número de rodas, e as linhas seriam dois, três, quatro, cinco e seis; contudo, a coluna de altura poderia ter apenas as linhas de 15 cm, 20 cm e 30 cm (baixo, médio e alto).

ANALOGIA

Com frequência, conseguimos ter uma ideia melhor de alguma coisa examinando-a comparativamente a alguma outra coisa – uma **analogia**. A analogia é tão eficaz e popular que é utilizada intensamente na etapa de solução de problemas, nos métodos baseados em problemas (Capítulo 5). Basta pensar em quantas analogias estão envolvidas na terminologia de computação – cortar e colar, lixeira, navegar, surfar, diretório, pasta e vários outros termos que nos são familiares em contextos diferentes – e em como a utilização desses termos em ambientes de computador são intuitivamente óbvios para os respectivos usuários.

Um bom exemplo de analogia foi o estudo sobre os sistemas de alimentação nos aviões por um fabricante de móveis e outros aparelhos para cozinha. Preparar, servir e consumir refeições no avião é claramente análogo a fazê-lo em casa, e a empresa criou várias boas ideias de novos processos (e móveis) para a cozinha doméstica. Os *designers* de parques de diversões observaram como o gado era arrebanhado e tiveram a ideia de instituir filas de espera para os passeios populares!

Uma analogia para bicicletas seria dirigir um carro – ambos têm direção, movem-se, diminuem a velocidade, fazem curvas etc. Entretanto, os automóveis transportam mais passageiros e têm quatro rodas para ter estabilidade, potência variável, sistema de comunicação incorporado, serviço de diagnóstico de bordo e medidas corretivas etc. Cada diferença indica um novo tipo de bicicleta; alguns desses tipos já existem. A bicicleta poderia ser comparada também com avião, patinação, submarino, natação e, extrapolando (apenas para ilustrar), com um camundongo em um labirinto.

O segredo, obviamente, é encontrar uma situação análoga aproveitável, o que muitas vezes é difícil. A analogia deve atender a quatro critérios:

1. A analogia deve ser nítida e ter uma vida própria definida.
2. Ela deve conter inúmeras ideias concretas.
3. Ela deve ser um evento – um processo de mudança ou atividade.
4. Ela deve ser uma atividade conhecida e fácil de ser visualizada e descrita.

Sistemas de alimentação nos aviões e dirigir um carro satisfazem facilmente. E, talvez surpreendentemente, uma analogia com o cinto de munição de metralhadora ajudou os desenvolvedores da empresa a semear a ideia de um rolo de fita biodegradável guarnecida de sementes cuidadosamente posicionadas para ser depositada ao longo de uma cova de semeadura.

A analogia é utilizada em muitas das técnicas especializadas que são apresentadas no Apêndice B.

RESUMO

Neste e no capítulo precedente, apresentamos uma análise de várias técnicas analíticas de atributo. As técnicas qualitativas incluíram a análise dimensional – que, embora bastante simples, é instigante – e métodos mais avançados, como a matriz morfológica. As abordagens quantitativas incluíram a análise de lacunas e a análise de *trade-off*. Elas podem ser utilizadas de uma maneira complementar: como visto anteriormente, os métodos qualitativos podem ser utilizados antes dos métodos mais voltados para dados numéricos (para especificar ou reexaminar os atributos incluídos na análise) ou *a posteriori* (para ajudar a interpretar os resultados).

A essência da análise de atributos, em todo caso, é nos forçar a olhar para os produtos de uma maneira diferente – para revelar novas perspectivas. Como normalmente temos um estilo estabelecido de perceber os produtos, que se baseia no uso – algumas vezes de longa data – que fazemos deles, forçar-nos a fugir desse padrão é difícil. Qualquer pessoa que estiver lendo este livro para se preparar para uma atividade de geração de ideias específica deve examinar a lista de mais de 40 técnicas adicionais no Apêndice B.

Chegamos ao fim da geração de conceitos e esperamos ter vários bons conceitos prontos para a realização de uma análise e de uma avaliação criteriosas antes do início do dispendioso processo de desenvolvimento técnico. Abordaremos a avaliação na Parte III, Capítulos 8 a 12, intitulada "Avaliação de conceitos/projetos". Além disso, constataremos que diversas técnicas analíticas abordadas nesses capítulos ajudarão a avaliar as preferências dos clientes e especificar as características de *design* dos produtos, e serão úteis até em outras fases do processo de desenvolvimento de novos produtos.

APLICAÇÕES

1. "Acho que gosto muito mais das *checklists* – elas são fáceis de compreender e usar. Nunca vi essa que você mencionou da Small – nossa, quatro páginas de alternativas. Isso tudo é mesmo necessário? Não seria possível fazer um trabalho tão bom quanto com apenas uma página? E, a propósito, devo confessar que estou levemente confuso com a terminologia. Diga-me novamente, qual a diferença entre as *checklists* que aprecio e o que você chama de análise dimensional?"

2. "Como provavelmente você já percebeu, sou engenheiro de formação e sempre gostei de experimentar uma forma específica de análise de atributos. Nós a chamamos de extensão de atributo, na qual prevemos mudanças futuras em qualquer atributo importante de um produto. Algo semelhante à quantidade de memória de acesso aleatório em um PC. Recentemente, pedi à nossa divisão de TV a cabo para considerar cinco dimensões de serviço de TV a cabo e ampliar o máximo possível cada uma delas e me dizer quais ideias eles obtêm com isso. Mencionei o número de canais e as formas de pagamento como exemplo. Você poderia fazer algo semelhante para mim neste momento... isto é, considerar cinco dimensões do serviço de TV a cabo e estendê-las? Isso me ajudaria a me preparar para apresentá-las na terça-feira."

3. "Várias de nossas divisões atuam em mercados de vestuário feminino. Como você sabe, hoje em dia todos são especializados, seja qual for o segmento. Está cada vez mais difícil propor um novo segmento, um que tenha um bom tamanho e seja receptivo. Por isso, quando você fala sobre matriz morfológica, que aprecio, penso em trajes para mulheres. Uma forma de inovar seria idealizar novos ambientes ou ocasiões, situações em que pudéssemos descobrir uma linha completa. Algo como casamento ou um esporte de corrida, ou piquenique, embora a gente já conheça isso e tenha roupas para isso, obviamente. Algo como um *pacote* de roupas e acessórios. Mas deve haver várias alternativas que não estamos imaginando agora. Esse método de matriz morfológica funciona para isso?"

ESTUDO DE CASO   Rubbermaid[17]

A Newell Rubbermaid é uma empresa global que fabrica e vende uma ampla variedade de marcas ao redor do mundo. Suas divisões são: ferramentas (Lenox, Hilmor), escrita (Sharpie, Waterman, Paper Mate), pais e bebês (Graco), soluções domésticas (Rubbermaid, Calphalon), produtos especiais (Mimio, Bulldog Hardware) e produtos comerciais vendidos sob o nome Rubbermaid. A Rubbermaid se evidenciou como uma empresa inovadora bem-sucedida anos antes de ser comprada pela Newell em 1999, e 200 novos produtos são lançados por ano com o nome Rubbermaid. O sucesso da divisão Rubbermaid deve-se em parte à criação e produção de produtos plásticos funcionais de alta qualidade para qualquer parte da casa: cozinha, garagem, lavanderia e banheiro, bem como organizadores de armários, organizadores de carro, cestas de lixo e produtos semelhantes. Nos últimos anos, a variedade de produtos englobou desde lancheiras com compartimentos para petiscos, a recipientes para guardar caixas de cereais, caixotes e móveis (baús) para armazenamento, lavadores movidos a energia (*power scrubbers*) e muitos outros. As marcas de categoria incluem TakeAlongs®, Lunch Blox™, Closet Helper™ e outras.

A empresa fabrica quase meio milhão de itens diferentes, ostenta uma taxa de sucesso de 90% em novos produtos e obtém pelo menos 30% de suas vendas anuais de produtos com menos de cinco anos de existência.

A estratégia de novos produtos da empresa é atender às necessidades dos consumidores. A taxa de novos produtos é alta e a diversificação é desejada. A empresa está voltada para o mercado, e não para a tecnologia, embora nos últimos anos tenha identificado tecnologias como fabricação de novas peças de plástico por meio da reciclagem de pneus velhos para as quais está procurando oportunidades no mercado.

---

[17] Esse estudo de caso foi preparado com base no *site* rubbermaid.com e em várias fontes de informações públicas.

Essa prática de procurar oportunidades para tecnologias específicas aumentará pelo fato de a empresa utilizar atualmente o desenvolvimento simultâneo de produtos.

Para a geração de ideias, a Rubbermaid depende da identificação de problemas dos clientes que possam ser integrados ao processo de planejamento estratégico. A identificação de problemas é perseguida de várias formas e uma delas são os grupos focais. A empresa utiliza também comentários e reclamações dos clientes. Um exemplo provém do então diretor executivo Stanley C. Gault, que ouviu um porteiro de Manhattan reclamar enquanto recolhia a sujeira com uma pá de lixo da Rubbermaid.

Ao ser indagado, o porteiro mencionou que desejava uma pá com a boca mais fina para que, ao varrer, menos resíduos de sujeira permanecessem na calçada. Ele conseguiu.

Toda reclamação é documentada pelo pessoal de marketing, e os executivos são incentivados a ler as reclamações. Uma reclamação de clientes que moram em casa pequena, que achavam o tradicional escorredor com tapete embaixo (*rack-and-mat*) muito volumoso para guardar, resultou em um escorredor de pratos inteiriço. Geralmente a empresa identifica os problemas utilizando a análise de problemas em grupos focais e os soluciona internamente. Ocasionalmente a empresa utiliza a análise de cenário para identificar um problema. Mas a análise de cenário é bem menos útil do que a análise de problemas, porque os tempos de processo são muito curtos; os ciclos de novos produtos da empresa fazem com que ela se concentre principalmente em problemas que já existem. A organização mantém-se favorável a ideias recém-criadas, promovendo a associação de funcionários de diferentes áreas funcionais. A tarefa de encontrar e solucionar problemas é incentivada em todos os níveis.

Alguns outros itens novos foram:

Uma linha de recipientes de plástico para bebidas foi criada para pessoas que temem usar artigos de vidro em torno da piscina.

Uma bandeja de condimentos giratória e outros móveis de jardim originaram-se de estudos sobre mudanças de estilo de vida.

Pessoas que trabalham em casa mencionaram problemas que deram origem a uma linha de acessórios para escritório doméstico, que incluiu um "*auto-office*", um dispositivo portátil afixado ao banco do automóvel que serve para portar canetas e outros artigos de escritório.

De modo geral, a Rubbermaid não utiliza muito listas de atributos e outros métodos de geração de ideias aleatórios, incluindo as várias abordagens de mapeamento. A empresa acredita que os modelos de ciclo de vida de produto podem ser úteis e acompanha de perto o lançamento de novos produtos competitivos.

Entretanto, a Rubbermaid sempre procura novas alternativas para idealizar bons conceitos de novos produtos. Por experiência, a empresa sabe, por exemplo, que haverá novas maneiras de utilizar as técnicas de identificação e solução de problemas. E talvez os métodos de verificação aleatório possam ter maior utilidade do que a percebida no momento.

O que você recomenda à administração da Rubbermaid? A empresa deve utilizar qualquer uma das técnicas de geração de conceitos discutidas neste capítulo, além dos métodos que utiliza tradicionalmente? Quais delas e por quê?

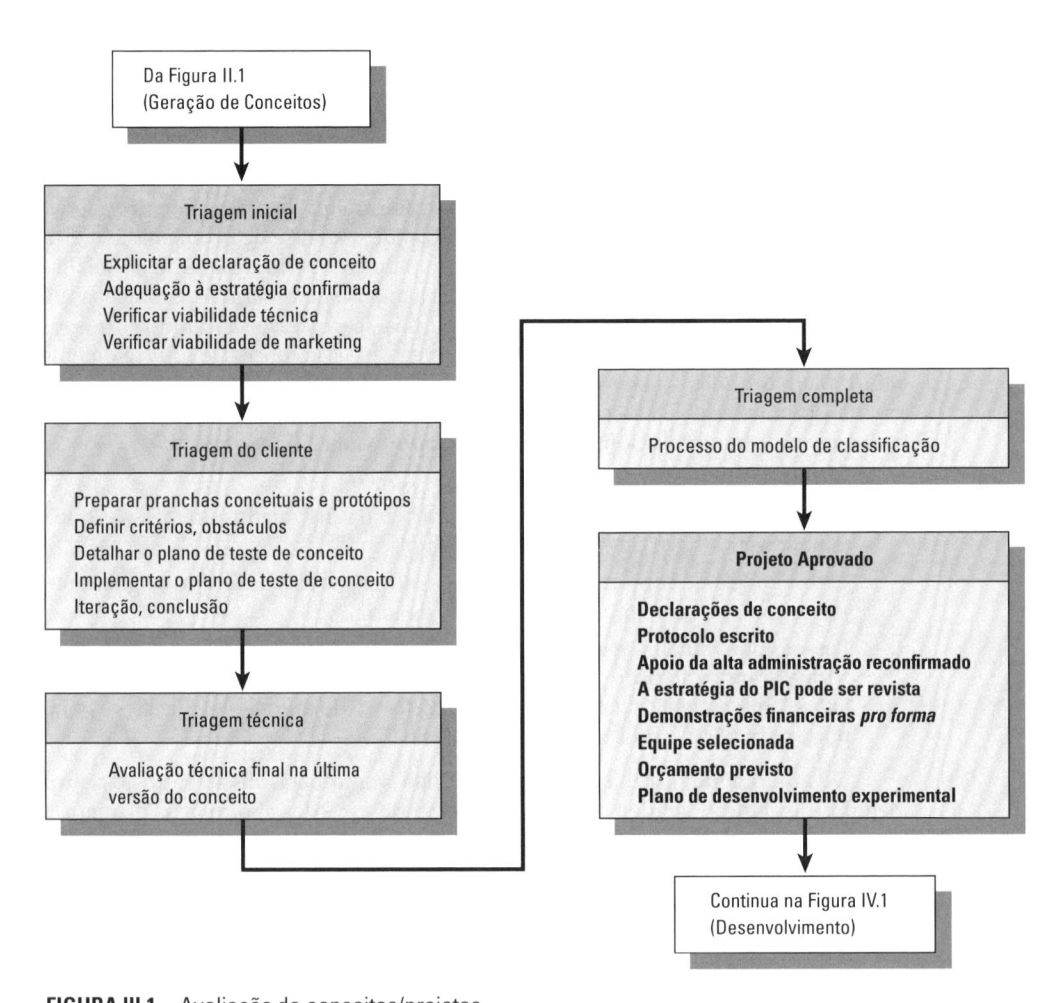

```
┌─────────────────────────┐
│      Da Figura II.1     │
│  (Geração de Conceitos) │
└───────────┬─────────────┘
            ▼
┌─────────────────────────────────────┐
│          Triagem inicial            │
├─────────────────────────────────────┤
│  Explicitar a declaração de conceito│
│  Adequação à estratégia confirmada  │
│  Verificar viabilidade técnica      │
│  Verificar viabilidade de marketing │
└───────────┬─────────────────────────┘
            ▼
┌─────────────────────────────────────┐
│          Triagem do cliente         │
├─────────────────────────────────────┤
│  Preparar pranchas conceituais e prótótipos │
│  Definir critérios, obstáculos      │
│  Detalhar o plano de teste de conceito │
│  Implementar o plano de teste de conceito │
│  Iteração, conclusão                │
└───────────┬─────────────────────────┘
            ▼
┌─────────────────────────────────────┐
│          Triagem técnica            │
├─────────────────────────────────────┤
│  Avaliação técnica final na última  │
│  versão do conceito                 │
└─────────────────────────────────────┘
```

Triagem completa
Processo do modelo de classificação

Projeto Aprovado
- Declarações de conceito
- Protocolo escrito
- Apoio da alta administração reconfirmado
- A estratégia do PIC pode ser revista
- Demonstrações financeiras *pro forma*
- Equipe selecionada
- Orçamento previsto
- Plano de desenvolvimento experimental

Continua na Figura IV.1 (Desenvolvimento)

FIGURA III.1 Avaliação de conceitos/projetos.

PARTE III
Avaliação de conceitos/projetos

A Parte II concluiu nosso estudo sobre os vários métodos de geração de conceitos de novos produtos. A atividade seguinte é fazer a avaliação desses conceitos. A avaliação ocorre em diferentes momentos e de diferentes formas, e é feita por pessoas diferentes e motivos diferentes. Por esse motivo, é necessário um *sistema* de avaliações, uma ideia que será explicada no Capítulo 8.

Em seguida, a partir do Capítulo 9, examinaremos as diferentes fases desse sistema. (Consulte a Figura III.1.) O teste de conceito é a primeira ferramenta fundamental e será examinado no referido capítulo. O Capítulo 10 aborda a atividade geralmente chamada de *triagem completa*, uma etapa em que o conceito é avaliado com relação ao seu nível de adequação à empresa e aos pontos fortes de marketing. Assim que o projeto tiver removido os principais obstáculos definidos na triagem completa, receberá aprovação para ser desenvolvido e estará pronto para prosseguir para a fase seguinte do processo. Os Capítulos 11 e 12 concentram-se em assuntos específicos, que são apresentados no último quadro da Figura III.1: análise financeira, confirmação sobre se o projeto (ainda) se enquadra ao termo de inovação de produto e desenvolvimento de um protocolo. A essa altura, o desenvolvimento pode ser iniciado, as equipes são formadas (se ainda não existirem) e então passamos para a Parte IV do livro.

As ferramentas de avaliação discutidas na Parte III são aquelas que precedem o desenvolvimento.

Quando os protótipos ou as configurações de serviços começarem a aparecer, a avaliação terá lugar novamente, primeiro em forma de teste de uso de produto e depois em forma de teste de mercado etc. Esses assuntos são abordados em capítulos posteriores. Como todas essas iniciativas de avaliação constituem assuntos essenciais, nossas discussões precisam ser seletivas. Infelizmente, o setor utiliza várias dessas ferramentas de maneira diferente e, por isso, elas tendem a se misturar e a ter contornos indistintos. Por exemplo, quando um teste de conceito de protótipo torna-se um teste de uso de produto?

De modo semelhante, com frequência o setor associa dois ou até três dessas ferramentas. Por exemplo, como em alguns setores é muito fácil preparar protótipos, algumas dessas empresas gostam de realizar um levantamento inicial junto a clientes/consumidores que é em parte uma análise de mercado, em parte um teste de conceito e em parte um teste de protótipo, particularmente quando a ideia surge primeiro em forma de protótipo. Por fim, muitas vezes não existe uma terminologia padronizada e totalmente aceita. Por isso, tivemos de padronizar determinados termos, e algumas de nossas decisões não serão aceitáveis para todas as pessoas.

CAPÍTULO 8
O sistema de avaliação de conceitos

INFORMAÇÕES PRELIMINARES

Antes de examinar as várias técnicas específicas utilizadas para avaliar conceitos de novos produtos, precisamos de algo que nos dê uma visão geral. Em todo o processo de desenvolvimento de novos produtos, fazemos avaliações, e existem técnicas de avaliação para cada uma das fases do processo básico de novos produtos. Além disso, nenhuma das técnicas é utilizada o tempo todo ou em todos os casos. O Capítulo 8 oferece essa visão geral, apresentando modelos como a curva de gastos cumulativos e o modelo A-T-A-R como alternativas que podem nos ajudar a decidir quais técnicas de avaliação utilizar. Falaremos sobre buracos e substitutos, entre outras ideias. Nos Capítulos 9 e 10, examinaremos mais a fundo a avaliação de conceitos e as técnicas de triagem completa que são especificamente apropriadas para a Fase III (avaliação de conceitos/projetos), enquanto os Capítulos 11 e 12 refinam a discussão ao examinar fatores como previsão de vendas, análise financeira e estratégica e especificação de protocolo de produto.

Você se lembrará, com base no Capítulo 2, de que os novos produtos fracassam porque (1) não havia nenhuma necessidade básica a ser atendida pelo produto em questão, de acordo com a visão dos usuários pretendidos; (2) o novo produto não atendia à necessidade para a qual foi desenvolvido, em se considerando todas as desvantagens; e (3) a ideia do novo produto não foi adequadamente transmitida (promovida) ao usuário pretendido. Em suma, os usuários não precisavam do produto, o produto não funcionou e os usuários receberam a mensagem. Lembre-se desses fatores enquanto estiver examinando como um sistema de avaliação é construído.

O QUE ESTÁ OCORRENDO NO PROCESSO DE NOVOS PRODUTOS?

Os novos produtos seguem o mesmo curso que os rios. Os grandes rios são sistemas com afluentes que têm afluentes. Os produtos que parecem complexos são na verdade um conjunto de moldes de metal, material de embalagem, fluidos, preços etc. Uma boa analogia é a produção de automóveis, em que uma linha de montagem principal é apoiada por várias linhas de montagem subsidiárias espalhadas pelo mundo, que, por sua vez, produzem uma peça que integra outra peça que é incorporada a um automóvel nessa linha de montagem final.

Se você conseguir imaginar o pessoal de controle de qualidade das fábricas de peças automotivas que avaliam cada peça antes de passá-la para a etapa seguinte, terá uma ideia do **sistema de avaliação** de novos produtos. O novo produto aparece primeiramente como uma ideia, um conceito expresso em palavras ou imagens, e o que avaliamos primeiro é isso. À medida que os trabalhadores transformam o conceito em uma peça de metal moldada ou em um *software*, ou em um novo serviço de preparação de instalações de fábrica, esse produto ou serviço é avaliado. Quando um planejador de mercado monta um plano de marketing, suas partes são avaliadas separadamente (assim como as peças menores de um automóvel) e novamente avaliadas em conjunto depois que são acrescentados ao produto.

O fato de avaliarmos o produto e seu plano de marketing como peças separadas e divisíveis é o que nos permite condensar o processo de desenvolvimento em períodos mais curtos. Houve uma época em que realizávamos o desenvolvimento de um novo produto passo a passo, nada à frente de seu tempo. Contudo, hoje, podemos trabalhar em uma embalagem antes de realmente termos finalizado o produto, podemos filmar parte de um comercial antes de o registro da marca comercial ter sido aprovado ou podemos preparar um *trailer* para promover um filme futuro bem antes de as edições finais terem sido concluídas.[1]

Isso às vezes provoca algum retrocesso, mas o custo disso é inferior aos custo de um lançamento atrasado. Entretanto, isso exige que tenhamos refletido cuidadosamente sobre as necessidades de desenvolvimento do produto em questão e determinado quais dessas necessidades são essenciais e quais não são. Qualquer sistema de avaliação *deve* abranger as essenciais.

Sistema de avaliação do processo básico de novos produtos

Embora o propósito geral da avaliação seja nos conduzir para novos produtos lucrativos, cada etapa da atividade de avaliação tem um propósito específico, vinculado primordialmente ao que ocorre em seguida. Lembre-se da Figura 2.2, que mostrou que diferentes atividades de avaliação eram apropriadas a fases específicas no processo de novos produtos. A Figura 8.1 apresenta as mesmas informações, mas acrescenta as técnicas de avaliação mais comumente utilizadas ao longo do processo. Antes de prosseguir, este é um bom lugar para ressaltar que a realização das atividades de avaliação realmente melhoram o desempenho dos novos produtos. O Estudo de Avaliação de Desempenho Comparativo (Comparative Performance Assessment Study – CPAS) – introduzido no Capítulo 1 – incluiu uma análise das técnicas mais comumente utilizadas na avaliação: em todos os casos, as empresas "melhores" eram significativamente mais propensas a utilizar essas técnicas do que as "restantes" e elas acabam obtendo resultados de vendas e lucro melhores com seus novos produtos.[2]

No processo da Figura 8.1, as ideias tornam-se conceitos; os conceitos são aprimorados, avaliados e aprovados; os projetos de desenvolvimento são iniciados; e os produtos são lançados. Ao longo desse processo, diferentes perguntas precisam ser feitas, e as diferentes técnicas de avaliação oferecem as respostas necessárias. Por exemplo, a primeira avaliação em si *precede* o conceito do produto – na verdade, ela ocorre na Fase I, quando uma oportunidade ou ameaça é identificada e avaliada. Alguém determinou que a empresa tinha uma tecnologia de peso ou uma excelente oportunidade de mercado ou que havia uma séria ameaça da concorrência – seja o que for. Tal como discutido no Capítulo 3 sobre estratégia, foi feita uma avaliação segundo a qual se a empresa tentasse desenvolver um novo produto em determinada área ele provavelmente seria bem-sucedido. Essa etapa de avaliação inicial (direção) é mostrada na parte superior da Figura 8.1. Para onde devemos olhar, o que devemos tentar explorar, o que devemos combater? A ferramenta é a identificação e avaliação de oportunidades, também discutida no Capítulo 3. Essa ferramenta nos mantém

---

[1] Existe uma história (talvez de autenticidade duvidosa) sobre o xampu Alberto Culver. Os comerciais televisivos estavam finalizados e as emissoras prontas para veiculá-los antes de o químico ter encontrado a fórmula apropriada!

[2] Gloria Barczak, Abbie Griffin & Kenneth B. Kahn, "Perspective: Trends and Drivers of Success in NPD Practices: Results of the 2003 PDMA Best Practices Study", *Journal of Product Innovation Management*, 26(1), January 2009, pp. 3–23; e Stephen K. Markham & Hyunjung Lee, "Product Development and Management Association's 2012 Comparative Performance Assessment Study", *Journal of Product Innovation Management*, 30(3), 2013, pp. 408–429.

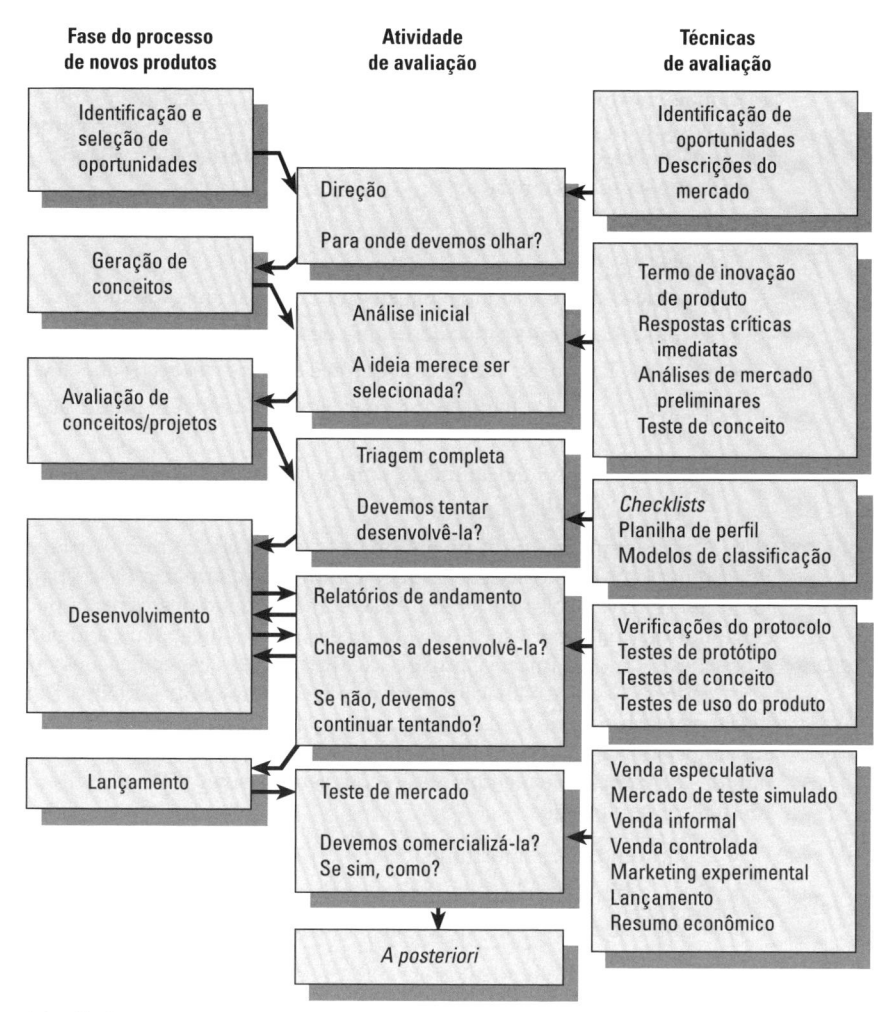

Fase do processo de novos produtos — Atividade de avaliação — Técnicas de avaliação

Fase do processo de novos produtos	Atividade de avaliação	Técnicas de avaliação
Identificação e seleção de oportunidades	Direção — Para onde devemos olhar?	Identificação de oportunidades; Descrições do mercado
Geração de conceitos	Análise inicial — A ideia merece ser selecionada?	Termo de inovação de produto; Respostas críticas imediatas; Análises de mercado preliminares; Teste de conceito
Avaliação de conceitos/projetos	Triagem completa — Devemos tentar desenvolvê-la?	*Checklists*; Planilha de perfil; Modelos de classificação
Desenvolvimento	Relatórios de andamento — Chegamos a desenvolvê-la? Se não, devemos continuar tentando?	Verificações do protocolo; Testes de protótipo; Testes de conceito; Testes de uso do produto
Lançamento	Teste de mercado — Devemos comercializá-la? Se sim, como?	Venda especulativa; Mercado de teste simulado; Venda informal; Venda controlada; Marketing experimental; Lançamento; Resumo econômico
	A posteriori	

Aviso: Tenha em mente que as atividades nunca seguem essa sequência de etapas à risca como esse diagrama leva a crer.

FIGURA 8.1 O sistema de avaliação com a inclusão de técnicas comuns.

afastados dos desenvolvimentos nos quais temos pouquíssima probabilidade de vencer; em outras palavras, ela assegura que joguemos no campo da casa. Essa direção é fornecida no termo de inovação de produto.

Agora siga para baixo na Figura 8.1 para ver como as atividades de avaliação mudam à medida que prosseguimos no processo básico de novos produtos. Na Fase II (geração de conceitos), as ideias começam a aparecer, e o propósito da avaliação muda: agora a meta é evitar o maior perdedor ou o perdedor convicto. Desejamos remover esses perdedores e não despender nenhum tempo e nenhum dinheiro a mais com eles. Algumas vezes estamos errados, obviamente, mas em geral estamos certos, e essa etapa é essencial se quisermos destinar recursos limitados a conceitos que valem a pena, e não sermos sufocados por um imenso número de ideias disponíveis. Tentaremos também identificar grandes vencedores em potencial. Os bons conceitos são em sua maioria apenas isso: bons, nada mais que isso. Contudo, alguns são excelentes, e desejamos reconhecê-los o quanto antes. Eles envolvem iniciativas adicionais, normalmente em forma de um teste de conceito e de um programa de desenvolvimento bastante completos. Embora não exista um único procedimento de triagem estabelecido, nesse estágio com certeza estaríamos avaliando as ideias com relação aos seguintes critérios:

- Exclusividade: A ideia é original? Ela pode ser copiada facilmente pelos concorrentes?
- Satisfação da necessidade: Ela atende à necessidade dos clientes?
- Viabilidade: Temos capacidade para desenvolver e lançá-la?
- Impacto: Em que sentido nossa empresa ou organização será afetada?
- Escalabilidade: Podemos nos tornar mais eficientes em produção à medida que o volume aumentar?
- Adequação estratégica: Existe uma boa correspondência com a estratégia e a cultura corporativa?[3]

Muitas empresas utilizam alguma variante dessa técnica de triagem de ideias. Por exemplo, a Unilever requer que se redija um sumário (*brief*) para cada nova ideia que está sendo considerada. Esse sumário deve descrever: a necessidade do consumidor, quaisquer especificações técnicas, a "solução para a ideia" (referências e padrões), "fatores imprescindíveis" (exigências ou especificações mínimas), "exterminadores" (uma avaliação sobre o que poderia levar a ideia a fracassar), uma declaração sobre o que já se conhece, um orçamento e um cronograma. Um grupo de consultoria britânico, Oakland, recomendou a 3A's Matrix® para modelar as oportunidades de mercado em comparação com seu possível valor. Os critérios que a empresa recomendou são:

- Aplicabilidade: a oportunidade atende às exigências estratégicas?
- Disponibilidade: ela pode ser comercializada rapidamente?
- Viabilidade financeira: quais são os custos associados?[4]

Esse tipo de atividade nos leva à Fase III (avaliação de conceitos/projetos) e à decisão sobre se devemos encaminhar o conceito para o desenvolvimento em larga escala. Essa decisão, se a quantia a ser gasta a torna uma decisão importante, se beneficiará da aplicação de um modelo de classificação bastante meticuloso. Devemos tentar desenvolvê-lo?

A decisão de entrar na Fase IV (desenvolvimento) introduz a parte do processo em que são realizadas atividades técnicas e de marketing paralelas ou simultâneas (tal como visto na Figura 2.1). Do começo ao fim dessa fase perguntamos continuamente: conseguimos alcançar o que desejamos? Essa parte está pronta? Esse subconjunto do sistema está liberado para uso? O *software*, além de funcionar, produz o que o cliente necessita? Uma verificação do protocolo nos informa se estamos prontos para desenvolver um produto para um teste de campo real.

O desenvolvimento é por natureza iterativo: Uma nova descoberta leva a outra descoberta; as direções são alteradas; tentativas específicas são malsucedidas e somos obrigados a recuar. Na Hollingsworth & Vose, empresa industrial de papéis especiais,

---

[3] Jacquelin Cooper, "How Industry Leaders Find, Evaluate, and Choose the Most Promising Open Innovation Opportunities", *Visions*, 36(1), 2012, pp. 20–23.

[4] Os exemplos da Unilever e Oakland são de J. Cooper, *Visions*, *op. cit.*

as vedações são testadas cinco vezes nesse estágio – teste de laboratório interno, teste de laboratório do cliente, teste de máquina do cliente, teste de máquina do fabricante de automóveis e teste de frota.

Mais cedo ou mais tarde as iniciativas técnicas geram um produto que os avaliadores afirmam que atende à solicitação dos clientes. Entramos então na Fase V (lançamento), e a atenção volta-se para o lançamento do produto. Agora a preocupação da avaliação é se a empresa provou-se capaz de produzir e comercializar o produto em escala comercial. Isso normalmente é resolvido por alguma forma de teste de mercado.

É claro que mais tarde os desenvolvedores (e também outras pessoas da empresa, infelizmente) se perguntarão, em retrospectiva "Deveríamos ter feito tudo isso?". O propósito não é encontrar o culpado de um produto ter dado errado, mas, na verdade, investigar o processo de avaliação para evitar que isso ocorra novamente.[5]

Considerações sobre a linha de produtos na avaliação de conceitos

Lembre-se de que qualquer produto que esteja sendo avaliado não está desacompanhado. A maioria das organizações tem vários produtos em desenvolvimento, algumas vezes um grande número ou mesmo centenas deles. Como vimos no Capítulo 3, os gestores, com frequência, pensam em termos de um portfólio de produtos e avaliam os projetos de novos produtos com relação ao seu nível de adequação à estratégia corporativa. Veremos mais detalhadamente como os projetos de produto são selecionados com respeito a questões estratégicas (como os portfólios estratégicos) no Capítulo 11.

Especialmente nas fases iniciais do processo de novos produtos, ou na linha de frente difusa (*fuzzy front end*), existem riscos envolvidos nas decisões sobre projetos. Dependendo do mecanismo de avaliação escolhido, a empresa pode deixar passar muitas ideias ruins ou rejeitar boas ideias. Não existe uma única forma correta de otimizar a avaliação de projetos, mas alguma experiência pode ajudar a estabelecer as melhores regras para determinada empresa ou setor. Por exemplo, a empresa que necessita rapidamente de ajuda com um novo produto pode ignorar pontos de controle iniciais e se limitar a apenas um ou dois formatos alternativos durante o desenvolvimento. A empresa tenderá a introduzir uma verificação importante em uma fase posterior do processo para ter certeza de que o plano de marketing passa informações e o sistema de distribuição está adequado. Em um setor como o farmacêutico, uma empresa poderia levar adiante o desenvolvimento de duas ou mais ideias: com um número maior de produtos possíveis, há maior probabilidade de um deles ser bem-sucedido e o ganho proveniente desse sucesso é suficientemente grande para compensar os custos adicionais incorridos no desenvolvimento de mais produtos. Ter obstáculos muito grandes pode diminuir a taxa de insucesso, mas contribuir para atrasos importantes e onerosos no lançamento de um novo produto. Quando uma empresa fabrica os produtos com tempos de ciclo muito curtos (como os jogos de computador), tem de controlar o número de produto na fila de processos em qualquer momento dado para que os produtos recebam verbas de desenvolvimento em tempo hábil.[6]

---

[5] Para examinar uma discussão meticulosa sobre técnicas de avaliação de novos produtos e a utilização de diferentes fases no processo de novos produtos, consulte Muammer Ozer, "A Survey of New Product Evaluation Models", *Journal of Product Innovation Management,* 16(1), January 1999, pp. 77–94.

[6] Para obter mais informações sobre esse assunto, consulte Donald G. Reinertsen, "Taking the Fuzziness Out of the Fuzzy Front End", *Research-Technology Management,* November–December 1999, pp. 25–31.

A CURVA DE GASTOS CUMULATIVOS

Como vimos, o sistema de avaliação de novos produtos flui com o desenvolvimento do produto. O tipo de avaliação que ocorre em determinado ponto (até que ponto é importante, até que ponto é oneroso) depende muito do que vem em seguida. A Figura 8.2 mostra um *input* fundamental para a estruturação de qualquer sistema de avaliação: no meio dessa figura, uma curva com inclinação gradativamente ascendente representa a acumulação de custos ou gastos em um projeto típico de novo produto desde o início até o lançamento completo.

Essa curva generalizada, baseada em vários estudos ao longo dos anos, é apenas uma média. Ela não precisa refletir nenhuma empresa, mas é típica de vários produtos de consumo duráveis, produtos *business to business* não técnicos e vários serviços. Com a curva média, são mostradas duas outras curvas. A curva de gastos iniciais é representativa do desenvolvimento de produtos em áreas técnicas, como a área farmacêutica, óptica e de computadores. O P&D é a grande parte do pacote de custos, e os custos de marketing são relativamente pequenos. A curva mais inferior na figura mostra o tipo oposto de empresa – digamos, uma empresa de produtos de consumo embalados. Nesse caso, os gastos técnicos podem ser pequenos, mas é necessário um imenso programa de propaganda televisiva na introdução.

Trata-se de generalizações, e exceções individuais de fato ocorrem, como quando a P&G despende anos no desenvolvimento de um substituto para a gordura chamado Olestra ou a Upjohn comercializa uma linha de medicamentos genéricos. A questão é que quem quer que desenvolva um sistema de avaliação de conceitos necessita saber para que situação ele se destina. Nenhuma decisão de avaliação independe de considerações sobre o que será feito em seguida, quanto custará ou quais

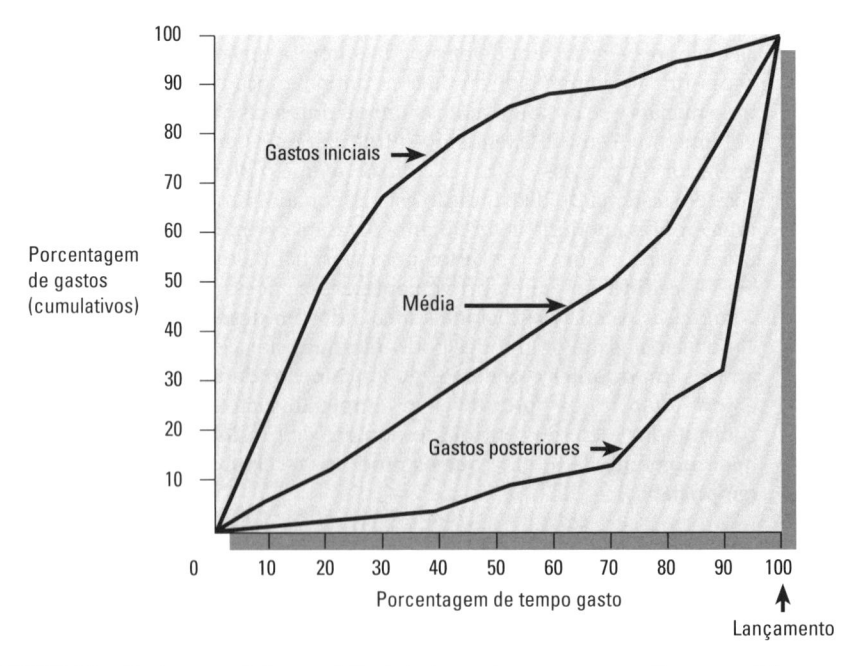

FIGURA 8.2 Gastos cumulativos: média de todo o setor em comparação com padrões ocasionais.

A decisão é: → Se o produto fosse comercializado ↓	A Interromper o projeto agora	B Passar para a avaliação seguinte
A. Fracassaria	AA (nenhum erro)	BA (erro de prosseguimento)
B. Seria bem-sucedido	AB (erro de interrupção)	BB (nenhum erro)

FIGURA 8.3 Matriz de riscos/compensações em cada avaliação.

Comentário: As células AA e BB são decisões "corretas". As células BA e AB são erros, mas elas têm dimensões de custo e probabilidade diferentes.

pontos sem retorno estão sendo passados. Um antigo provérbio chinês diz: "Use sua energia para afiar o gume da faca, e não para polir a lâmina".

Matriz de riscos/compensações

A Figura 8.3 utiliza essas ideias em uma **matriz de riscos/compensações**. Em qualquer ponto de avaliação específico no processo de novos produtos, o gestor de novos produtos enfrenta as quatro situações mostradas. Tendo em vista que o conceito do produto que está sendo avaliado tem dois resultados finais principais (sucesso ou fracasso) e que existem duas opções de decisão no momento (prosseguir ou cancelar o projeto), há quatro células na matriz.

A célula AA e a BB são favoráveis; abandonamos um conceito que no final fracassaria ou damos prosseguimento a um conceito que no final seria bem-sucedido. O problema gerencial surge nas outras duas células. AB é um "erro de interrupção": um conceito vencedor é descartado. Mas BA é um "erro de prosseguimento": um conceito perdedor é encaminhado para o ponto de avaliação subsequente.

Que erro o gestor deve procurar evitar? A resposta depende do custo monetário. Primeiro, descartar um vencedor é extremamente caro, porque os lucros finais provenientes de um produto bem-sucedido estão fadados a ser bem mais altos do que todos os custos de desenvolvimento somados, quanto mais aqueles da etapa seguinte. Portanto, o erro AB é bem pior do que o BA.

A exceção, obviamente, é o custo de oportunidade. Que outro projeto está à espera de verba? Quando há bons candidatos aguardando uma oportunidade, as perdas decorrentes da interrupção de um vencedor são bem menores, porque o dinheiro desviado provavelmente irá para outro vencedor. A questão é que o gestor precisa pensar nesses pontos no momento de determinar que avaliação deve ser realizada. Se os custos líquidos da etapa seguinte em qualquer circunstância forem baixos, provavelmente será tomada a decisão de prosseguir, talvez com pouquíssimas informações. Por exemplo, a P&G apoiou o Febreze (eliminador de odores) e o Dryel (que possibilita a lavagem de roupas a seco em casa) com um teste de mercado considerável, incluindo um extenso marketing experimental, visto que eles eram considerados produtos novos para o mundo (e novos também para a P&G) arriscados. Mas a P&G respaldaria uma extensão de linha simples de sabões líquidos com um teste bem menos extenso (e recorreria a algumas das opções de método que veremos no Capítulo 18), na medida em que essa linha seria considerada um lançamento bem menos arriscado. Posteriormente você saberá como a Starbucks testou amplamente o café instantâneo Via porque o considerava um novo produto arriscado e precisava mitigar esses riscos. Pense: quem conhece mais a respeito de sabões líquidos do que a P&G? Quem conhece mais a respeito de café do que a Starbucks? Contudo, mesmo essas empresas reconheceram que as situações de alto risco exigiam testes de mercado mais extensos.

Em geral, a equipe de novos produtos deve considerar quatro estratégias genéricas de risco:

Eliminação: Eliminar totalmente o projeto de produto de risco, embora incorra em um custo de oportunidade (e se tivessem conseguido aprovação para o projeto e ele fosse bem-sucedido?).

Mitigação: Reduzir o risco para um limite aceitável, talvez por meio da redefinição do produto para incluir mais sistemas de apoio ou aumentar a confiabilidade do produto.

Transferência: Transferir a responsabilidade para outra organização, em forma de *joint venture* ou subempreiteiro, por exemplo. A outra parte estaria mais bem equipada para lidar com o risco.

Aceitação: Desenvolver um plano de contingência no momento (aceitação ativa) ou lidar com os riscos à medida que eles surgem (aceitação passiva).[7]

A curva de declínio

As decisões relacionada à matriz de risco trazem à tona a ideia de **curva de declínio**, tal como mostrado na Figura 8.4. Essa figura retrata a porcentagem de conceitos de novos produtos de qualquer empresa que sobrevivem ao período de desenvolvimento, dos 100% que se iniciam antes do teste de conceito até os 2% (com base na estimativa de vários estudos) que são introduzidos no mercado. Os 98% descartados sofrem

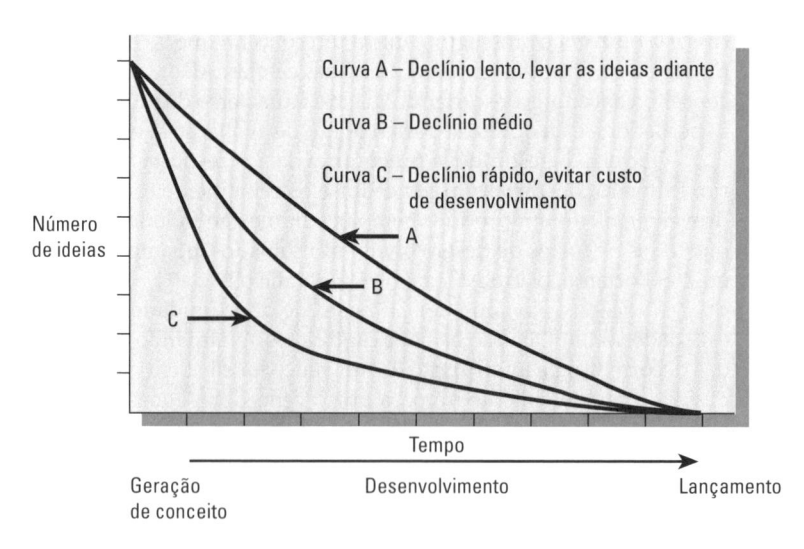

FIGURA 8.4 Mortalidade das ideias de novos produtos – curva de declínio.

Fonte: Representação hipotética baseada em dados empíricos de várias fontes, como *New Products Management for the 1980s* (Chicago: Booz Allen & Hamilton, 1982), p. 14.

---

[7] Gregory D. Githens, "How to Assess and Manage Risk in NPD Programs: A Team-Based Risk Approach", in P. Belliveau, A. Griffin & S. Somermeyer (eds.), *The PDMA Toolbook for New Product Development* (New York: John Wiley, 2002), pp. 187–214.

um declínio em vários momentos ao longo do processo e o momento desse declínio é determinado principalmente pela análise da matriz de risco.

A curva de declínio C tem aproximadamente o formato da curva de declínio de uma empresa proeminente no setor de papel que deseja cancelar logo no início todos os possíveis perdedores e despender tempo no desenvolvimento apenas das propostas que valem a pena comercializar. Essa era a estratégia da empresa e seu sistema de avaliação a implementou fielmente. A curva de declínio A representa uma curva para uma empresa de serviços que tinha custos de desenvolvimento bastante baixos e desejava cancelar um projeto somente quando houvesse sólidas evidências contra ele. A empresa de papel realizava análises financeiras cuidadosas até mesmo antes de o trabalho técnico começar; a empresa de serviços iniciava um projeto e simplesmente o deixava prosseguir até o momento em que surgissem evidências do contrário.

Portanto, a curva de declínio é em parte um plano e em parte um resultado. Ambos devem ser sincronizados. Seu valor como conceito gerencial reside em ajudar o gestor a ver a necessidade de refletir sobre o fluxo de custos de desenvolvimento e a matriz de riscos/compensações (anterior) para cada conceito de novo produto desde o momento em que ele decola até o desenvolvimento. Quando as coisas estão funcionando, ouvimos frase como: "A respeito desse *chip*, vamos fazer o possível para que o cliente o deseje se pudermos fabricá-lo; não faz sentido gastar todo esse dinheiro e depois constatar que não existe consumidor para esse produto". E no prédio do outro lado da rua: "Não se preocupe neste momento com as dúvidas de Fulano; podemos reposicionar o distribuidor de fertilizantes em cima da hora se tivermos de fazer isso, até mesmo mudar vários atributos fundamentais se assim desejarmos. Vamos adiante, já!"

SISTEMA DE PLANEJAMENTO E AVALIAÇÃO

As considerações anteriores ajudam a estabelecer o tom das decisões gerenciais em um sistema de avaliação apropriado para qualquer conceito de novo produto. Existem quatro outros conceitos relevantes, mas menos exigentes, que nos ajudam a decidir se devemos testar o conceito, por quanto tempo é necessário conduzir o teste de uso em campo, se devemos lançar aos poucos ou introduzir imediatamente em âmbito nacional e que nível de detalhamento a análise financeira deve ter.

Tudo é experimental

É fácil imaginar que desenvolver um novo produto é como construir uma casa – primeiro a fundação, em seguida a estrutura, depois o primeiro andar e assim por diante. Infelizmente, os aspectos de um produto raramente são fixos assim. De vez em quando eles são, como quando um processo técnico domina o desenvolvimento ou quando um produto semiacabado é adquirido de outra parte qualquer ou quando existem exigências legais ou setoriais.

Normalmente presumimos que tudo é experimental, mesmo durante a comercialização. A forma geralmente pode ser alterada, e, do mesmo modo, os custos, a embalagem, o posicionamento e os contratos de serviço; também a data de comercialização e as reações dos reguladores governamentais. As atitudes dos clientes também podem ser alteradas como já constataram as empresas com longo tempo de desenvolvimento de novos produtos.

Isso significa que duas crenças consagradas na atividade de novos produtos na verdade são inverídicas. Uma é que tudo deve estar vinculado a uma única decisão de prosseguir/não prosseguir. Sem dúvida, uma decisão pode ser crítica – às vezes, por exemplo, quando uma empresa precisa investir milhões em uma grande instalação ou quando uma empresa adquire uma licença que a obriga a fazer desembolsos financeiros importantes. Contudo, várias empresas estão descobrindo alternativas para evitar esses comprometimentos por meio da transferência de riscos: contratar um fornecedor para fabricar o produto durante um tempo antes de se comprometer com uma instalação fabril, negociar uma licença experimental ou convidar clientes em potencial a entrar em um consórcio para garantir o volume necessário para construir a instalação.

A outra falácia é que a análise financeira deve ser realizada o mais cedo possível para evitar desperdício de dinheiro em projetos ruins. Essa filosofia leva as empresas a fazer análises financeiras complexas logo após o teste de conceito inicial, embora os números sejam inadequados. A empresa de papel cuja taxa de declínio foi apresentada na Figura 8.4 (curva C) recusou centenas de ideias antes de constatar que a análise financeira inicial estava destruindo ideias que teriam parecido excelentes depois de desenvolvidas mais a fundo. A análise financeira é mais bem construída quando elaborada peça por peça, do mesmo modo que o produto em si. Veremos posteriormente como isso funciona.

Outra questão experimental é a data de comercialização. A comercialização, na realidade, começa bem no início do processo de desenvolvimento (por exemplo, quando os compradores são indagados em um teste de conceito sobre se acreditam que a empresa deles se interessaria por um novo produto). Os lançamentos gradativos (discutidos no Capítulo 18) são tão comuns hoje que é difícil dizer quando a comercialização completa se inicia. Ninguém pressiona um botão e a comercialização começa instantaneamente. Na verdade, a atividade de comercialização avança gradativamente e ganha velocidade, o que sem dúvida afeta o sistema de avaliação. O que, em alguns casos, resulta em uma espécie de *avaliação contínua*. O projeto é avaliado continuamente, os números são provisórios, o fechamento prematuro é evitado e os participantes evitam parâmetros de bom e ruim. De certa forma, isso significa lidar com o risco por meio de aceitação ou mitigação. Como sabemos que os projetos de desenvolvimento de produtos são arriscados, avaliamos, passamos para a fase seguinte se justificado e aprimoramos continuamente a qualidade das informações disponíveis ao longo de todo processo para minimizar a probabilidade de insucesso (mitigação) e esperar contingências e lidar com elas à medida que elas surgem (aceitação).

Buracos

Uma habilidade fundamental dos desenvolvedores de produtos é a capacidade de prever dificuldades importantes, os buracos (*potholes*) na inovação de produtos. Em uma viagem de automóvel, os buracos são sempre um problema, mas eles só se tornam caros quando não conseguimos vê-los a tempo para diminuir a velocidade ou contorná-los. O mesmo raciocínio se aplica aos novos produtos: devemos procurar cuidadosamente os problemas de fato prejudiciais (como buracos fundos) e mantê-los em mente quando determinamos o que a avaliação fará. Se o buraco for profundo o bastante, a equipe de desenvolvimento talvez seja obrigada a considerar seriamente a opção de evitar o risco: eliminar o projeto!

Por exemplo, quando a Campbell Soup Company começa a desenvolver uma nova sopa enlatada, as probabilidades estão a seu favor. A empresa conhece extremamente bem os processos de desenvolvimento, fabricação, embalagem, distribuição e promoção desses produtos. Contudo, a experiência demonstrou dois pontos no processo em que ela pode falhar e, em caso positivo, o produto não vender. O primeiro é o custo de fabricação – e não a qualidade, visto que esse é um dos pontos fortes fundamentais da empresa. Entretanto, sempre existe a questão sobre se os ingredientes escolhidos podem ser juntados para atender a metas de custo determinadas pelo mercado. O segundo é se os consumidores gostam do sabor. Portanto, o sistema de avaliação da empresa é estabelecido para nunca negligenciar esses dois pontos.

Um moleiro certa vez disse que o maior buraco para a sua empresa era a rápida entrada de concorrentes com preços reduzidos, porque o setor não tinha praticamente nenhuma proteção de patente nem outras barreiras à entrada de concorrentes. Em todo caso, ele se programava para isso e não seguia adiante sem uma resposta. Um desenvolvedor de *software* afirmou que o maior buraco para ele era a falta de disposição dos clientes para aprender a usar novos produtos complexos. Ele tinha vários produtos convenientes no cemitério para provar isso. Entre os buracos enfrentados pelos fabricantes farmacêuticos está a incerteza quanto à aprovação do FDA: por esse motivo, uma empresa pode assumir a despesa de conduzir dois produtos semelhantes pelo processo de aprovação com a esperança de que pelo menos um deles conseguirá.

Na verdade, se um gestor refletir cuidadosamente sobre a questão dos buracos (examinar com atenção a estrada à sua frente), haverá benefícios não apenas para o sistema de avaliação.

A dimensão de pessoal

Os desenvolvedores de produto também precisam se lembrar de que estão lidando com pessoas, e as pessoas causam problemas. Por exemplo, embora os profissionais de P&D fiquem muito entusiasmados no início da vida de um novo produto, a ideia pode ter pouco apoio fora do P&D; ela é frágil e fácil de ser eliminada. Em um momento posterior do ciclo de desenvolvimento, mais pessoas terão aceito o conceito e o apoiarão porque tiveram alguma participação para que ele chegasse ao ponto em que se encontra. Consequentemente, a proposta, agora consistente, é difícil de ser interrompida.

Isso indica que um sistema de avaliação deve conter um teste inicial que ofereça respaldo. Na verdade, o *teste* de conceito algumas vezes é chamado de *desenvolvimento* para reforçar a ideia de amparar o produto, e não simplesmente o eliminar. Em uma fase posterior do ciclo, os obstáculos normalmente costumam ser difíceis e trabalhosos, e não são fáceis de superar. Uma empresa nomeou seu diretor de pesquisa de mercado para o cargo de gestor de triagens. Sua responsabilidade era impor triagens absolutas – por exemplo, "Um novo produto alimentício, em teste de nivelamento nacional, deve obter 70% de preferência em relação aos respectivos líderes na categoria". Se menos de 70% dos avaliadores preferissem o novo produto, ele seria eliminado, ponto final. Isso parece rigoroso e arbitrário, mas mostra como algumas vezes é difícil eliminar produtos menos importantes em um momento já tardio do desenvolvimento. Outro problema relacionado às pessoas está relacionado ao risco pessoal. Toda atividade de novos produtos tem um forte componente de risco – risco para fatores como cargos, promoções, bonificações etc. Por esse motivo, algumas pessoas esquivam-se de atribuições relacionadas a novos produtos. Estamos sempre na mira de alguém – um chefe ambicioso, um órgão de regulamentação dedicado, um concorrente agressivo, um distribuidor com fome de poder ou um crítico antigo que foi rejeitado dentro da empresa. Um bom sistema de avaliação, fundamentado em uma meticulosa compreensão do caminho que o novo produto seguirá à medida que atravessa a fase de desenvolvimento, protege os desenvolvedores contra essas pressões. Esse sistema deve apoiar as pessoas e oferecer a tranquilização (se justificada) da qual os participantes precisam.

Substitutos

O *timing* das informações factuais nem sempre coincide com o momento em que precisamos delas. Por exemplo, desejamos conhecer as reações dos clientes logo no início, até mesmo antes de desenvolvermos o produto, se possível. Contudo, não podemos conhecer de fato suas reações enquanto não produzirmos parte do produto e não o oferecermos para experimentação. Por isso, procuramos **perguntas substitutas** para obtermos informações que possam substituir o que desejamos conhecer e não podemos. Veja quatro perguntas para as quais temos grande necessidade de resposta e quatro outras que podem ser respondidas prematuramente (e que, portanto, nos oferecem *dicas* da resposta real):

Pergunta real	Pergunta substituta
Eles darão preferência a esse produto?	Eles aceitaram o protótipo que lhes oferecemos?
Nosso custo será competitivo?	Ele corresponde às nossas capacidades de fabricação?
A concorrência entrará no jogo imediatamente?	O que foi que a concorrência fez da última vez?
Esse produto terá saída?	Ele se saiu bem no teste de campo?

Observe que todas as respostas não tem outro valor senão ajudar a responder uma pergunta fundamental que não pode ser respondida diretamente.

As perguntas substitutas normalmente mudam em diferentes momentos do processo de avaliação. Por exemplo, voltemos a uma das perguntas que acabamos de apresentar: Nosso custo será competitivo? Em diferentes momentos do projeto, a pergunta substituta usada poderá ser:

Momento 1: Ele corresponde às nossas capacidades de fabricação?

Momento 2: Essas capacidades podem ser obtidas?

Momento 3: Que problemas estamos enfrentando para montar um protótipo?

Momento 4: Como ficou o protótipo?

Momento 5: O processo de fabricação parece eficiente?

Momento 6: Como ficaram os custos de produção iniciais?

Momento 7: É possível ver agora alguma alternativa para cortar os custos?

Momento 8: Qual é o custo?

Momento 9: Qual é o custo competitivo?

Somente quando conhecemos nosso custo final e o custo da concorrência é que conseguimos responder a pergunta original. Mas as perguntas substitutas nos ajudaram a distinguir se estávamos destinados a enfrentar um problema.

A última ferramenta que utilizamos para definir um sistema de avaliação para cada novo projeto à medida que ele é instituído baseia-se em como prevemos as vendas e os lucros de um novo produto. O cálculo é bem semelhante a uma demonstração de resultados *pro forma*, um *conjunto* de número que nos permitem ver como ficarão os lucros com base no momento em que nos encontramos no desenvolvimento.

A fórmula básica, mostrada na Figura 8.5, baseia-se no que é conhecido na área de marketing como **conceito A-T-A-R** (*awareness-trial-availability-repeat* – consciência--experimentação-disponibilidade-repetição).

> Lucros = Unidades vendidas × Lucro por unidade
>
> Unidades vendidas = Número de unidades compradas
> × Porcentagem que toma consciência do produto
> × Porcentagem que opta por experimentar o produto se conseguirem obtê-lo
> × Porcentagem de experimentadores que podem obter o produto
> (se o produto lhes for disponibilizado)
> × Fator de repetição: 1 + (a porcentagem de experimentadores que gostam o suficiente do produto para comprá-lo novamente × o número de unidades adicionais compradas por quem está repetindo a compra em um ano)
>
> Lucro por unidade = Receita por unidade (preço de tabela unitário menos margens comerciais, subsídios promocionais, frete etc.)
> Custo por unidade (normalmente custo das mercadorias vendidas mais custos de marketing direto)
>
> Portanto:
> Lucros = Unidades de compra × Porcentagem consciente × Porcentagem de experimentação × Porcentagem de disponibilidade × Fator de repetição × (Receita por unidade − Custos por unidade)

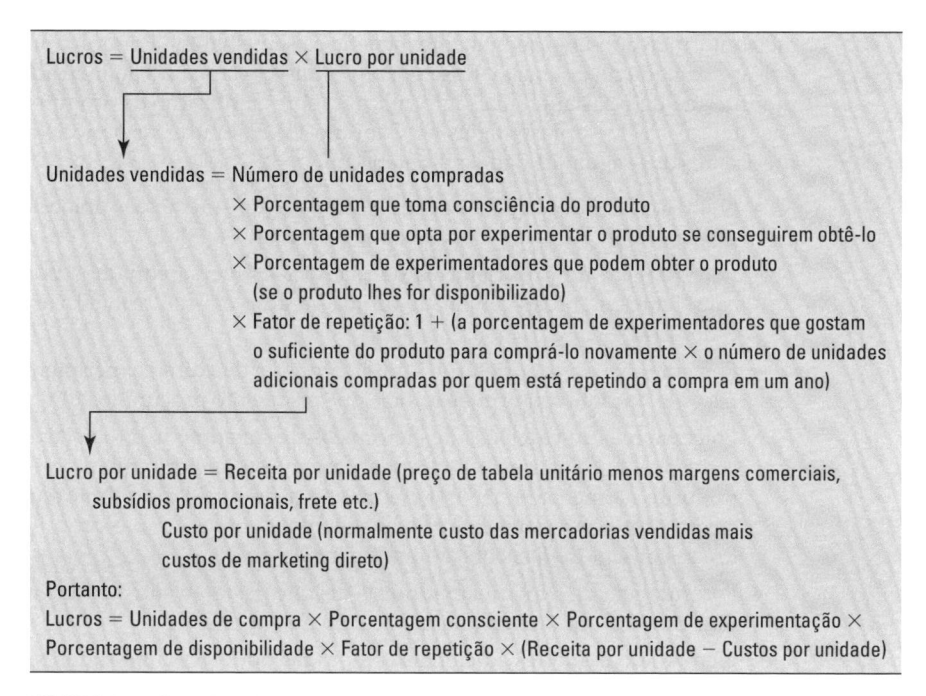

FIGURA 8.5 O modelo A-T-A-R.

O MODELO A-T-A-R

Esse modelo baseia-se no que é chamado de **difusão da inovação**, que é explicada da seguinte forma: para uma pessoa ou uma empresa tornarem-se um usuário/comprador regular de uma inovação, deve haver primeiro consciência de que ele existe, depois deve haver a decisão de experimentar essa inovação, em seguida o produto deve estar disponível ou ao alcance das pessoas e, por fim, o produto deve gerar o tipo de satisfação que possibilitará que ele seja adotado ou que venha a ser usado repetidas vezes.[8]

Gostaríamos de utilizar a fórmula para calcular todo o fluxo até o lucro. Para isso, nós a ampliamos para incluir o tamanho do mercado-alvo (adotantes em potencial), unidades compradas por cada adotante e os aspectos econômicos dessa operação. Entretanto, o A-T-A-R encontra-se no âmago desse cálculo. Aqui, utilizamos uma forma desse modelo para prever a lucratividade no primeiro ano; no Capítulo 11, revemos o A-T-A-R como ferramenta de previsão de participação de mercado, e voltamos a vê-lo mais adiante, no Capítulo 18, no contexto de mercados de teste simulados.

Vejamos um exemplo simples para explicar como ele funciona. Suponhamos que nossa empresa estivesse desenvolvendo um *smartphone* de última geração. Presumimos que o produto é análogo aos *smartphones* existentes com tela de vídeo (ou seja, o novo produto será comparável em vários sentidos a esses celulares: preço se-

---

[8] A sequência básica do A-T-A-R foi decomposta ainda mais em várias microetapas. Um exemplo dessa ampliação encontra-se em John H. Antil, "New Product or Service Adoption: When Does It Happen?", *Journal of Consumer Marketing,* Spring 1988, pp. 5–16. Algumas pessoas utilizam esse modelo de uma forma abreviada, parando em vendas unitárias. Elas calculam a participação de mercado e tiram conclusões a esse respeito.

melhante, mercado-alvo semelhante, benefícios semelhante). Portanto, uma estimativa aproximada do potencial desse novo produto é o tamanho do mercado para um produto análogo existente (mais informações sobre a utilização de produtos análogos nas previsões serão apresentadas no Capítulo 11). Para utilizar o modelo A-T-A-R, precisamos dos seguintes dados (hipotéticos):

- Número de pessoas que possuem *smartphone* (que são nossas unidades de compra em potencial para o novo produto): 10 milhões.
- Porcentagem de proprietários de *smartphone* que acreditamos poder tornar conscientes de nosso celular de última geração em seu primeiro ano no mercado: 40%.
- Porcentagem de proprietários conscientes que decidirão experimentar o novo telefone durante seu primeiro ano e que resolverão procurá-lo: 20%.
- Porcentagem de varejistas de eletrônicos de consumo habituais que podemos convencer a manter esse novo produto em estoque durante o período de introdução no mercado: 70%. (Para manter a simplicidade, admitiremos que os compradores em potencial provavelmente só procurarão o produto em uma loja se conseguirem encontrá-lo nessa loja.)
- Porcentagem de experimentadores reais que gostarão suficientemente do produto para comprá-lo novamente no primeiro ano: 20%.
- Número de unidades adicionais compradas por esses compradores reincidentes, em média: 1 (isto é, eles compram dois telefones ao todo, possivelmente um para usar em casa e outro para usar no escritório).
- A receita monetária do fabricante, por aparelho, descontadas as margens comerciais e os descontos promocionais: US$ 100.
- Custo unitário de acordo com o volume pretendido: US$ 50.

A previsão de contribuição para o lucro, com base no modelo A-T-A-R retratado na Figura 8.5, seria:

$$\begin{aligned}\text{Contribuição para o lucro} &= \text{Potencial} \times AW \times T \times AV \times R \times \text{margem} \\ &= 10 \text{ milhões} \times 0{,}40 \times 0{,}20 \times 0{,}70 \times 1{,}20 \times (\text{US\$ } 100 - \text{US\$ } 50) \\ &= \text{US\$ } 33.600.000,\end{aligned}$$

onde AW = consciência (*awareness*) e AV = disponibilidade (*availability*) e R é calculado tal como na Figura 8.5 como

$$1 + (\text{porcentagem de compradores reincidentes} \times \text{número adicional de unidades}) = 1 + (0{,}20 \times 1) = 1{,}20.$$

O que fizemos foi preparar uma fórmula matemática e aplicá-la a um conjunto de dados. Como o desenvolvimento estava quase no final quando o cálculo foi realizado, a previsão se evidenciou razoavelmente consistente. Contudo, essa fórmula poderia ter sido utilizada logo no início também. Somente alguns números (*e.g.*, número de adotantes em potencial) são conhecidos no início, mas as estimativas podem ser inseridas em outros pontos e o modelo pode ser configurado para ser utilizado posteriormente.

Do mesmo modo que em outras partes deste capítulo, o modelo A-T-A-R nos oferece orientação sobre a estrutura do sistema de avaliação. Você pode perceber imediatamente a importância da consciência, experimentação etc. Isso significa que será necessário realizar testes para verificar o interesse dos clientes em experimentar o produto, suas reações após a experimentação (qual a probabilidade de experimentarem novamente?) e quaisquer outros fatores que contribuam para a fórmula.

Não há nada mágico na fórmula; ela simplesmente expressa os fatores críticos e mostra a relação entre eles e com as previsões de vendas e lucros.

Duas coisas são importantes com respeito às previsões de vendas e lucros desse modelo para o novo celular:

1. *Todo fator é objeto de estimativa* e em toda fase de desenvolvimento estamos tentando aprimorar nossa capacidade de fazer estimativas. Por exemplo, nosso objetivo pode ser tentar verificar a capacidade de nossa promoção introdutória para gerar consciência ou simplesmente qual desconto de preço devemos oferecer para motivar a primeira compra do aparelho. Podemos estar querendo saber se a nossa distribuição será suficiente para disponibilizar o produto quando o mercado pretendido o procurar.

2. *Uma previsão de lucros inadequada pode ser aprimorada somente com a mudança de um dos fatores*. Por exemplo, se a previsão de contribuição de lucro de US$ 33.600.000 for insuficiente, examinamos todos os fatores no modelo e vemos quais poderiam ser alterados e a que custo. Talvez pudéssemos aumentar a margem de varejo em 5% e convencer mais 10% dos varejistas a estocar o produto. Entretanto, talvez fosse possível gerar maior consciência intensificando a propaganda.

Além de mudanças quantitativas, podem ser realizadas mudanças qualitativas (como um novo tema de propaganda). As mudanças propostas então são novamente processadas na fórmula, que gera outro conjunto de resultados, algumas outras mudanças etc. Algumas vezes a questão levantada é tão fundamental que é mais eficaz retornar a uma fase anterior do desenvolvimento. O fato de o modelo ser configurado em formato de planilha facilita as simulações e os testes "e se".

A-T-A-R é um termo que provém do marketing de produtos de consumo. Como o setor costuma empregar uma linguagem levemente diferente, uma pergunta natural é: "O modelo aplica-se a todos os tipos de novos produtos, como os industriais e também de serviços?" A resposta é absolutamente, sem dúvida, embora cada termo possa ser definido de uma maneira levemente diferente em ambientes diferentes.

Consulte a Figura 8.6 para examinar as definições de termos que variam. Uma **unidade de compra de consumo** pode ser uma pessoa ou um domicílio. Para móveis de escritório, talvez seja um gerente de instalação; para produtos industriais, geralmente será uma pessoa de compras ou engenharia (parte de uma equipe); e para um empréstimo bancário ao consumidor, será novamente uma pessoa ou uma família. Os

FIGURA 8.6 Definições utilizadas no modelo A-T-A-R.

Unidade de compra significa ponto de compra; pode ser a pessoa, o domicílio ou o departamento que participa da decisão.
Consciência refere-se a alguém na unidade de compra que ouve a respeito da existência de um novo produto que tem algumas características que o diferenciam; isso pode variar de um setor para outro e até entre desenvolvedores.
Disponibilidade refere-se à probabilidade percentual de o comprador ou consumidor encontrar o produto se assim desejar experimentá-lo; normalmente é a "porcentagem de lojas que o estoca". Os vendedores diretos têm 100% de disponibilidade.
A *experimentação* é definida variadamente; pode ser uma amostra em um ambiente industrial em que essa prática tem um custo correspondente; na maioria das situações, significa uma compra real e pelo menos algum consumo.
A *repetição* também é variável; em produtos de consumo, significa comprar no mínimo uma vez mais (ou duas ou três vezes); em bens duráveis, pode significar estar satisfeito e/ou fazer pelo menos uma recomendação para outras pessoas.

desenvolvedores de produtos sabem o que essas definições devem ser; os usuários-alvo foram selecionados em parte porque os conhecemos bem.

Sem uma definição precisa, é impossível haver uma mensuração conveniente. Em cada caso, algo que está relacionado ao termo indica como você deve defini-lo. No caso de **consciência**, queremos saber se a unidade de compra foi suficientemente bem informada para estimular uma maior investigação e consideração sobre a possibilidade de experimentação. Se apenas o nome do produto for ouvido, é provável que isso não ocorra. Com relação à **experimentação** de nosso novo produto, poderíamos imaginar uma situação dentro de uma loja em que o cliente em potencial experimenta o telefone para ver se é um produto satisfatório. Para outros tipos de novos produtos (como um novo dispositivo eletrônico de segurança para ser instalado em um automóvel), você talvez queira saber como um comprador/consumidor em potencial poderia experimentar o produto, isto é, experimentá-lo em situações de risco e aguardar até que um ladrão tente desativá-lo. A resposta é aproximar-se o máximo possível da resposta perfeita, e isso algumas vezes exige criatividade. A Otis Elevator Company, por exemplo, não vende misturas para bolos – a empresa simplesmente leva os compradores em potencial a um local em que o elevador em questão já foi instalado. A experimentação não é perfeita, mas é suficientemente precisa para que haja uma aprendizagem real por parte do cliente. Algumas vezes as empresas utilizam a **experimentação vicariante** (*vicarious trial*), na qual uma pessoa ou uma empresa que de fato *experimentou* um produto divulga os resultados a alguém que não pode experimentá-lo. Contudo, deve haver experimentação, e a Chrysler certa vez queria tanto que um novo produto fosse experimentado que se ofereceu a pagar US$ 50 às pessoas se elas se dispusessem a participar de uma demonstração (e, posteriormente, no prazo de mais ou menos um mês, mostrassem o comprovante de compra de um novo carro). Isso é possível.

Em uma experimentação, desejamos que duas coisas ocorram:

1. A unidade de compra incorra em alguma despesa para obter o produto para experimentação – se não tiver havido nenhum custo, não podemos ter certeza de que houve avaliação da mensagem do produto e de que se criou interesse. Qualquer pessoa pode provar um molho em um supermercado, mas isso não significa que a degustação foi uma experimentação verdadeira.
2. A unidade de compra utilize suficientemente o novo produto para ter uma referência para determinar se ele é bom de alguma forma.

Com respeito à **disponibilidade**, desejamos saber se o consumidor/comprador pode obter o novo produto se tomar a decisão de experimentá-lo. Esse fator é mais corrente, e para produtos de consumo normalmente é a porcentagem de pontos de venda em que nossos consumidores-alvo compram e para as quais a empresa distribuiu o novo produto. Se a empresa vender diretamente, sempre haverá disponibilidade (a menos que a fábrica tenha muitos pedidos pendentes). Outra medida comumente utilizada é o *volume total de mercadorias* (*all commodity volume* – ACV), que é a porcentagem do mercado que tem acesso ao produto em canais de distribuição locais. O segmento *business to business* com frequência utiliza distribuidores de algum tipo, em geral em forma de acordo de franquia ou semifranquia, e também nesse caso praticamente garante disponibilidade. Mas muitas pequenas empresas não podem ter certeza de disponibilidade e despendem grande parte de sua verba de marketing tentando obtê-la.

A **repetição** é fácil para os produtos de consumo embalados (normalmente, uma compra repetida), mas realmente significa que a experimentação foi bem-sucedida – a unidade de compra ficou satisfeita. Em compras ocasionais (industriais ou de consumo), precisamos determinar qual estatística nos dará essa informação. Algumas pessoas utilizam a forma direta: "Você ficou satisfeito?". Algumas vezes, a indireta – por exemplo, "Você teve oportunidade de recomendar o produto a outras pessoas?" – é melhor. No caso do celular com videochamada, a compra de uma segunda unidade seria uma boa mensuração. Em qualquer caso, uma empresa deve alcançar alguma definição aceitável e ater-se a ela, construindo assim uma experiência para servir de parâmetro de mensuração.

Onde obtemos os números do modelo A-T-A-R?

As técnicas de avaliação mostradas na Figura 8.1 (principalmente teste de conceito, teste de uso do produto e teste de mercado) fornecerão os dados necessários para o modelo A-T-A-R. Você ainda não está familiarizado com os vários testes, mas eles serão associados ao modelo A-T-A-R à medida que vierem à tona. Embora diversos eventos de avaliação possam ajudar em vários fatores fundamentais, normalmente estamos mais interessados no evento que oferece a maior contribuição – assinalado como *melhor* na figura. E devemos saber quais são eles antes de iniciar a avaliação. Dessa forma, despendemos nossos recursos limitados primeiro nas melhores etapas e depois em outras, se houver verba disponível. Além disso, se tivermos de pular uma etapa (por exemplo, teste de conceito), saberemos de imediato que estamos deixando em aberto a pergunta sobre se os usuários são propensos a experimentar o produto quando ele for disponibilizado. Se formos realizar o teste de uso do produto, ele deverá ser configurado de uma forma que nos permita realizar um teste de conceito quando tentarmos convencer as pessoas a optar pelo teste de uso. É mais tarde do que desejávamos, mas melhor nessas circunstâncias do que nunca.

Outras aplicações do modelo A-T-A-R

Neste capítulo, delineamos a utilização do A-T-A-R relativamente no início da avaliação de conceito como uma ferramenta de previsão aproximada (isto é, qual é a provável contribuição desse produto para o lucro, ela é satisfatória e como pode ser melhorada?). O modelo A-T-A-R é útil já nessa fase inicial, visto que ele oferece uma previsão preliminar de vendas e lucros com base em estimativas específicas do novo produto (isto é, o A, T, A e R) – ele requer números que normalmente podem ser pesquisados e os utiliza de uma forma gerencial. Empregaremos o A-T-A-R em fases posteriores do processo de novos produtos e, por isso, retornaremos a ele ocasionalmente neste livro. No Capítulo 11, nós o utilizaremos como base para um modelo de previsão de vendas um pouco mais detalhado. O A-T-A-R está implícito em toda a discussão sobre planejamento de lançamento no mercado (Capítulos 16 e 17): o que poderia ser mais importante para a iniciativa de marketing do que obter consciência, experimentação, disponibilidade e repetição?[9] Por fim, no Capítulo 19, o visitamos novamente, dessa vez como ferramenta para avaliar o lançamento, identificar quais são as áreas problemáticas e colocá-lo novamente no curso.

RESUMO

Este capítulo examinou os fatores que contribuem para a estruturação de um sistema de avaliação do processo básico de novos produtos, concebido para fornecer informações que orientam o projeto em seu trajeto até o mercado. Primeiramente foram abordadas a curva de gastos cumulativos, a matriz de riscos/compensações e a curva de

---

[9] Um dos nossos principais especialistas em previsão abordou a situação de novos produtos, particularmente os problemas em torno de várias técnicas. Robert J. Thomas, "Issues in New Product Forecast-ing", *Journal of Product Innovation Management,* 10(3), September 1994, pp. 347–353.

declínio. Em seguida, examinamos alguns relatos referentes à maioria das situações, principalmente que quase tudo em uma situação processual é experimental. O produto em si ainda continua evoluindo, pelo menos até o momento em que tiver uma boa saída de vendas; a data real de comercialização está cada vez mais incerta na medida que as empresas adotam abordagens de marketing limitadas; na verdade, a avaliação começa com o termo de inovação, bem antes da geração de ideias; e todo produto é uma montagem constituída de várias partes, e cada uma requer sua própria avaliação.

Por fim, apresentamos o modelo A-T-A-R, que nos indica quais serão as etapas críticas, como nossas informações sobre elas podem ser utilizadas para prever as vendas e os lucros e como estruturar um sistema de avaliação compatível.

Quais são as ferramentas específicas, o que cada uma pode realizar e quais são os seus pontos fracos? As ferramentas que utilizamos na Fase III do processo básico, antes de entrar na fase de desenvolvimento, são abordadas nos dois capítulos subsequentes. Outras virão posteriormente.

APLICAÇÕES

- "Durante uma recente reunião de diretoria, dois dos meus diretores de divisão no Reino Unido travaram um intenso debate sobre os programas que eles utilizam para avaliar ideias de novos produtos. Um deles afirmou que considerava a avaliação extremamente importante; ele queria realizá-la o mais completamente possível e com certeza não queria que ninguém avançasse no desenvolvimento de um produto se as perspectivas não se evidenciassem altamente promissoras. O segundo contestou, dizendo que preferia que os produtos fossem desenvolvidos rapidamente e a avaliação de fato fosse deixada para o momento em que existissem dados que possibilitariam que ela fosse relevante. Como ambos pareciam ter razão, deixei a discussão correr. O que você acha que eu deveria ter dito?"

- "Não sei o que os professores das escolas de administração e negócios diriam, mas, na maioria das vezes, me parece que simplesmente nos daríamos tão bem quanto se não fizéssemos nenhuma avaliação dos novos produtos. Bastaria produzir aqueles que temos certeza de que venderão melhor e realmente apoiá-los. Sejamos francos – de qualquer forma, nunca tivemos dados confiáveis e as pessoas estão sempre mudando de mentalidade ou opinião. Nunca pensei que tantas pessoas pudessem dizer 'eu bem que te avisei'."

- "Preciso lhe contar outra coisa curiosa a respeito de avaliação. Parece que as pessoas que participam da avaliação nunca utilizam os fatos ou os dados que deveriam e, em vez disso, recorrem a dados substitutos. Não vejo por que motivo devemos fazer rodeios. Por que não simplesmente reunir os fatos logo de cara em vez de utilizar esses substitutos?"

ESTUDO DE CASO   Chipotle Mexican Grill[10]

Em 1993, Steve Ells abriu um restaurante de *burritos* e *tacos* em uma loja térrea em Denver não muito distante do *campus* da Universidade de Denver e popular entre os alunos. Ele o chamou de Chipotle Mexican Grill, que leva o mesmo nome de uma pi-

---

[10] As informações sobre esse estudo de caso foram obtidas em Anônimo, "Chipotle: Fast Food with 'Integrity'", *BusinessWeek.com*, February 16, 2007; Anonymous, "Chipotle's Chef Has His Payday," *BusinessWeek.com*, January 27, 2006; Marc Gunther, "Can Fast Food Be 'Good' Food?", *cnnmoney.com*, September 13, 2006.

menta seca comum na culinária mexicana. *Chef* de formação pelo Instituto de Culinária dos Estados Unidos, Steve pretendia que o Chipotle se tornasse uma fonte de renda para ajudá-lo a financiar um restaurante "real" para a faixa superior do mercado. Entretanto, o Chipotle começou a se expandir: primeiro para vários locais dentro e ao redor de Denver e, com o tempo, para todo o país. Em 1998, o McDonald's adquiriu uma participação de 91% no Chipotle; a isso se seguiu uma oferta pública inicial, em 2006, na qual o McDonald's reteve 69% das ações e 88% dos direitos de votação. No final de 2005, o Chipotle tinha em torno de 500 pontos de venda, que geravam aproximadamente US$ 600 milhões em vendas anuais. Hoje, cerca da 15.000 pessoas são empregadas pelo Chipotle. Steve Ells continua sendo o *chairman* e diretor executivo.

O que explica esse sucesso? Para os iniciantes: um cardápio simples, técnicas especializadas de culinária, preparação dos alimentos na hora, atendimento rápido e um ambiente "bacana". O cardápio é descrito como "*fast casual*" (isto é, não oferece serviço de mesa) e, à primeira vista, parece ter poucas opções: apenas *tacos* e *burritos*. (A única mudança real ao longo de uma década foram as saladas acrescentadas recentemente.) Entretanto, Steve ressalta que existe uma ampla variedade de opções de sabor e que por se concentrar em poucas coisas o Chipotle consegue garantir que elas sejam bem feitas. Ele defende que uma variedade excessivamente ampla exige muita preparação prévia ou ingredientes processados e salienta que, desde seus primeiros dias, as opções do Chipotle são sempre preparadas sob encomenda. Steve admira e tenta imitar o In-N-Out Burger, uma cadeia com 50 anos de existência que vende apenas fritas, hambúrgueres e *milk-shakes*, mas oferece alta qualidade pela qual as pessoas estão dispostas a pagar um preço especial. Ele admira também Steve Jobs, da Apple, e acredita que é possível aprender muito com a "paixão de Jobs por não aceitar coisas medíocres".

Existem ainda alguns outros fatores em jogo. A carne de porco usada pelo Chipotle provém de porcos criados naturalmente, sem hormônios, em fazendas familiares. Em 2005, o Chipotle mudou sua política de compra de laticínios: desde então, todos os cremes de leite provêm de vacas que não recebem o hormônio de crescimento bovino (rBGH). Os restaurantes usam abacates, tomates e pimentas frescas, preparados na hora. E o Chipotle acredita no formato de "cozinha aberta": as pessoas podem ver com os próprios olhos que a comida é fresca.

O termo que Steve emprega em referência à visão do Chipotle é "comida com integridade". Ele ressalta que adora ver estudantes universitários no Chipotle, que gastam alguns dólares a mais do que gastariam em outro lugar por uma refeição e às vezes pedem uma garrafa de água em vez de refrigerante. O Chipotle nunca se anunciou como um restaurante para crianças ou adolescentes. Na verdade, ele faz pouquíssima propaganda. Steve acredita que a propaganda da visão de "comida com integridade" não funciona; de acordo com suas palavras, seria "muito persuasiva". Em vez disso, ele deixa a qualidade da comida, o valor e a conveniência falarem por si mesmos. A cozinha aberta também ajuda a promover o frescor e a qualidade do Chipotle. Ele calcula que não mais de 5% de seus clientes estão cientes do "comida com integridade". As demais pessoas frequentam o restaurante porque gostam do sabor ou do valor ou simplesmente porque "o lugar parece bacana".

Contudo, Steve acredita que "comida com integridade" pode significar muito mais. Ele menciona a popularidade de lojas de comidas orgânicas como a Whole Foods. As pessoas reagem positivamente a legumes orgânicos cultivados sustentavelmente, a carnes de animais criados de forma mais humana e menos conservantes. No Chipotle, ele pensou em mudar para produtos agrícolas totalmente orgânicos, mas não deseja aplicar um preço à experiência de comer no Chipotle além do alcance de um cliente comum de *fast-food*. De acordo com uma estimativa, mudar para o orgânico da noite para o dia faria o preço de varejo de um *burrito* saltar para US$ 15. No entanto, a mudança para a carne de porco natural aumentou o preço das *carnitas* de US$ 4,50 para US$ 5,50, mas as vendas também dispararam.

Totalmente orgânico talvez seja uma meta de longo prazo e com certeza existem etapas intermediárias. Em torno de 30% dos feijões são orgânicos, embora outros legumes geralmente não sejam. Cerca de 60% a 70% dos frangos e 40% da carne bovina é processada naturalmente, bem como toda a carne de porco. O creme de leite ainda não é orgânico, mas não contém hormônios. Outra coisa que se deve ter em mente é que, à medida que o Chipotle cresce, ele ganha maior poder no canal de distribuição. Quando ainda era uma cadeia minúscula, não conseguia obter sobrecoxas de frango natural de fornecedores sofisticados como a Bell & Evans, mas com seu porte atual isso é possível no momento.

Embora o Chipotle do presente pareça estar entre os principais restaurantes que fornecem *fast-food* saudável ao público, Steve acredita que ainda está em defasagem. Sua meta é que todos os restaurantes Chipotle ofereçam apenas ingredientes orgânicos, livres de pesticidas, de conservantes e de sabores e cores artificiais, bem como carnes totalmente naturais de animais criados de maneira mais humana. Ele ficaria bem mais contente se todo restaurante adotasse a mesma visão. Chamemos resumidamente essa visão de "conceito de totalmente orgânico", reconhecendo que o orgânico é apenas uma parte da visão global nesse caso.

Se você estivesse aconselhando Steve Ells, o que ele poderia ter feito para avaliar o conceito de totalmente orgânico? Esse conceito é de alguma forma viável? Como ele poderia avaliar a elasticidade de preço (isto é, a que patamar o preço precisa chegar para que ele comece a perder um número significativo de clientes)? Em vista da concorrência acirrada nesse setor, o conceito de Steve é aprazível, mas impraticável? Ou a posição de restaurante orgânico oferece ao Chipotle uma vantagem competitiva sustentável? Considere especificamente os desafios apresentados por concorrentes como Taco Bell, que estão ampliando suas linhas de produto e tentando entrar no espaço de comida mexicana "mais saudável". Até que ponto o Chipotle está protegido contra esse tipo de ação da concorrência no presente ou no futuro?

ESTUDO DE CASO   Concept Development Corporation[11]

No final de 2012, três amigos que jogavam *bridge* em uma faculdade do sul dos Estados Unidos resolveram abrir uma empresa. Um deles, Bob Stark, trabalhava para a General Motors como gerente de planejamento em uma operação de montagem local. Betsy Morningside era professora de oratória e teatro na faculdade. O terceiro, Myron Hite, era contador público certificado e trabalhava em uma empresa de contabilidade que estava entre as oito maiores.

Todos os três eram excepcionalmente criativos e apreciavam suas sessões de *bridge* particularmente porque tinham oportunidade de se vangloriar de suas novas invenções e ouvir a respeito das invenções dos outros. Faziam tudo isso por brincadeira, até que certa noite lhes ocorreu que já era hora de parar com a brincadeira e começar a ganhar algum dinheiro com suas várias ideias. Por isso, largaram o emprego, sacaram suas economias, alugaram um pequeno escritório com três salas, contrataram duas pessoas, deram o nome de Concept Development Corporation à empresa e começaram a trabalhar seriamente.

Um professor da faculdade pediu para "fazer uma contribuição para o empreendedorismo local" estruturando um sistema para avaliar suas ideias. Eles todos

---
[11] Essa é uma situação real, levemente camuflada.

constataram que eram melhores para criar coisas novas do que para avaliá-las. Eles tinham também consciência de suas deficiências: equipe pequena, pouco dinheiro, pouca experiência para fazer coisas como as que haviam criado e pouco tempo até que suas escassas economias desaparecessem.

Eles começam com duas áreas de produto. Uma delas era de brinquedos, amplamente definida como objetos com os quais as crianças brincam, particularmente atividades educativas. A outra área era serviços de redação, algo que não tinham a intenção de fazer, mas surgiu como um desdobramento temporário das capacidades de uma das duas pessoas que eles haviam contratado. Esses serviços envolviam principalmente a criação e redação de folhetos de instrução para empresas da região (manuais de treinamento, texto para encartes de embalagem, placas de instrução – qualquer lugar em que se usavam palavras para instruir as pessoas a fazer coisas). Essa pessoa tinha algum conhecimento em instruções e experiência com o trabalho de redação e *layout*. Por esse motivo, eles resolveram desenvolver novos produtos de acordo também com essa linha.

A estratégia era desenvolver brinquedos exclusivos que exigissem poucos gastos iniciais (por exemplo, moldes e equipamentos para embalagem). Todos os três eram muito criativos para se conformarem com a imitação. A maior parte dos brinquedos costumava ter algum jogo ou aspecto de competição, ser educativo e a conter papel, cores, números etc. Eles constataram que "a maioria das coisas seria para crianças abaixo de 12". E obviamente precisavam de produtos que se popularizassem rapidamente e tivessem boa saída.

Os serviços de redação seriam em parte reativos, porque eles pretendiam fazer o que quer que os clientes solicitassem. Contudo, por serem criativos, também pretendiam criar serviços inovadores – novas formas de atender às necessidades da indústria e comércio. Por exemplo, eles queriam oferecer um serviço especial de teste/treinamento: depois de desenvolver um manual de treinamento ou um folheto de instrução, reuniriam os funcionários para o qual o material foi criado em uma sala específica para ler o conteúdo, praticá-lo de alguma maneira, serem testados etc. O funcionamento do que eles oferecessem ao cliente seria comprovado. Eles tinham várias ideias desse tipo.

O professor voltou para a faculdade e decidiu possibilitar que uma turma do curso de novos produtos participasse dessa tarefa. Os alunos foram solicitados a refletir sobre a situação dessa nova empresa, o sistema de avaliação geral apresentado na Figura 8.1 e os vários objetivos e circunstâncias especiais discutidos no Capítulo 8 e a propor uma declaração diretiva geral de política de avaliação para as ideias de brinquedo e outra para novos serviços. Eles ainda não haviam estudado técnicas específicas (como o teste de conceito), mas sem dúvida poderiam indicar quais das fases da Figura 8.1 eram as mais críticas, em que momento estariam as decisões mais difíceis etc. O professor estava particularmente interessado nas diferenças entre bens e serviços. Ele queria que os alunos expressassem da forma mais específica possível quais eram as principais diferenças entre a avaliação de bens tangíveis (por exemplo, brinquedos) e de serviços, por que essas diferenças existiam e quais eram as consequências com respeito às técnicas e aos métodos de avaliação.

CAPÍTULO 9
Teste de conceito

INFORMAÇÕES PRELIMINARES

Este é o primeiro dos dois capítulos que explicitam as diversas ferramentas para avaliação de novos produtos (bens e serviços) *antes* do início do desenvolvimento técnico. O Capítulo 9 abordará as atividades do termo de inovação de produto e de análise de mercado, que ocorrem antes do surgimento da ideia, e a reação inicial e o teste de conceito, que ocorrem imediatamente depois que a ideia aparece. Investigaremos os diferentes passos que nos conduzem à etapa imediatamente anterior à triagem completa, tal como mostra a Figura III.1. O Capítulo 10 examinará detalhadamente a triagem completa. Todas as etapas de avaliação mostradas neste capítulo e no Capítulo 10 devem ser vistas como investimento – as informações adicionais fornecidas suplantam em muito seu custo, e poupar esforços na obtenção de informações iniciais importantes com os clientes pode se revelar caro a longo prazo.

Lembre-se de que no final do Capítulo 6 deixamos sem solução a questão sobre se os clientes de fato comprariam os produtos correspondentes às lacunas que havíamos identificado. Precisamos ser hábeis para relacionar as necessidades e preferências dos clientes com essas lacunas para não desenvolvermos o produto "errado". Neste capítulo, mostraremos como podemos utilizar o mapeamento perceptual e a análise conjunta para analisar as necessidades e preferências do mercado, segmentar o mercado de acordo com os benefícios procurados e testar o nível de aceitação de nosso conceito pelo mercado.

A IMPORTÂNCIA DAS AVALIAÇÕES INICIAIS

Nos últimos anos, a atividade nessa fase do processo anterior ao desenvolvimento tem sido bem mais intensa. Ela ainda está longe de ser suficiente, mas essa prática está se disseminando porque os gestores de produtos são continuamente pressionados a aumentar a qualidade e reduzir o tempo de colocação no mercado, sem estourar o orçamento. Existe outro motivo: é nesse momento que a declaração de posicionamento, um pilar de toda a nossa estratégia de marketing, torna-se o foco de atenção.

A principal causa de insucesso dos novos produtos é que o comprador/consumidor pretendido não vê uma necessidade em relação ao novo produto – nenhum objetivo, nenhum valor, não vale o preço. É no teste de conceito, uma parte fundamental deste capítulo, que obtemos nossa primeira confirmação de que nosso produto será de *qualidade*. Poupamos *tempo* coletando informações e tomando decisões que nos ajudam a garantir que o produto passará rapidamente pelo desenvolvimento e com mínimo de retorno para correção de algum problema. O tempo gasto aqui poupa tempo de forma geral e existem boas evidências disso.[1] Reduzimos o custo de várias

---

[1] Vários estudos mostram isso. Um deles é Albert L. Page & John S. Stovall, "Importance of the Early Stages in the New Product Process", *Bridging the Gap from Concept to Commercialization* (Indianapolis, IN: Product Development & Management Association, 1994). Outros são Robert G. Cooper & Elko J. Kleinschmidt, "Determinants of Timeliness in Product Development", *Journal of Product Innovation Management*, 11(5), November 1994, pp. 381–395; e Mitzi M. Montoya-Weiss & Roger Calantone, "Determinants of New Product Performance: A Review and Meta-Analysis", *Journal of Product Innovation Management*, 11(5), November 1994, pp. 397–417.

maneiras, uma delas quando evitamos a curva de gastos cumulativos ascendente que acabamos de ver no Capítulo 8 – com uma curva de custos sempre ascendente, o melhor momento de remover um perdedor é na parte inferior da curva. Outra forma de reduzir os custos é eliminar os vários perdedores que são naturalmente escolhidos em um programa agressivo de geração de conceitos. É difícil reduzir a essa altura, mas somos obrigados a fazer isso e, portanto, desejamos fazê-lo da forma correta. Por fim, com relação aos custos, as informações coletadas aqui nos ajudam a fazer previsões de custo – o quanto nos aproximaremos da concorrência com o produto proposto e o quanto nossas eficiências precisam ser rigorosas.

Qualidade, tempo e custo – não existe motivo melhor para tomar medidas a essa altura. Contudo, o que é altamente importante é que essa também é a fase em que firmamos a estratégia de marketing básica em terra firme. Confirmamos o mercado-alvo (o usuário cujas necessidades estamos tentando identificar e solucionar) e escolhemos uma declaração de posicionamento para o produto (até que ponto o novo produto será melhor do que os outros que já existem). A declaração de posicionamento orienta todas as demais atividades de marketing.

Neste capítulo, examinamos o que ocorre a essa altura do processo, o que as empresas precisam estar fazendo e, particularmente, como se inicia o que parece ser a melhor abordagem – teste de conceito.

TERMO DE INOVAÇÃO DE PRODUTO

A primeira avaliação que uma empresa realiza é de *si mesma* e da *situação* em que encontra. Essa avaliação gera conclusões *a priori* sobre as propostas de novos produtos. A empresa chega a essas conclusões enquanto toma decisões estratégicas básicas, tal como discutido no Capítulo 3 a respeito do termo de inovação de produto (*product innovation charter* – PIC). Essas decisões determinam quais tipos de novos produtos são mais condizentes. Vimos anteriormente que a Kellogg's procurou *snacks* que tirassem proveito de tecnologias de alimentos existentes e nomes e marcas registradas familiares.

O PIC em si eliminará muitas ideias de novos produtos. Antecipadamente, e sem conhecer os conceitos, a empresa decide rejeitar ideias que violam as diretrizes do PIC. A observância do PIC deve resultar na exclusão dos seguintes tipos de ideia:

- Ideias que requerem tecnologia que a empresa não tem.
- Ideias a serem vendidas a clientes sobre os quais a empresa não tem informações exatas.
- Ideias que oferecem o grau de inovatividade errado (excesso ou falta!).
- Ideias erradas em outras dimensões: o custo não é baixo, são muito semelhantes às de determinados concorrentes etc.

Desse modo, o termo passado à gestão de novos produtos elimina mais ideias de produto do que outras avaliações juntas. Por ter lugar no início do sistema de novos produtos, o PIC impossibilita o costume lastimável de deixar que propostas não desejadas dilapidem valiosos recursos financeiros de desenvolvimento antes de elas serem detectadas.

ANÁLISE DE MERCADO

A segunda avaliação que precede o surgimento do conceito é o estudo aprofundado da área do mercado que o termo de inovação de produto escolheu como foco. Esse estudo ocorre imediatamente depois da aprovação do PIC e sua profundidade depende do quanto a empresa já conhece o mercado escolhido. A geração de ideias contínua para apoiar as linhas de produtos presentes ocorre com um tipo de PIC permanente e nenhum estudo especial é necessário (presumindo que os gestores atuais realizem seu trabalho corretamente).

REAÇÃO INICIAL

A geração de conceitos segue-se à análise de mercado sobre a qual acabamos de falar. Os conceitos começam a fluir, em geral de maneira muito rápida, e instantaneamente se formam opiniões a respeito. Contudo, a maioria das empresas desenvolveu alguma técnica especial para lidar de modo mais sistemático com esse dilúvio que chamaremos de **reação inicial**.

As reações iniciais rápidas e baratas precisam resistir ao "efeito bazuca" (em que as sugestões são prontamente derrubadas). Portanto, várias condições se aplicam:

1. *A fonte de ideias nem sempre participa da reação inicial*. A pessoa que tem uma ideia pode querer explicá-la e defendê-la, mas provavelmente não deve ter voto na decisão de levar a ideia adiante ou a rejeitar.
2. *Duas ou mais pessoas estão envolvidas em qualquer decisão de rejeição*, com base no conceito de "fragilidade das novas ideias" analisado no Capítulo 8. A porcentagem de rejeição é bem mais alta aqui do que em qualquer outro estágio, mas o envolvimento de duas ou mais pessoas dilui as tendenciosidades que uma única pessoa teria.
3. *A reação inicial, embora rápida, baseia-se em algo além da mera percepção intuitiva*. Os avaliadores são capacitados e experientes; os registros são guardados e revistos; e suportes objetivos são procurados.

Uma das várias técnicas utilizadas nessa reação inicial é o termo de inovação de produto. Ter conhecimento sobre fatores, como se a empresa deseja ser a primeira ou a última, alto risco ou baixo risco, desenvolvimento interno ou externo e estar no segmento de calçados ou bolsas, resulta em ações rápidas e decisivas.

A maior parte das empresas utiliza também heurísticas (regras práticas) para essa triagem preliminar. Por exemplo, os gestores examinam a escala necessária (isso está dentro do nosso escopo?), o concorrente que teriam de enfrentar, o estado da arte requerido pela ideia e a adequação com as operações fabris e de marketing. Uma alternativa proposta para as empresas realizarem uma triagem inicial aproximada é avaliá-la com base em três fatores:

- *Valor de mercado:* Qual é a atratividade do novo produto para a população de clientes pretendida?
- *Valor da empresa:* O projeto do novo produto é visto positivamente pela administração? Esse projeto aprimora as competências da empresa?
- *Isolamento da concorrência:* A vantagem do produto pode ser mantida diante de retaliações da concorrência?[2]

Alguns gestores preferem utilizar um levantamento informal em pequena escala nesse ponto de reação inicial, particularmente quando algum aspecto da proposta transcende a experiência do avaliador. Entretanto, esse levantamento deve se restringir a checagens por telefone com colegas profissionais.

---

[2] Rita Gunther McGrath, "Advantage from Adversity: Learning from Disappointment in Internal Corporate Ventures", *Journal of Business Venturing*, 10(2), March 1995, pp. 121–142.

TESTE E DESENVOLVIMENTO DE CONCEITOS

Há alguns anos, quando Alan Ladd Jr. reinava como o principal avaliador de roteiros de novos filmes na Twentieth Century Fox Film Corporation, ele revelou que seu sistema de avaliação de propostas de produto caiu por terra tão logo se principiou. Ele simplesmente lia o roteiro e decidia se o filme deveria ser feito. Ele e sua pequena equipe conheciam bem os respectivos mercados, tinham um termo de inovação de produto norteador e associavam esse conhecimento e o PIC com avaliações pessoais para chegar às decisões. Eles não utilizavam teste de conceito, triagem completa ou teste de uso do produto. Segundo Ladd, "Baseia-se em minha intuição e experiência. Não há como colocar isso em uma tabela ou um gráfico ou formular isso".[3] Talvez. Alguns concordam com Ladd, mas a maioria não. A maior parte das grandes empresas faz uso frequente do **teste de conceito**. Trata-se de um componente obrigatório do processo para fabricantes de produtos de consumo embalados. E sua utilização está crescendo em empresas industriais, as quais, na verdade, o inventaram. As empresas que realizam negócios entre si (*business to business*) sempre passaram muito tempo conversando com os usuários a respeito de seus problemas e necessidades, de possíveis sugestões e do que eles pensam sobre diversas ideias etc. Elas apenas não chamavam isso de teste de conceito.

Mas vejamos primeiro algumas preocupações relativas a essa atividade – há momentos em que ela não ajuda. Quando o principal benefício é uma *percepção pessoal*, como o aroma de um perfume ou o sabor de um novo alimento, o teste de conceito normalmente malogra. Não é possível transmitir o conceito se realmente não houver algum produto pra demonstrá-lo. Um tipo de goma para crianças que se tornou popular no início da década de 1990 (uma goma azeda chamada Cry Baby & Warhead) tinha um gosto tão ruim que até mesmo o teste de uso do produto demonstrou que as crianças o detestavam. Contudo, quando a goma foi de fato introduzida, as crianças tornaram-se masoquistas, a ponto de gerar um volume de quase US$ 100 milhões por ano.

Em segundo lugar, os conceitos que incorporam uma *nova arte* ou *um novo entretenimento* são difíceis de testar. Whistler (James Abbott McNeill) não poderia ter feito um teste de conceito de sua ideia para a tela que pintou de sua mãe. O inventor da roda-gigante não poderia ter feito uma sondagem junto às pessoas para indagar o que eles achavam disso. A emoção simplesmente precisava ser experimentada pessoalmente. Um estudo sobre testes de audiência de programas pilotos para televisão demonstrou como esses testes podiam ser imprecisos. Programas de longa data, incluindo clássicos como *Seinfeld*, *A Ilha de Gulliver* e *All in the Family*, se saíram mal nos testes, enquanto outros que obtiveram alta classificação nos testes de audiência nunca se tornaram populares. Por esse motivo, alguns executivos da televisão acham melhor seguir o "instinto".[4]

Em terceiro lugar, quando o conceito incorpora alguma *nova tecnologia* que os usuários não conseguem visualizar, o teste de conceito é também uma ferramenta deficiente. Alberto-Culver constatou isso quando testou pela primeira vez o conceito

---

[3] Earl C. Gottschalk, "How Fox's Movie Boss Decides That a Script Is a Powerful Winner", *The Wall Street Journal*, May 17, 1979, p. 1. Vários anos se passaram e ele continuou utilizando esse rápido procedimento e conseguiu alguns sucessos importantes – por exemplo, *Guerra nas Estrelas, Como Eliminar Seu Chefe* e *Thelma & Louise*. Contudo, ele havia trabalhado também em vários estúdios diferentes e comercializado alguns erros – *Os Eleitos, Quigley Down Under* e *Nunca Sem Minha Filha*. Ronald Grover, "Can Alan Ladd Jr. Make Leo the Lion Roar?", *BusinessWeek*, August 12, 1991, pp. 65–66.

[4] Brooks Barnes, "Trusting Gut Instincts, WB Network Stops Testing TV Pilots", *The Wall Street Journal*, May 3, 2004, pp. B1, B7.

mousse para cabelo. As mulheres acostumadas aos laquês não podiam imaginar a possibilidade de colocar uma "coisa como essa" no cabelo. Somente depois que a empresa desenvolveu o produto e ofereceu cursos de treinamento nos salões é que as mulheres concordaram em experimentar o *mousse*. Outro exemplo são os médicos que rejeitaram o conceito de bomba cardíaca – eles não tinham como conhecer todos os atributos (e, portanto, os riscos) de um produto como esse antes de finalizar o procedimento.

Quarto, há momentos em que as empresas administram mal o teste de conceito e então culpam a ferramenta por induzi-los ao erro. Em um dos erros de pesquisa de mercado mais famosos de todos os tempos, a Coca-Cola pediu aos consumidores para que testassem o sabor da New Coke em comparação com a Coca clássica e a Pepsi e recebeu respostas favoráveis (sabemos que resultado isso teve para a Coca-Cola). Contudo, em seguida eles assumiram que esse teste de degustação significava que os consumidores comprariam o produto quando recebesse um novo nome. Na verdade, trata-se do mesmo problema da bomba cardíaca – os consumidores foram solicitados a prever seu comportamento sem conhecer todos os fatos. Eles não conseguem, mas o farão se solicitados e iludirão os desenvolvedores que não são cautelosos. Outra má administração ocorreu quando várias cadeias de *fast-food* perguntaram aos consumidores se eles desejavam hambúrgueres dietéticos. Além de ser uma situação em que não se conhecia o sabor (veja acima), as pessoas são sabidamente propensas a achar que um comportamento "vale a pena" e depois fazem outra coisa.

Quinto, os consumidores às vezes simplesmente não sabem quais são os seus problemas. Analisamos essa questão no capítulo sobre geração de ideias baseada em problemas. A Steelcase, por exemplo, constatou que não podia utilizar teste de conceito em móveis especiais destinados a equipes. Como os membros das equipes não tinham nenhum sentimento com relação ao que não tinham, a Steelcase os observou em atividade e chegou a uma ideia promissora: móveis que possibilitam que os membros de uma equipe façam parte de seu trabalho colaborativamente e parte isoladamente. O forno de micro-ondas é outro exemplo semelhante – não sabíamos o que fazer com esse produto quando chegou ao mercado e com certeza não poderíamos ter dado uma resposta proveitosa aos pesquisadores que pedissem nossa opinião sobre o conceito.[5] Mais recentemente, alguns clientes se perguntaram que raios fariam com um iPad; é dado supor que agora muitas dessas pessoas usam-no todos os dias e não conseguem imaginar sua vida sem ele.

Surpreendentemente, não obstante evidências ao contrário, algumas pessoas que trabalham com novos produtos têm dúvida a respeito do teste de conceito de produtos e serviços comerciais e industriais. Com respeito ao primeiro, se a empresa se apoiar em situações em que o cliente é capaz de fazer avaliações, vale a pena coletar essas avaliações; porém, avanços tecnológicos importantes não se prestam a isso, e simplesmente temos de assumir o risco. Em serviços, não há dúvida sobre se as pessoas conseguem nos dizer o que elas consideram útil quando elas conseguem vê-lo (mas fique atento aos intangíveis citados anteriormente). Elas conseguem. Entretanto, pelo fato de normalmente haver pouco avanço técnico, a *necessidade* de realizar testes de conceito é menor. Se for simples passar do conceito para a descrição completa de um serviço (uma forma de protótipo), a empresa de serviços poderá prosseguir ao que é chamado de **teste de conceito de**

---

[5] Alguns desses exemplos são discutidos em Justin Martin, "Ignore Your Customer", *Fortune*, May 1, 1995, pp. 121–128.

protótipo. Obviamente, esse teste é bem mais confiável com um protótipo físico para se falar a respeito.

O teste de conceito é útil na maioria dos casos, e neste exato momento o ônus da prova recai sobre a pessoa que deseja ignorá-lo. Infelizmente, por muito tempo ouviremos falar de empresas como a CalFare Corporation, que, sem um teste de conceito, desenvolveu carrinhos de compra com uma "quinta roda especial" que travava quando alguém tentava tirá-lo do recinto (e usá-lo em uma superfície rústica). Nesse caso, o carrinho só andava em círculos. Mas muitos gerentes de supermercado afirmaram que não estavam interessados. Eles temiam publicidade negativa e que os clientes se afugentassem. Um concorrente afirmou que, com frequência, o carrinho saía do prumo e ficava girando nas seções de laticínios. Os desenvolvedores foram pegos de surpresa pelas reações extremamente negativas que obtiveram.[6]

O que constitui um conceito de novo produto?

Segundo o *Webster's*, conceito é uma ideia ou uma noção abstrata. Os empresários empregam o termo *conceito* com relação à promessa do produto, à proposição ao cliente e ao motivo real pelo qual as pessoas devem comprar. Obviamente, já vimos isso no Capítulo 4, ao descrevê-lo como uma relação expressa entre as propriedades do produto (forma ou tecnologia) e os benefícios ao consumidor (necessidades satisfeitas). Ou seja, o conceito de produto é uma alegação de satisfações propostas.

Essa promessa está sujeita a quatro interpretações:

1. A percepção do *produtor* sobre as *propriedades* do novo produto.
2. A percepção do *consumidor* sobre as *propriedades* do novo produto.
3. A estimativa do *produtor* sobre os *benefícios* oferecidos por esse conjunto de propriedades.
4. A estimativa do consumidor sobre os *benefícios* oferecidos por esse conjunto de propriedades.

Neste momento, trata-se apenas de previsões ou conjecturas – não da realidade, mesmo com um protótipo em mãos. Elas se baseiam em expectativas.

Por isso, um **conceito de produto** completamente novo é uma declaração sobre as propriedades previstas do produto (forma ou tecnologia) que oferecerão determinados benefícios ou soluções para um problema em relação a outros produtos que já existem. Um exemplo é: "Um novo barbeador elétrico cuja tela é tão fina que consegue cortar mais rente do que qualquer outro barbeador no mercado". Algumas vezes uma parte do conceito pode ser presumida: por exemplo, ao afirmar que "uma copiadora tem duas vezes a velocidade dos modelos atuais", presume-se que os benefícios da velocidade podem ser subentendidos.

Os propósitos do teste de conceito

Lembre-se de que o teste de conceito faz parte do processo de **pré-triagem**, preparação de uma equipe de gestão para realizar a triagem completa da ideia fornecendo *inputs* à triagem completa antes de iniciar de fato o trabalho técnico. As informações para ajudar os selecionadores a utilizar modelos de classificação e redigir protocolos de produto são examinadas no Capítulo 10.

---

[6] David Jefferson, "Building a Better Mousetrap Doesn't Ensure Success", *The Wall Street Journal*, November 18, 1991, p. B2.

Portanto, o *primeiro* propósito de um teste de conceito é identificar o conceito mais insatisfatório para que seja possível eliminá-lo. Por exemplo, se os apaixonados por música não derem importância a um novo tipo de disco compacto que durará para sempre (porque eles baixam todas as músicas de fontes *on-line*) e por isso o rejeitarem de imediato, é provável que o conceito seja insatisfatório.

Se o conceito superar o primeiro obstáculo, o *segundo* propósito será estimar as vendas (ainda que grosseiramente) ou a taxa de experimentação que o produto teria – uma ideia da participação de mercado ou do alcance geral das receitas. Algumas pessoas acreditam que a previsão de compra não tem valor. Outras afirmam que existe uma correlação nítida e positiva entre intenção e compra. Um pesquisador de mercado com longa experiência prática alegou ter dados confidenciais que evidenciam correlações de 0,60 ou bem acima disso.[7]

A questão da intenção de compra aparece em quase todos os testes de conceito. O formato mais comum para intenções de compra é a pergunta clássica com cinco alternativas: Qual a probabilidade de você comprar um produto como esse, se nós o fabricássemos?

1. Com certeza compraria.
2. Provavelmente compraria.
3. Poderia ou não comprar.
4. Provavelmente não compraria.
5. Com certeza não compraria.

O número ou porcentagem de pessoas que com certeza comprariam e de pessoas que provavelmente comprariam em geral são somados e utilizados como uma indicação de reação de grupo. Isso é chamado de contagem **top two boxes** (com certeza + provavelmente), visto que é o número total de vezes que as duas alternativas do questionário (definitivamente ou provavelmente) foram marcadas. A propósito, a Nabisco diz "experimentar" (e não "comprar"), porque a essa altura os consumidores ainda estão muito hesitantes.

Se tantas pessoas de fato comprarão o produto não é importante. Os pesquisadores normalmente ajustam os números. Por isso eles sabem que, por exemplo, se o total das duas alternativas superiores for 60%, o número real será, digamos, 25%. Eles fazem isso por experiência, descontando o que as pessoas tendem a afirmar em situações de entrevista. Os profissionais de marketing direto conseguem realizar o melhor ajuste porque posteriormente eles venderão o produto testado aos segmentos de mercado que eles pesquisaram; eles podem dizer exatamente até que ponto o comportamento corresponde às intenções expressas. Os bancos de dados do BASES Group, o maior fornecedor de testes de conceito e agora parte da A. C. Nielsen, literalmente permite que a empresa cliente calibre todas as suas perguntas de teste de conceito por tipo de produto. Por um preço, o BASES traduz as intenções brutas de um cliente em intenções prováveis.[8]

A propósito, algumas vezes a experiência ajusta a intenção provável *para um valor superior* ao que os respondentes afirmaram no presente. Com relação a produtos complexos, normalmente as pessoas têm cautela no momento do teste de conceito, mas acabam comprando quando têm oportunidade de ver o produto final e ouvir todas as informações a seu respeito. (Lembre-se da bomba cardíaca.)

---

[7] Comunicação pessoal com Anthony Bushman, hoje professor de marketing, Universidade Estadual de San Francisco.

[8] O BASES é apenas um dos vários fornecedores de teste de conceito que oferece esse serviço.

Obviamente, o potencial de vendas do conceito estará estreitamente relacionado com o quanto ele satisfaz as necessidades do cliente ou oferece os benefícios desejados ao cliente. Seções posteriores deste capítulo mostram procedimentos analíticos mais avançados que identificam os segmentos de consumidores com base nos benefícios procurados. Conhecendo os segmentos por benefício existentes no mercado, a empresa pode identificar os conceitos que seriam particularmente desejáveis a segmentos ou nichos específicos.

O *terceiro* propósito do teste de conceito é ajudar a desenvolver a ideia, não apenas testar. Os conceitos raramente saem de um teste da forma como entraram. Além disso, a declaração de conceito não é suficiente para orientar o P&D. Os cientistas precisam saber quais atributos (especialmente benefícios) permitirão que o novo produto satisfaça a declaração de conceito. Como os atributos com frequência se opõem ou entram em conflito um com o outro, é necessário fazer várias concessões (*trade-offs*). Que outro melhor momento para fazê-las do que ao conversar com as pessoas para as quais o produto está sendo desenvolvido? Próximo ao final deste capítulo veremos que a análise conjunta (*trade-off*), técnica que analisamos no Capítulo 7, é utilizada com frequência para essa tarefa.

CONSIDERAÇÕES NA PESQUISA SOBRE TESTE DE CONCEITO

Preparação da declaração de conceito

A declarações de conceito expressam uma diferença e como essa diferença beneficia o cliente ou usuário final: "Essa nova geladeira é fabricada com componentes modulares; por esse motivo, o consumidor pode montar os componentes para se ajustar melhor ao espaço de determinada cozinha e depois reorganizá-los para se adequar a outro espaço". Se você acha que essa declaração é um tanto semelhante à declaração de posicionamento, você está correto. E, se forem feitas entrevistas com um grupo-alvo lógico de possíveis consumidores, as partes principais de uma estratégia de marketing já estarão prontas – mercado-alvo e posicionamento do produto. Isso condiz com o processo básico de novos produtos, no qual afirmamos que o produto e o seu plano de marketing são desenvolvidos simultaneamente.

Formato

Os profissionais preconizam que qualquer declaração de conceito deve tornar a diferença do novo produto absolutamente clara, indicar os atributos determinantes (aqueles que fazem diferença nas decisões de compra), oferecer um elemento de familiaridade, referindo-se de alguma forma a coisas familiares aos clientes, e ser completamente convincente e realista. E breve, o mais breve possível, embora já tenha havido declarações de conceito de três a cinco páginas que funcionaram muito bem em situações técnicas complexas.[9]

Essa informação em geral é apresentada a consumidores em potencial em um dos vários formatos existentes: formato narrativo (verbal), desenho ou diagrama, modelo ou protótipo ou em realidade virtual. No início do teste de conceito, aparentemente não faz muita diferença qual desses formatos é utilizado, visto que todos ex-

---

[9] Com relação à clareza, a Anheuser-Busch afirmou que os consumidores tinham dificuldade para compreender a Bud Dry, mesmo quando ela foi comercializada. Talvez o motivo resida no que um executivo afirmou ser: "Uma cerveja *draft* filtrada a frio – não pasteurizada –, sem nenhum gosto residual, basicamente uma cerveja light com alto teor alcoólico e mais limpa." (Então existe alguma cerveja que não seja limpa?)

FIGURA 9.1 Formato de teste de conceito – descrição verbal simples do produto e de seus principais benefícios.

Um importante fabricante de refrigerantes gostaria de saber qual seria sua reação à ideia de um novo refrigerante *diet*. Leia a descrição a seguir antes de responder as perguntas.

> **Novo Refrigerante *Diet***
> Eis uma bebida saborosa e gaseificada que sacia a sede e faz a língua formigar com a deliciosa combinação dos sabores laranja, hortelã e lima.
> Essa bebida ajuda os adultos (e também as crianças) a controlar o peso ao reduzir a ânsia por doces e aperitivos entre as refeições. E melhor ainda: não contém absolutamente nenhuma caloria.
> É oferecida em lata ou garrafa de 355 ml e cada unidade custa 60 centavos de dólar.

1. Em sua opinião, até que ponto esse refrigerante *diet* seria diferente, se é que seria, de outros produtos já existentes no mercado que possam ser comparados com ele?

   ❏ Muito diferente
   ❏ Relativamente diferente
   ❏ Levemente diferente
   ❏ Nem um pouco diferente

2. Supondo que você tenha experimentado o produto descrito acima e tenha gostado dele, com que frequência você acredita que o compraria?

	Marque um
Mais de uma vez por semana	❏
Uma vez por semana	❏
Duas vezes por mês	❏
Uma vez por mês	❏
Com menor frequência	❏
Nunca compraria	❏

Fonte: A NFO Research, Inc., Toledo, Ohio, agora faz parte da TNS, uma empresa mundial de informações sobre o mercado. Consulte www.tns-global.com.

traem quase que as mesmas respostas dos respondentes.[10] Todas as técnicas de teste de conceito que analisamos aqui são comumente utilizadas para o desenvolvimento de produtos *business to business*, embora nesses casos seja particularmente importante oferecer esboços, modelos e/ou outras interpretações do conceito para que seja possível obter reações significativas e objetivas.[11]

A Figura 9.1 mostra um exemplo do formato narrativo. Algumas pessoas preferem uma apresentação extremamente breve, que forneça o mínimo de atributos e deixe o respondente fornecer outros. Outras preferem uma descrição completa, algo semelhante ao que um diagrama ou um protótipo ofereceria.

Os desenhos, diagramas e esboços são uma segunda alternativa para apresentar conceitos aos respondentes. A Figura 9.2 demonstra o uso de um desenho. Os desenhos e outros formatos semelhantes normalmente devem ser complementados com uma declaração do conceito em forma narrativa.

---

[10] Gavin Lees & Malcolm Wright, "The Effect of Concept Formulation on Concept Test Scores", *Journal of Product Innovation Management*, 21(6), November 2004, pp. 389–400.

[11] Ronald L. Paul, "Evaluating Ideas and Concepts for New Business-to-Business Products", in Rosenau, A. Griffin, G. Castellion, & N. Anscheutz (eds.), *The PDMA Handbook of New Product Development* (New York: John Wiley, 1996), pp. 207–216.

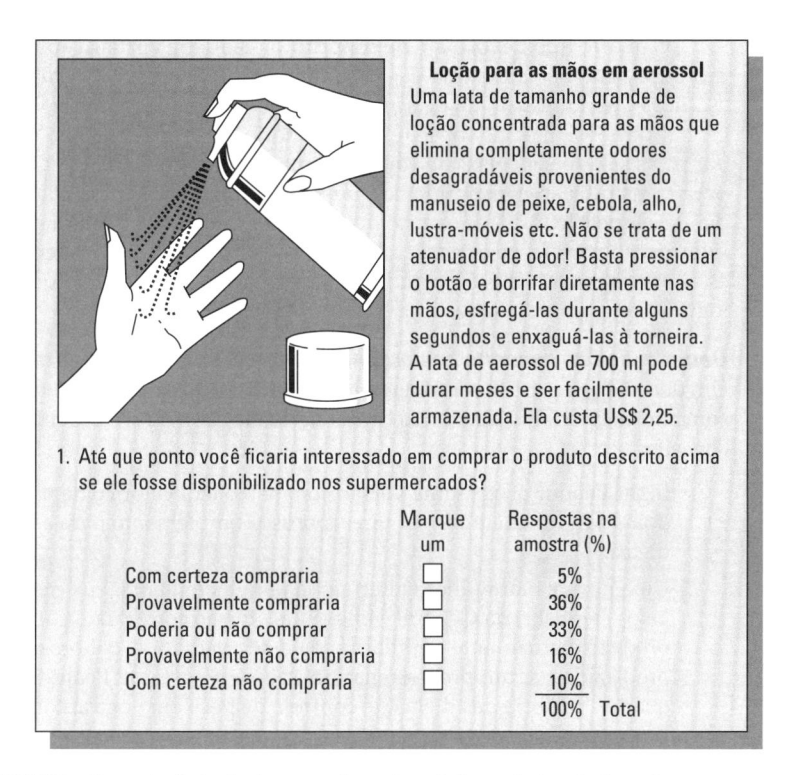

Loção para as mãos em aerossol
Uma lata de tamanho grande de loção concentrada para as mãos que elimina completamente odores desagradáveis provenientes do manuseio de peixe, cebola, alho, lustra-móveis etc. Não se trata de um atenuador de odor! Basta pressionar o botão e borrifar diretamente nas mãos, esfregá-las durante alguns segundos e enxaguá-las à torneira. A lata de aerossol de 700 ml pode durar meses e ser facilmente armazenada. Ela custa US$ 2,25.

1. Até que ponto você ficaria interessado em comprar o produto descrito acima se ele fosse disponibilizado nos supermercados?

	Marque um	Respostas na amostra (%)
Com certeza compraria	☐	5%
Provavelmente compraria	☐	36%
Poderia ou não comprar	☐	33%
Provavelmente não compraria	☐	16%
Com certeza não compraria	☐	10%
		100% Total

FIGURA 9.2 Formato de teste de conceito – descrição verbal mais desenho.
Observação: Essas porcentagens de resposta hipotéticas foram utilizadas apenas para ilustrar.
Fonte: A NFO Research, Inc., Toledo, Ohio, agora faz parte da TNS, uma empresa mundial de informações sobre o mercado. Consulte www.tns-global.com.

A Figura 9.2 mostra também como certamente seriam os resultados. Tal como mostrado, 5% dos respondentes afirmaram que com certeza comprariam o produto e 36% disseram que provavelmente o comprariam. Desse modo, a contagem *top two boxes* seria 5 + 36 = 41%. Observe que, embora as Figuras 9.1 e 9.2 apresentem testes de conceito clássicos administrados pelo correio, obviamente essas declarações de conceito podem ser transformadas em um teste *on-line* com pouca dificuldade.

Os protótipos ou modelos são uma terceira forma de declaração de conceito, porém mais cara, porque várias decisões precisam ser tomadas sobre o novo produto para criar um protótipo. Quem quer que monte um protótipo inicial toma diversas decisões a respeito do produto que provavelmente devem ser mantidas em aberto nessa fase inicial. Os protótipos são úteis apenas em situações especiais – por exemplo, produtos alimentícios simples de preparar ou, no outro extremo, conceitos tão complexos que o comprador/consumidor não pode reagir sem um conhecimento mais abrangente do que aquele que uma narrativa simples ofereceria. Uma empresa no Canadá estava tentando obter reações ao conceito de uma unidade móvel de exames médicos que seria disponibilizada para vários escritórios corporativos em que os exames seriam feitos. A resposta foi montar um pequeno modelo da unidade, mostrando *layout*, equipamento etc.[12]

---

[12] Robert G. Cooper, *Winning at New Products*, 3rd ed. (Cambridge, MA: Perseus Publishing, 2001), p. 162.

O quarto tipo de formato de conceito, a realidade virtual, capta as vantagens do protótipo, mas não a maioria das desvantagens. A Steelcase, empresa de material de escritório, tem um sistema de *software* que possibilita que ela crie virtualmente imagens tridimensionais de conceitos de escritório. O entrevistado na verdade pode andar pelas salas e ver coisas de vários ângulos.[13] A pergunta real é "O que é necessário para transmitir ao consumidor o que nós temos em mente?". Daquele ponto em diante, a questão torna-se o custo de exposições melhores *versus* a necessidade dessa informação para fazer previsões de intenções de compra. Com relação a móveis de escritório, a maioria dos compradores deseja vários detalhes; contudo, no caso de um iogurte com sabor de nabo, uma frase provavelmente funciona.[14]

Declarações de conceito comercializada versus *não comercializada*

Um decisão que precisa ser tomada aqui é se devemos apresentar uma **declaração de conceito comercializada** ou **não comercializada**. Compare estas duas declarações de conceito:

> Light Peanut Butter, uma versão com baixo teor calórico de pasta de amendoim natural que pode ser um saboroso complemento para a maioria das dietas.

> Uma nova e maravilhosa alternativa para incrementar sua dieta foi descoberta pelos cientistas da General Mills – uma versão com baixo teor calórico de um produto eternamente popular, a pasta de amendoim. Saborosa como sempre e produzida por um processo natural, nossa nova Light Peanut Butter será adequada à maioria das dietas de controle de peso em voga atualmente.

A primeira é uma declaração de conceito não comercializada (ou uma *descrição despojada – stripped description)*, que apresenta apenas os fatos (que até podem ser apresentados com marcadores – *bullet points*); a segunda é uma declaração de conceito comercializada (ou uma *descrição ornamentada*) que está mais associada a como o produto seria de fato promovido ou anunciado aos consumidores. Não está claro se uma forma é melhor do que a outra.[15] Por sua semelhança com o texto de propaganda, alguns afirmam que as declarações comercializadas produzem avaliações de cliente mais realistas (isto é, maior aceitação); no entanto, bom ou ruim, o texto de propaganda pode distorcer os resultados. Alguns favorecem a forma não comercializada, com o seguinte argumento: por que avaliar a propaganda quando tudo o que desejamos nesse momento é uma reação ao conceito?[16]

Nenhuma forma é *melhor* do que a outra, e muitos gestores simplesmente procuram uma conciliação: uma promoção sutil que apresenta as vantagens em uma linguagem com a qual as partes interessadas estão acostumadas. Alguns profissionais

---

[13] Informações dadas por William Miller, diretor de pesquisa e desenvolvimento de negócios na conferência da Associação de Desenvolvimento e Gestão de Produtos em Southfield, Michigan, janeiro de 1995.

[14] Na verdade, o Green Giant Vegetable Yogurt em quatro "sabores" (pepino, beterraba, tomate e salada de alface) se saiu bem nos testes de conceito (87% nos dois pontos mais altos da escala). Mas a empresa não conseguiu transmitir o que o conceito parecia prometer aos consumidores (ele deveria ser crocante?). Esse produto fracassou no mercado.

[15] G. Lees & M. Wright, "The Effect of Concept Formulation on Concept Test Scores", *Journal of Product Innovation Management*, 21(6), pp. 389–400.

[16] Jeffrey B. Schmidt, "Concept Selection Matrix", in Jagdish N. Sheth & Naresh K. Malhotra, *Wiley International Encyclopedia of Marketing*, Volume 5, Product Innovation and Management (West Sussex, UK: John Wiley, 2011), p. 27.

afirmam que o mais importante é manter a ideia simples, ser claro e realista e não enaltecer exageradamente o conceito. Além disso, se estiver testando vários conceitos, seja coerente: não misture declarações de conceito comerciais com não comerciais e não misture conceitos radicalmente novos com melhorias menores.[17]

Oferecendo informações sobre a concorrência

Os clientes em geral sabem bem menos a respeito dos produtos que usam outras opções do que somos dados a imaginar. Um novo conceito pode muito bem oferecer um benefício que o cliente não percebe que é novo. Uma solução é fornecer um folheto informativo completo sobre todos os produtos concorrentes. Entretanto, muitos gestores de novos produtos não gostam de sobrecarregar a declaração de conceito; isso deixa a mensagem difusa e confunde o cliente.

Preço

Outra questão é se devemos ou não colocar um preço na declaração de conceito. Os exemplos nas Figuras 9.1 e 9.2 mencionam o preço. Algumas pessoas não concordam, afirmando que o que se deseja é uma reação ao conceito, e não ao respectivo preço. Contudo, o preço faz parte do produto (na verdade, é um atributo do produto aos olhos do cliente) e não é possível esperar que os consumidores informem suas intenções de compra sem conhecerem o preço. Há uma exceção quanto aos conceitos complexos (por exemplo, a unidade móvel de exames médicos citada anteriormente) que requerem muitas decisões antes de se conhecer o custo.

Definição do grupo de respondentes

Desejamos entrevistar toda e qualquer pessoa que desempenhará um papel na decisão sobre se o produto será comprado e sobre como ele deve ser aprimorado. Quando a New Zealand Wool Testing Authority criou um novo serviço de teste de algodão, ela teve de testar o conceito em três níveis de seu canal – intermediários que vendem o algodão bruto, usinas que limpam o algodão e preparam-no para remessa e exportadores que vendem o algodão aos fabricantes.[18] Uma empresa de cimento que criou um novo conceito em cimento para uso em construções teve de procurar recomendações de olarias, fabricantes de tapumes, arquitetos, construtores, *designers* e órgãos regulamentares, entre outros, além das pessoas que comprariam as construções. Alguns produtos industriais podem envolver de cinco a dez pessoas diferentes em cada ponto de compra e os produtos de consumo duráveis normalmente envolvem mais de uma pessoa. Contudo, a pasta de amendoim mencionada antes provavelmente poderia ser testada com uma pessoa apenas em um ambiente familiar – a pessoa no domicílio que faz as compras. Será que poderia mesmo?

A solução é pensar em termos das **partes interessadas** – qualquer pessoa ou organização que tem interesse no produto proposto. Nosso cesto de lixo está cheio de novos produtos que faziam sentido para os usuários finais, mas não conseguiram chegar até eles – por exemplo, engenheiros sanitários profissionais recusam-se a endossar um novo sistema de tratamento de água.

---

[17] Brian Ottum, "Market Analytics", in K. B. Kahn, S. E. Kay, R. J. Slotegraaf & S. Uban (Eds.), *The PDMA Handbook of New Product Development* (Hoboken, NJ: John Wiley, 2013), Ch. 15, 260; consulte também Ned F. Anscheutz, "Evaluating Ideas and Concepts for New Consumer Products" m in M. Rosenau, A. Griffin, G. Castellion & N. Anscheutz (eds.), *The PDMA Handbook of New Product Development* (New York: John Wiley, 1996), pp. 195–206.

[18] Arch G. Woodside, R. Hedley Sanderson & Roderick J. Brodie, "Testing Acceptance of a New Industrial Service", *Industrial Marketing Management* 17(1), February 1988, pp. 65–71.

Alcançar esse conjunto completo de influenciadores parece simples, mas é complexo e caro. Algumas pessoas tentam procurar um pequeno número de usuários pioneiros (consulte o Capítulo 4) ou influenciadores ou usuários qualificados. Essa abordagem poupa algum dinheiro e obtém mais recomendações especializadas, mas com frequência não reflete diferenças fundamentais (e mal-entendidos) no mercado. Parece uma técnica para situações em que existe uma compreensão ou percepção exata ou uma preferência. Obviamente, devemos sempre nos precaver contra os críticos, as pessoas que têm um motivo para se opor ao conceito. Um desenvolvedor criou um dispositivo que lia eletrocardiogramas e precisava saber quais seriam as reações dos cardiologistas; porém, como o conflito de interesses era óbvio, isso tornava a entrevista delicada.

Algumas pessoas que trabalham com novos produtos, conscientes de que primeiro terão de atrair inovadores e adotantes iniciais em um mercado, centralizam o teste de conceito apenas neles. Se esse grupo estiver interessado, é seguro apostar que os demais também estarão.

Escolha da situação de resposta

Existem duas questões na situação de resposta: (1) a maneira de entrar em contato com o respondente e, (2) se pessoal, saber se é melhor abordar individualmente ou em grupo.

A maior parte dos testes de conceito envolve contato pessoal – entrevista direta. As amostras dos levantamentos normalmente compreendem de 100 a 400 pessoas, embora as amostras industriais em geral sejam bem menores. O contato pessoal possibilita que o entrevistador responda perguntas e sonde áreas em que o respondente está expressando uma nova ideia ou que não seja claro. Os exemplos anteriores deste capítulo mostram que o contato pelo correio é utilizado com frequência, em lugar do contato pessoal, e as empresas também utilizam o telefone e a internet, bem como outros meios menos caros, para realizar esses testes.

Alguns fornecedores de pesquisas oferecem um serviço de entrevista em que o cliente pode enviar conceitos de produto e dividir os custos. No programa Omnibus, da Moskowitz Jacobs, uma instalação de teste central totalmente equipada conduz ondas periódicas de entrevistas, que produzem 100 entrevistas a um custo por conceito de aproximadamente US$ 3.000. Outras empresas de pesquisa utilizam lojas simuladas em locais vazios nos *shopping centers*.

A segunda questão diz respeito à abordagem individual *versus* grupo. Ambas são amplamente utilizadas. Os grupos (nesse caso, grupos focais) são excelentes quando desejamos que os respondentes ouçam e reajam aos comentários dos outros e conversem a respeito de como o produto seria usado.

Metodologias mais novas possibilitam uma avaliação praticamente instantânea de um grande número de conceitos de produto. Uma técnica desse tipo, **levantamento de resposta em tempo real**, associa os melhores atributos dos grupos focais e levantamentos e revelou-se útil na triagem de conceitos de novos produtos de consumo. Em um curto espaço de tempo, cerca de 100 participantes observam informações de preço, posicionamento e atributos relacionadas ao conceito, talvez por meio de um anúncio simulado. Um mediador orienta os respondentes ao longo de um exercício por computador, no qual eles usam um teclado alternativo para inserir suas intenções de compra, respostas aos preços propostos e dados semelhantes, utilizando escalas de 11 pontos. As respostas são enviadas a um computador central, no qual elas podem ser lidas diretamente, em tempo real, pelo mediador e pelo cliente. Com base nesses resultados iniciais, o mediador pode desenvolver perguntas abertas originais e fazê-las aos respondentes ainda presentes. As respostas às perguntas abertas podem indicar conceitos totalmente novos ou associações de atributos, os quais podem ser avaliados mais a fundo pelos respondentes. Os índices de resposta são praticamente garantidos; centenas de perguntas podem ser feitas facilmente em uma sessão de três horas utilizando os teclados alternativos; e dezenas de conceitos podem ser avaliados em uma única sessão (reduzindo, desse modo, o número de sessões necessárias).[19] Outra técnica semelhante hoje empregada na avaliação de conceitos refere-se à utilização de um *software* de sistema de apoio a grupos (*group support systems* – GSS) (consulte o Capítulo 5) em um ambiente de grupo focal no qual os participantes reagem a diferentes versões dos produtos. Com relação ao exemplo da loção para as mãos em aerosol, na Figura 9.2, diferentes aplicadores em *spray*, tamanhos de embalagem, níveis de eficácia e preços poderiam ser experimentados. Pode-se calcular a média das respostas do grupo e exibi-las imediatamente para a sala, e os conceitos bons podem ser escolhidos e aprimorados ainda mais.

Preparação de uma sequência de entrevistas

Em situações simples de entrevista, o conceito do novo produto é apresentado e são feitas indagações sobre credibilidade, intenções de compra e qualquer outra informação desejada. A entrevista completa pode levar de dois a três minutos por conceito de produto se o item for um novo produto embalado, e tudo o que de fato desejamos é uma resposta sobre intenção de compra.

Normalmente, desejamos mais do que isso. Nesses casos, primeiro *investigamos o costume atual do respondente* na área em questão, perguntando como eles tentam solucionar seus problemas naquele momento, quais produtos concorrentes eles usam e o que pensam a respeito desses produtos. Até que ponto eles estariam dispostos a mudar? Que benefícios específicos eles desejam? Qual é seu nível de gasto? O produto está sendo usado como parte de um sistema?

Essas informações básicas nos ajudam a compreender e interpretar os *comentários sobre o novo conceito*, os quais são solicitados em seguida. A pergunta imediata e fundamental: "O respondente compreende o conceito?". Se sim, procuramos outras reações:

Exclusividade do conceito.	Ele soluciona um problema?
Credibilidade do conceito.	O quanto eles gostam do conceito.
Importância do problema.	Qual a probabilidade de comprarem?
Interesse pelo conceito.	Reação ao preço.
É realista, prático, útil?	Problemas que veem no uso.

Temos especial interesse pelas mudanças que eles fariam no conceito, exatamente para o que ele seria usado e por quê, que produtos ou processos seriam substituídos e quem mais estaria envolvido no uso do produto.

Você pode ver aqui que os serviços apresentam um problema. Um serviço oferece uma imagem, um sentimento ou uma conveniência difícil de ser avaliada. Em virtude disso, o respondente tem dificuldade para dar uma informação útil, dentro dos moldes que acabamos de relacionar.

Ao longo dessa entrevista, lembre-se de que não estamos falando de pesquisa de opinião, mas de *investigar o que as pessoas estão fazendo e pensando*. Somente algumas

---

[19] Lynne R. Kahle, Douglas B. Hall & Michael J. Kosinski, "The Real-Time Response Survey in New Product Research: It's About Time", *Journal of Consumer Marketing*, 14(3), 1997, pp. 234–248.

perguntas seguirão o formato padrão para finalidades de tabulação. Todo novo conceito aborda um problema bastante específico (ou pelo menos deveria) e precisamos saber o que as pessoas pensam a respeito desse problema no contexto do novo conceito. Não vale a pena adotar uma postura muito formal na entrevista, a menos que se esteja conduzindo vários testes de conceito e que se tenha um banco de dados para realizar comparações.

Variações

Existem variações em todos esses procedimentos. No procedimento anterior, pressupõe-se um contato pessoal com os consumidores em potencial. Os levantamentos de resposta em tempo real que utilizam GSS, sobre os quais já falamos, são eficazes para fornecer informações sobre intenções de compra à medida que os grupos de consumidores ou clientes respondem aos conceitos de produto que lhes são apresentados. Citando outro exemplo, a Avon comercializa 50 novos produtos a cada 60 dias, com um ciclo de desenvolvimento de três meses. A cada duas semanas, a empresa se reúne com parte de seu banco de testes de 150 promotoras de vendas. Muitas ideias são apresentadas a elas por meio de projeções de computador para uma reação rápida. A classificação de atratividade dessas ideias correlaciona-se muito bem com as vendas, em alguns casos de maneira mais precisa do que havia sido previsto com o teste de conceito de campo junto aos consumidores. Uma peça de roupa precisa ser cortada de modo que sirva em um corpo, e há uma enorme variação entre um corpo e outro.

Observe também que existem empresas de pesquisa que fornecem avaliação de conceitos como parte de seu pacote de serviços de desenvolvimento de produtos. Um exemplo é o Inno Suite Concept Screener, um produto da TNS (www.tns-global.com).

ANALISANDO RESULTADOS DE PESQUISA

Um grande número de empresas utiliza a contagem simples *top two boxes* (ou *top two boxes* mais 30%, com base nas experiências do setor) ao realizar testes de conceitos. Ocasionalmente, mais informações são necessárias. Não podemos presumir que todos os clientes terão as mesmas necessidades ou procurarão os mesmos benefícios ao efetuar uma compra. Na verdade, por meio da **segmentação por benefício**, a empresa pode identificar segmentos de mercado insatisfeitos e concentrar suas iniciativas no desenvolvimento de conceitos hipoteticamente adequados às necessidades desses segmentos. Agora voltaremos nossa atenção para os meios pelos quais podemos identificar segmentos por benefício no mercado desejado e desenvolver produtos que serão mais preferidos pelos principais segmentos desse tipo.[20]

Identificando segmentos por benefício

Voltemos ao exemplo de trajes de banho do Capítulo 6. Lembre-se de que, quando estávamos reunindo as percepções dos respondentes sobre as marcas de trajes de banho existentes, também lhes pedimos para classificar o quanto cada atributo era importante na determinação de sua preferência entre as marcas. Essas **classificações de importância** podem ser utilizadas para modelar as preferências pelas marcas existentes e prever possíveis preferências por novos conceitos.

---

[20] Observe que, em nossa tipologia, os benefícios são um tipo de atributo (os outros são propriedades e funções). Os termos "segmentação por benefício" e "segmentos por benefício" são comumente empregados para o procedimento descrito nesta seção e não devem implicar que apenas os atributos do tipo benefício podem ser considerados.

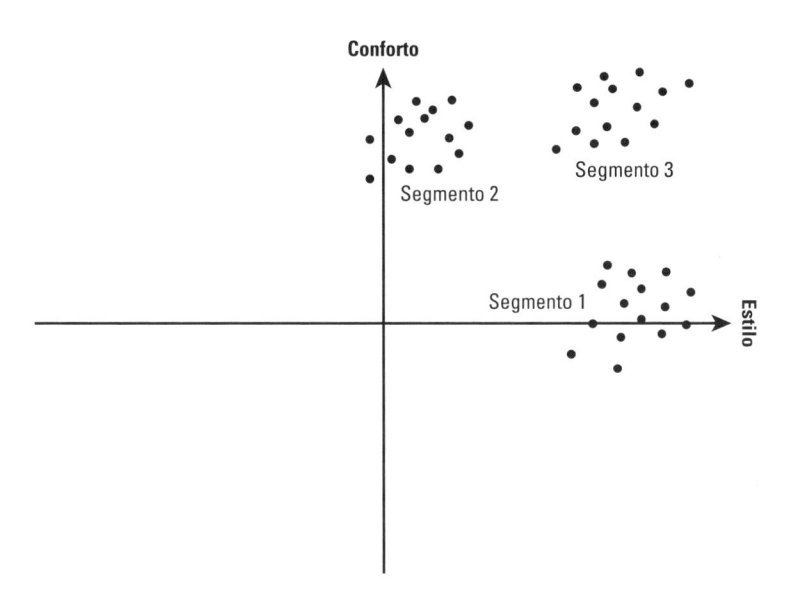

FIGURA 9.3 Mapa de importância que mostra segmentos por benefício.

Suponhamos que houvesse apenas dois atributos a serem considerados: conforto e estilo. Seria muito simples identificar os segmentos por benefício em um *mapa de importância*, como na Figura 9.3. Cada cliente é indicado por um ponto nessa figura, de acordo com a importância que ele atribui a cada um dos dois atributos. Nesse caso simples, temos três segmentos por benefício evidentes, de tamanho aproximadamente equivalente: clientes que consideram apenas o conforto importante, clientes que consideram apenas o estilo importante e aqueles que consideram ambos importantes.

Entretanto, raras vezes os segmentos por benefício são facilmente visualizados. Nesse caso, assim como na maioria dos outros, há muito mais do que dois atributos que são importantes para os clientes na determinação de suas preferências. Precisamos recorrer a um dos vários programas de computador que podem realizar uma **análise de agrupamento**, que reúne as observações (nesse caso, indivíduos) em grupos relativamente homogêneos em um mapa de importância. Tal como a análise fatorial, a análise de agrupamento também é um método de redução de dados. No Capítulo 6, aprendemos que a análise fatorial reduz o cubo de dados ao agrupar vários atributos em um pequeno número de fatores subjacentes; a análise de agrupamento reúne vários indivíduos em um pequeno número de segmentos por benefício.

Diferentes critérios e regras práticas podem ser utilizados para escolher o melhor número de agrupamentos (segmentos por benefício) existentes no mercado, visto que não há uma única resposta correta. Geralmente, o julgamento prático ou a experiência prática desempenha um papel importante. Por exemplo, nesse caso podemos achar improvável que existam mais de cinco ou seis segmentos por benefício. Quando a análise de agrupamento foi aplicada aos dados de importância dos trajes de banho, foi obtida uma solução satisfatória com três segmentos por benefício. Conceitualmente, ela não é tão diferente da Figura 9.3, embora consideremos muitos outros atributos: os três agrupamentos obtidos correspondem mais ou menos aos retratados nessa figura.

Mapas de espaço conjunto

Agora podemos sobrepor os segmentos por benefício em nosso mapa perceptual (elaborado anteriormente no Capítulo 6). O resultado é chamado de **mapa de espaço conjunto**, que nos possibilita avaliar as preferências de cada segmento por benefício com respeito a diferentes conceitos de produto. Os mapas de espaço conjunto podem ser desenvolvidos com classificações de marcas ideais ou **regressão de preferências**.

Marcas ideais

A forma mais direta é pedir para os clientes classificarem sua **marca ideal** em cada atributo. Utilizando a matriz de coeficientes de pontuação fatorial (que obtivemos das percepções sobre marcas existentes, no Capítulo 6), convertemos as classificações de marcas ideais em pontuações fatoriais e marcamos as posições das marcas ideais diretamente no mapa perceptual. Os agrupamentos de indivíduos podem ser detectados visualmente nesse mapa – cada agrupamento representa um segmento e tem sua marca ideal posicionada no centro. A Figura 9.4 mostra como seria um espaço conjunto se existissem três segmentos como na Figura 9.3.

As preferências de cada segmento podem ser obtidas da Figura 9.4. Esperamos que a marca que está localizada mais próxima da marca ideal de um segmento seja a preferida desse segmento. Os modelos de estimativa de participação de mercado presumem que as participações de mercado obtidas pelas várias marcas são inversamente proporcionais ao quadrado da distância da marca em relação ao ponto ideal: essa técnica faz com que as marcas fiquem bem próximas da marca ideal mais preferida.

Na Figura 9.4, o segmento 1 é propenso a preferir a Sunflare, enquanto o segmento 2 parece satisfeito com a Aqualine ou Islands. A marca mais próxima do ponto ideal do segmento 3 é a Molokai, mas nenhuma das marcas está de fato tão próxima. Por isso, uma nova marca com alta classificação em estilo e conforto tem chance de extrair uma participação de mercado considerável dos concorrentes.

A Figura 9.5 apresenta uma segmentação por benefício totalmente elaborada do mercado de automóveis. À esquerda, encontram-se quatro benefícios identificados por meio de análise fatorial: necessidade de transportar pessoas e pertences, bom

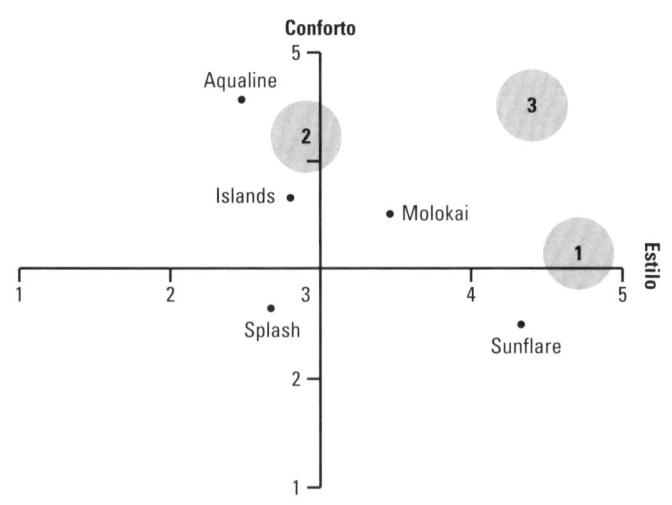

Os números ao longo dos eixos representam as pontuações fatoriais.

FIGURA 9.4 Mapa de espaço conjunto que mostra pontos ideais.

FIGURA 9.5 Perfis de segmento por benefício.

Benefícios	Segmento				
	Buscadores de experiência	Pragmáticos	Buscadores de desempenho	Desempenho a preço acessível	Preocupados com segurança
Necessidade de transportar pessoas e pertences	**				
Bom desempenho	*		**	*	
Praticidade		**		*	
Segurança	*				**
Veículo preferido	SUV	Híbrido	Luxo Desempenho	Desempenho	Sedã
Forma preferida de procurar informações sobre automóveis	Visita a concessionárias	Leitura de *Consumer Reports*	Visita a concessionárias	*Web* e concessionárias	*Web*
Masculino/Feminino	50/50	35/65	75/25	65/35	36/65
Idade mediana	40	49	42	33	40
Crianças	80%	60%	30%	20%	50%
Renda mediana	US$ 70 M	US$ 60 M	US$ 85 M	US$ 35 M	US$ 60 M

Observação: **A pontuação fatorial desse grupo é *muito* alta para esse benefício.
*A pontuação fatorial desse fator é *relativamente* alta para esse benefício.
Fonte: Adaptado de Brian Ottum, "Segmenting Your Market So You Can Successfully Position Your New Product", in A. Griffin & S. M. Somermeyer, *The PDMA Toolbook 3 for New Product Development*, John Wiley & Sons, Inc., 2007, Ch. 7. Reimpresso com permissão da John Wiley & Sons, Inc.

desempenho, praticidade e segurança. Essa figura mostra que foram identificados cinco segmentos:

1. *Buscadores de experiências:* Embora o desempenho e a segurança sejam importantes, esse segmento de fato se importa com a possibilidade de transportar coisas variadas.
2. *Pragmáticos:* Eles se preocupam predominantemente com o transporte prático.
3. *Buscadores de desempenho:* Eles procuram somente carros com alto desempenho.
4. *Desempenho a preço acessível:* Eles se preocupam com o desempenho, mas também com viabilidade.
5. *Preocupados com segurança:* Somente o benefício de segurança é importante.

Portanto, o que a figura mostra é como todas essas informações são utilizadas pela gerência. Linhas adicionais na figura indicam os tipos de carro que cada um desses segmentos provavelmente prefere, mostram como cada segmento tende a obter informações sobre carros e apresentam dados demográficos de segmentos importantes. Informações como essas são extremamente úteis para os gestores desenvolverem novos produtos destinados aos segmentos pretendidos e também para tomar decisões sobre posicionamento (assunto que será retomado posteriormente, no Capítulo 16).[21]

---

[21] O exemplo do carro é adaptado de Brian Ottum, "Segmenting Your Market So You Can Successfully Position Your New Product", in A. Griffin & S. M. Somermeyer, *The PDMA Toolbook 3 for New Product Development* (New York: John Wiley, 2007), Ch. 7.

Regressão de preferências

A **regressão de preferências** é outro método que pode ser utilizado para identificar a combinação ideal de atributos desejados pelo mercado. Esse método apoia-se em um tipo de dado numérico diferente – com frequência as classificações das marcas são obtidas (comparações emparelhadas também podem ser utilizadas). Na regressão de preferências, realizamos uma análise de regressão para relacionar as pontuações fatoriais de cada marca com as classificações das marcas. Os tamanhos relativos dos coeficientes de regressão que obtemos nos dão uma indicação da importância relativa de cada fator. A regressão de preferências pode ser realizada também com as classificações de atributo, lugar de pontuações fatoriais.

Em vez das classificações de importância analisadas anteriormente, presumimos que os clientes foram solicitados a fornecer classificações das cinco marcas existentes, em que 1 = mais favorecida e 5 = menos favorecida. Primeiro, invertemos as ordem das classificações de modo que os números mais altos representam as marcas mais favorecidas. Podemos resolver a equação de regressão:

classificação de preferência (invertida) = b_0 + (b_1 × classificação de atratividade)
+ (b_2 × classificação de conforto) + e

Se ignorarmos os segmentos por benefício e agruparmos todos os respondentes, encontraremos que os valores de b_1 e b_2 são 0,28 e 0,21. Portanto, a importância relativa do estilo para os clientes é 0,28/(0,28 + 0,21) ou 57% e a importância relativa do conforto é 43%. Desse modo, embora a moda se evidencie como um fator importante, não podemos ignorar o fato de que os clientes atribuem grande importância ao conforto quando estamos avaliando conceitos de produtos. Além disso, podemos traçar a linha de regressão no mapa perceptual como mostrado na Figura 9.6.[22] Essa

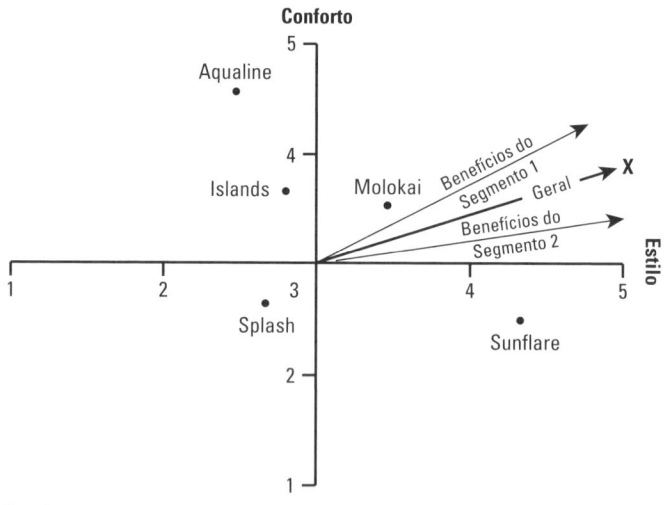

Os números ao longo dos eixos representam as pontuações fatoriais.

FIGURA 9.6 Mapa de espaço conjunto mostrando vetores ideais.

---

[22] Embora na realidade calculemos b_0 na equação de regressão, ignoramos ele ao desenhar a Figura 9.6, visto que estamos mais preocupados com a importância relativa dos pesos revelados – b_1 e b_2. O termo b_0 simplesmente define a escala. Portanto, na Figura 9.6, a linha de regressão é mostrada passando pela origem. O e é um termo de erro.

linha é chamada de **vetor ideal** porque representa visualmente a proporção ideal dos atributos desejados por esse mercado. O conceito de produto posicionado próximo à linha de regressão, no Ponto X do mapa, é uma posição desejável para esse mercado.

Podemos também aplicar a análise de agrupamento às classificações para obter segmentos por benefício. Nesse caso, dois segmentos por benefício foram encontrados nesse mercado, representados pelas duas linhas mais finas na Figura 9.6. Um deles parece considerar apenas o estilo (a importância relativa desse fator é 94%), enquanto o outro considera uma mistura de estilo e conforto (as importâncias relativas são respectivamente 30% e 70%). Os conceitos de produto dirigidos a um ou outro desses segmentos podem se sair melhor do que o conceito representado pelo Ponto X, o qual na verdade pode não ter um apelo direto para ambos os segmentos.

ANÁLISE CONJUNTA NO TESTE DE CONCEITOS

Vimos a análise conjunta pela primeira vez no contexto de geração de conceitos. Na realidade, as técnicas de análise conjunta são extremamente úteis no teste de conceitos e também utilizadas com frequência nesse momento.

Na análise conjunta descrita no Capítulo 7, assumimos o papel do gestor de produtos de uma linha de molhos. Escolhemos três atributos importantes dos molhos e dois ou três níveis de cada atributo e utilizamos a análise conjunta para identificar lacunas de alto potencial: combinações de atributos que (a) os clientes gostam e (b) ainda não existem no mercado. Sem passar pela análise quantitativa novamente, é necessário evidenciar que a análise conjunta pode ser utilizada no teste de conceito. O modelo identificou os níveis dos principais atributos que são preferidos pelos clientes e classificou as possíveis combinações dos mais para os menos preferidos. Cada uma dessas combinações poderia ser imaginada como um conceito, e o conceito ou conceitos com melhor classificação são aqueles que têm o potencial mais alto e cujo desenvolvimento deve ser considerado. Obviamente, o modelo identificou também os perdedores reais!

Tal como mencionamos antes, muitos atributos e níveis podem ser testados viavelmente na análise conjunta utilizando um conjunto menor de cartões. O conceito ou os conceitos mais preferidos ainda aparecerão classificados no topo, mesmo que não tenham sido incluídos no conjunto original de cartões. De modo geral, a análise conjunta é extremamente útil no teste de conceitos em virtude de sua capacidade de revelar relações entre os atributos (propriedades, funções, benefícios) e as preferências dos clientes, tal como mostrado no exemplo de molhos.

Havíamos utilizado um conjunto de cartões de descrição de produto como estímulo em nosso exemplo original, visto que estávamos nas primeiras fases do processo de novos produtos. Observe, entretanto, que a análise conjunta pode utilizar facilmente outras formas de declaração de conceito como estímulo. No teste de conceito, podemos ter declarações de conceito em qualquer formato discutido antes neste capítulo (narrativas verbais, desenhos, esboços, até representações de realidade virtual). A análise prosseguiria da mesma maneira, independentemente do estímulo usado.

Para exemplificar: a análise conjunto foi utilizada para avaliar a reação dos motoristas de Nova York e Nova Jersey ao sistema eletrônico de coleta de pedágio EZPass.[23] Com o sistema EZPass, os motoristas afixam uma "etiqueta" eletrônica ao para-brisa. A etiqueta é lida por meio de ondas de rádio de alta velocidade quando

---

[23] Terry G. Vavra, Paul E. Green & Abba M. Krieger, "Evaluating EZPass: Using Conjoint Analysis to Assess Consumer Response to a New Tollway Technology", *Marketing Research,* Summer 1999, pp. 5–16.

o carro passa pelo pedágio e o valor é deduzido da conta pré-paga do motorista. A etiqueta pode ser lida enquanto o carro está em movimento; desse modo, o EZPass elimina a necessidade de o motorista parar completamente para pagar o pedágio e, por fim, pode reduzir a obstrução do tráfego nas praças de pedágio. As autoridades de transporte já haviam decidido adotar o EZPass, mas precisavam de assistência com relação a como ele deveria ser projetado para assim atender às necessidades dos motoristas.

Sete atributos principais foram identificados pelas autoridades de transporte:

- O número de contas de EZPass que o usuário precisaria abrir.
- Como se inscrever e pagar por uma conta.
- O número de pistas de EZPass disponíveis em cada praça de pedágio.
- Possibilidade de transferir a etiqueta do EZPass para outro veículo.
- Custo de aquisição e/ou taxa de serviço (se houvesse) pela etiqueta em si.
- O preço do pedágio com o EZPass.
- Outras aplicações para o EZPass, como estacionamento em aeroporto ou compra de combustível.

Como o EZPass era um novo conceito de produto para a maioria dos motoristas na época do estudo (1992), a descrição do conceito assumiu a forma de uma demonstração em vídeo de 11 minutos do sistema "na prática" e de sua eficácia para aliviar o congestionamento das praças de pedágio. Os respondentes receberam pelo correio uma cópia do vídeo, um questionário e oito cartões (cada um mostrando uma combinação diferente dos atributos mencionados antes). A análise conjunta revelou que o atributo mais importante foi de longe o número de pistas disponíveis e como elas seriam controladas, embora o preço do pedágio, o procedimento de inscrição e o custo de aquisição também tenham se evidenciado relativamente importantes. Além disso, a análise revelou quais níveis em cada atributo foram preferidos. Por exemplo, quatro opções apresentadas para custo de aquisição foram classificadas na seguinte ordem:

1. US$ 10 de depósito de garantia mais US$ 15 de taxa de serviço anual (mais preferida).
2. US$ 2 por mês de taxa de serviço.
3. US$ 10 por mês mais US$ 1,50 por mês de taxa de serviço.
4. US$ 40 de cobrança no cartão de crédito se a etiqueta não fosse devolvida, mais US$ 20 de taxa anual.

Os resultados da análise conjunta foram utilizados para elaborar o plano de implementação do sistema EZPass. O sistema foi adotado pelos motoristas de Nova York e Nova Jersey. Em 1999, o uso do EZPass na hora do *rush* atingiu 60%, em torno de 2 milhões de motoristas nos dois estados que estavam introduzindo o programa, e 3,1 milhões de etiquetas haviam sido distribuídas.

Os segmentos por benefício também podem ser identificados na análise conjunta. Lembre-se de que essa análise identifica o sistema de valores dos clientes; isto é, as importâncias relativas dos atributos e os níveis preferidos em cada atributo para cada cliente. Pegamos um atalho no Capítulo 7 ao presumir que todos os clientes tinham mais ou menos o mesmo sistema de valores e então identificamos o molho verde meio picante como a melhor combinação.

Entretanto, como vimos antes neste capítulo, pode haver segmentos por benefício subjacentes. Ressaltamos no Capítulo 7 que a agregação de todos os clientes pode encobrir o fato de o mercado poder gostar de molho superpicante e de metade do mercado poder gostar de molho suave. Podemos aplicar as técnicas de análise de agrupamento às importâncias e preferências geradas pela análise conjunta para identificar segmentos de clientes por benefício que tenham sistemas de valores semelhantes. Por exemplo, no exemplo de serviço industrial do Capítulo 7, o preço evidencia-se como a variável mais importante (com uma importância relativa de 27%) quando calculada a média entre todos os respondentes. Uma análise de agrupamento posterior também revelou cinco segmentos por benefício, que variaram amplamente com relação à importância atribuída ao preço. Em um dos segmentos, mais preocupado com a qualidade do desempenho, a importância relativa do preço ficou abaixo de 9%, enquanto em um segundo segmento preocupado com o preço, o valor comparável foi 35%![24]

Os benefícios procurados pelos assinantes em potencial do TrafficPulse System, da Mobility Technologies Inc., foram avaliados com uma versão diferente da análise conjunta. Esse sistema permite que os assinantes obtenham informações sobre trânsito, horários de viagem e rotas preferidas. A análise identificou cinco segmentos por benefício, diferindo seus níveis de interesse em sistema personalizado, sistema de voz/sem fio e sistema somente internet.[25]

PESQUISA DE MERCADO PARA RESPALDAR O TESTE DE CONCEITO

Existem algumas empresas de pesquisa de renome que oferecem suporte para a fase de teste. Uma das mais conhecidas é o BASES, que faz parte da empresa A. C. Nielsen e foi mencionado brevemente antes. O BASES ajuda as empresas a avaliar e otimizar conceitos de novos produtos e também a prever vendas, opera internacionalmente e analisa mais de 10.000 novas ideias de produto por ano. O BASES oferece três níveis de estudos de teste de conceito.[26] O Pre-BASES é um teste de conceito que fornece previsões de vendas aproximadas. O BASES I é um teste de conceito mais avançado que incorpora decisões sobre escolha de mídia, níveis de consumidor e promoção dirigida aos canais e volume de distribuição para prever consciência e disponibilidade, além de conseguir obter um grau de precisão preditiva de 25%. O BASES II associa teste de conceito com um teste de degustação junto aos consumidores e respostas pós-teste e obtém um grau de precisão de 20%.

A Nestlé Refrigerated Foods procurou a assistência do BASES durante o desenvolvimento do conceito dos produtos Contadina de macarrão e *pizza* refrigerados. Para testar o conceito de uma lista de macarrões e molhos refrigerados, foi utilizada a metodologia BASES I. Um estudo preliminar avaliou o apelo do conceito de macarrão refrigerado e os níveis atuais de satisfação do cliente. Em seguida, o conceito foi testado entre 300 respondentes adultos do sexo feminino. Todos indicaram intenção de comprar e avaliaram também o que gostavam, não gostavam e consideravam exclusivo no produto. Um resumo dos resultados é apresentado na Figura 9.7.

---

[24] Y. Wind, J. Grashof & J. Goldhar, "Market-Based Guidelines for Design of Industrial Products", *Journal of Marketing*, July 1978, pp. 27–37.

[25] Abba Krieger, Paul Green, Leonard Lodish, Jim D'Arcangelo, Chris Rothey & Paul Thirty, "Consumer Evaluations of 'Really New' Services: The TrafficPulse System", *Journal of Services Marketing*, 17(1), 2003, pp. 6–36.

[26] Essa seção é adaptada do estudo de caso de Nestlé Refrigerated Foods: Contadina Pasta and Pizza (A), de V. Kasturi Rangan & Marie Bell, Case no. 9-595-035 (Cambridge, MA: Harvard Business School Press, 1995).

FIGURA 9.7 Resumo dos resultados do teste de conceito – macarrão refrigerado.

	Total (%)	Favorável (%)	Não favorável (%)
Pontos positivos			
Variedade geral	28	28	28
Variedade completa	16	16	16
Natural/não artificial	28	30	23
Rápido/instantâneo/economiza tempo	20	22	16
Fácil de preparar/já preparado	17	20	11
Preço bom/razoável	8	9	4
Fresco/feito na hora e datado	26	27	21
Pontos negativos			
Muito caro	8	3	23
Aversão pela cor verde/espinafre	6	5	11
Aversão pelo sabor de espinafre	3	2	5
Exclusividade do conceito			
Extremamente novo e diferente	15	17	8
Muito novo e diferente	38	41	32
Levemente novo e diferente	35	32	41

Explicação:
Esses são os resultados do teste de conceito do macarrão refrigerado. Os números indicam a porcentagem de respondentes que concordam com cada declaração, decomposta em (1) porcentagem geral, (2) porcentagem de respondentes que são favoráveis ao conceito do produto e (3) porcentagem de respondentes que não são favoráveis ao conceito do produto. Por exemplo, 20% daqueles que gostaram do conceito o consideraram fácil de preparar, enquanto somente 11% daqueles que não gostaram do conceito o consideraram fácil de preparar (a média geral foi 17%). As declarações estão organizadas em pontos positivos, pontos negativos e exclusividade.

Fonte: V. Kasturi Rangan & Marie Bell, "Nestlé Refrigerated Foods: Contadina Pasta and Pizza (A)", Case no. 9-595-035, Cambridge, MA: Harvard Business School Press, 1995.

O macarrão refrigerado obteve uma contagem *top two boxes* de 75% (24% afirmaram que "sem dúvida comprariam" e 51% afirmaram que "provavelmente comprariam"). E a vantagem de utilizar o BASES é que ele compara esses números com os de produtos semelhantes em seu banco de dados, realizando assim uma análise comparativa aproximada. Nesse caso, a contagem média *top two boxes* de produtos semelhantes foi 61%. Portanto, até esse ponto esses resultados são animadores para o macarrão. Em seguida, os respondentes foram divididos em dois grupos: favoráveis (75% com intenções de compra positivas) e desfavoráveis (o restante). Ambos os grupos gostaram das mesmas coisas com relação ao novo produto: é natural, oferece variedade, é fresco, poupa tempo e é fácil de preparar. Entre os não favoráveis ao produto, na maioria das vezes o que eles mencionaram foi o preço.

Embora não mostrado na tabela, o BASES testou também três declarações diferentes de posicionamento de produto para o conceito: *feito em casa* (posicionado para se correlacionar com sabor caseiro e qualidade), *pasta dinner* (um prato suficientemente farto para satisfazer desejos básicos) e *superior* (uma nova linha que é melhor do que qualquer macarrão ou molho que você já experimentou). O posicionamento superior teve uma preferência levemente maior em relação aos outros dois, nos atributos mostrados na Figura 9.7 (mais pontos positivos e menos pontos negativos) e, portanto, foi escolhido para uma maior apreciação.

Em seguida, os resultados *top two boxes* brutos foram convertidos em uma previsão de vendas A-T-A-R. O BASES recorre ao seu banco de dados para converter as declarações "sem dúvida compraria" e "provavelmente compraria" em comportamento de compra real. Embora essas informações sejam específicas/exclusivas e variem de um setor para outro, utilizaremos uma regra prática simples: esperamos que 80% dos "sem dúvida" e somente 30% dos "provavelmente" de fato comprem. Desse modo, a experimentação ajustada é:

$$(0,8 \times \text{sem dúvida}) + (0,3 \times \text{provavelmente}) = (0,8 \times 24\%) + (0,3 \times 51\%) = 34,5\%$$

Os dois componentes seguintes do modelo A-T-A-R, consciência e disponibilidade, são avaliados com dados gerenciais. Para manter a simplicidade do exemplo, a Nestlé está pretendendo gastar US$ 13 milhões em propaganda, o que é suficiente para obter 48% de consciência, e está financiando uma estratégia de distribuição intensiva na qual o produto estará disponível para 70% da população. Agora temos as três primeiras partes do modelo A-T-A-R:

$$(\text{consciência} \times \text{experimentação} \times \text{disponibilidade}) = 0,48 \times 34,5\% \times 0,70 = 11,6\%$$

Como o número total de domicílios-alvo era 77,4 milhões, o número de domicílios de experimentação é 11,6% × 77,4 milhões = 9 milhões.

Por fim, a taxa de repetição é avaliada em 39% com base em produtos semelhantes, caso em que um cliente comum compraria 2,5 vezes e seria comprada 1,4 unidade por ocasião de compra. (Essa metodologia difere um pouco da forma como a repetição foi calculada nos exemplos anteriores, mas faz sentido para pequenos produtos embalados, como esse, que são comprados com frequência.) Desse modo, a repetição é calculada como:

$$39\% \times 2,5 \times 1,4 = 136,5\%$$

Juntando tudo isso, o BASES prevê as vendas totais como:

$$9 \text{ milhões} \times 136,5\% = 12,3 \text{ milhões}$$

Além disso, como a maior incerteza da Nestlé encontrava-se na taxa de repetição de 39%, o BASES refez os cálculos com uma taxa de repetição de pior cenário e melhor cenário. Mesmo com uma taxa de repetição mediana de 27%, a previsão de vendas atinge 8,5 milhões de unidades.

Para apoiar o lançamento do produto complementar, o *kit* refrigerado de *pizzas* e coberturas da marca Contadina, foi utilizada a metodologia BASES II. Essa situação foi um pouco diferente, porque os consumidores já estariam acostumados com duas outras formas de produto: *pizza* congelada e *pizza* para viagem comprada em uma pizzaria local. Portanto, era importante determinar se os consumidores consideravam esse novo produto de alguma forma diferente ou especial em relação a opções mais familiares. Primeiro, as contagens *top two boxes* foram obtidas de uma amostra de cerca de 600 respondentes. A combinação *pizza* e cobertura obteve 76%, enquanto o conceito somente *pizza* obteve apenas 58%. Portanto, a alternativa escolhida foi levar adiante o conceito de *pizza* e cobertura. Tal como ressaltado antes, uma propriedade distintiva do BASES II é que os clientes/consumidores na verdade experimentam o produto (nesse caso, teste de uso em domicílio). A essa altura, os resultados evidenciaram um fator preocupante. Foi perguntado aos respondentes o quanto o conceito *pizza* e cobertura era "novo e diferente" em comparação com a *pizza* para viagem ou congelada. Antes do uso, a contagem *top two boxes* ("extremamente novo e diferente" mais "muito novo e diferente") chegou a 59%; houve uma queda para 49% após o uso, indicando certo descontentamento entre os clientes. O teste de atributo após o uso identificou uma lista de melhorias sugeridas pelos respondentes: os itens "melhorar o sabor de forma geral" e "reduzir o preço" foram os mais importantes. Com essas informações obtidas com o BASES II, a Nestlé está apta a decidir se deve aprovar o lançamento do produto, realizar testes mais amplos (analisaremos os métodos de teste de mercado posteriormente) ou abandonar totalmente o conceito.[27]

CONCLUSÕES

As vantagens do teste e do desenvolvimento de conceito antes da triagem completa são várias. Isso pode ser feito rápida e facilmente, fornece aos selecionadores informações valiosas, porque os conceitos menos valiosos são separados, demonstra que a tecnologia de pesquisa de mercado existe, é razoavelmente confidencial, ajuda-nos a ter uma ampla compreensão do raciocínio do consumidor e possibilita o desenvolvimento de segmentos e posicionamentos em sincronia com o conceito. Infelizmente, alguns desenvolvedores (em especial os *designers* industriais) ainda se recusam a realizar testes de conceito. A Herman Miller, por exemplo, não conseguiu comercializar bem-sucedidamente um sistema de higiene que incorporava vaso, pia e banheira. O conceito do produto não havia sido testado e, depois de se evidenciar um fracasso, o *designer* afirmou que o pessoal do setor ainda não o compreendia.

No entanto, o teste de conceito é um tanto traiçoeiro – os erros são fáceis e podem ser caros. Não é uma ferramenta para amadores. Há alguns fracassos clássicos, e a maioria deles passou nos testes de conceito – sopas secas, uísque incolor, refrigerante incolor etc. A pastilha de antiácido original mastigável tropeçou porque o teste de conceito não levou em conta a ideia de que na época as pessoas queriam antiácidos com água. Uma empresa analisou a execução de uma peça de propaganda para uma nova ideia de produto por três redatores publicitários e concluiu que no teste de conceito o determinante mais importante da alta classificação foi a habilidade do redator.

As pessoas acham difícil responder a conceitos totalmente novos sem um período de aprendizagem; o estímulo de uma declaração de conceito é bastante breve; muitas variáveis já terão mudado no momento em que o produto for comercializado; e determinados atributos não podem ser medidos em um teste de conceito – por exemplo, a textura de um tapete, a força do esguicho do chuveiro e a cor "em voga" na próxima estação. Talvez mais problemático seja que, pelo fato de a técnica ter deslizes suficientes, os produtos bem-sucedidos e perseverantes com frequência conseguem contradizer suas conclusões.

RESUMO

Este foi o primeiro capítulo a cobrir as ferramentas utilizadas para avaliar propostas de novos produtos. Como a avaliação inicia-se de fato antes da geração de ideias (isto é, decidir onde procurar ideias), examinamos primeiro o termo de inovação de produto. Ao direcionar a atividade de criação para determinadas direções, o termo de inovação exclui automaticamente todas as outras direções e, desse modo, as avalia negativamente.

Assim que a direção estratégica se evidencia, a maioria das empresas submete a oportunidade descrita pelo termo a uma análise de mercado. O cliente deve ser o

---

[27] Curiosamente, a Nestlé resolveu lançar o produto *"pizza e coberturas"* sem outros testes de mercado, mas não se saiu bem. O nome Contadina foi vendido à Del Monte Foods alguns anos depois, e a Nestlé ainda se mantém no segmento de macarrão refrigerado e molho (sob o nome Buitoni), mas não no ramo de *pizza*.

principal *input* de qualquer programa de inovação de produto, e o momento imediatamente após a tomada de decisões estratégicas é excelente para buscar esse *input*. Portanto, assim que as ideias começam a chegar, ocorre uma resposta inicial – muito crítica e rápida e concebida essencialmente para excluir as ideias que não valem a pena. Quando a ideia passa no teste, inicia-se uma avaliação mais séria. A essa altura, a ferramenta é o teste de conceito, ou desenvolvimento de conceito, que agora tem uma longa história de uso bem-sucedido. Este capítulo apresentou o procedimento geral do teste de conceito, como propósitos, opções de formato de conceito, escolha de respondentes e processo de entrevista. Um benefício imediato do teste de conceito é que ele mude a administração das informações necessárias para fazer as avaliações requeridas pelos modelos de classificação utilizados na etapa posterior: a triagem completa do conceito, que é o tema do Capítulo 10.

APLICAÇÕES

1. "A maior parte do nosso pessoal de novos produtos privilegia muito a pesquisa de marketing – testes de conceito, levantamentos de atitude etc. Mas gostaria de ler uma coisa que um *designer* de automóveis pensou a respeito das pesquisas de marketing." (Ela então lê o texto de um recorte amarelado sobre sua mesa.)

   A pesquisa de mercado provavelmente é o maior desincentivo à excelência das atividades de negócio modernas. É uma muleta para os gestores que não têm nenhuma visão nem convicção. À primeira vista, parece algo suficientemente sensato: encontrar exatamente o que os consumidores desejam antes de chegar a um projeto. Na prática, entretanto, isso é impossível. O público não saberá o que deseja se não lhe forem apresentadas as opções, e mesmo assim a preferência tende a virar em direção ao Kmart. A pesquisa de mercado lhe oferece Malibus com grade de Mercedes, geladeiras em tom de abacate e Big Macs com tudo dentro. Entretanto, não se produz excelência com essa técnica.[28]

   "Talvez você queira fazer algum comentário sobre essa citação."

2. "Um concorrente de cosméticos está tentando agilizar sua atividade de desenvolvimento de novos produtos no segmento de batons por meio de um sistema que utiliza (1) *brainstorming* para gerar ideias (392 em uma sessão recente); (2) avaliação de ideias pelo mesmo grupo de pessoas – que as reduz às 50 melhores ideias; e (3) sessões com grupos focais para testar essas ideias e chegar a algumas que deverão ser desenvolvidas rapidamente. Você vê algo errado nesse sistema?"

3. "Estou curioso para saber sua opinião pessoal a respeito de algumas ideias novas obtidas em uma de nossas últimas sessões. Todas elas foram aceitas em testes de conceitos posteriores com os consumidores, e isso me preocupa. Temos segurança para prosseguir?
   a. Um pula-pula (*pogo stick*) movido a gasolina.
   b. Uma combinação de cabide de piso (*valet stand*) para terno e passador de calças elétrico.
   c. Bolas de golfe transistorizadas e um localizador elétrico.
   d. Um dispositivo de quebra de braço para que se possa lutar sozinho.
   e. Um tapete de banheiro aquecido eletricamente.
   f. Barras de chocolate em uma caixa de chocolate que também pode ser comida."

---

[28] "The Best Car in the World", *Car and Driver*, November 1979, p. 92.

ESTUDO DE CASO   Domino's[29]

Em 2009, a Domino's reunia um histórico de quase 50 anos de entrega rápida e confiável de *pizzas* e alegava ser "Líder Mundial em Entrega de *Pizzas*". De uma única pizzaria aberta em 1960 em Ypsilanti, Michigan, em 2006, o fundador da empresa, Tom Monaghan, já havia ampliado os negócios para mais de 8.000 estabelecimentos – em torno de 10% pertencente à empresa e o restante franqueado. Esse total incluía 3.000 estabelecimentos internacionais em mais de 70 países. A Domino's é também uma das empresas mais destacadas ao redor do mundo em transações *on-line*, desde que instituiu o serviço de pedidos *on-line* em 2007. Além disso, em 2008 lançou uma linha de sanduíches assados no forno, galgando imediatamente a principal posição em entrega de sanduíches.

Mas nem tudo estava indo bem na Domino's. A promessa da empresa de facilidade para fazer pedidos e entrega em 30 minutos foi sua passagem para o sucesso nos primeiros anos, mas em 2009 estava claro que o cliente deseja algo mais: melhor sabor. Na época, um teste junto aos clientes, que incluiu grupos focais, alarmou a administração da Domino's, que ouviu os cientes reclamando de que a "*pizza* era insossa" ou que era "aguada e sem sabor". Uma análise sobre clientes perdidos indicou que o principal motivo da perda de clientes da Domino's era o cardápio e particularmente a *pizza*. Em 2008, a Domino's experimentou uma campanha para ressaltar os vários anos de seu confiável serviço de entrega com o *slogan* "You got 30", lembrando os espectadores de sua promessa de entrega em 30 minutos. Diante da constatação de insucesso da campanha, ficou claro que era necessário tomar alguma medida.

J. Patrick Doyle, alto executivo da Domino's, considerou os comentários negativos dos clientes e o fracasso da campanha de propaganda um desafio na área de novos produtos. A Domino's deu início à "Pizza Turnaround" ("Reviravolta da Pizza"), conduzida por Doyle e dois outros altos executivos, Russell Weiner e Brandon Solano. O objetivo dessa virada na *pizza* não era apenas melhorar o sabor da *pizza* da Domino's. Na época, o diretor executivo, Dave Brandon, afirmou que "melhorar incrementalmente" não seria suficientemente bom. De acordo com Doyle, o objetivo era reformular completamente o carro-chefe da empresa desde o zero para que de fato pudesse superar os concorrentes em um teste de degustação.

A primeira medida da equipe de novos produtos foi reconsiderar um pressuposto não declarado: a Domino's via boa qualidade e entrega rápida como *trade-offs* (trocas compensatórias). De acordo com Doyle, "Não há nenhum motivo que nos impeça de entregar uma comida de ótima qualidade no mesmo espaço de tempo". Entretanto, para conseguir isso, a Domino's teria de redefinir sua plataforma para inovação em *pizza*. Até então, o desenvolvimento de produtos no segmento de *pizzas* costumava ser incremental: novas coberturas, por exemplo. Contudo, nesse momento, o sucesso anterior dos sanduíches assados no forno ainda estava fresco na memória da equipe de novos produtos. Os sanduíches não foram apenas uma inovação radical e nova para a Domino's; eles também foram desenvolvidos em tempo recorde e se evidenciaram um sucesso. Foi o sucesso da nova linha de sanduíches que incentivou a equipe de novos produtos a empreender a inovação necessária em relação à *pizza*.

---

[29] Esse estudo de caso é adaptado de Greg Githens, "Domino's Pizza Reinvents Itself: The Story-Behind-the-Story of the New Product Launch", *Visions*, 34(4), 2010, pp. 10–13, e de www.dominos.com e www.pizzaturnaround.com.

A decisão foi assumir o desafio de redefinir completamente o produto *pizza*. Com base em pesquisas do consumidor anteriores, Solano afirma que a empresa começou a perguntar:

> "Poderíamos fazer um queijo melhor? Uma massa? Molho? O que poderia tornar o molho melhor? Que características do queijo o tornam melhor?". Isso resultou em testes adicionais de diferentes combinações de atributos junto aos consumidores. Solano explica o processo:

Tínhamos três componentes (três tipos de disco, três molhos, dois queijos), o que resultava em um total de 18 *pizzas*. Testamos várias dessas combinações e modelamos aquelas que não havíamos testado. Disso surgiu um vencedor [...] foi o produto com todos os nossos novos componentes. Nós o produzimos!

Testes posteriores confirmaram que o produto favorecido era considerado não apenas melhor, mas bem melhor. O custo era também uma preocupação, de acordo com Weiner: "A *pizza* tinha de ser significativamente melhor, mas não podia custar mais nem levar mais tempo para ser feita [na pizzaria]. Havia parâmetros financeiros e operacionais".

A equipe de novos produtos sabia que precisaria defender essa ideia junto à alta administração. A equipe sabia que haveria oposição interna de alguns diretores que achavam que o produto era suficientemente bom. Solano disse que eles precisariam estar preparados para enfrentar a alta administração, mas que, ao contrário de outras empresas, eles poderiam informalmente "entrar sem rodeios e conversar a respeito do que haviam acabado de constatar". Quando as reclamações dos clientes foram apresentadas ao pessoal do P&D, eles ficaram alarmados e reconheceram que daquela vez o desenvolvimento de produtos não poderia ser o "mesmo de sempre". Weiner ressaltou também que eles precisariam convencer os franqueados. Segundo ele, "Realizamos pesquisas fazendo de conta que éramos os franqueados [...] por exemplo, o molho é mais picante. [Os franqueados poderiam perguntar], isso poderia enjoar as pessoas depois que elas comessem muito? [...] E em seguida realizamos reuniões itinerantes (*road shows*) com os franqueados. Eles fizeram um teste cego; a maioria gostou mais do novo produto".

Uma parte importante da campanha de lançamento foi o vídeo promocional "Pizza Turnaround" de 4,5 minutos no *site* www.pizzaturnaround.com, também disponível no YouTube. O vídeo mostrou comentários extremamente negativos dos clientes e clipes de grupos focais, depois entrou em detalhes sobre como a empresa havia redefinido completamente a massa, o molho e as coberturas. O vídeo enfatizou que algumas empresas podem ocultar as críticas dos clientes e que a Domino's havia tomado medidas a respeito para melhorar o produto. Doyle ressaltou que poderia ter sido arriscado falar sobre pontos negativos na campanha de lançamento promocional. Contudo, tal como Weiner afirmou, "fizemos vários testes para obter o equilíbrio correto entre os [comentários] negativos e positivos. Se fôssemos muito negativos obteríamos um resultado ruim e se fôssemos muito positivos obteríamos um resultado ruim". O sucesso dessa virada na *pizza* foi impressionante. O sabor melhorou a ponto de a Domino's afirmar que três entre cinco pessoas preferem a Domino's aos concorrentes. Logo após o lançamento, houve um aumento de 30% de novos clientes e a taxa de compras repetidas chegou a 65%, o que indicava uma excelente lealdade do cliente. Esses números traduziram-se em um aumento de 14,3% nas vendas trimestrais de cada loja, mesmo durante a recessão econômica nos Estados Unidos.

Em sua opinião, o que provocou essa crise dentro da Domino's a ponto de levá-la à decisão de promover uma reviravolta na *pizza*? Fale sobre como a equipe de novos produtos da Domino's utilizou a análise de atributos para testar vários conceitos melhores de *pizza*. Em sua opinião, até que ponto essa análise foi importante para a equipe no sentido de vender internamente a ideia da reviravolta na *pizza*? O que mais a equipe de novos produtos fez para aumentar suas probabilidades de sucesso? O que pode ser aprendido de forma geral com este estudo de caso com respeito à utilização de abordagens analíticas de atributo no teste de conceito? Como outras abordagens de teste de conceito apresentadas neste capítulo poderiam ter sido utilizadas para orientar a equipe de novos produtos?

ESTUDO DE CASO Comparando *smartphones* (B)[30]

Consulte novamente o estudo de caso "Comparando *Smartphones* (A)", no final do Capítulo 6. Além das informações sobre a concorrência disponibilizadas nesse estudo de caso, suponha que você seja contratado para fazer outras pesquisas junto aos consumidores. Coletamos dados sobre as preferências dos clientes e esse conjunto de dados foi utilizado para identificar "marcas ideais" e avaliar o número e o tamanho dos segmentos por benefício no mercado. (Para esse estudo, considere apenas o tamanho da tela e o tempo de duração da bateria como os atributos mais importantes.) Três segmentos foram identificados. O segmento 1 (em torno de 20% do mercado) prefere a tela maior e não se importa com o tempo de bateria; o segmento 2 (cerca de 30% do mercado) gosta de longas conversas ao telefone e não importa muito com o tamanho da tela; e o segmento 3 (em torno de 50% do mercado) valoriza uma combinação de ambos os atributos.

Elabore um mapa de posicionamento para esses dois atributos, utilizando os dados do estudo de caso (A). Quais são os concorrentes mais perigosos em cada segmento? Quais são as implicações com relação à concorrência?

---

[30] Consulte o estudo de caso "Comparando *smartphones* (A)", no Capítulo 6, para obter mais informações. Os segmentos de preferência dos clientes são apenas ilustrativos.

CAPÍTULO 10
A triagem completa

INFORMAÇÕES PRELIMINARES

Alguns anos atrás, a fabricante de impressoras Lexmark International havia instituído um processo de novos produtos e obtido algum sucesso com isso: ganhou maior capacidade de lançar produtos de sucesso no momento certo e de acordo com o orçamento e conseguiu alinhar seus processos de negócio e técnicos. Ainda assim, a administração acreditava que havia margem para melhorias. De modo geral, o problema mais frequente era que muitos projetos ainda estavam sendo realizados sem recursos adequados, e a administração não conseguia priorizar os projetos de produtos eficazmente.[1] Esse problema é extremamente comum: com frequência os gestores afirmam que a escolha de conceitos é uma de suas maiores dificuldades. Todos os projetos de produto que conseguiram chegar até essa altura do processo haviam superado os obstáculos e pareciam promissores. Contudo, como não havia recursos financeiros e humanos suficientes para atender às necessidades, o que deveria ser feito? Com muita frequência, os gestores não contam com um bom procedimento de seleção e fazem uma ou duas coisas: conjecturam (e provavelmente escolhem o projeto errado) ou aprovam tudo (e, consequentemente, destinam recursos insuficientes a cada projeto).

Sabemos que a seleção de projetos pode ser um grande desafio, mesmo para as empresas que desenvolvem produtos de primeira linha. Em um recente estudo comparativo sobre gestores de produtos, mais da metade deles relatou que tinha projetos além da conta em seu portfólio em vista dos recursos disponíveis, e quase metade mencionou que estava gerenciando portfólios com mais de 50 produtos.[2] Esses resultados indicam que os gestores têm dificuldade com a seleção de conceitos, o que resulta em excesso de projetos no funil (*pipeline*).

Para abordar a seleção de conceitos, neste capítulo apresentamos a triagem completa. Não nos é dado falar sobre o que cada empresa em particular deve fazer. Isso fica a critério do gestor de produtos. Entretanto, podemos apresentar uma variedade de alternativas e um meio termo que de fato se enquadra à maioria das empresas. Isso pode ser facilmente alterado. Examine a Figura 10.1 para ver como a triagem está relacionada com o teste de conceitos e a etapa de protocolo que se segue ao teste.

PROPÓSITO DA TRIAGEM COMPLETA

Lembre-se do ponto em que estamos no processo de inovação de produtos. Depois que a ideia original surge, ela é colocada em um formato de conceito e em seguida brevemente exposta aos principais participantes para gerar reações ou respostas. O teste de conceito então nos possibilita acrescentar as ideias dos usuários em potencial

---

[1] Ed Crowley, "Building a Gated Product Development Process at Lexmark International", *Visions*, 29(4), October 2005, pp. 22–23.

[2] Carrie T. Nauyalis & Maureen Carlson, "Portfolio Pain Points: New Study Reveals That Companies Are Suffering from a Lack of Streamlined Product Portfolio Management Processes", *Visions*, 34(1), 2010, pp. 13–18.

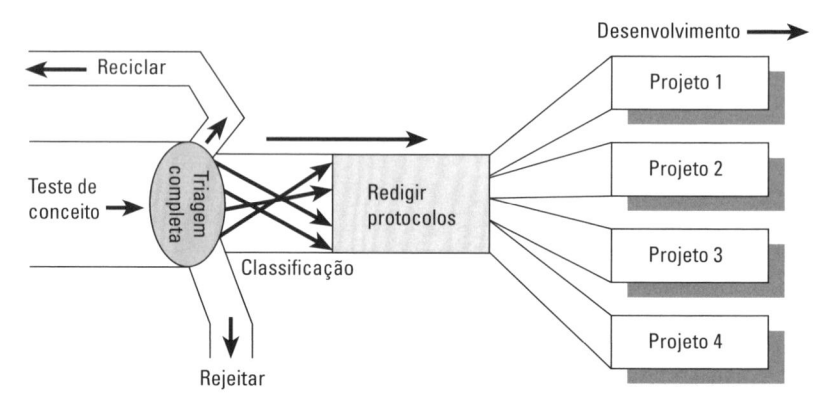

FIGURA 10.1 Fluxo de conceitos de novos produtos ao longo da triagem e do protocolo.

ao conjunto de dados sobre o mercado e de outros dados coletados desde o momento da instituição do termo de inovação de produto. Ao longo do caminho, compilamos os *inputs* de pessoas de áreas funcionais importantes na empresa – departamento técnico, de marketing, financeiro, operacional etc.

Esse trabalho (que depende da situação e pode levar de alguns dias a vários meses) culmina em uma etapa chamada *triagem completa*. Aqui, o termo "completo" significa que agora temos tantas informações quanto a que vamos obter antes de empreendermos o trabalho técnico relacionado com o produto. A triagem completa normalmente requer a utilização de um **modelo de classificação**, que é uma *checklist* de fatores enumerados com pesos (importância) atribuídos, ainda que neste capítulo apareçam algumas variações.[3]

Por que realizamos a triagem completa? Na verdade, a triagem completa cumpre três objetivos. *Primeiro, ajuda a empresa a decidir se deve prosseguir com o conceito ou o abandonar.* Tenha em mente que, quando um conceito passa na triagem completa, a fase seguinte no processo de novos produtos é o desenvolvimento. O conceito se tornará então um novo projeto de desenvolvimento de produto e exigirá um comprometimento de recursos financeiros e humanos substancialmente maior. A triagem completa ajuda-nos a decidir se esses recursos (pessoal de P&D, *design* de sistemas para serviços, engenharia etc.) devem ser destinados ao projeto e, se sim, com que intensidade. Essa decisão repousa sobre se *conseguimos* realizar o trabalho e se *queremos* realizá-lo. "Conseguimos" significa viabilidade – a tecnologia está à altura do empreendimento, nós a temos, podemos arcar com ela? "Queremos" significa extrairemos do projeto o lucro, a participação de mercado ou o que quer que estejamos pretendendo com a inovação de produtos?

Às vezes, esses dois fatores são chamados de *viabilidade de realização técnica* e *viabilidade de realização comercial*, e a avaliação desses dois tipos de viabilidade (com frequência por meio de um modelo de classificação) é fundamental para a maioria das triagens completas.

Segundo, a triagem completa ajuda-nos a gerenciar o processo por meio da classificação e da identificação dos melhores conceitos. Os melhores conceitos podem ser ordenados ou priorizados para que tenhamos opções de reserva quando um projeto

---

[3] Para uma discussão e comparação com relação a várias das técnicas de triagem completa mais comuns, consulte K. L. Poh, B. W. Ang & F. Bai, "A Comparative Analysis of R&D Project Evaluation Methods", *R&D Management*, 31(1), January 2001, pp. 63–75.

em andamento paralisar ou for cancelado, enquanto os conceitos não aceitos mas possivelmente compensadores são retornados ao desenvolvimento de conceitos para elaborá-lo e torná-lo mais aceitável. Além disso, mantém-se um registro dos conceitos rejeitados para evitar duplicação de trabalho quando um conceito semelhante vier à tona posteriormente. Esse último fator pode parecer uma questão trivial. Porém, para os gestores que triam centenas de conceitos de novos produtos por ano, isso não é trivial. Uma boa memória corporativa ajuda a dirimir disputas posteriormente. Segundo um antigo ditado, um novo produto bem-sucedido encontra um grande número de "pais" que alegam tê-lo proposto, ao passo que um novo produto malsucedido é sempre órfão. Em empresas que gostam de recompensar a criatividade, é favorável saber quem sugeriu o que e quando.

Terceiro, a triagem completa estimula a comunicação transfuncional. As sessões de classificação são salpicadas de acessos como este: "Por que motivo você atribuiu um peso tão baixo a essa ideia genial em tal e tal fator?". O processo de triagem é um processo de aprendizagem, particularmente no sentido de tornar os gestores mais empáticos com relação a como as outras funções pensam. Além disso, ele traz à tona todas as controvérsias básicas acerca de um projeto (como as políticas sempre tão presentes) e as coloca em discussão. Essas controvérsias iluminam os "buracos"(*potholes*) ou obstáculos que o conceito enfrentará durante o desenvolvimento e mostram em que lugar provavelmente será necessário inserir novas pessoas. Muitas empresas têm dificuldade para realizar a triagem completa. Ou elas escolhem projetos errados ou escolhem projetos em excesso. Triagem ineficaz significa que os recursos financeiros e o pessoal de novos produtos estão distribuídos entre um número muito grande de projetos. A aprovação de um novo projeto deve ser feita com base nos recursos humanos e financeiros disponíveis.[4]

Algumas empresas ignoram a triagem completa. As empresas menores que não estão realizando muitas atividades em inovação de produtos talvez prefiram uma pesquisa de opinião de fato, em que uma ou mais pessoas dão um parecer sobre uma lista informal de questões.[5] Em alguns casos, os participantes podem extrair uma lista impressa de questões avaliativas como lembrete (*memory jogger*) das listas mais formais que surgem em seguida. Algumas empresas de produtos embalados cujo processo de desenvolvimento não é propriamente técnico (produtos copiados e variações simples no que já existe no mercado) também podem ignorar a triagem completa. A viabilidade técnica e a capacidade da empresa para comercializar o produto já são conhecidas e a única questão é se os consumidores gostarão do produto se ele for comercializado. Para compensar a falta de uma triagem completa, essas empresas podem realizar um teste de conceito mais completo (Capítulo 9) e o que elas chamam de modelos de previsão de vendas de **pré-teste de mercado**, que abordaremos no Capítulo 11. Quando existem questões importantes de viabilidade técnica (e quase sempre existem), mesmo as empresas de produtos embalados não utilizarão apenas o teste de conceito e recorrerão à triagem completa utilizando um modelo de classificação como o apresentado a seguir.

---

[4] Robert G. Cooper, "Your NPD Portfolio May Be Harmful to Your Business Health", *Visions,* April 2005, pp. 22–26.

[5] Até mesmo algumas empresas extremamente competentes sentem que não podem responder as questões nos modelos de classificação mais completos exibidos posteriormente. Uma unidade da AT&T utiliza: O cliente tem interesse? Nós temos interesse? Conseguimos fazer isso? e Podemos nos manter à frente se fizermos?

MODELO DE CLASSIFICAÇÃO

Os modelos de classificação são simples, mas muito eficazes. Vejamos esses modelos através dos olhos de um estudante que tem de tomar uma decisão.

Introdução aos modelos de classificação

Suponhamos que um estudante esteja tentando decidir que atividade social realizará no fim de semana. Ele tem várias opções, e mais opções podem surgir nesse espaço de tempo.

Ele poderia relacionar critérios para diversas decisões pessoalmente importantes, em particular:

1. Precisa ser divertido.
2. Deve haver mais do que apenas duas pessoas.
3. Deve ser financeiramente viável.
4. Precisa ser algo que sou capaz de realizar.

Esses quatro critérios (comumente chamados de *fatores* – mas não confunda com os fatores que discutimos na análise fatorial) são mostrados na Figura 10.2. Obviamente, 20 ou 30 fatores podem estar envolvidos na decisão sobre atividade social de fim de semana desse estudante, mas fiquemos somente com os quatro. Esses fatores não são absolutos; eles podem ser dimensionados – razoavelmente divertido, muito divertido etc. A Figura 10.2 mostra uma escala de quatro pontos para cada fator.

Em seguida, cada ponto da escala precisa de um número para que possamos classificar as opções. Tendo feito isso, o estudante pode prosseguir para avaliar cada opção (como indicado na Figura 10.2) e o total de pontos de cada. A resposta final é passear de barco – ainda que não seja tão divertido – principalmente porque envolve muitas pessoas, é barato e o estudante é um remador capaz.

Contudo, suponhamos que o estudante proteste a essa altura e diga: "Não se trata só disso. Se eu praticar caminhada (*hiking*), me exercitarei mais; se for esquiar,

FIGURA 10.2 Modelo de classificação para a decisão de atividade social do estudante.

	Valores			
Fatores	**4 Pontos**	**3 Pontos**	**2 Pontos**	**1 Ponto**
Grau de divertimento	Alto	Razoável	Baixo	Nenhum
Número de pessoas	Acima de 5	4 a 5	2 a 3	Abaixo de 2
Viabilidade financeira	Grande	Razoável	Possível	Impossível
Capacidade do estudante	Alta	Boa	Alguma	Pouca
Pontuações do estudante		Esquiar	Passear de barco	Praticar hiking
Divertimento		4	3	4
Pessoas		4	4	2
Viabilidade financeira		2	4	4
Capacidade		1	4	3
Total		11	15	13
Resposta: passear de barco.				

talvez aquela pessoa esteja lá". Ou o estudante pode defender que a viabilidade financeira é mais importante do que os outros fatores porque sem dinheiro não há necessidade de classificar os demais pontos. Ou o estudante pode dizer: "Divertir é sem dúvida mais importante do que ter habilidade, então vou dobrar os pontos de divertimento". (Isso seria um tipo de sistema de ponderação simples, no qual os pontos de divertimento são dobrados antes de serem somados. Confira: isso faria alguma diferença na recomendação final? Por que ou por que não?) E então poderia haver várias objeções, como: "Na verdade, esquiar não é tão divertido assim, passear de barco é mais caro do que imagino".

O que na realidade utilizamos ao tomar decisões como essa é um processo de classificação ou pontuação, estejamos ou não conscientes disso. As objeções do estudante contêm os problemas básicos dos modelos de classificação de novos produtos, e veremos como as críticas podem ser abordadas para moldar um sistema que funciona muito bem.

Procedimento de triagem

O desenvolvimento de um sistema toma algum tempo; porém, assim que ele estiver em andamento, o ajuste fino não requer tanto esforço.[6]

O que está sendo avaliado

No caso do estudante mencionado anteriormente, optamos por basear o modelo em quatro fatores escolhidos arbitrariamente. A escolha de fatores na vida real não é tão fácil e o modo como os selecionamos não é acidental. *Primeiro, se pudéssemos, utilizaríamos apenas um fator*. Existe um único fator que cobre tanto a realização técnica quanto a comercial, um termo financeiro chamado *valor presente líquido (net present value – NPV) do fluxo de lucros descontado do conceito de produto*, considerando todos os custos e benefícios diretos e indiretos. Essa longa frase é simplesmente a forma financeira de dizer "o resultado final de uma demonstração de resultados do produto, em que incluímos todos os custos (técnicos, de marketing e outros) e depois descontamos retroativamente os lucros para o seu valor no presente". O fator é mostrado no primeiro nível do gráfico resumido da Figura 10.3. Se pudéssemos realizar uma estimativa razoavelmente boa desse valor presente líquido, nenhum outro fator seria necessário. Mas quase sempre isso nunca é possível; nesse momento ainda inicial, todas as estimativas financeiras são muito duvidosas.

Nesse caso, utilizamos *substitutos* (ou representações) para isso. O segundo nível na Figura 10.3 mostra os dois fatores óbvios: a probabilidade de realização técnica (se conseguimos criar algo que fará o que os clientes desejam) e a probabilidade comercial (se conseguimos vender esse produto lucrativamente). Novamente, não resta nada a fazer. Essas duas convicções preveriam o sucesso financeiro do primeiro nível e estaríamos acabados.

Infelizmente, a experiência demonstra que em geral também não conseguimos fazer essas estimativas. Por isso, procuramos mais substitutos, dessa vez no terceiro nível. Para economizar espaço, a Figura 10.3 mostra apenas os três que

---

[6] Embora bastante fácil quando realizado de acordo com o exemplo de classificação apresentado posteriormente neste capítulo, devemos ressaltar que um imenso corpo de teorias está por trás de todas as decisões de classificação. Por exemplo, tecnicamente, nosso modelo de classificação é um modelo compensatório linear. Esse modelo, mais os modelos conjuntivo, disjuntivo e lexicográfico, é discutido (e comparado em um exercício de triagem de novos produtos) em Kenneth G. Baker & Gerald S. Albaum, "Modeling New Product Screening Decisions", *Journal of Product Innovation Management*, 3(1), March 1986, pp. 32–39.

```
Nível
         ┌──────────────────────────────┐   Se conhecer,
  Um     │ Lucro: Valor presente líquido│ → OK
         └──────────────────────────────┘
 ┌──────────┐
 │Não conhece│
 └──────────┘
      │
      ▼
         ┌──────────────────┐   ┌──────────────────┐   Se conhecer,
  Dois   │Probabilidades de │   │Probabilidades de │ → OK
         │realização técnica│   │realização comercial│
         └──────────────────┘   └──────────────────┘
 ┌──────────┐
 │Não conhece│
 └──────────┘
      │
      ▼
                              ┌───────┬────────┬────────┐  Se conhecer,
  Três                        │Vendas │Margens │Despesas│→ OK
                              └───────┴────────┴────────┘
 ┌──────────┐
 │Não conhece│
 └──────────┘
      │
      ▼
  Quatro  ┌──────────┐ ┌──────────┐ ┌──────────┐
          │Novidade  │ │Familiaridade│ │Vantagens│
          │para os   │ │com o mercado│ │do produto│
          │atacadistas│ └──────────┘ └──────────┘
          └──────────┘
```

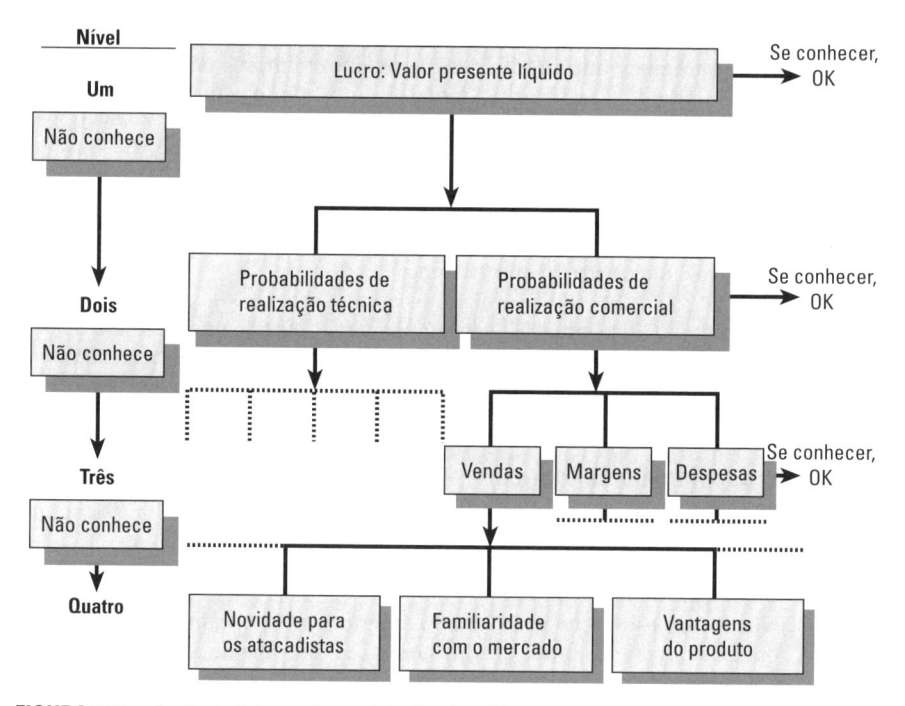

FIGURA 10.3 Fonte de fatores do modelo de classificação.

geram realização comercial; se conhecermos nossas vendas, nossas margens sobre essas vendas e nossas despesas de marketing e administrativas, teremos a metade comercial da resposta.

Entretanto, novamente ficamos aquém; não conhecemos muito bem os números nesse momento inicial. Contudo, observe que as empresas de produtos embalados que desenvolvem novos produtos levemente diferentes, discutidas antes, *conseguem* fazer essas estimativas e o fazem em seus modelos de previsão. A maior parte das empresas precisa procurar substitutos também para o terceiro nível. Isso nos leva ao quarto nível, que é o ponto em que as coisas acontecem. Os fatores do quarto nível têm respostas, ou pelo menos respostas que podemos estimar melhor do que os fatores nos níveis superiores. A Figura 10.3 relaciona somente três dos vários fatores nesse nível.

O raciocínio é mais ou menos o seguinte: se você me disser que o novo produto entrará em um mercado com o qual já temos grande familiaridade, é provável que sejamos capazes de nos comunicar com os consumidores nesse mercado. Isso aumenta a probabilidade de um bom volume de vendas (no terceiro nível) e esse crescimento nas vendas tende a aumentar a probabilidade de realização comercial (no segundo nível), o que, por sua vez, resulta em lucro (primeiro nível, nosso objetivo). Portanto, o truque é identificar os fatores do quarto nível que contribuem para as operações técnicas e comerciais nessa empresa, nesse conceito de produto em particular. Os fatores do quarto nível integram o modelo de classificação na Figura 10.4. Algumas empresas incluem lucro, vendas etc. como fatores ainda que seus substitutos provavelmente já estejam presentes.

Categoria	Fator	Escala: 1	2	3	4	5	Pontuação	Peso	Pontuação ponderada
Realização técnica	Dificuldade da atividade técnica	Muito difícil				Fácil	4	4	16
	Habilidades de pesquisa necessárias	Nenhuma das exigidas			Adequação perfeita		5	3	15
	Habilidades de desenvolvimento necessárias	Nenhuma das exigidas			Adequação perfeita		2	5	10
	Equipamentos/processos técnicos	Nenhum dos exigidos			Temos		.	.	.
	Taxa de mudança tecnológica	Alto/instável			Estável		.	.	.
	Garantia de superioridade de *design*	Nenhuma			Muita alta				
	Proteção do *design* (patente)	Nenhuma			Temos patente				
	Atendimento técnico necessário	Nenhum dos exigidos			Temos tudo				
	Equipamentos/processos de fabricação	Nenhum dos exigidos			Temos no momento				
	Disponibilidade de cooperação do fornecedor	Nenhum em vista			Relacionamento atual				
	Probabilidade de custo competitivo	Bem acima da concorrência			Menos de 20%				
	Probabilidade de qualidade do produto	Abaixo dos níveis atuais			Liderança				
	Probabilidade de velocidade de colocação no mercado	Dois anos ou mais			Menos de seis meses				
	Disponibilidade de pessoas para a equipe	Nenhuma disponível no momento			Todas as principais				
	Investimento monetário necessário	Mais de 20 milhões			Abaixo de 1 milhão				
	Questões legais	Importantes			Nenhuma em vista				Total 210
Realização comercial	Volatilidade do mercado	Alta/instável			Muito estável		2	3	6
	Participação de mercado provável	Quarto lugar, na melhor das hipóteses			Líder		5	5	25
	Tempo de vida provável do produto	Menos de um ano			Mais de 10 anos		.	.	.
	Similaridade com o tempo de vida do produto	Nenhuma relação			Muito próxima		.	.	.
	Exigências em relação à força de vendas	Nenhuma experiência			Muito familiar		.		
	Exigências promocionais	Nenhuma experiência			Muito familiar				
	Cliente-alvo	Totalmente estranho			Próximo/atual				
	Distribuidores	Nenhuma relação			Atuais/fortes				
	Varejistas/distribuidores	Triviais			Cruciais				
	Importância da atividade para o usuário	Nenhuma relação			Atual/grande				
	Grau de necessidade não atendida	Nenhuma/satisfeita			Totalmente não atendida				
	Probabilidade de satisfazer a necessidade	Muito baixa			Muita alta				
	Concorrência a ser enfrentada	Difícil/agressiva			Fraca				
	Exigências em relação ao atendimento em campo	Nenhuma capacidade atual			Preparado no momento				
	Efeitos ambientais	Somente negativos			Somente positivos				
	Aplicações globais	Sem aplicação fora do âmbito nacional			Adequação ao global				
	Difusões no mercado	Nenhum outro uso			Muitas outras áreas				
	Integração do cliente	Muito improvável			O cliente busca isso				
	Lucro provável	Equilibrado, na melhor das hipóteses			ROI > 40%				Total 240

Conceito: _____

Data da triagem: _____

Ação: _____

Total geral 450

FIGURA 10.4 Modelo de classificação para a triagem completa de conceitos de novos produtos.

FIGURA 10.5 Modelo de classificação do Instituto de Pesquisa Industrial.

Fatores de sucesso técnico:

- *Posição protegida por patente:* desenvolvimento de uma patente sólida e justificável na tecnologia a ser pesquisada.
- *Competências/habilidades:* os recursos técnicos disponíveis têm as competências necessárias para empreender o projeto de pesquisa.
- *Complexidade técnica:* impacto da complexidade técnica sobre o sucesso do produto.
- *Acesso e uso eficaz de tecnologias externas:* disponibilidade de tecnologias externas e capacidade da empresa de utilizá-las com êxito.
- *Capacidade de fabricação:* está relacionada ao fato de a empresa ter ou não capacidades internas ou externas para fabricar o produto ou incorporar o processo em suas operações.

Fatores de sucesso comercial:

- *Necessidade do cliente/mercado:* existe um mercado pronto para o produto ou o processo resultante do projeto?
- *Reconhecimento do mercado/marca:* probabilidade de o produto ser aceito no mercado, em virtude dos pontos fortes e/ou da imagem da empresa.
- *Canais para o mercado:* facilidade com que o produto será introduzido e distribuído.
- *Ponto forte do cliente:* probabilidade de o produto ser bem-sucedido ou malsucedido com base nos pontos fortes do cliente na área de negócios de interesse.
- *Suprimento de matérias-primas/componentes:* efeito da disponibilidade dos principais componentes e matérias-primas.
- *Riscos de segurança, saúde e ambientais:* probabilidade de qualquer um desses efeitos impedir o sucesso do projeto.

Fonte: John Davis, Alan Fusfield, Eric Scriven & Gary Tritle, "Determining a Project's Probability of Success", *Research-Technology Management*, May–June 2001, pp. 51–57. Reimpresso com permissão.

De modo geral, a empresa deve começar com a lista de fatores apresentada na Figura 10.4, eliminar qualquer um que evidentemente não seja aplicável, inserir qualquer um que obviamente tenha sido omitido e utilizá-la algumas vezes para ver como as pontuações se ajustam às pessoas envolvidas. Com o passar do tempo essa lista deve ser reduzida o máximo possível e sua fluência sempre deve ser preservada. Nada a respeito desse sistema deve ser perene; afinal de contas, trata-se apenas de um *instrumento de apoio* às decisões.[7]

O estudo de caso da Logitech, no final deste capítulo, mostrará que cada situação é de certa forma diferente. Um novo modelo de classificação foi desenvolvido recentemente pelo Instituto de Pesquisa Industrial para determinar melhor o sucesso de um projeto técnico específico. O modelo, desenvolvido com a ajuda dos gestores das empresas associadas a esse instituto, contém duas partes: um conjunto de fatores de sucesso técnico e um conjunto de fatores de sucesso comercial. Todo projeto é cotado em cada um desses fatores em uma escala de 1 a 5. Os pesos de importância de cada fator de sucesso são também estabelecidos. As somas ponderadas dos fatores de sucesso técnico e dos fatores de sucesso comercial são calculadas; os projetos com a

---

[7] Para obter mais informações, especialmente de um ponto de vista mais voltado para a gestão corporativa, consulte Thomas D. Kuczmarski, *Managing New Products* (Englewood Cliffs, NJ: Prentice-Hall, 2002). Do ponto de vista de produtos de consumo, consulte Larry A. Constantineau, "The 20 Toughest Questions for New Product Proposals", *Journal of Product and Brand Management*, 2(1), 1993, pp. 51–54.

pontuação total mais alta são os que mais tendem a ser bem-sucedidos. Os fatores do modelo do Instituto de Pesquisa Industrial são mostrados na Figura 10.5.

A classificação

Com um modelo de classificação como o que é mostrado na Figura 10.4 ou 10.5, os membros da equipe que farão a classificação primeiro passam por um período de familiarização durante o qual eles se inteiram de cada proposta (mercado, conceito, resultados do teste de conceito). Em seguida, os classificadores começam com o primeiro fator (nesse caso, dificuldade da atividade técnica) e atribuem um peso a cada um selecionando o ponto mais apropriado nas escalas de diferencial semântico dadas na terceira coluna. Essas classificações são multiplicadas pelos pesos de importância atribuídos e o total dos fatores é ampliado. As classificações prosseguem nos demais fatores e são então totalizadas para obter a classificação geral do conceito em questão por indivíduo.

Diversos métodos são utilizados para associar as classificações de cada membro da equipe, e o mais comum é calcular a média. Algumas empresas utilizam o método olímpico de eliminar as classificações mais altas e mais baixas antes de calcular a média. Outras empresas realizam uma discussão aberta depois que as médias são apresentadas para que os indivíduos possam justificar qualquer ponto de vista que esteja em desacordo com o grupo. Muitas empresas chegaram à conclusão de que o *groupware* ou *software* **colaborativo** (*e.g.*, Lotus Notes) contribui enormemente para o processo.[8]

Fatores incomuns

Com relação a alguns fatores, uma pontuação ruim constitui um veto. Por exemplo, no caso de um estudante que está tentando decidir que atividade de entretenimento escolher para o fim de semana, a falta de dinheiro pode impedir qualquer opção que custe mais de US$ 30. O problema deve ser enfrentado no início para que não se desperdice tempo na proposição de opções que custem mais de US$ 30. Isso vale para os negócios, e a principal função do termo de inovação de produto é frisar essas exclusões. Às vezes isso é chamado de **fatores de seleção**.[9]

Outro problema ocorre quando o fator que está sendo classificado tem respostas do tipo tudo ou nada e sim ou não; por exemplo, "Esse conceito requer que se estabeleça uma força de vendas distinta?". Esse tipo de fator é abordado com a utilização de extremos na escala de diferencial semântico, sem nenhuma gradação. Se possível, esses fatores devem ser dimensionados – por exemplo, "Qual é o custo adicional necessário para estabelecer uma cobertura de vendas para esse conceito?". As colunas poderiam ser "Nenhum", "Abaixo US$ 100,000"; "De US$ 100.000 a US$ 300.000" etc.

Os classificadores ou avaliadores

Escolher os membros de uma equipe de classificação é como escolher os membros de uma equipe de novos produtos. As quatro funções principais (departamentos de

---

[8] Para examinar outro modelo de classificação matricial, consulte Bob Gill, Beebe Nelson e Steve Spring, "Seven Steps to Strategic New Product Development", *The PDMA Handbook of New Product Development* (New York: John Wiley, 1996), pp. 19–34.

[9] Consulte Rodger L. DeRose, "New Products—Sifting through the Haystack", *The Journal of Consumer Marketing*, Summer 1986, pp. 81–84. Esse artigo mostra algumas associações diretas entre a estratégia de produto da Johnson Wax e a triagem de novos produtos da empresa; por exemplo, seus fatores de triagem incluem "somente produtos seguros", "utilizar as capacidades existentes" e "refletir a postura e o estilo da empresa."

marketing, técnico, operacional e financeiro) estão envolvidas, assim como os gestores de novos produtos, especialistas de áreas como tecnologia da informação, distribuição, aquisições (*procurement*), relações públicas, recursos humanos etc., dependendo do procedimento da empresa para com o desenvolvimento de novos produtos.

Os altos executivos das unidades de negócios (presidentes, gerentes gerais) devem ficar fora de cena, exceto, obviamente, nas pequenas empresas. Essas pessoas inibem as discussões francas que são necessárias na avaliação das capacidades da empresa (por exemplo, em marketing ou fabricação). Alguns diretores executivos são tão bons intuitivamente para isso, que não podem ser excluídos.[10]

A experiência em triagem certamente é valiosa. Do mesmo modo é a experiência em relação à empresa como um todo e à especialidade da pessoa em particular. O pessoal técnico geralmente se sente mais otimista com respeito ao provável sucesso técnico e os profissionais de marketing são mais pessimistas.

Os problemas com os indivíduos são mais específicos. Pesquisas indicam que (1) algumas pessoas são sempre otimistas, (2) algumas às vezes são otimistas e às vezes são pessimistas, (3) algumas são "neutras" e se enquadram em pontos intermediários da escala, (4) algumas são bem mais confiáveis e precisas do que outras, (5) algumas são mais facilmente influenciadas pelo grupo e (6) algumas são competentes, mas instáveis. As equipes de classificação precisam de um gestor para lidar com esses problemas. Algumas empresas na verdade atribuem pesos às classificações de cada avaliador de acordo com sua precisão anterior (definida como conformidade com as pontuações da equipe). A Dow Brands usa uma abordagem computadorizada de *groupware* principalmente porque deseja que as classificações sejam anônimas.

Atribuição de pesos

O julgamento mais sério a respeito dos modelos de classificação é a utilização de pesos, porque a atribuição de pesos é inerentemente crítica (uma exceção nas novas pesquisas será discutida em breve). Voltemos ao estudante que está procurando uma atividade para o fim de semana. Para um estudante cauteloso com dinheiro, a viabilidade financeira merece um peso maior em comparação com os outros fatores. Mas quanto seria isso? Ele deveria ter peso 2 e os demais fatores terem peso 1? Em virtude da importância da atribuição de pesos, algumas empresas medem seu efeito utilizando o **teste de sensibilidade**. Como os modelos de classificação na verdade são apenas modelos matemáticos ou equações, o analista pode alterar as pontuações ou os pesos para ver que diferença as alterações produzem na classificação final. Os programas de planilha lidam com isso facilmente e, do mesmo modo, a maior parte dos programas *groupware*.

Planilha de perfil

A Figura 10.6 apresenta uma alternativa preferida por algumas empresas em virtude de seu recurso gráfico. A **planilha de perfil** organiza graficamente classificações de cinco pontos nos diferentes fatores. Se for utilizada uma equipe de avaliadores, o perfil empregará pontuações médias. Essa abordagem na verdade chama a atenção para padrões como as altas pontuações atribuídas próximo à parte inferior do perfil (na Figura 10.6) em comparação com aquelas próximas à parte superior.

---

[10] O diretor executivo de uma proeminente empresa de produtos embalados tinha tanta competência para selecionar os candidatos à vaga de gestor de produtos que outras avaliações eram consideradas desnecessárias.

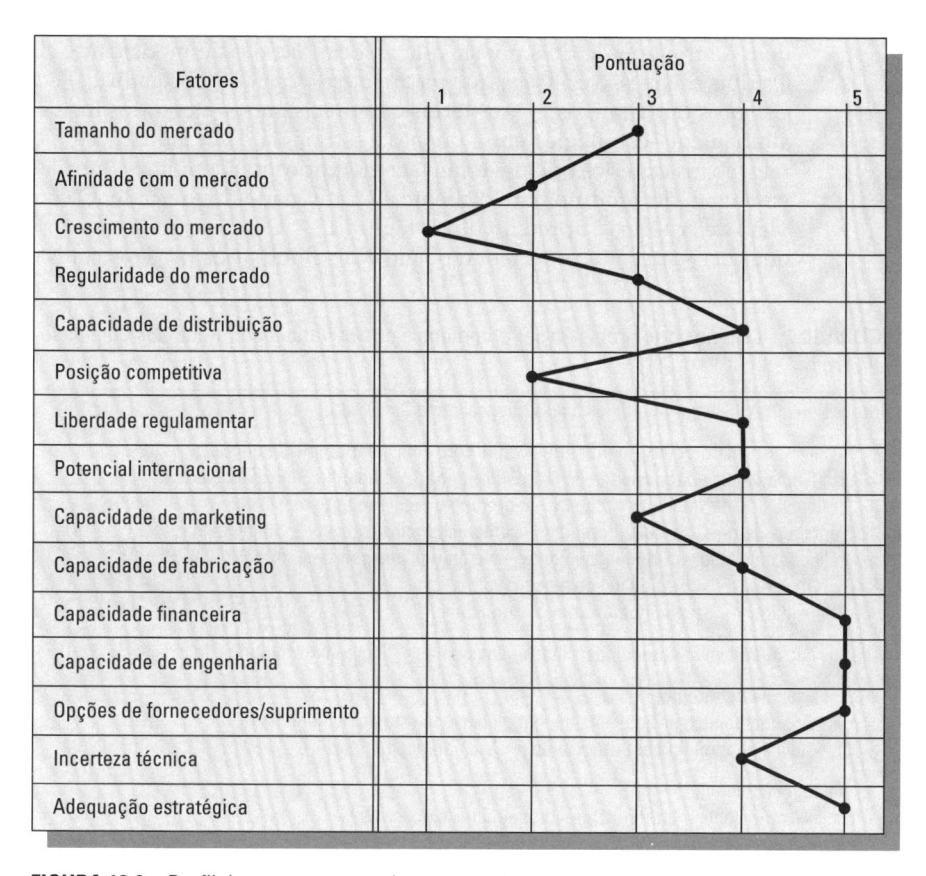

Fatores	Pontuação				
	1	2	3	4	5
Tamanho do mercado					
Afinidade com o mercado					
Crescimento do mercado					
Regularidade do mercado					
Capacidade de distribuição					
Posição competitiva					
Liberdade regulamentar					
Potencial internacional					
Capacidade de marketing					
Capacidade de fabricação					
Capacidade financeira					
Capacidade de engenharia					
Opções de fornecedores/suprimento					
Incerteza técnica					
Adequação estratégica					

FIGURA 10.6 Perfil de uma proposta de novo produto.

MODELO DE TRIAGEM COM BASE NO PROJETO NEWPROD

O Projeto NewProd, um estudo abrangente sobre o sucesso e o insucesso de novos produtos, foi empreendido por Robert Cooper no final da década de 1970. Em torno de 100 empresas industriais canadenses cooperaram com o estudo original NewProd, no qual os gestores de produtos identificaram um produto bem-sucedido recente e um produto malsucedido recente. Os respondentes forneceram informações sobre dezenas de variáveis descritivas que poderiam estar relacionadas com o sucesso ou insucesso dos produtos. Com base nesse estudo, o modelo de triagem original New-Prod, semelhante aos modelos de classificação vistos antes, foi deduzido e utilizado para prever a probabilidade de sucesso e insucesso dos produtos e também para identificar pontos fracos que precisam ser retificados antes da aprovação de um projeto de novo produto.[11]

Desde essa época, o modelo original NewProd foi ampliado e engrandecido com a inclusão de dados de muitas outras empresas e *inputs* de outros gestores de novos produtos. Recentemente, Cooper e seus coautores defenderam um mo-

---

[11] Robert G. Cooper, "Selecting Winning New Product Projects: Using the NewProd System", *Journal of Product Innovation Management*, 2(1), March 1985, pp. 34–44.

delo de triagem de dois níveis, que associa *checklists* e modelos de classificação. Os dois níveis são critérios que *precisam ser atendidos* (obrigatórios) e *deveriam ser atendidos* (facultativos). Os critérios que precisam ser atendidos incluem um bom alinhamento estratégico entre projeto e estratégia e um índice aceitável de risco e retorno; os critérios que deveriam ser atendidos incluem importância estratégica, vantagem do produto para o cliente e atratividade do mercado. O conjunto completo de critérios é apresentado na Figura 10.7. Como seria de esperar, os critérios que precisam ser aceitos têm o objetivo de eliminar os projetos ruins e funcionar

FIGURA 10.7 Critérios que precisam ser atendidos e que deveriam ser atendidos com base nos estudos NewProd.

Critérios que precisam ser atendidos: classificados como Sim/Não

1. Alinhamento estratégico – o produto é condizente com a estratégia de negócios?
2. Existência de uma necessidade no mercado – supera o tamanho mínimo exigido?
3. Probabilidade de viabilidade técnica – o produto é tecnicamente razoável?
4. Vantagem do produto – ele oferece ao cliente benefícios exclusivos ou um bom valor?
5. Políticas de saúde e proteção ambiental – ele atende aos padrões/normas?
6. Retorno *versus* risco – seu índice é aceitável?
7. Atratividade – ele tem alguma variável "formidável"?

Critérios que deveriam ser atendidos: classificados em escala (como os modelos de classificação)

1. Importância estratégica
   a. Até que ponto o projeto está alinhado com a estratégia de negócios?
   b. Qual a importância estratégica do projeto para a empresa?

2. Vantagem do produto
   a. Até que ponto o produto oferece benefícios exclusivos?
   b. Em que medida o produto atende melhor às necessidades dos clientes do que o produto dos concorrentes?
   c. Em que medida o produto oferece um excelente custo-benefício?

3. Atratividade do mercado
   a. Qual é o tamanho do mercado?
   b. Qual é a taxa de crescimento do mercado?
   c. Qual é a situação da concorrência? (Quanto mais intensa e voltada para o preço, menor a pontuação.)

4. Sinergia
   a. Até que ponto o produto alavanca o marketing, a distribuição ou os pontos fortes de venda?
   b. Até que ponto o produto alavanca os pontos fortes de marketing, distribuição ou venda?
   c. Até que ponto o produto alavanca o *know-how* de fabricação ou operacional?

5. Viabilidade técnica
   a. Qual é a magnitude da lacuna técnica em relação a outros produtos? (Quanto menor a lacuna, mais alta a pontuação.)
   b. Qual a complexidade técnica do produto? (Quanto menor a complexidade, mais alta a pontuação.)
   c. Qual é a incerteza técnica do resultado? (Quanto mais alta a incerteza, mais alta a pontuação.)

6. Risco *versus* retorno
   a. Qual é a lucratividade esperada (NPV)?
   b. Qual o retorno percentual (taxa interna de retorno – IRR – ou retorno sobre o investimento – ROI)?
   c. Qual é o período de retorno – com que rapidez o investimento inicial é recuperado?
   d. Qual é a incerteza das estimativas de lucro ou vendas (puramente conjecturais ou altamente previsíveis)?
   e. Em que medida o produto tem baixo custo e é rápido de ser fabricado?

Fonte: De Robert G. Cooper, *Winning at New Products*, 3rd ed., Perseus Books, 2001. Copyright © 2001 Robert G. Cooper. Dados reimpressos com permissão da Basic Books, membro do Perseus Books Group.

como os principais obstáculos ao projeto de novo produto. Na verdade, os autores sugerem a utilização de *checklists* sim/não simples e uma resposta "Não" básica pode ser suficiente para rejeitar o projeto. Os critérios que deveriam ser atendidos são aqueles que caracterizam as boas proposições de negócio. Como nenhum projeto receberia uma alta classificação em todos esses fatores, os autores propõem a utilização de um modelo de classificação que associe todos os critérios e classifique os melhores projetos de novos produtos pela pontuação total. O que é notável na Figura 10.7 é que os critérios que precisam ser atendidos e que devem ser atendidos incluem uma combinação de considerações financeiras e estratégicas. Isso é característico das melhores empresas em desenvolvimento de produtos, que olham além dos fatores financeiros básicos ao escolher os projetos de novos produtos que devem apoiar.[12] Retornaremos a esse tema fundamental em nossa discussão sobre análise financeira, no Capítulo 11.

O PROCESSO DE HIERARQUIA ANALÍTICA

Outra técnica para triagem e avaliação de projetos de produto é o **processo de hierarquia analítica** (*analytic hierarchy process* – **AHP**).[13] O AHP, desenvolvido na década de 1970 por Thomas Saaty, é uma técnica genérica que coleta sistematicamente opiniões de especialistas e as utiliza para a tomada de decisões ideais. Essa técnica foi empregada em dezenas de ambientes empresariais e não empresariais ao longo dos anos e pode ser utilizada na triagem completa para priorizar e selecionar projetos de novos produtos. Quando utilizado como técnica de triagem completa, o AHP coleta opiniões e *know-how* gerenciais para identificar os principais critérios empregados na decisão de triagem, obtém classificações para cada projeto em apreciação em relação a esses critérios e classifica os projetos em ordem de desejabilidade. *Softwares* comercialmente disponíveis como Expert Choice facilitam muito o uso do AHP.[14]

O gestor de produtos primeiro cria uma árvore de decisão hierárquica. Essa árvore mostra a meta final do gestor (nesse caso, escolher o melhor projeto de novo produto) na parte superior. O nível imediatamente abaixo inclui todos os *critérios primários* que o gestor considera importantes para atingir a meta em questão. Na árvore, pode haver vários níveis de critério (secundário, terciário etc.) abaixo dos critérios primários. Por último, as opções (os projetos de novos produtos em apreciação) são posicionadas na parte inferior da árvore.

Em seguida, o gestor fornece dados comparativos para cada elemento na árvore com relação ao nível superior seguinte. Ou seja, os critérios são comparados com base em sua importância para atingir a meta e as opções são comparadas com base em sua classificação em cada critério. O *software* de AHP assume o comando desse ponto em diante. Ele converte os dados comparativos em um conjunto de pesos relativos, os quais são então agregados para obter prioridades compostas de cada elemento em cada nível. Por último, as opções disponíveis (projetos de novos produtos) são classificadas com base no nível de preferência que elas têm para o gestor.

---

[12] Robert G. Cooper, *Winning at New Products*, 3rd ed. (Cambridge, MA: Perseus Publishing, 2001).

[13] Para examinar uma abordagem completa sobre AHP, consulte Thomas L. Saaty, *The Analytic Hierarchy Process* (New York: McGraw-Hill, 1980).

[14] O Expert Choice é apresentado em Arvind Rangaswamy & Gary L. Lilien, "Software Tools for New Product Development", *Journal of Marketing Research* 34, February 1997, pp. 177–184. O Expert Choice oferece um tutorial de AHP *on-line* simples em seu *site*, www.expertchoice.com, e também possibilita que o usuário baixe uma pequena versão de teste de AHP nesse *site*.

Um exemplo de aplicação real do AHP no contexto de triagem de projetos para um novo carro é apresentado na Figura 10.8.[15] Nesse caso, o gestor de produtos de uma das três maiores montadoras de automóveis dos Estados Unidos faz a triagem de projetos com relação a quatro critérios primários: adequação às competências essenciais de marketing, adequação às competências técnicas essenciais, perfil de risco monetário total do projeto e incerteza gerencial acerca dos resultados do projeto. (Novamente, de forma bastante semelhante ao modelo baseado no NewProd, os critérios financeiros e estratégicos são considerados, embora os critérios específicos sejam de certa forma diferentes e mais característicos do setor automobilístico.) Como mostrado na figura, todos esses critérios primários podem ser avaliados com respeito aos vários critérios secundários. Por exemplo, a adequação ao mercado considera a compatibilidade esperada do novo produto com a linha de produtos existente, o canal de distribuição, a logística de distribuição, a estratégia de *timing* de mercado, o preço e a força de vendas. Concluindo, existem quatro projetos para um novo carro em apreciação (sedã, subcompacto, esporte de dois lugares e SUV); eles são posicionados na parte inferior da árvore de decisão.

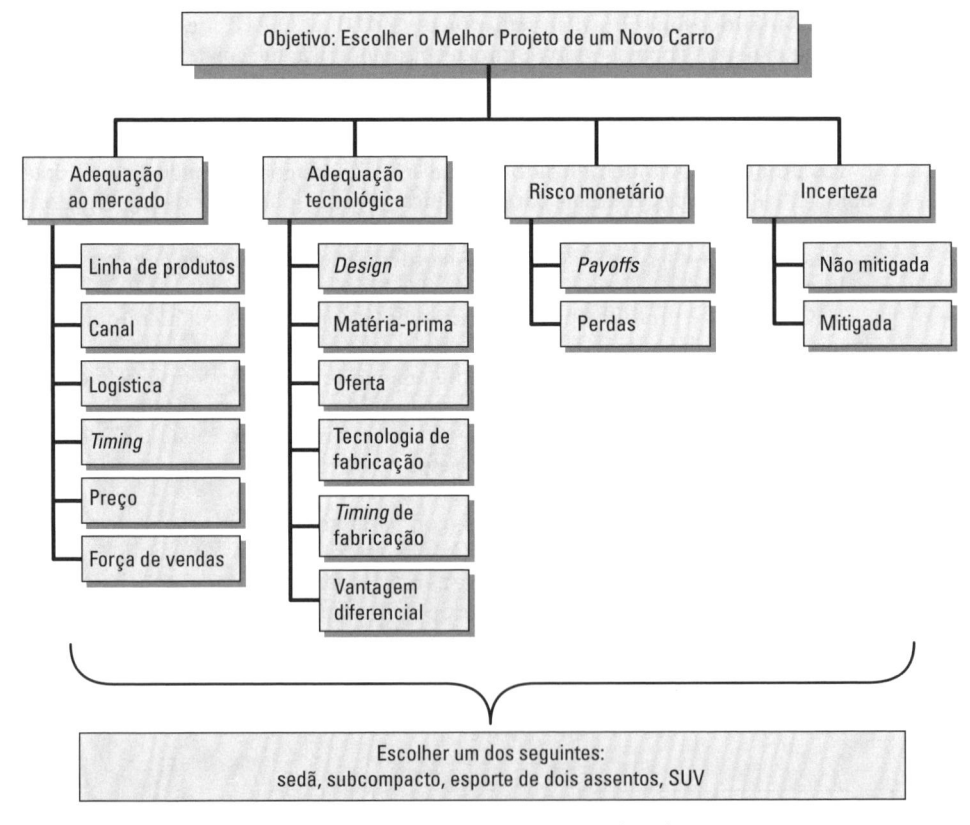

FIGURA 10.8 Uma aplicação do processo de hierarquia analítica (AHP).

---

[15] Roger J. Calantone, C. Anthony Di Benedetto & Jeffrey B. Schmidt, "Knowledge Acquisition in New Product Project Screening with the Analytic Hierarchy Process", *Journal of Product Innovation Management*, 16(1), January 1999, pp. 65–76.

Depois que a árvore de decisão é montada, são obtidas comparações emparelhadas. Normalmente, para fazer isso, o gestor deve primeiro classificar a importância relativa dos critérios primários, de dois em dois, em uma escala de 1 a 9 (por exemplo, "o quanto mais/menos importante é a adequação com as competências de marketing comparativamente à adequação com as competências técnicas?"). O Expert Choice oferece outras opções para o respondente inserir as comparações emparelhadas. Em seguida, a importância relativa dos critérios secundários é obtida (por exemplo, "o quanto mais/menos importante é a adequação com a linha de produtos comparativamente à adequação com o canal de distribuição?"). Por fim, são feitas as comparações dos projetos de novos produtos com respeito a cada critério secundário.

FIGURA 10.9 Resultados do AHP e seleção geral de projetos.

	Pesos nível 1	Pesos nível 2	Projeto com classificação mais alta
Risco monetário	0,307		
Payoffs		0,153	Sedã
Perdas		0,153	Sedã
Adequação ao mercado	0,285		
Timing		0,094	Sedã
Preço		0,064	Subcompacto
Logística		0,063	Sedã
Canal		0,036	Subcompacto
Linha de produtos		0,014	Sedã
Força de vendas		0,014	Subcompacto
Adequação técnica	0,227		
Vantagem diferencial		0,088	Sedã
Timing de fabricação		0,047	Subcompacto
Design		0,032	Subcompacto
Matéria-prima		0,027	Subcompacto
Tecnologia de fabricação		0,023	Subcompacto
Oferta		0,010	Sedã
Incerteza	0,182		
Não mitigada		0,104	Sedã
Mitigada		0,078	Sedã

Classificação das alternativas:

Projeto	Peso Geral	
Sedã	0,381	xxxxxxxxxxxxxxxxxxxxxxxxxxxxxxxxxxxxx
Subcompacto	0,275	xxxxxxxxxxxxxxxxxxxxxxxxxxx
Dois Lugares	0,175	xxxxxxxxxxxxxxxxx
SUV	0,170	xxxxxxxxxxxxxxxxx

Utilizando esses dados, o *software* de AHP calcula os pesos globais para cada projeto de novo produto. Esses pesos podem ser interpretados como uma contribuição relativa de cada alternativa para a meta geral. O resultado do AHP, apresentado na parte inferior da Figura 10.9, mostra nitidamente que o sedã, que tem o peso global geral mais alto, é o projeto preferido (0,381). O subcompacto é o segundo melhor, com 0,275, enquanto as outras duas opções são perdedoras.

Embora todos os resultados do AHP não possam ser mostrados aqui, a Figura 10.9 sintetiza alguns dos principais resultados e oferece algumas percepções sobre como o sedã tornou-se a primeira opção. Os pesos do primeiro nível indicam a importância relativa dos critérios primários. Esse gestor considera o risco monetário o critério mais importante, seguido da adequação ao mercado, adequação técnica e incerteza. De modo semelhante, os pesos do segundo nível indicam o quanto cada um dos critérios secundários são importantes para esse gestor. Por exemplo, na adequação ao mercado, *timing* e preço são considerados mais importantes do que força de vendas e adequação à linha de produtos. A última coluna mostra o projeto que recebeu classificação mais alta em cada um dos critérios secundários. O sedã recebeu classificação mais alta na maioria dos critérios secundários e em quase todos os critérios de fato importantes (com base na avaliação dos pesos do segundo nível). O subcompacto tendeu a se sair um pouco melhor em vários dos critérios de adequação técnica, mas a adequação técnica é menos importante para o gestor do que o risco monetário ou a adequação ao mercado. Portanto, não é de surpreender que o sedã se evidencie como o primeiro classificado e o subcompacto venha em segundo lugar.

ASPECTOS ESPECIAIS

Existem alguns outros aspectos que giram em torno da discussão sobre modelos de classificação. Um deles está relacionado ao patrocinador do produto (examinado inteiramente no Capítulo 14). Algumas vezes, os patrocinadores são necessários para superar a resistência normal à mudança e para ver se o conceito obtém uma audiência justa em todos os âmbitos. Eles tentam passar aos classificadores todas as informações favoráveis e podem argumentar que os formulários padrão não são condizentes com suas situações especiais.

Alguns desenvolvedores tentam utilizar a tecnologia de computação com **sistemas especializados** (com frequência chamados de sistemas baseados em conhecimento). Esses sistemas são essencialmente modelos de classificação em que os fatores são desenvolvidos com base em experiência especializada.[16]

Concluindo, a experiência demonstra que a administração algumas vezes utiliza mal os modelos de classificação. Um fabricante de produtos de consumo abandonou um modelo de classificação porque

1. Estava rejeitando produtos que poderiam ajudar a preencher a linha de produtos.
2. Estava rejeitando produtos que poderiam ajudar a evitar a entrada de concorrentes no mercado.
3. Estava rejeitando muitos produtos, de acordo com o departamento de vendas.

---

[16] Para examinar o desempenho de um sistema especializado, consulte Sundaresan Ram & Sudha Ram, "Validation of Expert Systems for Innovation Management: Issues, Methodology, and Empirical Assessment", *Journal of Product Innovation Management*, 13(1), January 1996, pp. 53–68.

Os dois primeiros problemas surgiram em virtude da escolha errada de fatores ou da atribuição incorreta de pesos e foram facilmente resolvidos. O terceiro surgiu porque a pontuação de corte estava muito alta. Os modelos de classificação exigem uma gestão competente.

RESUMO

Se uma ideia avançar do teste de conceito inicial e desenvolvimento ao ponto em que se torna um conceito completo e pronto para um estudo técnico minucioso, em seguida ela precisará passar por uma triagem. A triagem normalmente é realizada com modelos de classificação, nos quais se estima a capacidade da empresa para levar a cabo o desenvolvimento e o marketing necessários. Se o conceito obtiver uma boa classificação com base em qualquer critério utilizado pela empresa, ele será encaminhado para o desenvolvimento técnico.

Entretanto, imediatamente antes disso, algumas empresas tentam explicitar um protocolo – um conjunto ajustado de benefícios e outros requisitos que as fases de desenvolvimento técnico e de marketing devem oferecer e cumprir. E assim que a equipe sente que as partes do produto especificadas no protocolo foram obtidas, o conceito estará no formato de protótipo. Ele pode ser colocado em campo para um teste de conceito mais amplo. O teste de conceito é bem mais produtivo quando o conceito encontra-se no formato de protótipo, embora possa ser mais caro porque já terão sido feitos gastos técnicos consideráveis. Essas questões relativas ao protocolo e ao teste de protótipo integram o Capítulo 12.

APLICAÇÕES

1. "Recentemente, nossa divisão de motores elétricos pequenos rejeitou um sistema de triagem que se baseava em um modelo de classificação que eles consideravam razoavelmente completo. Parece que esse modelo sempre rejeitava várias ideias de produto, algumas delas aparentemente promissoras para eles – e, para mim, a propósito. No novo sistema da divisão, um comitê da alta administração revê essas ideias pessoalmente, sem usar toda essa papelada, e parece que as coisas vão melhorar. Você tem alguma opinião sobre isso?"

2. "Experimentamos um modelo de classificação numérico alguns anos atrás – ele simplesmente não funcionou. Reunimos todos os altos executivos, os gerentes de vendas, os gestores de produtos, todos que você possa imaginar. Selecionamos várias dimensões de viabilidade técnica e comercial, não muito diferentes do modelo de classificação que você apresentou. Classificamos tudo em uma escala de 1 a 5. Adivinhe? Todos os projetos que eram bem vistos pela alta administração obtiveram 5. Aqueles com os quais todos eles não se importavam nem um pouco obtiveram 1. E todos aqueles para os quais de fato não tínhamos boas informações obtiveram 3. Que bela ajuda, não? O que deu errado?

3. "Se por acaso uma de nossas divisões realmente precisar utilizar um modelo de classificação, como você o chama, sem dúvida prefiro aquele que utilizamos em minha empresa: basta obter respostas para quatro perguntas: "Os clientes têm interesse?", "Temos interesse?", "Conseguimos fazer isso?" e "Podemos nos manter à frente se fizermos?". O que mais poderia ser mais relevante? Essa lista envolve a viabilidade técnica e a viabilidade comercial, não envolve?"

ESTUDO DE CASO   Logitech (A)[17]

A Logitech produz uma ampla variedade de acessórios para computador, como *mouse*, teclado, alto-falante, câmeras, bem como vários acessórios para *tablets* e *smartphones*. Além disso, a empresa entrou no segmento de segurança residencial, por meio da aquisição da WiLife, uma empresa iniciada por dois empreendedores em 2002. Os produtos da WiLife receberam um novo na época da aquisição – Logitech Alert. A linha de produtos de segurança residencial foi amplamente modernizada e ampliada sob o nome Logitech; agora a linha inclui avançadíssimos sistemas internos e externos que oferecem imagens de visão noturna e com resolução de alta definição. Este estudo de caso retorna à fundação da empresa WiLife pelos dois empreendedores e analisa como eles avançaram da identificação de oportunidades e de uma boa ideia ao seu primeiro produto comercializável.

Evan Tree tinha em torno de duas décadas de experiência como revendedor-instalador no setor de vigilância por vídeo quando fundou a WiLife, Inc., em 2002. Seu sócio nesse empreendimento, Andrew Hartsfield, tinha experiência empresarial, sendo a mais recente no setor de bebidas. Evan havia administrado uma revendedora de segurança local, a Double Tree Security, durante dez anos e havia acabado de vendê-la a uma empresa de âmbito nacional. A experiência de Evan em vigilância por vídeo indicava que havia uma imensa lacuna no mercado. Os sistemas de vigilância por vídeo disponíveis no momento no mercado podiam custar até US$ 4.000, mesmo no caso de um modelo básico. Normalmente eles eram vendidos a operadoras comerciais por grandes empresas de segurança como Honeywell ou ADT por meio de revendedoras-operadoras como a Double Tree. Além do preço exorbitante, a instalação da fiação e a montagem das câmeras eram um trabalho complexo, e a central exigiria um computador exclusivo para monitoramento. Os grandes clientes, ou clientes como joalherias ou farmácias com necessidades de vigilância especiais, é que fariam investimentos importantes. Contudo, a maioria das pequenas empresas achava o preço da vigilância por vídeo extremamente alto. Evan e Andrew constataram que um sistema de vigilância por vídeo pequeno e barato atenderia uma necessidade real do mercado por parte dos pequenos empresários. Os dois sócios começaram a pensar na oportunidade de mercado e nos fatores técnicos e comerciais que seriam mais críticos para o sucesso.

No âmbito técnico, um ponto de partida seriam os pontos fracos dos sistemas disponíveis no momento. Na época, os sistemas disponíveis usavam câmeras analógicas. Fazia sentido analisar as câmeras digitais para essa aplicação, em especial porque provavelmente os custos não seriam muito altos. Os videoclipes digitais certamente podiam ser enviados para um PC ou até para um celular com recurso de vídeo. Fazia sentido também investigar a rede Ethernet para conectar as câmeras ao PC. A Ethernet é uma tecnologia padrão que pode ser obtida prontamente e poderia eliminar a necessidade de uma nova fiação, visto que ela utiliza a linha de energia elétrica que já existe no prédio. Seria necessário então pensar no armazenamento das imagens de vídeo para que os proprietários ou a política pudessem examinar (em caso de um arrombamento gravado, por exemplo). Naquela época, as imagens captadas por câmeras analógicas eram gravadas em videoteipe e as fitas era reutilizadas

---

[17] As informações sobre esse estudo de caso foram obtidas em Jeanne Lee, "Simple Surveillance", cnnmoney.com, Feb. 1, 2006; Walter S. Mossberg & Katherine Boehret, "Setting Up Your Own Security Camera at Home", *The Mossberg Solution*, ptech.wsj.com, March 29, 2006; Edward C. Baig, "LukWerks Lets You Put Kids, Pets on Candid Camera", *USA Today*, www.usatoday.com, July 12, 2006; Paul Taylor, "Network Cameras on Watch for Intruders—and Family Pets", *Financial Times*, www.ft.com, January 18, 2007; e no *site* da Logitech, www.logitech.com.

com frequência durante um número determinado de semanas; isso poderia ser um ponto de partida razoável para os requisitos de armazenamento. Como a qualidade da imagem teria de ser boa, seria um bom recurso acrescentar marcação de tempo digital para tornar a reprodução e busca convenientes. Embora Evan e Andrew à princípio tivessem pensado apenas em vigilância interna de lojas, o conceito poderia ser desenvolvido para câmeras externas também, ainda que isso apresentasse outras questões técnicas (câmeras à prova de água, por exemplo, ou utilização da tecnologia de infravermelho para que a câmera captasse imagens no escuro).

Existem igualmente fatores comerciais óbvios a serem considerados aqui, sobretudo o preço. É quase certeza que mais pequenos empresários comprariam sistemas de vigilância por vídeo se o preço não fosse tão alto. Contudo, há atributos não relacionados ao preço a considerar. Como mencionado antes, é preciso ser tecnologicamente possível enviar imagens digitais ao PC ou celular do usuário; os clientes provavelmente gostariam disso porque elimina a necessidade de um PC exclusivo. Além disso, o sistema poderia ser "inteligente" e alertar sobre qualquer atividade incomum por meio do envio de uma mensagem de alerta ao PC ou celular do usuário. (Se realmente inteligente, o sistema seria capaz de distinguir um arrombador que está tentando entrar pela janela de um gato sentado no parapeito.) Adicionalmente, a instalação de câmeras de vídeo por uma equipe é demorada e incômoda; a facilidade de instalação das câmeras deveria ser um fator. De modo semelhante, o carregamento do *software* necessário em um PC também deveria ser fácil.

Você não tem informações para elaborar um modelo de classificação totalmente novo para ser utilizado no conceito de novo produto discutido neste estudo de caso, mas você pode reunir os cinco fatores mais importantes em cada parte do modelo apresentado neste capítulo (fatores técnicos e fatores comerciais). Este estudo de caso lhe oferece a possibilidade de considerar alguns fatores técnicos e comerciais; tente adicionar alguns dos seus a esses fatores. Atribua um peso a todos eles. Em seguida, aplique seu modelo ao conceito de novo produto que Evan e Andrew estavam examinando (um sistema de vigilância por vídeo digital novo e barato). Além da tarefa de *desenvolver* um modelo de classificação para eles, reflita um pouco sobre os problemas relacionados à *implementação* do sistema do modelo de classificação para esse produto. Existiria a possibilidade de algum dos resultados da sessão de classificação provocar algum grande problema? Por quê?

CAPÍTULO 11
Previsão de vendas e análise financeira

INFORMAÇÕES PRELIMINARES

Como já chegamos ao final da triagem completa, sabemos que o conceito do produto é condizente com nossas capacidades técnicas (presentes ou adquiríveis) e também com nossas capacidades de fabricação, financeiras e de marketing. Além disso, sabemos que ele não apresenta nenhum problema legal importante e assim por diante. Portanto, estamos prontos para ir em frente.

Estamos mesmo? A maioria dos gestores não pensa assim – eles estão muito interessados no lado financeiro dessa proposição. Na verdade, eles estão interessados na questão financeira desde o princípio do projeto – volte ao termo de inovação de produto (*product innovation chart* – PIC) e lembre-se de que falamos sobre o tamanho dos mercados em potencial e dos objetivos referentes à participação de mercado e ao lucro. E eles continuarão interessados nessa questão quando olharem para trás e fizerem as contas para ver se o projeto como um todo valeu a pena. Além disso, os gestores bem informados chegaram à conclusão de que considerar as projeções financeiras não é suficiente. Para fazer as melhores opções possíveis entre todos os projetos que estão sendo apreciados, é necessário refletir sobre quanto cada projeto é condizente com as metas estratégicas e competências da organização. Aliás, um dos maiores problemas que as empresas enfrentam nessa fase é que elas se comprometem com projetos em excesso e dispersam demasiadamente seus recursos humanos e financeiros. Ou seja, as empresas precisam melhorar seu procedimento de seleção de projetos – para muitas, isso significa considerar muito mais amplamente a adequação estratégica do que antes.[1]

Esse é um bom momento para examinar mais de perto o lado *gerencial* da análise. Como devemos selecionar e gerenciar o projeto de um novo produto para que ele alcance metas financeiras razoáveis e esteja de acordo com o termo de inovação de produto? Neste capítulo, dirigimos nossa atenção para a análise financeira e particularmente para a previsão de vendas, que em geral é uma das contribuições mais decisivas do marketing para a análise financeira. Em seguida, reconsideramos o termo de inovação de produto para determinar se o projeto ou os projetos em apreciação estão coerentes com a estratégia de inovação da empresa. Essas atividades fazem parte do último quadro da Figura III.1: elas integram o processo de aprovação de projetos. No capítulo seguinte, redigiremos um protocolo para o projeto – a essa altura estamos prontos para passar para a fase de desenvolvimento.

PREVISÃO DE VENDAS DE NOVOS PRODUTOS

Iniciamos a análise financeira com a **previsão de vendas**. Como já mencionado, normalmente essa é uma responsabilidade do representante de marketing na equipe de novos produtos. Assim que as vendas são projetadas ao longo de vários períodos de

---

[1] Robert G. Cooper, "From Experience: The Invisible Success Factors in Product Innovation", *Journal of Product Innovation Management*, 16(2), March 1999, pp. 115–133.

planejamento, podemos calcular os custos, fazer projeções de lucro e avaliar parâmetros financeiros importantes, como valor presente líquido (*net present value* – NPV) ou taxa interna de retorno (*internal rate of return* – IRR). Outros participantes da equipe (como engenheiros de fabricação, pessoal de P&D, especialistas financeiros e contábeis etc.) oferecem uma contribuição maior ao fornecer dados sobre custo e outros dados que integrarão a análise financeira.

Um dos maiores desafios na análise financeira é desenvolver uma previsão de vendas razoável, em especial para um produto muito novo que utiliza uma tecnologia que muda rapidamente. Em 2000, os previsores calculavam que em torno de 2007 haveria 36 milhões de assinantes de rádio via satélite; um ano depois, essa previsão foi reduzida para cerca de 16 milhões. O número real atingido no final de 2006 foi 11 milhões, e as receitas da Sirius e XM Satellite foram bem inferiores ao previsto.[2] Consulte a Figura 11.1 para examinar outras previsões – boas e ruins – a respeito da sociedade moderna e produtos idealizados por um grupo de futuristas há algumas décadas. Entretanto, o que a figura indica é que os especialistas em previsão com frequência se saem muito bem ao prever que novos produtos resultarão das tecnologias em evolução, mesmo 30 anos ou mais no futuro, quando mantêm a cabeça fria.

FIGURA 11.1 Qual era a cara do futuro em 1967.

Em 1967, autoridades respeitadas na ciência, na computação e na política fizeram uma série de previsões de longo prazo para os 30 anos futuros. Muitas delas se revelaram extremamente precisas:

- Teríamos substitutos artificiais eletrônicos e de plástico para órgãos humanos por volta de 1982 e transplantes de órgãos humanos em torno de 1987.
- Os cartões de crédito praticamente eliminariam o dinheiro ao redor de 1986.
- O uso do *laser* seria comum por volta de 1986.
- Muitas pessoas estariam trabalhando em casa na década de 1980, utilizando terminais de computador conectados aos escritórios das empresas.
- Por volta de 1970, o homem pisaria na Lua.
- Em torno de 1986 haveria um crescimento explosivo dos gastos com recreação e entretenimento.

Embora cerca de dois terços das previsões tenham sido muito precisos, um terço se evidenciou totalmente errado. Exemplos:

- Aterrissagem planetária tripulada em 1980 e uma base permanente na Lua por volta de 1987.
- Proibição de carros particulares nos centros urbanos em torno de 1986.
- Disponibilidade global do televisor em 3D em um futuro próximo.
- Vida primitiva criada em laboratório em torno de 1986.

O que podemos aprender com as previsões corretas e com as incorretas? Em primeiro lugar, as previsões não precisam ser absolutamente perfeitas para serem utilizadas no planejamento. Lembre-se de que os capitães de navio de antigamente usavam mapas que continham imprecisões, mas ainda assim chegavam aonde desejavam chegar. Segundo, as previsões incorretas pareciam enquadrar-se em duas categorias: os fatores subjacentes que determinavam as projeções mudavam ou o previsor era demasiadamente otimista com relação à velocidade do avanço. O financiamento espacial foi consideravelmente parado após a aterrissagem na Lua em 1969, desfazendo as previsões sobre explorações espaciais futuras. O televisor em 3D pode até se tornar importante daqui a duas décadas – obviamente, falávamos isso sobre os videofones na década de 1960.

Fontes: De Edward Cornish, "The Futurist Forecast 30 Years Later", *The Futurist*, January–February 1997, pp. 45–58. Originalmente publicado em *The Futurist*. Utilizado com permissão da World Future Society, 7910 Woodmont Avenue, Suite 450, Bethesda, Maryland 20814 USA. Telefone: 01-656-8274; www.wfs.org.

---

[2] Consulte Sarah McBride, "Until Recently Full of Promise, Satellite Radio Runs into Static", *Wall Street Journal,* August 15, 2006, pp. A1, A9.

Devemos levar em conta vários fatores ao desenvolver a previsão de vendas. Primeiro, o *potencial* do produto pode ser extremamente alto, mas as vendas talvez não se materializem em virtude de iniciativas de marketing insuficientes. A propaganda pode não criar adequadamente consciência ou uma distribuição inadequada pode impedir que o produto seja disponibilizado a grande parte do mercado. O modelo A-T-A-R analisado no Capítulo 8 nos ajudará a ajustar as previsões de vendas com base na consciência e disponibilidade. Segundo, as vendas crescerão ao longo do tempo se conseguirmos convencer os clientes a experimentar o produto e convertê-los em compradores reincidentes, se eles passarem adiante comentários favoráveis aos amigos, se uma maior demanda estimular mais revendedores a estocar o produto e assim por diante. Após esse período de crescimento, as vendas em algum momento ficarão estabilizadas. Por isso, teremos interesse em desenvolver projeções de venda de longo prazo ou participação de mercado. Terceiro, devemos reconhecer que as vendas do produto dependerão dos programas e estratégias dos concorrentes e também dos nossos.

PREVISÃO DE VENDAS POR MEIO DE MÉTODOS TRADICIONAIS

Muitas técnicas padrão, como aquelas mostradas na Figura 11.2, podem ser utilizadas para prever as vendas de um novo produto nessa fase ainda inicial do processo de novos produtos.[3] Além das considerações sobre tempo e custo, é necessário consi-

FIGURA 11.2 Técnicas de previsão comumente utilizadas.

Técnica	Horizonte de tempo*	Custo	Comentários
Regressão simples	Curto	Baixo	Fácil de aprender
Regressão múltipla	Curto-médio	Moderado	Mais difícil para aprender e interpretar
Análise econométrica	Curto-médio	Moderado a alto	Complexa
Série temporal simples	Curto	Muito baixo	Fácil de aprender
Série temporal avançada (e.g., suavização)	Curto-médio	Baixo a alto, dependendo do método	Pode ser difícil de aprender, mas os resultados são fáceis de interpretar
Opinião do colegiado de executivos	Médio	Baixo	Deve-se interpretar com cuidado
Redação de cenário	Médio-longo	Moderadamente alto	Pode ser complexa
Investigação Delphi	Longo	Moderadamente alto	Difícil de aprender e interpretar

*Geralmente, um horizonte de tempo curto compreende três meses; um horizonte de tempo médio compreende até dois anos; e um horizonte de tempo longo compreende mais de dois anos. Para obter informações mais detalhadas sobre essas e outras técnicas de previsão, consulte um bom livro sobre previsões.
Fonte: Adaptado de Spyros Makridakis & Steven C. Wheelwright, "Forecasting: Framework and Overview", in *Forecasting*, S. Makridakis & S. C. Wheelwright (editors), *Studies in the Management of Sciences*, Vol. 12, Amsterdam: North-Holland, 1979. Reimpresso com permissão.

---

[3] Para examinar um excelente recurso, consulte Kenneth B. Kahn, *New Product Forecasting: An Applied Approach* (Armonk, NY: M. E. Sharpe, 2006). Consulte também Kenneth B. Kahn, "Using Assumptions-Based Models to Forecast New Product Introduction", in A. Griffin & S. M. Somermeyer, *The PDMA Toolbook 3 for New Product Development* (New York: John Wiley, 2007).

FIGURA 11.3 Estratégias de previsão de novos produtos.

	Tecnologia do produto atual	Tecnologia do novo produto
Mercado atual	Tipo de inovação: reduções de custo e melhorias de processo	Tipo de inovação: extensão de linha
	Tipo de previsão: análise de vendas	Tipo de previsão: análise de linha de produtos, análise de ciclo de vida
Novo mercado	Tipo de inovação: novo mercado ou novas aplicações para o produto	Tipo de inovação: nova para o mundo ou nova para a empresa
	Tipo de previsão: análise de clientes, análise de mercado	Tipo de previsão: análise de cenário ou "e se"

Fonte: Adaptado de K. B. Kahn, "Forecasting New Products", in K. B. Kahn, S. E. Kay, R. J. Slotegraaf & S. Uban (Eds.), *The PDMA Handbook of New Product Development* (Hoboken, NJ: John Wiley), 2013, Ch. 16, p. 276.

derar também o nível de novidade do produto e o nível de novidade para o mercado ao selecionar o modelo de previsão mais adequado (consulte a Figura 11.3). O tipo de previsão mais objetivo e direto a ser conduzido é a análise de vendas, utilizada para as tecnologias atuais que estão sendo vendidas nos mercados atuais (por exemplo, a Kellogg's avalia quantas caixas de flocos de milho a empresa venderá no ano subsequente se conseguir reduzir o custo por embalagem em 5%). As previsões de série temporal e de regressão são úteis aqui. Para vender uma nova tecnologia em um mercado atual (uma nova geração de impressoras HP que está substituindo o modelo anterior), é recomendável recorrer a um analista de linha de produtos ou ciclo de vida. A despeito da incerteza tecnológica, é possível obter previsões razoáveis por analogia: a curva de ciclo de vida da nova geração seria prevista como semelhante à da geração atual. Por exemplo, as vendas da impressora atual podem ter sido lentas nos dois primeiros meses, mas ter atingido um pico no sétimo e oitavo mês. Esse padrão pode se repetir para a nova impressora.

A situação se inverte se uma tecnologia atual estiver sendo vendida em um novo mercado (por exemplo, a impressora HP atual está sendo vendida em mercados estrangeiros). Nesse caso, seria necessário realizar uma análise dos clientes e do mercado para minimizar a incerteza em torno do comportamento do novo mercado. Concluindo, para produtos novos para o mundo ou novos para a empresa, os melhores métodos de previsão seriam as análises de cenário ou "e se". Não existe nenhum dado sobre vendas passadas nem mesmo sobre se a nova tecnologia seria aceita. Portanto, técnicas mais subjetivas são necessárias aqui. A tarefa de previsão é obviamente muito mais difícil nesse último caso e há quem possa considerá-la quase impossível. Contudo, o professor Kenneth Kahn ressalta que taxas de precisão de 40% para produtos novos para o mundo em média são obtidas ao longo de um horizonte de tempo de 36 meses. Comparativamente, as taxas de precisão de tarefas de previsão mais simples, como as previsões para redução de custo, melhorias de produto ou extensões de linha, encontram-se na faixa de 63% a 72%, com um horizonte de tempo mais curto de 21 meses.[4]

---

[4] K. B. Kahn, "Forecasting New Products", in K. B. Kahn, S. E. Kay, R. J. Slotegraaf & S. Uban (Eds.), *The PDMA Handbook of New Product Development* (Hoboken, NJ: John Wiley, 2013), Ch. 16, pp. 276–278.

PREVISÃO DE VENDAS COM BASE EM INTENÇÕES DE COMPRA

Lembre-se do teste de conceito (Capítulo 9). Entre outras coisas, coletamos os dados sobre intenção de compra dos respondentes. Quando lhes foi apresentado um conceito, foi pedido para que indicassem (normalmente utilizando uma escala de cinco pontos) a probabilidade de comprarem o produto em questão se ele fosse colocado à venda. Como mencionado naquele momento, é comum examinar o total das duas alternativas superiores ou *top two boxes* (o número de clientes que afirmaram que sem dúvida comprariam ou provavelmente comprariam o produto). Essa medida pode ser refinada e ajustada com base na experiência.

A título de ilustração, lembre-se de nosso exemplo de teste de conceito para uma loção para as mãos em aerossol (Figura 9.2), no qual constatamos que 5% dos respondentes sem dúvida comprariam o produto e 36% provavelmente o comprariam. Com base nas médias dos dados coletados sobre produtos semelhantes que foram lançados no passado, em torno de 80% das pessoas que afirmam que "sem dúvida" comprariam de fato compram o produto e 33% daquelas que afirmam que "provavelmente" comprariam de fato compram. Com base nessas informações, nossa primeira estimativa da porcentagem de compradores em potencial seria (0,05) (0,80) + (0,36)(0,33) = 16%. Essa estimativa presume 100% de consciência e disponibilidade e, portanto, teria de ser ajustada para baixo. Se esperarmos que 60% do mercado terá consciência do produto *e* terá ele disponível em um ponto de venda próximo, nossa porcentagem prevista de compras reais seria (0,16)(0,6) = 9,6%. Para aprimorar esse método, poderíamos também variar o conceito e obter intenções de compra distintas para cada variação. Por exemplo, poderíamos ter pedido aos respondentes para que indicassem suas intenções de compra em relação a uma loção para as mãos em aerossol que desinfeta e limpa utilizando a mesma escala de cinco pontos. Citando outro exemplo, considere novamente o rádio via satélite.[5] Em 2000, havia em torno de 213 milhões de veículos nos Estados Unidos. Presumiremos uma disponibilidade de 95% (em virtude da intensa distribuição nos canais via satélite) e consciência de 40% (em virtude da intensa promoção da Sirius e XM Satellite). O mercado em potencial ajustado à consciência e disponibilidade (213 milhões) × (0,40)(0,95) = 81 milhões. Pesquisas de mercado indicam que metade desse mercado teria condições de arcar com uma assinatura de rádio via satélite; a previsão então passa a ser 81 milhões × 0,5 = 40,5 milhões. Desse número, que porcentagem de fato pretende ter uma assinatura de rádio via satélite? Uma maneira de calcular isso é estimar a porcentagem de clientes que estão entre os primeiros a experimentar uma nova tecnologia. Se a estimativa dessa porcentagem for 16%, a previsão se tornará 40,5 milhões × 16% ou um pouco acima de 6,4 milhões. Vamos supor que essas sejam as assinaturas do primeiro ano (isto é, 2001) e projetar uma taxa de crescimento anual efetiva de 10%. (A taxa de crescimento efetiva significa que estamos considerando novas assinaturas e também desertores.) Por volta do final de 2006, teríamos uma projeção um pouco superior a 10 milhões de assinantes – abaixo do número real atingido, mas bem mais próxima desse número do que a estimativa do setor de 36 milhões! Aliás, as duas concorrentes (Sirius e XM Satellite) firmaram um acordo de fusão no início de 2007.

---

[5] O exemplo do rádio por satélite é adaptado de Kenneth B. Kahn, "Using Assumptions-Based Models", *op. cit.*

PREVISÃO DE VENDAS POR MEIO DO MODELO A-T-A-R

No Capítulo 8, trabalhamos com um exemplo simples do modelo A-T-A-R na prática e mencionamos brevemente onde alguns dos dados poderiam ser obtidos. Esse modelo simples pode ser utilizado para elaborar uma previsão de vendas ou lucro e os pesquisadores de mercado há muito tempo transformaram os modelos iniciais simples em instrumentos de previsão bem mais eficazes. Esses modelos de pesquisa avançados são largamente utilizados em produtos de consumo embalados, caso em que as empresas têm grande experiência com novos produtos para desenvolver parâmetros de modelo e ajustar as porcentagens aproximadas que obtêm dos clientes.

O modelo A-T-A-R é a base de vários dos mercados de teste simulados que veremos no Capítulo 18. Esse é um dos métodos de teste de mercado de pseudo-venda utilizados posteriormente no processo de novos produtos, em geral quando o produto físico está disponível para o cliente levar para casa e experimentar. Os dados pós-experimentação são então coletados com o consumidor e inseridos no modelo A-T-A-R. Nesse estágio inicial no processo de novos produtos, antes do *design* do produto e fabricação do protótipo, o modelo A-T-A-R ainda pode ser aplicado utilizando dados de outras fontes e até mesmo suposições. As taxas de experimentação e repetição que precisam ser obtidas para alcançar as projeções de vendas ou lucro podem ser estimadas no início e ajustadas à medida que o produto passa pelos estágios posteriores e mais informações tornam-se disponíveis.

Aqui, estamos utilizando uma forma do A-T-A-R que é comumente empregada na previsão de participação de mercado. A primeira experimentação do produto deve ser estimada por meio do método de intenção de compra descrito anteriormente. Com relação a produtos de consumo embalados comprados com frequência, é fundamental obter uma boa estimativa de compras repetidas e de experimentação, visto que a participação de mercado de longo prazo pode ser expressa como

$$MS = T \times R \times AW \times AV$$

onde T = taxa de experimentação (*trial*) de longo prazo final (porcentagem de todos os compradores que por fim experimentaram o produto pelo menos uma vez)
R = taxa de compra repetida de longo prazo final (porcentagem de compras do produto entre aqueles que o experimentaram)
AW = porcentagem de consciência (*awareness*)
AV = porcentagem de disponibilidade (*availability*)

A taxa de compras repetidas, R, pode ser obtida por analogia com produtos semelhantes para os quais existem dados desse tipo disponíveis. Além disso, ela pode ser calcula utilizando um modelo de troca.[6] Podemos definir R_s como a proporção de clientes que mudarão para o novo produto quando ele for posta à venda e R_r como a proporção de clientes que comprarão novamente o produto. O modelo de troca estima a taxa de compras repetidas de longo prazo, R, como $R_s/(1 + R_s - R_r)$. Se R_s e R_r forem estimadas como 0,7 e 0,6, respectivamente, a estimativa de compras repetidas

---

[6] Esse modelo de troca é uma aplicação de um modelo de Markov (uma forma de modelo utilizada para determinar estados de equilíbrio) em que a taxa de compra repetida de longo prazo é o estado de equilíbrio. Detalhes sobre o modelo de troca são apresentados em Glen Urban, "PERCEPTOR: A Model for Product Positioning", *Management Science,* 21(8), 1975, pp. 858–871.

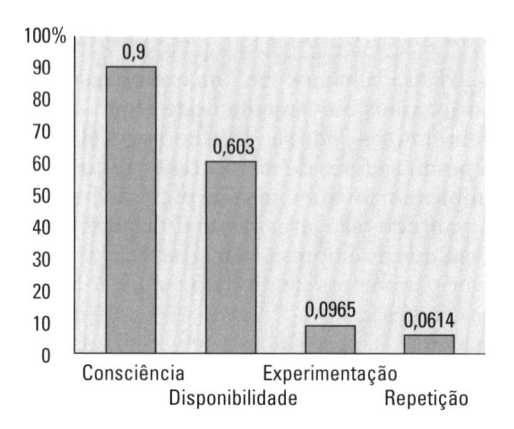

FIGURA 11.4 Modelo A-T-A-R em formato de gráfico de barras.

será $0,7/(1 + 0,7 - 0,6) = 0,636$. Se consciência e disponibilidade forem 90% e 67%, respectivamente, e 16% do mercado que tem consciência do produto e o tem disponível para comprar ou experimentar pelo menos uma vez, a participação de mercado de longo prazo será calculada como

$$MS = 0,16 \times 0,636 \times 0,90 \times 0,67 = 6,14\%$$

Além disso, se o número total de compras nessa categoria de produto for conhecido, essa participação de mercado poderá ser convertida em vendas de longo prazo. Se o número total de compras for 1.000.000 unidades, as vendas de longo prazo da empresa serão estimadas como $1.000.000 \times 6,14\% = 61.400$ unidades. O processo para calcular a participação de mercado é mostrado no gráfico de barras da Figura 11.4. O eixo y representa o mercado total (100%). A figura mostra que 90% do mercado tem consciência do produto; 67% do mercado "consciente" ($67\% \times 90\% = 60,3\%$) tem também o produto à disposição para comprar; 16% do mercado "consciente" que tem o produto disponível o experimenta pelo menos uma vez; e 63,6% desses últimos tornam-se compradores reincidentes.

Como mencionado antes, a precisão das previsões obtidas por meio desses métodos depende da validade das medidas. Ao elaborar os modelos de previsão, é necessário considerar também a disponibilidade de dados e igualmente a precisão desses dados. No exemplo anterior, presumimos uma disponibilidade de 67%, mas essa suposição poderia não ser tão precisa; a disponibilidade real poderia ser tão baixa quanto 40% ou tão alta quanto 80%. Nesse caso, faz sentido realizar uma **análise "e se"** (*what if*). Substituindo esses valores no cálculo de participação de mercado, observamos que a previsão de participação de mercado cai para uma faixa de 3,66% a 7,33%, representando o pior e o melhor cenário.[7]

Devemos retornar a modelos A-T-A-R desse tipo quando temos um protótipo do produto pronto para testar com os clientes em uma fase do processo de novos produtos um pouco à frente.

---

[7] Consulte Kenneth B. Kahn, "Using Assumptions-Based Models", *op. cit.*

TÉCNICAS DE PREVISÃO DE DIFUSÃO DO PRODUTO

Difusão da inovação refere-se ao processo pelo qual uma inovação é propagada em um mercado, ao longo do tempo e em categorias de adotantes. As categorias de adotantes, que analisaremos mais detalhadamente no Capítulo 16, com frequência são chamadas de *inovadores, adotantes iniciais, maioria precoce e maioria tardia* e *retardatários*. Em teoria, os indivíduos nas primeiras categorias de adotantes iniciais influenciam os comportamentos de compra dos tardios por meio de comunicação boca a boca e outros processos de influência. A taxa de difusão de um produto pode ser difícil de ser avaliada, em especial nesse estágio inicial do processo de novos produtos, porque não se sabe o quanto as primeiras categorias de adotantes iniciais serão influentes no final. Já vimos no exemplo do rádio via satélite quanto é importante ter uma estimativa do número de inovadores e adotantes iniciais (isto é, aqueles usuários que estarão entre os primeiros a experimentar o produto).

Para compreender o potencial de crescimento de um produto inovador, podemos utilizar um produto análogo existente como orientação. Se estivéssemos avaliando o potencial de mercado de um novo tipo de pneu de automóvel (que poderia, por exemplo, percorrer 160 quilômetros depois de furado), seria possível utilizar sensatamente os pneus radiais comuns como analogia. Eles são vendidos às mesmas populações (fabricantes de automóveis e centros de serviços) e oferecem basicamente o mesmo benefício. Portanto, como estimativa aproximada, o potencial de mercado de longo prazo para nosso novo pneu provavelmente é semelhante ao nível de vendas obtido pelos pneus radiais. A avaliação gerencial a respeito de nosso novo produto pode indicar que o potencial de mercado real é um pouco superior ou inferior à essa estimativa inicial.

Os modelos quantitativos de difusão da inovação também podem ser utilizados para prever vendas futuras na categoria de produto com base em níveis de vendas históricos do produto. Um modelo de difusão comumente empregado para produtos duráveis é o **modelo de Bass**,[8] que estima as vendas da classe de produto em algum tempo futuro t, $s(t)$ como:

$$s(t) = pm + [q - p]\, Y(t) - (q/m)\,[Y(t)]^2$$

onde p é a probabilidade de experimentação inicial,
    q é o parâmetro da taxa de difusão,
    m é o número total de consumidores em potencial,
    $Y(t)$ é o número total de compras pelo tempo t

O modelo de difusão de Bass baseia-se na curva de difusão de novos produtos ao longo de uma população. A taxa de difusão inicial (crescimento do número total de compras) baseia-se na adoção por parte dos inovadores. Subsequentemente a essas compras iniciais, a taxa de crescimento acelera porque o boca a boca ajuda a promover o produto e uma parcela maior do mercado adota o produto. Entretanto, em algum momento, atingimos o ponto em que não há tanto consumidores em potencial remanescentes que ainda não experimentaram o produto, e a taxa de crescimento desacelera.

---

[8] O modelo foi originalmente publicado por Frank Bass, "A New Product Growth Model of Consumer Durables", *Management Science,* 15(1), January 1969, pp. 215–227, e desde então foi ampliado em dezenas de artigos de pesquisa. Essa corrente de publicações é revista em Vijay Mahajan, Eitan Muller & Frank M. Bass, "New Product Diffusion Models in Marketing: A Review and Directions for Research", *Journal of Marketing,* 54(1), January 1990, pp. 1–26.

A avaliação gerencial, ou procedimentos padrão de estimativa de potencial de mercado, pode ser utilizada para estimar m, o número de consumidores em potencial. Quando a categoria de produto já existe há algum tempo e há vários períodos de dados, é possível utilizar as vendas passadas para estimar o tamanho de p e q. Para definir os valores de uma inovação recente, poderíamos examinar produtos semelhantes (análogos) para os quais esses valores são conhecidos ou nos apoiar na avaliação ou experiência anterior obtida com esse tipo de modelo. Estudos anteriores indicam que p normalmente atinge uma amplitude de 0,04 e q em geral fica próximo de 0,3, embora esses valores variem, dependendo da situação.[9]

Uma característica desejável desse modelo de crescimento é que, assim que p e q são estimados, o tempo necessário para atingir o pico de vendas (t^*) pode ser previsto, assim como o nível de pico de vendas nesse tempo (s^*). Eles são dados como:

$$t^* = (1/(p+q)) \ln(q/p)$$

$$s^* = (m)(p+q)^2/4q$$

Digamos que você esteja trabalhando para uma empresa que está avaliando a viabilidade de uma categoria de novo produto: uma combinação de cafeteira de *cappuccino*–forno de convecção em miniatura. Você acredita que o potencial de longo prazo para esse produto encontra-se na faixa de 25.000.000 domicílios. Com relação a pequenos aparelhos domésticos semelhantes que sua empresa vendeu no passado, as taxas de inovação e imitação tenderam a ser 2% e 12%. A Figura 11.5 apresenta uma previsão de vendas deduzida para essa categoria de novo produto, com base na aplicação do modelo de Bass a nessas estimativas. Essa previsão preliminar indica que o pico de vendas ocorrerá dentro de quatro anos e que o total de vendas dessa categoria de produto será um pouco superior a 4 milhões de unidades. Se essas projeções

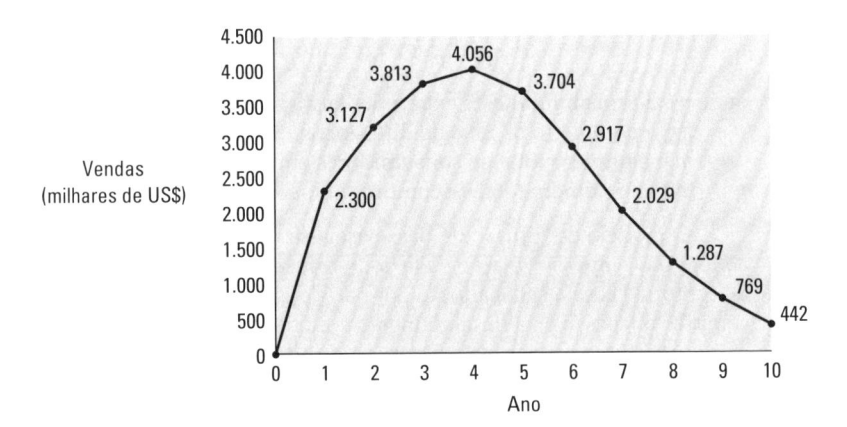

FIGURA 11.5 Modelo de previsão de difusão de produto de Bass.

---

[9] As questões sobre estimativa de parâmetros são discutidas em Vijay Mahajan & Subhash Sharma, "Simple Algebraic Estimation Procedure for Innovation Diffusion Models of New Product Acceptance", *Technological Forecasting and Social Change*, 30, December 1986, pp. 331–346; e Fareena Sultan, John U. Farley & Donald R. Lehmann, "A Meta-Analysis of Applications of Diffusion Models", *Journal of Marketing Research*, 27(1), February 1990, pp. 70–78.

de vendas forem associadas a projeções de preço, custo e participação de mercado, a provável contribuição projetada do produto para o lucro poderá ser calculada. O estudo de caso da Bay City Electronics no final deste capítulo mostra um conjunto de projeções de vendas para um novo produto (deduzido por meio do modelo de Bass ou de um modelo semelhante) e o conduz ao longo dessas etapas, que culminam em uma análise NPV.

Bass demonstrou que, a despeito de sua simplicidade, seu modelo realizou um bom trabalho na previsão de fatores como tempo e magnitude do pico de vendas de vários produtos de consumo duráveis, como secadoras de roupa, televisores, cafeteiras, ferros de passar e muitos outros. Pesquisadores posteriores utilizaram o modelo de Bass para prever a difusão de várias categorias de produto de alta tecnologia, como TV por satélite ou CDs de música.[10] Curiosamente, ele foi utilizado também para prever o crescimento de comunidades da internet como o Facebook. As similaridades com a difusão de produtos duráveis são impressionantes: ou você é ou não é membro do Facebook; e alguns indivíduos serão inovadores e se associarão imediatamente. Quanto mais influentes forem esses inovadores no sentido de estimular os outros a se associarem, mais rapidamente a nova comunidade crescerá.[11] Outras extensões do modelo de Bass demonstraram que ele pode ser aplicado a bens não duráveis nos quais é preciso considerar vendas repetidas.[12] Muitas outras extensões incluíram mais variáveis e melhores técnicas de estimativa, gerando previsões de vendas mais precisas ainda.[13]

OBSERVAÇÕES SOBRE MODELOS DE PREVISÃO

Os desenvolvedores de modelos estão acumulando experiências rapidamente e aguçando seus modelos, que agora podem ser obtidos prontamente pelos inovadores de produtos de consumo embalados, são bem baratos em comparação com os mercados de teste e os lançamentos progressivos e permitem testes de resultados de diagnóstico e de sensibilidade.

Infelizmente, eles também exigem uma enorme quantidade de dados para funcionar bem, baseiam-se amplamente em suposições e são tão complexos que vários gestores têm receio de utilizá-los. Por terem sido desenvolvidos originalmente nas décadas de 1950 e 1960, com frequência eles incorporam suposições que não são mais válidas – por exemplo, dependência em relação à propaganda de massa e à distribuição fácil de obter. Contudo, hoje eles compõem um setor maduro, amplo e lucrativo.

---

[10] C. van den Bulte, "Technical Report: Want to Know How Diffusion Speed Varies Across Countries and Products? Try Using a Bass Model", *Visions*, 26(4), October 2002, pp. 12–15.

[11] D. R. Firth, C. Lawrence & S. F. Clouse, "Predicting Internet-Based Online Community Size and Time to Peak Membership Using the Bass Model of New Product Growth", *Interdisciplinary Journal of Information, Knowledge, and Management*, 1, 2006, pp. 1–12. Consulte a discussão sobre esse assunto em C. Anthony Di Benedetto, "Diffusion of Innovation", in V. K. Narayanan & Gina C. O'Connor (eds.), *Encyclopedia of Technology & Innovation Management* (Chichester, UK: John Wiley, 2010), Chapter 16.

[12] Consulte Vijay Mahajan, Eitan Muller & Frank M. Bass, "New Product Diffusion Models in Marketing: A Review and Directions for Research", *Journal of Marketing*, 54(1), January 1990, pp. 1–26.

[13] Uma breve discussão sobre essa publicação encontra-se em Deepa Chandrasekaran & Gerard J. Tellis, "Diffusion of Innovation", in Jagdish N. Sheth & Naresh K. Malhotra, *Wiley International Encyclopedia of Marketing*, Volume 5, Product Innovation and Management (West Sussex, UK: John Wiley, 2011), pp. 49–51.

É interessante que a empresa mais bem-sucedida utilize de longe a metodologia mais simples e exija a menor quantidade de dados. No BASES II, a Burke (uma divisão da Nielsen) associa o teste de conceito com o teste de uso do produto, ajusta as porcentagens de experimentação e repetição em seus imensos arquivos de estudos passados e utiliza um conjunto de heurísticas aprimoradas com a experiência (regras práticas) para traduzir essas porcentagens em participações de mercado.

Contudo, os inovadores de produtos fora do setor de bens de consumo embalados na maioria das vezes utilizam a versão simples do modelo A-T-A-R apresentada no Capítulo 8 – isso quando recorrem a algum modelo de previsão. Pesquisas continuam em andamento para melhorar todos os modelos de previsão de vendas.[14]

PROBLEMAS COM A PREVISÃO DE VENDAS

A realização de previsões de vendas não apresenta nenhum problema desse tipo. Temos um imenso arsenal de metodologias de previsão, como é possível ver na Figura 11.2. Com base no modelo A-T-A-R que abordamos no Capítulo 8, sabemos o que tende a resultar em vendas. Esse modelo realiza um excelente trabalho e funciona como base para alguns sistemas matemáticos bastante avançados que são utilizados por profissionais de marketing de novos produtos sofisticados. E toda empresa tem pessoas que conseguem calcular o valor presente líquido (NPV) e a taxa interna de retorno (IRR) com base em uma demonstração de resultados (utilizando métodos de fluxo de caixa descontado),[15] como o estudo de caso da Bay City mostra no final deste capítulo. Obter as informações necessárias para a análise financeira e não ignorar questões estratégicas na apreciação de projetos de novos produtos constituem os problemas reais.

É possível utilizar o A-T-A-R para ajudar a elaborar a previsão de vendas para a análise financeira. Entretanto, o A-T-A-R requer uma estimativa sólida sobre quantas pessoas/empresas se conscientizarão do novo produto, quantas delas optarão por experimentá-lo de uma forma ou de outra etc. No entanto, todos esses números são difíceis de estimar. Por exemplo:

- O pessoal do Google ou Twitter não *sabiam* que seus *sites* se tornariam tão populares.
- A Apple não *sabia* que tantas pessoas, até mesmo os usuários inveterados do Windows, comprariam iPods ou iPhones.
- O Amazon.com não *sabia* que compraríamos milhões de livros pela internet.
- A Samsung não *sabia* que os *smartphones* Galaxy se tonariam uma febre.

Além disso, o modelo financeiro requer fatores como custo do produto, preço, valor atual do dinheiro, prováveis impostos sobre renda futura, montante de outros investimentos de capital que serão necessários entre o presente e o momento em que colocarmos um ponto final na questão do produto e vários outros fatores.

---

[14] Para examinar uma discussão sobre a utilização de técnicas de previsão no desenvolvimento de novos produtos, consulte Kenneth B. Kahn, "An Exploratory Investigation of New Product Forecasting Practices", *Journal of Product Innovation Management*, 19(2), 2002, pp. 133–143; e Kenneth B. Kahn, *New Product Forecasting, op. cit.*

[15] Embora utilizemos a análise de NPV neste capítulo, alguns analistas sugerem em vez disso a taxa interna de retorno (IRR) para a avaliação financeira de projetos, visto que essa última tende a selecionar os projetos maiores, e não necessariamente o projetos de mais alto retorno! Consulte Carey C. Curtis & Lynn W. Ellis, "Satisfying Customers While Speeding R&D and Staying Profitable", *Research-Technology Management*, September–October 1998, pp. 23–27.

Tudo isso nunca será garantido, mesmo depois de finalizado o ciclo de vida do produto. As vendas serão conhecidas, mas para isso é necessário ter uma melhor estratégia de marketing. Os custos são sempre meras estimativas. Nunca saberemos até que ponto de fato um produto canibalizou as vendas de outro produto. Se não tivéssemos comercializado o novo produto, um concorrente provavelmente o teria. O fato é que nos apoiamos em estimativas. A responsabilidade da gerência é tornar as estimativas o mais sólidas possível e depois contornar as áreas de incerteza de tal forma que a empresa não seja muito prejudicada.

Com relação a pequenas melhorias em um produto, fazemos isso muito bem – um novo cortador de grama Troy Bilt com motor incrementado não é um jogo de adivinhação sem sentido. Em extensões de linha próximas (cujas diferenças são mínimas), também nos saímos bem, mas com mais falhas. Os produtos realmente novos, com tecnologias que nunca foram usadas antes, são puramente jogos de adivinhação. Durante mais de 30 anos as escolas de negócios usaram um estudo de caso de determinação de preço da Polaroid em que Edwin Land tentava determinar se as pessoas pagariam US$ 15 ou talvez US$ 25 ou (doce ilusão) US$ 50 por sua primeira câmera instantânea! Mas um vasto número delas pagou o preço mais alto, transformando Land em um "gênio financeiro e técnico" extremamente rico.

Resumo dos problemas

O que torna a previsão tão difícil? Antes de mais nada, os usuários-alvo nem sempre sabem o que o novo produto de fato será, que função terá para eles, qual será seu custo e quais serão suas desvantagens, tampouco se eles terão oportunidade de usá-lo. Se de fato souberem, talvez queiram esconder algumas informações de nós ou apresentar mentiras flagrantes. Para complicar ainda mais esse problema, a pesquisa de mercado sobre esses usuários em potencial com frequência é realizada de maneira inadequada – não faltam histórias trágicas a respeito de grupos focais.

Ao mesmo tempo, os concorrentes não estão inertes. Na verdade, eles estão tentando com afinco arruinar nossos dados, do mesmo modo que fazemos com os deles. Os revendedores, os órgãos regulamentares e os consultores de mercado estão em constante mudança.

As informações sobre apoio de marketing – que tipo de serviço estará disponível na empresa, por exemplo – talvez não existam. Nenhum gerente de vendas pode fazer promessas com um ano de antecedência com respeito à duração e ao suporte de vendas. As atitudes internas podem ser tendenciosas e as políticas estão sempre presentes. Muitos gestores de novos produtos durante algum tempo não terão como demonstrar o quanto um produto é bom e por isso tentam protelar a previsão oficial.

Em seu entusiasmo para chegar ao mercado, os gestores de novos produtos algumas vezes se metem em apuros ao apressar a introdução de um novo produto sem parar para testá-lo em campo. A administração da Steelcase, em resposta a algumas decepções, agora exige que os novos sistemas de móveis para escritório sejam *totalmente* testados no *escritório dos usuários finais*.

Concluindo, os métodos de previsão mais comuns são extrapolações e funcionam bem com produtos estabelecidos. Os produtos novos não têm histórico. Até mesmo os métodos de previsão que parecem isentos de histórico (que recorrem a indicadores antecedentes e modelos causais), utilizam *relações* estabelecidas no passado.

MEDIDAS PARA OS GESTORES LIDAREM COM ESSES PROBLEMAS

Já que precisamos tanto de análises financeiras e que é difícil fazer uma boa análise, o que o gestor deve fazer?

Aprimorar o processo de novos produto atualmente em uso

As histórias trágicas publicadas antes pela imprensa especializada são em sua maioria constrangedoras para os gestores. Na maior parte delas, um passo fundamental foi desconsiderado. Na tentativa de apressar, ou de aproveitar a convicção de alguém que está trabalhando em um projeto ou em torno dele, é feita uma falsa suposição. Por exemplo, a New Coke foi intensamente testada com relação ao sabor, mas não em relação ao *mercado* – isto é, ninguém de fato foi solicitado a comprar esse produto com esse novo nome, e certamente a ninguém foi dito no teste que, se a New Coke fosse lançada, a Coca-Cola clássica seria descontinuada imediatamente. Por isso, a reação emocional adversa em relação à perda da Coca-Cola clássica foi totalmente ignorada. Quando lançou pela primeira vez a *minivan* no início da década de 1980, a Chrysler foi mais sábia – a empresa sabia que os consumidores desaprovavam a *minivan* porque não conseguiam ver valor nesse carro se não tivessem de fato oportunidade de experimentá-lo por um momento. Diante disso, a Chrysler possibilitou que os clientes dirigissem a *minivan* e soubessem que, a despeito de seu tamanho, ela era dirigível como um carro (visto que era e ainda é montada em uma plataforma de automóvel). Atualmente, os profissionais de primeira linha na área de novos produtos conhecem bons processos de novos produtos, mas muitos outros não. Eles não têm informações e não percebem isso. Todos os formulários padrão não compensarão a omissão de dados fundamentais.

Utilizar o conceito de ciclo de vida da análise financeira

Algumas vezes as empresas erram por se concentrar em determinado ponto de sua análise financeira – talvez uma etapa em um sistema distribuído em fases. Esse ponto encontra-se exatamente no local em que estamos neste livro – na triagem completa. Outro momento comum vem posteriormente, próximo ao ponto em que algum compromisso financeiro importante precisa ser feito – por exemplo, construir uma fábrica ou lançar um caro programa introdutório de marketing. Os gestores falam de um ponto em que não existe volta. Na verdade é uma fase, um obstáculo, e os gestores de novos produtos podem passar semanas se preparando para esse encontro.

Mas ambos os casos são exagerados. O trabalho técnico pode ser iniciado sem comprometer a empresa com uma despesa técnica descomunal. A construção de uma fábrica com frequência pode ser evitada por meio da terceirização da produção inicial ou da construção de um grande sistema piloto para testar a comercialização em um lançamento restrito.

É bem melhor que os gestores vejam seu projeto como um ser vivo – um resultado que é criado gradativamente, ao longo da vida do projeto, nunca algo completamente preciso, mesmo tempos depois de o produto ser lançado (consulte a Figura 11.6). O termo de inovação de produto é aceito somente porque a administração acredita que as tecnologias associadas e as oportunidades de mercado são muito condizentes entre si e com a empresa. O PIC descreve um "campo de casa" em que nunca podemos ter certeza da placar final, mas em que provavelmente somos capazes de vencer. O resultado de um teste de conceito também não garante sucesso financeiro, mas pode indicar que estamos um passo à frente – o usuário pretendido concorda que existe uma necessidade em relação a algo como o nosso conceito e deseja experimentá-lo. Um teste inicial de uso em campo com um protótipo também não é garantia de sucesso, mas pode indicar se os usuários pretendidos gostam do que veem. Uma agência de propaganda ou um gerente de vendas também não é capaz de garantir o sucesso, mas eles podem avaliar se o novo produto chamará a atenção de possíveis usuários finais e se ele será experimentado. Se o produto cumprir o prometido, terá saída, e se

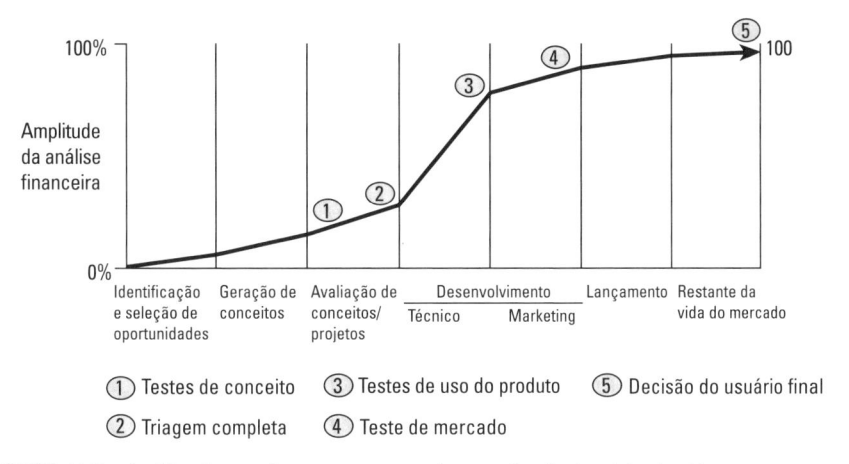

FIGURA 11.6 Análise financeira como um ser vivo: avaliação do ciclo de vida.

① Testes de conceito ③ Testes de uso do produto ⑤ Decisão do usuário final
② Triagem completa ④ Teste de mercado

a fabricação for capaz de realizar o que imaginou que poderia, o produto gerará lucro. E assim por diante. O melhor que podemos fazer em qualquer ponto é perguntar se o andamento até o momento é condizente com um ciclo de vida bem-sucedido.

O mesmo ocorre com a análise financeira – onde estamos hoje, o que sabemos no momento é coerente com nossas metas de lucro, existe algum motivo para mudar nossas projeções anteriores? Hoje, alguns analistas financeiros preferem criar planilhas financeiras completas logo no início e depois comparar o andamento com essas planilhas. Existem muitas lacunas no início, mas esses espaços serão preenchidos quando soubermos. Entretanto, os lucros no final da página não são *previsões* atuais, mas apenas *metas* atuais. Desde que o andamento atual esteja coerente com essas metas, estaremos protegidos. Um teste de degustação bem-sucedido de um refrigerante não é um indicador confiável de experimentação final por parte dos consumidores. Se chegarmos à experimentação, o teste de degustação indicará que existem chances de obtermos compras repetidas.

O conceito de ciclo de vida da análise financeira possibilita que evitemos estabelecer sistemas em que as decisões cruciais apoiem-se em uma única previsão de vendas ou em uma única previsão de custos.

Diminuir a dependência para com previsões ruins

Se é difícil realizar previsões de vendas e lucro, existe alguma forma de evitar a necessidade de realizá-las? Sim, várias, e muitas empresas as utilizam, embora com precaução.

Faça previsão do que você conhece

Na verdade, essa é uma postura perante à previsão. Por que prever o que as pessoas que estão no mercado farão, se não existe nenhuma forma razoável de fazermos isso? Um espaço em branco em uma planilha pode ser preenchido com uma variedade de estimativas para ver onde se encontra o ponto falho. Se esse ponto for muito improvável, siga em frente.

Aprove situações, e não números

Existe uma variação em relação ao que foi mencionado anteriormente. Faça uma análise para ver quais são os fatores de sucesso e então examine se a situação os oferece. Se sim, vá em frente, sabendo que provavelmente o sucesso ocorrerá, embora não tenhamos ideia de sua proporção. Um exemplo extremo disso certa vez ocorreu quando um vice-presidente de marketing foi solicitado a prever o que ele faria se pudesse obter uma licença para usar a marca registrada Coca-Cola em uma linha de novos produtos. Sua resposta foi "neste exato momento não sei, mas com essa marca registrada é só uma questão de quanto, e não uma questão de se".

Existe uma forma de apostar em uma situação que encontra um paralelo na corrida de cavalos: alguns apostam no jóquei, e não no cavalo (a respeito do qual talvez consigam descobrir muito pouco). Muitas empresas "apostam" em um cientista de primeira classe, em uma força de vendas, em uma marca registrada ou em sua reputação.

Outra situação variável é a *liderança*. Algumas empresas incentivam o *sistema de patrocinador*. Elas esperam que os patrocinadores façam de tudo e abram caminho em um sistema financeiro restritivo. Isso tende a resultar em um método estranho mas muito viável de avaliar as equipes e os respectivos líderes, em vez de a ideias que eles propõem. Essas empresas não procuram novos produtos formidáveis; procuram conceitos que elas consigam *transformar* em novos produtos formidáveis. Talvez você já tenha ouvido falar a respeito do produtor de cinema que monta uma equipe de excelentes talentos criativos e conta com eles para que façam milagres com roteiros comuns. Um concorrente, em vez disso, investe em ótimos roteiros. Mas ambos estão evitando a necessidade de depender de previsões e análises financeiras complexas.

As pessoas que adoram pescar fazem isso o tempo todo; elas despendem muito dinheiro para encontrar e chegar aos melhores rios de trutas. Recentemente um diretor afirmou: "Se o rio for bom e estiver cheio de trutas e o pescador for bom e houver um bom equipamento, não precisaremos de um contador para nos dizer quantos peixes pegaremos. O que quer que ocorra será bom". Essa estratégia não é tão informal e despretensiosa quanto parece. A empresa precisa saber quais são os fatores de sucesso em qualquer situação. Um desses dois produtores de cinema pode estar errado. Observe que o diretor incluiu o rio de trutas, o pescador *e* um bom equipamento.

Lembre-se dos dois obstáculos ao sucesso identificados pela Campbell Soup, no Capítulo 8: o sabor da sopa e o custo de fabricação. O nome e as habilidades da empresa conseguiriam superar qualquer outra limitação. Realizar uma previsão precisa não era necessário sob essa estratégia, mas ter certeza do sabor e do custo era.

Comprometa-se com uma estratégia de desenvolvimento e marketing de baixo custo

Existem momentos em que uma empresa é capaz de realizar um tipo de inovação de produto que alguns chamam de produtos temporários. Desenvolve uma sucessão de novos produtos que diferem muito pouco daqueles que já existem no mercado, insere-os no mercado sem fazer grandes alardes e observa quais deles os usuários finais compram novamente. Em seguida, abandona os desfavorecidos. Os fabricantes japoneses e coreanos de produtos eletrônicos fazem isso regularmente – a Sony e a Samsung introduzem várias centenas de novos produtos em um ano; no Japão, existem até cidades nas quais as empresas introduzem produtos alimentícios, e como os consumidores sabem disso, os custos de marketing podem ser mantidos baixos.

Siga em frente com previsões confiáveis, mas prepare-se para lidar com os riscos

Essa estratégia é particularmente atraente para os gestores que acreditam que a empresa está sofrendo de "paralisia pela análise". Existem várias formas de assumir riscos na inovação de produtos e ao mesmo tempo gerenciá-los adequadamente. Uma delas é isolar ou neutralizar os críticos internos (um grande motivo para definir matrizes de projeto e desmembramentos).

Retorno percentual

Taxa de retorno exigida

Custo de capital

Risco médio da empresa

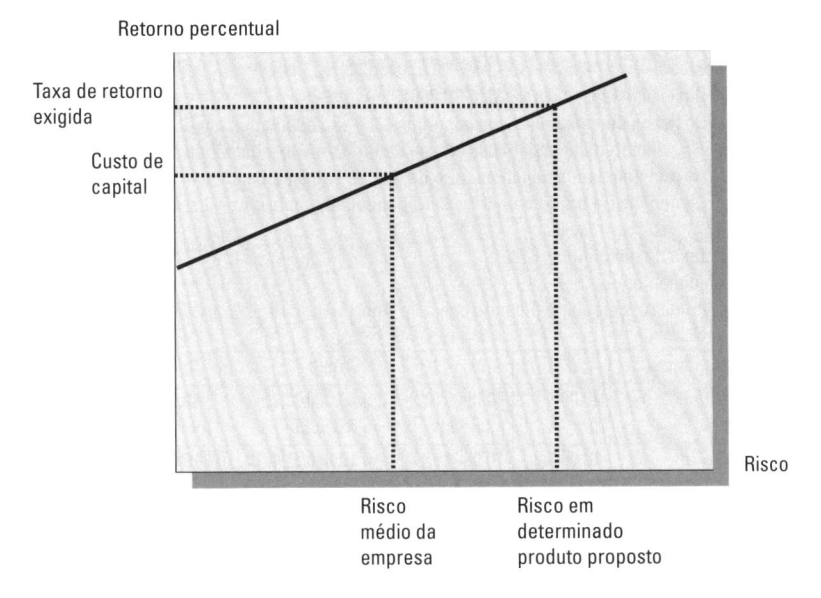

Risco em determinado produto proposto

Risco

Explicação: Taxa de retorno exigida (mínimo) = Custo do capital + Prêmio de risco do novo produto.

FIGURA 11.7 Calculando a taxa de retorno exigida do novo produto.

Outra abordagem é adiar a análise financeira para um momento posterior do processo de desenvolvimento. Uma empresa constatou que estava constantemente descartando boas ideias de novos produtos por exigir análises financeiras precisas no momento da triagem. Ela não dispunha de dados. Outra estratégia é utilizar lançamentos de teste de mercado progressivos (consulte o Capítulo 18). Se uma análise financeira parecer deficiente, mas a ideia parecer confiável, experimente-a em pequena escala para observar onde repousa a solução. Esse raciocínio pode violar várias teorias gerenciais populares (*e.g.*, equipes autônomas), mas algumas vezes ele pode ser necessário.

A gestão de risco é uma área importante por si só atualmente, visto que sabemos que os negócios necessitam do risco como fonte de lucro. A Figura 11.7 mostra a situação de risco que os gestores de novos produtos enfrentam em suas avaliações – eles sabem que seu produto acarretará um risco mais alto do que o risco médio da empresa, mas quão mais alto? Conceitualmente, a Figura 11.7 indica que, quanto mais alto se supõe que o risco de um novo projeto será, mais alta deve ser a **taxa de retorno exigida**, mas na prática pode ser difícil inserir números reais no diagrama.

Os gestores de produtos podem recorrer à teoria de precificação de opções para tomar decisões iniciais sobre conceitos de produto. A **análise de opções reais** pode ser utilizada para calcular o valor presente líquido de um novo produto quando ele ainda se encontra no estágio de conceito. Isso explica o fato de ainda haver incógnitas nesse estágio inicial e a possibilidade de a empresa ter de abandonar o projeto em algum momento futuro quando forem obtidas mais informações e a incerteza for menor.[16] Considere o exemplo detalhado na Figura 11.8. Um conceito

---

[16] Para examinar uma boa discussão sobre análise de opções reais na avaliação financeira de conceitos de produto, consulte Edward Nelling, "Options and the Analysis of Technology Projects", in V. K. Narayanan & Gina C. O'Connor (eds.), *Encyclopedia of Technology & Innovation Management* (Chichester, UK: John Wiley, 2010), Chapter 8.

FIGURA 11.8 Análise de opções reais de um conceito de produto.

Dados:
    Custos iniciais no Ano 0: US$ 70.000.
    Os fluxos de caixa relativos aos Anos 1 a 4 são estimados em US$ 40.000 em um cenário de alta demanda ou US$ 10.000 em um cenário de baixa demanda.
    As probabilidades de um cenário de alta ou baixa demanda são de 50% em ambos os casos.
    O conceito de produto poderia ser abandonado após o Ano 1 e o equipamento poderia ser vendido por US$ 38.000.
    Taxa de desconto = 12%.
Procedimento:
    Primeiro, calcular o fluxo de caixa no Ano 1 para cada cenário de demanda.

Demanda	Ano 1	Ano 2	Ano 3	Ano 4	Total
Alta	40.000	$40.000/(1,12)$ = 35.714	$40.000/(1,12)^2$ = 31.888	$40.000/(1,12)^3$ = 28.471	US$ 136.073
Baixa	10.000	$10.000/(1,12)$ = 8.929	$10.000/(1,12)^2$ = 7.972	$10.000/(1,12)^3$ = 7.118	US$ 34.018

Em seguida, calcular o fluxo de caixa do Ano 1 se for escolhida a opção de abandonar o projeto e o equipamento for vendido:

Demanda	Ano 1	Escolher a opção de abandonar e vender o equipamento	Total
Baixa	10.000	38.000	US$ 48.000

Como US$ 48.000 > US$ 34.018, a administração optará por abandonar o projeto após o Ano 1.
Em seguida, retornar ao presente (Ano 0) e calcular o valor presente líquido para cada cenário de demanda, com o conhecimento de que a administração escolherá abandonar o projeto após o Ano 1, se a demanda for baixa.

Demanda	Ano 0	Ano 1	Ano 2	Ano 3	Ano 4	Total
Alta	−70.000	$40.000/(1,12)$ = 35.714	$40.000/(1,12)^2$ = 31.888	$40.000/(1,12)^3$ = 28.471	$40.000/(1,12)^4$ = 25.421	US$ 51.494
Baixa	−70.000	$48.000/(1,12)$ = 42.857				−US$ 27.143

Como ambos os cenários são igualmente propensos a ocorrer, o valor esperado do investimento é: (0,5)(US$ 51.494) + (0,5)(−27.143) = US$ 12.176. E como esse valor esperado é superior a zero, a empresa deve fazer o investimento.

Fonte: Edward Nelling, "Options and the Analysis of Technology Projects", in V. K. Narayanan & Gina C. O'Connor (eds.), *Encyclopedia of Technology & Innovation Management*, Chichester, UK: John Wiley, 2010, Chapter 8.

de produto em questão incorreria em um custo inicial de US$ 70.000. A demanda ainda é incerta; suponhamos que exista uma probabilidade de 50-50 de geração de fluxo de caixa de US$ 40.000 ou US$ 10.000 por ano nos próximos quatro anos, dependendo de a demanda se revelar alta ou baixa. No caso de uma baixa demanda, a empresa tem a opção de abandonar o projeto no final do primeiro ano e vender o equipamento por um valor estimado de US$ 38.000. Presumiremos uma taxa de desconto de 12%.

Como mostrado na Figura 11.8, a forma de começar é calcular os valores presentes líquidos do final do Ano 1, que é o momento em que a opção seria exercida. A figura mostra que no final do Ano 1 o NPV será superior a US$ 136.000 se a demanda for alta, mas será apenas US$ 34.000 se a demanda for baixa. Se a empresa exercer a opção e abandonar o projeto, o NPV aumentará para US$ 48.000. Portanto, a empresa certamente escolherá abandonar o projeto um ano depois se a demanda se revelar baixa.

Com essas informações, agora podemos voltar e calcular o valor esperado do conceito para a empresa. A última parte da Figura 11.8 mostra que existe uma probabilidade de 50% de a demanda ser alta, e o produto gerará um NPV de mais de US$ 51.000. Há também uma probabilidade de 50% de a demanda ser baixa, caso em que o projeto será abandonado e NPV atual equivalerá a um prejuízo de US$ 27.000. Portanto, o valor esperado do NPV do conceito do produto é levemente superior a US$ 12.000. Como ele é positivo, a empresa deve prosseguir com o investimento. A possibilidade de o projeto perder dinheiro é compensada pela capacidade da empresa de recuperar parte do investimento se o projeto for abandonado.

Utilize diferentes métodos de análise financeira de novos produtos, dependendo da situação

As inovações de produto (com base no imenso número de produtos) são em sua maioria rebatidas simples (*singles*), e não *home runs* – melhorias de produto e extensões próximas. A inovação é gerenciada rigorosamente de acordo com a operação em andamento, sem equipes autônomas nem grandes avanços técnicos revolucionários. O produto com frequência é procurado por um cliente importante ou um canal importante, e a decisão de desenvolvê-lo de forma alguma se baseia em sua lucratividade. Os riscos são relativamente pequenos; algumas vezes o desenvolvimento é uma parceria com um cliente que oferece um volume lucrativo.

Mas os *home runs* são outra coisa totalmente diferente. Eles envolvem grandes riscos e possivelmente grandes ganhos. Precisam de muita atenção e não é possível gerenciá-los facilmente com métodos como aqueles apresentados na seção anterior. Aqui, a melhor abordagem é ter *dois* sistemas de análise financeira, um para *singles* e outro para *home runs*. Algumas empresas, entretanto, não têm nenhum sistema, mas desenvolvem uma *análise financeira para cada projeto*, ajustando as informações às questões nas quais de fato repousam os riscos e nas quais as incógnitas prevalecem.

Melhore os métodos de previsão financeira atuais

Por exemplo, o pessoal de marketing algumas vezes utiliza modelos de previsão de vendas matemáticos (como o A-T-A-R ou algo semelhante). Embora muitos desses modelos tenham sido desenvolvidos para serem aplicados a produtos de consumo embalados, há iniciativas em andamento para que eles funcionem melhor com bens duráveis.[17] Algumas empresas também analisam suas próprias iniciativas anteriores. Um maior avanço ocorrerá quando as empresas estudarem sistematicamente seus 50 (ou 25 ou o que quer que seja) novos produtos mais recentes para fazer uma síntese dos métodos financeiros utilizados e do nível de precisão com que eles previram os resultados reais. Trata-se do que hoje chamamos de análise de sucesso/insucesso, o que nos leva às melhores práticas. Isso é muito comum em outras fases da atividade de novos produtos – por exemplo, lembre-se do modelo de triagem

---

[17] Consulte Glen L. Urban, John S. Hulland & Bruce D. Weinberg, "Premarket Forecasting for New Consumer Durable Goods; Modeling Categorization, Elimination, and Consideration Phenomena", *Journal of Marketing*, April 1993, pp. 47–63.

FIGURA 11.9 Taxas de retorno mínimo e outras medidas.

Produto	Função ou objetivo estratégico	Vendas	Taxas de retorno mínimo	
			Retorno sobre o investimento	Aumento de participação de mercado
A	Combater entrada de concorrentes	US$ 3.000.000	10%	0 Ponto
B	Estabelecer uma posição segura no mercado	US$ 2.000.000	17%	15 pontos
C	Explorar os mercados existentes	US$ 1.000.000	12%	1 Ponto

Explicação: Esse conjunto mostra que os retornos mínimos devem refletir o propósito ou a atribuição do produto. Por exemplo, combater a entrada de concorrentes exigirá mais vendas do que estabelecer uma base em um novo mercado. Além disso, poderíamos aceitar um aumento de participação de mercado bastante baixo para um produto que simplesmente tira proveito de nossa posição de mercado existente.

NewProd, de Cooper, no Capítulo 10. Houve também algumas melhorias nos métodos contábeis. Concluindo, alguns gestores de novos produtos fazem um apelo geral para que todas as análises financeiras sejam consultivas – não obstáculos e ordens fixas, mas sinalizadores que chamam a atenção para possíveis problemas. Obviamente, as taxas de retorno mínimo podem ser *gerenciadas* para que sejam situacionais (consulte a Figura 11.9).

RETORNO PARA O PIC

Até o presente momento, neste capítulo, concentramo-nos na análise financeira para um projeto de novo produto. Antes de mudar de assunto, devemos ressaltar que várias das empresas altamente bem-sucedidas do âmbito de desenvolvimento de produtos constataram que a análise financeira não é suficiente. É necessário reconsiderar o PIC e os critérios estratégicos que ele compreende: Por exemplo, a tecnologia do projeto do novo produto cria uma nova oportunidade de mercado ou remodela uma existente?[18] As empresas estão utilizando cada vez mais a análise financeira e as considerações do PIC para decidir com quais projetos de novos produtos elas devem se comprometer. Ou seja, os projetos precisam ser considerados com relação ao seu nível de adequação com a estratégia de inovação da empresa.

Como mencionado antes, muitas empresas relatam que são aprovados muitos projetos de novos produtos e a distribuição dos recursos humanos e financeiros acaba ficando muito dispersa. Isso pode ocorrer por vários motivos. Muitos projetos eliminam as taxas mínimas de retorno financeiro simples (como o NPV mínimo) e todos recebem aprovação; como as restrições de recurso não são incluídas nos cálculos de NPV, não são feitos *trade-offs*; ou um trabalho de baixa qualidade na linha de frente difusa (*fuzzy front end*) diminui a qualidade das informações disponíveis para os gestores tomarem decisões de prosseguir/não prosseguir. Além disso, pode-se fazer uma combinação errada de projetos: a administração aprova vários projetos pequenos e de resultados rápidos e perde a oportunidade de desenvolver uma plataforma de novos produtos ou tecnologia significativa.[19] Esses problemas podem originar-se

---

[18] Edward U. Bond, III & Mark B. Houston, "Barriers to Matching New Technologies and Market Opportunities in Established Firms", *Journal of Product Innovation Management*, 20(2), 2003, pp. 120–135.

[19] Consulte Robert G. Cooper, Scott J. Edgett & Elko J. Kleinschmidt, "New Products, New Solutions: Making Portfolio Management More Effective", *Research-Technology Management*, March–April 2000, pp. 18–33.

do fato de a empresa recorrer apenas a projeções financeiras ao selecionar projetos. Essas projeções podem ser duvidosas (em especial nesse estágio inicial do desenvolvimento de produtos) e obviamente não oferecer nenhuma informação sobre o nível de adequação do projeto com o termo de inovação de produto da empresa.[20] Lembre-se que em nossas discussões anteriores afirmamos que as empresas que utilizam critérios estratégicos e financeiros na seleção de projetos tendem a ter um desempenho superior ao daquelas que dependem primordialmente de projeções financeiras.

No Capítulo 3, foi apresentado o modelo de portfólio estratégico para gestão de portfólio. Ele é típico de uma abordagem estratégica **descendente** (*top-down*) – isto é, a empresa ou unidade estratégica de negócios (UEN) traça primeiro sua estratégia e depois distribui recursos financeiros entre diferentes tipos de projeto. Essa abordagem sem dúvida pode ser utilizada na seleção de projetos. Por exemplo, se a empresa já estiver envolvida com muitos projetos de resultados rápidos, as considerações sobre o portfólio estratégico poderiam indicar que seria mais adequado direcionar um novo financiamento para o desenvolvimento de longo prazo de uma tecnologia importante.

Além disso, a administração pode adotar uma abordagem **ascendente** (*bottom-up*) para o desenvolvimento de estratégia incorporando critérios estratégicos em suas ferramentas de seleção de projetos. As empresas de mais alto desempenho na verdade costumam utilizar uma combinação das abordagens descendente e ascendente e considerar critérios estratégicos e financeiros ao selecionar projetos, ao passo que as empresas de pior desempenho tendem a se apoiar apenas em critérios financeiros.[21]

Robert Cooper e colegas utilizam o modelo de classificação da Hoechst-EUA como exemplo sobre como equilibrar considerações estratégicas e financeiras (consulte a Figura 11.10). Dos cinco fatores mostrados na figura, dois são sem dúvida fatores de viabilidade da triagem completa semelhantes aos da Figura 10.5 (probabilidade de sucesso técnico e comercial) – um deles é um critério financeiro (recompensa) e dois são fatores estratégicos relacionados ao PIC da empresa (adequação à estratégia de negócios e alavancagem estratégica). De modo semelhante, a Specialty Minerals,

FIGURA 11.10 Modelo de classificação da Hoechst-EUA.

Fatores fundamentais	Escala de classificação (de 1–10)				
	1	...	4	...	7 ... 10
Probabilidade de sucesso técnico	<20% de probabilidade				>90% de probabilidade
Probabilidade de sucesso comercial	<25% de probabilidade				>90% de probabilidade
Recompensa	Pequena				Retorno < 3 anos
Adequação à estratégia de negócios	P&D independente da estratégia de negócios				P&D apoia intensamente a estratégia de negócios
Alavancagem estratégica	Única/definitiva				Várias oportunidades de patente própria

Fonte: Adaptado de Robert G. Cooper, Scott J. Edgett & Elko J. Kleinschmidt, *Portfolio Management for New Products*, McMaster University, Hamilton, Ontario, Canada, 1977, pp. 24–28. Reimpresso com permissão.

---

[20] Randall L. Englund & Robert J. Graham, "From Experience: Linking Projects to Strategy", *Journal of Product Innovation Management*, 16(1), January 1999, pp. 52–64.

[21] Consulte Robert G. Cooper, "Portfolio Management: Results of New Product Portfolio Management Best Practices Study", in L. W. Murray (ed.), *Maximizing the Return on Product Development*, Proceedings of the 1997 PDMA Research Conference, Monterey, CA, pp. 331–358.

uma *spin-off* da Pfizer, utiliza um modelo de classificação de sete pontos que mostra uma combinação semelhante de considerações financeiras e estratégicas:

- Interesse da administração
- Interesse do cliente
- Sustentabilidade da vantagem competitiva
- Viabilidade técnica
- Solidez do caso de negócio (*business case*)
- Adequação às competências essenciais
- Lucratividade e impacto

Outro exemplo são alguns dos critérios de triagem utilizados por uma empresa industrial real (cuja identidade não foi revelada):

- Valor presente líquido
- Taxa interna de retorno
- Importância estratégica do projeto (até que ponto o projeto está alinhado com a estratégia de negócios)
- Probabilidade de sucesso técnico

Novamente, um critério (o terceiro) sem dúvida é uma medida de adequação com o PIC (embora utilize termos levemente diferentes), enquanto os outros estão relacionados com viabilidade técnica ou expectativas financeiras.[22] Pesquisas sobre esse assunto continuam em andamento, mas até o momento os resultados indicam que é importante considerar critérios estratégicos e financeiros ao avaliar projetos de novos produtos.

FIGURA 11.11 Uma ferramenta para avaliação de conceitos.

Dimensão	Perguntas simples
Adequação estratégica	O conceito é adequado à visão corporativa? O conceito é condizente com nossa equipe de venda?
Adequação ao cliente	O conceito possibilita que o cliente atenda melhor às necessidades dos consumidores? O conceito tem um bom valor aos olhos do cliente?
Adequação ao consumidor	O conceito satisfaz uma necessidade não atendida ou latente dos consumidores? A lealdade dos consumidores aumentará?
Atratividade do mercado	O conceito é único em relação à concorrência? A empresa poderia se tornar líder ou vice-líder?
Viabilidade técnica	O conceito é viável? O conceito pode ser protegido?
Retornos financeiros	O projeto atingirá o ponto de equilíbrio em breve? O projeto obterá os ganhos necessários no momento desejado?

Fonte: De Erika B. Seamon, "Achieving Growth through an Innovative Culture", in P. Belliveau, A. Griffin &S. M. Somermeyer, *The PDMA Toolbook 2 for New Product Development*, John Wiley & Sons, Inc., 2004, Ch. 1.

---

[22] Os exemplos da Hoechst, Pfizer e empresas de fabricação são de Robert G. Cooper, Scott J. Edgett & Elko J. Kleinschmidt, *Portfolio Management for New Products* (Hamilton, Ontario: McMaster University, 1997), pp. 22–29.

Concluindo, a Figura 11.11 apresenta a recomendação de Erika Seamon, da Kuczmarski & Associates, um grupo de consultores extremamente respeitado. Essa empresas de consultoria também defende que as empresas devem considerar tanto critérios estratégicos quanto financeiros ao determinar quais conceitos devem ser levados para a fase de desenvolvimento de protótipo: a ferramenta de avaliação de conceitos dessa empresa oferece várias alternativas para avaliar a adequação estratégica e a atratividade do mercado e considera também o desempenho financeiro.

RESUMO

Este capítulo abordou a questão sobre como fazer avaliações sobre os méritos financeiros dos novos produtos. Além disso, examinou em profundidade o tema de previsão de vendas, visto que essa é uma área em que a equipe de novos produtos normalmente se apoia no conhecimento especializado introduzido pelo representante de marketing. Existem bons métodos básicos para realizar a análise financeira (cálculo do valor presente líquido utilizando o fluxo de caixa descontado) e para fazer a previsão de vendas. A maioria das empresa os utiliza diariamente. Entretanto, os gestores de novos produtos sabem que muitas vezes eles não têm os dados que esses métodos sofisticados requerem. Por isso, eles podem precisar utilizar também "redutores de risco – medidas que lhes ofereçam orientações não quantitativas para possíveis problemas.

O método para realizar análises financeiras é apresentado no estudo de caso da Bay City, logo após a seção "Aplicações". Esse estudo de caso fornece dados para um novo produto eletrônico e oferece também uma oportunidade para examinarmos algumas questões não relacionadas a dados que envolvem a análise financeira.

A essa altura do processo de desenvolvimento de novos produtos, estamos prontos para iniciar a Fase IV (desenvolvimento).

APLICAÇÕES

1. "Você ainda é estudante, mas quando me fala sobre todos os problemas que os gestores de produtos enfrentaram ao reunir as planilhas financeiras, você soa como as pessoas que temos por aqui. Elas reclamam de que os dados financeiros não são confiáveis e não passam de estimativas, conjecturas etc. O que elas de fato desejam não é, de modo algum, uma avaliação financeira – elas querem apenas serem deixadas em paz para que em algum momento obtenham os resultados financeiros desejados, bem fartos. Isso simplesmente não é verdade – nossas avaliações financeiras têm um ou dois números inconsistentes, com certeza, mas de que outra forma podemos manter um controle gerencial razoável sobre a utilização de recursos corporativos algumas vezes extremamente importantes?"

2. "De uma coisa eu sei com certeza – não quero que nenhum gerente de vendas ou pessoa da área de pesquisa técnica faça previsões para os novos produtos. Nunca vi previsões tão malfeitas quanto aquelas que são realizadas por essas pessoas. Os gerentes de vendas ou adoram tanto um novo produto a ponto de achar que ele superará as vendas de todos os outros ou acham que o produto é um fracasso e subestimam suas previsões tão insatisfatoriamente quanto. Não há absolutamente nenhuma objetividade. E o pessoal técnico fica tão apaixonado por suas invenções que também perde a objetividade. Eu gosto mesmo são das previsões realizadas por pessoas independentes – gerentes de projeto ou gestores de novos produtos em departamentos distintos. Você por acaso já encontrou alguma forma adequada de manter os gerentes de vendas e os

pesquisadores técnicos fora das previsões? Você concorda que eles devam ser excluídos, não concorda?"

3. "Na verdade concordo com uma coisa que você disse há pouco, e isso está relacionado com a conveniência de realizar análises financeiras com base em um limiar. Imagino quantas incógnitas existem na atividade de novos produtos. Como presidente, percebo também que as projeções financeiras que leio são em sua maioria apenas conjecturas. Quando uma equipe de novos produtos consegue me convencer de que é capaz de vender *pelo menos* um volume X e que os custos desse volume será Y, *ou inferior*, tendo a concordar com eles. Contudo, lá no fundo, não gosto disso – esses limites estão tão sujeitos à manipulação quanto as projeções de NPV mais estruturadas. Concorda?"

ESTUDO DE CASO   Bay City Electronics[23]

A análise financeira de novos produtos na Bay City Electronics sempre foi muito informal. Bill Roberts, que fundou a empresa em 1970, conhecia segurança eletrônica residencial porque já havia trabalhado durante quase sete anos para outra empresa especializada em sistemas de segurança residenciais. Mas ele não tinha nenhuma formação em análise financeira. Na verdade, tudo o que ele sabia era o que o banco havia solicitado nas vezes em que ele procurou discutir sua linha de crédito. A Bay City tinha em torno de 45 funcionários em tempo integral (mais uma força de trabalho fabril sazonal) e faturava em torno de US$ 18 milhões em vendas. Seus produtos estavam todos relacionados com segurança residencial e eram vendidos por seu gerente de vendas, que trabalhava com um grupo de representantes dos fabricantes, os quais, por sua vez, visitavam distribuidores, cadeias de lojas de ferramentas gerais e de departamentos e outros varejistas de grande porte. Ele fez alguma propaganda ao consumidor, mas não muito.

Entretanto, Bill era criativo e havia erguido seus negócios principalmente com invenção de novas técnicas. Sua última invenção foi uma fechadura eletrônica com controle remoto para qualquer porta residencial. A fechadura era acionada por um toque especial de telefone: por exemplo, se um usuário quisesse deixar a porta dos fundos aberta até as 21h00, bastava telefonar para casa às 21h00 e deixar tocar dez vezes, quando então o dispositivo eletrônico travava a porta. Uma chamada semelhante reabriria a porta.

O banco gostou da ideia, mas queria que ele caprichasse mais em sua análise financeira. Por isso, o diretor de empréstimo lhe pediu para usar os formulários apresentados no apêndice da Bay City, como a Figura 11.12 e Figura 11.13. Após algum esforço, Bill conseguiu preencher o formulário de dados fundamentais, da Figura 11.12, e seu trabalho é reproduzido aqui. Até o momento, a Bay City havia gastado US$ 85.000 em despesas com suprimentos e mão de obra para desenvolver a fechadura e havia investido US$ 15.000 em um equipamento (ativo). Se a empresa decidisse prosseguir, teria de investir US$ 50.000 a mais em novas instalações, dar continuidade ao P&D para validar e melhorar o produto e – se as coisas saíssem de acordo com as expectativas – investir mais US$ 45.000 no terceiro ano para ampliar a capacidade de produção.

Além disso, ele tinha de preencher a planilha financeira, na Figura 11.13; para isso, ele recorreu a um amigo da família que havia estudado análise financeira na faculdade. Esse amigo utilizou um resumo para isso, o qual está anexado. Ele também avisou Bill de que havia muitas opiniões subjetivas nesses cálculos e que por isso "não deveria discutir a respeito de detalhes com o pessoal do banco".

---

[23] Essa é uma situação realista, mas hipotética.

Capítulo 11 ♦ Previsão de vendas e análise financeira

Proposta de análise financeira: *Fechadura da Bay City Electronics**
Data desta análise: _____ Análise anterior: _____

1. Condições econômicas, se relevantes:
   Cenário corporativo OK

2. O mercado (categoria):
   Estável—5% de crescimento

3. Vida do produto _5_ anos

4. Preço de tabela: *US$ 90*
   Descontos para o distribuidor: *US$ 36*
   Líquido da fábrica: *US$ 54*

   Outros descontos:
   Promoção: *US$ 1*
   Quantidade: *US$ 1*
   Montante médio por unidade vendida: *US$ 52*

5. Custos de produção:
   Explicação sobre qualquer procedimento exclusivo de cálculo de custos em uso:
   Nenhum. Efeito da curva de experiência.

   Taxa aplicável para custos indiretos de fabricação: _____
   20% de custos indiretos

6. Gastos futuros, outros investimentos de capital ou gastos extraordinários:
   Construção de instalações de produção: US$ 50.000
   P&D contínuo: US$ 15.000; US$ 10.000; US$ 15.000; US$ 10.000 nos quatro primeiros anos após a introdução
   Teste especial da UL durante o segundo ano custará US$ 5.000
   Ampliar instalações no terceiro ano por US$ 45.000

7. Capital de giro: _35%_ das vendas
   10% do estoque; recuperar 80% no período 5
   15% de contas a receber; totalmente recuperado no período 5
   10% de caixa, totalmente recuperado

8. Despesas gerais aplicáveis:
   Corp.: _10%_ das vendas
   Divisão: _ % das vendas

9. Perda líquida em vendas canibalizadas, se houver, expressas como porcentagem das vendas do novo produto: _10 %_

10. Custos/receitas futuros de abandono do projeto, se fosse feita essa opção em vez de comercializar: *Cancelar agora geraria um líquido de US$ 3.000 da venda do equipamento.*

11. Créditos fiscais, se houver, sobre novos ativos ou gastos: *1% de impostos estaduais e federais, com base em efeitos positivos sobre o meio ambiente.*

12. Taxa(s) de depreciação aplicável(is) sobre ativos depreciáveis: *25% sobre fábrica e equipamentos originais; 33 1/3% sobre instalações de ampliação*

13. Alíquota de imposto de renda federal e estadual aplicável: _34 %_
    Comentários:

14. Custo de capital aplicável: _16 %_
    ± Prêmios ou penalidades: *projeto de alto risco 8 %*
    _____ __
    Qualquer mudança no custo de capital previsto ao longo da vida do produto? *Não*

---

*Este formulário de dados está preenchido com dados de demonstração do estudo de caso da Bay City Electronics.

FIGURA 11.12 Formulário de dados fundamentais para análise financeira, parte A.

15. Curva básica de risco geral aplicável ao NPV:	Padrão OK ✓

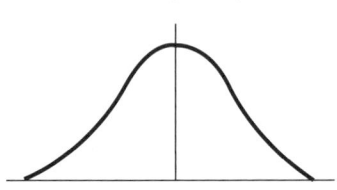

16. Elementos fundamentais que devem passar por teste de sensibilidade (e.g., vendas, cortes de preço): *(consulte a seguir)*	17. Custos irrecuperáveis: Despesas até o momento: *Ignorar* Capital investido até o momento: *US$ 15.000*

18. Elementos da estratégia de novos produtos que são especialmente relevantes nesta proposta: (e.g., exigência de diversificação ou risco de caixa): *A estratégia exige que a empresa seja fortalecida em mercados diversificados, e é isso que esse produto fará.*

19. Vendas e custos básicos:

Ano	Vendas unitárias	Custo por unidade de produção direta	Despesas de marketing
1	4.000	$16	$100.000
2	10.000	12	80.000
3	18.000	11	50.000
4	24.000	9	60.000
5	5.000	14	10.000

20. Taxas de retorno mínimo: *É necessário ter uma margem bruta de 40% após os custos de produção.*
21. Quaisquer contingências obrigatórias: *Nenhuma*
22. Outras pressuposições ou diretrizes especiais: *(1) O total de US$ 110.000 de instalações e equipamentos recuperará US$ 10.000 quando a produção estiver finalizada.* *(2) A empresa tem outras receitas para absorver qualquer prejuízo fiscal nesse projeto.* *(3) Ignorar crédito fiscal do investimento.* *Teste de sensibilidade (calcular o efeito do seguinte sobre o NPV):* *(1) Talvez tenhamos de cortar o preço para US$ 34 líquidos no início do terceiro ano.* *(2) Nossa estimativa de custo de fabricação pode estar exageradamente otimista. E se nunca conseguirmos um custo abaixo do custo original de US$ 16?* *(3) A concorrência pode forçar a elevação dos custos de marketing – e se a partir do ano 2 o nível que temos de gastar for duas vezes superior ao que prevíamos anteriormente?* *(4) E quanto a um resultado de pior cenário, no qual todas as contingências anteriores são testadas simultaneamente?*

FIGURA 11.12 (CONCLUSÃO) Formulário de dados fundamentais para análise financeira, parte A.

Proposta de produto: Fechadura eletrônica		Data:				
		Anos do mercado				
	0	1	2	3	4	5
Vendas unitárias	0	4.000	10.000	18.000	24.000	5.000
Receita por unidade	0	52	52	52	52	52
Valor monetário das vendas	0	208.000	520.000	936.000	1.248.000	266.000
Custos de produção:						
Diretos	0	64.000	120.000	198.000	216.000	70.000
Indiretos	0	12.800	24.000	39.600	43.200	14.000
Total	0	76.800	144.000	237.600	259.200	84.000
Lucro bruto	0	131.200	376.000	648.400	988.000	176.000
Custos de marketing direto	0	100.000	80.000	50.000	60.000	10.000
Contribuição para o lucro	0	31.200	296.000	648.400	928.800	166.000
Despesas gerais (excluindo P&D):						
Divisão	0	0	0	0	0	0
Corporativas	0	20.800	52.000	93.600	124.800	26.000
Total	0	20.800	52.000	93.600	124.800	26.000
Outras despesas:						
Depreciação	16.250	16.250	16.250	31.250	15.000	15.000
Canibalização	0	20.800	52.000	93.600	124.800	26.000
P&D a incorrer	0	15.000	10.000	15.000	10.000	0
Despesas extraordinárias	0	0	5.000	0	0	0
Abandono do projeto	3.000	0	0	0	0	0
Total	19.250	52.050	83.250	139.850	149.800	41.000
Despesas gerais e custos	19.250	72.850	135.250	233.450	274.600	67.000
Lucro antes dos impostos	(19.250)	(41.650)	160.750	414.950	654.200	99.000
Efeito tributário:						
Imposto de renda	(6.545)	(14.161)	54.655	141.083	222.428	33.660
Créditos fiscais	(65)	(142)	547	1.411	2.224	337
Efeito total	(6.480)	(14.019)	54.108	139.672	220.204	33.323
Fluxo de caixa:						
Lucro após os impostos	(12.770)	(27.631)	106.642	275.278	433.996	65.677
Depreciação	16.250	16.250	16.250	31.250	15.000	15.000
Instalações de produção	50.000	0	0	45.000	0	0
Capital de giro: Caixa	0	20.800	31.200	41.600	31.200	(124.800)
Capital de giro: Estoques	0	20.800	31.200	41.600	31.200	(99.840)
Capital de giro: Contas a receber	0	31.200	46.800	62.400	46.800	(187.200)
Fluxos de caixa líquidos	(46.520)	(84.181)	13.692	115.928	339.796	492.517
Fluxos descontados	(46.520)	(67.888)	8.904	60.803	143.725	168.001
Valor presente líquido	US$ 267.025					
Taxa interna de retorno	73,7					
Retorno	Nov., Ano 3					
Teste 1: NPV = US$ 88.885						
Teste 2: NPV = US$ 149.453						
Teste 3: NPV = US$ 196.013						
Todos os 3: NPV = (US$ 99.699)						

O pior cenário é muito indesejável, mesmo aqui, em que os efeitos indiretos, os custos irrecuperáveis e os salvados (valores residuais) foram omitidos.

FIGURA 11.13 Planilha financeira, Bay City Electronics.

Enquanto aguardava o horário marcado para ir ao banco, Bill refletiu um pouco sobre sua situação. Os números pareciam adequados? Onde estariam as partes duvidosas sobre as quais o diretor do banco poderia importuná-lo? Acima de tudo, ele estava curioso para saber se um amigo dele na empresa de cadeiras LazyBoy em Monroe havia sido obrigado a fazer a mesma coisa e se a 3M exigiria o mesmo tipo de formulário de sua filha, que agora trabalhava para eles. Para dizer a verdade, ele não sentia que pessoalmente havia aprendido muita coisa a respeito de sua situação com esse procedimento e ainda estava em dúvida sobre se havia outros meios de tentar reassegurar ao banco que o empréstimo era uma boa proposição.

APÊNDICE DA BAY CITY: ANÁLISE FINANCEIRA DE NOVOS PRODUTOS

A análise financeira de novos produtos exige duas atividades distintas: (1) coleta do conjunto completo de dados e de outras "suposições" na situação e (2) utilização desses dados nos cálculos para deduzir qualquer número final que esteja sendo procurado. Essas duas atividades são mostradas nas Figuras 11.12 (o formulário de dados fundamentais) e 11.13 (a planilha financeira).

COMPILANDO OS DADOS FUNDAMENTAIS

Condições econômicas. A maioria das empresas já tem previsões econômicas em vigor, mas algumas vezes uma equipe pode querer divergir. Se for esse o caso, essa diferença deve ser ressaltada aqui.

O mercado ou a categoria. O "mercado" do novo produto é definido com cuidado e a pressuposição da taxa de crescimento é ressaltada. Além disso, os volumes unitários e monetários do mercado total atual são registrados.

Vida do produto. O número de anos utilizado na análise econômica de novos produtos normalmente é definido pela política da empresa, mas qualquer projeto específico pode ser uma exceção.

Precificação. Comece com o preço de tabela do usuário final, analise retroativamente os diversos descontos destinados aos canais a fim de chegar ao valor líquido da fábrica e depois deduza qualquer desconto especial e subsídio programados. O valor monetário médio por unidade vendida é o preço utilizado nos cálculos da planilha.

Custos de produção. Há alguma coisa incomum sendo feita nesse projeto? O custo previsto real é inserido diretamente na planilha financeira. Cite a taxa percentual de encargos da fábrica.[24]

Futuras despesas especiais. Normalmente, elas incluem instalações fabris, direitos de licenciamento, custo único de marketing para lançamento, pagamentos adiantados aos fornecedores, P&D adicional em melhorias e extensões de linha e ampliações da fábrica à medida que o volume aumenta. Todos esses fatores são *saídas de investimento.*

Capital de giro. Estimam-se os fluxos de caixa, estoques e contas a receber necessários para comportar os volumes de vendas. Como eles serão recuperados?

Despesas gerais aplicáveis. Algumas empresas determinam apenas as despesas gerais "diretas" – aquelas geradas pelo novo produto (como ampliação da

---

[24] As despesas gerais de fábrica com frequência são determinadas por meio do sistema de custeio baseado em atividades (*activity-based costing* – ABC). Se adotado, os novos produtos terão uma probabilidade maior de alocações realistas. Consulte Bernard C. Reimann, "Challenging Conventional Wisdom: Corporate Strategies That Work", *Planning Review*, November/December 1991, pp. 36–39.

equipe de vendas ou uma nova função de qualidade). Outras empresas acreditam que as despesas gerais tendem a aumentar em função do volume e devem ser incluídas.

Prejuízo líquido em vendas canibalizadas. Refere-se ao prejuízo monetário das vendas em virtude de o produto novo roubar vendas dos produtos atuais. Esse valor deve ser deduzido da receita. Alguns especialistas acreditam que, se não fizermos isso, um concorrente o fará e, portanto, eles omitem isso.

Custos/receitas futuras de abandono do projeto. Ao longo do caminho, o projeto pode ter acumulado instalações, recursos humanos, direitos de patente, estoques etc. Se abandonado no momento, a baixa desses ativos gerará receita, dinheiro que na verdade refere-se ao *custo de abandono do projeto*. Contudo, o descarte de substâncias químicas radioativas pode ser caro e, portanto, é uma *receita* se o projeto for levado adiante.

Créditos fiscais. Incentivos federais ou estaduais para a atividades que visam ao interesse público.

Taxa de depreciação aplicável. Questão política estabelecida pela administração.

Alíquota de imposto federal e estadual. Número da empresa, fornecido.

Taxa de retorno exigida. Indica a taxa de desconto do fluxo de caixa a ser utilizada, além de poder ser complexa e política. Teoricamente, o valor a ser utilizado é o *custo médio ponderado do capital*, incluindo as três fontes de capital – obrigações, ações preferenciais e lucros retidos. Em geral, se trata simplesmente da *taxa de contratação de empréstimo atual da empresa*.[25] Pode ser a *taxa de ganhos das operações atuais*. Os gestores de novos produtos desejam que ela seja baixa e os profissionais de finanças conservadores podem desejar que ela seja alta. A decisão sobre a taxa real a ser utilizada como base muitas vezes é arbitrária. Seja qual for a taxa, a etapa seguinte é determinar até que ponto o nível de risco desse projeto se compara com o restante das atividades da empresa. Examine a Figura 11.7, que mostra que existe uma relação entre risco e taxa de retorno para todo negócio, como discutido neste capítulo. Em vista do custo médio atual do capital e do nível e da inclinação da linha, o gestor pode distinguir o risco do novo produto em questão, acompanhar a linha de risco/retorno em sentido ascendente e então fazer a leitura da taxa de retorno. Exceto em circunstâncias incomuns, esse nível exigido representará um prêmio sobre o custo atual do capital. O prêmio é inserido na seção 14 do formulário de dados fundamentais.

Curva de risco. A Figura 11.9 mostra a **curva de risco** típica de possíveis resultados de lucro de determinado projeto de novo produto, como discutido neste capítulo. No padrão B, por exemplo, existe a probabilidade de que o projeto tenha um desembolso inferior, mas um desembolso bastante alto também é possível. Uma imitação da concorrência é esperada; contudo, se não ocorrer, o lucro será alto. É favorável manter em mente essas informações sobre padrão de risco ao realizar a análise financeira, embora poucas empresas façam a análise de risco ajustada à probabilidade que essas informações permitem.

---

[25] Uma variação para isso é utilizar o custo atual do capital isento de risco (taxa de juros sobre títulos do Tesouro, por exemplo). Em seguida, adicionamos um prêmio para refletir o nível geral de risco no setor em questão.

Teste de sensibilidade. Assim que a análise é concluída utilizando dados originais, o analista volta e recalcula o lucro por meio de outros dados para fatores especialmente sensíveis.

Elementos da estratégia. Ao avaliar propostas de novos produtos, é importante lembrar da estratégia que o inspirou. Os produtos menos lucrativos podem muito bem ser justificados sob determinadas estratégias.

Previsões básicas de vendas e custo. Essa seção fornece os principais dados de entrada primários – o número de unidades a serem vendidas, o custo direto de produção por unidade e o total de despesas de marketing.

Taxas de retorno mínimo. Algumas vezes a empresas têm taxas de retorno mínimo sobre outras variáveis além da taxa de retorno.

Contingências obrigatórias. A empresa pode querer sempre introduzir uma ou mais contingências na análise, e não deixar como opcional.

Outras pressuposições ou diretrizes especiais. Normalmente, essa é uma seção de disposições gerais totalmente situacional.

Além do formulário de dados fundamentais: custos irrecuperáveis. Os custos irrecuperáveis não devem ser inseridos nessa análise. O dinheiro irrecuperável é exatamente isto – irrecuperável. Ele continuará irrecuperável se prosseguirmos ou abandonarmos o projeto.

Salvados. Os formulários de NPV às vezes exigem o valor monetário obtido no final da vida do produto a partir da venda de equipamentos salvos. Geralmente, os valores são baixos, e é melhor omiti-los.

Portfólio. Se o novo produto estiver exercendo um papel especial como parte da de um portfólio geral de projetos, o valor desse papel deve ser mencionado. O novo projeto pode ser de alto risco, mas ainda assim vale a pena contrabalançar com um grande número de projetos de baixo risco – ou o inverso.

CAPÍTULO 12
Protocolo do produto

INFORMAÇÕES PRELIMINARES

Quando um grupo de novos produtos finaliza a triagem completa e a análise financeira correspondente, ele alcança o que muitos acreditam ser a etapa mais crucial na existência do novo produto – mais decisiva do que sua introdução no mercado e mais crítica do que o desenvolvimento de capacidade de fabricação. Esse é o ponto em que coisas muito importantes, em *todos os aspectos da empresa*, começam a ocorrer.

Sem dúvida, a administração de algumas empresas ainda utiliza um sistema de revezamento no qual um departamento realiza seu trabalho, passa o conceito do produto para o departamento seguinte, que então realiza seu trabalho, e assim por diante. As empresas proeminentes em inovação de produtos não seguem o modelo de revezamento: elas utilizam algum tipo de **sistema coordenado**, no qual todos os participantes iniciam seu trabalho, realizando o máximo que é possível em qualquer momento enquanto o projeto se desenrola. Quando o trabalho técnico começa a se desenrolar, os engenheiros de processo não ficam ali parados, aguardando até que o protótipo final lhes seja passado. Enquanto os engenheiros de processo estão esquematizando o sistema de fabricação, o pessoal de aquisição (*procurement*) não fica aguardando uma palavra final com relação ao momento de desenvolver determinados componentes. E enquanto todo esse trabalho técnico/operacional ocorre, o pessoal de marketing não fica à toa, aguardando o "bastão" para começar a ter ideias a respeito de propaganda e atendimento técnico aos clientes.

Nas empresas mais inovadoras, todos os membros da equipe de produto começam a trabalhar no mesmo instante, e na verdade muitos deles participam do teste e da triagem de conceito para ver até que ponto as opiniões iniciais são positivas. Se um conceito parecer promissor, mesmo que a triagem financeira não venha a ser realizada no prazo de alguns meses, as pessoas que entram em fases posteriores do processo já começam a fazer o que elas terão de fazer *mais à frente*. Na realidade, alguns profissionais podem estar um ano à frente da necessidade, particularmente quando existe algum atraso intrínseco no que eles realizam.

Por exemplo, embora os engenheiros de processo estejam aguardando as especificações do produto, para que assim possam começar a pedir componentes que tenham uma boa relação de custo-benefício e desenvolver sistemas de fabricação apropriados, o pessoal de embalagem já começou a pensar a respeito do conceito. Muitos produtos exigem embalagem – embalagens duráveis que valorizam o produto ou embalagens atraentes que promovem o produto nas prateleiras. As embalagens, por sua vez, transportam o nome do produto. Portanto, o departamento de compras não pode solicitar novas embalagens enquanto as marcas estiverem sendo definidas, e as marcas não podem ser estabelecidas enquanto o conteúdo do produto não for conhecido e a estratégia de marketing não for definida. A estratégia de marketing requer decisões sobre preço, as quais precisam aguardar os custos, os quais precisam aguardar os sistemas finais de fabricação e o custo dos componentes, que é o ponto do qual partimos no início deste parágrafo! Obviamente, a coordenação de todas as partes envolvidas será crucial para o sucesso do projeto de um novo produto, pois do contrário as coisas podem dar muito errado.

O PROTOCOLO DO PRODUTO

O que fazemos? Fazemos tudo, paralelamente, realizando o que é possível, quando é possível, assumindo alguns compromissos secundários com algum risco e retendo os compromissos dispendiosos. Todas essas iniciativas são arriscadas e nunca funcionarão adequadamente sem *algo que mantenha a equipe coesa*, algo que permita que os membros façam especulações razoáveis.

Nesse momento, esse algo não tem nenhum formato padrão, nenhum nome padronizado e nenhum método estabelecido. Contudo, a maioria das empresas realiza parte do trabalho, algumas delas todo ele, enquanto aguardam até que ele se torne mais claro e definitivo. Neste livro, chamaremos essa atividade de *preparação do protocolo* e o respectivo resultado de **protocolo do produto**. Outros nomes empregados são *exigências do produto*, *definição do produto* e *resultados tangíveis* (*deliverables*). Todos os termos significam a mesma coisa – qual será o pacote final que o sistema de desenvolvimento produzirá, quais benefícios ou qual desempenho o produto oferecerá e quais mudanças o programa de marketing produzirá no mercado.

Por definição, o protocolo é um acordo assinado entre as partes da negociação. Com relação ao protocolo de produto, as partes da negociação são os departamentos ou funções – marketing, técnico, operacional e outros. Um acordo assinado talvez seja um tanto formal, mas a análise financeira que desencadeou essa fase apoiou-se em determinadas pressuposições – qualidades e custos do produto, determinadas instalações de suporte, determinadas patentes e determinadas realizações no mercado. Se elas não se cumprirem, todas as apostas feitas à administração perderão o efeito. Como a maior parte dos projetos atualmente envolve algum tipo de equipe multifuncional, o grupo como um todo é responsável pela redação do protocolo. Embora os novos produtos de fato requeiram *trade-offs*, eles são negociados de uma maneira bastante positiva. Mesmo que uma equipe multifuncional trabalhe bem em conjunto, podem surgir limitações técnicas que dificultam um acordo rápido. Uma visão bem-humorada do tipo de desafio que pode aflorar nessa fase é apresentada na Figura 12.1.

Uma técnica empregada pela Toyota para obter cooperação entre as áreas funcionais, acelerar a integração e focalizar a equipe é a "Sala Oobeya", descrita detalhadamente na Figura 12.2. Em termos conceituais, a Sala Oobeya é bastante semelhante à ideia de protocolo de produto: ele permite que os desafios mostrados na Figura 12.1 sejam superados de maneira bastante eficaz ao oferecer aos membros da equipe nenhuma outra opção senão trabalhar em conjunto.

FIGURA 12.1 Uma conversa entre marketing e P&D.

MARKETING: Em breve, precisaremos de uma versão alimentada por energia solar do nosso motor de portão de garagem padrão.
P&D: Que nível de confiabilidade é necessário? Deve ser controlável de dentro da casa? Devemos utilizar uma nova tecnologia eletrônica? Ele deve ser separado do sistema coletor já instalado?
MARKETING: Bom, os técnicos são vocês, façam algumas recomendações.
P&D: Em outras palavras, vocês não sabem o que desejam.
MARKETING: Caramba, precisamos dizer tudo a vocês? O que vocês fazem para ganhar a vida? Como podemos saber onde os coletores devem ser posicionados?
P&D: Se optarmos por tecnologia eletrônica, vocês dirão que é muito cara. Se optarmos por eletricidade, vocês dirão que estamos vivendo na década de 1930. Onde quer que coloquemos os coletores, vocês dirão que estamos errados. Se especulamos, vocês criticam.
MARKETING: OK. Coloque os coletores no teto da garagem.
P&D: Isso provavelmente não é possível.

FIGURA 12.2 A Sala Oobeya.

Uma ferramenta utilizada pela Toyota para acelerar o desenvolvimento de produtos é a Sala Oobeya. "*Oobeya*" (referente à palavra "sala" em japonês e pronunciada como *oh-beya*) na verdade é uma grande sala, estruturada para acomodar toda a equipe responsável pelo projeto de um novo produto (normalmente pessoas de marketing e vendas, engenharia, logística, planejamento, *design* e produção). No centro dessa sala encontra-se o protótipo (um modelo, uma maquete ou um desenho) que estimula a comunicação entre os membros da equipe e os ajuda a visualizar o produto e a identificar possíveis problemas logo no início. Em torno da sala, há quadros que orientam a discussão sobre o projeto do produto. Alguns deles seriam:

Um quadro de objetivos (que contém a versão de um PIC da Toyota: fundamentos, objetivos, especificações técnicas e organização do projeto).

Um quadro de medidas (que mostra o *status* atual do projeto e possibilita que os membros da equipe determinem se eles estão de acordo com a meta ou defasados).

Um quadro de atividades (que mostra as atribuições de todos os membros da equipe que são essenciais para atingir o objetivo e indica quais atividades já foram concluídas).

Um quadro de decomposição (que indica os subprojetos que necessitam de maior atenção).

Um quadro de problemas (que indica as questões mais críticas que surgiram e é utilizado para estimular discussões entre o líder da equipe e os respectivos membros e para atribuir responsabilidades).

Uma parte importante do conceito da Sala Oobeya são as funções de todos os participantes. O líder da equipe é responsável por estabelecer metas, avaliar os planos dos membros da equipe, negociar com a equipe ou com a administração da empresa quando as metas não são realistas e supervisionar as reuniões. As responsabilidades dos membros da equipe incluem: propor soluções que ajudem a atingir as metas desejadas, fornecer relatórios de *status* (sobre o que está de acordo com a meta *versus* defasado em relação à meta), dar sugestões sobre como superar os obstáculos, conhecer as atividades dos outros membros da equipe e resolver os problemas mais importantes. Geralmente, em toda reunião os membros devem fazer uma apresentação sobre sua área. Quanto maior a experiência dos membros, maior facilidade eles têm para fazer seus relatos em três minutos. O tempo total de reunião, que inclui uma análise do quadro principal e do quadro de problemas, normalmente é de uma hora.

Embora o conceito da Sala Oobeya pareça bastante simples, na verdade constitui uma ferramenta muito eficaz. A compensação provém do fato de o processo exigir que os membros da equipe integrem seus comportamentos e trabalhem de uma maneira extremamente eficiente e estruturada. Dessa forma, mais informações são geradas e um tempo menor é requerido. A detecção e resolução de problemas ganha velocidade e o valor de cada reunião aumenta. Não há espaço para "ficar à toa", ler relatórios ou enviar *e-mails* porque as restrições de tempo são rigorosas. A execução de um trabalho benfeito e pontual exige um comprometimento real para com a colaboração e interação.

Fonte: Toshi Horikiri, Don Kieffer, Takashi Tanaka & Craig Flynn, "A Toyota Secret Revealed: The Oobeya Room—How Toyota Uses This Concept to Speed Up Product Development", *Visions*, 33(2), July 2009, pp. 9–13.

O tempo deste capítulo é justamente a preparação do protocolo. Nos capítulos anteriores deste livro, você teve oportunidade de ver o processo de novos produtos de uma perspectiva geral – como se parte da estratégia para um lançamento bem-sucedido, como a estratégia oferece foco ao processo, como os conceitos são criados e reunidos, como os conceitos são em seguida testados e avaliados e como o processo de avaliação alcança uma conclusão temporária com a triagem completa e a análise financeira.

A Figura 12.3 mostra o que ocorre nesse momento. Na parte central da figura encontra-se um círculo semelhante a um alvo que representa o **conceito de produto ampliado**. Esse círculo mostra que a essência de um produto é o benefício oferecido ao usuário final, o propósito real para qual o produto foi criado.

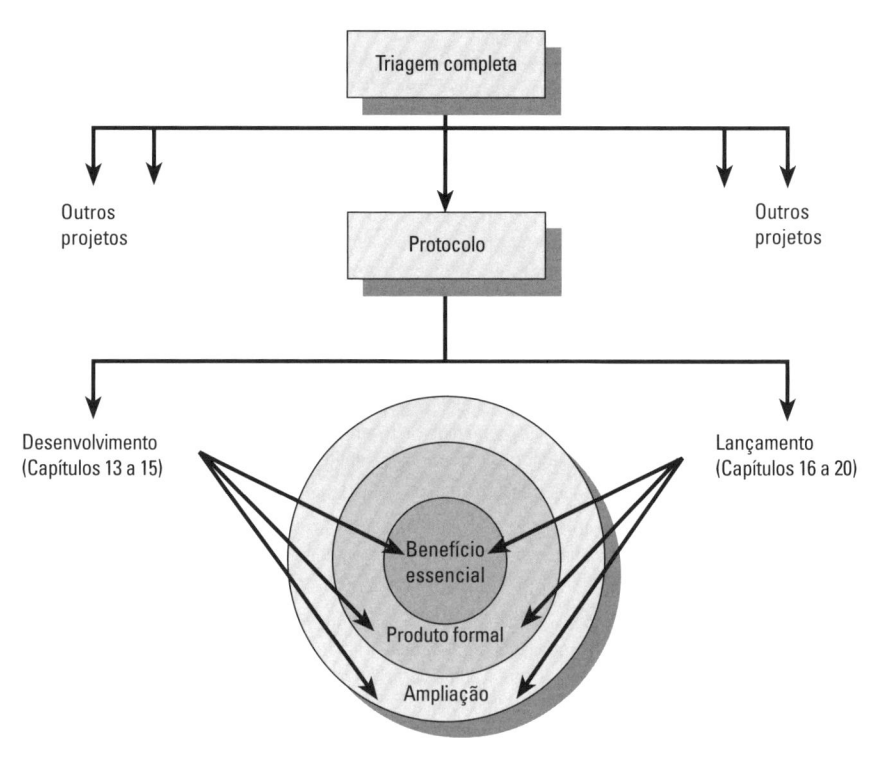

FIGURA 12.3 O papel de integração e focalização do protocolo.

OBJETIVOS DO PROTOCOLO

O objetivo pode variar de segmento de mercado para segmento de mercado e de uma ocasião para outra. Entretanto, o que o cliente compra de fato compreende um ou mais benefícios essenciais, uma apresentação formal do produto (uma forma física ou uma sequência de serviços) *e* fatores adicionais que vão desde um atendimento técnico pré-venda a uma garantia de dinheiro de volta. A questão aqui é que os clientes e os usuários finais compram produtos totalmente ampliados, e o benefício essencial pode vir em parte dessas ampliações. Os gestores de novos produtos não podem se concentrar apenas no produto formal. Os três anéis concêntricos do alvo devem ser projetados e cumpridos e dois grupos funcionais desempenham um papel em todos eles, tal como mostrado pelas setas direcionadas para os círculos ampliados. A Figura 12.3 evidencia também que os departamentos técnicos (com a ajuda das áreas de fabricação, qualidade, aquisição – *procurement* – e outras) trabalham como uma unidade e o marketing (com a ajuda de seus aliados em vendas, pesquisa de mercado, promoção, gestão de canais e outros) faz o mesmo no lado direito do diagrama. Ambos os grupos mantém estreito contato um com o outro.

A pergunta é: *Do que esses dois grupos necessitam para realizar seu trabalho?* A resposta difere de acordo com a empresa, o setor e a situação. Porém, em qualquer caso, ela deve ser consolidada em uma declaração de protocolo. Na verdade, o protocolo é uma das etapas do desenvolvimento de um conceito, como você viu na Figura 2.3, no Capítulo 2. Ele transcende a declaração simples aprovada na triagem e não é tão amplo ao que existirá quando surgir o primeiro protótipo. Mas é o que precisamos no momento, é o que todos os departamentos necessitam para dar início ao seu trabalho.

Essa ideia sobre como os outros utilizam o protocolo é o que justifica o termo *resultados tangíveis do produto* (*deliverables*). Na realidade, *o primeiro propósito geral do protocolo é especificar o que cada departamento proporcionará ao produto final que o cliente comprará*. Com relação a um novo tipo de calçado para golfe, um resultado tangível da área técnica seria "Pode ser usado em todos os tipos de clima e em todas as condições de gramado". Um resultado tangível de marketing poderia ser a experimentação pessoal por pelo menos 80% dos golfistas profissionais na Europa, nos Estados Unidos, na Austrália e na África do Sul. Um resultado tangível de tecnologia da informação poderia ser "serviço de atendimento 0800 com tempo de espera inferior a cinco minutos, que cobrirá as necessidades de 80% dos autores das chamadas nos Estados Unidos no presente ano e de outros mercados no final do segundo ano".

Nem todos os resultados tangíveis são conhecidos nesse momento, mas os cruciais devem ser. Do contrário, não estamos prontos para nos lançar em um sistema de desenvolvimento paralelo (ou simultâneo). Com relação ao calçado para golfe, se não conhecermos a importância do clima ruim e das condições do gramado, da influência dos golfistas profissionais sobre os golfistas ricos (o que acreditamos que deverá ser caro naquilo que estamos produzindo), da necessidade de experimentação (os benefícios principais estarão ocultos) e da certeza quanto às questões técnicas em um produto complexo como esse, isso significa que não cumprimos nosso dever. O fato é que o protocolo (do mesmo modo que várias coisas em uso atualmente) expõe as exigências que nos forçam a fazer o que, de qualquer forma, já deveríamos estar fazendo, como pesquisas de mercado de qualidade!

No Capítulo 3, sobre o termo de inovação de produto (*product innovation charter* – PIC), você viu que o PIC é utilizado para oferecer uma direção clara para a equipe de novos produtos. O segundo propósito da declaração de protocolo é o mesmo para os participantes do desenvolvimento de novos produtos. *Ele transmite os fundamentos para todos os participantes, ajuda a conduzir os participantes para ações integradas, ajuda a direcionar os resultados que são condizentes com a triagem completa e as finanças e oferece a todos os participantes uma meta a ser visada.* Algumas pessoas que lidam com novos produtos acreditam que a mera necessidade desse documento abre caminho para contatos iniciais com os clientes, os quais sempre deveriam ser feitos, mas com frequência não são.

Um terceiro propósito do protocolo está relacionado com o tempo de processo ou *tempo de ciclo*. Como foi observado no Capítulo 2, visto que muitas empresas dão alta prioridade à aceleração do tempo de colocação no mercado, uma definição mais adequada do produto pode ajudar a diminuir o tempo de desenvolvimento. Pense em quanto tempo de desenvolvimento seria desperdiçado e em quantos passos caros teriam de ser refeitos se um novo aparelho portátil de MP3, concebido para tirar participação de mercado do iPod, fosse totalmente planejado e projetado e na produção do protótipo alguém notasse que ele era muito pesado para uso normal! Teria sido melhor especificar o peso desejado e máximo antes de iniciar o desenvolvimento. Decisões aparentemente insignificantes como essa na definição do produto, se tomadas incorretamente, podem resultar em correções extremamente caras em momentos posteriores do processo.

Em quarto lugar, se feito corretamente, o protocolo expressa as exigências em palavras que normalmente podem ser medidas. Ele de fato permite que o processo de desenvolvimento seja *gerenciado*. O protocolo informa o que tem para ser feito, quando e por quê, como deve ser feito (se isso for exigido por alguma força que está além do nosso controle), por quem e, talvez mais importante, se deve ser feito. Ou seja, em qualquer momento sabemos se as exigências foram atendidas; isso nos advertirá automaticamente de que não estamos preparados para comercializar um produto caso uma exigência ainda esteja em aberto, a menos que ela seja especificamente dispensada. Muitas das técnicas das quais tomamos conhecimento nos capítulos precedentes (análise de lacunas perceptivas, mapeamento de preferências, análise conjunta) nos fornecerão informações que podem ser utilizadas como *input* para diversas "exigências" do protocolo.

CONTEÚDOS ESPECÍFICOS DO PROTOCOLO

Você acabou de se informar a respeito do conteúdo do protocolo em termos gerais. Esses detalhes podem variar enormemente e isso ocorrerá por algum tempo, até o momento em que nossa prática nessa nova etapa nos indicar como devemos proceder. Contudo, devemos especificar diretrizes para o desenvolvimento de produtos. Isso poderia incluir algumas características físicas, mas no mínimo incluirá atributos do cliente ou benefícios procurados (algumas vezes chamados de "lista de desejos"). Você se lembra do Hapifork, apresentado no Capítulo 4, que foi concebido para possibilitar que as pessoas comam mais devagar? A "lista de desejos" incluiria:

- Algum formato e peso de um garfo comum; o cabo não deve ser muito mais comprido do que o normal.
- Emissão de um sinal se a pessoa estiver comendo muito depressa.
- Possibilidade de ser lavado manualmente e na máquina de lavar louças.
- Dever ser resistente, e não frágil.
- Deve vir em uma variedade de cores para combinar com a decoração.
- Possibilidade de conectá-lo via Bluetooth ou USB com outros dispositivos para registrar e acompanhar o progresso.
- Deve ser fácil de usar.
- Deve fornecer informações sobre dietas e exercícios.[1]

Observe que algumas dessas necessidades do cliente parecem fáceis de expressar, mas podem exigir muito trabalho no aspecto técnico. Qual seria a fonte de energia para esse garfo? Se forem colocadas pilhas ou baterias AA no cabo, ele ficará muito largo. Que tipo de sinal seria o melhor, um bipe ou vibração, ou ambos? E torná-lo lavável em máquina apresenta dificuldades específicas com relação à capacidade de ser à prova d'água. Embora desafiadoras, essas atividades são obrigatórias para o P&D no momento de projetar o novo garfo. Entretanto, o P&D não faz conjecturas sobre as especificações – eles sabem que, se for possível atingir esses objetivos, o resultado será um produto que os clientes desejarão. Além disso, nem tudo que pedimos *tem obrigação* de ser feito. Algumas empresas empregam os termos *deveres/necessidades* (*musts*) e *desejos* (*wants*) – isto é, algumas exigências quanto ao que precisamos ter e algumas são apenas o que *gostaríamos* de ter se for viável e prático em termos tecnológicos, de custo e período de execução.

As seções subsequentes relacionam os itens que normalmente são encontrados nos protocolos. Uma versão resumida de um protocolo simples referente a um novo sistema de descarte de lixo doméstico é apresentada na Figura 12.4. Essa figura mostra os benefícios para o cliente-alvo ou os atributos do novo sistema, bem como exigências de marketing, técnicas, financeiras e corporativas e outros itens normalmente especificados no protocolo.

Mercado-alvo

A maior parte das empresas *gerencia* a maioria de seus projetos de novos produtos com as técnicas que apresentamos até aqui: PICs, teste de conceito, modelos de tria-

---
[1] Visite www.hapifork.com.

FIGURA 12.4 Protocolo simplificado para um sistema de descarte/reciclagem de lixo doméstico.

1. **Mercado-alvo:**
   Principal: 30% do grupo de renda mais alta, em cidades com mais de 100.000 habitantes e estilo de vida sofisticado.
   Intermediário: Interessados do setor de construção de residências acima de US$ 300.000, particularmente incorporadores, arquitetos, construtores, banqueiros e órgãos regulamentares.
2. **Posicionamento do produto:**
   Um método conveniente e limpo de reciclagem em casa.
3. **Atributos do produto (benefícios, se possível):**
   - Esse sistema deve automatizar o descarte de lixo em ambiente doméstico por meio de reciclagem (separação do lixo, compactação, colocação dos sacos na calçada e recolocação dos sacos nas lixeiras vazias e aviso ao usuário quando o suprimento de sacos estiver chegando ao fim) por um custo de fábrica não superior a US$ 800.
   - O sistema deve ser limpo, ventilado e não produzir odores. O usuário desejará um aparelho fácil de limpar. Se houver odores, isso pode gerar problemas com roedores, animais de estimação e vizinhos.
   - A instalação deve ser simples. Os distribuidores e outros profissionais de instalação devem ter um nível satisfatório de experiência em instalação.
   - O sistema deve ser seguro o suficiente para ser operado por crianças em idade escolar.
   - Em metros cúbicos, a unidade de trabalho completa não deve ser superior a duas vezes o tamanho de uma geladeira de 622 litros.
4. **Comparação com a concorrência:**
   Nenhuma: É o primeiro do gênero.
5. **Dimensões da ampliação:**
   Possibilidade de oferecermos financiamento, se necessário. Ampla garantia. Serviço de instalação competente atendimento pós-instalação rápido/qualificado. As instruções sobre reciclagem e sobre o produto serão complexas e essenciais.
6. *Timing*
   A adequação tem prioridade sobre a velocidade de colocação no mercado. Contudo, esse prazo não deve ser superior a dois anos.
7. **Exigências de marketing:**
   - A divulgação de comercialização deve ser feita em exposições nacionais para construtores e exposições sobre meio ambiente/ecologia.
   - Uma nova estrutura de canal será necessária para o mercado-alvo intermediário, mas no devido tempo ela se integrará ao nosso canal regular.
   - Precisaremos de uma força de vendas pequena e seleta para essa introdução.
   - Para tirar proveito do valor da divulgação, precisamos de 50 instalações durante os primeiros quatro meses.
8. **Exigências financeiras:**
   - O desenvolvimento e as perdas do período introdutório não devem ultrapassar US$ 20.000.000. O ponto de equilíbrio deve ocorrer no final do segundo ano completo no mercado.
   - No final, este projeto deve alcançar em cinco anos um valor presente líquido zero, com base em 35% do custo do capital.
9. **Exigências de produção:**
   - Logo após a divulgação, deve haver uma interrupção na oferta.
   - Os padrões de qualidade simplesmente precisam ser atendidos, sem exceção.
10. **Exigências regulamentares:**
    As regulamentações provêm de várias fontes e variam entre estados e municípios. Nesse caso, existem várias partes interessadas secundárias; precisamos conhecê-las adequadamente. Atrasos imprevistos e significativos (após o lançamento) não poderão ser permitidos nesse desenvolvimento.
11. **Exigências da estratégia corporativa:**
    A estratégia corporativa é que orienta este projeto, e tem liderança própria na gestão geral corporativa. Procuramos diversificação de mercado, melhorar nossa reputação com respeito à nossa capacidade de inovação e margens sustentáveis superiores àquelas que já temos atualmente em nossos principais mercados.
12. **Buracos (*potholes*):**
    Em virtude de seu grau de originalidade, este projeto tem questões fundamentais e de grande proporção. As mais preocupantes são (1) aprovação regulamentar de questões de saúde, (2) respeitar a restrição de custo de US$ 800 e (3) obter rápida aceitação no mercado para as instalações iniciais.

gem, protocolos etc. Outros projetos são *empreendimentos duvidosos* (*wildcatting*) – aposta em uma tecnologia cujo funcionamento ainda não foi comprovado, aposta em uma nova aplicação em que algum usuário final formará uma parceria conosco para ver o que funciona ou meramente uma aposta em um cientista com um bom histórico de novos produtos vendáveis. Nada disso é apropriado para um protocolo; simplesmente não temos as informações necessárias para redigi-lo, e seu único efeito seria incomodar os desenvolvedores, os quais, na verdade, o ignorarão completamente.

Entretanto, na maioria dos casos, conhecemos muito bem o mercado-alvo – primeiro no sentido de identificar seus problemas para solucioná-los, em seguida no sentido de indagar se o conceito do nosso novo produto atende às suas necessidades e parece razoável e posteriormente com relação aos fatores de triagem (*e.g.*, temos uma força de vendas capaz de alcançá-lo ou teremos de construir uma nova força?). As técnicas de mapeamento perceptual e de preferências que analisamos em capítulos anteriores podem ser muito úteis no desenvolvimento dessa parte do protocolo, visto que os segmentos por benefício e suas necessidades específicas já terão sido identificados.

O mercado-alvo precisa ser explicitado muito claramente aqui. Algumas empresas gostam de estabelecer um mercado-alvo primário, talvez escolhido em virtude do tamanho, da taxa de crescimento, da urgência da necessidade, do poder aquisitivo, da facilidade percebida para fazer incursões na concorrência etc. Normalmente, se a introdução for bem-sucedida, também serão escolhidos um ou mais mercados-alvo secundários e pelo menos um mercado-alvo de defesa ou refúgio se o primário não funcionar em decorrência de falha técnica, regulamentações, concorrência ou outros motivos.

Posicionamento

Trata-se de um desafio real para muitas empresas. **Posicionamento de produto** é um conceito que teve origem no mundo da propaganda no início da década de 1970. Ele estabelece essencialmente que o "Produto X tem melhor aplicação para você do que outros produtos porque....". E anuncia o produto como novo, apresentando ao usuário final um motivo real para experimentá-lo. No processo, ele mostra ao usuário final qual problema o produto combate e o que existe nele que o torna melhor do que qualquer outro que ele esteja usando no momento. Esse conceito será desenvolvido mais detalhadamente quando chegarmos ao Capítulo 16, mas por enquanto é suficiente explicitar o mercado-alvo e completar a frase acima. Felizmente, isso provavelmente é fácil porque o mapeamento de espaço conjunto e outras atividades de teste de conceito terão fornecido informações fundamentais sobre as opções de posicionamento desejáveis para o nosso produto. Em vigor, o teste de conceito nos assegura que os envolvidos terão interesse tanto em experimentar um produto quanto por sua declaração de posicionamento.

O pessoal técnico normalmente não é informado sobre qual será o posicionamento de um novo produto. É quase tão difícil quanto dizer desenvolva um novo produto e faça-o de uma forma que o cliente gostará. Não se trata de gestão, mas de abdicação. Mesmo nas grandes empresas de produtos embalados do momento, que têm excelentes funcionários, os produtos que fogem um pouco do comum com frequência são negligenciados; as equipes de P&D de várias dessas empresas tiveram de criar departamentos de pesquisa de mercado para testar o conceito dos produtos que elas desenvolvem. Os mal-entendidos sobre posicionamento, mais do que qualquer outra coisa, provavelmente são o motivo das disputas entre o pessoal técnico e de marketing.

Atributos do produto

Como discutido antes, os atributos definem o produto. Eles são de três tipos – propriedades, funções e benefícios. Os benefícios incluem usos. Os protocolos podem relacionar e na realidade relacionam qualquer um deles. "Em 10 segundos, este novo laxante se dissolverá completamente em um copo de água de 120 ml" (Merrill-Dow). Trata-se de uma função – como o produto funcionará —, e não do que ele é (propriedade) nem do que consiste o benefício da rápida dissolução. Observe que, ao solicitar rapidez, o pessoal técnico foi autorizado a escolher qualquer substância química que quisesse (e assim o fez – hoje, esse produto só fica atrás do Metamucil nesse mercado).

Benefícios

Os benefícios são a forma mais desejável para ser utilizada em um protocolo – mais do que as funções ou as propriedades. As informações obtidas da análise conjunta (*trade-off*) e outras técnicas de teste de conceito podem ser extremamente úteis para determinar quais combinações de propriedades, funções e especificações devem ser incorporadas no produto. Uma das vantagens de especificar os benefícios no protocolo é que isso não impõe nenhuma restrição (ou impõe poucas restrições) ao pessoal de P&D: eles têm liberdade de ação para imaginar a melhor forma de projetar o produto para que ele ofereça o benefício desejado. Pense na Built NY, uma pequena empresa de *design*. Um amigo dos proprietários da empresa sugeriu uma ideia para um novo produto: uma conveniente sacola para duas garrafas de vinho que poderia ser levada a restaurantes que permitem que os clientes levem sua própria bebida (BYOB). Os *designers* desenvolveram rapidamente uma lista de benefícios que a sacola ideal para duas garrafas de vinho oferecia aos clientes: proteção (as garrafas não se quebrariam), isolamento (para manter a temperatura), ergonomia (facilidade para carregar), leveza, possibilidade de reutilização e talvez também flexibilidade (facilidade para ser guardado quando não utilizado). O desafio era então selecionar o material com melhor possibilidade de oferecer todos esses benefícios. Eles chegaram ao neoprene, um material sintético mais comumente usado em roupa de mergulho. Ele oferecia todos os benefícios ao cliente e também se revelou fácil de cortar no formato desejado e nas cores projetadas. A sacola "Two-Bottle Tote" ganhou prêmios de *design* e também inspirou uma série de produtos semelhantes, como recipientes para garrafas de cerveja e mamadeiras.[2]

Funções

Os atributos relacionados à função algumas vezes causam confusão. Os profissionais de marketing tendem a utilizá-los intensamente e com frequência eles são chamados de especificações ou parâmetros de desempenho ou parâmetros de *design*. Um que todos conhecem é: "Este carro deve acelerar de 0 a 100 quilômetros por hora em 8 segundos". Essa exigência não nos informa que propriedades gerarão esse desempenho. O que essa exigência *faz* é responder à pergunta sobre como o cliente obtém o benefício de uma arrancada emocionante (ou segura).

Algumas pessoas sentem que o parâmetro de desempenho (uma função) pode vir a ser expresso como um parâmetro de *design*. Por exemplo, na questão da aceleração mencionada, a declaração poderia ser "Usar o novo motor alemão 11-Z4". Esse novo motor seria uma tecnologia, mas sem dúvida poderia ser uma *solução* para uma necessidade, e não uma *descrição* dela; provavelmente existem muitas outras formas de obter uma aceleração rápida. As plataformas de automóveis estão intensamente entrelaçadas com essas declarações.

Os protocolos para serviços são particularmente propensos a serem expressos em termos de desempenho porque a produção de um serviço constitui um desempenho, e não um bem. Contudo, os protocolos são também bem menos necessários em

---

[2] O *site* da empresa é www.builtny.com.

serviços em virtude do menor investimento em desenvolvimento técnico. Como em vários casos esses produtores podem chegar muito rapidamente ao protótipo, o teste de conceito de protótipo ou mesmo o teste de uso do produto pode obter confirmação facilmente quanto à satisfação da necessidade do cliente.

Propriedades

As propriedades são também um problema. O pessoal técnico muitas vezes propõe primeiro as propriedades, com base nas tecnologias disponíveis. Em uma empresa de fabricação de vidros, algum cientista pode descobrir uma forma de construir um convés com os restos de vidro triturado deixados por alguma operação de produção. Essa ideia é investigada durante vários meses, quando então é descartada pela necessidade de um fabricante de navios de reduzir o peso. Uma declaração de protocolo completa teria evitado esse desperdício de tempo. Em outro caso, um cientista descobriu uma solução para determinada infestação de vermes em crianças e só depois foi informado de que essa infestação ocorre apenas em ilhas dispersas do Pacífico e que nunca poderia se tornar um mercado viável para uma empresa farmacêutica. Por esse motivo, as empresas muitas vezes pedem que os cientistas mantenham os outros informados e procurem informações sobre os mercados nos quais estão sendo objeto de estudo.

O problema maior das propriedades é que elas privam as pessoas mais criativas e inventivas da empresa da liberdade de utilizar suas habilidades. Há vários anos, uma grande empresa de computadores era famosa por ter uma competente equipe de pesquisa técnica. A equipe criou algumas tecnologias úteis. Contudo, a empresa nunca teve muito sucesso para reagir às necessidades variáveis do mercado. Segundo algumas pessoas internas bem informadas, isso se devia a um sistema em que uma equipe de engenharia central assumia cada situação e explicitava as propriedades e características que sua equipe de pesquisa deveria produzir. Uma dessas planilhas de especificações chegou a ter 13 páginas, e o cientista que a recebeu afirmou que se sentia como um secretário judicial iniciante. Ele deixou a empresa assim que pôde.

Uma versão exagerada de um protocolo foi divulgada por uma empresa farmacêutica na qual um gestor de novos produtos enviou um amplo *layout* de propaganda ao seu colega técnico do P&D com um bilhete anexado: "Por favor, providencie um produto que respalde este anúncio". A primeira reação foi negativa, até o momento em que o técnico constatou que eles estavam dando carta branca para que fizessem o que desejassem, desde que o resultado atendesse as reivindicações relacionadas.

Às vezes, pelo fato de já ter um longo contato com o mercado, a empresa sabe quais propriedades estão associadas com quais funções (desempenho) e benefícios. Por vezes, as empresas podem levar a cabo uma solicitação de trabalho que requeira "Uma nova bomba com válvulas eletrônicas que respondam mais rapidamente a interrupções na rede e desse modo evitem que se queimem". Se as válvulas forem um critério, essa declaração de protocolo oferecerá propriedade, função e benefício.

Especificações detalhadas

De vez em quando, os clientes tomam decisões dessa ordem e requerem produtos com propriedades específicas. Isso é perigoso. Se os clientes forem qualificados e tiverem um motivo para conhecer melhor do que nós o que as propriedades farão por eles, faz sentido ouvi-los. No Capítulo 4, falamos sobre obter conceitos de produtos acabados de usuários pioneiros (algumas vezes até um protótipo finalizado).

Outro caso em que as propriedades podem ser necessárias é quando uma empresa está realizando uma análise comparativa de produtos concorrentes. Uma das estratégias é ter o melhor dos melhores. Escolha as melhores propriedades no mercado, associe todos os produtos e incorpore tudo isso em seu novo produto. Isso parece genial, mas significa que o *design* de nosso produto está sendo determinado pelos concorrentes, e não pelos usuários finais.[3]

Outras situações em que as propriedades aparecerão no protocolo são: (1) quando as regulamentações estipulam uma propriedade específica (*e.g.*, frascos de remédio controlado), (2) quando os usuários finais têm equipamentos importantes que impõem limitações (*e.g.*, restrições de espaço embaixo do painel de instrumentos para aparelhos de CD), (3) quando a prática estabelecida em um setor de clientes é muito arraigada para um único fornecedor mudar (*e.g.*, durante vários anos os fabricantes de *software* não tiveram outra opção senão colocar o MS-DOS como uma propriedade essencial) e, lamentavelmente, (4) quando a alta administração tem preferências pessoais.

De modo geral, como conclusão para esta seção sobre atributos, a melhor política continua sendo redigir os protocolos com relação aos benefícios, utilizando o desempenho ou propriedades específicas se isso ajudar a explicar e não tolher em demasia. Com relação ao Hapifork, o cliente provavelmente não se importa se o garfo é feito de metal ou de plástico de alta resistência, desde que seja durável e possa ser colocado na máquina de lavar louças após o uso.

Comparações com a concorrência e dimensões da ampliação

A análise comparativa foi mencionada, mas existem muitos outros padrões competitivos que podem ser inseridos em um protocolo – compatibilidade com alguma política importante, o grau de diferenciação que temos de obter e vários aspectos do plano de marketing (*e.g.*, tamanho da força de vendas, preço, disponibilidade de distribuição etc.). As informações relativas a uma comparação com a concorrência podem ser deduzidas de mapas perceptuais, e as lacunas que aparecem nesses mapas podem oferecer orientações para a escolha de uma posição competitiva apropriada.

Assim como o próprio produto foi descrito acima com relação aos atributos, um anel ou círculo de ampliação do produto também pode ser citado. Algumas vezes o próprio produto pode ser uma "cópia", mas ainda ser um produto competitivo legítimo por oferecer um novo nível de atendimento, uma garantia melhor ou um apoio melhor dos distribuidores. Lembre-se de que existem três anéis no produto totalmente ampliado – o primeiro anel (benefício essencial) é abordado na declaração de posicionamento, o segundo (o produto formal) é abordado nos atributos requeridos e o terceiro (ampliações) é abordado aqui.

Outros componentes do protocolo do produto

Vários outros componentes do protocolo ainda serão abordados aqui, embora de maneira bastante breve. Provavelmente eles são mais bem evidenciados por meio de um exemplo, como na Figura 12.3.

> *Timing:* Atualmente, a maior parte dos novos produtos precisa ser revelada mais rapidamente, mas nem todos o fazem. Alguns envolvem avanços técnicos diruptivos cuja duração não é possível delimitar com rigor. A distinção deve ser clara para todos. E se houve uma data a ser cumprida, ela deve estar exatamente aqui.
>
> *Finanças:* Normalmente, o protocolo incluirá nível de preço, descontos, volume de vendas, valor monetário de vendas, participação de mercado, lucro, valor presente líquido e vários outros dados financeiros introduzidos no capítulo anterior.

---

[3] Isso é explicado por Milton D. Rosenau Jr., "Avoiding Marketing's Best-of-the-Best Specification Trap", *Journal of Product Innovation Management*, 9(4), December 1992, pp. 300–302.

Produção: Esse fator é bem mais parecido com as exigências de marketing, algumas delas direcionadas ao que essa função se preparará para fazer e o que isso alcançará – ou seja, fábricas a serem construídas, volumes de vendas e qualidade a ser obtida.

Exigências regulamentares: Essas exigências são bastante variadas, mas atualmente a administração tem ciência da necessidade de ter conhecimento prévio delas.

Exigências da estratégia corporativa: Ideias fundamentais (como competências essenciais) já terão sido identificadas no termo de inovação de produto. Além disso, a essa altura, a garantia do apoio da alta administração é importante.

Buracos: Como vimos antes, existem buracos na inovação de produtos, do mesmo modo que em um trecho de uma rodovia em que você dirige à noite – e eles são capazes de demolir um novo produto. A administração que não dá uma olhada no que existe adiante merece deparar-se com um. Como normalmente não caímos nos *buracos* que já conhecemos, estar atento a eles ajuda.

PROTOCOLO E VOZ DO CLIENTE

Ouvindo a voz do cliente[4]

No Capítulo 2, você foi apresentado ao conceito de voz do cliente (*voice of the customer* – VOC). Retornaremos a esse conceito aqui, visto que ele desempenha um papel importante no desenvolvimento do protocolo do produto.

A VOC foi definida como "um conjunto completo de desejos e necessidades do cliente, expressos na própria linguagem do cliente, organizados do modo como ele pensa a respeito, usa e interage com o produto [...], e priorizados pelo clientes com relação à importância e ao desempenho – em outras palavras, sua satisfação atual com as alternativas existentes".[5] Nessa definição, "na própria linguagem do cliente" significa exatamente isso – sem jargão científico. Os usuários de impressora geralmente não pensam na resolução dos contornos e no número de *pixels*; na verdade, eles pensam no nível de legibilidade do texto ou no nível de qualidade das imagens. O fato de esses termos não soarem científicos não significa que as opiniões não sejam importantes! Além disso, os clientes precisam organizar e priorizar suas necessidades à sua própria maneira e da forma como julgarem adequada; e provavelmente essa visão será diferente da visão da empresa.

Lembre-se de que no Capítulo 5 apresentamos várias alternativas para acessar a voz do cliente: por meio de entrevista direta, por exemplo, ou da condução de grupos focais. As entrevistas individuais com os clientes podem fornecer informações extremamente valiosas e detalhadas, mas podem ser demoradas e caras. Portanto, quantas entrevistas devem ser realizadas para que se tenha um nível relativo de confiança de que a VOC foi identificada? Pesquisas conduzidas por Abbie Griffin e John Hauser sugerem uma regra básica razoável para as entrevistas: em torno de 30 entrevistas individuais, com duração de 15 minutos cada, evidenciam quase que 100% de todas as necessidades dos clientes; 20 entrevistas evidenciam em torno de 90% das necessidades. O áudio do processo de VOC deve ser gravado e a transcrição deve ser literal; esse procedimento é bem mais preciso e detalhado do que se um ser humano tomasse

---

[4] Grande parte dessa seção foi extraída de Gerald M. Katz, *op. cit.*

[5] Gerald M. Katz, "The Voice of the Customer", in P. Belliveau, A. Griffin & S. M. Somermeyer, *The PDMA Toolbook 2 for New Product Development* (New York: John Wiley, 2002), Ch. 7.

nota. É necessário pedir a permissão dos respondentes para gravar; quase todos concordam, e logo se esquecem de que o gravador está ligado.[6]

Quando o processo de VOC é bem-sucedido, a equipe de novos produtos costuma obter de 70 a 140 declarações de necessidade dos clientes nessas entrevistas. Em seguida, as declarações de necessidade dos clientes devem ser organizadas em 15 a 25 grupos, denominados *agrupamentos por afinidade* (preferivelmente pelos próprios clientes, visto que em geral eles têm uma maneira diferente de organizá-las, em comparação com os pesquisadores de mercado). Subsequentemente, esses agrupamentos podem ser priorizados de acordo com sua importância para o cliente. Embora esse processo pareça longo e complicado, poupar esforços pode comprometer a riqueza das percepções ou interferir na priorização correta das necessidades dos clientes.[7]

O entrevistador deve estar preparado e ter as perguntas corretas. Uma das piores formas de tentar extrair a VOC é perguntar: "Quais são suas necessidades?" ou "Quais são suas exigências?". Os clientes são muito propensos a oferecer uma lista de desejos que contempla os "fatores imprescindíveis", quase que certamente deduzidos de soluções existentes e disponíveis. O especialista em inovação Guy Kawasaki afirma: "Se você perguntar aos clientes o que eles desejam, eles responderão 'melhor, mais rápido e mais barato'; ou seja, uma *mesmice melhorada*, e não uma mudança revolucionária". Steve Jobs, cofundador da Apple, disse uma frase célebre: "É realmente muito difícil projetar produtos de acordo com grupos focais. Muitas vezes, as pessoas não sabem o que elas desejam enquanto você não mostra a elas [...]. Não podemos simplesmente perguntar aos clientes o que eles desejam e tentar oferecer isso a eles. No momento em que tivermos o produto pronto, eles vão querer algo novo".[8] O que devemos aprender com esses comentários? Devemos deixar de utilizar grupos focais ou entrevistas para ouvir a voz do cliente?

A questão real aqui é: que tipo de informação você pode esperar obter dos grupos focais ou das entrevistas? Para evitar a "mesmice melhorada", uma das melhores formas de proceder é concentrar-se nas experiências ou nos resultados desejados, por exemplo, perguntando: "Quais são as atividades mais difíceis que você está tentando realizar com este produto?", "Do que você gosta e do que você não gosta?" ou "Qual é a melhor e a pior experiência que você já teve com esse produto?". Imagine-se passando uma noite em um hotel. Se lhe pedissem para expressar suas necessidades, o que você diria? Provavelmente, um quarto limpo, uma boa cama, chuveiro, TV e conexão com a internet. Porém, se lhe perguntassem qual é sua pior experiência, qual seria ela? Não consegui encontrar o plugue do meu barbeador? Bateu com a cabeça no chuveiro? As toalhas não estavam limpas? O pessoal da recepção foi grosseiro? O entrevistador obterá muito mais ideias de melhoria para o produto ou serviço dessa forma.

Voltando ao comentário de Steve Jobs, a Apple de fato estava fazendo as perguntas corretas aos clientes e as estava ouvindo com atenção. Foi isso o que ele disse sobre o marketing do iPod Touch:

> A princípio, não estávamos muito seguros quanto a como comercializá-lo [...]. Seria um iPhone sem telefone? Seria um computador de bolso? [...] O que os clientes nos disseram foi que eles estavam começando a enxergá-lo como um console de jogos. Começamos a comercializá-lo dessa maneira, e ele simplesmente decolou. E agora o que de fato vemos é que ele é o caminho mais barato rumo à App Store, e essa é a grande sacada. Por isso [...]

---

[6] Abbie Griffin & John Hauser, "The Voice of the Customer", *Marketing Science,* 12(1), Winter 1993, pp. 1–27.

[7] Parte dessa seção é adaptada de Gerry Katz, "Nine Myths about the Voice of the Customer", *Visions*, 35(3), 2011, pp. 34–35.

[8] As citações de Guy Kawasaki e Steve Jobs são de Brad Barbera, "Steve Jobs: A Product Developer's Perspective", *Visions*, 36(1), 2012, pp. 10–15.

estávamos preocupados em reduzir o preço para um nível em que todos pudessem arcar com ele.[9]

Portanto, com certeza a Apple *estava* prestando atenção: aos resultados desejados pelo cliente e à melhor forma de o produto oferecer esses resultados! Não há dúvida de que a extensa lista de produtos bem-sucedidos da Apple seja predominantemente impulsionada pela tecnologia (*technology push*); de acordo com Guy Kawasaki, "O filão mais valioso para as *start-ups* de tecnologia é criar o produto que você deseja usar [...] foi isso o que a [Apple] fez".[10] Mas lembre-se de que, com base no PIC, a dimensão de tecnologia deve corresponder a uma dimensão viável de mercado de alto potencial. O exemplo do iPod Touch nos lembra sutilmente de que o valor da VOC não reside em pedir aos clientes para lhe dizer o que eles desejam. Ainda que talvez óbvio, esse ponto é fácil de se ignorado, e a falta de sucesso com relação à VOC pode muito bem se dever a uma implementação insatisfatória.

Ao ouvir a VOC, não é suficiente obter generalidades, como "Preciso de um telefone que seja flexível" ou "Preciso de um provedor de acesso à internet consistente". As perguntas subsequentes óbvias nesse caso são "O que você quer dizer com flexível?" e "O que você quer dizer com consistente?". Isso garante que a VOC seja claramente ouvida e não seja mal interpretada. Uma boa regra prática é sempre perguntar por quê: "Por que você disse isso?", "Por que você se sente assim?", "Por que seria melhor dessa forma?". Lembre-se, a meta não é obter soluções técnicas para os problemas. Isso vem depois. Na verdade, os desejos, as necessidades, os gostos e as indisposições do cliente, entre outras coisas, devem ser pronunciados o mais nitidamente possível nesse momento.

O pesquisador de mercado e consultor Gerry Katz resume os conceitos errôneos a respeito da VOC que podem fazer com que seja utilizada inapropriadamente e que por isso devem ser evitados.

1. Muitas empresas trataram a VOC apenas como pesquisa qualitativa, embora o verdadeiro valor dela provenha da organização e do agrupamento das necessidades expressas e da priorização dessas necessidades de acordo com sua importância relativa. Trata-se de um processo quantitativo e com frequência é ignorado.

2. As empresas muitas vezes preocupam-se em obter a VOC apenas dos principais clientes, embora seja possível uma quantidade apreciável de informações dos não clientes, dos clientes comuns e dos clientes que favorecem o produto da concorrência.

3. Os gestores podem acreditar que os clientes não sabem o que desejam. Na verdade, eles sabem muito bem expressar suas necessidades. Como não são engenheiros profissionais nem profissionais de P&D, normalmente eles são capazes de dizer que nova tecnologia precisa ser desenvolvida para atender a essas necessidades. Fica a cargo da empresa compatibilizar a necessidade do cliente com as características de engenharia. Isso pode ser realizado por meio do desdobramento da função qualidade (*quality function deployment* – QFD), que examinamos ainda neste capítulo.

4. Por fim, repetindo, é tentador simplesmente perguntar ao cliente o que eles desejam e necessitam, mas em geral isso gera poucos *insights* novos. É melhor perguntar o que eles gostam e o que não gostam nos produtos em questão e quais resultados eles gostariam de ver no futuro.

---

[9] Brad Barbera (2012), *op. cit.*

[10] Brad Barbera (2012), *op. cit.*

PROTOCOLO E DESDOBRAMENTO DA FUNÇÃO QUALIDADE (QFD)

QFD e casa da qualidade

Para compreender o papel do protocolo de produto no processo de novos produtos, imagine esse processo como mostrado na Figura 12.5. Essa figura enfatiza o papel do cliente, visto que ela mostra que começamos com a voz do cliente e terminamos com um produto que satisfaz as necessidades dele. Por meio de pesquisas de mercado, visitas de vendas e outras formas de contato com os clientes, somos capazes de identificar quais são seus desejos. A etapa seguinte é delicada, mas absolutamente essencial. Precisamos converter esses desejos dos clientes em algum tipo de esquema ou modelo, talvez um diagrama esquemático de engenharia ou um plano de serviços detalhado, que ofereça ao cliente esses benefícios desejados em um formato que seja útil para a equipe de desenvolvimento de produtos. Assim que chegarmos a esse ponto, poderemos retornar ao cliente e conduzir os testes apropriados para ajustar o produto. Na realidade é o protocolo do produto, assunto deste capítulo, que ajuda a empresa a "contornar o obstáculo" da Figura 12.5, porque, quando cuidadosamente planejado, ele possibilita que a empresa traduza os desejos dos clientes na forma de produto apropriada.

Essa seção subsequente descreve uma técnica, criada no Japão, mas agora comumente empregada ao redor do mundo, que possibilita que a VOC torne-se um condutor de todas as etapas posteriores do processo de novos produtos.

O **desdobramento da função qualidade** há anos foi inventado no setor japonês de automóveis como uma ferramenta de controle de projetos em um setor em que os projetos são inacreditavelmente complexos. Essa ferramenta pode reduzir os custos e o tempo de *design* e melhorar a eficácia da comunicação entre os membros da equipe de projeto provenientes das áreas funcionais.[11] Na verdade, a QFD foi reconhecida

Usuário final → Contato com o mercado → Grupo de novos produtos → Contato com o P&D → Engenheiros

| Necessidades e problemas não atendidos | Inventário de necessidades | Declaração das necessidades a serem satisfeitas pelo produto | Benefícios a oferecer | Como oferecer os benefícios requeridos |

PROTOCOLO

Conversão do benefício em propriedade (especificações)

| Produto finalizado | Protótipo confirmado | Avaliação do protótipo; Desenvolvimento adicional | P&D cria protótipo | Propriedades oferecidas; Laboratório avalia desempenho |

Usuário final ← Contato com o mercado ← Grupo de novos produtos ← Contato com o P&D ← Engenheiros

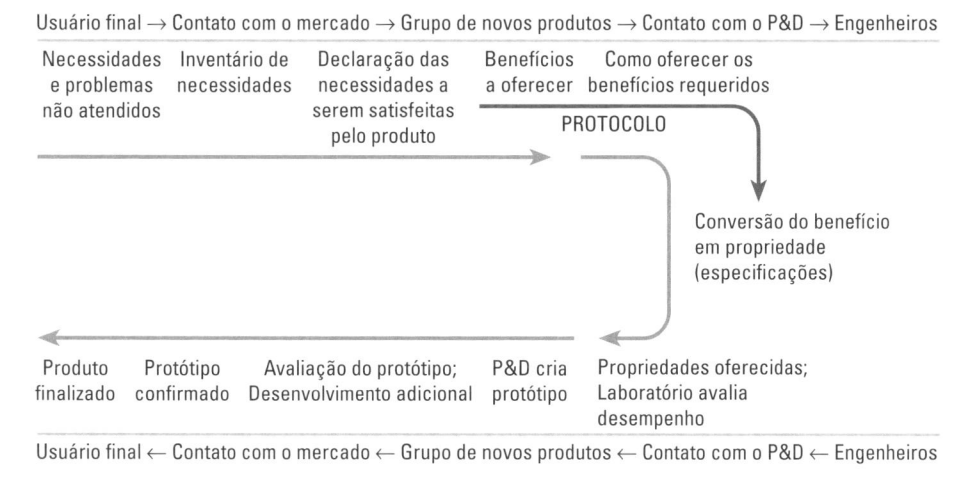

FIGURA 12.5 O papel do protocolo no processo de novos produtos.

---

[11] John R. Hauser & Don Clausing, "The House of Quality", *Harvard Business Review*, 66(3), 1988, pp. 63–73; Abbie Griffin & John R. Hauser, "Patterns of Communication among Marketing, Engineering and Manufacturing: A Comparison between Two Product Teams", *Management Science*, 38(3), March 1992, pp. 360–373; e Abbie Griffin, "Evaluating QFD's Use in U.S. Firms as a Process for Developing Products", *Journal of Product Innovation Management*, 9(3), September 1992, pp. 171–187. Para obter mais informações sobre QFD, experimente o *site* do Instituto QFD, www.qfdi.org.

como uma contribuição importante para a reação do setor americano de automóveis contra a concorrência japonesa. Apresentamos a QFD aqui porque é uma alternativa por meio da qual muitas empresas fomentaram o tipo de interação transfuncional requerido pelo protocolo de produto. A QFD também foi utilizada com sucesso em fases anteriores do processo de novos produtos, bem no início da linha de frente difusa (*fuzzy front end*) da geração de conceitos, porque ela pode ajudar a equipe de novos produtos a imaginar novos conceitos que satisfaçam as necessidades dos clientes.[12]

Em teoria, a QFD é concebida para garantir que as necessidades dos clientes sejam focalizadas do começo ao fim do projeto de um novo produto: engenharia de produto, implantação de componentes, planejamento de processo e produção. Na prática, a primeira etapa da QFD recebeu a maior atenção e tem sido útil para a maior parte das empresas, e essa é a assim chamada **casa da qualidade** (*house of quality* – **HOQ**). A importância da HOQ para as empresas reside em sua forma de sintetizar vários aspectos do produto simultaneamente e reciprocamente. A Figura 12.6 mostra um exemplo de HOQ para o desenvolvimento de uma nova impressora de computador.

A HOQ requer *inputs* do pessoal de marketing e técnico e estimula a comunicação e cooperação entre essas áreas funcionais. Descendo no lado esquerdo da figura encontramos os *atributos do cliente* (ACs), alternadamente chamados de necessidades, "o que" ou exigências. Esse *input* do marketing é fundamental para a HOQ. Compatibilidade, qualidade de impressão, facilidade de uso e produtividade foram identificados nesse caso como os ACs mais importantes para uma impressora. Os ACs são identificados por meio de pesquisa de mercado: grupos focais, entrevistas etc. Essa seção da HOQ corresponde à parte do protocolo relacionada com o que o usuário final obterá do produto. Normalmente ela é preenchida com benefícios, mas de vez em quando (como acima) as propriedades ou funções (benefícios funcionais) são tão essenciais, que elas são inseridas aí. Os ACs nesse exemplo parecem ser atributos primários; em uma aplicação mais complexa, pode haver atributos secundários ou mesmo terciários abaixo de cada um. Por exemplo, facilidade de uso poderia incluir "facilidade para aprender como operar", "facilidade para conectar", "facilidade para repor o papel" etc. Além disso, os ACs com frequência são ponderados em termos de importância.

Na extrema direita da HOQ estão as classificações do produto proposto e de seus principais concorrentes em cada um dos ACs, em que 0 = "ruim" e 5 = "excelente". Essa seção pode ser interpretada de uma forma bastante semelhante a um gráfico de cobra, como vimos anteriormente no Capítulo 6. Ela identifica os pontos fortes e as áreas de melhoria de nosso novo produto.

A seção superior da HOQ mostra as *características de engenharia* (CAs): nitidez dos contornos, resolução etc. As CAs com frequência são tecnologias, mas podem ser expressas também em termos de desempenho ou de parâmetros de *design*. É aí que as necessidades do cliente são traduzidas em especificações técnicas. A equipe de projeto percorre a grade central da HOQ, identificando as CEs que afetarão um ou mais ACs tanto positivamente quanto negativamente. Nesse caso, o item "horas de treinamento necessárias" tem uma relação positiva (forte) com facilidade de uso e com produtividade (menos forte); o item "velocidade de texto" está fortemente relacionado com produtividade. Obviamente, essa etapa requer uma cooperação real entre o pessoal de marketing e técnico. Em seguida são estabelecidas medidas objetivas para cada CE (normalmente pelos engenheiros) e nesse momento a equipe pode começar a estabelecer valores-alvo para as CEs com base na necessidade do cliente e em produtos con-

---

[12] Gerald M. Katz, "Practitioner Note: A Response to Pullman, et al.'s (2002) Comparison of Quality Function Deployment versus Conjoint Analysis", *Journal of Product Innovation Management*, 21(1), 2004, pp. 61–63.

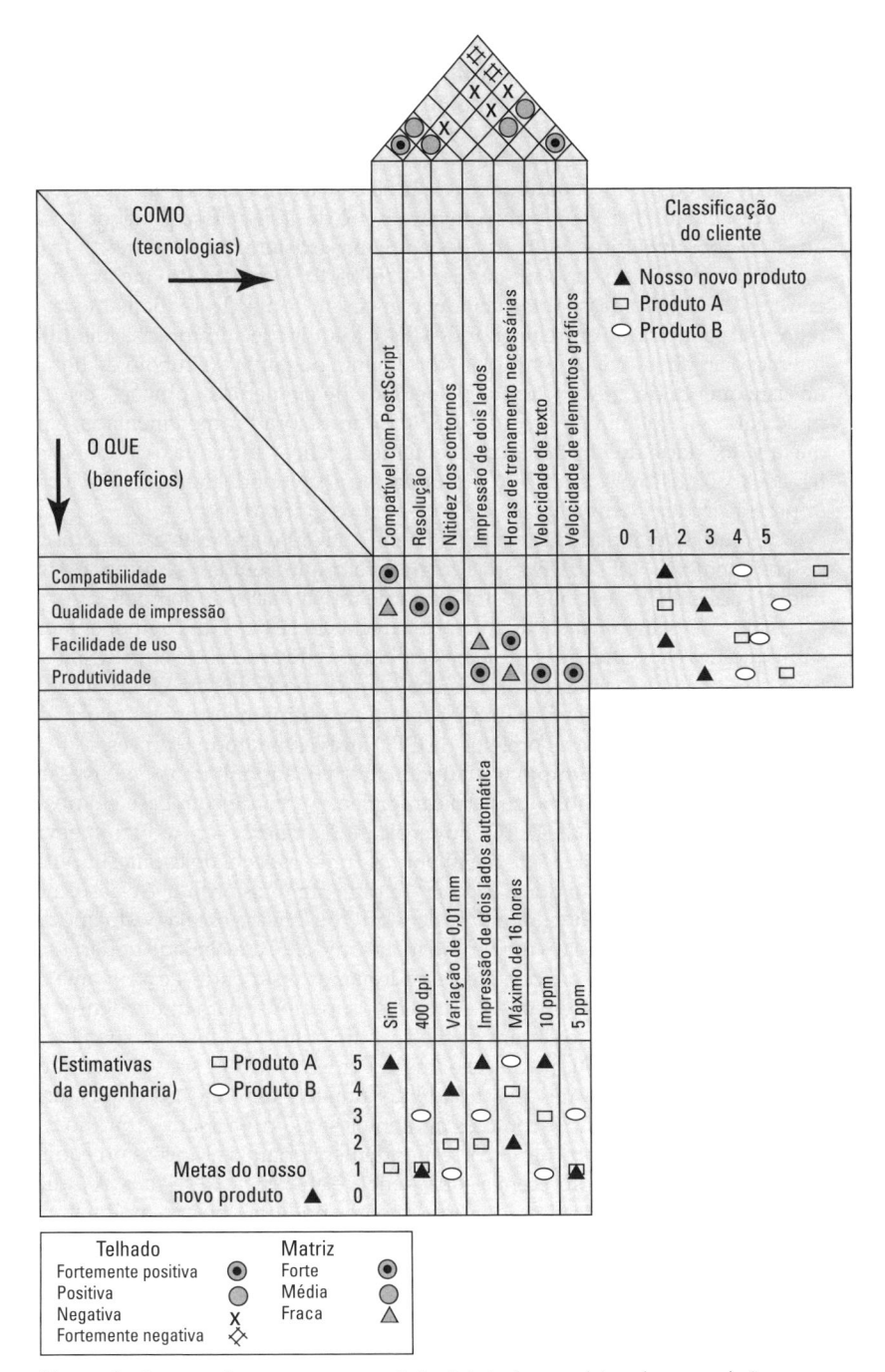

Observação: Esse exemplo mostra como os resultados do teste de um produto, após sua conclusão, podem ser comparados com o que era pretendido. Em "Classificação do cliente", os usuários pretendidos afirmam que a empresa não conseguiu concretizar seus objetivos.

FIGURA 12.6 QFD e sua casa da qualidade.

Fonte: De Milton D. Rosenau Jr. & John J. Moran, *Managing the Development of New Products*, John Wiley & Sons, Inc., 1993, p. 231. Reimpresso com permissão da John Wiley & Sons, Inc.

correntes. Por exemplo, a velocidade de impressão de texto pode ser avaliada objetivamente em páginas por minuto (ppm); nesse caso, estabeleceu-se como objetivo 10 ppm.

No exemplo anterior, de rápida velocidade de aceleração do automóvel, uma AC poderia ser "orgulho de um adolescente diante de seus colegas". As CEs relacionadas poderiam ser um novo motor (uma tecnologia), tempo de 0 a 100 (um parâmetro de desempenho) ou mudança de peso com a colocação de uma carga maior no ponto de contato da roda motriz (um parâmetro de *design*). Isso pode ser tão variável, que não é possível fornecer instruções aqui, mas existem outras fontes.[13]

Por fim, a parte superior da casa (o "telhado" pontiagudo) mostra os *trade-offs* entre as CEs que o pessoal técnico deve levar em conta. Todo diamante no telhado representa a interação entre um par de CEs, e a equipe técnica precisa identificar cada interação significativa. A cerquilha "fortemente negativa" (símbolo de libra-peso #) no cruzamento de "resolução" e "velocidade de elementos gráficos", por exemplo, indica que, se a qualidade de resolução da impressora for incrementada, é provável que a velocidade de impressão de elementos gráficos diminua. Algumas dessas interações são positivas: uma única mudança no *design* pode melhorar a velocidade de impressão de texto e de impressão de elementos gráficos.[14]

Como mencionado antes, na verdade a HOQ é somente a primeira parte do procedimento do QFD. A Figura 12.7 mostra o que vem em seguida. A HOQ, que traduz ACs em CEs, está vinculada à casa de implantação de componentes, que considera as CEs como *inputs* e as converte em características de componente. As casas subsequentes especificam as principais operações de processo e os principais requisitos de produção. No entanto, profissionais com experiência em QFD com frequência consideram que 80% do valor do QFD pode ser obtido na primeira matriz da HOQ; consequentemente, poucos projetos de QFD atravessam todo o processo.[15]

Utilizando um exemplo bastante ilustrativo, suponhamos que tivéssemos escolhido o conceito de molho superpicante, denso e verde com base em nossa análise conjunta no Capítulo 7. O AC "superpicante" poderia ser traduzido em uma CE como ardência, em uma escala de 10 pontos (uma espécie de escala simplificada de ardência de Scoville), em que a *habanero*, a pimenta mais ardida, é classificada como 10. Poderíamos visar um valor não superior a 7 ou 8 nessa escala (visto que apenas os mais audaciosos desejariam um molho mais ardido!). A densidade poderia ser traduzida em uma medida de viscosidade e poderíamos visar entre 4 e 6 em uma escala de densidade de 10 pontos (em que 7 e um valor superior seriam muito densos e em que 3 e valores inferiores não seriam densos o suficiente). As CEs, por sua vez, indicam quais componentes – ou, nesse caso, ingredientes – devem ser usados: que tipo de pimenta vermelha picante, quantidade de tomate e alho etc. Os requisitos do processo poderiam especificar como os alimentos serão processados (picados, fervidos etc.). Os requisitos de produção correspondentes seriam as funções do equipamento de processamento que oferecem a consistência e aparência desejadas. A utilização da função liquidificar do processador de alimentos poderia deixar o molho muito ralo.

---

[13] Consulte Hauser & Clausing, "The House of Quality", para examinar uma introdução geral. Para aplicações, consulte John R. Hauser, "Puritan-Bennett, The Renaissance Spirometry System: Listening to the Voice of the Customer", *Sloan Management Review* 34, 1993, pp. 61–70; e Milton D. Rosenau & John J. Moran, *Managing the Development of New Products* (New York: Van Nostrand Reinhold, 1993), pp. 225–237.

[14] Em uma aplicação real (produtos de minério de ferro), aumentar a dureza do metal diminui sua maleabilidade (facilidade para ser moldado). Consulte Magnus Tottie & Thomas Lager, "QFD: Linking the Customer to the Product Development Process as a Part of the TQM Concept", *Research-Technology Management*, July 1995, pp. 257–267.

[15] Gerald M. Katz, "Quality Function Deployment and the House of Quality", in A. Griffin & S. M. Somermeyer, *The PDMA Toolbook 3 for New Product Development* (New York: John Wiley, 2007), Ch. 7.

Casa da qualidade

Atributos do cliente → Converter em: → Características de engenharia

Desdobramento de componentes

Características de engenharia → Converter em: → Características dos componentes

Processo de planejamento

Características dos componentes → Converter em: → Operações de processo

Planejamento de produção

Operações de processo → Converter em: → Requisitos de produção

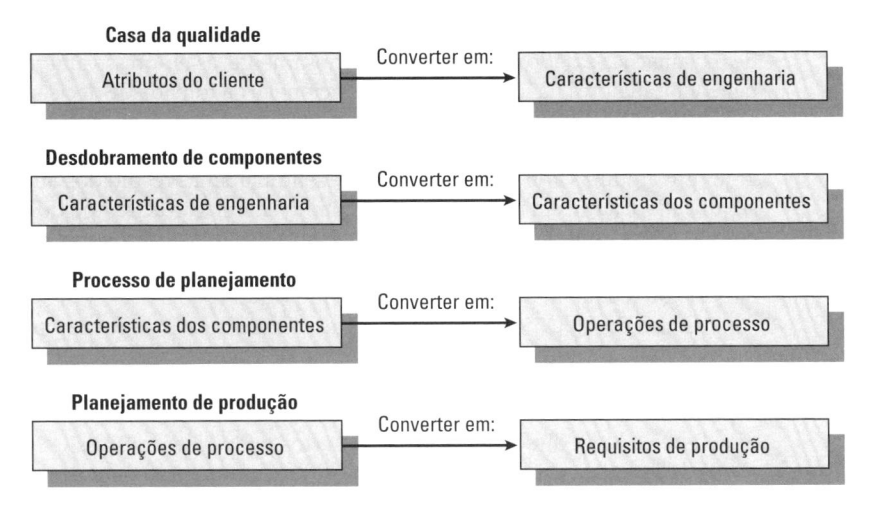

FIGURA 12.7 Estágios posteriores da QFD.

Fonte: Reimpressa com permissão da *Harvard Business Review*. Adaptada de John R. Hauser & Don Clausing, "The House of Quality", May–June 1998. Copyright © 1998 Harvard Business School Publishing Corporation. Todos os direitos reservados.

Resultados da QFD

É possível obter diversos benefícios com a aplicação da QFD. Em primeiro lugar, tudo – da engenharia de produto ao *design* do processo de produção – é determinado pelas necessidades dos clientes (ou, mais especificamente, pelos atributos expressos pelos clientes). A probabilidade de o produto que está para ser desenvolvido ser uma daquelas ratoeiras melhoradas que não têm mercado é minimizada. Além disso, para extrair benefícios da QFD, as várias áreas funcionais precisam trabalhar realmente em conjunto. Isso constitui um problema particularmente no desenvolvimento de alguns produtos industriais. Embora as empresas de produtos de consumo normalmente possam coletar os dados usados na HOQ, os desenvolvedores de produtos industriais com frequência questionam por que eles precisam avaliar as necessidades dos clientes (ou mesmo conversar com o pessoal de marketing) – afinal de contas, eles conhecem o mercado!, dizem eles. A QFD foi bem-sucedida em empresas desse tipo ao promover um diálogo entre grupos díspares e ao estimular os desenvolvedores com formação técnica a ver as vantagens de avaliar as necessidades dos clientes. Em suma, a QFD estimula o diálogo e a interação transfuncional ao longo do processo de desenvolvimento – que é precisamente o tipo de acordo requerido pelo protocolo do produto.

Quando a QFD foi amplamente utilizada nos Estados Unidos, resultados variados mas geralmente favoráveis foram relatados. Mais de 80% das equipes que utilizaram a QFD relataram um benefício estratégico de longo prazo e uma melhoria no trabalho em equipe transfuncional.[16] Um levantamento mais recente sobre a utilização da QFD nos Estados Unidos e no Japão revela que empresas em ambos os países estão tendo sucesso com a QFD, mas de uma maneira um pouco diferente. As empresas americanas tendem a se concentrar na matriz HOQ e coletar novos dados primários junto a seus clientes (por exemplo, por meio de grupos focais). As empresas japonesas utilizam mais as matrizes situadas a jusante na cadeia produtiva

---

[16] Abbie Griffin, "Evaluating Development Processes, QFD as an Example", *Marketing Science Institute*, Report No. 91–121, August 1991.

(*downstream*) e apoiam-se mais em dados de produtos existentes (como informações de reclamações e dados de garantia). Curiosamente, as empresas americanas relatam benefícios maiores na integração transfuncional e na tomada de decisões por meio da QFD do que as empresas japonesas, possivelmente porque as empresas americanas tiveram mais a aprender com relação a atender às necessidades dos clientes![17]

Em algumas aplicações, a QFD apresentou apenas resultados ambíguos. Isso é significativo, tanto em relação ao custo quanto em relação ao tempo dos funcionários, em virtude da ampla coleta de dados na fase de VOC. É provável que a QFD seja mais adequada a projetos de grande porte, como desenvolvimento de uma nova plataforma ou reengenharia de um processo importante.[18]

O uso da QFD pelas empresas tende a estar relacionado com um melhor desempenho financeiro e uma maior satisfação do cliente. Entretanto, muitas empresas a utilizam ocasionalmente, e não de forma sistemática, e em particular para produtos exploratórios (isto é, produtos que serão abandonados se não obtiverem apoio de um cliente). Além disso, os dados necessários podem ser impressionantes. O termo *matrix hell* (matriz extremamente complexa) foi empregado para descrever sua aplicação, e profissionais técnicos altamente treinados podem não ser capazes de resolver os conflitos que surgem. Em alguns casos, como a empresa do cliente talvez não saiba o que deseja, fica difícil especificar "o que". Não obstante, a QFD tem experimentado um ressurgimento nos últimos tempos, provavelmente porque é vista como um dos métodos mais completos e objetivos de traduzir as necessidades dos clientes em especificações de engenharia.[19] Seus proponentes afirmam que a QFD é a melhor forma de revelar os desejos dos clientes e incrementar a interfuncionalidade, ao passo que seus detratores a consideram extremamente extensa e enfadonha, a ponto de levar alguns dos participantes a se perguntar por que estão fazendo isso.[20] Em geral, quanto melhor a equipe, mais eficiente a QFD; A Figura 12.8 apresenta algumas diretrizes com relação à seleção de equipes. Além disso, é possível melhorar a eficiência da QFD por meio de uma ou mais das medidas a seguir:

- Concentre-se apenas nas características de engenharia: naquelas que parecem mais cruciais ou em algumas nas quais possa ser fácil realizar melhorias.
- Organize as características de engenharia em grupos e atribua a responsabilidade por elas a áreas funcionais específicas (isto é, fabricação, *design* de produtos e até mesmo marketing).
- Faça uma análise do custo-benefício de cada característica de engenharia para identificar quais oferecem o maior benefício em comparação com o custo correspondente de uma melhoria na característica em questão.[21]

---

[17] John J. Cristiano, Jeffrey K. Liker & Chelsea C. White III, "Customer-Driven Product Development through Quality Function Deployment in the U.S. and Japan", *Journal of Product Innovation Management*, 17(4), July 2000, pp. 286–308.

[18] Gerald M. Katz, "Quality Function Deployment and the House of Quality", in A. Griffin & M. Somermeyer, *The PDMA Toolbook 3 for New Product Development* (New York: John Wiley, 2007), Ch. 7.

[19] Gerald M. Katz, "Is QFD Making a Comeback?", *Visions*, 27(2), April 2003.

[20] Gerald M. Katz, "Quality Function Deployment and the House of Quality", *op. cit.*

[21] Para examinar uma boa discussão prática sobre QFD, consulte Gerald M. Katz, "Is QFD Making a Comeback?", *Visions*, October 2001; Gerald M. Katz, "After QFD: Now What?", *Visions*, 25(2), April 2001, pp. 22–24; e Carey C. Curtis & Lynn W. Ellis, "Satisfying Customers while Speeding R&D and Staying Profitable", *Research-Technology Management*, September–October 1998, pp. 23–27. Para examinar um ponto de vista sobre como superar as dificuldades de QFD, consulte Rick W. Purcell, "Should the IV House Be a Duplex?", *Visions*, 27(2), April 2003.

FIGURA 12.8 Critérios para a seleção de uma boa equipe.

Faça o possível para que a equipe seja transfuncional. Isso significa *design*, fabricação, P&D, marketing, finanças, suporte técnico e qualquer outra pessoa que possa ter interesse no sucesso do produto.
Indique um gestor e um defensor para a "voz do cliente". Uma pessoa deve estar a par de todos os detalhes dos clientes e ser capaz de explicar exatamente o que eles querem dizer quando expressam suas necessidades.
Os membros da equipe devem ter responsabilidade máxima para tomar providências em relação aos resultados. Se houver gerentes de linha importantes na equipe, isso eliminará a necessidade de convencê-los a respeito da correção da análise e da necessidade de agir.
Outros critérios: Os membros da equipe devem ter conhecimento da prática atual e também de uma perspectiva histórica; eles devem ser respeitados por seus colegas; a equipe deve incluir alguns altos executivos e pessoas de vários níveis pertencentes à empresa; não se esquive daqueles que experimentarão utilizar a "abrasão criativa" para dar elasticidade ao raciocínio da equipe (mas mantenha os tumultuadores longe da equipe).

Fonte: De Gerald M. Katz, "Quality Function Development and the House of Quality", in A. Griffin & S. M. Somermeyer, *The PDMA Toolbook 3 for New Product Development*, John Wiley & Sons, Inc., 2007, Chapter 7.

ALGUMAS ADVERTÊNCIAS SOBRE A DIFICULDADE DO PROCESSO DE PROTOCOLO

O processo de protocolo é bastante complicado. Em primeiro lugar, é repleto de políticas. Todos os departamentos disputam intrinsecamente poder e verbas. Os indivíduos-chave são diferentes como o dia e a noite – por exemplo, cientistas, profissionais de marketing, contadores e gerentes de fábrica. A situação em si é variável e inconstante e, aparentemente, nunca é definida com precisão. A administração percebe a importância dos vários projetos e coloca grande pressão sobre eles. Um grande vencedor na linha de frente dos produtos pode ser responsável por uma carreira, isentar o gerente geral de outras decepções, conceder bonificações generosas; e, obviamente, um grande fracasso pode destruir tudo quanto estiver ao redor.

Isso significa que as pessoas têm interesses próprios a incluir (ou não incluir) no protocolo. A maioria deseja que as outras pessoas se comprometam com determinadas exigências de cumprimento com indicações de valor monetário e datas claramente fixadas, mas elas mesmas não se comprometem com nada disso.

Visto que o protocolo é necessário logo no início, um pouco antes de o trabalho de larga escala ser iniciado, muitas pessoas ainda não entraram em cena. Como elas têm problemas mais prementes e de curto prazo, elas atrasam o processo ou o enfraquecem em virtude de sua ausência.

Contudo, além de políticas e pressões, vemos também que tem havido um endurecimento nas exigências presentes no protocolo. As pessoas acham que foram sensatas ao desenvolver esse documento e presumem que o conteúdo é uma verdade absoluta e portanto intocável. Mas ele não deve ser visto dessa forma. O protocolo é uma *ferramenta de apoio para a administração*, não *um substituto para o raciocínio*. Todos os protocolos precisam mudar, alguns deles várias vezes. Mas o ônus da prova recai sobre aqueles que desejam mudar uma exigência.

Paradoxalmente, em algumas situações, o protocolo é ignorado, caso em que o gestor da equipe de novos produtos preparará algo semelhante ao cumprimento de protocolo mostrado na Figura 12.9. Ele é necessário especialmente para exigências relacionadas ao produto (como benefícios aos clientes) e deve haver um acordo prévio com relação a quem cobrará cada uma delas. Algumas podem ser cobradas pela equipe, mas outras precisam ser cobradas pela pessoa para a qual o produto está sendo feito.

FIGURA 12.9 Cumprimento do protocolo.

Exigência	Cobrança da empresa	Cobrança do cliente
1. Menor tempo de preparação	OK	OK
2. Custos iniciais mais baixos	OK	Não há necessidade
3. Maior facilidade de reposição durante o processo de fabricação	OK	OK
4. Segurança no plano do cliente	Duvidosos	Posteriormente
5. Maior facilidade de aprovação do produto acabado	?	Não há necessidade
6. Menores custos de descarte de rebarbas de metal	Fornecedor	Posteriormente
Data:		

Explicação: Um formulário como esse, que relaciona todas as exigências do protocolo, pode funcionar como um bom exercício para a equipe: como avaliaremos cada uma das exigências? Precisamos procurar fora? Quando realizamos tudo isso? Um julgamento de valor é suficiente ou precisamos de dados?

Ao longo do caminho, a burocracia se infiltra furtivamente. Uma grande empresa de computadores recentemente fez uma apresentação sobre exigências de produto que deve ter incluído no mínimo 25 acrônimos; parecia que a apresentação estava totalmente sem controle.

Concluindo, a maioria desses problemas desaparece se a preparação do protocolo for designada a uma equipe de novos produtos multifuncional. O departamento não redige um protocolo, tampouco o marketing. Seguramente, a alta administração não redige um protocolo.

RESUMO

Este capítulo abordou um conceito de grande importância – o protocolo. Funcionando como um acordo entre as funções a respeito dos resultados necessários ou tangíveis de um programa de novos produtos específico, o protocolo estabelece os critérios para isso. O objetivo é falar sobre os resultados necessários, como os benefícios oferecidos pelo produto e outras dimensões, colocar a equipe em sintonia, evidenciar a importância do *timing* e facilitar a gestão do processo em relação a metas específicas.

Você viu uma versão simplificada de um protocolo comum. Nesse momento, estamos prontos para soar o apito e entrar na atividade de desenvolvimento. Como visto no processo de novos produtos, no Capítulo 1, agora as ações ocorrerão em paralelo no departamento de marketing e no departamento técnico. Por isso, precisaremos de uma excelente comunicação entre marketing, P&D, produção, *design* e outras áreas funcionais para que possamos chegar à fase seguinte.

APLICAÇÕES

1. "Sejamos curtos e grossos nesse aspecto. Eu conheço a teoria sobre ter benefícios em vez de propriedades, mas para mim ela não passa disso – de teoria. Conheci uma das pessoas mais importantes dessa empresa de computadores da qual você falou – aquela em que um grupo corporativo de engenharia de novos produtos apresentou as especificações de cada novo produto antes de o trabalho técnico ter sido financiado. Ouvi as mesmas críticas feitas acima, então procurei investigar. Segundo consta, os fatos estavam corretos, mas a dedução estava errada – a equipe corporativa de fato explicita a maioria das proprie-

dades, mas somente para que o projeto comece a andar. Se eles simplesmente tivessem passado para o pessoal de pesquisa os benefícios ou as necessidades, esses sonhadores nunca teriam chegado a um protótipo. Todo produto seria um Taj Mahal. Acho que isso faz sentido. O que você acha?"

2. "Para dizer a verdade, não acho que você entenda de fato o que é desenvolvimento paralelo ou simultâneo de novos produtos. Você disse que havia estudado em seu curso que todas as funções são envolvidas. Não, desenvolvimento simultâneo significa somente isso – *fases de desenvolvimento técnico*, engenharia de projetos etc. Todos executam um trabalho bem parecido, eles trabalham uns com os outros, eles podem sentir como as coisas estão indo e quando podem se arriscar e assumir um compromisso prematuro. O pessoal de marketing não pode fazer isso. Até mesmo o pessoal de produção (engenharia de processo) enfrenta problemas nesse sentido."

3. "Ouvi uma coisa curiosa há duas semanas que talvez lhe interesse. Parece que um dos cientistas do nosso departamento de P&D foi a um seminário de gestão de novos produtos e ouviu falar de algo chamado protocolo. Eles disseram que era um mecanismo por meio do qual o responsável geral por novos produtos transmite ao P&D exatamente o que deseja do grupo técnico. O P&D nem precisa assinar nada, apenas jurar que acredita que o que está em pauta é possível. Ele ficou realmente irritado – disse que ninguém poderia dizer ao P&D o que eles deveriam inventar, não com antecedência, de modo algum E o P&D deve prestar contas apenas à alta administração, não aos gestores de novos produtos, e por isso eles não têm de prometer nada. Ele disse que é impossível imaginar uma ideia mais sufocante do que essa. O que você responderia a esse cientista, se é que responderia algo?"

ESTUDO DE CASO   Fisher & Paykel[22]

A Fisher & Paykel (F&P) é uma empresa da Nova Zelândia que tem uma divisão de eletrodomésticos e uma divisão de equipamentos médicos. A F&P é muito conhecida tanto em seu país de origem quanto globalmente por seus *designs* radicalmente originais no segmento de eletrodomésticos, bem como por diversos equipamentos médicos pioneiros. A Fisher & Paykel Healthcare Corporation (Nova Zelândia) percebera que havia oportunidade para um novo equipamento médico de uso doméstico – isto é, um aparelho de pressão positiva contínua nas vias respiratórias (*continuous positive airway pressure* – CPAP), destinado ao tratamento de apneia obstrutiva do sono.

O desenvolvimento de um novo aparelho de CPAP evidencia uma preocupação subjacente com a criação de aparelhos médicos para uso doméstico em geral. Esses aparelhos muitas vezes são complexos; um profissional médico tem habilidade para usar um aparelho desse tipo no hospital, mas é provável que um paciente fique confuso, cometa erros e crie problemas de segurança que podem provocar lesões ou a morte. Por esse motivo, a interface de usuário é um fator de *design* fundamental e os profissionais de saúde precisam ser incluídos nos estágios de *design* e teste. A capacidade do usuário e a falta de treinamento médico são apenas alguns dos aspectos a serem considerados na interface de usuário. Iluminação, umidade, ruído e outros fatores ambientais precisam ser levados em conta. Por exemplo, o aparelho de CPAP com frequência será usado no escuro, caso em que o usuário estará deitado na cama; é essencial que os controles sejam fáceis de encontrar e operar no escuro e sejam

---

[22] Esse estudo de caso foi adaptado de Aruna Shekar & Andrew Salmon, "From the Hospital to the Home: Innovations in Developing Medical Devices for Residential Use", *Visions,* 35(3), 2011, pp. 40–43.

alcançados por uma pessoa que está reclinada. Além disso, um médico talvez não encontre nenhuma dificuldade para controlar dezenas de botões e telas, mas a operação deve ser simplificada para um usuário não profissional. Obviamente, o teste de produto deve ter certeza de que não há nenhuma falha no produto que tenha passado despercebida, como um botão liga-desliga de difícil acesso.

Os aparelhos de CPAP se parecem com a maioria dos aparelhos médicos – isto é, são grandes e volumosos. Embora eles sejam adequados para uso em hospitais, esse *design* seria inadequado para um aparelho de CPAP destinado ao ambiente doméstico. Em primeiro lugar, o aparelho de CPAP fica ao lado da cama do usuário e sua base ocuparia todo o espaço de um criado-mudo. Um fator igualmente importante é que os usuários não tendem a gostar de aparelhos médicos domésticos que pareçam de "uso médico" porque isso é um lembrete constante de sua enfermidade. Com base nessas percepções, a F&P começou a desenvolver um aparelho de CPAP de uso doméstico que possibilita que o usuário sinta que as coisas "voltaram ao normal" em casa e que, na verdade, seria um prazer ter o aparelho em casa.

No início do processo, uma lista de especificações sobre o produto baseada em informações fornecidas pelo cliente foi esboçada. A lista incluía o seguinte:

- Estética ornamental e decorativa
- Usabilidade – facilidade para operar um aparelho
- Adequação para uso no quarto (no escuro, deitado)
- Pequena área ocupada, facilidade de instalação em um criado-mundo
- Cores apropriadas para um quarto de dormir
- Uso de um material compatível com a estética
- Projeto de um tubo mais adequado para produção de umidade para o usuário e diminuição da condensação
- Despertador integrado e aparelho de MP3; possibilidade de acordar com música

A primeira característica abordada pela F&P foi o tamanho do aparelho (os produtos existentes eram muito grandes para um criado-mudo) e o *design* (os aparelhos são difíceis de operar porque o botão liga-desliga fica na parte superior e a pessoa que está deitada tem dificuldade para vê-lo ou acessá-lo). Além disso, os usuários não gostavam dos tubos que se projetavam para fora do aparelho nem de sua aparência "médica". A F&P passou vários meses na linha de frente do processo de novos produtos (três a seis vezes a duração normal nesse setor), o que incluiu um longo tempo com os usuários em laboratórios de sono e hospitais, para obter esses e outros *insights* relacionados à usabilidade e desejabilidade.

O pessoal de P&D da F&P então construiu protótipos não funcionais (modelos em papelão) para chegar à forma que os usuários gostariam e que se enquadrasse perfeitamente em um criado-mudo. Outros testes com os protótipos levou a F&P a optar por usar botões de rádio grandes nos controles: eles poderiam ser acessados e operados facilmente pelo usuário em posição reclinada, até mesmo no escuro. Os *designers* criaram ambientes simulados e fizeram uma encenação com os usuários adormecidos para assegurar que os controles ficassem o máximo possível ao alcance.

Com base nessa pesquisa preliminar, eles utilizaram desenho auxiliado por computador (*computer-aided design* – CAD) para gerar "modelos em bloco" de tamanho natural dos aparelhos de CPAP e analisar como eles se enquadrariam no ambiente do usuário. Durante a fase de *design*, foram feitas três redefinições mais abrangentes do formato, bem como 80 iterações de particularidades. Em seguida, eles utilizaram CAD para finalizar os detalhes por meio de prototipação rápida. Os *designs* finais foram em seguida utilizados em levantamentos junto aos usuários na Nova Zelândia, na Austrália e nos Estados Unidos, e os resultados foram usados para realizar mudanças finais relacionadas ao formato, à usabilidade e à cor. Esses levantamentos foram entrevistas em profundidade de 30 minutos que usaram protótipos físicos reais mas não funcionais para gerar discussões sobre preferências por cor e formato, bem como disposição do visor. Como o ambiente de sono é um fator muito importante para o uso desse produto, os levantamentos foram realizados em laboratórios de sono para simular o máximo possível a experiência em um quarto de dormir.

Assim que o *design* estava em vias de ser finalizado, o produto começou a ser desenvolvido. Engenharia mecânica, engenharia elétrica e de engenharia de *software* foram utilizadas imediatamente para possibilitar testes reais em domicílio o mais breve possível. Assim que o *design* se consolidou, uma pequena produção em lote e o teste final dos requisitos do produtos se iniciaram. Como os departamentos de fabricação e *design* estavam localizados lado a lado, era fácil fazer iterações no *design*, a comunicação era simples e os grupos funcionais tinham participação conjunta no projeto. A F&P trabalhou com os fornecedores para introduzir novas tecnologias e os advogados de propriedade intelectual estavam sempre a postos para proteger as ideias que acabavam de sair da prancheta de desenho.

O resultado do desenvolvimento desse produto foi a linha ICON CPAP, considerada revolucionária em termos de *design*. Ela é semelhante a um rádio-relógio e, na verdade, funciona como um. Não obstante sua aparência discreta, a unidade contém um umidificador interno, e isso diminui o ruído e aumenta a eficiência. O número de botões é mínimo e, por serem grandes, isso simplificou o uso e a manutenção. O sucesso da linha ICON pode ser avaliado com relação à sua maior adaptação ao paciente e igualmente ao menor número de erros por parte do usuário.

Os comentários sobre a lista de características do produto foram desenvolvidos e usados. Até que ponto ela é semelhante ou diferente do protocolo de produto simplificado ou da lista de "necessidades e desejos", como foi discutido neste capítulo? Que outros princípios de um bom desenvolvimento de produtos são aparentes no desenvolvimento da linha ICON CPAP?

ESTUDO DE CASO   DuPont[23]

A DuPont é uma empresa química com um longo histórico de sucesso em desenvolvimento de produtos. Fundada em 1802, ela é uma das maiores empresas de produtos químicos do mundo e fabrica produtos para os setores de alimentos, construção, comunicação e transporte, entre outros. A DuPont opera em mais de 70 países e emprega mais de 58.000 pessoas. Seu sucesso com novos produtos ao longo dos anos é bem documentado: alguns dos mais conhecidos são náilon, Teflon, Kevlar e Lycra.

Entretanto, em 2007, a alta administração da DuPont sentiu que algo estava errado no processo de novos produtos da empresa. Após um extenso estudo, a empresa identificou vários problemas, que na verdade não são assim tão incomuns. Primeiro, havia poucas percepções aprofundadas de seus clientes, em particular nos segmentos dos próprios clientes. A DuPont estava pelejando com um problema de segmentação comum: desenvolver um produto para um único cliente, sem nenhuma garantia de venda no mercado em geral, ou um produto genérico e padronizado que acabaria não agradando a ninguém. Não havia constatações relacionadas ao segmento-alvo.

---

[23] Esse estudo de caso foi adaptado de Dan Edgar & Dan Adams, "How DuPont Uses New Product Blueprinting at the Front End—And Implemented a New e-Learning Model to Teach It", *Visions*, 34(3), 2010, pp. 12–17.

Segundo, no papel, a empresa tinha um processo de voz do cliente, mas ele parecia ter degenerado em sessões de "bate-papo com o cliente" que não estavam gerando ideias diruptivas. Concluindo, os representantes da DuPont estavam se reunindo com clientes diretos, mas não com os clientes de seus clientes. Embora seja o cliente direto que de fato paga a conta, é o cliente do cliente que tem as necessidades pertinentes que precisam ser atendidas por novos produtos. Por esse motivo, as proposições de valor desenvolvidas pela DuPont muitas vezes se apoiaram em uma ilusão, e não em dados concretos sobre as necessidades dos clientes.

Reconhecendo a necessidade de uma abordagem nova e inovadora para o processo de novos produtos, a DuPont recorreu ao Instituto de Estudos de Mercados de Negócios (Institute for the Study of Business Markets – ISBM), onde se reuniu com a empresa de consultoria AIM e conheceu o New Product Blueprinting, um método particularmente adequado para o desenvolvimento de produtos *business to business* (B2B). Existem várias características no desenvolvimento de produtos B2B que o distinguem do desenvolvimento de produtos de consumo e que orientam o New Product Blueprinting. Primeiro, os clientes B2B são bem informados, têm um nível de instrução e experiência que os capacita a oferecer aos fornecedores (como a DuPont) orientações sobre novos produtos. Segundo, os clientes B2B desejam ajudar seus fornecedores porque isso pode ajudá-la também, com relação à redução de custos ou a um maior desempenho para seus próprios produtos. Terceiro, os clientes B2B tomam decisões racionais e estáveis e, quarto, existe uma quantidade relativamente menor de clientes B2B e seu processo de decisão pode ser influenciado pelos atos dos fornecedores.

O New Product Blueprinting enfatiza um "aprofundamento" com os clientes. A forma de contato é a entrevista. Não são utilizados questionários, porque se acredita que "raras vezes é possível obter algo além do que se perguntou". Em vez disso, considera-se mais adequado realizar uma entrevista para geração de ideias, registrar anotações em "notas adesivas digitais" e exibi-las em uma grande tela para envolver totalmente os clientes e obter comentários e *feedback*. Nesse processo síncrono, fornecedor e cliente interagem, o cliente pode fazer comentários e corrigir o fornecedor e o fornecedor pode sondar profundamente os comentários do cliente. No New Product Blueprinting, o foco é identificar os resultados desejados pelo cliente, e isso possibilita que o fornecedor busque soluções. Além disso, o New Product Blueprinting utiliza algumas medidas quantitativas, particularmente a lacuna de satisfação no mercado (*market satisfaction gap* – MSG). A MSG é calculada como Importância × (Satisfação – 10), em que importância e satisfação (referentes aos produtos em questão) são avaliadas em escalas de 1 a 10. Uma MSG superior a 30 indica uma oportunidade significativa.

Os testes iniciais do New Product Blueprinting na DuPont foram bem-sucedidos. Três projetos foram iniciados por volta dessa época. Um deles foi um produto para o mercado de monitores na Ásia; a interação com os clientes determinou que havia pouco desejo de novas matérias-primas e que esse segmento de mercado tinha pouco valor. O segundo foi um produto para o mercado global de eletrônicos, para o qual grande parte do desenvolvimento interno já estava concluída. Depois de especificar apropriadamente os resultados desejados pelos clientes, concluiu-se que pelo menos cinco anos a mais de desenvolvimento seriam necessários. O terceiro foi um produto global de energia solar para o qual se identificaram necessidades convincentes entre os clientes e muito compatíveis com as capacidades da DuPont. O resultado do New Product Blueprinting: os dois primeiros projetos foram cancelados (evitando assim dois insucessos bastante onerosos) e o terceiro foi aprovado e tornou-se financeiramente bem-sucedido. Em que medida o New Product Blueprinting é diferente da análise tradicional da voz do cliente? Como ele complementa a VOC? Você acha que o New Product Blueprinting poderia funcionar para uma empresa de produtos de consumo embalados como a Campbell Soup? E com relação a um serviço como um hospital ou banco? Por que ou por que não? Quais poderiam ser as desvantagens do New Product Blueprinting para uma fabricante de alta tecnologia como a DuPont ou para outros tipos de empresa?

ESTUDO DE CASO   Logitech (B)[24]

Recapitule o estudo de caso Logitech (A) no final do Capítulo 10. Alguns meses se passaram e, neste momento, a triagem completa já está concluída, e o conceito de produto de vigilância por vídeo digital fluiu facilmente. Evan e Andrew estão muito animados com as perspectivas até então. Eles imaginaram um nome para o novo produto: LukWerks, que se pronuncia *"look works"*.

Veja o que se sabe até agora a respeito dos aspectos técnicos. A tecnologia digital sem dúvida já existe e funciona. É possível fabricar uma câmera de vídeo que pode ser utilizada para detecção de movimentos; na verdade, é possível inserir o *software* necessário para detecção de movimentos, digitalização e compressão de dados diretamente na câmera. Os dados podem ser transportados para qualquer PC normal via Ethernet, eliminando assim a necessidade de um computador específico para vigilância e também a necessidade de furar a parede e passar fios. O usuário pode baixar o *software* LukWerks em seu computador usual e as imagens em vídeo podem ser armazenadas nele.

A câmera descrita acima poderia ser fabricada de uma maneira relativamente fácil e ser usada com segurança internamente. Alguns outros problemas precisariam ser resolvidos para desenvolver uma versão para o ambiente externo (tal como mencionado antes, proteção contra intempéries e capacidade de infravermelho para uso noturno são as considerações com relação à câmera externa). Elas não são intransponíveis, mas exigiriam uma tecnologia adicional e possivelmente um tempo maior de desenvolvimento.

Por fim, há a questão do preço. No momento, Evan e Andrew acham que o produto que eles têm em mente, se comercializado, poderia ser introduzido no mercado pelo preço de varejo de US$ 300, incluindo câmera e *software*. Eles estão estudando a ideia de vender câmeras complementares para o usuário que deseja várias câmeras talvez pelo valor de US$ 250 cada.

Primeiro, reflita sobre se a ideia do protocolo se enquadraria à situação do LukWerks. Em seguida, redija cinco linhas de benefícios que os clientes provavelmente salientariam se fossem entrevistados. Determine de que forma você avaliaria a obtenção de fato dos benefícios quando o LukWerks fosse usado.

Segundo, consulte a lista de conteúdos de um protocolo e veja se existem outros pontos que poderiam ser adicionados aos benefícios que você acabou de relacionar. Não haverá muitos em uma situação simples como essa, mas provavelmente haverá alguns. Observe particularmente as exigências de marketing.

Por fim, embora (provavelmente) você não esteja no ramo de vigilância por câmara de vídeo digital, existem informações técnicas suficientes nesse caso para você experimentar uma casa da qualidade bem básica. Considere cada benefício do cliente e tente convertê-lo em uma característica de engenharia. Para ver um exemplo simples: o cliente deseja facilidade de instalação. Uma característica de engenharia possível seria eliminar qualquer necessidade de habilidade especial ou ferramentas especiais para instalar a câmera. Se ela fosse colocada sobre uma mesa ou afixada à parede como um quadro, não exigiria nenhuma habilidade além daquela que é necessária para pendurar um quadro.

---

[24] Consulte a Logitech (A) para obter uma lista de referências.

```
                    ┌─────────────────────────────────┐
                    │ Continua na Figura III.1        │
                    │ (Avaliação de conceitos/projetos)│
                    └─────────────────────────────────┘
                                     │
                                     ▼
```

Reunir recursos

Criar ambiente apropriado	Montar a equipe	Criar os sistemas de informação necessários
Cultura, estilo, recompensas Delinear rede de recursos associado	Designar líder de projeto Delinear funções informais	Instalar sistema de sondagem de mercado Atualizações graduais da análise financeira Sistema de análise de projeto

Desenvolvimento técnico ——— **Desenvolvimento de marketing**

- Pesquisa básica e equivalentes

- *Design* e avaliação do produto
  Liberar protótipos iniciais ⇄ Verificação do protocolo / Conduzir testes alfa → Desenvolvimento gradual do (e revisões contínuas no) plano de marketing

- Repetir triagem de conceitos entre usuários finais

- Desenvolver protótipos revistos ⇄ Conduzir testes alfa/beta

  Marketing direcionado e posicionamento
  Principal composto de marketing:
    Promoção
    Preço
    Canal
  Mudanças de linha de produtos
  Previsões de vendas experimentais
  Orçamentos de despesas iniciais

- Preparar especificações do produto

- *Design* e previsões de custo do produto

- Produzir o produto piloto ⇄ Conduzir testes alfa/beta

Planejar ampliações de produto

Embalagem, atendimento ao cliente, logística de distribuição, atendimento técnico ao cliente, exigências de garantia

- Atualizar previsões de custo
- Atualizar previsões de vendas

Preparar uma análise financeira abrangente

┌─────────────────────────────┐
│ Continua na Figura V.1   │
│ (Lançamento)   │
└─────────────────────────────┘

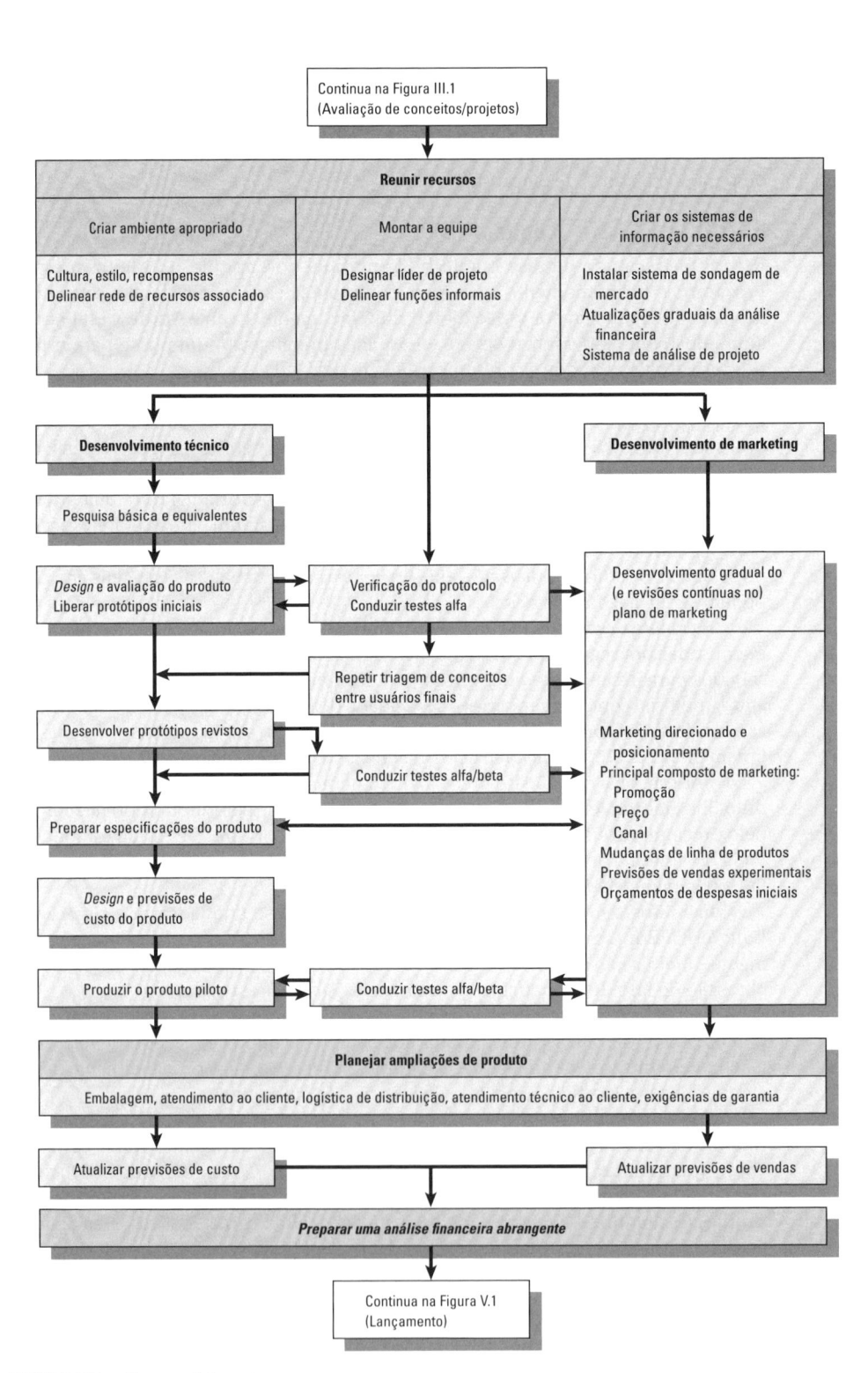

FIGURA IV.1 Desenvolvimento.

PARTE IV
Desenvolvimento

Em algum momento durante o processo precedente de criação e avaliação inicial, foi tomada a decisão de desenvolver o conceito em apreciação. Essa decisão pode se dar rapidamente (um cliente importante queria o produto e está preparado para ajudar a desenvolvê-lo) ou lentamente, após o teste de conceito e uma extensa análise do capital e das despesas operacionais requeridos. Um protocolo de produto foi redigido e um plano financeiro inicial liberou recursos financeiros para o desenvolvimento.

A questão agora é o cumprimento do protocolo. Pode haver uma ampla pesquisa técnica (por exemplo, para um novo produto farmacêutico) ou nenhuma pesquisa (para um novo serviço). O problema fundamental pode estar no *design* industrial ou nas próprias características técnicas de um novo *chip* de computador. O cumprimento pode compreender nada mais que a confirmação de uma receita que foi utilizada para fabricar novos biscoitos para o teste de conceito. Em casos como o desenvolvimento de uma nova lâmina pela Gillette, talvez sejam necessários vários anos de desenvolvimento técnico.

Trata-se de uma questão de alta criatividade, e normalmente existe uma forma de arte consistente, mesmo quando estamos lidando com áreas científicas. O andamento da fase de desenvolvimento é observado pelos gestores de todas as funções, não apenas pelo pessoal de P&D. Assim que o protocolo do produto é redigido, o restante da equipe não fica parado, esperando que os engenheiros produzam um protótipo acabado. É melhor imaginar o desenvolvimento como uma fase que abrange a criação de tudo o que é necessário para *comercializar* o produto, como financiamento, distribuição, promoção e atendimento técnico. Examine a Figura IV.1. O trabalho técnico (como *design*, engenharia e fabricação) é exibido no lado esquerdo do fluxograma. Os testes, o marketing e as questões legais, entre outras coisas, são exibidos à direita. Ambos prosseguem até o lançamento.

Várias coisas nessa figura podem surpreender.

- Primeiro, observe que aquilo que normalmente imaginamos como a atividade de criação técnica ocupa apenas um quadro em uma página com 15 quadros no fluxograma técnico (lado esquerdo). Na prática, esse quadro é subdividido em literalmente milhares de outros quadros. Muitas empresas utilizam um sistema de controle de projetos denominado técnica de avaliação e revisão de programas (*program evaluation review technique* – PERT), ou diagrama de rede, originalmente desenvolvido para o primeiro submarino nuclear, o *Polaris*, no final da década de 1950. O diagrama de rede utiliza quadros ("nós") e linhas de ligação para indicar o fluxo das atividades em um projeto e como elas estão inter-relacionadas. No setor de automóveis, o diagrama de rede correspondente a uma única montagem (*e.g.*, o painel de instrumentos) é tão complicado, que não é possível imprimi-lo em papel.

- Observe também o quadro grande na parte superior do diagrama. A preparação para o desenvolvimento técnico algumas vezes leva meses – encontrar pessoas, adquirir os direitos com relação a determinadas matérias-primas, criar uma cultura em particular, treinar a equipe e, muito importante hoje em dia, criar um sistema de informação para respaldar o conjunto de atividades.
- Normalmente, não há somente um protótipo. Algumas vezes pode haver dezenas ou até centenas, dependendo da sorte da equipe. Sem dúvida, um novo disco de arremesso com uma borda especial para que o cão consiga agarrá-lo facilmente com os dentes pode ser um avanço real para os concorrentes nessa área, mas dificilmente um trabalho fácil para o *designer*. Segundo consta, Edison experimentou centenas de materiais para o filamento da primeira lâmpada elétrica até chegar à correta.
- Os desenvolvedores sempre precisam interromper seu trabalho para que ele seja conferido – prova disso são os termos *avaliação, verificação, triagem, teste* e *liberação*. Geralmente isso é bom, porque levar adiante um *design* em que exista alguma falha é um desperdício, ainda que parar a cada passo possível possa impedir o andamento das coisas e interferir até no moral.
- O lado técnico é uma *evolução contínua*. Mesmo quando um protótipo inicial parece bom, ele precisa se transformar em um protótipo testado, depois em um processo, em seguida em um produto piloto, depois em um produto com produção em maior escala e então em um produto comercializado. Ele segue a mesma sequência que o ciclo de vida de um conceito em processo que foi diagramado e explicado no Capítulo 2. Na verdade, não se trata tanto de *desenvolver* alguma coisa de uma só vez, mas de *transformá-la* gradativamente. Não existem tantos "momentos de eureca" quanto as pessoas imaginam. Trata-se de um trabalho árduo e gradativo.
- Observe também quantos itens no fluxo do lado direito estão associados com os itens do lado esquerdo. Portanto, a produção de um protótipo pode se iniciar com o *design* de uma embalagem; a fabricação de um produto em maior escala estimula o início de uma atividade de atendimento técnico ao cliente; a fabricação de um produto comercializável significa que é necessário ter uma rede de distribuição em funcionamento.

Contudo, em vez de tentar analisar ambos os fluxos simultaneamente, abordamos aqui, na Parte IV, o papel do marketing no trabalho técnico e, na Parte V, abordamos o papel do marketing no outro fluxo. Na realidade, o fluxo de marketing vem sendo analisado desde o Capítulo 3 – por exemplo, o mercado-alvo normalmente é conhecido no momento do termo de inovação de produto (*product innovation chart* – PIC) e as declarações de posicionamento de um novo produto são utilizadas no teste de conceito.

Desse modo, o Capítulo 13 fala sobre os participantes envolvidos, a essência do *design* e a produtividade no processo de desenvolvimento. O Capítulo 14 cobre a criação e a gestão das equipes transfuncionais hoje existentes e o Capítulo 15 informa de que maneira a equipe reconhece se o último protótipo está de fato pronto para ser lançado – assunto que retomaremos na Parte V deste livro.

Antes de nos estendermos, vejamos se de fato sabemos qual é o papel do marketing no trabalho que transcorre no lado técnico. Existem oito dimensões fundamentais.

1. Deixar absolutamente claro para todos o que o protocolo requer. Qual é a meta final? De que forma os grupos técnicos ficam sabendo que seu trabalho está finalizado?
2. Garantir que a atividade do protocolo em questão é tecnicamente viável e factível de acordo com o tempo e o montante exigidos pelo orçamento de desenvolvimento. Ou seja, todas as pessoas da área técnica estão de acordo?
3. Oferecer oportunidade para que os *designers* industriais e de sistemas tenham contato com todas as forças de influência no mercado. O marketing não deve exercer o papel de controlador, mas de um cicerone entusiástico. O melhor para eles e também para a empresa é que todas as iniciativas de desenvolvimento (técnicas e de marketing) baseiem-se em conhecimento sobre o mercado.
4. Oferecer um intervalo contínuo de oportunidades para pré-testar várias versões do novo produto. Isso significa cooperar no teste inicial interno e no teste posterior de uso com o cliente.
5. Estar disponível para o pessoal técnico em todos os momentos cabíveis. Algumas pessoas do marketing parecem se esquecer de que o trabalho técnico está em andamento. Uma piada comum nos laboratórios é aquela do cientista que ao sair para almoçar pede a um assistente: "Se meu gestor de produtos ligar, anote o nome dele".
6. Manter-se informado sobre o andamento técnico por meio de reuniões com a equipe, visitas ao laboratório, contatos sociais etc. Não se trata de espionar, mas de procurar uma oportunidade para transferir algumas informações sobre o mercado das quais o pessoal técnico não está a par. Hoje, as equipes bem gerenciadas aliviam esse problema, mas os profissionais de marketing precisam aprender a ser um bom membro de equipe.
7. Envolver o pessoal técnico na tomada de decisões sobre questões presentes no lado direito (marketing) do fluxo de desenvolvimento, particularmente com relação a qualquer mudança nas suposições no início do desenvolvimento – por exemplo, mercado-alvo. Entretanto, as equipes ajudam, mas assim como os profissionais de marketing, o pessoal técnico também se distrai. Temos de mostrar a eles por que precisamos de sua contribuição em questões que eles não consideram tão importantes quanto as questões técnicas das quais eles se ocupam.
8. Estar sempre atento ao andamento do projeto e ser criativo para encontrar formas de ajudar. Por exemplo, no Capítulo 14 você conhecerá quais são os benefícios das equipes transfuncionais – um deles é acelerar o desenvolvimento de um novo produto. Economizar um dia em marketing pode ser tão bom quanto economizar um dia no lado técnico.
9. Indicar quais são as várias formas de o trabalho de outros departamentos afetar diretamente os planos de marketing. Essa ação, com frequência chamada de *marketing interno*, envolve departamentos técnicos (por exemplo, informações técnicas para prospectos de vendas), fabricação (por exemplo, redução de custos e capacidade de produzir para estoque), embalagem (por exemplo, alegações promocionais feitas na parte frontal) e recursos humanos (por exemplo, seleção de um novo pessoal necessário na atividade de lançamento).

O objetivo do conteúdo da Parte IV é ajudá-lo a desempenhar esses papéis, mas esteja atento – o lado técnico do fluxo de desenvolvimento é imensamente mais complexo do que a maioria dos não especialistas acredita. Não encare esses papéis inconsequentemente.

CAPÍTULO 13
Design

INFORMAÇÕES PRELIMINARES

A Parte IV deste livro investiga todos os aspectos da fase de desenvolvimento, que inclui *design* de produto, arquitetura de produto e desenvolvimento de protótipo e teste de uso do produto, bem como questões organizacionais e de gestão de equipe. Aqui, no Capítulo 13, examinamos apenas o que essa fase de desenvolvimento significa para diferentes empresas, e introduzimos o *design* e sua aplicação como recurso estratégico. Examinamos também o papel do *designer* de produtos e a interface entre o *design* e outras funções envolvidas no processo de novos produtos.

Como consumidores, todos nós já nos frustramos com produtos mal projetados e nos perguntamos como eles conseguiram entrar no mercado:

- Aspiradores de pó volumosos ou com potência muito baixa.
- Caixas de cereais com embalagem de proteção que rasga na primeira vez em que é aberta e, portanto, não protege mais.
- Espátulas com formato estranho que não servem para virar panquecas.
- Uma máquina de venda de café que não indica que você tem de colocar o copo: você só fica sabendo quando, ao usá-la pela primeira vez, o café quente respinga na sua calça.
- Um *player* de CD e fita em que os controles da fita estão próximos da unidade de CD e os controles do CD estão próximos da unidade de fita.

Contudo, reconhecemos e apreciamos *designs* excepcionais – um novo carro, um móvel de escritório revolucionário ou mesmo uma chave de fenda universal que de fato funciona – e recompensamos os fabricantes desses produtos. O *design* e a aparência do iPod da Apple certamente contribuem para o seu apelo, do mesmo modo que para o aspirador de pó de James Dyson. Em um tempo e uma era de "não dê importância a pequenas coisas", talvez sejam exatamente essas pequenas coisas que determinam as preferências pela marca e nas quais os fabricantes devem se concentrar![1]

O QUE É *DESIGN*?

Um autor define *design* como "síntese entre tecnologia e necessidades humanas que resulta em produtos manufaturáveis".[2] Entretanto, na prática, o termo *design* tem vários empregos. Para as empresas de automóveis, pode significar o departamento

---

[1] Laurence P. Feldman, "But Have You Tried the Product?", *Visions*, October 1999. Os exemplos são desse artigo, bem como de Laurence P. Feldman, "Is Your Product 'Utility Challenged'?", *Visions*, April 2000, e do *site* Bad Designs, www.baddesigns.com. Esse *site* apresenta dezenas de *designs* de produto ruins e estranhos e inclui ideias sobre como o *design* poderia ser sido facilmente melhorado.

[2] Consulte Michael Evamy, "Call Yourself a Designer?", *Design*, March 1994, pp. 14–16. Esse artigo fez parte de uma série nessa publicação, todos sobre a questão de definição de *design*. É também útil Karl T. Ulrich & Steven D. Eppinger, *Product Design and Development* (New York: McGraw-Hill, 1995).

de estilo. Para uma empresa de recipientes, significa o pessoal de embalagem de seu cliente. Para um departamento de fabricação, é mais provável que signifique os engenheiros que definem as especificações finais de um produto. A excelência em *design* também beneficia os resultados financeiros. As empresas consideradas superiores em eficácia de *design* superam o desempenho de outras empresas em retorno sobre as vendas, lucro líquido e fluxo de caixa, bem como em retornos acionários.[3] Considere, por exemplo, o papel do *design* na Apple. Ao longo dos anos, a Apple recebeu grandes elogios pelo *design* elegante e modernista do iPad, do iPhone e de outros aparelhos. As linhas *clean* e simples desses produtos podem ser diretamente remontadas aos toca-discos e rádios da década de 1960 projetados pelo famoso *designer* alemão Dieter Rams. Em todo caso, o *design* não deve ser considerado como algo secundário, em que os *designers* industriais são solicitados a embelezar um produto que está pronto para ser fabricado. Essa visão limitada de *design* faz os gestores ignorarem o potencial que o *design* tem para inovações ocasionais dentro da organização.

INOVAÇÃO ORIENTADA PELO *DESIGN*[4]

Alguns autores sugeriram que a tradicional estratégia de inovação de produtos de duplo direcionamento (voltada para a tecnologia ou voltada para o mercado) negligencia o papel provavelmente influente do *design*. Tanto na inovação voltada para a tecnologia quanto na inovação voltada para o mercado, o *design* desempenha um papel secundário. A inovação voltada para a tecnologia começa com a tecnologia; o papel do *design* é modificar o produto para que possa acomodar as características de desempenho. A inovação voltada para o mercado começa com o cliente; nesse caso, o *design* modifica o produto para que ele atenda a expectativas do cliente. O acadêmico Roberto Verganti propõe que consideremos uma terceira alternativa: a **inovação orientada pelo** *design*, na qual o próprio *design* assume o papel de liderança. Em suas palavras,

> O *design* dá início a uma forma nova e arrojada de competir. As inovações orientadas pelo *design* não provêm do mercado; elas criam novos mercados. Elas não promovem novas tecnologias; elas promovem novos significados. Os clientes não pediram esses novos significados; porém, assim que eles os experimentam, é amor à primeira vista.[5]

Verganti cita um bule de chá criado pelo arquiteto Michael Graves e vendido pela fabricante italiana Alessi como exemplo de inovação orientada pelo *design*. Os bules de chá são, em sua maioria, funcionais: eles fervem água muito eficientemente, talvez em cinco minutos e uma vez por dia, e ficam ali ocupando espaço na cozinha no restante do dia. O *design* de Graves foi considerado "encantador" porque na verdade tornou a experiência do café da manhã mais prazerosa. Além de atraente, o desenho em forma de cone e o fundo largo evitam que o bule balance sobre a trempe do fogão, a alça projetada a uma distância apropriada do corpo evita queimaduras nas mãos ao se despejar a água quente e um pequeno pássaro no bico

---

[3] Julie H. Hertenstein, Marjorie B. Platt & Robert W. Veryzer, "The Impact of Industrial Design Effectiveness on Corporate Financial Performance", *Journal of Product Innovation Management*, 22(1), January 2005, pp. 3–21.

[4] Essa seção é adaptada de C. Anthony Di Benedetto, "Product Design: Research Trends and an Agenda for the Future", *Journal of Global Fashion Marketing*, 3(3), 2012, pp. 99–107.

[5] Roberto Verganti, "Radical Design and Technology Epiphanies: A New Focus for Research on Design Management", *Journal of Product Innovation Management*, 28(3), 2011, pp. 384–388.

apita quando a água ferve. Em vez de tomar espaço, o bule de chá torna-se um objeto de decoração e algo que a maioria das pessoas teria orgulho de ter e mostrar. O fato de praticamente o mesmo produto ter sido produzido em massa por um preço bem inferior pelas lojas Target indica o apelo universal desse produto de alto *design*. Na realidade, esse exemplo mostra claramente que a funcionalidade do produto é tão importante para a excelência do *design* quanto a aparência ou a estética do produto. Como ressaltado por Ken Munsch, diretor de desenvolvimento de novos produtos e negócios na Herman Miller, "A Sharper Image especializou-se em um estilo elegante e moderno e acabou indo à falência. Beleza não é suficiente. O produto precisa ser útil. O *design* compreende toda a interface humana".[6]

O PAPEL DO *DESIGN* NO PROCESSO DE NOVOS PRODUTOS[7]

O papel latente do *design* no processo de novos produtos algumas vezes é subestimado. Isso talvez se deva à falta de compreensão ou de apreço pelos *designers*, pela gestão de *design* e pela função de *design* por parte dos gestores de outras áreas funcionais. Os *designers* passam por uma rigorosa formação para aprender a projetar produtos que funcionem bem mecanicamente, sejam duráveis, sejam fáceis e seguros de usar, possam ser fabricados com matéria-prima fácil de ser obtida e sejam atraentes. Obviamente, muitas dessas exigências podem ser conflitantes, e o cumprimento simultâneo de todas elas depende de um *designer* habilidoso.

Contribuição do *design* para as metas de novos produtos

A título de comprovação da importância do *design*, considere as várias formas pelas quais a excelência em *design* pode ajudar as empresas a alcançar um amplo espectro de metas de novos produtos, como mostrado na Figura 13.1.

Design *para aumentar a velocidade de colocação no mercado*

A Ingersoll-Rand desenvolveu seu Cyclone Grinder (esmeril manual com propulsão a ar) em tempo recorde, graças a uma eficiente equipe transfuncional e sua excelência em *design*. A equipe (composta de pessoas do marketing, fabricação e engenharia) trabalhou estreitamente com o estúdio Group Four Design para identificar as necessidades dos clientes. Os usuários dos esmeris tradicionais com frequência reclamavam de que eles eram difíceis de segurar e que suas mãos costumavam ficar muito geladas (a unidade ficava gelada durante o uso). O novo esmeril era ergonômico (mais adequado para o corpo humano, o que significa, nesse caso, maior facilidade para segurá-lo), mais leve e feito de um material composto mais durável e mais confortável de segurar (porque conduzia menos energia térmica e, portanto, não ficava gelado). Além disso, o *design* de uma peça inteiriça gerou uma melhoria de custo em relação à versão anterior, que exigia a montagem de sete diferentes componentes.

---

[6] Citado em Brad Barbera, "Steve Jobs: A Product Developer's Perspective", *Visions,* 36(1), 2012, pp. 10–15.

[7] Grande parte dessa seção é extraída de Jeneanne Marshall, "Design as a Strategic Resource: A Business Perspective", Design Leadership Program, Corporate Design Foundation, 1991; e Eric M. Olson, Rachel Cooper & Stanley F. Slater, "Design Strategy and Competitive Advantage", *Business Horizons*, 41(2), March–April 1998, pp. 55–61. Para examinar um bom ponto de vista sobre "temas quentes" entre os profissionais de *design*, leia o boletim periódico @*Issue.* Assuntos atuais e passados estão disponíveis *on-line*, no *site* da Corporate Design Foundation, www.cdf.org.

- Design para aumentar a velocidade de colocação no mercado
- Design para facilitar a fabricação
- Design para diferenciação
- Design para atender às necessidades do cliente
- Design para construir ou apoiar a identidade corporativa
- Design para o meio ambiente

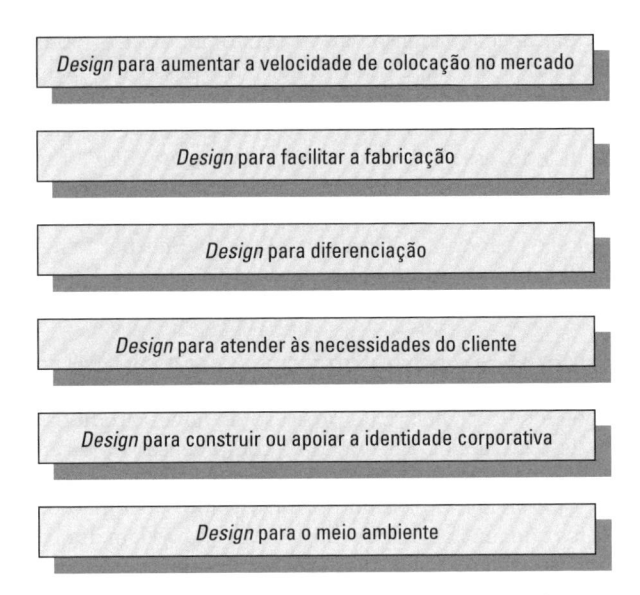

FIGURA 13.1   Contribuições do design para o processo de novos produtos.

Design *para facilitar a fabricação*

Um exemplo clássico aqui é o desenvolvimento da impressora matricial Proprinter da IBM em meados da década de 1980. Na época, os japoneses detinham o mercado mundial de impressoras baratas e populares. Entretanto, percebeu-se que a concorrência era vulnerável: as impressoras não eram bem projetadas e tinham centenas de peças, entre as quais dezenas de rebites e fixadores. A IBM estabeleceu uma meta de desempenho de 200 caracteres por segundo com qualidade quase de carta (não o padrão atual, mas um padrão esperado para vários anos no futuro) e seu lema era "sem fixadores": tudo teria de se encaixar facilmente. Além disso, o tempo de desenvolvimento teria de ser reduzido do convencional de quatro anos para dois anos e meio. Todos os fatores acima foram conseguidos: a Proprinter original tinha apenas 61 peças e podia ser montada em três minutos. De modo semelhante, os relógios Swatch são desenhados para facilitar a fabricação e têm em torno de um terço das peças móveis de um relógio suíço tradicional, corpo de plástico sem fundo removível, pulseira de plástico incorporada ao corpo e várias outras características de *design*. Os relógios Swatch são vendidos no varejo por uma pequena fração do preço dos relógios suíços tradicionais.

Design *para diferenciação*

A Haworth Inc., *designer* de móveis para escritório, utiliza o Ideation Group, responsável por investigar e avaliar a aceitação de produtos especulativos por parte do cliente (produtos de alto risco sem um mercado bem definido). A Haworth acredita que um desenvolvimento de produtos "fora do padrão" é essencial para produtos especulativos. Poucos dos protótipos desenvolvidos pelo Ideation conseguem chegar ao mercado, e aqueles que conseguem (como a linha de móveis Crossings) podem acabar tendo uma aparência bastante diferente. As boas ideias do Ideation Group podem conseguir entrar nas linhas existentes ou em outros produtos futuros e, mais importante, a Haworth diferenciou, com sucesso, os produtos oferecidos como mais originais em termos de *design*. A propósito, a excelência em *design* parece ser importante no setor de móveis para escritório: a Steelcase Inc. é proprietária majoritária da IDEO, empresa de *design* sobre a qual falamos mais de uma vez em capítulos anteriores.[8]

Design *para atender às necessidades do cliente*

Ter profundo conhecimento das necessidades dos clientes é essencial para a empresa conseguir traduzir uma tecnologia de alto potencial em um produto que oferece benefícios significativos aos clientes. A colaboração com usuários finais (vista no Capítulo 4) e a apreensão da voz do cliente (Capítulo 12) são meios importantes para alcançar essa profundidade de conhecimento, hoje algumas vezes chamados de **design orientado ao usuário**.[9]

A voz do cliente foi amplamente utilizada no *design* do utilitário esportivo Infiniti QX4. Na verdade, o diretor de marketing Steve Kight na época afirmou o seguinte: "O QX4 foi projetado expressamente para [nossos clientes]". Os levantamentos e entrevistas com os usuários da marca Infiniti em Westchester County, Nova York, revelaram suas preferências com relação a um SUV: dirigível como um carro, fácil de entrar e preço abaixo de US$ 40.000. Foram apresentados cinco diferentes *designs* a usuários e não usuários da marca Infiniti no mercado-alvo (35-64 anos, renda familiar acima de US$ 125.000 e dispostos a comprar um carro de luxo). O melhor deles foi moldado em modelos em argila fiberglass com contribuições adicionais dos revendedores. Por fim, esse SUV recebeu o apoio de uma intensa campanha promocional, anunciado expressivamente em revistas como a *Smart Money*. Consequentemente, as vendas superaram em muito as expectativas.[10]

A Crown Equipment Corporation, fabricante de empilhadeiras, desenvolveu sua empilhadeira contrabalançada RC (Rider Counterbalance) e a lançou em 2008. Um problema antigo expresso pelos operadores de empilhadeira é a impossibilidade de ver claramente o que está frente, em especial quando há paletes suspensos nos garfos da empilhadeira. Em alguns casos, uma segunda pessoa era necessária para orientar o operador, cuja linha de visão ficava obstruída pela carga na parte frontal da empilhadeira. Utilizando um engenhoso sistema de contrapeso, os garfos da RC estão posicionados na lateral para que a visão do operador não fique obstruída. Além disso, alguns elementos do *design* da RC voltaram-se para outras reclamações comuns dos usuários e atraentes para o operador: um compartimento mais amplo do que a média para o operador, uma área de trabalho acessível que possibilita que o operador coloque papéis e ferramentas, um sistema de absorção de choque recém-criado que suaviza a condução e uma aparência elegante e ergonômica. A RC aumentou significativamente a participação de mercado da Crown Equipment e também recebeu vários prêmios de *design*.[11]

---

[8] Janis R. Evink & Henry H. Beam, "Just What Is an Ideation Group?", *Business Horizons*, January–February 1999, pp. 7–77; Bruce Nussbaum, "The Power of Design", www.businessweek.com, May 17, 2004.

[9] Robert W. Veryzer & Brigitte Borja de Mozota, "The Impact of User-Oriented Design on New Product Development: An Examination of Fundamental Relationships", *Journal of Product Innovation Management*, 22(2), March 2005, pp. 128–143.

[10] Constance Gustke, "Built to Last", *Sales and Marketing Management*, August 1997, pp. 78–83.

[11] Bruce Nussbaum, "The Best Global Design of 2008", *Business Week*, July 17, 2008; consulte também o *site* da empresa, www.crown.com.

Design universal é o termo empregado em referência ao *design* de produtos que podem ser usados por qualquer pessoa, independentemente de idade ou capacidade. Os princípios do *design* universal podem ser utilizados para desenvolver produtos para novos mercados com base em necessidades não atendidas dos consumidores/clientes. O *designer* considera a capacidade de pessoas reais, em ambientes reais, ao aplicar os princípios do *design* universal. Por exemplo, algumas pessoas têm deficiência visual, enquanto outras têm problemas de visão temporários devidos à fadiga visual, recuperação de uma cirurgia ou mesmo iluminação inadequada. Os telefones com botões/teclas extragrandes estão voltados para problemas de visão permanentes ou temporários e podem ser usados por qualquer pessoa. Televisão com legenda oculta (*closed-captioned*), portões de garagem com abertura e fechamento automáticos, portas automáticas em supermercados e mercearias também são exemplos de *design* universal. A Figura 13.2 mostra os princípios do *design* universal.

Design *para construir ou apoiar a identidade corporativa*

Muitas empresas adquiriram *visual equity* (valor visual) entre os produtos que elas vendem: aparência ou percepção identificável usada consistentemente. Desse modo, o *design* de um produto pode ajudar a construir ou apoiar a percepção do público sobre a empresa e, por fim, sua identidade corporativa. Os computadores e outros aparelhos da Apple sempre foram desenvolvidos para parecerem fáceis de usar. Todos os relógios Rolex têm uma aparência clássica e de alto prestígio e a Braun têm linhas e cores de eletrodomésticos que transparecem simplicidade e qualidade.[12] Os telefones Nokia têm elementos de *design* comuns que os tornam singulares, mas ao mesmo tempo familiares. A empresa chama essas semelhanças de "DNA da Nokia". Os novos modelos da BMW, com *design* radicalmente diferentes, como o Z4, ainda têm atributos de *design* familiares à BMW clássica do passado, como sua inconfundível grade.[13]

Design *para o meio ambiente*

Design para desmontagem é a técnica por meio da qual os produtos podem ser desmontados após o uso para reciclagem separada de componentes de metal, vidro e plástico. Entre outras montadoras de automóveis, a BMW incorporou o *design* de desmontagem e reciclagem em seus carros. As peças de plástico usadas são separadas, recicladas e transformadas em novas peças. Outros componentes são reciclados ou remodelados, enquanto as peças não utilizáveis são incineradas para gerar energia.[14]

Na verdade, hoje o *design ecológico* é uma força motriz dentro de várias empresas. A montadora de automóveis Subaru é um exemplo. Thomas Easterday, vice-presidente sênior na Subaru de Indiana afirma que a Subaru "adota os conceitos de redução, reutilização e reciclagem". Ele afirma que a Subaru alcançou a posição zero em aterro sanitário e a taxa de reciclagem de 99,8% (o restante é lixo perigoso que precisa ser incinerado em virtude das regulamentações da Agência de Proteção Ambiental – EPA). A Subaru trabalha com os fornecedores para que usem embalagens recicláveis e com empresas locais responsáveis pela coleta e reciclagem dos materiais;

---

[12] Karl T. Ulrich & Steven D. Eppinger, *Product Design and Development*, 2nd ed. (Burr Ridge, IL: Irwin/McGraw-Hill, 2000), p. 219.

[13] Anônimo, "Online Extra: A Chat with Nokia's Alastair Curtis", www.businessweek.com, July 17, 2006.

[14] Jacquelyn A. Ottman, *Green Marketing: Challenges and Opportunities for the New Marketing Age* (Lincolnwood, IL: NTC Business Books, 1993), p. 119.

FIGURA 13.2 Princípios do *design* universal.

Princípio	Exemplos
Uso Equitativo: O *design* é útil para pessoas com diversas capacidades.	Telefones pagos em lugares públicos com nível de volume ajustável Portas automáticas para supermercados e mercearias são convenientes para clientes com deficiência física e também para pessoas com carrinhos de compra, carrinhos de bebê etc.
Uso Flexível: O *design* concilia-se com uma variedade de preferências e capacidades.	Telefones com botões/teclas grandes Tesouras ou facas que podem ser usadas com a mão esquerda ou direita
Uso Simples e Intuitivo: O *design* pode ser compreendido facilmente por qualquer pessoa e facilita o uso.	Rótulos codificados por cor em remédios para tosse As instruções de montagem dos móveis Ikea usam ilustrações e pouco texto para evitar barreiras idiomáticas Os aparelhos de DVD e DVR mais modernos são mais fáceis e mais intuitivos de programar com comandos na tela
Informação Perceptível: O *design* transmite eficazmente as informações necessárias ao usuário.	Os plugues e tomadas para conexão de aparelhos de DVD e outros dispositivos eletrônicos à televisão são codificados por cor. Os termostatos da Honeywell exibem configurações numéricas e usam também cliques audíveis de parada quando se gira o botão
Tolerância a Erros: O *design* minimiza consequências adversas em caso de uso inapropriado.	Ferros de passar ou cafeteiras que se desligam se não forem usados após cinco minutos Cortador de grama que exige que o usuário mantenha pressionada uma alavanca anexada ao guidão para mantê-lo em funcionamento
Baixo Nível de Esforço Físico: O *design* possibilita que o produto seja usado por qualquer pessoa com eficiência e o mínimo de fadiga.	Rodas e alças em bagagens Teclado de computador inclinado mais fácil de ser operado
Porte e Espaço para Acesso e Uso: Independentemente do porte ou da mobilidade do usuário, o produto é fácil de acessar ou alcançar, manusear e usar.	Geladeira-*freezer* lado a lado da Whirlpool com puxadores do tamanho da porta (extensivos) O cabo da faca de corte da Copco foi projetado para se ajustar confortavelmente a qualquer tamanho de mão Portas de carro amplas facilitam a entrada e saída de alguém que usa andador ou cadeira de rodas

Fonte: De James L. Mueller & Molly Follette Story, "Universal Design: Principles for Driving Growth into New Markets", in P. Belliveau, Griffin & S. Sodermeyer (Eds.), *The PDMA Toolbook for New Product Development*, John Wiley & Sons, Inc., 2002, pp. 297–326. Reimpresso com permissão da John Wiley & Sons, Inc.

a montadora encontra também mercados para os materiais reciclados. Essa maior reciclagem diminui a quantidade de lixo e gera economias de custo na Subaru.[15] A Apple também faz várias alegações ecológicas sobre o iPad em seu *site*, ressaltando que a tela não contém mercúrio, não é usado plástico de PVC e o gabinete de alumínio e vidro é reciclável.[16]

---

[15] Mary G. Wojtas, "32nd PDMA International Conference Delivers Expert Insights, Knowledge, and Tools to Enhance Innovation Success", *Visions*, Vol. 32, No. 4, December 2008, pp. 22–25.

[16] As especificações estão em www.apple.com/ipad/specs.

FIGURA 13.3 Variedade das principais aplicações do *design*.

Propósito do design	Item que está sendo projetado
Estético	Produtos
Ergonômico	Serviços
Funcional	Arquitetura
Manufaturabilidade	Artes gráficas
Serviços de manutenção	Escritórios
Desmontagem	Embalagens

Comentário: *Design* é um termo amplo e compreende várias áreas de atividade humana, especialmente de novos produtos. A área de novos produtos contribui para duas classes de produtos e para todas as seis classes de propósito. Algumas pessoas sustentam que mesmos as outras quatro classes de produtos são na verdade produtos para as organizações que os produzem.

A Figura 13.3 mostra uma variedade de dimensões de *design*, utilizando somente dois critérios – "propósito do *design*" e "item que está sendo projetado". *Design* não é simplesmente uma área em que os artistas desenham novos fornos de micro-ondas. É uma área que mistura forma e função, qualidade e estilo, arte e engenharia. Em resumo, um bom *design* é esteticamente agradável, fácil de ser produzido corretamente, confiável, fácil de usar, econômico em termos operacionais e de manutenção e compatível com os padrões de reciclagem. A **ergonomia** é igualmente um fator importante; ela pode ser definida como o estudo de características humanas com o objetivo de desenvolver *designs* apropriados.[17] Muitos dos produtos deficientemente projetados que foram mencionados no início deste capítulo poderiam ter sido aprimorados com uma atenção mais adequada à ergonomia. Um excelente *design* pode ser fundamental para a determinação do quanto um novo produto atenderá às necessidades dos clientes, bem como dos varejistas e de outras partes interessadas, e por isso é um importante fator determinante do sucesso.

Considere um produto com *design* inovador: a escova de dente Cross Action da divisão Oral-B, da Gillette. Os pesquisadores gravaram pessoas usando escovas de dente a fim identificar padrões de escovação reais e depois montaram um braço robótico para simular a ação de escovação. Eles usaram câmeras de vídeo de alta velocidade e tratamento computadorizado de imagem para testar vários tipos de protótipo e chegar à configuração de cerda mais eficaz para a limpeza dos dentes.[18]

O papel do *design* na aceitação final de um produto pelos consumidores ou clientes é facilmente percebido. Pense em um novo *design* de automóvel. Se o novo estilo não for tão diferente dos carros existentes, os consumidores talvez o considerem interessante ou extremamente conservador. Entretanto, se o novo *design* passar a impressão de que o carro parece ter vindo de Marte, a maioria dos consumidores provavelmente o considerará extremamente revolucionário ou mesmo feio. Visto que se pode chegar a investir cerca de US$ 2 bilhões em um novo *design* de automóvel, parece sensato as montadoras investirem US$ 1 milhão para obter o equilíbrio correto entre estilo e formato. Podem ser utilizados grupos focais para observar rea-

---

[17] Karl H. E. Kroemer, "Ergonomics: Definition of Ergonomics", *site* da National Safety Commission (www.nsc.org).

[18] Mark Maremont, "New Toothbrush Is Big-Ticket Item", *The Wall Street Journal*, October 27, 1998, p. B-1.

ções iniciais e depois modelos em tamanho natural (ou formas de carro em uma tela de computador) podem ser mostrados a centenas de compradores em potencial. Entretanto, mesmo que com pesquisas cuidadosas, podem ser obtidos resultados enganosos: muitas vezes os clientes realmente não sabem o que desejam quando se trata de estilo.[19]

ARQUITETURA DE PRODUTO[20]

A **arquitetura de produto** foi definida como o processo pelo qual a necessidade de um cliente é transformada em um *design* de produto. Essa é uma etapa crucial para chegar ao *design* de um produto, visto que uma arquitetura consistente melhora o desempenho do produto final, reduz o custo de realização de mudanças no produto quando ele já se encontra em produção e pode acelerar sua colocação no mercado.

Para entender como a arquitetura é desenvolvida, pense que um produto contém *componentes* (um reprodutor e gravador de CD portátil tem chassi, motor, unidade de disco, alto-falantes etc.) que podem ser associados para formar *blocos* (a base, o sistema de reprodução de disco, o sistema de gravação e o sistema de produção de áudio). Um produto é composto também de *elementos funcionais* (no caso de um aparelho de CD, eles poderiam incluir leitura de disco, gravação de áudio, produção de áudio e ajuste da qualidade do áudio). A arquitetura de produto refere-se a como os elementos funcionais são atribuídos aos blocos e como os blocos estão inter-relacionados.

Um processo para a arquitetura de produto

Um processo escalonado para o desenvolvimento de uma arquitetura de produto pode ser aplicado para que o respectivo *design* alinhe-se com as necessidades dos clientes e, finalmente, com o termo de inovação de produto.[21] Esse processo é mostrado de uma forma simplificada na Figura 13.4. O resultado de uma arquitetura de produto negligente são produtos como o aparelho de CD e fita com os controles trocados, mencionado anteriormente neste capítulo. Embora os componentes funcionem perfeitamente bem, a forma como as peças foram montadas não faz sentido do ponto de vista do usuário e pequenos ajustes teriam resultado em um produto intuitivo e mais fácil de usar.

1. *Criação do diagrama esquemático do produto.* O diagrama esquemático mostra os componentes e elementos funcionais do produto e como eles estão interconectados. Vários diagramas esquemáticos diferentes podem ser desenvolvidos e explorados nesse momento. No caso de um reprodutor e gravador de CD, poder-se-ia desenvolver uma versão projetada para ser conectada a um sistema de som convencional, a uma versão independente com alto-falantes em miniatura ou a uma versão a ser usada apenas com fones de ouvido. O apa-

---

[19] Tom Moulson & George Sproles, "Styling Strategy", *Business Horizons*, September–October 2000, pp. 45–52.

[20] Grande parte dessa seção foi extraída de David Cutherell, "Product Architecture", in M. D. Rosenau, A. Griffin, G. Castellion & N. Anscheutz (eds.), *The PDMA Handbook of New Product Development* (New York: John Wiley, 1996), pp. 217–235.

[21] O processo escalonado descrito aqui baseia-se no que é descrito por Karl T. Ulrich & Steven D. Eppinger, *Product Design and Development*, 2nd ed. (Homewood, IL: Irwin/McGraw-Hill, 2000), Chapter 9.

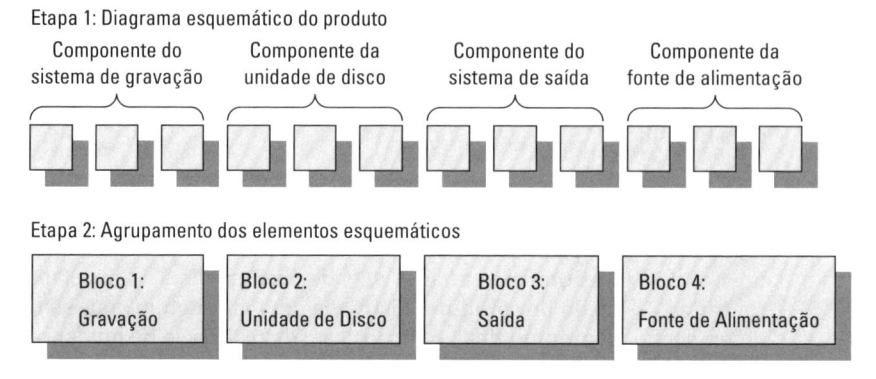

Etapa 1: Diagrama esquemático do produto

| Componente do sistema de gravação | Componente da unidade de disco | Componente do sistema de saída | Componente da fonte de alimentação |

Etapa 2: Agrupamento dos elementos esquemáticos

- Bloco 1: Gravação
- Bloco 2: Unidade de Disco
- Bloco 3: Saída
- Bloco 4: Fonte de Alimentação

Etapas 3 e 4: Criação do *layout* geométrico e verificação de interações (mostradas pelas setas)

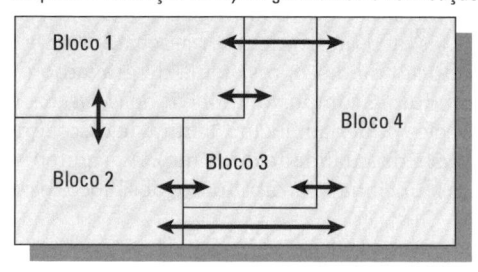

[Diagrama: Bloco 1, Bloco 2, Bloco 3, Bloco 4 com setas indicando interações]

FIGURA 13.4 Exemplo de arquitetura de produto.

relho teria componentes conectados à unidade de disco, funções de entrada (gravação), funções de saída (reprodução ou alto-falante) e fonte de alimentação, entre outras coisas.

2. *Agrupamento dos elementos esquemáticos.* Aqui, os blocos (ou módulos) são definidos. Na figura, são identificados os blocos de entrada (gravação), unidade de disco, saída e fonte de alimentação. A interação entre os blocos deve ser simples para que se possa efetuar mudanças com facilidade e, sempre que possível, é necessário tirar proveito das capacidades de fabricação. Se houver previsão de mudanças rápidas em alguma parte do produto, essa parte certamente deve ser fabricada em bloco. Por exemplo, se houver previsão de uma nova tecnologia de unidade de disco para possibilitar a gravação e o armazenamento de uma quantidade dez vezes maior de conteúdo em um disco com um quarto do tamanho, o usuário poderá substituir a unidade atual pela nova se desejar.

3. *Criação de um* layout *geométrico.* Aqui, utilizando simulações, desenho auxiliado por computador ou outras técnicas, o produto é disposto em várias configurações para determinar as "melhores" soluções. Por exemplo, o disco deve ser inserido na parte frontal ou lateral de um aparelho de CD? Onde os alto-falantes (se houver) devem ser colocados? Um *layout* geométrico possível é mostrado na Figura 13.4.

4. *Verificação de interações entre blocos.* Entender o que ocorre nas interfaces entre os blocos. No aparelho de CD, o áudio é reproduzido como sinal digital para o disco durante a gravação e também como sinal digital que sai do disco durante a reprodução.

Arquitetura de produto e plataformas de produto

Obviamente, o desenvolvimento cuidadoso da arquitetura de produto é fundamental para a empresa que está procurando estabelecer uma plataforma de produto. Como ressaltado no Capítulo 3, os fabricantes de automóveis (com poucas exceções) pensam em termos de plataforma de *design*, e não de produtos específicos. Uma plataforma bem-sucedida pode produzir um carro inicial de sucesso e também produzir vários outros modelos no futuro (por exemplo, o Novo Fusca é montado sobre a plataforma do Golf, da Volkswagen).

Se a arquitetura permitir que os *designers* substituam facilmente blocos ou módulos, vários novos produtos poderão ser projetados à medida que a tecnologia for aprimorada, as preferências do mercado mudarem e a capacidade de fabricação aumentar. Foi assim que a Black & Decker conseguiu desenvolver dezenas de diferentes ferramentas portáteis utilizando apenas algumas plataformas básicas de motor!

No exemplo da Volkswagen, o Novo Fusca é chamado de *produto derivativo*. Esse termo refere-se a produtos baseados na mesma plataforma de um produto existente, mas modificados incrementalmente com relação à tecnologia ou à satisfação das necessidades dos clientes (nesse caso, uma aparência clássica como a do Fusca). Dependendo de como os vários componentes são acrescentados, o produto derivativo pode ter um custo quase idêntico para o fabricante (como os novos *designs* dos relógios Swatch) ou custar mais e oferecer maior valor ao usuário. Além disso, alguns componentes podem ser eliminados para obter um produto derivativo com custo mais baixo. Economias de custo adicionais podem ser obtidas com a utilização de componentes padronizados em diversos produtos. Seja qual for o caso, o segredo é ser capaz de realizar mudanças nos módulos e continuar utilizando a mesma plataforma.

DESIGN INDUSTRIAL E *DESIGNER* INDUSTRIAL[22]

Os *designers* industriais são sobretudo profissionais de criação: seu trabalho é considerar um problema e, de alguma forma, visualizar uma solução para ele. Eles se preocupam tanto com o funcionamento quanto com a aparência dos produtos. Sua formação universitária provavelmente inclui estudos em *design* estético, engenharia mecânica, matérias-primas e processos, e arte ou desenho. É esse mesmo conjunto de habilidades e capacidades que determina a função especial que o *designer* de produtos desempenha no processo de novos produtos.

Considere um exemplo real. Um *designer* industrial foi contratado por um proeminente fabricante de corretores líquidos (aquele corretor branco que era passado sobre os erros quando se usava máquina de escrever). Uma plataforma de usuário foi identificada: os pincéis ressecavam ou perdiam a forma e por isso ficavam difíceis de usar. Algumas soluções óbvias poderiam ser: aumentar o gargalo do frasco ou melhorar o pincel. Contudo, o resultado de um trabalho de *design* de produtos de melhor qualidade são soluções mais criativas. Para isso, os *designers* podem utilizar técnicas semelhantes às técnicas gerais de criatividade vistas no Capítulo 5, como o *brainstorming*. Trabalhando em conjunto com o pessoal de marketing e engenharia que integra a equipe de produtos, o *designer* consegue esboçar centenas de sugestões de ideia em miniatura para análise. Com relação ao corretor líquido, essas sugestões incluíram esboços de canetas com corretivo branco, várias tipos de ponta de caneta (como dife-

---

[22] Grande parte dessa seção é extraída de Walter Herbst, "How Industrial Design Fits into Product Development", in M. D. Rosenau, A. Griffin, G. Castellion & N. Anscheutz (eds.), *The PDMA Handbook of New Product Development* (New York: John Wiley, 1996), pp. 237–251.

rentes ângulos, uma versão acionada por mola etc.), diferentes tipos de tampas para a ponta da caneta – e até várias versões de *dispenser* muito semelhantes a um *dispenser* de fita. Em vez de utilizar esboços, as sugestões também podem ser geradas por computador com o Photoshop ou um *software* similar. A equipe de produtos avalia cada sugestão com base na aparência e na manufaturabilidade e escolhe as melhores, que são então aprimoradas ainda mais pelo *designer*.

Nenhuma sugestão tende a ser o conceito de *design* final que será utilizado para desenvolver o protótipo. As melhores partes de cada sugestão são combinadas e transformadas em único *design* em uma etapa chamada de *consolidação de design*. Nesse momento, os detalhes são preenchidos tanto quanto possível – como elementos gráficos decorativos e nome e logotipo da marca (se já conhecidos), porque esse é um dos últimos pontos de avaliação que antecedem a alocação de uma imensa quantidade de recursos financeiros e humanos ao produto. Geralmente, as renderizações geradas por computador são preferidas nesse momento. Outros membros da equipe de novos produtos fornecem informações para determinar se o produto é manufaturável e comercializável.

Utilizando esses procedimentos, dois novos corretores líquidos foram desenvolvidos e lançados. No primeiro, o líquido foi inserido em um *dispenser* semelhante a uma caneta esferográfica que, quando pressionado, soltava um fluxo contínuo de líquido corretivo sobre o erro. O segundo, que exigiu dois anos a mais de desenvolvimento, era um *dispenser* que acrescentava uma fita de branca seca sobre o erro (permitindo ao usuário uma correção imediata do erro, sem precisar aguardar a secagem do líquido).

Vários fatores podem ser considerados pelos *designers* industriais em sua decisão sobre a adequação de um *design*. Esses fatores podem abranger qualidade da interface com o usuário, apelo emocional, manutenção e reparação, uso apropriado de recursos e diferenciação de produto (consulte a Figura 13.5).[23] O apelo emocional poderia incluir, por exemplo, o som reproduzido por um celular quando a tampa é fechada. Um som "surdo" é mais atraente do que um "clique" comum. A Nokia sabe disso e seus engenheiros se dedicaram ao máximo aos mecanismos só para obter o som correto.[24]

Os *designers* industriais precisam considerar também os *trade-offs* entre esses fatores. A utilização de cores brilhantes em um aparelho de telefone com secretária eletrônica pode contribuir para o seu apelo emocional, mas diminuir a qualidade percebida. Além disso, muitos desses fatores mais estéticos diferem de um indivíduo para outro, dificultando assim o trabalho do *designer*.[25]

DESENVOLVIMENTO DE PROTÓTIPOS[26]

Para a maioria das pessoas, a palavra **protótipo** traz à lembrança a imagem de um produto em tamanho natural totalmente funcional e basicamente pronto para ser examinado por clientes em potencial. Os *designers* industriais dão uma definição mais ampla a esse termo. Um **protótipo abrangente** seria um desses protótipos es-

---

[23] Esse conjunto de perguntas de avaliação provém de Karl T. Ulrich & Steven D. Eppinger, *Product Design and Development*, 2nd ed. (Homewood, IL: Irwin/McGraw-Hill, 2000), pp. 227–230.

[24] Anônimo, "Online Extra: A Chat with Nokia's Alastair Curtis", www.businessweek.com, July 17, 2006.

[25] Mariëlle E. H. Creusen & Jan P. L. Schoormans, "The Different Roles of Product Appearance in Consumer Choice", *Journal of Product Innovation Management*, 22(1), January 2005, pp. 63–81.

[26] Grande parte dessa seção é extraída de Ulrich & Eppinger, *op. cit.*, Chapter 12.

Qualidade da interface com o usuário
O usuário compreenderá o produto e o respectivo uso pretendido? Seu uso é seguro?
No *design* do painel de instrumentos de um automóvel, por exemplo, fica claro que os botões e os comutadores para faróis, limpadores de para-brisa e buzina são fáceis de achar e usar?

Apelo emocional
O *design* é atraente e sugestivo? Um proprietário em potencial ficaria orgulhoso de ter esse produto? O carro produz um "rugido" satisfatório quando acelerado?

Manutenção e reparação
O procedimento de manutenção é evidente e fácil? Todos os óleos são fáceis de trocar e é fácil dizer que óleo é usado em cada lugar?

Uso apropriado de recurso
O produto tem componentes desnecessários ou carece de componentes essenciais? Com relação ao custo e à qualidade, foram escolhidas as melhores matérias-primas? Os fatores ambientais e ecológicos pertinentes foram considerados na escolha, por exemplo, do tipo de pintura externa para o carro?

Diferenciação de produtos
O *design* diferencia o produto? É notável. É compatível com a identidade corporativa? Quando os proprietários em potencial de automóveis de luxo o virem em um *showroom*, eles dirão que esse novo modelo de fato se destaca?

FIGURA 13.5 Fatores de avaliação de *design* industrial: exemplo de um carro.

Fonte: De Karl T. Ulrich & Steven D. Eppinger, *Product Design and Development*, 2nd ed., McGraw-Hill, 2000, pp. 227–230. Reimpresso com permissão da McGraw-Hill Companies.

sencialmente completos. Além disso, eles utilizam o que é chamado de **protótipos focalizados**, que examinam um pequeno número de atributos ou propriedades de desempenho. Um fabricante de bicicletas ou automóveis pode montar protótipos focalizados (uma bicicleta de espuma ou madeira não funcional ou uma "estrutura" de madeira que simula aproximadamente o *layout* da poltrona, do volante e do painel do interior de um novo carro) para determinar as reações dos clientes à forma do produto. O fabricante de bicicletas pode dar mais um passo e desenvolver um protótipo funcional rudimentar para experimentar e verificar como o produto funcionaria. Lembre-se do desenvolvimento do Zip Drive da Iomega, analisado no Capítulo 2. Nesse caso, dezenas de protótipos não funcionais do Zip Drive, incluindo alguns com tampa *flip-up*, foram montados antes de chegar a um protótipo que os clientes gostassem.[27]

Qual ou quais tipos de protótipo devem ser montados? Obviamente, a resposta é depende: depende principalmente do uso que se pretende dar ao protótipo. Os protótipos focalizados são usados no processo de sondagem e aprendizagem (*"lickety*

---

[27] A história do Zip Drive é contada em Gary S. Lynn & Richard R. Reilly, *Blockbusters: The Five Keys to Developing Great New Products* (New York: HarperCollins, 2002).

stick") do desenvolvimento de produtos novos para o mundo como o Zip Drive. Esses protótipos são também utilizados em casos em que o produto não é tão novo para o mundo e não é possível saber como o produto funciona e até que ponto satisfará as necessidades dos clientes. Os *designers* da BMW, por exemplo, montaram modelos em argila dos novos *designs* de carro para a 3 Series e os enviaram ao sul da França para ver que aparência eles teriam a distância, sob a luz do sol, e para determinar se havia defeitos de linha ou forma. É bem mais barato realizar as mudanças nessas fase do que em uma etapa posterior do processo de desenvolvimento.[28]

Um protótipo físico mais abrangente é necessário para determinar se todos os componentes se encaixam – um benefício adicional é que para montar um protótipo abrangente os vários membros da equipe são basicamente obrigados a cooperar. Concluindo, os protótipos mais avançados podem ser utilizados como um marco – o desempenho do protótipo pode ser monitorado periodicamente para ver se progrediu para os níveis desejados.

Obviamente, assim que houver um protótipo abrangente, ele poderá ser submetido a teste entre os usuários em potencial, em uma situação de uso real, e melhorado e refinado. Isso é chamado de teste de uso de produto, tema que será analisado no Capítulo 15.

GERENCIANDO INTERFACES NO PROCESSO DE *DESIGN*

Os gestores de novos produtos têm de se lembrar de que o *design* de um produto não deve ser responsabilidade apenas dos *designers*! Historicamente, na era das poderosas chaminés (ou silos) funcionais e do desenvolvimento escalonado, lento e linear, os *designers* industriais dominaram o cenário na maioria das empresas de produtos tangíveis. Atualmente, eles têm de compartilhar essa função tradicional com várias outras funções. Paradoxalmente, ao se unir à equipe e aparentemente perder poder, o *design* se coloca no limite de alcançar sua suprema posição de influência. Mas é responsabilidade do gestor de novos produtos viabilizar isso.

Várias pessoas participam da atividade de *design* de um produto, algumas em uma função mais direta do que outras, como mostrado na Figura 13.6. Um modelo referente a como essas pessoas participam é mostrado nessa figura. A representação ali é de certa forma linear, mas há uma sobreposição considerável ou iniciativas paralelas.

É fácil ver que esse modelo operacional apresenta problemas às pessoas, particularmente aos *designers*. Os *designers industriais*, formados para criar estética (estilização), integridade estrutural e função (como o produto funciona), sobrepõem-se diretamente aos *engenheiros de projeto*, que são pessoas técnicas que transformam a estilização em dimensões ou especificações de produto. O pessoal técnico não é destituído de ideias sobre estilização e os estilistas não são destituídos de ideias sobre como a mecânica pode funcionar. Isso é particularmente verdadeiro em produtos comuns (como calçados ou louças), em que todos os partícipes têm experiência.

A outra dimensão de complexidade é acrescentada por alguns dos participantes de apoio na lista precedente. Normalmente, os fornecedores conhecem melhor sua matéria-prima do que seus clientes. Foi por isso que a Black & Decker escolheu seu fornecedor para o Snake Lite antes de o *design* ter sido finalizado. Empresas de grande porte como a Philips têm recursos financeiros para estabelecer grandes plantas industriais de estilização (*central styling centers*) em que as habilidades de estili-

---

[28] C. Bangle, "The Ultimate Creativity Machine: How BMW Turns Art into Profit", *Harvard Business Review,* 2001, pp. 47–55.

Capítulo 13 ♦ Design **335**

```
Porcentagem de
trabalho em andamento
```

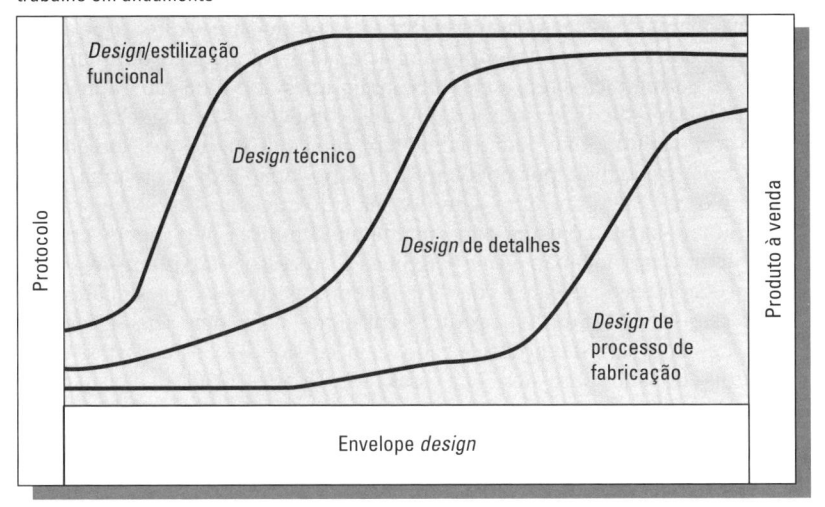

Design/estilização funcional

Design técnico

Design de detalhes

Design de processo de fabricação

Protocolo

Produto à venda

Envelope *design*

Escala de tempo de desenvolvimento

Os membros de uma equipe central participam de todas as quatro etapas, mas na primeira etapa com frequência a liderança é concedida aos *designers* industriais, as duas etapas intermediárias ao projeto de engenharia e a última ao *design* de processo ou ao *design* de fabricação. Os termos empregados variam amplamente. Nos setores químico e farmacêutico, as funções de *design* e engenharia são substituídas por pesquisa e desenvolvimento. E, em algumas empresas, o termo *engenharia de produto* substitui projeto de engenharia; elas querem diferenciar engenheiro de produto e engenheiro de processo.

Em serviços, as mesmas etapas se aplicam, mas em vez de um "objeto" estamos desenvolvendo uma sequência de serviço e uma capacidade técnica. Pense em um serviço de investimentos desenvolvido em uma instituição financeira ou em um sistema de TV a cabo ou um serviço de *design* de escritórios.

Simultaneamente ao desenvolvimento (de bens *e* serviços) encontra-se o desenvolvimento de aspectos ampliados do produto – atendimento pré ou pós-venda, garantia, imagem etc. Essa atividade, na maioria das vezes conduzida pelo pessoal de marketing, é chamada de *envelope design*, que transcorre na parte inferior da figura.

Participantes no processo de *design*

Participantes diretos
Pesquisa & desenvolvimento
Designers e estilistas industriais
Designers de engenharia/
 designers de produto
Engenheiros de fabricação e
 designers de sistema
Operações fabris

Participantes de apoio
Consultores de *design*
Pessoal de marketing
Revendedores
Prestadores de serviços/fornecedores
Governos
Clientes
Advogados da empresa
Atendimento técnico
Produto à venda
Protocolo

FIGURA 13.6 Modelo de processo de *design* de produtos.

zação superam às de um estilista de fábrica comum. Os clientes quase sempre têm ideias prioritárias a oferecer. Por esse motivo, a função de estilização é uma síntese de vários pontos de vista que transcende os dos participantes diretos. Se acrescentarmos todas as outras pessoas da empresa relacionadas como apoio, retornaremos à lista de funções normalmente representadas nas equipes discutidas no Capítulo 14.

O resultado disso pode ser um caos, e em geral se considera que os problemas são o principal motivo pelo qual os fabricantes de alguns países são sobrepujados com tanta frequência por novos produtos do Japão e da Alemanha. No Japão, por exemplo, *design* de produtos significa mais do que a aparência e a sensação que um produto passa para o usuário; normalmente significa aplicações de engenharia. Para um observador, no Japão *design* "significa o processo total da empresa de determinar as necessidades do cliente e convertê-las em conceitos, *designs* detalhados, planos de processo, *design* de fábrica e produtos entregues, bem como seus serviços de apoio".[29] Isso mescla uma visão holística sobre as necessidades dos usuários finais com uma estrutura holística para atender a essas necessidades. O *design* é visto como um meio vertical de satisfação, e as habilidades individuais não são centrais.

Nos Estados Unidos e na Europa, os participantes acabam se revezando de um projeto para outro à medida que os papéis mudam. Embora o *designer* industrial seja cada vez mais visto como um membro experiente da equipe de novos produtos das fases iniciais, alguns puristas e tradicionalistas da área de *design* resistem a esse movimento. O *design* e o marketing operam em culturas drasticamente distintas e as lacunas culturais são difíceis de eliminar.[30]

Em alguns casos, os *designers* assumem uma função ampliada quando funcionam como uma ligação entre o usuário final e a alta administração. Uma maior integração com os usuários finais pode melhorar a qualidade das informações sobre quais mudanças são desejadas no *design*. Além disso, os *designers* podem funcionar como um condutor de informações do setor – por exemplo, fazendo recomendações para a equipe de desenvolvimento de produtos sobre novas matérias-primas a serem usadas.[31]

Tanto o engenheiro de projeto quanto o estilista foram acusados de sempre tentar fazer um produto apenas um pouco melhor e de se recusar a liberá-lo para produção. Costumava-se dizer no círculo do setor automobilístico que a engenharia nunca libera nada; os gerentes dos novos modelos precisavam interceder e tocá-los adiante. A reestruturação excessiva de um *design* pode resultar em muitas características de engenharia ou artifícios e atrasar a introdução no mercado. O Apple Newton (um dos primeiros assistentes pessoais digitais) e a copiadora Xerox 8200 são produtos que correspondem às expectativas, em parte por sua complexidade; os PCs da década de 1980 também poderiam se enquadrar nessa categoria – o sucesso inicial da Apple apoiou-se nessa facilidade de uso.[32]

Os ressentimentos às vezes são profundos e geram hostilidade entre as várias funções. Os japoneses ensinaram o mundo a lidar com isso quando começaram a consolidar as especificações já no início do ciclo técnico, forçando as ideias posteriores a se enquadrar à programação do modelo seguinte.

---

[29] Daniel E. Whitney, "Integrated Design and Manufacturing in Japan", *Prism*, Second Quarter, 1993, pp. 75–95.

[30] Matthew K. Haggerty & Brian L. Vogel, *Innovation,* Winter 1992, pp. 8–13.

[31] Consulte Michael Evamy, *op. cit.*; e Jeneanne Marshall Rae, "Setting the Tone for Design Excellence", *Innovation*, Fall 1994, pp. 7–9.

[32] Paul A. Herbig & Hugh Kramer, "The Effect of Information Overload on the Innovation Choice Process", *Journal of Consumer Marketing,* 11(2), 1994, pp. 45–54.

MELHORANDO AS INTERFACES NO PROCESSO DE *DESIGN*

A maioria dos problemas em torno do *design* tem a ver com concomitância ou justaposição de etapas no desenvolvimento. Com base no Capítulo 12, está claro que a definição inicial do produto (protocolo do produto e protótipo da empresa) é importante. Várias técnicas são utilizadas no momento para garantir que o *design* seja integrado corretamente com outras funções durante a fase de desenvolvimento e que os produtos que estão sendo projetados possam ser fabricados de uma maneira eficiente em termos de custo.

Entre elas, uma técnica importante é o **compartilhamento de localização** ou *co-location* (disposição dos vários indivíduos ou áreas funcionais em proximidade). A comunicação na fase de desenvolvimento pode ser caótica. Quando os diferentes grupos não estabelecem contato regular e não estão trabalhando cooperativamente, existe a tendência de as informações se perderem (ou serem encobertas). Isso gera desperdício de trabalho e desacelera a operação como um todo. Além disso, os problemas intensificam-se nas grandes empresas cujos centros de pesquisa se encontram a centenas de quilômetros de distância do departamento de marketing e das linhas de produção do pessoal de fabricação. Muitas empresas experimentaram o compartilhamento de localização para encurtar as linhas de comunicação e aumentar a coesão de equipe. A Motorola, por exemplo, colocou sua equipe de desenvolvimento em proximidade ao desenvolver o *pager* Bandit, concluindo o projeto em 18 meses (menos da metade do tempo de desenvolvimento normal). Muitas outras empresas, como Ford, Honda, AT&T e John Deere, foram bem-sucedidas ao utilizar o compartilhamento de localização.[33]

O compartilhamento de localização ajuda a integrar os departamentos e a melhorar o fluxo de informações e também possibilita que os membros da equipe identifiquem e resolvam mais rapidamente possíveis problemas relacionados com o produto em questão. Entretanto, esse compartilhamento deve ser planejado e manejado com cuidado. Provavelmente não é uma boa ideia desmembrar um centro de excelência tecnológica com objetivo de colocar seus membros em proximidade. O compartilhamento de localização muito distante (isto é, os funcionários precisam pegar o carro e dirigir até outro prédio em vez de simplesmente atravessar o corredor) pode levar os membros da equipe a acumular seus problemas em vez de resolvê-los imediatamente. Pode haver uma vantagem não intencional de "jogar em casa" (se as reuniões ocorrerem nas instalações de marketing, os membros da equipe de marketing podem ser considerados mais influentes). E os membros da equipe devem estar dispostos a derrubar as barreiras funcionais e mudar suas atitudes com relação a trabalhar com indivíduos de outras funções – do contrário, o compartilhamento de localização facilita a troca social, mas na verdade não promove a integração transfuncional.[34]

Em muitas empresas, os efeitos do compartilhamento de localização são obtidos sem uma proximidade física real dos membros da equipe, mas por meio de tecnologias de comunicação como o Lotus Notes ou o sistema de videoconferência WebEx. Esse processo às vezes é chamado de **compartilhamento de localização digital** (*digital co-location*). Curiosamente, pesquisas indicam que o compartilhamento de

---

[33] Anthony Lee Pratt & James Patrick Gilbert, "Colocating New Product Development Teams: Why, When, Where, and How?", *Business Horizons*, November–December 1997, pp. 59–64; e Kenneth B. Kahn & Edward F. McDonough III, "An Empirical Study of the Relationships among Co-Location, Integration, Performance, and Satisfaction", *Journal of Product Innovation Management*, 14(3), May 1997, pp. 161–178.

[34] Consulte Pratt & Gilbert, *op. cit.*, e Farshad Rafii, "How Important Is Physical Colocation on Product Development Success?", *Business Horizons*, January–February 1995, pp. 78–84.

localização digital e o compartilhamento de localização presencial complementam-se no sentido de facilitar a disseminação de informações.[35]

A título de consideração final, há uma recente intensificação na utilização de **equipes globais** (isto é, equipes que englobam indivíduos de pelo menos dois outros países). Tecnologias de informação aprimoradas, como videoconferência, teleconferência, *e-mail* e bancos de dados da empresa, associam-se com as chamadas telefônicas e o correio convencional para tornar as equipes globais uma opção cada vez mais viável. Como as equipes globais estão cada vez mais populares, falaremos sobre sua gestão no próximo capítulo.[36]

Outras técnicas às vezes são utilizadas. Algumas empresas procuraram uma solução recorrendo a um **engenheiro de produtibilidade**: uma entidade externa independente que conhece *design* e produção e pode trabalhar nos estúdios de *design* para verificar se as exigências de produção estão sendo atendidas pelas decisões relacionadas ao *design*. Por ser uma entidade externa, as disputas de território são parcialmente evitadas. Mas não se trata de uma solução satisfatória – adicionar outra pessoa raramente é.[37] Tal como visto no Capítulo 12, o desdobramento da função qualidade também ajudou a obter cooperação entre os membros da equipe de novos produtos e a manter o foco sobre as necessidade dos clientes e os benefícios aos clientes. As necessidades dos clientes (complemento do protocolo) são uma parte inerente do sistema e não podem ser negligenciadas.

Além disso, formar uma parceria posterior com os fornecedores é uma possibilidade. Obviamente, existem riscos de segurança, incertezas com relação a patentes, cooperações que não pode ser decretadas em uma emergência e coisas do tipo. Contudo, segundo a maioria das empresas, para isso elas pesquisam e procuram tecnologias, solicitam que os fornecedores utilizem a engenharia de valor em seus produtos e incluem recursos humanos dos fornecedores em suas equipes de novos produtos. A Chrysler, por exemplo, reduziu sua base de fornecedores, estabelecendo relações mais duradouras com os fornecedores remanescentes, e insistiu para que mantivessem alta qualidade a fim de aumentar a competitividade global.[38]

O melhor para qualquer fornecedor é oferecer algo que o usuário final necessite verdadeiramente, pois assim ambas as partes tiram proveito das atividades integradas.[39]

DESENHO AUXILIADO POR COMPUTADOR E *DESIGN* PARA MANUFATURABILIDADE

Outro avanço está ajudando a articular as pessoas e ao mesmo tempo evidenciando a importância de todos os participantes. O desenho auxiliado por computador (*com-*

---

[35] Michael Song, Hans Berends, Hans van der Bij & Mathieu Weggeman, "The Effect of IT and Colocation on Knowledge Dissemination", *Journal of Product Innovation Management*, 24(1), January 2007, pp. 52–68.

[36] Edward F. McDonough III, Kenneth B. Kahn & Gloria Barczak, "Effectively Managing Global New Product Development Teams", *Proceedings*, 1998 Research Conference, Product Development and Management Association, pp. 176–188.

[37] Consulte Gerda Smets & Kees Overbeeke, "Industrial Design Engineering and the Theory of Direct Perception", *Design Studies*, April 1994, pp. 175–184, para obter ideias sobre como os usuários lidam com expressividade dos produtos e o impacto disso sobre as atividades de *design* industrial.

[38] Jeffrey H. Dyer, "How Chrysler Created an American Keiretsu", *Harvard Business Review*, July–August 1996, pp. 42–60.

[39] Os pontos positivos e negativos dessa parceria são mostrados em Fred R. Beckley, "Some Companies Let Suppliers Work on Site and Even Place Orders", *The Wall Street Journal*, January 13, 1995, p. A1.

puter-aided design – **CAD**), a fabricação auxiliada por computador (*computer-aided manufacturing* – **CAM**), a engenharia auxiliada por computador (*computer-aided engineering* – **CAE**), 340), o *design* para manufaturabilidade (*design for manufacturability* – **DFM**) e outras variações referem-se a tecnologias de computador que oferecem grande eficiência ao *design* e desenvolvimento de produtos.

Essas tecnologias propiciam várias vantagens – as pessoas precisam trabalhar em conjunto para compreendê-las e usá-las, elas forçam a integração de todas as necessidades em um único conjunto analítico, são rápidas e realizam muito mais do que os seres humanos são capazes de realizar sozinhos mesmo quando há tempo suficiente. Além disso, elas ajudam a melhorar a imagem dos membros da equipe que talvez não tenham prestígio. Por exemplo, a fabricação normalmente era obrigada a ocupar uma posição secundária em relação ao *design* e marketing. Em várias empresas era incomum o pessoal de fabricação ao menos ser convidado para as reuniões; sua responsabilidade era receber o que viesse da área de *design* e de alguma forma produzir isso. Na maioria das empresas esse tempo já passou, e o mesmo deveria ocorrer em todas as empresas.

Os *designers* de produto com frequência utilizam técnicas de *design* **para manufaturabilidade (DFM)** para encontrar alternativas para minimizar os custos de fabricação. Em média, 80% do custo de um produto é determinado pelo tempo durante o qual ele é projetado. A ideia por trás das técnicas de DFM é que um detalhe aparentemente insignificante na fase de *design* pode ter imensas consequências de custo em uma fase posterior, e por isso as implicações de fabricação precisam ser consideradas logo no início do *design* do produto. Outro termo às vezes ouvido é **carregamento frontal** (*front-loading*): identificação e solução de problemas de *design* nas fases iniciais do processo de novos produtos.

Provavelmente o processo de DFM mais importante é o *design* **para montagem** (*design for assembly* – **DFA)**, que está relacionado a facilitar a montagem e fabricação e incentivar a simplificação dos produtos.[40] Como no exemplo da Proprinter apresentado anteriormente, o DFA diminui a quantidade de componentes e isso resulta em menores custos de matéria-prima e economia no tempo de montagem. Existem vários programas de DFA, mas o primeiro foi fornecido pela Boothroyd & Dewhurst, uma empresa de *software* de Rhode Island. Por meio da programação das condições de fabricação e das informações sobre a operação de montagem em questão (por exemplo, carros em uma linha de montagem), o programa de DFA pode responder a qualquer proposta de *design* com informações sobre tempo e custo. Além disso, o programa ressalta os principais elementos do *design* que contribuem para a lentidão e os custos altos, para que assim o *designer* possa tentar melhorá-los diretamente. Infelizmente, o *designer* não tem um *software* comparável, cujo nome, se existisse, seria *design* para marketing (*design for marketing* – DFM). A menos que o protocolo seja bastante claro e aceito ou a menos que o pessoal de marketing ou de atendimento ao cliente esteja presente durante o processo de *design*, os desenvolvedores podem agir favoravelmente em relação ao tempo/custo de fábrica, mas desfavoravelmente ao valor e à utilidade para o cliente.

Maquetes tridimensionais produzidas com CAD têm sido usadas com sucesso para antecipar a identificação de problemas no *design*. Os *designers* de aeronaves ou automóveis, por exemplo, precisam respeitar limitações de espaço. Um desenho bidimensional tradicional de um engenheiro talvez não consiga identificar que o duto de ar condicionado projetado não se encaixará adequadamente à estrutura de um novo avião. Os *designers* do painel de instrumentos de um automóvel talvez não percebam

---

[40] Keith Goffin, "Evaluating Customer Support during New Product Development: An Exploratory Study", *Journal of Product Innovation Management*, 15(1), January 1998, pp. 42–56.

que a posição desejada para o sistema de áudio se projetará demasiadamente na área do motor. Essa falta de adequação pode ser identificada e corrigida prontamente utilizando CAD. A Iomega utilizou CAM para projetar o Zip Drive: os protótipos foram montados diretamente com imagens tridimensionais geradas por computador.[41] Do mesmo modo, a Boeing utilizou CAM para projetar o 777. Eles simularam a manutenção na nova aeronave recém-projetada utilizando um ser humano virtual gerado por computador – e constataram que um dos faróis de navegação seria difícil de ser alcançado por um técnico de manutenção real. Não foi necessário montar um protótipo caro para identificar essa falha e a correção foi realizada facilmente.[42]

Os fabricantes de automóveis também utilizam técnicas de CAD para melhorar o processo de *conformação do assoalho* (*decking process*). Esse processo refere-se à montagem do sistema de transmissão do carro na estrutura superior (imagine-se montando um sanduíche em que todas as partes têm de se encaixar perfeitamente). Utilizando maquetes produzidas com CAD, montadoras de automóveis como a Chrysler identificam (e solucionam) digitalmente problemas de adequação antes de qualquer processo de conformação real do assoalho de fato se iniciar. Em vez de um processo árduo e de tentativa e erro, agora a conformação do assoalho pode ser concluída em 15 minutos porque a montadora normalmente consegue encaixá-lo na primeira ou segunda tentativa.[43]

Outra aplicação do CAD está relacionada à capacidade de resistência a colisões. A BMW provocou uma "colisão" virtual em dezenas de *designs* de carro utilizando um simulador de colisões e desse modo conseguiu melhorar a resistência em 30%. Somente dois protótipos físicos foram de fato montados, submetidos a colisões e analisados. O custo de montar e provocar uma colisão física em dezenas de iterações de *design* teria sido proibitivo, além de demorado.[44] Em suma, as análise de pré-montagem e simulação digitais são os maiores benefícios do CAD 3D para o desenvolvimento de produtos porque ajudam a superar obstáculos caros e morosos no processo de novos produtos.[45] Outros exemplos de avanços atuais são (1) a estereolitografia e (2) a engenharia mecânica auxiliada por computador (*mechanical computer-aided engineering* – MCAE). A estereolitografia é a tecnologia que permite a *fabricação de forma livre*, isto é, a criação de um objeto sólido com base diretamente em um modelo tridimensional. Algumas vezes esse processo é chamado de **prototipação rápida**. Em apenas um a três dias, um contêiner de líquido pode ser transformado em um protótipo de plástico duro com base no modelo auxiliado por computador em 3D. O processo emite feixes de elétrons de endurecimento para o contêiner, possibilitando que o líquido se solidifique pouco a pouco, em minúsculos fragmentos, e produz modelos bastante precisos. Antigamente, um único modelo com esse detalhamento preciso exigiria semanas de trabalho do modelador para ser construído. A MCAE possibilita que os engenheiros façam testes antes da construção e todos os critérios são considerados. É uma simulação que aplica análises do tipo "e se" ao *design*.[46]

---

[41] Lynn & Reilly, *Blockbusters, op. cit.*

[42] Marco Iansiti & Alan MacCormack, "Developing Products on Internet Time", *Harvard Business Review*, September–October 1997, pp. 108–117.

[43] Stefan Thomke & Takahiro Fujimoto, "The Effect of 'Front-Loading' Problem-Solving on Product Development Performance", *Journal of Product Innovation Management*, 17(2), March 2000, pp. 110–127.

[44] Stefan Thomke, "Simulation, Learning, and R&D Performance: Evidence from Automotive Development", *Research Policy* 27, 1998, pp. 55–74.

[45] Yasunori Baba & Kentaro Nobeoka, "Towards Knowledge-Based Product Development: The 3D–CAD Model of Knowledge Creation", *Research Policy* 26, 1997, pp. 643–659.

[46] Consulte Otis Port, "A Smarter Way to Manufacture", *BusinessWeek*, April 30, 1990, pp. 110–117; e R. Van Dierdonck, "The Manufacturing/Design Interface", *R&D Management*, no. 3, 1990, pp. 203–209.

MELHORIA CONTÍNUA EM *DESIGN*

Como podemos aprimorar ainda mais o *design* de um produto? Um conceito familiar no desenvolvimento de novos produtos – a voz do cliente – poderia ser revisitado. Com muita frequência, o produto básico é projetado e em seguida uma interface entre o produto e o usuário é preparada rapidamente sem levar muito em conta os desejos do cliente. Pior do que isso, pode ser difícil oferecer ao cliente o que ele de fato deseja sem realizar mudanças importantes no produto básico. Se as necessidades do cliente fossem utilizadas como ponto de partida, um produto básico de melhor qualidade poderia ser projetado logo de saída. Esse processo às vezes é chamado de *design de interação*. Por exemplo, se o usuário de determinado caixa eletrônico sempre solicitasse serviços em inglês e sempre pedisse um comprovante, esse comportamento não poderia ser monitorado para que depois de algum tempo o caixa eletrônico não mais lhe perguntasse? Um conceito suficientemente simples, mas que exigiria mudanças consideráveis no produto básico para oferecer ao cliente o que ele deseja.[47]

RESUMO

Este capítulo abordou o processo, o pessoal e as atividades de *design*. Examinamos especificamente os elementos do processo de *design*, como a arquitetura de *design* e o desenvolvimento de protótipos, e investigamos algumas das técnicas auxiliadas por computador que são muito importantes para o *design* em inúmeras empresas. Entretanto, como o *design* tem várias facetas, ele se diferencia em grande medida de um setor para outro. O pessoal de marketing constatou que é importante ser flexível nesse sentido e ajudar a moldar um papel para o *design* que se enquadre a cada situação e política corporativa. Contudo, na maioria das empresas, o *design* associa-se à fabricação e a outras funções para formar um grupo de trabalho multifuncional (normalmente uma equipe), cuja estrutura e gestão serão analisadas no Capítulo 14.

APLICAÇÕES

1. "Uma de nossas divisões fabrica patinetes elétricos. Um exemplo clássico em que um *designer*, ao procurar novos meios de transporte ultraleves, teve a ideia de utilizar eletricidade no patinete. As pessoas disseram que ele era louco. As crianças imploravam aos pais para que não usassem (vergonha) e um policial disse: 'Não é uma mobilete. Não é uma motocicleta. Não é nada, e não piloto nada que eu não saiba o que é'.[48] Esse é o melhor exemplo que conheço do motivo por que os *designers* precisam ter liberdade para fazer seu trabalho sem ter de depender de pesquisadores de mercado para detectar tendências de mercado."

2. "A maioria de nossas divisões acredita em integração do cliente – envolver o usuário no processo de novos produtos. Sou fã disso. Mas algumas pessoas querem que levemos isso para a fase de *design* técnico. Isso seria arriscado. Mui-

---

[47] O conceito de "*design* de interação" e o exemplo de caixa eletrônico são de Alan Cooper, *The Inmates Are Running the Asylum: Why High-Tech Products Drive Us Crazy and How to Restore the Sanity* (Indianapolis, IN: SAMS, 1999). Para ser justo, alguns sistemas recordam o idioma preferido do usuário; porém, com base em experiências pessoais, muito não o fazem.

[48] Joseph Pereira, "Guffaws Aside, New Scooter Makers Zip Ahead", *The Wall Street Journal*, August 20, 1998, p. B1.

to do que fazemos precisa de sigilo – não podemos patentear a maior parte de nossas ideias, e *timing* é tudo. É por isso que enfatizamos tanto a velocidade de desenvolvimento. Mas mesmo assim sou pressionado a buscar maior integração. Ajude-me. Diga-me todas as coisas que devemos fazer para integrar os clientes e ao mesmo tempo minimizar os riscos de nossos segredos vazarem."

3. "Quanto a essa questão de *design*, estou estupefato. Concordo que *design* é fundamental atualmente e sempre o apoio. Mas temos de admitir que os *designers* industriais algumas vezes acabam discutindo com os engenheiros que estão tentando tornar os produtos o mais funcionais possível. Por exemplo, certa vez vi um *mouse* com *design* arrojado que havia perdido seu valor ergonômico. Como se trata de uma questão geral do executivo, em sua opinião como devemos avaliar esses *trade-offs*? Como podemos identificar em que momento devemos parar de estilizar e deixar os engenheiros darem as cartas?"

ESTUDO DE CASO   Mini[49]

Em 1990, o mercado de compra de automóveis nos Estados Unidos foi surpreendido com um novo modelo de carro: o novo Miata, da Mazda. O Miata foi projetado para passar a "sensação" e ser em grande medida parecido com um conversível britânico da década de 1960, embora, em virtude de uma cuidadosa atenção aos custos, ele tenha sido introduzido no mercado pelo preço de varejo de US$ 15.000. Isso o tornou uma compra factível até mesmo para um consumidor jovem que estivesse comprando seu primeiro carro. Nos anos subsequentes, muitas outras montadoras de automóveis tentaram a sorte com carros com *design* retrô. A Volkswagen, obviamente, teve sucesso com o Novo Fusca. Antes de seu lançamento, os críticos tinham certeza de que o Novo Fusca encontraria apenas um pequeno nicho entre os entusiastas do Fusca das décadas de 1950 e 1960. O mercado de carros havia mudado consideravelmente desde então e simplesmente havia no mundo muitos carros pequenos para escolher (japoneses e também americanos). Mas a Volkswagen projetou o Novo Fusca na plataforma do Golf, mantendo o suficiente do formato familiar do Fusca e ao mesmo tempo o tornando profundamente competitivo em relação a outros carros pequenos da década de 1990, em termos de desempenho, conforto e preço. O PT Cruiser da Chrysler é semelhante a um estilo de carro da década de 1930. Já a Ford trouxe de volta seu Thunderbird da década de 1950 durante um curto período. O Nissan 350Z foi uma atualização do popular Datsun 240Z da década de 1970.

Ao que se sabe, Helmut Panke, presidente da BMW, tem uma clara missão para a empresa: continuar a vender modelos consolidados em mercados consolidados e ao mesmo tempo entrar em novos mercados com novos modelos. Em meados da década de 1990, a BMW lançou o Z3 Roadster e manteve sua linha de oito sedãs de luxo; isso certamente foi uma evidência de que a missão corporativa estava vigorando. Com a aquisição da montadora britânica Rover Group Ltd., a BMW obteve os direitos ao nome e ao *design* do Mini (ou Mini Cooper), um dos carros britânicos mais conceituados. Ele sem dúvida se enquadrou à missão da BMW de tentar ressuscitar o Mini e introduzi-lo no mercado mundial. E com a popularidade recente do Novo Fusca nos Estados Unidos, parecia evidente que o mercado americano poderia ser bastante receptivo ao Mini, particularmente se o preço fosse razoável.

Contudo, qualquer lançamento de carro tem seus riscos. Em meados da década de 1990, a Mercedes se uniu à Swatch para desenvolver o carro que hoje é

---

[49] Esse estudo de caso foi preparado com base em diversas fontes públicas, como o Relatório Anual da BMW de 2002, vários artigos em *Automotive News* e artigos publicados nos dos *sites* www.autofan.com e www.miniusa.com.

conhecido como Smart Car na Europa. Esse sub-subcompacto ganhou grande popularidade em vários países europeus, visto que ele é ideal para ser dirigido e estacionado em cidades. Mas a imagem da Mercedes-Benz seria manchada pela associação com um carro tão barato? Do mesmo modo, a BMW precisou determinar o quanto desejava enfatizar seu nome no marketing do Mini. Obviamente, a engenharia da BMW teria de ser considerada positiva pelos clientes em potencial. Mas o desejo da BMW não era obter uma reação adversa entre os atuais proprietários de BMW que haviam pagado em torno de US$ 50.000 por um novo carro e acreditavam que haviam se beneficiado dos prestígio da marca BMW. Foi tomada a decisão de não ressaltar o nome da BMW na promoção do Mini, mas de deixar a engenharia e o *design* de alto nível desse automóvel falarem por si sós. O Mini foi lançado em 2002 e foi um sucesso fenomenal. O preço de varejo era extremamente acessível, na faixa de US$ 15.000 a US$ 20.000, e o Mini também era econômico – 16 quilômetros por litro. Os consumidores em perspectiva podiam consultar revistas de carro populares para obter ideias para personalizar seu Mini e depois visitar o *site*, www.miniusa.com, e projetar seu Mini *on-line*. Clubes como a Comunidade Norte-Americana Independente de Proprietários e Entusiastas do Mini surgiram rapidamente. A BMW estava competindo acirradamente com a Volkswagen no mercado de carros pequenos e esportivos nos Estados Unidos.

Em sua opinião, quais foram os fatores de *design* mais importantes para a BMW na redefinição do Mini para o mercado de automóveis americano? Para o principal ou os principais segmentos de mercado, quais seriam os benefícios mais importantes a serem introduzidos nesse carro? Quais seriam os principais pontos de discussão entre o *design* e outras áreas funcionais dentro da BMW no sentido de oferecer um carro com os benefícios desejados? Em termos mais gerais, quando um carro como o Fusca ou o Thunderbird é redefinido ou sofre uma reformulação para agradar ao consumidor moderno, quais são as armadilhas e preocupações relacionadas ao *design* e, especificamente, que tipo de pesquisa de mercado deve-se conduzir para garantir que essas armadilhas sejam evitadas?

ESTUDO DE CASO   Palm Pilot[50]

Este estudo de caso aborda o desenvolvimento de dois produtos: o Palm Pilot original, lançado em março de 1996, e o Palm V, lançado apenas alguns anos depois. Embora hoje a maioria dos leitores tenha abandonado seu assistente pessoal digital (*personal digital assistant* – PDA) e use um *smartphone* para realizar as tarefas pertinentes, continua sendo esclarecedor analisar o *design* desses dois produtos, visto que eles são um ótimo exemplo sobre como o *design* foi determinado pelas necessidades dos clientes e pela tecnologia disponível. Este estudo de caso também nos faz refletir sobre a importância do *design* de um elemento não apenas para o sucesso do produto, mas para a estratégia corporativa geral da empresa.

A história começa nos meses anteriores ao lançamento do Palm Pilot original (o primeiro PDA bem-sucedido) pela Palm Computing. O inventor, Jeff Hawkins, acreditava que a simplicidade era essencial para os computadores de mão ("Faça apenas uma coisa, e faça bem" era a crença que orientava o desenvolvimento de produtos). Obviamente, nessa época, ninguém sabia exatamente o que um computador de mão poderia fazer, como ele seria usado etc. Ao tentar visualizar essa ideia, Jeff colocou no bolso um protótipo grosseiro (literalmente uma peça de madeira do tamanho de

---

[50] Esse estudo de caso baseia-se em Anônimo, "Beyond Techno Gadget", *@Issue*, Corporate Design Foundation (nenhum dado fornecido) e Bill Moggridge, *Designing Interactions* (Cambridge, MA: MIT Press, 2007).

um *smartphone* moderno) e imaginou como ele poderia usá-lo ao longo do dia. Ele até fez algumas anotações imaginárias na "tela" durante suas reuniões de negócios! Esse processo de visualização ofereceu *insights* a Jeff sobre como o produto seria usado e, portanto, sobre as propriedades que seria necessário incorporar. Foi mais ou menos nessa época que ele teve o extraordinário lampejo de que os concorrentes dos computadores de mão não eram os computadores maiores, mas os blocos de anotações e as agendas. O novo produto teria de armazenar endereços e telefones, manter uma agenda e uma lista de compras e basicamente tudo o que alguém pudesse tomar nota em um papel, mas precisaria fazer tudo isso rápida e convenientemente. Com base em suas experiências, Jeff desenvolveu quatro critérios de *design* para o que veio a se tornar o Palm Pilot: o produto deveria ser pequeno o suficiente para ser convenientemente transportado no bolso da camisa; deveria ter um preço agressivamente baixo (ele fixou um preço de varejo de US$ 299), deveria oferecer sincronização (uma aplicação essencial) e deveria ser comparável a blocos de anotações e agendas em termos de velocidade.

Logo depois que o Palm Pilot foi lançado, foi iniciado um trabalho de melhoria do produto. Durante esse tempo, como a Microsoft e outros começaram a lançar PDAs concorrentes, a Palm precisaria desenvolver uma estratégia competitiva para ajudá-la a manter sua participação de mercado. Como sempre, o lema de simplicidade de Jeff foi seguido. Embora os produtos concorrentes oferecessem quatro vezes mais memória, Jeff sentiu que essa não era a forma certa de competir. Como ele disse na época, "Quem se importa... Não preciso de oito megabytes; não consigo preencher nem mesmo dois. Vamos mostrar ao mundo que não se trata de velocidades e avanços, mas de simplicidade".

Não demorou muito para que a empresa constatasse que sua base inicial de clientes era composta predominantemente de homens que gostavam de dispositivos eletrônicos e que a nova geração de produtos deveria ser atraente também para as mulheres. Jeff estava mais convicto de que a direção correta era fazer o Palm Pilot se parecer mais com um acessório do que com um computador.

Para alcançar os resultados desejados, no final de 1996 Jeff entrou em contato com a IDEO (a empresa de criação apresentada anteriormente no texto do estudo de caso do Carpet Flick, da P&G) para obter ideias de *design*. Dennis Boyle, diretor do estúdio da IDEO em Palo Alto e líder de projeto sênior, foi escolhido para liderar o que veio a se chamar projeto Palm V. Para obter inspiração para o *design* do produto, Dennis reuniu vários eletrônicos novos em folha que haviam acabado de ser lançados, como um aparelho Mini-Disk da Sony, uma câmera Canon Elph, um celular StarTac da Motorola e um minigravador em fita da Panasonic. Em comparação com o Palm Pilot original, meio quadradão, esses novos produtos pareciam ultramodernos, elegantes e atraentes. De acordo com Jeff, "havia algo [no celular StarTac] que tinha um impacto visceral. Ele é tão pequeno e bonito. Ele realmente chama a atenção". Jeff ficou impressionado e pediu para que a IDEO trabalhasse em um novo *design* que oferecesse as mesmas qualidades emocionais.

Os primeiros planos da IDEO para o Palm V (ainda conhecido internamente pelo codinome "Razor") giravam em torno de espessura e peso. O novo Palm deveria ter metade da espessura do Palm Pilot original e ter um terço a menos de peso. Para alterar esses planos, a equipe da IDEO procurou colegas, amigos e usuários habituais do Palm Pilot e os distribuiu para mais de 200 pessoas de sua própria equipe. Com base em *feedbacks* informais e acompanhamento por *e-mail*, constatou-se que, em essência, os usuários estavam em sua maioria satisfeitos com o Palm Pilot, mas achavam que ele poderia se quebrar se caísse da mão e que o gabinete era muito austero e a porta do compartimento de bateria era difícil de operar e não gostavam do compartimento em que se guardava a caneta. Alguns até desenharam um compartimento de seu gosto para a caneta.

Dennis estava particularmente interessado em obter comentários de usuários do sexo feminino, e designou duas engenheiras de projeto, Amy Han e Trae Niest, para a liderança do projeto. Elas, por sua vez, pediram a opinião de mais de 15 colegas de trabalho do sexo feminino. Essas constatações foram também reveladoras. As usuárias acharam o *design* muito quadradão e cinza, e de forma alguma gracioso. Curiosamente, elas contestaram também os programas de distribuição e promoção utilizados para o Palm Pilot. Uma delas perguntou por que os PDAs tinham de ser vendidos em lojas de eletrônicos (às quais ela se referiu como "um tipo de lugar para homens [...] por que não em lugares em que as mulheres fazem compras, como a Nordstrom?"). Os anúncios do Palm Pilot tendiam a exibir atores masculinos. Dennis percebeu que o Palm V teria de atrair tanto homens quanto mulheres em termos de *design*.

Essas iniciativas em relação ao *design* apresentavam desafios técnicos. Primeiro, a caneta e outros acessórios precisavam ser facilmente inseridos no PDA e a aparência de forma geral precisava de ornamentos. A IDEO utilizou prototipação rápida e experimentou dezenas de diferentes versões rudimentares, solicitando a opinião de clientes e realizando as devidas melhorias. Dennis acreditava que "nunca se devia ir a uma reunião com o cliente sem um protótipo" e ficou famoso por seguir à risca esse princípio nas consultorias semanais com a Palm. Toda semana, uma nova característica era revelada: um novo botão liga/desliga, uma nova ideia para o painel de LCD ou um novo tipo de caneta. Dennis apreciava a possibilidade de obter um *feedback* contínuo da Palm dessa maneira. Por exemplo, o problema do compartimento para guardar a caneta foi solucionado por meio da experimentação de diferentes versões rudimentares (bolsos, dobradiças etc.), quando então se alcançou a solução de um sistema de trilho duplo (*dual-rail*).

Havia dois outros desafios técnicos mais problemáticos. Primeiro, o novo *design* delgado impossibilitava o uso de bateria AAA, que era a fonte de energia do Palm Pilot original, e a bateria de íon recarregável ainda era algo novo em 1996-1997. Embora a princípio resistentes, os fabricantes de bateria concordaram em desenvolver uma bateria de íon de lítio que pudesse funcionar bem em um PDA. Segundo, era necessário substituir o gabinete de plástico porque, além de mais pesado, oferecia o risco de quebra. A IDEO inspirou-se em câmeras e binóculos japoneses para experimentar alumínio fino anodizado. Embora fosse leve e inquebrável, propriedades essas desejadas pela IDEO, o gabinete de alumínio apresentava um problema estético: ele era unido por meio de parafusos, o que era considerado inaceitável. Por meio de tentativa e erro, a IDEO encontrou um contorno aceitável que nunca havia sido experimentado para PDAs ou produtos semelhantes: um adesivo parecia funcionar bem e a necessidade de parafusos foi eliminada.

O Palm V foi preparado para ser lançado em 1998. Por volta dessa época haviam ocorrido algumas reviravoltas organizacionais. A Palm havia sido comprada pela U.S. Robotics, que depois foi adquirida pela 3Com. (A 3Com desmembrou a Palm em 2000.) Ao mesmo tempo, Jeff deixou a 3Com e criou o Handspring, um PDA que licenciava o sistema operacional da Palm. Nada disso afetou o lançamento do Palm V, que seguiu adiante como planejado, em 1998. O tempo total de desenvolvimento foi um pouco inferior a três anos.

O Palm V foi um sucesso incontestável. Embora o Palm III, mais barato, ainda estivesse no mercado, a reação dos clientes ao Palm V foi entusiástica. Os consumidores vibravam exatamente com os pontos de *design* identificados por Jeff e Dennis: o gabinete de alumínio e seu *design* "bacana", a bateria recarregável e o formato inacreditavelmente delgado e leve. Os anúncios ressaltavam sua função como acessório, e não como um novo dispositivo – algo raramente visto na propaganda anterior dos PDAs. Modelos do sexo feminino e masculino foram utilizados nos anúncios impressos e o *slogan* "Simply Palm" ("Simplesmente Palm") transmitia efetivamente o lema de Jeff.

Como Dennis Boyle afirmou, "A tecnologia está se incorporando nos produtos desenvolvidos que usamos, vestimos e dirigimos [...] tornou-se como o relógio de pulso, que tinha um mecanismo interno extremamente sofisticado, mas evoluiu para um patamar em que as pessoas o veem como algo natural. As pessoas compram o relógio que parece bonito e que dá prazer em usar. Agora elas esperam que isso ocorra também nos dispositivos de computador".

Que papel o *design* teve no sucesso do Palm Pilot inicial e como o *design* contribuiu para o sucesso contínuo do Palm V? Descreva como o *design* foi orientado tanto pelas necessidades dos consumidores quanto pela tecnologia e em que sentido esse produto é um exemplo da estratégia de duplo direcionamento (veja a discussão anterior sobre o termo de inovação de produto). O *design* é sem dúvida um elemento fundamental da estratégia corporativa da Palm. Você consegue se lembrar de outras empresas (além da Apple!) nas quais o *design* exerça um papel tão importante em sua vantagem competitiva?

ESTUDO DE CASO Mach3 e Fusion da Gillette[51]

Durante décadas a Gillette Company (hoje uma divisão da Procter & Gamble) seguiu uma estratégia de sucesso simples: substituir uma excelente tecnologia de lâmina por uma ainda melhor. No decorrer dos anos, a Gillette nos ofereceu o Blue Blade, Platinum Plus, Trac II, Atra, Sensor e então o SensorExcel. Em abril de 1998, a Gillette lançou o Mach3: um sistema de articulação (pivotante) de três lâminas. No início de 2006, o sistema de cinco lâminas, o Fusion, chegou ao mercado. Este estudo de caso examina o desenvolvimento das duas últimas gerações de produtos da Gillette.

Por volta do início da década de 1990, os problemas de *design* que a princípio paralisaram o sistema de três lâminas já haviam sido superados. Um protótipo de barbeador com três lâminas (com o codinome Manx) foi desenvolvido e demonstrou um desempenho superior ao do Sensor nos testes internos.

Um elemento fundamental no *design* do Manx era o posicionamento das três lâminas: as lâminas são dispostas progressivamente, aumentando a proximidade de cada uma em relação ao rosto. Esse *design* patenteado diminuiu a irritação provocada pela terceira lâmina. Além disso, o ponto de articulação foi mudado para a parte inferior do cartucho; essa mudança gerou uma leve sensação de estar usando um pincel para barbear, deu mais estabilidade ao cartucho e garantiu que a borda inferior do cartucho sempre toque o rosto primeiro (para que os pelos sejam levantados adequadamente). Outras características de design também foram introduzidas no Manx. À fita de lubrificação branca no Sensor foi acrescentado um indicador azul que esmaece gradualmente, mostrando que a lâmina precisa ser trocada. E os engenheiros estavam tentando melhorar as lâminas e encontrar uma forma mais adequada de torná-las mais finas e mais resistentes, graças a uma nova tecnologia tomada emprestada da fabricação de semicondutores. Além disso, alguns estudos descobriram um problema curioso experimentado pelos usuários do Sensor, que sugeriram uma possível melhoria no produto: 18% dos homens colocavam o cartucho no barbeador de cabeça

---

[51] Esse estudo de caso baseia-se em Mark Maremont, "How Gillette Brought Its Mach3 to Market", *The Wall Street Journal*, April 15, 1998, p. B-1; www.gillette.com; www.brandsynario.com; mkstrat.files.wordpress.com/2013/01/gillette-case.pdf; e outras fontes públicas.

para baixo! Foi desenvolvido um novo mecanismo de encaixe que só funcionaria se estivesse na direção correta.

A fabricação desse novo *design* seria cara. Havia resistência interna no escalão hierárquico da Gillette. Alguns diretores acreditavam que a empresa deveria optar por um barbeador menos revolucionário de três lâminas – o SensorExcel –, em contraposição à cara e arriscada introdução de um produto totalmente novo. Não obstante, o novo *design* (hoje chamado pelo codinome 225) foi assegurado no mês de abril de 1995. Os três anos subsequentes foram dedicados à concepção e à produção do equipamento necessário para fabricar os novos cartuchos – a maior parte das máquinas precisou ser especialmente projetada para isso. Nesse ínterim, os testes de uso do produto com os consumidores evidenciaram que o Mach3 estava superando o desempenho do SensorExcel em uma proporção de 2 a 1 e se saindo ainda melhor do que as marcas concorrentes. Os testes com os consumidores estavam indicando também que os usuários não se preocupavam tanto com o preço – o Mach3 se saiu bem nos testes mesmo com um preço especial 45% superior ao do SensorExcel.

A Gillette preparou-se para lançá-lo em abril de 1998. Ao todo, o desenvolvimento do Mach3 levou seis anos e custou US$ 750 milhões, em torno de quatro vezes o custo do Sensor. Além disso, US$ 300 milhões foram direcionados à comercialização mundial no primeiro ano. Portanto, os custos iniciais ultrapassaram a barreira de um bilhão de dólares. O lançamento começou nos Estados Unidos, no Canadá e em Israel em julho de 1998 e seguiu para a Europa Ocidental e parte da Europa Oriental em setembro. O plano era ter o Mach3 disponível em 100 países até o final de 1999. Para se conciliar com o lançamento, estipulou-se um incremento de produção de 1,2 bilhão de cartuchos por ano até o final de 1998. Foi estabelecido um preço alto (em torno de 35% acima do preço de US$ 1 por lâmina do SensorExcel); o choque do preço foi amenizado com a inserção de menos lâminas em cada embalagem.

Oito anos depois, a Gillette repetiu o processo com o lançamento do Fusion, um sistema com cinco lâminas e fitas de lubrificação em ambos os lados e mais uma lâmina na parte de trás para aparar a barba. Além de o Fusion ter mais lâminas, o espaço entre elas dentro do cartucho é menor, para oferecer um barbear mais rente e confortável, e há também um modelo a pilha (o Fusion Power) que vibra e aumenta a sensação de conforto ao barbear.

O lançamento do Fusion ocorreu mais ou menos na época em que a Gillette estava começando a perder participação de mercado para um concorrente importante, Wilkinson Sword (uma divisão da Energizer), com seu sistema de barbear com quatro cartuchos de lâmina – o Quattro. O sucesso do Quattro indicou que os clientes estavam dispostos a aceitar sistemas de barbear com mais de três lâminas e incentivou a Gillette a lançar o Fusion logo depois. Na verdade, a Gillette nunca lançou um sistema com quatro lâminas – com o Fusion, a Gillette saltou a concorrência e passou diretamente para o sistema de cinco lâminas.

O Fusion foi o primeiro barbeador que a Gillette lançou após sua aquisição pela P&G e foi um sucesso imediato. Embora o preço fosse um dólar mais alto por cartucho do que o Mach 3, quatro milhões de barbeadores foram vendidos nos dois primeiros meses. Uma parte importante do apoio de marketing para o Fusion foi uma extensa campanha de propaganda mundial pela televisão apresentando atletas reconhecidos globalmente, como Tiger Woods, Thierry Henry e Roger Federer. O apoio promocional para a maioria das regiões foi transferido totalmente para o Fusion, ao passo que em alguns mercados específicos da Ásia foram realizadas promoções do Mach3 e do Fusion.

Não obstante, a Gillette foi alvo de algumas críticas e de ceticismo na época do lançamento do Fusion. Uma matéria publicada na *Consumer Reports* não identificou nenhum benefício de desempenho além dos oferecidos pelo Mach3 e os críticos se perguntaram por que eram necessárias cinco lâminas para um bom barbear. Alguns até evocaram os anúncios de TV falsos e satíricos para sistemas com 20 lâminas em programas como *Saturday Night Live* e *MadTV* e perguntaram se a Gillette tomaria essa direção. Outro problema para os executivos da Gillette era que, embora os barbeadores estivessem vendendo bem, as vendas de refil de cartucho estavam defasadas. Isso era de fato um motivo para preocupação, por duas razões. O baixo nível de vendas de refil poderia indicar que os consumidores viam o Fusion como uma novidade e não estavam desenvolvendo lealdade; além disso, no segmento de barbeadores, os refis são bem mais lucrativos do que os cabos, cujo preço é baixo. Não obstante o ceticismo inicial, o Fusion foi um campeão em vendas e um dos principais geradores de receita para a Gillette.

Com base no que você observa neste estudo de caso, que papel estratégico o *design* desempenhou na Gillette? Quais são os riscos envolvidos na decisão de optar por uma tecnologia de substituição "realmente nova", em contraposição a realizar melhorias incrementais de *design* na tecnologia mais antiga? Além disso, fale sobre os planos de marketing e lançamento agressivos utilizados pela Gillette para apoiar o lançamento de seus produtos. Você lhe diria para ir mais devagar? Quais são os prós e contras?

CAPÍTULO 14
Gestão da equipe de desenvolvimento

INFORMAÇÕES PRELIMINARES

No Capítulo 14, dirigimos nossa atenção para a **equipe transfuncional**, uma forma de gestão que hoje é uma realidade em processos de novos produtos menos dependentes de rotina. De acordo com um estudo do Centro Americano de Qualidade e Produtividade, em torno de três quartos dos respondentes relataram que sua empresa utilizou equipes transfuncionais em desenvolvimento de produtos e quase a mesma porcentagem disse que havia um líder identificado na equipe que conduzia o produto do início ao fim.[1] Contudo, as equipes são diferentes com relação à sua composição, a quem elas respondem, à eficiência com que os membros trabalham em conjunto e ao seu nível de produtividade. É cada vez mais comum uma equipe ser formada por indivíduos que vivem a milhares de quilômetros de distância. A organização e gestão das equipes de produtos são desafios reais. Contudo, como visto em capítulos anteriores, uma equipe de produtos eficaz é essencial para trazer à tona e utilizar a voz do cliente, desenvolver protocolos de novos produtos, acelerar o tempo de colocação no mercado sem estourar o orçamento, bem como para vários outros fatores. Neste capítulo, abordamos a questão da organização e gestão da equipe de produtos.

O QUE CONSTITUI UMA EQUIPE?

Definir, formar e gerenciar equipes é delicado porque existem muitos tipos diferentes de equipe. Drucker concentrou-se nesse dilema ao falar de equipes esportivas:[2]

- *Equipes de beisebol:* Elas são como uma equipe de linha de montagem. As atividades dos membros se encaixam e formam um todo e todos os participantes são necessários, mas em geral os membros trabalham individualmente e à sua maneira. A "queimada dupla" (*double play*) é sem dúvida uma exceção. Geralmente o trabalho é realizado em sequência.
- *Equipes de futebol americano:* Os jogadores têm posições fixas, mas jogam como equipe e todos sabem qual é sua responsabilidade em cada jogada. As equipes automobilísticas japonesas são desse tipo. O trabalho é paralelo, e não sequencial.
- *Duplas de tênis:* Os jogadores atuam juntos e apoiam um ao outro. O resultado será importante somente se a equipe conseguir uma pontuação ou ganhar uma partida. Os parceiros são dedicados. Os trios de *jazz* são outro exemplo. Os músicos se revezam e cada um à sua vez faz improvisações enquanto os outros dois fazem um acompanhamento contínuo e previsível.

---

[1] Robert G. Cooper, Scott J. Edgett & Elko J. Kleinschmidt, *Improving New Product Development Performance and Practices* (Houston, TX: American Productivity and Quality Center, 2002).

[2] Peter F. Drucker, "There's More Than One Kind of Team", *The Wall Street Journal,* February 11, 1992, p. A16.

Os treinadores de beisebol e futebol são bastante competentes, mas não existe treinador de dupla de tênis. Alguns treinadores acham que o voleibol é a melhor analogia para as equipes atualmente: há mais jogadores; eles desenvolvem habilidades em todas as posições; e a função singular do treinador é comparável à do gestor de equipe de novos produtos.

A equipe de novos produtos por enquanto ainda pertence ao tradicional e confortável mundo hierárquico do qual se exige grande aprendizagem; no momento, há uma escassez de pessoas que saibam jogar o jogo; e a avaliação de desempenho é difícil porque somente o desempenho global da equipe é que importa. Ela oferece um risco bem maior à alta administração. Como todos os membros da equipe têm formações diferentes e desempenham papéis diferentes, não existe nenhum parâmetro de comparação para "classificá-los".

ESTRUTURANDO A EQUIPE

A organização de novos produtos pode ser estruturada de várias maneiras. Uma lista útil de **opções de estrutura organizacional** é apresentada na Figura 14.1. As opções mostradas nessa figura podem ser consideradas como um *continuum*: quanto mais se avança horizontalmente na figura, maior o comprometimento do pessoal da empresa para com o projeto de um novo produto.[3] O termo às vezes empregado em referência a isso é **projetização** (*projectization*): quanto mais à direita, maior a projetização. Você pode se deparar também com os termos equipes **peso pesado** e **peso leve**, em que peso pesado é sinônimo de alta projetização.[4] Portanto, na Figura 14.1, quanto mais à direita, mais a equipe será peso pesado.

A opção mais à esquerda, **funcional**, significa que o trabalho é realizado pelos vários departamentos com pouco foco sobre os projetos. Normalmente é um comitê de novos produtos ou um comitê de planejamento de produto. Em geral o trabalho apresenta pouco risco e está relacionado à linha de produtos existente – melhorias, novos tamanhos etc. O pessoal existente dos departamentos conhecem o mercado e a atividade em questão; eles podem se reunir e tomar as decisões necessárias facilmente e eficientemente. Pode haver vantagens associadas à equipe peso leve. O líder da equipe em geral é capaz de garantir de uma maneira relativamente fácil que os membros sejam informados a respeito de questões importantes e a comunicação é comparativamente fácil. Uma possível desvantagem é que os gestores das áreas funcionais são competentes e podem dominar o líder do projeto e desse modo enfraquecer sua eficácia.[5]

Para superar esses problemas e conceder maior poder à equipe e ao líder, temos as outras quatro opções mostradas na Figura 14.2. Três delas são variações das

---

[3] As opções organizacionais de produto foram expressas de inúmeras formas. Contudo, somente uma lista é proveniente de pesquisas empíricas sobre a forma e o sucesso ou insucesso dos projetos reais de novos produtos. Elas foram expressas originalmente em David H. Gobeli & Eric W. Larson, "Matrix Management: More Than a Fad", *Engineering Management International*, 1986, pp. 71–76. A única mudança é que o que os autores chamaram de *equipe de projeto* aqui é chamado de *empreendimento* para refletir as preferências recentes. Posteriormente, esses mesmos autores publicaram também um estudo empírico bem mais amplo sobre o mesmo tema: Erik W. Larson & David H. Gobeli, "Organizing for Product Development Projects", *Journal of Product Innovation Management*, 5(3), September 1988, pp. 180–90.

[4] Gloria Barczak, "Innovation Teams", in V. K. Narayanan & Gina C. O'Connor (eds.), *Encyclopedia of Technology & Innovation Management* (Chichester, UK: John Wiley, 2010), Chapter 32.

[5] S. Wheelwright & K. Clark, *Revolutionizing Product Development* (New York: The Free Press, 1992). Consulte também uma discussão em Barczak, *op. cit.*

FIGURA 14.1 Opções na organização de novos produtos.

Opções				
Funcional	**Matriz funcional**	**Matriz balanceada**	**Matriz de projeto**	**Empreendimento de risco**
Com ou sem comitê				Interno Externo
0%_____20%_____40%_____60%_____80%_____100%				
Grau de projetização*				

*Definido como o grau segundo o qual os participantes do processo consideram-se independentes do projeto ou do respectivo comitê. Portanto, os membros de um comitê de novos produtos são quase totalmente orientados (leais) ao seu departamento ou função; os membros de um empreendimento *spin-out* ou de desmembramento (externo) são quase totalmente comprometidos com o projeto.

estruturas matriciais. Se as pessoas de uma estrutura matricial se reunirem para tomar decisões, é provável que elas tenham igual poder ou o poder penda para o chefe do departamento funcional ou talvez para o gerente de projeto. Quanto maior a projetização, mais o poder pende para o gerente de projeto, como mostrado na Figura 14.1. Essa maior projetização pode significar, por exemplo, que o pessoal de P&D tem contato com os clientes e com especialistas de marketing. Ao se "desvestir" de seu papel funcional, os membros da equipe desenvolvem novos pontos de vista e têm uma maior percepção do papel um do outro para uma inovação bem-sucedida.[6]

Temos nomes para diferentes tipos de estrutura matricial, como mostrado na Figura 14.1. A **matriz funcional** é a opção mais peso leve de todas. Nesse caso, existe uma equipe com pessoas de diversos departamentos (como fabricação, P&D, marketing e finanças), mas os projetos ainda estão muito próximos da atividade de negó-

FIGURA 14.2 Considerações ao selecionar uma opção organizacional.

A alta projetização incentiva a integração transfuncional.
Se um avançado *know-how* funcional for essencial para o sucesso do projeto (*e.g.*, em uma especialidade científica como dinâmica de fluidos), uma organização funcional talvez seja mais adequada porque estimula o desenvolvimento de um conhecimento técnico de alto nível.
Se os indivíduos forem fazer parte do projeto apenas por algum tempo, talvez eles tirem maior proveito de seu tempo se forem organizados funcionalmente. Por exemplo, os *designers* industriais podem estar envolvidos com determinado projeto somente por um breve período, e por isso diferentes projetos podem se basear em seu conhecimento especializado quando necessário.
Se a velocidade de colocação no mercado for essencial, é preferível uma maior projetização porque as equipes de projeto em geral são capazes de coordenar suas atividades e resolver os conflitos mais rapidamente e com menor burocracia. Os fabricantes de PC, por exemplo, com frequência utilizam equipes de projeto porque eles sempre sofrem pressão de tempo.

Fonte: De Karl T. Ulrich & Steven D. Eppinger, *Product Design and Development*, 2nd ed., McGraw-Hill, 2000, pp. 28–29. Reimpresso com permissão da McGraw-Hill Companies.

---

[6] Erika B. Seamon, "Achieving Growth through an Innovative Culture", in P. Belliveau, A. Griffin & S. M. Somermeyer, *The PDMA Toolbook 2 for New Product Development* (New York: John Wiley, 2004), Chapter 1.

cio vigente. Os membros da equipe pensam como especialistas funcionais porque o chefe do departamento ao qual eles pertencem vence a maior parte das disputas. Na opção de **matriz balanceada**, tanto os pontos de vista funcionais quanto de projeto são essenciais – nem a atividade de negócio vigente nem o novo produto devem ser o condutor. A opção mais peso pesado das três é a **matriz de projeto**, que reconhece a necessidade ocasional de estímulos mais fortes para os projetos. Nesse caso a projetização é alta. As pessoas que integram a equipe são em primeiro lugar membros da equipe e, em segundo, pessoas de áreas funcionais.

A opção **empreendimento** amplia a projetização para seu grau máximo e é útil para produtos novos para o mundo ou novos para a empresa. Os membros da equipe são afastados de seu departamento e alocados para trabalhar em tempo integral no projeto. Um terceiro ambiente *think tank*, desenvolvido para identificar novas ideias ou soluções para problemas relacionados com novos produtos, é um tipo de empreendimento. O empreendimento pode ser mantido na organização usual ou pode ser estendido para fora da divisão em questão ou da empresa – o que é chamado de **desmembramento** (*spin-out*). O *skunkworks* da Lockheed, um grupo de pesquisadores afastados de seu departamento familiar e de suas atividades de rotina para se concentrar em metas de inovação específicas, é um bom exemplo de um empreendimento *spin-out* extremo.[7] A fabricante de automóveis alemã BMW, depois de adquirir a marca de carros de luxo Rolls-Royce, enviou *designers* da Califórnia e Munique para seu centro de *design* – "The Bank" (literalmente, um antigo prédio bancário) – em Londres para conhecer a cultura da Rolls-Royce e desenvolver conjuntamente o que se tornaria o Rolls-Royce Phantom de 2003. Do mesmo modo, o cupê esportivo BMW Z4, lançado em 2004, também foi projetado por uma equipe exclusiva de engenheiros automotivos ao longo do período de dez meses.[8] Esses dois exemplos mostram equipes altamente projetizadas.

Embora o senso comum proponha que os empreendimentos devem ser parcialmente adequados aos produtos novos para o mundo, ainda assim resta a questão sobre como gerenciar a equipe, que em essência está trabalhando fora da organização. Muitas empresas acharam difícil implantá-las e/ou gerenciá-las, concluíram que essas equipes não eram apropriadas para elas e voltaram a utilizar uma abordagem que tende mais para as equipes de peso leve. Na opinião dessas empresas, as estruturas matriciais são visivelmente difíceis de gerenciar e com frequência se tornam exageradamente complexas e incorrem em altos custos indiretos. Inevitavelmente, existem problemas de conflito de papéis em qualquer organização matricial: os membros da equipe devem dar primeira prioridade ao projeto ou à função que eles representam? Em casos extremamente complexos, uma estrutura matricial na verdade pode ser prejudicial à inovação. As dificuldades operacionais decorrentes de uma estrutura organizacional rígida foram o motivo alegado para a falta de desempenho em inovação da Hewlett-Packard durante vários anos.[9] Essas empresas constataram que estimular a cooperação entre os membros da equipe talvez seja mais importante do que os detalhes da estrutura organizacional da equipe; não se pode simplesmente juntar as pessoas e chamá-las de equipe.[10]

---

[7] Mariann Jelinek, "Organizing for Innovation", in V. K. Narayanan & Gina C. O'Connor (eds.), *Encyclopedia of Technology & Innovation Management* (Chichester, UK: John Wiley, 2010), Chapter 29.

[8] Gail Edmondson, "BMW's Dream Factory", www.businessweek.com, October 16, 2006.

[9] Consulte Jelinek, *op. cit.*

[10] Barbara Dyer, Ashok K. Gupta & David Wilemon, "What First-to-Market Companies Do Differently", *Research-Technology Management*, March–April 1999, pp. 15–21.

Há também outros problemas organizacionais. A inovação radical deve ser mantida "incubada" na equipe de empreendimento, para ser integrada na empresa apenas se ganhar aceitação no mercado? Pesquisas recentes sobre 12 grandes empresas e suas atuais iniciativas em inovação indicam que o melhor procedimento é gerenciar a relação entre a administração do empreendimento e a administração da empresa, incluindo todas as questões de liderança e transição da administração. Foram identificadas três competências associadas à inovação radical:

- Descoberta. Criação, reconhecimento e enunciação de oportunidades de inovação radical.
- Incubação. Transformação da oportunidade radical em uma proposta de negócio.
- Aceleração. Incrementação ou intensificação da atividade de negócio para que se torne comparável a outras atividades de negócio dentro da empresa controladora.[11]

Um outro olhar sobre projetização

Não obstante as dificuldades na implementação, as empresas de fato precisam considerar a projetização como uma forma de possibilitar que os membros da equipe trabalhem eficazmente em conjunto. Toda vez que duas ou mais pessoas de diferentes departamentos ou funções se juntam para trabalhar em um projeto, surgem conflitos. Quando um gerente de vendas, por exemplo, comparece a uma reunião com o *comitê de novos produtos*, praticamente não há dúvida a respeito das prioridades, porque os membros do comitê cumprem primeiro o seu papel de engenheiro ou profissional de marketing e, em segundo, o de membro daquele comitê. O gerente de vendas é "funcionalizado", em vez de projetizado. Os membros do comitê desejam que a empresa tenha lucro; eles não são desleais. Contudo, eles têm opiniões independentes sobre o quanto um novo produto específico pode contribuir para o lucro. O gerente de vendas pode ver um novo tamanho de embalagem como algo que atenderá às exigências dos clientes e contribuirá para as vendas; o engenheiro pode acreditar que os custos de produção subirão mais do que o volume de vendas; a contabilidade discorda de outro produto para a linha existente que talvez não faça outra coisa senão dividir as compras atuais dos clientes e aumentar os custos; o P&D afirma que essa nova embalagem afastará uma pessoa-chave de um projeto mais importante para o ano seguinte.

Essas preocupações não são em vão. Elas são uma realidade da existência do novo produto e são legítimas. A projetização crescente pode ajudar a abordá-las. Se um projeto for importante e enfrentar muita resistência por parte dos profissionais que acabamos de mencionar, aumentaremos a projetização. Se a resistência for muito grande, talvez a organização de uma equipe de empreendimento seja necessária. Entretanto, se o desenvolvimento estiver relacionado a pequenas variações em um produto padrão ou em uma plataforma, é provável que uma menor projetização seja a opção preferida.

Diferentes empresas administram essas questões de diferentes formas. A Toyota, por exemplo, teve sucesso com a inovação integrada de produtos mantendo, ao mesmo tempo, uma organização de estrutura funcional. Ela conseguiu isso em vários sentidos:

- A comunicação por escrito entre os funcionários de diferentes áreas funcionais é enfatizada. Enfatiza-se a utilização de relatórios concisos (de uma ou duas páginas) para minimizar o acúmulo de papelada.

---

[11] Gina Colarelli O'Connor & Richard DeMartino, "Organizing for Radical Innovation: An Exploratory Study of the Structural Aspects of RI Management Systems in Large, Established Firms", *Journal of Product Innovation Management*, 23(6), 2006, pp. 475–497.

- Há uma supervisão atenta entre supervisores e recém-contratados em cada área funcional, algo semelhante à relação entre aluno e orientador.
- Os "engenheiros-chefes" são os principais *designers* no projeto de um novo automóvel. Sua responsabilidade é desenvolver a "abordagem" geral e liderar uma grande equipe de engenheiros, e são esses engenheiros que na verdade "cuidarão dos pormenores".
- Enfatiza-se o treinamento interno dos engenheiros. Há um amplo revezamento entre os engenheiros em toda a empresa para evitar que se criem "chaminés ou silos funcionais".
- Processos relativamente simples e padronizados são utilizados para manter todos no rumo certo.
- Um conjunto de normas de *design* é mantido para favorecer a previsibilidade no processo de novos produtos.[12]

Determinamos o grau de poder necessário à equipe por meio da avaliação da situação. Alguns outros fatores que influenciam o nível correto de projetização são: necessidade de incentivar a integração transfuncional, nível de *know-how* funcional necessário, tempo de permanência provável de um indivíduo na equipe e essencialidade da velocidade de colocação no mercado. A Figura 14.2 detalha todos esses fatores fundamentais.

CONSTRUINDO UMA EQUIPE

A maioria dos gestores e praticamente todos os pesquisadores concluíram que as equipes de novos produtos precisam ser criadas de forma que sejam adequadas à situação em questão. Não existe um único método correto ou paradigma, assim como não existe um único método correto para testar conceitos ou explicitar um termo de inovação de produto. Tampouco existem pessoas corretas para isso; a maior parte dos membros e dos líderes de equipe afirma que tiveram um crescimento pessoal durante essas atribuições. Os gerentes de vendas e igualmente os cientistas precisam se transformar em alguma outra coisa, algo apropriado à atividade do grupo.

Implantando uma cultura de colaboração

Poucas pessoas discordam da importância da cultura nos negócios. Existe até o ditado de que "Toda empresa deve ter uma cultura, mesmo que ruim". Com relação a melhorias de produto e extensões de linha com diferenças mínimas, o pessoal de novos produtos precisa adotar a cultura da organização vigente. Na Heinz, por exemplo, a equipe da marca Big Red (que gerencia o *ketchup* de tomate e produtos análogos) prevalece em sua atividade de novos produtos. Contudo, quando essa atividade se torna mais difícil, as empresas precisam promover uma cultura de **colaboração** que ajude a canalizar a criatividade, compartilhar informações entre os departamentos, estimular o crescimento do capital intelectual e aumentar a eficiência no desenvolvimento de novos produtos.[13]

---

[12] Durward K. Sobek II, Jeffrey K. Liker & Allen C. Ward, "Another Look at How Toyota Integrates Product Development", *Harvard Business Review,* July–August 1998, pp. 36–49.

[13] Para examinar um ponto de vista sobre a importância do compartilhamento de informações entre as áreas funcionais, consulte Michael Song, Jinhong Xie & C. Anthony Di Benedetto, "Message and Source Factors, Market Uncertainty, and Extrafunctional Information Processing: Hypotheses and Empirical Evidence", *IEEE Transactions on Engineering Management,* 48(2), 2001, pp. 223–238.

A colaboração é uma forma intensa e complexa de integrar as áreas funcionais (marketing, P&D, fabricação etc.). Todas as áreas funcionais têm igual interesse pelo sucesso do novo produto, não têm intenções veladas e estão focadas nos objetivos comuns da equipe. Teoricamente, a colaboração gera *sinergia*: o resultado do novo produto é maior do que a soma das capacidades dos participantes individuais. Embora as equipes transfuncionais possam aumentar enormemente a integração funcional, algo mais é necessário para garantir níveis apropriados de colaboração. Mais especificamente, os participantes precisam estar abertos à mudança, ter disposição para cooperar e confiar uns nos outros. O compromisso da alta administração para com os novos produtos e sua receptividade às necessidades dos membros da equipe também contribuem para uma maior colaboração.[14]

Dizem que um estilo de gestão cria uma cultura. No entanto, as culturas se formam lentamente; uma mudança de gestão pode ocorrer de repente. A cultura pode ser superenfatizada; ela só *permite* ações e realizações. Em si, ela não extrai nenhum resultado do sistema de novos produtos. Contudo, a equipe que trabalha sem uma cultura clara (ou com uma cultura errada) corre riscos. As seções posteriores analisam como a cultura colaborativa pode ser estimulada com o enfrentamento dos problemas envolvidos na formação e gestão de equipes.

Atribuição e envolvimento da equipe

Uma clara compreensão de todos os envolvidos a respeito do propósito da equipe, de sua missão e de sua estratégia é imprescindível. Um fabricante de produtos médicos razoavelmente técnicos queria apenas os riscos moderados da *imitação inovadora* e por esse motivo o P&D foi incumbido de responder às orientações do marketing. Os novos projetos originam-se apenas no marketing, os principais atributos dos produtos eram determinados antes de o P&D iniciar seu trabalho e o diretor de marketing conduzia todos os projetos. Outra empresa de um setor aliado queria implementar uma estratégia de *inovação técnica agressiva*, mas só depois que dois diretores de P&D qualificados entraram e saíram é que administração percebeu que o foco de curto prazo do departamento de marketing então predominante estava desencaminhando totalmente as equipes. Coisas engraçadas acontecem quando falta uma estratégia às equipes de novos produtos, porque elas adotam qualquer estratégia que acreditam ser correta, e o pessoal técnico pode sentir que o sucesso da equipe é medido pelo desempenho técnico. O cliente tem uma opinião diferente.

Outra questão fundamental é a "adesão" por parte de todos os membros da equipe – o que algumas vezes é chamado de **apropriação**, isto é, assumir o projeto como seu. Esse envolvimento ou sentimento de apropriação é acompanhado de entusiasmo, comprometimento, força e orgulho. Apropriação *não* é empreendedorismo – os "cavaleiros brancos" – isto é, os investidores amigáveis e salvadores que defendem as empresas de tentativas de tomada de controle – não ficam cavalgando em torno de uma empresa de espada em punho para invocar novos produtos. São *grupos de especialistas qualificados* que criam novos produtos, e não líderes individuais. Algumas empresas empregam o termo **defensores de produto** em referência às pessoas que expressaram adesão, mas desejam que todos os membros da equipe se envolvam.

São necessários três fatores para o envolvimento e participação: treinamento, autonomia e motivação. O *treinamento* ajuda a garantir que ninguém se apropriará se não tiver as habilidades e os conhecimentos exigidos pela atividade em questão.

---

[14] Edward U. Bond III, Beth A. Walker, Michael D. Hutt & Peter H. Reingen, "Reputational Effectiveness in Cross-Functional Working Relationships", *Journal of Product Innovation Management*, 21(1), January 2004, pp. 44–60.

Conceder **autonomia** (*empowerment*) significa libertar uma pessoa. É muito mais que delegação (que normalmente impõe algumas restrições – orçamentos, políticas, procedimentos etc.). Autonomia é basicamente uma declaração da alta administração de que ela está preparada e disposta a confiar na capacidade de julgamento da pessoa. *Motivação* significa estimular a pessoa a desejar o sucesso, assunto sobre o qual ainda falaremos mais detalhadamente.

Algumas vezes, as pessoas funcionais não desejam envolvimento. Poder, sim, mas não envolvimento. E com frequência elas não conseguem esse envolvimento porque as condições mencionadas antes não foram atendidas. Um diretor da Citicorp certa vez disse que o banco teve de transferir a inovação de produtos de varejo para um grupo corporativo de novos produtos porque os departamentos de linha simplesmente não estavam fazendo seu trabalho. Eles se recusavam a se apropriar da inovação de novos produtos (bem como a assumir responsabilidade pelos erros).

A autonomia da equipe precisa ser cuidadosamente gerenciada. Por exemplo, uma equipe pode ter autonomia para tomar decisões importantes, mas em algum momento posterior a administração pode precisar intervir e ajudar a equipe se ela estiver enfrentando dificuldades – ou pode simplesmente rever as decisões já tomadas pela equipe. Ou então a própria equipe pode procurar a ajuda da alta administração. Em outros casos, a equipe pode ultrapassar os limites de sua autoridade. Qualquer uma dessas situações pode causar problemas e possivelmente prejudicar a utilização futura das equipes da empresa. A administração deve resistir ao impulso de intervir e esforçar-se para apoiar as decisões da equipe. Também ajuda se os objetivos e os limites da equipe forem claramente expressos – do contrário, a equipe criará os seus próprios (os quais podem ser ou não apropriados do ponto de vista da empresa) ou se deixará levar pela corrente.[15]

Escolhendo um líder

Assim que a estratégia geral for determinada e o nível de equipe que a empresa necessita para o trabalho em questão for decidido, o próximo passo é escolher um líder. Algumas vezes isso é automático – por exemplo, quando a empresa utiliza o sistema de gestor de produtos e o novo produto está relacionado à complementação de uma linha de produtos dessa pessoa específica ou quando, como no caso das notas adesivas Post-It da 3M, o projeto origina-se da tecnologia criada por uma pessoa específica.

O líder precisa atuar como um *gerente geral*. Ele deve ser capaz de identificar a necessidade de mudança e convencer os outros dessa necessidade. Além disso, ele precisa convencer os prováveis membros da equipe a aceitar a ideia de participar de uma equipe, assegurar o comprometimento desses membros, estimular o compartilhamento de informações, aumentar a interação e geralmente se sentir confortável para trabalhar com pessoas de outras áreas funcionais.[16] Ele lidera sem autoridade direta e, portanto, tem de obter apoio pessoal. Os líderes de equipe precisam ter muita autoconfiança (que se fundamenta em conhecimento e experiência, e não no ego), ter empatia (ser capaz de olhar para as coisas do ponto de vista de outra pessoa), ter uma boa percepção pessoal sobre como os outros os veem e ser especialistas em comunicação pessoal. Contudo, a ironia é que nem mesmo tudo isso provavelmente é suficiente. Dizem que o projeto de um novo produto na verdade precisa de dois

---

[15] Donald Gerwin, "Team Empowerment in New Product Development", *Business Horizons,* July–August 1999, pp. 29–36.

[16] Avan R. Jassawalla & Hemant C. Sashittal, "Strategies of Effective New Product Leaders", *California Management Review,* 42(2), Winter 2000, pp. 34–51.

líderes: uma figura criativa e inspiradora logo no início e um disciplinador vigoroso nas fases posteriores. Raras as pessoas que conseguem ser as duas coisas.

Algumas vezes as pessoas se perguntam se o líder deve ser escolhido primeiro ou se selecionado pelos próprios membros da equipe. A última opção é uma ideia atraente e é utilizada ocasionalmente. Contudo, a alta administração normalmente prefere escolher o líder e depois selecionar os membros da equipe. Isso aumenta a probabilidade de haver uma boa química e comprometimento na equipe, mas assegura também uma liderança competente. A alta administração pode igualmente ajudar a aumentar a probabilidade de sucesso do líder oferecendo os recursos necessários e concedendo-lhe autonomia para tomar decisões fundamentais. Além disso, o líder de equipe deve ver sua posição como um compromisso em tempo integral![17] Muitas empresas reconhecem a dificuldade que é identificar líderes talentosos e valorizam consideravelmente aqueles que elas encontram. A Toyota e a Honda, por exemplo, possibilitam que após o lançamento eles se mantenham como gestores dos carros desenvolvidos e depois os nomeiam para o projeto de outro carro novo (em vez de nomeá-los para uma posição de alto executivo).

Selecionando os membros da equipe

Ao selecionar os membros de uma equipe de novos produtos, é importante lembrar que todos eles estão na equipe como representantes de um grupo que congrega as outras pessoas que ficaram em seu departamento original. O membro de uma equipe de P&D não é capaz de realizar todo o trabalho técnico e talvez não realize nenhum, mas estimula, orienta e incentiva as demais pessoas desse departamento a fazê-lo. Normalmente isso ocorre em virtude da concorrência de outros representantes do P&D em outras equipes, que também estão tentando ganhar tempo para *seus* projetos. O mesmo se aplica aos membros de equipe de outras funções. O desejo da Chrysler é que os membros da equipe sejam agentes da mudança. A Bausch & Lomb (B&L) deseja que os membros tenham uma influência funcional real e uma ampla visão empresarial. A B&L acredita tanto em equipes que um palestrante da empresa levou com ele (e apresentou) cinco membros-chave de sua equipe.

Portanto, procuramos pessoas instruídas e bem informadas em sua área de domínio, que sejam respeitadas por seu departamento e que desejam participar da equipe. Se elas tiverem de ser persuadidas a aceitar o trabalho, é provável que não o farão bem feito.

Em uma empresa, a maioria das pessoas se enquadra em uma de três categorias com relação às suas inter-relações fora do departamento a que pertencem. As equipes precisam de *integradores*, que adoram se relacionar com pessoas de outros departamentos ou outras empresas. Eles respeitam e obtêm respeito naturalmente. Os *receptores* respeitam os outros e acolhem favoravelmente as informações dessas pessoas, mas não desejam relacionamentos pessoais. Eles são bons contatos, mas não particularmente um bom membro de equipe. Os *isolados* preferem ser deixados em paz. Eles são profundos especialistas em sua área de domínio e na verdade não desejam nada que esteja relacionado com as pessoas de outras funções. Raramente eles são capazes de desempenhar algum papel nas atividades da equipe de novos produtos.

Quantos membros uma equipe deve ter? Primeiro, façamos uma distinção entre equipe principal, equipe *ad hoc* e equipe estendida. A *equipe principal* inclui as pessoas que estão envolvidas com o *gerenciamento* de agrupamentos funcionais. Desse modo, uma pessoa do marketing pode representar, falar em nome e orientar de 10 a 12 pessoas nas áreas de vendas e marketing. Os membros da equipe principal são ativos o tempo

---

[17] Jassawalla & Sashittal, *op. cit.*

todo e recebem o apoio dos membros da *equipe ad hoc*. Os membros *ad hoc* são aqueles provenientes de departamentos importantes (como embalagem, jurídico e logística) cuja importância é momentânea e, portanto, não são necessários na equipe principal.

Os membros da *equipe estendida* podem vir de outra divisão da empresa, da equipe corporativa ou de outra empresa. Embora esses membros possam vir praticamente de qualquer lugar, cada vez mais as empresas estão vendo a importância de incluir fornecedores-chave na equipe. O compartilhamento de informações a respeito de planos de produto e técnicos entre as empresas fabris e seus fornecedores pode diminuir os problemas associados com incerteza tecnológica e ajudar ambos a atingir metas de longo prazo.[18] O departamento de compras da empresa pode ser membro da equipe principal ou *ad hoc* e fazer a ponte com a empresa do fornecedor. Adicionalmente, uma maior coordenação com empresas parceiras externas pode facilitar a cooperação interna entre as áreas funcionais.[19]

Para mostrar os benefícios da interação com os fornecedores, utilizamos a Dell Computers, que tem elos estreitos com os fornecedores externos de seus processadores, periféricos e *softwares* e, por isso, pode personalizar os produtos com rapidez e facilidade, de acordo com as necessidades dos clientes. A DAF, uma pequena fabricante de caminhões, depende do conhecimento oferecido por seu fornecedor de sistemas de injeção eletrônica, a Bosch. Na verdade, essas empresas se consideram parceiras, não obstante a diferença de tamanho entre elas. A Bosch fornece sistemas de injeção para a DAF, que, por sua vez, fornece informações rápidas e confiáveis para a Bosch. Essa parceria possibilita que a Bosch preveja melhor as necessidades de seus outros clientes.[20]

Funções e participantes

As pessoas que trabalham com novos produtos algumas vezes não são apenas representantes funcionais; elas podem assumir outras funções, algumas bem conhecidas e necessárias. A Figura 14.3 mostra o conjunto completo de funções, muitas delas informais. Embora essas funções nem sempre estejam presentes (por exemplo, um *inventor* talvez não seja necessário), normalmente elas estão. Algumas vezes não fica claro quem está desempenhando qual função e as pessoas na verdade disputam a função que elas desejam.

A função mais conhecida é a de *defensor de produto* (também chamada de *patrocinador de processo* ou apenas de defensor). Os projetos algumas vezes são suspensos por movimentos na infraestrutura de apoio e, portanto, fora da equipe. As pessoas perdem interesse; surgem conflitos políticos; as projeções de volume e custo dão errado; não são alcançados avanços técnicos disruptivos. O defensor dentro da corporação desempenha uma função semelhante à de um empreendedor que está iniciando um novo negócio. Sua função é superar os **obstáculos**; contornar a hierarquia corporativa e per-

---

[18] Kenneth J. Petersen, Robert B. Handfield & Gary L. Ragatz, "A Model of Supplier Integration into New Product Development", *Journal of Product Innovation Management*, 20(4), 2003, pp. 284–299; e C. Anthony Di Benedetto, Roger J. Calantone, Erik VanAllen & Mitzi M. Montoya-Weiss, "Purchasing Joins the NPD Team", *Research-Technology Management*, 46(4), July–August 2003, pp. 45–51.

[19] Bas Hillebrand & Wim G. Biemans, "Links Between Internal and External Cooperation in Product Development: An Exploratory Development Study", *Journal of Product Innovation Management*, 21(2), March 2004, pp. 110–122.

[20] Com relação ao exemplo da Dell: G. Tomas M. Hult & K. Scott Swan, "Special Issue on New Product Development and Supply Chain Management: From the Special Issue Guest Editors", *Journal of Product Innovation Management*, 20(5), 2003, pp. 333–336; quanto ao exemplo da DAF: Finn Wynstra, Mathieu Weggeman & Arjan van Weele, "Exploring Purchasing Integration in Product Development", *Industrial Marketing Management*, 32(1), 2003, pp. 69–83.

FIGURA 14.3 Funções e participantes do processo de novos produtos.

Participante*	Atividade	Participante*	Atividade
1. Gerente de projeto	Líder Integrador Tradutor Mediador Avaliador Árbitro Coordenador	4. Estrategista	De mais longo prazo Gerência Programa completo
2. Defensor de produto	Apoiador Porta-voz Impulsionador Não ceder	5. Inventor	Cientista criativo Inventor amador Fonte de ideias
3. Patrocinador	Alto gerente Apoiador Endossantes Garantir audiência Orientador Aumentar a produção	6. Racionalista 7. Facilitador	Objetividade Realidade Racionalidade Finanças Incrementar a produtividade

*A função dos participantes pode ser formal ou informal.

suadir outras pessoas na empresa (de várias áreas funcionais) a apoiar a inovação.[21] Os defensores nem sempre serão vencedores, mas sua responsabilidade é garantir que nenhum projeto morra sem que haja um combate. Os defensores também desempenham um papel importante no sentido de levar informações para a equipe de novos produtos por meio de seus próprios contatos dentro da organização e de sua rede externa.[22]

Na maioria dos casos, o *gerente de projeto* desempenha o papel de defensor. Outras vezes o defensor é autodesignado, com frequência uma pessoa associada com a descoberta que deu início ao projeto. Atualmente, para muitas empresas o papel de defensor é desempenhado pela *equipe principal* porque todos devem estar solidamente comprometidos com o conceito. Algumas empresas estão começando a acreditar que a ideia de defensor esgotou sua utilidade porque os obstáculos políticos devem ser abordados pela empresa, e não por um indivíduo que combate, o que em muitos casos assume feições da história de Davi/Golias. Entretanto, algumas pesquisas acreditam que os defensores de fato contribuem positivamente para o desempenho do processo geral de novos produtos.[23]

---

[21] Stephen K. Markham & Lynda Aiman-Smith, "Product Champions: Truths, Myths, and Management", *Research-Technology Management*, 44(3), May–June 2001, pp. 44–50; e Stephen K. Markham, "Moving Technologies from Lab to Market", *Research-Technology Management*, 45(6), November–December 2002, pp. 31–42.

[22] Jane M. Howell & Christine M. Shea, "Individual Differences, Environmental Scanning, Innovation Framing, and Champion Behavior: Key Predictors of Project Performance", *Journal of Product Innovation Management*, 18(1), January 2001, pp. 15–27.

[23] Howell & Shea, *op. cit.*; consulte também Gloria Barczak, "New Product Strategy, Structure, Process, and Performance in the Telecommunications Industry", *Journal of Product Innovation Management*, 12(3), June 1995, pp. 224–234; e Albert L. Page, "Assessing New Product Development Practices and Performance: Establishing Crucial Norms", *Journal of Product Innovation Management*, 10(4), September 1993, pp. 273–290.

FIGURA 14.4 Mitos quanto aos defensores dos produtos.

Mito: Os defensores são associados com sucessos no mercado. Fato: os defensores são propensos a apoiar igualmente insucessos e sucessos. O comportamento do defensor não está necessariamente relacionado com maior sucesso no mercado.
Mito: Os defensores sentem-se instigados pela ideia. Fato: os profissionais de marketing defendem as inovações de produto e o pessoal de produção defende inovações de processo. O fator de motivação pode ser um interesse pessoal, e não um entusiasmo idealista.
Mito: Os defensores se envolvem somente com mudanças radicais. Fato: não necessariamente. Os defensores se envolvem com produtos radicais e também incrementais.
Mito: Os defensores surgem apenas de níveis superiores (ou inferiores) da empresa. Fato: as histórias mais famosas com frequência envolvem indivíduos de um nível hierárquico inferior (como Fry, cientista da 3M que defendeu os adesivos Post-It) ou altos executivos (Morita, diretor executivo da Sony, foi defensor do Walkman). Na verdade, os defensores podem vir de todos os níveis da empresa.
Mito: Os defensores provêm predominantemente do marketing. Fato: na realidade, os defensores podem vir de departamentos como marketing, P&D, gerência geral, produção e operações e de outros lugares.
Entretanto, esse mesmo estudo de pesquisa confirmou algumas crenças comuns sobre os defensores:
Os defensores obtêm recursos e mantêm a vida dos projetos.
Eles são apaixonados, persuasivos e propensos a assumir riscos.
Trabalham em empresas com processos formais de novos produtos e também em empresas sem esses processos.
Essa defesa exige sensibilidade com relação às políticas da empresa.
Os defensores são propensos a apoiar projetos que se alinham com a estratégia de inovação da empresa.

Fonte: De Stephen K. Markham & Lynda Aiman-Smith, "Product Champions: Truths, Myths and Management", *Research-Technology Management*, May–June 2001, pp. 44–50. Reimpresso com permissão do Instituto de Pesquisa Industrial.

Ainda há muito a descobrir a respeito do papel dos defensores. Um estudo recente examinou o que normalmente se acredita que os defensores sejam e identificou muitos conceitos errôneos e também crenças basicamente corretas (consulte a Figura 14.4). Por exemplo, parece que os defensores de produto tendem a ser encontrados tanto em empresas grandes quanto pequenas e tanto em empresas voltadas para tecnologia quanto voltadas para o marketing/mercado. Os defensores são mais eficazes quando têm um relacionamento pessoal positivo com as pessoas que eles estão tentando conquistar dentro da empresa e utilizam táticas cooperativas, em vez de táticas de confronto, para conquistá-las. Identificou-se também que eles apoiam tanto produtos incrementais quanto produtos radicalmente novos. Obviamente, essa é uma área perfeita para mais estudos.[24]

A segunda função mais importante na Figura 14.3 é a do **patrocinador**. Essa pessoa não conduz nenhuma atividade, mas está em um escalão mais alto na empresa, é apoiador e incentiva e endossa o defensor. As equipes são sensatas quando formam patrocinadores, que são chamados por algumas pessoas de padrinhos ou mentores.

Para atrair o interesse de um patrocinador pelo projeto de um novo produto, é necessário definir claramente o projeto e seus objetivos, mostrar como o projeto afetará o patrocinador e sua organização e expor os efeitos esperados sobre as receitas,

---

[24] Stephen K. Markham, "A Longitudinal Examination of How Champions Influence Others to Support Their Projects", *Journal of Product Innovation Management*, 15(6), November 1998, pp. 490–504; e Stephen K. Markham & Abbie Griffin, "The Breakfast of Champions: Associations between Champions and Product Development Environments, Practices, and Performance", *Journal of Product Innovation Management*, 15(5), September 1998, pp. 436–454.

os custos e o lucro. É preciso considerar também o nível dentro da empresa no qual se deve procurar um patrocinador: se o projeto for propenso a transcender barreiras funcionais na organização, é aconselhável procurar patrocínio entre os executivos da alta administração. Além disso, não se esqueça de manter o interesse e o entusiasmo do patrocinador: envolva-o nas reuniões da equipe e envie relatórios de andamento.[25]

As outras funções na Figura 14.3 são indicadas pelas atividades que são relacionadas a elas.

Construção de redes

Até o momento, o foco recaiu sobre o líder de equipe e os membros da equipe. Mas algumas vezes não há nenhuma equipe. Como visto no Capítulo 1, muitos novos produtos são apenas melhorias ou extensões de linha próximas, e com frequência são desenvolvidos de maneira funcional, dentro da organização vigente e sem uma equipe especial. Além disso, a equipe estendida inclui pessoas que estão bem distantes da equipe principal e *ad hoc*. Em todos esses casos, os participantes que de fato realizam o trabalho na atividade de novos produtos constituem uma rede.

Uma **rede** é formada por nós, elos e relações operacionais. Os *nós* são pessoas que, de alguma forma, são importantes para o projeto. Os *elos* referem-se a como essas pessoas são alcançadas e aos laços que elas têm com as demais pessoas na rede. As *relações operacionais* dizem respeito a como as pessoas são contatadas e motivadas a cooperar com o projeto.

Quem são os nós? Essa é a parte mais difícil. Qualquer projeto pode contar com o apoio de centenas (ou mesmo milhares) de pessoas. Somente por meio de uma avaliação é possível determinar quantas delas devem ser inseridas em uma rede formal e gerenciadas.

O objetivo das redes formadas no papel ou no computador não é substituir a gestão intensiva e itinerante. E elas são mutáveis – mudam de tempos em tempos ao longo do projeto e de um projeto para outro à proporção que a importância das várias funções flui e reflui. Por exemplo, o departamento de compras durante muito tempo foi omitido das redes ou colocado em um lugar à margem. Contudo, o atual foco sobre velocidade, qualidade, custo e valor trouxe o departamento de compras para um assento na primeira fileira.

Os formadores de redes admitem que é bem mais fácil traçar os nós e as linhas que os interligam do que lidar com eles na prática. No entanto, não há opção, e as redes são uma ferramenta de apoio, ainda que sejam muito informais ou apenas imagens mentais. Talvez o maior risco das redes seja o de se transformar facilmente em burocracia. Um gestor recusou-se a fazer um esboço da rede para um projeto que ele estava gerenciando quando solicitado a fazê-lo durante um programa de treinamento. Ele disse que não queria ver isso esboçado em uma folha de papel e correr o risco de ser subjugado por sua complexidade. E não queria que seu chefe visse esse esboço e com isso tivesse uma ideia melhor dos enormes custos indiretos envolvidos naquela atividade.

Treinamento de equipes

Uma equipe constituída ainda não está pronta para começar a atuar. É preciso obter o **apoio da alta administração** (discutido posteriormente) e, com sorte, uma boa imagem na empresa como um todo. Às vezes outros gestores começam a duvidar ou temer uma equipe e podem isolá-la ou marginalizá-la.

---

[25] Gary Tighe, "From Experience: Securing Sponsors and Funding for New Product Development Projects—The Human Side of Enterprise", *Journal of Product Innovation Management*, 15(1), January 1998, pp. 75–81.

Mas a necessidade real nesse momento é o treinamento. Seria ótimo dizer que temos um amplo quadro de membros e líderes de equipe qualificados em novos produtos. Não temos. Geralmente, as empresas iniciam uma equipe com uma intensa sessão de treinamento de duas ou três horas para os respectivos membros. Em várias empresas, esse pré-treinamento é tão fundamental, que sua duração pode chegar a um mês. Não obstante, essas sessões de treinamento não são capazes de levar os membros da equipe aos níveis de habilidade necessários se não houver uma habilidade considerável como ponto de partida.

GERENCIANDO A EQUIPE

Gerenciar uma equipe desenvolvida para projetos mais importantes na área de novos produtos é extremamente difícil. Alguns estudos recentes identificaram que, embora a maioria das empresas tivesse processos bem definidos de novos produtos, com frequência elas não tinham tanto sucesso em sua implementação. As empresas mais bem-sucedidas em novos produtos tendiam a ter vários princípios básicos em comum com respeito à implementação, como clara definição de funções e responsabilidades, sensação de envolvimento e participação, cooperação, forte liderança de equipe e flexibilidade. A Figura 14.5 apresenta mais detalhes.[26] Um termo que hoje está surgindo para descrever as equipes de alto desempenho é **comportamento entusiasmado**: além de comprometimento e cooperação, os membros da equipe sentem prazer em trabalhar em grupo. Fatores como estímulo para assumir riscos, foco sobre a qualidade, elos interdepartamentais, contato com recomendações dos clientes e natureza da concorrência, entre outros, estão positivamente relacionados com o comportamento entusiasmado.[27]

A seguir apresentamos algumas reflexões especiais sobre gestão e implementação.[28]

Gestão de interface transfuncional

Como vimos, a inovação de produtos envolve pessoas de várias áreas funcionais e com formação diferente: vendas e marketing, P&D, *design*, engenharia, fabricação, operações etc. Parte do desafio da área de novos produtos refere-se ao gerenciamento das **interfaces** entre as áreas funcionais, visto que as principais funções *precisam* cooperar com frequência e eficiência para melhorar o desempenho do processo de desenvolvimento de produtos.[29] A maior parte do pessoal de novos produtos tem familiaridade com acusações estereotipadas como: "Esses caras do marketing não conseguem chegar ao final do dia se não tiverem um almoço de duas horas no res-

---

[26] Jeffrey M. Davidson, Allen Clamen & Robin A. Karol, "Learning from the Best New Product Developers", *Research-Technology Management*, 42(4), July–August 1999, pp. 12–18; Edward F. McDonough III, "Investigation of Factors Contributing to the Success of Cross-Functional Teams", *Journal of Product Innovation Management*, 17(3), May 2000, pp. 221–235.

[27] Rajesh Sethi & Carolyn Y. Nicholson, "Structural and Contextual Correlates of Charged Behavior in Product Development Teams", *Journal of Product Innovation Management*, 18(3), May 2001, pp. 154–168.

[28] Para examinar uma discussão sobre avaliação de desempenho, pagamento, promoção, cultura organizacional, líder de equipe, escolha de membros, autonomia e assuntos correlatos, consulte Patricia J. Holahan & Stephen K. Markham, "Factors Affecting Multifunctional Team Effectiveness", in M. Rosenau, Griffin, G. Castellion & N. Anscheutz, *The PDMA Handbook of New Product Development* (New York: John Wiley, 1996).

[29] Consulte Kenneth B. Kahn, "Market Orientation, Interdepartmental Integration, and Product Development Performance", *Journal of Product Innovation Management*, 18(5), September 2001, pp. 314–323.

Esclarecimento de metas e objetivos. Expor o que precisa ser feito, por quem e quando, em todas as fases do processo de novos produtos. Fornecer conteúdos, treinamento e medidas claramente especificadas para mensuração do impacto de um novo produto. Garantir que haja uma visão em comum, um foco e uma direção em comum e uma excelente comunicação entre todos os membros da equipe.

Apropriação. Comprometimento (desejo de fazer o que for necessário para que o projeto tenha sucesso) é fundamental, mas a apropriação também é essencial e vai além do comprometimento. Apropriação significa que os membros da equipe sentem que são capazes de fazer diferença e desejam fazer diferença. Sua própria identidade está atrelada aos resultados do projeto. É necessário oferecer recompensas e reconhecimentos que incentivem todos os membros da equipe a compartilhar o processo de novos produtos e a fazer valer esse esforço extra. Desenvolver confiança mútua entre os membros da equipe.

Liderança na alta administração e na equipe. A alta administração precisa apoiar visivelmente os novos produtos e dar exemplo. A responsabilidade reside, em última análise, no topo, embora a tomada de decisões possa ser delegada apropriadamente a diferentes níveis gerenciais. No nível de equipe, a liderança pode assumir a forma de apoio, facilitação e estímulo.

Integração com processos de negócio. Refere-se a todas as atividades anteriores na cadeia produtiva que são afetadas pelo processo de novos produtos. Os *inputs* e *outputs* dessas atividades devem estar associados ao desenvolvimento de novos produtos; uma organização centralizada de processos de negócio pode facilitar isso.

Flexibilidade. Ajustar o processo de novos produtos à medida que o ambiente e os objetivos mudarem. A meta é manter-se como uma organização de desenvolvimento de produtos de nível internacional; isso requer que a empresa conceda a cada projeto ou a cada equipe um grau de flexibilidade com relação, por exemplo, ao número de projetos em andamento no momento ou à extensão de tempo dedicada a cada estágio.

FIGURA 14.5 Princípios básicos na implementação do processo de novos produtos.

Fonte: Baseado em Jeffrey M. Davidson, Allen Clamen & Robin A. Karol, "Learning from the Best New Product Developers", *Research-Technology Management*, July–August 1999, pp. 12–18; e Edward F. McDonough III, "Investigation of Factors Contributing to the Success of Cross-Functional Teams", *Journal of Product Innovation Management* 17, no. 3, May 2000, pp. 221–235.

taurante mais caro da cidade" ou "Já tentou fazer um cientista dizer claramente sim ou não?" ou "Por que o pessoal de manufatura nunca admite que pisou na bola?". Essas acusações são generalizações extremamente injustas. Na verdade, os problemas transfuncionais normalmente são bem menos belicosos do que algumas vezes são retratados, e as pessoas que se encontram nessas interfaces costumam se entender muito bem.[30] Contudo, elas diferem com relação ao seu espaço de tempo geral, por um lado, e à sua avaliação de sucesso, por outro. E atritos entre as áreas podem surgir e ameaçar o projeto. Todos os participantes, incluindo a alta administração, precisam reconhecer esses atritos e lidar com eles para minimizar quaisquer efeitos negativos.

---

[30] Para examinar evidências de que existe um acordo entre as áreas funcionais, consulte Roger J. Calantone, C. Anthony Di Benedetto & Ted Haggblom, "Principles of New Product Management: Exploring the Beliefs of Product Practitioners", *Journal of Product Innovation Management*, 12(3), June 1995, pp. 235–247; e X. Michael Song, Mitzi M. Montoya-Weiss & Jeffrey Schmidt, "Antecedents and Consequences of Cross-Functional Cooperation: A Comparison of R&D, Manufacturing, and Marketing Perspectives", *Journal of Product Innovation Management*, 14(1), January 1997, pp. 35–47.

A maior parte da gestão de interface é direta e objetiva, e os gestores experientes com frequência sabem exatamente o que fazer. Muitas pesquisas concentraram-se na gestão de atritos entre as áreas funcionais. Os destaques nas descobertas dessas pesquisas podem ser resumidos em três itens:

- Os altos gerentes ficam com as interfaces que merecem porque eles conseguem eliminar a maior parte dos problemas sempre que resolvem fazê-lo.
- A gestão de interfaces exige principalmente tempo, e não habilidades. Um gestor de novos produtos afirmou que resolveu os problemas de sua equipe dedicando pelo menos 40% do seu tempo para garantir que todos os principais participantes passassem grande parte do tempo uns com os outros dentro e fora do trabalho.
- Os participantes que continuam a ser um problema devem ser afastados das situações da equipe de novos produtos; eles sentem uma estranha satisfação com as reações aos seus comportamentos.

Nas empresas mais inovadoras, é possível ver relacionamentos verdadeiros entre as funções e não apenas atribuições de trabalho estruturadas. A 3M, por exemplo, incentiva uma comunicação inicial e informal entre as equipes de marketing, técnica e de fabricação (os funcionários da 3M chamam esse procedimento de banqueta de três pernas). Os membros da equipe ampliam as ideias uns dos outros e oferecem recursos e informações informalmente uns para os outros. O *design* do ambiente de trabalho dos funcionários pode ser utilizado para estimular a integração transfuncional. Várias instalações novas (como a instalação de pesquisa e marketing da Hoffman-La-Roche em Nova Jersey e o laboratório da Glaxo-Wellcome no Reino Unido) são projetadas com cafeterias em todos os andares para estimular conversas de trabalho entre as várias funções, e as estações de trabalho podem ser projetadas para que sejam facilmente transferidas de um lugar para outro (e desse modo facilitem o processo de reorganização das equipes). A Sony e outras empresas japonesas reveza seus gerentes entre as funções de marketing, desenvolvimento de produtos, fabricação e finanças e dessa forma possibilita que eles tenham uma experiência abrangente.[31]

Entretanto, lembre-se de que, mesmo com essas novas abordagens de equipe, conflitos podem surgir. Na verdade, um pequeno conflito é um bom sinal. Controvérsias saudáveis entre as áreas funcionais podem dar lugar a uma análise mais crítica e, por fim, dar vitalidade ao desenvolvimento de novos produtos. Contudo, a forma como o conflito é gerenciado é extremamente importante. Os estilos integrativos de gestão de conflitos, como confrontação (resolução colaborativa de problemas para alcançar uma solução mutuamente satisfatória) e concessões mútuas (alcançar uma solução conciliatória aceitável), são mais adequados para promover um ambiente positivo para a inovação do que os estilos disfuncionais, como afastamento (evitar o problema), panos quentes (procurar uma solução superficial) ou imposição de uma solução (consulte a Figura 14.6).[32] Além disso, nenhuma área funcional deve dominar o processo.

---

[31] Consulte Eric M. Olson, Rachel Cooper & Stanley F. Slater, "Design Strategy and Competitive Advantage", *Business Horizons*, 41(2), March–April 1998, pp. 55–61; S. W. F. (Onno) Omta & Jo M. L. van Engelen, "Preparing for the 21st Century", *Research-Technology Management*, 41(1), January–February 1998, pp. 31–35; e Karen Anne Zien & Sheldon A. Buckler, "From Experience: Dreams to Market: Crafting a Culture of Innovation", *Journal of Product Innovation Management*, 14(4), July 1997, pp. 274–287.

[32] David H. Gobeli, Harold F. Koenig & Iris Bechinger, "Managing Conflict in Software Development Teams: A Multi-Level Analysis", *Journal of Product Innovation Management*, 15(5), September 1998, pp. 423–435; e Barbara Dyer & X. Michael Song, "Innovation Strategy and Sanctioned Conflict: A New Edge in Innovation?", *Journal of Product Innovation Management*, 15(6), November 1998, pp. 505–519.

FIGURA 14.6 Cinco estilos de gestão de conflitos.

Estilo de gestão de conflitos	Definição	Exemplo
Confrontação	Resolução colaborativa de um problema para alcançar uma solução com a qual as partes se comprometam.	Debater o problema, realizar entrevistas com os clientes, gerar possíveis soluções, encontrar a solução mais respaldada pelos clientes.
Concessões mútuas	Alcançar uma solução conciliatória que as partes considerem aceitável.	Negociar um conjunto de características que possam ser incorporadas ao produto para tocar o projeto adiante.
Afastamento	Evitar a questão ou a parte desagradável.	Os membros da equipe com posturas impopulares não acham que vale a pena se importunar com o problema e recuam da decisão.
Panos quentes	Minimizar as diferenças e encontrar uma solução superficial.	Entrar em acordo com os membros da equipe que estão profundamente comprometidos com determinadas características do produto em prol da harmonia do grupo.
Imposição	Impor uma solução.	O gerente de projeto intervém e toma as decisões.

Fonte: Adaptado de David H. Gobeli, Harold F. Koenig e Iris Bechinger, "Managing Conflict in Software Development Teams: A Multi-Level Analysis", *Journal of Product Innovation Management* 14, no. 5, September 1998, pp. 423–435.

Se o marketing, a manufatura ou o P&D for considerado o líder *de facto*, é improvável que fatores como boa colaboração transfuncional e melhor desempenho em novos produtos sejam facilitados. Um *status* de igualdade parece funcionar melhor.[33]

Superando as barreiras à orientação para o mercado

Ainda vemos sinais de pensamento compartimentado em várias empresas que desenvolvem novos produtos; isto é, as áreas funcionais tendem se concentrar em suas próprias metas. As informações não fluem eficazmente entre os departamentos ou são interpretadas diferentemente pelos diferentes departamentos. Esse problema pode ser contornado com o estabelecimento de equipes transfuncionais com autonomia (assunto discutido neste capítulo) e a implementação do procedimento de casa da qualidade para traduzir os *inputs* dos clientes em especificações de produto (tal como visto no Capítulo 12). Um problema correlato que ainda vem à tona é a inércia: as informações sobre o mercado não são utilizadas se não corresponderem às especificações. Como já vimos neste capítulo, é fundamental que a administração crie um ambiente de confiança mútua entre os funcionários de todas as áreas funcionais; níveis mais altos de confiança indicam que os gestores ficarão mais abertos a sugestões que possam provocar mudanças "na forma como as coisas são feitas". Obviamente, embora tenhamos testemunhado grandes melhorias nessas questões nos últimos anos, os problemas continuam e mais melhorias ainda são necessárias.[34]

---

[33] Kenneth B. Kahn, "Department Status: An Exploratory Investigation of Direct and Indirect Effects on Product Development Performance", *Journal of Product Innovation Management,* 22(6), November 2005, pp. 515–526.

[34] Marjorie E. Adams, George S. Day & Deborah Dougherty, "Enhancing New Product Development Performance: An Organizational Learning Perspective", *Journal of Product Innovation Management,* 15(5), September 1998, pp. 403–423.

Gestão contínua da equipe

Um problema premente nas equipes de novos produtos é a manutenção do entusiasmo do grupo. À medida que o trabalho avança, as necessidades de criação deixam de ser atendidas, as iniciativas fracassam e as pessoas ficam tensas, é indispensável fazer o que um gestor chama de discurso de encorajamento. O esgotamento é um problema genuíno e comum e os padrões de comportamento desestabilizadores da inovação que os novos produtos enfrentam são quase inacreditáveis. Alguns líderes de equipe criam defesa contra as sugestões bem intencionadas que eles sabem que surgirão – uma variação no produto, uma tecnologia que acabou de surgir ou uma nova abordagem de propaganda. Essas sugestões são terrivelmente perturbadoras se não forem afastadas da equipe.

Outro aspecto do problema de gestão de equipes pode parecer insignificante – a capacidade de realizar *reuniões eficazes*. O pessoal de novos produtos parece estar sempre em reunião. Alguns inovadores de produtos perceberam essa necessidade e agora estão analisando suas reuniões com a equipe a fim de encontrar alternativas para agilizá-las e melhorar as decisões.

Mudanças nos membros da equipe no decorrer do projeto também podem provocar problemas. A perda de pessoas importantes da equipe pode provocar a perda de informações fundamentais. Há também a questão de *segurança no emprego*. Em muitas empresas, a ascensão na hierarquia corporativa dentro de uma área funcional (de profissional de marketing ou pesquisador júnior para sênior, por exemplo) é vista como um caminho mais seguro para a promoção do que a participação em uma equipe. Uma clara trajetória de carreira para os cientistas parece ser especialmente importante. Um estudo demonstrou que entre as empresas mais inovadoras havia um sistema de "escada dupla": os cientistas podiam ser promovidos para um cargo gerencial ou optar por permanecer no laboratório sem desvantagem financeira. Nas empresas com pior desempenho, o sentimento comum é que "é necessário sair da pesquisa para subir na empresa".[35]

Remuneração e motivação da equipe

Um problema delicado na gestão de equipes é a questão de remuneração. Os líderes de equipe e os respectivos membros normalmente recebem um salário fixo ou um salário mais bonificação. As bonificações são divididas igualmente entre desempenho da empresa, desempenho individual e concretização de projetos. É raro haver remuneração baseada no desempenho de um novo produto.[36] Os motivos são convincentes: os funcionários devem ser tratados igualmente (justamente), os membros da equipe não assumem os riscos financeiros assumidos por um empreendedor e é mais fácil transferir gestores de uma para outra equipe se os planos de remuneração forem iguais. Contudo, todos concordam que encontrar pessoas dispostas a correr o risco de se desviar da carreira por integrar uma equipe de novos produtos e motivá-las a ter o nível de empenho e esforço necessário é um problema legítimo.[37] As empresas que utilizam recompensas em ações das empresa e divisão de lucro do produto tendem a ser menores e a estar situadas no Vale do Silício.

Muitas empresas utilizam uma combinação de recompensas monetárias e não monetárias (como prêmios, reconhecimento formal ou até permissão para trabalhar

---

[35] S. W. F. (Onno) Omta & Jo M. L. van Engelen, *op. cit.*

[36] Consulte Albert Page, *op. cit.*, p. 278.

[37] Hollister B. Sykes, "Incentive Compensation for Corporate Venture Personnel", *Journal of Business Venturing*, 7, 1992, pp. 253–265.

em projetos prediletos por conta da empresa) para motivar suas equipes. De acordo com o CPAS, as recompensas mais comumente utilizadas são comemorações de conclusão de projeto, oportunidade de trabalhar em um projeto maior e mais significativo, ser elogiado em um boletim informativo, placas e *bottons* de homenagem e jantares de premiação.[38]

Utilizar apenas recompensas monetárias pode gerar problemas. Alguns podem sentir que a satisfação de estar em uma equipe bem-sucedida é uma recompensa suficiente e que o dinheiro não é essencial. Outros podem reclamar de que todos os membros da equipe são recompensados (até mesmo os indolentes!) – um problema que pode se agravar se todos os membros receberem o mesmo valor monetário. Alguns podem se sentir ressentidos se sua ideia multimilionária for recompensada com uma bonificação de apenas US$ 1.000![39]

Já foi dito que as empresas alinham suas estruturas de recompensa com as características do projeto. Se o projeto for relativamente longo ou menos complexo, as recompensas atreladas ao lucro gerado pelo projeto tenderão a aumentar o desempenho; com relação a projetos de risco, é preferível recompensar os processos da equipe durante o desenvolvimento do produto (procedimentos, comportamentos, conclusão de fases no processo de novos produtos etc). As recompensas baseadas em resultados, nesse último caso, podem ser consideradas muito arriscadas ou difíceis e podem ser recusadas pelas equipes de projeto. Além disso, as empresas podem pensar na possibilidade de recompensar a equipe em etapas ou marcos frequentes (de modo bastante semelhante aos alpinistas que comemoram sua chegada à primeira base, depois comemoraram sua chegada ao cume), visto que isso pode ajudar a animar o espírito da equipe e afetar positivamente a cultura organizacional.[40]

O grupo automotivo TRW, de Clevelan, instituiu o Projeto ELITE (Earnings Leadership in Tomorrow's Environment) para motivar e recompensar suas equipes. Nesse empreendimento, metas específicas são estabelecidas para cada projeto em equipe e também para cada indivíduo e 10% a 25% do pagamento está atrelado à concretização dessas metas individuais e de equipe. A DuPont utiliza o processo de revisão de "360 graus", no qual os membros da equipe são avaliados por colegas, subordinados e supervisores. A Motorola é uma das várias empresas que recompensa o comportamento da equipe em vez de os resultados da equipe. A empresa reconhece que as equipes normalmente precisam assumir riscos para conseguir avançar e recompensar apenas os resultados pode torná-las avessas ao risco. Faz sentido também ter uma pessoa responsável pelos programas de reconhecimento não monetário para modificá-los ocasionalmente e assegurar que suas recompensas sempre valham a pena.[41]

---

[38] Gloria Barczak, Abbie Griffin & Kenneth B. Kahn, "Perspective: Trends and Drivers of Success in NPD Practices: Results of the 2003 PDMA Best Practices Study", *Journal of Product Innovation Management,* 26(1), January 2009, pp. 3–23.

[39] Perry Pascarella, "Compensating Teams", *Across the Board,* February 1997, pp. 16–22. Consulte também Shikhar Sarin & Vijay Mahajan, "The Effect of Reward Structure on the Performance of Cross--Functional Product Development Teams", *Journal of Marketing,* 65(2), April 2001, pp. 35–53.

[40] Shikhar Sarin & Vijay Mahajan, "The Effect of Reward Structures on the Performance of Cross--Functional Product Development Teams", *Journal of Marketing,* 65(2), April 2001, pp. 35–53; e Erika B. Seamon, "Achieving Growth through an Innovative Culture", in P. Belliveau, A. Griffin e S. M. Somermeyer, *The PDMA Toolbook 2 for New Product Development* (New York: John Wiley, 2004).

[41] Esses exemplos e sugestões são de Pascarella, *op. cit.*, e J. Gregory Kunkel, "Rewarding Product Development Success", *Research-Technology Management,* 40(5), September–October 1997, pp. 29–31.

Encerramento da equipe

Diferenças significativas de opinião surgem com relação ao momento em que a equipe de um novo produto deve ser encerrada e o produto ser transferido para a organização regular. Algumas empresas *encerram cedo*, bem antes de o produto ser comercializado; elas incorporam o pessoal operacional aos poucos.[42] Um segundo método permite que a equipe prepare-se para o marketing (por exemplo, redija o plano ou treine as pessoas), mas no último minuto as *pessoas habituais o lançam*. Quando isso ocorre, as principais pessoas da equipe são mantidas por perto para ajudar a solucionar possíveis problemas. Um terceiro método, mais raro, permite que a equipe de fato *comercialize o produto* e torne-se o núcleo de sua administração permanente, como uma nova divisão, ou o transfira para a organização regular depois que ele estiver bem estabelecido. A Honda mantém os líderes de equipe como gestores permanentes de seus novos produtos durante duas ou três atualizações importantes de *design* (seis a nove anos) e em seguida os transferem para um novo programa de desenvolvimento.

Independentemente do momento em que o pessoal permanente assumir o comando, ele deve entrar em cena de uma maneira que lhe permita se conectar com a organização do novo produto. Tal como um diretor afirmou, "Pense nisso como uma engrenagem em movimento acoplada a uma engrenagem inativa; envie primeiro algumas pessoas à organização regular para colocar a engrenagem inativa para funcionar em uma velocidade em que ela possa aceitar o restante da nova operação".

EQUIPES VIRTUAIS[43]

Atualmente, muitas empresas tiram proveito da tecnologia disponível para montar equipes virtuais que se reúnem e compartilham informações "eletronicamente", em vez de equipes tradicionais ou que utilizem compartilhamento de localização. As equipes virtuais são uma forma de as empresas tirarem proveito do *know-how* local e incorporá-lo em seus processos de novos produtos globais, e também de desenvolverem produtos que possam ser vendidos globalmente. Por definição, **equipe virtual** é aquela cujos membros estão conectados eletronicamente (*e.g.*, via internet) entre si e igualmente com determinados parceiros, como clientes, fornecedores etc. O benefício óbvio das equipes virtuais é a possibilidade de comunicação não obstante a dispersão geográfica. Além disso, as equipes virtuais podem se reunir de forma *síncrona* (todos utilizam um computador ou telefone e comunicam-se ao mesmo tempo) ou de forma *assíncrona* (os participantes ingressam no *site* individualmente e entram e saem de acordo com sua vontade). Os métodos síncronos de comunicação incluem videoconferência ou audioconferência, mensagem instantânea, compartilhamento de aplicações ao vivo; o *e-mail* e os repositórios de documentos compartilhados são exemplos de métodos assíncronos. Ambos são amplamente utilizados; entretanto, as reuniões assíncronas evitam problemas de fuso horário e funcionamento durante feriados. As equipes de produto virtuais com certeza se tornaram populares nos últimos anos:

---

[42] Charles Heckscher, "The Failure of Participatory Management", *Across the Board*, 54(6), November–December 1995, pp. 16–21. Heckscher ressalta que as equipes permanentes ou "semipermanentes" tendem a erguer paredes ao redor de si mesmas e recomenda que se abandonem as equipes o mais breve possível.

[43] Grande parte desta seção é extraída de Hans J. Thamhain, "Managing Product Development Project Teams", in Kenneth B. Kahn, George Castellion & Abbie Griffin (eds.), *The PDMA Handbook of New Product Development* (New York: John Wiley & Sons, 2005), pp. 127–143; e Mitzi M. Montoya, Anne P. Massey, Yu-Ting Caisy Hung e C. Brad Crisp, "Can You Hear Me Now? Communication in Virtual Product Development Teams", *Journal of Product Innovation Management*, 26(2), March 2009, pp. 139–155.

de acordo com o Gartner Group, a demanda por *software* de colaboração em equipe superou US$ 1 bilhão em 2008.

Uma equipe virtual pode ser definida com relação à sua dispersão geográfica – isto é, a que distância os membros se encontram. Contudo, devemos considerar também a dispersão configuracional: todos os membros estão isolados e só se conectam virtualmente? Ou existe, por exemplo, uma equipe central de desenvolvimento de um novo automóvel em Detroit e vários outros participantes que trabalham sozinhos? Que tal uma equipe em Detroit, uma equipe em Tóquio e uma equipe em Munique? Todos esses casos são configurações diferentes que indicam estilos de trabalho diferentes. Há também a configuração temporal: em quais fusos horários os membros da equipe se encontram, sobreposição da programação de trabalho dos membros da equipe etc. Os líderes de equipe devem tentar contornar os problemas de fuso horário: por exemplo, evitar que os membros da equipe australiana sintam que *toda* reunião de equipe começa às 2 da madrugada no horário local![44]

Os participantes de uma equipe virtual perceberão que esse tipo de equipe apresenta seus próprios desafios. Os membros devem estar familiarizados e sentirem-se tranquilos com a tecnologia. A mensuração de desempenho e o controle gerencial podem ser mais difíceis, e lidar com conflitos de poder pode ser mais desafiador do que no formato presencial. Além disso, a ideia geral de equipes virtuais talvez não se enquadre muito bem com os valores ou as culturas dentro da empresa ou talvez não seja adotada sem exceção por todos os membros da equipe. As empresas que têm uma cadeia de comando muito hierárquica ou cujas habilidades para trabalhar em equipe de forma geral são insatisfatórias tendem a enfrentar dificuldades na implementação de equipes virtuais. Em virtude de problemas como esse, as empresas normalmente complementam as equipes virtuais com pelos menos algumas reuniões de equipe tradicionais. Na verdade, pesquisas tanto nos Estados Unidos quanto na Holanda constatam que os canais de comunicação tradicionais e virtuais se complementam e se fortalecem mutuamente, e que as empresas devem utilizar o compartilhamento de localização e a tecnologia da informação que apoia as equipes virtuais, dependendo da natureza do conhecimento que precisa ser compartilhado entre os membros.[45] No entanto, os participantes de equipes virtuais já experientes admitem que as tecnologias de comunicação colocaram as equipes virtuais no mesmo nível das estruturas de equipe tradicionais, já que o comprometimento e a confiança são mantidos.[46]

Embora as equipes virtuais possam ser utilizadas sempre que houver distância geográfica entre os membros, elas são verdadeiramente importantes para as equipes globais. Tendo em vista a tecnologia disponível, os líderes de equipe considerarão as equipes virtuais uma excelente oportunidade para reunir o *know-how* da empresa que reside nas diversas instalações de pesquisa situadas ao redor do mundo. No entanto, o desafio apresentado pelas equipes virtuais globais é maior, na medida em que elas precisam superar barreiras culturais e comunicacionais. Na seção subsequente falaremos mais sobre as equipes globais.

---

[44] N. S. Lockwood, M. M. Montoya & A. P. Massey, "Virtual Teams in New Product Development: Characteristics and Challenges", in K. B. Kahn, S. E. Kay, R. J. Slotegraaf & S. Uban (Eds.), *The PDMA Handbook of New Product Development* (Hoboken, NJ: John Wiley, 2013), Ch. 12, p. 196.

[45] Michael Song, Hans Berends, Hans van der Bij & Mathieu Weggeman, "The Effect of IT and Co-location on Knowledge Dissemination", *Journal of Product Innovation Management*, 24(1), January 2007, pp. 52–68.

[46] Consulte Robert Jones, Robert Oyung & Lisa Pace, *Working Virtually: Challenges of Virtual Teams* (Hershey, PA: Cybertech Publishing, 2005).

GERENCIANDO EQUIPES DISPERSAS GLOBALMENTE

As empresas estão cada vez mais adotando uma visão global sobre desenvolvimento de novos produtos e formando equipes compostas de indivíduos que moram em diferentes países. A Figura 14.7 apresenta uma pequena amostra dos resultados obtidos em entrevistas realizadas com altos executivos. Em um levantamento com gestores de produto, mais da metade das empresas entrevistadas afirmou ter utilizado equi-

Sobre geração de ideias:

> É importante alavancar o conhecimento distribuído ao redor do mundo.
>
> As novas ideias podem vir de clientes, funcionários, concorrentes, distribuidores, fornecedores etc.

Sobre desenvolvimento de produtos:

> As empresas americanas tendem a trabalhar com inovações do tipo "*home run*", enquanto as empresas japonesas concentram-se mais em melhorias contínuas e incrementais. Isso pode valer até para o estágio de lançamento, no qual o protótipo pode ser lançado inicialmente; se ele der errado, isso será visto como um aprendizado e não como um lançamento malsucedido.
>
> Os custos de desenvolvimento podem ser compartilhados, visto que o desenvolvimento de uma nova tecnologia pode ser proibitivamente alto. O resultado disso pode ser o licenciamento ou a comercialização de tecnologia.
>
> A padronização cada vez mais tem sido utilizada para gerenciar melhor uma empresa global, não necessariamente em virtude de as necessidades dos clientes serem semelhantes.
>
> Para algumas categorias, como produtos para crianças ou aquelas que seduzem pela imagem, a padronização pode ser mais fácil.

Sobre comercialização:

> Muitas empresas reconhecem os custos e os riscos de ser a primeira a entrar no mercado e, na verdade, preferem entrar posteriormente em determinados mercados. Por exemplo, pode haver uma hierarquia clara entre as empresas japonesas – algumas são líderes, enquanto outras são seguidoras.
> Um forte apoio local é fator fundamental para determinar onde os produtos serão introduzidos. Com relação a bens duráveis, as necessidades dos clientes podem ser padronizadas de um país para outro para que se possa tentar recuperar rapidamente os custos de desenvolvimento por meio de um lançamento global. Não obstante alguns casos especiais, os lançamentos de bens não duráveis a princípio ainda são, em sua maioria, lançamentos locais. Ter sucesso no mercado americano com frequência é um sinal significativo para entrar em outros mercados, mas um insucesso nos Estados Unidos pode sair caro. A Europa, em contraposição, pode ser explorada país por país.
> Geralmente é melhor introduzir inovações em um mercado estrangeiro com a ajuda de um parceiro local. Dessa forma, é possível reduzir os custos, aproveitar as capacidades do parceiro local em fabricação e distribuição e superar barreiras culturais.

FIGURA 14.7 Algumas percepções de altos executivos sobre inovação global.

Fonte: De Peter N. Golder, "Insights from Senior Executives about Innovation in International Markets", *Journal of Product Innovation Management* 17, no. 5, September 2000, pp. 326–340. Reimpresso com permissão da John Wiley & Sons, Inc.

pes dispersas globalmente (*globally dispersed teams* – GDTs) pelo menos em algumas de suas iniciativas de desenvolvimento de novos produtos e que, segundo suas previsões, as GDTs continuarão a crescer.[47]

É fácil ver por que as GDTs ganharam tanta proeminência. A complexidade crescente e os ciclos de vida acelerados dos produtos pressionam as equipes de novos produtos a buscar *know-how* onde quer que ele resida. Se a Braun, por exemplo, fosse desenvolver um novo aparelho de barbear a pilha, adequado para ser usado no chuveiro, ela precisaria obter um *know-how* em matéria-prima e componentes, mecânica e emulsão para barbear que normalmente estaria fora de seu escopo. Adicionalmente, mudanças na pilha ou em outros componentes também seriam necessárias. Como agora podemos contar com a capacidade de coordenar as atividades da equipe utilizando a tecnologia de comunicação por computador, a Braun poderia explorar o *know-how* a respeito dessas questões mesmo que esse conhecimento se encontrasse em outros continentes![48]

As equipes globais de novos produtos apresentam desafios especiais para gestores, em virtude dos desafios de comunicação e das diferenças culturais. As reuniões de negócios globais com frequência são realizadas em inglês e, embora todos os membros possam falar inglês, o nível de habilidade de cada um pode variar consideravelmente. Uma equipe multicultural e heterogênea deve incluir, no papel, pessoas com vários pontos de vista e formas de pensar diferentes, e isso provavelmente pode aumentar a criatividade e melhorar o processo de resolução de problemas. A desvantagem é que as interrupções na comunicação tendem a ser mais comuns e podem ocorrer mal-entendidos culturais. Por isso, cabe à alta administração e à liderança de equipe obter a sinergia transcultural desejada.[49] É necessário considerar também que as reuniões das equipes globais em geral são conduzidas eletronicamente em virtude da distância física entre os membros. Como as reuniões presenciais podem ser raras, uma quantidade ainda maior de problemas de comunicação ou de possibilidades de mal-entendido é possível. No entanto, apesar desses desafios, pesquisas constataram que as equipes dispersas globalmente podem ser mais adequadas do que as equipes que utilizam compartilhamento de localização em termos de eficácia e eficiência, desde que elas sejam competentes em determinadas questões relacionadas ao trabalho em equipe, como boa comunicação, boa coesão, esforço intenso e apoio mútuo.[50]

---

[47] Edward F. McDonough III, Kenneth B. Kahn & Gloria Barczak, "An Investigation of the Use of Global, Virtual, and Colocated New Product Development Teams", *Journal of Product Innovation Management*, 18(2), March 2001, pp. 110–120. Para examinar uma boa fonte de referência sobre a coordenação de iniciativas globais de P&D, consulte Yves Doz, Jose Santos & Peter Williamson, *From Global to Metanational: How Companies Win in the Knowledge Economy* (Boston, MA: Harvard Business School Press, 2001).

[48] O exemplo do aparelho de barbear é de Roger Leenders, Jan Kratzer & Jo van Engelen, "Building Creative Virtual New Product Development Teams", in P. Belliveau, A. Griffin & S. M. Somermeyer (eds.), *The PDMA Toolbook 2 for New Product Development* (New York: John Wiley, 2004), Chapter 5.

[49] Michael Song & Mark E. Parry, "Teamwork Barriers in Japanese High-Technology Firms: The Sociocultural Differences between R&D and Marketing Managers", *Journal of Product Innovation Management*, 14(5), September 1997, pp. 356–367; B. M. Wren, W. E. Souder & D. Berkowitz, "Market Orientation and New Product Development in Global Industrial Firms", *Industrial Marketing Management*, 29(6), November 2000, pp. 601–611; Preston G. Smith & Emily L. Blanck, "From Experience: Leading Dispersed Teams", *Journal of Product Innovation Management*, 19(4), July 2002, pp. 294–304; e K. Sivakumar & Cheryl Nakata, "Designing New Global Product Teams: Optimizing the Effects of National Culture on New Product Development", *International Marketing Review*, 20(4), 2003, pp. 397–445.

[50] M. Hoegl, H. Ernst & L. Proserpio, "How Teamwork Matters More as Team Member Dispersion Increases", *Journal of Product Innovation Management*, 24(2), pp. 156–165.

Além disso, as GDTs enfrentam maior dificuldade para realizar avaliações de *design* porque a condução de reuniões regulares em um local central obviamente é quase impossível. As GDTs utilizam videoconferência, audioconferência, *e-mail* e telefone para discutir mudanças no *design*, mas essas ferramentas são limitadas pelo fato de os membros da equipe não conseguirem trabalhar facilmente com modelos tridimensionais. Muitas empresas que atuam globalmente recorreram ao *software* Visual Issues Management, que possibilita que os participantes visualizem os *designs* em três dimensões, alterem sua margem de lucro, sinalizem problemas e monitorem mudanças. *Designers*, engenheiros e outros especialistas podem ser incorporados ao processo de novos produtos já nas fases iniciais para identificar facilmente possíveis problemas antes que sua correção se torne cara. De modo geral, os custos de engenharia e reengenharia são reduzidos, e a velocidade de colocação no mercado é maior quando se utilizam essas ferramentas.[51]

Existem vários exemplos de GDTs virtuais que conseguiram superar favoravelmente essas dificuldades de comunicação. A Boeing utilizou sistemas de novos produtos na *web* para integrar os *designers* de motor de foguete e as empresas parceiras em várias localidades geográficas, e isso reduziu consideravelmente o tempo de *design*, os custos de desenvolvimento e o número de componentes. Outro exemplo é a Xerox, que utiliza a *web* para integrar as iniciativas de seus *designers* de produto em Rochester, New York, de seus engenheiros em Xangai e de suas instalações fabris em Hong Kong.[52] A Ford coordena suas iniciativas mundiais de desenvolvimento de automóveis por meio de seus programas Sistema de Desenvolvimento Global de Produtos e Veículo Global. Ela utiliza plataformas globais nas quais um grupo é responsável pela engenharia do sistema de exaustão de todos os carros ao redor do mundo, outro pela engenharia da coluna de direção e assim por diante, e alega uma significativa redução em seus custos de engenharia e novos lançamentos mais bem-sucedidos, como o Fusion.[53] Certamente as empresas multinacionais que incentivam atividades de pesquisa e desenvolvimento dispersas globalmente acumulam conhecimentos e os utilizam com maior eficácia, aumentando assim a capacidade de inovação. Em suma, os determinantes mais importante de uma equipe internacional de novos produtos bem-sucedida são: cultura global inovadora, alocação suficiente de recursos ao P&D e apoio da alta administração.[54]

A Digital Equipment Corporation teve grande sucesso com sua GDT (que ela chamou de "Columbus Team"), composta de membros de cinco locais dos Estados Unidos da Suíça, da França e do Japão. Entretanto, a empresa teve de colocar várias medidas em vigor para superar os obstáculos associados à GDT. Um dos principais

---

[51] Steve Bashada, "Visual Issues Management: Improving Product Development", *Time Compression*, September–October 2009, pp. 24–25.

[52] Rajesh Sethi, Somendra Pant & Anju Sethi, "Web-Based Product Development Systems Integration and New Product Outcomes: A Conceptual Framework", *Journal of Product Innovation Management*, 20(1), January 2003, pp. 37–56; e Muammar Ozer, "Using the Internet in New Product Development", *Research-Technology Management*, 46(1), January–February 2003, pp. 10–17.

[53] O exemplo da Ford e a citação são de Gary S. Vasilash, "Developing More Faster at Ford", *Time Compression*, September–October 2009, pp. 34–35.

[54] Consulte Ajax Persaud, "Enhancing Synergistic Innovative Capability in Multinational Corporations: An Empirical Investigation", *Journal of Product Innovation Management*, 22(5), September 2005, pp. 412–429; e Ulrike de Brentani & Elko J. Kleinschmidt, "Corporate Culture and Commitment: Impact on Performance of International New Product Development Programs", *Journal of Product Innovation Management*, 21(5), September 2004, pp. 309–333.

problemas foi a motivação da equipe: os membros das equipes usuais sentiam-se mais fiéis à sua rede local e não à Columbus Team, e a obtenção de concordância a respeito das metas revelou-se difícil. Para superar esse problema, a Digital permitiu que os membros da equipe dessem sua opinião sobre as atividades que eles deveriam executar, para que assim pudessem contribuir para o projeto da equipe e ao mesmo tempo "parecessem bacanas" para os que pertenciam à sua rede local. Para superar as barreiras comunicacionais, a Digital percebeu que os membros da equipe gostavam de realizar audioconferências no início do projeto (visto que era possível fazer comentários espontâneos e informais). A conferência por computador e o *e-mail* funcionavam melhor em fases posteriores, quando os membros da equipe estavam trabalhando mais em seu próprio ritmo, e por isso tornou-se cada vez mais importante manter transcrições das conversas.[55]

Muitas empresas, como Philips, AT&T e IBM, têm programas em vigor que apoiam ativamente a diversidade ou multiplicidade nas equipes. A Philips utiliza o rodízio de funções, caso em que os funcionários ("expatriados") são enviados para locais no exterior, com frequência para trabalhar em uma área funcional diferente dentro da empresa, onde permanecem de cinco a sete anos em média. A empresa farmacêutica Schering promove a ida e vinda de seu pessoal técnico entre seus centros de pesquisa em Berlim e Richmond, Virgínia. Outras empresas utilizam "pesquisadores visitantes", especialistas técnicos estrangeiros que visitam a sede de P&D para assimilar conhecimentos da empresa. Reconhecendo que o tratamento capilar varia de um país para outro, a empresa química japonesa Kao utiliza pesquisadores visitantes recíprocos – do Japão para a Alemanha e da Alemanha para o Japão – para desenvolver produtos para o cabelo. O pré-desenvolvimento tem lugar em Tóquio, enquanto as atividades de desenvolvimento ficam concentradas em Darmstadt, Alemanha.[56]

Para muitas empresas, as GDTs estão aqui para ficar porque elas são uma alternativa prática e eficiente em termos de custo para transferir funcionários e instalações de pesquisa para um local central. Os membros da GDT nos mercados estrangeiros também podem fornecer *know-how* para desenvolver novos produtos para seus mercados específicos. Até o momento, as GDTs de forma geral não tiveram um desempenho tão bom quanto o das equipes domésticas. Isso pode se dever em parte ao fato de as GDTs serem um conceito novo para muitas empresas. Além disso, evidências recentes indicam que as GDTs têm suas próprias desvantagens: por exemplo, pode ser mais difícil discutir ou interpretar problemas muito complexos utilizando *e-mail* ou a intranet da empresa do que por meio de uma reunião presencial. Alguns pesquisadores estão percebendo que as equipes "intermediárias" que oferecem flexibilidade em termos de proximidade física e forma de comunicação são mais criativas do que as equipes presenciais ou as equipes totalmente virtuais. Contudo, com uma experiência mais abrangente em gestão de equipes globais, o desempenho das GDTs provavelmente aumentará.[57]

---

[55] Edward F. McDonough III, "Meeting the Challenge of Global Team Management", *ResearchTechnology Management*, 43(4), July–August 2000, pp. 12–17.

[56] Oliver Gassmann, "Multicultural Teams: Increasing Creativity and Innovation by Diversity", *Creativity and Innovation Management*, 10(2), June 2001, pp. 88–95. Um bom recurso passo a passo para gerenciar equipes dispersas encontra-se em Parviz F. Rad & Ginger Levin, *Achieving Project Management Success Using Virtual Teams* (Ft. Lauderdale, FL: Ross Publishing, 2003).

[57] Consulte Leenders, Kratzer & van Engelen, *op. cit.*, e McDonough, Kahn & Barczak, *op. cit.*

RESUMO

Este capítulo abordou as questões que giram em torno das equipes: o que constitui uma equipe, as várias opções de organização, a formação de uma equipe e a gestão até sua finalização – escolha de um líder, escolha dos membros, treinamento etc.

A título de consideração final, dois novos tipos de equipe de novos produtos estão entrando em cena. Um deles é um grupo multifuncional de nível mais alto (com frequência chefes de funções importantes) cuja responsabilidade é *gerenciar as equipes de projeto*. Quando as equipes se multiplicam, elas necessitam de algum lugar central para se reportar. O segundo tipo de equipe emergente é um grupo de pessoas com experiência em novos produtos cuja responsabilidade é *ajudar as equipes de projeto a desenvolver processos apropriados a serem seguidos*. Essa última pode ser uma única pessoa com o título de *gestor de processo de novos produtos*. O processo é essencial e a empresa precisa de algum lugar para abrigar a **aprendizagem organizacional** que ocorre com constância.

APLICAÇÕES

1. "Na verdade, não estou convencido de que um formato de organização específico seja melhor do que outro. Já me deparei com muitas exceções. Por exemplo, o excelente aparelho portátil de reprodução de fita Walkman, da Sony, foi concebido e levado a cabo por Morita, presidente do conselho da Sony. Ele teve a ideia ao ver um presidente anterior usando um fone de ouvido no escritório e dirigiu pessoalmente o projeto em suas fases técnicas, mesmo diante da resistência de seu pessoal nas áreas de manufatura e vendas. Ele até deu a si mesmo o título de gerente de projeto. Aposto que essa abordagem não se enquadra em nenhum dos seus formatos acadêmicos. E aposto que você não a desaconselharia."

2. "Você mencionou cultura! Hoje existe um culto às relações humanas como nunca visto. As pessoas de recursos humanos e *design* organizacional são excelentes, e do trabalho delas provêm alguns dos métodos mais valiosos de novos negócios dos últimos 15 anos. Mas a cultura não é um deles. Ela é vaga, nunca é definida, contém muitos termos abstratos, como *felicidade, igualdade* e *franqueza*. A vida simplesmente não funciona dessa forma. Não me leve a mal; os gestores precisam respeitar seu pessoal, e não podemos deixar que opiniões enérgicas interfiram em nossa produtividade crescente. Mas os bons desejam motivações honestas, e não artifícios ou manipulações. Sim, disse manipulação, porque é disso que se trata a cultura. Diga-me, de que tipo de cultura você mais gosta na sala de aula em que você está usando este livro? Essa cultura é coerente com as ideias gerais de gestão que temos há anos?"

3. "Várias de nossas divisões relatam que elas obtêm grande ajuda de seus fornecedores no que diz respeito ao desenvolvimento de novos produtos. Porém, para dizer a verdade, acho que eles são simplesmente indolentes. Eles conseguiram ótimos talentos nessas divisões, ou pelo menos é o que deveriam, e não estão fazendo outra coisa senão deixar que os fornecedores fiquem com a maior parte dos lucros de nossas inovações. A maioria dos fornecedores não faz sua parte nessas parcerias estranhas. Além disso, a iniciativa deveria ser deles, não nossa; eles são propensos a ganhar mais com essas tais operações integradas e alianças do que nós."

ESTUDO DE CASO   Provo Craft[58]

A Provo Craft, com sede em South Jordan, Utah, fabrica e distribui produtos e ferramentas para artesãos e *hobbistas* no mundo inteiro. Ao longo de sua história, a Provo Craft se destacou como fabricante de adesivos, papel e estampas, e orgulha-se de suas iniciativas de instrução e atendimento ao cliente, concebidas para inspirar a criatividade. Entretanto, recentemente a empresa evidenciou pouco crescimento corporativo.

Em 2006, a nova equipe de gestão liderada pelo diretor executivo da empresa, Jim Thornton, decidiu afastar a Provo Craft dos produtos para artesanato tradicionais a fim de procurar uma oportunidade entre os produtos para artesanato que incorporavam novas tecnologias. Contudo, Thornton sabia que três mudanças principais precisariam ser realizadas: uma nova cultura corporativa era necessária, era preciso contratar novos talentos e um novo processo de criação teria de ser instituído.

Uma mudança cultural dentro da organização revelava-se um desafio. Durante vários anos, a Provo Craft dependeu de tecnologias desenvolvidas por fornecedores externos, e isso teria de mudar. A Provo Craft começou a solicitar *feedback* dos clientes, a sondar mudanças no mercado e na tecnologia e por fim a projetar produtos específicos internamente. Ou seja, pela primeira vez a Provo Craft passaria por todo o processo de desenvolvimento de novos produtos internamente, da geração de ideias à especificação de *design*, ao planejamento de marketing e ao lançamento. Para isso era necessário contratar as pessoas certas. Um dos novos contratados típicos foi Jim Colby, vice-presidente sênior de desenvolvimento de produtos, anteriormente da Hewlett-Packard. Sua primeira missão foi identificar os funcionários mais adaptáveis ao novo programa de desenvolvimento interno e complementá-lo com novas contratações que compartilhassem a visão e a cultura da empresa. Os novos funcionários precisavam ter habilidades tecnológicas e de engenharia, mas também ter conhecimento sobre gestão de projetos e ter paixão por seu trabalho.

Além de uma nova cultura e de novas pessoas, a Provo instituiu um novo processo de criação. Colby disse o seguinte sobre as sessões internas de *brainstorming*: "reunimos grandes mentes em uma sala com quadro branco, muita *pizza* e um monte de notas adesivas. Convidamos funcionários de várias áreas, como marketing, finanças, jurídico, RH e vendas [...]. Passamos horas debatendo ideias e discutindo sobre as necessidades do mercado e posicionamento da concorrência". Nessas reuniões, "o mantra é: nós nunca dizemos que não conseguimos fazer [...] todas as coisas são possíveis; nenhuma ideia é uma ideia ruim". Além disso, os funcionários são motivados com bonificações financeiras quando eles desenvolvem um produto que no final é comercializado.

As sessões de *brainstorming* são acompanhadas de pesquisas de mercado formais, que investigam (1) o que atrai e encanta os clientes, (2) qual é a melhor proposição de valor a oferecer e (3) como desenvolver um produto financeiramente acessível para os clientes e lucrativo para a empresa. Os grupos focais são utilizados nesse estágio, seguindo o princípio de Bill Gates de que "seus clientes mais descontentes são sua melhor fonte de aprendizagem". Clientes e não clientes são incluídos nesse estágio. Essas informações são complementadas por *blogs* de clientes e comentários coletados nas páginas da Provo Craft no Twitter e no Facebook. Como Colby ressaltou, "As mídias sociais abrem um espaço totalmente novo para coletar dados diretamente de seu cliente-alvo". Além disso, a Provo Craft monitora meticulosamente os

---

[58] Esse estudo de caso é adaptado de Jim Colby, "Provo Craft Develops a True NPD Culture—How A Small Company Succeeded at Innovation", *Visions*, 34(3), 2010, pp. 26–28, e de www.provocraft.com.

protocolos para proteger a propriedade intelectual. Em virtude de questões legais, a Provo Craft não solicita ideias diretamente aos clientes. Assim que são identificados conceitos promissores, eles são inseridos em um roteiro de produto que faz projeções para um período de cinco anos e a fase de desenvolvimento se inicia.

Em suma, como diz Colby, desenvolver novos produtos internamente pode ser consideravelmente caro e, para aqueles que são responsáveis, pode ser uma "decisão de carreira decisiva [...]. Porém, certamente você pode eliminar o risco se seguir os processos corretos e formar a equipe correta". Ele ressalta também que a inovação de produtos é um "contínuo processo de aprendizagem [...] sempre que você ficar complacente com sua função, com seu pessoal ou com seu processo, provavelmente é hora de mudar".

Como a Provo Craft se saiu? Na época da mudança corporativa, o produto de grande saída da empresa era o Cricut, uma guilhotina eletrônica que tinha uma base de fãs extremamente leais. Logo depois de adotar a nova cultura corporativa, a Provo Craft lançou, com êxito, vários novos produtos inovadores e premiados, como o Gypsy para Cricut (que armazena os cartuchos da Cricut, possibilitando que os usuários levem sua biblioteca completa aos encontros para confecção de álbuns de recortes), a máquina de serigrafia Yudu, a Cricut Cake (uma guilhotina eletrônica pessoal utilizada para decorar bolos e assados com cartuchos Cricut) e muitos outros.

Fale sobre o papel da cultura corporativa na Provo Craft. Quais foram as principais mudanças realizadas na cultura corporativa que possibilitaram essa notável virada no desenvolvimento de produtos? Você teria alguma recomendação a fazer a Colby para melhorar ainda mais a atmosfera organizacional de novos produtos na Provo Craft, com base no conteúdo apresentado neste capítulo?

ESTUDO DE CASO   Ford Fusion[59]

Em meados da década de 1980, a Ford e outras montadoras de automóveis estavam percebendo que as necessidades com respeito aos carros em diferentes partes do mundo estavam convergindo. Por exemplo, os motoristas da América do Norte, acostumados com carros maiores, estavam procurando carros menores, enquanto vários europeus estavam procurando automóveis até certo ponto maiores e mais confortáveis e com motor mais potente. Essa tendência indicou à Ford a possibilidade de desenvolver um novo carro para o mercado global, utilizando as habilidades e especializações de seus centros de P&D nos Estados Unidos e na Europa. Com base nessa iniciativa foi criado o Mondeo (conhecido como Contour no mercado norte-americano).

A Ford da Europa assumiu a liderança do projeto do Mondeo, visto que esse carro se parecia mais com os modelos europeus do que com os modelos americanos da Ford. A Ford escolheu sua fábrica de montagem em Gand, Bélgica, como local de coordenação do projeto. Vários grupos de trabalho globais lidavam com questões técnicas específicas. A empresa montou então o Grupo de Controle de Programa, abrangendo os líderes dos grupos de trabalho, e o Comitê de Produto, liderado pelo presidente da Ford da Europa. Foi criado também o Grupo de Coordenação, para manter as atividades de todos os outros grupos coordenadas. A coordenação entre os grupos foi facilitada pela *web*, por videoconferências e outros meios de telecomunicação. Os fornecedores eram também globais: 47 eram europeus e 20 estavam situados ns Esta-

---

[59] Esse estudo de caso é deduzido de Vittorio Chiesa, "Global R&D Project Management and Organization: A Taxonomy", *Journal of Product Innovation Management*, 17(5), September 2000, pp. 341–359; media.ford.com; netcarshow.com/ford/2013-fusion; e entrevistas com Raj Nair & Alan Mulally disponíveis no YouTube.

dos Unidos. O Mondeo foi introduzido na Exposição de Automóveis de Genebra de 1993 e lançado nos Estados Unidos um pouco mais de um ano depois. Ele foi vendido também no Japão, por meio de um *joint venture* entre Ford e Mazda.

Desde o Mondeo, seu primeiro carro global, a Ford continuou aprimorando e modernizando seus programas de desenvolvimento de automóveis. Na verdade, a Ford atribui grande parte de seu sucesso recente à maior eficiência decorrente de seus programas Sistema de Desenvolvimento de Produtos Global e Veículo Global. Do mesmo modo que as empresas de automóveis ao redor do mundo, a Ford utiliza plataformas globais para sustentar várias marcas. Contudo, de acordo com Derrick M. Kuzak, diretor sênior de desenvolvimento global de produtos na Ford, a abordagem de plataforma global é ainda mais abrangente. Segundo ele: "Imagine um processo de desenvolvimento de produtos que lhe permite ser de 25% a 40% mais rápido em tempo de colocação no mercado, dependendo do veículo [...]. Imagine um grupo cuidando globalmente da engenharia em um sistema para todos os veículos". Enquanto no passado todo projeto de novo produto costumava ter, por exemplo, um engenheiro para o sistema de exaustão, hoje um único grupo pode lidar com o sistema de exaustão de todos os carros vendidos globalmente em uma mesma plataforma. Essa uniformidade contribui para o que a Ford chama de "DNA do veículo". Como o *design* e a engenharia do volante são feitos por uma equipe para todos os carros, os volantes de todos automóveis Ford terão uma aderência ou "sensação" característica e familiar, independentemente do lugar em que foram fabricados ou vendidos. Essa familiaridade se estende a todos os componentes do carro, até mesmo ao "som inconfundível" que emana do motor Ford I-4. A Ford sustenta que ao mesmo tempo em que cortou em 60% os custos de engenharia dos carros novos entre 2005 e 2008, graças às suas iniciativas de desenvolvimento global de produtos, lançou novos produtos bem-sucedidos (incluindo o Ford Fusion) e deu nova vida aos modelos mais antigos (a camionete F-150).

Raj Nair, vice-presidente de desenvolvimento global de produtos da Ford, afirma que existem "desejos globais" no mercado de automóveis: clientes de diferentes partes do mundo têm desejos semelhantes com respeito a fatores como dirigibilidade, economia de combustível e segurança, e existem poucas diferenças regionais. Desse modo, a meta no desenvolvimento do Fusion foi projetar um carro que liderasse em todos os atributos importantes: excelente economia de combustível (até 42,5 quilômetros por litro para o híbrido *plug-in*) e também gostoso de dirigir.

O Fusion incorpora várias tecnologias novas que melhoraram a segurança, como um sistema que mantém os motoristas na pista correta, ajuda em manobras de estacionamento paralelo e capta movimentos no "ponto cego" do motorista. Além disso, o sistema de comunicação e entretenimento SYNC® oferece conexão ativada por voz com os recursos de áudio do carro e o MyFord Touch® permite que o motorista interaja com vários sistemas do veículo por meio de voz e de uma tela de toque. Esses recursos minimizam a distração do motorista e também melhoram a segurança. Com relação ao *design* externo, o foco foi desenvolver um perfil elegante inconfundível (diferente da maioria dos outros sedãs de tamanho semelhante) que transmitisse simplicidade e agilidade. A aparência do Fusion foi percebida como o próximo passo na evolução de uma "linguagem de *design* global" para o futuro desenvolvimento de carros menores na linha de produtos globais. O engenheiro-chefe do Fusion, Adrian Whittle, enfatizou que o objetivo do *design* era mostrar aos clientes que, "além de oferecer uma experiência superior, o Fusion também passa a sensação de qualidade ao cliente".

Um desafio interessante no desenvolvimento do Fusion para o mercado mundial foi o *design* da arquitetura *front-end*. O Fusion precisava atender a normas que diferem de acordo com o mercado e que, algumas vezes, são conflitantes. O *design* final conseguiu abordar essas questões diretamente e contrabalançar as normas de barreiras de proteção exigidas pela lei norte-americana e, ao mesmo tempo, atender às normas europeias de proteção ao pedestre. A empresa utilizou amplamente modelagens por computador e realizou 180 testes de impacto para assegurar que todas as normas globais fossem atendidas. De modo geral, os engenheiros da Ford almejavam obter alta classificação em todas as referências comparativas de segurança estabelecidas por todos os mercados nos quais o Fusion seria vendido.

O Fusion é produzido nas instalações fabris da Ford em Hermosillo, México, e Flat Rock, Michigan. Existem ao todo 234 fornecedores de 32 países em cinco continentes. A Ford afirma ter obtido 80% de semelhança entre os componentes globais.

Alan Mulally, diretor executivo da Ford, chama as iniciativas globais de colaboração da Ford de "One Ford Culture": fabricar carros de excelente qualidade, melhorar a eficiência e ao mesmo tempo manter o foco no cliente. De acordo com Mulally, isso significa primeiro assumir o compromisso de fabricar carros de nível internacional e tirar proveito das capacidades de engenharia e gestão de produtos localizadas ao redor do mundo. Significa também melhoria contínua em todos os aspectos do *design* de automóveis que os clientes priorizam: eficiência de combustível, segurança, *design* e dirigibilidade.

Avalie as iniciativas da Ford para gerenciar suas várias equipes globais e como o desenvolvimento de automóveis globais amadureceu da época do Mondeo à criação do Fusion. Quais são os pontos positivos e, mais importante, os pontos negativos do procedimento utilizado no desenvolvimento do Fusion? O que você recomendaria de diferente à Ford, se é que recomendaria? A empresa poderia ter utilizado mais amplamente as equipes de desenvolvimento globais, como descrito neste capítulo? Se sim, como?

CAPÍTULO 15
Teste de uso do produto

INFORMAÇÕES PRELIMINARES

O primeiro resultado do desenvolvimento técnico é um protótipo, que é conferido em comparação com a declaração de protocolo que orientou seu desenvolvimento e talvez submetido ao mercado para um teste de conceito de protótipo confirmatório. A metodologia para isso é essencialmente a mesma do teste de conceito original, com a exceção de que temos uma expressão mais tangível da ideia. Normalmente, o usuário final não é convencido de que o protótipo funcionará e, por isso, um trabalho de desenvolvimento mais amplo é realizado. O ciclo continua até que a empresa tenha uma boa aproximação do que o produto final será – um protótipo do qual as partes interessadas gostam.

Nesse momento, a maioria das empresas gosta de preparar certa quantidade de protótipos, seja na bancada de trabalho (isto é, uma única unidade funcional de um novo controle remoto, feita pelos *designers*) ou em uma instalação piloto de produção em pequena escala. E pela primeira vez elas podem oferecer ao usuário final um conceito de produto que se encontra em uma *forma para uso prolongado* – acabou a necessidade de ficar supondo se o produto *conseguiria* ou *poderia* satisfazer as necessidades, com base em testes de laboratório ou de bancada. Nossa responsabilidade é idealizar um método para testar a experiência dos usuários finais com o novo produto, e chamamos esse procedimento de **teste de uso do produto** (*product use testing* – **PUT**) ou *teste de campo* ou *teste com o usuário*. Às vezes ele é chamado de **teste de aceitação do mercado**, embora esse termo possa significar também teste de *mercado*, como no Capítulo 18. O teste de uso de produto é o tema deste capítulo.

Iniciamos este capítulo com uma declaração sobre o papel do marketing até a Fase IV, desenvolvimento. Embora o *design* real dos protótipos possa não estar nas mãos do profissional de marketing, o departamento de marketing faz contribuições importantes do início ao fim dessa fase, e suas contribuições aumentam rapidamente à medida que nos aproximamos do final da Fase IV e da V, lançamento. Com isso em mente, exploramos então em detalhe o processo de teste de uso do produto.

A importância do teste de uso do produto é clara, visto que ele evidencia os vários conceitos fundamentais que orientam o processo de novos produtos como um todo – o *produto único superior*, a *porcentagem de compras repetidas* no paradigma A-T-A-R e as *exigências no protocolo*. O produto que não atende às necessidades do usuário final expõe-se a uma das três principais causas de insucesso.

Mais um lembrete: este capítulo aplica-se igualmente a bens e serviços. No *site* www.baddesigns.com há vários exemplos de sinalização inadequada em avenidas, rodovias, estacionamentos etc. É quase certeza que a clareza dessas placas ineficientes não tenha sido testada.

O PAPEL DO MARKETING DURANTE O DESENVOLVIMENTO

O marketing está envolvido desde o início do processo

A função do pessoal de marketing muda e ganha ímpeto à medida que o produto aproxima-se do final da fase de desenvolvimento e avança para o lançamento. Há anos, quando as empresas ainda utilizavam predominantemente o "conceito de venda" (isto é, "vendemos o que fabricamos"), a função do marketing era simples: vender os produtos que a empresa produz. O marketing na verdade só se envolvia com o desenvolvimento de produtos quando o pessoal técnico já tivesse feito seu trabalho. Com toda essa discussão sobre equipes e velocidade de colocação no mercado, fica claro que a maioria das empresas não está mais seguindo esse conceito – ou não pode segui-lo, se quiserem se manter competitivas. Hoje, os profissionais de marketing envolvem-se desde o início do processo de novos produtos. Ao longo do processo, eles aconselham a equipe de novos produtos sobre a adequação do desenvolvimento de produtos em andamento às capacidades de marketing da empresa (como vendas e treinamento em vendas, disponibilidade de atendimento, pontos fortes da distribuição etc.) e às necessidades do mercado. Com esse envolvimento logo no princípio, eles podem ajudar o produto a ter sucesso, visto que eles representam as questões e as preocupações que têm a ver com a comercialização do produto.

É muito fácil dizer que a função do marketing é coletar informações sobre o mercado. Com muita frequência, isso significa que o marketing desempenha o papel de guardião (*gatekeeper*), canalizando para a equipe de novos produtos as informações do mercado consideradas importantes e possivelmente não levando em conta outras informações mais críticas ao fazê-lo. Toda a equipe precisa concentrar-se no mercado, e não apenas no marketing. Todos os membros da equipe, sejam eles técnicos, engenheiros de projeto ou profissionais de marketing, podem coletar informações. Aliás, toda a ideia por trás da análise de usuários pioneiros (consulte o Capítulo 4) é de que os clientes-chave são parte da própria equipe e fornecem informações diretamente. Uma empresa realmente voltada para o mercado pensa na atividade de marketing não como *coleta* de informações, mas como *coordenação* de informações – determinar quais informações as várias fontes têm (clientes, usuários pioneiros, distribuidores etc.) e de quais informações os membros da equipe de novos produtos necessitam.

Um bom exemplo é o da DuPont, que na década de 1960 desenvolveu um polímero de etileno incomum, chamado Surlyn.[1] Originalmente, era um produto totalmente voltado para a tecnologia, com propriedades a princípio interessantes: era forte, resistente, claro e elástico. Esse material foi visualizado como revestimento para bolas de golfe, entre outras coisas, e – depois de grande resistência dos fabricantes de bolas de golfe – com o tempo foi adotado como substituto do revestimento de bolas de golfe de látex de balata. Com o tempo, o marketing descobriu que havia um mercado mais amplo lá fora que tinha muito interesse pelo Surlyn – mas não pelos atributos originalmente imaginados os mais importantes. O Surlyn, como se revelou, tem propriedades excepcionais de resistência a óleo e graxa que o tornam um excelente selador para o setor de embalagens para carne. Outras aplicações foram descobertas ao longo dos anos: um adesivo para caixas de suco e um revestimento por extrusão para papel. Depois que foram coletadas mais informações, os cientistas conseguiram modificar o processo e desenvolver polímeros análogos para outras aplicações, como pinos de boliche e botas de esqui. Obviamente, a inovação original impulsionada pela tecnologia já havia dado meia-volta, e as necessidades do mercado no momento estavam impulsionando o desenvolvimento técnico.

A função da fabricação também evoluiu de modo semelhante no decorrer dos anos. Essa área está da mesma maneira envolvida desde o início com o processo de novos produtos, por meio de conselhos à equipe sobre a manufaturabilidade do produto em questão. Como o marketing, a área de fabricação reconhece a necessidade

---

[1] Parry M. Norling & Robert J. Statz, "How Discontinuous Innovation Really Happens", *Research-Technology Management*, 41(3), May–June 1998, pp. 41–44.

de envolver-se logo no começo e ressente-se por ser deixada fora nas fases iniciais do processo. A impressora DeskJet da Hewlett-Packard, por exemplo, representou uma nova direção para a HP: novos produtos, mercados e clientes e um novo processo de desenvolvimento de produtos. A fabricação se envolveu no processo bem no início. Na verdade, os engenheiros de fabricação foram transferidos para a instalação de P&D e utilizados em toda parte como recurso pelos engenheiros de projeto. O processo transcorreu tão bem, que os *designers* fizeram *lobby* para contar com mais engenheiros de fabricação! Em virtude desse projeto, os engenheiros de fabricação ganharam maior *status* dentro da HP.[2]

Intensificação do marketing ou fase do "Acho que já chegamos lá"

Embora contribuam para o processo como um todo, as funções de marketing e manufatura mudam à medida que o processo avança. Com frequência, um ponto de virada importante ocorre quando os protótipos iniciais são montados e submetidos a testes de desempenho. Um novo medicamento para combater hipertensão, por exemplo, pode evidenciar resultados promissores em testes iniciais em animais. Podemos chamar esse ponto de fase do "Acho que já chegamos lá", e é aí que a atitude de toda a equipe em relação ao projeto muda. Até esse momento, o pessoal técnico presente na equipe desempenha o papel predominante e o marketing e a manufatura atuam mais como uma função consultiva. Entretanto, daí em diante, o papel do marketing ganha corpo, visto que o pessoal desse departamento precisa começar a intensificar e incrementar suas operações. O pessoal de marketing precisa começar a planejar as vendas em campo e a disponibilidade de atendimento para o produto, investigar opções de embalagem e atribuição de marca, entrar em contato com os representantes das agências de propaganda etc. Em suma, a fase do "Acho que já chegamos lá" é o ponto em que se inicia o trabalho do marketing para o lançamento.[3]

É também o ponto em que as responsabilidades da fabricação ganham ímpeto. No desenvolvimento de novos produtos, com frequência ouvimos falar de "incrementação ou intensificação da produção" – ponto em que o pessoal de fabricação planeja a fabricação em larga escala do produto (o qual, até então, foi fabricado apenas em pequena quantidade, suficiente para a avaliação do protótipo). Do mesmo modo que há uma intensificação entre a fabricação do protótipo e a produção plena, pode-se dizer que existe uma intensificação no marketing para o lançamento do produto – e essa incrementação inicia-se aqui.

POR QUE UTILIZAR TESTE DE USO DO PRODUTO?

Assim que o protótipo fica pronto, o marketing começa o processo de intensificação: avaliação do protótipo físico entre os clientes reais. Observação: como vimos anteriormente no Capítulo 3, o protótipo pode estar em uma forma rudimentar inicial ou ser um produto acabado ou quase acabado. **Teste de uso** significa teste do protótipo em condições operacionais normais. Os consumidores põem pneu em um carro e dirigem; os técnicos colocam um *notebook* nas mãos do pessoal do almoxarifado; um

---

[2] Dorothy Leonard-Barton, H. Kent Bowen, Kim B. Clark, Charles A. Holloway & Steven C. Wheelwright, "How to Integrate Work and Deepen Expertise", *Harvard Business Review,* September–October 1994, pp. 121–130.

[3] Consulte a discussão sobre as cargas de trabalho relativas do pessoal de marketing e do pessoal técnico à medida que o produto passa do desenvolvimento ao lançamento em Behnam Tabrizi & Rick Walleigh, "Defining Next-Generation Products: An Inside Look", *Harvard Business Review,* November–December 1997, pp. 116–124.

banco instala um novo serviço de desconto de cheque em três agências etc. Os fabricantes de um conjunto de blocos de montar convocarão crianças para um grupo focal e observarão como elas brincam com os blocos (Elas gostam? Elas se cansam rapidamente?), ao passo que os pais serão entrevistados com relação ao preço (Você pagaria US$ 70 por um conjunto de 100 peças ou US$ 50 por um conjunto com 75 peças?). Anteriormente, vimos a aplicação do teste de uso de produto como parte do teste visto no estudo de caso Tastykake Sensables, no Capítulo 2. A essa altura, é provável que o produto ainda não esteja perfeito, por motivos outros que transcendem a adequação do *design*. Um exemplo de dificuldade de *fabricação* é dado pela Weyerhaeuser. A nova fralda descartável dessa empresa, a UltraSofts, funcionava bem, muito bem por sinal, e era vendida por um preço com desconto. Mas a fábrica piloto não era um bom instrumento de previsão para a produção em larga escala. Havia incêndios na linha de produção e outras paralisações, e os fornecedores recusavam-se a assinar contratos de longo prazo referentes ao principal revestimento da fralda.[4] Os testes deveriam continuar até que a equipe se convencesse de que o novo produto de fato solucionava o problema ou preenchia a necessidade expressa no protocolo original.

O TESTE DE USO DO PRODUTO É REALMENTE NECESSÁRIO?

Apresentamos aqui um texto montado sobre o que normalmente ouvimos a respeito do momento do teste de uso do produto:

"Estamos trabalhando nisso há meses (ou anos) e já gastamos uma bolada de dinheiro. Procuramos os especialistas de acordo com a necessidade. De acordo com as pesquisas de mercado, os usuários finais gostariam de um produto como esse. Por que desperdiçar tempo ainda mais? A alta administração está contando com as receitas que prometemos e continuamos ouvindo que um importante concorrente está trabalhando em algo semelhante. Veja, estamos em um momento de entusiasmo; parar de testar pode dar a entender para a administração que não temos convicção sobre o que estamos fazendo. Além disso, os clientes simplesmente não têm como experimentar o novo produto de uma forma razoável; eles precisam aprender a usá-lo, depois inseri-lo em seu sistema, ouvir as orientações de nossos anúncios (ou representantes) a respeito do que fazer e sobre como os resultados são bons. Pior de tudo, um concorrente pode pôr as mãos em nossa invenção e nos superar no mercado! Não, simplesmente não vale a pena despender tempo e dinheiro para estender os testes de uso."

Algumas vezes isso é um fato, não um argumento. Por exemplo, o primeiro aparelho de *fax* não poderia ter sido testado por usuários finais – não havia nenhuma rede com outras pessoas com as quais se comunicar. O mesmo é válido para os videofones. O mesmo é válido para o primeiro aparelho de TV em cores, quando não havia programa sendo transmitido em cores. Como o uso da internet poderia ter sido testado? Com sorte, essa situação não será tão ruim quanto a retratada em um famoso cartum, em que um cientista de laboratório, segurando um balão de vidro, diz para outro cientista: "Isso provavelmente possibilitaria a imortalidade, mas testá-lo levaria uma eternidade".

Esses argumentos estão corretos?

Esses argumentos são persuasivos, particularmente quando expressos pela pessoa que se encontra no último andar e financiou o trabalho até o momento. Contudo, exceto em casos muito raros como o do aparelho de *fax*, eles estão incorretos. O que

---
[4] Alecia Swasy, "Diaper's Failure Shows How Poor Plans, Unexpected Woes Can Kill New Products", *The Wall Street Journal*, October 9, 1990, p. B1.

temos é uma incógnita, com muito ainda a ser aprendido. O usuário cujo problema deu início ao projeto ainda não nos disse se o nosso produto *soluciona* o problema em questão.

Mais do que isso, os riscos e os custos do teste de uso normalmente são pequenos se comparados com a perda do fluxo de lucros de um produto bem-sucedido (consulte a Figura 15.1). Com relação ao único argumento que realmente tem peso, esse argumento é o competitivo, e portanto é somente nesse momento que nosso novo produto pode ser copiado e comercializado rapidamente. Muitos produtos alimentícios são assim, bem como outros produtos em que não há nenhum avanço técnico envolvido. Se o uso de testes inequivocamente nos torna o segundo no mercado (ou mesmo o terceiro), então as empresas optarão em sua maioria pela comercialização imediata – sem testes. E obviamente elas pressupõem que muitas vezes serão malsucedidas. Os produtos alimentícios apresentam uma taxa de insucesso de 80% a 90%, com base nas pequenas melhorias que eles oferecem, na pequena disponibilidade

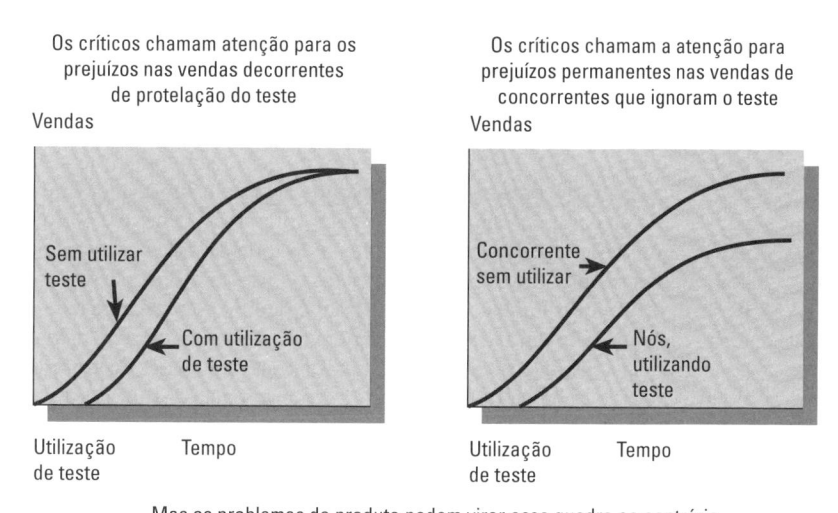

Os críticos chamam atenção para os prejuízos nas vendas decorrentes de protelação do teste

Os críticos chamam a atenção para prejuízos permanentes nas vendas de concorrentes que ignoram o teste

Mas os problemas do produto podem virar esse quadro ao contrário

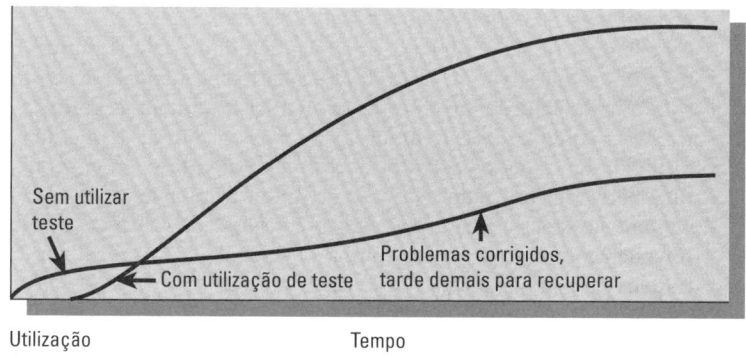

Resposta: Cada caso deve ser analisado separadamente para identificar probabilidades e efeitos sobre os fatores acima. Os custos monetários e de tempo de um problema em um produto podem ser bastante altos.

FIGURA 15.1 Ganhos e perdas variáveis em um programa de teste de uso de produto.

que esses produtos podem obter no varejo e na inconstância dos consumidores que aparentemente não conseguem prever seu comportamento em um teste de conceito.

Contudo, mesmo nos setores de produtos de consumo embalados, é necessário considerar com maior seriedade os contra-argumentos *a favor* do uso de testes. Alguns deles são:

Avaliação da reação da concorrência

Seria sensato a empresa que está desenvolvendo novos produtos estabelecer sua inovação em uma base tecnológica em que haja algum isolamento em relação à possibilidade de cópia por parte da concorrência (consulte as discussões sobre estratégia no Capítulo 3). Segundo, hoje os concorrentes estão achando que copiar os outros oferece pequenos ganhos – os outros vão *copiá-los*, a concorrência de preço afastará os lucros, normalmente o imitador copia também os erros do inovador e os concorrentes que devemos temer estão envolvidos com avanços voltados para a tecnologia que não podem ser abandonados de uma hora para a outra.

A complexidade das necessidades do cliente

Em quase todo setor não existe nenhuma necessidade simples da parte do usuário final. Todo novo produto impõe ao usuário final uma curva de aprendizagem. Existem *trade-offs*, e existe "bagagem" – coisas que vêm com o novo produto que muitas vezes surpreendem até mesmo o desenvolvedor. Por exemplo, imagine se você estivesse trabalhando para a GTE Airfone, que desenvolveu a tecnologia que permite chamadas telefônicas da terra para os indivíduos que estão em um avião. Embora a princípio pareça que as companhias aéreas ficariam interessadas nesse produto, a adoção foi extremamente lenta. Ocorre que muitos aviadores simplesmente não querem ser incomodados durante esses raros momentos de silêncio. E os passageiros também não pensam muito nessa idéia. O usuário final é de fato complexo, e não existe nenhuma forma de simulá-lo em laboratório, onde o uso é isolado de seus erros, das críticas da concorrência a respeito do conceito e das objeções de pessoas da empresa ou da família do usuário cujo trabalho ou cuja vida sofre interferência da mudança em questão. Além disso, no caso de produtos novos para o mundo, vários testes de uso podem ser necessários para a empresa conseguir acertar – o importante é que a empresa aprenda com seus erros. Lembre-se do processo complexo adotado pela GE no desenvolvimento do tomógrafo computadorizado de corpo inteiro e sobre o qual falamos no Capítulo 2.[5]

A revelação dos clientes sobre suas necessidades

Os usuários finais muitas vezes têm dificuldade para comunicar seus desejos e satisfações se não tiverem o produto acabado em mãos. Duas empresas (Mars e Hershey) comercializavam produtos alimentícios com novas gorduras sintéticas (da NutraSweet e P&G, respectivamente). Ambas vacilaram diante de uma surpreendente dificuldade: o que os consumidores realmente desejam em uma sobremesa ou em uma barra de chocolate? A doçura é um indicador de prazer? O termo *substituto da gordura* desfaz as expectativas de sabor agradável? E assim por diante. Só depois que uma das empresas entrou em âmbito nacional e a outra realizou caros testes de mercado é que esses obstáculos se evidenciaram.[6]

---

[5] Gary S. Lynn, Mario Mazzuca, Joseph G. Morone & Albert S. Paulson, "Learning Is the Critical Success Factor in Developing Truly New Products", *Research-Technology Management*, 41(3), May–June 1998, pp. 45–51.

[6] Quanto à Mars: Gabriella Stern, "Attempt to Cut Candy Calories Sours for P&G", *The Wall Street Journal*, August 25, 1993, p. A1. Quanto à Hershey: Anônimo, "Simple Pleasures", *Across the Board*, May 1994, p. 39.

Garantia de entrega de um produto de qualidade
Lembre-se da ideia do produto ampliado – em que há um benefício essencial, depois um produto formal e então várias ampliações, como serviço ou atendimento, garantia, imagem, financiamento etc. O processo de novos produtos tende a se concentrar no benefício essencial e no produto formal, e ainda assim pode haver problemas de implementação. Contudo, as empresas muitas vezes apenas *presumem* que elas conseguirão oferecer o anel externo de qualidade ampliada do produto – a força de vendas será capaz de dar explicações claras sobre o novo produto; defeitos iniciais no produto não afugentarão outros consumidores ou clientes em potencial; a divisão de finanças aprovará esquemas de financiamento generosos; a propaganda responde eficazmente às alegações da concorrência; o pessoal do depósito não cometerá um erro estúpido e não destruirá metade do produto. Essas coisas acontecem, e com frequência. Somente a título de exemplo, a Black & Decker certa vez tirou milhares de lanternas das prateleiras das lojas e interrompeu a entrega de uma nova linha de detectores de fumaça que usavam a bateria Ultralife depois que a Kodak descobriu um acúmulo de substância que afetava seu tempo de validade. Essa descoberta ocorreu durante a comercialização, e não durante o teste de uso.

Evitar o teste de uso do produto é uma aposta que deve ser considerada somente quando existe uma causa justa. O ônus da prova recai sobre quem quer que defenda que esse passo importante deve ser ignorado. Por exemplo, se a Polaroid tivesse testado meticulosamente o uso de uma nova câmera para crianças, teria descoberto que as crianças adoram pressionar todos os botões – inclusive aquele que abre a câmera e danifica o filme! Quem poderia ter imaginado que tornar algo tão *fácil* de ser aberto seria um problema?[7]

CONHECIMENTO OBTIDO COM O TESTE DE USO DO PRODUTO

Como pode ser visto nos exemplos anteriores, existe uma ampla oportunidade para a empresa aprender com o teste de uso do produto e utilizar o conhecimento obtido para tornar o produto mais adequado ao mercado desejado. A Figura 15.2 mostra as principais informações que os testes de uso fornecem.

Reações perceptivas pré-uso

Praticamente todo produto oferece ao usuário a possibilidade de reagir a sensações imediatas, como cor, velocidade, durabilidade, adequação mecânica etc. As reações iniciais são importantes, particularmente em serviços. Por exemplo, os fabricantes sabem que a reação mais importante do consumidor em potencial de um novo carro é a impressão que ele tem ao entrar pela primeira vez em uma concessionária. No marketing de um novo carro, por exemplo, a concessionária pode ser projetada para criar uma boa impressão; pesquisas posteriores podem determinar se a impressão positiva desejada foi alcançada.

Experiências de uso iniciais

Essas informações referem-se a se o produto "de fato funciona". As especificações básicas abrangem fatores como facilidade de uso e indicações sobre se os usuários conseguem manejá-lo, se ainda há alguma falha e se existe alguma evidência sobre o que o produto finalmente fará.

---

[7] Esse exemplo provém de www.baddesigns.com.

```
┌─────────────────────────────────┐
│  Reações perceptivas pré-uso    │
└─────────────────────────────────┘
                │
┌─────────────────────────────────────┐
│    Experiências de uso iniciais     │
└─────────────────────────────────────┘
                │
┌──────────────────────────────────────────────────────┐
│ Principais resultados quanto ao benefício e à solução do problema │
└──────────────────────────────────────────────────────┘
         │                            │
┌──────────────────────────┐   ┌──────────────────────────┐
│ Informações de diagnóstico│   │ Informações de diagnóstico│
└──────────────────────────┘   └──────────────────────────┘
```

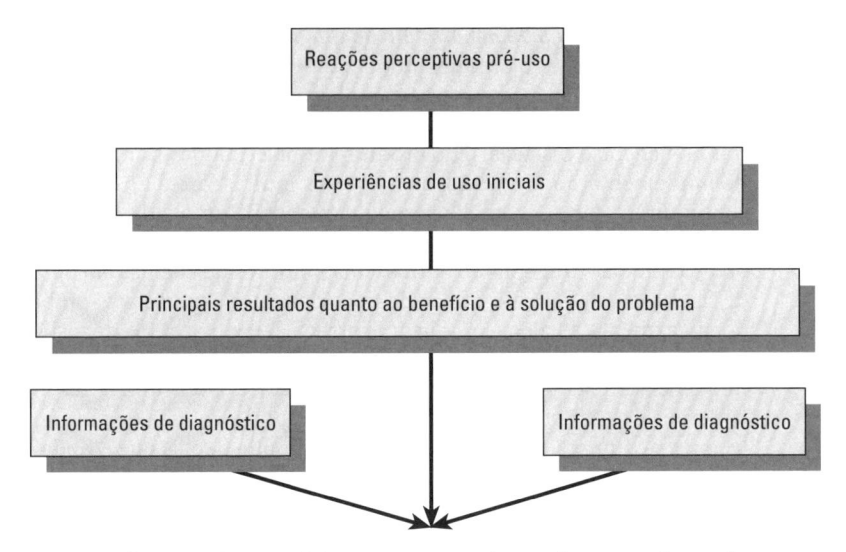

FIGURA 15.2   Conjunto de novas informações provenientes dos testes de uso do produto.

Testa alfa e beta

Essa última questão é um problema especial. As empresas de *hardware* e *software*, por exemplo, enfrentam grande pressão da concorrência e preferem realizar **testes beta**. Trata-se de testes de uso de curto prazo, realizados externamente nas instalações de determinados clientes, algumas vezes precedidos de **testes alfa** com os funcionários. Eles são concebidos para revelar aos fabricantes uma única coisa: esse produto funciona sem falhas? Na verdade, alguns fabricantes promovem uma competição entre os funcionários para ver quem consegue encontrar a maioria das falhas em um novo produto – melhor agora do que depois.[8] Os testes beta não são concebidos para informar os fabricantes a respeito de satisfação das necessidades dos clientes e solução de problemas – esses testes exigem um tempo maior do que as poucas semanas normalmente concedidas aos produtos de computador.

O termo *teste beta*, originalmente empregado no setor de computadores, agora é ouvido com frequência em todos os tipos de ambiente, mas as empresas de computador ainda parecem prevalecer nos testes beta. Um exemplo está relacionado com o desenvolvimento do Internet Explorer original pela Microsoft. A Netscape lançou o Navigator Release 2.0 em janeiro de 1996 e disponibilizou uma versão alfa inicial – Release 3.0 – em seu *site* interno em fevereiro. Após o *feedback* inicial de centenas de funcionários, uma segunda versão alfa foi disponibilizada duas semanas depois. Uma terceira versão, dessa vez uma versão beta disponibilizada ao público, foi lançada no início de março. Esse procedimento prosseguiu e várias outras versões beta se seguiram até o lançamento da Release 3.0 em agosto. No decorrer desse período, a Microsoft estava tentando desenvolver um Explorer competitivo. A empresa iniciou em março de 1996 com um teste alfa interno (entre seus 18.000 funcionários), com apenas 30% de funcionalidade, suficiente para obter um *feedback* inicial e começar a fazer melhorias no *design*. Em seguida foram realizados testes beta externos: a primeira versão beta foi lançada em abril de 1996 e, em junho, a Microsoft tinha uma

---

[8] Douglas W. Clark, "Bugs Are Good: A Problem-Oriented Approach to the Management of Design Engineering", *Research-Technology Management*, 43(3), May–June 1990, pp. 23–27.

versão beta 90% funcional. A Netscape também estava monitorando as versões beta do Explorer ao longo desse período.[9]

Os testes alfa são, em sua maioria, semelhantes aos do Microsoft Explorer – um teste rápido de uma versão inicial do produto com os funcionários, em que o produto ainda não está pronto para ser lançado para os clientes nem mesmo como versão beta. Mas há exceções. Depois de adquirir a linha de bebidas Snapple, da Quaker, a Triarc eliminou todos os testes extensos com o cliente. Os executivos da Triarc costumavam apenas solicitar novos sabores e experimentá-los – isto é, os novos produtos eram lançados depois de aprovados no teste alfa! A administração percebeu que, se o produto no final não tivesse saída, o pior a ocorrer seria a necessidade de oferecer desconto para o estoque em excesso. Embora isso pareça uma forma arriscada de lançar produtos de consumo, a Triarc lançou com sucesso a linha Snapple Elements (três novas bebidas chamadas Rain, Sun e Fire) exatamente dessa maneira. (Você acha que uma grande empresa como a Quaker teria assumido prontamente um risco como esse?)[10] Os testes beta são conduzidos sob tanta pressão de tempo que os gestores precisam ter cuidado para não ignorar os sinais de perigo. O que pode se tornar um exemplo clássico é o desenvolvimento do pacote de *software* Warehouse Manager da NCR. Ao apressar o lançamento desse produto no mercado, a empresa cometeu vários erros:

- Concluiu os testes beta antes que houvesse tempo para que falhas importantes se evidenciassem. O programa na verdade sabotava os sistemas de contabilidade e custos dos clientes.
- Não se importou em testar meticulosamente uma parte do pacote que licenciava de outra empresa – a Taylor Management.
- Continuou vendendo e instalando um programa de US$ 180.000 mesmo depois de ouvir que havia problemas horrendos nele. Várias grandes instalações foram feitas até o momento em que a NCR solicitou que as vendas fossem interrompidas.
- Prometeu uma "solução de fonte única" para problemas técnicos quando na verdade dependia da Taylor para lidar com os problemas de sua parte no pacote.
- Adotou uma postura com determinados clientes de que o produto funcionava bem e de que, portanto, os problemas só podiam estar sendo provocados pelo cliente.

Observe que o uso inadequado dos testes gera muito mais problemas do que ajustes. Os aborrecimentos jurídicos da NCR foram várias vezes superiores ao custo de um teste adequado do produto.[11] Há outras preocupações com relação à implementação do teste beta. Se eles forem conduzidos tarde demais no processo de novos produtos, o *design* talvez já esteja essencialmente definido – ou, se forem necessárias mudanças no *design*, elas podem atrasar o lançamento. Contudo, se a versão beta de um novo programa de computador for lançada antes da resolução de falhas importantes, os resultados tímidos podem ganhar ímpeto nas publicações populares sobre computadores e prejudicar a reputação do produto. (Esse foi um dos motivos pelos quais a Microsoft optou por lançar somente duas ou três versões beta do Explorer, em contraposição às seis ou sete versões do Navigator 3.0 lançadas pela Netscape.)

---

[9] Marco Iansiti & Alan MacCormack, "Developing Products on Internet Time", *Harvard Business Review,* September–October 1997, pp. 108–117; Alan MacCormack, "ProductDevelopment Practices That Work: How Internet Companies Build Software", *Sloan Management Review,* 42(2), Winter 2001, pp. 75–85.

[10] John Deighton, "How Snapple Got Its Juice Back", *Harvard Business Review,* January–February 2002, pp. 47–53.

[11] Mile Geyelin, "How an NCR System for Inventory Turned into a Virtual Saboteur", *The Wall Street Journal,* August 8, 1994, p. A1.

FIGURA 15.3 Armadilhas comuns do teste beta.

- O desenvolvedor coloca uma exigência insípida de desempenho, do tipo "fácil de usar", que não faz sentido se não for definida uma especificação mensurável.
- O teste é realizado tarde demais no processo de novos produtos, o que praticamente garante que o tempo de desenvolvimento será estendido e haverá atrasos na produção. Conduzir os testes em incrementos ao longo do processo é uma forma de evitar essa armadilha.
- Os desenvolvedores tentam evitar o teste beta, apoiando-se apenas no teste alfa de seus produtos. Por definição, eles estão muito próximos do produto para testá-lo criticamente e encontrar problemas.
- Os desenvolvedores ignoram os resultados iniciais negativos com a esperança de que o produto melhorará por si só durante o processo de novos produtos. Todos os resultados do teste beta, sejam positivos ou negativos, precisam ser avaliados verdadeiramente.

Fonte: De Robert Stoy, "Assembled Product Development", in M. D. Rosenau, A. Griffin, G. Castellion & N. Anscheutz, eds., *The PDMA Handbook of New Product Development*, John Wiley & Sons, Inc., 1996, pp. 271–86. Reimpresso com permissão da John Wiley & Sons, Inc.

Além disso, a empresa que está testando um novo produto pode precisar obter informações do cliente que está realizando o teste beta (por exemplo, valor econômico), o que pode prejudicar a relação entre fornecedor e cliente. A Figura 15.3 sintetiza as armadilhas mais comuns dos testes beta.[12]

A empresa que está realizando o teste beta não tem capacidade interna para testar o desempenho do produto no nível requerido e não tem recursos financeiros para contratar uma empresa externa para testá-lo.

Teste gama

O teste beta pode não atender a todas as necessidades do desenvolvedor. Em um teste beta, os usuários talvez não tenham tempo para avaliar se o novo produto atendeu às suas necessidades ou lhes ofereceu uma boa relação custo–benefício. O computador PowerBook, da Apple Computer, tinha um defeito na unidade de disco que só foi descoberto depois de comercializado, embora a empresa tenha conduzido testes em campo. Por esse motivo, um terceiro termo está se tornando popular, **teste gama** (gama é a terceira letra do alfabeto grego, depois de alfa e beta). Ela designa o teste de uso ideal, em que o produto é submetido a um teste meticuloso e avaliado detalhadamente pelo usuário final. Para passar nesse teste, o novo produto precisa solucionar todo problema que o cliente tiver tido, independentemente do tempo que isso exigir. O teste gama é tão crucial para novos medicamentos e equipamentos médicos que nos Estados Unidos ele é exigido; esse teste pode durar até dez anos.

Embora o teste gama seja o ideal (e o recomendemos aqui), as empresas, ansiosas por poupar tempo e dinheiro ou ultrapassar os concorrentes, ainda assim optam pelo teste beta. Algumas o realizam virtualmente – as montadoras de automóveis, por exemplo. O extremamente bem-sucedido Saturn foi submetido a testes beta junto aos usuários no mercado, que o dirigiram em uma pista preparada, aos revendedores, que o dirigiram no campo de provas no Arizona, e a redatores e motoristas de teste de revistas automotivas. Mas não houve nenhum teste durante determinado período necessário para avaliar verdadeiramente se esse novo carro atendia às necessidades de uma família.

---

[12] O teste beta é um assunto complexo. Um estudo bastante útil é Robert J. Dolan & John M. Matthews, "Maximizing the Utility of Consumer Product Testing: Beta Test Design and Management", *Journal of Product Innovation Management*, 10(4), September 1993, pp. 318–330. Para examinar uma discussão completa sobre os benefícios e os riscos do teste beta, consulte Robert Dolan, *Managing the New Product Development Process* (Reading, MA: Addison-Wesley, 1993), pp. 221–232.

Informações de diagnóstico

Os gestores de novos produtos procuram entender como os produtos são usados e quais erros são cometidos. Os testes de uso com frequência indicam alternativas para melhorar o desempenho ou reduzir os custos. A General Foods testou até o fim o problema das proporções relativas de café instantâneo e dos grãos torrados do Mello Roast; a empresa precisava do melhor *trade-off* entre o menor custo dos grãos e o efeito sobre o sabor. Os desenvolvedores de novos produtos procuram também informações específicas para respaldar suas alegações. Os profissionais de marketing desejam confirmação dos mercados-alvo e do posicionamento dos produtos. A integridade do produto é igualmente experimentada durante um teste de uso, visto que somente as percepções dos usuários nos dizem se os componentes se interligam e formam um todo significativo e se o produto é adequado para a aplicação em questão. Por fim, os desenvolvedores procuram identificar qualquer outro sinal de alerta, um sinal de que os usuários enfrentaram alguns problemas para compreender o novo produto ou foram lentos para aceitar os resultados que eles obtiveram etc.

A Apple e outros fabricantes de *software* podem utilizar a *pesquisa baseada em casos* como uma forma bastante abrangente de teste de uso que se desenrola paralelamente ao processo de desenvolvimento do *software*, do conceito inicial ao produto acabado. O primeiro estágio é a *investigação*: o desenvolvedor entrevista os usuários para saber quais são suas expectativas e como eles provavelmente usarão o produto. No estágio de *desenvolvimento*, os usuários são estimulados a experimentar protótipos iniciais do novo *software* e a explorar seus menus e recursos. Uma característica interessante é que eles falam abertamente durante o uso do produto, descrevendo qualquer problema que encontram. Esse estágio é seguido de um teste beta preliminar com os usuários finais em um ambiente de trabalho real. Os problemas de uso de produto são identificados nesse estágio e as soluções para tudo isso serão fornecidas no manual de instruções do *software*. Em seguida é realizado um teste beta padrão.[13]

DECISÕES NO TESTE DE USO DO PRODUTO

Qualquer teste de uso – seja um entre vários seja um único teste, seja de um produto industrial de consumo, seja para o mercado doméstico seja para o mercado global – deve ser elaborado com cuidado, e várias decisões fundamentais devem ser tomadas. Antes de tudo, os gestores devem determinar o que eles *necessitam aprender* com os testes de uso do produto. Embora o que precisamos aprender seja totalmente específico à situação, os objetivos devem ser claros e incluir as exigências expressas no protocolo. (Consulte o Capítulo 12.) Nessa fase, alguns gestores gostam de realizar o que frequentemente é chamado de *análise de possíveis problemas*. O restante desta seção examina outras questões importantes enfrentadas no teste de uso dos produtos.

Quem deve integrar o grupo de usuários?

Alguns testes de uso são realizados com o *pessoal de laboratório* nas fábricas em que os produtos são produzidos pela primeira vez. Alexander Graham Bell tornou-se o primeiro usuário do telefone quando ele ligou para seu assistente.

Os *especialistas* são o segundo grupo de teste (*e.g.*, a equipe de cozinha em uma cozinha de teste). As montadoras têm estilistas de automóveis; as vinícolas têm degustadores. Os especialistas farão reflexões mais cuidadosas do que os usuários habituais e provavelmente expressarão reações mais precisas. Entretanto, eles não terão interesse pelas mesmas coisas.

---

[13] Matthew Holloway, "A Better Way to Test Interface Design", *Innovation*, Summer 1994, pp. 25–27.

A terceira opção de grupo de teste, os *funcionários*, é amplamente utilizada, embora com frequência criticada. A lealdade e as pressões da empresa e o estilo de vida e os costumes dos funcionários podem distorcer opiniões e atitudes. Os problemas óbvios de uma possível tendenciosidade podem ser superados até certo ponto se a identidade do produto for ocultada e se o painel de funcionários for cuidadosamente treinado e motivado.

As *partes interessadas* são a opção subsequente, e o conjunto inclui clientes e não clientes, usuários e não usuários, revendedores, consultores de usuários finais (por exemplo, arquitetos), usuários de produtos concorrentes, oficinas e empresas de manutenção e os especialistas de suporte técnico cujas reações aos novos produtos foram procuradas.

A SmarterKids.com Inc. vende brinquedos educacionais na *web*. A empresa seleciona novos possíveis brinquedos e jogos que parecem ter mérito educacional e os submete a um teste de uso utilizando um corpo de jurados integrado por crianças do ensino fundamental. Os funcionários espalham os brinquedos sobre a mesa, deixam as crianças à vontade e observam com qual elas brincam (e não brincam). Um novo jogo semelhante ao Monopoly, que transcorre no remoto Alasca, tinha o quadrado "Go to Lunch" ("Vá almoçar"), em vez de "Go to Jail" ("Vá para a cadeia"). Embora os alunos da segunda série parecessem adorar o jogo, uma aluna ficou decepcionada com o fato de não poder fazer seus colegas de classe cumprir pena de prisão![14]

Os pesquisadores de mercado que realizam o teste de uso têm muito cuidado para escolher o número certo de envolvidos. O tamanho da amostra pode variar de 3 a 6 especialistas, 30 ou mais funcionários e de 20 a vários milhares de usuários finais. Como vimos anteriormente, o Navigator, da Netscape, e o Explorer, da Microsoft, foram testados em milhares de locais, tanto interna quanto externamente. Como seria de esperar, o tamanho da amostra depende predominantemente do que está sendo testado. Qualquer amostra deve ser representativa da população total para a qual o produto está sendo dirigido e os resultados devem ser precisos (ter *validade*) e reproduzíveis (ter *confiabilidade*). Uma empresa de produtos para o cabelo começou a comercializar um novo tônico capilar para homens após o teste de uso, mas o produto fracassou principalmente porque havia sido testado em áreas úmidas do país. Em áreas mais secas, o produto evaporava muito rapidamente e por isso não tinha nenhuma eficácia.

Como devemos entrar em contato com o grupo de usuários?

Existem várias opções nesse caso. Primeiro, precisamos escolher uma forma de contato: *contato por correspondência* e *contato pessoal* são os mais comuns. O método por correspondência é mais restrito do que o contato pessoal com relação ao tipo de produto e à profundidade da entrevista, mas é mais flexível, mais rápido e mais barato. A Burlington Industries usou o telefone para convidar pessoas a participar de painéis especiais únicos para avaliação de novos tecidos. As empresas *business to business* muitas vezes insistem no contato pessoal, já que elas necessitam de uma proximidade que transcende em muito à da maioria dos produtos de consumo.

Segundo, existe uma opção entre contato *individual* e contato *em grupo*. A maioria das empresas prefere o contato individual, particularmente nessa fase crítica do ciclo de desenvolvimento, mas talvez seja mais barato lidar com grupos.

Terceiro, o contato individual traz à tona a questão do *local*. O teste deve ser conduzido no *ponto de uso* (casa, escritório ou fábrica) ou deve ser conduzido em um *local central* (cozinha de teste, centro comercial, cinema ou *van*)? O local do ponto de uso é mais realista e possibilita a atuação de um número maior de variáveis. Mas

---
[14] Stephen D. Solomon, "The Next Next Thing", *Inc.*, June 2000, pp. 84–95.

oferece pouco controle experimental e facilita o uso inapropriado. Em contraposição, um local central oferece instalações completas (como cozinha, espelhos bidirecionais, áreas de alimentação, lojas simuladas, um bom controle experimental, rapidez e custo mais baixo. O local central é uma abordagem atraente, mas as empresas industriais quase certamente optarão por estudos no local. Às vezes, é possível ser criativo – as emissoras TV algumas vezes testam novos programas piloto em Las Vegas, que não é, de forma alguma, um lugar representativo, mas surpreendentemente é um lugar em que uma ampla variedade de pessoas têm tempo e disposição para assistir aos pilotos no intervalo entre as máquinas de caça-níqueis e as mesas de vinte e um. Outros locais centrais possíveis para teste de uso de produtos podem ser: instalações das empresas de pesquisa de marketing, feiras comerciais, paradas de descanso em rodovias (o mesmo princípio de Las Vegas: é possível encontrar uma ampla variedade de pessoas) e até visitas a fábricas, como a sede da Ben & Jerry em Vermont.

Devemos divulgar nossa identidade?

Uma questão fundamental, a **revelação de identidade**, diz respeito a até que ponto o usuário deve ser informado sobre a marca ou a identidade do fabricante do produto. Alguns testadores preferem transparência total, enquanto outros (a maioria) preferem manter o sigilo. Talvez não seja possível ocultar a marca – como ocorre com vários carros, alguns calçados e diversos produtos industriais. As pessoas têm percepções sobre várias empresas e marcas. Saber qual é a marca de um novo produto pode gerar efeitos halo em termos de imagem e talvez distorcer as reações do usuário. É favorável pensar sobre o que está sendo testado. Os desenvolvedores podem precisar de uma comparação com a concorrência (somente os **testes cegos** podem determinar isso). Ou eles podem desejar saber se, de acordo com a *percepção* dos usuários, o novo produto é melhor (uma percepção honesta exige marcas). Uma boa conciliação é utilizar ambos – primeiro um teste cego e depois um teste em que se revela a marca. Esse procedimento cobre a maioria dos problemas. Raramente é possível submeter um serviço a um teste cego.

Que nível de explicação deve-se oferecer?

Algumas pessoas conduzem testes de uso sem praticamente *nenhum comentário* além do óbvio "Experimente isto". Contudo, esses testes correm o risco de não atender a necessidades de teste específicas. Uma categoria de explicação, chamada *comercial*, inclui apenas a informação que o cliente obterá quando de fato comprar o produto posteriormente. O terceiro nível é a *explicação completa*. Talvez seja necessário incluir grande quantidade de informações apenas para garantir que o produto seja usado adequadamente; uma empresa farmacêutica pode oferecer semanas de treinamento aos vendedores no teste de uso para um novo tratamento. Algumas pessoas realizam uma rodada do teste com explicações completas, seguida de uma breve rodada no nível comercial.

Que nível de controle sobre o uso do produto deve haver?

A maior parte dos novos medicamentos só pode ser testada legalmente com a supervisão de médicos. Esse *controle total* é essencial quando são necessários dados precisos e quando a segurança do paciente é um fator de preocupação. Muitos produtos industriais também exigem controle total para evitar usos impróprios que envolvem riscos.

Entretanto, a maioria dos testadores deseja que os usuários experimentem, fiquem livres para cometer alguns erros e tenham um comportamento representativo do que ocorrerá posteriormente, quando o produto for comercializado. Por exemplo, uma nova bebida de café pode ser testada em condições como água perfeita, mensuração perfeita e percolação, mas ela deve ser testada também na cozinha, da maneira como uma pessoa comum faria – seja ela certa ou errada.[15] Ao oferecer esse tipo de liberdade, a empresa consegue ver se o produto tende a ser usado de forma inapropriada. Se a Heublein tivesse submetido suas refeições Wine & Dine da década de 1970 (macarrão, mistura para molho e uma garrafa de vinho com sal próprio para cozinhar acondicionados em uma caixa) a amplos testes de uso, teria identificado o problema que acabou enfrentando no mercado: muitos clientes simplesmente tomavam o vinho com sal, tinham ânsia de vômito e então juravam nunca mais comprar o produto novamente![16]

Portanto, duas formas de controle mais flexíveis – *supervisionada* e *não supervisionada* – surgiram. Se um fabricante de esteira rolante desejar testar um novo tipo de material para correias, o pessoal técnico e de vendas da empresa (talvez até o pessoal do fornecedor) estará presente na fábrica do usuário quando o material for instalado (forma supervisionada). Depois que as primeiras rodadas indicarem que não há nenhum erro, o pessoal da correia volta para casa e o material é deixado no modo não supervisionado durante todo o período de teste (embora o pessoal do desenvolvedor nunca fique "muito distante").

Um serviço quase sempre estará sob supervisão porque não é possível "levá-lo para casa" para usá-lo. Muitas vezes, os restaurantes testam novos cardápios em um novos locais (modo supervisionado) e depois os implantam se tudo funcionar bem.

Como o teste deve ser conduzido?

O produto pode ser testado de várias formas, mas quatro modos são convencionais (consulte a Figura 15.4):

- Em um teste **monadário**, em que o respondente testa um único produto durante um período. Um serviço normalmente precisa ser monadário, embora haja exceções.

- Em um teste **monadário sequencial**, em que há testes monadários consecutivos com o mesmo respondente. Esse modo às vezes é chamado de *comparação emparelhada escalonada*.

- Em uma **comparação emparelhada**, em que o uso do produto em teste é entremeado com o uso de um produto concorrente.

- Em uma **comparação triangular**, semelhante à comparação emparelhada, mas com dois produtos concorrentes *versus* um produto de teste (ou dois produtos de teste *versus* um concorrente).

Existem *designs* experimentais mais sofisticados, mas eles são utilizados somente em situações especiais.[17] O teste monadário é o mais simples; ele representa o uso normal dos produtos. Além disso, provavelmente é o teste mais *válido* de todos (isto é, representa mais acuradamente o uso normal do produto). Mas ele é menos *sensível* nos resultados (isto é, mudanças no preço ou em outros atributos afetam acentuadamente as preferências do cliente). A forma usual *lado a lado* ou simultânea de comparação emparelhada é a forma de teste mais irreal, mas é de longe a mais sensível. O *monadário*

---

[15] Já foi dito que uma das melhores formas de induzir os planejadores de produto em erro é estabelecer controles rígidos nos testes de uso de produto que não serão reproduzidos no mundo real. Consulte Robert J. Lavidge, "Nine Tested Ways to Mislead Product Planners", *Journal of Product Innovation Management*, 1(2), 1984, pp. 101–105.

[16] Robert M. McMath & Thom Forbes, *What Were They Thinking?* (New York: Times Business, 1996).

[17] Para obter informações adicionais sobre questões como *designs* experimentais, sequenciamento de estímulos e *design* de amostra, consulte Howard R. Moscowitz, *Product Testing and Sensory Evaluation of Foods* (Westport, CT: Food and Nutrition Press, 1983).

FIGURA 15.4 Tipos de teste de uso de produto, de acordo com sua utilização em uma nova escova de dente.

Tipo	Produtos	Instruções
Monadário	Somente o novo produto.	Experimente esta nova escova de dente e diga-me quanto gostou dela.
Monadário sequencial	Testes monadários consecutivos.	Iguais ao do monadário.
Comparação emparelhada*	O novo produto e outra escova de dente (1) – o líder de mercado ou (2) a escova considerada a melhor ou (3) o líder no segmento escolhido para o novo produto ou (4) a escova que o consumidor em teste usa atualmente.	Experimente estas escovas e diga-me quanto gostou delas, qual você prefere etc.
Comparação triangular*	O novo produto e dois outros. Uma variação é utilizar duas variantes do novo produto e uma dos demais produtos.	Iguais as da comparação emparelhada.

* Essas técnicas que utilizam vários produtos podem empregar uma das duas abordagens de uso de produto:
Lado a lado: Escove os dentes com esta escova e depois com a outra escova. Em seguida, diga o que você sentiu.
Escalonado (com frequência chamado de monadário sequencial): Use esta escova de dente durante uma semana e depois use a outra por uma semana. Em seguida, diga o que você sentiu.

sequencial provavelmente é a combinação ideal, embora seja o mais longo. No formato escalonado, um usuário pode experimentar uma escova de dente durante uma semana, depois mudar para outra na segunda semana e em seguida voltar para a primeira.

Até mesmo os testes monadários normalmente envolvem um concorrente silencioso – o produto que é usado antes de o novo aparecer. Quando a situação envolve uma categoria estabelecida (como a de fotocopiadoras), é quase inevitável a necessidade de testar um novo produto em contraposição ao líder na categoria. Contudo, na falta de uma categoria estabelecida, como o caso do primeiro aparelho de *fax* ou o primeiro PDA, o que o desenvolvedor faz? O primeiro celular deve ter sido testado em comparação com um telefone fixo tradicional, por exemplo. Quando não há nenhum predecessor direto, os desenvolvedores de produto normalmente realizam um teste monadário e pedem ao usuário para comparar o novo produto com qualquer procedimento que tenha sido adotado antes.

Durante que período o teste deve ser conduzido?

Alguns testes de uso exigem uma *única* experimentação do produto (que pode ser suficiente para um teste de degustação); alguns exigem que a experimentação ocorra em *curtos períodos* de no máximo uma semana; e outros exigem que a experimentação ocorra em *períodos prolongados* de até seis meses. Um período mais prolongado será essencial se o nível necessário de aprendizagem for considerável, se for preciso superar uma tendenciosidade inicial ou se o produto exigir habituação ao sabor. Além disso, esse período mais prolongado será essencial se o produto enfrentar um amplo leque de variações com relação ao uso (por exemplo, um novo *smartphone* pode ser considerado útil por consumidores finais, proprietários de pequenas empresas, multinacionais, hospitais ou outras instituições). Entretanto, é mais frequente os pesquisadores optarem por utilizar vários modos. Um teste rápido inicial prevê as reações iniciais das pessoas que chamamos de inovadoras. Falhas nesse caso, mesmo que as percepções forem injustificadas, normalmente condenam um bom produto. Entretanto, as impressões iniciais favoráveis devem ser mantidas bem além da fase de novidade. Muitos produtos sobressaíram brevemente e só então lançaram-se em uma morte prematura.

Os testes com duração de um mês são raros para produtos de consumo e difíceis de justificar para a administração. Contudo, se a intenção for posicionar um novo equipamento industrial recorrendo à sua vantagem de redução de custo, é melhor que o teste de uso seja suficientemente longo para que o usuário perceba uma redução de custo significativa. A propósito, os longos testes de painéis de pintura às margens das rodovias são testes de laboratório, e não testes de uso. Não há nenhum teste de desatenção do usuário na aplicação, de camadas de tinta espessas *versus* finas e das diversas outras variações obtidas em um teste de uso doméstico real. A Apple obtém uma maior aproximação quando testa um novo dispositivo em relação a indignações comuns, como refrigerante derramado e pancadas simuladas no porta-malas do carro. Porém, novamente, não se trata de um teste de uso verdadeiro, em que os clientes podem imaginar formas mais criativas de destruir um produto (como no relato curioso sobre um usuário de computador que estava usando a bandeja da unidade de CD aberta como porta-copo de café).

Qual deve ser a fonte do produto que está sendo testado?

Em linhas gerais, três diferentes fontes do produto são empregadas em um teste de uso – *produção em lote*, *em fábrica piloto* e *final*. Se a empresa utilizar apenas um tipo de teste de uso, o material da produção final é de longe o melhor. O produto em lote deve ser usado de modo exclusivo se o processo de produção for proibitivamente caro. Como nas várias fases de desenvolvimento de produtos, a decisão sobre a fonte do produto é um *trade-off* entre o custo e o valor das informações. Já se demonstrou várias vezes que quem economiza em ninharias acaba sendo imprevidente e perdulário com grandes somas.

Muitas vezes ignorado é o produto deixado nas mãos dos usuários no final do teste. Na maioria dos casos, o produto deveria ser recolhido e examinado em busca de pistas quanto a problemas e ações do usuário durante o teste. Se a empresa tiver intenção de fazer uma solicitação de patente em breve, é muito importante recolher *todo* o produto; do contrário, os desenvolvedores correm o risco de perder a originalidade exigida pelo processo de patenteamento.

Qual deve ser a forma do produto que está sendo testado?

Um ponto de vista defende o teste do *melhor produto individual* que a organização desenvolveu, tal como identificado pelos testes de conceito e ou pelas análises de mercado. O ponto de vista contrário defende a criação de *variantes* na situação de teste – cores, velocidades, tamanhos etc. Essa última abordagem é mais educativa, mas também bem mais cara. Os serviços quase sempre são testados em diversas variações, visto que normalmente é fácil fazer as mudanças.

A decisão baseia-se em vários fatores, e o primeiro deles é a probabilidade de a variante principal falhar. Ninguém deseja testar elaboradamente um produto e depois ver que aquela forma fracassou.

Além disso, que efeito outras variantes terão sobre a compreensão que os usuários têm do teste? Quanto mais eles testam, mais eles compreendem e mais eles podem nos dizer. Por exemplo, um fabricante de embalagens assépticas para sucos de frutas percebeu que o suco e a embalagem eram novos para os consumidores e, por isso, testou o suco de laranja na nova embalagem e subsequentemente o novo suco de maçã e oxicoco. (A propósito, a empresa enviou o suco de laranja para sua fábrica na Europa para ser envasado para que passassem o mesmo tempo dentro da embalagem que os sucos de maçã e oxicoco.)[18]

---

[18] Independentemente de qual for a forma, o produto em teste deve ser representativo do produto que de fato será lançado – não deve ter qualidade significativamente superior ou inferior (sim, isso ocorre!). Essa é outra forma, segundo Lavidge, de induzir os planejadores em erro. Consulte Robert Lavidge, *op. cit.*

Como devemos registrar as reações dos respondentes?

Basicamente, existem três opções disponíveis, como demonstrado pela Figura 15.5. Primeiro, uma escala de classificação verbal de cinco a sete pontos geralmente é utilizada para registrar dados básicos de *gosto/não gosto*. Segundo, o respondente normalmente é solicitado a comparar o novo produto com outro produto – digamos, o líder ou aquele que está sendo usado ou ambos; trata-se de uma *classificação de preferências*. Isso pode ser obtido de várias maneiras; por exemplo, um respondente pode ser solicitado a atribuir 11 pontos entre o produto novo e o de comparação. Uma atribuição de 10–1 indicaria uma forte preferência, enquanto uma atribuição de 6–5 revelaria que o respondente é praticamente indiferente a ambos. Terceiro, quanto aos motivos de diagnóstico, os testadores normalmente desejam *informações descritivas* sobre o produto que compreendam todo e qualquer atributo importante. Exemplos incluem, sabor, cor, descartabili-

Gosto/Não gosto

Produto A:

1	2	3	4	5
Detesta	Não gosta tanto	Neutro	Gosta um pouco	Gosta muito

Produto em teste:

Quais dessas palavras melhor descrevem sua satisfação geral com o produto que está sendo testado? (circule uma alternativa)

Feliz   Contente   Mais ou menos   Descontente   Revoltado

Preferência

Qual sua preferência entre os dois produtos?
- ☐ Gosta muito mais do C
- ☐ Gosta um pouco mais do C
- ☐ Não se importa em ambos os casos
- ☐ Gosta um pouco mais do M
- ☐ Gosta muito mais do M

Descrição/Diagnóstico

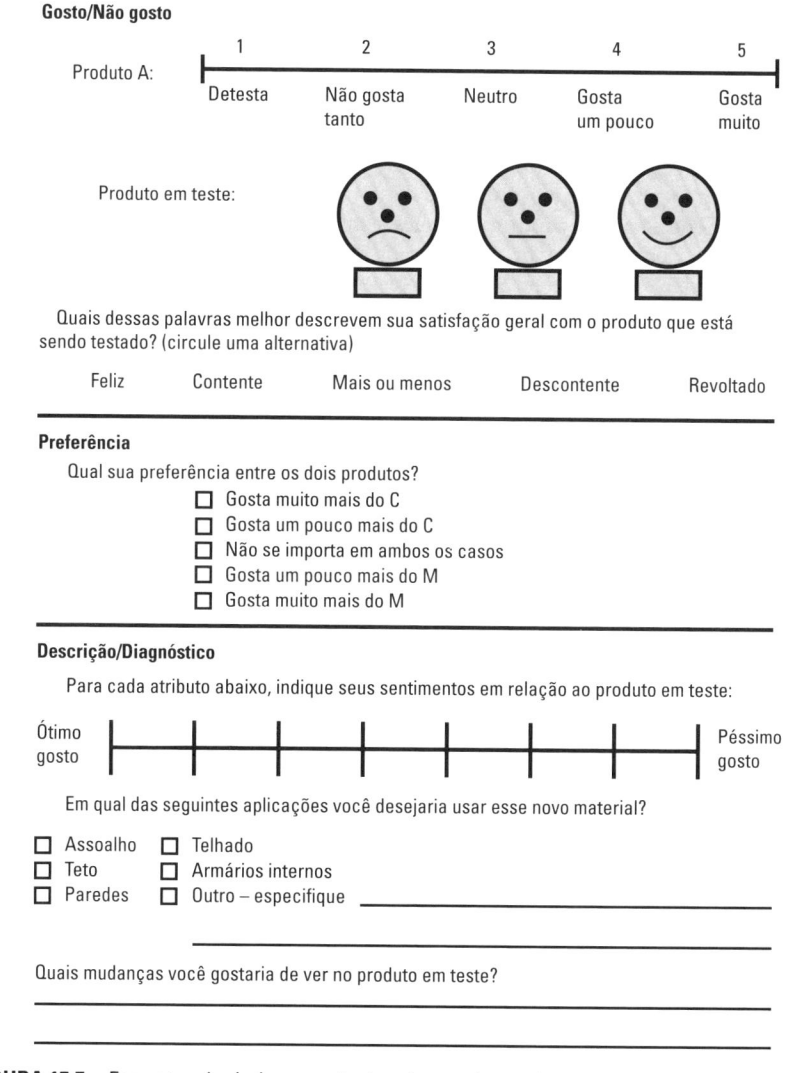

Para cada atributo abaixo, indique seus sentimentos em relação ao produto em teste:

Ótimo gosto |—|—|—|—|—|—| Péssimo gosto

Em qual das seguintes aplicações você desejaria usar esse novo material?
- ☐ Assoalho   ☐ Telhado
- ☐ Teto   ☐ Armários internos
- ☐ Paredes   ☐ Outro – especifique _____

Quais mudanças você gostaria de ver no produto em teste?
_____
_____

FIGURA 15.5 Formatos de dados para testes de uso de produto.

dade e velocidade. Uma escala de diferencial semântico é mais comum nesse caso. É aí que coletamos todas as outras informações requeridas nos objetivos.

Com base no teste de conceito inicial, os pesquisadores de uma nova linguiça presumiram que a linguiça ideal teria baixo teor de gordura e sal, e vários produtos de teste foram desenvolvidos correspondentemente. Obviamente, o teste de uso revelou exatamente o oposto – as duas melhores linguiças no teste ficaram em primeiro e segundo lugar em sal, e estavam entre as mais gordurosas. Alguns dos produtos de teste com menos gordura obtiveram algumas das classificações gerais mais baixas. Passamos a esperar pelo inesperado e a nos programar para isso. A área de pesquisa de marketing deu origem a um amplo grupo de metodologias de pesquisa incomuns que ocasionalmente são consideradas úteis no teste de novos produtos. Por exemplo, as medições de ondas cerebrais ajudam a revelar os pensamentos íntimos dos usuários, particularmente se eles tiverem uma forte reação emocional ao produto que está sendo testado. A análise de tom de voz (isto é, um teste de estresse dos padrões de voz muito semelhante aos testes de detecção de mentira) foi utilizada para suplantar os esforços dos testadores de produto no sentido de serem úteis e evitar ferir seus sentimentos. Outra informação é muito importante a essa altura – intenção de compra. Lembre-se de que quase no final do teste de conceito perguntamos aos respondentes o quanto eles se consideravam propensos a experimentar o produto se ele fosse colocado à venda no mercado (a questão das duas pontuações mais altas – *top two boxes*). Agora perguntamos o quanto eles gostaram do produto e se ele tinha precedência sobre o produto que eles estavam usando no momento.

Portanto, novamente fizemos a pergunta sobre intenção de compra, dessa vez como medida dos resultados do teste de uso, que ainda não é um indicador das taxas reais de experimentação.

Em vários testes de produtos *industriais*, não se utiliza o recurso de pesquisa abordado nesta seção. O que se deseja são todas as informações relevantes, que são obtidas por meio de investigações e observações pessoais precisas. Os usuários podem identificar aplicações que os desenvolvedores nem sequer imaginaram. Existem poucos questionários formais em evidência.[19]

Como devemos interpretar os números que obtemos?

Os testadores há muito tempo constataram que eles desejam números *comparativos*, não apenas *absolutos*. Ou seja, se 65% dos usuários tiverem gostado de um produto, em que medida essa porcentagem se compara com os testes anteriores de produtos até certo ponto semelhantes? Se todos os favorecidos anteriores tiverem tido uma classificação superior a 70% na pergunta sobre "gostar", então 65% não é tão impressionante.

O valor de 70% é a *norma*. Em que situação obtemos a norma e como a utilizamos normalmente é um problema sério. A principal fonte é óbvia: a biblioteca de experiências passadas, que são estudadas meticulosamente e das quais se tira uma média. Os arquivos de empresas que fornecem pesquisas de marketing também são úteis, mas as normas pegas no ar nas reuniões com o comitê são praticamente inúteis.

Quem deve realizar o teste de uso do produto?

A primeira opção aqui encontra-se entre o pessoal *interno* da empresa e o pessoal *externo*. A empresa pode ou não ter pessoal qualificado no requisito de capacidade analítica em tecnologia da informação.

---

[19] Uma análise de algumas atividades nesse sentido é Aimee L. Stern, "Testing Goes Industrial," *Sales and Marketing Management*, March 1991, pp. 30–38.

Segundo, as *funções* (marketing, técnica) tradicionalmente disputam controle. Entretanto, atualmente a equipe de desenvolvimento é responsável – a mesma equipe que lida com o teste de conceito do protótipo. Se funcionários do fornecedor fizerem parte dessas equipes, eles também participarão.

Algumas ideias especiais que chamam a atenção do pessoal veterano de novos produtos permeiam todas as situações de teste de uso do produto.

PROBLEMAS ESPECIAIS

Não mude os dados apenas porque eles evidenciaram o contrário

Uma empresa descobriu um problema de usuário em um teste de uso, mas o presidente disse: "Eles simplesmente terão de conviver com isso". Infelizmente, o teste de uso não havia perguntado se os usuários estavam *dispostos* a conviver com aquilo. Eles não estavam, e o produto foi malsucedido. Em determinados testes, quando o pessoal técnico e de marketing chama a atenção para a existência de alguns problemas de usuário, eles são considerados negativos – um exemplo real de "mate o mensageiro".

Fique alerta a condições estranhas

Uma empresa industrial percebeu que vários instrumentos de medição evidenciavam sinais de adulteração após um teste de campo. Ao investigar, a empresa descobriu que os usuários estavam fazendo uma mudança específica para ajudar o produto a cumprir sua função; depois de alguns telefonemas, conseguiram melhorar o *design* do produto e colocá-lo em campo para outros testes.

E se tivéssemos de prosseguir sem um bom teste de uso?

Experimente usar algum teste de uso na fase inicial de comercialização do produto (*e.g.*, no método de lançamento gradativo discutido no Capítulo 18) e procure ter algumas alternativas prontas para se proteger contra possíveis resultados negativos.

Há também testes substitutos disponíveis se limitações de tempo ou dinheiro impedirem um teste de uso completo. Resultados rápidos são possíveis por meio, por exemplo, de uma *avaliação construtiva* (o respondente usa o produto, descreve atividades e fala sobre os problemas encontrados) ou de um *teste retrospectivo* (o usuário examina vídeos de testes de uso do produto convencional realizados anteriormente).

RESUMO

O Capítulo 15 abordou questões como se o produto resolve os problemas dos clientes, até que ponto ele se compara com outros produtos nesse aspecto e o que mais pode ser aprendido a essa altura. A obtenção desse tipo de informação parece fundamental, mas existem fortes pressões para que se ignore o teste de uso. Falamos sobre os argumentos a favor da omissão do teste de uso e mostramos o motivo pelo qual eles devem ser aceitos apenas quando forem convincentes.

Isso abriu caminho para a discussão sobre as 13 dimensões de teste de uso, que vão desde "O que desejamos aprender com o teste" a "Quem deve conduzi-lo?". Toda dimensão tem várias opções, e a escolha de uma delas normalmente é feita depois de uma análise situacional.

No final do teste, talvez seja necessário repassar o trabalho técnico para resolver problemas ou talvez o produto tenha de ser abandonado. Do contrário, nesse momento prosseguimos para a comercialização e preparação do produto acabado, o qual, obviamente, é apenas uma versão posterior do conceito que está sendo encaminhada para o teste de uso mais importante de todos: o marketing. O marketing é o tema dos Capítulos 16 e 17.

APLICAÇÕES

1. "Acho que alguns fornecedores de pesquisa exageram um pouco – eles querem que a gente faça muita pesquisa de mercado. Por exemplo, um dos principais fornecedores publicou dados sobre testes 'cegos' *versus* 'identificados'. Veja os resultados:

Com marca	Preferências	Sem marca	Preferências
Prefere A	55,5%	Prefere A	45,6%
Prefere B	44,5%	Prefere B	54,4%
Prefere A	68,0%	Prefere A	60,7%
Prefere C	32,0%	Prefere C	39,3%
		Prefere B	64,4%
		Prefere C	35,6%

Fui informado de que as diferenças são muito significativas estatisticamente. A empresa de pesquisa concluiu que não havia outra alternativa *entre* testes cegos e identificados a não ser utilizar ambos em praticamente todos os casos em que houvesse algum motivo para suspeitar de um efeito de identificação do nome da marca. Você concorda?"

2. "Ao que parece, o pessoal de marketing da Colgate enfrentou alguns problemas durante algum tempo com um novo sabão líquido que usava um corante que deixava a roupa azul durante a fase inicial de comercialização. Outro produto da Colgate, um sabão para lava-louças embalado em caixas de papelão encerado, como aquelas usadas para sucos de laranja, foi rejeitado pelos pais que participaram do teste de mercado porque eles temiam que os filhos pudessem pensar que as caixas continham suco. Para mim, esses erros são imperdoáveis. Eles não deveriam ter sido descobertos antes, no teste de uso do produto? O que você teria feito para ter certeza disso?"

3. "Obviamente, nossa divisão farmacêutica desenvolve novos produtos farmacêuticos para uso por médicos e hospitais. O departamento de pesquisas técnicas conduz todos os testes (eles têm diferentes nomes para os vários testes). A última fase são os testes clínicos, nos quais os medicamentos são administrados em humanos a fim de comprovar as alegações de eficácia feitas ao Food and Drug Administration (FDA). Os testes clínicos são conduzidos por doutores em medicina na seção de pesquisa clínica, que é nosso departamento de P&D com todas as outras pessoas da área técnica. Mas me parece que esses testes clínicos são concebidos mais para satisfazer pessoas do que o FDA – médicos, farmacêuticos, enfermeiros etc. Mas os doutores em medicina que conduzem os testes clínicos não são tão respeitados em pesquisa de marketing. Então me ocorreu que eu deveria procurar fazer ao menos um profissional de marketing capacitado ser designado para a pesquisa clínica, para que eu possa garantir que, posteriormente, esses testes tenham o máximo impacto no marketing. Você concorda?"

ESTUDO DE CASO   Teste de uso de novos produtos de consumo não duráveis[20]

No competitivo mercado de bens de consumo não duráveis, novos produtos parecem ser lançados o tempo todo. As taxas de insucesso tendem a ser altas, principalmente porque os fabricantes muitas vezes experimentam diversos produtos, observa qual deles "pega" e suprime o restante. Contudo, com um cuidadoso teste de uso, é possível identificar possíveis problemas com o produto e procurar corrigi-los antes que se cometa um caro erro de lançamento.

Veja vários novos produtos que foram lançados por alguns dos fabricantes de produtos embalados mais proeminentes. Poucos podem ser verdadeiramente chamados de produtos "novos para o mundo", embora todos eles tenham apresentado ao menos algum risco ao fabricante.

- *Kellogg's Special K Plus:* Uma extensão da marca de cereais Special K com cálcio. Esse produto é vendido em uma embalagem com o formato de uma caixa de leite (embalagem cartonada *gable top*) para reforçar a ideia do cálcio. A embalagem contém praticamente a mesma quantidade de cereal de uma caixa de cereal normal e pode ser facilmente fechada com lacres de plástico para manter o produto fresco. O valor de US$ 15 milhões estava programado para o lançamento do produto.
- *Surge, da Coca-Cola:* A resposta da Coca-Cola ao Mountain Dew, um refrigerante popular da Pepsi, foi dirigida aos integrantes da geração X. O Surge tem sabor cítrico e foi concebido para disputar o segmento de esportes radicais com Mountain Dew e Gatorade, bem como com outros refrigerantes e bebidas esportivas já consagrados. Um lançamento na Noruega (com o nome de "Urge") já se revelou um sucesso e US$ 50 milhões já foram designados para a comercialização do produto.
- *Arroz com Cálcio, da Uncle Ben's:* Outra marca familiar a acrescentar cálcio, o Arroz com Cálcio, da Uncle Ben's, recebeu o respaldo da Associação Dietética Americana. Uma extensa campanha de propaganda na mídia impressa e na televisão apresentando a vaca Eloise como "porta-voz" estava programada.
- *Lenços Avert Virucidal:* Desenvolvido e comercializado pela Kimberly-Clark, esse lenço era basicamente um Kleenex tratado com derivados da vitamina C que matavam germes de resfriado e gripe se você o usasse ao espirrar ou para assoar o nariz.
- *Cereal Wheaties Dunk-A-Ball:* Do fabricante do Wheaties, a General Mills. Era um cereal de milho e trigo açucarado para crianças que tinha o formato de uma bola de basquete. A propaganda ressaltava que as crianças podiam "brincar com ele antes de comê-lo" e que estaria "à venda por tempo limitado".

Visto que todos esses produtos foram lançados em mercados competitivos, o tempo era vital para o seu lançamento. Entretanto, por enquanto o problema de teste de uso do produto ainda está em pauta. Em sua opinião, quais seriam as preocupações ou incógnitas mais importantes com relação a cada um desses produtos que o teste de uso poderia revelar? Utilizando a lista de decisões a respeito do teste de uso apresentada neste capítulo, faça recomendações sobre como alguns desses produtos (ou todos eles) poderiam ter sido submetidos a um teste de uso antes do lançamento.

---

[20] Esse estudo de caso baseia-se nos produtos exibidos no *site* da NewProductWorks, www.newproductworks.com. Quando você avaliar esse *site*, experimente o *link* "Hits and Misses" ("Sucessos e Fracassos"). Esse *link* é atualizado periodicamente e fornece previsões especializadas de "sucessos e fracassos" referentes a produtos de consumo recém-lançados. A NewProductWorks, uma divisão do Arbor Strategy Group, abriga o New Product Showcase, que contém inúmeros novos produtos que malograram ao longo dos anos.

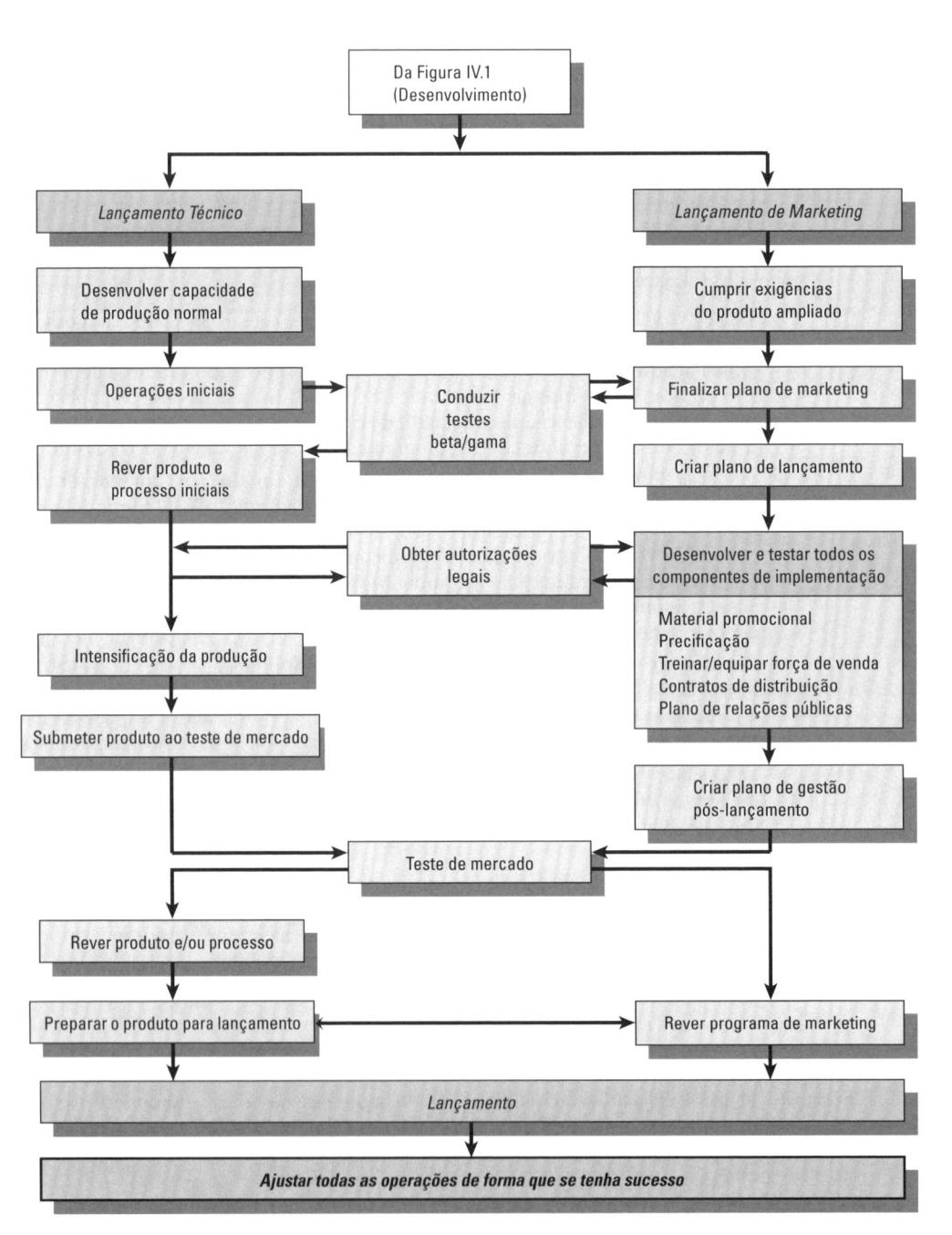

FIGURA V.1 Lançamento.

PARTE V
Lançamento

Vimos na Parte IV que tanto a atividade de marketing quanto a atividade técnica estão presentes em todo o processo de desenvolvimento. A intensidade da atividade de marketing pode ser relativamente pequena, em particular no início do desenvolvimento, e pode haver longos períodos de inatividade quase total enquanto o trabalho técnico chega a algum lugar. Entretanto, como vimos no Capítulo 15, chega um ponto no processo de desenvolvimento no qual a balança das atividades pende mais para o marketing. Na Figura IV.1, retratamos as atividades paralelas de marketing e técnica durante a fase de desenvolvimento. De modo semelhante, esses "fluxos análogos" de atividade prosseguem ao longo da fase de lançamento, como mostrado na Figura V.1.

Em algum ponto do processo, a administração se convence de que o novo produto deve ser comercializado. Com isso se inicia o que chamaremos de fase de lançamento, algumas vezes chamada de *comercialização*. Todas as funções (engenharia, produção, marketing etc.) trabalham antes e depois da decisão de lançamento. A mudança normalmente é desencadeada pelo compromisso de produzir o novo produto e assumir o risco dos altos custos incorridos na construção de uma fábrica.

No final do desenvolvimento e ao longo do lançamento, a atividade de marketing se intensifica. Contudo, lembre-se de que o marketing realmente tem início mais ou menos no princípio do projeto. O termo de inovação de produto (*product innovation charter* – PIC) exige que o foco recaia sobre o mercado – normalmente um uso ou usuário específico. Em algum momento ele se tornará nosso mercado-alvo. Após a geração de conceitos, o teste de conceito utiliza uma declaração de conceito que logo em seguida se transforma na declaração de posicionamento do produto. Entretanto, depois disso as atividades de marketing esfriam um pouco, até o momento em que o pessoal técnico apresentar um protótipo que aparentemente atende às exigências da declaração de protoloco (consulte o Capítulo 11). Obviamente, essa breve descrição não é condizente com a maioria dos serviços – nesse caso, o trabalho de desenvolvimento técnico é bem menor e o processo como um todo diminui consideravelmente. E, como a Figura V.1 mostra, há muitos acontecimentos no lado técnico do lançamento, como possibilitar o início das operações de produção, intensificar a produção até chegar a uma ampla escala, obter produtos suficientes para o teste de mercado e fazer correções de última hora no produto e no processo.

Os três capítulos seguintes abordam as atividades que ocorrem durante o lançamento. As decisões relativas ao planejamento do lançamento utilizam as atividades anteriores e muitas ideias novas e testes para desenvolver e em algum momento alcançar a capacidade de lançamento. Como mostraremos nos capítulos seguintes, o planejamento do lançamento pode ser concebido em várias fases. No planejamento estratégico de lançamento, são tomadas decisões estratégicas de marketing (como segmentação e posicionamento); no planejamento tático de lançamento, desenvolvem-se táticas para implementar o plano estratégico. Em uma fase posterior, as decisões estratégicas e táticas são testadas no mercado. Todas essas fases compreendem os Capítulos 16 a 18. Poderíamos acrescentar também a fase de gestão de lançamento – isto é, gerenciar o novo produto em direção ao sucesso. O Capítulo 19 examina a gestão de lançamento porque seu planejamento é feito simultaneamente e diz respeito ao período posterior à divulgação.

No plano de lançamento final, a equipe de novos produtos precisa aceitar alguns fatos consumados. Isto é, a empresa tem uma operação estabelecida – uma ou mais equipes de vendas, uma situação financeira específica etc. As equipes podem contornar algumas dessas limitações, mas não todas elas. Por isso, as primeiras "decisões" sobre o plano de lançamento na verdade não são decisões voluntárias; elas são chamadas de **pressupostos estratégicos**. Em seguida, a equipe toma um conjunto de **decisões estratégicas** em questões nas quais existem opções, como posicionamento, *branding* (atribuição de marca), embalagem etc. Essas decisões são complexas, normalmente são cruciais, com frequência envolvem grande comprometimento de recursos humanos e financeiros e muitas vezes são difíceis de mudar depois de tomadas.[1] Algumas podem até ser incluídas entre os pressupostos estratégicos. Por fim, várias **decisões táticas** devem ser tomadas, embora neste livro só possamos incluir as mais importantes. Como você verá, essas questões estão estreitamente alinhadas com o programa de marketing tradicional, como promoção, preço e distribuição (praça). O Capítulo 16 aborda os pressupostos estratégicos e as decisões estratégicas e o Capítulo 17 examina as táticas. Devemos ressaltar, obviamente, que os termos da área de novos produtos são flexíveis e que o que é tática para uma pessoa é estratégia para outra e pressuposto para uma terceira.

Para fechar a Parte V apresentamos um capítulo sobre problemas de políticas públicas. Elas estão presentes de uma ponta a outra do processo, mas vêm à tona no momento do lançamento e após. Uma advertência se faz apropriada: os Capítulos 16 e 17 abordam uma atividade que muitas pessoas não compreendem. Elas *acham* que compreendem, e algumas dessas pessoas na verdade são do departamento de marketing. Nosso problema não se refere ao fato de as pessoas não conseguirem compreender – é fácil preencher essa lacuna. Na realidade, sofremos com a existência de vários mitos – situações que as *pessoas acham que existem, mas não existem*. A Figura V.2 relaciona 11 desses mitos. É recomendável mantê-los em mente e talvez consultá-los de tempos em tempos. Quando você ler os dois capítulos subsequentes, veja se é possível identificar o que os torna um mito. Compare suas respostas com as respostas apresentadas no final do Capítulo 17.

---

[1] M. De Bruyne, R. K. Moenaert, A. Griffin, S. Hart, E. J. Hultink & H. Robben, "The Impact of New Product Launch Strategies on Competitive Reaction in Industrial Markets", *Journal of Product Innovation Management*, 19, 2002, p. 161.

FIGURA V.2 Alguns mitos comuns sobre planejamento de marketing de novos produtos.

Vejam algumas afirmações que ouvimos com frequência entre pessoas que não têm muita experiência com o marketing de novos produtos. Todas elas são mitos, como explicado em diferentes momentos nos Capítulos 16 e 17. Veja se você consegue identificar os motivos por si mesmo e depois comparar suas respostas com as respostas apresentadas no final do Capítulo 17.

1. *O pessoal de marketing toma decisões que fazem parte do plano de marketing.*
2. *O trabalho técnico basicamente termina quando o novo produto chega à área de expedição. O pessoal de marketing então assume o comando.*
3. *É importante exigir que o pessoal de marketing utilize paradigmas estratégicos e táticos. A clareza de pensamento ajuda a controlar o excesso de entusiasmo e empolgação do pessoal.*
4. *A responsabilidade do profissional de marketing é persuadir o usuário final a usar nosso novo produto.*
5. *Quanto maior o potencial de vendas em um segmento de mercado, melhor será esse segmento como candidato a mercado-alvo.*
6. *O PIC orienta a etapa de desenvolvimento e o plano de marketing orienta a etapa de lançamento.*
7. *O pioneiro acaba obtendo controle sobre um novo mercado.*
8. *As metas de um novo produto são de dois tipos genéricos: vendas (valor monetário ou participação de mercado) e lucro (valor monetário ou retorno sobre o investimento).*
9. *Geralmente, as pessoas são bem informadas e sabem comprar – elas não serão influenciadas por designs de embalagem sem sentido.*
10. *O lançamento não é um jogo – quando damos o sinal de largada, é isso aí, afundar ou nadar, e o melhor é nadar.*
11. *Tal como a Broadway demonstra, a noite de estreia é o auge de tudo o que viemos buscando concretizar.*

CAPÍTULO 16
Planejamento estratégico de lançamento

INFORMAÇÕES PRELIMINARES

A essa altura do processo de novos produtos, a equipe está preparada para elaborar o plano de marketing real. Esse trabalho provavelmente será fácil se for uma melhoria em produtos já existentes na linha. Nesses casos, na verdade há pouca coisa a decidir, já que pouco foi alterado. Se o produto for "realmente novo" (para o mundo ou para a empresa), o desafio que a empresa enfrentará será maior, visto que pode ser necessário recorrer a novas estratégias de comunicação ou distribuição a fim de vender produtos não conhecidos, com frequência em mercados não conhecidos.[2] Muitas vezes as empresas não enfatizam suficientemente o planejamento estratégico antecipado da comercialização do produto (como a definição, o objetivo estratégico ou o posicionamento competitivo), particularmente no caso dos produtos novos para o mundo.[3] Desse modo, um planejamento estratégico deficiente evidencia-se quando o produto chega ao mercado, e erros táticos (como alocação insuficiente de recursos) podem piorar o problema.

Não importa quanto o produto seja novo para o mundo, a empresa deve pensar em sua comercialização como dois conjuntos de decisões. As **decisões estratégicas de lançamento** incluem tanto decisões sobre *plataforma estratégica*, que definem rumos e direções gerais, quanto decisões de *ações estratégicas*, que definem para quem vamos vender e como. As **decisões táticas de lançamento** são um *mix* de decisões, como comunicação e promoção, distribuição e precificação, que normalmente são tomadas depois das decisões estratégicas de lançamento e definem como as decisões estratégicas serão implementadas. Por exemplo, uma decisão sobre plataforma que normalmente é negligenciada refere-se ao nível de agressividade. Se a opção for por ser extremamente agressivo (uma decisão sobre plataforma), o mercado-alvo (uma decisão de ação) deve ser muito amplo e o plano de propaganda para introdução do produto (uma decisão tática) provavelmente exigirá meios de comunicação de massa e uma intensa campanha para chamar a atenção.

Além daquelas mencionadas anteriormente, as decisões estratégicas de lançamento incluem o grau de inovatividade desejado para o produto, o tempo de colocação no mercado, postura e posicionamento em relação à concorrência, o fator determinante do desenvolvimento de novos produtos (mercado, tecnologia ou ambos) e muitas outras. Muitas dessas decisões já terão sido tomadas logo no início do processo de novos produtos, no PIC ou na especificação do protocolo do produto, e talvez seja muito difícil ou caro mudar a essa altura, daí o termo **pressupostos estratégicos**. Normalmente é difícil ou caro mudá-las depois que elas são tomadas. Entretanto, elas de fato determinam o contexto estratégico para o plano de marketing e, desse modo,

---

[2] Yikuan Lee & Gina Colarelli O'Connor, "The Impact of Communication Strategy on Launching New Products: The Moderating Role of Product Innovativeness", *Journal of Product Innovation Management*, 20(1), 2003, pp. 4–21.

[3] Michael Song & Mitzi M. Montoya-Weiss, "Critical Development Activities for Really New versus Incremental Products", *Journal of Product Innovation Management*, 15(2), March 1998, pp. 124–135.

influenciam as decisões táticas tomadas posteriormente. As decisões táticas são mais fáceis de mudar. As decisões estratégicas de lançamento são abordadas no presente capítulo; as decisões táticas de lançamento são apresentadas no Capítulo 17.

A comercialização do produto com frequência se revela a parte mais cara e arriscada do processo de novos produtos em virtude dos compromissos financeiros com a produção e com o marketing assumidos quando é dado o sinal verde. Normalmente, ela é também a mais mal gerenciada.[4] Como visto no estudo de caso do Capítulo 13, uma nova lâmina da Gillette pode ter um custo total de produção e marketing na faixa de US$ 1 bilhão. Não obstante os riscos financeiros, a proficiência para conduzir o processo de lançamento é essencial para o sucesso. Os pesquisadores que estudam o lançamento tendem a achar que os fatores que contribuem para o sucesso de um novo produto são em sua maioria controláveis – isto é, em vez de assumir a postura de "esperar pelo melhor", os gestores podem obter melhores índices de sucesso se melhorarem o método de lançamento dos produtos.[5]

Para melhorar o método na fase de lançamento, é fundamental ter grande quantidade de *inputs* de marketing, principalmente porque o marketing orientará a implementação do plano. O plano de lançamento no mercado propriamente dito pode ser chamado de plano de negócios (*business plan*) ou plano de marketing. Robert Cooper enfatizou cinco requisitos para um plano eficaz de lançamento no mercado:[6]

- O plano de lançamento no mercado é tratado como uma parte fundamental do processo de novos produtos, tão essencial a esse processo quanto a fase de desenvolvimento.
- O planejamento para o lançamento no mercado começa logo no início do processo de novos produtos (abordamos esse assunto quando falamos sobre a intensificação do marketing).
- O plano de lançamento no mercado baseia-se em informações de boa qualidade sobre o mercado que são coletadas ao longo do processo de novos produtos.
- Recursos humanos e financeiros suficientes são alocados ao lançamento no mercado.
- Os vendedores, o pessoal de suporte técnico e outras pessoas do atendimento ao cliente que estão envolvidas no lançamento do produto devem fazer parte da equipe de novos produtos.

O Apêndice C apresenta um esboço e uma discussão sobre o plano de marketing.

PRESSUPOSTOS ESTRATÉGICOS

Para começar, avaliamos os pressupostos estratégicos, vistos pela primeira vez na introdução da Parte V. Os pressupostos são decisões que já foram tomadas para nós, por assim dizer; eles já "vêm no pacote" quando um projeto é empreendido. Muitas vezes tendemos a nos esquecer deles e de sua importância. Eles cobrem toda a gama de operações de uma organização e normalmente são fixados definitivamente sem

---

[4] Roger Calantone & Mitzi M. Montoya-Weiss, "Product Launch and Follow-On", in William Souder & J. D. Sherman (eds.), *Managing New Technology Development* (New York: McGraw-Hill, 1994), pp. 217–248.

[5] Mitzi M. Montoya-Weiss & Roger Calantone, "Determinants of New Product Performance: A Review and Meta-Analysis", *Journal of Product Innovation Management*, 11(5), November 1994, pp. 397–417.

[6] Essas exigências são sugeridas por Robert G. Cooper, "New Products: What Separates the Winners From the Losers and What Drives Success", in K. B. Kahn, S. E. Kay, R. J. Slotegraaf & S. Uban (Eds.), *The PDMA Handbook of New Product Development* (Hoboken, NJ: John Wiley, 2013), Ch. 1, p. 16.

nosso conhecimento. E estão relacionados àquela tremenda resistência à mudança que o pessoal de novos produtos com frequência lamenta. Na verdade, eles são tão problemáticos que a alta administração com frequência estabelece *skunkworks* (grupos que se afastam de suas atividades de rotina para se concentrar em metas específicas), com o objetivo de tentar ficar imune a quaisquer restrições comuns dentro da empresa.

Alguns dos problemas mais comuns com esses pressupostos podem ser evidenciados por meio de um exemplo. A Sybron Corporation tinha uma divisão no ramo de móveis para consultórios odontológicos; essa divisão precisava desesperadamente de um novo fluxo de caixa e tinha uma cadeira nova e de melhor qualidade já pronta. Contudo, a empresa tinha uma exigência de margem de bruta de 50% que os planejadores de produto da divisão tinham certeza de que seria relevada quando a administração visse a nova cadeira. Não foi, mesmo quando a margem bruta chegou a 47%. A divisão desmoronou.

Quando essas restrições são realmente importantes e reconhecidas com antecedência, elas são inseridas nas diretrizes do PIC. Entretanto, alguns itens que aqui são chamados de pressupostos são bem mais sutis, e talvez sejam mantidos por motivos dos quais o pessoal de novos produtos não fazem nem ideia. Muitos são simplesmente hábitos, práticas convenientes e confortáveis. A questão é: eles necessitam ser identificados e analisados. A equipe de lançamento precisa estar atenta a essas restrições e considerar se deseja contestá-las.

REVISITANDO AS METAS ESTRATÉGICAS

Logo no início do processo de novos produtos, quando o termo de inovação de produto (PIC) estava sendo desenvolvido, um conjunto básico de metas estratégicas foi delineado, e essas metas conduziram a equipe de novos produtos até o presente momento. Esse conjunto original talvez já esteja completo. Normalmente, entretanto, muita coisa foi aprendida no processo de novos produtos, as condições da concorrência talvez tenham se alterado e as necessidades do cliente ou da administração podem ter mudado. Por esse motivo, nessa fase inicial do processo de planejamento do lançamento, as metas devem ser revistas e atualizadas.

Infelizmente, as indústrias utilizam um conjunto complexo de medidas como meta, e não existe nenhuma conjunto universalmente aceito.[7] O conjunto de medidas mais utilizado para produtos específicos é o que se segue (e chega a haver centenas de medidas):

Medidas de aceitação por parte do cliente	**Desempenho em nível de produto**
Aceitação por parte do cliente (uso)	Custo do produto
Satisfação do cliente	Tempo até o lançamento
Receita (vendas em valor monetário)	Desempenho do produto
Participação de mercado	Diretrizes de qualidade
Volume unitário	
Desempenho financeiro	**Outras**
Caixa a caixa (tempo até ponto de equilíbrio)	Medidas não financeiras peculiares ao novo produto que está sendo lançado
Margens	
Lucratividade (IRR, ROI)	Exemplo: efeito da concorrência, mudança de imagem, mudança no moral

---

[7] Abbie Griffin & Albert L. Page, "An Interim Report on Measuring Product Development Success and Failure", *Journal of Product Innovation Management*, 10(4), September 1993, pp. 291–308.

A medida **caixa a caixa** (*cash-to-cash*) relacionada anteriormente, algumas vezes chamada de **medida de tempo até o ponto de equilíbrio**, é simplesmente o tempo entre o investimento de caixa inicial e o tempo de pagamento do produto finalizado e está se tornando cada vez mais popular.[8] Ao utilizar a medida caixa a caixa, a empresa deve também manter em mente que ela precisa ser eficiente e eficaz ao introduzir o produto no mercado – e não apenas rápida. A medida caixa a caixa pode ser melhorada utilizando fornecedores que realizam eficientemente o preenchimento de pedidos, empregam um método eficaz de gestão de estoques e conseguem recolher suas contas a receber. Talvez tenha sido por esse motivo que a medida caixa a caixa se popularizou primeiro entre os gestores de cadeia de suprimentos, embora as equipes de novos produtos tenham reconhecido sua utilidade. A título de exemplo, a Toyota utiliza a técnica de manufatura enxuta (*lean manufacturing*) em suas fábricas no Japão e empregou essas mesmas técnicas em suas fábricas nos Estados Unidos. Essas técnicas giram em torno da entrega de peças *just-in-time* pelos fornecedores e com isso reduzem os níveis de estoque nos centros de distribuição de peças, aumentam a pontualidade de entrega do fornecedor e melhoraram a rotatividade de estoque. Por esse motivo, a Toyota melhora continuamente sua medida caixa a caixa, em sua produção doméstica e nos Estados Unidos.[9]

Independentemente de como as medidas são expressas, não deve haver absolutamente nenhuma dúvida na mente de qualquer planejador de lançamento sobre o que o lançamento deve produzir ou concretizar.

DECISÕES SOBRE PLATAFORMA ESTRATÉGICA

Cada equipe de planejamento de lançamento desejará elaborar sua própria lista de decisões sobre plataforma porque elas variam muito de setor para setor, de produtos para serviços e de produtos industriais para produtos de consumo embalados. Entretanto, um ponto de partida é considerar até que ponto exatamente o produto é novo para o mundo e para a empresa (lembre-se de nossa discussão sobre "o que é um novo produto" no Capítulo 1).

Tipo procurado de demanda

Diferentes níveis de novidade no produto exigem que as atividades de lançamento tenham diferentes tipos de impacto sobre a demanda:

- Para um produto novo para o mundo: A empresa precisa desenvolver uma estratégia de entrada que enfatize o estímulo da **demanda primária** pela categoria de produto em questão. O plano de lançamento deve estimular a adoção da categoria do novo produto e desencadear sua difusão no mercado. Não faz muito tempo, a Ford lançou o MyKey, um sistema para os pais monitorarem e controlarem seus filhos adolescentes enquanto dirigem por meio de um *chip* de computador na chave (capaz de restringir a velocidade, de restringir o volume do sistema de som e de emitir um sinal se o motorista não estiver usando o cinto de segurança). Para estimular a adoção por pais prospectivos, a Ford atrelou

---

[8] Com relação a recursos sobre a medida caixa a caixa, consulte R. Bowman, "From Cash to Cash: The Ultimate Supply-Chain Measurement Tool", *Supply Chain Brain*, June 2001; M. Farris & P. Hutchinson, "Cash to Cash: The New Supply Chain Metric", *International Journal of Physical Distribution and Logistics Management*, 32(4), 2002, pp. 288–298.

[9] Para examinar mais informações sobre as iniciativas caixa a caixa da Toyota, consulte T. Feare, "Optimizing a Supply Chain", *Modern Materials Handling*, 55(13), 2000, p. 61; e J. Liker & Y. Wu, "Japanese Automakers, U.S. Suppliers and Supply-Chain Superiority", *Sloan Management Review*, Fall 2000, pp. 81–94.

o MyKey à sua iniciativa geral de direção segura para adolescentes, incluindo o programa "Driving Skills for Life" ("Habilidades de Direção para a Vida"), do qual os adolescentes podem participar.[10]

- Para uma melhoria de produto ou atualização de um produto existente (como a versão mais recente do Windows ou o carro compacto mais recente da Ford): O lançamento deve promover a **migração de clientes** (isto é, os clientes existentes são estimulados a migrar para o novo produto), e sempre que possível a migração de clientes dos concorrentes. Poderíamos afirmar que a meta aqui é estimular a **demanda por substituição**.
- Para um novo produto ou adição a uma linha em um mercado estabelecido (como um novo refrigerante da Pepsi ou novo cereal da Kellogg): A ênfase recai sobre o estímulo da **demanda seletiva** (tirar participação de mercado do concorrente). O plano de lançamento precisa estimular a compra para experimentação, que é precursor da adoção. O objetivo da Pepsi é fazer com que consumidores leais de Coca-Cola quebrem seu hábito pelo menos uma vez para experimentar a marca recém-chegada.[11]

Além do tipo procurado de demanda, várias outras decisões estratégicas podem ser necessárias.

Continuidade

Com relação à *continuidade,* existem três opções. A primeira é a usual – *estamos aqui para ficar* e não há nenhuma intenção de deixar. A segunda é *estamos aqui para ficar se cumprirmos nossas metas.* Essa é uma precaução contra alianças que poderiam dificultar a evasão; ela é particularmente útil quando uma empresa está utilizando o novo produto para entrar em outra esfera de atividade. Um projeto de desenvolvimento de mercado como esse pode ser experimental – sondar uma área, esforçar-se ao máximo para que o produto seja bem-sucedido, mas se afastar se a capacidade de concorrer for inadequada.

A terceira opção é *temporária.* Isso pode soar estranho – passar meses ou anos desenvolvendo um novo produto e no final ter de restringir sua existência a alguns meses ou anos. Contudo, algumas marcas novas são programadas para ficar apenas temporariamente no mercado. Pense em quantos novos brinquedos e jogos, sabores de *frozen yogurt*, produtos dietéticos e programas de exercício parecem surgir todos os anos. Os clientes gostam de variedade e estão mais propensos do que nunca a experimentar algo novo, particularmente se o item em questão parecer badalado, jovem ou moderno.[12] A Baskin-Robbins, por exemplo, tem um leque básico de sabores de sorvete, mas para oferecer variedade sempre insere e tira outras opções. Uma empresa de alimentos pode ter um produto de curto prazo projetado para funcionar como *tie-in* em um filme ou programa de TV popular (a Kellogg's, por exemplo, oferece regularmente *snacks* com sabor de fruta associados a desenhos animados ou filmes e os muda com frequência). De vez em quando um produto temporário pode se popularizar e se tornar permanente. Muitas decisões táticas mudam se o plano for temporário – utilizar um fabricante terceirizado em vez de construir uma nova fábrica e tomar emprestada a força de vendas de agentes ou outros fabricantes.

---

[10] Sharon Silke Carty, "Ford's MyKey to Safety for Teen Drivers Controls Speed, Stereo", *USA Today,* September 1, 2009.

[11] Joseph P. Guiltinan, "Launch Strategy, Launch Tactics, and Demand Outcomes", *Journal of Product Innovation Management,* 16(6), November 1999, pp. 509–529.

[12] Dan Herman, "Introducing Short-Term Brands: A New Branding Tool for a New Consumer Reality", *Journal of Brand Management,* 7(5), May 2000, pp. 330–340.

Agressividade

Agressividade tem a ver tanto com postura quanto com dinheiro. Uma *entrada agressiva* procura atrair grande atenção logo no princípio e, por isso, a maior parte da verba promocional é gasta no início e os recursos são em sua maioria destinados à promoção da experimentação inicial. Em contraposição, algumas empresas entram furtivamente no mercado recorrendo a uma *entrada cautelosa*. Elas não têm certeza quanto a alguma coisa importante – talvez o desempenho do produto, talvez a reação da concorrência, talvez a capacidade da força de vendas para lidar com um novo tipo de mercado. Não se trata de uma postura negativa, mas apenas de uma postura em que ser agressivo apresenta um risco que a empresa deseja evitar. Por exemplo, algumas empresas gostam de entrar cautelosamente em um novo mercado para não alarmar as empresas líderes nesse mercado.

Terceiro, a agressividade pode ser *equilibrada*. Isso simplesmente significa que a empresa não está tentando ser combativa nem furtiva. A média de todas as introduções de novos produtos em determinado setor pode ser equilibrada, mas isso não significa que ela seja normal; no caso de algumas empresas, ser agressivo é normal.

Algumas vezes esse é um bom momento para trazer à tona questão dos custos de marketing como *um investimento*. Grande parte da verba de marketing para um novo produto se paga ao longo de vários anos; o marketing não constitui uma despesa no sentido de uma verba de propaganda anual. Se a estratégia de gastos for exageradamente parcimoniosa, tente pensar nisso como um investimento.

Vantagem competitiva

Outra decisão que tende a aflorar logo no início diz respeito à oferta básica que faremos ao mercado: nosso produto reduzirá os custos para o usuário final em virtude do respectivo *preço* ou nosso produto oferecerá novos benefícios em virtude da *diferenciação*? Hoje, muitas vezes ouvimos dizer que a empresa está comprometida com a tríade qualidade, custo e velocidade. Os gestores dessas empresas têm plena certeza de que têm novos produtos que oferecem benefícios em virtude da diferenciação *e* que podem ser vendidos por um preço inferior ao do principal concorrente. Portanto, há uma alternativa intermediária nessa opção também: *ambos*.

Substituição de linha de produtos

Os novos produtos estão em sua maioria relacionados com produtos existentes na **linha de produtos** da empresa; eles não entram em mercados novos para a empresa. Naturalmente, uma dúvida vem à tona: como devemos gerenciar a substituição do produto existente pelo novo? A empresa tem várias opções estratégicas nitidamente diferentes, tal como mostrado na Figura 16.1.[13]

As empresas mais fortes tecnologicamente canibalizam seus produtos (e processos de produção) com versões mais novas e de maior desempenho (a Gillette fez isso durante anos, mas recentemente com o aparelho de barbear Fusion). É provável que todo setor tenha apenas alguns inovadores que conseguem elaborar sua estratégia de novos produtos em torno do canibalismo. Outras empresas, os imitadores, se dão bem seguindo as empresas na liderança e fazendo melhorias incrementais em seus produtos. Em outras palavras, os imitadores sobem na curva de desempenho (com, digamos, máquinas de escrever melhoradas) enquanto os inovadores criam no-

---

[13] John Saunders & David Jobber, "Product Replacement: Strategies for Simultaneous Product Deletion and Launch", *Journal of Product Innovation Management*, 11(5), November 1994, pp. 433–450.

FIGURA 16.1 Estratégias de substituição de linha de produtos.

Substituição de produto *butt-on*	O produto existente é simplesmente eliminado quando a substituição é anunciada. Exemplo: comercialização do Fusion e eliminação do Mach3 pela Gillette.
Troca em baixa estação	Igual à substituição *butt-on*, mas a troca é esquematizada para um ponto baixo entre as estações. As empresas de turismo utilizam essa troca quando desenvolvem novos catálogos.
Troca em alta estação	Igual à substituição *butt-on*, mas o novo produto é introduzido no ponto alto de uma estação. Exemplo: os fabricantes de *videogame* utilizam essa estratégia com frequência, introduzindo novos produtos de substituição durante a temporada de compras do final do ano.
Lançamento interno, lançamento externo (*roll-in, roll-out*)	Outra versão da substituição *butt-on*, mas esquematizada em uma sequência de segmentos de mercado. A Fiat lançou o novo 500 primeiro na Itália, depois no restante da Europa e então na América do Norte.
Rebaixamento	O produto anterior é mantido lado a lado ao novo, mas com menor suporte. Exemplo: *chips* de computador mais antigos são comercializados lado a lado com os novos, mas com menor apoio aos canais.
Divisão de canais	O novo produto é colocado em um canal diferente ou o produto existente é desviado para outro canal. Exemplo: produtos eletrônicos antigos com frequência e cada vez mais são colocados em canais de desconto.

Obviamente, existem variações nessas estratégias. Como a Samsung tem muitos aparelhos de TV de tela plana, ela sempre renova os mais antigos, mudando de ênfase à medida que avança. O ponto importante aqui é: ter *alguma* decisão estratégica e um plano. E tê-los logo no início do planejamento de lançamento para que a oferta total ao mercado (incluindo ampliações como atendimento, garantia e imagem da marca) possa ser construída para se adequar à estratégia.
Fonte: Adaptado de John Saunders & David Jobber, "Product Replacement: Strategies for Simultaneous Product Deletion and Launch", *Journal of Product Innovation Management* 11(5), 1994, pp. 433–450. Reimpresso com permissão da John Wiley & Sons, Inc.

vas curvas com limites de desempenho mais altos (como impressoras de computador e *software* de processamento de texto).[14]

A decisão sobre quando lançar a próxima geração de um produto é delicada, mas tende a depender pelo menos de três forças importantes: ambiente competitivo, expectativas dos clientes e margens de lucro. A Intel é um bom exemplo de empresa que considera cada uma delas ao planejar um lançamento. Quando o ambiente competitivo na área de fabricação de *chips* ficou acirrado em meados da década de 1980, a Intel percebeu que era hora de se tornar seu próprio fabricante (em vez de recorrer a fornecedores secundários de *chips*). Em 1990, a empresa estava preocupada em aumentar o desempenho dos *chips* e diminuir os ciclos de desenvolvimento e conseguiu manter a liderança competitiva. Além disso, a Intel analisou cuidadosamente as expectativas dos usuários de computador domésticos e preocupou-se em melhorar o poder de computação de seu *chip* Pentium. Como se revelou, o mercado de computadores domésticos impulsionou a demanda pelo *chip* Pentium em meados da década de 1990. Por fim, em vista do grande desconto sobre os *chips* nos últimos anos, a Intel escolheu cuidadosamente seus preços nas gerações de *chip* subsequentes. A empresa diminui o preço o suficiente para manter os concorrentes afastados, mas não tão baixo a ponto de exaurir as margens necessárias para desenvolver a geração seguinte de *chip*.[15]

---

[14] Michael C. Neff & William L. Shanklin, "Creative Destruction as a Market Strategy", *Research-Technology Management*, May–June 1997, pp. 33–40.

[15] Neff & Shanklin, *op. cit.*

Relação com a concorrência

Por vezes, o termo de inovação de produto terá uma declaração mais ou menos assim: "Os produtos que serão gerados com esse programa não visarão à empresa XYZ nem ameaçarão qualquer negócio que seja importante para a empresa". A Colgate certa vez manteve uma declaração desse tipo em relação à P&G, mas não a utiliza mais. Outras empresas fazem exatamente o oposto, voltando diretamente seu novo produto *para* um concorrente específico.

Os métodos resultam em um conjunto de três opções: *não fazer referência a concorrentes específicos*, *visar diretamente um concorrente específico* e *evitar um concorrente específico*. A tentativa não intencional de utilizar dois ou três deles faz os gestores táticos mergulharem em um conjunto frustrante de conflitos.

Escopo de entrada no mercado

Essa questão está relacionada ao desejo da empresa de realizar testes de mercado. Algumas introduzem seus novos produtos em parte de um mercado, observam o que ocorre e então os lançam no mercado inteiro ao superar quaisquer problemas. A diferença nessas abordagens será analisada mais detalhadamente no Capítulo 18.

Mesmo no **lançamento gradativo**, ainda existe a opção de tentar fazer um *lançamento extremamente rápido* (mal aguardando o tempo suficiente para identificar problemas de crise) ou fazer um *lançamento ponderado, tal como o desempenho permite*. E, obviamente, parece que a maioria das empresas *optam pelo mercado total no início*.

Imagem

A pergunta aqui é: o novo produto necessitará de *uma imagem totalmente nova, de uma mudança importante em uma imagem existente, de um ajuste em uma imagem existente* ou *não precisará de nenhum tipo de mudança*? Por exemplo, a estratégia de substituição *butt-on* pode destruir a marca anterior se necessário para posicionar apropriadamente a nova. Mas a estratégia lado a lado necessita de uma imagem positiva contínua no produto que está sendo atualizado. Como as imagens podem ser muito resilientes e duradouras, não se deve tentar mudá-las de maneira inconsequente. Contudo, uma imagem pode ainda ser distorcida por um erro quase insignificante em um anúncio ou rótulo, e o estabelecimento de uma nova imagem pode ser caro.

Nas análises anteriores que nos conduziram aos *pressupostos*, às *decisões de diretriz* e às *decisões sobre plataforma estratégica*, poder-se-ia concluir que devemos estar quase terminando. A maior parte do raciocínio nesses cenários é desagradável porque estamos deliberadamente concentrando nossos esforços ou nossa atenção em opções isoladas de um conjunto.

Entretanto, assim que essas decisões de ordem superior são tomadas, o restante é mais fácil. Então agora voltaremos nossa atenção para o que você talvez imagine que sejam as decisões de planejamento de marketing *reais*: mercado-alvo, declaração de posicionamento do produto e criação de um valor exclusivo para o alvo escolhido.

DECISÃO SOBRE O MERCADO-ALVO

Atualmente, a concorrência força a maioria esmagadora das empresas a vender os novos produtos a segmentos-alvo específicos. Os mercados são tão complexos que um produto não consegue chegar perto de atender a todos os desejos e necessidades.

Alternativas para segmentar um mercado

Provavelmente os profissionais de marketing utilizam milhares de meios para atingir um segmento de mercado específico. Entretanto, cada uma delas pode ser classificada em uma entre várias categorias.

Segmentação por uso final

Existem calçados atléticos específicos para vários tipos de atividade atlética. Vendem-se plásticos para centenas de aplicações distintas. As pessoas podem comprar relógios para diferentes usos finais: um presente caro, um relógio elegante ou um relógio barato. Para testar a tendência de seu uso final, tente relacionar vários itens diferentes de roupa que você possui. Para as mulheres, comece com uma blusa de grife, uma blusa social etc. Para os homens, comece com uma camiseta, uma camiseta comum, uma camisa social etc. Observe com que frequência um tipo de traje é definido pela atividade na qual ele é usado. Os fabricantes de roupas criam-nas pensando no uso, embora não apenas no uso.

Segmentação geográfica e demográfica

Os carros conversíveis não são comercializados agressivamente na Noruega e as peles de porco fritas da marca Golden são feitas para o sul dos Estados Unidos. Os cereais Bran com frequência são direcionados a um segmento maduro, a mostarda Grey Poupon ao mercado sofisticado e a marca Nair Right Guard a mulheres e homens (originalmente). Fabricantes de equipamentos de condicionamento físico como a Precor têm desenvolvido aparelhos mais simples de usar e com consoles com visores grandes porque o interesse do mercado grisalho (idosos) por boa forma está crescendo.[16]

Segmentação comportamental e psicográfica

Os mercados podem ser segmentados de acordo com variáveis psicográficas: valores, atividades e estilos de vida. O Lotus Notes foi desenvolvido para pessoas que precisam se comunicar em grupo a grandes distâncias e os coletes à prova de bala Kevlar são para pessoas que se expõem a armas de fogo. Os produtos são segmentados de acordo com o estilo de vida – planos e contas de aposentadoria com abrigo tributário, vestuário, carros etc. A SRI Consulting segue tendências nessas variáveis, bem como em dados demográficos importantes, utilizando seu famoso questionário VALS (Values, Activities, and Lifestyles).[17]

Segmentação por benefício

Como vimos no Capítulo 9, os segmentos por benefício são de grande interesse no desenvolvimento de novos produtos. Por meio de levantamentos com os clientes e clientes em potencial, podemos identificar segmentos com base em benefícios procurados e desenvolver produtos para satisfazer as necessidades de um ou mais desses segmentos. Lembre-se de que no exemplo de mapeamento de espaço conjunto, no Capítulo 9, identificamos três segmentos por benefício em nossos mapas para o mercado de trajes de banho (consulte a Figura 16.2). Obviamente, as informações dos segmentos por benefício, associadas com percepções da marca, podem ser muito úteis no desenvolvimento de uma estratégia de desenvolvimento, assunto ao qual voltaremos ainda neste capítulo.

    O PIC normalmente deixa bastante claro em qual grupo de mercado o novo projeto se concentrará e o mercado-alvo pode se evidenciar na *geração de conceitos*

---

[16] Terence B. Foley, "Muscle Machines: Makers of Fitness Gear Are Tailoring Their Products to an Older Market", *The Wall Street Journal*, September 4, 1998, p. R-15.

[17] Experimente a versão *on-line* do questionário VALS, em www.strategicbusinessinsights.com.

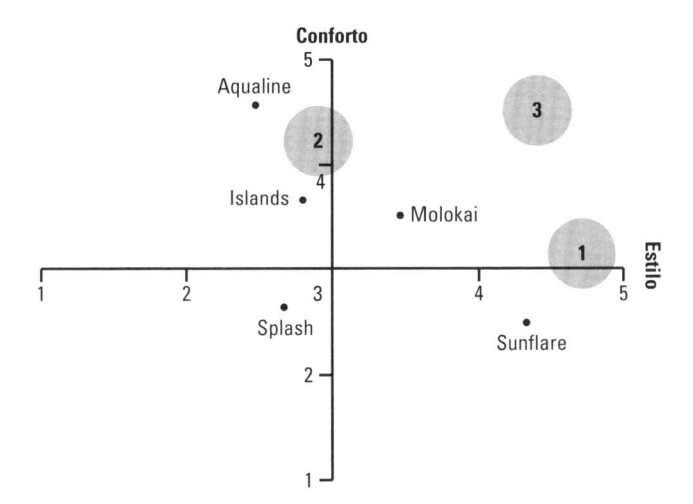

FIGURA 16.2 Mapa de espaço conjunto que mostra pontos ideais (da Figura 9.4).

Os números ao longo dos eixos representam as pontuações fatoriais.

original. Por exemplo, um representante de vendas notifica a administração de que os escritórios da região sul estão tendo problemas com as novas telas de computador pessoal, e um novo monitor é então desenvolvido.

Segundo, o *método de operação* da empresa pode restringir a margem de escolha. Se a força de vendas de uma empresa faz visitas ao departamento de contabilidade dos hospitais, sua nova linha de formulários provavelmente será segmentada com base nisso.

Terceiro, um foco pode se originar do *teste de conceito ou teste de uso do produto*. Um mercado-alvo inicial pode rejeitar um conceito em uma primeira análise de *trade--off* ou quando os integrantes desse mercado de fato experimentarem um protótipo. Por isso, várias empresas utilizam o **desenvolvimento paralelo**, mantendo de duas ou três alternativas de alvo no desenvolvimento.

Micromarketing e customização em massa

Uma virada atual na escolha do mercado-alvo é a tendência em direção ao pequeno. Os escâneres usados no varejo e os sistemas de informação de vendas geram bancos de dados que exibem alvos bastante pequenos (bairros ou subgrupos industriais) com padrões de compra exclusivos. Esses agrupamentos foram chamados de **micromercados**. David Olson, pesquisador de novos produtos na agência de propaganda Leo Burnett, utiliza dados de escâner para agrupar os consumidores de alimentos em seis grupos:

> *Consumidores leais:* que compram sempre uma única marca, gostam dela e não usam ofertas ou pechinchas.
>
> *Consumidores revezadores:* que têm dois ou três conjuntos de produtos, giram em torno desse conjunto e não usam ofertas ou pechinchas.
>
> *Garimpadores de pechinchas*: revezadores cujo movimento é determinado pela presença de pechinchas.
>
> *Consumidores motivados pelo preço*: aqueles que compram todas as principais marcas sempre em oferta.
>
> *Consumidores de marcas próprias*: aqueles que fazem o que a denominação indica.

Usuários leves: aqueles que compram muito pouco e por isso não evidenciam nenhum padrão. Os usuários leves constituem o maior grupo na maioria das categorias.

As empresas que utilizam marketing direto e *on-line* recorrem a segmentos mais estreitos do que as empresas que utilizam meios de comunicação de massa, e eles procedem de seus bancos de dados. O *marketing de banco de dados* ou *database marketing* cresceu exponencialmente nos últimos anos e possibilita que as empresas atinjam os consumidores ou clientes de novas formas. O Amazon examina a compra *on-line* dos clientes (por exemplo, um livro difundido), varre o banco de dados à procura de produtos que tendem a ser comprados por outras pessoas que solicitaram o mesmo livro e faz sugestões de várias compras. Quanto mais uma pessoa compra no Amazon, mais valioso o banco de dados, e melhores as recomendações se tornam. Entre outros incontáveis exemplos encontra-se a Fingerhut (empresa de venda por catálogo), que tem um banco de dados de mais de 30 milhões de domicílios, com cerca de 1.400 categorias de informação por domicílio (demografia, *hobbies*, interesses, aniversários). A empresa utiliza suas capacidades de marketing de banco de dados para apoiar as compras *on-line* e também para personalizar suas ofertas por mala direta, dependendo do que os clientes estiverem propensos a comprar. A Mars, fabricante de doces e também líder em ração para animais de estimação, tem um banco de dados que contempla praticamente todos os domicílios que têm gato na Alemanha, e as informações são coletadas por meio de questionários respondidos por veterinários e clientes. A Mars envia amostras grátis ou cupons periodicamente, bem como cartões de aniversário aos gatos, para o grande deleite dos respectivos donos.[18]

A recente tendência ao diminuto e ao valor agregado para o cliente é a customização em massa, que vimos anteriormente no Capítulo 4. Embora os exemplos anteriores mostrem o uso de configuradores de produtos e de *kits* de ferramentas de usuário, na verdade as empresas podem utilizar a customização em massa de várias maneiras, como visto na Figura 16.3. Como essa figura evidencia, a Planters pode vender os mesmos amendoins aos consumidores finais, mas personalizar a embalagem, dependendo do tamanho do distribuidor. Outra extensão da customização em massa é o **teste de produto virtual**. Os clientes criam o produto desejado, obtêm uma avaliação do preço final e depois indicam a probabilidade de fazerem uma compra. Os pesquisadores podem monitorar a forma como os clientes fazem *trade-offs* entre os atributos de um produto e o preço e, dessa maneira, compreendem melhor quais atributos são e quais não são importantes na decisão de compra.[19]

Uma grande fabricante de bicicletas japonesa, a NBIC, adota simultaneamente a customização em massa e a produção em massa. A fábrica maior, de produção em massa, utiliza robótica e montagem automatizada e foi concebida para obter alta e-ficiência. A fábrica menor foi idealizada para produzir bicicletas de acordo com os pedidos *on-line* dos clientes. O sistema *on-line* permite que os clientes escolham entre literalmente milhões de variações, e as bicicletas são produzidas e enviadas no prazo de duas semanas, por um preço levemente mais alto. O que faz esse sistema de duas fábricas funcionar é que as tendências de produto e as preferências variáveis entre os clientes *on-line* são monitoradas e essas informações são encaminhadas para a fábrica de produção em massa. Os clientes *on-line* agem essencialmente como usuários pioneiros! Entre outros benefícios relatados, os artesãos da fábrica de customização em

---

[18] Consulte Philip Kotler, *Marketing Management*, 11th ed. (Upper Saddle River, NJ: Prentice-Hall, 2003), pp. 53–55.

[19] Bill MacElroy, "Computer Configuration Figures to Change MR", *Marketing News*, April 4, 2002, p. 23.

FIGURA 16.3 Tipos de customização em massa.

- Os *customizadores colaborativos* trabalham com o cliente para chegarem ao produto ideal. A óptica japonesa Paris Miki introduz dados sobre preferências de estilo de armação e características faciais dos clientes em um sistema de *design* que faz recomendações de armação e lentes, as quais são então refinadas em conjunto pelo cliente e pelo especialista óptico.

- Os *customizadores adaptativos* deixam que os clientes façam a customização de acordo com suas necessidades de desempenho. A Lutron Electronics comercializa um sistema de iluminação que possibilita que os clientes ajustem a iluminação de vários cômodos simultaneamente para obter a atmosfera desejada.

- Os *customizadores estéticos* vendem o mesmo produto básico a diferentes segmentos, mas adaptam a apresentação do produto (como sua promoção ou embalagem), dependendo das necessidades do segmento. Por exemplo, o Walmart prefere embalagens maiores de amendoins Planters em comparação com a 7-Eleven. Atualmente, a Planters oferece uma ampla variedade de tamanhos de embalagem e ajusta sua produção pedido por pedido, de acordo com os desejos dos varejistas.

- Os *customizadores transparentes* não informam seus clientes de que estão customizando o produto para eles. A ChemStation formula um sabão industrial especificamente de acordo com as necessidades dos clientes, mas embala tudo o que vende em um mesmo tipo de recipiente. Nesse caso, a preocupação do cliente diz respeito a se o produto funciona e é entregue pontualmente, e não necessariamente a se é ou não personalizado.

Obviamente, qualquer uma dessas estratégias tem armadilhas que precisam ser evitadas. Seria eficiente em termos de custo para a Planters, por exemplo, oferecer uma variedade de tamanhos de embalagem igualmente ampla.

Fonte: Reimpresso com permissão da *Harvard Business Review*. Quadro extraído de "The Four Faces of Mass Customization", de James H. Gilmore & B. Joseph Pine II, January–February 1997. Copyright © 1997 Harvard Business School Publishing Corporation. Todos os direitos reservados.

massa fazem rodízio na outra fábrica para treinar seus colegas de produção em massa, e os robôs designados para a pintura na fábrica de customização em massa com o tempo encontram seu lugar na fábrica de produção em massa.[20]

À medida que nos aproximamos da data de comercialização, a pressão aumenta intensamente na organização para acrescentar alguns outros tipos de consumidores ou compradores, alguns outros tipos de loja, alguns outros usos ou aplicações porque "O produto é bom para eles também, não é?". A resposta é "não necessariamente", visto que aquilo que o torna atraente para um segmento talvez nada signifique para outros segmentos – o que denominamos falácia de *ampliação do mercado*. Além disso, tentar atingir diversos grupos provoca dissonância na promoção. Uma criança de 10 anos de idade deseja um sanduíche com pasta de amendoim igual ao que é supostamente comido por um aposentado? Além disso, a mudança de alvo pode ser um desastre se o conteúdo e as datas das promoções e das feiras comerciais já estiverem totalmente preparados; se a embalagem, precificação e *branding* já tiverem sido fixados; e se os testes de conceito e de produto tiverem sido conduzidos somente com o grupo-alvo original. Por fim, lembre-se de que, independentemente do que você fizer, os usuários finais podem discordar. Há alguns anos, os veículos utilitários esportivos (SUVs) eram amplamente adotados para uso regular. Os consumidores estavam cansados das *minivans*, e não importava o que as montadoras de automóveis *tivessem dito* a respeito da função desses veículos (ou que o governo tivesse dito que os SUVs eram camionetes e utilitários). Algumas empresas tiram proveito dessa predileção dos usuários finais simplesmente lançando o produto, monitorando em seguida quem são os compradores e depois dirigindo suas promoções correspondentemente. Trata-se de uma operação completamente arriscada – nenhum termo de inovação, nenhum teste de conceito, nenhum teste de uso.

---

[20] Suresh Kotha, "Mass-Customization: A Strategy for Knowledge Creation and Organizational Learning", *International Journal of Technology Management*, 11(7/8), 1996, pp. 846–858.

A segmentação pode utilizar também a difusão da inovação

Os novos produtos são inovações, e chamamos a disseminação do uso desses produtos de *difusão da inovação*. A adoção e difusão original do forno de micro-ondas foram bastante lentas, mas muito rápidas no caso dos *smartphones*. Com relação à cura do câncer, elas seriam praticamente instantâneas.

Quando utilizamos o modelo de difusão de Bass na previsão de vendas (Capítulo 11), nossas previsões fundamentaram-se em dois valores fundamentais: as taxas de inovação e imitação. Em conjunto, esses valores definem a velocidade de adoção de uma inovação. Vejamos mais de perto agora os fatores que afetam a velocidade do **processo de adoção dos produtos**: as características do produto inovador e até que ponto os usuários iniciais incentivam os outros a segui-los.

Características do produto

De acordo com a teoria clássica de difusão, de Everett Rogers, cinco fatores medem em quanto tempo um novo produto se difundirá no mercado.[21]

1. *Vantagem relativa* do novos produto. Até que ponto a inovação no produto ou em outros métodos de solução de problemas é superior à inovação no item com o qual se pretende competir? O Google difundiu-se rapidamente pela comunidade da internet como o *site* de busca preferido porque se acreditava que ele oferecia melhor capacidade de busca do que outras opções disponíveis.

2. *Compatibilidade*. O produto é compatível com a aplicação e a atividade do usuário final no momento? A inovação *contínua* requer pouca mudança ou aprendizagem por parte dos clientes, visto que a compatibilidade com experiências e valores anteriores é alta; quanto mais *descontínua* a inovação, maior a aprendizagem necessária. A princípio, a adoção do forno de micro-ondas foi lenta, em virtude das diferenças de cozimento percebidas em relação a métodos convencionais. Quando lançadas pela primeira vez, as câmeras digitais pareciam e funcionavam exatamente como as câmeras de filme normais com as quais as pessoas estavam acostumadas.

3. *Complexidade*. A frustração ou confusão provém do entendimento da ideia básica da inovação? Muitas pessoas desistiram do Apple Newton ao perceber que era muito difícil fazer seu recurso de reconhecimento de escrita funcionar; vários anos depois, eles adotaram rapidamente o iPod da Apple, por vários motivos, e um deles foi sem dúvida a facilidade de uso.

4. *Divisibilidade* (também chamada de *experimentabilidade*). Com que facilidade as partes experimentáveis de um produto podem ser compradas e usadas? Os alimentos e bebidas são em grande medida divisíveis, mas uma nova residência e um novo sistema de processamento de texto não são tão divisíveis. Os aparelhos de GPS eram muito caros quando foram lançados pela primeira vez e com frequência era instalados em carros alugados para que as pessoas pudessem experimentar. E a maioria dos leitores já conhece bem a oferta "nos primeiros seis meses, metade do preço" das TVs a cabo.[22]

5. *Comunicabilidade* (também chamada de *observabilidade*). Com que facilidade o usuário vê os benefícios de usar o produto? Os benefícios de uma nova água-

---

[21] A fonte clássica sobre esse assunto é Everett M. Rogers, *Diffusion of Innovations* (New York: The Free Press, 1962).

[22] "Diffusion of Innovation", in V. K. Narayanan & Gina C. O'Connor (eds.), *Encyclopedia of Technology & Innovation Management* (Chichester, UK: John Wiley, 2010), Chapter 16.

-de-colônia que tem uma ótima fragrância são imediatamente percebidos pelo usuário; os benefícios de usar uma nova pasta de dente de combate à cárie são mais difíceis para o usuário discernir.

Uma inovação pode ser classificada nesses cinco fatores, utilizando principalmente avaliações pessoais mais as constatações do teste de mercado durante as fases iniciais do desenvolvimento. Os planos de lançamento são então traçados correspondentemente.

Em seguida encontra-se o grau com que os usuários iniciais incentivam ativamente ou passivamente os outros a adotar um novo produto; se eles assim procederem, a disseminação será rápida. Desse modo, o interesse concentra-se nos **inovadores** (os primeiros 5% a 10% a adotar o produto) e nos **adotantes iniciais** (os 10% a 15% subsequentes a adotar o produto). Segundo a teoria de difusão da inovação, se fosse possível promover nosso novo produto apenas para esses inovadores e adotantes iniciais, poderíamos simplesmente relaxar e esperar, porque eles espalhariam a notícia para as outras pessoas. Outras categorias de adotantes incluem a **maioria precoce** (talvez os 30% seguintes), a **maioria tardia** (talvez outros 30%) e os **retardatários** (os 20% remanescentes).[23]

A pergunta óbvia é: "Quem serão os inovadores e adotantes iniciais?". Podemos identificá-los com antecedência para dirigirmos nosso marketing inicial para eles? Nem sempre, mas vários traços (mostrados na Figura 16.4) com frequência surgem dos estudos, e eles se aplicam a organizações comerciais e igualmente a indivíduos.

Os usuários iniciais normalmente provêm do grupo de inovadores, mas é difícil prever qual deles. No ambiente industrial, os adotantes *empresariais* iniciais muitas vezes (mas nem sempre) são as maiores empresas do setor, aquelas que são propensas a tirar o maior proveito da inovação e aquelas cujo presidente é mais jovem e mais instruído.[24]

Um modelo de difusão mais recente, o modelo **atravessando o abismo**, de Geoffrey Moore, é um extensão do modelo de Rogers. Em poucas palavras, Moore sugere que pensemos nos inovadores e nos adotantes iniciais como *visionários* e nas categorias posteriores como *pragmatistas*. Esses dois novos grupos de adotantes serão diferentes em suas expectativas quanto ao novo produto e os pragmatistas talvez não utilizem os visionários como líderes de opinião. Ou seja, no modelo de Rogers, prevê-se a ocorrência de uma nítida transição de uma categoria para a seguinte; Moore afirma que não é necessariamente assim, porque o que os dois grupos estão procurando no novo produto pode ser bastante diferente. Por exemplo, os visionários podem adotar rapidamente o último celular ou aparelho de música, quase que sem se preocupar com o preço, porque se trata da última novidade, porque eles gostam do desempenho dos recursos ou simplesmente porque acham que é bacana. Os pragmatistas talvez fiquem indiferentes a essa última novidade e provavelmente não se importariam nem um pouco com o fato de o aparelho ser "descolado"; eles simplesmente podem estar procurando algo que funcione muito bem e não seja caro. Talvez eles se importem mais com as críticas e avaliações das publicações em voga ou de

---

[23] Observe que essas são as porcentagens correspondentes àqueles que acabam *adotando* o produto. São porcentagens do mercado-alvo. Normalmente, as maiorias tardias e os retardatários costumam ser lentos; contudo, se um produto fracassar, é provável que eles simplesmente sejam os últimos a ousar experimentar o produto! O último grupo de usuários que espera 90 dias para experimentar uma cura para o câncer é um grupo bastante diferente dos últimos adotantes do forno micro-ondas que aguardaram cinco anos.

[24] Ralph L. Day & Paul A. Herbig, "How the Diffusion of Industrial Innovations Is Different from New Retail Products", *Industrial Marketing Management*, August 1990, pp. 261–266.

> *Ousadia* – propensão e desejo de ser ousado em experimentar o novo e diferente; "ficar de cabeça erguida"; "desviar-se das normas do grupo social".

> *Busca de integração social* – contato frequente e amplo com outras pessoas de sua própria área, seja no trabalho, no bairro ou na vida social; forte contrapartida no âmbito industrial.

> *Cosmopolitismo* – ponto de vista que transcende a vizinhança ou a comunidade imediata; interesse em assuntos mundiais, viagens, leitura.

> *Mobilidade social* – movimento ascendente na escala social; jovens executivos ou profissionais liberais bem-sucedidos.

> *Privilegiabilidade* – normalmente definido como ser mais bem-sucedido financeiramente do que os outros no grupo. Por isso, a pessoa privilegiada terá menos a perder se a inovação for inadequada e custar dinheiro. Esse traço tende a refletir uma postura em relação tanto ao dinheiro quanto ao fato de possuir dinheiro.

FIGURA 16.4 Traços dos inovadores e adotantes iniciais.

Fonte: Reimpresso de *International Journal of Research in Marketing*, Vol. 10, June 1993, "Innovativeness in Industrial Organizations: A Two-Stage Model of Adoption", de Stephane Gauvin & Rajiv K. Sinha, pp. 165–183. Copyright © 1993, com permissão da Elsevier.

fontes *on-line* (e provavelmente esses não são os lugares em que os visionários obtêm informações). É ao abismo (divergência de opiniões e interesses) que Moore está se referindo: a empresa que oferece uma proposição de valor que atrai todos os visionários talvez nunca "salte sobre o abismo" e consiga vender no mercado (mais amplo) de pragmatistas. O modelo de Moore sugere que a empresa deve considerar a possibilidade de desenvolver uma proposição de valor que funcione para os pragmatistas e elabore uma estratégia de lançamento projetada para atingi-los.[25]

Independentemente do que ocorrer, a decisão sobre o mercado-alvo avalia em essência (1) o *potencial* existente em cada opção de mercado-alvo, (2) em que medida nosso novo produto *atende às necessidades* desses mercados e (3) até que ponto estamos preparados para concorrer em cada um – isto é, nossa *capacidade para competir*.

POSICIONAMENTO DO PRODUTO

Uma **declaração de posicionamento do produto** é elaborada quando se completa a seguinte frase: Nesse mercado-alvo, os consumidores provavelmente comprarão nosso produto e não os outros que são oferecidos porque _____. O posicionamento originou-se como um conceito em propaganda, mas agora é um ingrediente da estratégia *total*, não apenas um estratagema de propaganda. Produto, marca, preço, promoção e distribuição devem estar coerentes com a declaração de posicionamento do produto.

---

[25] A principal fonte de referência é Geoffrey Moore, *Crossing the Chasm* (New York: Harper Business Essentials, 1991); para examinar uma comparação entre o modelo de Rogers e o de Moore, consulte Di Benedetto, *op. cit.*

Os gestores de novos produtos têm uma enorme vantagem com relação ao posicionamento – *a memória do usuário final está limpa*; os consumidores em potencial não têm nenhum posicionamento anterior na mente em relação ao novo produto. Essa é a melhor oportunidade que eles têm de efetivar determinado posicionamento para seu produto.

As alternativas de posicionamento enquadram-se em duas amplas categorias. A primeira é posicionar-se com relação a um **atributo** (uma propriedade, uma função ou um benefício). Os atributos são dispositivos de posicionamento tradicionais e são mais conhecidos. Desse modo, uma ração canina pode ser posicionada por uma **propriedade**, como "a ração que tem o mesmo teor de proteína que 4,5 quilogramas de contrafilé". A **função** é mais difícil e raramente utilizada, mas um exemplo é o xampu que "protege o cabelo com uma fina camada de proteína". (Não se menciona como isso é feito nem que benefício oferece.) Os **benefícios** utilizados no posicionamento podem ser *diretos* (como "economiza dinheiro") ou *secundários* (como "o torna mais atraente" – um resultado indireto dos dentes mais limpos ou do hálito mais fresco que uma pasta de dente pode proporcionar). Há anos a *tagline* da Miller é uma declaração simples sobre um benefício direto e um benefício secundário: "É saborosa, estufa menos".

Propriedade, função e benefício funcionam como uma tríade, e algumas vezes eles são utilizados dessa forma. Por exemplo, um novo produto da Drano apresentou um título com apenas três palavras: THICKER, STRONGER, FASTER (mais denso, mais forte, mais rápido). Na verdade, essas três palavras são: propriedade, função, benefício. Contudo, a utilização de todos os três pode confundir, e os consumidores-alvo não despenderão muito tempo tentando entender.

A segunda alternativa no posicionamento é usar **substitutos** (ou metáforas). Por exemplo, "Use nosso produto dietético *porque ele foi criado por um proeminente especialista em saúde*". Essa frase diz que o produto é diferente por causa do profissional que o criou. Os motivos específicos *pelos quais* o produto é melhor não são apresentados; o ouvinte ou espectador tem de deduzi-los. Se o substituto for bom, o ouvinte atribuirá atributos favoráveis ao produto. Consulte a Figura 16.5 para examinar as várias alternativas de posicionamento substituto, a respectiva definição e exemplos de cada uma.

As técnicas de mapeamento perceptual que apresentamos primeiramente na geração e avaliação de conceitos, nos Capítulos 6 e 9, podem ser utilizadas proveitosamente no desenvolvimento da estratégia de posicionamento. Examine novamente o mapa de espaço conjunto da Figura 16.2. Ele indica não apenas a posição das marcas ideais de cada segmento por benefício, mas também as percepções quantos às marcas existentes. Podemos utilizar esse mapa para tentar identificar lacunas de mercado que valham a pena. Por exemplo, podemos escolher uma posição para nossa nova marca de modo que fique próxima de uma marca ideal da qual nenhuma das marcas existentes está muito à altura. Embora o segundo segmento possa ser relativamente amplo, se houver grande lealdade às marcas Aqualine e Islands, pode ser difícil obter um bom volume de vendas aqui, e o terceiro segmento talvez seja uma opção melhor. Um exemplo simples é o da Taylor Wine Company, que certa vez identificou um pequeno grupo de usuários intensos ou costumazes de vinho e lhes perguntou quais marcas de vinho eles preferiam. Surpreendentemente, nenhum dos vinhos que os usuários intensos compravam estava sendo posicionado com relação ao seu ótimo sabor. A Taylor então posicionou um vinho seu dessa forma e teve sucesso imediato.

Se não houver mais um posicionamento nítido de propriedade-função-benefício que os usuários desejam, os desenvolvedores poderão tentar *formar* preferência

FIGURA 16.5 Posicionamento substituto: alternativas e exemplos.

Estão relacionados a seguir os tipos de substituto que estão sendo utilizados atualmente. Não há dúvida de que existem muitos outros ainda por serem descobertos. Para cada um é apresentada a respectiva definição, seguida de um ou mais exemplos. Os substitutos são relacionados em ordem de popularidade de aplicação. A afirmação em cada caso seria "Nosso produto é melhor do que os outros, ou diferente dos outros, porque (em virtude de)...".

Incomparável: ...porque o produto é inigualável; é o melhor (os carros da Jaguar e a água Perrier são vendidos dessa forma).

Ascendência: ...em virtude do lugar de onde vem, de quem o fabrica, de quem o vende, de quem o utiliza etc. Isso incluiria um novo conjunto ou uma nova peça de móvel de Ralph Lauren, um novo filme produzido pela Disney ou um novo livro escrito por Dan Brown.

Fabricação: ...em virtude de como o produto foi fabricado. Isso inclui *processo* (a cerveja Budweiser é envelhecida em madeira de faia), *ingredientes* (roupas íntimas de puro algodão da Fruit of the Loom) e *design* (engenharia da Audi).

Segmento-alvo: ...porque o produto foi feito especialmente para pessoas como você ou empresas como a sua. Por exemplo: o serviço de uma companhia aérea especialmente criado para viajantes de negócios ou os pneus Vector, considerados os melhores para estrada molhada.

Posição: ...porque é o produto que mais vende (como Hertz e Blue Cross/Blue Shield); não muito útil para um novo produto, a menos que seja posicionado também sob a marca principal.

Endosso: ...porque pessoas que você respeita dizem que é bom. Pode ser um *especialista* (os vários médicos que receitam um novo medicamento controlado) ou uma pessoa que será *imitada* (escolher alguma celebridade do esporte ou entretenimento para ser porta-voz de alguma marca famosa).

Experiência: ...porque seu uso longo e frequente atestam que seus atributos são desejáveis. Os usuários do Nuprin, por exemplo, alegam vários anos de uso satisfatório.

Concorrente: ...porque é exatamente (ou quase) igual a outro produto que você conhece e gosta (correspondência expressa do Serviço Postal dos Estados Unidos porém, exatamente como o principal concorrente, mais barato).

Predecessor: ...porque é comparável (de certa forma) a um produto anterior do qual você gostava (você gostava de Hershey's Kisses, então gostará também de Hershey's Hugs).

---

por algum atributo exclusivo de seu produto ou poderão recorrer a substitutos. É aí que a arte se principia. Uma análise da lista de alternativas na Figura 16.5 deve revelar algumas boas possibilidades. Em seguida, o texto pode ser testado junto ao mercado-alvo para ver se transmite as ideias que desejamos que os consumidores tenham. Por exemplo, quando a Skil Corporation, fabricante de uma serra circular bem-sucedida, desenvolveu uma linha de ferramentas de bancada, como uma serra de mesa, o anúncio dizia: "Além de avaliar seus recursos, deve-se considerar também sua *origem*". E "Há mais de *seis décadas* a Skil introduziu a primeira serra circular do mundo [...]. Hoje estamos dando continuidade à *tradição* da Skilsaw com uma serra de mesa [...] que está mais do que à altura de seu *nome*. A serra circular [...] faz parte de nossa nova *família* [...] nossa consagrada *reputação* de qualidade". Esse é um posicionamento substituto.

CRIANDO UM VALOR INIGUALÁVEL PARA O SEGMENTO-ALVO ESCOLHIDO

Assim que definimos um segmento de mercado e que elaboramos uma declaração de posicionamento para ele, temos oportunidade de retornar ao produto em si e ver se podemos realçar seu valor para o mercado escolhido. Afinal de contas, o papel de um novo produto normalmente é gerar margem bruta, a qual provém principalmente do valor que o produto tem além do preço.

Produto   **Comprado**

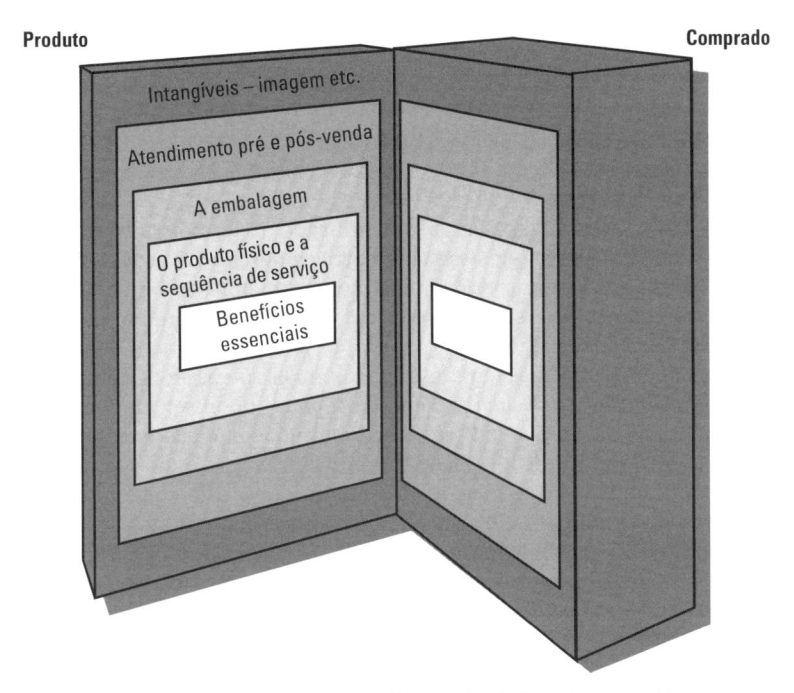

- Intangíveis – imagem etc.
- Atendimento pré e pós-venda
- A embalagem
- O produto físico e a sequência de serviço
- Benefícios essenciais

Explicação: Um ou mais benefícios essenciais são desejados pelo consumidor ou comprador, mas para obtê-los o consumidor precisa aceitar o produto físico ou a sequência de serviço, sua embalagem, seu serviço de assistência e todos os fatores intangíveis que acompanham a marca e a empresa que o fabrica/vende. Esses outros "níveis" de compra podem realçar o valor total ou o depreciar, mas todas elas oferecem oportunidade de diferenciação ou de o benefício essencial ser destruído ou sobrepujado se não for abordado corretamente pelo novo gestor de produtos.

FIGURA 16.6 Configuração de compra – o que o consumidor/comprador de fato adquire.

A Figura 16.6 mostra que o comprador, na verdade, recebe um conjunto de coisas que compõem o produto. Aqui, vemos isso como um pacote, comprado e levado para casa, mas a ideia de ampliação é a mesma do alvo mostrado na Figura 12.3. O benefício essencial do produto pode receber maior atenção durante a fase desenvolvimento. Contudo, do ponto de vista do consumidor, o pacote que ele recebe e leva para casa pode incluir muito mais. Durante as fases posteriores do processo de novos produtos, tentamos acrescentar benefícios complementares ao produto básico por meio de fatores como *branding* (atribuição de marca), embalagem, garantia, serviço pré-venda etc. – de modo que aumentamos o valor do produto ampliado para o cliente.

Hoje, a maioria das empresas tentam fixar as especificações no final do desenvolvimento e programar outras para logo após o lançamento a fim de manter um valor no produto. Quando o primeiro produto estiver surgindo, as primeiras extensões de linha já devem estar em desenvolvimento. Então, após o lançamento, quando os concorrentes estiverem procurando ansiosamente meios para criar versões equiparáveis, nós as comercializamos primeiro.[26]

---

[26] C. Merle Crawford, "How Product Innovators Can Foreclose the Options of Adaptive Followers", *Journal of Consumer Marketing*, Fall 1988, pp. 17–24.

No restante desta seção, dirigiremos nossa atenção para as duas formas pelas quais podemos aumentar o valor exclusivo para o cliente-alvo – *branding* e **embalagem**.

BRANDING E GESTÃO DE MARCAS

Marcas comerciais e registro[27]

Todo novo produto precisa ser identificado e o termo exato referente ao que identifica o produto é **marca registrada** ou **marca comercial**. De acordo com a legislação federal dos Estados Unidos, marca registrada normalmente é uma palavra ou um símbolo. Esse símbolo pode ser uma sequência de letras e/ou números (como um conversível Z Roadster), um logotipo (por exemplo, a conhecida maçã da Apple Inc.) ou um desenho (por exemplo, as letras estilizadas em GE ou os arcos dourados dos McDonald's). Uma *sequência de palavras* como "*just do it*" pode ser uma marca registrada, assim como um *som inconfundível* – por exemplo, como a sineta de três notas da NBC ou o som "Intel Inside".[28] A lei não se preocupa com o quanto uma marca registrada é incomum e exige apenas que ela identifique e diferencie o produto para o qual foi criada. Além disso, a lei exige que a empresa use ou tenha a intenção de usar a marca registrada – essa exigência é chamada de *intenção legítima*.[29]

Nos Estados Unidos, a maioria dos empresários e de seus clientes utiliza o termo *brand* (*marca*), em vez de *trademark* (*marca comercial* ou *registrada*). Este livro emprega o termo *marca* quando está falando sobre estratégia de marketing e o termo *marca registrada* quando está falando de aspectos legais. Tecnicamente falando, os serviços utilizam *service marks* (marcas de serviço) e não *trademarks* e as empresas têm **nomes comerciais** (*trade names*), e não *trademarks*.

Outra definição é extremamente importante: **registro**. Tradicionalmente, e ainda hoje na maior parte dos países, o *primeiro usuário* de uma marca comercial tinha direitos exclusivos. Contudo, nos Estados Unidos, você pode solicitar que sua marca comercial seja registrada. Se você conseguir registrá-la, poderá mantê-la para sempre, mesmo que outra empresa posteriormente exiba provas de uso anterior.

O Escritório de Patentes e Marcas Registradas dos Estados Unidos impõe determinadas condições para permitir que uma marca comercial seja registrada. Uma condição óbvia é que a marca comercial não seja imoral ou enganosa. Além disso, a marca comercial não deve ser demasiadamente alusiva a um tipo de produto; por exemplo, um juiz certa vez determinou que *Light* era um nome muito descritivo para ser usado em uma marca de cigarro, visto que esse nome identificaria qualquer cigarro com baixo teor de alcatrão, não apenas a marca daquela empresa. Outra condição é que a marca comercial não seja enganosamente semelhante à marca registrada de outros produtos. A Quality Inns certa vez tentou atribuir o nome McSleep a uma linha mais barata de hotéis – mas os advogados do McDonald objetaram. O argumento foi de que o *afixo* "Mc" levaria as pessoas a acreditar que a cadeia de hotéis fazia parte do McDonald's e isso poderia gerar problemas para o McDonald's no momento em que fosse construir a cadeia de operações de parada de caminhões denominada McStop. A cadeia Quality mudou o nome dos hotéis para Sleep Inns.

---

[27] Existem várias fontes de informação sobre esse assunto, mas a melhor coisa que o gestor de novos produtos pode fazer é entrar em contato com o advogado interno da empresa (ou da região). A maioria desses departamentos oferece apostilas para os funcionários estudarem, mas não devemos fazer as vezes de um especialista!

[28] Rob Osler, "On the Mark", *Marketing Management*, January–February 2007, pp. 31–36.

[29] Rob Osler, *op. cit.*

FIGURA 16.7 Categorias de proteção de nomes de marca e marcas comerciais.

Nomes famosos. Determinadas marcas registradas de renome (como Coca-Cola e Disney) são protegidas por leis, que impedem que outras empresas usem nomes semelhantes, mesmo em produtos ou serviços dissociados. Um caso proeminente de 1998 envolveu a famosa loja Victoria's Secret, que é voltada para adultos, e a Victor's Secret (posteriormente Victor's Little Secret). Curiosamente, a Suprema Corte dos Estados Unidos decidiu em favor dessa última, defendendo que a capacidade da Victoria's Secret de identificar seus produtos não seria diminuída na presença do concorrente.

Nomes fantasia. Também conhecidos como neologismos, esses nomes inventados são compostos de palavras reais ou partes de palavras (Bluetooth, Ameriprise) ou são totalmente singulares (Kodak, Exxon). Eles são inconfundíveis e fáceis de proteger por meio das leis de marca registrada, mas a empresa precisa dar significado a uma palavra que, por definição, não tem nenhum.

Nomes arbitrários. São palavras reais que parecem ter sido escolhidas como nomes de marca sem preocupação com a natureza do produto ou do setor (computadores Apple, companhia aérea Virgin e *sites* como Monster.com ou Amazon.com). Esses nomes contam com proteção de marca registrada do mesmo modo que os nomes fantasia.

Nomes sugestivos. Eles são definidos como nomes que exigem alguma imaginação para associá-los à natureza do produto (máquinas de moeda Coinstar, pneus Quadra Tred). Os nomes sugestivos podem comunicar o benefício do produto ao cliente, mas pode ser mais difícil de ser protegido pelas leis de marca registrada. A título de exemplo, a fabricante de barcos AMF era proprietária da marca registrada Slickcraft para barcos recreativos, mas os tribunais determinaram que a concorrente Nescher poderia usar o nome Sleekcraft para seus barcos de competição (visto que as categorias de produto foram consideradas suficientemente diferentes).

Nomes descritivos. Lean Cuisine e HotJobs são mais difíceis de proteger porque são, por definição, inerentemente descritivos. Esses nomes enquadram-se a princípio em uma lista diferente de marcas registradas (Supplemental Register); porém, se os proprietários conseguirem criar um grau suficiente de consciência após um período de cinco anos, eles podem obter um nível superior de proteção legal. Foi isso o que ocorreu no caso da Rollerblade.

Nomes genéricos. Esses nomes tornam-se sinônimo da categoria de produto e o detentor original da marca registrada perde os direitos exclusivos (consulte o texto para obter exemplos).

Fonte: Dados reimpressos com permissão de *Marketing Management*, publicado pela Associação Americana de Marketing, Rob Osler, "On the Mark", January–February 2007, pp. 31–36.

A Apple Corps (gravadora do Beatles) certa vez processou a Apple Computers (hoje Apple Inc.) quando essa última entrou no mercado musical por meio do iTunes. Entretanto, nesse caso, foi determinado que os dois usos não eram *enganosamente semelhantes* e ambas as empresas foram autorizadas a manter a marca registrada Apple.[30]

Diferentes tipos de nomes de marca oferecem diferentes níveis de proteção sob as leis de marcas registradas. Consulte a Figura 16.7 para obter uma descrição.

O que pode ocorrer se, logo após o lançamento, outros fabricantes começarem a ameaçar nossa marca? Agimos agressivamente para impedi-las. A Aladdin começou a colocar em seus rótulos a frase "Aladdin thermos bottle". Você sabe o que são *thermos bottles*? Se souber, como a maioria, então a palavra *thermos bottle* – que significa garrafa térmica – não mais se refere à marca de garrafas térmicas (*vacuum bottles*) de um único fabricante. A Aladdin foi processada pela empresa que detinha a marca *thermos* e ganhou; o proprietário original não a havia protegido. A palavra *thermos* tornou-se genérica. Qualquer empresa pode usá-la. Com o passar dos anos, o mesmo ocorreu com a palavra aspirina, celofane, *brassiere* (sutiã), *dry ice* (gelo seco), *shredded wheat* (trigo triturado), *trampoline* (cama elástica), *yo-yo* (ioiô), *linoleum* (linóleo), *corn flakes* (flocos de milho), *kerosene* (querosene), *high octane* (alta octanagem), *raisin bran* (cereais), lanolina, náilon, mimeógrafo e muitos outros; bilhões de dólares em valor perdido. Contudo, atualmente, os fabricantes de patins *in-line* sabem que a marca Rollerblade está agres-

---

[30] May Wong, "Apple, Cisco, Ready for an iPhone Trace?", businessweek.com, February 1, 2007.

sivamente protegida, do mesmo modo que o Frisbee (disco de arremesso) da Mattel. Algumas propagandas da Xerox Corp. lembram os clientes de que a palavra "Xerox" é uma marca registrada e, portanto, um adjetivo próprio (isto é, derivado de um nome próprio). Ele sempre deve ser seguido de um substantivo descritivo (como "copiadora Xerox") e nunca ser usado como verbo (como em *xerox this for me* – "xeroque isso aqui para mim").[31] A propósito, não se esqueça de procurar proteção para uma nova marca em todos os países em que pretende comercializá-la.

As empresas podem procurar também proteção à **identidade visual**. A identidade visual (*trade dress*) abrange uma ampla variedade de identificadores de produto: além do nome da marca, pode incluir embalagem (o conhecido formato da garrafa da Coca-Cola), cor do produto (Brillo é uma esponja rosa com sabão, a SOS é azul) ou decoração (por exemplo, a aparência interna inconfundível de uma cadeia de *fast-food*). O nível de proteção que uma empresa tem nem sempre é nítido, mas se uma empresa tiver dados que demonstrem que os clientes associam determinada identidade visual com uma marca em particular, a proteção com frequência é autorizada pelos tribunais por meio do conceito de *significado secundário*. Ou seja, a cor, a decoração ou a embalagem assumem um significado secundário, que é o nome da marca. As marcas próprias normalmente utilizam a identidade visual para se estabelecerem como concorrentes de marcas de renome – a marca de medicamento aspirina – pode estar em uma embalagem semelhante à da Aspirina Bayer. Normalmente, os tribunais negam a uma marca própria o direito absoluto de copiar a identidade visual de uma marca de renome.[32]

O que constitui um bom nome de marca?

Conseguir um bom nome de marca não é fácil, porque a maioria das boas combinações de letras já foi feita. Contudo, se Billy Fuddpucker's e Orville Redenbacher conseguem ser nomes de marca bem-sucedidos, então há esperança para todos. Os especialistas nos apresentaram várias regras práticas para seguir e armadilhas que devem ser evitadas (Figura 16.8).

Além desses princípios gerais, inúmeras são as recomendações específicas dadas pelos especialistas em atribuição de marca. A decisão sobre atribuição de marca com frequência é extremamente importante; ela pode ser ruim ou brilhante. Veja algumas das piores opções de nome de marca:

- Um novo produto de alta tecnologia foi chamado de "Killer" porque a administração imaginou que ele "destruiria a concorrência". Obviamente, não destruiu.[33]
- Um tiro que realmente saiu pela culatra foi a linha Fresh and Lite da La Choy de pratos principais chineses congelados com baixo teor de gordura – os críticos imaginaram que eles fossem um produto de higiene feminina ou talvez uma cerveja ou refrigerante.[34]

Em contraposição, o telefone Samsung Galaxy, o iPod da Apple e o esfregão Swiffer da Procter & Gamble são marcas tão populares que passaram a ser associadas com toda a linha do produto.[35]

---

[31] Maxine S. Lans, "On Your Mark: Get Set or It May Go", *Marketing News*, September 26, 1994, p. 12.

[32] Paul F. Kilmer, "Trade Dress Protection 1995: A U.S. Perspective", *Journal of Brand Management*, October 1995, pp. 95–103.

[33] Lee Schaeffer & Jim Twerdahl, "Giving Your Product the Right Name", in A. Griffin & S. M. Somermeyer, *The PDMA Toolbook 3 for New Product Development* (New York: John Wiley, 2007), Chapter 8.

[34] "Flops", *BusinessWeek*, August 16, 1993, p. 76.

[35] Lee Schaeffer & Jim Twerdahl, *op. cit.*

FIGURA 16.8

Problemas e diretrizes na escolha de nomes de marca

Problema	Diretriz
Qual é a função ou o propósito da marca?	Se o objetivo da marca for ajudar no posicionamento, escolha um nome que tenha significado (DieHard, Holiday Inn). Se for puramente uma identificação, um *neologismo* (palavra inventada) como Kodak ou Exxon, funcionarão.
O produto será uma ponte para uma linha de produtos?	Se sim, escolha com cuidado para que não haja nenhuma limitação no futuro (a cadeia Western Hotels mudou seu nome para Western International e, finalmente, para Westin).
Você espera uma posição de longo prazo no mercado?	Se não, um nome expressivo e que transpareça novidade pode ser útil (como Screaming Yellow Zonkers).
O nome é provocativo ou insultante para algum segmento de mercado?	A P&G pretendia atribuir um nome a um novo sabão líquido Dreck até que percebeu que as definições em ídiche ou alemão incluíam lixo ou excreções e o nome foi alterado para Dreft.

Outros: O nome deve ser fácil de compreender; não deve haver nenhum significado encoberto; deve ser fácil de traduzir; deve ser simples e memorável; deve se enquadrar à missão corporativa; e deve complementar outros produtos no mercado.

Armadilhas em nomes de marca a serem evitadas

Não prever futuras ampliações do nome. Um nome simpático pode se tornar irrelevante; pode-se correr o risco de escolher um nome ruim por pressão de tempo para tomar uma decisão; um nome regional torna-se um obstáculo quando a empresa começa a atuar em âmbito nacional ou internacional. Pense na US Airways, originalmente conhecida como Allegheny Airlines, um nome que dá a entender que provavelmente a companhia atende apenas à área de Pittsburgh. Um nome aceitável em inglês ou algum dialeto espanhol pode ser ofensivo em outros dialetos espanhóis (o Toyota Fiera foi inadequado em Porto Rico, onde esse nome significa "mulher velha e feia"). Até mesmo diferenças entre o inglês americano, britânico e canadense precisam ser consideradas. Um novo produto fabricado nos Estados Unidos com o nome "EZ" (pronunciado "*easy*"– ou *i-zi*) simplesmente não venderia na Grã-Bretanha ou no Canadá, onde a maioria dos leitores pronuncia esse nome "*e-zed*".

Não alocar tempo suficiente ao processo. Isso corresponde com a ideia de as atividades de marketing serem conduzidas em todo o processo do produto. O nome da marca não deve ser deixado para a última hora, particularmente se houver intenção de comercializar a marca em vários países. A Procter & Gamble, por exemplo, enfrentou o problema de atribuir dois nomes franceses diferentes ao Mr. Clean em virtude de padrões de uso levemente distintos: M. Propre, no francês falado na Europa, e M. Net, em Quebec.

Escolher o nível errado de conveniência. Um nome provocativo e controverso como Yahoo! pode ser uma excelente estratégia, certamente melhor do que um nome conveniente, mas desinteressante.

Ter muitos indivíduos envolvidos no processo de decisão sobre o nome da marca. Será mais favorável se for designada uma equipe que tenha conhecimento sobre atribuição de nomes de marca do que deixar a democracia ou o consenso ditar.

Outras armadilhas: Não identificar quem são os principais tomadores de decisões; ficar "empacado" em um nome logo no início do processo e, consciente ou inconscientemente, esse nome ser adotado sem nenhum *feedback* objetivo; não verificar os significados negativos em mercado estrangeiros e, obviamente, não contratar o melhor advogado de patentes.

Fontes: Alguns desses pontos são adaptados de Lee Schaeffer & Jim Twerdahl, "Giving Your Product the Right Name", in A. Griffin & S. M. Somermeyer, *The PDMA Toolbook 3 for New Product Development*, Wiley, 2007, Chapter 8.

Alguns dos trabalhos mais recentes sobre escolha de nomes de marca considera os significados semânticos dos *fonemas* – ou o som natural das letras. Algumas letras são associadas com sentimentos desagradáveis, enquanto outras podem sugerir tamanho ou velocidade. Utilizando esse ponto de vista, BlackBerry é um nome favorável: os "bs" evocam confiabilidade e o "e" curto, velocidade. "*StrawBerry*" simplesmente não teria sido tão bom. Viagra (medicamento para disfunção erétil) é um bom nome também: "Vi-" sugere vitalidade, "-agra" sugere agressão. Além disso, rima com "Niagara", como na potente Niagara Falls (Cataratas do Niágara), que por acaso é um lugar favorito para lua de mel. Que nome excelente![36]

A título de consideração final, tome cuidado para que o orçamento seja suficiente para criar adequadamente consciência e percepção junto aos consumidores ou clientes. Se você não tiver verba para dar significado a uma combinação de letras inexpressiva, evite esse tipo de marca.

Em vista da estratégia de marketing geral e da função que a marca desempenhará, é conveniente conversar com alguns usuários-alvo (para saber o que eles dizem sobre as coisas nessa área de uso) – e também com alguns especialistas em fonética, que conhecem muito bem coisas como estrutura das palavras. Depois, faça uma sessão de *brainstorming* ou use o computador para gerar um grande número de combinações possíveis. Existe um programa de computador (como o NamePro, desenvolvido pela The Namestormers, e IdeaFisher, da IdeaFisher Inc.) para ajudar na escolha e desenvolvimento de nomes de marca.[37]

Realize entrevistas com usuários para reduzir a lista. Pergunte qual é o significado dos nomes em sua lista – inclusive em mercados globais (consulte a Figura 16.9 para ver quais são as falhas clássicas). No momento, há grande suporte disponível para as decisões a respeito de nome de marca. No *site* **www.register.com** é possível identificar nomes de marca semelhantes que podem gerar conotações negativas ou mesmo contestações legais. Você pode também visitar o *site* do Escritório de Patentes e Marcas Registradas dos Estados Unidos (**www.uspto.gov**) e fazer uma busca em Trademarks, bem como recorrer a qualquer banco de dados de marca registrada nos países pretendidos (no Brasil, você pode consultar o Instituto Nacional de Propriedade Industrial (**www.inpi.gov.br**). Além disso, o *site* www.trademark.com pode ajudar a acessar bancos de dados de marca registrada. Uma rápida verificação de possíveis significados ofensivos ou não intencionais em idiomas estrangeiros pode ser facilmente realizada por meio de um dos *sites* de tradução mais conhecidos. Obviamente, procure ter um bom advogado de marca registrada do seu lado.[38] Uma lista eficaz de questões sobre atribuição de nomes é apresentada na Figura 16.10.

Gerenciando o *brand equity*

Naturalmente, há muito mais a respeito de gestão de marcas do que a escolha do nome. Os melhores nomes de marca – Coca-Cola, Levi's, Campbell, AT&T etc. – são ativos importantes que oferecem valor tanto para a empresa quanto para os clientes ou consumidores, visto que eles comunicam qualidade, criam imagens de marca po-

---

[36] Sharon Begley, "New ABCs of Branding", *The Wall Street Journal*, August 26, 2002, pp. B1, B4.

[37] Examine o *site* dessas empresas: www.namestormers.com e www.ideafisher.com. O *site* da Namestormers tem *links* para uma demonstração do *software* NamePro e também para um guia sobre denominação que oferece orientações úteis com relação à escolha de nomes de marca (que inclui a escolha de nomes de domínio para o *site* de sua empresa).

[38] Guias úteis para o desenvolvimento de nomes de marca são Chiranjeev Kohli & Douglas W. LaBahn, "Creating Effective Brand Names: A Study of the Naming Process", *Journal of Advertising Research*, January–February 1997, pp. 67–75, e Lee Schaeffer & Jim Twerdahl, *op. cit.*

FIGURA 16.9 Nomes de marca ruins

Às vezes, parece que as empresas estrangeiras escolhem nomes de marca que podem limitar seriamente o potencial de vendas em mercados em que se fala inglês.

Crapsy Fruit	Cereal francês
Fduhy Sesane	Petiscos da China Airlines
Mukk	Iogurte italiano
Pschitt	Limonada francesa
Atum Bom	Atum português
Happy End	Papel higiênico alemão
Pocari Sweat	Bebida esportiva japonesa
Zit	Limonada alemã
Creap	Creme de café japonês
I'm Dripper	Café instantâneo japonês
Polio	Sabão líquido tcheco
Sit & Smile	Papel higiênico tailandês
Barf	Sabão líquido iraniano
Cream Pain	Bolo japonês
Porky Pork	Petisco de porco japonês

Obviamente, isso vale para ambos os lados. Dois exemplos famosos são o Rolls Royce Silver Mist ("Mist" significa "esterco" em alemão) e a pasta de dente Colgate Cue ("Cue" é o nome de uma revista pornográfica francesa). A Clairol também enfrentou problemas no lançamento de seu ferro de frisar Mist Stick na Alemanha. A lição é que precisamos ter cuidado ao introduzir uma marca em mercados estrangeiros.

Recentemente, os pratos principais congelados Mon Cuisine foram lançados nos Estados Unidos, e o nome em francês sem dúvida foi escolhido para contribuir para a imagem de sofisticação. O único problema foi o fabricante ter cometido um erro gramatical básico (a empresa deveria ter usado "Ma Cuisine").

Fontes: Anônimo, "But Will It Sell in Tulsa?", *Newsweek*, March 17, 1997, p. 8; Ross & Kathryn Petras, *The 776 Even Stupider Things Ever Said* (New York: Harper-Perennial, 1994); www.engrish.com; e outros.

FIGURA 16.10 *Checklist* de atribuição de nomes de marca.

O advogado de patentes Mark Mondry propõe um conjunto de diretrizes para a escolha de nomes de marca:

- Comece com um grupo diverso de pessoas. Não deixe a equipe de novos produtos ficar presa a um nome que os membros gostam antes de verificar se ele funciona estrategicamente ou até se a empresa poderá ter direitos legais sobre ele.
- Examine as metas estratégicas para o produto e a proposição de valor, como ponto de partida para a escolha de um nome.
- Verifique se os nomes usados para outros produtos no portfólio devem ser ampliados para evitar confusão por parte do cliente.
- Avalie os nomes dos concorrentes. Seja diferenciado, em vez de posicionar sua marca como uma alternativa para a marca líder. Um novo concorrente da Apple não deve se chamar Banana.
- Crie um conjunto de nomes e reduza a cerca de cinco ou dez. Analise pronúncia, emoção, complexidade etc.
- Faça uma pesquisa sobre domínio e sobre marca registrada. Inclua pronúncias e grafias alternativas. Não é necessário se surpreender no último momento com um nome concorrente semelhante. Não se esqueça de verificar o mercado também.
- Escolha o nome e faça uma pesquisa sobre domínio e proteção de marca registrada. Repetindo, faça isso internacionalmente, se aplicável.

Fonte: Mark B. Mondry, "Product Name Innovation", *Visions*, 36(2), 2012, pp. 8–9.

sitivas e incentivam a lealdade do cliente. Esse valor é conhecido como brand equity (valor ou patrimônio da marca) e as empresas que mais se beneficiam do *brand equity* investiram na proteção desse patrimônio para manter o valor dos respectivos nomes.[39]

Uma marca cujo valor é alto instiga a lealdade dos clientes, tornando a propaganda e outras formas de promoção mais eficazes. Além disso, um valor alto significa alta consciência de marca, e com isso a empresa consegue criar outras associações mais facilmente (por exemplo, o McDonald's é associado com crianças, restaurantes limpos, Ronald McDonald etc.). O *brand equity* pode também ser associado com uma maior percepção de qualidade e, desse modo, respaldar um posicionamento *premium* para a marca. Em virtude de sua grande familiaridade e de associações positivas, uma marca com alto valor pode ser usada mais facilmente como cabeça de ponte no lançamento de **extensões de marca**. Em suma, o *brand equity* pode oferecer uma vantagem competitiva sustentável – um trabalho recente propõe que todas essas vantagens do *brand equity* aplicam-se a produtos *business to business* e igualmente a produtos de consumo.[40] Uma autoridade em *branding*, Kevin Lane Keller, propôs o *brand report card* – uma lista de características compartilhadas pelas marcas mais sólidas no mundo inteiro que pode ser utilizada para avaliar os pontos fortes e fracos de uma marca (consulte a Figura 16.11).[41] As extensões de marca podem ser verticais ou horizontais, dependendo de a nova marca estar na mesma categoria de produto da marca principal. A Procter & Gamble estendeu o creme dental Crest verticalmente nas pastas de dente Crest Tartar Protection, Crest Sensitivity Protection e Crest Multicare e também horizontalmente na escova de dente Crest e no fio dental Crest Glide, entre outros. Independentemente da direção, uma extensão de marca pode aumentar a aceitação de um novo produto, mas os problemas com o novo produto pode provocar a diluição do valor da marca principal.[42]

As extensões de marca precisam ser gerenciadas cuidadosamente, porque uma extensão malsucedida ou uma quantidade exagerada de extensões pode provocar a erosão do *brand equity*. Algumas empresas tentaram estender uma marca de renome em uma categoria de produto inapropriada, obtendo resultados desastrosos. A marca Frito-Lay foi estendida bem-sucedidamente em vários *snacks*, mas o Frito-Lay Lemonade não teve saída. Nem o ácido salicílico Ben-Gay (que sabor ele teria?), nem o *ketchup* Smucker's, nem o Fruit da Loom Laundry Detergent.[43] Já vimos que as empresas que estão procurando estender suas marcas globalmente devem verificar significados engraçados ou censuráveis imprevistos. Talvez mais sutil seja o fato de o humor muitas vezes não cruzar fronteiras nacionais ou linguísticas. Como regra geral, os nomes bem-humorados tendem a funcionar somente em casos em que o produto tem apenas um pequeno mercado local (que, presumivelmente, entenderá o humor).[44]

---

[39] Dois livros consagrados sobre *brand equity* são David A. Aaker, *Managing Brand Equity* (New York: Free Press, 1991); e David A. Aaker & Erich Joachimsthaler, *Brand Leadership* (New York: Free Press, 2000).

[40] Paul Mitchell, Jacqui King & John Reast, "Brand Values Related to Industrial Products", *Industrial Marketing Management*, 30(5), July 2001, pp. 415–425.

[41] Uma empresa especializada em identidade de marca e identidade corporativa é a Landor Associates, www.landor.com.O *site* da Landor contém um portfólio com dezenas de aplicações, como Kellogg's, FedEx, Kodak, Seven-Up e muitas outras.

[42] Kuang-Jung Chen & Chu-Mei Lu, "Positive Brand Extension Trial and Choice of Parent Brand", *Journal of Product and Brand Management*, 13(1), 2004, pp. 25–36.

[43] Robert M. McMath & Thom Forbes, *What Were They Thinking?* (New York: Times Business, 1996).

[44] Lee Schaeffer & Jim Twerdahl, *op. cit.*

FIGURA 16.11 *Brand report card.*

Muitos fatores diferentes atuam em conjunto para solidificar uma marca. Os gestores de marca com frequência se concentram em apenas um ou dois desses fatores. Veja a seguir uma lista de várias características compartilhadas pelas marcas mais sólidas do mundo, que pode ser utilizada para analisar os pontos fortes e fracos de uma marca e identificar pontos de melhoria.

Característica	Exemplos
Oferece os benefícios desejados pelos clientes.	A Starbucks oferece uma "experiência de cafeteria", não apenas grãos de café, e monitora a seleção e torragem dos grãos para manter a qualidade.
Mantém-se relevante.	A Gillette investe continuamente em melhorias de produto importantes (Fusion) e usa o *slogan*: "the best a man can get" (o melhor que um homem pode obter).
Os preços baseiam-se em valor.	A P&G reduziu seus custos operacionais e passou adiante suas economias como "preços baixos todos os dias", aumentando assim suas margens de lucro.
Bem posicionado em relação aos concorrentes.	O Lexus concorre em excelência de atendimento ao cliente e a Mercedes em superioridade de produto. A Visa enfatiza "everywhere you want to be" (onde você quiser estar).
É consistente.	A Michelob experimentou vários posicionamentos e campanhas diferentes entre 1970 e 1995 e as vendas despencaram.
O portfólio de marcas faz sentido.	A Gap tem as lojas Gap, Banana Republic e Old Navy para diferentes segmentos de mercado; a BMW tem as séries 3, 5 e 7.
As atividades de marketing são coordenadas.	A Coca-Cola utiliza anúncios, promoções, patrocínios e mídias interativas.
O que a marca significa para os clientes é bem compreendido.	A Bic não conseguiu vender perfumes em frascos em formato de isqueiro; a Gillette utiliza diferentes nomes de marca, como Oral-B para pastas de dente, para evitar esse problema.
Tem apoio a longo prazo.	A Coors cortou o suporte promocional em favor da Coors Light e Zima, e perdeu em torno de 50% de suas vendas ao longo do período de quatro anos.
As fontes de *brand equity* são monitoradas.	Estudos da Disney revelaram que seus personagens estavam ficando "superexpostos" e às vezes eram utilizados inapropriadamente. A empresa cortou licenciamentos e outras atividades promocionais em virtude disso.

Fonte: Reimpresso com permissão da *Harvard Business Review*. Quadro extraído de Kevin Lane Keller, "The Brand Report Card", February 2000. Copyright © 2000 Harvard Business School Publishing Corporation. Todos os direitos reservados.

Embora não exista uma única forma correta de estender um nome de marca, algumas diretrizes podem ser seguidas para evitar erros. Por exemplo, enfatizar o nome ou os benefícios do produto pode criar uma distância segura da marca que está sendo estendida. Quando o automóvel Audi 500 supostamente experimentou problemas de aceleração súbita, as vendas do Audi 400 foram prejudicadas, mas o mesmo não ocorreu com as vendas do Audi Quattro. Outro fator é se a marca que está sendo estendida tem uma imagem funcional ou de prestígio. A Gillette provavelmente poderia lançar com facilidade uma extensão inferior do Fusion, mas a Mercedes correria o risco de manchar sua reputação se lançasse um carro pouco sofisticado. Com frequência, uma **marca líder** ou **principal** (uma marca dominante em uma categoria de produto, como os cartões Hallmark ou os amendoins da Planters) é estendida dessa forma, visto que seu *brand equity* já é muito alto. Contudo, as marcas líderes devem ser estendidas com cuidado e provavelmente apenas para marcas de qualidade semelhante ou superior, para evitar o risco de diluir o nome da marca e de perder a confiança dos consumidores. Pode haver também a consideração de questões internacionais. O nome Bayer é mais conhecido na América do Norte para medicamentos de venda livre, embora na Europa ela seja muito conhecida também por seus produtos e defensivos agrícolas. Os pesticidas da Bayer têm boa saída na Alemanha, mas provavelmente não nos Estados Unidos. Obviamente, o teste de conceito de uma provável extensão pode identificar qualquer associação negativa possível.[45] Do lado positivo, uma marca principal sólida, extensões de marca anteriores bem-sucedidas, intenso apoio de marketing, boa aceitação no varejo, um bom nível de adequação entre a marca principal e a extensão e baixo nível de risco percebido da extensão são fatores que estão associados com extensões de marca de maior sucesso.[46]

Estratégias de *brand equity* e *branding*[47]

Existe uma variedade de estratégias de *branding* disponíveis, todas têm prós e contras, e não existe nenhuma solução genérica para tudo. Entretanto, em todos casos, a empresa precisa considerar de que forma a estratégia de *branding* protegerá e possivelmente desenvolverá *brand equity*.

Pense no espectro de estratégias de *branding*. Em um extremo do espectro estão as empresas que colocam seu nome corporativo em todos os produtos que fabrica. Esse procedimento às vezes é chamado de estratégia de **marca guarda-chuva**. Na Kellogg's, por exemplo, todo cereal tem a palavra "Kellogg's" como parte de seu nome: Kellogg's Corn Flakes, Kellogg's Rice Krispies etc. O nome Kellogg's é sinônimo de excelência e qualidade em cereais e o aparecimento do nome da empresa em um novo cereal (ou em um novo *snack*, como visto no estudo de caso da Kellogg's, no Capítulo 3) amplia seu *brand equity* para esse novo produto. De modo semelhante, a Kraft Foods tem dezenas de produtos com décadas de existência que incluem o nome Kraft na marca (Kraft Salad Dressing, Kraft Singles) ou pelo menos exibe proeminentemente o logotipo da Kraft na embalagem (Philadelphia Cream Cheese, Velveeta). A empresa também utiliza outras marcas corporativas além da Kraft para lançar novos produtos. Um novo produto de amendoim levará o nome Planters, uma nova *pizza* será Di Giorno e um novo café provavelmente será Maxwell House. Outros exemplos são Virgin Airlines (que entrou em várias outras áreas de negócio, como os setores editorial, de refrigerantes e de celulares, em todos os casos com o nome Virgin) e Hard Rock Café (que se estendeu em Hard Rock Café Resorts nos mercados asiáticos).[48] No outro extremo do espectro estão as empresas que parecem fazer todo o possível para não mencionar o nome da empresa na marca. Nenhum dos vários sabões e produtos de limpeza comercializados pela Procter & Gamble inclui P&G no nome da marca; os nomes são simplesmente Tide, Bold, Mr. Clean etc. Essa estratégia de **marca individual** é coerente com a gestão de marca historicamente firme da P&G. A Clorox Company utiliza a marca Clorox em todos os seus produtos de branqueamento. Sua marca ecológica também exibe a marca Clorox na embalagem para comunicar que essa linha totalmente natural é tão eficaz quanto os produtos de

---

[45] Dennis A. Pitts & Lea Prevel Katsanis, "Understanding Brand Equity for Successful Brand Extensions", *Journal of Consumer Marketing*, 12(4), 1995, pp. 51–64; consulte também Sieu Meng Long, Swee Hoon Ang & Janet Liau, "Dominance and Dilution: The Effects of Extending Master Brands", *Journal of Consumer Marketing*, 14(5), 1997, pp. 280–288.

[46] Franziska Volckner & Henrik Sattler, "Drivers of Brand Extension Success", *Journal of Marketing*, 70(2), 2006, pp. 18–34; consulte também Eva Martinez & Jose M. Pina, "The Negative Impact of Brand Extensions on Parent Brand Image", *Journal of Product and Brand Management*, 12(7), 2003, pp. 432–448.

[47] Para examinar dezenas de exemplos, visite www.kelloggs.com, www.kraftfoods.com, www.thecloroxcompany.com, www.pg.com ou www.conagrafoods.com.

[48] Muammer Ozer, "A Survey of New Product Evaluation Models", *Journal of Product Innovation Management*, 16(1), January 1999, pp. 77–94.

limpeza convencionais. (Mais informações a respeito da Green Works serão apresentadas no estudo de caso do Capítulo 20.) Contudo, outros produtos adquiridos pela Clorox Company ao longo dos anos nunca mudaram de nome. A Clorox Company é proprietária da marca de molhos para salada Hidden Valley Ranch, do molho para churrasco KC Masterpiece, da Glad Bags e da Burt's Bees. Todas elas são marcas de alta qualidade em sua categoria de produto e aqui não há nada a ganhar com a utilização do nome Clorox como marca guarda-chuva. Curiosamente, a Clorox Company nem mesmo estende a marca Clorox para outros produtos de limpeza que fabrica, como 409, SOS ou Tilex (embora seu panos de limpeza descartáveis Handi Wipes exibam o logotipo da Clorox em um dos cantos da embalagem).

Muitas vezes as empresas têm possibilidade de melhorar sua estratégia de *branding* para tirar proveito das sinergias ou das oportunidades de associação de marcas (*co-branding*). Um bom exemplo é a ConAgra Foods, que tem dezenas de marcas em toda a América do Norte: produtos de tomate Hunt's, pipoca Orville Redenbacher, Reddi-Wip creme *chantilly* Reddi-Wi*p*, pratos principais congelados Healthy Choice, pasta de amendoim Peter Pan e muitos outros. Nenhuma dessas marcas leva o nome corporativo ConAgra; o valor reside nas marcas sólidas, de modo semelhante à P&G ou Clorox. Diferentemente da Clorox, a linha da ConAgra encontra-se inteiramente em uma única categoria: produtos de consumo alimentícios embalados. Pesquisas do consumidor demonstraram que o nome ConAgra não era muito conhecido entre os consumidores. Os executivos acreditavam que uma nova identidade corporativa reforçaria as marcas individuais, reforçaria a posição da ConAgra como uma das principais fabricantes de alimentos e tornaria a empresa mais competitiva. Mas o que eles deveriam fazer? Acrescentar "ConAgra" a nomes de marca já familiares como Hunt's ou Peter Pan provavelmente não ajudaria muito. Em vez disso, a ConAgra decidiu utilizar um novo *slogan* em todas as marcas e propagandas ("Food You Love" – "A comida que você adora"), bem como um novo logotipo (um prato sorridente com uma colher com aspecto contemporâneo), ambos revelados em 2009. O plano da ConAgra era aproximar-se mais da Kraft no espectro de *branding* para ter uma identidade corporativa mais unificada e ao mesmo tempo tirar proveito de suas marcas sólidas individuais.

Branding e posicionamento globais: padronizar ou adaptar?

Um fator a ser considerado na gestão de marcas globais é o nível de padronização do nome das marcas ao redor do mundo (isto é, utilizar o mesmo nome no mundo inteiro). As lâminas Gillette, a Coca-Cola e os cereais da Kellogg's são conhecidos por esse nome pelos clientes em todos os lugares em que são vendidos. Além disso, essas empresas utilizam essencialmente o mesmo posicionamento em todos os mercados; a Gillette posiciona suas lâminas como "o melhor que um homem pode obter" praticamente em todos os lugares.

Com relação a muitas outras empresas, alcançar uma presença global padronizada não é uma opção e muito provavelmente nem mesmo desejável. Em vez disso, essas empresas optarão por uma estratégia de adaptação para seu posicionamento e/ou seus nomes de marca. A Honda, por exemplo, utiliza um posicionamento de alta qualidade nos Estados Unidos, mas um posicionamento de velocidade/jovialidade no Japão. A Canon lançou a AE-1 nos Estados Unidos com o *slogan* "so advanced, it's simple" ("tão avançada, que é simples"), ao passo que no Japão essa mesma câmera foi posicionada como um produto de alta tecnologia para usuários experientes.

Uma empresa pode também optar por diferentes nomes para um mesmo produto em diferentes mercados. Embora o Tide seja a marca líder da P&G na América do Norte, o Ariel é o nome de produto da empresa mais conhecido em toda a Europa e no

Japão; de modo semelhante, o Tide líquido é o Ariel líquido na Europa. Um concorrente importante da Kellogg's na América do Norte, a General Mills, entrou no mercado europeu em uma *joint venture* com a Nestlé denominada Cereal Partners Worldwide (a General Mills forneceu o *know-how* de fabricação de cereais e a Nestlé contribuiu com sua experiência de distribuição, vendas e propaganda na Europa). Marcas norte-americanas familiares da General Mills como o Cheerios (assim como marcas apenas europeias como o Chocapic) são vendidas na Europa com o nome Nestlé.

Um caso interessante é o da Unilever, conglomerado anglo-holandês que utiliza uma mistura de padronização e adaptação na escolha do nome de suas marcas. Vários produtos da Unilever são vendidos com o mesmo nome no mundo inteiro, como Lipton, Bertolli, Knorr, Dove, Vaseline e vários outros. O produto de limpeza doméstica Cif, originalmente vendido na França, é conhecido por esse nome em diversos outros mercados, como Itália, Suíça, Turquia e Grécia, mas é conhecido também como Viss na Alemanha, Jif no Japão e na Austrália e Vim no Canadá. Talvez o exemplo mais extremo de adaptação de nome de marca seja o amaciante de roupas conhecido na América do Norte como Snuggle. Embora a Unilever tenha vendido sua marca norte-americana Snuggle em 2008, ela ainda vende o produto em vários países, em âmbito nacional, utilizando uma ampla variedade de nomes. Na Itália, o nome da marca é Coccolino; na França, Cajoline; na Alemanha e na Áustria, Kuschelweich; na Espanha e na Colômbia, Mimosin; e na Holanda, Robijn. Em todos os casos, o conhecido personagem do urso de pelúcia é proeminente na embalagem. Ainda que o produto real seja padronizado no mundo inteiro, em todos os mercados a Unilever o oferece com um nome que soa local. (Na multilíngue Suíça, o nome é Comfort: simples e fácil de compreender em qualquer idioma.) De modo semelhante, a Unilever adquiriu vários fabricantes de sorvete ao redor do mundo, como Good Humor nos Estados Unidos, Langnese na Alemanha, Algida na Itália e Kibon no Brasil. Em todos os casos, o nome familiar da marca foi mantido; um logotipo vermelho em forma de coração é utilizado como símbolo de identificação em todos os mercados e, coletivamente, elas são conhecidas como Heartbrand dentro da Unilever.[49]

Liderança de marca global[50]

A seção precedente indica que a meta não é necessariamente adotar uma única marca global, mas criar uma sólida presença em todos os mercados por meio de uma **liderança de marca global**. Isso requer uma estratégia de marca global que coordene as estratégias de marca utilizadas individualmente em todos os outros países e o compromisso de alocar recursos suficientes à construção da marca.

Há várias formas de trabalhar em direção a uma liderança de marca global. Para conseguir uma gestão de marcas coerente em todos os países, organize seminários ou distribua boletins ou vídeos para todos os gestores de marca para oferecer orientações sobre o que a marca representa. Isso vai além dos atributos básicos do produto, visto que esses atributos podem ser copiados pelos concorrentes. Os itens intangíveis (como reputação de qualidade) e os símbolos (como o palhaço Ronald McDonald) também devem ser levados em conta. A Mobil criou um banco de informações sobre temas de marketing que pode ser acessado pela intranet da empresa, enquanto a Frito-Lay conduz o "universidade de mercado" três vezes por ano. Atividades como essas estimulam a comunicação e o compartilhamento de práticas

---

[49] Referência: www.unilever.com.

[50] Grande parte dessa seção foi adaptada de David A. Aaker & Erich Joachimsthaler, "The Lure of Global Branding", *Harvard Business Review*, November–December 1999, pp. 137–144.

bem-sucedidas entre os gestores da empresa como um todo. A delegação de poderes aos funcionários também é importante. A equipe de marcas taiwanesa da P&G para o Pantene Pro-V propôs um novo posicionamento: "Hair so healthy it shines" ("Um cabelo tão saudável que brilha"). A campanha de propaganda elaborada em torno desse *slogan* foi tão bem-sucedida em Taiwan, que foi escolhida pela P&G e utilizada em 70 outros países.

EMBALAGEM

Para muitas empresas, a embalagem é menos importante, seja porque os produtos exigem pouca embalagem seja porque a persuasão da embalagem nas prateleiras não é uma prioridade. Nessas empresas, a embalagem na maioria das vezes é designada ao departamento de *design* de embalagens. Obviamente, a maior parte dos serviços não requer nenhuma embalagem. Entretanto, em várias outras empresas, a embalagem tem grande importância, particularmente quando se pretende distribuir o novo produto em ambientes de autosserviço, quando a categoria de produto já está estabelecida para impor sua entrada e quando vários concorrentes fortemente entrincheirados ficam expostos lado a lado nas prateleiras das lojas. Nessas empresas, as decisões sobre embalagem com frequência são tomadas nos escalões mais altos. Na verdade, com relação a alimentos e bebidas, gasta-se mais dinheiro na embalagem do que para anunciá-los.

A função da embalagem

As embalagens podem se enquadrar em três categorias: *embalagem primária* (o primeiro material que envolve e acondiciona o produto, como um frasco de comprimidos), *embalagem secundária* (a caixa que acondiciona esse frasco de comprimidos) ou *embalagem terciária* (a embalagem que acondiciona as embalagens secundárias para transporte). Todas as formas de embalagem cumprem diversas funções: *contenção* (acondicionamento para transporte), *proteção* (dos elementos e contra descuidos), *segurança* (para não provocar danos), *exibição* (para atrair a atenção) e *informação* e *persuasão*. Todas elas são fundamentais para o gestor de novos produtos, algumas vezes suficientemente importantes para gerar problemas legais; o *design* da embalagem é um elemento associado ao logotipo e à marca registrada em que os direitos são valiosos.

Contudo, existem outras funções: por exemplo, ajudar o usuário de alguma forma – com instruções (produtos farmacêuticos ou alimentícios) e com uma função prática (latas de cerveja e frascos de desodorantes). Outras vezes as embalagens são concebidas para possibilitar sua reutilização, atender a exigências ecológicas com relação à biodegradabilidade, divulgar avisos e cumprir outras exigências legais. Além disso, elas podem contribuir para o descarte.

A decisão sobre embalagem

A embalagem faz parte da rede do gestor de novos produtos. As decisões sobre embalagem concentram-se em uma pessoa, com frequência chamada de diretor de embalagem. Porém, essas decisões são complexas. As decisões sobre embalagem podem envolver participantes de departamentos como engenharia, distribuição, segurança, jurídico, contabilidade de custos, P&D e outros, além de marketing e vendas, sem mencionar os interessados externos, como fornecedores, distribuidores, transportadoras, agências de propaganda e governo. As decisões sobre embalagem podem levar meses e são uma meta importante na maioria dos programas de desenvolvimento acelerado.

Cada empresa tende a desenvolver uma abordagem levemente distinta a respeito de embalagem, mas há medidas em comum. Primeiro, um profissional de embalagem é designado para a equipe de novos produtos. Visitas de campo são obrigatórias, tanto quanto o acesso a vários estudos de mercado que foram realizados. Uma abordagem exclusiva para o molho de salada da Pfeiffer foi descoberta quando uma equipe de embalagem visitou supermercados e percebeu que os molhos para salada eram expostos por tipo, e não por marca; a maioria dos frascos concorrentes tinha o formato de uma vassoura de cabo curto e gargalo reto.

O processo de desenvolvimento de embalagens é semelhante ao do produto em si. Os testes incluem bonecos de embalagem, *displays* de ponto de venda, testes de cor, testes visuais, testes psicográficos, testes físicos, testes de distribuição, legibilidade para localização em depósito e até alguns testes de venda dentro da loja. Uma das estratégias às vezes utilizadas no *design* de embalagens é a embalagem familiar (*family packaging*), isto é, utilização de um *design* básico ou de algum outro elemento de embalagem para integrá-la com vários outros itens específicos. Uma embalagem para um novo sabor de sorvete da Häagen-Dazs ou Ben & Jerry's, por exemplo, pode ser reconhecida imediatamente. A Coca-Cola e a Pepsi utilizam o vermelho e o azul, respectivamente. Em cada caso, as embalagens com certeza fazem parte de um conjunto, mas geralmente há algumas individualizações, como o nome da marca. A embalagem pode ser uma ferramenta competitiva extremamente eficaz. Nos últimos anos, os vinhos e as bebidas destiladas compuseram uma parcela maior do mercado de bebidas alcoólicas à custa das cervejas. A utilização de embalagens inovadoras foi uma das formas que a Anheuser-Busch e as cervejarias concorrentes encontraram para tentar contra-atacar essa tendência. Os rótulos transparentes de cerveja (tecnicamente, adesivos termoplásticos feitos de éster de acrilato) que são colados em um lado da garrafa e parecem pintados são uma das inovações mais recentes em embalagem. Logo após sua introdução, o crescimento das garrafas com rótulos transparentes foi superior a 10% nos Estados Unidos e em torno de 40% na Europa e na Ásia. Os rótulos não são apenas atraentes, mas podem ser facilmente desenvolvidos para acrescentar mensagens especiais na época de eventos como jogos de futebol pós-temporada e Olimpíada, e também possibilitam que a cervejaria utilize totalmente a embalagem – da tampa à base – para inserir elementos gráficos e texto. Outras inovações na área de embalagem são os rótulos com filme termocontrátil, as latas de alumínio da Budweiser, Bud Light e várias outras marcas da Anheuser-Busch (incluindo as garrafas verdes de alumínio para o Dia de São Patrício) e as garrafas de alumínio com tema de Halloween e impressão em tinta ultravioleta que se iluminam sob luz negra.[51]

RESUMO

No Capítulo 16, ampliamos nossa análise sobre o processo de planejamento de lançamento ao abordarmos as decisões sobre plataforma e as decisões de ações estratégicas. Ambas têm um forte efeito sobre as estratégias escolhidas. Além disso, este capítulo examinou três grandes áreas de decisão – mercado ou segmento-alvo, posicionamento do novo produto para esse segmento e criação de um valor exclusivo para esse segmento. Agora podemos nos voltar para as várias questões que compõem a parte tática do plano de marketing. Contudo, há muito pouco espaço para um estudo aprofundado nas diversas áreas de marketing operacional. Examinaremos as questões que apresentam maior dificuldade para os gestores de novos produtos.

---

[51] "Beer Has an 'Image Crisis'; Wine and Spirits Gain", *USA Today,* January 11, 2005; Anônimo, "Labels Brewing Up Acrylate Esters Demand", *Chemical News & Intelligence,* February 27, 2006; e www.anheuser-busch.com.

APLICAÇÕES

1. "Minha filha acabou de ser nomeada professora assistente em uma escola na Carolina do Norte e, esses dias, estava brincando com a semelhança entre o desenvolvimento dos cursos e o desenvolvimento de novos produtos. Na verdade, ela disse que os cursos precisam ser planejados e que o marketing tem de ser perfeito, e até utilizar o posicionamento como conceito. Fiquei imaginando se você conseguiria escolher um novo curso universitário – digamos, de aplicação de novas tecnologias de computação e telecomunicações à operação de varejo – e me mostrar de que forma posicionaria esse curso utilizando cada um dos vários métodos de posicionamento de um novo produto."

2. "Estamos no ramo de móveis e aposto que você já usou alguns dos nossos móveis se, por acaso, teve oportunidade de passar algum tempo em um dormitório universitário. Porém, vou lhe dizer uma coisa, esse ramo não é muito lucrativo – há muitos concorrentes e muita padronização nos produtos. Quer dizer, as compras são licitadas com base nas folhas de especificações de produto do departamento de compras. Eu já tinha consciência do que você disse há pouco sobre os benefícios essenciais e a criação de valor *em torno* do atributo básico – por exemplo, atendimento/serviço, imagem, garantia etc. Mas não estou certo de que seja possível utilizar essa abordagem. Supondo que fisicamente nossas camas e escrivaninhas tenham de atender a determinadas especificações, de que forma poderíamos criar valor em torno disso para ajudar a defender nossos preços levemente mais altos?"

3. "Hoje, a embalagem deve ser extremamente importante em muitos produtos. Gastamos uma fortuna nisso. Li recentemente sobre um artifício utilizado em uma embalagem de sabão líquido – uma 'sobretampa'. Ela é colocada sobre a tampa normal do frasco e pode ser retirada e enviada para a obtenção de um reembolso. A probabilidade de haver trapaças é menor do que com cupons. Isso é que é ser criativo. Você é criativo? Você conseguiria ter ideias como essa? Achamos que existe uma grande oportunidade de embalagem para diferenciarmos nossa cerveja sem álcool. O pessoal de novos produtos dessa linha com certeza apreciaria algumas ideias de embalagem inusitadas. Boas ideias – quer dizer, não um punhado de tolices."

ESTUDO DE CASO   Wii[52]

Logo após o lançamento de seu sistema de jogo GameCube, a Nintendo imediatamente começou a desenvolver o que viria a se tornar seu produto de última geração. Conhecido inicialmente pelo codinome "Revolution", esse novo produto foi projetado para competir com dois concorrentes proeminentes, Xbox 360 da Microsoft e PlayStation 3 da Sony, e, ao mesmo tempo, atingir uma demografia mais ampla de consumidores. Um protótipo foi revelado na Feira de Jogos de Tóquio em setembro de 2005 pelo próprio Satoru Iwata, presidente da Nintendo. Ele foi lançado em dezembro de 2006. O mundo o conhece pelo nome Wii, que se pro-

---

[52] As informações sobre esse estudo de caso são do verbete Wii na Wikipédia (wikipedia.com); Al Ries, "Nintendo Will Win Game Wars by Thinking 'Different,' Not 'Better'", adage.com, February 19, 2007; Alexander Sliwinski, "Nintendo Wii Marketing to Exceed $200 Million", joystiq.com, November 12, 2006; Erik Sofge, "Nintendon't: The Case Against the Wii", slate.com, November 20, 2006; Cliff Edwards, "Nintendo Wii: One Ferocious Underdog", businessweek.com, November 22, 2006; e James Brightman, "Exercise 1 Entertainment 5 Wii Is Good for Your Health", businessweek.com, February 15, 2007. A citação de Iwata é do *site* do Wii, wii.nintendo.com.

nuncia "u-í". (Observação: Segundo a empresa, o nome é simplesmente Wii, e não Nintendo Wii.)

De acordo com a visão de mercado da Nintendo, a última geração do produto não devia ser necessariamente uma versão mais potente do GameCube. (Tanto o produto atual da Sony quanto o da Microsoft eram considerados muito rápidos e potentes e de excelente qualidade gráfica.) Em vez disso, a empresa enfatizou a interação do jogador no *design* do produto e do jogo. Extraordinariamente pequeno para um sistema de jogo, o Wii tem controle sem fio (o Wii Remote), que detecta movimento e giro, e também funciona como dispositivo apontador. Outro recurso é o WiiConnect24, por meio do qual o Wii consegue receber mensagens pela internet. Esses recursos inovadores levaram os críticos a exaltar a Nintendo como uma empresa que "pensa diferente", e não uma empresa que "pensa melhor". O Wii Remote possibilita que o jogador controle a ação na tela apenas inclinando a mão; esse efeito foi chamado de "realidade virtual na sala de estar". Em um jogo de corrida de carros, o usuário simula que está dirigindo um carro; em um jogo de combate, o usuário "empunha" uma espada. Os jogos de esporte permitem que o jogador simule que está balançando um taco de beisebol, uma raquete de tênis ou um taco de golfe. Os jogadores afirmam que sentem que estão fazendo mais do que apenas controlar o jogo; eles "sentem como se fizessem parte do jogo" Os benefícios aeróbicos (tanto para pessoas jovens quando idosas) proporcionados por esses *videogames* incentivaram a criação de um novo termo: "*exertainment*" ("exertrenimento"). Desse modo, embora fique bem abaixo em potência ao lado dos concorrentes e tenha uma qualidade gráfica comparativamente inferior, o Wii tem vencido as disputas de mercado e igualmente obtido as críticas mais favoráveis. Segundo o *New York Times*, o Wii "irradia diversão" e "está ofuscando a Sony", enquanto Walter Mossberg, do *Wall Street Journal*, escreveu que o "modesto Wii" era "mais estimulante, divertido e gratificante". Entretanto, nem todas as críticas foram tão entusiásticas. Um crítico da *Slate* não ficou impressionado com a precisão do controle remoto.

A demografia mais ampla atingida foi fundamental para o sucesso do Wii. Segundo consta, Iwata teria dito que a meta não é combater a Sony, mas "fazer com que novas pessoas joguem *videogame*". Mais de US$ 200 milhões foram gastos em anúncios na TV e na internet no final de 2006 e ao longo de 2007, incitando os espectadores a "experimentar uma nova forma de jogar". Os anúncios enfatizavam a convivência em família e mostravam todos os tipos de indivíduo, de avós e pais a pessoas urbanas e fazendeiros, curtindo os jogos do Wii. Obviamente, o grosso das iniciativas promocionais foi destinado a mudar a percepção de que o Nintendo destina-se apenas a adolescentes e crianças. O preço das unidades gira em torno de US$ 250 e os jogos custam mais ou menos US$ 10 a menos que jogos semelhantes da Microsoft ou da Sony. Além disso, as unidades são compatíveis com os jogos do GameCube.

Aborde a visão e o processo de novos produtos da Nintendo para o sistema de jogo Wii. De acordo com Iwata, o Wii "não teria sido consumado se tivéssemos tentado produzir um novo console de jogo da maneira convencional". O que isso significa? Em seguida, aborde o posicionamento utilizado pela Nintendo nesse mercado altamente competitivo. Qual ou quais estratégias de posicionamento discutidas neste capítulo parecem ter sido utilizadas, até que ponto a Nintendo conseguiu alcançar a posição desejada e quais são as principais desvantagens? Para finalizar, fale sobre o nome da marca, utilizando os critérios discutidos na seção de *branding* deste capítulo. Para responder essa questão, você deve saber que o codinome original, "Revolution", na verdade foi defendido por várias pessoas da Nintendo e a escolha final do Wii foi até certo ponto controversa na época.

ESTUDO DE CASO   Iridium[53]

Iridium é uma rede de comunicação móvel que permite qualquer tipo de transmissão telefônica (por voz, dados, *fax* e *pager*) por meio de um sistema de satélites. A empresa Iridium atraiu vários investidores de grande porte, como Motorola, Kyocera e Lockheed Martin, e todos eles tinham uma participação acionária de 7% a 20%. O sistema Iridium era composto de 66 satélites e também uma série de estações terrestres, que permitiam que o usuário alcançasse qualquer destino no mundo. Os primeiros satélites Iridium foram lançados em maio de 1997 e, em torno de junho de 1998, todos os satélites já haviam sido lançados. Em meados de novembro de 1998, os serviços de telefone e *pager* foram disponibilizados. O custo total para construir o sistema Iridium girou em torno de US$ 5 bilhões.

Ainda que tenha contado com considerável respaldo financeiro, o Iridium nunca se popularizou. Em meados de 1999, havia um pouco mais de 10.200 assinantes, bem abaixo do ponto de equilíbrio (a administração da Iridium estava esperando mais de 300.000 assinantes até o final de 1999) e a própria Iridium se encontrava em uma situação financeira precária. Os clientes corporativos relutavam em assinar o serviço enquanto a situação financeira da Iridium não se regularizasse, ao passo que os financiadores hesitavam em estender crédito enquanto não houvesse mais assinantes. Depois de vários meses de tensão, no início de 2000, a Iridium finalmente declarou falência e o destino dos satélites Iridium ficou suspenso.

O que ocorreu? Na verdade, várias coisas. O mais notável é que o preço de compra inicial de um aparelho era US$ 3,000 e as tarifas para os usuários giravam em torno de US$ 1,10 a US$ 7,00. Esses valores eram consideravelmente superiores aos custos de celulares e serviços semelhantes disponíveis em 1998 e 1999 (aparelhos de celular básicos eram vendidos por bem menos de US$ 100). O Iridium tinha algumas vantagens em relação ao celular, pelo menos no papel (a tecnologia totalmente digital, em comparação com a mistura de tecnologia digital e analógica dos celulares; compatibilidade com vários serviços locais; possibilidade de usar energia solar; o sinal não era obstruído por prédios altos, montanhas etc.). Contudo, aparentemente essas vantagens não foram suficientes para convencer clientes suficientes a comprar um aparelho com um preço 20 vezes superior ao de um celular barato.

O Iridium enfrentou uma série de problemas técnicos relacionados à sua tecnologia nova e complexa. Em primeiro lugar, todas as partes sabiam que o lançamento do sistema levaria pelo menos dez anos, embora tenham sido enfrentados atrasos inevitáveis no desenvolvimento e na implementação do sistema. Havia problemas de controle de qualidade nos aparelhos que provocam um longo período de depuração. Além disso, os telefones não podiam ser usados em ambientes fechados sem um adaptador, e isso se demonstrou um incômodo, provocando mais atrasos. Alguns provedores de *gateway* não estavam preparados para oferecer serviço completo no lançamento, gerando atrasos em regiões importantes, como Japão e Rússia. Adicionalmente, muitos usuários estavam insatisfeitos com o som (descrito por alguns como estridente) e não gostavam de ter de recarregar o telefone de duas a três vezes por dia. E, não obstante expectativas ao contrário, o serviço em ambientes ao ar livre não era confiável: prédios ou árvores altas acabaram se evidenciando um obstáculo à transmissão.

---

[53] Esse estudo de caso baseou-se em várias fontes publicadas, como Peter Elstrom, "Iridium Is Looking a Little Star-Crossed", *BusinessWeek*, April 14, 1997; Bill Menezes, "Handsets Too Expensive?", *Wireless Week*, May 4, 1998; Laurel Wentz, "Creating Brands: Three Companies Compete to Market New Satellite Phones Worldwide", *Advertising Age International*, January 11, 1999; Monica Alleven, "The Ball and Chain: Should Motorola Shed Iridium?", *Wireless Week*, June 21, 1999; e Rikki Lee, "Opinion: Iridium, the Flawed Dream", *Wireless Week*, June 21, 1999.

Apesar do entusiasmo inicial dos primeiros investidores, como Motorola e Lockheed Martin, a Iridium em pouco tempo começou a enfrentar problemas financeiros complicados. Os financiadores haviam estipulado o prazo de 30 de junho de 1999 para o Iridium atrair 27.000 assinantes e, para atingir essa meta, a Iridium planejou uma nova estratégia de marketing dirigida a um novo mercado-alvo: em vez de se dirigir a viajantes de negócios e exploradores internacionais sofisticados, a Iridium se dirigiu a usuários governamentais e a mercados semelhantes. Embora tenha evidenciado algum sucesso entre funcionários do governo, muitos investidores desejavam que a Motorola reduzisse seus prejuízos com o Iridium. A Lockheed Martin e outros membros do consórcio operacional da Iridium também tiveram grande influência sobre o destino da Iridium. Sem meias-palavras, os problemas financeiros da Iridium poderiam ser descritos como um círculo vicioso: os assinantes em potencial estavam esperando para ver se a Iridium conseguiria estabilidade financeira, enquanto os financiadores estavam esperando para ver se a Iridium conseguiria atrair mais assinantes para só então se comprometer em lhe conceder mais crédito! No final de junho de 1999, havia pouco mais de 10.000 assinantes (bem abaixo da meta) e a Iridium estava tentando desesperadamente protelar os procedimentos de falência.

O que a administração da Iridium poderia ter feito em termos estratégicos no breve e crítico período de oportunidade de 1998 a 1999? Os cortes de preço experimentados (para US$ 1,59 por minuto) pareceram muito pequenos e muito tardios. Será que cortes de preço maiores ou outros incentivos teriam feito diferença? Já era de fato tarde demais? Ou o erro foi cometido anos antes, quando os investidores decidiram destinar recursos financeiros a esse projeto?

ESTUDO DE CASO   Comparando *smartphones* (C)[54]

Consulte novamente os estudos de caso (A) e (B) de comparação de *smartphones* no final dos Capítulos 6 e 9. Suponhamos que agora as informações sobre a concorrência indiquem que a BlackBerry está planejando realizar um lançamento estratégico de seu *smartphone* em seis meses. Vamos presumir que todos os preços e outros atributos mantenham-se praticamente os mesmos entre os concorrentes atuais. O burburinho antes da divulgação indica que o novo BlackBerry ficará páreo a páreo ou suplantará a "melhor" marca em leveza, tamanho de tela, densidade de pixel e velocidade de CPU, mas ainda assim ficará defasado com relação à duração da bateria, armazenamento interno e RAM. Não há informação ainda sobre a qualidade das câmeras. Segundo rumores, o preço ficará na faixa de US$ 400 a US$ 450.

Até que ponto esse ataque competitivo é arriscado? O que os concorrentes atuais deveriam fazer nesse momento, se é que deveriam, para minimizar a ameaça apresentada pela BlackBerry? Ou é melhor aguardar o relançamento do BlackBerry para só então reagir? (Como se trata de um burburinho anterior à divulgação e não de avaliações reais, sinta-se à vontade para fazer conjecturas realistas sobre os níveis prováveis do BlackBerry em cada um dos atributos, com base nas informações fornecidas.)

---

[54] Consulte o estudo de caso "Comparando *smartphones* (A)", no Capítulo 6, para obter mais informações. As especificações do BlackBerry não se baseiam em fatos e servem apenas para a finalidade de ilustração.

CAPÍTULO 17
Implementação do plano estratégico

INFORMAÇÕES PRELIMINARES

O Capítulo 16 definiu as decisões sobre plataforma estratégica e as decisões sobre ações estratégicas. Em seguida, abordamos os elementos básicos do marketing, examinando o mercado-alvo e a declaração de posicionamento do produto. Isso nos levou às medidas necessárias para incorporar valor ao produto correspondente ao mercado-alvo e ao posicionamento escolhidos e à questão da marca – parte do produto e parte da promoção. Agora, podemos passar para as táticas: de que forma a administração de fato se prepara para transmitir tudo isso ao usuário final. A implementação estratégica normalmente requer uma criatividade considerável e a obtém.

O CICLO DE LANÇAMENTO

Primeiro, vamos corrigir uma impressão que muitas pessoas têm quanto ao lançamento de um novo produto. Elas veem o lançamento como uma mera questão de anunciar ao mundo a boa notícia referente ao nosso excelente novo produto. Se fosse assim tão simples!

O que na verdade ocorre é um **ciclo de lançamento**. O ciclo de lançamento é uma expansão do familiar estágio introdutório do **ciclo de vida do produto** (*product life cycle* – **PLC**) em subestágios; consulte a Figura 17.1. Ele reúne os preparativos durante o período de pré-lançamento, a divulgação, a fase de cabeça de ponte e depois o estágio de crescimento inicial que une o lançamento novamente ao PLC.

Pré-lançamento e pré-divulgação

O estágio de **pré-lançamento** refere-se ao momento em que estamos construindo nossa capacidade para competir. Isso significa treinar o pessoal de vendas e outras pessoas da área promocional, desenvolver capacidade de atendimento, publicar *pré-divulgações* se elas estiverem em sequência e esquematizar a estocagem do produto junto aos revendedores.

Os novatos em novos produtos concentram-se quase que invariavelmente na divulgação como se ela fosse o ponto culminante de todo o processo de novos produtos, o que evidentemente não é verdade. Na realidade, somente em ocasiões raras e excepcionais é que existe um dia em que a divulgação ocorre. As montadoras de automóveis antigamente vinculavam a divulgação (com apropriadas revelações televisionadas) com uma data no outono. Mas essa encenação não tem muita aceitação atualmente. Em primeiro lugar, é quase impossível manter um segredo, principalmente quando o dia de divulgação formal da empresa se aproxima.

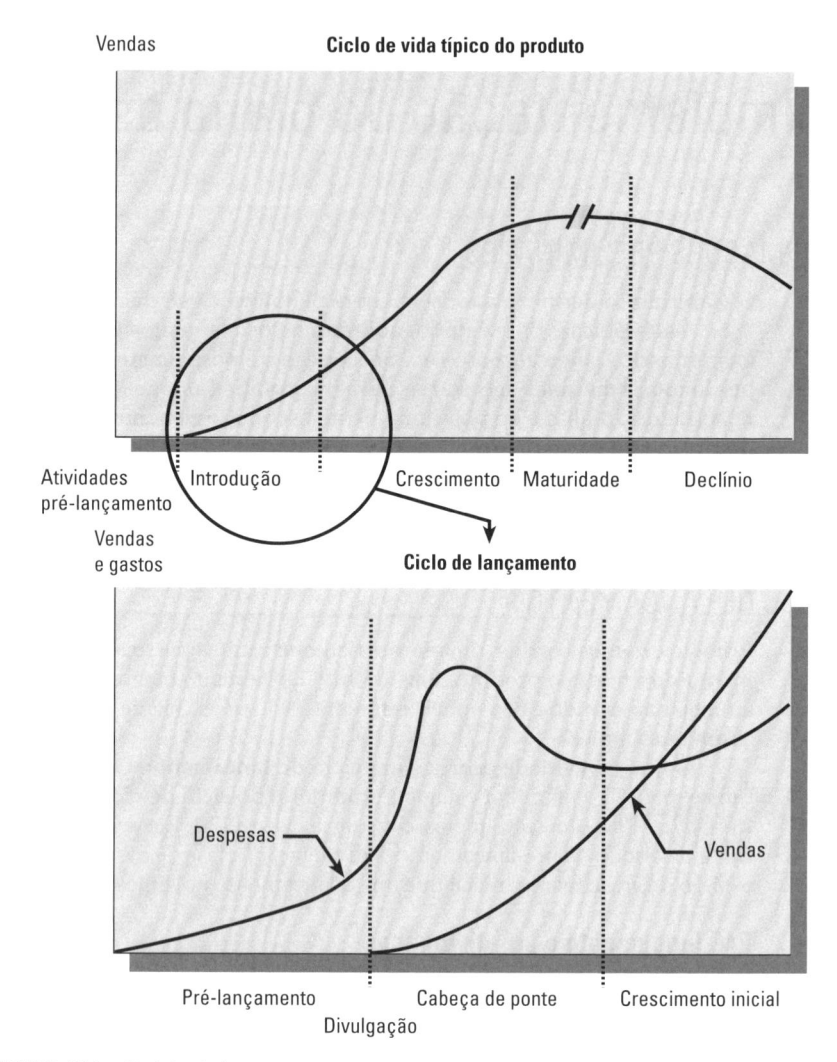

FIGURA 17.1 O ciclo de lançamento.

Em vez disso, vemos uma sequência programada de divulgações, com frequência estruturadas para que os concorrentes fiquem tentando adivinhar e para evitar que os clientes dos concorrentes se abasteçam do produto um pouco antes de o nosso ser disponibilizado. A sequência de períodos é mais ou menos a seguinte: (1) contratos de sigilo; (2) teste do produto – os testadores beta assinam formulários de confidencialidade; (3) criação de expectativa – *releases* de posicionamento que revelam o problema que está sendo resolvido; (4) influenciadores – *kits* de imprensa para editores, pesquisadores do setor e alguns clientes; (5) assessoria de imprensa – *press releases* completos, produto para avaliações e críticas; (6) peças promocionais – o início da propaganda. Os estágios 3 e 4 são utilizados para pré-divulgações, normalmente *sinalizações* sutis, algumas vezes articuladas por meio de vazamentos planejados, feitos por determinados indivíduos, e algumas vezes simplesmente permitidas.

A pré-divulgação pode ser utilizada para engrandecer o interesse pelo produto a ser lançado, impedir que os clientes atuais mudem para um concorrente e estimular os consumidores em potencial a esperar pelo novo produto (em vez de passarem a fazer parte da carteira de clientes do concorrente). Obviamente, em vários mercados não há nenhuma tentativa de manter segredo. O mundo inteiro sabia que a Microsoft Corporation estava para lançar o Windows 7 e também sabia que o iPad da Apple estava a caminho, bem antes das datas reais de lançamento. Entretanto, essa prática ocasionalmente é alvo de críticas, em especial se o lançamento de um novo produto for incerto ou propenso a atrasar. Algumas vezes a Microsoft foi criticada por não disponibilizar o *software* na data prometida na pré-divulgação.[1]

A sinalização pode ser feita por meio de várias ferramentas de marketing. Uma ferramenta óbvia é o preço. Algumas outras são: propaganda, feiras comerciais, comentários de vendedores, pronunciamento do diretor executivo em um almoço formal com analistas de títulos em Nova York, Londres ou Tóquio, dicas dos fornecedores de embalagem ou maquinário de produção, pedidos de estoque por distribuidores ou varejistas, nomeação de novos representantes de vendas com certa experiência no setor etc. Algumas são tão sutis que nem são percebidas. Contudo, em geral elas podem ser muito eficazes, tanto que constituem uma área coberta pela lei de propaganda desleal.[2] A decisão de fazer uma divulgação prévia com frequência está associada à existência ou não de *externalidade de rede*. Existem *externalidades de rede indiretas* se a venda do produto depender da venda de produtos complementares (quanto mais jogos Xbox houver, mais Xboxes a Microsoft conseguirá vender). Existem *externalidades de venda diretas* se a venda do produto depender do número de pessoas que o adotaram. Quanto mais pessoas tiverem *e-mail* e página no Facebook, mais úteis esses produtos serão. Em contraposição, os videofones (enquanto dispositivos independentes) nunca se popularizaram entre os consumidores, embora tenhamos aceitado rapidamente o Skype, Facetime e outras opções de chamadas com vídeo usando nosso computador ou *smartphone*. Com relação a produtos de alta tecnologia com externalidades de rede indiretas, pode haver duas pré-divulgações – primeiro para o desenvolvedores de programa e depois para os consumidores. Aliás, a Microsoft fez a pré-divulgação do Xbox em uma conferência para desenvolvedores de jogos, lançando ferramentas de *software* que possibilitavam que eles começassem a criar jogos para serem usados com o Xbox. Quando o Xbox foi lançado para os consumidores, já havia muitos jogos disponíveis.[3]

A pré-divulgação pode ser utilizada também para bloquear a entrada da concorrência. Quando foi divulgado que a Ford estava introduzindo uma nova *minivan* Windstar, a Chrysler lançou uma promoção de preço agressiva. Isso atraiu muitos clientes que de outra forma poderiam ter aguardado o Windstar, mas também despertou o interesse pela nova *minivan* da Chrysler programada para o ano seguinte.[4] É até certo ponto arriscado reduzir o preço de um produto que está sendo substituído, porque isso pode fazer com que todos os clientes atuais decidam aguardar o novo produto; com isso, fica difícil acabar com o estoque comercial do produto anterior.

---

[1] Examine a discussão em T. S. Robertson, J. Eliashberg, & T. Rymon, "New Product Announcement Signals and Incumbent Reactions", *Journal of Marketing*, 59(3), July 1995, pp. 1–15.

[2] Oliver P. Heil & Arlen W. Langvardt, "The Interface between Competitive Market Signaling and Antitrust Law", *Journal of Marketing*, 58(3), July 1994, pp. 81–96.

[3] E. Le Nagard-Assayag & D. Manceau, "Modeling the Impact of Product Preannouncements in the Context of Indirect Network Externalities", *International Journal of Research in Marketing*, 18(3), September 2001, pp. 203–220.

[4] Jerry Flint, "A Van for All Seasons", *Forbes*, December 20, 1993, pp. 43–44.

O presidente da Compaq certa vez ressaltou em uma conferência internacional que na verdade não existe mais "divulgação de lançamento": os novos produtos são simplesmente desenvolvidos e introduzidos no mercado, em geral em uma pequena área do mercado. (Isso será chamado de *lançamento gradativo no mercado* no Capítulo 18.) Existe também outro risco envolvido na pré-divulgação: o produto nunca é lançado! A pré-divulgação pode ser feita apenas para manter os acionistas ou os mercados financeiros satisfeitos, sem a preocupação com o risco real de não ser possível cumprir o que foi anunciado ao mercado. Na área de *software*, isso deu origem ao que é chamado de *vaporware* – um *software* sinalizado, mas disponibilizado muito tempo depois, quando disponibilizado.

Um estudo mostrou que as empresas com ações de capitalização mais baixa são mais propensas a fazer uma pré-divulgação; as grandes empresas evitarão fazê-la se temerem críticas de monopólio por parte do governo; haverá menos divulgações prévias em setores muito competitivos; e haverá mais pré-divulgações nos casos em que os custos de troca forem altos.[5] Pesquisas mais recentes indicam que as empresas de *software* usam *vaporware* intencionalmente para ganhar vantagem competitiva e que isso parece ser verdadeiro no caso de empresas grandes e de também de empresas pequenas.[6]

Divulgação, cabeça de ponte e crescimento inicial

O segundo estágio do ciclo de lançamento – **cabeça de ponte** – tem esse nome em referência à ocupação militar de território inimigo, uma boa metáfora para vários lançamentos. Em uma cabeça de ponte militar, uma paralisação é seguida de movimento, como uma força de invasão militar que se espalha em uma pequena faixa da costa. No cenário de lançamento de um produto, a cabeça de ponte refere-se aos pesados gastos necessários para superar a inércia – a Figura 17.1 mostra isso por meio de uma curva de gastos acentuadamente ascendente até o ponto em que as vendas sobem em ritmo crescente.

A **divulgação** é o pontapé inicial da fase de cabeça de ponte e as condições nesse momento dificilmente são propícias a uma boa administração. Os sistemas de comunicação falham, problemas inesperados surgem, os suprimentos tornam-se escassos e uma confusão generalizada pode reinar. À medida que os meses passam, ocorre uma mudança de ênfase sutil quando a divulgação inicial dá vazão para a "justificativa da promessa" e então para a justificação da experimentação e do reforço de uma experiência bem-sucedida.

A principal decisão na fase de cabeça de ponte é terminá-la – a inércia é superada e o produto começa a se mover. Essa decisão desencadeia uma série de ações. Melhorias e produtos flanqueadores são então introduzidos de acordo com a programação; novos orçamentos são aprovados e liberados; esquemas de marketing tornam-se permanentes (por exemplo, uma força de vendas temporária, um agência de propaganda ou um esquema de mala direta). Um gestor de novos produtos afirmou que sabia que essa decisão havia sido tomada quando o presidente da empresa parava de chamá-lo dia sim dia não para saber das últimas novidades.

As decisões tomadas no lançamento e ao longo do ciclo de vida do produto precisam estar de acordo com as decisões estratégicas tomadas anteriormente. Curio-

---

[5] Jehoshua Eliashberg & Thomas S. Robertson, "New Product Preannouncing Behavior: A Market Signaling Study", *Journal of Marketing Research*, 25(3), August 1988, pp. 282–292.

[6] Barry L. Bayus, Sanjay Jain & Ambar G. Rao, "Truth or Consequences: An Analysis of Vaporware and New Product Announcements", *Journal of Marketing Research*, 38(1), February 2001, pp. 3–13.

samente, o trabalho mais recente sobre o lançamento de novos produtos identifica três padrões comuns de estratégia e tática de lançamento.

- *Um novo produto inovador.* Para alguns produtos, o objetivo estratégico é obter uma posição segura no mercado logo no início do ciclo de vida do produto. As táticas comuns que acompanham esse tipo de lançamento são amplo sortimento de produtos, novo nome de marca e novos canais de distribuição e preço mais alto.
- *Melhoria ofensiva.* Nesse caso, o objetivo estratégico é diferente: erguer barreiras à entrada. Os gestores consideram mais benéfico utilizar os canais de distribuição existentes, ampla promoção ao consumidor e propaganda e amplo sortimento de produtos.
- *Adição defensiva.* Para outros produtos, o objetivo estratégico é aumentar a penetração em mercados existentes; algumas das táticas apropriadas são: menor sortimento, preço de penetração e promoções ao consumidor e à força de vendas.[7]

LANÇAMENTO ENXUTO E *TIMING* DE LANÇAMENTO[8]

Um determinante do sucesso do lançamento que às vezes é negligenciado é o papel da cadeia de suprimentos e da logística de distribuição. No momento do lançamento, a fabricação precisa ser incrementada de acordo com o nível de produção desejado, o canal de vendas e a logística de distribuição devem estar vigorando, a equipe de vendas e os distribuidores devem estar suficientemente treinados no novo produto e uma promoção adequada aos consumidores e aos canais também deve estar preparada.

Os gestores da cadeia de suprimentos tentam manter o sistema da cadeia de suprimentos flexível para que reaja rapidamente a mudanças nas vendas. Essa flexibilidade é chamada de **lançamento enxuto**, e manter o lançamento enxuto significa que a empresa não se compromete com um estoque excessivo nos primeiros dias do lançamento, mas pode incrementá-lo rapidamente se as vendas decolarem. A implementação do lançamento enxuto requer a coordenação entre as operações de *sourcing*, fabricação e entrega para minimizar o espaço de tempo entre matéria-prima e consumidor. Assim que ele estiver em vigor, a empresa poderá reagir rapidamente às necessidades reais do mercado, em vez de se abastecer com um estoque que tem uma saída mais lenta do que a esperada (ou enfrentar falta de estoque em virtude de volumes de venda inesperadamente altos). Um princípio que orienta o lançamento enxuto é a **postergação** – isto é, adiamento da finalização da forma e da identidade do produto para um momento posterior do processo de desenvolvimento e adiamento do comprometimento com estoque até o último instante possível. Isso reduz os tempos de processo (*lead times*), minimizando a incerteza e aumentando a flexibilidade operacional até o momento em que a natureza da demanda seja mais evidente.[9] Na verdade, a postergação pode se manifestar de duas formas: *postergação de tempo* (implementar estoque o mais tarde possível) e *postergação de forma* (fixar o *design* do produto o mais tarde possível). Para implementar bem-sucedidamente um lança-

---

[7] E. J. Hultink, Abbie Griffin, Henry S. J. Robben & Susan Hart, "In Search of Generic Launch Strategies for New Products", *International Journal of Research in Marketing*, 15(3), July 1998, pp. 269–286.

[8] R. J. Calantone & C. A. Di Benedetto, "Managing the Supply Chain Implications of Launch", in K. B. Kahn, S. E. Kay, R. J. Slotegraaf & S. Uban (Eds.), *The PDMA Handbook of New Product Development* (Hoboken, NJ: Wiley, 2013), Ch. 20, pp. 325–326.

[9] D. J. Bowersox, T. Stank & P. Dougherty, "Lean Launch: Managing Product Introduction Risk Through Response-Based Logistics", *Journal of Product Innovation Management*, 16, 1999, pp. 557–568.

FIGURA 17.2 Lançamento enxuto: dois exemplos.

> Tradicionalmente, os fornecedores de computadores desenvolviam e testavam os sistemas e depois os enviavam aos revendedores, que mantinham estoque para um período de seis a oito semanas. No momento da venda ao cliente, o sistema é aberto e modificado de acordo com a necessidade do cliente. Em contraposição, a Computers foi pioneira na utilização do método de lançamento enxuto ao empregar técnicas de fabricação para fabricar computadores sob encomenda. Para apoiar esse método, a Dell usa uma sistema de fabricação enxuta. A empresa solicita peças diretamente aos fornecedores quando elas são necessárias à produção, com base nos pedidos reais dos clientes; na realidade, a Dell mantém estoque de componentes para apenas um dia. Com o sistema de montagem sob encomenda, não há estoque de produto finalizado no canal para ser gerenciado. Como a Dell revolucionou o lançamento enxuto no setor de computadores, outros, como Compaq e Hewlett-Packard, também recorreram ao modelo de fabricação sob encomenda com a intenção de minimizar o estoque de produtos finalizados.
>
> A fabricante e varejista de roupas Benetton também utiliza o lançamento enxuto para obter vantagem competitiva. A Benetton usa a tecnologia intercâmbio eletrônico de dados (*electronic data interchange* – EDI) para transmitir diariamente para a Itália pedidos provenientes do mundo inteiro. Por isso, a empresa pode reagir instantaneamente à demanda produzindo apenas os estilos, as cores e os tamanhos necessários. Por meio de técnicas de desenho e fabricação auxiliados por computador (*computer-aided design and manufacturing* – CAD/CAM), a Benetton reduziu o espaço de tempo entre o *design* e a fabricação de uma peça de vestuário para menos de um dia: os figurinos criados internamente são inseridos em máquinas computadorizadas de corte e confecção de vestuário. Além disso, a Benetton é um exemplo do princípio de postergação no processo de tingimento. As peças de vestuário são confeccionadas com fios não tingidos e as cores são aplicadas somente depois que as cores preferidas da estação são disponibilizadas no sistema de EDI. Isso minimiza a falta de estoque de cores populares e também a probabilidade de estoque não vendido de cores impopulares. Adicionalmente, a Benetton faz parte de uma *joint venture* com uma empresa de serviços para acelerar os procedimentos internacionais de expedição e alfândega, reduzindo ainda mais o tempo de processo para seus mercados externos.

Fonte: D. J. Bowersox, T. Stank & P. Dougherty (1999). "Lean Launch: Managing Product Introduction Risk Through Response-Based Logistics", *Journal of Product Innovation Management* 16, 557–568.

mento enxuto, as empresas precisam ter bons sistemas de tecnologia da informação em vigor, para que assim as vendas possam ser monitoradas e as matérias-primas e o estoque possam ser repostos eficazmente. A Figura 17.2 mostra duas empresas que implementaram com sucesso o sistema de lançamento enxuto.

A capacidade de lançamento enxuto oferece à empresa alguma flexibilidade em relação ao *timing* de lançamento. O *timing* de lançamento pode ser um fator extraordinariamente difícil de acertar, porque há muitas partes envolvidas. A alta administração pode afirmar que esse é o momento estratégico para lançar uma nova câmera digital. Mas a fabricação pode dizer que atualmente não está preparada para passar a produzir em larga escala, o que poderia levar meses. Ou o marketing pode estar sofrendo atrasos na obtenção do treinamento necessário da força de vendas ou no estabelecimento de centros de distribuição por meio de grandes varejistas. Contudo, o concorrente está para lançar sua versão e por isso não pode haver nenhum atraso, e os acionistas esperam ansiosamente por um lançamento grande, brilhante e lucrativo. Pode ser muito difícil encontrar um momento ideal para o lançamento, tendo em vista tantas opiniões conflitantes!

Se o momento do lançamento for errado, pode haver sérias consequências financeiras mesmo que o lançamento tenha sido muito bem planejado.[10] Um lançamento tardio significa que o produto não cumprirá seu potencial de vendas e, na pior das hipóteses, perderá totalmente esse breve período de oportunidade. Se o lançamento for muito prematuro, o produto poderá ser comercializado sem informações

---

[10] Fred Langerak, "Accelerated Product Development", in Jagdish N. Sheth & Naresh K. Malhotra, *Wiley International Encyclopedia of Marketing*, Volume 5, *Product Innovation and Management* (West Sussex, UK: John Wiley, 2011), p. 6.

suficientes sobre o mercado, como uma especificação clara dos requisitos do cliente ou de uma tecnologia recente. A pesquisa mais atualizada sobre esse tema indica uma interação interessante entre o *timing* de lançamento, o lançamento enxuto e o desempenho do produto. O lançamento enxuto constitui uma alternativa para a empresa: como o tempo necessário para desenvolver novos produtos é menor, ela pode optar por lançá-lo mais cedo ou mais tarde. Desse modo, a fabricação pode estar preparada para entrar em produção naquele momento e o marketing talvez precise de algumas semanas a mais para preparar suficientemente o mercado; é possível postergar o lançamento, se necessário. (Se o lançamento não for enxuto, a opção de lançar cedo é perdida e a administração só poderá fazer um lançamento tardio.) Entretanto, a empresa ainda assim tem de escolher o *timing* correto, pois do contrário os benefícios decorrentes do lançamento enxuto serão comprometidos.[11]

TÁTICAS DE LANÇAMENTO

O planejamento de táticas de lançamento abrange a escolha de canais de distribuição, a definição do preço e do *mix* ou composto de comunicação de marketing, o treinamento dos vendedores etc. Para muitas empresas, a fase de lançamento é a parte mais cara e arriscada do processo de novos produtos e a implementação competente das táticas de lançamento está relacionada a um melhor desempenho do novo produto.[12] Para começar, revemos o composto de marketing prevalecente. Considere a Figura 17.3, que mostra as principais decisões sobre lançamento de um produto e as ações correspondentes a cada componente do composto de marketing. O fabricante do produto (ou fornecedor de um serviço) pode distribuir seus limitados recursos financeiros entre os componentes do *mix* de marketing apresentado na Figura 17.3 – desde os gastos para melhorar o produto ou acrescentar extensões de linha a ele (para tornar o produto mais atraente para os consumidores ou compradores) aos gastos com uma grande promoção varejista em torno do produto.

Os desenvolvedores seguem um composto de marketing desde o princípio – quando se tomam decisões sobre o orçamento de P&D. As empresas farmacêuticas destinam grande parte de seu dinheiro à pesquisa técnica, a White Consolidated (linha branca) destina ao desenvolvimento do processo de fabricação e a Avon e Mary Kay à venda pessoal.

O plano de comunicação

Comunicação é o termo mais amplamente empregado para abranger todas as informações e as iniciativas que tomamos para mudar a maneira como o usuário final enxerga nossa situação. Ela envolve tudo, de dados técnicos sobre o produto a uma forte persuasão. Os *requisitos* de comunicação são as especificações que precisam ser transmitidas em nosso plano. Eles estão presentes desde o início do projeto – por exemplo, quando nos concentramos nos esquiadores porque tínhamos certeza de que nossa nova tecnologia de plásticos poderia atender mais eficazmente à necessidade de deslizamento e frenagem dos esquis. Um requisito de comunicação poderia ser lembrar os esquiadores de seus problemas com esquis que não deslizam e lhes dizer que existe uma solução, qual é essa solução, como ela pode ser obtida etc. Os requi-

---

[11] Roger J. Calantone & C. Anthony Di Benedetto, "The Effects of Launch Execution and Timing on New Product Performance", *Journal of the Academy of Marketing Science*, 40(4), 2012, pp. 526–538.

[12] Fred Langerak, Erik Jan Hultink & Henry S. J. Robben, "The Impact of Market Orientation, Product Advantage, and Launch Proficiency on New Product Performance and Organizational Performance", *Journal of Product Innovation Management*, 21(2), March 2004, pp. 79–94.

FIGURA 17.3 Decisões e ações táticas de lançamento que evidenciam influências sobre a demanda.

Tática de Lançamento	Eficaz para
Promoção	
Propaganda	Casos em que a consciência estimulará a experimentação.
Cupons	Reforçar a consciência.
Publicidade	Tecnologias novas e controversas que têm um alto nível de risco de uso percebido.
Distribuição de amostras	Casos em que a melhor forma de conhecer as vantagens do produto é por meio do uso.
Locais para teste beta	Estimular a "distribuição de amostras" e como referência para outros possíveis consumidores/compradores.
Vendas e Distribuição	
Exposições/demonstrações	Esclarecer as vantagens relativas do produto ou em que pontos existem incertezas.
Suporte técnico	Casos de incompatibilidade no processo de uso.
Estrutura de distribuição	Casos em que há uma sólida vantagem relativa (canais diretos).
Intensidade de cobertura	Casos em que é necessário oferecer facilmente um serviço de garantia/manutenção.
Incentivos de distribuição	Casos em que a disponibilidade precisa ser estimulada.
Precificação	
Preço de lançamento	Alta vantagem relativa e compatibilidade (política de desnatamento); e necessário estimular a adoção inicial (política de penetração).
Controle de preços	Casos em que o risco econômico precisa ser reduzido (isto é, por meio de abatimentos ou garantia de dinheiro de volta).
Produto	
Amplitude de sortimento	Introdução de novas categorias de produto com alta vantagem relativa.
Timing	
Eliminação de produto	Margem alta, mas sólida vantagem relativa (eliminação rápida); alto custo de troca (eliminação lenta).
Pré-divulgação	Gerar alarde para os novos produtos; favorável se a vantagem relativa for alta.

Fonte: Adaptado de Joseph P. Guiltinan, "Launch Strategy, Launch Tactics, and Demand Outcomes", *Journal of Product Innovation Management* 16, no. 6, November 1999, p. 519.

sitos provêm do termo de inovação de produto (PIC), do teste de conceito e, particularmente, da declaração de protocolo de produto (em que as exigências de marketing foram relacionadas lado a lado com as exigências técnicas). Elas podem ser muito breves ou extensas, mas são uma ferramenta de grande eficácia para tudo o que vem em seguida. Elas devem se basear em uma sólida compreensão dos comportamentos e atitudes dos usuários finais.

A tarefa de comunicação é realizada com um *mix* **ou composto de comunicação**. Pode haver quatro compostos: um para comunicação entre nós e os revendedores, um segundo para comunicação entre os revendedores e os usuários finais, um terceiro para comunicação entre nós e os usuários finais e um quarto para a iniciativa geral de comunicação de nossa equipe com os usuários finais. As empresas de serviços e os fabricantes de venda direta valorizam a simplificação dessa atividade porque normalmente eles não usam nenhum revendedor. Os fabricantes de venda direta também se beneficiam dessa forma. A questão aqui é fazer as melhores opções – um *mix* de cada conjunto, imaginativamente implementado. Particularmente o pessoal de novos produtos tem ampla liberdade – uma folha de papel em branco. Há algumas restrições (com base nas "suposições" na operação existente da empresa), mas ainda assim existe espaço para a criatividade. Por exemplo, algumas empresas tiram proveito dos grupos de discussão na internet para incrementar a comunicação entre os grupos de usuários e também para oferecer suporte subsequente ao cliente, embora geralmente essa comunicação impessoal deva ser acompanhada de comunicação humana, se possível, para manter um contato eficaz com os clientes.[13]

Declaração da estratégia de criação

Tendo em vista os requisitos que as ferramentas de comunicação devem cumprir, vejamos um dispositivo concebido para transmitir esses requisitos àqueles que, por exemplo, criam a propaganda. Seu nome varia muito na prática, mas **declaração da estratégia de criação** é uma denominação comum. Ela pode ser utilizada para transmitir a todos os profissionais de criação envolvidos com a propaganda e promoção os seguintes itens (entre vários outros):

O segmento de mercado que se pretende atingir.

A declaração de posicionamento do produto.

O *mix* ou composto de comunicação e as partes abordadas nessa declaração.

Os principais argumentos do texto de propaganda a serem transmitidos.

Os principais argumentos normalmente são os atributos do produto, como propriedades, funções e benefícios, mas eles podem ser praticamente tudo o que for importante para o usuário final tomar uma decisão favorável. Por exemplo:

O fornecedor dessa apólice de seguro é o maior do mundo.

Para nosso orgulho, essa marca de assoalho de carro é fabricada nos Estados Unidos.

Esse *smartphone* não tem limitação geográfica.

Os utensílios domésticos Nate Berkus agora são vendidos na Target.

Os futuros neurocirurgiões se beneficiarão das habilidades manuais e visuais que jogos de computador como esse possibilitam.

Não existe nenhum limite. Mas deve haver foco em toda e qualquer lista. Atualmente, as capacidades de comunicação sofrem grande pressão – os seres humanos têm contato com milhões de mensagens e milhares de empresas. Não há nenhum problema em fazer uma lista de pontos em um material de venda ou em um anúncio, mas somente alguns deles devem figurar na lista de exigências. Apenas algumas *precisam* ser cumpridas nesse momento. E a declaração da estratégia de criação devem ser redigida pela equipe, e não pela pessoa que criará as peças de propaganda correspondentes.

Venda pessoal

Os vendedores são a tração da maioria das introduções de novos produtos. Até mesmo com relação aos produtos embalados, a **venda pessoal** é evidentemente essencial – nesse caso, refere-se ao papel fundamental do vendedor minucioso no sentido de obter uma boa disponibilidade no varejo e uma boa posição na prateleira das lojas.

---

[13] Muammer Ozer, "Using the Internet in New Product Development", *Research-Technology Management*, 46(1), January–February 2003, pp. 10–17.

Os gestores de novos produtos provavelmente têm de se esforçar mais do que nunca para atender às necessidades dessas novas operações de vendas profissionais. Contudo, por serem profissionais, eles sabem o que venderá e ficam ansiosos por ter novos produtos que procuram atender às necessidades dos clientes. Como estamos disputando com outros gestores de marketing uma quantidade de tempo limitada com os clientes, obter suporte de vendas significa fazer marketing interno.

Uma dúvida que algumas vezes é difícil resolver é: Com que antecedência devemos envolver os vendedores? Com relação a uma indústria que desenvolve novo maquinário de esmerilhamento de metal, haverá o acoplamento posterior do cliente na cadeia produtiva e, no momento em que o projeto estiver pronto para o marketing, o departamento de vendas já estará há muito tempo envolvido. O pessoal de propaganda não estará. No caso de produtos de consumo embalados, o pessoal de propaganda (incluindo pessoal da agência de propaganda) envolve-se desde cedo, mas o departamento de vendas normalmente não. Em serviços, o desenvolvedor de um novo produto tende a *estar* no departamento de vendas.

Uma questão difícil surge quando o novo produto necessita de uma nova força de vendas – isto é, uma equipe de venda que alcance mercados que a atual não cobre. Com sorte, ajustes menos tumultuantes podem ser feitos. Algumas vezes é possível acrescentar *alguns* dos clientes não cobertos ou contratar um pequeno grupo de especialistas para entrar em contato com os principais bolsões de novos clientes.

Um novo produto é uma intromissão para a força de vendas. Demanda tempo. Atrapalha as programações. Envolve mudança e risco. Os vendedores muitas vezes desejam que os novos produtos tenham saída, mas, mesmo assim, existem pontos negativos. Os vendedores não costumam receber pequenos territórios de venda quando solicitados a vender um novo produto. Por isso, é importante (1) *investigar* com antecedência qualquer motivo possível pelo qual os vendedores possam fazer objeção ao novo produto, (2) oferecer aos vendedores todo o *treinamento e o conteúdo* do qual eles necessitam para serem eficientes e (3) garantir que o produto esteja *disponível* em seus territórios quando eles começarem a buscar pedidos.

O segredo é realizar nosso trabalho para que eles possam realizar o deles. Isso significa ter um produto que os clientes compreendam e desejem experimentar e treinar a força de vendas para que ela compreenda e transmita esses fatores.

Nos últimos anos, incitadas por compradores de grande porte, as indústrias estão recorrendo, relutantemente, a uma nova forma de contato com o cliente. Em vez de ter equipes de venda com base na linha de produtos, elas estão optando por equipes baseadas no cliente. Todo representante vende uma linha mais ampla, mas oferece ao cliente uma equipe de pessoas da empresa capazes de lidar com seus problemas. Essa nova abordagem deixa os clientes satisfeitos (o Walmart foi obrigado a impor esse sistema a seus fornecedores, mas hoje é o maior cliente da P&G). Uma organização de vendas baseada no cliente exige uma pressão menor do que a da venda agressiva (*hard sell*) que a força de vendas é capaz de oferecer.[14]

ALIANÇAS

Nos últimos anos, os departamentos técnicos constataram que eles não necessitam ter toda capacidade técnica possível que é exigida no projeto de um novo produto. Em vez disso, eles formam **alianças estratégicas** com universidades, unidades governa-

---

[14] Para obter mais informações sobre essa tendência no raciocínio da força de vendas, consulte Benson P. Shapiro, Adrian Slywotzky & Stephen X. Doyle, "The High Impact Salesforce: The Investment You Can't Afford Not to Make", Harvard Business School Press, Publication No. 9-999-002, 1998.

mentais, centros de pesquisa privados e até concorrentes para acessar o que precisam. O pessoal de marketing já faz isso há vários anos e continua fazendo. Na verdade, o canal de distribuição em si é um aliança estratégica. Empresas independentes assinam um acordo de franquia em que cada lado promete fazer determinadas coisas, e disso resulta a concretização de uma missão. Os fabricantes não são *obrigados* a utilizar varejistas – pense em fabricantes de computadores como a Dell que possibilitam que você compre diretamente deles.

A propaganda é outra área para alianças – acordos de longa data são assinados com as agências de propaganda. As organizações de serviços com frequência são inseridas em situações de franquia. O mesmo se pode dizer de empresas de armazenamento, concorrentes (para obter uma força de vendas que alcance mercados em que seja mais lucrativo utilizar uma organização estabelecida do que realizar tudo por conta própria) e empresas de organização de exposições (para feiras comerciais).

EXIGÊNCIAS DO A-T-A-R

No Capítulo 8, você conheceu o modelo A-T-A-R. Esse modelo exibiu as quatro etapas principais pelas quais o usuário final deve passar para que um novo produto seja adotado de modo favorável – consciência, experimentação, disponibilidade e repetição (uso repetido). É responsabilidade da organização de marketing conseguir isso entre um conjunto de usuários suficientemente grande para que se alcancem as metas financeiras, bem como outras metas. Com isso, é possível ter uma boa estrutura para decidir quais são exatamente as atividades de marketing que devem ser empreendidas.

Consciência

A consciência é a primeira etapa fundamental em direção à adoção (embora haja raros casos em que um produto possa ser consumido apressadamente ou sem que se tenha conhecimento disso, e em que a consciência ocorre após essa experimentação). Consciência tem diferentes significados para diferentes produtos e é procurada agressivamente por quase todos os profissionais de marketing de novos produtos.

Medindo a consciência

Examinemos três situações bastante distintas. Primeiramente, uma barra de chocolate. Para uma pessoa apaixonada por chocolate, a mera menção de um novo chocolate é suficiente para desencadear seu interesse e provavelmente uma compra experimental. Segundo, um novo programa de processamento de texto que está sendo considerado por um proeminente autor de romances. A mera menção não é suficiente; é preciso haver informações consideráveis em virtude da inconveniência da experimentação e do custo do *software*. Terceiro, um novo método de purificação de água usada nos sistemas municipais de tratamento de água, e o alvo são engenheiros civis especializados que recomendam esses sistemas. Há tantas coisas em jogo na primeira recomendação de experimentação que é provável que eles façam uma compilação das informações referentes a vários anos para só então fazê-la.

Todas essas três pessoas "ouviram falar" desses novos produtos em um mesmo dia e em uma única mensagem. Talvez elas tenham até ouvido falar do posicionamento e o tenham percebido. Mas um está a minutos de distância da experimentação e os outros estão meses ou anos distantes.

Como queremos que após a consciência ocorra experimentação, o que constitui consciência difere enormemente. Não existe uma definição universal, embora o uso de produtos de consumo embalados tenda a se tornar padronizado. Por exemplo, a consciência pode ser acessada por uma pergunta como: "Você já ouviu falar de uma nova barra nutritiva de sabor chocolate que contém 23 vitaminas e sais minerais, tem baixo teor glicêmico e não contém gordura transgênica?"[15] Algum elemento sobre posicionamento deve estar presente.

Métodos para desenvolver consciência

Os profissionais, independentemente do setor, têm uma boa ideia de como desenvolver consciência sobre um novo produto em seu setor. O ideal provavelmente é um *mix*: um anúncio de divulgação ou visita de vendas, uma menção favorável por parte de um amigo, a oportunidade de ver o produto em uso, algum tipo de lembrete, o endosso de algum profissional em um artigo ou coluna, outro lembrete e então a oportunidade de comprar o produto (o que estimula a consideração de todas as informações anteriormente reunidas).

O oferecimento de todos esses estímulos tende a ser caro; quanto menos o produto busca realizar, mais precisamos gastar nele. E nunca há dinheiro suficiente para "fazer certo".

Felizmente, o mercado pode nos ajudar na consciência e na experimentação se estivermos seguindo o processo deste livro. É por isso que tomamos o cuidado de confirmar se existe um problema para depois trabalharmos até encontrarmos uma boa *solução*. Se a atividade (jogo de boliche, alimentação, usinagem, cirurgia, seja o que for) for importante para o cliente, melhor ainda. Um cliente interessado e insatisfeito, para o qual temos boas notícias, precisa de pouca coisa além da divulgação de lançamento para ter consciência. Ajuda ainda mais quando a situação merece ser noticiada (como esportes, política, mercados financeiros ou saúde) e quando o produto é algo que os clientes veem em uso com frequência (carro, aparelho de televisão, roupas etc.).

Armazenamento e disponibilidade

Os serviços costumam ser vendidos diretamente, assim como vários bens tangíveis. Mas a maioria dos produtos utiliza revendedores, como distribuidores e varejistas. Eles nos ajudam a empurrar o produto através do canal, mas apenas raramente um novo produto lhes oferece um negócio verdadeiramente novo sem nenhum transtorno significativo. Por exemplo, a Abbott's, da Nova Inglaterra, quase foi à falência ao tentar introduzir sua sopa nos supermercados. Por isso, a empresa persuadiu a seção de comidas finas de algumas lojas a oferecer porções únicas de sopa quente. Em pouco tempo, os produtos já se encontravam em 20% dos supermercados dos Estados Unidos.

A maior parte dos revendedores realiza um grande volume de negócios de uma forma padronizada e com pequenas margens de lucro. Muitos têm restrições com relação àquilo que eles podem e não podem fazer – acordos de franquia, relacionamentos pessoais duradouros com representantes de vendas, funções de liderança nos canais e sistemas próprios de venda e atendimento/serviço. Eles não se sentem de forma alguma ansiosos por fazer mudanças em seu sistema.

Portanto, o raciocínio deles deve estar representado no processo de desenvolvimento do produto. Quando um distribuidor é grande e influente, ele é um candidato a ser incluído logo no início do processo de novos produtos – quando os atributos do produto ainda estão sendo elaborados, quando a embalagem está sendo projetada etc. Do contrário, normalmente é suficiente ter os pontos de vista dos revendedores representados por vendedores experientes – gerentes de vendas e aqueles que algumas vezes são chamados de *diretores de relações comerciais*.

Começamos com uma declaração sobre qual será a função do revendedor. No caso dos distribuidores de estoque, essa função normalmente abrange: (1) atividades

---

[15] Os teores reais de uma barra de proteína Clif Builder, sabor chocolate.

FIGURA 17.4 Outros instrumentos e ferramentas para motivar os distribuidores.

A. Aumentar o volume unitário do distribuidor.
1. Ter um produto notável.
2. Utilizar técnicas *pull* (puxar) – propaganda, feiras comerciais e ao consumidor, relações públicas e vendas missionárias.
3. Oferecer ao distribuidor uma espécie de monopólio – exclusividade ou seletividade.
4. Veicular anúncios onde houver espaço.
5. Oferecer assistência de *merchandising* – ajuda monetária, treinamento, *displays*, pontos de compra, propaganda cooperada, demonstrações dentro da loja, "eventos" na loja e oficinas de manutenção e serviço.

B. Aumentar a margem unitária do distribuidor.
1. Elevar a margem percentual básica.
2. Oferecer descontos especiais – por exemplo, promoção ou serviço.
3. Oferecer incentivos e pagamentos especiais.
4. Oferecer incentivos com pagamento antecipado para poupar juros.

C. Reduzir os custos do distribuidor de realização de negócios.
1. Oferecer treinamento gerencial.
2. Oferecer ajuda monetária para o treinamento.
3. Melhorar a política de devolução de mercadorias.
4. Melhorar a política de atendimento.
5. Oferecer entrega direta (*drop shipment*) aos clientes do distribuidor.
6. Precificar antecipadamente as mercadorias.
7. Embalar a mercadoria em bandejas ou fardos ou então oferecer assistência para reembalá-la.

D. Mudar a atitude do distribuidor em relação à linha de produtos.
1. Por meio de incentivos – negociação com a administração, visitas de vendas, mala direta, propaganda.
2. Por meio de desincentivos – ameaças de cortar algum dos benefícios acima ou de processos legais.
3. Sessões de bate-papo informal – grupos de discussão, grupos focais, conselhos.
4. Sessões para melhorar as instruções sobre os produtos – melhores elementos visuais, melhores instruções.

de pré-estocagem, como treinamento e instalação de equipamentos, (2) estocagem do novo produto, (3) preparação para promoções, como treinamento dos vendedores e do pessoal de atendimento, e (4) realização da promoção propriamente dita, seja ela simplesmente a listagem do produto em um catálogo, a inclusão do produto nas programações de vendas ou um trabalho com compradores individuais para determinar suas necessidades e transformar seus interesses em vendas.

Em algum ponto ao longo do processo, teremos de saber se os revendedores são *capazes* de fazer o que desejamos e precisamos e se eles o *farão*. Supondo que eles sejam "capazes", "farão" é uma questão de motivação e, para isso, organizamos um programa de incentivo com base nos itens relacionados na Figura 17.4. Sem dúvida alguma, a prova de que o novo produto venderá é a melhor motivação.[16] Mas as empresas do canal de distribuição podem ser difíceis se sentirem-se maltratadas. A Divisão Elizabeth Arden da Unilever teve de cancelar o lançamento programado de um novo perfume chamado Black Pearls porque a empresa reduziu drasticamente os incentivos monetários aos vendedores das lojas de departamentos. As lojas recusaram-se a estocá-lo, forçando a divisão Elizabeth Arden a planejar sua distribuição por meio de grandes varejistas, mas o negócio como um todo acabou sendo cancelado, ainda que a propaganda do Black Pearls já tivesse começado a ser veiculada. A divisão provavelmente perdeu milhões de dólares e seu presidente renunciou amigavelmente. Moral: Não trate negligentemente um membro essencial da equipe.

---

[16] Uma divisão da 3M informa de que modo escolhe o melhor canal para um novo produto industrial em V. Katsuri Rangan, Melvyn A. J. Menezes & E. P. Maier, "Channel Selection for New Industrial Products: A Framework, Method, and Application", *Journal of Marketing*, 56(3), July 1992, pp. 69–82.

Em várias categorias de produtos não comestíveis, a prática de *esvaziamento de estoque* é difundida. A título de exemplo, a Midwest Quality Gloves comprou da Lowe's Home Improvement Warehouse 225.000 pares de luvas de jardinagem confeccionadas por seu concorrente, Wells Lamont, esvaziando as prateleiras para preenchê-las com seu produto. O produto do concorrente é então vendido para clientes industriais como *commodity* ou é vendido a empresas que se desfazem dos produtos removidos das prateleiras revendendo-os a lojas de ponta de estoque ou distribuidores estrangeiros.[17]

Um canal de distribuição em que os participantes parecem não ter mais criatividade é o de produtos alimentícios. Atualmente, os grandes varejistas com frequência "vendem" seu escasso espaço, cobrando dos fabricantes *taxas de locação de espaço em prateleira* consideráveis – um alto valor por loja para posições mínimas nas prateleiras. As grandes empresas podem comprar sua entrada, mas as pequenas são praticamente excluídas. Entretanto, repetindo, um produto realmente novo para o qual exista demanda do consumidor enfrentará uma resistência mais amena.

Experimentação

Criar consciência é com frequência difícil, mas normalmente é possível. O mesmo se aplica à disponibilidade e a algumas promoções dirigidas aos revendedores. A experimentação é outra questão. Ela é um entrave para a maioria dos produtos deficientes; e é o motivo de muitos produtos atraentes não serem mais tão bem-sucedidos.

A experimentação de um novo produto é de *uso limitado*, com sorte sob condições de uso normais, e que dará uma oportunidade para que o cliente confirme as alegações e se informe sobre as vantagens e desvantagens de um bem ou serviço. A experimentação pode variar desde um teste de degustação de um novo queijo em um supermercado a um experimento de três anos de um novo sistema de telecomunicações por parte de uma empresa importante. Uma empresa pode gastar uma fortuna em amostras grátis para gerar experimentação, como a Pepsi fez com o lançamento da Pepsi One. Segundo estimativas, 5,5 milhões de latinhas foram distribuídas gratuitamente aos clientes da Pizza Hut que faziam pedidos de *pizza* para viagem e inúmeras outras foram distribuídas aos clientes do Walmart por recepcionistas posicionados na porta da frente.[18] Mas é preciso haver aprendizado quanto à decisão de adoção; desse modo, testar o sabor do queijo pode ser uma experimentação completa se a única questão for o sabor sentido por quem está desgustando. Mas se o restante da família tiver algo a dizer, ou se a embalagem é apropriada ou não para manter o queijo fresco, ou se o produto tende a ficar acinzentado quando servido à mesa ou quando colocado em um sanduíche, o teste de degustação não constitui uma experimentação.

A experimentação deve ser *pessoal, vicariante* ou *virtual*. No caso de elevadores, serviços de localização industrial e serviços funerários, é difícil ter condições de experimentação pessoal satisfatórias, embora uma visita ao local de um cliente anterior simule uma experimentação. Por isso, os compradores ou consumidores congregam a experiência de experimentação das outras pessoas em uma experiência vicariante. A experimentação virtual pode ocorrer por meio de diversos ambientes eletrônicos, até mesmo uma experiência pseudovirtual por meio de vídeo.

Uma exigência fundamental é que a experimentação tenha algum "custo" associado. Quanto mais importante a experimentação, maior o custo, pois, do contrário, não haverá motivação suficiente para ocorrer a aprendizagem necessária. O teste de

---

[17] Yumiko Ono, "Where Are the Gloves? They Were Stocklifted by a Rival Producer", *The Wall Street Journal*, May 15, 1998, p. A1.

[18] Nikhil Deogun, "Pepsi Takes Aim at Coke with New One-Calorie Drink", *The Wall Street Journal*, October 28, 1998, p. B4.

degustação do queijo, que acabamos de mencionar, teve um custo muito baixo (alguns segundos de duração, um possível constrangimento na loja se o sabor for desagradável), e, por isso, o cliente levaria em conta pouca coisa além do sabor – talvez a cor, o aroma e a textura.

Normalmente, isso não é suficiente para a próxima etapa do processo – a aceitação do produto, sua adoção em um sistema de uso ou a compra repetida. O degustador do queijo provavelmente desejaria comprar uma pequena porção e levá-la para casa para uma experimentação *real*.

Barreiras à experimentação

As barreiras à experimentação levam os clientes a protelar ou mesmo a postergar permanentemente a experimentação. No Capítulo 16, você viu as várias características de um produto que influenciam as taxas de experimentação: vantagem relativa, compatibilidade com o uso atual do produto, complexidade, divisibilidade e comunicabilidade. Entre elas, as duas primeiras, vantagem relativa e compatibilidade, provavelmente são as que têm maior influência sobre a experimentação e a adoção. Além disso, elas podem ser diretamente influenciadas por estratégias e táticas de lançamento: isto é, se for possível obter a percepção de alta vantagem relativa e/ou alta compatibilidade no momento do lançamento, os níveis desejados de experimentação (e, por fim, de demanda) serão obtidos.

Uma estrutura para escolher táticas de lançamento, com base em níveis de vantagem relativa e compatibilidade, é apresentada na Figura 17.5. Em cada célula dessa figura, as táticas de lançamento selecionadas são concebidas para alavancar oportunidades (como um alto nível de compatibilidade) ou para contrabalançar uma restrição (*e.g.*, distinguir um novo produto de outros semelhantes).

Baixa vantagem relativa e baixa compatibilidade   Comece pela célula superior esquerda na Figura 17.5. Os produtos que são novidade (como a bebida energética Celsius, com "calorias negativas", ou a água Smartwater, com maior teor de eletrólitos da Coca-Cola), bem como alguns serviços (como um novo serviço financeiro que oferece lotes de ações e outros investimentos por meio de cartão de crédito/débito) enquadram-se nesta categoria: baixa vantagem incremental e relativa incompatibilidade com as experiências dos consumidores/compradores. Portanto, o plano de lançamento deve ser concebido para reduzir qualquer risco econômico ou de outra

FIGURA 17.5   Táticas de lançamento apropriadas em vista da vantagem relativa e compatibilidade.

	A. Baixa vantagem relativa	**B. Alta vantagem relativa**
1. Baixa compatibilidade	Preço de penetração Eliminação lenta Promoção baseada em risco (*leasing*, garantias de dinheiro de volta, subsídios para equipamentos) Distribuição intensiva	Pré-divulgação Amplo sortimento de produtos Promoção baseada em informações (exposições, demonstrações, *sites*, publicidade/instrução) Distribuição seletiva
2. Alta compatibilidade	Sigilo antes de entrar Sortimento limitado de produtos Promoção de consciência (cupons etc.) Distribuição intensiva	Preço de desnatamento Eliminação rápida Promoção baseada no uso (amostras, testes beta) para evidenciar os benefícios recebidos Distribuição seletiva

Fonte: Adaptado de Joseph P. Guiltinan, "Launch Strategy, Launch Tactics, and Demand Outcomes", *Journal of Product Innovation Management* 16, no. 6, November 1999, p. 520–521.

natureza associado com a compra do produto. A distribuição intensiva diminui os custos de procura ou de busca, enquanto o preço de penetração minimiza o risco financeiro dos consumidores/compradores. Como o novo produto talvez não ofereça uma grande vantagem sobre os produtos atualmente no mercado, a migração do cliente será lenta, e não se deve eliminar rapidamente o produto antigo do mercado (e possivelmente aborrecer os clientes atuais). A promoção deve ajudar também a reduzir os riscos ao oferecer garantias de dinheiro de volta, garantias de qualidade ou *tie-ins* com produtos existentes.

Alta vantagem relativa e alta compatibilidade Agora desça diagonalmente para a célula inferior direita na Figura 17.5. Aí se encontram produtos que são claramente superiores com relação aos atributos que os consumidores consideram importantes (como um *smartphone* com mais recursos e tela maior ou um com computador com operações mais rápidas). Esses produtos são diametralmente opostos aos produtos que se encontram na célula superior esquerda e, consequentemente, as táticas de lançamento recomendadas são uma imagem invertida daquelas recomendadas abaixo. A distribuição de amostras ou o teste beta possibilita que o usuário em potencial veja por si só as vantagens do produto. O preço de desnatamento e a distribuição seletiva são recomendados se os adotantes iniciais forem propensos a empreender grande esforço de busca para obter os atributos desejados. Em vista dos benefícios inerentes do produto, a migração do cliente ocorrerá velozmente e a eliminação dos produtos antigos pode ser rápida.

Alta vantagem relativa e baixa compatibilidade Na célula superior direita da Figura 17.5 encontram-se os produtos novos para o mundo que, em virtude de sua grande novidade, são propensos a ser até certo ponto incompatíveis com relação a valores ou ao uso (pense no forno de micro-ondas ou no carro híbrido). As táticas de lançamento precisam girar em torno do direcionamento de amplas informações sobre o produto aos clientes em perspectiva, tanto para enfatizar as vantagens relativas quanto para reduzir a incompatibilidade percebida. A pré-divulgação pode ser necessária para advertir os consumidores em perspectiva para que se preparem para as mudanças iminentes em seu sistema de uso. Adicionalmente, um amplo sortimento pode ser útil, em particular se isso ajudar a personalizar o produto para diferentes segmentos de alto potencial.

Baixa vantagem relativa e alta compatibilidade Esses produtos são diretamente opostos aos da célula superior direita na Figura 17.5: produtos familiares, mas com baixa vantagem relativa. Nessa célula, desenvolver consciência de marca e tirar proveito do *brand equity* serão os fatores mais importantes para a obtenção de experimentação. Como visto no Capítulo 16, é necessário tomar cuidado na extensão de marca, porque uma nova marca com pouca vantagem relativa em desempenho (mas um preço mais barato) poderia desgastar o *brand equity*. Ao que parece, a Coors estava pensando nisso quando lançou a marca Keystone, de preço mais baixo, usando seu próprio nome. A distribuição intensiva faz sentido nesse caso; além disso, os distribuidores ficarão mais receptivos para manter em estoque e vender um sortimento mais limitado.

Como superar essas barreiras
Felizmente, o desenvolvimento do programa de marketing começa bem antes do lançamento, porque esse é o momento em que se deve abordar a maioria dos obstáculos. E a maior parte deles se revela aos desenvolvedores durante o teste de conceito e o teste de uso do produto, bem como por meio da experiência do setor. As barreiras são, em sua maioria, suscetíveis a mais de uma solução.

Observe quantas das táticas de lançamento estão relacionadas ao preço – preço de penetração ou de desnatamento, por exemplo. Outras táticas de preço podem incluir produtos gratuitos, cuponagem, bônus de entrada, pagamento diferido, custo de refinanciamento das ações do concorrente, descontos de preço, abatimentos, serviço gratuito, oferta de reposição gratuita, propaganda cooperada, pagamento direto em dinheiro pela experimentação etc. Por que isso? Na maioria dos casos, o comprador ou consumidor está adiando a experimentação porque prevê que perderá algo – tempo, dinheiro ou prestígio, por exemplo. A resposta mais óbvia é pagar o consumidor/comprador por essa perda.

Essa ênfase sobre o preço levou as empresas a adotar complexas programações de desconto (é mais fácil abandonar um desconto do que elevar a tabela de preço). Além disso, a utilização de desconto é condizente com as estratégias de preço de novos produtos mais populares:

Prêmio (premium) – um preço extremamente elevado, programado para se manter dessa forma, correspondente a um produto nitidamente diferenciado.

Desnatamento – preço claramente abaixo do mercado, mas que é apropriado para um produto diferenciado, não oferece ameaças à concorrência e é suscetível a algumas manipulações.

Condizente com o mercado – embora possa haver *um* preço de mercado, essa estratégia estabelece que se escolha um preço que tire o preço do jogo o máximo possível. É um desperdício para um produto nitidamente superior, a menos que empresa não tenha nenhuma aceitação no mercado.

Penetração – preço claramente baixo e que tem por objetivo comprar a entrada da empresa no mercado. Talvez ele seja equiparado, mas nesse ínterim ganha-se participação de mercado. Riscos: pouco espaço para desconto, dificuldade para elevá-lo posteriormente, no momento em que se obtiver participação, e quando a equiparação é imediata simplesmente acaba representando um desperdício de oportunidade, ainda por cima por um preço mais baixo.

O preço de desnatamento parece obter benefício em ambos os sentidos – converte parte do valor do produto em lucro e oferece às empresas liberdade para encontrar oportunidades, sem exigir um preço extremamente alto, a ponto de ninguém querer comprá-lo. Obviamente, se a diferenciação valer muito a pena, tornando o produto já existente verdadeiramente obsoleto, o preço prêmio será justificável.

Compra repetida

Se os consumidores de nosso mercado-alvo experimentarem seriamente nosso novo produto e se o teste de uso do produto tiver nos assegurado que as pessoas são propensas a gostar dele, a compra repetida praticamente estará garantida. Existem ações da concorrência que devem ser repelidas e combatidas. Existe o problema contínuo de complacência, particularmente nos mercados em que os benefícios do nosso produto não são cruciais para nada. Existe o gestor de novos produtos descuidado que não mantém uma oferta prontamente disponível para o consumidor que deseja repetir a compra.

E, como sempre, precisamos ter certeza de que os clientes estão satisfeitos com seu relacionamento de modo geral com nossa empresa, e não apenas e meramente com o produto em si.

Normalmente temos ações no programa de marketing para estimular o uso repetido (*e.g.*, descontos de longo prazo, novos usos para o produto, disponibilidade imediata de produtos adicionais e também serviço continuado). E veremos no Capítulo 19 que uma medida de compra repetida é uma parte fundamental do programa de controle pós-lançamento, no qual nos preparamos para lidar com pelo menos alguns dos problemas que podem surgir. Se houver alguma evidência de insucesso para o produto (o que pode ocorrer se tiver havido a necessidade de ignorar o teste de uso do produto), isso será investigado de imediato e as correções serão negociadas com os membros técnicos da equipe.

RESUMO

O Capítulo 17 foi o segundo de um conjunto de dois capítulos sobre o tema de planejamento de marketing. Ele abordou o que alguns chamam de a parte tática da atividade de planejamento. Desse modo, examinamos o ciclo de lançamento, o programa de comunicação e os requisitos para o sucesso: consciência, experimentação, disponibilidade e repetição (*awareness*, *trial*, *availability* e *repeat* – A-T-A-R). Todos eles são difíceis de obter, tendo em vista a compleição contínua da vida lá fora e dos negócios no mercado e as ações de outros participantes, como os concorrentes. Como o lançamento do marketing envolve centenas ou até mesmo milhares de ações, concentramo-nos naquelas que parecem mais cruciais e mais difíceis na prática.

Assim que o plano completo de lançamento de marketing é elaborado, muitas empresas gostam de vislumbrar uma espécie de ensaio geral para o lançamento – apenas para ver se há algum defeito. Afinal de contas, milhões de dólares podem ser gastos nos meses subsequentes. Por isso, no Capítulo 18, examinaremos o que é chamado de teste de mercado. Esse é o terceiro de uma tríade de testes – com o teste de conceito (Capítulo 9) e o teste de uso do produto (Capítulo 15).

APLICAÇÕES

1. "Você me assusta quando fala sobre alianças no lançamento de marketing. Dificilmente passa uma semana sem que um cientista nos diga que simplesmente devemos formar uma aliança. Os cientistas não trabalham mais sozinhos? De qualquer forma, mesmo que precisemos de alianças na área técnica, isso não é motivo para tê-las no marketing. Não me lembro de ter ouvido falar de alianças em marketing – você mencionou agências de propaganda? E revendedores? Não, esses são apenas contratos de serviço, e em quase todos os casos são pseudocontratos – eles podem ser rompidos se isso for importante. Por que seu texto os chama de alianças?"

2. "Algumas pessoas da divisão de *software* propuseram uma ideia para um novo serviço. Elas descobriam que no mundo inteiro as pessoas que trabalham com computador têm dificuldade de obter informações sobre um novo *software* – não sobre sua existência, mas sobre até que ponto o *software* em questão de fato é bom. O que nós vamos vender são relatórios de todos os comentários – bons e ruins – que aparecem na imprensa sobre todos os novos *softwares*. O cliente pode acessar essas informações *on-line* e os relatórios serão classificados por tipo e marca de *software*, em seis idiomas. Elas acham que os usuários de *software* não pertencentes ao grupo predominante de usuários de negócio vão gostar disso. Porém, e esse é um problema que as preocupa, pelo fato de a área de *software* como um todo ter muitas notícias e novidades, como elas poderão romper a saturação para informar os clientes em perspectiva sobre esse novo serviço no momento em que eles puderem *tomar a decisão de experimentá-lo?* Elas têm um pacote de experimentação: 5 dias, 20 perguntas e uma pequena taxa".

3. "A distribuição de amostras é outra ferramenta que apreciamos – do mesmo modo que esse pacote de experimentação que acabei de mencionar. As amostras são realmente eficazes para incentivar a experimentação entre as pessoas que têm certa inclinação por um novo produto. Mas várias de nossas divisões não podem utilizar as amostras propriamente ditas em virtude da natureza de seus produtos. Você poderia me dizer o que poderia substituir as amostras no marketing de um novo tipo de produto nas categorias a seguir?
    a. Elevadores industriais para cargas pesadas.
    b. Ataúdes.
    c. Fresas.
    d. Anéis de diamante.
    e. Pneus para substituição."

ESTUDO DE CASO   Hulu[19]

O enorme sucesso do YouTube (agora pertencente à empresa controladora Google) foi um alerta para os principais estúdios de cinemas e emissoras de TV. Desde seu início em 2005, o YouTube possibilitou a criação de conteúdos oferecidos pelo usuário, e obviamente isso significava que havia possibilidade de alguém publicar conteúdos protegidos por direitos autorais. Com o imenso número de vídeos publicados e de visitantes diários, o YouTube recorreu ao autopoliciamento para controlar a violação de direitos autorais (um vídeo pode ser removido se houver reclamação de espectadores ou empresas). Esse continua sendo um problema sério para o YouTube, ainda que a empresa não tenha uma política oficial que proíba a publicação de conteúdo protegido por direitos autorais. Episódios inteiros ou breves clipes de programas de TV, como *The Simpsons* ou *Family Guy*, foram publicados ilegalmente, bem como videoclipes inteiros. Em um dos casos, um episódio completo do conhecido programa *24* foi publicado bem antes de ter sido televisionado!

Logo no início de sua existência, o YouTube disponibilizou um breve vídeo denominado "Lazy Sunday", originalmente exibido no programa *Saturday Night Live*, da NBC. Em fevereiro de 2006, a NBC Universal pediu ao YouTube para remover o "Lazy Sunday", videoclipes da Olimpíada de 2006 e outros conteúdos protegidos por direitos autorais. Para minimizar a publicação ilegal de programas de TV, o YouTube instituiu a duração máxima de 10 minutos para praticamente todos os clipes, uma regra contornada por meio do corte de um programa desejado em inúmeros segmentos de mais ou menos 9 minutos. Mas a essa altura a publicidade da ação da NBC estava tornando o YouTube mais popular do que nunca. Em junho de 2006, a NBC anunciou que formaria uma parceria com o YouTube e disponibilizaria a exibição de clipes promocionais para programas iminentes como *The Office*. Em julho, a CBS fechou um acordo semelhante com o YouTube. O presidente de notícias e esportes da CBS, Sean McManus, afirmou o seguinte na época: "quanto maior a exposição que obtemos com clipes como esse, melhor para a CBS News [...] em retrospecto, provavelmente deveríamos ter acolhido essa exposição, [...] [em vez de] dizer 'vamos acabar com isso'". Em agosto, selos musicais importantes, como Warner e EMI, estavam

---

[19] Esse estudo de caso foi compilado de D. Chmielewski & A. Pham, "At Hulu, 'Free' May Soon Turn to 'Fee'", *Los Angeles Times*, January 21, 2010; várias páginas em hulu.com, incluindo "Launch Statement"; C. Salter, "Can Hulu Save Traditional TV?", Fastcompany.com, Dec. 1, 2009; Eric Schonfeld, "Hulu Could Still Launch on the iPad", techcrunch.com, Feb. 10, 2010; Tushar Mital, "Hulu: Know the Co", knowtheco.com, March 13, 2010; e outras fontes públicas.

elaborando acordos para disponibilizar videoclipes em troca de uma parte da receita de propaganda do YouTube. Em outubro, a Universal Music Group e a Sony BMG seguiram o exemplo.

O primeiro desafio legal importante para o YouTube ocorreu em março de 2007, quando a Viacom reivindicou mais de US$ 1 bilhão em danos decorrentes da "enorme violação intencional de direitos autorais". A Viacom é a empresa controladora da MTV, Nickelodeon e Comedy Central, entre outras, e por isso detém inúmeros programas e clipes atraentes tanto para o mercado adolescente quanto para o infantil. Ela alegou que cerca de 160.000 de seus clipes eram publicados no YouTube sem permissão. De sua parte, a empresa Google estava segura de que a política do YouTube respeitava a lei de direitos autorais. Mais ou menos na mesma época, empresas de mídia importantes como NBC e News Corp. temiam deixar que a empresa Google ganhasse uma posição tão predominante em vídeo na internet. O desafio para a NBC e outras emissoras era oferecer algum produto semelhante ao YouTube, mas, ao mesmo tempo, manter o controle de seu conteúdo valioso e protegido. Tal como disse na época Jeff Zucker, diretor executivo da NBC Universal, "se não fizéssemos isso, sabíamos que alguém mais o faria". O produto em questão veio a ser o Hulu.

Em 2007, o Hulu foi instituído pela NBC Universal, Fox Entertainment e ABC Inc., embora operasse independentemente de todas elas. Ele foi disponibilizado no formato beta no final de 2007 e lançado oficialmente ao público em março de 2008. O teste beta foi considerado um sucesso, visto que milhões de espectadores visitaram e assistiram a pelo menos um programa de TV ou filme. Em seu *site*, hulu.com, o Hulu ofereceu a uma interface de busca simples e familiar para os espectadores *on-line* que já estavam curtindo a programação no YouTube ou em *sites* como o abc.com. O diretor executivo do Hulu, Jason Kilar, afirmou que o Hulu "[ultrapassa] um marco em sua missão de ajudar as pessoas a encontrar e apreciar conteúdos *premium* do mundo quando, onde e como eles desejam".

O Hulu obteve um sucesso quase que imediato. A revista de negócios *Fast Company* o classificou como uma das melhores empresas inovadoras de 2009, ressaltando que o Hulu "é um modelo do que é possível quando os concorrentes trabalham juntos e adotam uma tecnologia diruptiva". Aliás, as principais emissora não apenas trabalharam juntas, mas alcançaram uma posição de primeira no mercado, o que parece ter funcionado, ao menos inicialmente.

O sucesso do Hulu certamente depende da ampla variedade de vídeos que ele oferece. Embora os espectadores *on-line* já estivessem apreciando filmes e programas de TV, não havia um *site* que oferecesse tudo isso ao mesmo tempo. Enquanto anteriormente era necessário visitar os *sites* da NBC, ABC e Fox para procurar programas de TV ou programas esportivos favoritos, ou um dos fornecedores de filmes *on-line*, o Hulu é uma espécie de loja completa de vídeos de todos os tipos. Para os consumidores que não têm TiVo ou DVR, o Hulu é o lugar certo para assistir a episódios antigos de vários programas populares. Além disso, em virtude de suas parcerias com as emissoras, a tecnologia de *streaming* de vídeo do Hulu é de ponta e, portanto, ele oferece vídeo de alta qualidade aos espectadores. Há também opções fáceis de compartilhamento de vídeo.

Do ponto de vista da emissora, o Hulu é um avanço em relação ao YouTube, na medida em que ele não aceita conteúdo fornecido pelo usuário; desse modo, é possível manter o nível desejado de controle sobre o conteúdo. O Hulu gera lucro por meio da receita de propaganda. Os anúncios têm em média dois minutos por programa (em comparação com oito minutos por programa na TV comum), e os espectadores podem escolher qual anúncio desejam ver, aumentando assim a porcentagem de exposições efetivas. Para medir a satisfação dos clientes e gerar ideias de melhoria, o diretor executivo do Hulu, Jason Kilar, monitora pessoalmente o Twitter e avalia o que os blogueiros estão escrevendo sobre o Hulu.

O Hulu iniciou como um serviço gratuito, bem semelhante ao YouTube, e os anúncios eram a única fonte de receita. Depois de alguns anos de operação e de popularidade e audiência crescentes, a administração do Hulu começou a considerar a possibilidade de um modelo de taxa por serviço. Esse novo modelo ficou em teste de conceito com os clientes durante vários meses porque os executivos do Hulu estavam tentando determinar o que os clientes estariam dispostos a pagar para assistir *on-line*. Obviamente, esse modelo pago não era inédito; *sites* importantes como o newyorktimes.com e outros usavam o modelo de taxa por serviço, pelo menos para os usuários de alto volume.

Avalie a estratégia de lançamento utilizada pelo Hulu. Até que ponto ter sido pioneiro foi essencial para seu sucesso? E quanto à prática de certa forma não tão comum de concorrentes acirrados (nesse caso, as três principais emissoras) trabalharem em conjunto na fundação dessa empresa? Quais são os riscos de ser o primeiro a entrar no mercado? Além disso, como o Hulu já era bem-sucedido com o modelo original de serviço gratuito e lucrativo com as receitas de propaganda, a mudança para o modelo de taxa por serviço foi sensata?

ESTUDO DE CASO   Dodge Nitro[20]

Embora o mercado de veículos utilitários esportivos (*sport utility vehicle* – SUV) tenha estado em declínio nos últimos anos, essa categoria de automóveis continua lucrativa para as montadoras no mercado norte-americano. A Dodge, uma divisão da Chrysler, concorre no mercado de SUV com um único produto: o modelo de grande porte Dodge Durango. Em contraposição, em 2006 a Ford e a Chevrolet mantinham quatro e cinco SUVs, respectivamente, e a Toyota tinha cinco em sua linha e estava para acrescentar o sexto. Grande parte do movimento nos últimos anos tem sido no segmento de SUVs menores ou de "tamanho médio", no qual outro produto da Chrysler, o Jeep Liberty, é um dos principais concorrentes. A Dodge queria acrescentar um SUV médio à sua linha. A Dodge enfrenta dois grandes obstáculos: primeiro, ela precisa descobrir a melhor forma de alavancar suas habilidades como montadora de automóveis para projetar um SUV médio competitivo; em seguida, precisa planejar cuidadosamente as estratégias e táticas de lançamento para que as vendas desse novo veículo, a ser chamado de Dodge Nitro, atinjam os novos mercados-alvo e não canibalize as vendas do Durango ou do Jeep Liberty.

O problema de *design* parece fácil de superar. Obviamente, o compartilhamento de plataforma é muito comum no setor automobilístico. O desenvolvimento de uma plataforma de automóvel é notoriamente caro, e as montadoras gostam de usar uma única plataforma para vários modelos no decorrer de alguns anos, a fim de distribuir os custos da plataforma entre um grande número de veículos. Só na Chrysler, há diversos exemplos de carros que compartilham plataformas: o Dodge Durango compartilha uma plataforma com o Chrysler Aspen e o Dodge Grand Caravan e o

---

[20] As informações para esse estudo de caso são do *site* do Dodge Nitro (anteriormente em www.dodge.com/nitro); "Marketing Campaign for the All-New 2007 Dodge Nitro Is Set to Reignite on November 5 Across Multiple Media Platforms", *press release* da Chrysler, www.prnewswire.com, November 3, 2006; Jim Mateja, "Will Dodge Dealers Regret Getting What They Wished For?", *Chicago Tribune*, December 21, 2006; Ann M. Job, "Dodge Nitro SUV Explodes onto Scene", *Newhouse News Service*, January 18, 2007; Mark Vaughn, "She's Gonna Blow!: 2007 Dodge Nitro Fuels Brand Expansion", *AutoWeek*, October 9, 2006, p. 8; Joe Lorio, "Liberty's Child: Dodge Nitro Concept", Automobilemag.com, May 5, 2006.

Chrysler Town & Country são também gêmeos. O Dodge Charger, Dodge Magnum e Chrysler 300 são um trio, do mesmo modo que o Jeep Patriot, Jeep Compass e Dodge Caliber. Seria lógico usar a plataforma do Jeep Liberty como base para o Dodge Nitro. Entretanto, de acordo com a política da Chrysler, as plataformas do Jeep não são compartilhadas com modelos que não são Jeep. Contudo, a política da empresa também estabelece que os componentes da Mercedes não seriam usados em produtos da Chrysler ou Dodge e vice-versa, mas sob a nova liderança da empresa essas regras políticas começaram a ser violadas. Por exemplo, o motor do Chrysler Crossfire é Mercedes e os componentes do Chrysler 300 e Dodge Magnum são também da Mercedes. Foi tomada a decisão de infringir a política da empresa: o novo Nitro seria montado na plataforma do Liberty.

Todos os esforços foram feitos para distinguir o Nitro de seu parente próximo, o Liberty. O *design* era nitidamente diferente, visto que o Nitro ganhou uma aparência ousada e atlética, incluindo opcionais, como rodas cromadas de 20 polegadas e carroceria 10 centímetros mais longa. São oferecidos o motor de 210 cavalos de potência e o opcional de 260 cavalos de potência. O assoalho de carga Load 'n Go, localizado no porta-malas, desliza para dentro e para fora, facilitando ainda mais o carregamento e descarregamento de volumes pesados. O painel de instrumentos do Nitro oferece um sistema opcional de entretenimento e navegação com unidade de disco de 20 gigabytes. Obviamente, o Nitro e Liberty, quando estacionados lado a lado, parecem muito diferentes vistos de frente – o Nitro tem a grade frisada do Dodge, enquanto o Liberty tem as sete fendas verticais familiares do Jeep. Entre os SUVs de porte médio, cujo estilo com frequência é descrito como afável, o Dodge Nitro é considerado bem mais masculino em aparência. Na verdade, nos prospectos de marketing do Nitro, surpreendentemente o Liberty não foi nem mesmo mencionado como um dos concorrentes diretos: o Nitro foi projetado para concorrer diretamente com SUVs médios competitivos como Ford Escape, Nissan Xterra e Chevrolet Equinox.

O foco sobre o estilo masculino não é coincidência. O mercado de SUV de baixo custo é dominado por consumidores do sexo feminino (em torno de 55% em 2006). O diretor de marketing da Dodge, Tom Loveless, ressalta que o objetivo do estilo masculino do Nitro é atrair o segmento masculino e, ao mesmo tempo, ser atraente para as mulheres. O posicionamento mais masculino do Nitro parece condizente com a posição estabelecida da Dodge e sua promoção "Grab Life by the Horns" ("Agarre a vida pelos chifres") para o Dodge Ram.

As táticas de lançamento do Nitro devem ser coerentes com essa estratégia de posicionamento. Primeiro, a Dodge percebeu a importância da internet como fonte de informações. Nenhum gasto foi poupado no desenvolvimento do *site*, no qual os clientes em perspectiva podiam quase que andar em torno do Nitro e, se dispostos a comprar, conectar-se facilmente ao processo de crédito da Chrysler Financial. A propaganda televisiva incluiu um comercial no World Series de outubro de 2006, seguido de uma campanha mais intensa iniciada em novembro com propaganda na cobertura de futebol da NFL, de hóquei da NHL e da corrida automobilística Nascar, bem como em programas populares no horário nobre e em *talk shows* de fim de noite. A DirecTV também está bem representada: a Dodge é um dos principais patrocinadores do *NFL Sunday Ticket* e é anunciado em vários outros programas. Anúncios impressos foram veiculados em dezenas de revistas, incluindo as que se dirigem ao mercado em geral (*Men's Fitness, Rolling Stone, Sports Illustrated*) e a mercados multiculturais (*Jet, Fox Sports en Español, India Today, Korean Journal*). O Nitro foi integrado no jogo Xbox NHL 2K7 e oferecido como primeiro prêmio em uma competição de vídeo *on-line* realizada no final de 2006.

Além disso, anúncios em cinema e rádio, mala direta e outras promoções estavam programados. Vários comerciais de TV bem-humorados de 15 ou 30 segundos foram desenvolvidos para os mercados de afro-americanos e hispânicos. Foram utilizadas as mídias normalmente usadas na campanha "Grab Life by the Horns" (como revistas para homens) e também mídias mais direcionadas às mulheres. Essas últimas incluíram programações de TV como *Desperate Housewives*, revistas como *Martha Stewart Blueprint* e *sites* como hgtv.com. No entanto, o alvo principal continuou sendo os homens e, em particular, os homens apaixonados por esportes, boa forma e redes sociais.

Comente os elementos estratégicos e táticos do lançamento do Nitro. Como a Dodge se saiu em sua avaliação? Se você fosse revendedor da Dodge, ficaria emocionado por acrescentar esse novo SUV em sua linha ou ficaria apreensivo com a possibilidade de esse novo veículo simplesmente tirar as vendas do Jeep Liberty? Explique sua avaliação sobre os componentes táticos desse lançamento empregando a terminologia deste capítulo.

RESPOSTAS ÀS QUESTÕES DA FIGURA V.2

1. São as *equipes* que tomam essas decisões, e não um grupo funcional.
2. O pessoal de marketing se envolve desde o início. E nenhuma parte deve "assumir o controle" porque o pessoal técnico deve se manter no processo.
3. Esses paradigmas *auxiliam o raciocínio*. Temos entusiasmo e empolgação, mas isso não substitui o raciocínio.
4. Não apenas o *marketing* – a *empresa inteira*. Toda parte da empresa contribuiu para o que oferecemos aos usuários finais. A expectativa é de que o usuário final enfrenta um problema e acolha bem o produto.
5. Um bom mercado-alvo tem várias dimensões, não apenas potencial de vendas. Uma ampla porção de um segmento favorável pode ser bem mais lucrativa.
6. O PIC orienta *todas* as fases – ele é um plano estratégico para a operação como um todo e para o que quer que suas metas exijam.
7. Os dados existentes não respaldam isso. Com muita frequência, um seguidor acaba criando o melhor *design*.
8. As metas podem ser expressas também com relação à satisfação dos clientes, mas normalmente existem outras metas exclusivas à situação – por exemplo, construir uma ponte para dominar um novo mercado.
9. Talvez, se o *design* for realmente inexpressivo, mas os *designs* devem ser significativos e ajudar a contar a história do produto.
10. O lançamento é *gerenciado* – se começarmos a afundar, é melhor termos uma grande caneca à mão para tirar a água. (Consulte o Capítulo 19.)
11. A noite de abertura é o primeiro aplauso em nosso propósito de concretizar as metas do projeto – sucesso. Uma noite de abertura bem-sucedida gera um lucro pequeno, ao passo que uma longa temporada faz o contrário.

CAPÍTULO 18
Teste de mercado

INFORMAÇÕES PRELIMINARES

Neste momento, dê uma nova olhada na Figura V.1, na introdução à Parte V, que mostra o processo básico de novos produtos e o ponto em que nos encontramos agora. Temos um produto físico ou as especificações completas de um novo serviço. O teste de conceito inicial evidenciou uma necessidade e o teste de uso indicou que o produto que está sendo desenvolvido atende à necessidade em questão sem desvantagens significativas. E temos um plano de marketing.

O que fazemos agora? Comercializar o produto rapidamente, antes que a concorrência descubra o que estamos para fazer? Ou devemos encontrar um meio para examinar o que já fizemos e confirmar se realmente existe a possibilidade de sucesso antes de investirmos uma grande soma no lançamento? A opção que temos é chamada de **teste de mercado**. Este capítulo apresenta o quadro geral para o teste de mercado e introduz vários métodos comumente utilizados: pseudovenda, venda controlada e venda completa.

Discutimos também as tendências existentes no teste de mercado: como as empresas estão se comprometendo mais para acelerar o tempo de colocação no mercado, estamos vendo um movimento em direção a métodos de teste de mercado mais rápidos e menos onerosos que ofereçam as informações necessárias da forma mais eficaz possível. Por exemplo, o **marketing experimental** (a venda do produto em duas ou mais cidades representativas) hoje, na verdade, é uma técnica de teste de mercado relativamente modesta. Essa técnica ainda é utilizada em algumas ocasiões, mas já perdeu muito terreno para métodos mais novos, mais rápidos e mais baratos. (Não confunda os termos *marketing experimental* e *teste de mercado*!) Os métodos por escâner constituem, obviamente, grande parte da tendência na obtenção de informações rápidas e confiáveis sobre o mercado. Muitas empresas substituíram o tradicional mercado de teste pelo lançamento gradativo (venda com distribuição restrita a princípio e ampliação gradativa para todo o mercado).

Lembre-se de que viemos enfatizando a velocidade de colocação no mercado e a função da equipe de novos produtos para acelerar esse tempo desde o Capítulo 1 ao longo do livro. É mais do que apropriado que estejamos vendo vários novos tipos de teste de mercado ganhando popularidade em relação ao marketing experimental, tendo em vista suas vantagens de custo, rapidez e precisão.

A DECISÃO SOBRE O TESTE DE MERCADO

O conjunto completo de opções de técnica de teste de mercado virá posteriormente. Primeiro, precisamos desenvolver uma capacidade natural para decidir se devemos testar ou não devemos testar.

Decisão: Até que ponto é fundamental economizar em custos e tempo? Se for muito fundamental, devemos tentar realizar o teste logo no início, porque, quanto mais esperamos, menos tempo e dinheiro haverá para economizar. *Contudo*, quanto maior a necessidade de o lançamento ser bem-sucedido, mais tarde o teste deve ser realizado, porque, quanto mais sabemos a respeito do produto final, mais podemos aprender com o teste de mercado.

O teste de mercado deve ser realizado no início ou no final do ciclo de desenvolvimento?

- Economias de custo
- Economias de tempo
- Escopo de aprendizagem
- Precisão

Estágios do ciclo de desenvolvimento de produtos

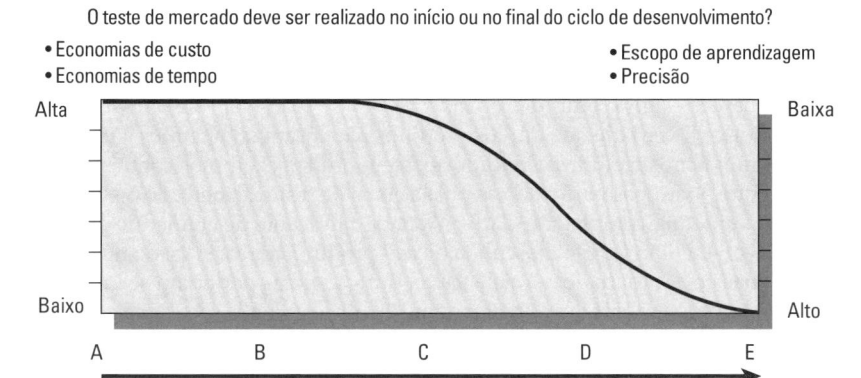

Decisão: Até que ponto é fundamental economizar em custos e tempo? Se for muito fundamental, devemos tentar realizar o teste logo no início porque, quanto mais esperamos, menos tempo e dinheiro haverá para economizar. *Contudo*, quanto maior a necessidade de o lançamento ser bem-sucedido, mais tarde o teste deve ser realizado, porque, quanto mais sabemos a respeito do produto final, mais podemos aprender com o teste de mercado.

FIGURA 18.1 Matriz de decisão sobre quando testar o mercado.

Quando a decisão é tomada?

A decisão sobre se e como testar pode ser tomada em vários momentos diferentes (consulte a Figura 18.1). Por um lado, quanto mais esperarmos, mais saberemos a respeito de nosso produto e seu programa de marketing; isso torna o teste mais útil e mais confiável. Por outro, quanto mais esperarmos para realizar o teste, mais altos serão os custos, mais demorada será a entrada, mais danos os concorrentes poderão provocar etc. A solução é começar a testar assim que se encontrar uma técnica que nos informe *o que precisamos saber*. Alguns testes de mercado de produtos de consumo na verdade começam antes mesmo de o produto ter sido firmemente estruturado – eles trabalham com uma declaração de conceito! Outros testes de mercado, como os que são realizados com fabricantes de eletrodomésticos e montadoras de automóveis, não podem ser feitos enquanto não tivermos tudo no lugar certo e pronto para prosseguir.

Essa decisão é fácil de tomar?

Toda vez que fazemos um novo produto, na realidade não podemos ter certeza de quase *nada*. Com algumas raras exceções, *tudo* o que pensamos que sabemos a respeito de um novo produto e seu marketing não é um fato – é uma opinião, uma conjectura, uma avaliação, uma expectativa, uma ordem vinda de cima. O cenário completo do marketing do novo produto se desenrolará em um campo de jogo em que muitas pessoas ainda precisam reagir a alguma coisa. Elas nem mesmo podem ter certeza de sua reação, em particular quando não estamos completamente certos sobre qual será nossa oferta e com certeza não conseguimos prever o que a concorrência dirá aos consumidores/compradores a respeito disso.

Um gestor competente e firme precisa dizer nesse momento: "Sei que gastamos uma fortuna, e estamos atrasados, mas não estou certo de que tenhamos tomado as decisões corretas. Gostaria de investir dois meses (ou mais) para ter certeza". Que tipo de certeza isso passa para uma alta administração típica?

Lembre-se de que solicitar testes de mercado não é uma admissão de fracasso por parte da equipe. Isso é verdadeiro também em outras áreas. Ensaios de uma nova peça da Broadway podem ser realizados em Detroit, Boston ou na região Centro-Oeste para fazer algumas alterações menos ou mais importantes. Em desenvolvimento de produtos, assim como nas produções cenográficas, a decisão de *não* realizar testes parece exigir o ônus da prova.

É verdade que muitos produtos não foram submetidos a testes de mercado e foram bem-sucedidos. Contudo, existem muitos exemplos contrários que evidenciam o que pode ocorrer quando se pula a etapa de teste de mercado ou não se testa o plano de marketing completo. A Carter-Wallace, fabricante de cremes de depilação Nair, desenvolveu uma versão masculina de seu produto, para ser usada nos braços, nas pernas e nas costas (nadadores, ciclistas ou outros atletas poderiam se interessar por esse produto). A empresa escolheu o nome "Nair for Men". Você seria a favor de introduzir o produto no mercado sem ao menos testar o nome? Para o público-alvo, "Nair" significa "o nome mais consagrado em creme de depilação" ou "algo que minha irmã costuma usar?". Esse público teria sido mais receptivo a um nome como "Michael Jordan Performance Cream"? Esse último, embora evoque mais a ideia de desempenho atlético, teria perdido o valor (*equity*) do nome Nair – isto é, sua reputação de qualidade.[1]

Lembre-se do estudo de caso do sistema Iridium no final do Capítulo 16. Os usuários em potencial teriam dito que estavam extremamente interessados no telefone por satélite, mas essa resposta é incerta sem um teste da dimensão de preço. Pense em alguns dos novos produtos malsucedidos apresentados no estudo de caso do Capítulo 15 – lenços virucidas da Avert, arroz com cálcio da Uncle Ben's etc. – ou tente se lembrar de qualquer novo produto malsucedido de sua preferência. Podemos até não saber até que ponto esses produtos foram testados no mercado. Mas podemos apostar com segurança que hoje esses fabricantes desejariam ter se dedicado mais ao teste de mercado!

O teste de mercado precisa ter força e poder

A Figura 18.2 mostra que o teste de mercado está relacionado a outros testes – três testes importantes que cobrem os três principais motivos de insucesso em novos produtos – teste de conceito com relação à "falta de necessidade", teste de uso de "produto que não atende à necessidade" e teste de mercado de produtos "comercializados insatisfatoriamente". Como muitas vezes as empresas estão correndo contra o tempo em todas essas três ocasiões, primeiro elas não realizam testes de conceito, depois ignoram o teste de uso em campo e então ignoram também o teste de mercado, lançando-se em um voo cego. De vez em quando, elas acertam, e nada perdem por não ignorarem o teste de mercado. Consta que os executivos da Campbell ficaram tão empolgados com o conceito do Spaghetti-Os que ignoraram os mercados de teste e partiram diretamente para o lançamento, sem jamais olhar para trás. Isso é extremamente arriscado, com certeza, e não é o que recomendamos aqui; a maioria das empresas costuma fazer pelo menos algum tipo de teste de mercado do tipo que veremos neste capítulo. Mas o teste de mercado precisa ter força e poder, o que quer dizer que os gestores estão dispostos a agir com base nos resultados. Em alguns casos, os resultados negativos de um teste de mercado são ignorados porque a equipe de produtos não deseja cancelar o projeto de estimação do diretor executivo!

Independentemente do tipo de teste de mercado utilizado, os planejadores se esforçam para realizar o teste de mercado para obter duas percepções importantes. Primeiro, essa é a oportunidade para obter *previsões consistentes de valores monetários e vendas unitárias* – e não os valores gerais do mercado ou as possíveis participações de mercado que orientaram as decisões de planejamento anteriores. Segundo, os planejadores

---

[1] Quando estava sendo testada no mercado, a marca Nair figurou na página "Hits or Misses" do *site* www.newproductworks.com e obteve uma classificação razoavelmente boa no levantamento *on-line*.

Produto

- Conceito de produto
- Protótipo do P&D
- Protótipo de produção
- Produto

Plano de marketing

- Posicionamento-alvo
- Preço
- Promoção
- Distribuição
- Embalagem
- Atendimento
- Plano

Teste de conceito

Teste de uso do produto

Testes dos componentes de marketing: texto de propaganda, precificação e outros

Teste de mercado

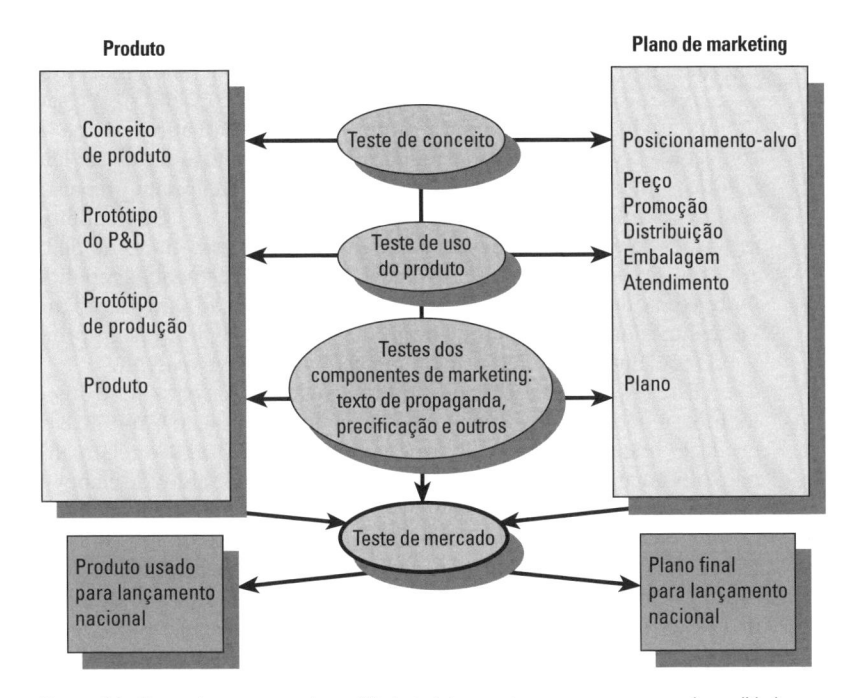

Produto usado para lançamento nacional

Plano final para lançamento nacional

Comentário: Os atuais programas de qualidade insistem em incorporar programas de qualidade em um produto logo nos primeiros estágios. Sempre fizemos muito isso nos componentes do plano de marketing. Com o teste de qualidade dos componentes, preparamo-nos para verificar se as duas pontas do processo se encaixam; isso é feito em um teste de mercado.

FIGURA 18.2 Em que sentido o teste de mercado está relacionado com outras etapas do teste.

precisam de *informações de diagnóstico* para ajudá-los a rever e refinar qualquer fator do lançamento que pareça exigi-las – produto, embalagem, iniciativa de comunicação ou qualquer outra coisa. Coletar sólidas previsões quantitativas e informações de diagnóstico e depois, por algum motivo, não as utilizar é procurar chifre em cabeça de cavalo.

Um exemplo clássico foi a tentativa da Coors Brewing Company de entrar na onda de bebidas claras "New Age" com uma bebida destilada de malte chamada Zima. O marketing experimental foi conduzido no final de 1992 em três mercados: Nashville, Sacramento e Syracuse. Seis meses depois, a bebida já estava em 36 mercados; em um ano, foi distribuída nacionalmente. Uma extensa campanha de propaganda enfatizou o que a bebida Zima não era – nem cerveja, nem *cooler* de vinho. Foram identificados alguns buracos (*potholes*) nos resultados do lançamento inicial: as vendas repetidas não haviam alcançado os níveis esperados (o que indicava um possível problema de sabor) e as vendas eram altas entre as mulheres (que bebem menos do que os homens e, portanto, constituem menos da metade dos consumidores intensos). Entretanto, os buracos foram ignorados, visto que os gastos com propaganda foram levados para um nível acima de US$ 38 milhões em 1994. Observadores do setor afirmam que um dos principais problemas foi o fato de a mensagem de propaganda ter deixado os consumidores confusos: você a toma como cerveja ou com gelo? Segundo os distribuidores, vários clientes estavam misturando a bebida com suco de fruta, embora a Coors tenha resistido em acrescentar sabores de fruta para que a Zima fosse percebida como mais outro *cooler* de vinho. Após vários meses, estava claro que a Coors não conseguia responder a pergunta: "Bom, se não é cerveja e não é *cooler* de vinho, então o que é e por que devo comprá-la?". Todos os sinais de alerta iniciais já haviam se evidenciado, mas aparentemente foram ignorados.[2]

A Campbell Soup estava desenvolvendo um conceito sopa e sanduíche no micro-ondas chamado de Souper Combo. O conceito foi aprovado na fase de triagem, começou a ser desenvolvido e foi testado no mercado antes de ser lançado nacionalmente. Com base nos resultados do mercado de teste, foram preparadas duas previsões: As pesquisas de marketing projetavam vendas de US$ 45 milhões, enquanto as previsões da equipe responsável pelo produto giravam em torno de US$ 68 milhões. A pesquisa de marketing em essência previa poucas vendas repetidas, e esse era o motivo da diferença. Infelizmente, ninguém da alta administração duvidava da previsão superior, o produto foi lançado nacionalmente, nunca cumpriu os volumes de venda projetados e foi retirado do mercado após nove meses.

Esses exemplos e inúmeros outros mostram que os testes de mercado precisam ter força e poder – isto é, efeito. Você se lembra de que no Capítulo 8 ressaltamos que nas fases iniciais os obstáculos que podemos encontrar são relativamente pequenos para nos levar a descontinuar um conceito promissor antes de elaborá-lo totalmente? Precisamos divisar obstáculos mais difíceis no momento da avaliação de conceitos, porque o comprometimento com o desenvolvimento de um conceito de novo produto é oneroso e demorado e incorre em custos de oportunidade porque outros conceitos promissores não são desenvolvidos. Nessa fase tardia do processo, o mesmo princípio se aplica. No caso de um produto aprovado na fase de teste de mercado, a fase seguinte é o lançamento. E como os exemplos demonstram, os valores em jogo aumentam acentuadamente a essa altura!

Os fatores para decidir realizar ou não testes de mercado

Todo projeto de novo produto tem uma situação peculiar, mas apresentamos aqui os fatores mais comuns e importantes que são considerados na decisão relativa ao teste de mercado.

Qualquer virada especial no lançamento

O termo de inovação de produto original impõe um cronograma apertado? Pode haver considerações especiais, como a necessidade de um novo volume para ajudar a liquidar uma operação ou a necessidade de auxiliar um novo diretor executivo a ter uma rápida arrancada. O termo de inovação restringe as verbas para o projeto, de tal modo que ele *precise* ser implementado gradativamente, passando para cada nova fase à medida que os lucros das anteriores se evidenciam? Esse lançamento faz parte de um programa de lançamento mais amplo, por exemplo, em que a empresa está tentando obter nova experiência no setor em um mercado mundial, a fim de possibilitar uma expansão fundamental para outro mercado mundial?

Quais informações são necessárias

Primeiramente, examinamos se essa é uma das situações em que grandes somas de dinheiro são gastas e carreiras são colocadas em risco sem que ninguém saiba o que de fato ocorrerá lá fora quando o produto for disponibilizado. Se as condições permitirem, existe um argumento contundente a favor de um meticuloso teste de mercado. O teste de mercado destina-se em parte a evitar uma imensa perda decorrente de uma rejeição por parte do mercado, mas também a evitar a surpresa de obter um volume de vendas *muito* grande. A Nabisco lançou diretamente o Ritz Bitz no mer-

---

[2] A história da bebida Zima é resumida por Richard Melcher, "Why Zima Faded So Fast", *BusinessWeek*, March 10, 1997, pp. 110–114.

cado nacional e deparou-se com uma demanda imediata que superou a capacidade de produção de suas panificadoras. Os lançamentos posteriores foram apoiados pelo processo de teste de mercado no lançamento discutido ainda neste capítulo.

Um experiente pesquisador de mercado da P&G afirmou que pensa na possibilidade de ignorar o teste de mercado se houver as seguintes condições:

1. Os investimentos de capital forem pequenos e as previsões forem conservadoras.
2. Os testes de uso tiverem se saído bem e o interesse do consumidor for alto.
3. A empresa conhecer bem a área em questão e tiver tido sucesso nisso.
4. A propaganda estiver pronta e tiver sido testada e aprovada; o plano de promoção de vendas não depender de uma execução perfeita.[3]

Curiosamente, uma das formas de a P&G testar novos produtos no mercado é relacioná-los em seu *site* acrescentando ao lado o preço de varejo. A empresa avalia o provável interesse por um novo produto com base no número de clientes que visitam o *site* e solicitam o produto! O Crest Whitestrips da P&G, um *kit* de branqueamento dental doméstico vendido pelo preço relativamente alto de US$ 44 na época de seu lançamento, inicialmente foi oferecido apenas no *site* whitestrips.com. Foram enviados *e-mails* aos usuários em potencial para estimular visitas ao *site*, além de anúncios na TV e em revistas. A resposta à campanha *on-line* foi extremamente promissora: em torno de 12% das pessoas que visitaram o *site* compraram o *kit*, respondendo por 144.000 *kits* vendidos nos oito primeiros meses. Com esses resultados, foi relativamente fácil para a P&G superar o ceticismo dos varejistas quanto ao preço alto por *kit* e convencê-los a ter estoque do produto.[4]

Outra informação necessária tem um cunho mais *operacional*. Destina-se à aprendizagem, a aprender *como* fazer algo que o lançamento requer. O lançamento envolve todas as funções, e cada uma delas tem necessidades próprias. O departamento de fabricação e produção precisa fazer um planejamento em torno de sólidas estimativas de volume e a essa altura precisa também identificar quaisquer dificuldades para incrementar a produção, passando da fabricação de lotes menores para a fabricação em ampla escala. O departamento de atendimento ou serviço ao cliente (seja interno ou terceirizado) precisa saber qual será a provável demanda por esse serviço para que possa se preparar suficientemente. A empresa precisa ter conhecimento sobre qualquer necessidade ou exigência especial de fornecedores ou revendedores externos. Além disso, a aceitação do produto pelos clientes será tal como previsto ou a adoção exigirá uma significativa mudança imprevista nos hábitos de compra? E qual será o provável impacto da canibalização de produtos? Até que ponto o volume de vendas do novo produto ocorrerá à custa dos outros produtos que já estão no mercado?

As condições anteriores apresentam motivos *a favor* das informações, mas os gestores atuais reagem a esse problema incorporando o envolvimento com o cliente. As empresas que se envolvem com os clientes desde o princípio (e chegam até a ter clientes em suas equipes de novos produtos, tal como vimos no Capítulo 4) obtêm respostas logo no início para muitas questões. A postura de algumas empresas com relação a esse nível de envolvimento é fazer com que os clientes paguem pelo material usado no teste de uso do produto. Além disso, os programas de **gestão da qualidade total**, bastante familiares em várias empresas, requer que parte da aprendizagem necessária com respeito aos produtos fique mais no início dessa lista.

---

[3] Robert E. Davis, "The Role of Market Research in the Development of New Consumer Products", *Journal of Product Innovation Management*, 10(4), September 1993, pp. 309–317.

[4] John Gaffney, "How Do You Feel about a $44 Tooth-Bleaching Kit?", *Business 2.0*, October 2001, p. 46.

Custos

Os custos de teste de mercado incluem: (1) custos diretos do teste – taxas pagas às empresas de pesquisa de mercado –, (2) custos do lançamento em si – de produção, venda etc. – e (3) perda de receitas que um lançamento nacional poderia ter provocado. Algumas vezes, os custos de lançamento são tão altos que as empresas nem mesmo consideram a possibilidade de teste de mercado. Por exemplo, no setor de automóveis, o custo mais alto é chegar ao produto acabado; assim que os carros ficam prontos, a tendência de os carros serem comercializados em uma área geográfica limitada é pequena, ou pelo menos é isso o que tem ocorrido. Entretanto, muitas montadoras japonesas lançam os carros novos primeiro em toda a Costa Oeste como teste de mercado.

Natureza do mercado

Se os concorrentes forem capazes de tomar alguma medida de retaliação que possa nos prejudicar, existe a possibilidade de o teste ser rápido, se houver teste. A maioria dos novos produtos tem alguma proteção pelo fato de serem os primeiros na mente dos consumidores, mas poucos têm capacidade para manter um mercado para si mesmos. Outra característica do mercado é que os clientes na verdade podem necessitar do novo produto. Por exemplo, um novo produto farmacêutico raramente é testado no mercado depois que recebe autorização do Food and Drug Administration (FDA). Podemos até imaginar a indignação pública se um remédio comprovado para *AIDS* fosse colocado em teste em Phoenix e Des Moines.

O mercado pode não ser adequado para um teste, particularmente no caso de lançamento globais. Muitos mercados fora da América do Norte e da Europa ainda são muito deficientes na utilização da tecnologia de escaneamento e de outras capacidades de teste.[5]

MÉTODOS DE TESTE DE MERCADO

Os profissionais de marketing desenvolveram um conjunto infindável de métodos de teste de mercado para novos produtos. Uma empresa utiliza seu amplo refeitório para isso. Outra utiliza pequenas divisões no exterior. E algumas outras utilizam as instalações da cadeia de emissoras de rádio pertencente a uma subsidiária. Mas os métodos tendem a se enquadrar nas três categorias gerais a seguir. A Figura 18.3 mostra em que área cada um dos métodos é mais útil.

Pseudovenda

Nessa abordagem, os consumidores ou compradores em potencial são solicitados a fazer alguma coisa (por exemplo, dizer que eles comprariam *se* o produto realmente estivesse disponível ou que o escolheriam na prateleira de uma *loja fictícia*). A ação é distinta e identificável, e grande parte da estratégia de marketing é utilizada na apresentação; contudo, o principal fator aqui é poupar ao máximo o consumidor – nenhum gasto, nenhum risco importante. Trata-se, tal como o próprio nome diz, de uma **pseudovenda**. Isso pode ser feito logo no início.

Venda controlada

Nesse caso, o consumidor deve realizar uma compra. A venda pode ser bastante formal ou informal, mas é conduzida em *condições controladas*. O método utilizado con-

---

[5] Uma visita ao *site* da ACNielsen ou da IRI, www.acnielsen.com e www.infores.com, respectivamente, mostrará em quais países são feitos testes de mercado baseados em escâner: a América do Norte e a Europa Ocidental têm uma boa cobertura. A Nielsen, por exemplo, oferece dados sobre decisões de compra dos consumidores em mais de 60 países.

	Categorias de produto onde são úteis				
	Industrial		Consumidor		
	Produtos	Serviços	Embalados	Duráveis	Serviços
Pseudovenda					
Venda especulativa	■	■		■	■
Mercado de teste simulado			■	■	
Venda controlada					
Venda informal	■	■		■	■
Marketing direto			■	■	■
Minimarketing			■		
Venda completa					
Marketing experimental	■		■		
Lançamento (*rollout*)					
Por aplicação	■	■	■		
Por influência	■	■		■	
Por geografia	■	■	■	■	
Por canal de distribuição	■		■	■	

FIGURA 18.3 Métodos de teste de mercado e categoria de aplicação.

tinua sendo a pesquisa porque o produto ainda não foi lançado para venda regular. Algumas variáveis importantes (em geral a distribuição) não são verdadeiramente exploradas, mas apenas idealizadas. Entretanto, a **venda controlada** é mais eficaz do que a pseudovenda e bem mais esclarecedora.

Venda completa

Na **venda completa**, a empresa decide comercializar completamente o produto (isso não ocorre nos métodos anteriores). Mas primeiro ela deve fazê-lo de forma restrita para ver se tudo está funcionando corretamente. Exceto no caso de alguma catástrofe, o produto é lançado nacionalmente.

MÉTODOS DE PSEUDOVENDA

Os inovadores de produto utilizam duas abordagens para fazer com que os usuários em potencial expressem algum forma de compromisso semelhante a uma venda sem desembolsar nenhuma valor em dinheiro. O método de **venda especulativa** pergunta aos usuários se eles comprariam o produto e o método de **mercado de teste simulado** (*simulated test market* – **STM**) cria uma falsa situação de compra e observa o que eles fazem.

Venda especulativa

Essa é uma técnica empregada principalmente por empresas de mercados *business to business* e bens de consumo duráveis. Ela parece muito similar à técnica utilizada em testes de conceito e de uso do produto, mas difere tal como se segue:

> No *teste de conceito*, apresentamos a declaração de posicionamento do novo produto e talvez algo sobre sua forma ou fabricação. Depois, perguntamos: "Qual seria a probabilidade de você comprar um produto como esse, se nós o fabricássemos?".
>
> No *teste de uso do produto*, oferecemos alguns produtos aos clientes, para que eles o experimentem em uma situação normal, e depois fazemos a mesma pergunta: "Qual seria a probabilidade de você comprar um produto como esse, se nós o fabricássemos?".
>
> No *método de pseudovenda denominado "venda especulativa"*, procuramos o cliente, apresentamos um argumento de venda completo sobre o produto, de uma maneira muito semelhante ao marketing final, respondemos perguntas, negociamos preços e culminamos na pergunta de fechamento: "Se colocássemos este produto à venda, você o compraria?".

Normalmente, esse teste é realizado por vendedores comuns, que utilizam material de venda já desenvolvido e pronto para ser usado. Eles fazem falsas visitas de vendas, apresentando o novo produto como se ele estivesse disponível para ser comprado. Nesse caso, a diferença é que o produto é real, assim como o preço, as programações de entrega, a apresentação de vendas etc. O cliente-alvo é real, e o posicionamento é claro. O comprador não tem outra coisa a fazer senão tomar uma decisão. Mesmo que essa decisão se resuma única e exclusivamente ao pedido de algumas amostras para experimentação, tudo bem. A experimentação é a forma de o setor industrial realizar a primeira compra e, na verdade, é o que estamos tentando medir nesse momento.

Embora essa ferramenta normalmente seja utilizada para produtos industriais, ela pode ser empregada para determinados produtos de consumo. A Rubbermaid é um exemplo. A Rubbermaid vende seus produtos essencialmente por meio da estratégia *push* (empurrar), com algumas propagandas de imagem aos consumidores, mas a apresentação do produto restringe-se ao balcão das lojas. Como esse cenário pode ser facilmente reproduzido, a Rubbermaid utiliza o método especulativo em um cenário muito semelhante ao de um teste de conceito com um grupo focal (com a exceção de que utiliza um produto finalizado com informações sobre uso, preço etc.). O consumidor defronta-se com uma situação bastante similar a essa em uma loja e pode facilmente refletir sobre a possibilidade ou não de realizar uma compra.

Algumas das situações nas quais o método especulativo se enquadra são:

1. Quando as empresas industriais têm relações a jusante (*downstream*) muito estreitas com os compradores.

2. Quando o trabalho de um novo produto é técnico e está atrelado ao conhecimento especializado de uma empresa e, desse modo, necessita de pouca reação do mercado.

3. Quando o empreendimento envolve pouquíssimo risco e por esse motivo um método mais caro não é justificável.

4. Quando o produto é novo (digamos, uma nova matéria-prima ou um tipo de produto completamente novo) e um diagnóstico é essencial. Por exemplo, que alternativas o comprador em potencial vê ou quais aplicações possíveis lhe vêm à mente primeiro?

Não há propaganda em um teste de mercado de venda especulativa e várias são as formas de usá-lo. Por exemplo, algumas pessoas recusam a ideia de fazer uma apresentação ao comprador e depois revelar que ainda não há nenhum produto disponível para compra. Nesses casos, elas simplesmente dizem aos compradores: "Estamos nos preparando para comercializar um novo produto e gostaria de saber se você estaria interessado".

Mercado de teste simulado

As empresas de produtos embalados desenvolvem muitos produtos, embora o método de venda especulativa acima não funcione para elas. Além disso, elas desejam um método mais barato, mais confidencial e mais rápido do que os métodos de venda controlada e venda completa. Elas o encontram no modelo A-T-A-R, analisado no Capítulo 9. Esse método é um desmembramento do teste de conceito e tem lugar logo no início do processo de desenvolvimento. Pelo fato de ser aplicado logo no início, às vezes é chamado de *pré-teste de mercado* – teste realizado antes da preparação para a comercialização –, mas *mercado de teste simulado* é o termo mais comum atualmente. Grande parte do uso ocorre bem além do momento em que outro teste de mercado pode ser utilizado.[6] O nome *mercado de teste simulado* passou a ser empregado porque se utilizam fórmulas matemáticas para simular o mercado no momento em que chamamos todos os testes de mercado de "mercados de teste".

A ideia central é obter estimativas de *compra experimental* e *compra repetida*. A *consciência* provém do teste de componente da agência de propaganda, e os gestores da empresa fornecem os outros fatores – *unidades de mercado*, *disponibilidade*, *preços* e *custos* – que são necessários para transformar o A-T-A-R em previsão de vendas. Um exemplo de procedimento típico de mercado de teste simulado é apresentado na Figura 18.4, mas tenha em mente que os métodos variam consideravelmente de um fornecedor de pesquisa para outro.

Esses pré-testes normalmente englobam de 300 a 600 pessoas, exigem de 8 a 14 semanas e custam de US$ 50.000 a US$ 300.000, dependendo do número de ondas de vendas. Um dos fornecedores mais importantes dos mercados de teste simulados é o BASES, divisão da ACNielsen. O BASES associa dados de resposta do consumidor (semelhantes aos mostrados na Figura 18.4) com planos de marketing da empresa para avaliar o potencial de vendas de um novo produto, o que possibilita que o fabricante adapte a alocação de recursos de marketing para melhorar o potencial de sucesso do produto. Outro fornecedor proeminente é a Information Resources Incorporated ou IRI. Entre outros serviços, a IRI oferece um serviço de análise comparativa de novos produtos que consulta um extenso banco de dados de novos produtos para determinar níveis críticos de experimentação e repetição que podem significar o sucesso ou insucesso do novo produto que está sendo testado.[7]

Os serviços de mercado de teste simulado são oferecidos em diversas formas e sempre são aprimorados. Recentemente, por exemplo, o BASES começou a interceptar pessoas na *entrada dos supermercados* para lhes apresentar argumentos de vendas,

---

[6] Não confunda esses modelos de mercado de teste simulado com outros modelos, como o TRACKER, que são utilizados para interpretar os resultados iniciais obtidos nas cidades em que foi aplicado o marketing experimental. Os cientistas de marketing têm modelos para cobrir quase todas as etapas do desenvolvimento de novos produtos e o processo de marketing, mas aqui podemos abordar somente os líderes de uso.

[7] Visite o *site* dessas fontes, www.acnielsen.com e www.infores.com (esse último é o *site* da IRI). Outros fornecedores notáveis são NPD Group, em www.npd.com, Simmons Market Research Bureau, em www.smrb.com, e TNS, em www.tns-global.com.

FIGURA 18.4 Um exemplo de mercado de teste simulado em forma de interceptação em *shopping center*.

1. Os respondentes são abordados quando entram no *shopping center* e convidados a participar de uma pesquisa de marketing. (Pelo menos um fornecedor importante realiza essa etapa por telefone.) Antes da entrevista, os respondentes são escolhidos com base em observações (estimativas de idade, sexo, renda, estado civil etc.) e por perguntas (por exemplo, categoria de produto usada) durante uma breve entrevista no corredor do *shopping*. Funcionários de concorrentes serão eliminados nessa etapa. Os respondentes escolhidos são convidados a entrar em um recinto próximo para a realização da pesquisa, que normalmente é uma loja vazia do *shopping*.

2. Nesse recinto, os respondentes podem receber um questionário autoadministrado, com perguntas sobre atitudes e costumes em uma ou mais categorias de produto. Em seguida, o respondente ou um pequeno grupo de respondentes é exposto a um estímulo, como um comercial televisivo ou uma propaganda impressa. Um anúncio de TV pode ou não estar expresso em uma apresentação em televisão (por exemplo, quando na verdade é um programa de TV piloto que está sendo testado). Os anúncios impressos podem ser apresentados em algo semelhante a uma revista ou em folhas separadas. Vários anúncios são apresentados para que o respondente não tenha certeza sobre o que está sendo testado. Um dos anúncios refere-se ao novo produto que está sendo testado. Ele apresenta o relato completo, como alegações a respeito do produto e preço. (*Observação:* O método pode variar, dependendo do cliente e da empresa que está realizando o teste.)

3. Em seguida, o respondente é levado para outro recinto, normalmente algo semelhante a uma loja de conveniência com prateleira de produtos. O administrador do teste dá ao respondente dinheiro real ou de brinquedo, normalmente não suficiente para comprar algo, mas suficiente para tornar essa compra menos difícil. Um respondente muito predisposto pode sair imediatamente sem realizar uma compra mesmo se receber dinheiro real. Ele pode dar uma examinada e com sorte comprar o novo produto anunciado no primeiro recinto – o que produziria a segunda variável, *experimentação*. (Uma empresa proeminente não usa maquetes de loja em tamanho real. Ela simplesmente faz perguntas padrão sobre a intenção de compra dos respondentes e depois oferece uma amostra do produto àqueles que demonstraram interesse de compra.)

4. Em seguida, libera-se a maioria dos participantes. Talvez 10% deles sejam levados para outro recinto, no qual será realizada uma sessão de grupo focal. Outros 10% podem ser solicitados a preencher um questionário autoadministrado que aborda atitudes pós-exposição, uso que se pretende dar ao produto etc. Aqueles que compraram o produto são contatados posteriormente, aqueles que não compraram são indagados sobre o motivo de não terem comprado e os participantes podem receber pacotes experimentais do produto em agradecimento à sua participação no estudo.

5. Algum tempo depois (o tempo varia de acordo com a categoria de produto em questão), o respondente é contatado por telefone. Essa chamada pode ser identificada, mencionando-se a experiência vivenciada no *shopping*, ou pode ser camuflada. O objetivo é buscar informações sobre questões como uso do produto, reações e intenções futuras. Muitos detalhes são obtidos nesse momento, como quem usou o produto na família, como o produto foi usado e os produtos com os quais ele foi usado.

No final da chamada, pode-se oferecer ao respondente a possibilidade de comprar mais do produto. Esse é o primeiro passo em uma *onda de vendas*. O produto é entregue na residência do respondente pelo correio ou por meio de outro sistema e posteriormente outra chamada telefônica é realizada para coletar novas informações e oferecer outra oportunidade de venda. A onda de vendas fornece informações sobre outra variável fundamental – *repetição*.

fazer perguntas e oferecer cupons e posteriormente realizar um acompanhamento com o supermercado para ver quantas pessoas de fato compravam o produto depois que ele era disponibilizado na loja.[8]

Resultado

Os consumidores apresentam suas opiniões sobre o produto, compram ou solicitam alguns, demonstram suas reações etc. Contudo, como o principal objetivo é avaliar que saída o produto terá, vários serviços fornecem dados como taxa de experimentação, taxa de repetição, estimativas de participação de mercado e estimativas de volu-

---

[8] Uma avaliação excelente (embora ultrapassada) desses modelos de mercado de teste simulado pode ser encontrada em Allan D. Shocker & William G. Hall, "Pretest Market Models: A Critical Evaluation", *Journal of Product Innovation Management*, 3(3), September 1986, pp. 86–107.

me. As estimativas de volume são apresentadas quando elas associam taxas de experimentação e repetição com suposições do cliente sobre consciência, disponibilidade no varejo, ações da concorrência etc.

Um aspecto importante desse método é a simulação matemática. Se o cliente não gostar da previsão de vendas de um estudo, as variações são testadas facilmente. Por exemplo, pode-se "perguntar" a quantidade de experimentação necessária para se obter a participação no mercado desejada. Por sua vez, o custo para obter essa experimentação (por exemplo, dobrando o número de cupons atualmente programado para o período de introdução ou diminuindo o preço durante algum tempo) pode ser avaliado.

Há duas variações no procedimento acima e a diferença reside em como os dados são analisados. O principal fornecedor desse serviço (o BASES Group, apresentado pela primeira vez no Capítulo 9) utiliza uma abordagem razoavelmente simples, fundamentando-se em heurísticas (regras práticas deduzidas da experiência de tentativa e erro com situações anteriores comparáveis). Eles coletam dados brutos de experimentação e repetição gerados pelos testes e os ajustam utilizando um vasto conjunto de dados sobre lançamentos de produto comparáveis do passado para obter medidas ajustadas de experimentação e repetição. Em seguida, eles utilizam esses dados ajustados em sua versão de modelo A-T-A-R para projetar vendas e participação de mercado.

Outros fornecedores importantes utilizam modelos matemáticos, e não heurísticas, para deduzir as previsões. Essa abordagem exige que o cliente forneça mais informações, mas é mais útil para realizar simulações. Um dos modelos mais proeminentes é o ASSESSOR, que se distingue por sua capacidade de realizar duas previsões (uma que utiliza o modelo A-T-A-R e outra que utiliza o modelo de preferências) e comparar as duas para gerar previsões de participação de mercado.[9] Fabricantes de produtos de consumo como a SC Johnson muitas vezes testam novos produtos utilizando o procedimento de mercado de teste simulado do ASSESSOR.[10]

O modelo A-T-A-R do ASSESSOR projeta a participação de mercado relativa a um novo produto com base em estimativas de consciência, compras de experimentação e repetição. Os dados sobre os clientes são coletados por meio de um procedimento muito semelhante ao delineado na Figura 18.4. Com base nas variáveis do composto de marketing relativas à propaganda (que afetam a consciência), à distribuição (que afetam a disponibilidade) e à promoção de vendas (que afetam o número de amostras recebidas), obtém-se as estimativas de longo prazo ou de experimentação e repetição contínuas. Por meio da multiplicação das taxas de experimentação e repetição contínuas, obtém-se a participação de mercado de longo prazo projetada. O ASSESSOR possibilita que o gestor de produtos realize análises de cenário "e se", isto é, avalie os efeitos de mudanças nas variáveis do composto sobre a participação de mercado ou o lucro.

Novos avanços nos mercados de teste simulado

Falamos sobre a aceleração da informação (*information acceleration* – IA), uma técnica de teste de conceito virtual, no Capítulo 9. As técnicas de teste virtual foram associadas também com os procedimentos de mercado de teste simulado. Uma delas é chamada de *comprador visionário* (*visionary shopper* – VS). Nesse caso, o respondente

---

[9] O modelo ASSESSOR é descrito em A. J. Silk & G. L. Urban, "Pre-Test-Market Evaluation of New Packaged Goods: A Model and Measurement Methodology", *Journal of Marketing Research*, 15(2), May 1978, pp. 171–191; consulte também G. L. Urban & G. M. Katz, "Pre-Test-Market Models: Validation and Managerial Implications", *Journal of Marketing Research*, 20(3), August 1983, pp. 221–234.

[10] Gary L. Lilien, Arvind Rangaswamy & Timothy Matanovich, "The Age of Marketing Engineering", *Marketing Management*, Spring 1998, pp. 48–50.

é inserido em um ambiente de varejo virtual e incentivado a dar uma volta, "pegar produtos na prateleira" (tocando em uma imagem na tela), ler o rótulo e fazer compras. Um trabalho recente propõe que o VS pode ser incorporado em um modelo de compra como parte de um mercado de teste simulado, e o desenvolvimento avançado dessa técnica está a caminho no Reino Unido.[11]

Críticas

A técnica de mercado de teste também é alvo de críticas. Todas as empresas eficientes de produtos de consumo utilizam um ou mais desses métodos, mas não sabemos com que frequência nem com que confiança. A complexidade matemática é um problema e, por isso, alguns gestores podem duvidar dessas técnicas. Segundo, tudo no sistema é levemente falso: a intercepção em *shopping center* cria condições falsas logo no início, em seguida os estímulos são administrados de uma maneira não realista, a loja obviamente é fictícia e grande parte da atenção volta-se para o comportamento dos consumidores que estão sendo testados. Terceiro, os cálculos requerem um conjunto de pressupostos do cliente para aplicar as fórmulas (com relação à porcentagem de lojas que estocarão o produto, por exemplo, ou ao orçamento de propaganda, à qualidade da propaganda e à reação da concorrência). Esses números são em sua maioria pressuposições e/ou podem ser tendenciosos.[12] Além disso, esse método pode ser menos aplicável a produtos que são totalmente novos para o mercado ou que são vendidos predominantemente por meio de venda pessoal ou promoção no ponto de venda.

As empresas que fornecem esse serviço simplesmente perguntam: "Que outro método tem essa aproximação em um momento tão precoce?". Além disso, suas vendas com frequência são precisas, embora se acredite que talvez 50% de todos os produtos testados que são submetidos posteriormente a alguma forma de teste de mercado sejam malsucedidos nessa parte.[13] Desse modo, seu uso e as controvérsias continuam.

MÉTODOS DE VENDA CONTROLADA

Os métodos de pseudovenda são experimentos laboratoriais que podem fornecer informações bastante úteis nos testes de mercado iniciais. Os profissionais de marketing necessitam igualmente de métodos de teste que envolvam compras reais em algum ambiente de concorrência real, mas que consigam controlar uma ou mais dimensões da situação. Além disso, eles já desejaram um método de teste de mercado que presumisse a distribuição ou a obtivesse automaticamente sem que se precisasse despender tempo e dinheiro para isso. Desse desejo nasceram os métodos de teste de mercado de **venda controlada**.

Venda informal

Grande parte da venda industrial baseia-se em propriedades claramente identificáveis do produto. Os desenvolvedores de produto desejam que os compradores em

---

[11] Para examinar uma discussão sobre o uso de lojas virtuais na previsão de vendas, consulte Raymond R. Burke, "Virtual Shopping: Breakthrough in Marketing Research", *Harvard Business Review*, March–April 1996, pp. 120–131. Essa técnica é também apresentada em Phillip J. Rosenberger III & Leslie de Chernatony, "Virtual Reality Techniques in NPD Research", *Journal of the Market Research Society*, October 1995, pp. 345–355.

[12] Para examinar uma boa lista de prós e contras do mercado de teste simulado, consulte Muammer Ozer, "A Survey of New Product Evaluation Models", *Journal of Product Innovation Management*, 16(1), January 1999, pp. 77–94.

[13] Bruce D. Weinberg, *Roles for Research and Models in Improving New Product Development*. Cambridge, MA: Marketing Science Institute, 1990, p. 8.

potencial vejam o produto e ouçam sua história, realizem uma compra experimental (ou aceitem a oferta de uma amostra gratuita) e de fato usem o produto. Provavelmente haverá vendas repetidas, a menos que o teste de uso do produto tenha sido realizado de forma inadequada. A venda pessoal é a principal ferramenta promocional, e há pouca necessidade de avaliar a propaganda.

Portanto, o método óbvio é treinar alguns vendedores, passar-lhes o produto e o material de venda e incentivá-los a começar a fazer visitas de vendas. Esse método de venda informal pode ser utilizado até mesmo em feiras comerciais, em estandes comuns ou em instalações especiais próximas. Um exemplo é a divisão da 3M que se encontrava em um programa de emergência para comercializar uma nova junta de fibra óptica; para testar o produto no mercado, o gestor da equipe descobriu que haveria uma feira comercial justamente três meses antes da data de lançamento, na qual praticamente todos os compradores em potencial do produto estariam presentes. A título de observação final a respeito desse teste bem-sucedido, na noite anterior à abertura da feira, a equipe teve de identificar por que algumas fibras estavam se soltando das juntas; para isso, eles usaram um microscópio de brinquedo em um *shopping center* próximo.[14] Os profissionais de marketing precisam pensar e agir rapidamente.

No método de venda informal, as apresentações são reais e as vendas geram dinheiro. Normalmente, há tempo suficiente entre o pedido e a data prevista de remessa e a produção pode ser providenciada após a obtenção de uma quantidade suficiente de pedidos.

A venda informal difere do método de venda especulativa analisado anteriormente. Naquele método, perguntamos às pessoas se elas *comprariam*; aqui, pedimos para que elas *comprem*. E, do mesmo modo que a Rubbermaid foi mencionada como empresa de produtos de consumo que utiliza a venda especulativa, encontramos empresas de produtos de consumo que utilizam a venda informal. Todos os produtos vendidos principalmente por vendedores e diretamente aos usuários finais podem utilizá-la (a maior parte dos métodos de venda controlada evita o problema de estoque do varejista/distribuidor). Do mesmo modo, a maioria dos tipos de serviço.

Marketing direto

Outro método simples de venda controlada é o **marketing direto**. Embora o emprego do termo *marketing direto* varie, aqui ele inclui a venda direta de um produto (principalmente) de consumo pelo fabricante à unidade de consumo, por telefone, correio, TV, fax ou rede de computador. A título de exemplo, a LLBean e Lands' End são grandes empresas de venda direta. Elas podem testar facilmente algum novo tipo de serviço ou um novo produto ou linha de produto simplesmente o relacionando em *alguns* de seus catálogos e quantificando o número de pedidos. As vantagens são diversas: sigilo, rápido *feedback*, baixo custo, suporte de banco de dados e facilidade para testar inúmeras variações (utilizando vários catálogos).

Minimercados

Embora os métodos de venda informal e de marketing direto em essência evitem distribuidores e varejistas/revendedores, um terceiro método envolve pouquíssimos pontos de venda. O gestor de novos produtos primeiro seleciona um ou vários pontos de venda nos quais a venda do novo produto seria desejável. Por não serem uma amostra representativa, os pontos de venda tendem a ser maiores quando é possível

---

[14] Steve Blount, "It's Just a Matter of Time", *Sales & Marketing Management,* March 1992, pp. 32–43.

obter cooperação. Em vez de usar cidades inteiras (como no marketing experimental), usamos cada loja como uma minicidade ou **minimercado**, daí o respectivo nome.

A Black & Decker, por exemplo, conseguiu entrar em contato com o Walmart ou a Home Depot e fazer acordos para expor e vender uma nova versão de sua Snake Light. A empresa não podia utilizar propaganda em TV ou jornal local porque o produto é oferecido em apenas um ou dois pontos de venda, mas as lojas podiam anunciar o produto em *sua própria* propaganda e usar mostruários e demonstrações do produto e os vendedores/balconistas podiam oferecer um atendimento normal. Em alguns métodos (como oferecer abatimento ou bônus pelo correio), o pessoal de pesquisa de mercado podia utilizar o nome das pessoas que haviam comprado o produto para fazer um contato de acompanhamento.

O cenário de minimercado, além de mais barato, é mais realista, as situações de compra criadas são reais, existe grande flexibilidade na mudança de preço e de outras variáveis e o nível de confidencialidade é até certo ponto maior do que no marketing experimental. Obviamente, essa situação ainda assim é imaginada, porque a capacidade de obter distribuição não é testada – o teste de minimercado continua sendo uma venda controlada. O pessoal da loja pode exagerar no atendimento dado ao produto – isto é, dar muita atenção a ele e oferecer uma assistência que ele não terá quando for totalmente comercializado. E, naturalmente, de forma alguma é possível projetar as vendas em nível nacional. Várias empresas de pesquisa de mercado oferecem esse serviço aos fabricantes, utilizando lojas com as quais já estabeleceram relações anteriormente e utilizando também sua frota de *vans* para distribuir o produto rapidamente para mais do que apenas algumas lojas. Pelo menos uma das empresas tem mostruários do novo produto nos supermercados, onde eles são expostos. Observe que esse método não é muito científico; ele é utilizado para obter uma ideia inicial das vendas reais e/ou para lidar com problemas especiais que os desenvolvedores estão enfrentando (como confusão entre marcas, preço, instruções na embalagem, mau uso do produto ou posicionamentos diferentes). Ele nos informa sobre a experimentação e nos dá alguma ideia da repetição.

Uma variação dos minimercados, os **mercados de distribuição controlada por escâner** (*controlled-distribution scanner markets* – **CDSMs**), baseiam-se na tecnologia de escâner e foram alvo de grande atenção na área de produtos de consumo embalado. As empresas Information Resources Inc. (IRI) e ACNielsen oferecem o serviço de CDSM para fabricantes de produtos embalados. O CDSM BehaviorScan, da IRI, contempla oito cidades com aproximadamente 100.000 pessoas – por exemplo, Marion, Indiana e Visalia, na Califórnia. Em cada cidade, a empresa entra em contato com todos os pontos de venda de produtos de mercearia e pede para que instalem sistemas de escâner, se eles ainda não tiverem, por conta da IRI. Em troca, os varejistas concordam em compartilhar os dados dos escâneres com a IRI e cooperar em algumas outras atividades. A IRI forma também dois painéis de 1.000 famílias em cada cidade. Os participantes concordam (1) com a instalação de tecnologia eletrônica em seu aparelho de TV a cabo, (2) em divulgar seu contato com mídias impressas, (3) em fazer todas as compras de supermercado em lojas que tenham o BehaviorScan e (4) em usar um cartão especial (muito semelhante a um cartão de crédito) que identifica sua família. Diversos incentivos (como participação em loterias) são oferecidos às famílias para obter sua cooperação inicial e constante. As principais partes do sistema são (1) privilégios de interrupção em TV a cabo, (2) registro completo das outras mídias (por exemplo, revistas) consumidas por cada domicílio, (3) compras realizadas por cada família e (4) registro completo de 95% de todas as vendas dos produtos testados por meio do escâner dos caixas. A empresa de pesquisa garante estoque e distribuição imediatos em quase todas as lojas (esse também é um método de venda controlada).

A IRI tem conhecimento sobre praticamente todo estímulo que atinge cada família e sobre quase toda mudança que ocorre nos hábitos de compra de cada família.

Por exemplo, suponhamos que a Kraft queira testar no mercado uma nova versão de queijo *cheddar* chamada Cajun. Ela fecha um contrato com a IRI para comprar a categoria de queijo em uma ou mais das oito cidades. Em seguida, distribui o Cajun em uma cidade e inicia uma promoção local. Outra das oito cidades pode ser utilizada temporariamente como controle. A Kraft obtém o direito de inserir seus comerciais (por meio de interrupção a cabo em qualquer um dos domicílios (por exemplo, famílias mais jovens) que escolher. A Kraft sabe se as famílias assistiram à TV nos horários dos comerciais, se compraram algum Cajun, se o compraram novamente etc. Os dois painéis em cada cidade possibilitam que a Kraft utilize dois posicionamentos distintos em sua propaganda televisiva, um posicionamento para cada um dos painéis. As variações e os controles ampliam a imaginação. A Kraft pode identificar quantos dos domicílios mais afluentes que assistiram ao comercial inicial compraram o produto nos dois dias seguintes e o que eles adquiriram em sua compra anterior, o preço que pagaram, o que mais compraram naquele momento etc.

A ACNielsen oferece um CDSM semelhante, o Consumer Panel Service. O painel da Nielsen abrange bem mais de 120.000 domicílios nos Estados Unidos. Ele difere do BehaviorScan em alguns fatores importantes. Em vez de o cartão especial usado pelas famílias da IRI, as famílias da Nielsen têm uma caneta semelhante a um escâner com a qual elas registram suas compras em casa; essas informações são transmitidas diariamente para a Nielsen. Isso significa que o painel da Nielsen pode monitorar as compras feitas em todos os varejistas, não apenas nas lojas participantes, mas sua desvantagem é que os membros sempre precisam escanear todas as suas compras em casa. A Nielsen também está equipada para colocar anúncios televisivos de teste no ar, e não apenas nos domicílios com TV a cabo.[15]

Teste de mercado por escâner

Existem inúmeras variações no teste de minimercado, todas desenvolvidas para atender a situações e necessidades especiais. Uma delas, o **teste de mercado por escâner**, também resultou do sistema BehaviorScan da IRI.

Assim que o BehaviorScan foi instituído, os clientes começaram a solicitar mais dados escaneados à empresa (rápidos e detalhados, em comparação aos dados de auditoria de mercado tradicionais, que eram lentos e menos detalhados). Eles queriam manter os laboratórios do BehaviorScan, mas queriam também dados sobre grandes áreas, preferivelmente de todo o país. Por isso, a IRI desenvolveu o que se tornou conhecido como InfoScan, um sistema de auditoria de vendas em estabelecimentos que vendem produtos de mercearia. Essas auditorias eram realizadas nas lojas com sistemas de escâner e os dados eram divulgados para os principais mercados metropolitanos – a princípio, alguns e, atualmente, mais de cem. Na verdade, a cobertura é tão ampla que o serviço de mercado total do InfoScan hoje é comprado como um sistema nacional, embora possa ser comprado também para mercados específicos.

Como o contato que a IRI mantém com as lojas que ela utiliza é extremamente bom, ela consegue garantir a estocagem de um novo produto, ainda que pague um preço por isso. Sem essa garantia, o processo de *sell-in* dependerá do que as empresas conseguirem fazer. Desse modo, os dados do InfoScan podem ser usados em um *teste de minimercado* – por exemplo, comprar estoque de mercado em Indianápolis e Denver e avaliar as vendas do novo produto nessas cidades. A maior parte dos métodos de

---

[15] Para obter mais informações, visite o *site* da IRI e da Nielsen: www.infores.com e www.acnielsen.com.

teste de minimercado é utilizada em um pequeno subconjunto de lojas e, por isso, não possibilita propaganda nas mídias mais importantes dessas áreas – todas as mídias locais estão disponíveis em um mercado InfoScan. Ou os dados do InfoScan podem ser usados em um *mercado de teste* em que o novo produto é introduzido por meio do processo de *sell-in natural* – visitas a varejistas ou distribuidores de Nashville e Albuquerque, por exemplo. Se eles quiserem, eles podem comprar dados das lojas de duas outras cidades – digamos, Rochester e Kansas City – nas quais o novo produto *não* está sendo vendido, para compará-los com os das outras duas em que o produto está sendo vendido. Os pares de cidades não são escolhidos e correlacionados com tanto cuidado quanto o são no marketing experimental tradicional. Ou, em terceiro lugar, os dados podem ser usados quando a empresa começar a vender um novo produto nos principais mercados do Oeste, levá-lo para mercados próximos nos estados montanhosos e assim por diante em outras regiões do país. Em breve, veremos que esse procedimento se trata de um teste de mercado de *lançamento gradativo* (*rollout test*).

Desse modo, o InfoScan é um *método de desenvolvimento de teste de mercado e de coleta de dados*. Ele não é um método de teste de mercado em si, mas serve de apoio para a maioria deles. Para ajudar nisso, a IRI desenvolveu também painéis domiciliares em todos os seus mercados para que os clientes possam acompanhar as compras de cada família e processar alguns aspectos de seu sistema laboratorial BehaviorScan particular. Alguns gestores de empresas de produtos de consumo chamam o InfoScan de mercado de teste *ao vivo*, para distingui-lo dos modelos de mercado de teste simulado, e outros o chamam de *teste no mercado* (*in-market*), para distingui-lo das cidades laboratoriais menores do serviço de teste eletrônico BehaviorScan.[16] Como o fabricante pode obter tantas informações de um único fornecedor (compras, dados demográficos e comportamento de mídia dos domicílios e resposta a promoções e preços), o InfoScan e seus concorrentes são conhecidos como **sistemas** *single source* (fonte única). O que encanta nos sistemas *single source* é a flexibilidade para realizar diferentes coisas em vários mercados distintos, com serviços coordenados, alto nível de detalhamento e (melhor de tudo) no prazo de alguns dias, e não meses.

Nesse caso também, a ACNielsen é um concorrente direto com um produto semelhante, SCANTRACK Services, que coleta dados semanalmente de mais de 4.800 lojas de alimentos/medicamentos, em 50 grandes mercados. Esses dados provêm também de drogarias, hipermercados e lojas de conveniência e, no caso de categorias de produto em que as vendas não escaneadas são mais comuns, como cigarros e doces, os dados escaneados são complementados por dados de auditoria das lojas. A Nielsen também fornece os relatórios Índice Nielsen Alimentar (Nielsen Food Index – NFI). Os gestores podem obter os relatórios SCANTRACK e NFI da Nielsen *on-line*. Além disso, os varejistas usam seus próprios dados escaneados para testar alternativas de preço e disposição nas prateleiras.

Para atender às necessidades sempre crescentes das empresas de produtos de consumo embalados, tanto a Nielsen quanto a IRI oferecem serviços de sistema especialista (*expert system services*), que esquadrinham uma enorme quantidade de dados escaneados para oferecer relatórios úteis aos gestores. A IRI oferece o Sales Partner, que esquadrinha dados escaneados do varejo para identificar argumentos de venda e redige relatórios que os representantes de vendas dos fabricantes podem utilizar em suas visitas de vendas aos varejistas. Outro produto da IRI, o CoverStory, redige um breve relatório de pesquisa de mercado (que contém elementos visuais e gráficos)

---

[16] A IRI vai mais além, oferecendo variações do serviço básico. Por exemplo, além do teste de *mercado* controlado que acabamos de descrever, a empresa oferece também teste de *loja* controlado, em que se estudam as atividades em uma cadeia.

para os gestores de produtos ressaltando tendências e eventos apreciáveis em seus produtos. A Nielsen oferece o Sales Advisor, que elabora resumos dos dados de vendas e apresentações eficazes de informações de marketing, também para os representantes de vendas dos fabricantes usarem em suas visitas de vendas.[17]

MÉTODOS DE VENDA COMPLETA

Em um teste de mercado de venda completa, *todas* as variáveis são consideradas, incluindo a concorrência e o comércio. O que é testado são as realidades de um lançamento em nível nacional. Em primeiro lugar, virá o marketing experimental e, depois, o método que mais cresce, o lançamento gradativo (*rollout*).

Marketing experimental

Marketing experimental refere-se ao tipo de teste de mercado em que uma parte representativa do mercado total (normalmente, um ou mais mercados metropolitanos dentro ou ao redor das cidades) é escolhida para um ensaio geral. Quando ouvimos falar que um novo produto está sendo testado em Evansville, Boise ou Dubuque, provavelmente é em forma de mercado de teste. O que normalmente ocorre é que a empresa primeiro escolhe duas cidades, por exemplo, nas quais venderá o novo produto e duas cidades bastante semelhantes às primeiras nas quais o produtos não será vendido. Todas as quatros são rigorosamente monitoradas, o estoque do novo produto é auditado e as vendas são auditadas – tanto pelo sistema InfoScan quanto por outro método de coleta de dados de compra e de estoque nas lojas com base nos quais as vendas possam ser calculadas. O que eles tinham, mais o que eles compraram, menos o que sobrou na visita ou ligação seguinte do auditor é igual ao que eles devem ter vendido (sem contar o que foi abandonado).

O *objetivo* de grande parte do marketing experimental mudou atualmente. Embora o objetivo inicial fosse prever o lucro e, desse modo, ajudar a empresa a decidir *se* deveria optar pelo lançamento nacional, hoje as empresas o utilizam para fazer um ajuste fino em seus planos e descobrir a *melhor forma* de fazer isso. O marketing experimental é muito caro para ser utilizado como teste final.

Essa é uma distinção fundamental, tal como demonstra o teste de mercado tradicionalmente utilizado nas peças e nos musicais da Broadway. Alguns deles *têm* de ser apresentados em Detroit ou Boston para demonstrar seu valor, mas essas operações são pequenas e de baixo custo e destinam-se a locais fora da Broadway. Os grandes espetáculos gastam dinheiro real quando vão *para* Detroit, onde o trabalho passa por ajustes, o volume e as previsões de custo são confirmados etc. Uma produção importante malsucedida em Detroit é uma raridade.

Um exemplo que ilustra bem de que forma uma empresa ajustou seu plano de marketing é o desenvolvimento do adoçante artificial NutraSweet (aspartame), da Searle. Quando o NutraSweet foi desenvolvido pela primeira vez, a Searle originalmente imaginou que o mercado-alvo natural seriam usuários de adoçantes artificiais que não gostavam do sabor residual da sacarina. Nos mercados de teste regionais, a empresa constatou que o mercado-alvo real era bem diferente e, na verdade, era bem mais amplo e mais lucrativo: usuários de açúcar insatisfeitos. Ao que se revelou, muitos usuários de sacarina na verdade preferiam o sabor da sacarina.[18] Do mesmo

---

[17] Visite o *site* dessas duas empresas para obter informações mais atualizadas.

[18] Gary S. Lynn, Mario Mazzuca, Joseph G. Morone & Albert S. Paulson, "Learning Is the Critical Success Factor in Developing Truly New Products", *Research-Technology Management*, May–June 1998, pp. 45–51.

modo, quando a P&G estava se preparando para lançar o desodorizador de tecidos Febreze (uma nova categoria de produto), foi conduzido um extenso teste de mercado de dois anos em Phoenix, Tucson, Salt Lake City e Boise. Embora o Febreze tenha sido direcionado originalmente para um mercado de nicho (fumantes que desejavam remover o odor de cigarro das roupas), o mercado de teste demonstrou que o potencial de mercado era bem mais amplo: identificou-se que as famílias com crianças pequenas ou animais de estimação eram usuários intensos.[19]

Algumas vezes utilizam-se também outros países como mercados de teste, quando as empresas estão procurando se expandir internacionalmente ou minimizar os riscos de lançamento. A P&G ou Colgate-Palmolive pode comercializar um novo sabonete ou xampu no Brasil, para testar a provável aceitação do produto na América Latina, ou na Irlanda, para testar sua aceitação na Europa. Tanto a Pepsi-Cola quanto a Miller lançaram novas bebidas no Canadá como um tipo de mercado de teste para um futuro lançamento nos Estados Unidos.[20]

Prós e contras

Diferentemente de outros métodos de teste, o objetivo do marketing experimental é oferecer condições típicas de mercado e, desse modo, possibilitar as melhores previsões de vendas e a melhor avaliação de alternativas de estratégias de marketing. Ele reduz o risco de um fracasso total ou de grande proporção.

O mercado de teste constitui a *fonte de informações* mais abundante (como vendas, uso, preços, reações e apoio dos revendedores, publicidade e reações da concorrência) e oferece vários outros subprodutos menos importantes, mas ocasionalmente valiosos. Por exemplo, uma empresa menor pode usar os resultados bem-sucedidos de um mercado de teste para ajudar a *convencer os distribuidores nacionais* a arriscar-se a estocar o produto.

O mercado de teste possibilita também a *verificação da produção*. A Nabisco enfrentou um problema com o Legendary Pastries quando um ingrediente aparentemente inofensivo presente na mistura da cobertura enlatada fazia com que o produto explodisse na prateleira da cozinha. A Nabisco poupou grandes somas de dinheiro ao optar por um mercado de teste. Outras empresas foram surpreendidas pelos efeitos de *umidade* ou *temperatura*, *mau uso* pelo pessoal de distribuição, *usos engenhosos indesejados* do produto e *mal-entendidos de modo geral* por parte do pessoal da empresa ou de distribuição.

Obviamente, esse método é *caro*: os custos diretos chegam facilmente a US$ 500.000 ou mais por cidade; muitos custos indiretos (para preparação do produto, treinamento especial etc.) também precisam ser considerados. No estudo de caso da Pepsi-Kona, no final deste capítulo, o mercado de teste de Filadélfia sozinho certamente superou esse valor em custo se considerarmos produção e engarrafamento, distribuição, produção de um comercial profissional para televisão e outros custos de propaganda e promoção, compra de mídia etc.

Esses custos normalmente são aceitáveis quando os dados são precisos, possibilitando, desse modo, que os mercados de teste sejam projetados com relação à quantidade de vendas em nível nacional. Mas os *resultados do mercado de teste na verdade não são projetáveis*. Não podemos controlar todos os *fatores ambientais*; o pessoal da empresa tende a *dedicar-se excessivamente* aos programas de teste; os revendedores podem dar uma *atenção exagerada ou insuficiente* ao produto; e existe sempre a tenta-

---

[19] Anônimo, "Odor Removal Spray Introduced", *Supermarket News*, July 13, 1998, p. 44; e Jack Neff, "P&G Shifts Ad Focus for Rollout of Febreze", *Advertising Age*, April 6, 1998, p. 16.

[20] Masaaki Kotabe & Kristiaan Helsen, *Global Marketing Management, Update 2000* (New York: John Wiley & Sons, 1998), pp. 324–325.

ção de *adoçar a proposta comercial* de uma maneira irrealista em virtude do medo de uma distribuição inadequada destruir o teste como um todo.

Além disso, existe a questão do *tempo*. Um bom teste pode levar um ano ou mais, o que propicia à concorrência uma visão total da estratégia da empresa que está testando, tempo para preparar um contra-ataque e até a oportunidade de saltar diretamente para a comercialização nacional de um produto semelhante (consulte os exemplos na Figura 18.5). Antigamente, a P&G costumava testar amplamente a maioria dos novos produtos no mercado. Hoje, vários produtos da empresa passam diretamente de um mercado de teste simulado que tenha gerado bons resultados para o lançamento nacional, embora em alguns casos, em que há maiores riscos ou incertezas (tal como ocorreu com o Febreze, mencionado anteriormente), um mercado de teste de ampla escala, de três anos, ainda possa ser utilizado. De modo semelhante, quando a Starbucks lançou seu café instantâneo Via, conduziu primeiro testes de mercado tradicionais em determinadas cidades para só então lançá-lo no mercado norte-americano e depois mundialmente. Embora parecesse um lançamento simples, a administração reconheceu corretamente os riscos, o que justificou um teste amplo. Por exemplo, a Starbucks precisava determinar se o Via seria percebido como um produto de alta qualidade digno do nome Starbucks, se seria possível oferecer as características mais desejadas pelos clientes da Starbucks (café forte e saboroso) no café instantâneo, se os clientes da Starbucks ficariam céticos com relação a qualquer café instantâneo, se o formato de pacote individual seria aceito ou desejado, etc. Além disso, qualquer falha importante no Via poderia ter manchado o *brand equity* geral da Starbucks.[21]

Adicionalmente, os *concorrentes podem provocar confusões na cidade em que está sendo realizado o teste de mercado* com uma torrente de cupons e outros recursos para

FIGURA 18.5 Um risco do marketing experimental: mostrando as mãos para o concorrente.

- A Kellogg monitorou as vendas do Toast-Ems, da General Foods, quando o produto estava sendo testado no mercado. Ao perceber que o produto se tornaria popular, a empresa rapidamente lançou o Pop-Tarts em âmbito nacional, antes de a General Foods concluir o teste.
- Depois de ter inventado o café instantâneo liofilizado e enquanto submetia sua marca Maxim a um marketing experimental, a Nestlé contornou a General Foods com o Taster's Choice, que então se tornou a marca líder.
- Enquanto a Procter & Gamble estava envolta com o marketing experimental de seu biscoito com gotas de chocolate, a Nabisco e a Keebler lançaram biscoitos semelhantes em nível nacional.
- O mesmo ocorreu com o limpador de vaso sanitário Brigade da P&G. Esse produto estava sendo comercializado experimentalmente já havia três anos, período durante o qual o Vanish e Ty-D-Bol se consolidaram no mercado.
- Embora a Campbell estivesse comercializando experimentalmente o molho de macarrão Prego, a Ragú intensificou sua propaganda e promoção (para distorcer os resultados do teste do Prego) e além disso desenvolveu e lançou um novo molho, o Ragú Homestyle.
- Os resultados do teste de mercado da General Foods para uma nova comida de bebê congelada pareciam bastante animadores, mas a empresa acabou descobrindo que a maior parte das compras estava sendo realizada pelos concorrentes Gerber, Libby e Heinz.

Fontes: J. P. Guiltinan & G. W. Paul, *Marketing Management: Strategies and Programs*, 4th ed. (New York: McGraw-Hill, 1991); G. L. Urban & S. H. Star, *Advanced Marketing Strategy* (Englewood Cliffs, NJ: Prentice-Hall, 1991); E. E. Scheuing, *New Product Management* (Columbus, OH: Bell & Howell, 1989); Robert M. McMath & Thom Forbes, *What Were They Thinking?* (New York: Times Business, 1998); G. A. Churchill, *Basic Marketing Research* (Fort Worth, TX, Dryden, 1998); e outros.

---

[21] Julie Jargon, "Starbucks Takes New Road with Instant Coffee: Company Launches Marketing Campaign and Taste Challenge to Tout Its Portable, Less Expensive Product Via", *The Wall Street Journal*, September 29, 2009, p. A29.

diminuir falsamente as vendas do produto em teste. Um gestor de produtos do setor de cereais certa vez disse que sua empresa costumava oferecer cupons valiosos para seus produtos quando percebia que um concorrente estava realizando um teste de mercado. Quando lhe perguntaram por que sua empresa não experimentava fazer alguma coisa mais envolvente ou estimulante, ele simplesmente respondeu: "Isso funciona!". Citando outra tática, os vendedores concorrentes podem se sentir persuadidos a comprar grande quantidade de um novo produto em teste para aumentar falsamente os relatórios de vendas desse produto.[22]

Os parâmetros de teste

Existe um extenso conjunto de publicações sobre teste de mercado e a maior parte das principais empresas de consultoria em pesquisa de mercado está preparada para desenvolver testes apropriados para qualquer situação. Portanto, não há necessidade de detalhamento aqui. As perguntas mais comuns são: "Onde devemos realizar o teste?" e "Qual deve ser a duração do teste?".

Escolhendo mercados de teste Toda empresa de testes experiente tem uma estrutura ideal de cidades ou áreas. As agências de propaganda mantêm uma lista. A escolha de duas ou três cidades a serem utilizadas não é simples, mas normalmente os dados demográficos e o nível de concorrência devem ser representativos, o canal de distribuição não deve ser muito difícil de entrar e não deve haver nenhuma peculiaridade regional no consumo do produto. Uma consideração interessante é a cobertura de mídia: para evitar desperdício na exposição, normalmente determinados mercados têm mídia impressa e mídia eletrônica que cobrem apenas aquele mercado, e não uma imensa área circundante.

Duração do teste Não há resposta à pergunta sobre a duração de um teste de mercado, tal como evidenciado por um vice-presidente de marketing que afirmou que ele precisava de 24 a 36 meses para um produto para plantas, mas de 6 a 9 meses para um chocolate em barra. Consulte a Figura 18.6 para examinar alguns dados sobre ciclos de compra; as amplas variações são somente um fator na decisão sobre a duração do teste.

O lançamento

O marketing experimental não está morto, mas atualmente os profissionais de marketing preferem o método de teste de mercado denominado **lançamento gradativo** (*rollout*). Esse método tem a importância de um ensaio geral em um teste de mercado, mas evita vários de seus problemas. Algumas vezes ele é chamado de *marketing em camadas* ou *marketing limitado*. Aliás, muitas empresas provavelmente dirão que não realizam teste de mercado, mas que utilizam lançamentos gradativos com frequência.

Suponhamos que uma seguradora importante crie uma nova apólice que oferece melhor proteção por um preço mais baixo para pessoas que se exercitam regularmente. A administração decide testar esse novo serviço no mercado primeiro colocando-o à venda na Califórnia, uma área presumivelmente prioritária para uma apólice desse tipo. Seus corretores independentes realizam seu trabalho, a apólice tem uma boa saída e, então, a empresa a oferece a corretores da Costa Oeste. Novamente, a apólice tem boa saída, e o ampliação *geográfica* continua. Uma divisão da 3M comercializa os produtos na Argentina antes de lançá-los nos países da Europa.

---

[22] Essa técnica ainda está sendo utilizada, dessa vez no setor de livros, no qual alguns autores fazem compras nas lojas cujas vendas estão sendo auditadas para inclusão na lista nacional de *best-sellers*. A maioria das empresas instiga os vendedores a recrutar vizinhos para que façam compras e incentivem as lojas a estocar.

FIGURA 18.6 Ciclos de compra em determinadas categorias de produto.

	Frequência de compra média (semanas)	Penetração média em quatro semanas (porcentagem)		Frequência de compra média (semanas)	Penetração média em quatro semanas (porcentagem)
Purificadores de ar	6	12,3%	Bebidas de fruta	4	27,8%
Suprimentos de panificação:			Refrescos em pó pré-adocicados	8	13,2
Açúcar mascavo	17	13,6	Cuidados com a roupa:		
Misturas de bolo	10	29,6	Sabões para serviços pesados	5	50,4
Vitaminas mastigáveis	26	0,8	Removedores de manchas e sujeiras	25	4,7
Detergentes:			Água sanitária	6	18,3
Detergentes para todos os fins	35	3,4	Margarina	3	71,7
Limpa-vidros	27	7,1	Aditivos de leite	9	11,8
Limpadores de tapetes	52	2,4	Antisséptico bucal	13	9,7
Limpadores de banheiro	25	4,2	Alimentação para animais:		
Café	3	53,1	Gatos (total)	2	14,1
Comidas congeladas:			Cães (ração seca)	4	23,2
Pratos principais congelados	6	19,5	Cães (total)	2	41,8
Pizza congelada	8	21,1	Passas de uva	18	8,3
Lustra-móveis	27	7,0	Molhos para salada	6	32,9
Cuidados com o cabelo:			Coberturas para salada	8	1,2
Tonalizadores	12	4,7	Snacks	3	17,7
Xampu	8	23,4	Molho para carnes	23	5,4
Sucos/bebidas:			Pasta de dente	9	33,1
Sucos de fruta	3	33,6			

Observação: A primeira coluna é o tempo médio entre as compras da categoria citada pelos domicílios no painel da ADTEL. A segunda coluna é a porcentagem de domicílios no painel que realizam pelo menos uma compra no período de quatro semanas. Ambos os números contribuem para a decisão sobre a duração do teste de mercado. Fonte: ADTEL, Inc.

A Colgate adota a estratégia de país líder (*lead country*) e recentemente comercializou o xampu Palmolive Optims nas Filipinas, na Austrália, no México e em Hong Kong antes de lançá-lo na Europa, na Ásia e em outros mercados do mundo.

As áreas iniciais não são *representativas*, mas são áreas em que a empresa acredita ter as pessoas corretas e talvez os mercados corretos para que tudo vá para a frente. Algumas empresas desejam que a área seja difícil, e não fácil. Por exemplo, a Miles Laboratories estava comercializando glicosímetros para autoteste de diabetes e constatou que suas divisões de vendas precisariam cooperar; os vendedores da divisão Diagnostic conhecem a tecnologia e os vendedores da divisão Consumer Healthcare conhecem os farmacêuticos varejistas. A empresa escolheu a cidade de Nova York, afirmando o seguinte: "Em virtude da complexidade do mercado, se conseguirmos

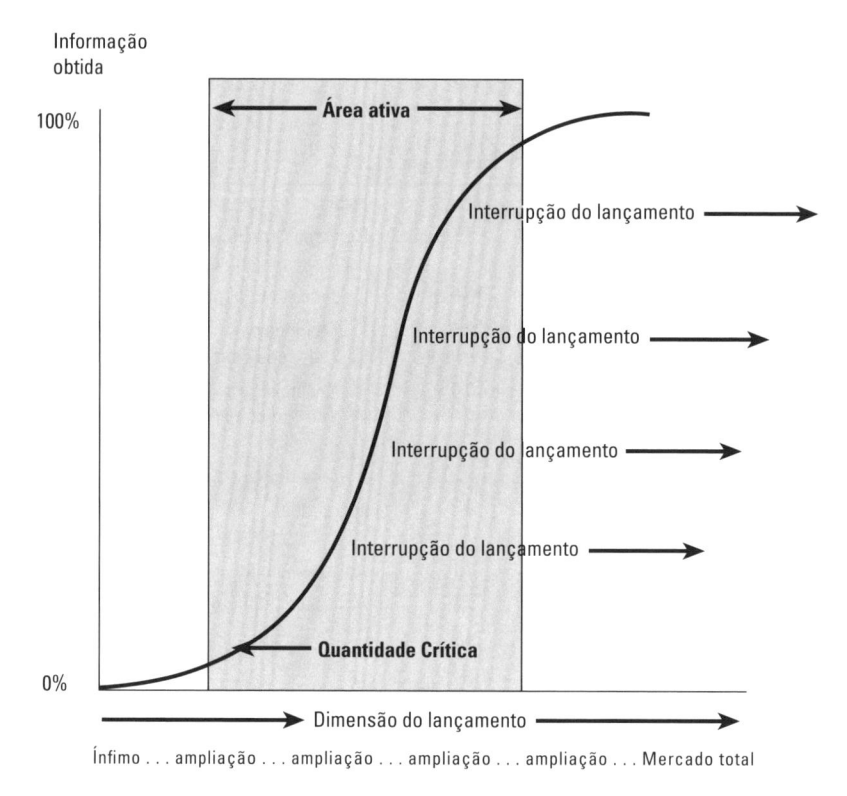

```
                    Informação
                    obtida

                    100%          ←———— Área ativa ————→

                                                    Interrupção do lançamento ——→

                                                    Interrupção do lançamento ——→

                                                    Interrupção do lançamento ——→

                                                    Interrupção do lançamento ——→

                                        ←— Quantidade Crítica
                    0%
                              ————→ Dimensão do lançamento ————→
                    Ínfimo ... ampliação ... ampliação ... ampliação ... ampliação ... Mercado total
```

Comentário: Não faz muito sentido começar com uma porção ínfima do mercado e há um bom motivo para saltar para uma cobertura do mercado total tão logo você obtenha as informações (ou o volume de vendas) das quais necessita.

FIGURA 18.7 Os padrões das informações obtidas em vários estágios do lançamento.

ser bem-sucedidos na cidade de Nova York, poderemos lançá-lo em outras partes do país com uma razoável garantia de sucesso".[23]

Em segundo lugar, não havia dúvida sobre o que a empresa estava fazendo com esse procedimento: *estava lançando o novo produto*. Consulte a Figura 18.7 para examinar a decisão sobre quando lançar e em que medida ampliar o lançamento gradativo antes de optar pelo lançamento nacional completo.

A Kodak experimentou lançar em âmbito nacional seu Sistema Fotográfico Avançado (Advanced Photo System – APS), também conhecido como Advantix, que, em retrospecto, talvez devesse ter sido lançado gradativamente. Esse sistema foi um dos últimos avanços importantes na fotografia com filme, antes de a fotografia digital tornar-se padrão, e muita coisa pegou carona com o lançamento bem-sucedido dessa tecnologia, que era incompatível com a tecnologia das câmeras de filme da época. O plano era lançar o sistema no início de 1996, com o apoio de uma campanha de propaganda de US$ 100 milhões, catálogos e outros itens promocionais. O problema aqui foi que a demanda superou em muito as expectativas. A imprensa do setor havia publicado críticas indiferentes e mornas sobre o APS, possivelmente porque os desenvolvedores da Kodak não haviam fornecido informações completas à imprensa

---
[23] Leslie Brennan, "Meeting the Test", *Sales and Marketing Management*, March 1990, p. 60.

sobre os benefícios desse sistema. Por esse motivo, as projeções de vendas e os planos de produção foram moderados. A propaganda intensa resultou em uma demanda inesperadamente alta, e a Kodak foi obrigada a correr para aumentar a produção para níveis novos e mais altos. No mês de agosto (quando o ritmo de fotografias na estação do verão já havia atingido seu pico e começado a diminuir), cadeias como Walmart e Phar-Mor tinham câmeras e filme APS somente em algumas de suas lojas, quando muito. A essa altura, o apoio da propaganda e das promoções nas lojas já havia diminuído consideravelmente. Segundo especialistas do setor, se a Kodak queria tanto fazer um lançamento em âmbito nacional, provavelmente deveria ter esperado pelo menos até junho, ou até mesmo até o outono. Um lançamento gradativo poderia ter ajudado a Kodak a aferir o nível das vendas em um pequeno mercado e a ajustar a produção para plena escala e o apoio crescente da propaganda à medida que o produto fosse lançado nacionalmente.[24]

Vejamos outro exemplo. Suponhamos que uma empresa de colas industriais desenvolvesse uma nova cola adequada para várias *aplicações*, como fixação de tijolos em chapas de aço, fixação de tapumes de isolamento em caibros 2 por 4 em residências e fixação de telhas de madeira em folhas de compensado. A cola foi testada em campo em todas as três aplicações e testada por meio de vendas informais a empresas de telhado em uma das aplicações (telhas de madeira), caso em que teve boa resposta. A empresa deveria oferecer a cola para as três aplicações de uma só vez? Os argumentos contra incluem (1) a cola não foi submetida a teste de mercado nas duas primeiras aplicações, (2) essa medida extenuaria os recursos, (3) a variedade de aplicações confundiria os clientes, que são da área de construção civil e ouviriam falar de todas as três iniciativas de venda, e (4) o gestor de novos produtos deseja ter alguma experiência para falar a respeito quando entrar nos segmentos de tijolos e tapumes porque essas áreas são extremamente competitivas. As resposta aqui é fazer um lançamento gradativo por *segmento de negócio*. Comercializar a nova cola primeiramente no segmento de telhas de madeira, ganhar experiência, aumentar o fluxo de caixa e criar credibilidade. Em seguida, começar a vendê-la gradativamente a empresas de tapumes e realizar quaisquer mudanças que forem reveladas. Posteriormente, lançá-la no segmento de tijolos.

Outra situação de lançamento gradativo com relação a essa mesma empresa de colas seria se houvesse somente uma aplicação importante e o produto (1) tivesse melhor margem de contribuição e (2) exigisse muito treinamento por parte dos representantes dos distribuidores. A empresa de cola poderia optar por começar a vender a cola por meio de um de seus melhores distribuidores (o que fosse mais amistoso), aquele que estivesse disposto a levar o novo produto adiante. Quando isso desse certo, a empresa poderia lançá-la gradativamente para outros distribuidores sobre os quais ela tivesse cada vez menos *influência*, utilizando o sucesso anterior para persuadi-los.

Um último exemplo pode ser encontrado na área de publicação de revistas, na qual as novas revistas normalmente são oferecidas primeiro por meio do *canal* de bancas e depois, quando vendem bem, em promoções por mala direta aos assinantes. As empresas de brinquedos também utilizam esse tipo de lançamento por canal. Uma nova linha de bonecas ou de carros em miniatura pode ser lançada apenas no Walmart ou Toys "R" Us, visto que ambos representam uma enorme porcentagem das vendas de brinquedos no mercado dos Estados Unidos. Se os produtos tiverem boa saída nesses lugares, e os varejistas não enfrentarem nenhuma dificuldade para estocar ou reabastecer brinquedo, elas procuram cadeias menores e vendedores independentes de brinquedos.

---

[24] Wendy Bounds, "Camera System Is Developed but Not Delivered", *The Wall Street Journal,* August 7, 1996, pp. B1, B6.

Outras formas assumidas pelo lançamento

Esses exemplos compreendem as principais formas assumidas pelos lançamentos gradativos – por geografia, aplicação, influência e canal de distribuição. Seguem algumas outras situações de lançamento gradativo:

- A Sega queria sair na frente da Nintendo e da Sony para obter espaço de prateleira antes do outono e da temporada de vendas de fim de ano. Para isso, utilizou determinadas lojas da Toys "R" Us e outras lojas de eletrônicos de consumo para vender alguns produtos novos em abril.[25]
- A resposta competitiva da P&G ao movimento da Kimberly-Clark de entrar com suas fraldas Pull-Up na Europa foi introduzir a Pampers Trainers na Irlanda e na Holanda. Além disso, a P&G lançou a nova Trainers no Canadá, mas se recusou a afirmar quando (ou se) o lançamento continuaria pela Europa ou do Canadá para os Estados Unidos.
- O Prodigy foi lançado primeiramente em San Diego, enquanto o Discover Card foi lançado originalmente em Atlanta – ambos exemplos de utilização do lançamento gradativo quando a essência de um serviço ainda está sendo desenvolvida.
- A pasta de dente Tom's of Maine utiliza lançamentos gradativos para entrar em um mercado por vez, sem incorrer em custos de propaganda e taxas de locação de espaço em prateleira. Essa marca utiliza o rádio com uma abordagem pessoal local.
- Concluindo, por muito tempo nos lembraremos de um dos lançamentos de *software* de computador mais caros de todos os tempos – do Windows 95 em agosto de 1995. Mas, antes disso, a Microsoft utilizou testes beta em empresas durante dois anos, acrescentando mensalmente novos aplicativos e usuários, que totalizaram mais de 2.000. Tratava-se de um lançamento gradativo, e agosto de 1995 não constituiu uma introdução única no mercado como um todo.

Contrastes com o marketing experimental

O lançamento gradativo tem várias vantagens. A maior delas é que esse método oferece à administração a maior parte do conhecimento obtido em um teste de mercado, bem como uma espécie de saída de emergência em que não se perde toda a verba se as coisas derem errado, e nos possibilita igualmente avançar em direção a uma disponibilidade em nível nacional à medida que os resultados do lançamento inicial começam a se evidenciar. Isso é importante na disputa competitiva porque o marketing experimental oferece à concorrência tempo para lançar seus produtos enquanto ainda nos encontramos na fase de teste de mercado ou nos preparando para um lançamento nacional.

Isso parece muito bom para ser verdade? Qual é a desvantagem? Em várias situações, não há nenhuma desvantagem, e a técnica é justificadamente crescer com rapidez. Outras empresas talvez considerem o lançamento gradativo simplesmente um risco tão alto quanto um lançamento total. Veja por quê:

1. O maior investimento das empresas pode ser em uma nova instalação de produção e o lançamento exigir uma fábrica com produção plena logo no início.
2. Talvez as empresas estejam em um setor em que os concorrentes conseguem se mover muito rapidamente (por exemplo, porque não há necessidade de nenhuma patente ou de novas instalações), caso em que o marketing lento (*slow mar-*

---

[25] Jim Carlton, "Sega Leaps Ahead by Shipping New Player Early", *The Wall Street Journal*, May 11, 1995, p. B1.

keting) lhes ofereceria uma possibilidade de salto equivalente à que o marketing experimental ofereceria.
3. Os distribuidores disponíveis são influentes e nenhum deles pode ser considerado um amigo disposto a confiar nelas.
4. As empresas precisam de uma publicidade nacional que somente o lançamento total pode lhes oferecer; os lançamentos gradativos tendem a não ser dignos de notícia.

RESUMO DAS METODOLOGIAS DE TESTE DE MERCADO

Todos os dez métodos nas três categorias da Figura 18.3 podem ser empregados isoladamente e várias empresas utilizam aquele que elas acreditam que seja o melhor em termos de custo e do que elas podem aprender. Mas algumas empresas desejam um sistema que compreenda duas ou mais técnicas.

Normalmente, essas empresas começam com um método de pseudovenda – o formato especulativo, se elas forem indústrias ou estiverem em um ramo em que a venda pessoal é o principal impulso de marketing, ou uma forma de teste de mercado simulado, se elas estiverem no segmento de produtos de consumo embalados. A pseudovenda é um método rápido e barato. O que se aprende é pouco, mas é uma saída para o problema. Normalmente, ela não bloqueia o processo.

A empresa então recorre a um dos métodos de venda controlada, especialmente a venda informal para indústrias ou minimercados para empresas de produtos de consumo. Quando o segundo teste é o último, as empresas tendem a passar diretamente para um método de venda completa. Desse modo, uma indústria pode utilizar a venda especulativa e depois um lançamento por aplicação. Uma empresa de produtos embalados pode começar com um teste de mercado simulado e depois utilizar um lançamento por geografia ou um teste de mercado simulado seguido de um lançamento em minimercado e depois um lançamento total. Avanços na tecnologia da informação são uma garantia de que as empresas terão à disposição dados de melhor qualidade e mais rápidos sobre empresas ou domicílios específicos com grande antecedência.

RESUMO

Este capítulo apresentou o teste de mercado: a avaliação do produto acompanhada do respectivo plano de marketing. As técnicas de teste de mercado variam desde uma técnica simplista (e em grande medida não confiável) de apresentação de vendas sobre um novo produto para compradores em potencial, em que se pergunta se eles comprariam o produto se ele estivesse disponível, a um lançamento gradativo.

A metodologia apropriada de teste de mercado para qualquer novo produto em particular não pode ser estipulada aqui. Algumas inovações em novos produtos têm um risco tão baixo que não é possível justificar nenhum teste de mercado. O problema mais difícil de todos provavelmente é o das empresas de tecnologia que desenvolvem o que elas acham que os clientes necessitam e *desejarão*; mas os clientes não *sabem* que eles desejam esses novos produtos enquanto eles não têm oportunidade de vê-los e pensar a respeito deles por um longo período. Os exemplos são vários, e variam de uma banheira a um forno de micro-ondas. Por esse motivo, os inovadores técnicos às vezes não confiam em nenhum tipo de teste intermediário.

No momento de iniciar qualquer teste de mercado (incluindo um lançamento gradativo) e no momento de realizar um lançamento nacional, muitas empresas adotaram parte do raciocínio dos lançamentos espaciais: utilizar um sistema de controle de lançamento para se preparar para eventos traumáticos inesperados, mas possíveis. Esse é o tema do Capítulo 19.

APLICAÇÕES

1. "Ultimamente, várias de nossas divisões têm utilizado o assim chamado método de teste de minimercado. Alguns de nossos produtos de barbear usaram o BehaviorScan, e uma linha nova e sofisticada de bandagem usou um serviço da ACNielsen levemente semelhante. Mas estou cada vez mais preocupado com os membros do painel nessas cidades de teste. Minha preocupação não é com a possibilidade de as pessoas ficarem acostumadas com o teste ou que elas reajam exageradamente aos estímulos. Essas preocupações são legítimas, mas não há muita coisa que eu possa fazer a esse respeito. Entretanto, temo que nosso pessoal não *conheça o efeito* dessas coisas sobre os dados que obtemos. Em que sentido os resultados de nossos testes podem ser afetados se as pessoas gostarem demasiadamente do teste? E se elas se tornarem participantes profissionais do teste e começarem a pensar como críticos?"

2. "Recentemente, um refrigerante nosso (uma linha incomum de água gasosa de frutas silvestres) foi submetido a um desses testes de mercado simulados e foi um desastre. O pessoal de novos produtos esqueceu-se completamente da possibilidade de os clientes que compraram o produto nas lojas fictícias dos *shopping centers* na verdade terem evitado experimentá-lo. Mas isso ocorreu. Com base nas compras realizadas dentro das lojas, tudo estava bem, mas uma boa porcentagem das pessoas que compraram mudou de ideia depois; por isso, acredito que, se alguma delas de fato chegou a usar o produto, deve tê-lo apenas provado. Solução óbvia: um teste de onda de vendas acrescentado ao final do teste na loja. Mas isso aumenta o custo consideravelmente. Você poderia me dizer quando devemos utilizar o teste complementar de onda de vendas e quando não devemos?"

3. "Fiquei verdadeiramente confuso com uma coisa que uma pesquisadora de mercado empresarial disse em um seminário na semana passada. Isso tinha a ver com nossa divisão de tubulação industrial, que vende tubulação de alumínio extrudado de vários tamanhos menores para abrigar fiações em prédios comerciais. De acordo com a recomendação dela, para testar os novos produtos no mercado, eles deveriam fazer o que ela chamou de farsa – fingir que estava vendendo algo que na verdade ainda não tinham. Isso me pareceu tão ingênuo. Com certeza você não concorda com ela, concorda? Além disso, parece desonesto iludir os compradores em potencial dessa maneira."

ESTUDO DE CASO   PepsiCo – Pepsi-Kona e Pepsi One[26]

A famosa propaganda "Cola Wars", da Pepsi-Cola, contrapondo agressivamente a Pepsi e sua arquirrival Coca-Cola, parece representar o estilo competitivo dessa empresa de bebidas, *snacks* e *fast-food*. Em um setor competitivo como o de refrigerantes,

---

[26] Esse estudo de caso foi desenvolvido com base em várias fontes publicadas, como o *site* da Pepsi (www.pepsico.com); "The Best and Worst of the New Food Products of 1996", *Orange County Register*, January 2, 1997, p. 8; Bruce Horovitz, "Pepsi's One for All: One-Calorie Product May Spell Sweet Success", *USA Today*, October 6, 1998, p. B-1; Nikhil Deogun, "Pepsi Takes Aim at Coke with New One--Calorie Drink: Beveragemaker Plans Heavy-Duty Marketing Attack with Its Number-One Cola", *The Wall Street Journal*, October 5, 1998, p. B4.

os novos produtos que satisfazem às necessidades inconstantes dos consumidores são essenciais para o crescimento e o sucesso das vendas. A PepsiCo teve um sucesso notável com a introdução de novos produtos, como a Diet Pepsi (lançada pela primeira vez em 1964), e reposicionou favoravelmente o Mountain Dew no mercado de consumidores na casa dos 20. Entretanto, nem todos os lançamentos de novos produtos foram bem-sucedidos. O Crystal Pepsi foi lançado em meio à febre de "produtos claros" do início da década de 1990. A aparência e o sabor desse refrigerante não satisfizeram as expectativas dos consumidores, e, por isso, a taxa de compras repetidas desse produto foi extremamente baixa e em pouco tempo ele foi retirado do mercado.

Em meados da década de 1990, refrigerantes com alto teor de cafeína (como o Surge e Jolt Cola, da Coca-Cola) estavam ganhando imensa popularidade entre os integrantes do mercado jovem, do mesmo modo que a Starbucks e outras cadeias de cafeterias. Concorrentes como Arizona Iced Tea estavam acrescentando *ginseng*, outro estimulante, a alguns de seus produtos. A Pepsi já tinha um relacionamento com a Starbucks – a produção e comercialização do Frappuccino como *joint venture*. Com base nessas tendências do ambiente, a Pepsi concluiu que era o momento certo para um refrigerante cola com sabor de café, que seria chamado de Pepsi-Kona.

O desenvolvimento técnico do Pepsi-Kona foi bem-sucedido, graças às competências essenciais da PepsiCo em desenvolvimento de refrigerantes e ao seu conhecimento sobre o segmento de café, obtido por meio de seu relacionamento com a Starbucks. Um rótulo marrom-café, exibindo proeminentemente o logotipo da Pepsi e o nome Kona em letras cursivas, foi preparado e foi tomada a decisão de oferecer o produto em garrafas de 600 ml e latas de 355 ml.

Em maio de 1996, o Pepsi-Kona foi submetido a um teste de mercado na Filadélfia. Uma investida promocional de ampla escala foi preparada. Várias semanas antes do lançamento, as emissoras de televisão de Filadélfia começaram levar ao ar *teasers* de 15 segundos com os temas "Spank Your Senses" ("Sacuda os Seus Sentidos") e "Grab Life by the Konas" ("Agarre a Vida com Konas"). Assim que o Pepsi-Kona foi lançado, foi colocado à venda em praticamente todos os lugares, dos supermercados e lojas 7-11 aos vendedores de rua (que ostentavam proeminentemente os pôsteres do Pepsi-Kona em seus utilitários). Um comercial de longa-metragem extremamente divertido foi levado ao ar, com o cantor Tom Jones sobre uma mesa em uma movimentada cafeteria cantando "It's Not Unusual" enquanto bebericava uma Pepsi-Kona. Os consumidores ficavam de olho no "Kona Hummer", um grande veículo no qual se distribuíam amostras do Pepsi-Kona.

O teste de mercado de Filadélfia saiu-se mal. Embora o café preparado continuasse popular, o mercado de café pronto para beber (isto é, refrigerantes que contêm café) estava estancado e, na verdade, em declínio em meados da década de 1990. Alguns observadores comentaram que o Kona Hummer e os anúncios televisivos raramente eram vistos. Além disso, muitos consumidores afirmaram que simplesmente não gostaram da combinação de sabor de PepsiCola e café. Pepsi-Kona foi descontinuado na Filadélfia e nunca foi distribuído nacionalmente.

O relógio avança para outubro de 1998, quando a Pepsi-Cola anunciou que estava lançando seu mais novo produto, o Pepsi One. O Pepsi One contém o Sunett (também conhecido como Ace-K), um adoçante que havia acabado de ser aprovado pelo Food and Drug Administration (FDA) e, portanto, contém somente uma caloria por porção. Curiosamente, o Pepsi One não foi promovido especificamente como um refrigerante *diet*, nem a Diet Pepsi foi retirada do mercado. Os homens no grupo etário de 20 a 39 anos eram o principal mercado-alvo. A campanha de propaganda do Pepsi One evitou mencionar a palavra *"diet"* (malquista nesse grupo-alvo) e deu ênfase ao *slogan* "Only One Has It All". O ator Cuba Gooding Jr. (que havia acabado de estrelar *Jerry Maguire*, um filme sobre atletas e agentes esportivos popular no mercado jovem masculino) foi escolhido como porta-voz. *Tie-ins* de esporte e outras atividades promocionais complementares (como a distribuição gratuita de Pepsi One nos supermercados Walmart) também foram utilizados. Uma faceta importante da introdução do Pepsi One foi que não houve tempo para o marketing experimental: na verdade, o Sunett (Ace-K) foi aprovado pelo FDA em junho de 1998, e a Pepsi anunciou sua intenção de desenvolver o Pepsi One no mesmo dia.

O que poderia ter sido aprendido com o fracasso do Pepsi-Kona que pudesse ajudar a PepsiCo a lançar bem-sucedidamente o Pepsi One? Considere especificamente as perguntas a seguir. Qual poderia ter sido o termo de inovação de produto do Pepsi-Kona? O que você supõe que tenha ocorrido no teste de conceito inicial? Por que o Pepsi-Kona, depois de seu cuidadoso desenvolvimento, saiu-se tão mal no teste de mercado? Agora, o Pepsi One precisa ser lançado sem praticamente nenhum teste de mercado. Em vista das experiências anteriores com o Pepsi-Kona, os gestores do Pepsi One deveriam estar preocupados? Como eles poderiam amenizar os riscos do lançamento do Pepsi One?

CAPÍTULO 19
Gestão de lançamento

INFORMAÇÕES PRELIMINARES

Assim que um novo produto está pronto para ser introduzido no mercado, a longa jornada pelo processo de desenvolvimento talvez pareça estar no fim. As pessoas envolvidas no programa estão contentes, satisfeitas e ansiosas por um descanso bastante merecido.

Mas o grupo foi encarregado do lançamento de um produto *promissor*. Do mesmo modo que o controle gerencial sobre o *processo de desenvolvimento* foi essencial (comparação do andamento real com o plano e realização de ajustes nos pontos em que pareceu que haveria problemas para cumprir a programação), o controle sobre o *marketing do novo produto* também é essencial. A gestão do lançamento dura até o momento em que o produto chega ao fim de sua ofensiva sobre determinados objetivos, o que pode levar seis meses a um ano para produtos industriais e serviços comerciais ou algumas semanas para alguns produtos de consumo embalados.

O QUE QUEREMOS DIZER COM GESTÃO DE LANÇAMENTO

A comparação entre uma cápsula espacial da Nasa e um estilingue de criança ajudará a explicar o tema deste capítulo. Depois de atirar contra uma gralha na copa de uma árvore, a criança apavora-se e corre se a pedra tiver passado seu alvo e ido diretamente para a vidraça da cozinha de uma casa vizinha. É nesse momento que a criança teria preferido estar no centro de controle da Nasa em Houston, Texas, porque seus cientistas lançam cápsulas espaciais *guiadas*, e não pedras *desgovernadas* de estilingue. A Nasa teria previsto a *possibilidade* de ocorrência de um problema direcional durante o voo e, desse modo, simplesmente teria feito uma correção, permitindo que a cápsula espacial continuasse seu voo *controlado*. Por não ter poderes para corrigir a pedra lançada, a jovem criança simplesmente corre. Em suma, bons sistemas de monitoramento aumentam a probabilidade de sucesso do lançamento de novos produtos.[1]

Seja o lançamento de um foguete da Nasa ou de um novo produto, a avaliação pós-lançamento tem o mesmo objetivo básico: aprender com a experiência e corrigir erros. Para adaptar a analogia com a Nasa à situação de lançamento de um produto, podemos utilizar a **matriz de análise de lacunas**. Há cinco áreas principais na matriz de análise de lacunas que podem ser avaliadas e comparadas com o plano esperado.[2]

Primeiro, a *precisão da janela de mercado* deve ser avaliada. Se a janela de mercado de lucratividade de um produto for mais estreita do que o esperado, isso pode indicar um ponto de virada no ciclo de vida e exigir um raciocínio estratégico para

---

[1] As pessoas que comercializam novos produtos não são as únicas que atualmente estão utilizando sistemas do tipo da Nasa. Os gestores de controle de qualidade têm as mesmas dificuldades para prever problemas que podem pôr a qualidade do produto em risco, observar com atenção a fim de ver se esses problemas estão surgindo e preparar-se para tomar alguma medida em caso afirmativo.

[2] A matriz de análise de lacunas é de Steven Haines, "Post-Launch Product Management", in K. B. Kahn, S. E. Kay, R. J. Slotegraaf & S. Uban (Eds.), *The PDMA Handbook of New Product Development* (Hoboken, NJ: John Wiley, 2013), Ch. 21, pp. 344–345.

o próximo produto a ser desenvolvido. Em segundo lugar, entra o *apoio executivo*. A visão da alta administração e um defensor de produto esforçado e instruído são essenciais para que a supervisão e a coordenação do lançamento sejam adequadas. Qualquer deficiência no nível de apoio oferecido a um novo produto deve ser identificada e corrigida. Em seguida, deve-se avaliar o *caso de negócio* (*business case*). Um caso de negócio consistente, mostrando as projeções financeiras desejadas, é crucial para tomar a decisão de prosseguir. Se o produto não conseguir estar à altura das expectativas de desempenho financeiro, isso pode ser um sinal de que determinados detalhes do mercado ou da concorrência foram negligenciados. A *prontidão das vendas* também é verificada. Isso significa obter o comprometimento dos gerentes de vendas, contratar e motivar a força de vendas e oferecer treinamento e conteúdos suficientes para ajudar os membros da equipe a realizar seu trabalho. Novamente, deficiências nesse fator podem ser identificadas e corrigidas para o lançamento subsequente. Por fim, o nível de *alinhamento transfuncional* deve ser levado em consideração. Deve haver boa comunicação em toda a organização para que se desenvolvam produtos que de fato abordem satisfatoriamente as necessidades dos clientes. Auditorias podem ser utilizadas para identificar e corrigir quaisquer falhas de comunicação na empresa.

O pós-lançamento também é um bom momento para verificar se o portfólio de produtos está alinhado e se todos os produtos estão coerentes com o termo de inovação de produto (PIC) da empresa. Se for encontrado qualquer desequilíbrio no portfólio, ele pode ser corrigido por meio da escolha cuidadosa dos produtos que serão lançados no futuro.

A seção subsequente oferece detalhes sobre a possibilidade de aplicar de forma realista um sistema de gestão de lançamento.

O SISTEMA DE GESTÃO DE LANÇAMENTO

Um sistema de gestão de lançamento contém os passos a seguir.

1. *Identificação de possíveis problemas.* O primeiro passo para se preparar para representar o mesmo papel da Nasa no lançamento de um novo produto é identificar pontos fracos ou possíveis problemas. Esses problemas ocorrem tanto nas ações realizadas pela empresa (como propaganda insatisfatória ou fabricação ineficiente) quanto no ambiente externo (como retaliação da concorrência). Tal como um gestor afirmou, "Procuro coisas que realmente nos prejudicarão se ocorrerem ou se não ocorrerem".

2. *Escolha das pessoas responsáveis pelo controle.* Todo possível problema é analisado para determinar seu suposto impacto. Para calcular o impacto esperado, multiplicamos o prejuízo que um evento poderia causar pela probabilidade de esse evento ocorrer. O impacto é utilizado para classificar os problemas e escolher aqueles que serão "controlados" e aqueles que não serão.

3. *Desenvolvimento de planos de contingência.* Os planos de contingência dizem a respeito ao que será feito, se for feito, se as dificuldades de fato se evidenciarem. O grau de perfeição nesse planejamento varia, mas os melhores planos de contingência são adequados para ações *imediatas*. Por exemplo, "Aumentaremos a comissão sobre o novo produto de 7% para 10% por *fax* para todos os representantes de vendas" é um plano de contingência. O plano está pronto para ser colocado em prática imediatamente. "Desenvolveremos um novo plano de remuneração para a equipe de vendas" não é um plano de contingência.

4. *Desenvolvimento do sistema de monitoramento.* Tal como no caso da Nasa, o *sistema de monitoramento* precisa reenviar rapidamente dados aproveitáveis. Devemos

ter alguma experiência para que possamos avaliar os dados (o atraso no atendimento técnico é normal em grandes aparelhos eletrônicos como os nossos ou será que algum problema está se formando?). Deve haver *pontos de gatilho* (por exemplo, experimentação por 15% dos clientes visitados ou contatados no final do primeiro mês). Esses pontos (se não forem atendidos) acionam o plano de contingência. Sem eles, simplesmente acabamos discutindo. Lembre-se, o dinheiro para executar o plano de contingência precisa vir de algum lugar (do orçamento de alguém) e, por isso, todo plano enfrenta a oposição das pessoas que desejam atrasar sua implementação.

Se um problema não puder ser monitorado, independentemente do quanto ele for importante, não teremos controle sobre ele. Por exemplo, a decisão de um concorrente de cortar o preço em 35% é um ato; ela não pode ser monitorada tal como as porcentagens de estoque de um revendedor podem ser. Mas *podemos* ter um plano de contingência pronto para o caso de isso ocorrer. Essa situação não é ideal porque o controle gerencial tenta prever um problema antes de sua ocorrência; só então implementamos uma medida corretiva a tempo para abrandar os efeitos negativos. (Consulte a Figura 19.1.)

Nas páginas a seguir, examinaremos em profundidade cada uma dessa quatro etapas no planejamento e execução do sistema de gestão de lançamento.

Primeira etapa: identificação de possíveis problemas

Quatro técnicas são empregadas para elaborar uma lista de possíveis problemas. Primeiro vem a *análise situacional* realizada para a etapa de planejamento de marketing. Por exemplo, os advogados do governo podem ter criticado recentemente um ingrediente usado no produto. Ou os consumidores talvez tenham evidenciado um alto nível de satisfação com os produtos existentes no mercado, indicando um possível problema para persuadi-los a experimentar nosso novo produto. A seção de *problemas* no plano de marketing terá sintetizado a maioria dos problemas possíveis detectados na análise situacional.

Uma segunda técnica é *interpretar o papel do que os concorrentes farão* depois que ficarem sabendo do novo produto. A realização de sessões vigorosas em que se interpreta o papel de "advogado do diabo" pode revelar opções assustadoras sobre o que os concorrentes podem fazer – normalmente eles têm mais opções do que a princípio imaginamos.

Terceiro, *rememoramos todos os dados* acumulados no arquivo sobre o novo produto. Comece com os relatórios do teste de conceito original, depois os formulários de triagem, o teste de laboratório inicial, o restante dos testes de uso (particularmente os de mais longo prazo com clientes em potencial) e registros de todas as discussões internas. Essas fontes contêm muitos problemas possíveis, alguns dos quais obrigatoriamente devem ser ignorados com o objetivo de tocar o produto adiante.

Por exemplo, um produto alimentício havia se saído bem em todos os estudos até o momento, exceto quando o líder do projeto simulou um mercado de teste (consulte o Capítulo 18). A previsão de vendas da empresa de pesquisa revelou-se muito baixa. O estudo dos dados indicou que os consumidores entrevistados pela empresa de pesquisa haviam apresentado uma previsão de experimentação de 5%, ao passo que a agência e o desenvolvedor haviam previsto uma experimentação de 15%. A diferença foi altamente significativa, porque o sucesso dependia da estimativa que estivesse correta. Os desenvolvedores achavam que *eles* estavam corretos e por isso interromperam os testes no mercado de teste simulado e introduziram o produto. Mas eles colocaram a experimentação como principal prioridade na lista de proble-

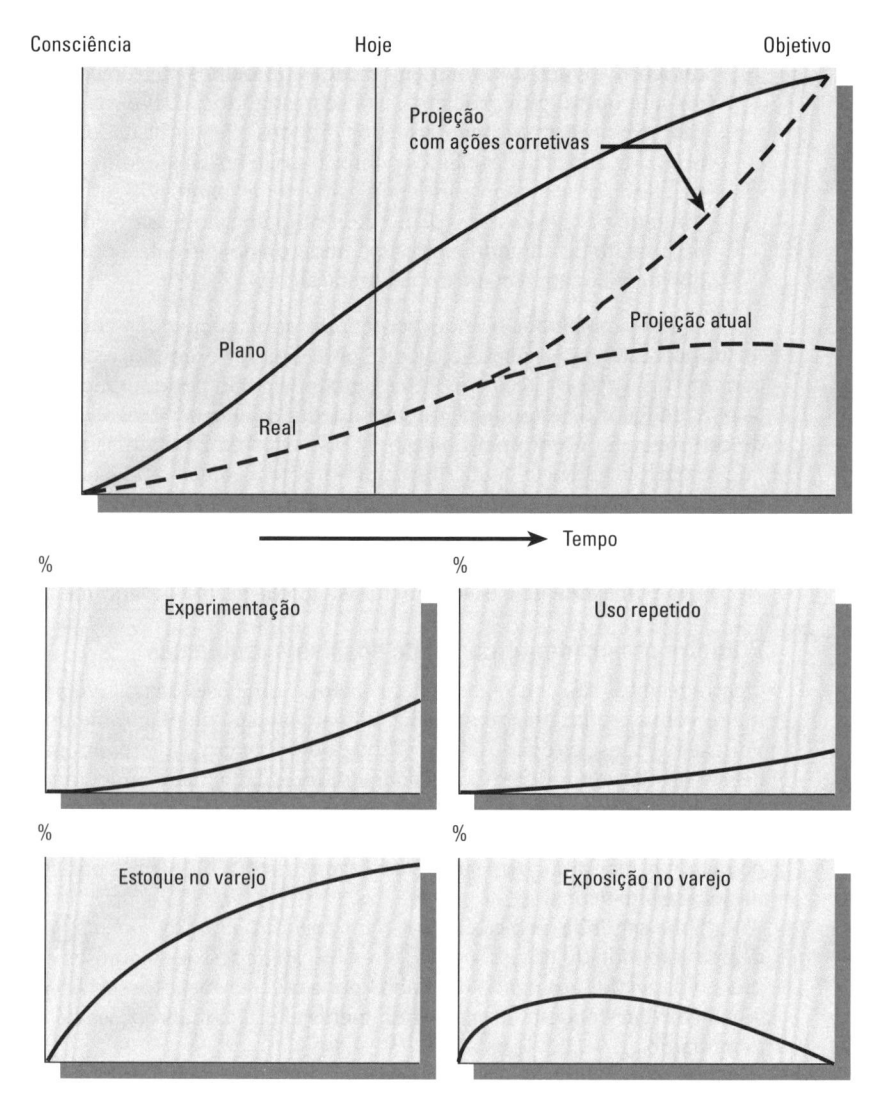

FIGURA 19.1 Aplicação gráfica do conceito de monitoramento geral (com ações corretivas).

mas. Logo após a introdução, os levantamentos evidenciaram que 15% era a melhor estimativa e o plano de contingência felizmente foi descartado. Contudo, eles estavam preparados se alguma medida tivesse sido justificável.[3]

Quarto, é favorável começar com um cliente ou usuário industrial satisfeito e retroceder a partir dessa satisfação para determinar a *hierarquia de efeitos* necessária para gerá-la. Com relação a produtos de consumo embalados, a hierarquia é a mesma utilizada anteriormente no modelo A-T-A-R. A Figura 19.2 mostra esse modelo quando aplicado ao marketing de três produtos éticos farmacêuticos e nutritivos especializados. Observe que cada produto tinha um problema diferente e exigiu uma

---

[3] Dos arquivos de David W. Olson, vice-presidente de pesquisa de novos produtos na agência de propaganda Leo Burnett.

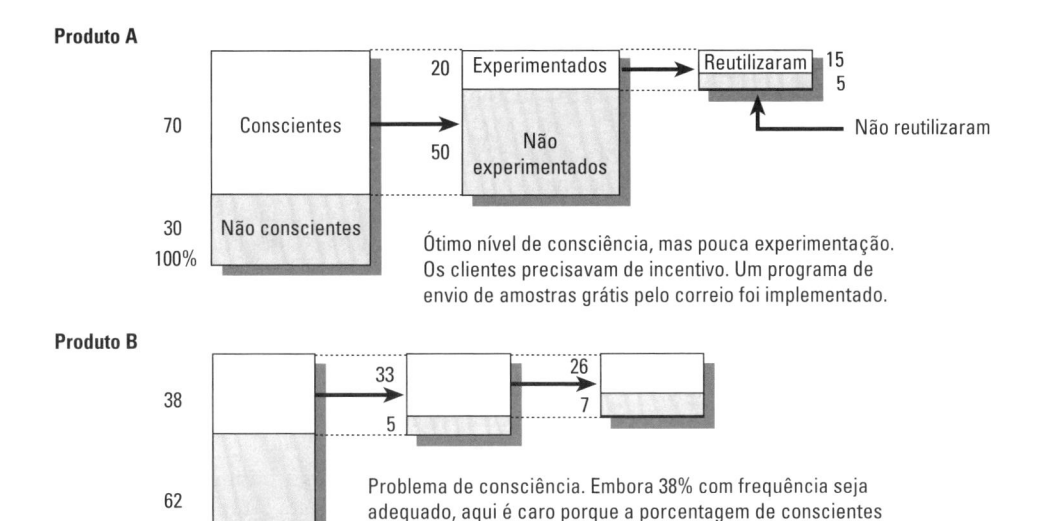

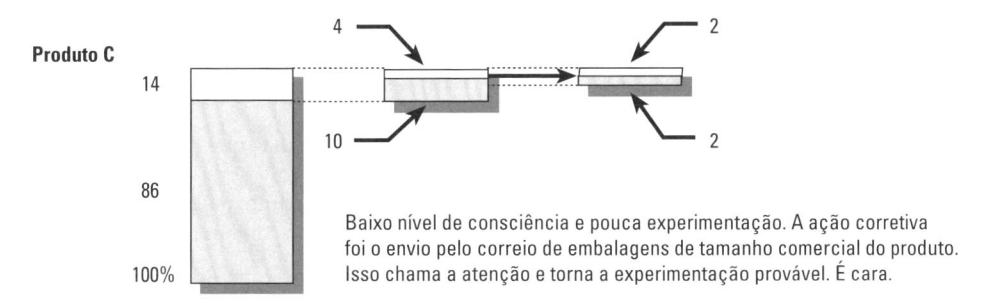

Produto A

- 70 Conscientes → 20 Experimentados → 15 Reutilizaram
- 50 Não experimentados
- 5 Não reutilizaram
- 30 Não conscientes
- 100%

Ótimo nível de consciência, mas pouca experimentação. Os clientes precisavam de incentivo. Um programa de envio de amostras grátis pelo correio foi implementado.

Produto B

- 38 → 33 → 26
- 5, 7
- 62
- 100%

Problema de consciência. Embora 38% com frequência seja adequado, aqui é caro porque a porcentagem de conscientes que se tornam usuários é alta. A ação corretiva foi um caro programa de mala direta que explorava predominantemente os elementos gráficos e que se esperava que não fosse necessário.

Produto C

- 14 → 4 → 2
- 10, 2
- 86
- 100%

Baixo nível de consciência e pouca experimentação. A ação corretiva foi o envio pelo correio de embalagens de tamanho comercial do produto. Isso chama a atenção e torna a experimentação provável. É cara.

Comentário: Todos os dados acima foram obtidos ao longo de um espaço de tempo de dez semanas no mercado. Em todos os casos, a empresa teve de determinar se havia um problema, qual era o problema (se houvesse) e o que fazer com relação a isso.

FIGURA 19.2 Padrões de controle de lançamento (reais) A-T-A-R para três produtos farmacêuticos/nutricionais.

medida corretiva diferente (plano de contingência). Todos os três produtos foram comercializados pela empresa em um ano.

Mas a hierarquia de efeitos variará em outras situações. Por isso, por exemplo, o ponto de satisfação de uma furadeira industrial talvez seja "custo de produção conhecido, provável e substancialmente mais baixo". Mas para atingir esse ponto é necessário que o cliente avalie os custos reais. É necessário também que o cliente tenha dados sobre o custo anterior das furadeiras. Esses pontos são como os degraus de uma escada – o cliente não consegue chegar ao topo (satisfação) sem ter subido os degraus "conhecer os custos anteriores" e "conhecer os custos reais da nova furadeira". Ambos são problemas prováveis, visto que a maioria das empresas não tem esses sistemas de custo sofisticados.

Ainda neste capítulo (na Figura 19.8), veremos um exemplo de plano de gestão de lançamento para um novo multímetro industrial. Havia cinco principais problemas prováveis nesse caso: os vendedores não conseguem fazer as visitas tal como requerido, os vendedores não conseguem compreender o produto, os clientes em potencial não solicitam um instrumento para experimentação, os compradores não fazem pedidos em quantidade após a experimentação e um concorrente comercializa um produto semelhante. Todos eles eram prováveis, e um deles de fato ocorreu.

Outro exemplo está relacionado a um produto de consumo durável – dessa vez, a combinação de uma *mountain bike* resistente e uma bicicleta de corrida veloz com quadro fino. Contudo, a empresa fabricante, a Huffy, não conseguiu prever um provável problema que acabou se revelando um erro de US$ 5 milhões. A Huffy optou por distribuir a nova bicicleta por meio dos canais normais (grandes varejistas e cadeias de lojas especializadas como a Toys "R" Us). Infelizmente, as bicicletas híbridas especiais precisavam de uma atenção especial dos vendedores no ponto de venda; vendedores com esse tipo de instrução só trabalham em lojas especializadas. Um sistema de gestão de lançamento poderia ter descoberto isso a tempo e possibilitado as mudanças necessárias.[4]

Isso não quer dizer que as empresas estavam erradas – todos os novos produtos são apostas e nunca temos tempo e dinheiro suficientes para fazer o trabalho "corretamente". Entretanto, os problemas constituem o que estamos procurando quando estamos gerenciando o lançamento – sabendo o que pode ocorrer de ruim, conseguimos ao menos ficar atentos a isso e, com sorte, ter algo pronto para utilizar se isso de fato ocorrer.

Curiosamente, um problema em geral negligenciado é a possibilidade de o produto ser extremamente bem-sucedido. Esse parece ser um ótimo problema para se ter, mas ele pode ser caro e deve ser previsto se houver algum motivo específico que nos leve a acreditar que ele pode ocorrer.

Antes de abandonarmos a questão sobre os problemas que podem pôr tudo a perder, não se esqueça de que a empresa ainda precisa provar que é capaz de fazer o que se propõe a fazer – isto é, produzir e distribuir um produto que cumpre o que promete. Portanto, os planos de gestão de lançamento também contêm problemas do tipo:

- Os fornecedores não conseguem entregar o volume prometido de novas peças.
- As novas linhas de esteiras serão levadas ao seu limite. Os limites de estresse apresentados pelos fornecedores talvez estejam errados e/ou talvez a nossa força de trabalho esteja utilizando mal a tecnologia.
- Amostras do novo produto são cruciais nessa introdução, embora não tenhamos comprovado nossa capacidade para embalar as pequenas unidades necessárias.

Esses problemas também podem ocorrer. Como qualquer um deles pode fazer com que o novo produto fracasse, precisamos igualmente gerenciar de que forma eles podem ser superados. A propósito, isso reforça uma questão essencial na atual gestão de novos produtos: o desenvolvimento não termina quando o produto chega à área de expedição. Ele termina quando um produto com um nível de qualidade suficientemente bom apresenta um desempenho satisfatório nas mãos do usuário final. Toda a equipe é responsável pela atividade de gestão do lançamento.

Por último, observe que um item não foi mencionado – as vendas reais. Não "controlamos" as vendas e não temos linhas de monitoramento e planos de contingência para baixos volumes de vendas. Parece que deveríamos ter, e a maioria dos planos de gestão de lançamento elaborados por principiantes inclui as vendas. Mas pare para pensar. Se a linha de vendas estiver muito aquém da previsão, que plano

---

[4] "Flops," *BusinessWeek*, August 16, 1993, pp. 76–82.

de contingência deveria ser posto em ação? A menos que você saiba o que está *prejudicando* as vendas, não saberá que solução utilizar.

Em vez disso, empregamos as iniciativas anteriores para relacionar os principais motivos pelos quais o volume de vendas está baixo e depois monitoramos *esses motivos*. Se tivermos feito uma previsão adequada, e instituído apropriadamente as medidas corretivas, haverá vendas. Do contrário, quando as vendas ficarem defasadas, teremos de parar, realizar pesquisas para descobrir o que está ocorrendo, planejar uma ação corretiva, prepararmo-nos para isso e então implementá-la. Até lá já será tarde demais. O planejamento de contingência é uma aposta de proteção; é uma especulação, tal como um seguro. A maior parte do planejamento de contingência é desperdiçada; e esperamos que todo ele seja um desperdício.

Segunda etapa: escolha dos eventos de controle

Ninguém consegue controlar gerencialmente os diversos problemas que podem se revelar na análise da primeira etapa. Por isso, com base em sua avaliação, o planejador precisa reduzir essa lista a um número com o qual a empresa consiga lidar. (Consulte a Figura 19.3 para examinar uma representação gráfica do que se segue.) Algumas pessoas dizem que nunca é superior a seis, mas um novo aparelho de barbear com certeza exigiria mais planos de contingência do que uma nova linha de lâminas para serra vertical.

A avaliação utilizada para reduzir a lista de problemas normalmente se baseia no dano provável e na probabilidade de ocorrência. A Figura 19.4 mostra uma **matriz de efeitos esperados**, indicando como dois fatores se associam para produzir nove categorias diferentes de quatro tipos. Aqueles cujo dano e cuja probabilidade são baixos podem ser seguramente ignorados. Os outros mais abaixo do diagrama não podem ser ignorados. Na parte inferior direita, encontram-se os problemas que devem ser abordados imediatamente; eles não deveriam ter chegado a esse ponto. No meio

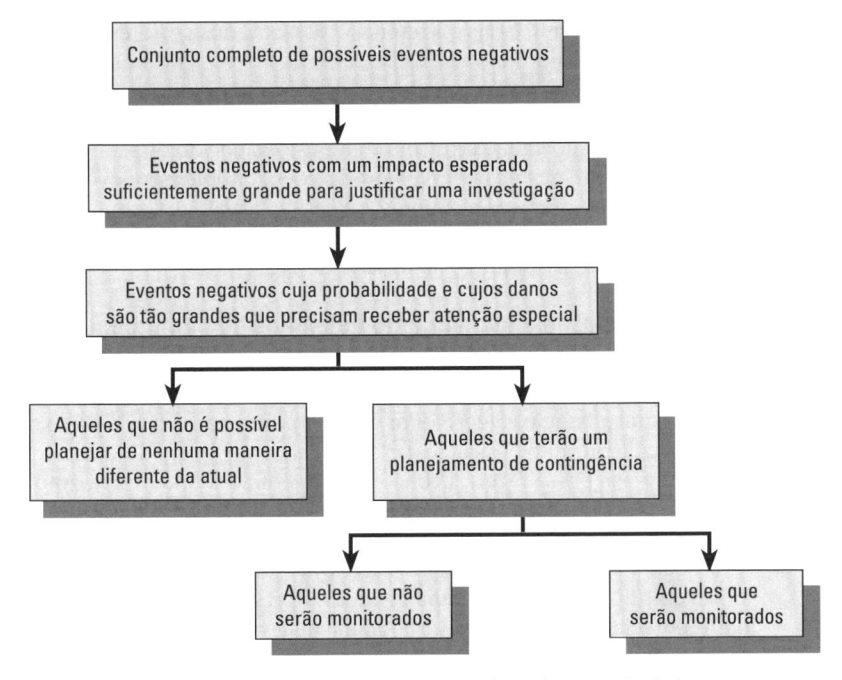

FIGURA 19.3 Modelo de decisão para elaborar um plano de controle de lançamento.

Probabilidade de ocorrência \ Dano provável	Notável	Prejudicial	Devastador
Baixa			
Moderada			
Alta			Não esperar. Tomar alguma medida agora.

Variável de "alerta". Observar com atenção.

Variável de "controle". Plano de contingência, e monitoramento, se possível.

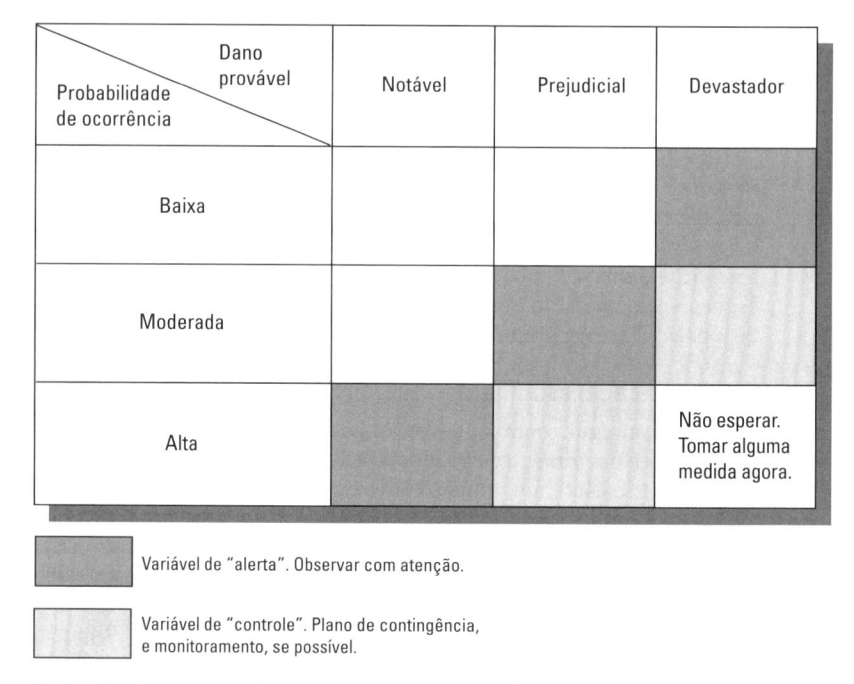

FIGURA 19.4 Matriz de efeitos esperados para a escolha de eventos de controle.

encontram-se os problemas abordados tal como foi sugerido pelos padrões indicados nos quadros. A forma como eles são abordados é em grande medida situacional e depende da pressa, de dinheiro para contingências, da maturidade da empresa em gestão de lançamento e das preferências pessoais dos gestores.

Por exemplo, a maioria dos gestores de novos produtos já se queimou em lançamentos anteriores e por isso desenvolveu uma predisposição para determinados eventos. Eles podem ter sido severamente criticados por terem se esquecido de algo em um lançamento anterior e nunca terem se esquecido disso. De acordo com a recomendação de um gestor de novos produtos, os problemas devem ser separados em duas categorias – buracos e crateras (*potholes e sinkholes*). Os buracos são prejudiciais, mas as crateras são um desastre. Os buracos raramente nos prejudicam, porque podemos prevê-los; as crateras são difíceis de prever.

Terceira etapa: desenvolvimento de planos de contingência

Assim que reduzimos a lista de problemas a um tamanho com o qual a empresa consegue lidar, precisamos perguntar: "Se algum desses eventos de fato ocorrer, há alguma coisa que possamos fazer?". Por exemplo, embora cortes de preço da concorrência e imitação de produto possam estar em várias listas, normalmente não há muita coisa que a empresa possa fazer. A concorrência tentará manter o máximo de sua participação de mercado e, em geral, é melhor o desenvolvedor ignorar essas ações e tentar persuadir com base do que o novo produto oferece de exclusivo.

Com relação a outros eventos, a reação que planejamos depende do evento. Vejamos dois tipos diferentes: falha de uma empresa e ação negativa de um consumidor (falha em relação ao consumidor). A falha mais comum de uma empresa é a distribuição inadequada, particularmente para o varejo ou revendedor. A correção desse problema normalmente depende apenas do preço que a empresa está disposta a pagar.

Os varejistas vendem a única coisa que eles têm – espaço de prateleira para exposição dos produtos às pessoas que transitam na loja. O espaço de prateleira vai para quem dá o maior lance e, por isso, se um novo produto ficar aquém das expectativas, a solução será elevar o lance – promoções especiais, intensificação da propaganda *pull* (puxar), margem mais alta etc. (consulte o Capítulo 17). Como essas opções são rejeitadas quando o programa de marketing é elaborado, os planejadores de contingência normalmente têm várias alternativas à sua escolha.

A falha do consumidor é abordada da mesma forma. Para desenvolver consciência, o programa dos profissionais e marketing exigirem determinadas ações (visitas de vendas, propaganda etc.). Quando o nível de consciência se revela baixo, normalmente intensificamos essas mesmas ações – aumentamos as visitas de vendas ou seja lá o que for. Quando as pessoas realmente não estão experimentando o produto, temos alternativas para estimular a experimentação (como enviar amostras pelo correio ou embalagens de tamanho comercial, tal como na Figura 19.2, ou distribuir cupons).

Muitos desenvolvedores de produtos ficaram admirados com a facilidade que é idealizar um bom plano de contingência durante a preparação para o lançamento, em comparação com a necessidade de idealizá-lo em situações de pânico decorrentes de um desastre na fase de cabeça de ponte.

Quarta etapa: desenvolvimento do sistema de monitoramento

Temos agora um conjunto de resultados negativos e para a maioria deles temos planos de contingência de prontidão para serem implementados. A etapa seguinte é desenvolver um sistema que nos informe quando implementar qualquer um desses planos de contingência. A resposta depende do que se entende por monitoramento.

Monitoramento

O conceito de monitoramento no lançamento de novos produtos tem várias semelhanças em comum com o monitoramento de projéteis lançados no espaço. Há o disparo ou a decolagem, a escapada do projétil para uma órbita ou trajetória própria, uma possível mudança de trajetória durante o voo etc. O controlador de lançamento é responsável por monitorar o projétil em comparação à sua trajetória planejada e por fazer o que for necessário para garantir que o projétil vá para onde deve ir.

A aplicação desse conceito de monitoramento aos novos produtos foi tão natural quanto poderia ser. Anteriormente, a Figura 19.1 mostrou graficamente a aplicação do conceito básico a um novo produto.

Três princípios básicos estão envolvidos: primeiro a capacidade de traçar a *trajetória planejada*. Qual é o trajeto esperado? O que é razoável, tendo em vista a situação da concorrência, quais são as propriedades do produto e quais são as iniciativas de marketing programadas? Embora seja fácil conjecturar a respeito dessas questões, a definição de trajetórias úteis exibe uma base de pesquisa que várias empresas não têm quando lançam um novo produto.

O departamento de pesquisa de novos produtos da Leo Burnett Company, uma grande agência de propaganda, estudou todos os lançamentos de novos produtos dos quais a agência participou e representou graficamente os monitoramentos reais de consciência e de experimentação.[5] Com base nesses diagramas de dispersão, o diretor de pesquisa calculou trajetórias generalizadas que poderiam ser aplicadas a

---

[5] David W. Olson, "Anticipating New Product Problems—A Planning Discipline", *working paper* não publicado. Consulte também David W. Olson, "Postlaunch Evaluation for Consumer Goods", in M. Rosenau, A. Griffin, G. Castellion & N. Anscheutz (eds.), *The PDMA Handbook of New Product Development* (New York: John Wiley, 1996), pp. 395–411.

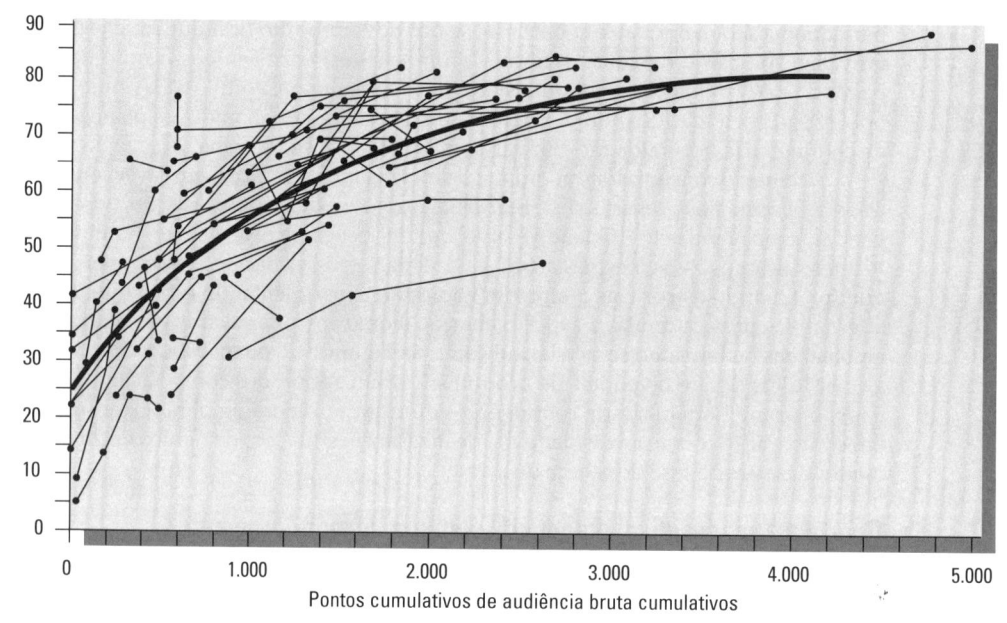

FIGURA 19.5 Peso da propaganda versus consciência gerada em relação a determinados produtos.
Fonte: David Olson, *working paper* não publicado, Leo Burnett Company.

futuras situações de novos produtos (consulte a Figura 19.5). A empresa que não tem experiência às vezes pode adquirir os dados dos quais necessita de fontes externas, como agências de propaganda, empresas de pesquisa de marketing, mídias do setor ou *pools* setoriais. Essas opções já existentes são fundamentais em nossa era de marketing global; felizmente, existe maior quantidade de dados de pesquisa de mercado e organizações de serviço com operações internacionais.

Segundo, deve haver um *influxo de dados reais* que indiquem o andamento em relação ao que foi planejado. Isso significa pesquisas rápidas e contínuas destinadas a avaliar as variáveis que estão sendo monitoradas. A título de exemplo, uma pequena lista com o tipo de pergunta usada pela Leo Burnett Company ao monitorar um novo produto é apresentada na Figura 19.6.

Terceiro, precisamos *projetar o resultado provável* em contraposição ao plano. A menos que o resultado possa ser previsto, teremos poucos fundamentos para acionar uma ação corretiva enquanto não tivermos o resultado em mãos. O segredo é a velocidade – ficar sabendo rapidamente que um problema está para ocorrer, a tempo de fazer alguma coisa para preveni-lo ou solucioná-lo.

Escolhendo as variáveis de monitoramento reais

Agora chegamos à parte provavelmente mais difícil da gestão de lançamento. De que forma avaliaremos realmente se um de nossos problemas está para ocorrer?

Se o problema estiver relacionado a uma conduta específica ou à mente, como consciência, a resposta é clara – descubra quantas pessoas estão conscientes do novo produto. A experimentação é fácil; a compra repetida é fácil. E quanto ao apoio dos canais? Muitos profissionais de marketing de novos produtos temem não conseguir o impulso necessário. Mas apoio dos canais significa estocagem do produto? Exposi-

FIGURA 19.6 Perguntas de um estudo de monitoramento de novos produtos.

Perguntas sobre uso de determinada categoria

Nos últimos seis meses, quantas vezes você comprou (categoria de produto)?
De quais marcas de (categoria de produto) você já ouviu falar?
Você já ouviu falar de (marca)? (Faça essa mesma pergunta para quatro ou cinco marcas)
Você já comprou (marca)? (Faça a mesma pergunta para seis marcas)
Quantas vezes você comprou (marca) nos últimos seis meses?

Questões sobre consciência em relação à propaganda

Você se lembra de ter visto qualquer propaganda de (marca)? (Faça esta pergunta para todas as marcas das quais o respondente tem consciência.)
Descreva a propaganda para (marca).
Onde você viu a propaganda para (marca)?

Perguntas sobre compra

Você já comprou (marca)?

Se "Sim"
Quantas vezes você comprou (marca)?
Qual a probabilidade de você comprar (marca) novamente?
Do que você gostou/não gostou em relação a (marca)?
O que você acha do preço de (marca)?

Se "Não":
Você procurou (marca) na loja?
Por que você não experimentou (marca)?
Qual a probabilidade de você experimentar (marca) no futuro?

Toda resposta é interpretada pela Leo Burnett Company de acordo com diretrizes padrão ou normas. Por exemplo, a probabilidade de comprar novamente é medida em uma escala de cinco pontos e é utilizada uma contagem "*top two boxes*" modificada: 100% dos que responderam "Com certeza" + 50% dos que responderam "Provavelmente". Com relação à pergunta sobre preço, a norma é mais de 30% deve responder valor "justo" ou "insatisfatório".
Fonte: Adaptado de David W. Olson, "Postlaunch Evaluation for Consumer Goods", in M. Rosenau, A. Griffin, G. Castellion & N. Anscheutz (Eds), *The PDMA Handbook of New Product Development*, John Wiley & Sons, Inc., 1996, pp. 395–411. Reimpresso com permissão da John Wiley & Sons, Inc.

ção do produto? Propaganda local do produto? Atendimento pré-venda? Preparar-se para oferecer atendimento pós-venda? O planejador do lançamento precisa decidir.

Necessitamos de variáveis de monitoramento relevantes, mensuráveis e previsíveis. Uma variável é *relevante* quando ela identifica o problema, é *mensurável* quando podemos obter uma estatística que demonstra que ela é ou não é mensurável e é *previsível* quando sabemos o caminho que uma estatística provavelmente seguirá.

Reveja a Figura 19.1. O gráfico superior refere-se à consciência: "Você já ouviu falar de...?". É a porcentagem de todas as pessoas no público-alvo. A linha de monitoramento, denominada *plano*, mostra o que *esperamos* que ocorra. A linha tracejada mostra o que achamos que *está* ocorrendo e o que tememos que *ocorra* se fizermos algo. A variável de monitoramento é relevante, mensurável e previsível.

Mas examinemos o apoio do revendedor. A parte inferior da Figura 19.1 mostra a trajetória do estoque no varejo, a porcentagem de revendedores-alvo que estocaram o produto até então. Isso também é relevante, mensurável e previsível (com base em nossas experiências passadas). Mas quanto ao espaço de prateleira? A altura em que o produto se encontra na prateleira, o número de produtos visíveis (espaço ocupado por um único artigo na parte frontal na prateleira) e a seção na qual isso ocorre são aspectos relacionados ao espaço de prateleira. Esses aspectos diferem em termos de relevância; todos eles são difíceis de avaliar sem de fato visitar as lojas e examinar as prateleiras; e tendemos a não ter a experiência necessária para prevê-los. A Figura 19.1 mostra também a exposição no varejo, mas essa trajetória é predominantemente uma conjectura.

Escolha dos pontos de gatilho

Como identificamos variáveis úteis para nos avisar que um problema está para ocorrer, o último passo é determinar com antecedência o nível a que esse problema deve chegar para liberarmos o plano de contingência. Por exemplo, digamos que nosso orçamento seja baixo e estamos preocupados com a possibilidade de os clientes não ficarem sabendo da existência de nosso novo produto – baixa consciência. Se nosso objetivo para três meses for 40% de clientes conscientes e o monitoramento mostrar que na verdade temos apenas 35%, devemos liberar o programa de mala direta de apoio?

Não se trata de uma decisão fácil de tomar em condições de cabeça de ponte, por motivos políticos e também de restrição de tempo. Ativar o programa de mala direta significa admitir que a propaganda original foi malsucedida. Esse reconhecimento não é benquisto, e haverá argumentos de que a propaganda está funcionando de acordo com o planejado e em breve a consciência aumentará.

Para evitar essas situações sem saída, combine com antecedência que nível será o ponto de gatilho e coloque a decisão de acionamento nas mãos de uma pessoa que não tenha nenhum interesse velado. Com isso, o plano de monitoramento está completo. Com uma cuidadosa implementação, o lançamento provavelmente será "controlado para ser bem-sucedido".

Problemas não rastreáveis

O que fazemos quando temos um problema que nos preocupa, mas não pode ser monitorado porque não conseguimos encontrar uma variável correspondente, ou porque não temos um caminho que deve ser seguido pela variável, ou porque não há nada que possamos fazer se for identificado que o problema está para ocorrer? A resposta é: há muito pouco a fazer.

Normalmente, a administração observa com cuidado as vendas e, se elas estiverem ficando abaixo do previsto, alguém é solicitado a descobrir o motivo. Isso significa entrevistar vendedores, clientes, distribuidores etc. É uma investigação difícil porque as coisas estão mudando muito rapidamente e porque a maioria dos participantes tem interesses pessoais – eles podem não revelar o verdadeiro problema mesmo que eles saibam qual é.

Quando a causa é descoberta, uma solução é concebida. Se não for um mercado de rápidas mudanças, pode haver tempo disponível para colocar novamente o novo produto em um bom padrão de vendas. Se for tarde demais, o novo produto será liquidado ou se tentará tirar o máximo dele durante algum tempo. A perda talvez seja muito pequena se os custos de lançamento tiverem sido baixos, tal como normalmente são para pequenas empresas, extensões de linha e produtos do qual nunca se esperou muito.

MEDIDAS DE INOVAÇÃO EFICAZES[6]

Determinar os indicadores corretos para avaliar o processo de novos produtos da empresa é nitidamente difícil. Contudo, é necessário ter indicadores eficazes para ter sucesso com os projetos atuais e para haver melhoria contínua. Os especialistas em marketing David Reibstein e Venkatesh Shankar defendem a utilização de um **painel de inovação** que estabeleça indicadores de desempenho para *inputs* de inovação,

---

[6] Os exemplos nessa seção são extraídos de Mark J. Deck, "An Up-Close Look at Using Metrics Effectively Across the Life Cycle: Examples from Boeing, ChevronTexaco, Air Products, and Sprint", *Visions*, 24(1), January 2005, pp. 14–16.

eficácia de processo e resultados de desempenho.[7] A Figura 19.7 apresenta alguns dos indicadores mais comumente utilizados para cada uma dessas três categorias. Os indicadores de *input* incluem gastos de P&D, número de funcionários dedicados à inovação e número de novas ideias no funil (*pipeline*). Os indicadores de eficácia de processo incluem número de produtos introduzidos, tempo de colocação no mercado, número de patentes solicitadas e tempo e custos previstos *versus* reais. Por fim, os indicadores de desempenho incluem porcentagem de vendas provenientes de novos produtos, número de novos produtos bem-sucedidos, retorno sobre o investimento em inovação, tempo até o ponto de equilíbrio e melhoria na satisfação do cliente.

Muito é possível conhecer a respeito desses indicadores examinando os métodos de algumas das empresas de melhor desempenho. Por exemplo, a Boeing utiliza indicadores de custo, qualidade e confiabilidade no desenvolvimento de novas aeronaves. Contudo, Chris Chadwick, vice-presidente da Boeing, afirma que *indicadores intangíveis* também são úteis. Um indicador utilizado pela Boeing é "ajuda necessária". Os líderes das equipes de produto são incentivados a pedir ajuda quando enfrentarem algum problema de desenvolvimento; nenhuma "ajuda necessária" solicitada é considerada um sinal de que o projeto pode estar enfrentando dificuldade. Além disso, a Boeing utiliza indicadores prospectivos para prever possíveis problemas com antecedência. Um indicador como limite máximo de peso, por exemplo, alerta a Boeing sobre se eles estão no caminho certo para cumprir futuras restrições com relação ao peso-alvo.

Outra ideia útil é obter validação externa para os indicadores. A ChevronTexaco tem indicadores para seus programas de capital, que são avaliados comparativamente por uma empresa externa especializada nesse tipo de análise. Isso possibilita que a ChevronTexaco avalie seu custo e desempenho, não apenas com respeito às metas internas, mas também em comparação com empresas concorrentes. Além disso, a ChevronTexaco torna esses indicadores significativos para os tomadores de decisões. Com muita frequência, os gestores não prestam atenção aos indicadores, visto que seu impacto nunca é verdadeiramente relatado para eles. Na ChevronTexaco, os gestores são treinados e certificados para utilizar indicadores na tomada de decisões. Além disso, a Boeing, a ChevronTexaco e muitas outras empresas atrelam incentivos individuais a indicadores fundamentais de desempenho.

FIGURA 19.7 Medidas de inovação.

Indicadores de input	Indicadores de processo	Indicadores de desempenho
Gastos de P&D	Número de novos produtos introduzidos	Porcentagem de vendas de novos produtos
Número de funcionários dedicados à inovação	Tempo médio de colocação no mercado	Número de novos produtos
Número de novas ideias no funil	Número de patentes solicitadas e comercializadas	Retorno sobre o investimento em inovação
Número de projetos em desenvolvimento	Tempo e custo incorrido estimados *versus* reais	Tempo de recuperação do investimento
Porcentagem de ideias buscadas fora da empresa	Porcentagem de projetos que são lançados	Melhoria da satisfação do cliente

Fonte: Adaptado de David Reibstein & Venkatesh Shankar, "Innovation Metrics", em Jagdish N. Sheth & Naresh K. Malhotra, *Wiley International Encyclopedia of Marketing*, Volume 5, *Product Innovation and Management* (West Sussex, UK: John Wiley, 2011), p. 93.

---

[7] David Reibstein & Venkatesh Shankar, "Innovation Metrics", in Jagdish N. Sheth & Naresh K. Malhotra, *Wiley International Encyclopedia of Marketing*, Volume 5, *Product Innovation and Management* (West Sussex, UK: John Wiley, 2011), pp. 91–96.

Se houver indicadores em demasia ou exageradamente complexos, eles se tornarão um problema em si mesmos. Para evitar a "paralisia pela análise", por exemplo, a Air Products (uma empresa de gás e química) utiliza apenas alguns indicadores no nível mais alto, como retorno financeiro em relação aos objetivos. No nível de gerência intermediário, alguns outros indicadores são acrescentados, como índices de custo dos produtos e eficiência de marketing; os níveis mais baixos da empresa estão preocupados com indicadores mais táticos. A Sprint, fornecedora de serviços de comunicação, procede quase que da mesma forma. De acordo com Mike Coffey, vice-presidente assistente, a alta administração da Sprint utiliza um *scorecard* com oito ou menos indicadores para cada produto que a empresa oferece. Além disso, a Sprint prioriza os indicadores, reconhecendo que em sua linha de trabalho a satisfação do cliente e o desempenho operacional são os mais importantes. Segundo Coffey, "Quando os clientes estão contentes, isso constitui um indicador antecedente de sua intenção de continuar usando nosso serviço".

Outra vantagem de ter menos indicadores é que eles podem ser conflitantes. Um tempo acelerado até o mercado é uma boa coisa, mas não se isso exigir que se sacrifique a qualidade. A Air Products preocupa-se em reutilizar o produto, o que melhora o custo total do capital (um indicador importante), mas um menor custo de capital também tem o efeito de piorar o indicador de eficiência de engenharia, o custo de engenharia dividido pelo capital. De acordo com Naser Chowdhury, diretor de gestão de produto global, esse tipo de conflito entre indicadores ocorre, mas precisa ser evitado.

Concluindo, as indicadores devem ser ajustados e refinados com o passar do tempo para que estejam alinhados com as metas empresariais – e as empresas precisam aprender com seus indicadores. Na Boeing, uma avaliação conhecida como Avaliação de Programa Independente (Program Independent Assessment), foi concebida para ajudar a identificar novos indicadores e abandonar os antigos e também para avaliar se os indicadores atuais estão sendo bem utilizados nos projetos de produto.

A título de consideração final, estamos observando uma maior utilização de indicadores de mídia social na gestão de lançamento.[8] Anteriormente observamos a utilização de mídia social logo no início do processo de novos produtos, principalmente em iniciativas de inovação aberta, como Conectar e Desenvolver, da P&G's, em que novas ideias podem ser solicitadas e comentadas pela comunidade *on-line*. Na verdade, as mídias sociais podem ser utilizadas proveitosamente também na gestão de lançamento. Durante o lançamento de um produto, o *feedback* do cliente pode ser obtido por meio de fontes *on-line* e medido e comparado com produtos que já se encontram no mercado. As ferramentas de análise de sentimentos podem ser utilizadas para categorizar o sentimento geral positivo ou negativo com relação ao produto tal como ele é expresso *on-line*, bem como para identificar oportunidades de melhoria.

Percepções sobre atendimento pós-venda podem ser obtidas em fontes *on-line* e compartilhadas entre os fornecedores de serviços para melhorar o suporte ao cliente.

UM EXEMPLO DE PLANO DE GESTÃO DE LANÇAMENTO

A Figura 19.8 apresenta um exemplo de plano de gestão de lançamento. Nesse plano, há exemplos de problemas reais, variáveis específicas que foram selecionadas para monitorá-los, pontos de gatilho e planos de contingência preparados e prontos para serem implementados. Observe particularmente que essa firma não era grande, não tinha departamento de pesquisa de mercado e, portanto, não tinha um procedimento sofistica-

---

[8] Amy Kenley, "Social Media and New Product Development", in K. B. Kahn, S. E. Kay, R. J. Slotegraaf & S. Uban (Eds.), *The PDMA Handbook of New Product Development* (Hoboken, NJ: John Wiley, 2013), Ch. 17, pp. 283–291.

FIGURA 19.8 Exemplo de plano de gestão de lançamento.

Informações preliminares: Este plano de controle de lançamento destina-se a uma empresa industrial de pequeno ou médio porte que esteja comercializando um instrumento de medição de eletricidade exclusivo. Esse aparelho deve ser vendido a um mercado com objetivo comum (isto é, fábricas), embora os produtos anteriores da empresa tenham sido vendidos predominantemente no mercado de P&D científico. A empresa tem em torno de 60 vendedores, mas seus recursos não são amplos. Não existe nenhum serviço fornecido por empresa especializada (*e.g.*, empresa de auditoria) nesse mercado.

Apenas algumas partes do plano de marketing são apresentadas aqui, mas o plano de controle contém o conjunto completo de problemas de controle, um plano para avaliar aqueles que podem ser avaliados e o que a empresa planejou fazer se cada um dos problemas de fato ocorresse.

Problema provável	Monitoramento	Planos de contingência
1. Os vendedores não entram em contato com o mercado com objetivo comum no ritmo prescrito.	Monitoramento de relatórios de vendas semanais. O plano requer pelo menos dez visitas de vendas de propósito geral por semana e por representante.	Se a atividade ficar abaixo desse nível durante três semanas consecutivas, um programa corretivo de reuniões de vendas distritais de um dia será implementado.
2. Os vendedores podem não conseguir compreender que o novo recurso do produto está relacionado ao seu uso no mercado com objetivo comum.	Para realizar o monitoramento, o gerente de vendas fará contato diário com cada um dos representantes de vendas. A equipe de vendas total será acompanhada durante dois meses.	Serão dadas explicações a cada um dos representantes imediatamente, mas se as primeiras dez chamadas indicarem que o problema é geral, serão organizadas teleconferências especiais para informar novamente toda a equipe de vendas.
3. Os clientes em potencial não estão comprando o produto para experimentação.	O monitoramento será realizado por meio da instituição de uma série de dez telefonemas de acompanhamento por semana para os clientes em perspectiva aos quais foi feita uma apresentação de vendas. Deve haver 25% de concordância com o principal recurso do produto e pedidos de experimentação de 30% dos clientes em perspectiva que concordarem com o recurso.	O plano corretivo é adequado para chamadas especiais de acompanhamento a todos os clientes em perspectiva, por parte dos representantes, e oferece 50% de desconto para todas as primeiras compras.
4. Os compradores compram o produto para experimentar, mas não fazem renovações de pedido em quantidade.	Monitoramento de uma nova série de chamadas telefônicas, dessa vez para aqueles que fizeram um pedido inicial. Previsão de vendas baseada em 50% daqueles que compraram o produto para experimentar e fizeram um pedido de reposição de pelo menos 10 unidades a mais em seis meses.	Por enquanto não existe nenhum plano corretivo. Se o cliente não comprar novamente, deve haver um problema no uso do produto. Como nosso produto é sem dúvida melhor, precisamos conhecer o motivo desse uso inapropriado. Serão utilizadas visitas em campo às principais contas para determinar o problema e medidas apropriadas serão tomadas em seguida.
5. O principal concorrente talvez tenha esse mesmo novo recurso (para o qual não temos patente) já pronto e o comercialize.	Em essência, não é possível monitorar essa situação. Uma investigação junto aos nossos fornecedores e a mídia nos ajudará a tomar conhecimento disso mais rapidamente.	O plano corretivo é fazer todas as promoções possíveis durante 60 dias. Um programa decisivo. Vendas em campo somente do novo produto por toda a equipe, mais um desconto de 50% para o primeiro pedido e duas malas diretas especiais. As outras atividades de monitoramento descritas acima serão acompanhadas ainda mais de perto.

do para o lançamento de novos produtos. Contudo, o plano cobre as principais bases, possibilita que a gestão de lançamento fique nas mãos dos gestores disponíveis e oferece ações eficazes se qualquer um dos prováveis problemas tornar-se uma realidade.

As empresas maiores e com grandes orçamentos terão planos mais sofisticados, mas, em princípio, eles serão exatamente iguais – problema, variável de monitoramento, ponto de gatilho e plano corretivo pronto para ser implementado. As empresas muito pequenas podem ter a energia necessária para lidar com apenas alguns problemas; o gestor pode utilizar o que chamamos de *controle visual* para percorrer o mercado e descobrir se os problemas estão ocorrendo e ter em mente o que será feito em caso afirmativo.

Entretanto, sejam na mente, no formato apresentado na Figura 19.8, ou em um plano sofisticado e formal, os princípios básicos são os mesmos.

GESTÃO DE LANÇAMENTO E GERAÇÃO DE CONHECIMENTO[9]

Obviamente, nossa aprendizagem é contínua no processo de novos produtos. Durante o desenvolvimento de produtos, podemos descobrir atividades ou processos que gostaríamos de reproduzir em outros projetos de produto ou padronizar em toda a empresa ou podemos identificar tecnologias que poderiam ser reutilizadas em outro lugar para minimizar riscos e custos e encurtar o tempo de desenvolvimento. Porém, mais especificamente, muitas informações importantes podem ser geradas na fase de pós-lançamento por meio de uma análise pós-ação (*after action review* – AAR), e entre aqueles que utilizam a AAR estão algumas das empresas inovadoras mais bem-sucedidas atualmente, como Harley-Davidson, Sprint e Ford.

O objetivo da AAR é identificar os eventos que resultam no lançamento de um produto e tentar compreender o raciocínio por trás das atitudes tomadas. A meta é identificar o que deu certo (para que possa ser reproduzido) e o que deu errado (para identificar áreas deficientes nos processos da empresa que precisam ser corrigidas). Uma boa AAR inclui declarações sobre objetivos planejados e resultados reais, uma tentativa de explicar as divergências observadas, uma declaração sobre o que foi aprendido e um esboço das etapas posteriores. Um exemplo ilustrativo é apresentado na Figura 19.9. A AAR não precisa ser exageradamente formal – em alguns casos, uma breve reunião entre dois indivíduos após uma visita a um cliente pode ser suficiente –, mas mesmo assim ela deve ser realizada. Algumas empresas adiam a AAR até um ano depois do lançamento a fim de avaliar como o produto se saiu ou se a empresa conseguiu concretizar as metas programadas. Os participantes da AAR devem incluir o líder da equipe de novos produtos e possivelmente todos aqueles que tiverem alguma experiência direta com o projeto. Se isso resultar em um número impraticavelmente grande de indivíduos, divida-os em subgrupos significativos, conduza várias AARs em paralelo e depois reúna os subgrupos e discuta o que foi aprendido. Tal como sempre ocorre nos grupos de discussão, ter um facilitador bom e treinado pode fazer toda diferença.

Alguns produtos têm vida curta não propositalmente. Entretanto, de vez em quando são comercializados produtos que os gestores sabem desde o início que ficarão no mercado apenas durante um breve período. Esses produtos incluem produtos de moda passageira, tapa-buracos temporários em uma linha de produtos, produtos associados a necessidades especiais dos integrantes de um mercado e produtos *ocasionais*. Uma fabricante de produtos ocasionais é a Baskin-Robbins, que tem um conjunto estabelecido de sabores sempre disponíveis e outro conjunto estável de sabores que entram e saem da linha.

---

[9] Grande parte dessa seção é extraída de Ken Bruss, "Gaining Competitive Advantage by Leveraging Lessons Learned", in A. Griffin & S. M. Somermeyer, *The PDMA Toolbook 3 for New Product Development* (New York: John Wiley, 2007), Chapter 15.

FIGURA 19.9 Um exemplo de análise pós-ação.

Objetivos:

1. Enviar uma amostra ao cliente por volta do final de dezembro.
2. Enviar amostras alteradas por volta do final de fevereiro.
3. Reduzir o tempo de teste pela metade (de 1 minuto para 30 segundos).

Resultados:

O primeiro objetivo atrasou uma semana e o segundo e terceiro foram concretizados.

Motivos para mudanças?

O novo produto não cumpriu as exigências de desempenho expressas nas respectivas especificações. Em consequência disso, muito tempo (seis semanas) foi perdido na redefinição e na refabricação. Não foi alocado tempo suficiente para mudanças no *hardware* ou *software*. Contudo:
A equipe conseguiu reduzir o tempo de teste em virtude da eficiência do teste recém-desenvolvido.

Lições aprendidas:
É provável que tenhamos nos apoiado demasiadamente em processos e embalagens genéricos e padronizados, e nem todos eram apropriados nesse cenário.
Internamente, estávamos nos referindo a esse produto como um "produto derivado" de produtos existentes, mas na verdade o procedimento de teste foi bem mais complexo do que para os que já existiam, o que deveria ter sido levado em conta no plano.

Fonte: Adaptado de Ken Bruss, "Gaining Competitive Advantage by Leveraging Lessons Learned", in A. Griffin & S. M. Somermeyer, *The PDMA Toolbook 3 for New Product Development*, John Wiley & Sons, Inc., 2007, Ch. 15. Reimpresso com permissão da John Wiley & Sons, Inc.

A necessidade de gerenciar o lançamento dos produtos temporários é bem menor, principalmente porque nada pode ser feito – tudo já está comprometido. Há necessidade de verbas de propaganda e venda pessoal para abastecer distribuidores/varejistas (não é possível permitir nenhuma falta de estoque, porque as faltas são vendas perdidas permanentemente) e gerar vendas imediatas. A promoção de vendas só funciona para consciência e experimentação. Não há nenhuma programação de acompanhamento dos produtos, a produção, se possível, é terceirizada, não são mantidos produtos em estoque e as operações de produção são compatibilizadas com a taxa de renovação de pedidos. Nenhuma instalação de serviços de longo prazo é construída, os preços são mantidos constantes (ou, no máximo, reduzidos) e a maior parte da iniciativa após a divulgação é dirigida às informações sobre o mercado das quais é necessário estar a par quando as vendas estão se estabilizando e tendendo a baixar. No momento em que for identificado qualquer problema com o lançamento, o momento para solucioná-lo já terá passado.

PRODUTOS MALSUCEDIDOS

Não obstante o grande empenho de todos, algumas vezes os produtos fracassam ou parecem estar em declínio. Quando o produto parece estar em declínio, primeiro a empresa pensa em como poderia investir melhor um valor adicional, e a estratégia é então revista. Obviamente, se o tempo permitir, o produto pode ser alterado ou complementos já prontos podem ser enviados ao mercado enquanto são realizadas mudanças de mais longo prazo. Se a situação do mercado for particularmente difícil e as soluções dependerem apenas de mudanças mais demoradas no produto, talvez seja necessário suspendê-lo temporariamente ou, na melhor das hipóteses, interromper todas as promoções e paralisar as atividades no mercado até que se encontre a solução para o problema. Se as coisas na área de desenvolvimento não seguirem adiante favoravelmente, pode ser necessário abandonar o produto; ou seja, abandonar a oportunidade de mercado. A maioria das empresas tem várias opções de novos produtos e preferem tirar os produtos malsucedidos da vista e da mente. As políticas são ruins, as pessoas estão debandando para escapar do navio à deriva e os críticos lembram a todos que eles já haviam previsto esse problema etc. Obviamente, se novas fábricas tivessem sido construídas, se programas promocionais importantes tivessem sido empreendidos ou se quaisquer outros compromissos financeiros de ponta tivessem sido feitos, haveria iniciativas para continuar – pelo menos até que se tivesse tempo para realizar um relançamento.

A decisão de excluir o produto é sem dúvida complexa e tem um efeito propagador provavelmente forte. Uma equipe de pesquisadores sugeriu um processo de eliminação de produtos escalonado (consulte a Figura 19.10). Nesse processo, a empresa precisa primeiro determinar se o desempenho do produto merece ser levado em conta na decisão de eliminação. Em seguida, ela explora alternativas com as quais seja possível restaurar a viabilidade do produto por meio de ajustes na qualidade ou no preço ou talvez do direcionamento a novos mercados. Antes de tomar a decisão de eliminar o produto, a empresa precisa avaliar sistematicamente o efeito total da eliminação sobre os custos indiretos, os gastos e a utilização de capacidade e também determinar se a eliminação deixaria uma lacuna considerável em sua linha de produtos. Concluindo, se a eliminação for necessária ou inevitável, sua velocidade deverá ser determinada (isto é, livrar-se do produto imediatamente, explorá-los ao máximo durante vários trimestres ou mesmo anos, liquidá-lo etc.).[10]

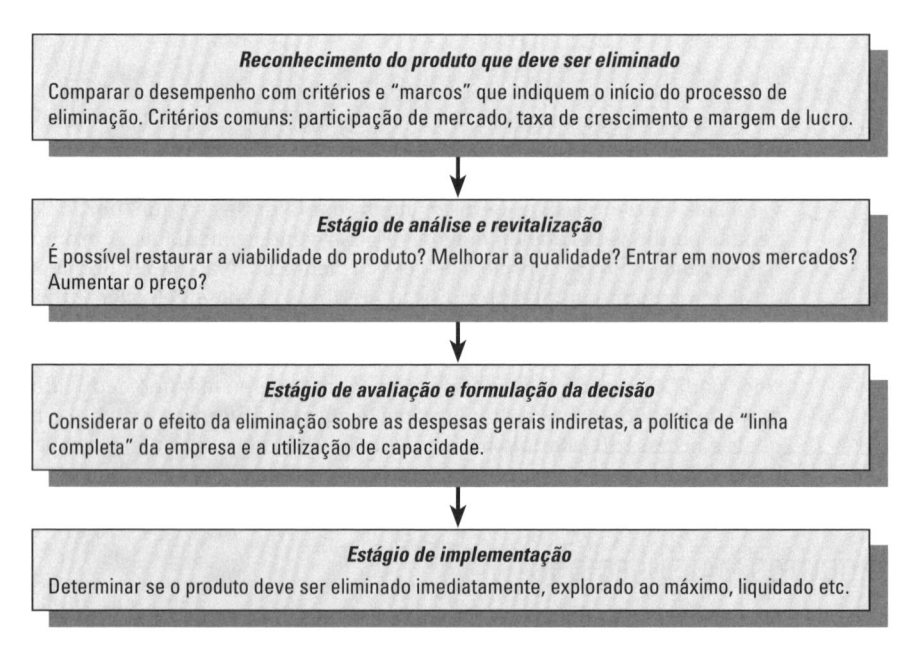

Reconhecimento do produto que deve ser eliminado
Comparar o desempenho com critérios e "marcos" que indiquem o início do processo de eliminação. Critérios comuns: participação de mercado, taxa de crescimento e margem de lucro.

Estágio de análise e revitalização
É possível restaurar a viabilidade do produto? Melhorar a qualidade? Entrar em novos mercados? Aumentar o preço?

Estágio de avaliação e formulação da decisão
Considerar o efeito da eliminação sobre as despesas gerais indiretas, a política de "linha completa" da empresa e a utilização de capacidade.

Estágio de implementação
Determinar se o produto deve ser eliminado imediatamente, explorado ao máximo, liquidado etc.

FIGURA 19.10 Passo a passo de um processo de eliminação de produtos.

Fonte: Adaptado de George J. Avlonitis, Susan J. Hart & Nikolaos X. Tzokas, "An Analysis of Product Deletion Scenarios", *Journal of Product Innovation Management* 17, no. 1, January 2000, pp. 41–56. Reimpresso com permissão da John Wiley & Sons, Inc.

---

[10] George J. Avlonitis, Susan J. Hart & Nikolaos X. Tzokas, "An Analysis of Product Deletion Scenarios", *Journal of Product Innovation Management*, 17(1), January 2000, pp. 41–56.

Existem algumas evidências de que os projetos de produtos novos para o mundo podem ser mais difíceis de suspender. Nesses casos, os gestores tendem a ser mais otimistas quanto à probabilidade de sucesso, a se comprometer mais emocionalmente com o projeto e a desejar conduzir o projeto até o lançamento. O assistente pessoal digital Newton, da Apple, e o sistema de videodisco SelectaVision, da RCA, são dois casos em que, embora as etapas de avaliação no processo de novos produtos tenham identificado nítidos sinais de possíveis problemas, esses problemas foram ignorados. Em outros casos, a avaliação não é realizada meticulosamente e não são tomadas decisões claras de prosseguir/não prosseguir. Alguns produtos que de fato são eliminados podem até retornar, possivelmente com outro nome. Na pressa para aumentar a velocidade de colocação dos produtos no mercado, é necessário não perder de vista a necessidade de interromper mais cedo os produtos ruins![11]

Mesmo que uma linha de produtos ou um produto seja descontinuado, ainda assim pode oferecer oportunidades de receita. A linha ou o produto pode ser vendido imediatamente a outra empresa. De outro modo, a empresa pode vender os direitos sobre o produto ou sobre a marca, sua fórmula ou projeto, seu processo de fabricação, seu canal de distribuição, sua tecnologia ou seus principais componentes ou a unidade de negócios como um todo.[12] Outra possibilidade é a empresa consolidar sua posição – tornar-se "peixe grande" em uma lagoa que supostamente está encolhendo (consulte alguns exemplos na Figura 19.11). Na verdade, existe uma vantagem nessa

FIGURA 19.11 Estratégias de consolidação na prática.

Há mais ou menos cem anos, colarinhos de papel destacáveis e descartáveis faziam parte do uniforme dos garçons. Como eles saíram de moda, apenas uma empresa continuou confeccionando esse tipo de colarinho. Quando essa empresa foi adquirida por outra, enviou cartas aos seus clientes informando que o preço dos colarinhos de papel dobraria. O novo proprietário reconheceu que ainda havia uma demanda pequena mas cativa por esse tipo de colarinho.

Um fabricante de armários de cozinha comprou uma grande fábrica de rodas de carroça, com a intenção de transformá-la em uma instalação para fabricação de armários. Em pouco tempo a empresa descobriu que havia acabado de assumir o controle de uma das últimas fábricas de rodas de carroça nos Estados Unidos e continuou vendendo rodas lucrativamente durante algum tempo depois (várias delas a jardineiros ou paisagistas, que as usam como vaso e planta).

Os cortadores de grama manuais perderam a popularidade quando cortadores movidos a gasolina de todos os tamanhos e formatos, e cortadores dirigíveis, dominaram o mercado de cortadores em bairros afastados dos centros urbanos. Uma empresa, a American Lawnmower, tinha em torno de 95% de participação no mercado de cortadores manuais. Nos últimos anos, vários consumidores voltaram a usar cortadores de grama manuais por sua simplicidade, por respeito ao meio ambiente e por nostalgia, e as vendas voltaram a crescer.

Depois que os transistores substituíram totalmente as válvulas a vácuo nos aparelhos de televisão e rádio e outros dispositivos, a RCA e a GE deixaram de fabricar válvulas a vácuo. Uma empresa de Illinois percebeu que haveria demanda por válvulas a vácuo em aplicações especiais, adquiriu agressivamente os concorrentes de pequeno porte e conseguiu uma posição lucrativa no mercado.

A vantagem aqui é que a ameaça de entrada de novos concorrentes no mercado é pequena. (A essa altura a GE desejaria realmente reinvestir em válvulas a vácuo ou a Ford em rodas de carroça?)

Fonte: Os exemplos são de Laurence P. Feldman, "From Paper Collars to Vacuum Tubes: Life at the End of the Product Life Cycle", *Visions*, October 1997, p. 10. Copyright © 1997 Associação de Desenvolvimento e Gestão de Produtos. Reproduzido com permissão do da Associação de Desenvolvimento e Gestão de Produtos por intermédio do Centro de Autorização de Direitos Autorais.

---

[11] Jeffrey B. Schmidt & Roger J. Calantone, "Are Really New Product Development Projects Harder to Shut Down?", *Journal of Product Innovation Management,* 15(2), March 1998, pp. 111–123; e Jeffrey B. Schmidt & Roger J. Calantone, "Escalation of Commitment during New Product Development", *Journal of the Academy of Marketing Science,* 30(2), 2002, pp. 103–118.

[12] Patricia A. Katzfey, "Product Discontinuation", in M. Rosenau, A. Griffin, G. Castellion & N. Anscheutz (eds.), *The PDMA Handbook of New Product Development* (New York: John Wiley, 1996), pp. 413–425.

estratégia: a ameaça de que um novo concorrente está entrando no mercado é pequena. Qualquer uma dessas oportunidades deve ser explorada se for viável.

Ainda que o **abandono** seja necessário, o trabalho do gestor não terá chegado ao fim. Muitas pessoas precisam ser notificadas (como clientes, governos, distribuidores e associações comerciais). Se houver pessoas ou empresas que se tornaram dependentes do produto, talvez seja necessário ter um programa de redução gradual de estoque, uma reservas de peças ou componentes e um período de serviço de manutenção. O custo e o espaço de tempo necessário para esse apoio *a posteriori* precisam ser calculados.

RESUMO

Este capítulo nos leva ao ponto em que introduzimos o produto. Temos o produto, temos o programa de marketing correspondente e estamos preparados para controlar sua trajetória para o sucesso.

Os elementos necessários para gerenciar o lançamento são: um plano, avaliação do andamento do produto no mercado, análise de eventos para determinar se as medidas de contingência previamente planejadas devem ser implementadas e estudo contínuo para garantir que qualquer problema seja identificado o mais breve possível e que medidas possam ser tomadas para evitá-lo ou ao menos aliviá-lo.

A gestão e o monitoramento do lançamento são particularmente difíceis porque a maior parte dessa atividade transcorre no mercado, as variáveis mudam e as mensurações são difíceis e caras (diferente de caminhar pela fábrica e utilizar o método de controle visual). Contudo, existe uma metodologia, e quando a situação justifica essa iniciativa, o gestor de novos produtos com certeza pode ganhar com isso.

Agora podemos voltar nossa atenção para um assunto sempre presente na atividade de novos produtos: existem problemas de políticas públicas relacionados com a fabricação, a distribuição ou o descarte de um novo produto? Existem questões éticas envolvidas? O que o desenvolvedor pensa obviamente não é a questão. O que o público pensa? O que as autoridades governamentais pensam? Esse será o tema do Capítulo 20.

APLICAÇÕES

Mais questões provenientes da entrevista com o presidente da empresa.

1. "Agradeço por me falar sobre essa ideia de gestão de lançamento que você estava estudando. Mas veja, estou meio confuso com uma coisa. Você mencionou (1) eventos críticos, (2) eventos de controle e (3) variáveis de monitoramento. Você disse que é necessário relacionar todas essas três coisas? Um evento não tenderia a estar em todas as três listas? Por exemplo, ter consciência de um atributo determinante fundamental de um novo produto. Considerando que esse não é um evento crítico, escolhê-lo para controle o torna um evento de controle e monitorá-lo o torna uma variável de monitoramento. Correto? Ajude-me!"

2. "No último ano, tive várias oportunidades de ver um novo produto enfrentar sérios problemas – grandes expectativas e um volume de vendas terrível. E a parte mais triste é que muitas pessoas se esforçam ao máximo para negar o inevitável – o produto fracassou... portanto, quanto mais rápido nos livrarmos dele, melhor. Do contrário, é jogar dinheiro fora. Na verdade, vou falar sobre esse efeito em nossa próxima reunião executiva geral e você poderia me fazer um favor. Você poderia elaborar uma lista de todos os motivos que poderia fazer uma pessoa querer levar adiante uma causa perdida? Isso me ajudaria a ter certeza de que consigo responder a todas as objeções antes de falar sobre isso na reunião."

3. "Se bem me lembro, toda essa ideia de gestão de lançamento depende em parte de se ter uma trajetória ou um plano que deve ser seguido por toda variável quando tudo está caminhando bem. Acho que você me mostrou alguns gráficos com essas projeções. Mas me parece que elas não passam de conjecturas, pelo menos no caso de produtos realmente novos. Por exemplo, certa vez estava lendo sobre a Arco Solar Inc. (uma divisão da Atlantic Richfield). Ela tinha uma placa de energia solar que podia ser instalada no painel de um carro e carregar a bateria do carro. Essa energia podia ser usada para compensar o autodescarregamento natural da bateria, o consumo de relógios elétricos etc. Mas como é que eles poderiam saber qual seria o caminho normal de consciência ou experimentação? Nesse caso eles não podem utilizar a gestão de lançamento? Várias de nossas divisões estão desenvolvendo produtos verdadeiramente novos como esse."

ESTUDO DE CASO Levitra[13]

A disfunção erétil (DE) é um distúrbio que carrega um nítido estigma social para vários homens. Esse distúrbio pode ocorrer por vários motivos: doença cardiovascular, medicamentos como diuréticos e bloqueadores beta ou outros fatores, como tabagismo ou cirurgia da próstata. Antes de 1998, os homens que sofriam de DE tinham poucas opções de tratamento. Supositórios e injeções no pênis tinham inconvenientes próprios e não ofereciam resultados consistentes. Outros homens que estavam procurando superar a DE recorriam à psicoterapia, a cirurgias ou a dispositivos de vácuo. O mercado estava pronto para um medicamento oral seguro que aumentasse o fluxo sanguíneo e, desse modo, oferecesse o efeito desejado. Além disso, muitos homens com DE achavam difícil até mesmo falar com o médico a respeito desse distúrbio; um estudo recente indicou que 90% dos pacientes não consultaram um médico e, desses, somente metade estava recebendo tratamento. Esses números indicam que o tamanho total do mercado para o Viagra pode ser superior a 25 milhões de homens só nos Estados Unidos, onde esse número provavelmente dobrará por volta de 2025.

Em 1998, utilizando grande apoio promocional, a Pfizer lançou o Viagra, o primeiro tratamento oral eficaz e seguro para DE. O Viagra (Sildenafil) evidenciou resultados impressionantes para o tratamento de DE; de acordo com um estudo da Johns Hopkins realizado na época, o Viagra estava evidenciando índices de eficácia de 65%. Parecia impossível evitar o lançamento do Viagra naquele ano. O proeminente político Bob Dole foi escolhido como porta-voz para propaganda em mídia eletrônica, cujo tema enfatizava que era adequado os homens falarem a respeito de DE com seu médico. Para adicionar um alarde promocional, em breve surgiu uma corrida automobilística Viagra no circuito da Nascar. Não havia dúvida de que o mercado aguardava avidamente esse produto: em 2002, a receita de vendas do Viagra foi de US$ 1,7 bilhão.

Outras empresas farmacêuticas dificilmente conseguiam deixar de notar esse mercado emergente. É fato que o Viagra não era uma solução milagrosa. Em torno de 30% dos usuários não evidenciavam nenhum resultado positivo depois de ingerir o Viagra, mesmo em sua dose mais alta (100 miligramas). Além disso, os resultados do Viagra só se evidenciam mais ou menos uma hora após sua ingestão e duram quatro horas. Havia também alguns efeitos colaterais menores: dor de cabeça, congestão nasal e, curiosamente, uma alteração na visão do azul em alguns indivíduos. Portanto,

---

[13] Esse estudo de caso baseia-se em várias fontes públicas, com os *sites* www.webmd.com, www.bayer.com, www.gsk.com e diversas matérias jornalísticas divulgadas em www.reuters.com durante 2003.

as pesquisas poderiam identificar uma fórmula semelhante ao Viagra, mas que não tivesse esses efeitos colaterais ou oferecesse outros benefícios. Mas essa seria apenas metade da solução: Mesmo que uma fórmula fosse identificada, de que forma ela conseguiria confrontar o Viagra no mercado, uma marca tão popular e renomada?

Essa nova fórmula é um concorrente direto do Viagra e na verdade encontra-se na mesma classe de produtos farmacêuticos. A GlaxoSmithKline e a Bayer realizaram testes para demonstrar o desempenho superior do Levitra. Um estudo em particular demonstrou que o Levitra havia sido eficaz para homens que, na maioria das vezes, não responderam ao tratamento com Viagra. Além disso, o Levitra oferecia algumas vantagens relativas à dosagem: os resultados começavam a aparecer em 16 minutos e duravam em torno de cinco horas. Esses dois números evidenciam uma melhoria em relação ao desempenho do Viagra. Adicionalmente, o Levitra não prejudica a visão do azul.

Não obstante as vantagens de desempenho e dosagem, a GlaxoSmithKline e a Bayer não se arriscaram de forma alguma no lançamento desse produto. O ex-astro e treinador de futebol americano Mike Ditka foi recrutado para ser porta-voz. Como Dole, ele seria reconhecido por seu público-alvo como um modelo forte e masculino e ajudaria a estimular mais os homens a procurar tratamento para a DE. A GlaxoSmithKline e a Bayer tornaram-se patrocinadores da NFL. A *tagline* do Levitra parecia totalmente apropriada: "Stay in the game – when you're in the zone it's all good" ("Mantenha-se no jogo – quando você está ao auge é tudo de bom"). A GlaxoSmithKline e Bayer recorreram a redes existentes de marketing e distribuição globais para estreitar a lacuna entre os dois medicamentos e obter distribuição e aceitação mundiais para o Levitra. Além disso, em vista da importância do custo para os fornecedores de cuidados médicos gerenciados (*managed care*), o Levitra foi lançado por um preço mais baixo: Trinta comprimidos de Levitra custavam entre US$ 291 e US$ 299, dependendo da concentração; preços comparáveis do Viagra eram entre US$ 7 e US$ 25 superiores.

Nos primeiros meses após o lançamento, o Levitra abocanhou em torno da metade da participação de mercado do Viagra e, para procurar proteção, a Pfizer está avaliando se o Levitra constitui uma violação de patente contra o Viagra.

Obviamente, a GlaxoSmithKline e a Bayer priorizaram a DE em suas iniciativas de pesquisa, tendo em vista o sucesso (e o potencial de mercado) fenomenal do Viagra. A superioridade de desempenho do Levitra era evidente, pelo menos para alguns pacientes do Viagra, e o preço o tornou o medicamento predileto na atual conjuntura de saúde. Não é possível discordar da escolha do porta-voz nem da mensagem de propaganda, tampouco da capacidade da GlaxoSmithKline e da Bayer para lançar um novo produto eficazmente no mercado global. O que este estudo de caso lhe diz a respeito da vantagem de ser pioneiro no mercado? A vantagem sustentável do Levitra está garantida? Se você estivesse gerenciando essa marca para a GlaxoSmithKline, o que mais o preocuparia e o que você poderia fazer?

CAPÍTULO 20
Problemas de políticas públicas

INFORMAÇÕES PRELIMINARES

Ao longo dos 19 capítulos anteriores, abordamos os vários problemas de desenvolvimento e lançamento de um novo produto. Contudo, para simplificar as coisas, adiamos até o momento algumas questões importantes relacionadas a políticas públicas. Elas dizem respeito à relação entre a empresa (pessoas, produtos ou o que quer que seja) e os cidadãos. Em todos os países do mundo, existem meios que restringem ou direcionam a atividade de novos produtos, e normalmente por um motivo bastante justificado. Desse modo, os gestores precisam conhecer as regras e compreender os limites da lei com relação a questões que possam estar obscuras.

O Capítulo 20 apresenta o ciclo de vida de uma preocupação pública, analisa as posturas das empresas com respeito à inovação de produtos e às políticas públicas e aborda a questão mais crítica – a responsabilidade pelos produtos.* Em seguida são analisadas outras questões, como o meio ambiente, e alguns problemas gerenciais correspondentes.

UMA VISÃO MAIS ABRANGENTE: UM CICLO DE PREOCUPAÇÕES

Nunca antes o meio ambiente fez parte da consciência pública como atualmente, e várias empresas decidiram procurar soluções por conta própria. O Walmart investigou a construção de lojas de baixo consumo de energia, enquanto a General Electric está desenvolvendo produtos ultraeficientes. Por que tanta atenção tão de repente? Com certeza a cobertura da mídia sobre questões ambientais tem sido alta, e a Agência de Proteção Ambiental (Environmental Protection Agency – EPA) dos Estados Unidos estabeleceu uma política climática abrangente. Esses fatores elevaram a consciência popular. Os diretores executivos algumas vezes justificam suas repentinas preocupações ambientais como um "despertar pessoal" para ameaças climáticas. Mas há mais coisas por trás disso: os grandes investidores sabem que limites à produção de dióxido de carbono podem estar a caminho, e mais cedo do que se espera, e por isso eles estão pressionando as empresas para encontrar uma solução. As empresas de automóveis lançaram com sucesso veículos híbridos para minimizar os poluentes atmosféricos produzidos pelos motores de combustão de gasolina e procuraram investigar outras opções de fonte de energia para os carros do futuro. Mas e se vários anos de iniciativas de pesquisa produzirem um motor de combustão de gasolina 1.000 vezes mais eficiente do que os usados atualmente nos automóveis? Esse motor poderia ser mais eficiente do que a energia de célula de hidrogênio e provavelmente não deveria ser descartado como uma das metas para os carros 20 anos à frente. Os gestores recorrerão a *roadmaps* **tecnológicos** para representar cenários alternativos

---

*N. de E.: Muitas das informações apresentadas neste capítulo descrevem e analisam o contexto dos Estados Unidos, mas, em sua grande maioria, elas também se aplicam à realidade de muitos outros países, incluindo o Brasil.

no futuro e desenvolver planos.[1] Independentemente do setor, o meio ambiente está completamente em voga, e se eles já não estivessem fazendo isso, as empresas teriam de desenvolver políticas sobre o que fazer em seguida.[2]

As empresas de *fast-food* também estão sendo alvo de escrutínio público. Em 2003, o McDonald's estava sendo processado por pais de adolescentes obesos que achavam que a alimentação *fast-food* havia contribuído para as doenças cardíacas, o diabetes, o colesterol alto e outras enfermidades de seus filhos. (O processo foi rejeitado por um juiz federal.) Além disso, a empresa foi alvo do filme *Supersize Me*, lançado em 2004. Muitos criticaram o filme (não apenas dentro do McDonald's), considerando uma distorção de fatos (um membro do Instituto da Empresa Competitiva propôs que o filme deveria ser classificado como "Comédia" nas locadoras). Mesmo assim, o McDonald's comprometeu-se com um programa de "estilo de vida equilibrado" em 2004, que abrangeu educação pública e mudanças no cardápio e em sua propaganda. A título de exemplo, o famoso *personal trainer* Bob Greene foi recrutado para visitar as principais cidades e falar sobre exercícios e alimentação saudável. Embora as coisas estejam mais controladas para o McDonald's na América do Norte, as opções de seu cardápio ainda enfrentam duras críticas na França, na Grã-Bretanha e em outros lugares.[3] De modo semelhante, os restaurantes *fast-food*, bem como as cadeias de supermercados, tiveram de tomar decisões importantes sobre o uso de óleos parcialmente hidrogenados (gordura transgênica) na culinária e nas frituras, os quais foram associados a doenças cardíacas.[4]

Todas as situações de pressão pública passam por um ciclo de vida que incluem as fases a seguir (consulte a Figura 20.1). Veja se você consegue identificar cada uma das fases no surgimento de preocupações públicas relativas ao aquecimento global ou à nutrição *fast-food*.

Fase I: Incitamento

Os indivíduos começam a se expressar pública e vigorosamente bem antes de uma quantidade suficiente de pessoas ser prejudicada ou estimulada a provocar uma reação geral. Cartas ao presidente das empresas, reclamações em artigos jornalísticos, cartas a representantes políticos e as expressões hesitantes de preocupação de autoridades bem informadas são características da primeira fase. A maior parte das pessoas ignora esses períodos, mas, em retrospectiva, eles são fáceis de serem identificados. Consequentemente, a fase de incitamento pode durar um longo tempo – na verdade, décadas.

O problema dos gestores de novos produtos é que eles não sabem o que ocorrerá. Irromper ou fenecer?

Fase II: Apoio a processos judiciais

Quando o incitamento em torno de uma questão aumenta, um patrocinador pode resolver assumi-la como causa. Esses patrocinadores costumavam ser autônomos e

---

[1] Richard E. Albright & Beebe Nelson, "Product and Technology Mapping Tools for Planning and Portfolio Decision Making", in P. Belliveau, A. Griffin & S. M. Somermeyer (eds.), *The PDMA Toolbook 2 for New Product Development*, Hoboken, New Jersey: John Wiley & Sons.

[2] Michelle Conlin (ed.), "The Best Ideas", *BusinessWeek*, December 18, 2006, pp. 97–107; e o *site* da Agência de Proteção Ambiental dos Estados Unidos (EPA), www.epa.gov

[3] Jonathan Wald, "McDonald's Obesity Suit Tossed", money.com, February 17, 2003; e a listagem do McDonald's no *site* da SourceWatch, www.sourcewatch.org.Para examinar um ponto de vista internacional, consulte Peter Allen, "France Targets 'Le Snack' in Obesity Battle", telegraph.co.uk, March 2, 2007; e Catherine Elsworth, "Restaurants 'Promoting Extreme Eating' in U.S.", telegraph.co.uk, February 28, 2007.

[4] Para examinar uma visão a respeito da complexidade da gordura transgênica, consulte Steven J. Milloy, "Trans Fat Hysteria Could Be Lawsuit Bonanza", foxnews.com, November 9, 2006.

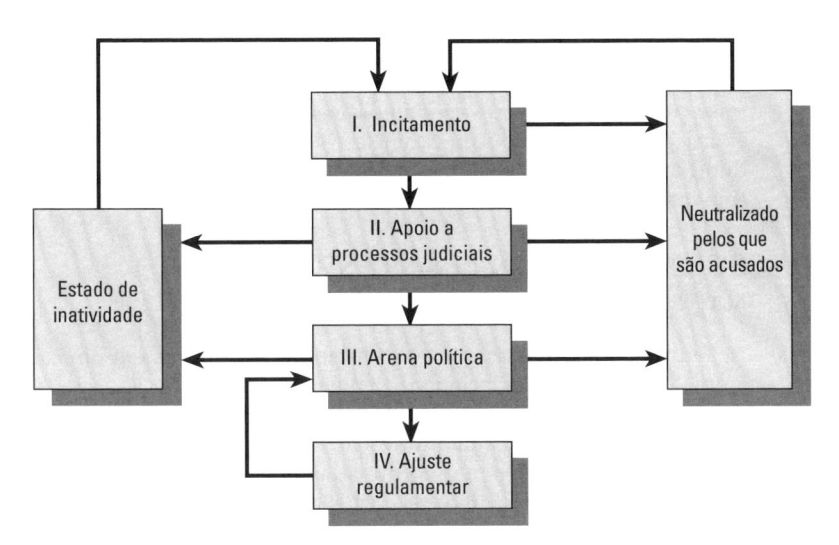

FIGURA 20.1 Ciclo de vida de uma preocupação pública.

com frequência eram desconhecidos, como Ralph Nader quando questionou sobre a segurança dos automóveis na década de 1960. Atualmente, o apoio a causas tende a vir de organizações cujos líderes estão tentando associar uma inquietação básica com um desejo de contribuição e publicidade. A pergunta fundamental para essas organizações normalmente é: "Quão difundida é uma inquietação não publicizada?". Ou "Quão expressivas as manchetes podem se tornar?". Isso pode soar grosseiro, mas lembre-se de que a todo instante existem inúmeras questões embrionárias e que uma organização pode perder seu poder se desperdiçar seus escassos recursos com questões que se extinguem.

Em todo caso, a segunda fase é um período em que o aspirante a líder e a causa ainda silenciosa estão em campanha, em busca de uma base política. Se obtida, a ação muda para a terceira fase, a menos que o setor que está sendo acusado consiga neutralizar a situação ou a causa não mobilize um amplo apoio.

Fase III: A arena política

No momento em que uma questão adquire uma base política entre o público votante, a oportunidade de neutralização normalmente já passou. Hoje, as empresas precisam preparar-se para travar uma batalha política no legislativo estadual e/ou federal ou em várias arenas regulatórias. O problema é o conteúdo das novas leis ou regulamentações, e as empresas com frequência reconhecem as amplas exigências dos consumidores e estão apenas tentando encontrar a forma menos cara e menos restritiva de lhes atender. Ocasionalmente, as empresas lutam vigorosamente contra um acordo. O setor de cereais agiu assim, e venceu em diversas dimensões. Entretanto, a base política normalmente é a causa da qual um líder necessita para forçar alguma alteração em um costume, uma causa suficientemente grave para exigir uma legislação ou a decisão de um tribunal.

Fase IV: Ajuste regulamentar

Uma nova legislação regulamentar raramente é precisa, e essa imprecisão dá lugar a um período de manobra por parte dos adversários com relação à sua interpretação. A Lei de Segurança de Produtos de Consumo, por exemplo, instruiu a **Comissão de Se-**

gurança de Produtos de Consumo (**Consumer Product Safety Commission – CPSC**) a solicitar a apreensão de qualquer "produto de consumo iminentemente perigoso", frase cujos quatros termos são impossíveis de definir. A imprecisão talvez seja uma abordagem necessária ou até mesmo sensata nas regulamentações. Essa fase costuma durar anos e algumas vezes mudanças gerais no pensamento político do país fazem com que várias questões entrem ou saiam do estado de inatividade.

ATITUDES DE NEGÓCIO QUANTO A QUESTÕES RELACIONADAS AOS PRODUTOS

As empresas lidam com questões de políticas públicas em um escopo bem mais amplo do que apenas relacionadas a novos produtos. Por isso, elas alcançaram uma estrutura de crenças no que tange à interligação entre negócios e sociedade. A maioria dessas crenças respalda a inovação de produtos, e a sociedade concorda com elas. Sem dúvida, existem determinadas questões que ainda não equacionamos. Por exemplo, como pagamos os custos do uso indevido de um produto em uma situação que o consumidor não conseguiu ler e compreender o rótulo? Qual é a responsabilidade de uma empresa de alimentos cujos clientes desejam excelente sabor enquanto o governo deseja nutrição de qualidade? De modo geral, a maioria das manchetes atualmente refere-se a problemas que surgiram há anos, e nossas preocupações estão "no limbo" – isto é, encontram-se em áreas de incerteza e mudança temporárias.

O novo produto que gera uma preocupação inesperada no fronte de políticas públicas provavelmente resulta de uma administração negligente. Preste atenção, *inesperada*. Muitos dos nossos problemas nós esperamos e na maior parte dos casos temos métodos para evitá-los – ou salvaguardas – ou nos preparamos para lidar com eles. Obviamente, nenhum gestor consegue "atravessar o campo minado" de legisladores federais e regionais, agências regulatórias, advogados de tribunais, clientes prejudicados e líderes de causas populares sem ocasionalmente tropeçar.

ÁREAS PROBLEMÁTICAS ATUAIS

Os gestores de novos produtos enfrentam várias áreas problemáticas específicas quando tentam lidar com pressões sociais e legais – a responsabilidade pelo produto é a mais complexa, e no momento a mais frustrante, em parte por causa da gravidade de um possível processo judicial e dos custos de um erro.

Essas questões são mundiais, embora nossa discussão utilize exemplos apenas norte-americanos. Os membros da União Europeia ainda estão lutando com a questão de responsabilidade pelos produtos em virtude do compromisso de responsabilidade estrita firmado em 1985. Embora mais lenta do que o esperado, aparentemente essa diretriz será implementada. A Alemanha é líder mundial em meio ambiente. A China só recentemente instituiu uma lei de responsabilidade por produtos, ao passo que várias outras nações ao redor do mundo ainda precisam enfrentar essa questão.

RESPONSABILIDADE PELOS PRODUTOS

O cenário aqui é simples: você compra um produto e sofre um dano. Esse dano pode ter ocorrido quando você estava levando o produto para casa, quando o abriu, quando o guardou em algum lugar, quando o usou, quando tentou consertá-lo ou quando o descartou. Se você sofrer um dano e achar que o fabricante ou o revendedor do produto fez (ou não fez) algo que provocou esse dano, você tem uma alegação de responsabilidade pelo produto. Se culpado, a parte acusada será responsável pelo custo e pelo sofrimento provocado pelo dano, bem como por indenizações punitivas (*punitive damages*).

Ao longo da história, a **responsabilidade pelo produto** aplicou-se a bens, e não a serviços, e houve muitas tentativas em vão de ampliar a lei para cobrir a área de serviços. Contudo, serviços são produtos (tanto na prática quanto de acordo com os termos que empregamos neste livro); eles são vendidos e comprados de boa-fé, danos de fato acontecem e alguma reparação deve ser possível. Por exemplo, uma empresa de consultoria de engenharia emitiu o parecer de que um prédio estava em bom estado; posteriormente, quando houve um dano, o comprador descobriu que isso não era verdade. A negligência em serviços pode dar lugar um processo de responsabilidade por produto.

Até que ponto a responsabilidade pelos produtos é importante? Como os processos judiciais são resolvidos em sua maioria extrajudicialmente, não temos dados adequados de valor monetário. Muitos bilhões de dólares estão em jogo (embora os processos judiciais não sejam tão comuns quanto a pressão sobre o amianto, os implantes de seios e os carros fazem parecer), e por isso as coisas podem se complicar. Tal como a Figura 20.2 demonstra, os custos podem ser enormes para a empresa envolvida.

FIGURA 20.2 Recalls da Toyota de 2009–2010.

Em abril de 2010, a Toyota Motor Co. imaginou que as notícias não podiam piorar... mas pioraram. A empresa havia acabado de concordar em pagar uma grande multa ao governo dos Estados Unidos – a maior multa já imposta a uma montadora de automóveis – quando foi informada de que havia um problema de controle de estabilidade em seus luxuosos modelos SUV Lexus GX 460 e Land Cruiser Prado. Esse *recall* afetou 9.400 veículos só nos Estados Unidos e 34.000 veículos ao redor do mundo. A revista *Consumer Reports* estava divulgando que os SUVs deslizavam excessivamente em curvas acentuadas.

No final de 2009, surgiram problemas relacionados ao pedal de acelerador de vários modelos, o qual supostamente às vezes se prendia. Em um *recall* posterior, revelou-se que o porta-estepe da *minivan* Sienna tinha um cabo defeituoso e que o estepe soltava-se do veículo. Incluindo os SUVs de luxo, cerca de nove milhões de veículos da Toyota passaram por *recall* desde novembro de 2009. A multa de US$ 16,4 milhões deveu-se a alegações do governo de que a Toyota havia ocultado informações relacionadas ao pedal de acelerador que se prendia. Os reguladores governamentais acreditavam que a Toyota sabia ou ficou sabendo do problema com o acelerador vários meses antes. A Toyota decidiu não se opor à multa para evitar uma prolongada disputa judicial e, em vez disso, se preocupar em fortalecer a garantia de qualidade. Com base nos termos da multa, a Toyota não reconheceu nenhuma transgressão, mas ainda assim enfrentou vários processos judiciais instaurados por vítimas de acidente e seus familiares. O valor em jogo poderia ser de bilhões de dólares.

Com relação ao *recall* do SUV, uma atualização de *software* foi oferecida às concessionárias do Lexus no final de abril, a ser instalada nos veículos GX 460 sob *recall* para corrigir o problema na direção. A atualização duraria mais de uma hora na concessionária. Na época, o diretor executivo de qualidade da América do Norte, Steve St. Angelo, afirmou que "O objetivo da Toyota é oferecer alto nível de segurança e qualidade e ao mesmo tempo atender ou superar as regulamentações governamentais [...] nossos engenheiros realizaram testes para confirmar o problema de desempenho [do controle de direção] levantado pela *Consumer Reports* e estamos seguros de que [....] a atualização desse *software* solucionará essa preocupação".

Embora o *recall* do SUV tenha afetado um número relativamente pequeno de veículos, ele foi considerado outro ponto negativo significativo contra a Toyota, por dois motivos: a empresa já estava sendo criticada pela imprensa pelos *recalls* anteriores e havia acabado de pagar uma imensa multa, e a recomendação da *Consumer Reports* para "não comprar" também atraiu a atenção da mídia porque essa classificação raramente é dada. No cômputo geral, muito de seu precioso *brand equity* foi perdido de uma maneira relativamente inesperada, e em meados de 2010 cabia à Toyota tomar alguma medida para reconstruir esse valor novamente, por meio de um foco sobre a garantia de qualidade e também da melhoria de suas iniciativas de publicidade.

Fonte: Nick Bunkley, "Lexus to Recall S.U.V. in Another Black Mark to Reputation", *New York Times*, April 20, 2010, p. B3.

Tipologia de fontes de danos

Veja uma lista de situações em que podemos nos meter em apuros; a maioria delas constitui um aborrecimento duas vezes maior quando se trata de *novos produtos*.

1. Muitos produtos têm *riscos inerentes*. Por exemplo, a transfusão de sangue apresenta o risco de infecção de hepatite e as dinamites explodem. Como o risco não pode ser evitado, obtemos um entendimento maior nos tribunais.

2. Os *defeitos de projeto* podem resultar na fabricação de um produto inseguro de três formas distintas. Primeiro, o projeto pode criar um *condição de risco* – digamos, um vaporizador cujo centro de gravidade é muito alto e tende a fazer a unidade derramar. Segundo, talvez não haja um *dispositivo de segurança* essencial. Por exemplo, um secador de cabelo que não tem um interruptor de superaquecimento. Terceiro, o projeto pode requerer *materiais inadequados*, que a princípio desempenham sua função, mas em algum momento deterioram e tornam-se perigosos.

3. Os *defeitos de fabricação* talvez sempre tenham sido um problema no âmbito de novos produtos. Técnicas de qualidade inadequadas podem resultar em unidades defeituosas mesmo se o produto for bem projetado. Escadas mal soldadas são um exemplo.

4. O fabricante pode fabricar um produto aceitável, mas *não oferecer instruções de uso ou advertências adequadas contra determinados usos*. Se usado inadequadamente, um cortador de grama pode ser um aparelho perigoso. As instruções devem informar ao usuário sobre como usá-lo *e* como não usá-lo. Entretanto, os tribunais estão bem mais interessados no nível de clareza das advertências contra mau uso, até mesmo com relação ao tipo imprevisível. Em vista do alto risco de processos judiciais, as empresas com frequência chegam a fazer coisas aparentemente insensatas para garantir que os rótulos de advertência sejam adequados (por isso, um cortador de grama pode exibir um rótulo com os seguintes dizeres: "Não use o cortador de grama para aparar arbustos"; consulte a Figura 20.3). Nunca se saberá ao certo o que constitui uma advertência adequada, mas apresentamos aqui o que os tribunais utilizaram nos últimos anos. A advertência deve ser posicionada visivelmente no produto; ela deve estar no local em que é mais provável que o usuário a veja; ela deve informar o nível de perigo; deve instruir o usuário sobre como evitar um possível perigo; a parte vendedora não deve utilizar atividades de marketing que invalidem uma advertência que, do contrário, seria adequada; e a advertência não deve conter nenhuma afirmação de que o produto é seguro. O usuário deve ser informado sobre o que pode ocorrer se a advertência for ignorada. Os fabricantes devem ainda estar preparados para provar que o usuário *recebeu* a advertência, e não apenas que eles a *afixaram*.

5. Concluindo, os perigos às vezes aparecem *após o uso*, e a responsabilidade do fabricante pode continuar ao longo desse período. Por exemplo, os fabricantes de *sprays* em lata têm de ressaltar claramente que as latas vazias não devem ser queimadas em lareira.

Observação: devemos abordar com cautela a questão da responsabilidade pelos produtos em virtude da tendência da imprensa em distorcer os problemas. Por exemplo, há pouco tempo foi amplamente divulgado que um médico obeso e cardíaco havia comprado um cortador de grama na Sears, sofrido um ataque cardíaco ao ligar o cortador e recebido US$ 1,8 milhão. Na verdade, os arquivos do tribunal mostravam que o mecanismo do cortador de grama *estava com defeito* e exigiu uma *quantidade*

FIGURA 20.3 Quais são os rótulos de advertência de produtos reais?.

1. Em um barbeador descartável: "Não use este produto durante um terremoto".
2. Em um jardim ornamental de pedras: "Comer pedras pode quebrar os dentes".
3. Em um pacote de Life Savers (marca de doces americana): "Não é para ser usado como boia".
4. Em um secador de cabelo: "Não use enquanto estiver dormindo".
5. Em um piano: "Prejudicial ou fatal se ingerido".
6. Em um protetor solar para para-brisa, de papelão: "Advertência: Não dirija com o protetor aberto".
7. Em caneleiras: "As caneleiras não protegem nenhuma parte do corpo que elas não cubram".
8. Em xarope de ipecacuanha (ipecac): "Cuidado: pode induzir o vômito".
9. Em um ferro de passar: "Não passe roupas no corpo".
10. Em uma prancha de plástico: "Não é para ser ingerida nem queimada".
11. Em luvas de trabalho: "Para obter melhores resultados, não deixe na cena do crime".
12. Em um celular: "Não tente secar seu celular em um forno micro-ondas".
13. Em uma fresa de carpinteiro: "Este produto não deve ser usado como broca de dentista".
14. Em um liquidificador: "Não é para ser usado como aquário".
15. Em um carrinho de bebê: "Sempre remova o bebê antes de dobrá-lo".
16. Em uma máquina de lavar: "Não coloque nenhuma pessoa dentro da máquina".
17. Em madeiras para lareira: "Cuidado: risco de incêndio".
18. Em um cartucho de impressora a *laser*: "Não ingira o *toner*".

As soluções são apresentadas no final do Capítulo 20.

Fontes: '*20/20*' report, ABC Television, October 28, 1998, *site* Michigan Lawsuit Abuse Watch (www.mlaw.org) e outras fontes.

anormal de arranques. A propósito, o médico *não tinha uma doença cardíaca*. Os leitores esporádicos da imprensa raramente têm informações suficientes para chegar a uma boa avaliação, embora eles formem opiniões a respeito.

As quatro bases legais da responsabilidade pelos produtos

Os quatro principais caminhos para a responsabilidade por um produto são apresentados na Figura 20.4. Todos os casos exigem um fundamento para a alegação e o fabricante tem de ter feito alguma coisa – no mínimo, ter fabricado, vendido ou alugado o produto para alguém.[5]

Negligência

Nos anos de 1880, de acordo com o direito comum (consuetudinário), os reclamantes de dano tinham de provar que (1) o fabricante fora *negligente* em suas atividades e permitiu que o produto ficasse defeituoso e, portanto, se tornasse prejudicial, e (2) houve venda direta do fabricante ao usuário prejudicado *(relação jurídica reconhecida por lei* ou *privity)*. Talvez um fabricante negligente não tivesse fixado firmemente a roda ao eixo. A roda se soltou, o condutor se feriu e desse modo foi fácil determinar a **negligência**. O fabricante de carroças não exerceu o cuidado normal (o cuidado que uma pessoa sensata teria). O equívoco poderia ser cometido por vendedores, propagandas, rótulos e distribuidores, porque um aspecto da negligência é a *falta de advertência*.

---

[5] Uma boa fonte genérica sobre os problemas apresentados subsequentemente é George D. Cameron, *Business Law: Legal Environment, Transactions, and Regulation* (Plano, Texas: Business Publications, 1989).

FIGURA 20.4 Formas e fontes de responsabilidade pelos produtos.

Um fabricante ou revendedor pode ser considerado culpado com relação à responsabilidade por um produto por via destes quatro caminhos (nos Estados Unidos):

	Negligência	Garantia	Responsabilidade estrita	Descrição enganosa
Fonte	Direito comum, anos de 1800; Certa vez exigiu a relação jurídica (*privity*), que foi removida em 1960.	Código Comercial Uniforme; complementado pela Lei Magnuson-Moss.	Decisões dos tribunais, década de 1960.	Lei comum.
Condições	Produto com defeito de projeto ou fabricação e sem advertência.	Produto defeituoso: Garantia implícita de comercialização ou adequação para determinada finalidade. Garantia expressa; falsa alegação.	Produto defeituoso: Nenhuma exigência com relação à negligência ou relação jurídica (*privity*), e nenhum aviso de isenção é permitido. Razoavelmente previsível.	Falsa alegação ou descrição enganosa que resultou em danos. O usuário confiou. Não há necessidade de o produto ser defeituoso.
Defesa	Não há negligência; o produto não é defeituoso	Não subentendida para uso comum. Não declarada de fato. Propaganda pretensiosa normal.	O comprador sabia e, portanto, assumiu o risco. Mau uso não previsível. O produto não é defeituoso.	Alegação verdadeira. Propaganda pretensiosa normal. O comprador deveria ter se informado melhor.

Em 1916, um tribunal determinou que um produto com defeito de fabricação era "inerentemente perigoso"; não era preciso ser vendido diretamente. Em 1966, todos os estados aceitaram essa linha de raciocínio e a falta de relação jurídica (*privity*) como defesa contra negligência era desnecessária.

Garantia

A negligência ainda assim era difícil de ser provada. Por isso, a garantia, um avanço da primeira metade do século XX, é relevante. A **garantia** é uma promessa, e se for possível provar uma promessa e ela não for cumprida, a parte vendedora pode ser acusada de violação de garantia, seja ela negligente ou não. O fabricante de um novo produto mesmo que cuidadoso ainda assim pode ser considerado culpado por provocar danos.

A garantia é expressa ou implícita. *Garantia expressa* é toda declaração de fato que é feita pelo fabricante a respeito do produto, seja ela transmitida por vendedores, varejistas ou outros. O principal problema da garantia expressa é o grau de exagero que o tribunal permitirá. A *garantia implícita* ocorre quando o fabricante oferece um produto para um uso específico. Uma *garantia implícita de adequação a uma finalidade específica* faz parte do contrato de vendas e significa que o produto tem qualidade normal e pode ser usado para as finalidades para as quais esses produtos costumam ser usados. O comprador tem razão em acreditar que a parte vendedora está correta – um especialista que sabe como as pessoas costumam usar o produto.

Contudo, houve bate-bocas constantes nos tribunais a respeito de quem afirmou o que para quem e se o distribuidor poderia saber tanto quanto o fabricante. Nossa sociedade é extremamente complexa para uma lei que mais confunde do que esclarece e, por isso, a seguir examinaremos o desenvolvimento do conceito de responsabilidade estrita.

Responsabilidade estrita

No conceito de **responsabilidade estrita**, a parte vendedora de um produto tem a responsabilidade de *não colocar um produto defeituoso no mercado.* Se o produto for defeituoso, o fabricante poderá ser processado por qualquer parte prejudicada, mesmo que essa parte seja apenas um espectador. *Não há necessidade de haver negligência; não há necessidade de haver venda direta; nenhuma declaração do vendedor amenizará essa responsabilidade.*

Entretanto, o fabricante talvez possa utilizar três defesas básicas. A primeira é a *suposição de risco.* Se o usuário do produto souber do defeito e continuar a usá-lo sem se importar com o perigo, um processo talvez não se sustente. Segundo, o fabricante tem a defesa de *mau uso não previsível*, o que significa que o dano ocorreu porque o usuário usou indevidamente o produto, de uma maneira que a parte vendedora não poderia ter sensatamente previsto. Os gestores de novos produtos talvez não tenham a experiência esperada, embora os tribunais esperem que eles conheçam totalmente o mercado. Terceiro, a defesa pode ser a alegação de que o produto não é defeituoso, embora tenha provocado um dano. Por exemplo, um homem bate com o olho na parte pontiaguda de uma pequena janela de ventilação lateral de seu carro. Embora ele tenha se inclinado e acidentalmente topado com a janela, o jurado determinou que esse dano não significava que a janela estivesse com defeito. Presumivelmente, o reclamante deveria ter sido mais cuidadoso.

Descrição enganosa

Na verdade, o produto em si não precisa ser defeituoso (como nas três outras situações anteriores), desde que tenha ocorrido um dano quando o produto foi usado em virtude de uma **descrição** ou **apresentação enganosa** (intencional ou não) da parte vendedora. Esses casos são raros, mas um dos exemplos é o de um fabricante de capacetes que produziu um capacete para motociclistas e exibiu a imagem de um motociclista com um capacete na caixa da embalagem. Um policial experiente comprou um para usá-lo em seu trabalho, mas o capacete não era para ser usado como capacete de segurança. O tribunal determinou que havia havido uma apresentação enganosa.

Outra legislação

Muitos setores têm problemas exclusivos que acabam conduzindo a uma legislação especializada. O Food and Drug Administration (FDA), por exemplo, foi criado em 1906. Existem restrições a bebidas alcoólicas, automóveis, instrumentos científicos, metais e muitas outras coisas mais. Atenção frequente é dirigida à Lei de Segurança de Produtos de Consumo e à respectiva Comissão de Segurança de Produtos de Consumo (CPSC). Embora o impacto direto da comissão venha sendo bem menor do que o previsto, seu impacto indireto tem sido considerável. A CPSC tem poder para estabelecer normas para os produtos, solicitar *recall* de produtos (consulte a seção posterior), divulgar advertências públicas sobre possíveis problemas com os produtos, interromper o marketing de novos produtos, proibir produtos existentes ou propostos e cobrar consideráveis multas civis ou criminais. Os fabricantes realizaram várias mudanças para evitar problemas com a lei.

PLANEJAMENTO DO *RECALL* DE UM PRODUTO[6]

Parece que qualquer empresa está sujeita a algum dia enfrentar um *recall* de produto. Para garantir que o *recall* seja tratado de modo apropriado e bem-sucedido, há medidas que podem ser tomadas antes, durante e após o *recall*.

Antes do *recall*

Designe um único indivíduo como coordenador do programa de *recall*. Essa pessoa servirá de porta-voz para a mídia e órgãos reguladores. Confirme se esse indivíduo tem experiência para lidar com a mídia e não é propenso a se curvar diante de possíveis questionamentos intensos da mídia. Além disso, verifique se existem canais eficazes para se comunicar com os consumidores e igualmente com intermediários. Muitas empresas usam cartões de garantia retornados para rastrear seus clientes, mas com frequência poucos deles são de fato enviados de volta. Nesse caso, se posteriormente houver algum problema, os proprietários não são rastreados. Talvez pudesse ser oferecido um incentivo para enviar o cartão ou um meio mais simples para registrar o produto (como um número de telefone impresso diretamente no produto).

Durante o *recall*

Avalie se existe risco de segurança e tome a medida corretiva necessária. Quando uma unidade de medidor do nível de açúcar no sangue foi considerado defeituoso, a LifeScan (uma subsidiária da Johnson & Johnson) fez o *recall* de todos os 600.000 medidores que já se encontravam no mercado. Garanta que todos os consumidores finais e igualmente intermediários sejam informados sobre os riscos. A Mattel não teve nenhum problema para fazer o *recall* de todas as bonecas Cabbage Patch Snacktime Kids (em que o cabelo ou o dedo de algumas crianças foram cortados) que se encontravam na prateleira das lojas, mas obtê-las de volta dos consumidores se revelou bem mais difícil. Mais recentemente, os brinquedos com tinta de chumbo apresentaram o mesmo problema. Além disso, avisos de *recall* enviados pelo correio aos consumidores e semelhantes a correspondências indesejadas (*junk mail*) tendem a ser jogados fora. Concluindo, as empresas de automóveis esforçam-se para tornar a experiência do *recall* o mais agradável possível para os clientes.

Após o *recall*

Tente a todo custo restaurar a reputação da empresa e monitorar a eficácia do *recall*. Após o susto do benzeno da Perrier em 1990, as novas garrafas foram marcadas com "nova produção" para tranquilizar os clientes de que o produto era seguro. Alguns sorvetes Schwan's foram contaminados por salmonela nos caminhões-tanque das transportadoras. Em resposta, a empresa exigiu que as transportadoras usassem sua frota de caminhões apenas para os sorvetes Schwan's, e não transportassem nenhum outro produto e realizassem exames de salmonela em todas as misturas de sorvete entregues à fábrica. Depois do *recall* de sua ração para animais de estimação em 2007, a Procter & Gamble veiculou anúncios de página inteira nos jornais para tranquilizar os donos de que as rações secas Iams e Eukanuba eram seguras e não estavam no *recall*; informações sobre segurança também foram proeminentemente divulgadas no *site* da marca. Concluindo, no famoso caso de contaminação do Tylenol no início da década de 1980, a Johnson & Johnson relançou o produto em forma de cápsulas e car-

---

[6] Essa seção (incluindo vários dos exemplos) foi extraída de Barry Berman, "Planning for the Inevitable Product Recall", *Business Horizons*, March–April 1999, pp. 69–77.

telas de gel e em frascos à prova de falsificação; em pouco tempo as vendas ficaram acima dos níveis anteriores ao incidente de contaminação.

TENTATIVAS DE PADRONIZAÇÃO E ESCLARECIMENTO

Os fabricantes enfrentam problemas especiais para lidar com as diferentes leis dos 50 estados americanos e contestar casos como os em que o usuário muda o equipamento de segurança de uma máquina e depois move um processo quando sofre algum dano ou em que uma máquina é produzida antes de uma tecnologia mais avançada ser descoberta e aplicada e, ainda assim, seu fabricante continua sendo responsável por seguir os padrões do presente. A maior reclamação dos fabricantes diz respeito ao desestímulo à inovação. As empresas de alta tecnologia hesitam em desenvolver novos produtos se houver riscos importantes de complicação. As empresas farmacêuticas chamam isso de "*drug lag*" (demora na aprovação de medicamento). Novos aparelhos médicos praticamente deixaram de aparecer. Existem evidências aos montes a esse respeito.[7]

No governo, muitos concordam com essas preocupações e houve tentativas de aprovação de uma legislação para resolvê-las. Todos os anos essas propostas são combatidas por grupos de defesa do consumidor e advogados de tribunais. Existe algum avanço em determinadas categorias de produto, como a aviação geral, em que algumas das questões citadas anteriormente foram abordadas seletivamente.

NECESSIDADES AMBIENTAIS

O debate sobre políticas públicas em novos produtos é um tema abrangente, e em um livro como este só podemos examinar os problemas, evidenciar por que eles são importantes e citar algumas fontes para os leitores que desejem investigar um ou outro problema. Nesta seção, analisamos as preocupações e necessidade ambientais.

Considera-se que um novo produto é prejudicial ao meio ambiente (1) se sua matéria-prima for escassa ou difícil de ser obtida, (2) se seu projeto ou fabricação provocar poluição ou uso exagerado de energia, (3) se seu uso provocar poluição e (4) se qualquer problema de descarte não puder ser solucionado por meio de reciclagem. As empresas procuram agir de uma maneira socialmente responsável incluindo essas preocupações "ecológicas" em suas iniciativas de desenvolvimento de produtos. Os clientes e as partes interessadas contam com isso e cada vez mais o governo institui medidas que exigem essa postura. Geralmente, **projeto sustentável** refere-se ao *design* ou projeto de um novo produto ou à entrega que reduz impactos negativos sobre o ambiente.

Com muita frequência, contudo, existe uma defasagem entre as boas intenções e a execução em si.[8] Os gestores desejam ter uma postura ambientalmente correta, mas são pressionados a gerar lucro, especialmente quando a economia está fraca. Desse modo, um sólido apoio da alta administração às preocupações ambientais é essencial. O melhor sucesso em projetos sustentáveis ocorre quando a empresa alia seus objetivos empresariais às suas iniciativas ambientais. Quando isso ocorre, as equipes de produtos sentem-se apoiadas para perseguir projetos que têm benefícios ambientais de longo prazo e não se sentem obrigadas a "apanhar a fruta ao alcance das mãos" (realizar apenas melhorias ecológicas incrementais em seus produtos). As

---

[7] Laura Jereski, "Block That Innovation", *Forbes*, January 18, 1993, p. 48. Consulte também Paul A. Herbig & James E. Golden, "Innovation and Product Liability", *Industrial Marketing Management*, 1994, pp. 245–255, e W. Kip Viscusi & Michael J. Moore, "Product Liability, Research and Development, and Innovation", *Journal of Political Economy*, 1993, pp. 161–184.

[8] Para examinar uma boa discussão sobre essas questões, consulte Jim Todhunter, "Going Green Without Seeing Red", *Visions*, 33(3), October 2009, pp. 6–7.

empresas que assumem uma posição de liderança em projetos sustentáveis podem descobrir que isso se torna uma vantagem competitiva sustentável. As exigências do governo com relação à emissão de combustíveis, gestão de resíduos e outras questões ambientais estão se tornando mais rigorosas; os gestores podem incorporar eficazmente essas exigências em seus objetivos empresariais de longo prazo.

Uma empresa que associa de maneira eficaz suas práticas empresariais ambientalmente responsáveis com a concretização de objetivos de receita é a Leggett & Platt, fabricante de colchões de mola *box*. Essa empresa desenvolveu um novo colchão de molas *box* semidobrável, o qual oferece um valor agregado aos clientes (qualquer pessoa que já tenha tentado subir vários degraus de escada com um colchão de molas consegue ver imediatamente esse valor!) e incrementou seus lucros. Ao mesmo tempo, a entrega do produto é mais ecológica: como o colchão dobrável ocupa em torno de um quarto do espaço de um colchão de molas *box* convencional, quatro vezes mais colchões podem ser transportados em um caminhão, obtendo-se uma redução significativa de emissões de carbono.[9]

Ainda hoje existem várias situações em que as análises de custo-benefício se revelam equivocadas, mas a intensa necessidade de proteção ambiental veio para ficar. Estamos até descobrindo melhores meios de realizar o marketing ecológico. Há algum tempo, muitas empresas perceberam que fazer alegações "favoráveis ao meio ambiente" e atender a preocupações "ecológicas" estava se tornando uma incrível estratégia de marketing – e isso resultou em declarações exageradas de benefícios ambientais nas embalagens e na propaganda e, por fim, aumentou o ceticismo dos consumidores.[10] Felizmente, hoje já não é mais suficiente afixar um rótulo verde com imagens de folhagens e cachoeiras ou palavras como "favorável ao meio ambiente" nos produtos. Cabe a nós nos preocuparmos com as consequências ambientais ao longo do processo de novos produtos: compreender as necessidades dos clientes, projetar produtos que solucionem criativamente os problemas ambientais e conhecer os efeitos de nossas criações por meio de testes.

A especialista em marketing ecológico Jacquelyn Ottman ressalta que as empresas precisam pensar além do óbvio ao desenvolver produtos com benefícios ambientais. Ela propõe cinco estratégias realistas e acionáveis para as empresas promoverem projetos sustentáveis:

- Inovar em nível de sistema: considere os recursos usados na fabricação do produto, bem como o que ocorre com o produto durante e após o respectivo uso. Em seguida, pense em que sentido o produto está relacionado com todo esse sistema. A fabricante japonesa Soladey desenvolveu uma escova de dente com uma haste de dióxido de titânio fotocatalítico no cabo. Quando usada em um recinto iluminado, a escova inicia uma reação química que dissolve as placas, eliminando a necessidade de pasta de dente. O fabricante da gDiaper desenvolveu uma nova fralda lavável com um revestimento que pode ser descartado no vaso sanitário. Isso evita a presença de fraldas descartáveis nos aterros sanitários.
- Usar novos materiais, em vez de simplesmente reduzir os materiais atuais. A Coca-Cola utiliza uma "garrafa de planta" (*plant bottle*) descartável que usa 30% de matéria orgânica como cana-de-açúcar e derivados da produção de açúcar.

---

[9] Esse exemplo é de Todhunter, *op. cit.*

[10] Joel J. Davis, "Federal and State Regulation of Environmental Marketing: A Manager's Guide", *SAM Advanced Management Journal*, Summer 1994, pp. 36–44; e Hector R. Lozada & Alma Mintu-Wimsatt, "Green-Based Innovation: Sustainable Development in Product Management", in *Environmental Marketing: Strategies, Practice, Theory, and Research*, Michael Jay Polonsky & Alma T. Mintu-Wimsatt (eds.) (Binghamton, New York: Haworth Press, 1995), pp. 179–198.

Fluxograma

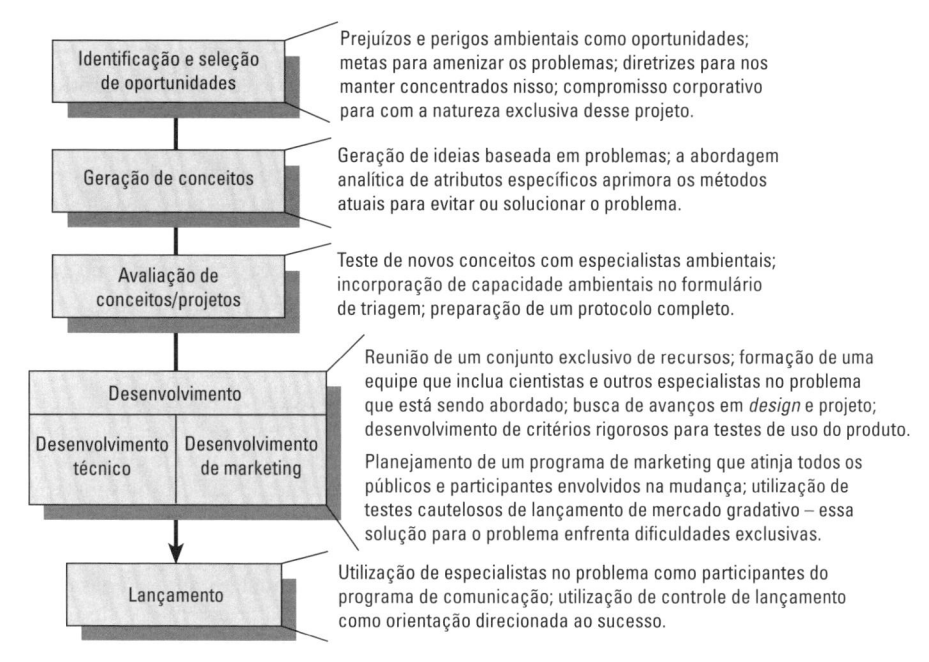

Identificação e seleção de oportunidades → Prejuízos e perigos ambientais como oportunidades; metas para amenizar os problemas; diretrizes para nos manter concentrados nisso; compromisso corporativo para com a natureza exclusiva desse projeto.

Geração de conceitos → Geração de ideias baseada em problemas; a abordagem analítica de atributos específicos aprimora os métodos atuais para evitar ou solucionar o problema.

Avaliação de conceitos/projetos → Teste de novos conceitos com especialistas ambientais; incorporação de capacidade ambientais no formulário de triagem; preparação de um protocolo completo.

Desenvolvimento (Desenvolvimento técnico | Desenvolvimento de marketing) → Reunião de um conjunto exclusivo de recursos; formação de uma equipe que inclua cientistas e outros especialistas no problema que está sendo abordado; busca de avanços em *design* e projeto; desenvolvimento de critérios rigorosos para testes de uso do produto.

Planejamento de um programa de marketing que atinja todos os públicos e participantes envolvidos na mudança; utilização de testes cautelosos de lançamento de mercado gradativo – essa solução para o problema enfrenta dificuldades exclusivas.

Lançamento → Utilização de especialistas no problema como participantes do programa de comunicação; utilização de controle de lançamento como orientação direcionada ao sucesso.

FIGURA 20.5 Problemas de políticas públicas e o processo de novos produtos.

Essa garrafa de planta reduz as emissões de carbono em 25%. O Ingeo, bioplástico fabricado pela Natureworks, é totalmente feito de ácido polilático (*polylactic acid*) derivado da fermentação de milho.

- Desenvolver novas tecnologias para solucionar os desafios ambientais. Recentemente tem havido muitas atividades no setor de lâmpadas, como novos diodos de emissão de luz que são mais eficientes do que a lâmpada compacta fluorescente e duram duas vezes mais. Um novo carregador portátil da Solio pode carregar celulares, câmeras digitais e outros dispositivos para 56 horas usando luz solar.
- Desenvolvimento de novos modelos de negócio. A Zipcar e outros serviços semelhantes de compartilhamento de automóveis possibilitam que uma pessoa que necessita de um carro durante algumas horas alugue um por taxas horárias de baixo custo; o combustível está incluído na taxa e a pessoa não precisa ter as preocupações que um proprietário teria com seguro, manutenção e estacionamento.
- Restauração do ambiente. A forma decisiva de pensar em inovação favorável ao meio ambiente é tentar reduzir os danos ambientais por meio de novas tecnologias e novos modelos de negócio. A Procter & Gamble oferece o PUR, um pó que remove poluentes e outras impurezas da água, a nações subdesenvolvidas. A BASF desenvolveu um catalisador de ozônio para radiadores de automóveis que convertem 80% do ozônio terrestre em oxigênio. Esse equipamento já é padrão nos automóveis da Volvo e de muitos outros carros ao redor do mundo.[11]

Consulte a Figura 20.5 para examinar como o sistema geral de novos produtos contribui para os problemas de políticas públicas do mesmo modo que para outros problemas.

---

[11] Essa discussão e todos os exemplos foram extraídos de Jacquelyn Ottman, "Five Ways to EcoInnovate", *Visions*, 36(3), 2012, pp. 6–7.

PIRATARIA DE PRODUTOS[12]

Em alguns setores (produtos de vídeo/áudio, *software* de computador, produtos farmacêuticos e roupas de perfumes de grife), a **pirataria de produtos** é um problema importante, particularmente em mercados estrangeiros. Pirataria de produtos na verdade é um termo genérico que inclui várias categorias de atividades ilegais, as quais ameaçam o *brand equity* e a propriedade intelectual das empresas nesses e em outros setores:

1. *Falsificação.* Produção não autorizada de produtos que são protegidos por marca registrada, direitos autorais ou patente. Os produtos falsificados vão desde os baratos e de baixa qualidade aos de excelente qualidade; normalmente um indício é que o produto não conta com a garantia original do fabricante.

2. *Pirataria de marca.* É definida como o uso não autorizado de produtos ou marcados protegidos por direitos autorais ou patenteados. Neste caso também, a qualidade do produto varia de extremamente baixa ("Rolex de US$ 20") a extremamente alta. A Cartier e outras empresas de relógios e perfumes instauraram milhares de ações legais para tentar extirpar a pirataria de marca.

3. *Uso de nomes de marca quase idênticos.* Aqui, o fabricante pirata utiliza nomes de marca levemente diferentes, como perfumes Channel, câmeras Panasanic, tênis Kuma com um logotipo de urso em posição de ataque em vez de um puma (*kuma* é a palavra japonesa correspondente a "urso"), café Sunbucks ou roupas Tonny Hilfiger (todos exemplos reais!). Moral: consumidor, tome cuidado e examine cuidadosamente a embalagem.

4. *Cópia de propriedade intelectual.* Alguns dos casos mais divulgados nos últimos anos dizem respeito à cópia de propriedade intelectual, particularmente de CDs e DVDs que contêm *software* de computador ou entretenimento. Estima-se que 75 milhões de CDs são copiados ilegalmente apenas na China. Outros setores, como o de produtos farmacêuticos e de peças de automóveis ou avião, também são afetados.

Em vários mercados estrangeiros, especialmente economias em desenvolvimento como a China, as leis que regulamentam a proteção de propriedade intelectual e a pirataria de produtos são extremamente negligentes. Na verdade, em vários países menos desenvolvidos (PMDs), a propriedade intelectual é vista como um bem público e o fácil acesso a ela impulsiona o desenvolvimento econômico e por fim preenchem a lacuna entre os PMDs e as economias desenvolvidas.[13] A Figura 20.6 mostra vários meios pelos quais as empresas das economias desenvolvidas podem se proteger contra a pirataria de produtos ou pelo menos reduzir até certo ponto os seus efeitos. Além de procurar recurso legal ou proteção governamental, simplesmente se comunicar com o mercado e instruí-lo a respeito dos riscos de comprar produtos pirateados pode ser uma medida eficaz a ser tomada.

PRODUTOS RESPEITÁVEIS

Os fabricantes do Folgers, do Maxwell House e do Nescafé sofreram grande pressão de um grupo de defesa do consumidor em 1991 para que parassem de comprar grãos

---

[12] Grande parte dessa seção baseia-se em Laurence Jacobs, A. Coksun Samli & Tom Jedlik, "The Nightmare of International Product Piracy", *Industrial Marketing Management,* 30, 2001, pp. 499–509.

[13] Subhash C. Jain, "Problems in International Protection of Intellectual Property Rights", *Journal of International Marketing,* 4(1), 1996, pp. 9–32.

FIGURE 20.6 Proteção contra pirataria de produtos.

1. Comunicação: Anuncie que seu produto foi pirateado e que somente o produto real oferece valor superior e, portanto, deve ser procurado. O fato de ter sido pirateado já indica que é de boa qualidade! Intervenha especialmente se houver algum risco de segurança ou saúde envolvido. Os consumidores brasileiros ficaram preocupados com anticoncepcionais pirateados e medicamentos contra o câncer.

2. Recurso legal: Uma diretriz do Acordo de Livre-Comércio da América do Norte (North American Free Trade Agreement – Nafta) requer que os parceiros comerciais façam cumprir os direitos de propriedade intelectual. O Acordo Geral de Tarifas e Comércio (General Agreement on Tariffs and Trade – Gatt) permite que uma nação restrinja as importações de países em que a pirataria é um problema. Uma empresa pode instaurar processo para obter proteção legal registrando-se no Serviço Aduaneiro dos Estados Unidos.

3. Governo: A Representação do Comércio dos Estados Unidos relaciona os países com o maior problema de pirataria – atualmente, China e Taiwan. Um país pode recusar-se a atribuir a uma nação com péssimo histórico o *status* das nações mais favorecidas, mas isso seria uma punição grave e raramente é imposta. Um dos problemas é que não existe "policiais" suficientes para impor todos os acordos internacionais.

4. Contato direto: Retire os produtos falsificados da prateleira das lojas. Algumas vezes, a falsificação é ignorada por causa dos custos dos processos judiciais e de fiscalização e imposição da lei, do risco de publicidade ruim e da possibilidade de autoridades governamentais do alto escalão estarem envolvidas na questão! Outra possibilidade é a empresa prejudicada tentar comprar a empresa pirata.

5. Rotulação: Utilize hologramas ou "marcadores de segurança de DNA" (que codifica as informações de fabricação do produto) nos rótulos dos produtos autênticos. Os hologramas podem ser copiados, mas isso aumenta os custos do falsificador. Os marcadores de segurança geralmente são muito caros para a maioria dos falsificadores.

6. Marketing proativo intenso: Corte os preços, invista agressivamente em propaganda, estimule os clientes a comprar o produto autêntico. Obtenha o apoio dos distribuidores para reduzir os produtos falsificados. Sempre mude o produto ou sua embalagem.

7. Pirataria como promoção: A ampla disponibilidade de programas Word pirateados poderia ter o efeito de difundir a adoção do Word como o principal processador de texto do mundo. A Microsoft poderia então acrescentar recursos somente para os proprietários do produto autêntico por meio do número de registro válido ou oferecer suporte ao produto apenas aos proprietários autênticos.

Fonte: Reimpresso de Laurence Jacobs, A. Coksun Samli & Tom Jedlik, *Industrial Marketing Management*, Vol. 30, "The Nightmare of International Product Piracy", pp. 499–509. Copyright © 2001, com permissão da Elsevier.

de café de El Salvador. A P&G decidiu oferecer uma nova bebida de café, sob a marca Maryland Club, sem esses grãos, mas o Folgers continuou a mantê-los. Outros fabricantes foram solicitados a criar equipamento de exercício especiais para pessoas com deficiência física, alimentos melhores para pessoas que precisam fazer regime alimentar, produtos modificados para os idosos (por exemplo, letras maiores nos botões das lavadoras) e produtos associados com interesses especiais de grupos étnicos menores. A Lei de Medicamentos Órfãos oferece assistência federal para o desenvolvimento e a comercialização de medicamentos que, de outra forma, talvez não fossem comercialmente viáveis em virtude do número relativamente pequeno de usuários em potencial. Um exemplo resultante dessa lei é o Rituxan, um novo medicamento para o tratamento de leucemia linfocítica crônica.[14]

---

[14] Para obter mais informações sobre medicamentos órfãos, visite o *site* do FDA dedicado a esse assunto (em inglês), www.fda.gov/orphan.

MORALIDADE

Os fabricantes de receptores de satélite costumavam ser criticados por levar pornografia para dentro de nossa sala de estar ou do quarto das crianças. Hoje, é a internet. Aqui, a moralidade está relacionada a se a sociedade deve rejeitar, para seu próprio bem, determinados produtos novos. Temos novas bebidas alcoólicas, novos dispositivos de jogos e maior acesso a filmes e *sites* sexualmente explícitos ou extremamente violentos. Os detectores de radar ficam cada vez melhores. A Anheuser-Busch foi forçada a retirar um produto do mercado de teste quando o público reclamou que o nível de álcool no que seria uma "bebida para criança" "ensinaria" os mais jovens a gostar de bebidas alcoólicas. A Reynolds promovia os cigarros Dakota para mulheres de 18 a 24 anos de idade com nível de escolaridade de segundo grau ou inferior.

Os inovadores de produto sabem o que está ocorrendo e posicionam cuidadosamente seus produtos da forma como desejam. A sociedade os interrompe quando eles estão errados. Raramente eles são surpreendidos e ninguém espera que essa questão se atenue. Contudo, é difícil prever o resultado de qualquer controvérsia específica, algo que os desenvolvedores de produtos devem tentar fazer com antecedência.

DESENVOLVENDO PRODUTOS PARA MERCADOS EMERGENTES[15]

Outra preocupação que os desenvolvedores de produtos enfrentam é o potencial revelado em mercados em desenvolvimento como a China e a Índia ou em países do Terceiro Mundo. Embora muitas empresas possam adorar a possibilidade de aumentar sua presença nesses mercados emergentes, é necessário ter em mente que os salários e os padrões de vida podem ser bastante diferentes, bem como os atributos ou os níveis de desempenho esperados dos produtos. Desse modo, ao considerar esses mercados, é preciso lembrar que o produto certo, seja ele um novo meio de transporte, um novo implemento agrícola ou um aparelho médico, pode melhorar significativamente a vida das pessoas e que é eticamente correto perseguir esses mercados. É necessário lembrar também que aqui produto "certo" não é necessariamente o modelo do último ano ou uma versão simplificada do modelo do ano. Pode ser que um produto totalmente novo seja desenvolvido do zero para os mercados em desenvolvimento em virtude de suas necessidades e restrições particulares. A Figura 20.7 mostra várias considerações importantes no desenvolvimento de novos produtos para os mercados emergentes. O especialista em P&D global Gunjan Bagla afirma que os gestores de produtos das nações desenvolvidas precisam considerar diversas questões básicas ao entrar nos mercados emergentes:

- Devo e consigo desenvolver novos produtos ou uma nova tecnologia no mercado emergente em questão?
- Devo simplesmente pegar o produto que tenho e simplificá-lo ou devo desenvolver um produto totalmente novo para o mercado emergente em questão?
- O produto deve ser desenvolvido no mercado em desenvolvimento em questão? Quem seria responsável, uma equipe interna ou *designers* contratados?
- Se eu desenvolver um produto para um mercado emergente, correrei o risco de esse produto ser reimportado para o mercado doméstico, onde ele pode canibalizar as vendas?
- Posso confiar que o talento técnico recrutado no mercado emergente em questão será favorável?

---

[15] Gunjan Bagla, "Product Development in Emerging Markets", *Visions*, 35(3), 2011, pp. 44–45.

FIGURA 20.7 Fatores de sucesso para entrar em mercados emergentes.

1. **Adapte a estratégia de inovação.** Adapte a estrutura organizacional e a cultura para que o desenvolvimento de produtos de custo mais baixo e nível tecnológico inferior recebam atenção, e não apenas produtos dirigidos ao "topo da pirâmide". A Siemens tem uma iniciativa estratégica denominada SMART ("*simple, maintenance-friendly, affordable, reliable, and timely-to-market*" – simples, manutenção fácil, acessível, confiável e oportuno para o mercado) para desenvolver produtos para mercados anteriormente deixados para trás.

2. **Atenda aos novos clientes.** Informe-se sobre eles. Ouça o que eles têm a dizer. Procure-os no ambiente cultural deles. Os engenheiros da Nokia realizaram pesquisas etnográficas na Índia e no Nepal para determinar as necessidades específicas dos consumidores (como telas que podem ser lidas sob a luz do sol ou agendas de endereço que usam ícones e podem ser usadas por analfabetos).

3. **Ofereça uma nova relação entre preço e desempenho.** Para isso, talvez seja melhor desenvolver um produto do zero do que tentar remover recursos de um produto existente. O Dacia Logan, projetado pela Renault e fabricado na Romênia, tem baixo custo (preço de compra de US$ 6.500), transporta cinco pessoas, tem um custo de manutenção 50% inferior ao de um Renault normal e pode ser facilmente consertado por mecânicos com conhecimento básico (não precisa ser levado a uma concessionária da Renault para serviços de manutenção).

4. **Utilize a engenharia "gandhiana".** A mentalidade dos funcionários da matriz precisa mudar em direção a uma atitude de disposição para a simplificação de produtos. A resposta nem sempre é encontrar a mais nova tecnologia. O fornecedor de produtos automotivos Bosch fez adaptações para simplificar suas tecnologias e oferecer peças para o Tata Nano, um carro de baixo custo desenvolvido para ser vendido na Índia. Por exemplo, a tecnologia de injeção utilizada no Nano foi adaptada da tecnologia de duas rodas.

5. **Torne locais as atividades de P&D.** Os novos produtos para os mercados emergentes com frequência são mais bem desenvolvidos no próprio mercado. Isso mantém baixos os custos de desenvolvimento e tira proveito do *know-how* dos engenheiros locais, que podem propor soluções baratas e não convencionais. A instalação de P&D da GE em Bangalore desenvolveu um eletrocardiograma portátil (ECG) adequado para as necessidades dos médicos locais. Os engenheiros adaptaram também uma impressora de etiquetas portátil indiana para ser usada como impressora de ECG.

6. **Adapte o marketing e as vendas.** Descubra em que sentido o marketing é diferente no país pretendido e adapte-o. A Nokia teve sucesso de vendas ao se adaptar aos métodos locais, utilizando para isso 90.000 pontos de venda na Índia. Nas comunidades rurais, os consumidores preferem conversar pessoalmente com os vendedores. Por isso, ocasionalmente as *vans* de vendas passam pelas comunidades e os vendedores instruem as pessoas a respeito de celulares e oferecem atendimento pós-venda.

7. **Introduza novos modelos de negócio.** A Nokia-Siemens desenvolveu um novo modelo de negócio utilizando uma tecnologia inteligente (Village Connection) que reduz o dispêndio de capital das empresas de telefonia, possibilitando que elas entrem lucrativamente em segmentos de mercado inferiores não obstante os gastos mensais *per capita* extremamente baixo em serviços de telefonia.

8. **Encontre um parceiro local.** Utilize o conhecimento de um parceiro para conhecer rapidamente as condições de um mercado local. Ter um parceiro local ajuda a superar qualquer impressão de estrangeirismo (*foreignness*). A GE leva professores das principais universidades indianas para passar sua licença sabática em suas instalações em Bangalore e coopera com o Instituto Indiano de Tecnologia em projetos de pesquisa.

Fonte: Anna Dubiel & Holger Ernst, "Success Factors of New Product Development for Emerging Markets", in K. N. Kahn, S. E. Kay, J. Slotegraaf & S. Uban (Eds.), *The PDMA Handbook of New Product Development* (Hoboken, NJ: John Wiley), 2013, Ch. 6, pp. 100–114.

- Existe algum risco de propriedade intelectual se eu desenvolver ou projetar produtos em um mercado emergente?

Obviamente, não existe uma única resposta correta a essas perguntas, mas elas não devem ser ignoradas. Em alguns casos, um novo produto extremamente engenhoso e barato pode ser fabricado do zero para um mercado emergente, o qual se adequaria melhor às necessidades desse mercado do que um produto existente que tenha sido "simplificado". Por exemplo, a empresa Sun Ovens, de Illinois, vende aparelhos de cozinha alimentados por energia solar em 130 países ao redor do mundo. A fabricante indiana Godrej lançou uma geladeira de baixo custo sem compressor que utiliza con-

FIGURA 20.8 Inovação frugal.

> A Nokia desenvolveu um carregador de celular para o mercado indiano que funciona com energia gerada por bicicleta. Um "dínamo" transmite a corrente gerada pela rotação da roda dianteira para um suporte localizado no guidom. Trata-se de um carregador de celular prático para um mercado em que milhões de pessoas usam bicicleta como principal meio de transporte e em que a energia elétrica não é confiável e muitas vezes é interrompida durante a noite.
>
> A fabricante alemã Siemens tem um centro tecnológico corporativo em Goa, Índia, onde desenvolveu um tomógrafo de baixíssimo custo (o custo de fabricação do aparelho gira em torno de US$ 500 por unidade, cerca de um quarto do custo de um tomógrafo desse tipo). Em vez de reprojetar e simplificar o modelo ocidental, o tomógrafo foi totalmente redefinido para atender às necessidades dos médicos dos países em desenvolvimento e ao mesmo tempo minimizar os custos. A solução para redefini-lo foi incorporar a câmera no "centro" do tomógrafo.

Fonte: Gunjan Bagla, "Product Development in Emerging Markets", *Visions*, 35(3), 2011, pp. 44–45.

versão de energia elétrica, em vez de manter uma baixa temperatura; embora utilize um método de refrigeração menos eficiente, essa geladeira não utiliza nenhuma peça móvel, o que a torna ideal para os mercados do Terceiro Mundo em que as oficinas de assistência técnica são escassas.[16] A Figura 20.8 fala sobre o carregador de celular da Nokia e o tomógrafo da Siemens que são alimentados com energia gerada por bicicleta, ambos desenvolvidos para o mercado indiano. Tudo isso exemplifica a **engenharia econômica** – desenvolver e fabricar novos produtos com recursos mínimos.

ÉTICA PESSOAL

Algumas críticas são difíceis de enquadrar nas categorias anteriores. As pessoas que reagem a elas costumam chamá-las com maior frequência de questões de ética pessoal, e não de economia e gestão empresarial. São questões em que as pessoas quase sempre tomam decisões individuais, em vez de procurarem decisões judiciais. Apresentamos aqui um conjunto delas – não completo, mas com uma variedade suficiente para que você veja os problemas com os quais os inovadores de produtos lidam. Como em todas as situações éticas, elas não se encontram apenas no mercado, mas nos laboratórios, nas fábricas e nos escritórios também. Como afirmou o personagem de quadrinhos Pogo, encontramos os inimigos e eles são nós mesmos.

Para ter ideia do impacto total desse problema, tente encontrar uma pessoa que dê um conjunto específico de respostas para você comparar com as suas respostas – ambas devem ser respondidas primeiro privadamente. Você apoiaria ou não a continuidade de cada uma das práticas a seguir? Como você as abordaria se elas se evidenciassem em *seu* departamento de novos produtos? Isto é, o que você faria *administrativamente*, e não individualmente? Observe que as situações éticas excluem o que é visivelmente ilegal – por exemplo, sabe-se que determinados cientistas furtaram os segredos de determinadas empresas e os venderam para os concorrentes, mas esses casos não são considerados questões éticas.

1. A geração de ideia ou a geração de conceitos normalmente nos leva a investigar a mente dos clientes para encontrar algo que eles desejam ou desejarão quando ouvirem falar a respeito. Sua empresa utiliza *técnicas intrusivas*, como a observação não revelada e técnicas psicológicas projetivas. Recentemente, um cliente afirmou que é antiético iludir as pessoas para que elas lhe digam o que elas desejam.

---

[16] O exemplo do forno é de Kelly Weidner, "Subsistance Marketplaces: From Impactful Research to Practical Innovation", *Visions*, 35(2), 2011, pp. 16–19; o exemplo da geladeira é de Bagla, *Visions, op. cit.*

2. Você introduz temporariamente um produto que será substituído quando um produto melhor que está em desenvolvimento estará pronto no prazo de um ano. Você é informado para *não deixar seus distribuidores ou sua equipe de vendas saberem* que ele é apenas temporário.
3. Você trabalha para uma empresa de treinamento administrativo e está prestes a comercializar um novo serviço de seminário para bancos. Sua empresa cobrará uma taxa para realizar seminários durante os quais você treinará os funcionários de banco em assessoria de investimentos. Contudo, não há teste de uso de produto no seminário e *você não sabe se o pessoal do banco de fato aprenderá a oferecer essa assessoria*.
4. Você trabalha para uma empresa de sabão líquido e recentemente ficou sabendo que, ao longo dos anos, milhares de roedores foram usados e forçados a ingerir novos produtos, incluindo versões em desenvolvimento. *A ingestão forçada ocorre até o momento em que metade dos roedores morre* (o assim chamado teste de dose letal LD50 – *lethal dose*).
5. Você trabalha como representante de vendas para uma empresa farmacêutica. As regras do Food and Drug Administration (FDA) proíbem a "promoção *off-label*" (fora da bula) – isto é, comercializar um medicamento para usos não aprovados pelo FDA. Sua empresa financia anualmente milhares de programas de educação médica nos quais médicos e outros profissionais de saúde fazem palestras sobre o uso de determinados medicamentos, alguns dos quais ainda não aprovados pelo FDA (mas que são descritos nos periódicos médicos como eficazes). Eles afirmam que não estão fazendo nada errado, mas você considera essa prática uma clara violação das regras de promoção *off-label*. Para você, a gota d'água ocorre quando participa de uma reunião de vendas em que é instruído a recrutar palestrantes médicos para falar sobre usos aprovados e *não aprovados* de um novo medicamento anticoagulante.[17]

QUESTÕES RESIDUAIS SUBJACENTES

Algumas questões realmente difíceis encontram seu caminho nas confusões acima descritas. Elas são tais que nunca nos veremos livres de problemas quando trabalharmos na área de políticas públicas. Uma delas é: *"Que metas de ação são razoáveis para isso?"*. Uma existência sem riscos é algo totalmente sem razão. Várias empresas têm a meta de controle de qualidade de zero defeito. Contudo, em vista da complexidade da maioria dos produtos de consumo do presente, nada senão um decreto do governo conseguiria impedir os consumidores de cometerem erros – e somente porque, na verdade, eles não estariam tomando nenhuma decisão. Além disso, mesmo que pudéssemos esperar atingir um nível de 99,99% de redução de riscos, isso ainda deixaria em torno de 30.000 pessoas no lado errado da estatística apenas nos Estados Unidos. No mundo inteiro, esse número certamente seria bem mais alto.

Outra questão é o *problema de trade-off*. Mesmo quando uma situação específica parece ter um claro princípio orientador, com frequência encontramos um princípio contrário com mérito equivalente. Qual das duas opções merecedoras deve ser aceita?

Uma terceira questão é: *"Onde os custos devem se enquadrar?"*. Em várias controvérsias que afetam os novos produtos, a discussão não é tanto *o que deve ser feito, mas quem deve pagar por isso*. Partindo do pressuposto de que (1) nenhum sistema de

---

[17] Esse exemplo é real. Consulte Elyse Tanouye, "Staffers of Drug Maker Say It Pushed Product for Unapproved Uses", *The Wall Street Journal*, September 15, 1997, pp. A1, A7.

produção jamais conseguirá fabricar perfeitamente os produtos e (2) nenhum grupo de consumidores jamais usará os produtos com perfeita sabedoria, sempre haverá danos e desperdícios. Quem deve pagar? Os governos já estão sendo pressionados para reduzir os impostos. As seguradoras conhecem as reações negativas a taxas demasiadamente altas. Portanto, a abordagem de sem defeito está se tornando popular – ou tal como os fabricantes dizem, a abordagem de *falha total* (*total fault*). O fabricante assume total responsabilidade e de alguma forma deve passar os custos adiante.

O QUE OS GESTORES DE NOVOS PRODUTOS ESTÃO FAZENDO COM RELAÇÃO A TUDO ISSO?

No início deste capítulo, foi afirmado que hoje as administrações geralmente têm o problema de políticas públicas sob controle. Elas aprenderam a conduzir o processo de novos produtos para minimizar os problemas. As seções anteriores mostraram as várias medidas que estão sendo tomadas. Veja algumas mais gerais.

Estratégia e política

Atualmente, há um número maior de altos executivos que se envolvem pessoalmente. Eles desejam produtos seguros e úteis porque eles vendem mais. Por exemplo, em uma empresa que fabrica grades ou portões de proteção em formato de sanfona (em forma de V) para crianças, o diretor executivo recusou uma proposta e afirmou que a equipe poderia fazer melhor – a equipe propôs algo melhor *e* menos caro. Segundo, os Termos de Inovação de Produto definem os padrões nas diretrizes e também evidenciam oportunidades de novos produtos com respeito às regulamentações.

Sistemas de controle

Atualmente, as administrações exigem padrões rígidos, uma rigorosa auditoria em todos os pontos, registro adequado das informações e treinamento para os funcionários de novos produtos. Os planos contra desastres ajudam. Quando o programa de verificação de rotina da Campbell descobriu uma lata contendo toxina botulínica, a empresa interrompeu imediatamente as remessas da fábrica em questão, investigou 102.000 pontos de venda de alimentos em uma área de 16 estados e inspecionou 65 milhões de latas. Um novo processo de fabricação foi abandonado, 20 latas estragadas foram descartadas e a empresa voltou a ter controle da situação. A Pfizer descobriu que havia uma válvula cardíaca possivelmente defeituosa e teve de contatar 55.000 pessoas com o implante. A empresa tinha os registros para isso.

Teste de produto

As empresas tomam conhecimento sobre como os clientes usarão os produtos; e, se esse uso der mostras de que pode provocar algum problema, uma medida é tomada no presente, e não depois que os danos se avolumam. Em seguida, elas realizam testes para identificar usos inapropriados e usos em excesso. Elas utilizam o senso comum: qualquer pessoa poderia ter visto que os veículos para todos os tipos de terreno seriam um problema, e foram.

Marketing e teste de mercado

As empresas preparam advertências adequadas. A Manville Corporation vinha se defendendo de processos judiciais por morte por amianto desde 1929. O médico-chefe da empresa supostamente recomendou que se usassem rótulos de advertência em 1953, mas até 1964 isso ainda não havia ocorrido e mesmo depois aparentemente não indicavam a gravidade do risco. O pedido de falência por fim foi necessário para a sobrevivência. Hoje, as empresas gerenciam o processo de marketing e distribuição com o mesmo vigor que gerenciam o *design* e a fabricação. Se um produto for perigoso nas mãos de pessoas leigas e tiver de ser conduzido por canais profissionais, obviamente ele será rotulado com uma explicação do motivo. Os testes de mercado que associam produto e promoção são outra opção para identificar erros de comunicação. Os distribuidores podem não ter entendimento das promoções, dos descontos, das instruções ou do atendimento. Pessoas que talvez nem comprem o produto podem estar fazendo isso.

Instrução aos clientes e assuntos externos

As administrações atualmente se inserem na atividade educacional, primeiro em relação ao *pessoal da empresa* (por meio de *ombudsmen*, diretores de assuntos do consumidor, painéis consultivos científicos etc.) e segundo em relação ao *consumidor* (por meio de rótulos, garantias, folhetos explicativos e propagandas mais instrutivas). Além disso, a maioria das indústrias acata com veemência qualquer investida legislativa sobre os novos produtos e programas vigorosos de assuntos públicos são rotina. Eles trabalham mais em conjunto e até incluem consumidores em suas equipes.

RESUMO

Aqui concluímos nossa excursão por uma dimensão difícil do processo de novos produtos. As pressões são extremamente reais e as dificuldades às vezes são sufocantes. Algumas questões não resolvidas não têm respostas, e novas variações em áreas de problema de forma geral continuarão a se desdobrar.

Entretanto, os gestores de novos produtos estão descobrindo que conseguem gerenciar sob essas circunstâncias quando cumprem adequadamente sua função. Para evitar problemas desnecessários, eles precisam compreender o processo, manter uma estreita relação com seu departamento jurídico, obter apoio da administração em momentos críticos e acompanhar o marketing com uma gestão de lançamento mais contundente do que nunca. Todas as tentações são para que se faça exatamente o oposto, porque o tempo pode ser o calcanhar de Aquiles da gestão de novos produtos, como pudemos ver mais de uma vez.

Embora tenhamos abordado as principais áreas de preocupação das políticas públicas no âmbito de novos produtos, você deve saber que existem mais problemas e questões entranhadas nos laboratórios, nas fábricas e nos escritórios dos atuais gestores de novos produtos. Em todo setor há inúmeros deles. A título de exemplo final, pense nos problemas que os cientistas do setor farmacêutico enfrentam quando submetem a teste de campo um medicamento experimental sabidamente perigoso. Com quem eles devem trabalhar, aprovações de quem são necessárias, que controles eles devem utilizar sobre as ações e os registros de informações dos médicos e dos funcionários dos hospitais e até que ponto e com que intensidade eles devem investigar os efeitos colaterais – até a terceira geração? Por acaso importa se um medicamento que está sendo testado provém de um sapo raro pertencente à lista de espécies ameaçadas de extinção? Por acaso importa que esse medicamento (supondo que ele seja eficaz) custará mais de US$ 4.000 por mês durante 10 meses de tratamento e exigirá uma dosagem de US$ 1.000 por mês durante o restante da vida?[18]

---

[18] Para examinar um resumo interessante desses problemas, consulte George Anders, "Testing a New Drug Entails Daunting Costs and Clashing Interests", *The Wall Street Journal,* January 7, 1994, p. A1.

A questão aqui é a seguinte: milhares de pessoas enfrentam diariamente questões complexas como essas – elas conhecem os problemas e procuraram um equilíbrio entre a necessidade de saber e a necessidade de seguir adiante. Elas gerenciam os riscos e tudo o mais.

APLICAÇÕES

1. "A pior coisa com relação à responsabilidade pelos produtos é o que eles chamam de responsabilidade estrita. Entretanto, sei que atualmente é difícil provar negligência contra uma grande corporação, mas isso não é motivo para ir para o outro extremo e afirmar que uma empresa é culpada quando não há nenhuma evidência de que ela tenha feito algo errado. Comercializamos milhares de produtos que envolvem milhares de pessoas. Coisas estranhas podem acontecer. Os funcionários não são robôs – eles cometem erros humanos. Você provavelmente já cometeu um ou dois erros hoje. Porém, se estivesse em uma empresa, poderia ser processado, considerado culpado e então condenado por uma decisão de indenização punitiva do mesmo modo que um criminoso comum. Isso simplesmente não é justo."

2. "No momento estamos para comercializar um novo tipo de secador de cabelo. Não se trata de um secador no sentido usual – não há fio para aquecimento. Na verdade, associamos duas substâncias químicas que tendem a se aquecer se elas forem carregadas com corrente elétrica. O ar é direcionado por meio do recipiente com tela metálica no qual as substâncias químicas são mantidas (elas são sólidas, e não líquidas), e sempre que houver eletricidade o ar se aquecerá. Se você acha que compreende as questões morais e legais relacionadas à responsabilidade pelos produtos, poderia me dizer o que você pensa que deveríamos ter feito e o que devemos fazer no futuro para agirmos de acordo com o que o público geralmente espera de nós e com o que a lei exige de nós? Ainda temos vários meses pela frente para começarmos a comercializar esse novo secador, mas as especificações ainda estão paradas e o produto ainda está para entrar em produção."

3. "Duas outras empresas sobre as quais tenho informações não tiveram tanta sorte. A Morton-Norwich Products introduziu o supositório anticoncepcional vaginal Encare e a American Home Products lançou um produto semelhante chamado Semicid, mais ou menos na mesma época. Ambas anunciaram que os produtos eram mais seguros do que os dispositivos intrauterinos e que, diferentemente da 'pílula', eles não tinham nenhum efeito colateral hormonal. Elas descrevem os produtos como um método seguro, positivo e clinicamente testado para o controle de natalidade, o que eles de fato são. Mas a Comissão Federal de Comércio (FTC) determinou que as empresas não podem alegar vantagem comparativa em relação a outros métodos, a menos que afirmem também que o novo produto não é tão eficaz quanto os outros. Segundo a FTC, o único aspecto inédito em ambos os produtos é o formato de supositório, e a vantagem que isso oferece às consumidoras é muito pequena. Agora, ambas as empresas têm de distribuir um novo panfleto informando as vantagens e desvantagens de todas as formas de controle de natalidade. Tudo isso pode ser aceitável – não sei –, mas a questão que me incomoda é que as duas empresas foram consideradas responsáveis por informar as consumidoras sobre os aspectos *bons* de seus concorrentes, e não apenas os ruins. Em sua opinião, por que a FTC chegou a essa determinação? E isso seria uma previsão do que todos nós enfrentaremos? Desde quando sou responsável por ajudar os consumidores em potencial a escolher um produto do concorrente?"

ESTUDO DE CASO   Clorox Green Works[19]

Nos últimos 15 anos ou mais, os consumidores conscientes exigiram versões "favoráveis ao meio ambiente" ou "ecológicas" de seus produtos favoritos. Não demorou muito para que os fabricantes percebessem que o atendimento dessas exigências emergentes apresentava desafios específicos. Em primeiro lugar, os consumidores tendem a duvidar das alegações ecológicas presentes nos produtos, possivelmente porque alguns deles com credenciais questionáveis foram comercializados de maneira agressiva e enganosa como favoráveis ao meio ambiente. É provável que o ceticismo dos consumidores continue se intensificando. Os consumidores estão ficando mais esclarecidos a respeito das questões e preocupações ecológicas e os dias em que bastava afixar um símbolo verde no rótulo e chamar o produto de ecológico se foram. Outra questão é que vários consumidores passaram a supor que a versão ecológica de itens como os produtos de limpeza é duas vezes mais cara do que a marca convencional e, além disso, menos eficaz. Até mesmo a rotulação tornou-se um problema. O que você escreve no rótulo que transmite apropriadamente a mensagem pretendida e não contraria involuntariamente os consumidores? Verde? Natural? Favorável ao meio ambiente? Orgânico? Ecológico? Não é de surpreender que os produtos ecológicos não tenham experimentado os níveis esperados de penetração de mercado.

A empresa Clorox Company começou a abordar o mercado de consumo ecológico com uma nova linha de produtos de limpeza doméstica. A linha Green Works foi lançada em 2008 e foi a primeira família de produtos de limpeza naturais já lançada por um grande fabricante de produtos de consumo. Essa linha, que abrange um produto de limpeza de uso geral, um limpador de vaso sanitário e itens semelhantes, fez sucesso imediato e abocanhou uma grande fatia do mercado de produtos de limpeza naturais apenas alguns meses após o lançamento. O que é responsável pelo sucesso dessa linha? Especialistas do setor afirmam que a Clorox agiu muito bem em duas questões nesse lançamento: (1) identificou um segmento de mercado novo e mal atendido e aprendeu tudo o que podia a respeito dele e (2) desenvolveu e lançou um produto que atende às principais necessidades desse segmento, e não apenas a algumas delas.

Durante anos a Clorox manteve seu interesse por questões de saúde e bem-estar, acumulando um grande banco de dados sobre os consumidores. Isso veio a calhar quando a equipe de produtos da Clorox conseguiu identificar um segmento emergente relativamente cedo. Embora vários consumidores tivessem o objetivo geral de "fazer algo bom para o meio ambiente", esse segmento específico tinha algo maior em mente: a saúde e o bem-estar próprios e da respectiva família. Eles gostavam do desempenho dos produtos de limpeza convencionais, mas achavam que eles continham muitas substâncias químicas perigosas. Os membros desse mercado se viam desempenhando um papel fundamental no âmbito familiar: manter a segurança do lar. A equipe de produtos chamou esse segmento de "naturalistas que evitam substâncias químicas" (*chemical-avoiding naturalist*). As pesquisas de mercado da Clorox identificaram que esse consumidor-alvo era muito propenso a ser o principal responsável pelas compras da família e 85% dos membros desse segmento eram mulheres.

Para as mulheres desse segmento, nem todos os produtos "ecológicos" serviam. A crença dessas consumidoras (de que elas eram, acima de tudo, protetoras da família) implica que talvez elas não sejam fanáticas por comprar produtos ecológicos independentemente de qualquer coisa; na verdade, essas consumidoras têm um compromisso emocional para com a família. Mesmo assim, uma linha de produtos com o

---

[19] Esse estudo de caso baseia-se amplamente em Sumi N. Cate, David Pilosof, Richard Tait & Robin Karol, "The Story of Clorox Green Works™—In Designing a Winning Green Product Experience Clorox Cracks the Code", *Visions*, 33(1), March 2009, pp. 10–14.

poder de limpeza dos convencionais, mas sem nenhuma substância química adversa, seria atraente para essas consumidoras.

O desenvolvimento dessa nova linha de produtos começou com uma declaração de posicionamento. A Clorox primeiramente tinha de escolher a terminologia a ser utilizada na proposição de valor que melhor atraísse o segmento-alvo. Sua pesquisa demográfica descobriu que termos como "verde", "sustentável" ou "neutro em carbono" não seriam suficientemente claros ou poderiam ser interpretados de várias maneiras. O termo "orgânico" foi levado em consideração, mas sua utilização é regulamentada pelo governo e poderia ser problemática para a Clorox. A equipe de produtos decidiu pelo "natural", principalmente porque o termo combinava com o consumidor-alvo e também porque os membros da equipe achavam que ele fazia uso das competências essenciais da Clorox (podia ser facilmente transmitido e anunciado e era um objetivo razoável e alcançável para a empresa).

Associando entrevistas pessoais com uma pesquisa etnográfica *"fly on the wall"* (mosca na parede) em domicílio, a equipe de produtos conseguiu vislumbrar o naturalista que evita substâncias químicas. Essa pesquisa indicou que esse segmento tinha várias expectativas imprescindíveis em relação ao produto, e todas essas teriam de ser atendidas. Seria necessário apoiar o compromisso emocional de proteger a família e o meio ambiente (reduzindo sensivelmente a quantidade de substâncias químicas adversas), mas sem comprometer o desempenho, a conveniência ou a facilidade de uso. O produto precisava ter um preço aceitável e ser amplamente disponibilizado e as informações sobre seus benefícios deveriam ser convincentes e confiáveis. A equipe de produtos percebeu que um foco exclusivo sobre uma ou duas dessas expectativas não seria bom o suficiente. Esse tipo de consumidor não mudaria para um produto totalmente natural se o desempenho fosse sacrificado ou se o benefício em preço fosse muito elevado.

De acordo com as constatações da pesquisa etnográfica, os consumidores sabiam que ingredientes naturais como o vinagre podiam ser usados como produto de limpeza e alguns até faziam seus produtos de limpeza em casa. Muitos demonstraram familiaridade com os ingredientes de limpeza derivados de plantas e questionavam por que afinal de contas os produtos de limpeza precisavam ter substâncias químicas. Esses e outros resultados de pesquisa correlatos levaram a equipe da Clorox a desenvolver sua própria definição de natural: 99% isento de petroquímicos, derivado de plantas ou minerais, biodegradável e atóxico, não processado quimicamente e não testado em animais. (O ideal, 100% isento de petroquímicos, não foi considerado viável, porque componentes como fragrâncias, cores e conservantes nem sempre estão disponíveis em forma natural; 99% era suficientemente bom para a Clorox fazer a alegação de "quase" totalmente natural.)

Foi tomado o devido cuidado para que a linha de produtos tivesse todas as expectativas imprescindíveis. Os produtos de limpeza convencionais eram vendidos por US$ 2,00 a US$ 3,00, enquanto vários produtos naturais concorrentes eram vendidos por mais de US$ 7,00 por frasco. O preço de varejo pretendido para a nova linha foi definido entre US$ 3,00 a US$ 4,00 por frasco, o qual foi considerado aceitável para esse segmento. Como os produtos convencionais eram vendidos praticamente em todos os lugares (supermercados, lojas de conveniência, farmácias etc.), concluiu-se que uma distribuição intensiva também era essencial para a nova linha. O aspecto de credibilidade seria abordado por meio de uma postura de total transparência no rótulo, bem como de amplas informações sobre o produto no *site*. Além disso, a Clorox recebeu o raro endosso do Sierra Club e foi reconhecida pelo Programa Formulador "Design para o Meio Ambiente"(Design for Environment) da Agência de Proteção Ambiental. A aparência estética também não foi esquecida: o produto em si e igualmente a embalagem teriam de transmitir limpeza e simplicidade, assim como eficácia. Por exemplo, embora um produto sem cor e sem odor pudesse transmitir uma imagem de produto totalmente natural, os consumidores poderiam se perguntar se esse produto seria de alguma forma mais eficaz do que a água pura e simples! Concluindo, um nome engenhoso foi escolhido (Clorox Green Works). "Green Works" resume eficazmente o duplo benefício da linha de produtos: ambientalmente consciente, mas também eficaz ("*it works*" – funciona). A inclusão de "Clorox" no nome não foi acidental, visto que a equipe desejava tirar proveito do *brand equity* de eficácia e confiança da Clorox. Por fim, a palavra "natural" aparece proeminentemente em todos os rótulos.

Obviamente, os produtos tinham de cumprir o prometido, mas novos avanços na química de surfactantes (agente de limpeza) e solventes estavam tornando os ingredientes derivados de plantas mais eficazes. A Clorox podia contar com ingredientes como óleo de coco (surfactante), polissacarídeos naturais (espessantes) e etanol de milho (solvente) para oferecer níveis aceitáveis de poder de limpeza que provavelmente não teriam sido possíveis vários anos antes. Na verdade, assim que lançados, os produtos Green Works apresentaram uma eficácia tão boa quanto ou melhor do que a dos produtos convencionais.

O lançamento da linha foi um sucesso. A Clorox conseguiu colocar os produtos Green Works em todos os varejistas importantes e os estimulou a expô-los em destaque em seus estabelecimentos. O lançamento de um novo produto ecológico extremamente eficaz também foi recebido na época com um nível favorável de publicidade na imprensa.

O que pode ser aprendido com o desenvolvimento da linha Clorox Green Works? O que explica o notável sucesso dessa linha? (Pense em pelo menos três motivos claros.) Quais foram as principais dificuldades ou obstáculos enfrentados pela equipe de produtos? Como uma empresa em uma categoria de produto diferente, ou um fornecedor de serviços, poderia utilizar algumas das melhores práticas descritas neste estudo de caso?

ESTUDO DE CASO   Veículos híbridos ou a hidrogênio na General Motors?[20]

Os custos ascendentes dos combustíveis e a preocupação com o meio ambiente levaram as montadoras de automóveis a tentar fabricar carros de combustível alternativo. Uma das tecnologias de combustível alternativo mais promissoras foi o motor híbrido. A tecnologia híbrida associa o motor movido a gasolina com um motor elétrico alimentado por bateria. A bateria foi projetada para recarregar toda vez que o carro é freado ou, mais convencionalmente, por um gerador abastecido pelo motor a gasolina. O motor a gasolina foi desenvolvido para se desligar completamente de vez em quando – por exemplo, no semáforo – e manter o carro funcionando apenas com o motor elétrico. Por esse motivo, uma quantidade bem menor de gasolina é necessária para dirigir: os carros com tecnologia híbrida podem conseguir fazer bem mais de 800 quilômetros por tanque de gasolina.

As primeiras tentativas de comercialização dos veículos com tecnologia híbrida no mercado dos Estados Unidos e no mundo foram feitas pelas montadoras japonesas. Em 1999, foi lançado o primeiro veículo híbrido no mercado dos Estados Unidos, o Honda Insight. Dezessete automóveis Insight foram vendidos naquele ano. Logo depois foi lançado o Toyota Prius e, em 2002, 40.000 veículos híbridos foram vendi-

---

[20] Esse estudo de caso foi compilado de várias fontes publicadas, como Gail Edmondson, "BMW's H-Bomb", *BusinessWeek Online*, businessweek.com, September 12, 2006.

dos. As projeções do setor indicavam que em 2014 as vendas de híbridos nos Estados Unidos poderiam aumentar para um milhão de unidades, embora outras tecnologias de energia alternativa também possam se tornar comercialmente viáveis. As montadoras americanas logo começaram a anunciar o lançamento de seus próprios híbridos. A General Motors anunciou seus planos de lançar camionetes híbridas Chevrolet GMC e tanto a Ford quanto a Chrysler revelaram planos para veículos utilitários esportivos (SUVs) híbridos ou camionetes híbridas. Nesse ínterim, a Toyota estava planejando acrescentar a tecnologia híbrida como opcional no SUV Toyota Highlander e Lexus RX330 SUV.

Percebeu-se que o Insight a princípio experimentou algumas percepções negativas e juízos falsos. O consumidor em potencial tinha de fazer concessões com relação ao espaço de assento, visto que o Insight era de dois lugares. Alguns consumidores não gostaram da marcha lenta silenciosa do motor elétrico nos semáforos. Além disso, muitos achavam que o preço especial em relação aos motores a gasolina era demasiadamente alto: uma pesquisa da J.D. Power & Associates indicou que os consumidores hesitariam em pagar mais de US$ 1.000 a mais em relação ao preço de um carro a gasolina comparável para obter tecnologia híbrida. Em contraposição, o Toyota Prius recebeu publicidade favorável de uma fonte inesperada: vários atores de Hollywood (notadamente Leonardo Di Caprio e Cameron Diaz) tinham Prius e falavam muito bem de seu novo carro (eles não receberam incentivos da Toyota para promover o Prius). No final de 2002, a Honda introduziu o Civic Hybrid como seu modelo mais recente nesse mercado.

O Civic híbrido baseou-se no estilo familiar e popular do Civic, podia transportar cinco pessoas e era também econômico – podia fazer até 1.050 quilômetros por tanque de gasolina. Muitos recursos desejáveis, como ar-condicionado, controle de cruzeiro, freios antitravamento e sistema de som de alta qualidade, eram padrão no Civic Hybrid. Seu preço de tabela era levemente mais alto do que o do Civic a gasolina e tinha 20% menos cavalos de potência. Na época do lançamento, Thad Melesh, da J.D. Power, falou muito bem do potencial de mercado do Civic Hybrid: "O crescimento [das vendas do Hybrid] [...] provém de consumidores que desejam versões híbridas dos veículos normais, e não um 'peculiar tipo de veículo esverdeado'".

O cenário do mercado parece estar melhorando gradualmente para os veículos híbridos. Em virtude das iniciativas promocionais das montadoras de automóveis e da cobertura positiva resultante dos benefícios antipoluição desses carros, a atenção da mídia continua aumentando. As celebridades que usam carros híbridos de US$ 20.000 (que conseguiriam facilmente arcar com carros dez vezes mais caros) contribuem para o prestígio e talvez a superação de algumas das percepções negativas iniciais. Além disso, o governo dos Estados Unidos ofereceu uma dedução fiscal única de US$ 2.000 sobre os carros híbridos como incentivo para a compra. Se somarmos a isso a inquietação nos países produtores de petróleo do Oriente Médio e o desejo de vários americanos de minimizar sua dependência para com o petróleo estrangeiro, é fácil ver por que o mercado estava preparado para um período de crescimento constante. Na verdade, a Honda gastou apenas meio milhão de dólares no lançamento gradativo do Civic Hybrid; os executivos da Honda não veem muito motivo para realizar uma intensa promoção, visto que esse intenso crescimento das vendas exigiu despesas promocionais relativamente pequenas.

Muitos observadores desse setor consideram a tecnologia híbrida uma solução apenas provisória e que, em última análise, o mercado está se movendo em direção aos carros a hidrogênio ou célula de combustível. A BMW tem investido muito em carros a hidrogênio, visto que a empresa acredita que somente os motores a hidrogênio podem oferecer o tipo de desempenho esperado pelos proprietários de BMW acostumados com a esportividade. Na verdade, a BMW lançou um número reduzido de carros a hidrogênio (sedãs de luxo da série 7, para sermos exatos), com a intenção de concedê-los a políticos e outros líderes de opinião. É fundamental para a aceitação do carro a hidrogênio que a BMW mostre a viabilidade da tecnologia, visto que em 2007 havia apenas alguns postos de gasolina que vendiam combustível de hidrogênio. (Esses postos na realidade foram construídos para abastecer a pesquisa e desenvolvimento do carro de hidrogênio da BMW.) A boa notícia é que os carros de hidrogênio também podem usar gasolina normal sem chumbo, embora o investimento em infraestrutura obviamente seja uma necessidade. O ex-governador da Califórnia Arnold Schwarzenegger falou sobre a possibilidade de apoiar uma "rodovia de hidrogênio" servida por postos de hidrogênio. Contudo, até mesmo a BMW projeta que em 2025 somente 2% dos novos carros vendidos na Alemanha serão movidos a hidrogênio.

Utilize um dos modelos examinados no Capítulo 3 para avaliar a atratividade do mercado de carros elétricos para a GM, que está para lançar as versões híbridas do Chevy Silverado e GMC Sierra. Tente ir além do óbvio (por exemplo, de que a tecnologia híbrida encontra-se no ponto intermediário de crescimento de mercado). Quais são as oportunidades no mercado e quais são as ameaças? Em seguida, avalie a posição de negócios da GM nesse mercado. Se você concordar que o mercado de tecnologia híbrida é atraente, quais são os pontos fortes e pontos fracos relativos da GM para perseguir esse mercado? Ao responder, leve em conta as questões de políticas públicas que giram em torno do desenvolvimento e lançamento de um carro de combustível alternativo. A GM deveria entrar na onda dos híbridos agora ou deveria esperar e dar continuidade ao desenvolvimento da última (e presumivelmente melhor) geração de automóveis de combustível alternativo? A GM poderia ganhar por ser líder em célula de hidrogênio ou em outra tecnologia de combustível alternativo? E existem riscos em seguir ambos os caminhos: lançar um Silverado e Sierra híbridos competitivos e ao mesmo tempo perseguir tecnologia alternativas?

ESTUDO DE CASO   Product (RED)[21]

O Fundo Global, fundado em 2002, é uma proeminente organização de arrecadação de fundos e de apoio a programas contra a AIDS, a tuberculose e a malária no mundo em desenvolvimento. No final de 2006, o Fundo Global arrecadou mais de US$ 6 bilhões e foi responsável por cerca de 25% do financiamento mundial total de programas contra a AIDS. O dinheiro é destinado ao tratamento de pacientes, bem como a programas comunitários e de orientação para desacelerar a propagação da doença.

Em 2006, uma nova iniciativa global, Product (RED), foi iniciada por duas personalidades públicas conhecidas internacionalmente, o cantor de *rock* Bono e o advogado e filantropo Bobby Shriver (sobrinho de John F. Kennedy). A ideia por trás do Product (RED) foi incentivar as corporações a se juntar e ajudar o Fundo Global a arrecadar fundos que seriam usados para desenvolver novos tratamentos para as nações em desenvolvimento (como um tratamento que prolongaria em até 20 anos a vida do paciente com AIDS) e dar orientações. As empresas participantes criariam produtos próprios para apoiar essa iniciativa. Entretanto, elas abririam mão de parte de seu *brand equity*, visto que todos os produtos teriam o logotipo Product (RED) como marca. Isso fomenta o reconhecimento do Product (RED) como uma "supermarca" e basicamente une todas as empresas participantes por trás da iniciativa. O mercado-

---

[21] As informações para esse estudo de caso foram obtidas de "How the Fund Works", uma publicação de novembro de 2006 do Fundo Global, baixadas de www.theglobalfund.org; Jim Edwards, "Will Bono's Red Make Charity Cool?", *VNU Business Media*, 2006; bem como de artigos encontrados em www.gap.com, www.americanexpress.com e www.joinred.com.

-alvo do Product (RED) era o grupo etário da geração X de 19 a 32 anos. Uma das primeiras empresas a tomar parte foram a Gap, American Express, Motorola e Converse.

O Product (RED) desenvolveu um manual de propaganda (mensagem básica, logotipo etc.). As empresas participantes precisam seguir as diretrizes desse manual, que foram elaboradas para lhes oferecer maior flexibilidade com relação à forma que elas preferem promover suas linhas particulares de Product (RED). Um *site* concomitante, www.joinred.com, foi considerado para possibilitar que os clientes-alvo apoiem a iniciativa, baixem fotos, publiquem *blogs* e vídeos e conectem-se com o *site* das empresas participantes. Um *site* sofisticado desse tipo é essencial para atingir o grupo-alvo da geração X. Além disso, o Product (RED) marcou presença no myspace.com, outro *site* favorito desse grupo etário, no qual podiam ser encontradas informações sobre novos produtos ou eventos.

A Gap foi uma das primeiras participantes da iniciativa Product (RED), e sua administração acreditava que a associação com essa iniciativa ajudaria seu *brand equity* a se destacar em um mercado já saturado e, ao mesmo tempo, a fazer algo bom para a sociedade. A Gap desenvolveu uma nova linha de roupas utilizando etiquetas (*taglines*) como Inspi(RED), Uncenso(RED), Empowe(RED) etc. Metade dos lucros dessa nova linha foram destinados à iniciativa Product (RED). Além disso, a Gap abriu instalações fabris na África do Sul, em Madagascar e em outros países africanos, para que os trabalhadores pudessem se beneficiar diretamente dos lucros obtidos com as vendas de sua linha de roupas. A American Express, por sua vez, lançou um cartão (RED), primeiro no Reino Unido, mas com planos para o mundo inteiro. Das compras com o cartão (RED), 1% é destinado ao Fundo Global, ao passo que o titular do cartão obtém benefícios como descontos em mercadorias (RED) e eventos (RED).

Outras empresas utilizaram vários meios diferentes de evidenciar o Product (RED). A Motorola desenvolveu versões (RED) do telefone *flip* RAZR, popular entre o público-alvo em virtude de seu formato, da tecnologia Bluetooth e da compatibilidade com MP3. O *site* Product (RED) da Motorola possibilitava que os visitantes baixassem protetores de tela ou toques. A Converse, empresa de calçados de corrida famosa pelo tênis Chuck Taylor, lançou o Product (RED) Chucks e também iniciou uma promoção com celebridades e *designers* para criar calçados personalizados. A Apple lançou o (RED) iPod Nano (vermelho, obviamente, para se distinguir dos outros iPods) com um cartão-presente para o usuário começar a acrescentar músicas. Uma porcentagem específica da venda dos produtos de todas essas empresas é doada à Product (RED).

Que outras empresas provavelmente poderiam fazer parte da iniciativa Product (RED) e existem empresas que na verdade não se beneficiariam dessa participação? A empresa Product (RED) enfrenta qualquer possível desvantagem por participar desse projeto? A Product (RED) é uma iniciativa apenas para uma única ocasião? Se não, quais outros tipos de iniciativa poderiam obter um interesse corporativo semelhante? Além disso, comente de modo geral sobre a questão do marketing social. Que outras questões sociais do presente poderiam estimular uma atividade corporativa similar?

SOLUÇÕES PARA A FIGURA 20.3

Quase todos os rótulos de advertência nessa figura são reais. Os reais são: 2 (jardim ornamental de pedras), 4 (secador de cabelo), 6 (protetor solar de para-brisa), 7 (caneleiras), 9 (ferro de passar), 10 (prancha), 12 (celular), 13 (fresa), 15 (carrinho de bebê), 16 (máquina de lavar), 17 (madeira para lareira), 18 (cartucho de impressora). Na verdade, vários deles estão entre os premiados como "piores". A melhor fonte para examinar detalhes sobre rótulos de advertência bizarros é o *site* Michigan Lawsuit Abuse Watch, www.mlaw.org.

APÊNDICE A
Fontes de ideias já geradas

As ideias de novos produtos provêm de diversos lugares, alguns deles peculiares a determinadas empresas ou setores. Apresentamos aqui as fontes mais amplamente utilizadas:

FUNCIONÁRIOS

Funcionários de vários tipos podem ser fonte de conceitos de novos produtos. Os vendedores são um grupo óbvio, mas há também grupos técnicos, operadores, atendimento ao cliente e embalagem e, no caso dos produtos de consumo em geral, qualquer funcionário que use os produtos. O pessoal de fabricação e engenharia com frequência também é inventor ocasional, e deve ser estimulado a expor suas ideias. Essas pessoas precisam saber que suas ideias são desejadas, e mecanismos especiais (e até mesmo culturas) normalmente precisam ser construídos para coletar essas ideias.

Os sistemas de sugestões dos funcionários não são alternativas confiáveis para revelar ideias, e concursos de ideias especiais têm um histórico igualmente desalentador. Durante algum tempo, a Toyota utilizou o programa Olimpíada de Ideias, e em um ano, produziu 1.300 inscrições de funcionários-inventores. A empresa não teceu comentários sobre a qualidade das ideias.

As sugestões mais úteis vêm de funcionários cujo trabalho os coloca em contato com os problemas dos clientes. Por exemplo, o departamento de serviços de um fabricante de furadeiras descobriu que várias furadeiras estavam queimando porque os clientes as estavam usando como chave de fenda elétrica. A inclusão de um mecanismo de engate na furadeira deu origem a um novo produto. Os departamentos de processamento de reclamações também têm familiaridade com o uso que os consumidores fazem dos produtos. Os vendedores sabem quando um grande pedido é perdido porque o produto da empresa não é bem o que o cliente queria.

A Dun & Bradstreet tinha um excelente histórico de novos produtos e revelou que a maior parte das ideias de novos produtos foi sugerida pelo pessoal de campo. Os funcionários qualificados da D&B podiam receber US$ 5.000 pela sugestão de uma ideia que se tornasse nacional. Algumas empresas utilizaram um "minerador de ideias" – um funcionário cujo trabalho é sondar os demais funcionários para estimular e coletar suas ideias.

CLIENTES

A maior fonte de ideias de novos produtos é o cliente ou usuário dos produtos ou serviços da empresa, embora suas ideias normalmente sejam apenas para melhoria de produtos ou extensões de linha próximas. Algumas pessoas acreditam que a maioria de todos os novos produtos em determinados setores origina-se com os usuários. Como alguns grupos de usuários especializados estão pessoalmente envolvidos com os aparelhos, o pessoal de novos produtos de vez em quando lhes delega o desenvolvimento de conceitos de novos produtos. De modo semelhante, a maior parte dos fabricantes de peças e componentes de automóveis busca iniciativas de novos produtos entre seus grandes clientes OEM (fabricantes de equipamento originais). Entretanto, uma empresa obteve 2.800 ideias de seus clientes e não conseguiu usar nenhuma delas.

Os meios mais populares para coletar ideias entre os clientes são: levantamentos, painéis contínuos, grupos focais especiais e correio. Hoje em dia, esses métodos tradicionais normalmente são complementados por contato por *e-mail* ou discussões *on-line* com os clientes. Algumas empresas obtêm uma quantidade tão grande de sugestões pelo correio, que não são capazes de lê-las. As indústrias costumam tomar a iniciativa de utilizar contatos pessoais por parte dos vendedores ou dos funcionários técnicos, particularmente de usuários pioneiros.

REVENDEDORES

Intermediários, representantes de fabricantes, distribuidores industriais, grandes atacadistas e grandes empresas varejistas podem ser fontes extremamente vantajosas. Na verdade, alguns revendedores de produtos em massa têm seu próprio departamento de novos produtos e convidam os fabricantes a propor especificações. Muitos representantes industriais são suficientemente qualificados para funcionarem como um consultor especial para seus clientes, e os agentes de venda no setor de brinquedos, além de prestar consultoria, na verdade assumem a função de novos produtos se o fabricante desejar.

Um distribuidor de substâncias químicas sugeriu o uso de um saco de polietileno de baixo custo para revestir tambores metálicos e prevenir a corrosão; e um produtor de artigos em madeira ficou sabendo de um revendedor que um novo concorrente havia entrado no mercado e propôs como o novo produto podia ser melhorado. Ambas as sugestões foram implementadas com sucesso. A Kroger certa vez disse aos fabricantes que seus clientes queriam pratos congelados de porção única mais fáceis de fazer e outra cadeia sugeriu uma *enchilada* de baixa caloria.

FORNECEDORES/PRESTADORES DE SERVIÇOS

Os fabricantes de utensílios domésticos de plástico são em sua maioria pequenos e, por isso, procuram o conselho de grandes empresas de plástico. Praticamente todos os produtores de aço, alumínio, substâncias químicas, metais, papel e vidro têm um departamento de atendimento técnico ao cliente. Uma de suas funções é sugerir novos produtos feitos com a matéria-prima básica da empresa.

CONCORRENTES

Os geradores de ideias de novos produtos estão interessados nas atividades dos concorrentes e os novos produtos dos concorrentes podem ser uma fonte indireta para um novo produto superior ou suplementar; contudo, os concorrentes (assim como o licenciamento cruzado de ideias imposto pelo governo) raramente são fontes de ideias de novos produtos, exceto em setores em que a análise comparativa foi aceita como estratégia. As primeiras empresas a introduzir um novo produto em um segmento de mercado específico (como os bancos comerciais menores) de fato utilizam seus concorrentes inovadores como fonte, mas isso é eficaz somente quando os segmentos são isolados. Na Ford Motor Company, assim que os engenheiros colocam as mãos em um novo produto da concorrência, ele é sistematicamente desmontado em 30.000 peças. Todas são catalogadas e depois montadas em painéis para que os outros possam examiná-las.

SETOR DE INVENÇÕES

Todo país industrializado tem um "setor" constituído de um núcleo de inventores circundados por empresas e organizações que os ajudam a tirar proveito de suas invenções. Embora tendam a perder para os centros de pesquisa corporativos, os inventores individuais ainda enviam quase um quarto de todos os pedidos de patente. Alguns dos grupos auxiliares ou de apoio são:

Empresas de capital de risco	Bancos
Escolas de inventores	Conselhos de inventores
Advogados	Administração de Pequenas Empresas
Escritórios de marcas registradas e patentes	Exposições tecnológicas
Consultores de novos negócios	Exposições de patentes
Corretores de patentes e outros	Boletins informativos de inventores
Empresas de assistência a inventores	Programas estaduais de apoio empresarial
Investidores individuais	Centros de inovação universitários

Atualmente, tanto o inventor quanto o provável fabricante são desestimulados por problemas de comunicação, legais e de financiamento nessa rede de apoio. Felizmente, esse novo "setor" extremamente fragmentado está sendo sacudido e provavelmente em breve definirá vários formatos organizacionais predominantes com os quais os fabricantes possam lidar.

Um exemplo desse formato emergente foi o InstanTechEx, um serviço oferecido pela Dr. Dvorkovitz & Associates. A Dvorkovitz patrocinou uma exposição internacional anual de intercâmbio tecnológico em que centenas de empresas e inúmeros governos exibiram os avanços tecnológicos que eles desejam vender. Essa exposição funcionou como um supermercado de tecnologias e um formato emergente para padronizar o setor de invenções novas.

Outras novas organizações estão fundindo a assistência de consultoria financeira, legal e gerencial da qual os inventores normalmente necessitam, tanto como empresas de empreendimento que na verdade assumem o controle e desenvolvem a ideia quanto como empresas facilitadoras que entram em contato com fabricantes estabelecidos. Nesse ínterim, algumas empresas têm o que elas chamam de "sistemas de cultivo de inventores" para obter tanto quantidade quanto variedade de contribuições para as invenções. A NordicTrack faz de seus inventores a principal fonte de novos produtos e cultiva esse grupo com praticamente o mesmo nível de iniciativas de marketing utilizadas para os clientes.

DIRETRIZES VARIADAS

Entre as várias fontes de ideias externas de novos produtos estão as seguintes:

1. **Consultores.** A maior parte das empresas de consultoria em gestão atua na área de novos produtos e algumas são especializadas nisso – por exemplo, McKinsey, A. D. Little, Mercer e PRTM. Algumas empresas de consultoria são dedicadas à atividade de novos produtos e incluem a gerações de ideias como um de serviços. Infelizmente, o estigma de ser "de fora" é forte na área de novos produtos, tal como exemplificado pela síndrome do "não inventado aqui". As

empresas relatam experiências bastante favoráveis, mas também muitas histórias trágicas. Uma alternativa é convidar especialistas do setor para reuniões de discussão com o pessoal da empresa. A General Mills utilizou o editor de comida de um jornal, o editor de um periódico especializado, um redator publicitário, um proprietário de restaurante, o diretor de divisão de uma cadeia de alimentos e quatro executivos iniciantes de uma empresa.

2. **Agências de propaganda.** Essa fonte de ideias de novos produtos é muito menosprezada. A maioria das agências tem talentos criativos e experiência de produto/mercado para gerar conceitos de novos produtos. Algumas agências têm departamentos de novos produtos completos e outras conduzem os conceitos até sua introdução no mercado, o que inclui pré-testes de mercado e lançamentos. As agências de produtos de consumo realizam mais atividades de novos produtos do que as agências de produtos industriais, embora as agências da Costa Oeste especializadas no setor de computadores ofereçam uma ampla variedade de serviços porque seus clientes com frequência são pequenos.

3. **Empresas de pesquisa de marketing.** Normalmente, as empresas de pesquisa de marketing envolvem-se com o processo de geração de ideias ao assessorar um cliente na avaliação de necessidades. Raramente elas tropeçam em uma oportunidade que elas transfiram para um cliente. Algumas das maiores empresas de pesquisa também oferecem serviços de consultoria em gestão.

4. **Especialistas em produtos aposentados.** O pessoal de novos produtos industriais, particularmente as pessoas com competência técnica, muitas vezes se aposentam da empresa em que trabalham e tornam-se consultores de meio período de outras empresas. Na verdade, uma empresa monitora a aposentadoria de todos os especialistas qualificados em seu setor. Problemas de conflito de interesses podem surgir e a divulgação de segredos competitivos é eticamente questionável, mas a maioria dos acordos contorna esses problemas facilmente.

5. *Designers* **industriais.** As empresas de *design* industrial algumas vezes funcionam como parte de uma equipe ao implementar uma decisão sobre um novo produto que já foi tomada. Entretanto, muitos *designers* industriais são extremamente criativos. As empresas de *design* industrial estão cada vez mais tirando proveitos de seus pontos fortes em novos produtos. O departamento de *design* industrial das universidades algumas vezes é indicado pelo governo e por outras organizações de serviços para realizar o trabalho original de novos produtos.

6. **Outros fabricantes.** A maior parte das empresas tem ideias de novos produtos possivelmente compensadoras que elas não desejam porque conflitam com sua estratégia. Essas ideias normalmente têm autorização para serem mantidas ociosas. A General Electric certa vez criou o Programa de Oportunidades de Negócio, no qual colocou à venda suas tecnologias "ociosas". Algumas vezes, isso não passou de uma ideia; mas outras vezes foram oferecidos protótipos e até modelos, moldes e estoques de produtos acabados, dependendo do quanto a GE havia conduzido a ideia até decidir descontinuá-la. Nos últimos anos, a GE ampliou esse serviço, relacionando tecnologias de outras empresas em suas edições mensais de *Selected Business Ventures* e nas compilações anuais de *New Product, New Business Digest*.

7. **Universidades.** De vez em quando, professores e alunos oferecem ideias de novos produtos, especialmente em escolas de engenharia, ciências e negócios. Dentistas, médicos e farmacêuticos são grupos científicos que desempenham um papel importante na atividade de novos produtos.

8. **Laboratórios de pesquisa.** A maioria dos principais países do mundo tem pelo menos um laboratório de pesquisa importante que conduz atividades de novos produtos a pedido dos fabricantes e ocasionalmente geram ideias de novos produtos interessantes. O Instituto Battelle Memorial, em Columbus, Ohio, recebeu milhões de dólares por seu papel na decolagem da xerografia. Outros laboratórios de pesquisa proeminentes são o Instituto de Tecnologia de Illinois, o Instituto de Pesquisa de Stanford e o Laboratório Nacional de Engenharia da Grã-Bretanha.

9. **Governos.** Escritório de Patentes e Marcas Registradas do governo dos Estados Unidos oferece diversos serviços projetados para ajudar os fabricantes a encontrar ideias de novos produtos compensadoras. O *Official Gazette* oferece uma listagem semanal com (1) todas as novas patentes emitidas, (2) descrições condensadas de produtos patenteados e (3) indicação das patentes que estão à venda ou podem ser licenciadas. Os relatórios e serviços do Escritório de Patentes também informam quais patentes governamentais e quais patentes estrangeiras estão disponíveis.

    Os serviços militares têm uma lista de desejos de produtos que eles gostariam de comprar; o Departamento de Agricultura ajuda os fabricantes na atividade de novos produtos; e os governos estaduais têm programas para auxiliar as indústrias.

    Um subproduto da atual regulamentação dos negócios é a maior assistência dos órgãos regulamentares para a solução de problemas como produtos perigosos e condições de trabalho inseguras. Por exemplo, a Lei de Segurança e Saúde Ocupacional estimulou várias empresas a desenvolver *kits* de primeiros socorros.

10. **Fontes impressas.** As centenas de periódicos técnicos e científicos, publicações especializadas, boletins e monografias ocasionalmente são fontes de ideias de novos produtos. A maioria das ideias resulta indiretamente de relatos sobre a atividade de novos produtos. Embora não sejam diretamente novas ideias de produtos, hoje existem no mínimo dois bancos de dados de computador *on-line* de novos produtos reais comercializados: Thomas New Industrial Products e Predicasts New Product Announcements.

11. **Internacional.** Os executivos da Minnetonka tiveram a ideia de uma pasta dental em uma embalagem de bombear enquanto pesquisavam em um supermercado alemão. O Tide em pó foi desenvolvido por cientistas em Cincinnati, mas o Tide líquido utilizou uma fórmula de surfactantes do Japão e um antagonista de sais minerais da Bélgica. Infelizmente, poucas empresas têm programas sistemáticos de outros países. Algumas estabelecem escritórios no exterior para monitorar diversas tecnologias, enquanto outras pedem aos escritórios estrangeiros de suas agências de propaganda para coletar ideias, e algumas outras inscrevem-se em um ou mais serviços de informação.

12. **Internet.** Neste momento podemos apenas conjecturar a respeito do que vai ocorrer, mas alguns *sites* já estão entrando na atividade de ideias de novos produtos e diversos quadros de avisos publicam sugestões para mudança nos produtos.

GERENCIANDO ESSAS FONTES DE IDEIAS

Essas fontes de ideias não funcionam sem um esforço especial. Por exemplo, os vendedores devem ser treinados para encontrar usuários com boas ideias e extrair essas ideias. Os mercados internacionais precisam ser cobertos imediatamente por pessoas treinadas. A investigação sobre a concorrência deve ser sistemática para que se possa perceber toda e qualquer mudança nos produtos dos concorrentes. Toda fonte especial é também uma fonte em potencial para a concorrência, e a empresa que utilizar essas fontes da maneira mais apropriada adquirirá as melhores ideias.

APÊNDICE B
Outras técnicas de geração de conceitos

Os Capítulos 4, 5, 6 e 7 apresentaram as principais técnicas de geração de ideias com os melhores históricos e a maior probabilidade de produzir valiosos conceitos de novos produtos. Talvez haja centenas de outras técnicas, algumas das quais exclusivas (confidenciais para a empresa de consultoria que a criou), e algumas são técnicas apresentadas aqui com nomes diferentes.

Quarenta e cinco das outras técnicas foram selecionadas para uma breve análise aqui. É provável que elas não sejam necessárias, mas diferentes indivíduos as consideraram úteis. Talvez você também as considere.

TÉCNICAS PARA APOIAR A ANÁLISE DE PROBLEMAS

Lista composta de necessidades satisfeitas

Simplesmente relacionando as várias necessidades atendidas pelos produtos disponíveis atualmente, existe uma boa probabilidade de algumas virem à mente, as quais, de outra forma, seriam ignoradas. Esse processo mecânico só tem bons resultados se essa lista for estimulada até esgotar os limites mentais de uma pessoa.

Análise de segmentação de mercado

Utilizando uma dimensão de segmentação sobreposta a outra, um analista é capaz de desenvolver uma hierarquia de segmentos de mercado cada vez menores. Por exemplo, a segmentação para um sabonete em barra poderia utilizar sexo, idade, parte do corpo a ser higienizada, grupos étnicos e localidade geográfica. Todas as combinações possíveis desses fatores produziriam milhares de grupos – por exemplo, mulheres idosas de Nova York que lavam o rosto com sabonete. Toda combinação pode ser um grupo cujas necessidades são peculiares e não são atendidas no momento. (Os segmentos psicográficos e comportamentais são particularmente úteis atualmente.)

Sonhos

Essa abordagem analisa os sonhos das pessoas que têm o problema ou os problemas que estão sendo investigados. Os sonhos oferecem uma série de percepções, envolvem equitativamente outras pessoas na situação do problema e evidenciam os aspectos paranormais do sonho em si. Diversas pessoas famosas, uma delas Robert Louis Stevenson, atribuíram parte de sua criatividade aos sonhos. O Capítulo 4 mencionou o cientista August Kekulé, que vislumbrou o formato circular da molécula de benzeno ao sonhar com uma cobra engolindo o próprio rabo.

TÉCNICAS PARA APOIAR A ANÁLISE DE PROBLEMAS

Existem várias técnicas para identificar tendências embrionárias significativas (tendências que podem ser ampliadas). Algumas são analisadas no Capítulo 5, e aqui há mais nove.

Pessoas que ditam tendências

Muitos acreditam que determinadas pessoas têm sensibilidade preditiva e devem ser observadas. *Women's Wear Daily* é uma publicação que emprega esse método, e as pessoas que a revista observa são familiares entre os leitores regulares.

Áreas de tendência

Mudanças importantes na vida e nos costumes americanos iniciam-se na Costa Oeste e gradativamente avançam para o leste. Embora a televisão e outros meios de comunicação de massa tenham reduzido a defasagem de tempo, algumas empresas enviam pessoas à Califórnia apenas para que fiquem mais próximas das mudanças que estão ocorrendo lá.

Produtos de ruptura

O automóvel, a televisão, o computador e a internet tiveram um efeito expressivo sobre os estilos de vida. Outros que provavelmente o tiveram incluem fibra óptica, engenharia biogenética, condomínios e TiVo. Uma forma de reunir tendências embrionárias significativas é investigar esses produtos e seus efeitos. Mas fique atento aos falsos profetas, como o rádio faixa do cidadão ou os rinques de patinação (ambos da década de 1970), que se revelaram um modismo efêmero.

Jornais

Algumas pessoas gostam de ler jornais proeminentes do começo ao fim, como o *New York Times*, e tomar nota de toda tendência, atividade ou ideia em torno da qual uma mudança de cenário significativa possa ocorrer.

Hipóteses

Poucas pessoas acreditam que basta utilizar qualquer tendência embrionária para criar cenários arbitrários. Quanto mais hipotético, melhor, porque o exercício é estimular a criatividade.

Mudança tecnológica

Essa abordagem prediz quando uma tecnologia substituirá outra e procura identificar as implicações dessa substituição para todos os produtos e sistemas que envolvem tanto o novo quanto o antigo. Esse procedimento requer que o pessoal técnico realize análises de série temporal, análises gráficas e previsões.

Acompanhamento de inovações técnicas

Esse procedimento analisa as implicações para os avanços técnicos diruptivos ao longo de amplo espectro de tecnologias, não apenas a tecnologia imediata da qual se originou esse avanço. Por exemplo, poderiam ser analisados os efeitos de um grande avanço em aquecimento solar sobre a hidráulica, o vestuário, os móveis ou mesmo o entretenimento.

Monitoramento tecnológico

Alguns cientistas mantêm diários sobre avanços tecnológicos. Todo evento significativo é cuidadosamente registrado e, de tempos em tempos, eles analisam se existem tendências expressivas nesses diários. Essa técnica ajuda a garantir a análise de um evento com relação à construção de outros eventos.

Análise de impacto cruzado

Primeiro, relacione todas as mudanças que podem ocorrer nos próximos 20 anos em determinada área de atividade (digamos, transporte). Em seguida, aplique essas mudanças às outras áreas de atividade, de maneira bem semelhante ao que é feito no acompanhamento de inovações técnicas. A diferença é que esse método não se restringe a avanços diruptivos previsíveis.

TÉCNICAS PARA INTENSIFICAR A CRIATIVIDADE EM GRUPO

Grupos Phillips 66

Para aumentar a participação, Dr. J. Donald Phillips decompôs o grupo de 12 pessoas prescrito por Alex Osborn em dois subgrupos de 6 membros cada, encaminhando-os para salas distintas por seis minutos, reorganizou esses subgrupos e encaminhou os novos por mais seis minutos e assim por diante. Essa recomposição foi a solução que Phillips encontrou para eliminar o problema de personalidades dominantes ou conflitantes. Os 66 grupos de Phillips algumas vezes são chamados de *grupos de discussão* ou *burburinho* (*buzz groups*), *grupos de associação livre* e *grupos de discussão 66*.

Círculo de *brainstorming*

Essa abordagem impõe que a sequência da conversação ocorra em círculo, situação em que cada pessoa amplia a ideia expressa pela pessoa anterior naquele círculo. O círculo de *brainstorming* é mais ordenado e requer que todas as pessoas participem igualmente.

Brainstorming reverso

Essa abordagem concentra-se nos pontos fracos ou nos problemas de um produto, e não em soluções ou melhorias. A discussão tenta deslindar qualquer crítica a respeito, por exemplo, de um aspirador de pó. Posteriormente, tenta-se eliminar os pontos fracos ou solucionar os problemas.

Desmontagem

A regra de suspender as críticas é inversa nessa abordagem. Em vez de evitá-las, a desmontagem requer críticas e os participantes precisam encontrar algo errado na ideia anterior para terem a vez de falar.

Além disso

Nessa abordagem, o participante que está com a palavra amplia ou estende a ideia anterior. Não são permitidos movimentos laterais nessa sequência, a menos que ela se esgote. Essa abordagem foi chamada de *construção e modificação de ideias*.

Sinética*

Em sua forma pura, a sinética não difere muito do *brainstorming*. A sinética oferece maior estrutura e direcionamento ao possibilitar que os participantes pensem segundo os moldes de determinados mecanismos operacionais – normalmente analogias e metáforas. Esse sistema impõe uma sequência através desses mecanismos e de outros passos – ponto de vista, adequação forçada e assim por diante. Entretanto, nos últimos anos os dois indivíduos responsáveis pela criação dessa abordagem levaram a empresa de criatividade de cada um a empregar várias técnicas de geração de ideias. A analogia continua sendo um componente fundamental, mas o termo *sinética* passou a significar duas empresas que realizam seminários de criatividade.

Método de Gordon

Antes do desenvolvimento da sinética, W. J. J. Gordon utilizou grupos que não eram informados sobre o problema em questão. Nesse método, se o objetivo da discussão for desenvolver novas ideias relacionadas à gravação de espetáculos musicais, o grupo será estimulado a debater sobre ópera. Em algum momento, o líder mudará o foco da discussão para o problema, mas sem o revelar.

Delphi

Embora ocasionalmente promovido como técnica de geração de ideias, na verdade o Delphi é um método para organizar um levantamento de previsão. Os painéis de especialistas são compilados; um questionário é enviado aos especialistas solicitando previsões em determinada área de atividade (*e.g.*, hospitais ou processamento de dados); os questionários são tabulados e resumidos; os resultados são devolvidos ao painel para resposta e alteração; novos resumos são preparados; os resultados são enviados novamente, e assim por diante. As iterações continuam até o momento em que se obtém concordância ou até que se evidencie um impasse. Em essência, esse método constitui um pretexto, porque os indivíduos ainda assim precisam empregar algum método para fazer suas próprias previsões. Contudo, em determinadas situações, ele foi considerado eficaz e pode ser utilizado muito facilmente em um formato modificado. É particularmente desejável quando o setor em si é novo e não existem dados históricos para auxiliar os previsores.

Think tanks (grupos de pesquisa interdisciplinar)

Essa também é mais uma forma de organizar as pessoas do que um mecanismo para estimular a criatividade. Os *think tanks* são centros de pesquisa científica intensiva. A Xerox, por exemplo, mantém um centro em Palo Alto, Califórnia, no qual, entre outras coisas, os cientistas realizam pesquisas sobre inteligência artificial. O que eles estão estudando no presente pode ser significativo daqui a cinco a vinte anos. O segredo para o sucesso nesse caso é o ambiente, que é considerado estimulante para a criatividade. Se as pessoas de um *think tank* têm a responsabilidade de converter uma concepção excêntrica em produtos úteis que possam ser comercializados, o termo empregado com frequência em referência a isso é *skunkworks* (equipes de projeto de ponto).

---

* N. de T.: Sinética refere-se à tentativa de unir elementos diferentes e aparentemente despropositados.

TÉCNICAS DA ABORDAGEM ANALÍTICA DE ATRIBUTO

Análise de benefícios

Todos os benefícios que os clientes ou usuários recebem de um produto em estudo são relacionados com a expectativa de descobrir um benefício não realizado ou um benefício inesperadamente ausente.

Análise de uso

A relação das várias formas pelas quais os consumidores/compradores usam determinado produto algumas vezes é também reveladora. Algumas empresas, entre as quais a 3M, investiram grandes somas de dinheiro para pedir aos clientes que lhes falem sobre os novos usos que eles dão aos produtos. A Johnson Wax entrou no segmento de polimento de carro quando descobriu que sua cera para piso estava sendo usada em carros. Entretanto, é necessário entrar em contato com os usuários – não apenas relacionar os usos que a empresa já conhece.

Análise de função

Entre a propriedade e o uso encontra-se uma atividade chamada *função*. Desse modo, no caso dos xampus, sabemos quais são as substâncias químicas e as propriedades presentes no produto e podemos conhecer todos os motivos para usar xampu. Entretanto, é também criativo relacionar todas as formas pelas quais os xampus podem funcionar – extração, dissolução, deposição, evaporação etc. Seria possível também relacionar todos os usos viáveis do xampu pelos consumidores: limpeza, condicionamento, desembaraçamento, eliminação de pontas duplas ou oleosidade etc.

Extensão de atributo

Também chamada de *análise de parâmetros*, essa técnica começa com qualquer atributo que tenha mudado recentemente e amplia essa mudança. Foi desse modo, por exemplo, que os selins de bicicleta tornaram-se cada vez menores. Ao ampliar essa ideia, podemos imaginar uma bicicleta sem selim; que aparência teria essa bicicleta e qual seria sua finalidade?

Perfil de marca relativo

Todo nome de marca é flexível ou elástico, o que significa que ele pode ser estendido para cobrir vários e diferentes produtos. As pessoas conseguem reconhecer uma geleia Minute Maid ou uma sopa Minute Maid. Contudo, as pessoas também nos dizem que não é possível aceitar outras "extensões" – como carne Minute Maid. Diversas técnicas de pesquisa de mercado podem ser utilizadas para fazer essas avaliações e qualquer extensão que faça sentido para o consumidor/comprador é um novo produto em potencial. A propósito, esse raciocínio se aplica a produtos e serviços, tanto industriais quanto de consumo.

Teste de um produto previsto

Utilizando o que os psicólogos chamam de *técnica projetiva*, pode-se pedir para que os consumidores avaliem o que lhes é apresentado como um produto previsto, que na verdade não é identificável no mercado naquele momento. Normalmente, eles encontrarão características exclusivas que correspondem às suas necessidades. Em seguida, esses atributos podem servir de base para um novo produto.

Análise de sistemas

Essa é uma técnica para estudar sistemas completos de atividade, e não de produto. A Standard Brands certa vez investigou sistemas de preparação de alimentos que usavam margarina. Ela percebeu que praticamente todas incluíam a instrução "derreta a manteiga ou margarina, misture à farinha" etc. Com base nisso nasceu a ideia de um molho em forma de bastão chamado Smooth & Easy.

Propriedades exclusivas

Essa técnica é valiosa principalmente em áreas tecnológicas. O analista procura propriedades exclusivas em qualquer produto ou matéria-prima existente no mercado no momento. Como apoio, normalmente se começa com uma lista de todas as propriedades comuns, porque as exclusivas se evidenciam rapidamente.

Design hierárquico

Aqui, estrutura-se o *design* de um organograma em que o uso do produto encontra-se na parte superior e os tipos de matéria-prima distribuem-se na parte inferior. Um *design* desse tipo iniciou-se com desodorantes, seguidos no segundo nível por *roll-on*, *stick* e aerossol. As marcas foram relacionadas abaixo dos *roll-ons*. Sob cada marca vinha tamanho de embalagem ou principal segmento de mercado. Outro *design* apresenta a construção no topo, seguida por madeira, aço e concreto. A madeira foi decomposta em telhado de metal, de alcatrão ou de madeira etc. Essa técnica é predominantemente uma forma de forçar uma pessoa a ver todos os aspectos de uma situação, que é a essência da abordagem analítica de atributo.

Pontos fracos

Todos os pontos fracos de um produto ou de uma linha de produtos (da própria empresa e da concorrência) são identificados. Essa técnica predominantemente defensiva identifica extensões de linha e produtos flanqueadores e talvez até produtos novos e melhorados. Todo ponto fraco solucionável oferece um conceito para um novo produto.

Calcanhar de aquiles

Alguns analistas preferem enxugar a lista de pontos fracos a um ou dois daqueles que, por serem muito sérios, dão margem para que um concorrente tire proveito deles.

Teste de limites teóricos

Tantos as oportunidades quanto as ameaças podem ser visualizadas quando se tenta transcender os limites teóricos de um aparato ou dispositivo conhecido. Essa técnica funciona especialmente bem em tecnologias mais ou menos novas que parecem ter exaurido sua utilidade.

TÉCNICAS PARA APRIMORAR A BUSCA LATERAL

Uma escola de pensamento sustenta que a criatividade "circunscrita" produz apenas extensões de linha e modificações insignificantes. Essas pessoas simplesmente desprezam matrizes, analogias e análises de atributos. Elas sustentam que é necessário forçar a mente a transcender o ponto que ela deseja alcançar recorrendo à uma busca lateral. Os profissionais de marketing com frequência pensam "verticalmente" quando estão tentando gerar novas ideias. Introduzir outro sabor de refrigerante ou outra marca de xampu cria um novo segmento de consumidores ou gera lucratividade? Os autores Philip Kotler e Fernando Trias de Bes propõem que se utilizem os conceitos do "pensamento lateral", de Edward de Bono, no desenvolvimento de produtos para gerar novas ideias verdadeiramente criativas. A título de exemplo, considere o iPod. As extensões usuais no marketing vertical incluiriam um iPod menor, com cores mais vibrantes, ou um com muito mais músicas. O pensamento de marketing lateral exploraria alternativas em que o iPod pudesse ser *invertido* (gravar em vez de reproduzir músicas), *ampliado* (melhorar a qualidade de áudio para que seja superior à dos CDs), *reordenado* (as músicas são passadas do iPod para o computador, e não o contrário) etc.[1]

Vejas algumas técnicas recomendadas para estimular a busca lateral.

Associação livre

Essa abordagem começa quando o idealizador registra por escrito um aspecto da situação do produto que está sendo estudado – um atributo, um uso ou um usuário. O truque então é deixar a mente divagar desenfreadamente e tomar nota de todas as ideias que surgirem. O processo é repetido com relação a outros aspectos da situação do produto. As associações normalmente são muito diretas nos primeiros estágios em que a criatividade está sendo estimulada; mas com o tempo elas se tornam bem menos associadas e muito mais valiosas como *insight*.

Atividade de estereótipo

Aqui, perguntamos: "Como _____ faria isso?". O espaço em branco é preenchido com um estereótipo. Indivíduos particulares também podem ser utilizados e a questão pode ser invertida para perguntar o que o estereótipo não faria. Desse modo, um fabricante de bicicletas poderia perguntar: "Que tipo de bicicleta um senador usaria? Ela teria um alto-falante? Pedais em ambos os lados? Pedais traseiros?".

Compilação entre campos

Como as disciplinas científicas estão se tornando cada vez mais indistintas, uma técnica criativa foi desenvolvida para transpor as barreiras entre esses campos de estudo. Se uma empresa atuar principalmente na área química, os desenvolvedores de produtos dessa empresa poderão vasculhar sistematicamente avanços na física ou na biologia, por exemplo. Os cientistas que se encontram nessas áreas talvez não saibam que algumas de suas ideias têm aplicações na química.

Monitoramento de palavras-chave

Essa abordagem requer o monitoramento de jornais e revistas e o cômputo do número de vezes que determinadas palavras-chave aparecem. Uma empresa empregou essa abordagem para identificar o uso crescente do zodíaco e imediatamente começou a comercializar uma série de produtos bem-sucedidos que exibiam símbolos do zodíaco. Alguns adotam essa abordagem com o uso de bancos de dados eletrônicos e a chamam de "monitoramento de banco de dados". Esse método está estreitamente associado à abordagem "grande vencedor" analisada posteriormente.

---

[1] Essa seção baseia-se em Philip Kotler & Fernando Trias de Bes, *Lateral Marketing: New Techniques for Finding Breakthrough Ideas* (New York: Wiley, 2003).

Uso do ridículo

Apenas para mostrar que tudo pode ser feito, alguns idealizadores deliberadamente tentam se forçar a utilizar abordagens ridículas. Em uma sessão, os participantes foram solicitados a relacionar por escrito os métodos mais absurdos para unir dois fios. Uma das respostas foi "Prendê-los com os dentes" e outra foi "Usar goma de mascar". Os presentes ficaram surpresos ao constatar que haviam acabado de reinventar o clipe jacaré e logo em seguida começaram a refletir seriamente sobre a goma de mascar. A questão é que alguns ingredientes usados na goma de mascar podem ser comercializados para uso em fiações!

Estudo sobre falhas de outras pessoas

Qualquer produto que tenha fracassado é uma oportunidade para outro experimentador tentar identificar seu problema. Robert McMath exibe mais de 10.000 produtos de fato malsucedidos no New Products Showcase and Learning Center em Ithaca, Nova York (hoje parte da New Product Works, que você viu no estudo de caso de teste de uso de produtos, no Capítulo 15). Ao que parece, os insucessos estimulam a criatividade.

Pensamento lateral – evitação

Algumas pessoas enfatizaram a utilização de técnicas de evitação ou precaução para evitar que uma ideia domine o pensamento como o fez no passado.

Pergunte sempre: "Existe outra forma de olhar para isso?"

Pergunte sempre: "Por quê?"

Deliberadamente, volte a atenção para uma fase ou um aspecto do problema que não seja o lógico.

Identifique um ponto para entrar no problema que não seja o habitualmente utilizado.

Relacione todas as alternativas possíveis para todos os aspectos da análise.

Deliberadamente, procure conceitos não convencionais e que não sejam inerentes ao problema. Experimente "não conceber" ou "desconceber" ou eliminar um conceito.

Divida os conceitos e outros aspectos do problema.

Una dois ou mais conceitos para formar outros conceitos.

Outras pessoas chamam essas abordagem de *pensamento discrepante*, *zigue-zague* e *pensamento divergente*. Ao que consta, esse método resolveu parcialmente um problema antigo de furto de lâmpadas no metrô de Boston – foram fabricadas lâmpadas para que fossem rosqueadas no sentido anti-horário.

Relações forçadas

A matriz bidimensional e a matriz morfológica baseiam-se em características relevantes do produto ou do mercado. Entretanto, algumas vezes pontos de vista interessantes são obtidos quando forçamos relações entre coisas normalmente dissociadas (ou até opostas).

A técnica de relações forçadas deu origem a várias preferências; a mais citada é o método de catalogação. Nesse método, um catálogo, uma revista ou um periódico é escolhido e, em seguida, se tece uma relação forçada entre tudo o que se encontra ali e alguma outra coisa (talvez um produto ou um grupo de consumidores). Alguns propõem que se utilize o sumário de uma revista ou as Páginas Amarelas do catálogo telefônico. Outros nomes referentes à abordagem de relações forçadas são *pick-a-noun* (escolha um substantivo) e *passeio aleatório*.

Estímulos criativos

Primeiramente se especifica o tema da ideia – o problema, o produto etc. Em seguida, se estipula uma meta tangível – o resultado desejado ou o que a ideia especifica precisa concretizar. Por último, uma extensa lista de palavras, nomes e frases é analisada para buscar ideias que concretizem a meta tangível. Existem estímulos comprovados (o motivo não sabemos). Veja alguns:

Estrelas convidadas	Instituição beneficente	Família	Fotografia
Alfabeto	Educação	Oportunidade	Entrevista
Verdade	Seus e suas (deles e delas)	Vídeo	Depoimentos
Espaço exterior	Estilo	Mundo	Decoração
Gráfico de Gauge	Nação	Nascimento	Exibicionismo
Escala de medição	Clima	Étnico	Piso, parede
Zíper	Hábito, modismo	Botão de pressão	Participação
Fantasia	Transporte	Esnobismo	Música
Folclore	Simbolismo	Romance	Mala direta
Subconsciente	Calendário	Paródia	Estações
Hobbies	Pedras de vidro	Ilustrações gráficas	Morango
Feriados	Curiosidade	Esboço	Telefone

Para examinar um conjunto completo de palavras e frases de estímulo, consulte Donald Cantin, *Turn Your Ideas into Money* (New York: Hawthorn Books, 1972). Uma versão mais recente que associa termos estimulantes com variações é a *checklist* de melhoria de produto (*product improvement checklist* – PICL), de Arthur VanGundy. Ela pode ser obtida em New Product Development Newsletter, P.O. Box 1309, Point Pleasant, NJ 08742.

Grande vencedor

Muitas empresas, equipes e indivíduos bem-sucedidos, nos esportes, na política, na televisão etc., estão singularmente em sintonia com o pensamento da sociedade. Por meio do estudo sobre esses grandes vencedores, podemos chegar a princípios que podem ser generalizados para novos produtos. Atualmente, por exemplo, algo pode ser encontrado em um estudo sobre o iPad, os celulares com câmera fotográfica, a *web*, o BlackBerry, os carros híbridos, Steven Spielberg e Arnold Schwarzenegger. Uma empresa de consultoria compilou uma lista com os 20 produtos embalados mais vendidos de todos os tempos; com base nessa lista, a empresa generalizou princípios para transferir para novos produtos dos clientes.

Análise da concorrência

Muitas empresas alegam que a análise de ações e planos estratégicos dos concorrentes lhes permite detectar abordagens de novos produtos, particularmente abordagens defensivas. Para isso, elas observam com atenção declarações/avisos, levantamentos, relatórios financeiros, exposições em feiras comerciais, análises detalhadas dos produtos e outras técnicas do tipo utilizadas pelos concorrentes. Os modelos de ciclo de vida ajudam a empresa a avaliar quando os concorrentes dominarão um de seus mercados e, portanto, estimulam os novos produtos a canibalizar defensivamente as vendas.

Mapeamento tecnológico

Essa é uma forma de previsão de árvore de relevância em que se estima a capacidade competitiva de cada concorrente. Esse mapeamento é a base para a tomada de decisões sobre se a empresa deve impulsionar ou subestimar determinadas tecnologias. A análise estratégica permite que se faça uma previsão direta sobre mudanças futuras prováveis nos compromissos tecnológicos assumidos pelos concorrentes por meio do estudo de fusões, aquisições, liquidações, solicitações de patente, vendas de patente etc. Um analista perspicaz é capaz de prever oscilações importantes no mercado e, portanto, de sugerir oportunidades (ou falta de oportunidade) de novos produtos para a empresa.

APÊNDICE C
O plano de marketing

Os livros básicos de gestão de marketing têm descrições bastante completas sobre o processo de planejamento de marketing. Este apêndice não reproduzirá esse conteúdo, mas se concentrará na forma real do plano de marketing propriamente dito, isto é, não tanto no planejamento abordado nos Capítulos 16 e 17.

Duas empresas quaisquer nunca utilizarão o mesmo formato de plano de marketing, mas a Figura C.1 apresenta um plano de marketing delineado com base nas melhores informações ao nosso alcance. Geralmente, o plano segue estas diretrizes:[1]

Resuma a análise realizada para o respectivo plano.

Exponha o pensamento estratégico geral.

Exponha as medidas táticas, como aquelas para outros departamentos que não sejam o de marketing.

Tome o cuidado de confirmar se todos estão a par da situação financeira e sobre como o plano será medido e avaliado.

Esse delineamento deve transmitir o conteúdo dos planos a todos os envolvidos, ter mecanismos de controle predefinidos e funcionar como um registro permanente.

CONTEÚDO

Determinadas seções do plano de marketing merecem comentários adicionais. Contudo, lembre-se: se o novo produto for uma extensão de linha, muitas das seções iniciais do plano serão desnecessárias porque as informações não serão novas. Você se recordará de que, como parte do processo de avaliação inicial, é sensato examinar meticulosamente (ou reexaminar) o setor no qual os conceitos serão gerados. A lista de informações coletadas para isso é mostrada na Figura C.2.

Consumidores/usuários/compradores

Esta seção aborda o principal elemento da argumentação lógica sobre o produto. São apresentados dados sobre várias categorias de consumidores/compradores, o grau com que a compra difere do uso, a existência de influenciadores e o processo específico por meio do qual os usuários adquirem o produto. Isso inclui motivos de compra, marcas consideradas, informações procuradas, preferências de produto, imagens e necessidades não atendidas. Cobre também a forma como os produtos são de fato usados e por quem.

---

[1] Outra excelente fonte de orientação é David S. Hopkins, *The Marketing Plan*, Report No. 801 (New York: The Conference Board, 1981).

FIGURA C.1 Delineamento do plano de marketing para um novo produto, a ser adaptado à situação de cada empresa.

> I. Introdução. Essa seção descreve brevemente o produto e indica quem preparou o plano, bem como seu *timing*.
> II. Análise situacional.
>   A. Descrição do mercado.
>   1. Consumidores, usuários e outros participantes do mercado.
>   2. Processos de compra pertinentes a esse plano.
>   3. Concorrentes diretos e indiretos.
>   4. Estratégias competitivas atuais.
>   5. Participação de mercado em vendas, lucro orçamento.
>   6. Estrutura de distribuição disponível, mais atitudes e práticas.
>   7. Principais fatores ambientais ou exógenos.
>   B. Descrição completa do novo produto, incluindo todos os dados de teste pertinentes e comparações com a concorrência.
> III. Resumo de oportunidades e problemas.
>   A. Principais oportunidade de mercado aproveitáveis.
>   B. Principais problemas que devem ser abordados por esse plano.
> IV. Estratégia.
>   A. Declaração de orientação geral, como principais ações e respectivos objetivos quantitativos e qualitativos.
>   B. Mercados/segmentos-alvo, com posicionamento de cada um.
>   C. Iniciativas de marketing gerais.
>   1. Papel geral do produto, incluindo mudanças planejadas.
>   2. Papel geral da propaganda, incluindo estratégias de mensagem (*copy platforms*).
>   3. Papel geral da venda pessoal.
>   4. Papel geral de outras ferramentas, como distribuição de amostras e feiras comerciais. Estratégias de mensagem para qualquer execução criativa.
>   5. Papel geral dos distribuidores (atacado, varejo).
>   6. Política de preço, como descontos e mudanças planejadas.
>   7. Qualquer função especial dos departamentos que não sejam o de marketing.
> V. Resumo econômico.
>   A. Previsões de vendas em valor monetário e em unidade.
>   B. Orçamentos de despesas por categoria de atividade.
>   C. Contribuição para o lucro, com demonstração de resultados *pro forma*.
>   D. Declaração de risco: principais problemas, com fluxos de caixa.
>   E. Futuros dispêndios de capital, com fluxos de caixa.
> VI. Planos táticos. Esta seção é circunstancial à empresa. Ela inclui cada ferramenta, o que será realizado com ela, objetivos, pessoas responsáveis, cronograma, execuções criativas necessárias etc.
> VII. Controle.
>   A. Principais objetivos de controle para finalidades de divulgação de informações.
>   B. Principais contingências internas ou externas a serem observadas.
>   C. Programação de geração de informações.
> VIII. Resumo das principais atividades de apoio necessárias, como processamento de dados, armazenamento, atendimento técnico, P&D, finanças, recursos humanos, relações públicas.
> IX. Programação cronológica das atividades.

Esta seção pode ajudar qualquer pessoa que lê o plano a compreender as decisões descritas posteriormente – por exemplo, sobre segmentação, posicionamento e estratégias *push* (empurrar) e *pull* (puxar). Além disso, ela apresenta uma síntese sobre o equilíbrio geral do mercado e ressalta qualquer instabilidade que possa ser aproveitada.

FIGURA C.2 Descrição básica do mercado.

Tamanho do mercado

Definição: De acordo com a natureza do produto, o fornecedor, o usuário.
Vendas: Em valor monetário, unidade, total e subgrupos.
Tendências: Crescimento total e taxa por subgrupo.
Segmentos-chave: Demográfico, por atitude, por comportamento.
Aspectos especiais quando apropriado: Ciclicidade, sazonalidade, flutuações irregulares.
Variações e tendências internacionais.

Estrutura de distribuição disponível

Varejistas: Tipos, porcentagens, demandas, atividades, margens e lucros atuais, tendências e previsões, atitudes.
Atacadistas: Distribuidores, intermediários, agentes, tipos utilizados, função executada, políticas, remuneração, atitudes, tendências, variâncias, de acordo com o segmento.
Poder de barganha e controle de canal.
Grau e tendências na integração vertical. Variações por área geográfica.
Utilização de dois ou mais canais.

Concorrência

Marcas atuais.
Fonte de informação do fabricante em cada caso.
Tamanhos, formas, matérias-primas etc. Todas as variações, temporárias e permanentes. Níveis de qualidade.
Preços: Descontos finais, especiais, mudanças.
Participações de mercado: Em valor monetário, unidades, de acordo com os segmentos, utilizando várias definições de *mercado*.
Mudanças: Tendências de entrada e saída, momentos de reação.
Lucro que está sendo obtido: Vendas, custos, rendimentos, retornos, tendências.
Práticas promocionais: Tipos, valores monetários, eficácia.
Práticas de fabricação e aquisição (*procurement*). Pontos fortes financeiros.
Vulnerabilidades especiais, instabilidades.
Novos entrantes possíveis, atividades atuais de P&D, habilidades, históricos.
Descrição completa de aspectos da demanda derivada.
Ciclo de vida setorial analisado de acordo com os segmentos.

Aspectos especiais

Restrições governamentais e regulamentares, particularmente tendências e expectativas.
Influências de terceiros: Cientistas, instituições, centros de pesquisa, associações, normas, grupos de pressão.
Efeitos da inflação, taxas de mão de obra, atividades sindicais.
Participantes a montante: fornecedores, importadores, controle tecnológico.
Atitudes e tendências sociais gerais.
Produtividade e eficiência do setor quanto à utilização de recursos humanos e de outros recursos.
Tendências dos custos setoriais: Matérias-primas, mão de obra, transporte.

Concorrência

Todas as pessoas que lerem o plano devem ser informadas sobre a situação da concorrência, porque muitas delas não ocupam uma posição em que têm contato regular com os concorrentes. Empresas e marcas específicas devem ser relacionadas e para cada uma deve-se fornecer uma descrição comparativa detalhada. Todas as diferenças devem ser esclarecidas. Se o gestor de produto não souber quais são os atributos determinantes nesse mercado ou até que ponto os atributos do novo produto se comparam com os de produtos já existentes, isso significa que a empresa não está pronta para comercializar o novo produto.

As estratégias gerais de negócios e de marketing dos concorrentes também são necessárias, especialmente aquelas que parecem eficazes. Isso inclui posicionamento, precificação, alegações e distribuição.

Fatores exógenos e mudança

Os mercados não são estáticos e todos os envolvidos precisam ser informados sobre prováveis mudanças. Não deve haver nenhuma surpresa e nenhuma surgirá se o planejador tiver sido cuidadoso. Algumas mudanças normalmente negligenciadas são: regulamentações governamentais, melhorias de produto competitivas, venda direta (ignorar um nível distributivo), deduções de preço, nova concorrência com base em novas tecnologias e mudanças futuras na forma como esse tipo de produto é comprado e/ou usado.

Descrição do produto

Em alguns casos, um produto pode ser descrito em algumas sentenças; em outros, os leitores do plano praticamente precisam de um seminário. Não se deve permitir que a complexidade do produto destrua a compreensão. Como o plano deve orientar outras pessoas a realizar sua parte na iniciativa geral de marketing, elas precisam compreender exatamente até que ponto esse produto é de fato bom. O plano deve resumir as principais constatações do teste de conceito e do teste de uso do produto. Ele deve incluir os pontos fortes e fracos do produto, problemas de percepção, usos incomuns do produto, características físicas, custos e restrições utilizadas em qualquer aplicação.

Objetivos

A declaração sobre o que se espera da comercialização desse novo produto deve ser incluída em torno do início da seção de estratégia. Mas vejamos qual é a diferença entre objetivo e meta. Meta é uma direção de movimento de longo prazo (algumas vezes facilmente quantificada) que é utilizada como orientação, e não como controle interno. Por exemplo, "Nossa meta é nos tornamos líder no mercado de *snacks*". Objetivo é um ponto intermediário no percurso em direção à concretização de uma meta. Por exemplo, "Nosso objetivo é obter 15% de participação no mercado de *snacks* durante nosso primeiro ano no mercado". Os objetivos devem ser claramente e precisamente expressos para fazer justiça ao gestor de novos produtos. Nesse momento, uma narrativa no plano ajudará a esclarecer os objetivos.

Restrições

Toda iniciativa de marketing para um novo produto tem algumas restrições inerentes que devem ser esclarecidas. Veja alguns exemplos de planos de marketing anteriores:

O novo produto será comercializado de acordo com a confiança habitual da divisão no sistema de distribuição industrial.

A força de vendas atualmente está questionando a capacidade do departamento de novos produtos de propor novos produtos bem-sucedidos. Por que o moral da força de vendas é muito importante para essa divisão, serão tomadas medidas para garantir o sucesso desse produto em particular.

A estratégia não introduzirá possíveis problemas de interpretação da Comissão Federal de Comércio, nem entrará em conflito com decretos de consentimento existentes.

Essas restrições podem ter efeitos óbvios sobre o plano de marketing; se elas não forem expressas, as pessoas que lerem o plano talvez não compreendam por que determinadas medidas estão sendo tomadas.

GESTÃO DO PLANO

A estruturação de um plano de marketing é um processo complexo que envolve muitas decisões estratégicas importantes e entremeadas de trivialidades. Os profissionais de marketing experientes em novos produtos nunca subestimam a contribuição dos vários outros departamentos da empresa além do marketing, mas o pessoal novato em novos produtos com frequência subestima. Por esse motivo, a equipe de novos produtos deve realizar o planejamento de marketing junto com o desenvolvimento do produto. Como os membros da equipe ajudam a estruturar o plano propriamente dito, eles terão sugestões a oferecer. Toda função envolvida com o marketing de um novo produto tem ideias sobre o que ela deve realizar; elas diferem do que as outras pessoas pensam que essa função deve fazer. Todas as pessoas são experientes e já trabalhamos com elas durante algum tempo. Nosso desejo é perguntar o que elas querem fazer e então inserir seus pedidos em um pacote e chamá-lo de plano de marketing. Alguns planos na verdade são desenvolvidos dessa maneira.

Entretanto, esses planos não funcionam muito bem, a menos que tenhamos um novo produto que essencialmente se venda sozinho ou a menos que o novo produto seja uma extensão de linha simples, totalmente comercializado como um novo integrante de uma linha de produtos. O plano de marketing da linha de produtos apreende o novo produto e informa o que ele fará.

Em algumas raras circunstâncias, nosso novo produto não precisará ser comercializado de forma alguma no sentido usual. Por exemplo, talvez o estejamos produzindo para atender a um pedido militar, em que a venda foi fechada no momento em que nossa proposta foi aceita. Ou talvez estejamos desenvolvendo um novo item para um fabricante importante de produtos complexos (por exemplo, automóveis); nesse caso, o fabricante basicamente nos diz o que fazer e só precisamos entregá-lo e estar a postos para prestar serviços de manutenção.

Contudo, esses exemplos são exceções; na maioria dos casos, o novo item necessita de uma estratégia própria, ao menos em teoria. Do contrário, os vários participantes nunca se juntarão para formar uma equipe.

Vejamos a diferença entre planejamento e plano. O planejamento produz uma estratégia; o plano expressa a estratégia, acrescenta detalhes táticos e orienta a implementação. Os novos produtos podem utilizar ambos, mas a estratégia é fundamental. Assim que o gestor de novos produtos começa a se concentrar no plano, com seus vários orçamentos, datas e outros detalhes, nenhuma estratégia no mundo é capaz de manter a motivação, a integração e a eficácia dos participantes.

Alguns gestores de novos produtos coordenam a equipe por meio de liderança pessoal. Essas pessoas podem deixar de cumprir datas e orçamentos, mas conseguem colocar um produto bem-sucedido no mercado. Em algumas situações, um produto introduzido bem acima do orçamento previsto – mas pontualmente – faz mais dinheiro do que um produto introduzido de acordo com o orçamento mas com um atraso de três meses.

Essa linha de raciocínio não se aplica a produtos estabelecidos, que necessitam de planos de marketing anuais ou trimestrais. Eles já têm a infraestrutura, o prestígio e a base de suporte dentro da empresa e igualmente os participantes experientes que faltam aos novos produtos.

Por isso, à medida que avançarmos no processo de planejamento de marketing real, devemos ter em mente que estamos olhando para coisas que de fato fazem diferença. É sobre isso que a maioria dos gestores de novos produtos tem tempo para pensar seriamente a respeito.

Mais uma consideração: a aprovação da alta administração é necessária nos planos de marketing. "Quem quer que pague o violinista dita o ritmo", portanto os gestores de novos produtos precisam lidar com as frustrações provocadas por uma alta administração extremamente participativa.

OS COMPONENTES ESTRATÉGICOS

Os Capítulos 16 e 17 explicam os componentes da estratégia de marketing para um novo produto e a abordagem geral sobre como eles são deduzidos. Essa seção do plano de marketing apenas os sintetiza e explica o raciocínio subjacente sobre qualquer questão considerada controversa na empresa. Os mercados-alvo são explicitados primeiro, seguidos da declaração de posicionamento do produto (vários itens estão sendo posicionados diferentemente para diferentes grupos-alvo). Depois disso, o plano de marketing torna-se extremamente circunstancial, refletindo a prática e os interesses pessoais da empresa. Os compostos de marketing são tão diferentes em essência, complexidade e implementação, que esboçar um método para falar a respeito deles às pessoas em quase nada favorece.

É comum as empresas declarem sua estratégia de composto geral – quem é o cavalo-guia e como as outras ferramentas o apoiam. Todas as pessoas que implementarão o plano devem compreender como o produto, o preço, a promoção e a distribuição se associam e quais são suas funções individuais. Se elas trabalharem bem em conjunto, será semelhante a qualquer outra situação em equipe – uma boa sinergia é capaz de dobrar a energia.

DETALHES E IMPLEMENTAÇÃO

O que se segue à declaração geral a respeito dos componentes estratégicos é uma lista completa sobre o que cada ferramenta fará e quando e por quem será gerenciada etc.: programações de mídia, escalação de equipes de vendas e programações de visitas de vendas, todos materiais impressos necessários, reuniões de vendas e (em alguns casos) as centenas de coisas que precisam ser feitas para implementar o lançamento. Essa seção dos planos de marketing tende a fazer as pessoas perderem o respeito pelo planejamento de marketing. Para muitas delas, o documento do plano (na verdade, em vários casos um grande livro) é o propósito do planejamento, embora os documentos muito extensos sejam rapidamente arquivados e sejam alvo de pressões constantes por mudança. É melhor ter um plano geral menor e um conjunto de documentos como ferramenta preparados pelos vários departamentos da empresa.

APÊNDICE D
Diretrizes para a avaliação de um programa de novos produtos

A lista a seguir é bastante diferenciada. Ela foi elaborada para ser utilizada por qualquer pessoa que esteja avaliando o programa de novos produtos de alguma organização – uma comissão de avaliação interna, um consultor, seja quem for. Embora ela presuma que a organização utiliza todos os métodos recomendados, o que seria ideal, na realidade o mundo não funciona bem assim. Os gestores de inovação de produtos enfrentam vários problemas – pessoas, recursos, concorrência etc. Eles assumem muitos compromissos. Portanto, se você utilizar essas diretrizes para avaliar um programa, imagine as lacunas como indícios ou possíveis reflexões. A maioria das pessoas que utilizaram essa fórmula acha que elas devem dizer não (ou dar um sim com restrições) a um terço ou mais das questões. Essa fórmula é particularmente adequada para abordar atividades importantes e especialmente difíceis ou que acabaram de ser desenvolvidas.

A terminologia empregada nessa lista corresponde à que foi utilizada ao longo deste livro, mas ocasionalmente uma segunda sentença é acrescentada para esclarecer.

Se essa fórmula for utilizada dentro de uma organização, um bom método é duas ou mais pessoas com experiência na atividade de novos produtos da empresa aplicar essa lista separadamente, verificando cada uma das questões com base no que elas conhecem a respeito. Em seguida, as pontuações podem ser discutidas em uma reunião conjunta para evidenciar as diferenças, as quais, por sua vez, podem ser discutidas para esclarecimentos e possíveis medidas corretivas.

Sim Talvez Não

____ ____ ____   1. Os altos executivos desta empresa ou divisão (gerente geral mais os principais diretores funcionais) estão comprometidos com a inovação de forma geral. Eles desejam inovação em todas as fases da operação, incluindo a da linha de produtos.

____ ____ ____   2. Essa atitude da alta administração em relação à inovação foi divulgada claramente e inequivocamente em toda a organização.

____ ____ ____   3. A alta administração, em nível tanto corporativo quanto de divisão, passou por um exercício de planejamento que estabeleceu as metas gerais para a atividade de inovação de produtos em cada divisão.

____ ____ ____   4. Os diretores externos sabem qual é a futura função da inovação de produtos e apoiam medidas para concretizá-la.

____ ____ ____   5. Temos um sistema de recompensa para inovação. Esse sistema inclui proteção contra punições por insucesso, e as evidências estão ali para quem quiser ver.

____ ____ ____   6. O principal executivo da empresa ou da divisão avaliou a capacidade e a propensão de cada gerente funcional sênior para gerar inovações, particularmente inovações de produto. Essa avaliação incluiu informações de pessoas subordinadas a esses gerentes seniores.

7. Os gerentes gerais aprenderam a arte de delegar total autorização aos projetos de novos produtos e, ao mesmo tempo, compartilhar plenamente a responsabilidade por eles. (Essa abordagem gerencial é específica à função de inovação de produtos.)
8. A responsabilidade pelos projetos de novos produtos não é funcional. Isto é, os líderes de projeto têm uma postura que demonstra que eles estão livres de restrições e predisposições funcionais. Mais especificamente, a responsabilidade por novos produtos não está mais vinculada ao P&D.
9. A alta administração tenta avaliar a produtividade do programa de novos produtos. Os padrões para essa avaliação foram estabelecidos e divulgados.
10. Caso a alta administração esteja insatisfeita com o programa geral de inovação de produtos, as causas específicas já foram determinadas e planos corretivos já foram implementados. A insatisfação contínua não é aceitável.
11. A taxa de insucesso da empresa na comercialização de novos produtos fica entre 10% e 20%. Um valor inferior a esse indica que não existe nenhum compromisso com a inovação e um valor superior indica que o programa está sendo gerenciado inadequadamente.
12. A alta administração avaliou a situação de novos produtos do setor e compartilhou algumas ideias com outras empresas líderes do setor. Existe um trabalho em andamento para encontrar soluções para o setor como um todo em relação aos obstáculos que impedem a inovação de produtos nessa área.
13. Pessoas específicas em cada divisão foram designadas para a identificação de oportunidades – uma avaliação criativa de tecnologias e mercados disponíveis para a divisão.
14. A alta administração tem consciência do conflito básico entre inovação de processo e inovação de produto. Iniciativas foram tomadas para que uma não domine a outra e para ver se as decisões na interface entre ambas estão sendo tomadas no nível de gerência geral.
15. A empresa tem um processo geral para desenvolver novos produtos e os participantes sabem quais suas fases.
16. Os inovadores de produto em cada projeto sabem qual é o foco do grupo (esfera ou território de operação).
17. Além disso, eles sabem qual é a meta geral e quais são os objetivos específicos de seu projeto.
18. Todo grupo de projeto utiliza tanto determinantes de mercado quanto determinantes tecnológicos. Isto é, os grupos estão trabalhando para resolver um ou mais problemas específicos em um mercado especificado e estão incorporando nessa solução uma ou mais tecnologias nas quais a empresa tem grande competência.
19. Não existem intenções veladas em nossos projetos de novos produtos.
20. Todas as pessoas que desempenham funções importantes nos grupos de novos produtos são recompensadas de uma forma que reflete a concretização dos objetivos/metas atribuídos ao grupo.
21. Em todo projeto para um novo produto, fica claro quem é a pessoa que o está liderando e é responsável por seu sucesso.
22. A todo projeto é atribuído um destes três níveis de projetização – matriz funcional, matriz balanceada ou matriz de projeto. Tentamos evitar a abordagem puramente funcional e utilizamos um empreendimento de risco (*spin-out*) somente quando ele é absolutamente necessário. Os participantes sabem o que é projetização.

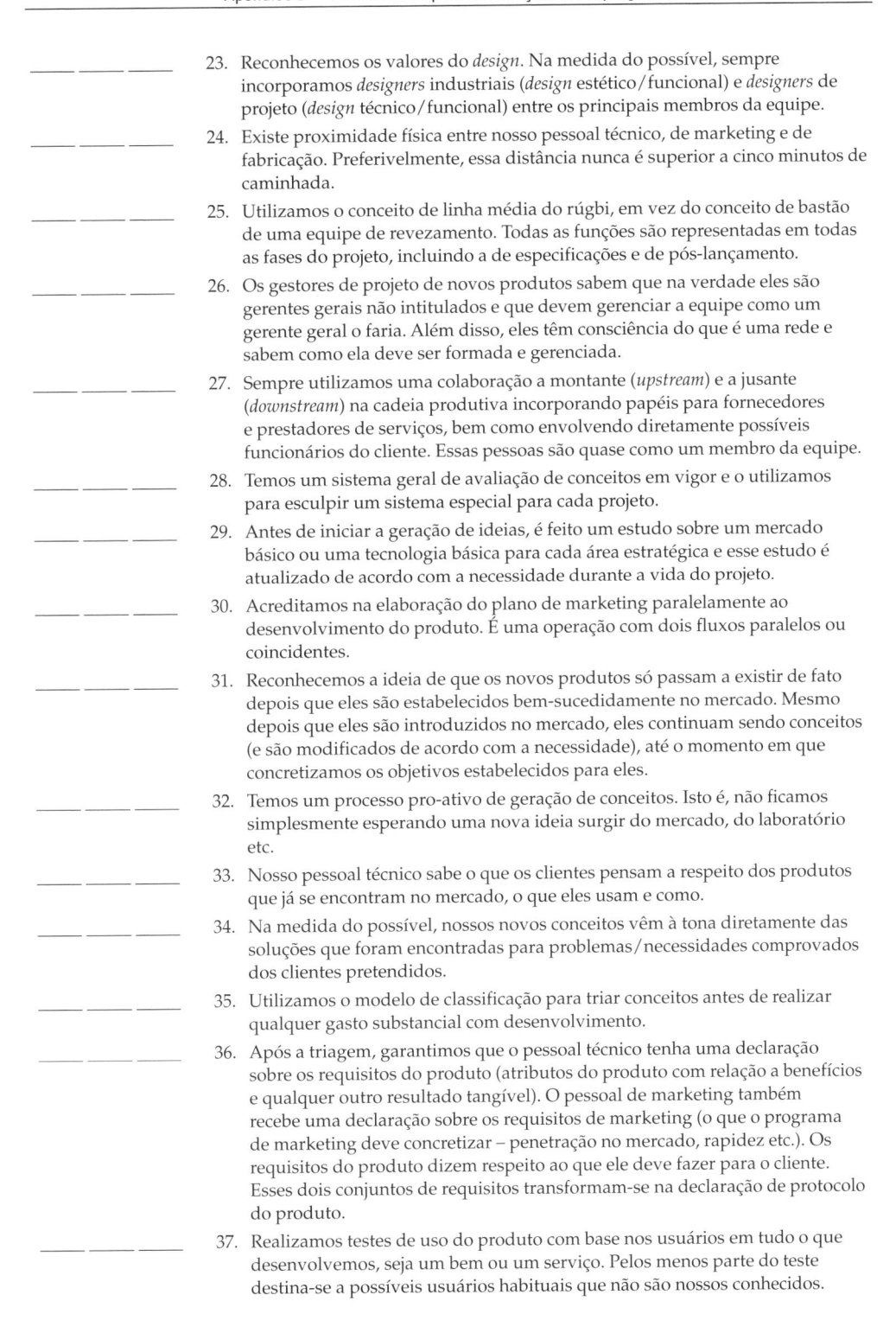

Apêndice D ♦ Diretrizes para a avaliação de um programa de novos produtos

____ ____ ____ 23. Reconhecemos os valores do *design*. Na medida do possível, sempre incorporamos *designers* industriais (*design* estético/funcional) e *designers* de projeto (*design* técnico/funcional) entre os principais membros da equipe.

____ ____ ____ 24. Existe proximidade física entre nosso pessoal técnico, de marketing e de fabricação. Preferivelmente, essa distância nunca é superior a cinco minutos de caminhada.

____ ____ ____ 25. Utilizamos o conceito de linha média do rúgbi, em vez do conceito de bastão de uma equipe de revezamento. Todas as funções são representadas em todas as fases do projeto, incluindo a de especificações e de pós-lançamento.

____ ____ ____ 26. Os gestores de projeto de novos produtos sabem que na verdade eles são gerentes gerais não intitulados e que devem gerenciar a equipe como um gerente geral o faria. Além disso, eles têm consciência do que é uma rede e sabem como ela deve ser formada e gerenciada.

____ ____ ____ 27. Sempre utilizamos uma colaboração a montante (*upstream*) e a jusante (*downstream*) na cadeia produtiva incorporando papéis para fornecedores e prestadores de serviços, bem como envolvendo diretamente possíveis funcionários do cliente. Essas pessoas são quase como um membro da equipe.

____ ____ ____ 28. Temos um sistema geral de avaliação de conceitos em vigor e o utilizamos para esculpir um sistema especial para cada projeto.

____ ____ ____ 29. Antes de iniciar a geração de ideias, é feito um estudo sobre um mercado básico ou uma tecnologia básica para cada área estratégica e esse estudo é atualizado de acordo com a necessidade durante a vida do projeto.

____ ____ ____ 30. Acreditamos na elaboração do plano de marketing paralelamente ao desenvolvimento do produto. É uma operação com dois fluxos paralelos ou coincidentes.

____ ____ ____ 31. Reconhecemos a ideia de que os novos produtos só passam a existir de fato depois que eles são estabelecidos bem-sucedidamente no mercado. Mesmo depois que eles são introduzidos no mercado, eles continuam sendo conceitos (e são modificados de acordo com a necessidade), até o momento em que concretizamos os objetivos estabelecidos para eles.

____ ____ ____ 32. Temos um processo pro-ativo de geração de conceitos. Isto é, não ficamos simplesmente esperando uma nova ideia surgir do mercado, do laboratório etc.

____ ____ ____ 33. Nosso pessoal técnico sabe o que os clientes pensam a respeito dos produtos que já se encontram no mercado, o que eles usam e como.

____ ____ ____ 34. Na medida do possível, nossos novos conceitos vêm à tona diretamente das soluções que foram encontradas para problemas/necessidades comprovados dos clientes pretendidos.

____ ____ ____ 35. Utilizamos o modelo de classificação para triar conceitos antes de realizar qualquer gasto substancial com desenvolvimento.

____ ____ ____ 36. Após a triagem, garantimos que o pessoal técnico tenha uma declaração sobre os requisitos do produto (atributos do produto com relação a benefícios e qualquer outro resultado tangível). O pessoal de marketing também recebe uma declaração sobre os requisitos de marketing (o que o programa de marketing deve concretizar – penetração no mercado, rapidez etc.). Os requisitos do produto dizem respeito ao que ele deve fazer para o cliente. Esses dois conjuntos de requisitos transformam-se na declaração de protocolo do produto.

____ ____ ____ 37. Realizamos testes de uso do produto com base nos usuários em tudo o que desenvolvemos, seja um bem ou um serviço. Pelos menos parte do teste destina-se a possíveis usuários habituais que não são nossos conhecidos.

38. ___ ___ ___ Acreditamos que o teste de uso do produto deve avaliar se o produto de fato funciona como esperávamos e também se soluciona o problema do qual partimos e é satisfatório para o cliente. Ou seja, se utilizarmos testes beta, utilizaremos também testes gama.

39. ___ ___ ___ Nosso programa de marketing também é testado junto aos consumidores pretendidos do novo produto em questão. O método de teste é situacional, mas no mínimo utilizamos um lançamento progressivo.

40. ___ ___ ___ Nossas iniciativas de marketing reconhecem que a experimentação é uma das várias etapas cruciais (e difíceis) para o sucesso das vendas.

41. ___ ___ ___ Antes de comercializar um novo produto, primeiro identificamos que problema poderia ser extremamente prejudicial e tem uma probabilidade razoável de surgir. Entramos em um acordo antecipadamente sobre o que faríamos em relação a esse problema, se ele ocorresse.

42. ___ ___ ___ Utilizamos sistemas de monitoramento pós-lançamento para direcionar o produto para o sucesso. Isto é, estabelecemos sistemas de mensuração para monitorar todos os problemas cruciais e identificarmos os indícios com antecedência. Além disso, chegamos a um acordo prévio sobre o que constitui evidência de que um problema está de fato para surgir.

43. ___ ___ ___ A estratégia de marketing é elaborada em torno de alguns fatores que devem ser atendidos, como consciência, experimentação, disponibilidade e uso repetido (satisfação). O plano mostra claramente como cada fator será alcançado.

44. ___ ___ ___ Os planos de marketing dos novos produtos são distribuídos em uma versão preliminar para todas as pessoas essenciais ao processo de lançamento, mas certamente para os departamentos técnico, de produção e financeiro.

45. ___ ___ ___ A menos que o novo produto seja em si uma extensão de linha, temos pelo menos duas extensões de linha subsequentes a caminho. O objetivo de todo produto subsequente é excluir uma opção que nossos concorrentes adaptadores considerem lucrativa.

46. ___ ___ ___ Todas as avaliações financeiras são muito mais do que cálculos de valor presente líquido. Na verdade, tentamos utilizar um teste de vendas ou princípio de lucro em vez de um teste monetário específico.

47. ___ ___ ___ Tentamos prever de que maneira os clientes podem usar inapropriadamente um novo produto, criamos advertências de acordo com as exigências legais para esses usos impróprios e mantemos registros relevantes de todos os aspectos relacionados à responsabilidade pelos produtos.

48. ___ ___ ___ Damos atenção a todos os possíveis conflitos entre a ética de uma atividade e a ética das pessoas que estão trabalhando nela. Sempre tentamos resolver esses conflitos.

Índice

A

Aaker, David A., 428n, 432n
AAR (análise pós-ação), 504–507
Abandono, 508–509
Abordagem ascendente sobre desenvolvimento de estratégias, 279
Abordagem baseada em problemas, 128
Abordagem de falha total, 532
Abordagem de gestão de portfólios, 36
Abordagem de identificação e solução de problemas, 29
Abordagem de localização central, 391
Abordagem de plataforma global, 377
Abordagem estratégica descendente, 279
Abordagens analíticas de atributo, 152–154, 551–552
Abordagens quantitativas, 185–186
Abraham, Don, 65n, 66n
Abrasão criativa, 102
Ação imediata, planos de contingência prontos para, 492–493
Aceleração da colocação no mercado, riscos e diretrizes, 38–40
Aceleração da informação (IA), método de mensuração, 175–176
Acessórios, utilizando, 147
ACNielsen, 476–479
ACs (atributos do cliente), em HOQ, 303–306
Adams, Dan, 313n
Adams, Marjorie, 4–5n, 365n
"Adesão", dos membros da equipe, 354–355
Adler, Thomas, 175–176n
Administração. *Consulte* Alta direção; Alta administração
Administração sênior, função em produtos radicalmente novos, 50
Adotantes iniciais, 417, 418
Advertência, adequada, 516–518
Afastamento, como estilo de gestão, 365
Agência de propaganda, 543–544
Agrupamentos por afinidade, 300–301
Åhlström, Pär, 39
Aiman-Smith, Lynda, 347–348n, 359n
Air Multiplier (ventilador), 133
Air Products, 503–504
Airblade (secador de mãos), 133
Ajamian, Greg A., 30n
AkPharma Inc., 109

Alavanca de utilidade de um produto, 181–183
Albaum, Gerald S., 245n
Albright, Richard E., 514n
Ali, Abdul, 38n, 39n
Alianças, 448–449
Alianças estratégicas, 38, 449
Alinhamento transfuncional, 491–492
Allen, Peter, 514n
Alleven, Monica, 437n
Allyn, Welch, 74
Alta administração
  acelerando o tempo de colocação de produtos no mercado, 38
  apoio às equipes, 361
Amazon, 44, 414
Ambiente
  design do, 325–329
  na consciência pública, 513
Ambiente de *think tank*, 351–352
Ampliação gradativa de escopo, 71
Análise, lado gerencial, 260
Análise conjunta, 169–178
  diretrizes práticas para, 174–175
  em teste de conceito, 231–233
  modificações recentes na, 176–177
Análise conjunta adaptativa, 175–176
Análise conjunta baseada em escolha, 175–176
Análise conjunta de perfil completo, 170–171
Análise conjunta de perfil completo, alternativas para, 175–176
Análise da concorrência, 544–545
Análise de agrupamento, 156–157, 227
Análise de benefícios, 551
Análise de cenário, 139–142, 263
  comparada à análise de problemas, 186–187
  diretrizes para realização, 142
  técnicas de auxílio, 548–549
Análise de ciclo de vida, 263
Análise de cliente e mercado, 263
Análise de função, 551
Análise de função do produto, 138
Análise de impacto cruzado, 548–549
Análise de lacunas, 153–166, 169–170
Análise de lacunas perceptivas, 153–154
Análise de linha de produtos, 263
Análise de mercado, 213–214
Análise de negócios, abrangente, 31
Análise de opções reais, 275–277
Análise de oportunidades, especial, 28

Análise de parâmetros, 551
Análise de portfólio de produtos, 80–85
  estabelecendo, 25
  gestão, 16
Análise de problemas, 131–138
Análise de problemas em potencial, 389
Análise de regressão, 230
Análise de relações, 180–185
Análise de segmentação de mercado, 547
Análise de sistemas, 552
Análise de sucesso/insucesso, 277
Análise de tom de voz, 396
Análise de *trade-off*, 169–178
Análise de uso, 551
Análise de vendas, realizando, 263
Análise dimensional, 177–180
Análise dos usuários pioneiros, 46
Análise "e se", 263, 266
Análise fatorial, 156–157
Análise monotônica de variância (MONANOVA), 172–173
Análise pós-ação (AAR), 504–507
Análise situacional, 492–493
Análises de simulações, 340–341
Analogia, 183–186
Anders, George, 533n
Andersen, Scot, 124–125n
Ang, B. W., 241–242n
Ang, Swee Hoon, 430n
Angioplastia com *stent*, 115
Anheuser-Busch, 434, 528
Anscheutz, Ned F., 14n, 103n, 220n, 223n, 317–318n, 329n, 362n, 388n, 499–500n, 500–501n, 508–509n
Antil, John H., 203n
Apelo emocional no *design*, 332, 333
Aplicação da análise conjunta, 170–174
Apneia obstrutiva do sono, tratando, 311
Apoio a processos judiciais, fase, 514–515
Apoio do revendedor, 501–502
Apoio executivo, avaliando em uma matriz de análise de lacunas, 491–492
Apple Computer, 9, 38, 103, 112, 119, 423
Apple iPad, PIC ilustrativo para, 70
Apple Newton, assistente pessoal digital, 508–509
Appleyard, Melissa M., 116n

Aprendizagem organizacional, abrigando, 374
Aquafresh White Trays, estudo de caso, 124–127
Aquisição, adquirindo forças de mercado, 72
Archer, Trevor, 113n
Áreas de tendência, observando, 548
Áreas problemáticas, atuais, 515–516
Arm & Hammer, 12
Arquitetura de produto, 329–331
Arquitetura *front-end*, do Ford Fusion, 378
Arte e entretenimento, conceitos de teste, 214–215
Árvore de decisão hierárquica no AHP, 253
Assinatura confiável, como marca registrada, 422
Associação de Desenvolvimento e Gestão de Produtos (PDM), 4–5, 15, 21
Associação livre, 548–549, 553
Assuntos externos, 533
A-T-A-R (consciência--experimentação-disponibilidade--repetição), conceito, 202–203
Atitudes de negócio quanto a questões relacionadas aos produtos, 515–516
Atividade de estereótipo, 553
Atividade de função, 551
Atribuição de pesos, em modelos de classificação, 250
Atributo(s)
  importância relativa do(s) como porcentagem, 172–173
  posicionamento, 419
  tipos de, 152–153
  unindo, 157–159
Atributos de função, 296–298
Atributos determinantes, 155–156, 169–170, 219
Atributos do cliente (ACs), em HOQ, 303–306
Atributos do produto, 152–154, 296–299
Atributos-fantasma, 162
Aumentar a velocidade de colocação no mercado, *design* para, 323–324
Autonomia, essencial para a participação, 356
Autovalor, 159–160
Auxílio à administração, protocolo como, 309–310
Avaliação construtiva, 397
Avaliação contínua, 200
Avaliação de conceitos, considerações sobre linha de produtos na, 194–195
Avaliação de projeto, 30, 196
Avaliação pré-técnica, 29
Avaliações iniciais, importância das, 212–213

Avaliadores para um modelo de classificação, 249–250
Avanço revolucionário, 76
Avert Virucidal, lenços, 399
Avlonitis, George J., 507–508n, 508–509n
Avon, novos produtos, 226

B

B&L (Bausch & Lomb), 71, 147
Baba, Yasunori, 340–341n
baddesigns.com, *site*, 379
Bai, F., 241–242n
Baig, Edward C., 257–258n
Baker, Kenneth G., 245n
Banco de ideias em empresas de criação, 100
Bancos de dados computadorizados *on-line*, de novos produtos comercializados, 544–545
Bangle, C., 334n
Bannon, Lisa, 72n
Barbera, Brad, 300–301n, 322–323n
Barczak, Gloria, 4–5n, 17n, 69n, 188n, 338–339n, 349–350n, 359n, 367n, 371n
Barnes, Brooks, 215–216n
Barreiras
  à criatividade, 102
  à experimentação, 453–455
  superando as, à orientação para o mercado, 365
  transpondo as, entre os campos, 553
Bart, Christopher K., 68n, 69n, 71n
BASES, 233
BASES Group, bancos de dados do, 218
BASES II, 270
BASF, 525
Bashada, Steve, 371–372n
Baskin-Robbins, produtos ocasionais, 506–507
Bass, Frank M., 267n, 269n
Bausch & Lomb (B&L), 71, 147
Bay City Electronics, estudo de caso, 282–288
Bayer, 511–512
Bayuk, Linda M., 40n
Bayus, Barry L., 442n
Beale, Claire-Juliette, 145n, 146n
Beam, Henry H., 324–325n
Beano, remédio contra gases, 109
Bechinger, Iris, 364n, 365n
Beckley, Fred R., 338–339n
Begley, Sharon, 426n
BehaviorScan, CDSM, 476–477
Bell, Alexander Graham, 96–97, 389
Bell, Marie, 233n
Bellairs, Jeff, 121–122, 121–122n, 122–123

Belliveau, P., 3–4n, 30n, 46n, 68n, 73n, 80n, 111n, 113n, 129–130n, 132n, 135n, 152–153n, 198n, 280n, 299–300n, 326–327n, 350–351n, 367n, 371n
Benefício(s)
  colocando em primeiro lugar, 103
  de um produto, 152–153
  especificando um protocolo em termos de, 296–297
  utilizado(s) no posicionamento, 419
Benefícios diretos, 419
Benefícios essenciais
  agrupando para o comprador, 421
  de protocolo, 291–292
Benefícios secundários, 419
Benetton, utilizando o lançamento enxuto, 444
Berends, Hans, 337–338n, 369n
Berkowitz, D., 371n
Berman, Barry, 522n
Berman, Dennis, 75n
Bertels, Heidi, 49n
Better Baked Foods, 122–123
Bicarbonato de sódio, uso de, 12
Biemans, Wim G., 358n
Bionicle (brinquedo eletrônico), 52
Black & Decker, 62
Blake, Jeffrey, 153–154n
Blanck, Emily L., 371n
Blau, Gary E., 21n, 81n
Blocos, 329, 330
BMS, 334
BMW, 343–344, 538–540
Boehret, Katherine, 257–258n
Boeing, 39, 59–60, 371–372, 502–503
Boggs, R. W., 40n
Bohr, Neils, 96–97
Boike, Doug, 4–5n
Bomba cardíaca Levacor, estudo de caso, 55–57
Bombas cardíacas, 56, 215–216
Bond, Edward U., III, 31n, 278n, 354–355n
Bonner, Joseph M., 115n
Bono, 539–540
Bosch, 529
Bounds, Wendy, 484–485n
Bowen, H. Kent, 380–381n
Bowersox, D. J., 444n
Bowman, R., 407n
Boyce, Scott, 30n
Boyer, Ray, 99n
Boyle, Dan, 138
Boyle, Dennis, 344–346
Brainsketching, 144
Brainstorming, 143–144, 375, 548–549
Brainstorming eletrônico, 144–145
Brainstorming reverso, 133, 548–549
Brand equity (valor ou patrimônio da marca), 64, 426–430
Brand report card, 429

Branding e gestão de marcas, 422–433
Branding e posicionamento globais, 431–432
Brandon, Dave, 238
Brennan, Leslie, 483–484n
Brentani, Ulrike de, 8n
Briggs, Robert O., 145n
Brightman, James, 435n
Brodie, Roderick J., 223n
Bruss, Ken, 504–506n, 506–507n
Buckler, Sheldon A., 99n, 364n
Bunch, Paul R., 21n, 81n
Bungie Studios, 9
Bunkley, Nick, 517–518n
Buracos, 200–201, 299–300, 497–498
Burhenne, Wim, 170–171n
Burley, James, 96–97n
Busca lateral, técnicas que aprimoram, 552–556
Business case (caso de negócio), validando uma matriz de análise de lacunas, 491–492

C

Cabbage Patch Snacktime Kids, *recall*, 522
CAD (desenho auxiliado por computador), 338–340
CAD 3D, benefícios do, 340–341
Cadeia de suprimentos, 23–24, 443
CAE (engenharia auxiliada por computador), 338–339
Café projetado, exemplo, 105–106
Cafeteira, matriz morfológica para, 183–184
Caixa a caixa, medida, 40, 407
Calantone, Roger J., 8n, 16n, 39n, 46n, 72n, 116n, 212–213n, 254n, 358n, 363n, 405n, 443n, 444–445n, 508–509n
Calcanhar de aquiles, técnica, 552
Calder, Josh, 65n, 66n
CalFare Corporation, carrinhos de compra, 216–217
Calvin Klein Cosmetics, "sem regras", 64
CAM (fabricação auxiliada por computador), 338–339
Cameron, Allan, 56
Cameron, George D., 519n
Campbell Soup Company, 466
Campbell's IQ Meals, estudo de caso, 149–150
Canais, dividindo, 410
Cankurtaran, Pinar, 37n
Cantin, Donald, 555
Capacidade de resistência a colisões dos automóveis, 340–341
Capacidade para concorrer, 418
Capital de giro, 286
Características de engenharia (CEs), em HOQ, 303–307

Características do produto, 416–417
Carlson, Maureen, 241n
Carlton, Jim, 485–486n
Carpentier, Fran, 107n
Carreiras, em desenvolvimento de novos produtos, 15–16
Carros movidos a combustível alternativo, 537–538
Carros retroprojetados, 342–343
Carty, Sharon Silke, 408n
Casa da qualidade (HOQ), 303–307
Castellion, George, 14n, 18n, 71n, 103n, 135n, 220n, 223n, 329n, 331n, 362n, 368n, 388n, 499–500n, 500–501n, 508–509n
Cate, Sumi N., 534–535n
Categoria de atividade, para exploração, 133
Categoria de nova linha de produtos, 13
Categoria de produto, para explorar, 133
Categorias de adotantes, 267
Categorias de compradores, em um plano de marketing, 557–559
Categorias estratégicas, exemplos de, 81
Cattin, Philippe, 170–171n
Cavusgil, S. T., 8n, 16n
CDSMs (mercados de distribuição controlada por escâner), 476–477
Cemex, como fornecedor pontual, 132
Cenário de salto dinâmico, modelo de árvore de relevância do, 140
Cenários, formas de, 139–140
Cera Johnson, análise de uso, 551
Cereality (franquia de cereal), 110
Chadwick, Chris, 502–503
Checklists, 179–180
Chen, Kuang-Jung, 428n
Chesbrough, Henry, 116, 116n
ChevronTexaco, 503–504
Chiesa, Vittorio, 376n
China, eletrônicos, 7
Chipotle Mexican Grill, estudo de caso, 208–210
Chmielewski, D., 457–458n
Choperena, Alfredo M., 36n
Chowdhury, Naser, 503–504
Christiansen, Ole Kirk, 51
Chrysler, porta-copos de 950 ml, 115
Churchill, Gilbert A., Jr., 159–160n, 171–172n
Ciclo de experiência do comprador, 181–183
Ciclo de preocupações, 513–516
Ciclo de vida, de uma preocupação pública, 513–516
Ciclo de vida do produto (PLC), 439
Civic híbrido, 538–539
Clamen, Allen, 30n, 362n
Clarion, 23
Clark, Barney, 55

Clark, Douglas W., 385–386n
Clark, Kim B., 36n, 350–351n, 380–381n
Classificação, 249
Classificação de preferências, 4–5
Classificações de importância, 226
Classificadores para um modelo de classificação, 249–250
Clausing, Don, 303–304n, 304–306n, 306–307n
Cleese, John, 97–98
Cliente(s)
 "aprofundando" com, 314
 como experimentadores, 115
 como fonte de ideias de produto, 541–542
 comunicação de necessidades, 383–385
 encontrando novos, 529
Clorox Company, estratégia de marca, 431
Clorox Green Works, estudo de caso, 534–538
Clouse, S. F., 269n
Cloyd, Gilbert, 124–125
Coast (sabonete), desenvolvimento do, 143
Coca-Cola, 110, 215–216, 524
Coca-Cola Surge, 399
Coeficientes de pontuação fatorial, matriz de, 160–161
Coesão social, 102
Coffey, Mike, 503–504
Colaboração, cultura de, 353–355
Colarinhos de papel, descartáveis, 509–510
Colby, Jim, 375, 375n, 376
Combinação de duplo direcionamento, 74–75
Comentários sobre um novo conceito, 225
Comer, Donald, 43n
Comercialização, 31, 401
Comercialização do produto, 404
Comida com benefícios medicinais, ideia, 149
"Comida com integridade", 209
Comissão de Segurança de Produtos de Consumo (CPSC), 515–516, 521
Comparação emparelhada, 392
Comparação emparelhada escalonada, 392
Comparação triangular, 392
Comparações com a concorrência, inserindo em um protocolo, 298–299
Compartilhamento de localização digital, 337–338
Compartilhamento de localização no processo de *design*, 337–338
Compartilhamento de plataforma no setor automotivo, 459–460
Compatibilidade, dos novos produtos, 416

Compentências, amarradas à inovação radical, 352–353
Competência de aceleração, 352–353
Competência de descoberta, 352–353
Competência de incubação, 352–353
Competências essenciais, 72
Compilação entre campos, 553
Complexidade, 97–98, 416
Complexidade das necessidades dos clientes, 383–384
  planejamento para atender, 324–326
Componentes, de um produto, 329
Componentes da Mercedes, em carros da Chrysler, 459–461
Comportamento entusiasmado, 362
Composto de marketing, examinando o, 444–445
Computador pessoal, introdução do, 44
Comunicabilidade dos novos produtos, 417
Comunicação, 444–447
Comunicação transfuncional, 242–243
Comunidades *on-line*, 145–147
Comunidades privadas *on-line*, 146
Comunidades virtuais, 145
ConAgra Foods, estratégia de marca, 431
Conceito bem-sucedido, 35
Conceito com triagem completa, 34
Conceito comercializado declarações, 222–223
Conceito comercializado, 35
Conceito da ideia, 34
Conceito da oportunidade, 34
Conceito de acompanhamento, em marketing, 498–501
Conceito de ciclo de vida, de análise financeira, 271–273
Conceito de processo, 35
Conceito de produto ampliado, 291–292
Conceito declarado, 34
Conceito piloto, 35
Conceito por lotes, 35
Conceito testado, 34
Conceito(s), 216–217
  de um novo produto, 104
  definição, 107
  identificando ruins, 218
  tradução de, 105
"Conceitos de calibração", 175–176
Conceitos de novos produtos, 104, 108–109, 216–217
Conceitos de produto, 29, 102–108, 216–217
  procedimento de avaliação, 191–193
Concept Development Corporation, estudo de caso, 210–211
Concept Lab, na LEGO, 52
Concessão mútua, como estilo de gestão, 365

Concorrência, descrevendo em um plano de marketing, 559–560
Concorrente silencioso, 393
Concorrentes
  cometendo erros em um teste de mercado, 481–482
  como fonte de ideias de produto, 541–543
  mostrando as mãos para os, 480–481
  posicionamento substituto, 420
Condição arriscada de um defeito de *design*, 516–518
Condições, estar alerta ao estranho, 397
Condições pessoais de experimentação, 452
Confiabilidade de uma amostra, 390
Confiança mútua, ambiente de, 365
Configuração de compra, 421
Configuradores de produto, 109
Conformação do assoalho de um carro, 340–341
Confrontação, estilo de gestão, 365
Conhecimento funcional de ponta, 350–351
Conhecimento sobre o cliente, insuficiente, 97–98
Conlin, Michelle, 514n
Consciência, 205, 206, 449–450, 501–502
Consenso acrítico (*groupthink*), 97–98
Consolidação do projeto, 332
Constantineau, Larry A., 248n
Construção de redes, 361
Construção e modificação de ideias, 549–550
Consultores, como fonte de ideias de produto, 543–544
Consumidores
  criando produtos e serviços, 111
  sensoriais, 65, 66
Consumidores de alimentos, agrupamento, 413–414
Consumidores de alimentos motivados pelo preço, 413
Consumidores de marcas próprias, 414
Contadina, massas e *pizzas* refrigeradas, 233
Contagem *top two boxes* (com certeza + provavelmente), 218, 226, 234, 235, 264
Contaminação do Tylenol, estudo de caso, 522
Contato em grupo com o grupo de usuários, 390
Contato individual com grupo de usuários, 390
Contato pessoal, teste de conceito por meio de, 224
Contatos das partes interessadas, 135
Contour (carro), 376

Contrato assinado, protocolo como, 290
Controle, sobre o produto durante teste de uso, 391–392
Controle de qualidade de zero defeito, 531
Controle não supervisionado em teste de uso do produto, 392
Controle supervisionado em teste de uso do produto, 392
Controle visual, 504–506
Conversa de trabalho entre as funções, estimulando, 364
Cooper, Alan, 341–342n
Cooper, Jacquelin, 118
Cooper, Rachel, 322–323n, 364n
Cooper, Robert G., 4–5n, 14n, 16, 17n, 18n, 19n, 20n, 21, 21n, 23n, 35, 36n, 39n, 47–48n, 58–59n, 61n, 68n, 71, 71n, 80n, 82n, 83n, 84–85n, 100n, 121n, 133n, 137n, 212–213n, 221n, 242–243n, 251, 251n, 252n, 253n, 260n, 278n, 279, 279n, 349n, 405n
Coordenação das informações, tarefa do marketing na, 379–380
Coordenador de programa de *recall*, designando, 522
Coors Brewing Company, 465
Coover, Harry W., 95–96n
Cópia de PI (propriedade intelectual), 526
  na inovação inversa, 117, 120
Coprodutor, cliente como, 74
Cordis Corporation, balões de angioplastia, 115
Cornish, Edward, 260–261n
Corretor líquido, 331–332
Cortadores de grama manuais, 509–510
Cover Girl, 23
Crateras, 497–498
Crawford, C. Merle, 39n, 421n
Crawford, Cindy, 86–87
Creative Problem Solving Group – Buffalo, 79
Crescimento, metas e objetivos, 75
Crest Whitestrips, 125–126, 467–468
Creusen, Mariëlle E. H., 332n
Criação colaborativa, 65, 66
Criatividade, 10, 96–101
Criatividade alavancada, 76
Criatividade em grupo, 143, 548–550
Crisp, C. Brad, 368n
Cristiano, John J., 307–308n
Critérios principais no AHP, 253
Critérios que deveriam ser atendidos, 252
Critérios que precisam ser atendidos, 252
Cross Action, escovas de dente, 327–328
Crowley, Ed, 241n

Crown Equipment Corporation, 324–326
Cubo de dados, 156–157
Cultura de colaboração, estabelecendo, 353–355
Cultura de inovação global, 8
Curingas, estudo sobre, 141
Curtis, Carey C., 308–309n
Curva de gastos cumulativos, 196–199
Curva de gastos iniciais, 196
Curva de risco, 287–288
Curvas de declínio, 198–199
Custo de oportunidade, 197
Custo médio ponderado do capital, 287–288
Customização em massa, 74, 109, 414–415
Customizadores adaptativos, 415
Customizadores colaborativos, 415
Customizadores estéticos, 415
Customizadores transparentes, 415
Custos
　de abandonar projetos, 287–288
　de marketing experimental, 480–481
　de teste de mercado, 467–469
Custos irrecuperáveis, 288
Cutherell, David, 329n
Cyclone Grinder, 323–324

D

D&B (Dun & Bradstreet), 541
D'Arcangelo, Jim, 233n
Da Vinci, Leonardo, 96–97
Dacia Logan (carro), 529
Dados acumulados, examinando antes do lançamento, 492–493
Dados de marketing, como experiência, 200
Dados sobre similaridades, coletando, 163
Dahan, Ely, 176–177n
Danneels, Erwin, 46n, 50n
Darroch, Jenny, 11n
Davenport, Thomas H., 96–97n
Davidson, Jeffrey M., 362n
Davis, John, 248n
Davis, R. M. (Skip), 116n
Davis, Robert E., 467–468n
Day, George S., 365n
Day, Ralph L., 417n
de Bes, Fernando Trias, 553, 553n
de Bono, Edward, 553
de Bont, Cees J. P. M., 176–177n
de Brentani, Ulrike, 7n, 61n, 62n, 371–372n
De Bruyne, M., 401–402n
de Chernatony, Leslie, 177–178n
de Mozota, Brigitte Borja, 324–325n
De Vreede, Gert-Jan, 145n
Decisão de eliminação de produtos, 507–509

Decisão de rejeição, 213–214
Decisão prosseguir/não prosseguir, 199, 278
Decisão sobre mercado-alvo, 411–418
Decisão sobre vantagem competitiva, 409
Decisões de marketing, entrelaçadas com as decisões técnicas, 31
Decisões estratégicas, conjunto de, 401–402
Decisões estratégicas de lançamento, 404
Decisões sobre plataforma estratégica, 407–411
Decisões táticas, 401–402, 404
Decisões táticas de lançamento, 445–446
Deck, Mark J., 119n, 502–503n
Declaração da estratégia de criação, 447
Declaração de conceito de produto, 106–108
Declarações de conceito, 106–108
　comercializadas, 222–223
　desenvolvimento de, 128
　preparação, 219–223
Declarações de estratégia, 70
Declarações de missão, 58–59
Defeitos de projeto, 516–518
Defeitos na fabricação, 516–518
Defensores, 256
　produto, 354–355, 358–361
Definição do produto, 30, 290
Dehoff, Kevin, 7n
Deighton, John, 386–387n
Del Monte Foods, 146
Dell, Michael, 97–98
Dell Computers, precursora de métodos de lançamento enxuto, 444
Demanda, tipo procurado, 407–408
Demanda por substituição, estimulando, 408
Demanda primária, estimulando, 407
Demanda seletiva, incentivo à, 408
DeMartino, Richard, 352–353n
Demonstração de resultados reversa, 45
den Ouden, Elke, 119n
Deogun, Nikhil, 452n, 488n
Departamento de marketing, *inputs* diretos do, 129–131
Departamentos técnicos e de marketing, 129–131
DeRose, Rodger L., 249n
Desacordos, entre áreas funcionais, 364
Desafios na análise financeira, 260–261
　conceito de ciclo de vida, 271–273
　de novos produtos, 282
　diferentes métodos para novos produtos, 277
　timing (momento) dos, 200
DeSarbo, Wayne S., 173–174n

Descontinuidades, 44
Descrição de mercado em um plano de marketing, 559
Descrição do produto, 30, 559–560
Descrição enganosa, 520, 521
Desdobramento da função qualidade (QFD), 30, 302–309
Desejos do clientes, convertendo em um esquema, 302–303
Desenho auxiliado por computador (CAD), 338–340
Desenhos, como declaração de conceito, 219–220
Desenvolvimento, 317–320, 379–381
Desenvolvimento acelerado de produtos (APD), 35
Desenvolvimento de baixo custo e marketing, estratégia de, 274
Desenvolvimento de produtos *business to business* (B2B), 314
Desenvolvimento de produtos multifuncionais, 18
Desenvolvimento de produtos sobrepostos, 36
Desenvolvimento de conceitos, 201
Desenvolvimento do produto, 16, 21
　elementos estratégicos do, 3–22
Desenvolvimento espiral, 47–49
Desenvolvimento paralelo, 413
Design (projeto), 15
　descrição, 321–322
　função do, 322–329
　melhoria contínua em, 340–342
Design Continuum, criatividade encorajadora, 100
Design de automóveis, 329
Design de interação, 341–342
Design de produto, 334, 335
Design hierárquico, 552
Design orientado ao usuário, 324–325
Design para desmontagem (DFA), 325–327
Design para manufaturabilidade (DFM), 338–339
Design para montagem (DFA), 339–340
Design universal, 325–326
Desmembramento (*spin-out*), empreendimento, 351–352
Despesas gerais, aplicáveis, 287–288
Determinantes de mercado, 74
DeTore, Arthur, 61n, 62n
DFA (*design* para montagem), 339–340
DFM (*design* para manufaturabilidade), 338–339
Di Benedetto, C. Anthony, 39n, 254n, 269n, 321–322n, 354–355n, 358n, 363n, 418n, 443n, 444–445n
Di Caprio, Leonardo, 538–539
Dia na vida, pesquisa, 137
Diagrama esquemático do produto, 329–330

Diagramas, como declaração de conceito, 220
Dial-A-Pharmacist, serviço, 43
Diaz, Cameron, 538–539
Dickinson, John R., 176–177n
Diferenças culturais, equipes dispersas globalmente e, 371
Diferenciação, 324–325, 409
Difusão da inovação, 203, 267, 416–418
Difusão do produto, 267–269
Digital Designer, lançado pela LEGO, 52
Digital Equipment Corporation, GDT, 373
Dimensão das pessoas sobre desenvolvimento de produtos, 201
Dimensões de ampliação em um protocolo, 298–299
Dimensões de projeto, 327–328
Diretores de relações comerciais, 450
Diretrizes em um PIC, 75–77
Disfunção erétil (DE), 510–511
Disponibilidade, 206, 450–451
Dispositivo seguro, falta, 516–518
Distribuidores, 74, 451
Distribuidores de estoque, 450–451
Ditka, Mike, 511–512
Diversidade transfuncional, 102
Divine, Richard, 96–97n
Divisão de canais, 410
Divisão Elizabeth Arden, da Unilever, 451
Divisão Telecom Enclosure, da 3M, 111
Divisibilidade de novos produtos, 416
Divulgações, 439, 442
"DNA da Nokia", 325–326
"DNA do veículo", 377
Dodge Nitro, estudo de caso, 459–461
Dolan, Robert J., 165n, 174–175n, 388n
Dole, Bob, 511–512
Dominiquini, Jennifer, 119n
Domino's Pizza, 138
Domino's Pizza, estudo de caso, 238–239
Dougherty, Deborah, 365n
Dougherty, P., 444n
Dove, sabonete em barra, 13
Doyle, J. Patrick, 238, 239
Doyle, Stephen X., 449n
Doz, Yves, 371n
Dr. Dvorkovitz & Associates, 542–543
Dröge, Cornelia, 46n, 72n
Drucker, Peter F., 349, 349n
Dual Cyclone, aspirador de pó sem saco, 132–133
Dubiel, Anna, 529n
Dun & Bradstreet (D&B), 541
DuPont, 379–381
DuPont, estudo de caso, 313–315
Durgee, Jeffrey F., 138n

Dyer, Barbara, 352–353n, 364n
Dyer, Jeffrey H., 338–339n
Dyson, James, 132–133, 321

E

Easterday, Thomas, 326–328
Edgar, Dan, 313n
Edgett, Scott J., 17n, 18n, 39n, 80n, 81n, 82n, 84, 84n, 84–85n, 100n, 133n, 278n, 279n, 349n
Edison, Thomas, 96–97
Edmondson, Gail, 351–352n, 537–538n
Edwards, Cliff, 435n
Edwards, Jim, 539–540n
Ee, Darren, 119n
"Efeito bazuca", 144, 213–214
Einstein, Alfred, 96–97
Eisenbach, Jorg M., 50n
El Salvador, grãos de café de, 526–527
Elementos esquemáticos, agrupando, 330
Elementos estratégicos, 16, 20
Elementos funcionais, de um produto, 329
Eliashberg, Jehoshua, 441n, 442n
Ellis, Lynn W., 270n, 308–309n
Ells, Steve, 208, 209
Elos, em uma rede, 361
Elstrom, Peter, 437n
Elsworth, Catherine, 514n
"Em decisão", opção, 19
Embalagem, 433–434
Embalagem primária, 433
Embalagem secundária, 433
Embalagem terciária, 433
Empatia, falta de, 97–98
Empresa dentro de empresa, 58–59
Empresas, com cultura de inovação global, 8
Empresas ambidestras, 50
Empresas criativas, 100
Empresas de pesquisa, apoio ao teste de conceito, 233
Empresas de pesquisa de marketing, 543–544
Emulação, como nível de inovatividade, 76–77
Engenharia auxiliada por computador (CAE), 338–339
Engenharia de aplicações, 76
Engenharia de produto, 334
Engenharia frugal, 530n
Engenharia gandhiana, 529
Engenharia mecânica auxiliada por computador (MCAE), 340–341
Engenheiro de produtibilidade, 338–339
Engenheiros, fontes de talento, 7
Engenheiros de projetos, 334
Englund, Randall L., 83n, 279n
Entrada agressiva, 409

Entrada cautelosa, 409
Entrada equilibrada, 409
Entrada no mercado, escopo da, 411
Entrega de peças *just-in-time*, 407
Entrevista
  clientes, 135, 299–300
  preprando para avaliação de conceito, 225
Entrevista direta, 224
Entrevista pessoal, 135
Entrevistas, explorando, 300–301
Entrevistas por telefone, 135
Eppinger, Steven D., 321–322n, 325–326n, 329n, 332n, 333n, 350–351n
Equipe de gestão de portfólio (PMT), 43
Equipe de gestão de transição, 46
Equipe de novos produtos, 9
Equipe de vendas baseada no cliente, 449
Equipe multifuncional, 290
Equipe principal, 357, 359
Equipe(s)
  apoiando a diversidade, 373
  encerrando, 368
  estruturando, 349–354
  formando, 353–362
  gerenciando, 362–368
  mudanças de membros da(s), 366
  recompensando o comportamento da(s), 367
  tipos de, 349–350
  treinando, 361–362
Equipes competitivas, criando, 99
Equipes dispersas globalmente (GDTs), gerenciando, 370–373
Equipes esportivas, 349–350
Equipes globais, 338–339
Equipes globais de novos produtos, 7–9
Equipes peso leve, 349–350
Equipes peso pesado, 349–350
Equipes transfuncionais, 18, 26, 36, 307–308, 349
Equipes virtuais, 368–369
Ergonomia, *design* com atenção para, 327–328
Ernst, Holger, 371–372n, 529n
Erro de segmentação, 97–98
Esboços, como declaração de conceito, 220
Escala de classificação verbal, registrando dados de gosto/não gosto, 395
Escalas do tipo Likert, 156–157, 163
Escalonamento multidimensional (MDS), 164
Esclarecimento, tentativas de, 523
Escovas de vaso sanitário, 105
Escritório de Patentes e Marcas Registradas dos Estados Unidos, 422, 544–545
Esgotamento, em equipes de novos produtos, 366

Espaço de prateleira, vendendo, 501–502
Especialistas
  como grupo de teste, 390
  procurando, 134–135
Especialistas em produtos aposentados, 543–544
Especificações de desempenho, 296–297
Especificações de produto variáveis, 71
Especificações detalhadas, 297–299
Estágio de cabeça de ponte no ciclo de lançamento, 442–443
Estágio de desenvolvimento na pesquisa baseada em casos, 389
Estágio de investigação na pesquisa baseada em casos, 389
Estágio de pré-lançamento no ciclo de lançamento, 439
Estereolitografia, 340–341
Estilos de gestão, criando culturas, 354–355
Estilos de gestão de conflitos, 364, 365
Estilos disfuncionais, 364
Estimativas, dependência de, 270–271
Estímulos criativos, 555
Estratégia corporativa, 59–60, 299–300
Estratégia de atenuação de riscos, 198
Estratégia de duplo direcionamento, 73
Estratégia de eliminação, 198
Estratégia de inovação, adaptando, 529
Estratégia de inovação técnica agressiva, 354–355
Estratégia de marca individual, 430–431
Estratégia de múltipla cobertura, 139
Estratégia de novos produtos, 20
Estratégia de Novos Produtos da Kellogg, estudo de caso, 85–88
Estratégia de risco de aceitação, 198
Estratégia de risco de transferência, 198
Estratégia de secundário imediato, 77
Estratégia do *mix*, em um plano de marketing, 561–562
Estratégia do "segundo, porém melhor", 76
Estratégia para novos produtos, 58–68
Estratégias contínuas, cobrindo a inovação de produtos, 29
Estratégias de *branding*, 430–431
Estratégias de consolidação, 509–510
Estratégias de preço para novos produtos, 455–456
Estratégias de risco, para novos produtos, 198
Estruturas matriciais, 350–352
Estudo de ampliação, 139

Estudo de Avaliação de Desempenho Comparativo (CPAS), 4–5
Estudo de monitoramento de novos produtos, questões, 498–499
Estudos de salto, 140–141
Estudos de salto dinâmico, 140
Esvaziamento de estoque, 452
Ética pessoal, 530–531
Ettlie, John E., 50n
Evamy, Michael, 321–322n, 336n
Eventos curinga, consequências, 142
Eventos de controle, seleção de, 496–498
Evink, Janis R., 324–325n
Evolução, do conceito ao novo produto, 34
Evolução contínua, 317–318
Exigências, em um protocolo, 379
Exigências de produção em um protocolo, 299–300
Exigências externas, 28
Exigências internas, 28
Exigências regulamentares em um protocolo, 299–300
Experiência de uso final, 72
Experiência do produto, 72
Experiências de uso iniciais, 385–386
Experimentabilidade de novos produtos, 416
Experimentação, de novos produtos, 205, 206, 452–456
Experimentação vicariante, 206, 452
Expert Choice, *software*, 253, 255
Explicação em teste de uso do produto, 391
Extensão de atributo, 551
Extensões de marca, 428–429
Externalidades de rede, 441
Externalidades de rede diretas, 441
Externalidades de rede indiretas, 441
Exxon Chemical, 81, 82
ExxonMobil, 50
ExxonMobil, 528, 528n, 530n
EZPass, sistema eletrônico de cobrança de pedágio, 231–232

F

Fábrica de rodas de carroça, 509–510
Fabricação, *design* para facilitar a, 323–325
Fabricantes, função dos, 380–381
  como fonte de ideias de produto, 543–545
Falácia de ampliação do mercado, 415
Falha da empresa, corrigindo, 498–499
Falha do consumidor, planos de contingência para, 498–499
Falha(s) de outras pessoas, estudo sobre, 554
Falsificação, 526
Falta de advertência, 519

Famílias de produto, 59–60
Farley, John U., 268n
Farris, M., 407n
Fase da arena política de uma questão pública, 514–516
Fase de ajuste regulamentar de uma questão pública, 515–516
Fase de avaliação de conceitos/projetos, 27, 29–30, 34
Fase de desenvolvimento, 27, 30–31, 35
Fase de incitamento de uma questão pública, 514
Fases condicionais, 19
Fases sobrepostas, 36
Fatores
  determinando subjacentes, 157–159
  em modelos de classificação, 244
  para projetistas industriais, 332
Fatores de seleção, 249
Fatores exógenos e mudança, em um plano de marketing, 559–560
Feare, T., 407n
Febreze, desodorizador de tecidos, 479–480
FedEx, desenvolvimento de serviços, 43
Feldman, Laurence P., 321n, 509–510n
Feynman, Richard, 95–96
Finanças em um protocolo, 299–300
Fingerhut (empresa de venda por catálogo), banco de dados, 414
Firth, D. R., 269n
Fisher & Paykel, estudo de caso, 311–313
Fisher, Eden, 30n
Fleming, Alexander, 10, 96–97
Flexibilidade, 362
Flint, Jerry, 441n
Fluke Corporation, 137
Fluxo de lucros (término real), 32
Flynn, Craig, 291n
Foco estratégico, identificando, 25
Foley, Kevin, 124–125n
Foley, Terrence B., 412n
Fonemas, 426 PIC. *Consulte* Termo de inovação de produto (PIC)
Fontes de danos, tipologia de, 516–519
Fontes de ideias, 213–214, 545–546
Fontes impressas de ideias de produto, 544–545
Fontes internacionais de ideias de produto, 544–545
Fontes publicadas, para análise de problemas, 135
Food and Drug Administration (FDA), 521
Forbes, Thom, 166n, 392n, 428n, 480–481n
Ford Fusion, estudo de caso, 376–378

Ford Motor Company, 137, 371–372, 377
Forma
   do produto que está sendo testado, 394
   exigida pelo processo de criação, 102
Formato narrativo para teste de conceito, 219
Formatos, para teste de conceito, 219–222
Formulário de árvore de relevância de cenários de salto dinâmico, 140
Fornecedores/prestadores de serviços, 338–339, 541–542
Fornecedores/prestadores de serviços, como fontes de ideias de produto, 541–542
Forno de micro-ondas, 11, 215–216
Fountoulakis, Stavros, 30n
Franke, Nikolaus, 111, 112n, 113n, 114n
Fromartz, Samuel, 108n
Fujimoto, Takahiro, 36n, 340–341n
Função(ões)
   de um produto, 152–153
   posicionando em relação à(s), 419
Função(ões), em equipes de novos produtos, 358–361
Funcionários, 390, 541
Fusfield, Alan, 248n
Fusion, 346–348
Futuro, visão de um prognosticador profissional sobre o, 141

G

Gaffney, John, 467–468n
Galidor (brinquedo eletrônico), 52
Galileo, 96–97
Gap (lojas), 540
Garantia, 520–521
Garantia expressa, 520
Garantia implícita, 520
Garcia, Rosanna, 44n, 46n
Garimpadores de pechinchas, consumidores de alimentos, 413
Gaskin, Steve, 174–175n
Gassmann, Oliver, 360n
Gates, Bill, 375
Gault, Stanley C., 186–187
Gauvin, Stéphane, 418n
gDiaper, 524
General Electric (GE), 49, 96–98, 543–545
   Instalações de P&D em Bangalore, 529
General Mills
   concorrência com a Kellogg, 85–86
   Grands! Biscuit, sanduíches da Pillsbury, 121–123
General Motors, 116

Gênios, estratégias de raciocínio, 96–97
Geração de conceitos
   como tarefa de criação, 152–153
   fase, 27, 29, 34
   técnicas, 147, 547–556
Geração de conceitos originais, 413
Geração de ideias
   como constante, 93
   de produtos, 332
Geração de ideias, obstáculos à, 97–98
Geração de ideias baseada em problemas, 128–129
Geração interna de conceitos, 128–129
Gerente geral, como líder, 356
Gerwin, Donald, 356n
Gestão de inovação de produtos, 3
Gestão de interface, 364
Gestão de interface transfuncional, 362–365
Gestão de novos produtos, 3–4, 14–15
Gestor de processo de novos produtos, 15, 374
Gestor de projeto, 15, 359
Gestores, lidando com problemas, 271–278
Geyelin, Mile, 386–387n
Gibson, Richard, 75n
Gilbert, James Patrick, 337–338n
Gill, Bob, 249n
Gillette Co., 13, 327–328
Gillette Mach3, estudo de caso, 346–348
Gilmore, James H., 415n
Githens, Gregory D., 198n, 238n
GlaxoSmithKline (GSK), 124–127, 511–512
Globalização, crescente, 7–9
Gobeli, David H., 349–350n, 364n, 365n
Godfroid, Bob, 123–125
Godrej (fabricante), 529
Goffin, Keith, 339–340n
Goh, Nicky, 119n
Golden, Bob, 13, 13n
Golden, James E., 523n
Goldenberg, Jacob, 180–181n
Golder, Peter N., 370n
Goldfarb, Eddy, 107
Goldhar, J., 233n
Gooding, Cuba, Jr., 489
Gordon, W. J. J., 549–550
Gorski, Christine, 129–130n
Gottschalk, Earl C., 214–215n
Gough, Harrison, 95–96n
Governos, como fontes de ideias de produto, 544–545
Gráfico de cobra, de classificações de marca, 157–159
Graham, Robert J., 83n, 279n
Grande negócio, gestão de novos produtos como, 3–4
Grandes vencedores, examinando, 555

Grashof, J., 233n
Grau de mudança no processo, 82
Great American Toy Hunt, 108
Green, Paul E., 231n, 233n
Green Works, linha, 535–536
Greene, Bob, 514
Gretzky, Wayne, 139
Griffi th, David A., 8n
Griffin, Abbie, 3–4n, 4–5n, 14n, 17n, 18n, 30n, 31, 37n, 46n, 46–47n, 47–48, 68n, 69n, 71n, 72n, 73n, 75n, 80n, 103n, 111n, 113n, 129–130n, 132n, 135n, 152–153n, 175–176n, 191–192n, 198n, 220n, 223n, 229n, 262n, 280n, 299–300, 299–300n, 300–301n, 303–304n, 304–306n, 307–308n, 326–327n, 329n, 331n, 350–351n, 360n, 362n, 367n, 368n, 371n, 388n, 401–402n, 406n, 424n, 425n, 443n, 499–500n, 500–501n, 504–506n, 506–507n, 508–509n
Grossman, Jeffrey C., 144n
Groupware (*software* colaborativo), auxílio à classificação, 249
Grover, Ronald, 214–215n
Grupo de clientes, como fonte de mercado, 74
Grupo de respondentes, definindo, 223–224
Grupo LEGO, estudo de caso, 51–53
Grupo multifuncional, gerenciando equipes de projeto, 374
Grupos de discussão 66, 548–549
Grupos de discussão, 548–549
Grupos de oração, evitando, 136
Grupos de usuários, 389–390
Grupos focais, 135–136, 224, 300–301
Grupos Phillips 64, 548–549
GSK (GlaxoSmithKline), 124–127, 511–512
GTE Airfone, 383–384
Guilhotina eletrônica Cricut, 376
Guiltinan, Joseph P., 408n, 445–446n, 453n, 480–481n
Guinness Breweries, banco de ideias, 100
Gupta, Ashok K., 352–353n
Gustafsson, Anders, 113n
Gustke, Constance, 324–325n
Gutierrez, Carlos, 86–87

H

Haas, Al, 137n
Haggblom, Ted, 363n
Haggerty, Matthew K., 336n
Haines, Steven, 491–492n
Hall, Douglas B., 225n
Halman, Johannes, 58–59n
Hamel, Gary, 3–4n
Han, Amy, 344–345
Handfield, Robert B., 358n
Hargadon, Andrew, 100n

Hart, Susan J., 401–402n, 443n, 507–508n, 508–509n
Hartley, Janet L., 36n
Hartsfield, Andrew, 258–259
Hauser, John R., 177–178n, 286n, 299–300, 300–301n, 303–304n, 304–306n, 306–307n
Hawkins, Jeff, 343–345
Haworth Inc., 324–325
Haystack Toys Inc., 108
Heckscher, Charles, 368n
Heil, Oliver P., 441n
Heinekamp, Eric J., 129–130n
Heller, Karen, 13n
Helsen, Kristiaan, 479–480n
Hentschel, Uwe, 162n
Herbig, Paul A., 336n, 417n, 523n
Herbst, Walter, 331n
Herman, Dan, 408n
Hertenstein, Julie H., 321–322n
Herz, Marian, 360n
Heurísticas (regras práticas), 10, 213–215
Hewlett-Packard, fotografia digital, 77
Hey, Jonathan, 144n
Hierarquia de efeitos, 494–495
Hillebrand, Bas, 358n
Hines, Andy, 65n, 66n
História sobre um novo produto, 23–27
Hite, Myron, 210
Hoegl, M., 371–372n
Hofer, Adrian, 58–59n
Holahan, Patricia J., 362n
Hollmann, Thomas, 41n
Holloway, Charles A., 380–381n
Holloway, Matthew, 389n
Hologramas de produtos, 526–527
Homens da geração Y, direcionamento aos, 88–89
Honda, 61, 88–90
Honda Element, estudo de caso, 87–91
Honda Insight, 537–538
Hoover Company, 74
Hopkins, David S., 557n
Horikir, Toshi, 291n
Horovitz, Bruce, 75n, 488n
Houston, Mark B., 31n, 278n
Howell, Jane M., 359n
Howell, Larry J., 63n
Hsu, Jamie C., 63n
HTC One, 167
Huberty, Tim, 136n
Huffy, bicicletas híbridas, 495–496
Hulland, John S., 277n
Hult, G. Tomas M., 358n
Hultink, Erik Jan, 401–402n, 443n, 444–445n
Hulu, estudo de caso, 457–460
Hung, Yu-Ting Caisy, 368n
Huston, Larry, 116n
Hutchinson, P., 407n
Hutt, Michael D., 354–355n

Hyland, Joanne, 3–4n, 46n

I

I Love My Dog, iniciativa, 146
IA (aceleração da informação), método de mensuração, 175–176
Iacobucci, Dawn, 159–160n
Iansiti, Marco, 39n, 326–327n, 386–387n
IBM, 62, 323–325
ICON CPAP, linha de produtos, 313
IDEA (identificar, desenvolver, expor e ação), programa, 99
Ideation Group, 324–325
Ideias de produto, fontes para novos, 541–546
Ideias prontas de novos produtos, 109–121
Identidade corporativa, *design* para construir ou apoiar, 325–326
Identificação de oportunidades, 28, 34, 64–66, 78
Identificação e seleção de oportunidades, xxii, 1–2, 27–29
IDEO, empresa de *design*, 100, 123–124
IFF (International Flavors and Fragrances), 111
Ikea, 9
Imagem para um produto, 411
Imitação, como nível de inovatividade, 76–77
Imitação inovadora, riscos de, 354–355
Impacto esperado, de possíveis problemas, 491–492
Importância dos novos produtos, 3–7
Imposição, como estilo de gestão, 365
Impressora matricial Proprinter, 323–325
Índia, engenharia automotiva, 7
Índice de Criatividade MBTI (Myers-Briggs Type Indicator), 95–97
Índice Nielsen Alimentar (NFI), relatórios, 478–479
Infiniti QX4, utilitário esportivo, 324–325
Influenciadores, atingindo um conjunto completo de, 224
Influxo de dados reais durante o monitoramento, 499–500
Informações de diagnóstico, 389, 464
Informações descritivas, coletando, 396
Informações sobre a concorrência na declaração de conceito, 223
InfoScan, sistema, 477–478
Inno Suite Concept Screener, 226
InnoHub, como forma de inovação aberta, 119
In-N-Out Burger, 209
Inovação, 15

desencorajamento da, 523
difusão da, 416–418
medida de, 502–503
Inovação aberta, 52, 116–121
Inovação contínua, 416
Inovação de processo, 11
Inovação de produto, 11. *Consulte também* Inovação
Inovação de produtos ecológica, 523–525
Inovação de produtos industriais, 170–171
Inovação descontínua, 416
Inovação orientada pelo *design*, 321–323
Inovação revolucionária, sistema para, 45
Inovadores, 99, 417, 418 *Consulte também* Pessoal de criação
Inovadores em série, papel dos, 46–48
Inovatividade
  grau de, 76–77
  relação com o sucesso, 14
Insituto de Pesquisa de Stanford, 544–545
InstanTechEx, 542–543
Instinto, 215–216
Instituto Battelle Memorial, 544–545
Instituto de Estudos de Mercados de Negócios (ISBM), 314
Instituto de Pesquisa Industrial, modelo de classificação, 248
Instituto de Tecnologia de Illinois, 544–545
Instruções, de uso, 516–518
Integradores, necessários para as equipes, 357
Integridade do produto
  como diretriz, 77
  testando, 389
Intel, 61, 410
Intenção de compra, informações sobre, 396
Intenções de compra, prevendo vendas, 264
Intensificação da produção, 380–381
Intensificação do marketing, 380–381
Intento autêntico, 422
Interação com o fornecedor, benefícios da, 358
Intercâmbio eletrônico de dados (EDI), tecnologia, 444
Interfaces
  gerenciando entre áreas funcionais, 362
  no processo de *design*, 334–339
Interligação T-P-M, 73
International Flavors and Fragrances (IFF), 111
Internet, 460–461, 545–546
Interpretação de papéis, 137–138, 147, 492–493
Intuição, 10

Invenção, 15
Inventores, prosperando em alguns setores, 108
Investimento
  custos de marketing como, 409
  saídas, 286
Iomega, Zip Drive, 47–49
iPad, teste do, 215–216
iPhone 5, 167
iPod, desenvolvimento do, 9
iPod Touch, marketing, 301–302
IRI (Information Resources Incorporated), 476–477
Iridium, estudo de caso, 437–438
IRR (taxa interna de retorno), 260–261, 270
ISMs (gestores de iniciativas de sucesso), 26
Isolados, equipes e, 357
Isolamento da concorrência em uma triagem inicial, 214–215
Iwata, Satoru, 435, 435n, 436

J

Jacobs, Laurence, 526n, 526–527n
Jain, Sanjay, 442n
Jain, Subhash C., 526n
Jana, Reena, 55n, 70n, 112n
Jargon, Julie, 481–482n
Jaruzelski, Barry, 7n
Jassawalla, Avan R., 356n, 357n
Jedlik, Tom, 526n, 526–527n
Jefferson, David, 216–217n
Jelinek, Mariann, 120n, 351–352n
Jennings, Kyle E., 144n
Jereski, Laura, 523n
JetBlue, desenvolvimento de um excelente atendimento, 42
Joachimsthaler, Erich, 428n, 432n
Job, Ann M., 459–460n
Jobber, David, 410n
Jobs, Steve, 209, 300–302
Johnson & Johnson, 19
Johnson, Albert, 30n
Johnson, David W., 149, 150
Johnston, Zachary T., 41n
Jones, Robert, 369n
Jones, Tom, 489
Jornais, auxiliando na análise de cenário, 548
Journal of Product Innovation Management, 21
Joyce, Caneel K., 144n

K

Kahle, Lynne R., 225n
Kahn, Kenneth B., 4–5n, 17n, 18n, 41n, 44n, 47–48n, 69n, 71n, 81n, 84n, 110n, 191–192n, 223n, 262n, 263, 263n, 264n, 266n, 270n, 337–338n, 338–339n, 362n, 365n, 367n, 368n, 369n, 371n, 405n, 443n, 491–492n, 503–504n, 529n
Kalil, Thomas, 144n
Kalwani, Manohar U., 44n
Karlsson, Christer, 39n
Karol, Robin A., 362n, 534–535n
Katsanis, Lea Prevel, 63n, 430n
Katz, Gerald M., 299–300n, 300–301n, 301–302, 303–304n, 304–306n, 307–308n, 308–309n
Katzfey, Patricia A., 508–509n
Kawasaki, Guy, 300–302
Kawasaki, Jet Skis, 114
Kay, S. E., 18n, 41n, 44n, 47–48n, 81n, 84n, 110n, 223n, 263n, 369n, 405n, 443n, 491–492n, 503–504n, 529n
Keebler, aquisição da, 86–87
Keeton, Laura E., 135n
Kekulé, August, 96–97
Keller, Kevin Lane, 428, 429n
Kelley, Thomas, 143, 144n
Kellogg Company, 63, 85–88, 399
Kenley, Amy, 503–504n
Khanwilkar, Pratap, 56, 57
Kieffer, Don, 291n
Kight, Steve, 324–325
Kilar, Jason, 458–459
Kilmer, Paul F., 424n
Kim, W. C., 183–184
Kimberly-Clark (K-C), 117–118
Kindle, 44
King, Jacqui, 428n
Kingon, Angus I., 73n
Kinko's, aquisição pela FedEx, 43
Kistner, Len, 79n
Kit de ferramentas de usuário, 109–112
Kleinschmidt, Elko J., 7n, 8n, 14n, 17n, 18n, 61n, 62n, 68n, 80n, 82n, 84–85n, 100n, 133n, 212–213n, 278n, 279n, 349n, 371–372n
Klingerman, Alan, 109
Kodak, 484–485
Koen, Peter A., 30n, 50n, 58–59, 58–59n, 70
Koenig, Harold F., 364n, 365n
Kohli, Chiranjeev, 426n
Kohn, Stefan, 183–184n
Kosinski, Michael J., 225n
Kotabe, Masaaki, 479–480n
Kotha, Suresh, 415n
Kotler, Philip, 414n, 553, 553n
Kramer, Hugh, 336n
Krapfel, Robert, Jr., 38n, 39n
Kratzer, Jan, 371n
Krichevsky, Tamar, 61n, 62n
Krieger, Abba M., 231n, 233n
Kristensson, Per, 113n
Kroemer, Karl H. E., 327–328n
Krohe, James, Jr., 102n
Krubasik, E. G., 39n

Kuczmarski, Thomas D., 13n, 41n, 44n, 248n
Kunkel, J. Gregory, 367n
Kuzak, Derrick M., 377

L

LaBahn, Douglas W., 38n, 39n, 426n
Laboratório Nacional de Engenharia (NEL), 544–545
Laboratórios, pontos fortes tecnológicos nos, 73
Laboratórios de pesquisa, como fonte de ideias de produto, 544–545
Labrich, Kenneth, 11n
Lactaid (leite com menor teor de lactose), 109
Lacuna de inovação de produto, 28
Lacuna de satisfação no mercado (MSG), 314
Lacy, Sarah, 123–124n
Ladd, Alan, Jr., 214–215
Lado gerencial da análise, 260
Lafley, A. G., 23–24, 26, 118
Lager, Thomas, 304–306n
Laitner, Diana, 68n
Lambert, Denis, 38n
Lançamento, 32, 466
  ciclo, 439–443
  fase, 27, 31–32, 35, 42, 399
  gestão, 32, 491–492
  planejamento, 401–402
  plano de controle, 496–497
  plano de gestão, 504–506
  sistema de gestão, 491–502
  táticas, 444–449, 453
Lançamento enxuto, 443, 444
Lançamento gradativo no mercado, 442
Lançamento guiado, conceito de, 491–492
Lançamento interno, lançamento externo, 410
Lançamento no canal, 484–486
Lançamento precoce, 444–445
Lançamento tardio, 444–445
Lançamento(s), 411, 485–486
Land, Edwin, 271
Langerak, Fred, 37n, 444–445n
Langvardt, Arlen W., 441n
Lans, Maxine S., 424n
Lanterna, atributos dimensionais, 178–179
Lantos, Geoff, 85–86n
Larson, Eric W., 349–350n
Lauer, Dan, 108
LaunchPoint Technologies, 57
Lavidge, Robert J., 392n, 394n
Lawrence, C., 269n
Layout geométrico, criando para um produto, 330
Le Nagard-Assayag, E., 441n

Leais, consumidores de alimentos como, 413
Lealdade às áreas funcionais, 102
Lealdade do cliente, 72
Lee, Hyunjung, 4–5n, 6f, 49n, 191–192n
Lee, Rikki, 437n
Lee, Yikuan, 404n
Leenders, Roger, 371n
Lees, Gavin, 220n, 222n
Leggett & Platt, 524
Legislação, afetando a responsabilidade, 521
LEGO, sistema de inovação aberta, 119
LegoLand, parques, 52
Lehmann, Donald R., 268n
Lehnerd, Alvin, 62n
Lehr, L. W., 99n
Lei de Medicamentos Órfãos, 526–527
Leonard-Barton, Dorothy, 136n, 380–381n
Levantamento de resposta em tempo real, 224
Levin, Ginger, 360n
Levitra, estudo de caso, 510–512
Lexmark International, 241
Liau, Janet, 430n
Licenciamento, 72
Líder, selecionando para uma equipe, 356–357
Liderança, 274, 362
Liderança de marca global, 432–433
Líderes de equipe, 15, 26
Lieberman, M. B., 77n
Liefer, Richard, 3–4n, 44n
Life Savers Company, utilizando acessórios, 147
LifeScan, *recall* de todos os medidores, 522
Liker, Jeffrey K., 307–308n, 353–354n, 407n
Lilien, Gary L., 145n, 170–171n, 253n
Linhas de produtos
  adições às existentes, 12, 14
  consideração na avaliação de conceitos, 194–195
  substituição, 409–410
Lockwood, N. S., 369n
Lodish, Leonard, 233n
Logitech, estudos de caso, 257–259, 315
Logotipo, como marca registrada, 422
Long, Sieu Meng, 430n
Loosschilder, Gerard H., 171–172n
Lopez, Al, 50
Lorio, Joe, 459–460n
Louviere, Jordan J., 61n
Louvores pessoais aos criativos, 101
Loveless, Tom, 460–461n
Lu, Chu-Mei, 428n
Lucas, George, 72
Lucros, metas e objetivos, 75

LukWerks (produto de vigilância por vídeo), 315
Lynn, Gary S., 46n, 49n, 326–327n, 333n, 383–384n, 479–480n

M

MacCormack, Alan, 326–327n, 386–387n
MacElroy, Bill, 414n
MacMillan, Ian C., 45n
Macnair, R. David C., 149
Magrath, Allen J., 65n
Mahajan, Vijay, 173–174n, 267n, 268n, 269n, 367n
Maheshwari, Peeyush, 122–123
Maier, E. P., 451n
Maioria precoce, 417
Maioria tardia, 417
Makridakis, Spyros, 262n
Malhotra, K., 444–445n
Malhotra, Naresh K., 61n, 113n, 222n, 502–503n
Manceau, D., 441n
Mandolia, Rishu, 44n, 99n
Manufaturabilidade, *design* para, 325–328
Manville Corporation, 532
Mapa de importância, 227
Mapa de lacunas perceptivas baseado em similaridades gerais, 154–155
Mapa de lacunas perceptivas baseado na classificação de atributos, 154–155
Mapa de refeições ligeiras, 154–156
Mapas de espaço conjunto, 228–229, 419
Mapas de lacunas, 154–155
Mapas de lacunas determinantes, 154–156
Mapas de lacunas perceptivas, 155–162
Mapas perceptuais, 160–161
Mapeamento de lacuna perceptiva na classificação de atributos, 155–156
Mapeamento perceptual na classificação de atributos, 165
Mapeamento tecnológico, 556
Marca, 422
Marca guarda-chuva (de família), estratégia, 430
Marcadores de segurança de DNA, 526–527
Marcadores genéticos, pequisas acadêmicas sobre, 119
Marcas de serviço (*service marks*), 422
Marcas ideais, classificação, 228–229
Marcas líderes, estendendo, 429–430
Marcas registradas, 422–427
Marcus, Burton H., 134n
Maremont, Mark, 327–328n, 346–347n
Marion, Tucker J., 61n

Marketing, 3–4, 532–533
  função durante o desenvolvimento, 379–381
  função no desenvolvimento, 318–320
Marketing de banco de dados (*database marketing*), 414
Marketing direto, 475–476
Marketing ecológico (verde), 524–525
Marketing em camadas, 482–483
Marketing experimental, 32, 462, 478–483
  em contraste com lançamentos, 485–487
  risco de mostrar as mãos, 480–481
Marketing interno, 319–320
Marketing limitado, 482–483
Markham, Stephen K., 4–5n, 6f, 41n, 49n, 73n, 191–192n, 359n, 360n, 362n
Mars (fabricante de doces), banco de dados de donos de gato, 414
Marsh, Sarah J., 100n
Marshall, Jeneanne, 322–323n
Martin, Justin, 215–216n
Martinez, Eva, 430n
Massey, Anne P., 368n, 369n
Matanovich, Timothy, 170–171n
Mateja, Jim, 459–460n
Matéria-prima inadequada, em um *design*, 516–518
Matrix hell (matriz do inferno), 307–308
Matriz bidimensional, 180–183
Matriz de análise de lacunas, 491–492
Matriz de carga fatorial, 159–160
Matriz de decisão, sobre quando testar o mercado, 463
Matriz de dissimilaridade, 163
Matriz de efeitos esperados, 497–498
Matriz de riscos/compensações, 197–198
Matriz morfológica ou multidimensional, 181–184
Matthews, John M., 388n
Mattimore, Bryan, 147n
Mauborgne, R., 183–184
Max Factor, 23
Mazda Miata, 342–343
Mazursky, David, 180–181n
Mazzuca, Mario, 49n, 383–384n, 479–480n
MCAE (engenharia mecânica auxiliada por computador), 340–341
McBride, Sarah, 260–261n
McCamey, David A., 40n
McCurdy, Stephan, 175–176n
McDonald's, 422n
  sob escrutínio público, 514
McDonough, Edward F., III, 337–338n, 338–339n, 360n, 362n, 371n
McGrath, Rita Gunther, 45n, 214–215n

McManus, Sean, 457–458
McMath, Robert M., 166n, 392n, 428n, 480–481n, 554
MDS (escalonamento multidimensional), 164
Meadows, Lee, 113n
Medida de tempo até o ponto de equilíbrio, 407
Medidas, validação externa para, 503–504
Medidas abstratas, 502–503
Medidas de desempenho, 502–503
Medidas de inovação eficazes, aprendendo, 502–506
Medidas de *input*, 502–503
Medidas de mídia social, em gestão de lançamento, 503–504
Medidas de processo, 502–503
Medidas de segurança, diferenciando a JetBlue, 42
Medquest, 56
Melcher, Richard, 466n
Melchiorre, Vince, 53
Melesh, Thad, 538–539
Membros da equipe, selecionando, 357–358
Membros da equipe estendida, 358
Membros de equipe *ad hoc*, 357–358
Menezes, Bill, 437n
Menezes, Melvyn A. J., 451n
Mercado, efeito sobre o teste de mercado, 468–469
Mercado de teste, dados de InfoScan utilizados no, 477–478
Mercado(s)-alvo, 212–213, 294–296, 561–562
Mercados, segmentando, 412–415
Mercados de distribuição controlada por escâner (CDSMs), 476–477
Mercados emergentes, desenvolvendo produtos para, 528–530
"Mercados virgens", identificando, 64
Merck, Merck Gene Index, 119
"Mesmice melhorada", evitando, 300–301
Metas, 75, 559–560
Metas do produto, 322–329
Metas estratégicas, revendo, 406–407
Methé, David T., 73n
Método de catalogação, 555
Método de Gordon, 549–550
Método de mercado de teste simulado (STM), 469, 471–475
Método de operação, restringindo uma escolha, 413
Método de salto, 139
Método de venda informal, 474–476
Método olímpico, 249
Método postal, de contato com grupo de usuários, 390
Método SMT (mercado de teste simulado), 469, 471–475
Métodos de lançamento, 482–487

Métodos de observação, 136
Métodos de previsão financeira, 277–278
Métodos de redução de dados, 227
Métodos de venda controlada, 474–479
Métodos de venda especulativa, 470–472
Meyer, Marc H., 61n, 62n, 87–88n
Meyer, Marissa, 45
Miata, 342–343
Michalko, Michael, 95–96n, 96–97n
Micromercados, segmentando, 413
Microsoft Explorer, 385–387
  Windows 7, sistema operacional, 114–115, 441
Migração de clientes, conseguindo, 408
Miles, Morgan P., 11n
Miles Laboratories, 483–484
Miller, Charles, 152–153n
Miller, William, 222n
Milloy, Steven J., 514n
Mills, Michael S., 23n
Min, Sungwook, 44n
Mindstorms (brinquedo eletrônico), 52
Minerador de ideias, 541
Mini (Mini Cooper), 342–343
Mini, estudo de caso, 342–344
Minimercados, vendas controladas nos, 475–478
Mital, Tushar, 457–458n
Mitchell, Paul, 428n
Mitos, sobre planejamento de marketing, 401–403
Mix de comunicação, 445–447
Miyabe, Junichiro, 73n
Modelo A-T-A-R, 203–207
  exigências, 449–456
  padrões de controle de lançamento, 494–495
  previsão de vendas, 235
  previsão de vendas com, 265–266
Modelo atravessando o abismo, 417
Modelo de classificação da Hoechst--EUA, 279
Modelo de controle de componentes, 180–181
Modelo de dependência de atributo, 180–181
Modelo de difusão de Bass, 267–269
Modelo de inovação fechado, 117
Modelo de portfólio estratégico de vários objetivos, 84
Modelo de substituição, 180–181
Modelo de taxa por serviço, para o Hulu, 458–459
Modelo de triagem, com base no Projeto NewProd, 251–253
Modelo de troca, 265–266
Modelos, como declaração de conceito, 221

Modelos de classificação, 241–242, 244–251
  aspectos dos, 256
  financeiros e estratégicos combinados, 279
  mau uso, 256
  para triagem completa de conceitos de novos produtos, 247
Modelos de criatividade, 180–181
Modelos de remoção, 180–181
Modelos quantitativos de difusão da inovação, 267
Modo assíncrono, reunião no, 368
Modo síncrono, reunião no, 368
Modularização, 61
Moenaert, R. K., 401–402n
Moggridge, Bill, 343–344n
Molitor, Graham T. T., 141
Monaghan, Tom, 238
Mondeo (carro), 376
Mondry, Mark, 427, 427n
Monitor de monóxido de carbono, 131
Monitoramento de banco de dados, 553
Monitoramento de palavras-chave, 553
Montgomery, D. B., 77n
Montoya, Mitzi M., 212–213n, 358n, 363n, 368n, 369n, 404n, 405n
Moore, Geoffrey, 417, 418n
Moore, Michael J., 523n
Moore, William L., 61n
Moralidade, 528
Moran, John J., 305n, 304–306n
Morningside, Betsy, 210
Morone, Joseph G., 49n, 383–384n, 479–480n
Morrison, Dale, 150
Morton, Peter D., 176–177n
Mosca na parede (*fly on the wall*), pesquisa, 137
Moscowitz, Howard R., 392n
Moss, Roberta, 17n
Mossberg, Walter S., 257–258n, 436
Motivação
  das equipes, 366–368
  essencial para a participação, 356
Motor de inovação, sistema de orientação essencial para, 53
Motorola, 540
Moulson, Tom, 329n
Mousse para cabelo, como conceito, 215–216
Mozart, 96–97
MS Halo, *software* de jogo, 9
Mudambi, Ram, 8n
Mudambi, Susan, 8n
Mudança tecnológica,
Mueller, James L., 326–327n
Muffatto, Moreno, 58–59n
Mulally, Alan, 376n, 378
Muller, Eitan, 267n, 269n
Munsch, Ken, 322–323

N

Nabisco, 53
Nader, Ralph, 514–515
Nair, Raj, 376n, 377
"Nair for Men", 464
Nakata, Cheryl, 371n
Narayanan, V. K., 11n, 44n, 120n, 269n, 275n, 351–352n, 416n
Naturalistas que evitam substâncias químicas (*chemical-avoiding naturalist*), 525, 535–536
Natureworks, 525
Natureza, imitando a, 147
Naughton, Keith, 85–86n
Nauyalis, Carrie T., 241n
Navarra, Pietro, 8n
NBIC, customização em massa, 414–415
Necessidade de informações, para o lançamento de novos produtos, 467–468
Necessidade/benefício, como *input* para o processo de criação, 103
Necessidades ambientais, 523–525
Necessidades satisfeitas, lista composta de, 547
Nee, Eric, 77n
Neeleman, David, 42
Neff, Jack, 479–480n
Neff, Michael C., 410n
Negligência, 519–520
Nelling, Edward, 275n
Nelson, Beebe, 249n, 514n
Neologismo, como marca registrada, 425
Nestlé Refrigerated Foods, 233–235
Netflix, 43
New Coke, sem teste de mercado, 271–272
New Product Blueprinting, 314
New Products Showcase and Learning Center, 554
New Zealand Wool Testing Authority, 223
Newell Rubbermaid, 186–187
Newton Message Pad, 103
Nicholson, Carolyn Y., 362n
Nielsen. *Consulte* ACNielsen
Niest, Trae, 344–345
Niethammer, René, 183–184n
Nike, 119
Nintendo, 435
Nissan, grupos focais, 136
Nível de instrução do consumidor, 533
Nível de instrução dos funcionários da empresa, 533
Nobeoka, Kentaro, 340–341n
Nokia, 137, 529, 530
Nokia Lumia 920, 167
Nokia-Siemens, 529
Nomes arbitrários, proteção aos, 423
Nomes comerciais, 422
Nomes famosos, proteção aos, 423
Nomes fantasia, proteção aos, 423
Nomes genéricos, proteção aos, 423
Nomes sugestivos, proteção aos, 423
NordicTrack, 542–543
Norling, Parry M., 379–380n
Normas, de teste de uso do produto, 396
Nós de uma rede, 361
Nova tecnologia, conceitos que incorporam, 215–216
Novas linhas de produtos, 12
Novo recurso, 28
Novo(s) produtos(s), 12, 44
    análise financeira, 282
    como componente fundamental, 58–59
    diferenciando, 59–60
    nem todos planejados, 11
    previsão de vendas para, 260–262
    provocando preocupações inesperadas, 515–516
Novos produtos incrementais, 19
nPower PEG (Personal Energy Generator), 66
NPV (valor presente líquido), 245, 260–261, 277
Números comparativos, *versus* absolutos, 396
Nussbaum, Bruce, 132n, 136n, 144n, 324–325n, 325–326n
NutraSweet, 11, 479–480

O

O'Connell, Vanessa, 149n
O'Connor, Gina Colarelli, 3–4n, 11n, 44n, 45, 46n, 120n, 138n, 269n, 275n, 351–352n, 352–353n, 404n, 416n
Objetivos
    em um PIC, 75
    em um plano de marketing, 559–560
Observabilidade de novos produtos, 417
Observando, consumidores, 134
Obstáculos
    remoção de, à criatividade, 101–102
    superando, 358
Obstáculos, superando, 454–456
Oce, banco de ideias, 100
Official Gazette, 544–545
Olay Regenerist, 118
Óleos hidrogenados (gordura transgênica), 514
Olimpíada de Ideias, Toyota Motor Co., 541
    integração de produtos integrados, 353–354
Prius, 537–538
recalls de 2009-2010, 517–518
veículos utilitários esportivos, 138
Olson, David W., 413, 493–494n, 499–500n, 500–501n
Olson, Eric M., 322–323n, 364n
Omta, S. W. F. (Onno), 364n, 366n
Ono, Yumiko, 452n
Opção de empreendimento, 351–353
Opção de matriz balanceada, 351–352
Opção de matriz de projeto, 351–352
Opção de matriz funcional, 351–352
Opção funcional, para equipes, 349–351
Opções de continuidade, dos produtos, 408
Opções de estrutura organizacional, 349–350
Operações, 10
Operações globais, gerenciando, 8
Opinião do colegiado de executivos, técnica de previsão, 262
Oportunidade (início real), 32
Oportunidades, avaliando e classificando, 78
Oportunidades de mercado, 78
Oratech LLC, 124–127
Orientação da equipe, 71
Orientação de mercado, superando barreiras à, 365
Orodutos ocasionais, 506–507
Ortt, Roland J., 176–177n
Orwall, Bruce, 85–86n
Osborn, Alex, 143
Osegowitsch, Thomas, 63n
Osler, Rob, 422n, 423n
Ostras, 83
Ottman, Jacquelyn A., 326–327n, 524, 525n
Ottum, Brian, 223n, 229n
Outstanding Corporate Innovator (Inovador Corporativo de Destaque), prêmio, 21
Overbeeke, Kees, 338–339n
Oyung, Robert, 369n
Ozer, Muammer, 135n, 194–195n, 371–372n, 430n, 447n, 474–475n

P

P&D (pesquisa & desenvolvimento), 3, 7, 529
P&G. *Consulte* Procter & Gamble (P&G)
P&G CarpetFlick, estudo de caso, 123–125
Pace, Lisa, 369n
Padrão de lançamento de adição defensiva, 443
Padrão de lançamento de melhoria ofensiva, 443
Padrão de lançamento de novos produtos inovadores, 443
Padronização, tentativas de, 523
Page, Albert L., 68n, 75n, 212–213n, 359n, 406n

Painéis *on-line* exclusivos (POPs), 146
Painel de disciplinas, 147
Painel de inovação, 502–503
Países, como mercados de teste, 479–480
Países menos desenvolvidos (PMDs), propriedade intelectual como bem público, 526
Palavras e frases de estímulo, 555
Palm Pilot, estudo de caso, 343–347
Panke, Helmut, 342–343
Panos quentes, como estilo de gestão, 365
Pant, Somendra, 371–372n
Papel de bala, silencioso, 138
Paralisia pela análise, 274, 503–504
Parâmetros de desempenho, 296–297
Parâmetros de *design*, 296–297
Parceiro local, encontrando, 529
Park, C. Whan, 102n
Parry, Mark E., 371n
Partes interessadas, 223
  como grupo de teste, 390
  necessidades e problemas das, 128–129, 131
Participação, 354–355
Participação de mercado
  como meta, 75
  convertendo em vendas de longo prazo, 266
  percepção de, 218
Participação de mercado de longo prazo, expressando, 265
Participantes, em equipes de novos produtos, 358–361
Pascarella, Perry, 367n
Passeio aleatório, 555
Patrocinador, função do, 360
Patrocinador de processo, 358–361
Patrocinadores ou defensores de produto, 46–48, 354–355, 358–361
Paul, G. W., 480–481n
Paul, Ronald L., 220n
Paulson, Albert S., 44n, 49n, 383–384n, 479–480n
PC IBM, criando e comercializando, 10
PDMA (Associação de Desenvolvimento e Gestão de Produtos), 4–5, 15, 21
Pekny, Joseph F., 21n, 81n
Penicilina, descoberta da, 10
Penn Racquet Sports, 75
Pensamento discrepante, 554
Pensamento divergente, 554
Pepsi One, 489–490
PepsiCo – Pepsi-Kona e Pepsi One, estudo de caso, 488–490
Pepsi-Kona, 489
Percepção, do problema de um cliente, 131

Percepção pessoal, principal benefício como, 214–215
Perdedor, evitando o grande ou garantido, 193–194
Pereira, Joseph, 72n, 341–342n
Perfil de marca relativo, 551
Perguntas sobre intenção de compra, 218
Período de incubação, 45
Período para teste de uso do produto, 393–394
Períodos de intensa pressão (*crunch time*), 36
Pérolas, 83
Perry, Tekla S., 100n, 101n
Persaud, Ajax, 371–372n
Pesquisa & desenvolvimento (P&D), 3, 7, 529
Pesquisa baseada em casos, 389
Pesquisa de mercado, suporte ao teste de conceito, 233–236
"Pesquisa gorila", 137
"Pesquisadores visitantes", 373
Pesquisas sobre os clientes, 129–130
Pessoal de atendimento, 42
Pessoal de criação, 99
Pessoal de criação, transferindo, 99
Pessoas certas, encontrando, 95–97
Pessoas que ditam tendências, observando, 548
Peters, Lois S., 44n
Petersen, John L., 141n
Petersen, Kenneth J., 358n
Petras, Ross & Kathryn, 427n
Pfizer, 511–512
Pham, A., 457–458n
Philips Electronics, 119, 373
Phillips, J. Donald, 548–549
Pick-a-noun (escolha um substantivo), 555
Pico de vendas, momento e magnitude do, 268
Piller, F., 112n
Pillsbury, 109
Pilosof, David, 534–535n
Pina, Jose M., 430n
Pine, B. Joseph, II, 415n
Pirataria de marca, 526
Pirataria de produtos, 526–527
Pisano, Gary P., 112n
Pitts, Dennis A., 63n, 430n
Pizzi, Charles, 53
Planejamento do produto, 3
Planejamento estratégico, 28, 186–187
Planejamento estratégico de lançamento, 401–402
Planejamento orientado à descoberta, 45
Planejamento serendipitoso, 10, 11
Planejamento tático de lançamento, 401–402
Planilha de perfil, 250–251

Planjemanento corporativo, contínuo, 28
Plano de marketing, 28, 30, 557–562
Plano estratégico, implementação do, 439–456
Planos de contingência
  desenvolvendo, 497–499
  para problemas de controle, 492–493
  sistema para implementação, 498–502
Plataforma de categoria, 64
Plataforma do Camry, 59–60
Plataformas de marca, 63
Plataformas de produto, 58–59
  estabelecendo, 331
  estratégia, 59–60
  planejando, 63
Platt, Marjorie B., 321–322n
PMDs (países menos desenvolvidos), propriedade intelectual como bem público, 526
PMT (equipe de gestão de portfólio), 43
Poh, K. L., 241–242n
Polaroid, 99
Política de inovação Conectar e Desenvolver, 118
Ponto de prosseguir/não prosseguir, 31
Ponto de uso, local, 391
Pontos de decisão, 17
Pontos de gatilho, 492–493, 501–502
Pontos fortes tecnológicos, nos laboratórios, 73
Pontuações fatoriais, desenhando um mapa perceptual, 160–161
Pontuações fatoriais de utilidade, exemplo do café, 169–170
Porcentagem de compras repetidas, 379
Port, Otis, 340–341n
Portfólio, função, 288
Posicionamento, 294–297, 419
Posicionamento do produto, 212–213, 294–297, 418–420
Posicionamento substituto, 420
Posicionamento substituto da fabricação, 420
Posicionamento substituto de ascendência, 420
Posicionamento substituto de endosso, 420
Posicionamento substituto de posição, 420
Posicionamento substituto de predecessor, 420
Posicionamento substituto de segmento-alvo, 420
Posicionamento substituto incomparável, 420
Postergação
  da forma e identidade do produto, 443
  princípio da, 39

Postergação de forma, 444
Postergação de tempo, 444
Power Train Group, na Honda, 90
Pragmatistas, 417
Prahalad, C. K., 113n
Pratt, Anthony Lee, 337–338n
Pre-BASES, 233
Precificação, 286
Precisão da janela de mercado, 491–492
Preço, na declaração de conceito, 223
Preço condizente com o mercado, 455–456
Preço de desnatamento, 455–456
Preço de penetração, 455–456
Preço *premium*, 455–456
Pré-divulgações, 439, 441
Preferências dos clientes, 169–170
Prejuízo líquido em vendas canibalizadas, 287–288
Pré-montagem digital, 340–341
Preocupações públicas, ciclo de vida das, 513–516
Preparação de recursos, 30
Pressão, intensa, 10
Pressão positiva contínua nas vias respiratórias (CPAP), aparelho, 311–313
Pressupostos estratégicos, 401–402, 405–406
Pré-teste de mercado, 242–243
Previsão
  de longo prazo, 260–261
  diminuindo a dependência para com, 273–278
  levantamento, 549–550
  modelos de, 269–270
  o que você sabe, 273
  técnicas, 262
Previsão de árvore de relevância, 556
Previsão de lucro, 205
Previsão de vendas
  de novos produtos, 260–262
  problemas com, 270–271
  utilizando intenções de compra, 264
  utilizando o modelo A-T-A-R, 265–266
Previsão de vendas, utilizando métodos tradicionais, 262–263
Previsões de série temporal e regressão, 263
Price, Raymond L., 46–47n
Primeiro em participação na mente, 38
Primeiro no mercado, estratégia arriscada, 76
Problema de *hollow gate*, 19
Problema de *trade-off*, 531
Problema(s)
  ordenando e classificando, 134
  reconhecendo possíveis durante o lançamento, 491–497

reunindo, 128–142
solucionando, 143–147
Problemas controlados, selecionando durante o lançamento, 491–492
Problemas de *design* de carregamento frontal, 339–340
Problemas não reastreáveis, 501–502
Procedimento de acompanhamento de inovações técnicas, 548–549
Procedimento de plataforma ascendente, 62
Procedimento de plataforma descendente, 62
Procedimento de triagem em um modelo de classificação, 245–250
Processamento paralelo, 36
Processo de adoção de produtos, 416
Processo de criação, *inputs* exibidos pelo, 102–103
Processo de desenvolvimento, gerenciando, 293–294
Processo de desenvolvimento de novos serviços, 41
Processo de desenvolvimento de serviços, 41
Processo de desenvolvimento-teste--feedback-revisão, 47–48
Processo de eliminação de produtos escalonado, 507–508
Processo de hierarquia analítica (AHP), 253–256
Processo de novos produtos, 16–21, 23, 25
  aprimorando, 271–272
  avaliações no, 191–195
  dificuldade do, 3–5
  fases do, 27–32
  meta do, 18
  princípios básicos de implementação, 362
Processo de novos produtos de terceira geração, 20
Processo de novos produtos em fases, 17
Processo de pré-triagem, 216–218
Processo de sondagem e aprendizagem, 49
Processo *lickety stick*, 49, 124–125
Processos de negócio, integração com, 362
Procter & Gamble (P&G), aquisição de marcas de cosméticos, 23–27
  centros de pesquisa, 9
  Coast (sabonete), 143
  conjunto comum de ingredientes, 61
  cortando o tempo de desenvolvimento, 40
  Crest Whitestrips, 467–468
  Febreze, desodorizador de tecidos, 479–480
  Febreze e Dryel, 197–198
  método de portfólio, 82

nova bebida de café, 526–527
proponente de inovação aberta, 117–118
PUR, 525
Proctor, Tony, 145n
Produção, verificando dentro de um mercado de teste, 480–481
Produção em massa, 414–415
Product (RED), estudo de caso, 539–540
Produto "glocal", 61
Produto adaptativo, desenvolvendo, 76
Produto de qualidade, garantia de entrega de, 384–385
Produto em evolução, 33
Produto em fábrica piloto, em teste de uso, 394
Produto em fase de produção final em teste de uso, 394
Produto pesado, identificando, 133
Produto único superior, 14, 379
Produto(s)
  acelerando a colocação no mercado, 35–40
  como grupos de atributos, 152–154
  lançando próxima geração de, 410
  melhorias e alterações nos existentes, 12
  notável(is), 526–527
Produtos "surpresa", 93
Produtos alimentícios, canal de distribuição, 452
Produtos concorrentes, análise comparativa, 298–299
Produtos derivativos, 331
Produtos disruptivos, auxiliando na análise de cenário, 548
Produtos em lote em teste de uso, 394
Produtos inovadores, potencial de crescimento, 267
Produtos malsucedidos, 507–510
Produtos manufaturados, comparados a serviços, 41
Produtos modulares, 61
Produtos novos para a empresa, 12
Produtos novos para o mundo, 12, 13, 44–46, 407–408, 508–509
Produtos realmente novos, 12
Produtos respeitáveis, 526–527
Produtos revolucionários, 19
Produtos temporários, 408, 506–507
PROFIT (PROperty FITting), programas de computador, 164–165
Programa de novos produtos, avaliando, 563–566
Programações de desconto, complexas, 455–456
Programas de computador para *brainstorming*, 145
Programas de gestão da qualidade total, 467–468

Progresso tecnológico, registro do, 548–549
Projetistas industriais, 331–332, 334, 543–544
Projetização, 349–354
Projeto (*design*) fatorial fracionado, 173–174
Projeto ELITE (Earnings Leadership in Tomorrow's Environment), na TRW, 367
Projeto NewProd, 251–253
Projeto/*design* ecológico, 326–328
Projetos diruptivos, recursos para, 84
Projetos *pão com manteiga*, 83
Prontidão das vendas, 491–492
Propriedade intelectual (PI), 117, 120, 526
Propriedade-função-benefício, tríade, 419
Propriedades, 152–153, 297–298, 419
Proserpio, L., 371–372n
Proteção à identidade visual, 424
Protocolo do produto, 30. *Consulte também* Protocolo(s)
Protocolo(s), 290
    componentes do(s), 298–300
    conceito, 34–35
    conteúdo do(s), 293–300
    explicitação, 257–258
    formulário de cumprimento, 309–310
    integrando e enfatizando a função do(s), 291–292
    no processo de novos produtos, 302–303
    para um sistema de descarte/reciclagem de lixo doméstico, 295
    preparação, 290
    processo, dificuldade do, 308–310
    propósitos do(s), 291–294
Prototipação rápida, 340–341
Protótipo abrangente, 332–333
Protótipo(s), 31
    avaliando, 31
    como declaração de conceito, 221
    conceito, 35
    desenvolvendo, 332–334
    testando, 42, 379
    teste de conceito, 216–217
Protótipos focalizados, 47–48, 333
Protótipos virtuais, no teste de conceito, 175–177
Provo Craft, estudo de caso, 375–376
Proximidade onisciente, 134
Prügl, Reinhard, 114n
Prusak, Laurence, 96–97n
Pseudovenda, 468–475
Pujari, Ashish, 69n, 71n
Pun, Pushpinder, 30n
Purcell, Rick W., 308–309n
PUT. *Consulte* Teste de uso do produto (PUT)

Q
Qualcomm, técnica de motor de inovação, 100–101
Qualidade, enfoque sobre, 36
Questionário de percepções sobre atributos, 157–158

R
R.J. Reynolds, cigarros Dakota, 528
Rad, Parviz F., 360n
Rádio via satélite, prevendo vendas de, 260–261
Rae, Jeneanne Marshall, 336n
Rafii, Farshad, 337–338n
Ragatz, Gary L., 358n
Ram, Sudha, 256n
Ram, Sundaresan, 256n
Ramaswamy, Venkat, 113n
Rangan, V. Katsuri, 233n, 451n
Rangaswamy, Arvind, 145n, 170–171n, 253n
Rao, Ambar G., 442n
Rayport, Jeffrey F., 136n
RC (Rider Counterbalance), empilhadeira contrabalançada, 324–326
Reação da concorrência, avaliando, 383–384
Reação inicial, à geração de conceitos, 213–215
Reações perceptivas, pré-uso, 384–386
Realidade virtual, 175–176, 222
Reast, John, 428n
Rebaixamento, 410
Recall do produto, planejando, 522
Receptores, equipes e, 357
Recompensas
    especiais para realizações do pessoal de criação, 101
    monetárias e não monetárias, 367
Recompensas em ações, para os membros da equipe, 366
Recompensas em grupo, 101
Recompensas monetárias e não monetárias, 367
Recurso subutilizado, 28
Recursos de alavancagem, 72
Rede, 361
Redução de custo, novos produtos como, 12
Registro, 422
Registros internos, 129–130
Regressão de preferências, 230–231
Reibstein, David, 502–503n
Reilly, Richard R., 46n, 49n, 326–327n, 333n
Reimann, Bernard C., 286n
Reinertsen, Donald G., 18n, 194–195n
Reingen, Peter H., 354–355n
Relação jurídica reconhecida por lei (*privity*), 519

Relações com a concorrência, 411
Relações operacionais de uma rede, 361
Relatórios de andamento, 32
Remuneração, como um problema de gestão de equipe, 366–368
Repetição, definição A-T-A-R, 205, 206
Reposicionamentos, 12
Representante funcional, em uma equipe de novos produtos, 15
Respondentes, 225, 395–396
Responsabilidade estrita, 520, 521
Responsabilidade pelos produtos, 516–521
Resposta pormenorizada, 101
Restrições em um plano de marketing, 559–561
Resultado de análise gráfica conjunta, 172–173
Resultados
    projetando prováveis, 500–501
    solicitando aos clientes, 114
Resultados conjuntos, 176–177
Resultados de pesquisa, analisando, 226–231
Resultados tangíveis, 290
Resultados tangíveis do produto, 292–293
Retardatários, 417
Reuniões de negócios globais, 371
Reuniões eficazes, 366
Revelação de identidade em teste de uso do produto, 391
Revendedores, 450, 541–542
Revezadores, consumidores de alimentos como, 413
Rice, Mark P., 3–4n, 46n
Ries, Al, 435n
Rigby, Darrell, 120n
Rink, David R., 173–174n
Risco, gestão de, 275
Riscos inerentes dos produtos, 516–518
Riscos pós-uso, 517–518
Robben, Henry S. J., 401–402n, 443n, 444–445n
Robertson, David, 51n, 53, 63n
Robertson, Thomas S., 441n, 442n
Robinson, William T., 44n
Roche, Jim, 55
Rogers, Everett M., 416, 416n
Rosbergen, Edward, 171–172n
Rosenau, Milton D., Jr., 14n, 103n, 220n, 223n, 298–299n, 305n, 304–306n, 329n, 331n, 362n, 388n, 499–500n, 500–501n, 508–509n
Rosenberger, Phillip J., III, 177–178n
Rothey, Chris, 233n
Roveda, Marco, 58–59n
Rubbermaid, estudo de caso, 186–187
Rubbermaid Inc., estratégia push (empurrar), 470

Rydholm, Joseph, 136n
Rymon, T., 441n

S

Saaty, Thomas L., 253n
Safe Keep, monitores da Coleman, 131
Sakkab, Nabil, 116n
Sala Oobeya, 291
Salmon, Andrew, 311n
Salomo, Sören, 7n, 8n, 61n, 62n
Salter, C., 457–458n
Saltos estáticos, 140
Samli, A. Coksun, 526n, 526–527n
Samsung Galaxy S4, 167
Sanderson, R. Hedley, 223n
Santori, Mike, 49
Santos, Jose, 371n
Sarin, Shikhar, 367n
Sashittal, Hemant C., 356n, 357n
Sattler, Henrik, 430n
Saunders, John, 410n
Sawicki, John, 54
SC Johnson Company, 129–130
Schaeffer, Lee, 424n, 425n, 428n
Scheuing, E. E., 480–481n
Schirr, Gary R., 110n
Schmidt, Jeffrey B., 8n, 16n, 39n, 222n, 254n, 363n, 508–509n
Schnaars, Steven, 77n, 139n
Schonfeld, Eric, 457–458n
Schoormans, Jan P. L., 176–177n, 332n
Schreier, Martin, 114n
Schutz, Karen, 54
Schwan's, sorvete, 522
Schwarzenegger, Arnold, 538–539, 555
ScotchGard, protetor de tecidos, 11
Scriven, Eric, 248n
Scrubbing Bubbles Automatic Shower Cleaner, 129–130
Seamon, Erika B., 68n, 132n, 280, 280n, 350–351n, 367n
Searle, NutraSweet, 479–480
Sebell, Mark Henry, 139n
Seção de componentes estratégicos de um plano de marketing, 561–562
Segmentação de mercado comportamental, 412
Segmentação de mercado demográfica, 412
Segmentação de mercado geográfica, 412
Segmentação de mercado psicográfica, 412
Segmentação por benefício, 226, 229, 412–413
Segmentos, em um mercado, 173–174
Segmentos de negócio, implementação de acordo com, 484–485

Segmentos por benefício, identificando, 226–227, 232
Segurança no emprego, 366
Seibert, Rebecca, 30n
Seleção da equipe, diretrizes para a QFD, 308–309
Seleção de conceitos, desafios da, 241
SelectaVision, sistema de videodisco, 508–509
Self transparente, 65, 66
Sellers, P., 45n
Sell-in natural, 477–478
Sem defeito, abordagem, 532
Semelhança, nível de, 62
Sequência de palavras, como marca registrada, 422
Ser vivo, projeto como, 271–273
Serviços, 41–44, 516–518
Sethi, Anju, 371–372n
Sethi, Rajesh, 102n, 362n, 371–372n
Setor automobilístico, planejamento de plataforma, 63
Setor de automóveis, processo de novos produtos, 50
Setor de bombas cardíacas, 55–57
Setor de invenções, 542–543
Setores de serviços, plataformas nos, 62
Shalit, Gene, 138
Shankar, Venkatesh, 502–503n
Shanklin, William L., 410n
Shapiro, Benson P., 449n
Sharma, Subhash, 268n
Shea, Christine M., 359n
Shekar, Aruna, 311n
Sheth, Jagdish N., 61n, 113n, 222n, 444–445n, 502–503n
Shin, G. C., 8n, 16n
Shirouzu, Norihiko, 136n, 138n
Shorter, Lee, 124–125n
Shriver, Bobby, 539–540
Siau, Keng L., 145n
Siemens, 530
Sierra Club, 536–537
Significado secundário, 424
Signode Corporation, 75
Silverman, Brian, 177–178n
SIMALTO, mensuração conjunta, 176–177
Sinalização, 440–441
Sinclair, Steven A., 155–156n
Síndrome do "não inventado aqui", 543–544
Sinergia, colaboração que resulta em, 354–355
Sinergia transcultural, 371
Sinética, 549–550
Sinha, Rajiv K., 418n
Sistema coordenado, 289
Sistema de acompanhamento, desenvolvendo, 492–493, 498–502
Sistema de apoio a grupos (GSS), *software*, 144–145, 225, 226

Sistema de avaliação
 de novos produtos, 191–192
 de processo básico de novos produtos, 191–193
 design, 204
 planejamento de conceitos de novos produtos, 199–202
Sistema de avaliação de novos produtos, 191–192
Sistema Fotográfico Avançado (APS), 484–485
Sistemas baseados em conhecimento, como modelos de classificação, 256
Sistemas de controle para produtos, 532
Sistemas especializados, como modelos de classificação, 256
Sistemas *single source*, 478–479
Situação "mudar ou morrer", na LEGO, 52
Situação de resposta, selecionando, 224–225
Situações, aprovando, em lugar de números, 273–274
Sivakumar, K., 371n
Skunkworks, 58–59, 351–352, 406
Slater, Stanley F., 38n, 322–323n, 364n
Sliwinski, Alexander, 435n
Slotegraaf, R. J., 18n, 41n, 44n, 47–48n, 81n, 84n, 110n, 223n, 263n, 369n, 405n, 443n, 491–492n, 503–504n, 529n
Slywotzky, Adrian, 449n
SMART (*simple, maintenance-friendly, affordable, reliable, timely-to-market*), 529
SmarterKids.com Inc., 390
Smartphones, 41, 132, 167–168
Smets, Gerda, 338–339n
Smith, Daniel C., 102n
Smith, Preston G., 18n, 38, 371n
Smithers, Rebecca, 133n
Smooth & Easy, base de calda aderente, 552
Snapple Elements, linha, 386–387
Sobek, Durward K., II, 353–354n
Sodermeyer, S., 326–327n
Sofge, Erik, 435n
Soladey (fabricante), 524
Solano, Brandon, 238, 239
Solio, carregador portátil, 525
Solomon, Stephen D., 390n
Somermeyer, S. M., 3–4n, 30n, 46n, 68n, 73n, 80n, 111n, 113n, 129–130n, 132n, 135n, 153–154n, 175–176n, 198n, 229n, 262n, 280n, 299–300n, 304–306n, 350–351n, 367n, 371n, 424n, 425n, 504–506n, 506–507n
Song, X. Michael, 337–338n, 354–355n, 363n, 364n, 369n, 371n, 404n
Sonhos, auxiliando na análise de problemas, 547–548

Sony Xperia ZL, 167
Souder, W. E., 371n
Souper Combo, 466
Spaghetti-Os, conceito de, 464
Speedstorming, 144
Spielberg, Steven, 555
Spring, Steve, 249n
Sprint, 503–504
Sproles, George, 329n
Srinivasan, V., 176–177n
St. Angelo, Steve, 517–518
Staal, Gert, 113n
Stalling, Edward C., 155–156n
Standard Brands, 552
Stank, T., 444n
Stanko, Michael A., 116n
Star, S. H., 480–481n
Starbucks, mercados de teste no lançamento do Via, 481–482
Stark, Bob, 210
Status no mercado, metas e objetivos, 75
Statz, Robert J., 379–380n
Steckel, Joel H., 173–174n
Steelcase, 215–216, 222
Steinberg, Scott, 70n
Stern, Aimee L., 396n
Stern, Gabriella, 384–385n
Stevens, Greg, 96–97n
Stevenson, Robert Louis, 547
Stock, Gregory N., 100n
Story, Molly Follette, 326–327n
Stovall, John S., 212–213n
Stoy, Robert, 388n
Strasser, Mike, 123–124
Strategic Decision Group (SDG), modelo de avaliação de portfólio, 83
Strauss, Lawrence C., 85–86n
Strauss, Levi, 137
Subaru, 326–328
Substituição de produto adjacente (*butt on*), 410
Substitutos, 202
   do valor presente líquido, 245
   utilizando posicionamento, 419–420
Sucesso, motivo de, 14
"Suficiência", busca de, 65, 66
Sultan, Fareena, 268n
Sun Ovens, 529
Sunbeam Corporation, análise de *trade-off*, 170–171
Sundgren, Niklas, 62n
Supersize Me (filme), 514
Suposição de risco, defesa, 521
Surlyn, desenvolvido pela DuPont, 379–381
Sutton, Robert L., 100n
Swaddling, David C., 152–153n
Swan, K. Scott, 358n
Swasy, Alecia, 381–382n
Swatch, relógios, 323–325
Swiffer, vassoura de chão, 123–124

Sybron Corporation, pressuposto estratégico, 406
Sykes, Hollister B., 366n

T

Tablet, computador, 70
Tabrizi, Behnam, 380–381n
Tait, Richard, 534–535n
Tamanho da amostra para um teste de uso do produto, 390
Tanaka, Takashi, 291n
Tanouye, Elyse, 531n
Tarefas de avaliação, 17, 19, 32–35, 33
Tarefas do marketing no desenvolvimento, 27
Tarefas técnicas no desenvolvimento, 27
Tarrant, Crispian, 176–177n
Tastykake Sensables, estudo de caso, 53–55
Tata Nano, 529
Táticas de preço, para lançamento, 455–456
Tatikonda, Mohan V., 63n
Tauber, Edward M., 134n
Taxa de compras repetidas, 265–266, 455–456
Taxa de difusão inicial, 267
Taxa de insucesso, de produtos inovadores, 45
Taxa de retorno exigida, 275, 287–288
Taxa interna de retorno (IRR), 260–261, 270
Taxas de locação de espaço em prateleira, 452
Taxas de retorno mínimo, 278, 288
Taylor, Paul, 257–258n
Técnica além disso, 549–550
Técnica de análise de atributos, 153–154
Técnica de avaliação e revisão de programas (PERT), gráfico, 317–318
Técnica de desmontagem, 548–549
Técnica de motor de inovação, na Qualcomm, 100–101
Técnica de pesquisa qualitativa, 136, 177–185
Técnica de pontos fracos, 552
Técnica de previsão de análise econométria, 262
Técnica de previsão de redação de cenário, 262
Técnica de previsão de regressão múltipla, 262
Técnica de previsão de regressão simples, 262
Técnica de previsão de série temporal simples, 262
Técnica de previsão investigativa da Delphi, 262, 549–550
Técnica de propriedades exclusivas, 552

Técnica de relações forçadas, 554–555
Técnica do incômodo, 134
Técnica hipotética, 548
Técnica projetiva, 551
Técnicas de avaliação, 192–193
Técnicas de desenho e fabricação auxiliados por computador (CAD/CAM), 444
Técnicas de estimulação da criatividade, 147
Técnicas de evitação, 554
Técnicas de mapeamento perceptual, 419
Técnicas intrusivas de geração de ideias ou geração de conceitos, 530–531
Tecnologia, 72
   determinantes, 73–74
   exigida pelo processo de criação, 103
   oportunidades, 78
Tecnologia de levitação magnética, 56
Tecnologia não laboratorial, 73
Teflon, 11
Tempo acelerado até o mercado, 292–293
Tempo até o mercado, 18, 36
Tempo de ciclo, 35, 292–293
   aceleração, 40
   medida, 36
   programa de redução, 38
Tendências emergentes, examinando, 64
Teoria de precificação de opções, 275
"Terapia de destinação", 56
Terceirização, 116
Terceirização coletiva ou em massa (*crowdsourcing*), 112–113
Termo de inovação de produto (PIC), 16, 20, 29, 35, 58–59, 95, 271–272
   de uma SBU de cosméticos, 23–25
   desenvolvimento do, 58
   eliminando ideias de novos produtos, 212–214
   preparando, 78–80
   reconsiderando, 278–281
   seção arena, 72–75
   seção diretrizes especiais do, 75–77
   seção fundamentos, 72
   seção metas e objetivos do, 75
   seções do, 72–77
Testagem beta, armadilhas comuns do, 388
Teste, fontes de produto para, 394
Teste com o usuário, 379
Teste de aceitação do mercado, 379
Teste de campo, 379
Teste de conceito, 30, 201, 214–215, 413, 464
   análise conjunta em, 231–233
   enganoso, 236
   pesquisa, 219–226
   propósitos do, 216–219

protótipos virtuais no, 175–177
suporte de pesquisa de mercado, 233–236
Teste de limites teóricos, 552
Teste de mercado, 32, 462, 532–533
   condições para passar por cima, 467–468
   decisão, 462–469
   em relação a outros testes, 464, 465
   fatores para decidir se ou não realizar, 466–469
   lançamentos, 275
   métodos de, 468–469
   solicitando, 463–464
   tendo força e poder, 464–466
Teste de mercado ao vivo, 477–478
Teste de mercado baseado em escâner, 468–469n
Teste de mercado de lançamento gradativo, 477–478
Teste de mercado por escâner, 477–479
Teste de minimercado, 477–478
Teste de produtos, 532
Teste de *scree*, 159–160
Teste de sensibilidade, 250, 287–288
Teste de um pseudoproduto, 551
Teste de uso, 381–382
Teste de uso de novos produtos de consumo não duráveis, estudo de caso, 399
Teste de uso do produto (PUT), 379, 413, 464
   argumentos contra e a favor, 382–385
   conduzindo, 392–393, 396–397
   conhecido ganho com, 384–389
   decisões no, 389–397
   formatos de dados, 395
   motivos para, 381–382
   necessidade de, 381–385
   riscos e custos do, 382–384
Teste e desenvolvimento de conceitos, 214–219
Teste gama, 388–389
Teste monadário, 392, 393
Teste monadário sequencial, 392, 393
Teste no mercado, 478–479
Teste retrospectivo, 397
Teste virtual de produtos, 414
Testes alfa, 385–388
Testes beta, 385–388
Testes cegos, 391
Testes patrocinados, 391
Testes substitutos, 397
Texas Instruments, 99
Thamhain, Hans J., 18n, 368n
Think tanks (grupos de pesquisa interdisciplinar), 549–550
Thirty, Paul, 233n
Thomas, Jerry W., 97–98n
Thomas, Robert J., 207n

Thomke, Stefan, 340–341n
Thompson, James D., 45n
Thompson, Stephanie, 85–86n
Thoratec (empresa), 56
Thorne, Avril, 95–96n
Thornton, Jim, 375
Threadless, 112
Tighe, Gary, 361n
Timing (momento oportuno), 77, 298–299
Timing de lançamento, 444
Todhunter, Jim, 523n, 524n
Tomógrafo computadorizado, General Electric, 49
Toro, 75
Tottie, Magnus, 304–306n
Toyama, Ryoko, 73n
Trabalho em equipe, 9
TrafficPulse System, 233
Travesseiros, atributos dos, 163
Tree, Evan, 258–259
Treinamento
   do pessoal de criação, 97–98
   equipes, 361–362
   essencial para a participação, 356
Tremont Electric, 66
3M (empresa), 99, 551
"360 graus", revisão de processo, na DuPont, 367
Triagem, 29
Triagem completa, 30, 189, 241–243
Triagem de projetos de automóveis, 254
Triagens absolutas, imposição, 201
Tritle, Gary, 248n
Troca em alta estação, 410
Troca em baixa estação, 410
Twerdahl, Jim, 424n, 425n, 428n
Two-Bottle Tote, 296–297
Tzokas, Nikolaos X., 507–508n, 508–509n

U

Uban, S., 18n, 41n, 44n, 47–48n, 81n, 84n, 110n, 223n, 263n, 369n, 405n, 443n, 491–492n, 503–504n, 529n
Uhlman, Marian, 53n
Ulrich, Karl T., 63n, 321–322n, 325–326n, 329n, 332n, 333n, 350–351n
UltraSofts, fraldas descartáveis, problemas de produção, 381–382
Ulwick, Anthony W., 114, 114n, 115
Umbria, 146
UMI (University Microfilms International), 74–75
Uncle Ben's, arroz com cálcio, 399
Unidade de compra, 205
Unidade de compra de consumo, 205
Unidade estratégica de negócios (UEN) de cosméticos, na P&G, 23
Unidades de manutenção de estoque (SKUs), na LEGO, 51

Unilever, 432, 451
Universidades, como fontes de ideias de produto, 544–545
University Microfilms International (UMI), 74–75
Urban, Glen L., 177–178n, 265n, 277n, 480–481n
Uso de nomes de marca quase idênticos, 526
Uso do ridículo, 554
Uso final
   focalizando o, 74
   fontes do mercado, 74
   segmentação de mercado, 412
Uso limitado, experimentação como, 452
Usuários leves, consumidores de alimentos como, 414
Usuários pioneiros
   características dos, 113
   entrevistando, 135
   ideias de novos produtos dos, 113–116
Utilidades, 169–170, 172–173

V

Validade de uma amostra, 390
Valor
   criando exclusivo, 420–422
   de uma marca estabelecida, 64
Valor agregado, oferecendo, 14
Valor da empresa, em uma triagem inicial aproximada, 214–215
Valor de mercado, 213–214
Valor presente líquido (NPV), 245, 260–261, 277
Valor presente líquido (NPV) baseado em demonstração de resultados, 270
Valores parciais, de cada nível de cada atributo, 172–173
Válvulas eletrônicas, fabricante de, 509–510
van den Bulte, C., 269n
van der Bij, Hans, 337–338n, 369n
Van Der Legt, Remko, 144n
Van Dierdonck, R., 340–341n
van Engelen, Jo M. L., 364n, 366n, 371n
van Putten, Alexander B., 45n
van Vuuren, Wim, 58–59n
van Weele, Arjan, 358n
VanAllen, Erik, 358n
VanGundy, Arthur, 555
Vantagem relativa, de novos produtos, 416
Vaporware, 442
Variantes no teste de uso do produto, 394
Variáveis de acompanhamento, 500–502
Varma, Vishal A., 21n, 81n

Vaughn, Mark, 459–460n
Vavra, Terry G., 231n
Veículos híbridos ou a hidrogênio na General Motors?, estudo de caso, 537–540
Velocidade pós-divulgação, 38
Velocidade pré-mercado, 38
Velocidade técnica pós-remessa, 37
Vence, Deborah L., 12n, 13n
Venda completa, 469, 478–487
Venda controlada, 468–469
Venda pessoal, 447–449
Vendas
  planos de contingência prontos para, 496–497
  previsões monetárias e de unidade, 464
Vendedor, distorção por parte do, 521
Vendedores, 447
Verganti, Roberto, 112n, 321–323, 321–322n
Verma, Rohit, 61n
Veryzer, Robert W., 138n, 321–322n, 324–325n
Vetores ideais, 231
Viabilidade, 241–242
Viacom, 457–458
Viagra, 10, 511–512
Vickery, S. K., 72n
Vida do produto, 286
Vida *just-in-time*, 64–66
Virtual transformado em real, 65, 66
Viscusi, W. Kip, 523n
Visionários, 417
Visions (boletim informativo), 21
Vista, lançamento do produto, 114–115
Visual equity (valor visual) entre os produtos, 325–326
Visual Issues Management, *software*, 371–372
Vogel, Brian L., 336n
Vojak, Bruce A., 46–47n

Volckner, Franziska, 430n
Volume total de mercadorias (ACV), 206
von Hippel, Eric, 109n, 111n, 113n, 114n
Voz do cliente (VOC), 25, 46, 135, 299–303
Vriens, Marco, 170–171n

W

Wald, Jonathan, 514n
Walgreen's, 43
Walker, Beth A., 354–355n
Walker, Onrille C., Jr., 115n
Walleigh, Rick, 380–381n
Walter, James, 62n
Ward, Allen C., 353–354n
Warehouse Manager, programa de computador, 386–388
Watson, Thomas, 101
Weggeman, Mathieu, 337–338n, 358n, 369n
Weinberg, Bruce D., 177–178n, 277n, 474–475n
Weiner, Russell, 238, 239
Wentz, Laurel, 437n
Wheaties Dunk-A-Ball Cereal, 399
Wheelwright, Steven C., 262n, 350–351n, 380–381n
Whipple, Nelson, 175–176n
Whirlpool, compactador Trash Smasher, 147
White, Chelsea C., III, 307–308n
White Elephants, 83
Whitney, Daniel E., 336n
Whittle, Adrian, 378
Wii, estudo de caso, 435–436
Wilby, Carolyn P., 176–177n
Wildcatting (empreendimentos duvidosos), 294–296
Wilemon, David, 352–353n
WiLife, 257–258

Williamson, Peter, 371n
Wilson, H. James, 96–97n
Wilson, Peter, 143n
Wind, Y., 233n
Windows 7, sistema operacional, 114–115
Wittink, Dick R., 170–171n, 171–172n
Wojtas, Mary G., 327–328n
Wonder, Jacquelyn, 153–154n
Wong, May, 423n
Woodside, Arch G., 223n
World Car, plataforma da Honda, 59–60
Wren, B. M., 371n
Wright, Malcolm, 220n, 222n
Wu, Y., 407n
Wynett, Craig, 95–96
Wynstra, Finn, 358n

X

Xerox, 371–372
Xie, Jinhong, 354–355n

Y

YouTube, 457–459

Z

Zausner, Robert, 109n
Ziamou, Paschalina (Lilia), 139n
Zien, Karen Anne, 99n, 364n
Zigue-zague, 554
Zima, marketing experimental, 465–466
Zip Drive, 47–48, 333–334
Zipcar, 525
Zirger, B. J., 36n
Zook, Chris, 120n
Zucker, Jeff, 458–459
Zwicky, Fritz, 181–183n